NOMOSLEHRBUCH

Prof. Dr. Dr. h.c. mult. Urs Kindhäuser,
Rheinische Friedrich-Wilhelms-Universität Bonn

Prof. Dr. Edward Schramm,
Friedrich-Schiller-Universität Jena

Strafrecht
Besonderer Teil I

Straftaten gegen Persönlichkeitsrechte,
Staat und Gesellschaft

9. Auflage

Nomos

Die Deutsche Nationalbibliothek verzeichnet diese Publikation in der Deutschen Nationalbibliografie; detaillierte bibliografische Daten sind im Internet über http://dnb.d-nb.de abrufbar.

ISBN 978-3-8487-5473-1 (Print)
ISBN 978-3-8452-9627-2 (ePDF)

9. Auflage 2020

Vorwort

Dieses Lehrbuch zu den Straftaten gegen Persönlichkeitsrechte, Staat und Gesellschaft erschien 2003 in der ersten Auflage und sodann ab der zweiten Auflage im Rahmen der „Blauen Reihe" des Nomos Verlags; Vorläufer war das Repetitorium zum Besonderen Teil I in der Reihe „STUD.iur Grundlagenwissen" aus dem Jahr 1999. Wie in allen meinen Lehrbüchern zum Strafrecht sollte auch hier der Vorlesungsstoff ergänzend und vertiefend auf dem jeweils aktuellen Diskussionsstand dargestellt werden, ohne dabei einen angemessenen Umfang zu überschreiten. Nach acht Neubearbeitungen hat nunmehr zu meiner großen Freude mein Jenaer Kollege Edward Schramm die Fortführung des Lehrbuchs übernommen. Hierfür möchte ich ihm herzlich danken; zugleich möchte ich mich auch noch einmal bei meinen früheren Mitarbeitern mit Nachdruck bedanken, die mir bei den Aktualisierungen stets hilfreich zur Seite standen.

Bonn, im Sommer 2019   *Urs Kindhäuser*

Vorwort

Dieses Lehrbuch zu den Delikten gegen Persönlichkeitsrechte, Staat und Gesellschaft ist so konzipiert, dass sich mit seiner Hilfe die sichere Anwendung der einzelnen Vorschriften erarbeiten lässt. Auf eine kurze Einführung zu Zweck, Struktur und ggf auch Geschichte der Norm folgen Definitionen und Erläuterungen der Tatbestandsmerkmale in der Prüfungsreihenfolge des strafrechtlichen Gutachtens. Abschließend wird, soweit dies erforderlich ist, auf typische ausbildungsrelevante Problemstellungen und Zusammenhänge mit den Lehren des Allgemeinen Teils verwiesen.

Die behandelten Vorschriften sind nicht auf den engeren Pflichtstoff begrenzt. Zum einen tragen Grundkenntnisse auch anderer wichtiger Normen zum besseren Verständnis des StGB bei. Zum anderen können solche Vorschriften – wie zB die Organisationsdelikte – für den universitären Schwerpunktbereich von Bedeutung sein.

Mit dieser 9. Auflage das von *Urs Kindhäuser* begründete Lehrbuch fortführen zu dürfen, ist mir Freude und Ehre zugleich. Die Grundkonzeption habe ich im Wesentlichen beibehalten. Der Inhalt wurde durchgehend aktualisiert und überarbeitet. Eingefügt wurden ein Abschnitt (§ 67) über den neuen Straftatbestand „Verbotene Kraftfahrzeugrennen" (§ 315d StGB) sowie Ausführungen (in § 70 Rn. 21 ff.) zur Erweiterung des § 323c StGB um Absatz 2 (Behinderung von hilfeleistenden Personen). Kleinere Ergänzungen und leichte Umformulierungen wurden bei folgenden Passagen vorgenommen: Mord (§ 2 Rn 1), Abkehr des BGH vom „Wittig-Urteil" (§ 4 Rn 21 f.), geschäftsmäßige Förderung des Suizids (§ 4 Rn 29), Aussetzung, Schwangerschaftsabbruch (§ 6 Rn 11), Zwangsheirat (§ 18 Rn 21), Beleidigung (§ 22 Rn. 2, 15), Verletzung und Verwertung von Privatgeheimnissen (§ 31 Rn 2, 17 – 19), Hausfriedensbruch (§ 33 Rn 36), Widerstand gegen und tätlicher Angriff auf Vollstreckungsbeamte (§ 36 Rn 1, 58 – 64), Strafvereitelung (§ 51 Rn 11) und Brandstiftung (§ 62 Rn 31).

Für ihre tatkräftige Unterstützung danke ich herzlich meinen wissenschaftlichen Mitarbeiterinnen und Mitarbeitern *Johanna Miriam Antoni, Holger Berle, Paul Andreas Glatz* und *Nadja Barbara Müller* sowie meinen studentischen Assistentinnen und Assistenten *Josephine Drews, Mark Gries, Kwang-Soo Park, Ronja Sanow* und *Bianca*

Schreckenbach. Ebenso danke ich meiner Sekretärin Frau *Petra Richter* für Ihre Mitwirkung, namentlich bei der sorgfältigen Erstellung des Manuskripts. Mein Dank gilt schließlich Herrn Dr. *Peter Schmidt* und Frau *Katrin Brandel* vom Nomos Verlag für die vertrauensvolle Zusammenarbeit.

Jena, im Juli 2019   *Edward Schramm*

Inhaltsübersicht

Inhalt

2. TEIL   STRAFTATEN GEGEN STAAT UND GESELLSCHAFT

Abkürzungsverzeichnis

Paragrafen ohne Gesetzesangaben sind solche des StGB; Absätze werden mit römischen Zahlen beziffert.

aA	anderer Ansicht
aaO	am angegebenen Ort
abl.	ablehnend
Abs.	Absatz
abw.	abweichend
aE	am Ende
aF	alte Fassung
AG	Amtsgericht, Aktiengesellschaft
Alt.	Alternative
Ambos	Internationales Strafrecht. 5. Aufl. 2018
Anm.	Anmerkung
Art.	Artikel
Arzt/Weber/ Heinrich/ Hilgendorf	Arzt, Weber, Heinrich, Hilgendorf, Strafrecht Besonderer Teil. Lehrbuch, 3. Aufl. 2015
AsylG	Asylgesetz
AT	Allgemeiner Teil
Aufl.	Auflage
ausf.	ausführlich
Baumann-FS	Arzt u.a. (Hrsg.), Festschrift für Jürgen Baumann, 1992
BayObLG	Bayerisches Oberstes Landesgericht
BayObLGSt	Entscheidungen des Bayerischen Obersten Landesgerichts in Strafsachen
BBG	Bundesbeamtengesetz
Bd.	Band
BeckOK-Bearbeiter	Heintschel-Heinegg (Hrsg.), Beck'scher Online Kommentar StGB, 42. Edition, Stand 01.05.2019
Bemmann-FS	Schulz u.a. (Hrsg.), Festschrift für Günter Bemmann, 1997
Beschl.	Beschluss
Bespr.	Besprechung
BGB	Bürgerliches Gesetzbuch
BGBl.	Bundesgesetzblatt (Teil, Seite)
BGH	Bundesgerichtshof
BGH-FS	Krüger-Nieland (Hrsg.), 25 Jahre Bundesgerichtshof, 1975
BGH-FS IV	Canaris u.a. (Hrsg.), 50 Jahre Bundesgerichtshof. Festgabe aus der Wissenschaft, Bd. IV. Strafrecht, Strafprozessrecht, 2000
BGHR	Rechtsprechung des Bundesgerichtshofs in Strafsachen
BGHSt	Entscheidungen des Bundesgerichtshofs in Strafsachen
BGHZ	Entscheidungen des Bundesgerichtshofs in Zivilsachen
Binding	Binding, Lehrbuch des Gemeinen Deutschen Strafrechts, Besonderer Teil, Bd. I, 2. Aufl. 1902, Bd. II, 1. Abteilung, 2. Aufl. 1904, 2. Abteilung 1905
BJagdG	Bundesjagdgesetz
BNotarO	Bundesnotarordnung
Bockelmann-FS	Kaufmann, Arthur u.a. (Hrsg.), Festschrift für Paul Bockelmann, 1979
Brauneck-FS	Kreuzer (Hrsg.), Fühlende und denkende Kriminalwissenschaften. Ehrengabe für Anne-Eva Brauneck, 1999
Bruns-FS	Frisch u.a. (Hrsg.), Festschrift für Hans-Jürgen Bruns, 1978
BSG	Bundessozialgericht
bspw	beispielsweise
BT	Besonderer Teil
BT-Drucks.	Bundestagsdrucksache (Wahlperiode/Nummer)

BtMG	Gesetz über den Verkehr mit Betäubungsmitteln (Betäubungsmittelgesetz)
BVerfG	Bundesverfassungsgericht
BVerfGE	Entscheidungen des Bundesverfassungsgerichts
BVerfGG	Bundesverfassungsgerichtsgesetz
BVerwG	Bundesverwaltungsgericht
BVerwGE	Entscheidungen des Bundesverwaltungsgerichts
bzgl	bezüglich
bzw	beziehungsweise
CR	Computer und Recht (Zeitschrift)
DAR	Deutsches Autorecht (Zeitschrift)
DB	Der Betrieb (Zeitschrift)
DDR	Deutsche Demokratische Republik
ders.	derselbe
dh	das heißt
Die Justiz	Die Justiz, Amtsblatt des Justizministeriums Baden-Württemberg
dies.	dieselbe(n)
diff.	differenzierend
DIN	Deutsche Industrie-Norm(en)
Diss.	Dissertation
DJT	Deutscher Juristentag
Dreher-FS	Jescheck u.a. (Hrsg.), Festschrift für Eduard Dreher, 1977
DRiG	Deutsches Richtergesetz
ebda.	ebenda
einschr.	einschränkend
Eisele BT I	Eisele, Strafrecht – Besonderer Teil I, 5. Aufl. 2019
EmbryonenschutzG	Embryonenschutzgesetz
Engisch-FS	Bockelmann u.a. (Hrsg.), Festschrift für Karl Engisch, 1969
Erbs/Kohlhaas	Strafrechtliche Nebengesetze. 224. Ergänzungslieferung 2019.
Eser-FS	Arnold u.a. (Hrsg.), Festschrift für Albin Eser, 2005
Esser	Internationales Strafrecht, 2. Aufl. 2017
EU	Europäische Union
EUBestG	EU-Bestechungsgesetz
f	folgende (Seite, Paragraf)
ff	folgende (Seiten, Paragrafen)
Fischer	Fischer, Strafgesetzbuch und Nebengesetze, 66. Aufl. 2019
Fn.	Fußnote
Frank	Frank, Das Strafrecht für das Deutsche Reich, 18. Aufl. 1931
Frisch-FS	Freund u.a. (Hrsg.), Festschrift für Wolfgang Frisch, 2013
FZV	Verordnung über die Zulassung von Fahrzeugen zum Straßenverkehr
GA	Archiv für Strafrecht und Strafprozeß, begründet von Th. Goltdammer; (später:) Goltdammer's Archiv für Strafrecht
GA-FS	Wolter (Hrsg.), 140 Jahre Goltdammer's Archiv für Strafrecht. Eine Würdigung zum 70. Geburtstag von Paul-Günter Pötz, 1993
Gallas-FS	Lackner u.a. (Hrsg.), Festschrift für Wilhelm Gallas, 1973
GBA	Generalbundesanwalt
Geerds-FS	Schlüchter (Hrsg.), Festschrift für Friedrich Geerds, 1995
gem.	gemäß
GewSchG	Gewaltschutzgesetz
GG	Grundgesetz für die Bundesrepublik Deutschland
ggf	gegebenenfalls
Gless	Internationales Strafrecht, 2. Aufl. 2015.
GmbH	Gesellschaft mit beschränkter Haftung
Gössel/Dölling I	Gössel, Dölling, Strafrecht Besonderer Teil, Bd. I, Delikte gegen immaterielle Rechtsgüter des Individuums, 2. Aufl. 2004
Gössel-FS	Dölling, Erb (Hrsg.), Festschrift für Karl Heinz Gössel, 2002
grds.	grundsätzlich
GVG	Gerichtsverfassungsgesetz

Hälschner	Hälschner, Das gemeine deutsche Strafrecht, systematisch dargestellt, Bd. II, 1. Abtheilung 1884, 2. Abtheilung 1887
Hanack-FS	Ebert u.a. (Hrsg.), Festschrift für Ernst-Walter Hanack, 1999
HdS IV	Hilgendof, Kudlich, Valerius (Hrsg.), Handbuch des Strafrechts. Band 4 Strafrecht Besonderer Teil I, 2019
Heinitz-FS	Lüttger (Hrsg.), Festschrift für Ernst Heinitz, 1972
Herzberg-FS	Putzke u.a. (Hrsg.), Festschrift für Rolf Dietrich Herzberg, 2008
Hirsch-FS	Weigend u.a. (Hrsg.), Festschrift für Hans Joachim Hirsch, 1999
HKGS-Bearbeiter	Dölling, Duttge, König, Rössner (Hrsg.), Gesamtes Strafrecht, Handkommentar, 4. Aufl. 2017
hL	herrschende Lehre
hM	herrschende Meinung
Hohmann/Sander	Hohmann, Sander, Strafrecht Besonderer Teil II. Delikte gegen die Person und gegen die Allgemeinheit, 2. Aufl. 2011
HRR	Feisenberger (Hrsg.), Höchstrichterliche Rechtsprechung auf dem Gebiete des Strafrechts (zitiert nach Jahr und Nummer)
HRRS	Online-Zeitschrift für höchstrichterliche Rechtsprechung im Strafrecht
Hrsg.	Herausgeber
Hs	Halbsatz
iE	im Ergebnis
ieS	im engeren Sinne
iSd	im Sinne des
iSe	im Sinne eines/r
IStGHSt	Römisches Statut des Internationalen Strafgerichtshofs
iSv	im Sinne von
iVm	in Verbindung mit
iwS	im weiteren Sinne
JA	Juristische Arbeitsblätter (Zeitschrift)
Jäger	Jäger, Examens-Repetitorium Strafrecht BT, 8. Aufl. 2019
Jakobs	Jakobs, Strafrecht Allgemeiner Teil, 2. Aufl. 1991
Jescheck-FS	Vogler u.a. (Hrsg.), Festschrift für Hans-Heinrich Jescheck, 1985
Jescheck/Weigend	Jescheck, Weigend, Lehrbuch des Strafrechts Allgemeiner Teil, 5. Aufl. 1996
jew.	jeweils
JGG	Jugendgerichtsgesetz
JK	Jura-Rechtsprechungskartei (Beilage der Zeitschrift Jura)
JMBlNRW	Justizministerialblatt für das Land Nordrhein-Westfalen
Joecks	Joecks, Studienkommentar StGB, 11. Aufl. 2014
JR	Juristische Rundschau (Zeitschrift)
Jura	Juristische Ausbildung (Zeitschrift)
JuS	Juristische Schulung (Zeitschrift)
JW	Juristische Wochenschrift (Zeitschrift)
JZ	Juristenzeitung (Zeitschrift)
Kaufmann, A.-GS	Dornseifer u.a. (Hrsg.), Gedächtnisschrift für Armin Kaufmann, 1989
Kaufmann, Arth.-FS	Haft u.a. (Hrsg.), Strafgerechtigkeit. Festschrift für Arthur Kaufmann, 1993
Kaufmann, H.-GS	Hirsch u.a. (Hrsg.), Gedächtnisschrift für Hilde Kaufmann, 1986
KG	Kammergericht
Kindhäuser AT	Kindhäuser, Lehrbuch des Strafrechts Allgemeiner Teil, 8. Aufl. 2017
Kindhäuser/Böse BT II	Kindhäuser, Böse, Lehrbuch des Strafrechts Besonderer Teil II, Straftaten gegen Vermögensrechte, 10. Aufl. 2018
Kindhäuser LPK	Kindhäuser, Strafgesetzbuch. Lehr- und Praxiskommentar, 7. Aufl. 2017
KJ	Kritische Justiz (Zeitschrift)
Klug-FS	Kohlmann (Hrsg.), Festschrift für Ulrich Klug, Band II, Strafrecht, Prozeßrecht, Kriminologie, Strafvollzugsrecht, 1983

Krey/Hellmann/Heinrich I	Krey, Heinrich, Hellmann, Strafrecht BT, Bd. I, BT ohne Vermögensdelikte, 16. Aufl. 2015
Krey/Hellmann/Heinrich II	Krey, Hellmann, Heinrich, Strafrecht BT, Bd. II, Vermögensdelikte, 17. Aufl. 2015
Kriele-FS	Ziemske u.a. (Hrsg.), Festschrift für Martin Kriele, 1997
Kriminalistik	Unabhängige Zeitschrift für die gesamte kriminalistische Wissenschaft und Praxis
krit.	kritisch
Kühl	Kühl, Strafrecht Allgemeiner Teil, 8. Aufl. 2017
Küper/Zopfs	Küper (Begr.), Strafrecht Besonderer Teil, Definitionen mit Erläuterungen, 10. Aufl. 2018
Küpper/Börner	Küpper, Strafrecht, Besonderer Teil 1. Delikte gegen Rechtsgüter der Person und Gemeinschaft, 4. Aufl. 2017
L-Kühl-Bearbeiter	Lackner, Kühl, Strafgesetzbuch mit Erläuterungen, 29. Aufl. 2018
Kühl-FS	Heger u.a. (Hrsg.), Festschrift für Kristian Kühl, 2014
Lackner-FS	Küper u.a. (Hrsg.), Festschrift für Karl Lackner, 1987
Leferenz-FS	Kerner u.a. (Hrsg.), Festschrift für Heinz Leferenz, 1983
Lenckner-FS	Eser u.a. (Hrsg.), Festschrift für Theodor Lenckner, 1998
LFGB	Lebensmittel-, Bedarfsgegenstände- und Futtermittelgesetzbuch
LG	Landgericht
v. Liszt	v. Liszt, Lehrbuch des Deutschen Strafrechts, 22. Aufl. 1919
LK-Bearbeiter	Laufhütte, Rissing-van Saan, Tiedemann (Hrsg.), Leipziger Kommentar zum Strafgesetzbuch, 12. Aufl. seit 2006
	Jähnke, Laufhütte, Odersky (Hrsg.), Leipziger Kommentar zum Strafgesetzbuch, 11. Aufl. seit 1992
	Jescheck, Ruß, Willms (Hrsg.), Leipziger Kommentar zum Strafgesetzbuch, 10. Aufl. seit 1985
LZ	Leipziger Zeitschrift
M/R-Bearbeiter	Matt, Renzikowski, Strafgesetzbuch, 2013
M-Schroeder/Maiwald	Maurach, Schroeder, Maiwald, Strafrecht BT, Teilbd. I, Straftaten gegen Persönlichkeits- und Vermögenswerte, 10. Aufl. 2009; Teilbd. II, Straftaten gegen Gemeinschaftswerte, 10. Aufl. 2013
m.	mit
m.a.W.	mit anderen Worten
Mahrenholz-FS	Däubler-Gmelin u.a. (Hrsg.), Festschrift für Ernst Gottfried Mahrenholz, 1994
Mayer-FS	Geerds u.a. (Hrsg.), Festschrift für Hellmuth Mayer, 1966
MDR	Monatsschrift für Deutsches Recht
medstra	Zeitschrift für Medizinstrafrecht
Merkel	Merkel, Lehrbuch des Deutschen Strafrechts, 1889
Meurer-GS	Graul, Wolf (Hrsg.), Gedächtnisschrift für Dieter Meurer, 2002
MK-Bearbeiter	Joecks, Miebach (Hrsg.), Münchener Kommentar zum Strafgesetzbuch, 1. Aufl. ab 2003, 2. Aufl. ab 2011, 3. Aufl. ab 2016
MMR	MultiMedia und Recht. Zeitschrift für Information, Telekommunikation und Medienrecht
MschrKrim	Monatsschrift für Kriminologie und Strafrechtsreform
Murmann	Grundkurs Strafrecht, 4. Aufl. 2017.
mwN	mit weiteren Nachweisen
NdsRpfl.	Niedersächsische Rechtspflege (Zeitschrift)
Nishihara-FS	Eser u.a. (Hrsg.), Festschrift für Haruo Nishihara, Bd. V, Beiträge in deutscher Sprache, 1998
NJ	Neue Justiz (Zeitschrift)
NJW	Neue Juristische Wochenschrift (Zeitschrift)
NK-Bearbeiter	Kindhäuser, Neumann, Paeffgen (Hrsg.), Nomos-Kommentar zum Strafgesetzbuch, 5. Aufl. 2017
Noll-GS	Hauser u.a. (Hrsg.), Gedächtnisschrift für Peter Noll, 1984
Nr.	Nummer(n)
NStE	Rebmann u.a. (Hrsg.), Neue Entscheidungssammlung für Strafrecht
NStZ	Neue Zeitschrift für Strafrecht

NStZ-RR	NStZ-Rechtsprechungs-Report Strafrecht
NZV	Neue Zeitschrift für Verkehrsrecht
o.Ä.	oder Ähnlich(e, es)
OLG	Oberlandesgericht
OLG Celle-FS	Rechts- und Staatswissenschaftliche Fakultät Göttingen (Hrsg.), Göttinger Festschrift für das Oberlandesgericht Celle, 1961
OLGSt	Entscheidungen der Oberlandesgerichte zum Straf- und Strafverfahrensrecht
Otto	Otto, Grundkurs Strafrecht, Bd. II, Die einzelnen Delikte, 7. Aufl. 2005
Otto-FS	Dannecker u.a. (Hrsg.), Festschrift für Harro Otto, 2007
OWiG	Gesetz über Ordnungswidrigkeiten
Paeffgen-FS	Stuckenberg u.a. (Hrsg.), Festschrift für Hans-Ullrich Paeffgen, 2015
Palandt/Bearbeiter	Palandt, Bürgerliches Gesetzbuch. Kurzkommentar, 77. Aufl. 2018
Peters-FS	Baumann u.a. (Hrsg.), Einheit und Vielfalt des Strafrechts. Festschrift für Karl Peters, 1974
Pfeiffer-FS	Freiherr v. Gamm u.a. (Hrsg.), Festschrift für Gerd Pfeiffer, 1988
PostG	Postgesetz
Puppe-FS	Paeffgen u.a. (Hrsg.), Festschrift für Ingeborg Puppe, 2011
Puppe AT	Puppe, Strafrecht Allgemeiner Teil im Spiegel der Rechtsprechung, 4. Aufl. 2016
Rengier I, II	Rengier, Strafrecht BT I, Vermögensdelikte, 21. Aufl. 2019; Strafrecht BT II, Delikte gegen die Person und die Allgemeinheit, 20. Aufl. 2019
restr.	restriktiv
RG	Reichsgericht
RGBl	Reichsgesetzblatt (Teil, Seite)
RGSt	Entscheidungen des Reichsgerichts in Strafsachen
Rn	Randnummer
Roxin AT I	Roxin, Strafrecht Allgemeiner Teil, Bd. 1, Grundlagen. Der Aufbau der Verbrechenslehre, 4. Aufl. 2006
Roxin-FS I	Achenbach u.a. (Hrsg.), Festschrift für Claus Roxin zum 70. Geburtstag, 2001
Roxin-FS II	Heinrich u.a. (Hrsg.), Festschrift für Claus Roxin, 2011
RPflG	Rechtspflegergesetz
Rspr	Rechtsprechung
RStGB	Reichsstrafgesetzbuch
Rudolphi-FS	Rogall u.a. (Hrsg.), Festschrift für Hans-Joachim Rudolphi, 2004
RW	Rechtswissenschaft (Zeitschrift)
S.	Satz, Seite
s.	siehe
Safferling	Internationales Strafrecht, 2011
Satzger	Internationales und Europäisches Strafrecht, 8. Aufl. 2018
Schewe-FS	Schütz u.a. (Hrsg.), Festschrift für Günter Schewe, 1991
Schlüchter-GS	Duttge u.a. (Hrsg.), Gedächtnisschrift für Ellen Schlüchter, 2002
Schramm BT-1	Besonderer Teil 1, Eigentums- und Vermögensdelikte, 2017
Schramm IntStR	Internationales Strafrecht. Strafanwendungsrecht, Völkerstrafrecht, Europäisches Strafrecht. 2. Aufl. 2018
Schroeder-FS	Hoyer u.a. (Hrsg.), Festschrift für Friedrich-Christian Schroeder, 2006
Schröder-GS	Stree u.a. (Hrsg.), Gedächtnisschrift für Horst Schröder, 1978
Schünemann-FS	Hefendehl u.a. (Hrsg.), Festschrift für Bernd Schünemann, 2014
Seebode-FS	Schneider u.a. (Hrsg.), Festschrift für Manfred Seebode, 2008
SexDelÄndG	Sexualdeliktsänderungsgesetz
SK-Bearbeiter	Wolter (Hrsg.), Systematischer Kommentar zum Strafgesetzbuch Band 1, 3, 4 und 5 (Loseblattsammlung), 8. Auflage Band 2 und Band 6, 9. Auflage 2016
sog.	sogenannt(e, er)
SoldG	Gesetz über die Rechtsstellung der Soldaten (Soldatengesetz)

Spendel-FS	Seebode (Hrsg.), Festschrift für Günter Spendel, 1992
SprengG	Gesetz über explosionsgefährliche Stoffe (Sprengstoffgesetz)
S/S-Bearbeiter	Schönke, Schröder, Strafgesetzbuch. Kommentar, 30. Aufl. 2019
S/S/W-Bearbeiter	Satzger, Schluckebier, Widmaier (Hrsg.), Strafgesetzbuch. Kommentar, 4. Aufl. 2018
StÄG	Strafrechtsänderungsgesetz
StGB	Strafgesetzbuch
StPO	Strafprozessordnung
str.	streitig
StraFo	Strafverteidiger Forum (Zeitschrift)
Stratenwerth/Kuhlen AT	Stratenwerth, Kuhlen, Strafrecht Allgemeiner Teil, Die Straftat, 6. Aufl. 2011
Stree/Wessels-FS	Küper u.a. (Hrsg.), Beiträge zur Rechtswissenschaft. Festschrift für Walter Stree und Johannes Wessels, 1993
StrRG	Gesetz zur Reform des Strafrechts
StV	Strafverteidiger (Zeitschrift)
StVG	Straßenverkehrsgesetz
StVO	Straßenverkehrsordnung
StVollzG	Gesetz über den Vollzug der Freiheitsstrafe und der freiheitsentziehenden Maßregeln der Besserung und Sicherung (Strafvollzugsgesetz)
TPG	Transplantationsgesetz
Tröndle-FS	Jescheck u.a. (Hrsg.), Festschrift für Herbert Tröndle, 1988
u.a.	und andere; unter anderem
UKG	Gesetz zur Bekämpfung der Umweltkriminalität
umf.	umfassend(e)
umstr.	umstritten
unstr.	unstrittig
usw	und so weiter
Var.	Variante
VDB	Birkmeyer u.a. (Hrsg.), Vergleichende Darstellung des deutschen und ausländischen Strafrechts, Besonderer Teil I-IX, 1905–1909
vgl	vergleiche
Volk-FS	Hassemer u.a. (Hrsg.), Festschrift für Klaus Volk, 2009
Vor	Vorbemerkung
VRS	Verkehrsrechts-Sammlung
VwGO	Verwaltungsgerichtsordnung
VwVfG	Verwaltungsverfahrensgesetz
W/H/E	Wessels, Hettinger, Engländer, Strafrecht Besonderer Teil/1, Straftaten gegen Persönlichkeits- und Gemeinschaftswerte, 42. Aufl. 2018
W/H/S	Wessels, Hillenkamp, Schuhr, Strafrecht Besonderer Teil/2, Straftaten gegen Vermögenswerte, 41. Aufl. 2018
WaffG	Waffengesetz
Welzel	Welzel, Das Deutsche Strafrecht, 11. Aufl. 1969
Welzel-FS	Stratenwerth u.a. (Hrsg.), Festschrift für Hans Welzel, 1974
Werle/Jeßberger	Völkerstrafrecht, 4. Aufl. 2016.
WHG	Wasserhaushaltsgesetz
wistra	Zeitschrift für Wirtschaft- und Steuerstrafrecht
Wolff-FS	Zaczyk u.a. (Hrsg.), Festschrift für E. A. Wolff, 1998
Wolter-FS	Zöller u.a. (Hrsg.), Festschrift für Jürgen Wolter, 2013
WStG	Wehrstrafgesetz
zB	zum Beispiel
ZIS	Zeitschrift für Internationale Strafrechtsdogmatik
ZJS	Zeitschrift für das Juristische Studium
Zipf-GS	Gössel, Triffterer (Hrsg.), Gedächtnisschrift für Heinz Zipf, 1999
ZPO	Zivilprozessordnung
ZRP	Zeitschrift für Rechtspolitik
ZStW	Zeitschrift für die gesamte Strafrechtswissenschaft
zust.	zustimmend

1. TEIL

STRAFTATEN GEGEN PERSÖNLICHKEITSRECHTE

1. Abschnitt: Delikte gegen das Leben

§ 1 Totschlag (§§ 212 f) und fahrlässige Tötung (§ 222)

A. Allgemeines

I. Gesetzessystematik

Der Totschlag (§ 212) und die fahrlässige Tötung (§ 222) gehören – neben dem Mord (§ 211) und der Tötung auf Verlangen (§ 216) – zu den **Tötungsdelikten** ieS, die wiederum mit dem **Schwangerschaftsabbruch** (§§ 218 bis 219b) und der **Aussetzung** (§ 221) die Gruppe der Delikte gegen das menschliche Leben iwS bilden. Der früher im StGB als § 220a aF enthaltene Straftatbestand des **Völkermords** wurde 2002 in das Völkerstrafgesetzbuch (§ 6 VStGB) verschoben.[1]   1

Nach weit überwiegender Ansicht im Schrifttum ist der **Totschlag** der **Grundtatbestand** der vorsätzlichen Tötungsdelikte;[2] er wird durch § 211 qualifiziert. § 213 ist eine – nur für § 212 geltende[3] – unselbständige Strafzumessungsvorschrift, die eine mildere Bestrafung vor allem für provozierte Tötungen ermöglicht. Eine selbständige und abschließende Privilegierung zu § 212 formuliert dagegen der Tatbestand der Tötung auf Verlangen nach § 216.[4]   2

Für die Einstufung des Totschlags als Grundtatbestand spricht, dass zwischen § 211 und § 212 nur eine graduelle Unrechtsabstufung besteht. Hieran ändert auch die für § 211 absolut angedrohte lebenslange Freiheitsstrafe nichts: Es ist heute anerkannt, dass bei gemindertem Unrecht entweder nur § 212 anzuwenden oder das Strafmaß trotz formal erfüllter Mordmerkmale nach Maßgabe von § 49 zu senken ist.[5] Ferner wurde durch die Einfügung von § 57a die Differenz zwischen zeitiger und lebenslanger Freiheitsstrafe relativiert. Auch der Umstand, dass § 211 vom „Mörder", § 212 aber vom „Totschläger" spricht, besagt nichts. Entsprechende Tätertypen lassen sich weder normativ noch kriminologisch unterscheiden.   3

Demgegenüber sieht die Judikatur[6] in den §§ 211 und 212 zwei selbständige Tatbestände mit jeweils unterschiedlichem und abschließend umschriebenem Unrechtsge-   4

---

1 Zu diesem Straftatbestand und seiner Rechtsnatur vgl. *Schramm* IntStR Kap. 2 Rn. 36 ff. mwN.
2 Vgl nur W/H/E-*Hettinger*, Rn 84; SK-*Sinn* § 211 Rn 2, jew. mwN.; referierend S/S/W-*Momsen*, Vor § 211 Rn 10; unentschieden LK-*Rissing-van Saan*, Vor § 211 Rn 151.
3 BGHSt 2, 258; 30, 105 (118); S/S-*Eser/Sternberg-Lieben* Vor § 211 Rn 9a, § 213 Rn 3; *Fischer* § 213 Rn 1; *Hohmann/Sander* § 1/15; für eine Anwendbarkeit von § 213 Alt. 1 auf § 211 dagegen *Zwiehoff*, Die provozierte Tötung, 2001, 39; zust. NK-*Neumann* Vor § 211 Rn 167; für eine Anwendbarkeit des Strafrahmens von § 212 beim Zusammentreffen von §§ 211 und 213 Alt. 1 *Küpper* Kriele-FS 777 (793 f); *Rengier* II § 4/34.
4 *Fischer* § 216 Rn 2; L-*Kühl* § 216 Rn 1; *Mitsch* JuS 1996, 26 (27); *Otto* § 6/1; M-*Schroeder*/Maiwald I § 2/61; SK-*Sinn* § 216 Rn 2.
5 Näher § 2 Rn 5 ff.
6 Seit BGHSt 1, 368 in ständiger Rechtsprechung; vgl auch BGHSt 22, 375; 36, 231 (233); 50, 1 (5); allerdings in BGH NJW 2006, 1008 (1012 f) m.Bespr. *Küper* JZ 2006, 608 (612 f) und 1157 ff, in einem *obiter dictum* in Frage gestellt; vgl dazu *Gropp* Seebode-FS 125 (126, 140 f); LK-*Rissing-van Saan*, Vor § 211 Rn 152.

halt. Der Mord sei keine Qualifikation zu § 212, sondern ein eigenständiges Delikt (*delictum sui generis*), das die Strafbarkeit selbständig begründe. Auch § 216 wird als *delictum sui generis* verstanden.[7]

5   Die voneinander abweichenden systematischen Einordnungen des Mordtatbestands haben vor allem Konsequenzen für die Anwendbarkeit von § 28 bei mehreren Beteiligten.[8] Entsprechendes gilt für das Verhältnis von § 212 und § 216.

II. Zeitlicher Schutzbereich

▶ **FALL 1:** Bei einer Abtreibung in der 20. Woche der Schwangerschaft wird ein etwa 25 cm langes Wesen mit bereits ausgeprägten Körperformen ausgestoßen, das sich zuckend bewegt und piepst. Der Ehemann E der Schwangeren hält das Kind für lebend und drückt es etwa zwei Minuten lang in die Matratze, bis er keine Regungen mehr spürt.[9] ◀

6   **1. Zeitraum.** In zeitlicher Hinsicht wird das menschliche Leben – als keimendes, noch ungeborenes Leben – von der Nidation bis zur Geburt von den Schwangerschaftsdelikten, anschließend – als menschliches Leben ieS – von den Tötungsdelikten geschützt.[10] Nach Auffassung des BVerfG kommt dem Leben des Ungeborenen verfassungsrechtlich die gleiche Wertqualität zu wie dem Leben des existierenden Menschen.[11]

7   **a) Beginn:** Als Zeitpunkt, mit dem der Lebensschutz durch die Tötungsdelikte beginnt, wurde bislang der Geburtsakt, dh das Einsetzen der sog. Eröffnungswehen bzw – beim Kaiserschnitt – die Öffnung des Uterus angesehen.[12] Diese Ansicht konnte sich auf den Wortlaut des Tatbestands der Kindestötung (§ 217 aF) stützen, der die Tathandlung auf das Lebensstadium „in oder gleich nach der Geburt" bezog. Da mit der Aufhebung[13] dieser unzeitgemäßen Vorschrift keine Änderung der Phasen des Lebensschutzes bezweckt war, sieht sich die bislang hM aus guten Gründen nicht veranlasst, die tradierte Systematik aufzugeben.[14] Vom Schutz umfasst werden soll damit auch der Geburtsvorgang als Stadium erhöhter Gefahr für das Kind.[15] Vereinzelte Stimmen möchten den Schutz später[16] eingreifen lassen, ggf erst mit Vollendung der Geburt.[17]

8   In jedem Fall hängt der strafrechtliche Lebensschutz durch die Tötungsdelikte **nicht** von der **Überlebensfähigkeit** des Neugeborenen ab.[18] Soweit also ein Embryo – etwa in

---

7   BGHSt 2, 258; 13, 162 (165).
8   Zur Erläuterung vgl die Beispiele in § 2 Rn 52 ff.
9   Nach BGHSt 10, 291.
10   LK-*Rosenau* Vor § 211 Rn 15 ff.
11   BVerfGE 39, 1 (37); 88, 203 (251). Zu den sich insoweit ergebenden Diskrepanzen im Schutzumfang wie auch im Strafmaß der §§ 211 ff einerseits und §§ 218 ff andererseits vgl NK-*Neumann* Vor § 211 Rn 2; zur Annahme unterschiedlicher Rechtsgüter M-*Schroeder*/Maiwald I 6/8 ff.
12   Vgl BGHSt 32, 194 (195 f); BGH NStZ 1983, 501; S/S-*Eser/Sternberg-Lieben* Vor § 211 Rn 13; *Fischer* Vor §§ 211–217 Rn 3; *Gössel*/Dölling I § 2/14; *Otto* § 2/4; S/S/W-*Momsen* § 211 Rn 13; LK-*Rosenau* Vor § 211 Rn 6; vgl auch *Hirsch* Eser-FS 309 ff.
13   Zum 1.4.1998 durch das 6. StrRG; vgl hierzu BT-Drucks. 13/8587, 34; zur Problematik der Kindstötungen vgl *Zabel* HRRS 2010, 403 ff.
14   Arzt/Weber/Heinrich/*Hilgendorf* § 2 Rn 85; *Merkel*, Früheuthanasie, 2001, 100 ff; HKGS-*Wenkel* Vor § 211 Rn 6 f; krit. NK-*Paeffgen* § 223 Rn 4; iE auch *Küper* GA 2001, 515 (534 ff) unter Bezugnahme auf § 218 I.
15   BGHSt 10, 291 (292); Krey/*Hellmann*/Heinrich I Rn 3; W/H/E-*Hettinger* Rn 12; *Lüttger* JR 1971, 133 (134).
16   Vgl NK-*Neumann* Vor § 211 Rn 9: mit Beginn der Presswehen. In die entgegengesetzte Richtung geht der Vorschlag *Gropps*, GA 2000, 1 (17), den Lebensschutz *de lege ferenda* auf den Ablauf der 20. Woche (Beginn der extrauterinen Lebensfähigkeit) vorzuverlegen.
17   So *R. Herzberg*/A. I. Herzberg JZ 2001, 1106 ff; mit diesem Zeitpunkt, dh mit dem vollständigen Austritt aus dem Mutterleib, ist der Mensch auch im Sinne des Zivilrechts rechtsfähig, vgl Palandt/*Ellenberger* § 1 BGB Rn 2.
18   S/S-*Eser/Sternberg-Lieben* Vor § 211 Rn 14; LK-*Rosenau*, Vor § 211 Rn 10.

Folge einer Abtreibungshandlung – vorzeitig ausgestoßen wird, ist er bereits dann als Mensch anzusehen, wenn er, und sei es auch nur für kurze Zeit, unabhängig von der Mutter leben kann.[19] In **Fall 1** hat daher E die tatbestandlichen Voraussetzungen eines Totschlags erfüllt.

b) Ende: Der Lebensschutz endet mit dem Eintritt des sog. Hirntods, dh einem irreversiblen Funktionsausfall des Gesamthirns.[20] Das Lebensende setzt weder einen völligen Stillstand aller biologischen Lebensregungen (sog. Totaltod) noch ein Versagen der Herz- und Atmungstätigkeit (sog. Herztod) voraus.[21] Der Todesbegriff kann weder nur medizinisch-naturwissenschaftlich noch rein normativ bestimmt werden, sondern bemisst sich nach der Irreversibilität (und damit nicht mehr vorhandenen Beeinflußbarkeit) des Sterbevorgangs.[22] Das Problem der Sterbehilfe stellt sich nur vor Eintritt des Hirntods.[23] Für Organentnahmen gilt das Transplantationsgesetz, das auch besondere Straf- und Bußgeldvorschriften vorsieht.[24]

   9

2. Pränatale Eingriffe. Ob Eingriffe, die bereits während der Schwangerschaft vorgenommen werden, unter den Tatbestand der Tötungsdelikte fallen, hängt vom **Zeitpunkt** ab, an dem sich eine schädigende Handlung auf den **Embryo auszuwirken beginnt**. Dagegen sind weder der Zeitpunkt der Vornahme der Handlung als solcher noch der Zeitpunkt des Todeseintritts maßgeblich.[25] Dies ist vor allem bei fahrlässigen Handlungen bedeutsam, da die §§ 218 ff Vorsatzdelikte sind. Im Einzelnen ist wie folgt zu unterscheiden:

   10

- Wird **während der Schwangerschaft** auf den Embryo eingewirkt, so ist nur § 218 einschlägig. Dies gilt auch dann, wenn durch den Eingriff die Fehlgeburt eines auf Dauer lebensunfähigen Kindes ausgelöst wird.[26] Allerdings muss dann der Tod noch durch den ursprünglichen Eingriff bedingt sein und darf nicht – wie in **Fall 1** – durch eine weitere, nachgeburtliche Handlung herbeigeführt werden.

- Findet die Einwirkung auf das Kind erst **nach Geburtsbeginn** statt, so sind die §§ 211 ff anzuwenden. Exemplarisch: Eine der Mutter vor der Geburt beigebrachte Infektion wird erst nach der Geburt durch Körperkontakt auf das Kind mit Todesfolge übertragen.

- Führt der Eingriff schließlich zur Geburt eines (ggf auch nur kurzzeitig lebenden) Kindes, das sodann – wie in **Fall 1** – durch eine **weitere (nachgeburtliche) Einwirkung** getötet wird, so sind versuchte Abtreibung und Totschlag tatmehrheitlich verwirklicht.[27]

---

19 HM, vgl nur BGHSt 10, 291 (292); *Fischer* Vor §§ 211–217 Rn 5; *Geilen* ZStW 103 (1991), 829 (836); krit. NK-*Neumann* Vor § 211 Rn 12.

20 Näher zur Entwicklung und Anwendung dieses Kriteriums NK-*Neumann* Vor § 211 Rn 17 ff mwN; vgl auch § 3 II Nr. 2 TPG; *Mitsch* HdS IV § 1 Rn 10.

21 Näher S/S-*Eser/Sternberg-Lieben* Vor § 211 Rn 19; *Heyers* Jura 2016, 709 (715); *Kühl* JA 2009, 321 (323); *Merkel* Jura 1999, 113 ff; S/S/W-*Momsen*, § 211 Rn 15; *Rengier* II § 3/7; SK-*Sinn* § 212 Rn 6; krit. *Tröndle* Hirsch-FS 779 ff.

22 LK-*Rosenau*, Vor § 211 Rn 18.

23 Näher hierzu § 3.

24 §§ 18 ff TPG.

25 BGHSt 31, 348 (351 ff); *Küper* GA 2001, 515 (518 f); NK-*Neumann* Vor § 211 Rn 14 mwN; krit. *Gropp* GA 2000, 1 ff; vgl auch SK-*Sinn* § 212 Rn 5.

26 BVerfG NJW 1988, 2945; BGHSt 31, 348 (352 f); OLG Karlsruhe NStZ 1985, 314 (315); *Hirsch* JR 1985, 336.

27 W/H//E- *Hettinger* Rn 263; NK-*Neumann* Vor § 211 Rn 14; SK-*Rogall* § 218 Rn 44; abw. BGHSt 10, 291 (293 f): tateinheitliche Vollendung beider Delikte.

B. Definitionen und Erläuterungen

I. Grundtatbestand des vorsätzlichen Totschlags (§ 212 Abs. 1)

11   **1. Überblick.** § 212 erfasst die vorsätzliche Tötung eines anderen Menschen. Die Vorschrift ist ein reines Erfolgsdelikt. Die Merkmale „Totschläger" und „ohne Mörder zu sein" beruhen rechtshistorisch auf einer überholten Tätertypenlehre, sind heute ohne jegliche Bedeutung[28] und bedürfen im Gutachten keiner Prüfung.

12   **2. Objektiver Tatbestand. a) Tatobjekt:** Der objektive Tatbestand verlangt die Tötung eines Menschen. Nach Sinn und Zweck der Vorschrift ist mit dem Merkmal „einen Menschen" gemeint, dass das Opfer eine **andere Person** als der Täter sein muss.[29] In einer im Zeitalter der Aufklärung begründeten deutschen Rechtstradition ist die Selbsttötung seit dem Reichsstrafgesetzbuch von 1871 prinzipiell[30] nicht strafbar, mag dies auch im Wortlaut des § 212 StGB so nicht zum Ausdruck kommen.[31]

13   **b) Tathandlung:** Unter „töten" ist (im Falle aktiven Verhaltens) die dem Täter objektiv zurechenbare Verursachung des Todeserfolgs zu verstehen. Die Haftung für ein Unterlassen setzt voraus, dass der Täter den Eintritt des Todeserfolgs entgegen seiner Garantenpflicht nicht verhindert hat.[32]

14   **3. Subjektiver Tatbestand.** Die subjektive Tatseite erfordert Vorsatz. Große praktische Bedeutung hat hierbei die Abgrenzung zwischen (bedingtem) Vorsatz und Fahrlässigkeit (§ 222), zumal die Rechtsprechung bisher für den Tötungsvorsatz die Überwindung einer (hohen) Hemmschwelle verlangt.[33] In neueren Entscheidungen läßt der BGH nun eine zwar nicht vollständige, aber doch teilweise Abkehr von dem Hemmschwellenkriterium bei besonders brutalen Vorgehensweisen erkennen und sieht hierin (nur noch) einen bloßen Hinweis auf die Bedeutung des Grundsatzes der freien Beweiswürdigung bei der richterlichen Überzeugungsbildung, § 261 StPO.[34] Das Hemmschwellenerfordernis dürfe die indizielle Aussagekraft von offensichtlich lebensgefährdenden Handlungen, die auf einen Tötungsvorsatz hinweisen, nicht relativieren oder in Frage stellen.[35]

II. Besonders schwerer Fall (§ 212 Abs. 2)

15   Von einem besonders schweren Fall des Totschlags im Sinne von § 212 Abs. 2 ist insbesondere auszugehen, wenn die Tat ihrem Unrechts- und Schuldgehalt nach einem Mord entspricht, ohne dass ein Mordmerkmal erfüllt ist. § 212 Abs. 2 StGB darf kein

---

28 Näher dazu oben Rn 3.
29 Ganz hM, vgl nur NK-*Neumann* Vor § 211 Rn 37 mwN.
30 Zur sehr umstrittenen Ausnahme der strafbaren assistierten Suizidbegleitung (§ 217 StGB) näher § 4 Rn 7 ff.
31 Näher hierzu § 5 Rn 1 ff. sowie zur Geschichte *Saliger*, medstra 2015, 132.
32 Zur objektiven Zurechnung und zu den Unterlassungsdelikten vgl *Kindhäuser* AT § 11/1 ff und § 36/1 ff; zur Manipulation der Zuteilungsreihenfolge eines Spenderorgans OLG Braunschweig StV 2013, 749 ff m.Anm. *Bülte*; *Böse* ZJS 2014, 117 ff; *Rissing-van Saan* NStZ 2014, 233 (239); *Schroth/Hofmann* NStZ 2014, 786 ff; vgl auch *Haas* HRRS 2016, 384 ff.
33 Beispielhafte Fälle: BGHSt 36, 1 (ungeschützte Sexualkontakte eines Aidsinfizierten); BGH NStZ-RR 1996, 97 (Durchbrechen einer Polizeisperre mit Pkw); NStZ 2002, 315 (Ableinen eines bissigen Hundes); NJW 2006, 386 ff (heftige Schläge gegen den Kopf eines Kleinkindes); NStZ 2006, 446 (Durchschneiden der Bremsschläuche eines KFZ); 2007, 150 f (lebensgefährliche Gewalthandlungen; dazu auch *Edelbauer* JA 2008, 725); 2007, 331 f (Messerstich in die Herzgegend); NStZ 2009, 629 ff m.Bespr. *Jahn* JuS 2009, 956 ff (Ablehnung des Tötungsvorsatzes bei Stich mit einer Scherbe in den Hals); Überblick bei *Steinberg* JZ 2010, 712 ff und *Trück* NStZ 2005, 233 ff; vgl zum Tötungsvorsatz bei Ärzten *Krüger* HRRS 2016, 148 ff.
34 BGHSt 57, 183 m. zust. Anm. *Jahn* JuS 2012, 757 ff; *Leitmeier* NJW 2012, 2850 ff, *Puppe* JR 2012, 477 ff; *Trück* JZ 2013, 179 ff; krit. *Fahl* JuS 2013, 499 ff.
35 BGHSt 57, 183 (4. Strafsenat); BGH NStZ 2018, 206 (1. Strafsenat); BGH NStZ 2019, 208 (5. Strafsenat).

Auffangtatbestand für Umstände sein, die den Mordmerkmalen nahe stehen.[36] Einen besonders schweren Fall soll etwa eine hinrichtungsähnliche Bluttat bilden.[37] Die Regelung zum besonders schweren Fall des Totschlags mit lebenslanger Freiheitsstrafe ist verfassungsrechtlich unter Bestimmtheitsgesichtspunkten problematisch[38] und praktisch weitgehend bedeutungslos: Eine lebenslange Freiheitsstrafe wird nahezu ausschließlich bei Mord verhängt.

Abs. 2 normiert eine **Strafzumessungsregel**, deren Anwendung auch die Berücksichtigung der Täterpersönlichkeit erfordert. Im studentischen **Gutachten** ist daher auf die Vorschrift mangels entsprechender Anhaltspunkte grds. nicht einzugehen. 16

III. Minder schwerer Fall (§ 213)

1. Überblick. Die Vorschrift formuliert einen **teilweise benannten Strafmilderungsgrund,** der hinsichtlich der tatbestandlich umschriebenen ersten Tatvariante zwingend einen milderen Strafrahmen für die Tat nach § 212 vorsieht.[39] Die Vorschrift gilt – schon wegen ihres Wortlauts – nach hM nicht für § 211.[40] 17

2. Erste Tatvariante. Die erste Tatvariante verlangt, dass der Zorn des Täters aufgrund der Provokation – Misshandlung oder schwere Beleidigung der eigenen Person oder eines Angehörigen – verständlich erscheint (sog. **berechtigter Zorn**).[41] Die hierfür erforderliche **Schwere** der Kränkung ist nach objektiven, auf den Lebenskreis der Beteiligten bezogenen Kriterien zu bemessen.[42] 18

Das Merkmal „**zum Zorn gereizt**" wird weit ausgelegt; neben Affekten ieS wird ihm auch ein Handeln aus Wut oder Empörung subsumiert.[43] „**Ohne eigene Schuld**" setzt voraus, dass der Täter die Provokation nicht in vorwerfbarer (dh ihm objektiv zurechenbarer) Weise veranlasst hat.[44] „**Auf der Stelle**" ist der Täter „**zur Tat hingerissen worden**", wenn die Tat noch als maßgeblich durch die Provokation beeinflusst erscheint. Hierfür ist kein unmittelbarer zeitlicher Zusammenhang erforderlich.[45] Auf die Provokation ist der Totschlag insbesondere dann nicht mehr zurückführbar, wenn der Täter aus anderen Gründen zur Tatbegehung veranlasst wurde. 19

Eine Strafmilderung nach der ersten Tatvariante setzt voraus, dass die genannten Umstände auch **objektiv gegeben** sind.[46] Die Strafrahmenmilderung ist, anders als bei der zweiten Tatvariante, nach h. M. zwingend vorgeschrieben.[47] Bei einem Irrtum des Täters kommt nur ein unbenannter Strafmilderungsgrund in Betracht. 20

3. Unbenannter Strafmilderungsgrund. Eine unbenannte Strafmilderung ist anzunehmen, wenn nach dem Gesamteindruck von Tat und Täter und bei Abwägung aller be- 21

---

36 LK-*Rissing-van Saan/Zimmermann*, § 212 Rn 85.
37 BGH bei *Holtz* MDR 1977, 637 (638); zu Einzelheiten vgl *Köhne* Jura 2011, 741; *Momsen* NStZ 1998, 487.
38 BeckOK-*Eschelbach*, 41. Ed., § 212 Rn 54; die Verfassungskonformität freilich bejahend BGH JR 1979, 28 m. krit. Bespr. *Bruhns*.
39 BGH NJW 1995, 1910.
40 BGHSt 2, 258; 30, 105 (118); S/S-*Eser/Sternberg-Lieben* § 213 Rn 3; bzgl § 213 Alt. 1 abw. *Neumann* Eser-FS 431 ff; *Zwiehoff*, Die provozierte Tötung, 2001, 39.
41 Vgl BGH StV 1983, 198.
42 BGH StV 1990, 204; 2011, 368; NStZ 2015, 218 f; 582 ff; *Gössel*/Dölling I § 3/11.
43 Vgl zB BGH NStZ 1982, 27; 2001, 477.
44 Vgl dazu BGH NStZ-RR 2003, 166 (168).
45 Vgl BGH NStZ 1995, 83; W/H/E-*Hettinger* Rn 194; L-*Kühl* § 213 Rn 6.
46 BGHSt 1, 203.
47 BGHSt 25, 222; OK-StGB-*Eschelbach*, § 213 Rn 5; NK-*Neumann/Saliger* § 213 Rn 7; dagegen für eine Gesamtwürdigung SK-*Sinn* § 213 Rn 11; S/S-*Sternberg-Lieben* § 213 Rn 12 a.

und entlastenden Umstände der Regelstrafrahmen des § 212 unangemessen hart erscheint.[48] Insbesondere die Tötung eines nichtehelichen Kindes unmittelbar nach der Geburt, die bis 1998 in dem – durch das 6. StRG leider abgeschafften – Tatbestand der **Kindstötung** (§ 217 StGB a. F.) privilegiert wurde, kann unter § 213 Var. 2 StGB fallen.[49] – Im studentischen **Gutachten** sind freilich diese Voraussetzungen jedoch mangels ausreichender Anhaltspunkte für die erforderliche Würdigung der Täterpersönlichkeit grds. nicht zu prüfen.

IV. Fahrlässige Tötung (§ 222)

22   Wegen fahrlässiger Tötung nach § 222 ist strafbar, wer den Tod des Opfers durch Begehen verursacht oder als Garant durch pflichtwidriges Unterlassen (§ 13) nicht abgewendet hat,[50] obgleich er bei Aufbietung der erforderlichen Sorgfalt den Todeserfolg hätte vermeiden bzw verhindern können. 90 % der fahrlässigen Tötungen werden im Straßenverkehr begangen; insofern ist § 222 StGB fast schon ein Massendelikt.[51] In diesem Bereich spielt die seit 1974 enthaltene Möglichkeit der Verhängung einer Geldstrafe eine besonders große Rolle. – § 222 wirft vor allem Fragen aus dem **Allgemeinen Teil des StGB** auf (Kausalität, objektive Zurechnung, Sorgfaltspflichtverletzung, Vorhersehbarkeit), so daß insoweit auf die einschlägige AT-Literatur verwiesen werden kann.[52]

WIEDERHOLUNGS- UND VERTIEFUNGSFRAGEN

> In welchem gesetzessystematischen Verhältnis stehen die Vorschriften der §§ 211, 212 und 216 zueinander? (Rn 2 ff)

> Wann beginnt, wann endet der strafrechtliche Schutz des Lebens? (Rn 7 f, 9)

> Wonach entscheidet sich, ob ein pränataler Eingriff als Tötungsdelikt anzusehen ist? (Rn 10)

---

48 Näher BGH NStZ-RR 2002, 140; vgl auch BGH NStZ-RR 2006, 270 (271).
49 Dies hat auch der Gesetzgeber so vorgesehen; vgl NK-*Neumann/Saliger* § 213 Rn 23.
50 Zum Problem der fahrlässigen Teilnahme an Suizid und Selbstgefährdung vgl § 4 Rn 6.
51 S/S/W-*Momsen* § 222 Rn, 1.
52 Näher zu Begriff, Aufbau und Voraussetzungen des Fahrlässigkeitsdelikts *Kindhäuser* AT § 33/1 ff; *ders.* LPK § 15 Rn 36 ff.

§ 2 Mord (§ 211)

A. Allgemeines

I. Grund

Der Tatbestand des Mordes nennt kasuistisch die Bedingungen, unter denen ein Tot- 1
schlag als sozialethisch besonders verwerflich gilt.[1] Das RGStGB von 1871 hatte auf
das römisch-rechtliche Kriterium der Tatausführung mit Überlegung als Mordmerkmal
abgestellt, wie es bereits in der Constitutio Criminalis Carolina (1532) enthalten war[2]
und bis heute in zahlreichen Rechtsordnungen maßgeblich ist (zB im Common Law
Englands oder im französischen code penal).[3] Mit der Neufassung des Tatbestands im
Jahre 1941[4] wurde dieses psychologische Mordmerkmal durch drei bis heute geltende
Gruppen von Mordmerkmalen ersetzt: Zwei Gruppen orientieren sich an der **besonderen Verwerflichkeit** der Tötungs**motivation** (1. und 3. Gruppe des § 211 Abs. 2 StGB).
Die zweite Gruppe stellt eher auf die Verwerflichkeit ab, die in der **besonderen Gefähr-
lichkeit** der vom Täter gewählten **Tatmodalitäten** begründet liegt (2. Gruppe des § 211
Abs. 2 StGB). Insoweit nimmt der Tatbestand die deutsch-rechtliche Entwicklungslinie
auf, die den Strafschärfungsgrund in der durch Unehrlichkeit und Heimlichkeit geprägten Verwerflichkeit der Tatbegehung sah.[5]

Die **nationalsozialistische** normative **Tätertypenlehre**, die sich in der bis heute vorhan- 2
denen Einbeziehung des Begriffs „Mörder" in § 211 Abs. 1 StGB und des „Totschlä-
gers" in § 212 Abs. 1 StGB widerspiegelt, konnte insofern im Einzelfall eine entweder
strafbarkeitseinschränkende oder -ausdehnende Funktion besitzen: Wer ein Mordmerkmal des § 211 StGB erfüllte, wurde nicht zwangsläufig wegen Mordes bestraft.
Vielmehr musste er zusätzlich einem besonderen kriminologischen Typus, dem im
„Volksbewußtsein" lebendigen Leitbilds des Mörders entsprechen.[6] Umgekehrt konnten aber auch vom Wortlaut nicht erfasste Taten als Mord bestraft werden, wenn die
handelnde Person dem Typ eines Mörders entsprach.[7] Obwohl § 211 Abs. 1 StGB seit
1941 bis heute unverändert gilt, ist diese Tätertypenlehre kriminologisch überholt und
wegen ihrer totalitären Wurzeln obsolet, wie man auch seit 1945 in der praktischen
Rechtsanwendung keine Tätertypenprüfung und -korrektur mehr vornimmt.[8] Der nationalsozialistische § 211 StGB enthielt noch einen **minder schweren Fall des Mordes**
(statt Todesstrafe lebenslange Freiheitsstrafe), der 1953 abgeschafft wurde, da unter
dem Grundgesetz und der EMRK ohnehin keine Todesstrafe mehr verhängt werden
darf. Es ist aber ein bis heute **schwerwiegender Gerechtigkeitsmangel** des Gesetzes,
dass § 211 StGB keinen minder schweren Fall des Mordes, dh keine strafzumessungs-
rechtliche Ausnahmevorschrift für Härtefälle und sonstige einzelfallgerechte Lösungen

---

1 S/S-*Eser/Sternberg-Lieben* Vor § 211 Rn 4; *Köhler* GA 1980, 121 ff; teils wird auch mehr die besondere Gefährlichkeit (Arzt/Weber/Heinrich/*Hilgendorf* § 2/21), teils mehr das Missverhältnis von Zweck und Mittel
 (*Schroeder* JuS 1984, 275 [277]) betont; vgl umfassend zu den Grundlagen der erhöhten Verwerflichkeit einer
 Tötung *Hauck* HRRS 2016, 230 ff.
2 Vgl auch Art. 137 Constitutio Criminalis Carolina (CCC) von 1532; vgl auch *Hauck* HRRS 2016, 236 ff.
3 Vgl *Mitsch/Giraud*, ZJS 2013, 567.
4 RGBl I, 549.
5 Näher *Thomas*, Die Geschichte des Mordparagraphen, 1985; Überblick bei M-*Schroeder*/Maiwald I § 2/1 ff; vgl
 zu einer möglichen Reform der Tötungsdelikte *Deckers/Fischer/König/Bernsmann* NStZ 2014, 9 ff; *Hauck* HRRS
 2016, 230 ff; *Mitsch* JR 2015, 122 ff; *Walter* NStZ 2014, 368 ff.
6 Vgl dazu *Küper* JZ 1991, 910, 912.
7 Lehrreich *Küper* JZ 1991, 910, 912.
8 LK-*Rissing-van Saan*, Vor § 211 Rn 119.

enthält, mag auch die Rechtsprechung über die sog. Rechtsfolgenlösung[9] praeter legem einen Ausweg aus diesem Dilemma gefunden haben. Eine vom damaligen Bundesjustizminister Maas (SPD) angestoßene, von einer Expertenkommission[10] begleitete **Reform** der Tötungsdelikte **scheiterte** 2016 sowohl an einem übergreifenden rechtspolitischen Konsens im Parlament (keine Zustimmung der Regierungspartei CDU)[11] als auch an den streckenweise deutlich divergierenden, uneinheitlichen Lösungsansätzen der Rechtswissenschaft, die dem Gesetzgeber offenbar keine Orientierung geben konnten.[12] So ist auf absehbare Zeit keine Reform der §§ 211, 212 zu erwarten.[13]

II. Fallgruppen

3   Die den Mord kennzeichnende sozialethische Verwerflichkeit eines Totschlags liegt insbesondere darin, dass der Täter zur Verfolgung seines Ziels das Leben anderer instrumentalisiert.[14] Diese Verwerflichkeit wird in drei Fallgruppen konkretisiert:

- durch das **Motiv** (1. Gruppe: Mordlust, Befriedigung des Geschlechtstriebs, Habgier oder sonstige niedrige Beweggründe),
- die gefährliche oder unmenschliche Art der **Tatausführung** (2. Gruppe: heimtückisch, grausam oder mit gemeingefährlichen Mitteln) und
- die deliktische **Zielsetzung** (3. Gruppe: Ermöglichung oder Verdeckung einer Straftat).

4   Die Merkmale der 1. und 3. Gruppe sind täterbezogene (besondere persönliche) Unrechtsmerkmale des subjektiven Tatbestands;[15] im Falle einer Beteiligung ist § 28 anzuwenden.[16] Demgegenüber sind die Merkmale der 2. Gruppe tatbezogene Merkmale des objektiven Tatbestands.

III. Sanktion

5   Der Mordtatbestand sieht als Sanktion ausschließlich lebenslange Freiheitsstrafe vor.[17] Durch diese **absolute Strafdrohung** darf jedoch das Prinzip, dass die Strafe in einem gerechten Verhältnis zur Schwere der Tat und zum Maß der Schuld stehen muss, nicht umgangen werden.[18] Deshalb darf nach den Vorgaben des BVerfG auch bei der Verwirklichung von Mordmerkmalen keine unverhältnismäßig hohe und nicht mehr schuldangemessene Strafe verhängt werden.[19] Besondere Schwierigkeiten werfen die Merkmale der Heimtücke und der Verdeckungsabsicht auf. Die sich damit stellende Aufgabe, bei der Gesetzesanwendung dem verfassungsrechtlichen Schuld- und Verhältnismäßigkeitsprinzip hinreichend Rechnung zu tragen, wird in Rechtsprechung und Schrifttum unterschiedlich gelöst:

---

9 Unten Rn 6.
10 Vgl den Abschlußbericht der Expertengruppe zur Reform der Tötungsdelikte (§§ 211–213, 57a StGB), abrufbar im Internet unter www.bmjv.de.
11 Der Spiegel, 21/2016, S. 22.
12 Zum vorgelegten Referentenentwurf vgl NK-*Neumann*, Vorbemerkungen zu § 211 Rn 169–170.
13 *Mitsch* HdS IV § 1 Rn 2, 14.
14 Vgl auch NK-*Neumann* Vor § 211 Rn 152.
15 Vgl BGHSt 1, 368 (371); 22, 375 (377); *Paeffgen* GA 1982, 255; abw. *Köhler* JuS 1984, 762 (763): Schuldmerkmale.
16 Näher hierzu unten Rn 52 ff.
17 Nunmehr relativiert durch § 57a; vgl auch BVerfGE 45, 187; 86, 288.
18 Vgl NK-*Neumann* § 211 Rn 1.
19 BVerfGE 45, 187 (259 ff); 54, 100 (109); Zweifel an der Verfassungsmäßigkeit des § 211 bei *Mitsch* JZ 2008, 336 ff.

■ Die Rechtsprechung vertritt eine **Rechtsfolgenlösung**, der zufolge die Strafe nach §49 Abs. 1 Nr. 1 zu mildern ist, wenn aufgrund „außergewöhnlicher Umstände" die Verhängung einer lebenslangen Freiheitsstrafe „als unverhältnismäßig erscheint".[20] Als solche außergewöhnlichen Umstände kommen zB in Betracht: eine notstandsnahe Tatsituation, tiefes Mitleid, große Verzweiflung, eine längere, schwere Kränkung oder auch ein vom Opfer zu verantwortender Konflikt.[21] Diese Lösung wird jedoch im Schrifttum zu Recht unter Berufung auf die Verfassung weitgehend abgelehnt, da sie im Gesetz keine Grundlage finde.[22] Sie ist aber auch von ihrem eigenen Ansatz her problematisch, da eine Milderung der lebenslangen Freiheitsstrafe nach §49 Abs. 1 Nr. 1 zu einer Mindeststrafandrohung von drei Jahren führt, die – unter Umgehung von §213 – deutlich unter derjenigen des Totschlags nach §212 (fünf Jahre) liegt. Außerdem ist der Rückgriff auf „außergewöhnliche Umstände" vage. Ungeklärt bleibt auch, warum die Strafmilderung nur sehr eng begrenzt bei der Heimtücke, nicht aber bei anderen Mordmerkmalen zum Zuge kommen darf.[23]   6

■ In der Literatur wird teils eine **Typenkorrektur** befürwortet, die eine Verurteilung nur zulassen will, wenn die Tatbestandsverwirklichung unter Berücksichtigung aller Umstände als sozialethisch besonders verwerflich erscheint. Eine Variante dieser Lehre verlangt den positiven Nachweis besonderer Verwerflichkeit (sog. positive Typenkorrektur);[24] überwiegend wird jedoch nur gefordert, dass §211 nicht eingreift, wenn aufgrund besonderer Umstände die Verwerflichkeit der Tat trotz eines verwirklichten Mordmerkmals zu verneinen ist (sog. negative Typenkorrektur).[25] Nach beiden Auffassungen kommt den Mordmerkmalen also nur eine indizielle Bedeutung zu. Eine solche Lösung ist jedoch kaum mit dem Prinzip der Tatbestandsbestimmtheit zu vereinbaren, da sie an die Stelle regelgebundenen Entscheidens einen moralischen Wertungsakt des Richters setzt.[26]   7

■ Als überzeugender Ausweg aus der momentanen Gesetzeslage bleibt – bis zu einer Reform der Tötungsdelikte – letztlich nur die von der hL befürwortete möglichst **restriktive Auslegung** der einzelnen Mordmerkmale[27] in strenger Ausrichtung an den Leitprinzipien besonderer Verwerflichkeit.   8

IV. Unterlassen

Der Mordtatbestand kann grds. auch durch Unterlassen verwirklicht werden, sofern beide zentralen Voraussetzungen des §13 – rechtliche Einstandspflicht und Entspre-   9

---

20 BGHSt 30, 105; BGH JZ 1983, 967 m.Anm. *Hassemer*; *Reichenbach* Jura 2009, 176 ff; offen haltend, ob diese Lösung auch für andere Merkmale als das der Heimtücke gilt BGH NStZ 2016, 469 (470) m.Anm. *Hinz* JR 2016, 576 ff.

21 Vgl BGH NStZ 1995, 231; verneinend bei Habgier BGH NJW 1997, 807.

22 *Günther* NJW 1982, 353; *Hirsch* Tröndle-FS 19 (28 f); *Küper* JuS 2000, 740 (746); *Mitsch* JuS 1996, 121 f; *Müller-Dietz* Nishihara-FS 248 (254 ff); zust. *Frommel* StV 1982, 533; *Rengier* NStZ 1982, 225 (226 f); MK-*Schneider* §211 Rn 44 ff; *Weigend* Hirsch-FS 917 (920).

23 OK-StGB-*Eschelbach* §211 Rn 121.

24 *Lange* Schröder-GS 217 (218 ff).

25 S/S-*Eser/Sternberg-Lieben* §211 Rn 10; *Geilen* JR 1980, 309; *Saliger* ZStW 109 (1997), 302 (332 ff); SK-*Sinn* §211 Rn 6 ff, jew. mwN.

26 NK-*Neumann* Vor §211 Rn 160. Zur Kritik vgl auch Arzt/Weber/Heinrich/*Hilgendorf* §2 Rn 15; LK-*Jähnke*, 11. Aufl., Vor §211 Rn 37; abl. auch BGHSt 30, 105 (115); 41, 358 (361).

27 W/H/E-*Hettinger* Rn 153; *Müller-Dietz* Nishihara-FS 248 (251); NK-*Neumann* §211 Rn 1; SK-*Sinn*, §211 Rn 8; umf. Nachweise zur Heimtücke bei Küper/*Zopfs* 194 ff; vgl Krey/*Hellmann*/Heinrich I Rn 49 ff m. einer ausführlichen Darstellung.

chung von Tun und Unterlassen – erfüllt sind.[28] Dies kann etwa bei den niedrigen Beweggründen und der Grausamkeit, nicht aber bei der Heimtücke der Fall sein, da es bei ihr an der Modalitätenäquivalenz fehlt.[29]

B. Definitionen und Erläuterungen

I. Mordmerkmale der 1. Gruppe

1. Mordlust

▶ **Fall 1:** A hielt sich abends in einer fast menschenleeren Bahnhofshalle auf. Er erinnerte sich an einen Zeitschriftenartikel, in dem über die Tötung einer alten Frau durch zwei Jugendliche berichtet worden war. In diesem Augenblick ging die 21-jährige W an ihm vorbei zur Toilette. Als er W sah, entschloss er sich, sie zu töten. Hierbei ließ er sich ausschließlich von dem Willen leiten, einen Menschen vom Leben zum Tode zu befördern. Er wartete einen Augenblick und ging dann ebenfalls die Treppe zur Toilette hinunter. In der Damentoilette packte er die am Waschbecken stehende W mit beiden Händen fest am Hals, um sie zu erwürgen. Der W gelang es jedoch, den Angriff abzuwehren und zu entkommen.[30] ◀

10   ■ Aus **Mordlust** tötet, wem es in erster Linie darauf ankommt, einen Menschen sterben zu sehen.[31]

11   Typisch ist ein Handeln aus Freude an der Vernichtung eines Menschenlebens,[32] Langeweile, Angeberei oder Mutwillen, vor allem aber ohne einen (in der Person des Opfers oder der Situation liegenden) Tatanlass.[33] Beispielhaft ist die Situation in **Fall 1**, in der A ohne irgendeinen in der Person des Opfers liegenden Grund nur um des Tötens willen versuchte, die W zu erwürgen. Hieran zeigt sich die für Mordlust typische, vom individuellen Opfer losgelöste Missachtung fremden Lebens.

2. Befriedigung des Geschlechtstriebs

▶ **Fall 2:** Angeregt durch einen Film, fasste B den Plan, an einsamer Stelle ein Mädchen „still" zu machen und mit der Bewusstlosen dann geschlechtlich zu verkehren. Er steckte ein Beil ein, schlug im Dunkeln eine radfahrende Frau nieder, schleppte die Bewusstlose beiseite, tötete sie mit weiteren kräftigen Beilschlägen und befriedigte sich sodann an der Leiche.[34] ◀

12   ■ Zur **Befriedigung des Geschlechtstriebs** tötet, wer sich durch den Tötungsakt als solchen oder an der Leiche sexuelle Befriedigung verschaffen will oder mit dem Tod des Opfers bei einer Vergewaltigung rechnet.[35]

13   Die Verwerflichkeit dieser Mordart liegt darin, dass das Leben eines Menschen der Befriedigung des Sexualtriebs untergeordnet wird und auch eine besondere Gefährlich-

---

28 BGHSt 19, 167; S/S-*Eser/Sternberg-Lieben* § 211 Rn 3; einschr. *Arzt* Roxin-FS I 855 ff; ausf. zur Problematik *Rauber*, Mord durch Unterlassen?, 2008.
29 SK-*Sinn*, § 211 Rn 51.
30 BGHSt 34, 59.
31 BGHSt 34, 59 (61); BGH NJW 2002, 382 (384); *Otto* § 4/5.
32 BGHSt 34, 59; BGH NJW 1953, 1440; BGH NStZ 2008, 94.
33 Vgl BGH NStZ 1994, 239; *Otto* § 4/5; zu weitgehend BGHSt 47, 128 (133), der bereits das bloße Fehlen eines Motivs ausreichen lässt; ausf. *Kühl* JA 2009, 566 f.
34 BGHSt 7, 353.
35 BGHSt 7, 353; 19, 101 (105); BGH NJW 1982, 2565; *Kühl* JA 2009, 566 (568).

keit des Täters zum Ausdruck kommt. Die Norm ist verfassungskonform.[36] – Von dieser Tatvariante werden neben dem eigentlichen Lustmord und sexuell motivierten Kannibalismus[37] auch – wie in **Fall 2** – der sexuelle Missbrauch der Leiche und die Vergewaltigung mit bedingtem Tötungsvorsatz umfasst. Nach der Rechtsprechung reicht es aus, wenn der Täter erst bei der späteren Betrachtung des Videos vom Tötungsakt und Umgang mit der Leiche Befriedigung finden will; in diesem Fall sei auch ein unmittelbarer zeitlich-räumlicher Zusammenhang zwischen der Tötung und der bezweckten Triebbefriedigung nicht erforderlich.[38]

Die Person, auf die sich das sexuelle Begehren bezieht, muss mit dem Tötungsopfer identisch sein.[39] Ob der Täter die angestrebte sexuelle Befriedigung erreicht, spielt keine Rolle. Jedoch ist es keine Tötung zur Befriedigung des Geschlechtstriebs, wenn das Handeln nur der Erregung sexueller Lust dient oder der Wut über die Verweigerung des Geschlechtsverkehrs entspringt.[40] In diesen Fällen kann aber ein „sonstiger niedriger Beweggrund" gegeben sein. Gleichermaßen nicht einschlägig ist die Tötung des Opfers, um so die sexuelle Nötigung eines Dritten zu ermöglichen. Hier kann eine Ermöglichungsabsicht im Sinne der 3. Fallgruppe vorliegen.

3. Habgier

▶ **FALL 3:** C, der dringend Bargeld benötig, beobachtet, wie die Rentnerin R an einem Bankautomaten 100 Euro abhebt. Um an das Geld zu kommen, verfolgt er sie und schlägt sie in einem Park mit einem herumliegenden Knüppel nieder. Hierbei geht er zutreffend davon aus, dass sich R tödliche Verletzungen zuziehen werde. ◀

■ Unter **Habgier** ist ein rücksichtsloses Streben nach materiellen Gütern zu verstehen, also ein Gewinnstreben „um jeden Preis".[41]   14

Dem Täter muss es in erster Linie um die Erlangung eines wirtschaftlichen Vorteils gehen, wobei zumindest die Aussicht auf diesen Gewinn unmittelbar durch den Tod begründet werden muss.[42] Exemplarisch: der sog. Raubmord[43] (**Fall 3**), die Tötung gegen Entgelt[44] oder um der Erlangung einer Lebensversicherung oder Erbschaft willen.[45] Eine hemmungslose Eigensucht in diesem Sinne kann auch bei Taten im Affekt gegeben sein.[46] Der Gewinn braucht – wie in **Fall 3** – nicht beträchtlich zu sein.[47] Er kann auch in der Ersparung von Aufwendungen, etwa der Befreiung von einer Unterhalts-   15

---

36 BVerfG NJW 2009, 1061.
37 BGH JR 2018, 585 m krit. Bespr *Hinz*; BGH NJW 2019, 449 m. abl. Bespr. *Kudlich*.
38 BGHSt 50, 80 ff m. krit. Anm. *Otto* JZ 2005, 799 f; abl. *Kreuzer* MschrKrim 2005, 412 (422 f); *Schiemann* NJW 2005, 2350 ff.
39 BGH GA 1963, 84; *Mitsch* JuS 1996, 121 (123); *Otto* § 4/10; *Rengier* II § 4/12; M/R-*Safferling* Rn 13; aA M-*Schroeder*/Maiwald I § 2/32.
40 S/S-*Eser/Sternberg-Lieben* § 211 Rn 16; LK-*Rissing-van Saan*/Zimmermann, § 211 Rn 15; NK-*Neumann* § 211 Rn 11.
41 BGHSt 10, 399; 29, 317 (318); BGH NStZ 1993, 385; NJW 1995, 2365 (2366); 2001, 763; näher *Köhne* Jura 2008, 805 ff; *Kühl* JA 2009, 566 (570 ff).
42 BGH NJW 1993, 1664; 2001, 763.
43 BGHSt 39, 159 (160).
44 BGH NJW 1993, 1664 (1665); NStZ 2006, 34 (35).
45 BGHSt 42, 301 (303 f); zur Problematik des sog. Motivbündels vgl BGHSt 50, 1 (7 f) m.Anm. *Jäger* JR 2005, 477 und krit. Bespr. *Kraatz* Jura 2006, 613 (614); BGH NStZ 2005, 332 (333 f); 2006, 288 (289); NK-*Neumann* § 211 Rn 13.
46 BGHSt 3, 132; W/H/E-*Hettinger* Rn 111.
47 BGHSt 29, 317 (318); S/S-*Eser/Sternberg-Lieben* § 211 Rn 17; *Gössel*/Dölling I § 4/45.

pflicht,[48] liegen. Ohne Belang ist zudem, ob der Täter einen Anspruch auf die Leistung hat.[49] Das Vorliegen einer notstandsähnlichen wirtschaftlichen Notlage kann der Annahme von Habgier entgegenstehen.[50] Auch kommt es einem drogenabhängigen Täter nicht in der erforderlichen Weise gerade auf den wirtschaftlichen Wert der Beute an, wenn er in den Besitz einer Rauschgiftdosis zum Eigenkonsum gelangen will.[51]

4. Sonstige niedrige Beweggründe

▶ **FALL 4:** D wird steckbrieflich wegen eines von ihm begangenen Verbrechens gesucht. Um sich eine neue Identität zu verschaffen, tötet er den alleinlebenden und ihm sehr ähnlich sehenden O, um sich dessen Papiere anzueignen. ◀

16   ■ **Sonstige niedrige Beweggründe** sind Motive, die als besonders verwerflich erscheinen.

17   Nach der weithin anerkannten Formulierung des BGH sind dies Motive, die nach allgemeiner sittlicher Wertung auf tiefster Stufe stehen, durch hemmungslose, triebhafte Eigensucht bestimmt und deshalb besonders verwerflich, ja verächtlich sind.[52]

18   Erforderlich ist eine **Gesamtwürdigung** aller äußeren und inneren für die Handlungsantriebe des Täters maßgeblichen Faktoren;[53] für die Bewertung sind u.a. die Umstände der Tat, die Lebensverhältnisse des Täters und vor allem das Missverhältnis zwischen Tatanlass und -zweck maßgeblich.[54] Im Wesentlichen lassen sich die niedrigen Beweggründe in zwei Gruppen unterteilen[55]:

19   ■ Auf der einen Seite stehen die Konstellationen, in denen die Tat **nicht mehr als verständliche Reaktion** auf die Situation erscheint.[56] Dies gilt vor allem für Motive wie Neid, Rache oder Wut, die dann als niedrige Motive anzusehen sind, wenn die konkreten Lebensumstände keinen begreiflichen Anlass zur Tat bieten.[57] Ein niedriger Beweggrund kann auch bei einem besonders brutalen Tatbild vorliegen, wenn der Täter das Opfer in einer menschenverachtenden Weise tötet, bei der das Opfer nicht mehr ansatzweise als Person, sondern nur noch wie ein beliebiges Objekt behandelt wird.[58] Eifersucht ist verwerflich, wenn der Täter das Opfer tötet, weil er es keinem anderen gönnt, während ein Handeln aus Verzweiflung nicht aus einem niedrigen

48 BGHSt 10, 399; 50, 1 (10); NK-*Neumann* § 211 Rn 21 f; MK-*Schneider* § 211 Rn 66; abl. *Mitsch* HdS IV § 1 Rn 22; SK-*Sinn* § 211 Rn 19.
49 S/S-*Eser/Sternberg-Lieben* § 211 Rn 17; LK-*Jähnke*, 11. Aufl., § 211 Rn 8; aA Arzt/Weber/Heinrich/*Hilgendorf* § 2/60; *Mitsch* JuS 1996, 121 (124).
50 Vgl NK-*Neumann* § 211 Rn 17; M-*Schroeder*/Maiwald I § 2/33.
51 *Alwart* JR 1981, 293 ff; NK-*Neumann* § 211 Rn 17; *Paeffgen* GA 1982, 255 (264 f); aA BGHSt 29, 317 (318 f); LK-*Jähnke*, 11. Aufl., § 211 Rn 8.
52 BGHSt 3, 132 f; BGH NStZ-RR 2006, 140; NStZ 2008, 273 (275); NStZ 2013, 337 (338); *Fischer* § 211 Rn 14a; W/H/E-*Hettinger* Rn 112; krit. *Köhne* Jura 2008, 805 (808 f); ausf. zur Kasuistik *Kühl* JuS 2010, 1041 f.
53 BGH NStZ 2003, 146 (147); NStZ-RR 2006, 340 (341); 2007, 111 m.Bespr. *Heintschel-Heinegg* JA 2007, 386 ff.
54 BGHSt 35, 116 (127); BGH NJW 2002, 382 (383); *Altvater* NStZ 2006, 86 (89 f).
55 Vgl auch zu den Fallgruppen M/R-*Safferling* § 211 Rn 27.
56 NK-*Neumann* § 211 Rn 27 f; *Rengier* II § 4/17; SK-*Sinn* § 211 Rn 12, 20; zum Verschulden der Situation durch den Täter BGHSt 28, 210 (212); zum Merkmal der Rache instruktiv BGHSt 56, 11 (19 f).
57 Vgl BGHSt 2, 60 (63); 3, 180 (182 f); BGH NStZ 2006, 97 f; NJW 2006, 1008 (1011) m. zust. Bespr. *Küper* JZ 2006, 608 (610 f); JuS 2012, 562 (565); zum Abreagieren frustrationsbedingter Aggressionen an einem unbeteiligten Opfer BGHSt 47, 128 (132).
58 BGHSt 60, 52 (55 f) m. Anm. *Drees* NStZ 2015, 35 f; *Grünewald* HRRS 2015, 162 ff; krit. *Bartsch* StV 2015, 718 ff.

Beweggrund erfolgt.[59] Verwerfliche Motive sind ferner Ausländerfeindlichkeit[60] und Rassenhass.[61] Ursprünglich wurden Wertvorstellungen, die durch andere Kulturen geprägt sind, von der Rechtsprechung eher als entlastend berücksichtigt.[62] Nunmehr dienen die Anschauungen und Wertvorstellungen der Bundesrepublik in der Rechtsprechung als Maßstab für die Annahme niedriger Beweggründe, es sei denn, der Täter kannte diese Wertvorstellungen nicht oder konnte sie aus überzeugenden Gründen nicht nachvollziehen.[63]

- Zur zweiten Gruppe gehören die Fälle, in denen der Täter aus **krasser Eigensucht** gerade die Tötung des Opfers zur Erreichung seiner Ziele einsetzt, also das Leben anderer rücksichtslos **instrumentalisiert**.[64] Exemplarisch sind die Tötung des einem Liebesverhältnis entgegenstehenden Ehegatten[65] oder – wie in **Fall 4** – die Tötung eines Unbekannten zur Identitätstäuschung.[66] In Betracht kommt ferner eine Tötung aus Imponiergehabe[67] oder zur Verdeckung einer Handlung, die der Täter zwar nicht für strafbar, wohl aber für ehrenrührig hält.[68] Politisch motivierte Tötungen, die im vermeintlichen Allgemeininteresse erfolgen, sind regelmäßig mangels der für den niedrigen Beweggrund typischen Eigensucht nicht einschlägig.[69] Spezielle Mordmerkmale der 1. Gruppe verdrängen die niedrigen Beweggründe, sofern ihnen kein weiterer Unrechtsgehalt zukommt.[70]   20

5. Deliktssystematische Einordnung. Die verwerflichen Motive der ersten Gruppe sind **subjektive Unrechtsmerkmale.** Dem Täter müssen die äußeren Umstände bekannt und die Ziele bewusst sein, die sein Tötungsmotiv als besonders verwerflich erscheinen lassen.[71] Ob der Täter seine Motive selbst für niedrig hält, spielt dagegen keine Rolle.[72] Beim Handeln aus Mordlust ist hinsichtlich des Todes direkter Vorsatz erforderlich, da es dem Täter auf den Lustgewinn durch die Tötung ankommen muss.[73] Auf die in der Praxis bedeutsame schuldrelevante Frage, ob der Täter hinsichtlich seiner Motive als steuerungsfähig angesehen werden kann,[74] ist im studentischen Gutachten regelmäßig nicht einzugehen.   21

Das Mordmerkmal muss nicht das einzige Motiv der Tötung sein; es muss jedoch vorherrschen und die Tat prägen.[75]   22

---

59 BGH NStZ 2002, 368; NStZ-RR 2006, 340 (342); BGH JuS 2019, 266 m.Bespr. *Hecker*; *Jäger* JA 2019, 70; BGH NStZ 2019, 204; *Altvater* NStZ 2002, 20 (22 f); *Schütz* JA 2007, 23 ff.
60 BGH NStZ 1994, 124 (125); NJW 2000, 1583 (1584).
61 BGHSt 18, 37 (38 f); BGH NJW 1994, 395.
62 BGH JZ 1980, 238 m.Anm. *Köhler*; BGH StV 1997, 565 (566): Blutrache bei gekränkter Familienehre.
63 Vgl BGH NStZ 2002, 369 f; NStZ-RR 2004, 361 (362); NJW 2006, 1008 (1011) m.Bespr. *Küper* JZ 2006, 608 (610); BGH NStZ 2019, 206; *Grünewald* NStZ 2010, 1 ff; S/S/W-*Momsen* § 211 Rn 31; *Valerius* JZ 2008, 912 ff; *ders.* JA 2010, 481 ff; rechtsvergleichend *Kudlich/Tepe* GA 2008, 92 (94); umf. *Schorn*, Mord aus niedrigen Beweggründen bei fremden soziokulturellen Wertvorstellungen.
64 *Heine*, Tötung aus „niedrigen Beweggründen", 1988, 220 ff; NK-*Neumann* § 211 Rn 29.
65 BGHSt 3, 132 ff; BGH NJW 1955, 1727; JZ 1987, 474.
66 BGH NStZ 1985, 454.
67 BGH NStZ 1999, 129 f.
68 Vgl BGH NStZ 1997, 81; krit. zur Ausdehnung des niedrigen Beweggrunds auf „verdeckungsnahe Motive" durch die Rechtsprechung (zB BGHSt 35, 116 [121 f]; BGH NJW 1992, 919 [920]) NK-*Neumann* § 211 Rn 37.
69 Vgl BGH NStZ 1993, 341 (342); S/S-*Eser/Sternberg-Lieben* § 211 Rn 20; aA LK-*Jähnke*, 11. Aufl., § 211 Rn 27; *Otto* § 4/16; diff. S/S/W-*Momsen* § 211 Rn 30; zusammenfassend *Selle* NJW 2000, 992.
70 BGH NStZ-RR 2018, 76 m Bespr. *Bosch* Jura 2018, 533.
71 BGH NJW 2002, 382 (383); NStZ-RR 2006, 340 (341); NStZ 2012, 691 (692); krit. SK-*Sinn* § 211 Rn 28.
72 BGH NJW 1994, 2629 (2630); NStZ 2001, 87; JuS 2012, 562 (565).
73 BGH bei *Dallinger* MDR 1974, 546 (547); BGH NJW 2002, 382 (384); SK-*Sinn* § 211 Rn 13.
74 Vgl BGHSt 35, 116 (121); BGH NJW 2002, 382 (383 f); NStZ-RR 2006, 234 f.
75 BGHSt 42, 301 (304); BGH NStZ 1997, 81; NJW 2001, 763; NStZ-RR 2004, 14 (15).

II. Mordmerkmale der 2. Gruppe

1. Heimtückisch

▶ **Fall 5:** A ergriff während eines nächtlichen Streits mit seiner Ehefrau E, in dessen Verlauf er ihr eine Ohrfeige gegeben und sie mit einem Griff an ihren Hals zurückgestoßen hatte, ein auf einem Stuhl in der Wohnküche liegendes Handtuch und warf es blitzschnell der rückwärts in das Schlafzimmer ausweichenden Frau in der Absicht, sie zu töten, über den Kopf und um den Hals, verknotete es und zog es fest zusammen. Dann warf er die E auf ihr Bett. Sie starb sogleich infolge der Strangulation.[76] ◀

▶ **Fall 6:** Im Rahmen eines Streitgesprächs trat T von hinten an seine Bekannte B heran und nahm sie mit seinem rechten Unterarm in einen Halswürgegriff. B erlitt hierdurch leichtere Verletzungen der inneren Halsorgane. Mit dem linken Arm ergriff er mit (erst jetzt sicher nachweisbarem) Tötungsvorsatz ein Küchenmesser und versetzte ihr zwei Stiche in den Bauchbereich, die die Leber kreuzförmig durchstachen. Danach löste er den Unterarmgriff und versetzte ihr eine Vielzahl weiterer Stiche in Rücken und Bauch. B starb in wenigen Minuten infolge des Blutverlustes.[77] ◀

23 ■ **Heimtückisch** tötet, wer die objektiv gegebene Arg- und Wehlosigkeit des Opfers in feindseliger Willensrichtung bewusst zur Tötung ausnutzt.[78]

24 **a) Merkmale:** Die Heimtücke ist ein praktisch wichtiges, schwieriges und wissenschaftlich umstrittenes Mordmerkmal.[79] Die eben genannte Definition stellt richtigerweise auf die Gefährlichkeit einer heimtückischen Vorgehensweise für das in seinen **Abwehr- und Selbstschutzmöglichkeiten eingeschränkte Opfer** ab.[80] Das Opfer wird durch die Vorgehensweise des Täters quasi außer Stand gesetzt, seine natürlichen Selbstverteidigungsrechte, vor allem sein Notwehrrecht, ausüben zu können.[81] Im Einzelnen gilt:

25 ■ Das Opfer ist **arglos**, wenn es in der Tatsituation (vor der ersten Handlung des Täters) keinen Angriff auf Leib und Leben befürchtet.[82] Hierfür ist nicht erforderlich, dass das Opfer bewusst davon ausgeht, vor dem Täter sicher zu sein.[83] Auch vorherige verbale und ggf auch tätliche Auseinandersetzungen stehen einer Arglosigkeit nicht entgegen, wenn das Opfer – etwa aufgrund einer zeitlichen Zäsur – mit keinem (weiteren) Angriff auf seine körperliche Integrität rechnet.[84] Hier ist, ebenso wie in Fällen, in denen der Täter das Opfer warnt, der entscheidende Punkt, ob wegen der Kürze der Zeit zwischen dem Erkennen der Gefahr und dem Angriff noch

---

76 Nach BGHSt 20, 301.
77 Nach BGH NStZ 2006, 502.
78 HM, vgl BGHSt 2, 60 (61); 41, 72 (78 f); 50, 16 (28); BGH NStZ 2008, 273 (274); NStZ-RR 2015, 12; Überblick bei *Altvater* NStZ 2002, 20 (22 f); *Kaspar* JA 2007, 699 ff; *Küper/Zopfs*, Rn 323; L-*Kühl* § 211 Rn 6.
79 *Hecker*, JuS 2018, 721.
80 BGHSt 11, 139 (143 f); 30, 105 (116); 39, 353 (368); 41, 72 (78 f); LK-*Jähnke*, 11. Aufl., § 211 Rn 40 ff; *Rengier* II § 4/23; M-*Schroeder*/Maiwald I § 2/43; krit. NK-*Neumann* § 211 Rn 48.
81 *Küper/Zopfs*, BT, Rn 329: Unterlaufen des psycho-physischen ‚Abwehrmechanismus', der ansonsten beim argwöhnisch-misstrauischen Opfer regelmäßig einsetzt.
82 Vgl BGHSt 27, 322 (324); 41, 72 (79); BGH NJW 2006, 1008 (1010) m. zust. Anm. *Küper* JZ 2006, 608 (609 f); 2008, 273 (274); StV 2012, 84 (85); 2015, 285f; Überblick bei *Köhne* Jura 2009, 749 ff.
83 *Dreher* MDR 1970, 248; *Küper* JuS 2000, 740 (745); SK-*Sinn* § 211 Rn 40.
84 BGHSt 20, 301 (302); 39, 353 (368 f); BGH NStZ-RR 2006, 235 (236); JuS 2012, 562 (564 f); BGH NStZ-RR 2018, 45; zur Konfrontation zwischen Polizisten und einer aggressiv gestimmten Menschenmenge BGHSt 41, 72 (79).

Zeit zu einer Verteidigungsreaktion bleibt.[85] Kann das Opfer zu Beginn des Angriffs nichts entgegensetzen, so ist Heimtücke auch dann anzunehmen, wenn das Opfer im weiteren Verlauf des Kampfgeschehens Abwehrmaßnahmen zu entfalten vermag.[86] Eine auf früheren Aggressionen und auf einer feindlichen Atmosphäre beruhende latente Angst des Opfers vermag dessen Arglosigkeit nicht zu beseitigen.[87] Die Tötung von Insassen in den Gaskammern der nationalsozialistischen Konzentrationslager stellt einen Heimtückemord dar.[88]

■ Keine Heimtücke ist es jedoch, wenn der durch verdächtige Geräusche geweckte   26
Hausbewohner unvermutet auf einen bewaffneten Einbrecher trifft und von diesem getötet wird.[89] Ferner fehlt es an der Arglosigkeit, wenn das Opfer wegen seines vorherigen Messerangriffs oder erpresserischen Angriffs mit Gegenwehr des sich in einer Notwehrlage befindlichen Täters rechnen muss[90] oder wenn das Opfer von der Tat nicht überrascht wird, da die Ausführung der Tat gerade von seinem Verhalten abhängt.[91] **Schlafende** können arglos sein, da sie ihre Arglosigkeit mit in den Schlaf nehmen.[92] Ein **Bewusstloser** dagegen, der den Eintritt seines Zustands nicht abwenden kann, kann auch nicht in seiner Erwartung, ihm werde nichts geschehen, getäuscht werden.[93] Keine tauglichen Opfer sind ferner Personen, die konstitutionell kein Misstrauen (mehr) entwickeln können. Dies gilt etwa für ihre Umwelt nicht mehr wahrnehmende **Schwerkranke**[94] und **Kleinkinder**,[95] denen erst ab etwa drei Jahren die Fähigkeit zum Argwohn zugeschrieben wird.[96] In diesen Fällen kommt jedoch Heimtücke bei arglistiger Ausschaltung von schutzbereiten Hilfspersonen in Betracht.[97] Abzulehnen ist die von der Rechtsprechung (ausnahmsweise) bejahte Möglichkeit, heimtückisches Vorgehen anzunehmen, wenn der Täter einem Kleinstkind Gift in süßem Brei o.Ä. verabreicht.[98] Die hier ausgeschalteten „natürlichen Abwehrinstinkte" betreffen jedenfalls keinen lebensgefährdenden Angriff.

---

85 BGH NStZ-RR 2016, 43 mit Bespr. *Hecker*, JuS 2017, 364; NStZ-RR 1997, 168; vgl auch BGH NStZ 2006, 96 f; 2006, 97 (98); 2008, 510 (511); *Altvater* NStZ 2005, 22 (24); 2006, 86 (88 f).
86 BGH NStZ 2016, 405.
87 BGH NStZ 2009, 501 (502) m.Bespr. *Hecker* JuS 2009, 79 ff; BGH NStZ 2010, 450; BGH NStZ 2018, 97 m.Bespr. *Hecker* JuS 2018, 721; *Heghmanns* ZiS 2018, 376.
88 Vgl BGHSt 61, 252 m.Bespr. *Brüning* ZJS 2018, 285; *Grünewald* NJW 2017, 500; *Heinrich* Jura 2017, 1367.
89 BGH NStZ 2004, 495 f; *Altvater*, NStZ 2005, 22 (24).
90 BGHSt 48, 207 (209 ff) m. zust. Anm. *Roxin* JZ 2003, 966 und *Widmaier* NJW 2003, 2788 (2790 f) sowie m. krit. Anm. *Schneider* NStZ 2003, 428 ff; krit. auch *Haverkamp* GA 2006, 586 (591 f); *Küper* GA 2006, 310 (311 ff); *Quentin* NStZ 2005, 128 ff.
91 BGH NStZ 2008, 273 (275): Keine Rückzahlung von Schulden im Drogenmilieu; ebenso entfällt Arglosigkeit, wenn sich das Opfer nur über die Intensität des Angriffs irrt: BGH NStZ-RR 2011, 10.
92 BGHSt 8, 216 (218); BGH NStZ 2003, 482 („Haustyrannen-Fall"); 2006, 338 (339); LK-*Jähnke*, 11. Aufl., § 211 Rn 42; diff. *Haverkamp* GA 2006, 586 (587 ff); aA *Kretschmer* Jura 2009, 590 (591 f); *Küper* JuS 2000, 740 (745); zur Problematik auch *Rotsch* JuS 2005, 12 (13).
93 BGHSt 23, 119; 32, 382 (386); BGH NStZ 1997, 490 (491); StV 1998, 545; aA *Kutzer* NStZ 1994, 110 f; NK-*Neumann* § 211 Rn 57; krit. *Otto* Jura 1994, 141 (149).
94 BGH NStZ 1997, 490; 2008, 93 (94) m.Bespr. *Bosch* JA 2008, 389 ff; StV 1998, 545; W/H/E-*Hettinger* Rn 128.
95 BGHSt 3, 330 (332); 18, 37 (38); 32, 382 (387); BGH NStZ 2006, 338 (339); 2013, 158 f.; *Mitsch* Jura 2017, 800.
96 Vgl BGH NJW 1978, 709; NStZ 1995, 230.
97 BGHSt 3, 330 (332); BGH NStZ 2008, 93 (94) m.Bespr. *Bosch* JA 2008, 389 ff; BGH StV 2009, 524 (525) m.Anm. *Neumann*; Krey/Hellmann/Heinrich I Rn 37; NStZ 2013, 158 f m.Anm. *Theile* ZJS 2013, 307 ff; krit. *Mitsch* JuS 2013, 783 ff.
98 BGHSt 8, 216; BGH bei *Dallinger* MDR 1973, 901; abl. *Kaspar/Broichmann* ZJS 2013, 346 (348); NK-*Neumann* § 211 Rn 58; *Rengier* MDR 1980, 1 (5 f) mwN.

27 ■ Das Opfer ist **wehrlos,** wenn es aufgrund seiner Arglosigkeit in seiner Verteidigungsfähigkeit zumindest erheblich eingeschränkt ist.[99] Die Wehrlosigkeit kann ggf durch die Möglichkeit, zu fliehen oder Hilfe herbeizurufen, ausgeschlossen sein.[100]

28 ■ Nach dem Gesetz stellt die Tötung eines wehrlosen Opfers als solches noch keine Heimtücke dar. Die Wehrlosigkeit des Opfers muss vielmehr auf seiner Arglosigkeit beruhen.[101]. An diesem **Kausalzusammenhang** fehlt es etwa, wenn sich das Opfer auch bei rechtzeitigem Erkennen des Angriffs (zB wegen Lähmung) nicht hätte verteidigen können.

29 ■ Maßgeblicher **Zeitpunkt** für die Arg- und Wehrlosigkeit ist der Beginn des Tötungsversuchs.[102] Für Heimtücke reicht es aber aus, wenn die Tat von langer Hand geplant war und der Täter die Arglosigkeit des Opfers schon im Vorbereitungsstadium ausgenutzt hat, um es – zB durch Locken in eine Falle – wehrlos zu machen.[103]

30 ■ Der Täter **nutzt** die Arg- und Wehrlosigkeit des Opfers **aus,** wenn er sein Vorgehen danach berechnend ausrichtet.[104] Heimliches Vorgehen ist – bei Überraschungsangriffen – nicht erforderlich.[105] Auch braucht die schutzlose Lage nicht vom Täter herbeigeführt worden zu sein.[106] Ausreichend ist ferner, dass der Täter den die Arg- und Wehrlosigkeit des Opfers begründenden Zustand lediglich für möglich hält, denn schon in der Vornahme der konkreten Tötungshandlung in der erkannten Situation kann ein Ausnutzen liegen.[107] Die Spontaneität des Tatentschlusses bzw. ein psychischer Ausnahmezustand des Täters können gegen ein Ausnutzungsbewußtsein sprechen.[108]

31 ■ Mit dem Kriterium der **feindseligen Willensrichtung** sollen vor allem Fälle ausgeschlossen werden, bei denen der Täter zum vermeintlich Besten des Opfers handelt.[109] Exemplarisch: Der Täter will einem Todkranken schwere Schmerzen ersparen. [110] Diese Ausnahme greift jedoch nicht, wenn jemand lediglich seine Vorstellung über Würde und Wert des Lebens eines sterbenden Menschen durchsetzen will.[111]

---

99 BGHSt 32, 382 (388); NStZ 2006, 502 (503); 2006, 503 (504).
100 BGHSt 20, 301 (303); LK-*Jähnke,* 11. Aufl., § 211 Rn 44.
101 BGHSt 32, 382 (388); 39, 353 (369); BGH NStZ 2006, 338 (339).
102 BGHSt 23, 119 (121); 32, 382; BGH NStZ 2009, 29 (30); *Küper* GA 2014, 611 ff.
103 BGHSt 22, 77; 32, 382 (386 f); BGH NJW 1991, 1963; NStZ 2015, 31 f m. Anm. *Engländer;* NK-*Neumann* § 211 Rn 66; BGH NStZ 2018, 654 m. zust. Bespr. *Hecker* JuS 2019, 80 u. *Nestler* Jura 2019, 346; näher hierzu *Küper* JuS 2000, 740 (742 ff); vgl auch BGH NStZ 2008, 510 (511 f).
104 BGH NStZ 1987, 554; 2006, 167 (169).
105 BGH NStZ 1984, 261; 1993, 438; NStZ-RR 1997, 168; NStZ 2003, 146 (147); NStZ 2016, 340 f; vgl aber auch BGH NStZ 2007, 268 (269): vorherige Ankündigung.
106 BGHSt 18, 87 (88); 32, 382 (384); BGH NStZ 2006, 338 (339) m.Bespr. *Geppert* Jura 2007, 270 (274); 2014, 639; *Mitsch* JuS 1996, 213.
107 BGH NStZ 2006, 503 (504); zur Versuchsstrafbarkeit in Fällen fehlender, vom Täter aber irrig angenommener Arglosigkeit vgl BGH NStZ 2006, 501 (502); *Küper* JZ 2006, 608 (610); zum Ausnutzungsbewusstsein bei besonderer Erregung des Täters: BGH NStZ 2008, 510 (511 f); StV 2012, 84 (85); NStZ 2014, 574 m.Anm. *Liebhart* und bei Spontantaten: BGH NStZ 2007, 330 f; NStZ-RR 2010, 183; NStZ 2014, 507 ff m.Anm. *Schiemann;* StraFO 2014, 433 f.
108 BGH NStZ 2018, 97 m.Bespr. *Hecker* JuS 2018, 721; *Heghmanns* ZjS 2018, 376.
109 BGHSt 11, 139 (143); 30, 105 (119); 37, 376 (377) m.Anm. *Roxin* NStZ 1992, 35.
110 Zum Fall eines sog. Mitnahmesuizids BGHSt 9, 385 (390); krit. NK-*Neumann* § 211 Rn 73 mwN.
111 BGH StV 2009, 524 (525).

In **Fall 5** verneint der BGH eine Arg- und Wehrlosigkeit der E mit folgender Begründung:[112] Dem Angriff mit dem Handtuch waren andere Tätlichkeiten des A gegen E unmittelbar vorausgegangen, die zwar nichts Lebensbedrohliches an sich hatten, in denen sich aber deutlich eine feindselige Haltung aussprach. A stand der E erregt Auge in Auge gegenüber mit dem Handtuch in der Hand, das er zum Schlagen, aber auch zum Erdrosseln benutzen konnte. Nach dem Vorausgegangenen konnte E mit weiteren heftigen Angriffen rechnen. Hiernach war sie im Augenblick des Angriffs auf ihr Leben nicht mehr arglos. Sie rechnete zwar nicht damit, dass ihr A nunmehr nach dem Leben trachtete. Jedoch ist nicht jeder, der im Laufe einer tätlichen Auseinandersetzung nicht gerade mit einem Angriff auf sein Leben rechnet, allein deswegen schon arglos.

Demgegenüber bejaht der BGH in **Fall 6** Heimtücke auch unter der Voraussetzung, dass T zum Zeitpunkt des Würgens noch keinen Tötungsvorsatz hatte. Zwar wäre in diesem Fall das Opfer zum Zeitpunkt der tödlichen Stiche mit dem Messer nicht mehr arglos gewesen. Die Zeitspanne zwischen dem Erkennen der Gefahr und dem unmittelbaren Tötungsangriff sei aber so kurz gewesen, dass der B keine Möglichkeit geblieben sei, dem Angriff noch irgendwie zu begegnen. Insoweit macht es keinen Unterschied, ob der überraschende Angriff von vornherein mit Tötungsvorsatz geführt wird oder ob der ursprüngliche Handlungswille derart schnell in den Tötungsvorsatz umschlägt, dass der Überraschungseffekt bis zum Zeitpunkt des Angriffs mit Tötungsvorsatz andauert. In einem solchen Fall ist also Heimtücke nicht bereits dadurch ausgeschlossen, dass der Täter seinem Opfer vor der eigentlichen Tötungshandlung offen feindselig entgegentritt.[113]

b) Restriktive Auslegung: Eine verbreitete Ansicht im Schrifttum sieht das entscheidende Moment der Heimtücke weniger in der (opferorientierten) Gefährlichkeit als vielmehr (auch) in der (täterbezogenen) Verwerflichkeit des Handelns und verlangt zusätzlich einen **Vertrauensbruch**.[114] Heimtücke setzt dann voraus, dass die Arglosigkeit des Opfers gerade auf dessen Vertrauen gegenüber dem Täter basiert. Täter kann dann auch nur sein, wem das Vertrauen entgegengebracht wird. Mit Hilfe dieses zusätzlichen Kriteriums soll die für die „Tücke" erforderliche hinterhältig-verschlagene Vorgehensweise erfasst werden. Ferner wird bemängelt, dass ansonsten kein Raum bestehe, um auch entlastende Motive berücksichtigen zu können.[115] Schließlich ließe sich so vermeiden, dass Frauen benachteiligt würden, die in Beziehungskonflikten aufgrund ihrer häufig schwächeren körperlichen Konstitution eine die Verteidigungsmöglichkeiten des Opfers, zB eines Familientyrannen,[116] ausschließende Vorgehensweise ergreifen müssten.[117]   32

Auch wenn eine restriktive Auslegung der Heimtücke geboten ist, vermag der Rückgriff auf in Anspruch genommenes Vertrauen kaum zu überzeugen. Zum einen ist der Begriff des Vertrauens höchst vage.[118] Zum anderen und vor allem aber ist nicht einzu-   33

---

112 BGHSt 20, 301 (302).

113 BGH NStZ 2006, 502 (503); vgl auch BGHR StGB § 211 II Heimtücke 3, 15.

114 S/S-*Eser/Sternberg-Lieben* § 211 Rn 26; *Miehe* JuS 1996, 1000 (1004); *Otto* § 4/25; enger *Jakobs* JZ 1984, 996 (997): Ausnutzen missbräuchlich erlangten Vertrauens.

115 Vgl *Eser*, Gutachten D zum 53. DJT, 1980, 44 ff, 180 ff.

116 Vgl BGH NStZ 1984, 20 (21 f).

117 Vgl *Oberlies*, Tötungsdelikte zwischen Männern und Frauen, 1995, 173 f, 195; *Mitsch* HdS IV § 1 Rn 28; *Otto* § 4/23; *Rengier* II § 4/38 f.

118 BGHSt 30, 105 (116); LK-*Jähnke*, 11. Aufl., § 211 Rn 48; MK-*Schneider* § 211 Rn 197 ff.

sehen, warum der für heimtückisches Vorgehen geradezu typische, aber nicht durch eine Vertrauensbeziehung geprägte Fall des Meuchelmordes nicht erfasst sein sollte.[119]

2. Grausam

▶ **FALL 7:** A hat seine Tochter T trotz und gerade auch wegen ihrer schweren, unheilbaren Erkrankung (Epilepsie), der unvermeidlich damit verbundenen Wesensveränderung und zeitweiligen Hilflosigkeit wochenlang eingesperrt und der Verwahrlosung, dem Hunger und der Kälte ausgesetzt, nachdem er sie vorher gemeinsam mit seinem Sohn aufs schwerste misshandelt hatte. Dies hat A getan, damit seine Tochter rascher sterbe und ihm nicht mehr zur Last falle. Die mit alledem verbundenen Schmerzen und Qualen waren in ihrer Dauer und Häufung weit schwerer zu ertragen als die mit der Todeszufügung an sich meist unvermeidlich verbundenen Schmerzen.[120] ◀

34 ■ **Grausam** tötet, wer dem Opfer aus gefühlloser und unbarmherziger Gesinnung besondere Schmerzen oder Qualen körperlicher oder seelischer Art zufügt, die nach Stärke oder Dauer über das für die Tötung unvermeidliche Maß hinausgehen.[121]

35 Die Grausamkeit muss sich aus den Umständen ergeben, unter denen die Tötungshandlung vollzogen wird. Sofern der Tötung seelische Quälereien vorausgehen, müssen diese jedenfalls noch bis zum Beginn des Tötungsversuchs anhalten.[122] Teilweise zieht die Rechtsprechung jedoch auch vorangehende Misshandlungen mit der eigentlichen Tötungshandlung zu einer grausamen Tötung zusammen.[123] Die dem Opfer zugefügten Schmerzen müssen über das zur Todesverursachung typischerweise erforderliche Maß hinausgehen, es sei denn, dass die vom Täter gewählte Todesart bereits als solche – wie zB beim Ertränken – mit der Zufügung besonderer Qualen oder Schmerzen verbunden ist.[124] Das Mordmerkmal ist jedoch nicht zwangsläufig bei bloß brutalen Vorgehensweisen erfüllt, wie es umgekehrt nicht schon abzulehnen ist, weil dem Täter noch einschneidendere Methoden zur Verfügung gestanden hätten.[125] Maßstab für die Grausamkeit ist die Empfindungsfähigkeit des Opfers; grausam ist daher das Verhungernlassen eines Kleinkindes[126] oder das Anzünden eines Menschen.[127]

In **Fall 7** waren für T die mit den Misshandlungen „verbundenen Schmerzen und Qualen in ihrer Dauer und Häufigkeit weit schwerer zu ertragen als die mit der Todeszufügung an sich meist unvermeidlich verbundenen Schmerzen". Die grausame Gesinnung braucht nicht im Wesen des Täters zu wurzeln; es „genügt, dass sie ihn bei der Tat beherrscht und dass er deshalb die als grausam erscheinenden Handlungen ausführt".[128]

---

119 BGHSt 28, 210 (212); 30, 105 (116); *Geilen* Schröder-GS 235 (253); W/H/E*Hettinger* Rn 130; *Mitsch* JuS 1996, 213 (214); HKGS-*Wenkel* § 211 Rn 16.
120 Nach BGHSt 3, 264.
121 BGHSt 3, 180 (181); 3, 264; *Köhne* Jura 2009, 265 f; *Otto* § 4/36.
122 BGH NJW 1986, 265 (266) m.Anm. *Amelung* NStZ 1986, 265 f; BGH NJW 1988, 2682.
123 BGHSt 37, 40 (41); BGH NJW 1971, 1189 (1190); StV 1997, 565 (566); zust. *Otto* Jura 1994, 150; abl. NK-*Neumann* § 211 Rn 83.
124 *Frister* StV 1989, 343 (344); LK-*Jähnke*, 11. Aufl., § 211 Rn 54; NK-*Neumann* § 211 Rn 75; vgl auch BGH MDR 1987, 623.
125 S/S/W-*Momsen* § 211 Rn 57.
126 BGH NStZ-RR 2009, 173 ff.
127 BGHSt 61, 302.
128 BGHSt 3, 264 f.

3. Mit gemeingefährlichen Mitteln

▶ **FALL 8:** P hatte auf seinem Bett gelegen, geraucht und war dabei eingeschlafen. Als er plötzlich erwachte, stand das Bett in Flammen. Er sprang auf und verließ in Panik das Haus. Als er auf der Straße stand und es in der Wohnung brennen sah, fiel ihm ein, dass sich dort noch zwei Männer befanden. Obwohl er die ihnen drohende Gefahr erkannte, benachrichtigte er weder die Feuerwehr noch die Polizei. Nur einer der beiden Männer konnte entkommen; der andere erstickte.[129] ◀

■ **Gemeingefährlich** ist ein Tötungsmittel, bei dessen konkretem Einsatz der Täter nicht ausschließen kann, eine Mehrzahl von Menschen an Leib und Leben zu gefährden.[130]   36

Die Gemeingefährlichkeit ist dadurch gekennzeichnet, dass der Täter die Wirkungsweise des Tatmittels in der konkreten Situation nicht so kontrollieren kann, dass die Gefährdung weiterer Personen ausgeschlossen ist. Beispielhaft sind eine Brandstiftung, die Gefährdung beliebig vieler Personen durch die Verwendung von Gift oder Sprengstoff sowie Steinwürfe von einer Autobahnbrücke.[131] In Autoraser-Fällen kann durch umherfliegende Trümmer der beteiligten Fahrzeuge eine Gemeingefahr begründet werden,[132] abgesehen davon, dass hier auch die Mordmerkmale der niedrigen Beweggründe (Befriedigung der Raser-und Siegpassion)[133] und der Heimtücke (Arg- und Wehrlosigkeit der ahnungslosen anderen Verkehrsteilnehmer)[134] diskutiert werden. Allerdings kann auch ein typischerweise gemeingefährliches Mittel im Einzelfall mit keiner Gemeingefahr, sondern nur mit einer konkreten Einzelgefährdung verbunden sein; der Täter installiert zB eine Bombe unter dem Hochsitz eines bestimmten Jägers.[135] Ferner reicht es nicht aus, wenn der Täter nur einen Schuss auf eine bestimmte Person abgibt, auch wenn er damit rechnet, in einer Menschenmenge einen unbeteiligten Dritten treffen zu können.[136]   37

Zu **Fall 8:** Das Mordmerkmal verlangt, dass der Täter ein Mittel einsetzt, das in der konkreten Tatsituation eine Mehrzahl von Menschen in Lebensgefahr bringen kann. Die Qualifikation hat ihren Grund in der besonderen Rücksichtslosigkeit des Täters, der sein Ziel durch die Schaffung unberechenbarer Gefahren für andere durchzusetzen sucht. Es genügt daher (auch für einen Mord durch Unterlassen) nicht, dass P nur eine bereits vorhandene gemeingefährliche Situation zur Tat ausnutzt. Dabei macht es keinen Unterschied, ob die Gefahr zufällig entstanden ist oder von einer an dem Tötungs-

---

129 Nach BGHSt 34, 13.
130 BGHSt 38, 353 (354); BGH NStZ 2006, 167 (168); 2006, 503 (504); bedenklich BGH NJW 1985, 1477 ff; enger *v. Danwitz* Jura 1997, 569 ff; begrenzend auf Lebensgefahren *Köhne* Jura 2009, 265 (267 ff); NK-*Neumann* § 211 Rn 85 ff; Mehrfachtötungen fallen nicht zwingend unter das Mordmerkmal, vgl *Zieschang* Puppe-FS 1301 (1318 ff); vermittelnd *Rengier* II § 4/47 ff.
131 BGHSt 38, 353 (355); BGH NStZ-RR 2010, 373 (374): bei Steinwürfen kommt es darauf an, ob größere Schäden drohen; *Otto* § 4/42; vgl auch BGH NStZ 2006, 167 f m.Anm. *Vahle* Kriminalistik 2006, 543: Befahren von Gehwegen und Caféterrassen mit zügigem Tempo.
132 Vgl BGHSt 63,88 (namentlich zur subjektiven Tatseite).
133 Vgl zum Berliner Kudamm-Fall einerseits (verneinend) LG Berlin NStZ 2017, 471 und andererseits (bejahend) LG Berlin, Urt. v. 26.3.2019, Pressemitteilung 18/2019 vom 26.03.2019.
134 Im Berliner Kudamm-Fall bejahend LG Berlin, Urt. v. 26.3.2019, Pressemitteilung 18/2019 vom 26.03.2019.
135 Vgl BGHSt 38, 353 (355).
136 BGHSt 38, 353; *v. Heintschel-Heinegg* JA 1993, 223; *Rengier* JZ 1993, 364.

verbrechen unbeteiligten Person verursacht oder – wie hier – vom Täter selbst ohne Tötungsvorsatz herbeigeführt wurde.[137]

38 **4. Subjektive Tatseite.** Die Merkmale der zweiten Gruppe sind tatbezogene objektive Unrechtsmerkmale. Eine besonders verwerfliche Motivation des Täters ist nicht erforderlich. Daher kommt hier der subjektiven Tatseite keine zusätzliche eigenständige Bedeutung zu. Vielmehr muss der Täter jeweils nur mit (zumindest bedingtem) Vorsatz handeln. Bei der Heimtücke muss er um die Arg- und Wehrlosigkeit wissen, um sie bewusst für sein Vorgehen ausnutzen zu können.[138] Auch die für die grausame Tatbegehung verlangte gefühllose und unbarmherzige Gesinnung erfordert nur, dass der Täter in Kenntnis der Schmerzen oder Qualen seines Opfers handelt.[139]

III. Mordmerkmale der 3. Gruppe

▶ **FALL 9:** B und M hatten den Drogenhändler W durch das wahrheitswidrige Versprechen, Haschisch zu besorgen, zu einer Vorauszahlung von 10.000 Euro veranlasst. Obwohl sie nicht mit einer Strafanzeige durch ihn rechneten, töteten sie ihn, um die 10.000 Euro behalten zu können und (in ihren Kreisen) nicht als „Betrüger" entlarvt zu werden.[140] ◀

39 **1. Überblick.** Die beiden **subjektiven Unrechtsmerkmale** der 3. Gruppe erfassen die finale Verknüpfung der Tötungshandlung mit einer weiteren Straftat:

- Bei der **Ermöglichungsabsicht** setzt der Täter die Tötung als Mittel zur Begehung einer weiteren Straftat ein.

- Bei der **Verdeckungsabsicht** tötet der Täter einen Menschen, um die eigene oder auch eine fremde Bestrafung zu verhindern.

40 **2. Merkmale. a) Straftat:** Die Straftat, die ermöglicht oder verdeckt werden soll, muss **unter Zugrundelegung der Sachverhaltsvorstellungen des Täters** eine strafbare – dh eine tatbestandsmäßige, rechtswidrige und schuldhafte – Tat sein. Eine bloße Ordnungswidrigkeit genügt nicht.[141] Ob die Tat tatsächlich strafbar ist oder wäre, spielt keine Rolle.[142] Dies bedeutet:

- Der Täter handelt auch mit Ermöglichungs- oder Verdeckungsabsicht, wenn er nicht erkennt, dass die betreffende Tat durch Notwehr gerechtfertigt ist oder war.

- Umgekehrt ist das Mordmerkmal nicht erfüllt, wenn der Täter einen Umstand, der die Strafbarkeit objektiv begründet, verkennt;[143] der Täter nimmt zB irrig an, dass die zu verdeckende Tat in einer Notwehrsituation erfolgte.

---

137 BGHSt 34, 13 (14); NStZ 2010, 87 (88); *Rengier* StV 1986, 405 (408) m. Fn. 42; zur Möglichkeit eines entsprechenden Mordes durch Unterlassen: abl. BGHSt 34, 13 f; BGH NStZ 2010, 87 (88) m. abl. Anm. *Bachmann/ Goeck* NStZ 2010, 510; vgl auch *Arzt* Roxin-FS I 855 (858); bejahend *Rauber*, Mord durch Unterlassen?, 2008, 153.

138 BGH NJW 1966, 1823 (1824); 1991, 2975 (2976).

139 BGHSt 3, 264 (265); BGH NStZ 1982, 379; S/S-*Eser/Sternberg-Lieben* § 211 Rn 37; LK-*Jähnke*, 11. Aufl., § 211 Rn 55; zutreffend gegen eine Deutung der Grausamkeit als besonderes Gesinnungselement NK-*Neumann* § 211 Rn 79.

140 Nach BGHSt 41, 8.

141 BGHSt 28, 93; LK-*Jähnke*, 11. Aufl., § 211 Rn 14; *Mitsch* JuS 1996, 213 (218); *Rengier* II § 4/48; aA M-*Schroeder/ Maiwald* I § 2/34.

142 BGHSt 11, 226 (228); BGH bei *Holtz* MDR 1991, 1021; S/S-*Eser/Sternberg-Lieben* § 211 Rn 33; LK-*Jähnke*, 11. Aufl., § 211 Rn 10; *Otto* § 4/45; krit. W/H/E-*Hettinger* Rn 143; abw. für die Ermöglichungsalternative NK-*Neumann* § 211 Rn 93.

143 BGH NStZ 1996, 81; LK-*Jähnke*, 11. Aufl., § 211 Rn 10, 18; SK-*Sinn* § 211 Rn 76.

Die zu ermöglichende oder zu verdeckende Straftat braucht **keine eigene Tat** des 41
Mordtäters zu sein. Es kann sich auch um die Tat einer dritten Person handeln.[144] Auf
die prozessuale Verfolgbarkeit der Tat kommt es weder objektiv noch subjektiv an.[145]
In der Verdeckungsvariante braucht die Tat nicht begangen worden zu sein. Es genügt,
wenn der Täter ihr Vorliegen für möglich hält.

b) Absicht: Der Täter muss (nur) hinsichtlich der Ermöglichung bzw Verdeckung der 42
Tat mit Absicht handeln. Absicht bedeutet hier zielgerichtetes Wollen: Zwischen der
Tötung und der zu ermöglichenden bzw zu verdeckenden Tat muss ein **Finalzusam-**
menhang bestehen. Die Absicht muss entscheidender Grund („Triebfeder") der Tötung
sein, ohne das alleinige Motiv bilden zu müssen.[146]

Hinsichtlich der Tötung genügt bedingter Vorsatz.[147] Exemplarisch: Der Täter will 43
durch Brandstiftung Tatspuren beseitigen und nimmt hierbei den Tod Dritter in
Kauf.[148] Regelmäßig wird jedoch die Tötung für den Täter notwendiges Zwischenziel
und damit ebenfalls beabsichtigt sein:[149] Kann nur der Tod des Opfers aus Sicht des
Täters zur Vortatverdeckung oder Nachtatermöglichung führen, reicht ein dolus eventualis nicht aus, sondern bedarf es eines dolus directus 1. oder 2. Grades.[150] Dies ist
etwa dann der Fall, wenn der Täter das Opfer kennt und deshalb im Falle des Überle-
bens des Opfers befürchten muß, überführt zu werden[151].

c) Ermöglichungsabsicht: Bei der Ermöglichungsabsicht braucht der **Tod** des Opfers 44
nach der Tätervorstellung **nicht notwendig** zu sein, um die andere Tat durchführen zu
können. Es genügt, wenn der Täter annimmt, die andere Tat aufgrund der Tötung zumindest schneller oder einfacher verwirklichen zu können.[152] Auch kann die andere
Tat bereits vollendet sein. Dies ist etwa der Fall, wenn der Täter eine Dauerstraftat
aufrechterhalten oder eine Tat – zB einen bereits vollendeten Raub – noch beenden
will.[153]

d) Verdeckungsabsicht: Für die Verdeckungsabsicht reicht es aus, wenn der Täter **nur** 45
die Beteiligung einer Person an der Vortat verbergen will. Ein Zudecken der Tat durch
Verwischen der Spuren ist nicht erforderlich.[154] Demnach handelt der Täter auch dann
mit Verdeckungsabsicht, wenn die Tat bereits entdeckt ist, er aber einen Zeugen beseitigen oder unerkannt entkommen will.[155] Nicht mehr tatbestandsmäßig ist es dagegen,
wenn sich der Täter bereits für erkannt hält und nur seine Strafverfolgung vereiteln
will.[156] Hier ist an ein Handeln aus einem sonstigen niedrigen Beweggrund zu denken.[157]

---

144 BGHSt 9, 180; BGH NJW 1996, 939; S/S-*Eser/Sternberg-Lieben* § 211 Rn 32; L-*Kühl* § 211 Rn 12.
145 S/S-*Eser/Sternberg-Lieben* § 211 Rn 33; *Gössel*/Dölling I § 4/55, 74; NK-*Neumann* § 211 Rn 93; aA SK-*Sinn* § 211
     Rn 68.
146 BGH NStZ 1996, 81; 1999, 243; 2003, 261.
147 BGHSt 15, 291 (297); 23, 176 (194); 39, 159; BGH NJW 1999, 1039 (1040); *Geilen* Lackner-FS 571 (588 ff).
148 BGHSt 41, 358; *Saliger* ZStW 109 (1997), 302 (317 ff).
149 Vgl BGHSt 21, 283; BGH StV 1992, 259 f; NStZ 2002, 433 (434).
150 BGH StV 2018, 416 m.Bespr. *Bosch* Jura 2018, 753.
151 BGHSt 21, 283.
152 BGHSt 39, 159; 41, 358 (359 ff); *Geilen* Lackner-FS 571 (583 ff, 588); *Schroeder* JuS 1994, 294 (295); vgl auch
     BGH NJW 2000, 1730.
153 BGH NStZ 1984, 453 (454); NJW 1995, 2365 (2367); krit. *Graul* JR 1993, 510 (511).
154 BGH bei *Dallinger* MDR 1966, 24; anders noch BGHSt 7, 287 (290).
155 BGHSt 15, 291; 41, 8; 50, 11 (14 f); 56, 239 (244).
156 BGHSt 50, 11 (14) m.Anm. *Steinberg* JR 2007, 293 ff; vgl auch *Altvater* NStZ 2006, 86 (90) mwN.
157 Vgl BGH GA 1979, 108; NStZ 1992, 127 m. krit. Anm. *Hohmann* NStZ 1993, 183.

46   Es muss dem Täter **nicht** darauf ankommen, die Vortat gerade **vor den Strafverfol-gungsbehörden** zu verdecken. Der Mord aus Verdeckungsabsicht ist kein gegen die Rechtspflege gerichtetes Delikt. Es genügt, wenn der Täter – wie in **Fall 9** – unerwünschte Folgen der Straftat, die von dritter Seite drohen, vermeiden will. Auch in diesem Fall benutzt der Täter das Leben eines anderen, um Unrecht zu verbergen, und verknüpft so Unrecht mit Unrecht.[158] Ein weiteres Beispiel: Der Täter begeht eine Straftat gegenüber dem Mitglied einer kriminellen Organisation; um Racheakte der Organisation auszuschließen, tötet er das Opfer. Obgleich diese Auslegung ohne Weiteres mit dem Wortlaut vereinbar ist und weder hinsichtlich der Gefährlichkeit der Tat noch der Verwerflichkeit der Einstellung Differenzierungen einsichtig sind, wird im Schrifttum überwiegend eine Beschränkung der Tatvariante auf die Vermeidung strafrechtlicher Konsequenzen befürwortet.[159] In diesem Fall sollte jedoch ein Handeln aus einem sonstigen niedrigen Beweggrund bedacht werden.

47   Zwischen Vortat und Tötung braucht **kein zeitlicher Abstand** zu liegen. Beide Taten können vielmehr ineinander übergehen.[160] Exemplarisch: Noch während der Täter auf sein Opfer einschlägt, entschließt er sich, es zu töten, um nicht wegen Körperverletzung bestraft zu werden. Oder: Der Täter will sein Opfer berauben und es anschließend zur Verdeckung dieser Tat töten.[161] Anderes gilt nur dann, wenn sich der Täter nach einer schon mit (bedingtem) Tötungsvorsatz begangenen Körperverletzung entschließt, nicht aufzuhören, sondern das Opfer auch zu töten,[162] bzw es unterlässt, Rettungsmaßnahmen zu ergreifen.[163] In diesem Fall will der Täter keine andere Tat verdecken, sondern er führt eine bereits begonnene Tötungshandlung noch aus einem weiteren Motiv zu Ende.

48   Die Verdeckungsabsicht kann grds. auch im Wege einer Tötung durch **Unterlassen** realisiert werden.[164] Exemplarisch: Der Täter hat durch einen verschuldeten Verkehrsunfall[165] oder eine Vergewaltigung sein Opfer in Lebensgefahr gebracht; um seine Identifizierung zu verhindern, unterlässt er es, ärztliche Hilfe herbeizuholen.

49   **e) Schuld:** Dass der Täter bei der Verdeckungsabsicht häufig um einer Selbstbegünstigung willen handelt, rechtfertigt keineswegs die Annahme einer generell geminderten Schuld.[166] Der Täter instrumentalisiert vielmehr auch in dieser Tatvariante das Leben anderer zur Erreichung seiner Zwecke.[167] Wie zudem § 252 zeigt, kann Gewaltanwendung zur Sicherung oder Ermöglichung von Unrecht nicht nur nicht ent-, sondern ge-

---

158 BGHSt 41, 8 (9); BGH NStZ 1999, 615; *S/S-Eser/Sternberg-Lieben* § 211 Rn 34; *Fischer* § 211 Rn 69; *Saliger* ZStW 109 (1997), 302 (305 ff).

159 *Heine* Brauneck-FS 315 (328 f); *L-Kühl* § 211 Rn 12; *Küper* JZ 1995, 1158 ff; *Küpper/Börner* I § 1/62; *Rengier* II § 4/56.

160 BGHSt 35, 116 unter Aufgabe der früheren uneinheitlichen Rechtsprechung; vgl ferner BGH NJW 1990, 2758.

161 BGH NJW 2001, 763.

162 BGH NStZ 1990, 385; 1992, 127 (128); NStZ-RR 1998, 67; NStZ 2000, 498; 2002, 253 f; 2015, 639 (640) m. Anm. *Heghmanns* ZJS 2016, 1 ff; *Altvater* NStZ 2002, 20 (22 f).

163 BGH NStZ 2003, 312; NStZ-RR 2009, 239; vgl zu dieser Problematik auch *Freund* NStZ 2004, 123 ff; NK-*Neumann* § 211 Rn 103 f; MK-*Schneider* § 211 Rn 226 ff; *Stein* JR 2004, 79 ff; *Theile* JuS 2006, 110 ff.

164 BGHSt 38, 356; 41, 358 (362); BGH NStZ 2003, 312 f; *Wilhelm* NStZ 2005, 177 ff; ausf. *Grünewald* GA 2005, 502 ff; *Rauber*, Mord durch Unterlassen?, 2008, 253; diff. NK-*Neumann* § 211 Rn 102; abl. *Arzt* Roxin-FS I 855 (857).

165 BGH StV 2018, 416 m. krit. Bespr. *Bosch* Jura 2018, 753.

166 Die Gegenauffassung (vgl nur NK-*Neumann* § 211 Rn 111 mwN) kann allenfalls aus der Sicht eines (überholten) psychologischen Schuldbegriffs überzeugen, vgl *Kindhäuser* LPK Vor § 19 Rn 8 mwN.

167 Vgl auch BGHSt 35, 116 (124); BGH NJW 1999, 1039 (1041).

rade belastend wirken.[168] Daher besteht kein Grund, die Merkmale der 3. Gruppe auf im Voraus geplante Tötungen zu beschränken und Mord zu verneinen, wenn der bei der Vortat überraschte Täter ungeplant reagiert.[169]

C. Anwendung

I. Gutachtenaufbau

Die Frage, ob der Mord ein selbständiges Delikt (*delictum sui generis*) oder Qualifikationstatbestand zu § 212 ist,[170] hat Konsequenzen für den Gutachtenaufbau: Wer der (eindeutig vorzugswürdigen) hL folgt, sollte zunächst § 212 vollständig erörtern und anschließend nach dem Vorliegen relevanter Mordmerkmale – bei den Merkmalen der 2. Gruppe jeweils getrennt nach objektiver und subjektiver Tatseite – fragen. Es wäre überflüssig, ausführlich ein Mordmerkmal zu prüfen, wenn schon § 212 ausscheidet, weil der Täter gerechtfertigt oder entschuldigt ist. Entsprechendes gilt für den Versuch.   **50**

Hinsichtlich der Verdeckungsabsicht kann es zur Vermeidung einer Inzidentprüfung hilfreich sein, die betreffende Straftat bereits vorweg zu erörtern.   **51**

II. Beteiligung

1. Besondere persönliche Merkmale. a) Problemstellung: Die zwischen Rechtsprechung und hL umstrittene systematische Einordnung des Mordtatbestands führt zu einer Reihe von Beteiligungsproblemen, deren Lösung zu den Standardaufgaben in der strafrechtlichen Ausbildung gehört. Im Mittelpunkt steht die Anwendbarkeit von § 28.[171]   **52**

Grds. gilt, dass ein Beteiligter nach Maßgabe der §§ 25–27 für das ihm zurechenbare Unrecht der anderen Beteiligten einzustehen hat. Demnach bezieht sich zB die Anstiftung auf das Unrecht der Tat, zu der angestiftet wird. Dieses Prinzip der Akzessorietät wird durch § 28 hinsichtlich der sog. besonderen persönlichen Merkmale durchbrochen. Unter diesen Merkmalen sind (höchstpersönliche) **täterbezogene Eigenschaften** zu verstehen, zu denen insbesondere tatbestandlich genannte Motive gehören, die sich nicht auf das objektive Unrecht der Tat beziehen.[172] Sonstige (subjektive und objektive) Merkmale werden dagegen als tatbezogen angesehen; für sie gilt § 28 nicht.   **53**

Die hM sieht die Mordmerkmale der **1. und 3. Gruppe** als **täterbezogene besondere persönliche Merkmale** im Sinne von § 28 an.[173] Die Habgier ist zB ein täterbezogenes Merkmal, da sich dieses Motiv nicht auf die tatbestandliche Rechtsgutsverletzung, die Tötung eines anderen, sondern – weitergehend – auf die Erzielung eines Gewinns bezieht.   **54**

---

168 NK-*Kindhäuser* § 252 Rn 3 ff, 5.
169 Vgl BGHSt 27, 281; W/H/E-*Hettinger* Rn 149; aA *Küpper/Börner* I § 1/66. Plausibel ist dagegen die Annahme einer Schuldminderung bei Reaktionen in einem hochgradig affektiven Zustand, vgl *Wohlers* JuS 1990, 20 (24).
170 Näher dazu § 1 Rn 2 ff.
171 Zu der (hier nicht behandelten) Frage des AT, unter welchen Voraussetzungen eine versuchte Anstiftung (§ 30) zum Mord möglich ist, vgl NK-*Neumann* § 211 Rn 124.
172 Näher *Kindhäuser* AT § 38/25 ff; *ders.* LPK § 28 Rn 4 ff.
173 BGHSt 22, 375; 23, 39; *Fischer* § 211 Rn 92; *Rengier* II § 5/3.

55   Demgegenüber sind die Mordmerkmale der **2. Gruppe** als **tatbezogene Merkmale** einzustufen.[174] So umschreibt etwa die Heimtücke ein bestimmtes Vorgehen, und der Vorsatz des Täters spiegelt in dieser Tatvariante nur subjektiv das objektiv realisierte Unrecht wider. Hieraus folgt: Auf die Merkmale der 2. Gruppe ist **§ 28 nicht anwendbar**. Stiftet A den B an, den C in heimtückischer Weise zu erschießen, so macht sich A wegen Anstiftung zum Mord nach §§ 211, 26 strafbar.

56   **b) § 28 Abs. 1 und Abs. 2:** Ist § 28 anwendbar, weil der Täter einen Mord durch Verwirklichung eines täterbezogenen besonderen persönlichen Merkmals der 1. oder 3. Gruppe begangen hat, so stellt sich die weitere Frage, ob Abs. 1 oder Abs. 2 dieser Vorschrift eingreift:

57   ■ **Abs. 1** gilt, wenn ein täterbezogenes besonderes persönliches Merkmal die Strafbarkeit begründet, wenn also die betreffende Rechtsgutsverletzung ohne Erfüllung dieses Merkmals nicht strafbar wäre. Beispielhaft hierfür sind die sog. „echten" Amtsdelikte, bei denen nur ein Amtsträger den Tatbestand verwirklichen kann. Eine Rechtsbeugung nach § 339 etwa kann nur ein Richter oder gleichgestellter Amtsträger begehen. In diesem Fall ordnet § 28 Abs. 1 an, dass die Strafe eines außenstehenden Teilnehmers nach § 49 Abs. 1 zu mildern ist.

58   ■ **Abs. 2** gilt demgegenüber, wenn das täterbezogene besondere persönliche Merkmal nur das bereits von einem Grundtatbestand realisierte Unrecht schärft, mildert oder ausschließt. Beispielhaft hierfür sind die sog. „unechten" Amtsdelikte, bei denen die Amtsträgereigenschaft das von jedermann begehbare Grunddelikt qualifiziert. So kann jedermann Täter einer Körperverletzung nach § 223 sein. Begeht ein Amtsträger die Tat, so gilt für ihn der Qualifikationstatbestand der Körperverletzung im Amt (§ 340). § 28 Abs. 2 sieht nun vor, dass ein Amtsträger, der sich an einer Körperverletzung durch einen Außenstehenden beteiligt, nach § 340 (als Mittäter oder Teilnehmer) zu bestrafen ist. Beteiligt sich umgekehrt ein Außenstehender an einer Körperverletzung im Amt, so ist seine Strafe (als Mittäter oder Teilnehmer) § 223 zu entnehmen.

59   **2. Fallbeispiele.** Der Meinungsstreit über das Verhältnis von § 211 zu § 212 – *delictum sui generis* oder Qualifikation – wirkt sich insbesondere auf die Frage aus, ob für einen Beteiligten § 28 Abs. 1 oder § 28 Abs. 2 anzuwenden ist. Dies sei an folgenden Fallbeispielen verdeutlicht:

▶ **Fall 10:**   X stiftet den habgierigen Auftragsmörder Y zu dessen (nicht heimtückisch begangener) Tat an, ohne selbst ein Mordmerkmal zu erfüllen. ◀

▶ **Fall 11:**   Aus Habgier stiftet H den Z, der selbst keine Mordmerkmale erfüllt, zur Tötung des O (auf nicht heimtückische Art und Weise) an. ◀

▶ **Fall 12:**   Mit Verdeckungsabsicht stiftet M den Killer K an den P (auf nicht heimtückische Art und Weise) zu töten. K handelt ausschließlich um des ihm versprochenen Lohnes willen. ◀

▶ **Fall 13:**   N will seinen Onkel O vergiften, um noch in jungen Jahren dessen großes Vermögen zu erben. Das erforderliche Gift verschafft ihm sein bester Freund, der Apotheker A, aus purer Gefälligkeit. Während des Mittagessens mengt N – wie mit A besprochen – das Gift dem völlig arglosen O in dessen Kartoffelsuppe. ◀

---

174   *Fischer* § 211 Rn 91; *Rengier* II § 5/1. Teils deutet die Lehre, die für die Heimtücke einen Vertrauensbruch annimmt, auch dieses Merkmal täterbezogen, vgl S/S-*Eser/Sternberg-Lieben* § 211 Rn 49.

▶ **Fall 14:** Die B überredet ihren Sohn M die schlafende Erbtante W mit einer Bleikristall-vase zu erschlagen. B überwacht die Tat von der Tür aus und ordnet das Ende des Zuschla-gens an, als sie meint, der Erfolg sei gesichert. B will durch die Tat an den Schmuck der W kommen. M handelt dagegen weder aus Habgier noch heimtückisch, da ihm infolge erheb-lich verminderter Steuerungsunfähigkeit, beruhend auf hirnorganischer Schädigung und zugleich starker affektiver Erregung, nicht bewusst ist, gerade den Schlaf der W auszunut-zen.[175] ◀

a) zu Fall 10

60

■ Wird § 211 mit der Rechtsprechung als ein gegenüber § 212 selbständiges Delikt gedeutet, so wirken die Merkmale der 1. und 3. Gruppe strafbarkeitsbegründend im Sinne von § 28 Abs. 1. Demnach macht sich X nach §§ 211, 26 strafbar; seine Strafe ist gem. §§ 28 Abs. 1, 49 Abs. 1 zu mildern.[176] Y ist als Täter nach §§ 211, 25 Abs. 1 Alt. 1 zu bestrafen.

■ Wird dagegen § 211 mit der hL als Qualifikationstatbestand zu § 212 verstanden, so wirken die Merkmale der 1. und 3. Gruppe strafschärfend im Sinne von § 28 Abs. 2, und zwar nur bei dem Beteiligten, der diese Merkmale erfüllt. Demnach macht sich X, der den Y zu dessen Tat anstiftet, ohne selbst ein besonderes Mord-merkmal zu erfüllen, nach §§ 212, 26 strafbar. Dagegen ist Y, bei dem das Mord-merkmal der Habgier vorliegt, nach §§ 211, 25 Abs. 1 Alt. 1 zu bestrafen.

b) zu Fall 11

61

■ Nach der Rechtsprechung erfüllt Z, der kein Mordmerkmal verwirklicht, den Tat-bestand des § 212 als Täter. H ist wegen Anstiftung zu § 212 zu bestrafen. Dass H aus Habgier handelt, spielt keine Rolle, da sich – wegen des jeweils eigenständigen Charakters von § 211 und § 212 – die Anstiftung nur auf den von Z begangenen Totschlag beziehen kann.[177] Allerdings soll in diesen Fällen zusätzlich zur Anstif-tung zum Totschlag noch tateinheitlich eine versuchte Anstiftung zum Mord gem. §§ 211, 30 Abs. 1 in Betracht kommen.[178]

■ Deutet man mit der hL § 211 als Qualifikationstatbestand zu § 212, so ist Z eben-falls nach §§ 212, 25 Abs. 1 Alt. 1 zu bestrafen. Die Strafbarkeit von H richtet sich dagegen nach §§ 211, 26. Denn bei ihm ist das strafschärfende Mordmerkmal der Habgier gem. § 28 Abs. 2 zu berücksichtigen.

c) zu Fall 12

62

■ Nach der Rechtsprechung macht sich K als Täter nach §§ 211, 25 Abs. 1 Alt. 1 strafbar. Da das Merkmal der Habgier, das hier die Strafbarkeit im Sinne von § 28 Abs. 1 begründet, bei M fehlt, müsste dessen Strafe nach § 49 Abs. 1 gemildert wer-den. Dass M selbst das Mordmerkmal der Verdeckungsabsicht erfüllt, dürfte bei ex-akter Gesetzesanwendung keine Rolle spielen, da es nicht die Strafbarkeit des Tä-ters (!) begründet. Wegen der mangelnden Plausibilität dieses Ergebnisses ignoriert die Rechtsprechung – zulasten des Teilnehmers (!) – den Wortlaut von § 28 Abs. 1 und sieht von einer Strafmilderung auch dann ab, wenn der Teilnehmer zwar nicht das besondere persönliche Mordmerkmal des Täters, wohl aber ein anderes beson-

---

175   Nach BGHSt 36, 231 f.

176   Zu beachten ist, dass im Falle einer Beihilfe noch die weitere Strafmilderung nach § 27 II S. 2 eingreift, vgl BGHSt 26, 53 (55); 50, 1 (5 f) m. abl. Bespr. *Kraatz* Jura 2006, 613 (618); abl. Anm. *Jäger* JR 2006, 477 (479 f) und *Puppe* JZ 2005, 902 ff; BGH NStZ 2006, 86 (88).

177   Vgl zu den (sachwidrigen) Konsequenzen dieser Rechtsprechung auch noch Rn 62 f.

178   Vgl BGHSt 50, 1 (10) m. abl. Anm. *Jäger* JR 2006, 477 (479 f).

deres persönliches Merkmal erfüllt (sog. **gekreuzte Mordmerkmale**) und die unterschiedlichen Mordmerkmale „von gleicher Art" sind.[179] Demnach wäre M wegen der bei ihm gegebenen Verdeckungsabsicht gem. §§ 211, 26 ohne Strafmilderung nach §§ 28 Abs. 1, 49 Abs. 1 zu bestrafen.

■ Folgt man dagegen der hL, so ist § 28 Abs. 2 **doppelt anzuwenden:** K erfüllt täterschaftlich den Mordtatbestand und ist nach §§ 211, 25 Abs. 1 Alt. 1 zu bestrafen. Bei M fehlt das Merkmal der Habgier, so dass für ihn der von K verwirklichte Qualifikationstatbestand des Mordes aus Habgier gem. § 28 Abs. 2 nicht eingreift. Für M gilt vielmehr insoweit nur der Grundtatbestand des § 212 als Haupttat. Jedoch begeht M die Anstiftung zum Grundtatbestand mit dem Merkmal der Verdeckungsabsicht, so dass § 28 Abs. 2 erneut – und zwar jetzt in positiver Anwendung – eingreift. Demnach ist M – ganz unabhängig von dem ihm nicht zurechenbaren Mord des K aus Habgier – wegen Anstiftung zum Mord nach §§ 211, 26 zu bestrafen. Das sachlich richtige Ergebnis lässt sich also auf dem Boden der hL durch logisch korrekte Gesetzesanwendung unschwer erreichen.

63   **d) zu Fall 13**

■ Dieser Fall wäre hinsichtlich des nur bei N vorliegenden Mordmerkmals der Habgier entsprechend den zu **Fall 10** dargelegten Grundsätzen zu entscheiden. Jedoch ist der Streit um die systematische Einordnung von § 211 hier deshalb ohne praktische Bedeutung, weil der Täter N neben dem täterbezogenen besonderen persönlichen Merkmal der Habgier auch das tatbezogene Merkmal der Heimtücke aus der 2. Gruppe verwirklicht und dies vom Vorsatz des Teilnehmers umfasst ist (durch die Verwendung des Giftes hat N die Arg- und Wehrlosigkeit seines Onkels bewusst zur Tatbegehung ausgenutzt). Weil insoweit § 28 nicht eingreift, ist A stets wegen Beihilfe zu § 211 zu strafen.

■ Auch wenn hier im Ergebnis keine Strafmilderung des Teilnehmers mehr in Betracht kommt, sollte im Gutachten die Frage der Zurechnung des täterbezogenen besonderen persönlichen Merkmals nicht unter den Teppich gekehrt, sondern sorgfältig beantwortet werden. Denn im Gutachten, das der rechtlichen Vorbereitung eines Prozesses dient, ist die Strafbarkeit der Beteiligten umfassend und nach allen in Betracht kommenden Tatvarianten zu prüfen. Es könnte sich ja aufgrund der Beweisaufnahme in der Hauptverhandlung herausstellen, dass kein Merkmal der 2. Gruppe mehr in Betracht kommt.

64   **e) zu Fall 14**

■ Die Rechtsprechung müsste nach ihren Prämissen den M als Täter eines Totschlags nach § 212 bestrafen; B wäre dagegen – wie in **Fall 11** – nur als Anstifterin nach §§ 212, 26 anzusehen. Als Mittäterin käme B bei folgerichtiger Anwendung der Prämissen nicht in Betracht: B hat nicht eigenhändig gehandelt, so dass sie nur Mittäterin sein könnte, wenn ihr der Tatbeitrag des M als eigenes Handeln zugerechnet werden könnte.[180] Sind aber Mord und Totschlag selbständige Delikte, so können den Beteiligten die voneinander unabhängigen Tatbestandsverwirklichungen nicht wechselseitig zugerechnet werden. Gleichwohl vermeidet auch in dieser Konstellation der BGH das – angesichts der Tatherrschaft der B – ersichtlich unplausible Ergebnis einer bloßen Anstiftung der B zum Totschlag, sondern hält es (prämissenwid-

---

179   BGHSt 23, 39 (40); *Radtke* JuS 2018, 641; grundlegende Kritik bei *Arzt* JZ 1973, 681 ff.; krit. auch *Beer* ZjS 2017, 536.
180   Zur wechselseitigen Zurechnung bei der Mittäterschaft vgl *Kindhäuser* AT § 40/1 ff.

rig) für möglich, dass von zwei Mittätern der eine (B) einen Mord, der andere (M) einen Totschlag begeht.[181]

■ Konstruktiv ist dieses sachgerechte Ergebnis wiederum nur zu erzielen, wenn man der hL folgt: Töten B und M gemeinschaftlich die W, handelt aber nur B aus Habgier, während M kein Mordmerkmal erfüllt, so verwirklichen sie jedenfalls als Mittäter den Grundtatbestand des § 212. Da nur bei B das Mordmerkmal der Habgier vorliegt, ist nach § 28 Abs. 2 auch nur für sie der strafschärfende § 211 verwirklicht. Somit macht sich B nach §§ 211, 25 Abs. 2, M nach §§ 212, 25 Abs. 2 strafbar.

3. Ausblick. Die Interpretation des Mordtatbestands als ein gegenüber dem Totschlag   65
selbständiges Delikt führt im Rahmen der Beteiligungslehre noch zu einer besonders sachwidrigen Konsequenz: Falls jemand einen anderen zu einem Totschlag anstiftet, wird er gem. § 26 „gleich einem Täter", also nach § 212 Abs. 1 mit einer Freiheitsstrafe nicht unter fünf Jahren bestraft. Stiftet dagegen jemand, ohne selbst ein Mordmerkmal zu verwirklichen, einen anderen zu einem Mord aus Habgier an, so ist seine Strafe nach der Rechtsprechung gem. §§ 28 Abs. 1, 49 Abs. 1 Nr. 1 zu mildern; das Strafmaß ist dann auf Freiheitsstrafe nicht unter drei Jahren reduziert. Demnach hätte also die Anstiftung zu einem Mord einen geringeren Strafrahmen als die Anstiftung zu einem Totschlag.[182]

Wie die Lösungen der **Fälle 12 und 14** jedoch zeigen, hält die Rechtsprechung ihren   66
Ansatz, bei den täterbezogenen Merkmalen der 1. und 3. Merkmalsgruppe jeweils § 28 Abs. 1 anzuwenden, nicht konsequent durch, sondern lässt tiefgreifende Ausnahmen zu und stimmt so in den Ergebnissen weitgehend mit der hL überein. Die neuere Rechtsprechung folgt aber auch terminologisch der hL, indem sie die Mordmerkmale als Qualifikationsgründe bezeichnet.[183] In einer neueren Entscheidung lässt es der BGH sogar offen, ob § 211 nicht als Qualifikationstatbestand im technischen Sinne anzusehen ist.[184] Insoweit dürfte mit einer Änderung der Rechtsprechung in nicht allzu ferner Zukunft zu rechnen sein.

III. Konkurrenzen und Wahlfeststellung

1. Sofern der Täter zugleich unter den Voraussetzungen von § 211 und § 216 handelt,   67
wird § 211 von § 216 als dem milderen Gesetz verdrängt.[185]

2. Da für alle Mordmerkmale die sozialethische Verwerflichkeit kennzeichnend ist,   68
kommt bei Zweifeln für alle Varianten eine Wahlfeststellung nach den allgemeinen Regeln[186] in Betracht.[187]

---

181 BGHSt 36, 231 (233).
182 Vgl *Jäger* JR 2005, 477 (480); *Küper* JZ 2006, 1157 (1166); NK-*Neumann* § 211 Rn 119 mwN; vgl auch die ausf. Kritik bei NK-*Puppe* §§ 28, 29 Rn 27 ff; zur Frage, ob in den Fällen einer versuchten Anstiftung zum Mord die für eine Beteiligung an einem Totschlag zu verhängende Mindeststrafe eine „Sperrwirkung" für die Mindeststrafe wegen einer Beteiligung am Mord entfaltet, vgl BGH NStZ 2006, 34 (35); 2006, 288 (289 f) m. krit. Anm. *Puppe*.
183 BGHSt 41, 8 (9); 41, 358 (362).
184 BGH NJW 2006, 1008 (1012 f) m.Bespr. *Küper* JZ 2006, 608 (612 f) und 1157 ff.
185 *Hohmann/Sander* § 3/15; NK-*Neumann* Vor § 211 Rn 164.
186 Hierzu *Kindhäuser* LPK Vor § 52 Rn 50 ff mwN.
187 HM, vgl nur S/S-*Eser/Sternberg-Lieben* § 211 Rn 13; *Fischer* § 211 Rn 77; LK-*Jähnke*, 11. Aufl., § 211 Rn 2. Teils werden aber auch sehr differenzierende Lösungen vertreten, vgl NK-*Neumann* § 211 Rn 5 mwN.

Wiederholungs- und Vertiefungsfragen

> Worin liegt das erhöhte Unrecht des Mordtatbestands? (Rn 1 ff)

> Welche Probleme ergeben sich aus der absoluten Strafandrohung für Mord und welche Lösungsvorschläge werden angeboten? (Rn 4 ff)

> Wie sind die Merkmale „aus Mordlust", „zur Befriedigung des Geschlechtstriebs" und „aus Habgier" definiert? (Rn 10, 12, 14)

> In welche zwei Fallgruppen lassen sich die „sonstigen niedrigen Beweggründe" unterteilen? (Rn 18 ff)

> Was kennzeichnet eine heimtückische Begehungsweise? Ist ein Vertrauensbruch erforderlich? (Rn 23 ff, 32 f)

> Wie sind die Merkmale „grausam" und „mit gemeingefährlichen Mitteln" definiert? (Rn 34, 36)

> Welche Voraussetzungen hat das Merkmal „andere Straftat" in der dritten Merkmalsgruppe und welcher Sachverhalt ist ihm zugrundezulegen? (Rn 40 ff)

> Muss es dem Täter bei der Verdeckungsabsicht darauf ankommen, die Vortat gerade vor den Strafverfolgungsbehörden zu verdecken? (Rn 46)

> Wie wirkt sich der Streit um das gesetzessystematische Verhältnis zwischen §§ 211 und 212 im Grundsatz auf die Anwendbarkeit von § 28 Abs. 1 und Abs. 2 bei Beteiligung mehrerer aus? (Rn 50 ff)

> Was ist unter dem Problem der „gekreuzten Mordmerkmale" zu verstehen und welche Lösungsvorschläge werden angeboten? (Rn 62)

§ 3 Sterbehilfe und Tötung auf Verlangen (§ 216)

A. Sterbehilfe/Behandlungsabbruch

Bei der Sterbehilfe ist zwischen aktiver (I.), indirekter (II.) und passiver (III.) Sterbehilfe sowie der richterrechtlich geschaffenen Rechtsfigur des einverständlichen Behandlungsabbruchs (IV.) zu differenzieren. Handelt es sich um einen einverständlichen Behandlungsabbruch, empfiehlt es sich, diesen Spezialfall (nach der Rechtsprechung auf der Rechtfertigungsebene) vorrangig zu behandeln: Aufgrund der rechtlichen Verbindlichkeit betreuungsrechtlicher Vorgaben bzw. Wertentscheidungen für das Strafrecht erübrigen sich in diesem Fall nähere Darlegungen zur aktiven und passiven Sterbehilfe.

I. Aktive Lebensverkürzung

Das Strafgesetz pönalisiert jede gezielte aktive Lebensverkürzung zur Herbeiführung eines schmerzlosen Todes (sog. aktive Euthanasie).[1] Sofern die besonderen (privilegierenden) Voraussetzungen der Tötung auf Verlangen nach § 216[2] nicht erfüllt sind, ist eine solche Tat als Totschlag oder Mord zu bestrafen.[3] Vom Verbot umfasst ist auch die aktive Tötung geschädigter Neugeborener mit schwersten und unheilbaren Fehlbildungen (sog. Früheuthanasie).[4]   1

Der Begriff der „Euthanasie", der aus dem Griechischen stammt und übersetzt „der schöne Tod" heißt, ist historisch stark belastet. Im Zeitalter des Nationalsozialismus wurden aus Gründen der Rassenhygiene durchgeführte grausame medizinische Experimente an einwilligungsunfähigen Personen, Zwangssterilisationen und die Ermordung von geistig, psychisch oder körperlich behinderten Menschen euphemistisch als „Euthanasie" bzw. als „Euthanasie-Aktionen" bezeichnet.[5] Man versucht daher diesen Begriff im Kontext der Sterbehilfe heute weitgehend zu vermeiden.[6]   2

Von der gezielten (direkten) Lebensverkürzung ist der Fall zu unterscheiden, dass einem Patienten zum Zwecke einer **medizinisch indizierten Schmerzlinderung** ein Medikament verabreicht wird, dessen Einnahme mit der Gefahr einer Lebensverkürzung verbunden ist (sog. **indirekte Sterbehilfe**).[7] Eine solche (auch sog. palliativmedizinische) Therapie, bei der der Tod „lediglich" eine unbeabsichtigte Nebenfolge der Behandlung darstellt, ist zulässig, sofern sie vom Patienten unter verständiger Würdigung seiner Lage gebilligt wird. Über das Ergebnis herrscht Einigkeit; gestritten wird jedoch darüber, ob es sich dabei um ein Tatbestands- bzw. Zurechnungsproblem oder es sich   3

---

1 BGHSt 37, 376; S/S-*Eser/Sternberg-Lieben* Vor § 211 Rn 24; LK-*Jähnke*, 11. Aufl., Vor § 211 Rn 14; *Langer* JR 1993, 133 ff; praktischer Fall bei *Herzberg* JuS 2003, 880 ff; die Möglichkeit eines rechtfertigenden Notstands bejahend *Herzberg* NJW 1996, 3043 (3047 ff); *Merkel* JZ 1999, 502 (506 ff); NK-*Neumann* Vor § 211 Rn 128; *Otto* Jura 1999, 434 (441).
2 Vgl Rn 9 ff.
3 Zur Diskussion um die „Liberalisierung" der Tötung Schwerkranker vgl etwa *Lüderssen* JZ 2006, 689 ff; *Schöch/Verrel* u.a. GA 2006, 553 ff (dort auch Abdruck des Alternativ-Entwurfs Sterbebegleitung 2005); *Schreiber* NStZ 2006, 473 ff; *Verrel*, Gutachten C zum 66. DJT, 2006, 53 ff, 77 ff.
4 Näher zu diesem weithin ungeklärten Problemfeld, insbesondere zur Zulässigkeit passiver Sterbehilfe *Kaufmann* JZ 1982, 481 ff; *Kuschel*, Der ärztlich assistierte Suizid, 2005, 124; *Merkel*, Früheuthanasie, 2001, 151 ff; *ders.* JZ 1996, 1145 ff; NK-*Neumann* Vor § 211 Rn 121 ff; *Roxin*, in: ders./Schroth (Hrsg.), Medizinstrafrecht, 2. Aufl. 2001, 117 f.
5 Vgl *Klee*, Euthanasie im NS-Staat, Die „Vernichtung lebensunwerten Lebens", 1983: über 200.000 Menschen
6 Vgl auch LK-*Rosenau*, Vor § 211 Rn 35.
7 BGHSt 42, 301; BGH NJW 2001, 1802 (1803); *Roxin*, in ders./Schroth (Hrsg.), Medizinstrafrecht, 2. Aufl. 2001, 96 f; MK-*Schneider* Vor §§ 211 ff Rn 104 ff; *Weißer* ZStW 2016, 106 (112 ff).

um eine Frage der Interessenabwägung im Rahmen des § 34 StGB handelt.[8]. Die ganz hM verlangt und betont für die Zulässigkeit der indirekten Sterbehilfe allerdings, dass der handelnde Arzt den Tod keinesfalls „beabsichtigen" dürfe.[9] Umstritten ist darüber hinaus, inwieweit diese Grundsätze auch auf die Fälle einer mit unzumutbaren Schmerzen verbundenen „tödlichen Krankheit" erstreckt werden können[10] oder ob sie allein im Falle eines bereits eingeleiteten Sterbeprozesses Geltung beanspruchen.[11] Ist der Betroffene entscheidungsunfähig, so gelten die Regeln der mutmaßlichen Einwilligung.[12] Straflos ist ferner die bloße Beihilfe zum Suizid.[13]

II. Passive Sterbehilfe

4   Als passive Sterbehilfe (sog. passive Euthanasie) wird das Sterbenlassen eines schwer erkrankten Menschen,[14] insbesondere eines Moribunden oder irreversibel Bewusstlosen, durch Verzicht auf lebensverlängernde Maßnahmen verstanden.[15]

Die passive Sterbehilfe ist nur strafbar, wenn die Voraussetzungen der §§ 212, 13 erfüllt sind.[16] Dies ist grds. wegen fehlenden Unrechts nicht der Fall, wenn der Verzicht auf Maßnahmen zur Lebensverlängerung mit tatsächlicher oder mutmaßlicher Einwilligung des Patienten erfolgt.[17] Die Verweigerung lebensverlängernder Maßnahmen kann bereits im Vorhinein für den Fall einer späteren Äußerungs- und Entscheidungsunfähigkeit schriftlich erklärt werden (sog. **Patientenverfügung**, **§ 1901a BGB**).[18] Die Einwilligungssperre des § 216 greift hier nicht ein, weil der Patient keine aufgenötigte Hilfe hinnehmen muss[19] und der Suizid straflos ist. Beim Verzicht auf Maßnahmen zur Lebensverlängerung muss der eigentliche Sterbeprozess noch nicht eingesetzt haben;[20]

---

8   IE ganz hM, wenn auch unterschiedlich begründet: für erlaubtes Risiko S/S-*Eser* Vor § 211 Rn 26 (26. Aufl.); für Sozialadäquanz *Herzberg* NJW 1996, 3043 (3048 f); für § 34 (Überwiegen des Schmerzlinderungsinteresses) vgl nur BGH NJW 2001, 1802 (1803) mwN; S/S-*Eser/Sternberg-Lieben* Vor § 211 Rn 26 (29. Aufl.); NK-*Neumann* Vor § 211 Rn 103; *Sternberg-Lieben* Lenckner-FS 349 (362); ausf. zu den einzelnen Ansätzen *Merkel* Schroeder-FS 297 (299 ff).

9   Vgl etwa *Otto* NJW 2006, 2217 (2221); MK-*Schneider* Vor §§ 211 ff Rn 104; *Verrel*, Guachten C zum 66. DJT, 2006, 102 f; für eine Beschränkung sogar auf dolus eventualis *Duttge* GA 2006, 573 (578 f) und wohl auch BGH NJW 2001, 1802 (1803); abl. *Herzberg* NJW 1996, 3043 (3049 m. Fn. 31); *Merkel* Schroeder–FS 297 (314 ff).

10   BGH NJW 2001, 1802 (1803); *Ingelfinger* JZ 2006, 821 (824); *Schöch/Verrel* u.a. GA 2005, 553 (558 und 585); *Schroth* GA 2006, 549 (565 f); vgl auch § 214a des Alternativ-Entwurfs Sterbebegleitung GA 2005, 553 (584 ff); *Neumann/Saliger* HRRS 2006, 280 (282 und 284 f).

11   BGHSt 42, 301 (305); *Dölling* JR 1998, 160 (162); vgl auch die Grundsätze der Bundesärztekammer NJW 1998, 3406 f.

12   *Kindhäuser* LPK Vor § 32 Rn 51 ff mwN; zur Problematik vgl BGH NJW 1997, 807; *Roxin*, in ders./Schroth (Hrsg.), Medizinstrafrecht, 2. Aufl. 2001, 96 f.

13   Näher dazu § 4.

14   Zum Begriff NK-*Neumann* Vor § 211 Rn 90 ff; vgl auch *Schneider* NStZ 2006, 473 (474 f); *Schroth* GA 2006, 549 (550 ff).

15   Die Problematik der Sterbehilfe ist vielschichtig und kann hier nur gestreift werden; vgl zur aktuellen Debatte *Verrel*, Gutachten C zum 66. DJT, 2006, C 1 ff; ferner *Ingelfinger* JZ 2006, 821 ff; *Otto* NJW 2006, 2217 ff; weiterführend *Möller*, Die medizinische Indikation lebenserhaltender Maßnahmen, 2010.

16   Hierzu *Holzhauer* ZRP 2004, 41 ff; *Landau* ZRP 2005, 50 ff.

17   Vgl nur BGHSt 37, 376 (378 f); BGH NStZ 1983, 117 (118); zur Begründung und zu den Voraussetzungen NK-*Neumann* Vor § 211 Rn 101 ff, 107 ff, 112 ff.

18   Die Verfügung kann mit der Übertragung von Vollmachten auf eine betreuende Person verbunden werden, vgl §§ 1897 Abs. 4 S. 3, 1901a BGB. Zu Voraussetzungen und Wirksamkeit der Patientenverfügung BT-Drucks. 16/8442; BGHSt 40, 257 (263); BGH NJW 2010, 2963; 2011, 161 ff; *Dölling* Puppe-FS 1365 ff; *Eisele* JZ 2011, 513 (514); *Höfling* NJW 2009, 2849; *Sternberg-Lieben* Roxin-FS II 537 ff.

19   Vgl BGHSt 11, 111 (114); *Otto* NJW 2006, 2217 (2218); *Roxin*, in ders./Schroth (Hrsg.), Medizinstrafrecht, 2. Aufl. 2001, 100.

20   BGHSt 40, 257 (263); *Fischer* Vor §§ 211- 217 Rn 59; NK-*Neumann* Vor § 211 Rn 109.

nur sind in einer solchen Situation sehr strenge Anforderungen an die (mutmaßliche) Einwilligung zu stellen.

Soll die Behandlung **einseitig abgebrochen** werden, um einem Moribunden schwere Leiden zu ersparen, ohne dass die Voraussetzungen einer (mutmaßlichen) Einwilligung vorliegen, so kollidiert die Pflicht zur Lebensverlängerung mit der Pflicht zur Verhinderung von Leiden; die Abwägung dieser Pflichtenkollision ist nach Notstandskriterien vorzunehmen.[21] 5

Fehlt ein Schmerzlinderungsbedürfnis, weil der Patient zB bewusstlos ist, kommt ein strafloser Abbruch der Behandlung in Betracht, wenn die (mögliche) Lebensverlängerung normativ **unzumutbar** erscheint: Die Pflicht des Arztes zur Heilung endet, wenn der Patient jegliche Reaktions- und Kommunikationsfähigkeit und damit die Fähigkeit zu personaler Selbstverwirklichung unwiderruflich verloren hat.[22] In einer solchen Konstellation steht dem Behandlungsabbruch das Unterlassen der Behandlungsaufnahme gleich. 6

III. Technischer Behandlungsabbruch

Die skizzierten Grundsätze gelten gleichermaßen für das Einstellen der künstlichen Ernährung oder den technischen Behandlungsabbruch, zB durch Abschalten eines Beatmungsgeräts. Da das Abschalten der Maschine dem Abbruch der medikamentösen Therapie entspricht, spielt es keine Rolle, dass der Einsatz der Maschine ggf durch aktives Tun beendet wird.[23] 7

IV. Einvernehmlicher Behandlungsabbruch

Der 2. Strafsenat des BGH hat 2011 entschieden, dass auch eine unmittelbar auf die Lebensbeendigung abzielende Handlung einer Rechtfertigung nach den Kriterien der Einwilligung zugänglich ist.[24] Er hat damit den Begriff der „passiven Sterbehilfe" ad acta gelegt, die aber in der strafrechtswissenschaftlichen Diskussion und der zivilrechtlichen Rechtsprechung weiterhin präsent ist.[25] Der Senat hält ausdrücklich nicht mehr an einer Abgrenzung von strafbarem zu strafslosem Verhalten anhand der äußeren Erscheinungsformen von Tun und Unterlassen fest,[26] sondern wertet jeden Behandlungsabbruch als eine Vielzahl von aktiven und passiven Handlungen, die unter den normativ-wertenden Oberbegriff des „Behandlungsabbruchs" zusammenzufassen seien. Dabei sei neben den objektiven Handlungselementen auch die subjektive Zielsetzung des Handelnden zu berücksichtigen. Eine Unterscheidung, ob strafbares Verhalten vorliegt oder nicht, sei demnach nach den Kriterien der „Behandlungsbezogenheit" und der „Verwirklichung des auf die Behandlung bezogenen [Patienten]Willens" vorzunehmen. Vor diesem Hintergrund komme eine Rechtfertigung durch eine Einwilligung nur dann in Betracht, wenn sich das Handeln darauf beschränkt, „einen Zustand (wieder-)herzustellen, der einem bereits begonnenen Krankheitsprozess seinen Lauf lässt, so dass 8

21 Vgl BGHSt 40, 257 (260); BGH NJW 1997, 807 (809 f).
22 Vgl BGHSt 32, 367 (380); NK-*Neumann* Vor § 211 Rn 120; *Otto* NJW 2006, 2217 (2218).
23 Vgl BGHSt 40, 257 (261 ff); *Hirsch* Lackner-FS 597 (600 ff); *Jakobs* Schewe-FS 72 ff; NK-*Neumann* Vor § 211 Rn 126 ff; *Schöch* NStZ 1995, 153 (154).
24 BGH NJW 2010, 2963 ff m.Anm. *Mandla* NStZ 2010, 698 f; krit., aber iE zust. *Bosch* JA 2010, 908 ff; *Hirsch* JR 2011, 37 (38); *Kubiciel* ZJS 2010, 656 ff; *Verrel* NStZ 2010, 671 ff; abl. *Walter* ZIS 2011, 76 (78); dagegen *Engländer* JZ 2011, 513 (518). Gegen eine Annahme von Mittäterschaft *Schumann* JR 2011, 142 ff; die Dogmatik der Entscheidung kritisierend *Haas* JZ 2016, 714 ff.
25 LK-*Rosenau* Vor § 211 Rn 53.
26 Krit. *Walter* ZIS 2011, 76 ff; *Wolfslast/Weinrich* StV 2011, 286 (287).

der Patient letztlich dem Sterben überlassen wird"; nicht erfasst seien „dagegen Fälle eines gezielten Eingriffs, der die Beendigung des Lebens vom Krankheitsprozess" abkoppele. Auf das Stadium des Krankheitsprozesses komme es nicht an.[27] Der Patientenwille sei vor allem vor dem Hintergrund der §§ 1901a, 1901b und 1904 BGB zu ermitteln.[28] Durch diese Entscheidung hat der BGH den Anwendungsbereich des § 216 reduziert und das Selbstbestimmungsrecht des Patienten im Umgang mit seiner Krankheit gestärkt; eine rechtfertigende Einwilligung in aktive Tötungen im Rahmen eines Behandlungsabbruchs ist demnach nunmehr unter besonderen Bedingungen möglich.[29] Die Entscheidung verdient im Ergebnis Beifall und ist in ihrer an die betreuungsrechtlichen Wertungen des §§ 1901a ff. BGB anknüpfenden Begründung überzeugend. Gleichwohl kann man darüber streiten, ob der „einverständliche Behandlungsabbruch", wie vom BGH behauptet, ein adäquater Oberbegriff für die z. T. sehr schwierigen Wertkonflikte und unterschiedlichen Sterbehilfekonstellationen ist.[30] Zumindest darf die im Betreuungsrecht geforderte Beachtung formaler prozeduraler Vorgaben nicht den für das Strafrecht im Ergebnis entscheidenden materiellen Gesichtspunkt, der im (mutmaßlichen) Konsens des ärztlichen Handelns mit dem Patientenwillen besteht, in den Hintergrund treten lassen.[31]

B. Tötung auf Verlangen (§ 216)

I. Allgemeines

9 Die Vorschrift normiert nach ganz hL einen Privilegierungstatbestand gegenüber § 212, während die Rechtsprechung in ihr – wie bei § 211 – ein selbständiges Delikt (*delictum sui generis*) sieht.[32] Als Gründe für das deutlich herabgesetzte Strafmaß wird neben einem verminderten Unrecht (Rechtsgutsverzicht des Lebensmüden) auch eine wegen der Mitleidsmotivation geringere Schuld des Täters angeführt.[33]

10 Indessen stellt sich die Frage, warum die Strafe unter den Voraussetzungen des § 216 nur gemindert ist und nicht überhaupt entfällt.[34] Denn in einer freiheitlich verfassten Gesellschaft unterliegen die Güter des Einzelnen grds. seiner Dispositionsfreiheit, so dass die Einwilligung des Berechtigten in die Beeinträchtigung seiner Güter den entsprechenden Deliktstatbestand (oder zumindest die Rechtswidrigkeit der Tat) stets entfallen lässt. Die Einwilligung führt also im Allgemeinen zum Ausschluss und nicht nur zu einer Minderung des Unrechts. Dass § 216 hiervon beim Lebensschutz eine Ausnah-

---

27 BGH NJW 2010, 2963 (2967).
28 BGH NJW 2011, 161 ff; krit. *Engländer* JZ 2011, 513 (516 f), *Jäger* JA 2011, 309 (312) und *Verrel* NStZ 2011, 276; zust. *Wolfslast/Weinrich* StV 2011, 286 (287). Zur Prozeduralisierung der Entscheidungsprozesse bei § 216 vgl *Francuski* JuS 2017, 217.
29 Vgl *Engländer* JZ 2011, 513 (517); *Gaede* NJW 2010, 2925 (2926); krit. zu den Folgeproblemen bei der Anwendung von § 216 *Eidam* GA 2011, 232 (240 f); nach BGH NJW 2010, 2963 Leitsatz 3 ist aber eine Einwilligung in „gezielte Eingriffe in das Leben des Menschen, die nicht in einem Zusammenhang mit dem Abbruch einer medizinischen Behandlung stehen" nach wie vor nicht möglich; zust. Bespr. *Verrel* NStZ 2010, 671 (673); *Wolfslast/Weinrich* StV 2011, 286 f.
30 W/H/E-*Hettinger* Rn 34.
31 LK-*Rosenau* Vor § 211 Rn 64.
32 Näher dazu § 2 Rn 2 ff.
33 S/S-*Eser/Sternberg-Lieben* § 216 Rn 1; L-*Kühl* § 216 Rn 1; *Küpper/Börner* I § 1/69.
34 Zweifel an der Legitimität der Vorschrift bei *Dreier* JZ 2007, 317 (320 ff); *Große-Vehne*, Tötung auf Verlangen (§ 216), „Euthanasie und Sterbehilfe", 2005; *Jakobs* Kaufmann, Arth.-FS 459 (470 ff); eingehend zur Problematik *Murmann*, Die Selbstverantwortung des Opfers im Strafrecht, 2005, 488 ff; kurzer Überblick bei *Kühl* Jura 2010, 81 ff; zu den verschiedenen Legitimationsansätzen *Müller*, § 216 als Verbot abstrakter Gefährdung, 2010.

me macht, lässt sich etwa mit der Verhinderung einer hier besonders gravierenden Missbrauchsgefahr sowie mit dem Zweck erklären, das Opfer zum Selbstschutz vor übereilten Entscheidungen zu bewahren: Der Entschluss des Suizidenten soll erst dann als verbindliche Entscheidung zur Aufgabe seines Lebens anzusehen sein, wenn er auch maßgeblich mit eigener Hand vollzogen wird. Die rechtliche Wirksamkeit der Entscheidung soll möglichst bis zum letzten Augenblick vom Suizidenten selbst abhängen und zudem einen maßgeblichen Eigenbeitrag erfordern. Insoweit hebt § 216 nicht die Dispositionsfreiheit einer Person über ihr Leben auf, sondern lässt – abweichend von der Einwilligung bei übertragbaren Gütern – die bloße Erklärung, ein anderer möge das eigene Leben beenden, noch nicht für einen Unrechtsausschluss ausreichen.[35]

II. Definitionen und Erläuterungen

1. Problemstellung. Ist der an einem Suizid Beteiligte kein unmittelbarer Täter im Sinne der §§ 212, 216, so bedeutet dies noch nicht, dass er schon deshalb strafloser Teilnehmer wäre. Denn auch bei eigenhändiger Selbsttötung kommt eine strafbare Beteiligung eines Dritten in Form der mittelbaren Täterschaft mit dem Suizidenten als Tatmittler in Betracht.[36] Eine Fremdtötung in mittelbarer Täterschaft hat **zwei Voraussetzungen**:   11

- der Suizid darf nicht als eigenverantwortlich anzusehen sein, da die Eigenverantwortlichkeit – als ein die objektive Zurechenbarkeit des Todeserfolgs hinderndes Kriterium[37] – eine Verantwortlichkeit anderer Personen sperrt (Rn 12 ff);
- der Täter muss den Suizid durch Herbeiführung oder Ausnutzung des Verantwortlichkeitsdefizits veranlasst haben (Rn 16 ff).[38]

2. Tatbestand

▶ **FALL 1:** A leidet an einer qualvollen tödlichen Krankheit im Endstadium. Er will sich mit einer Überdosis an Schlafmitteln das Leben nehmen, bittet aber seinen Freund F, einen Krankenpfleger, im Nebenzimmer anwesend zu sein und ihm, wenn er nach einer halben Stunde noch lebe, eine bereitliegende Ampulle Insulin zu spritzen. F handelt im Sinne von A und spritzt ihm nach 30 Minuten das Insulin. ◀

a) Objektiver Tatbestand: Der objektive Tatbestand erfordert zunächst das ausdrückliche und ernstliche Verlangen des Getöteten:[39]   12

- **Verlangen** ist ein (zum Tatzeitpunkt noch gegebenes) nachdrückliches Begehren. Bloße Zustimmung genügt nicht.[40]
- Das Verlangen muss, um **ausdrücklich** zu sein, unmissverständlich (verbal, gestisch) geäußert werden.
- Es ist **ernstlich**, wenn sich das Opfer der Bedeutung und Tragweite seines Entschlusses bewusst ist.[41] Hieran fehlt es insbesondere, wenn das Verlangen auf Zwang, Irr-

---

35 Vgl *Kindhäuser* Rudolphi-FS 135 (144); *ders.* GA 2010, 490 (504 f); *ders.* AT § 12/5.
36 OLG München NJW 1987, 2940 (2941 ff); *S/S-Eser/Sternberg-Lieben* Vor § 211 Rn 37; *Küpper/Börner* I § 1/8; *Rengier* II § 8/2; *M-Schroeder*/Maiwald I § 1/20.
37 Näher zum generellen Ausschluss der objektiven Erfolgszurechnung bei Eigenverantwortlichkeit der Selbstverletzung *Kindhäuser* LPK Vor § 13 Rn 118 ff.
38 Zu den allgemeinen Voraussetzungen mittelbarer Täterschaft vgl *Kindhäuser* LPK § 25 Rn 7 ff.
39 Überblick bei *Steinhilber* JA 2010, 430 ff.
40 RGSt 68, 306 (307); *Küpper/Börner* I § 1/73; *Rengier* II § 6/6.
41 BGH NJW 1981, 932; *W/H-E-Hettinger* Rn 176; *LK-Jähnke*, 11. Aufl., § 216 Rn 6 f; *Otto* § 6/8.

tum, alkoholischer Berauschung, jugendlicher Unreife oder einer depressiven Augenblicksstimmung (die nicht von einer inneren Festigkeit getragen ist) beruht.[42]

In **Fall 1** sind mit der an F gerichteten Bitte des A, ihm das Insulin zu spritzen, die Voraussetzungen eines ausdrücklichen und ernsthaften Verlangens erfüllt.

13 Das Tötungsverlangen des Opfers kann an **bestimmte Bedingungen**, zB eine bestimmte Art und Weise der Tötung, geknüpft sein.[43] Erfüllt der Täter diese Bedingung nicht, indem er etwa das Opfer erschießt, statt, wie gefordert, durch eine Spritze zu töten, unterfällt die Tat nicht § 216 (sondern ggf § 212 oder § 211).

14 **b) Bestimmt worden:** Ferner muss der Täter durch das Verlangen zur Tötung bestimmt worden sein. Dies setzt voraus, dass das Verlangen **sein handlungsleitender**, wenn auch nicht alleiniger **Tatantrieb** gewesen ist.[44] Daher ist der Tatbestand von vornherein unanwendbar, wenn der Täter das Verlangen nicht gekannt hat.[45]

In **Fall 1** ist von einem dominanten Motiv des F, der Bitte des A nachzukommen, auszugehen.[46]

15 **c) Unterlassen:**[47] Entgegen der Rechtsprechung[48] scheidet eine Tatbestandsverwirklichung durch Unterlassen jedenfalls dann aus, wenn der Täter als (bisheriger) Garant gegen eine freiverantwortliche Selbsttötung nicht einschreitet.[49] Die Möglichkeit eines freiverantwortlichen Suizids darf nicht dadurch unterlaufen werden, dass ein anderer als Garant zu seiner Verhinderung strafrechtlich verpflichtet ist. Im Übrigen kann auch in dem Verlangen eine Entbindung des Garanten – zB eines Arztes – von seiner Pflichtenstellung zu sehen sein. Daher werden von § 216 grds. nur solche Situationen erfasst, in denen der Täter die ihm vom Opfer in die Hand gelegte Entscheidung über Leben und Tod durch aktives Begehen realisiert.

16 **3. Beteiligung. a) Täter:** Als Täter kommt – wie F in **Fall 1** – nur derjenige in Betracht, an den das Opfer sein Sterbeverlangen gerichtet hat. Dies muss nicht an ihn persönlich erfolgt sein; Adressat kann auch ein bestimmter Personenkreis sein, zB das Pflegepersonal einer Krankenhausstation. Es reicht dann aus, wenn der Täter zu dieser Gruppe gehört.

17 **b) Mittäterschaft:** Handelt der Täter in Mittäterschaft mit einem Dritten, der nicht (auch) Adressat des Tötungsverlangens ist, gilt für den Dritten § 212.

18 **c) Notwendige Beteiligung:** Das **Opfer** ist als notwendig Beteiligter stets straflos.[50] Missglückt der Tötungsversuch, scheidet daher eine Strafbarkeit nach §§ 216, 26 aus.

---

42 Für die Ernstlichkeit gelten ansonsten die allgemeinen Voraussetzungen einer wirksamen Einwilligung, vgl *Kindhäuser* LPK Vor § 13 Rn 159 ff. Näher zur Problematik BGH StraFo 2011, 63 (64); *Kühl* Jura 2010, 81 (85); *Küper* JZ 1986, 227; MK-*Schneider* § 216 Rn 19 f; vgl auch *Gierhake* GA 2012, 291 ff, zu der Frage, ob das ernstliche Tötungsverlangen objektiv oder nur aus der Sicht des Täters vorliegen muss.
43 BGH NJW 1987, 1092 m.Anm. *Kühl* JR 1988, 338; *ders.* Jura 2010, 81 (85).
44 *Gössel*/Dölling I § 5/9; W/H-*Engländer*, Rn 178; LK-*Rissing-van Saan* § 216 Rn 23; *Scheinfeld* GA 2007, 695 ff; in Fällen von sexuell motiviertem und über das Internet vermitteltem Kannibalismus ist dies nach BGHSt 50, 80 (91) und BGH JR 2018, 585 m.Bespr. *Nestler* Jura 2018, 757 abzulehnen, da hier der Entschluss zur Tötung bereits vorliegt, bevor die Beteiligten sich treffen.
45 Vgl § 16 II.
46 Im sog. Kannibalenfall (BGHSt 50, 80 ff m. insoweit zust. Anm. *Kreuzer* MschrKrim 2005, 412 und abw. Anm. *Kudlich* JR 2005, 342 ff; *Mitsch* ZIS 2007, 197 [199]) verneinte der BGH § 216 mit der Begründung, der Angeklagte habe aus eigenem Antrieb zur Tötung bereite Opfer gesucht; außerdem sei es dem konkreten Opfer nicht darum gegangen, selbst getötet zu werden.
47 Hierzu auch unten § 5 Rn 19 ff.
48 BGHSt 13, 162 (166 ff); 32, 367.
49 HL, LK-*Rissing-van Saan* § 216 Rn 26; *Schmitt* JZ 1985, 365 (366 ff); *Steinhilber* JA 2010, 430 (432).
50 Hierzu *Kindhäuser* LPK Vor § 25 Rn 9 f.

d) **Teilnahme:** Für die Teilnahme gelten die allgemeinen Regeln. Ob § 28 anzuwenden ist, hängt davon ab, ob das Bestimmtsein durch das Verlangen des Opfers als täterbezogenes persönliches Merkmal anzusehen ist. Dies wird teils mit dem Argument bestritten, dass das Verlangen rein als ein unrechtsmindernder, privilegierender und damit tatbezoger Umstand zu werten sei.[51] Dem steht jedoch entgegen, dass Grund der Privilegierung (zumindest auch) die persönliche Konflikt- bzw Mitleidsmotivation des Täters ist.[52] Außerdem gilt § 216 auf Täterebene nur für denjenigen, der durch das Verlangen des Opfers auch zur Tat bestimmt wurde; anderenfalls greift § 212 ein. Für den Teilnehmer kann nichts anderes gelten.[53] Ist also das Bestimmtsein durch das Verlangen täterbezogenes persönliches Merkmal, so ist für Teilnehmer § 28 Abs. 1 anzuwenden, wenn man mit der Rechtsprechung § 216 für ein *delictum sui generis* hält, während § 28 Abs. 2 eingreift, falls § 216 mit der hL als Privilegierungstatbestand eingestuft wird.[54] Die sich aus dieser unterschiedlichen Einordnung ergebenden Probleme entsprechen denjenigen des Mordtatbestands.[55]

19

WIEDERHOLUNGS- UND VERTIEFUNGSFRAGEN

> Was ist unter „aktiver", „indirekter" und „passiver Sterbehilfe" zu verstehen? (Rn 1 f, 4 ff)

> Unter welchen Voraussetzungen erfolgt eine Tötung „auf Verlangen" im Sinne von § 216? (Rn 9 ff)

> Kann das Tötungsverlangen des Opfers an Bedingungen geknüpft sein? (Rn 13)

---

51 SK-*Hoyer* § 28 Rn 42; NK-*Neumann* § 216 Rn 20; *Otto* § 7/73.
52 *Eisele* BT I Rn 217; S/S-*Eser/Sternberg-Lieben* § 216 Rn 18; L-*Kühl* § 216 Rn 2.
53 S/S-*Eser/Sternberg-Lieben* § 216 Rn 18; Arzt/Weber/Heinrich/*Hilgendorf* § 3/17 ff; LK-*Rissing-van Saan* § 216 Rn 570; *Küpper/Börner* I § 1/87; für Anwendung des § 29 *Kleszewski*, § 2 Rn 127.
54 Rn 8, ferner § 1 Rn 2 ff; NK-*Neumann* Vor § 211 Rn 164.
55 Näher hierzu § 2 Rn 52 ff.

§ 4 Suizid, Fremdtötung und geschäftsmäßige Förderung der Selbsttötung

A. Abgrenzungsfragen

▶ **FALL 1A:** Polizeiobermeister O und Frau S, die in enger Beziehung zueinander standen, unternahmen zusammen eine Autofahrt. Unterwegs verließ O den Pkw kurzzeitig, um eine Besorgung zu machen. Beim Aussteigen legte er seiner Gepflogenheit entsprechend seine geladene Pistole auf das Armaturenbrett. S, die sich bereits seit längerer Zeit das Leben nehmen wollte, ergriff die Gelegenheit und erschoss sich während der Abwesenheit des O mit der Dienstwaffe.[1] ◀

▶ **FALL 1B:** Wie Fall 1a, jedoch: Als O den Schuss hörte, eilte er schnell zu S, die noch lebte und leise zu ihm „Hilfe" sagte. O griff jedoch nicht ein, obwohl er, was er sorgfaltswidrig nicht erkannte, S noch hätte retten können. ◀

1   Nach den §§ 212, 216 ist nur die Tötung eines anderen Menschen strafbar; der Suizid (bzw dessen Versuch) ist grds. straffrei.[2] Demnach ist mangels Haupttat auch jede Form der Teilnahme an einer Selbsttötung straflos.[3] Insoweit kann sich im Einzelfall die schwierige Frage stellen, ob ein Verhalten als strafbare täterschaftliche Fremdtötung oder als straflose Beteiligung an einer Selbsttötung anzusehen ist. Wenn ein Sachverhalt Anlass gibt, sich mit der einschlägigen Problematik zu befassen, dann empfiehlt es sich, den Fall unter folgenden Gesichtspunkten zu analysieren:

2   Hat neben einer Person P das Opfer selbst am Eintritt seines Todes mitgewirkt, so ist zu prüfen, ob P einen Totschlag (§ 212) oder, bei entsprechenden Anhaltspunkten, eine Tötung auf Verlangen (§ 216) begangen hat. Die Deliktsverwirklichung setzt in beiden Fällen voraus, dass P täterschaftlich gehandelt hat, wobei eine Täterschaft durch unmittelbare oder mittelbare Tatbegehung wie auch durch Unterlassen in Betracht kommt:

3   ■ Die Annahme **unmittelbarer Täterschaft** erfordert, dass P die Tatherrschaft über das zum Tode führende Geschehen innehat (Rn 9 f). Wird diese bejaht, so hängt die Strafbarkeit nur noch davon ab, ob die weiteren Deliktsmerkmale der §§ 212, 216 erfüllt sind.

4   ■ Gestaltet P das Geschehen nicht im Sinne einer aktiven Tatherrschaft, sondern hat das Opfer den Tod eigenhändig bewirkt, so kommt **mittelbare Täterschaft** in Betracht (Rn 11 ff). Dies erfordert jedoch – neben den sonstigen Voraussetzungen mittelbarer Täterschaft –, dass der Todeserfolg auch objektiv zurechenbar ist, wobei der objektiven Zurechenbarkeit die Eigenverantwortlichkeit der Selbsttötung entgegenstehen könnte. Wird die Eigenverantwortlichkeit des Suizidenten verneint, so hängt die Strafbarkeit nur noch davon ab, ob die weiteren Deliktsmerkmale der §§ 212, 216 erfüllt sind.

5   ■ Wird ein eigenverantwortlicher Suizid bejaht, so ist gleichwohl noch zu erörtern, ob P nicht wegen Unterlassens strafbar sein könnte (Rn 19 ff). Im Falle einer Garantenstellung könnte sich die Strafbarkeit aus den §§ 212, 216, 13 ergeben; anderenfalls

---

1   Nach BGHSt 24, 342.
2   Nachweise zur Geschichte und sozialen Relevanz des Suizids sowie zum umstrittenen Recht auf Selbsttötung bei NK-*Neumann* Vor § 211 Rn 35 f, 43 ff.
3   Ganz hM, vgl nur BGHSt 32, 367 (371); S/S-*Eser/Sternberg-Lieben* Vor §§ 211 ff Rn 33, 35.

könnte § 323c eingreifen. Die Möglichkeit strafbaren **Unterlassens** wird von der ganz hL abgelehnt, von der Rechtsprechung dagegen unter bestimmten Voraussetzungen bejaht.

■ Nicht strafbar ist die **fahrlässige Mitverursachung** eines eigenverantwortlichen Suizids.[4] Zwar gibt es bei fahrlässiger Begehung keine Unterscheidung zwischen Täterschaft und Teilnahme, sondern nur einen „Einheitstäter".[5] Wenn jedoch ein Verhalten bei vorsätzlicher Begehung nur straflose „Teilnahme" wäre, kann es bei Fahrlässigkeit keine strafbare Täterschaft begründen. Gleiches gilt für die fahrlässige Mitwirkung an einer eigenverantwortlichen Selbstgefährdung.[6] Falls jedoch die Hilfe nach zunächst fahrlässiger Unterstützung der Selbstgefährdung bei Gefahrrealisierung vorsätzlich nicht gewährt wird, greift § 323c ein. Hier ist ein Unglücksfall mangels gewollter Selbsttötung zu bejahen. In Rauschgiftfällen ist umstritten, ob das Eigenverantwortlichkeitsprinzip durch § 30 Abs. 1 Nr. 3 BtMG eingeschränkt ist.[7] Nimmt man eine solche Beschränkung an, ist es wiederum umstritten, ob der Betroffene wirksam in die Beeinträchtigung seiner Individualrechtsgüter einwilligen kann oder nicht.[8]

6

Demnach hat sich O in **Fall 1a** trotz des sorgfaltswidrigen Zurücklassens der Dienstwaffe im Auto selbst dann nicht strafbar gemacht, wenn er um die Suizidgefahr bei S gewusst hätte. Denn auch bei vorsätzlichem Handeln hätte O nur straflose Beihilfe zu einer tatbestandslosen Selbsttötung geleistet.

In **Fall 1b** dagegen ist O wegen fahrlässiger Tötung durch Unterlassen strafbar (§§ 222, 13). Das Zurücklassen der Dienstwaffe begründet eine Garantenstellung aus Ingerenz. Ferner erkannte O bei seiner Rückkehr, dass S nicht mehr sterben wollte. Jetzt hätte er eingreifen können und müssen.

B. Teilnahme am Suizid/Fremdtötung in unmittelbarer Begehungstäterschaft

I. Problemstellung

Die strafrechtlichen Zurechnungskriterien der Täterschaft und Teilnahme sind auf die Verletzung der Güter anderer zugeschnitten.[9] Es gibt weder eine täterschaftliche Selbstverletzung,[10] noch kann eine andere Person an einer solchen Verletzung nach Maßgabe der §§ 26 und 27 als Anstifter oder Gehilfe teilnehmen. Demnach ist eine Selbsttötung grds. strafrechtlich irrelevant; der Suizident trägt für sein Handeln, sofern es fehlschlägt, keine strafrechtliche Verantwortung. Entsprechend fehlen Zurechnungsregeln, die auf Handlungen anderer Personen, durch die der Suizid unterstützt wird, unmittel-

7

---

4 BGHSt 24, 342; S/S-*Eser/Sternberg-Lieben* Vor § 211 Rn 35; W/H-*Engländer* Rn 65; *Küpper/Börner* I § 1/89; *Kuschel*, Der ärztlich assistierte Suizid, 2005, 60 f; *Mitsch* JuS 1995, 787 (790); *Weber* Spendel-FS 371 (376).

5 Vgl *Kindhäuser* LPK Vor § 25 Rn 2, 47.

6 Vgl *Kindhäuser* LPK Vor § 13 Rn 197 ff; ferner BGHSt 32, 262 (264); BGH NJW 2000, 2286; StV 2014, 601 ff m.Anm. *Kaspar* HRRS 2014, 436 ff; StV 2016, 426 ff m.Anm. *Roxin* und *Herbertz* JR 2016, 548 ff; BayObLG StV 1997, 307; *Krawczyk/Neugebauer* JA 2011, 264 ff.

7 So die frühere BGH-Rspr.; vgl BGHSt 37, 179 (182) m. Hinweis auf den besonderen Schutzzweck des Betäubungsmittelrechts (Volksgesundheit); zust. LK-*Jähnke*, 11. Aufl., § 222 Rn 11; *Rudolphi* JZ 1991, 572 (573 f); dagegen nunmehr die Eigenverantwortlichkeit unabhängig von §§ 29, 30 BtMG bestimmend BGHSt 49, 34 Rn 20; aA auch *Nestler-Tremel* StV 1992, 273; *Roxin* AT I § 11/110; umfassend *Sternberg-Lieben* Puppe-FS 1281 ff mwN. Zum Sonderfall der Suizidbeihilfe BGHSt 46, 279 (287 ff).

8 Bejahend BGHSt 49, 34 (43): Strafbarkeit nach §§ 222, 229; abl. *Sternberg-Lieben* Puppe-FS 1281 (1299) mwN.

9 Näher *Hohmann/König* NStZ 1989, 304; *Neumann* JA 1987, 244 (245 ff); *Schilling* JZ 1979, 159 ff.

10 Eine *ganz andere Frage* ist es, inwieweit man durch eine Selbstverletzung die Güter Dritter oder der Allgemeinheit beeinträchtigen kann, vgl etwa § 109.

bar anwendbar wären. Wird also von der „Teilnahme" an einem Suizid durch einen anderen gesprochen, so geht es nicht um die Zuschreibung strafrechtlicher Verantwortung, sondern nur um die (negative) Feststellung, dass die andere Person den Tod nicht als Täter einer Fremdtötung strafrechtlich zu verantworten hat. Kurz: Ist der andere kein strafbarer Täter, so ist er allenfalls strafloser „Teilnehmer".

8 Da sich dem Strafgesetz unmittelbar keine Regeln für die „Teilnahme" an Selbstverletzungen entnehmen lassen, sind sie in **Analogie** zu den entsprechenden **Regeln der Fremdverletzung** zu entwickeln: Eine **Teilnahme** am Suizid liegt, so gesehen, dann vor, wenn das Verhalten der anderen Person unter der Hypothese, § 212 umfasse auch die Selbsttötung und der Suizident verwirkliche als Täter vorsätzlich und rechtswidrig diesen Tatbestand, als Anstiftung oder Beihilfe im Sinne von §§ 26, 27 anzusehen wäre.

II. Unmittelbare täterschaftliche Begehung

9 Da es verschiedene Täterschaftsformen gibt, die auf jeweils unterschiedliche Weise von einer bloßen Teilnahme abzugrenzen sind, empfiehlt es sich, zunächst der Frage nachzugehen, ob die andere Person als unmittelbarer Begehungstäter (§ 25 Abs. 1 Alt. 1)[11] einer Fremdtötung gehandelt hat. Eine solche Form der Tötung ist nämlich unabhängig von der Beteiligung des Opfers stets strafbar, und zwar entweder nach § 212 oder – sofern die entsprechenden Voraussetzungen erfüllt sind – nach § 216. Ob die andere Person als (unmittelbarer) Täter gehandelt hat, hängt von der bejahenden Antwort auf die Frage ab, ob sie das zum Tode führende Geschehen tatsächlich beherrscht hat.[12] Genauer: Die andere Person ist als unmittelbarer Täter anzusehen, wenn sie allein die **Tatherrschaft über den unmittelbar lebensbeendenden Akt** innehat.[13]

10 Von einer – die unmittelbare Täterschaft begründenden – alleinigen Tatherrschaft ist nicht mehr auszugehen, wenn der **Sterbewillige** das Geschehen **zumindest gleichgewichtig beherrscht.** Dies resultiert aus dem Umstand, dass die Kriterien der Mittäterschaft (§ 25 Abs. 2)[14] im Falle der Beteiligung an einem Suizid nicht herangezogen werden können:[15] Ist der eigene Beitrag des Suizidenten strafrechtlich irrelevant, so kann er auch nicht – wie sonst bei Mittäterschaft – dem anderen als dessen eigene unrechtmäßige Tat zugerechnet werden. Hängt deshalb die Entscheidung über den todbringenden Akt maßgeblich auch vom Suizidenten ab, scheidet eine Fremdtötung des beteiligten Dritten in unmittelbarer Täterschaft aus.[16] Dies ist etwa zu bejahen, wenn der Sterbewillige noch selbst das Gift trinken muss, aber nicht mehr anzunehmen, wenn es nur noch in seiner Hand liegt, rettende Gegenmaßnahmen gegen die vom Dritten gesetzte Bedingung zu ergreifen, zB ein ihm zur Verfügung stehendes Gegengift einzunehmen.[17]

---

11 Vgl hierzu *Kindhäuser* LPK § 25 Rn 5 mwN.
12 So auch die sonst auf subjektive Kriterien abstellende Rechtsprechung, vgl BGHSt 19, 135 (139). Denn § 216 ist gerade ein Fall, in dem sich der Täter dem Willen des Opfers unterordnet und die Tat nicht als eigene, sondern als fremde will; näher zur subjektiven Theorie *Kindhäuser* LPK Vor § 25 Rn 29 ff.
13 *Brunhöber* JuS 2011, 401 (403); *Eisele* JuS 2012, 577 (578); *Kühl* Jura 2010, 81 ff; *Rengier* II 8/8; *Roxin*, Täterschaft und Tatherrschaft, 8. Aufl. 2006, 569 ff; krit. Arzt/Weber/Heinrich/*Hilgendorf* § 3/40.
14 Vgl *Kindhäuser* LPK § 25 Rn 47 ff mwN.
15 *Herzberg* NStZ 1989, 559 (560); *Hohmann/König* NStZ 1989, 304 (307); *Neumann* JA 1987, 244 (245 f); *Roxin*, Täterschaft und Tatherrschaft, 8. Aufl. 2006, 572.
16 Vgl S/S-*Eser/Sternberg-Lieben* § 216 Rn 11; NK-*Neumann* Vor § 211 Rn 5 ff m. Beispielen; zu einer weitergehenden Entlastung beim einseitig fehlgeschlagenen Doppelselbstmord vgl *Neumann* aaO Rn 56.
17 NK-*Neumann* Vor § 211 Rn 56 f; aA *Roxin* GA-FS 177 (185).

C. Teilnahme am Suizid/Fremdtötung in mittelbarer Begehungstäterschaft

▶ **FALL 2:** Durch die Drohung, eine Schmiergeldaffäre aufzudecken, veranlasst X (bewusst und gewollt) den Politiker Y, Selbstmord zu begehen. ◀

▶ **FALL 3:** Arzt A bewegt den Patienten L durch die (bewusst) falsche Diagnose, er habe nur noch kurze Zeit zu leben, zur Selbsttötung. ◀

I. Kriterien der Eigenverantwortlichkeit

Da das Strafgesetz nur die Haftung für Fremdverletzungen vorsieht, gibt es keine ex-   11
pliziten Regeln für die Zuschreibung von Eigenverantwortlichkeit für Selbstverletzungen. Wie bei der Teilnahme am Suizid sind daher auch die Grundsätze für die Eigenverantwortlichkeit im Wege der **Analogie** zu gewinnen. Anders als bei der Teilnahme,
bei der eine entsprechende Anwendung der §§ 26, 27 auf der Hand liegt, gestaltet sich
jedoch die Analogiebildung zur Bestimmung der Eigenverantwortlichkeit erheblich
schwieriger, weil sich hier zwei verschiedene Möglichkeiten anbieten:

▪ Zunächst ist daran zu denken, die Verantwortlichkeit für Selbstverletzungen in   12
Analogie zur Verantwortlichkeit für Fremdverletzungen zu konstruieren. Ein Suizid
wäre dann eigenverantwortlich, wenn der Sterbewillige für den Fall, dass er statt
seiner selbst einen anderen tötet, diese Tötung vorsätzlich und schuldhaft begangen
hätte. Dies wiederum bedeutet, dass der Suizid nicht als eigenverantwortlich anzusehen wäre, wenn er – im Falle einer Fremdtötung – unvorsätzlich oder unter den
Voraussetzungen der gesetzlichen Exkulpationsregeln (§§ 19, 20, 35 StGB; § 3 JGG)
vorgenommen worden wäre (sog. **Exkulpationslösung**).[18] In Fällen also, in denen
das Gesetz von mangelnder Verantwortlichkeit einer Person für Fremdschädigungen
ausgeht, soll auch eine Verantwortlichkeit für Selbstschädigungen ausgeschlossen
sein. Dies bedeutet wiederum, dass bei einem Erwachsenen die Eigenverantwortlichkeit grds. zu unterstellen und nur in ganz wenigen, extremen Ausnahmefällen
(Geisteskranke in Vollphasen ihres Leidens, Kinder und sinnlos Betrunkene) zu verneinen ist.[19]

▪ Die Eigenverantwortlichkeit könnte aber auch in Analogie zu den Regeln für die   13
Wirksamkeit einer Einwilligung definiert werden (sog. **Einwilligungslösung**).[20] Ein
Suizid wäre dann eigenverantwortlich, wenn der Sterbewillige für den Fall, dass
nicht er selbst, sondern ein anderer die Tötungshandlung vornimmt, die subjektiven
Voraussetzungen einer wirksamen Einwilligung erfüllte.[21] Nicht als eigenverantwortlich einzustufen wäre dagegen der Suizid, wenn der Sterbewillige – im Falle seiner Tötung durch fremde Hand – unter Voraussetzungen einwilligen würde, unter
denen seine Erklärung nicht als ernstlich im Sinne des § 216 anzusehen wäre. Demnach handelt der Sterbewillige nicht eigenverantwortlich bei mangelnder Einsichtsfähigkeit, nicht ausreichendem Urteils- und Hemmungsvermögen, fehlender Ernst-

---

18   Vgl *Roxin* GA 2013, 313 (319); MK-*Schneider* Vor §§ 211 ff Rn 54 ff; *Zaczyk*, Strafrechtliches Unrecht und die
     Selbstverantwortung des Verletzten, 1993, 36, 43.
19   LK-*Rosenau* Vor § 211 Rn 102.
20   HL, vgl nur *Eisele* JuS 2012, 577 (580); S/S-*Eser/Sternberg-Lieben* Vor § 211 Rn 36; LK-*Rosenau* Vor § 211 Rn 103 f;
     Laber, Der Schutz des Lebens im Strafrecht, 1997, 254 ff; *Mitsch* JuS 1995, 888 (891); *Rengier* II § 8/4 f; vgl
     auch *Neumann/Saliger* HRRS 2006, 280 (286 f): iE ebenso BGH NStZ 2012, 319 (320) m. krit. Anm. *Murmann*
     NStZ 2012, 387 (388).
21   Dass es hier nur auf die subjektiven Voraussetzungen der Einwilligung ankommen kann, ergibt sich aus
     dem Umstand, dass § 216 ihrer Wirksamkeit objektiv entgegensteht.

lichkeit der Entscheidung und irrtumsbefangener Willensbildung.[22] Die Einwilligungslösung befürwortet die Möglichkeit eines eigenverantwortlichen Suizids also in erheblich engeren Grenzen als die Exkulpationslösung.

14   Die Einwilligungslösung ist vorzugswürdig, da sie dem Umstand Rechnung trägt, dass der Sterbewillige im Falle einer straflosen Selbsttötung vor einer qualitativ anderen Entscheidung steht als im Falle einer strafbaren Fremdtötung.[23] Während der Handelnde in der letztgenannten Konstellation schwerstes Unrecht verwirklicht und daher nur in beschränktem Umfang von seiner Verantwortung entlastet sein kann, handelt er im Fall des Suizids nicht gegen das Recht, trifft also keine Entscheidung, von der ihn das Recht abhalten will. Während deshalb im Falle einer Fremdtötung die Verantwortung des Hintermanns wegen der unmittelbaren Verantwortung des Vordermanns geschmälert sein kann, entfällt in der Konstellation des Suizids die strafrechtliche Verantwortlichkeit des Vordermanns völlig. Der Hintermann hat also, rechtlich gesehen, eine erheblich niedrigere Entscheidungssperre zu überwinden, wenn er den Vordermann (nur) zu einem Suizid statt zu einer Fremdtötung veranlasst. Dies spricht im Umkehrschluss dafür, an die Verantwortung des Hintermanns beim Suizid auch die höheren Anforderungen im Sinne der Einwilligungslösung zu stellen.

II. Veranlassung des Suizids

15   Mittelbare Täterschaft erfordert weiterhin, dass die andere Person das die Eigenverantwortlichkeit ausschließende Defizit zur Veranlassung des Suizids herbeigeführt oder ausgenutzt hat.

16   ■ Dies ist zunächst anzunehmen, wenn die andere Person – wie X in **Fall 2** – durch eine **nötigende Drohung** (im Sinne von § 240) auf das Opfer eingewirkt hat.[24] Hier ist zu sehen, dass die Haftung des Hintermanns unter Zugrundelegung der Einwilligungslösung deutlich über die Kriterien der mittelbaren Täterschaft bei Schädigung eines Dritten durch den (genötigten) Tatmittler hinausgeht. Hätte X in **Fall 2** den Y durch die Drohung, anderenfalls eine Schmiergeldaffäre aufzudecken, zur Tötung des D veranlasst, so wäre er nur Anstifter zur Tat des Y, da die Voraussetzungen des § 35 nicht gegeben sind. Dagegen ist nach der Einwilligungslösung eine Fremdtötung in mittelbarer Täterschaft (und nicht nur eine straflose Anstiftung) anzunehmen, wenn X – wie in **Fall 2** – den Y durch eine solche Drohung zum Suizid bewegt.

17   ■ Ferner kommt eine mittelbare Täterschaft insbesondere bei Veranlassung einer **irrtumsbedingten** Selbsttötung des Opfers in Betracht.[25] Hier ist eine Täterschaft stets dann begründet, wenn das Opfer verkennt, dass es eine Todesursache setzt, also im Falle einer Fremdtötung unvorsätzlich handeln würde.[26] Des Weiteren ist mittelbare Täterschaft gegeben, wenn der Täter den Sterbewilligen über das Vorliegen einer dessen Verantwortlichkeit ausschließenden Zwangssituation (im Sinne von § 35) täuscht. Schließlich liegt nach der Einwilligungslösung mittelbare Täterschaft auch vor, wenn sich das Opfer – wie L in **Fall 3** – in einem die Wirksamkeit der Einwilli-

---

22 Näher zu den einzelnen Fallgruppen NK-*Neumann* Vor § 211 Rn 66 ff; vgl auch *Heinrich/Reinbacher* JA 2007, 264 (266 f).
23 Näher hierzu *Herzberg* JA 1985, 336 ff; L-*Kühl* Vor § 211 Rn 13a; *Neumann* JA 1987, 244 (251 ff).
24 Vgl *Otto* Wolff-FS 395 (402).
25 BGHSt 43, 177.
26 BGHSt 43, 177.

gung ausschließenden (rechtsgutsbezogenen) Irrtum befindet.[27] Als Fall mittelbarer Täterschaft[28] wird auch das Vorspiegeln der Bereitschaft zu einem Doppelselbstmord angesehen, und zwar jedenfalls dann, wenn der Täuschende die Herrschaft über das Geschehen in der Hand haben will und auch hat.[29]

D. Fremdtötung durch Nichtverhinderung eines Suizids

▶ **FALL 4:** Der an einer tödlichen und qualvollen Krankheit leidende S nimmt eine Überdosis an Schlafmitteln, um seinem Leben ein Ende zu setzen. Eine entsprechende Notiz für seinen Hausarzt H legt er auf seinen Nachttisch. Als H, der einen Schlüssel zur Wohnung des S besitzt, zu einem Hausbesuch kommt, findet er den bewusstlosen, aber noch lebenden S vor. H unternimmt nichts zur Rettung, weil er zum einen den Willen des S respektieren möchte und zum anderen mit einer schweren Hirnschädigung durch die Medikamenteneinnahme rechnet.[30] ◀

I. Problemstellung

Im Falle eines Suizids kann sich – neben den zu bedenkenden Möglichkeiten einer Begehungstäterschaft – auch die Frage einer Unterlassungstäterschaft durch Nichthinderung der Tat stellen.[31] Im Falle einer Garantenstellung kommt eine Strafbarkeit nach §§ 212, 13,[32] anderenfalls nach § 323c in Betracht. Dies ist jeweils unproblematisch zu bejahen, falls der Suizid nicht eigenverantwortlich begangen wurde und die sonstigen Voraussetzungen eines (echten oder unechten) Unterlassungsdelikts erfüllt sind.[33]

18

II. Garantenhaftung

Unterschiedlich beantwortet wird dagegen die Frage, ob ein Garant auch dann wegen Tötung durch Unterlassen haftet, wenn – wie in **Fall 4** – der Sterbewillige eigenverantwortlich den Freitod sucht und der Garant nichts zu seiner Rettung unternimmt:

19

■ Nach der vorzugswürdigen hL steht die Eigenverantwortlichkeit des Suizids einer Strafbarkeit nach §§ 212, 216, 13 entgegen.[34] Die Eigenverantwortlichkeit des Suizidenten sperrt jede strafrechtliche Verantwortlichkeit eines Außenstehenden. Der Garant hat nicht etwa eine „Vormundschaftsstellung" mit Zwangsbefugnissen gegenüber dem zu Beschützenden.[35] Vielmehr entfällt die Befugnis zum Einschreiten, wenn der Sterbewillige den Garanten – wie S den H in **Fall 4** – von seiner Verpflich-

20

---

27 Zum Irrtum über die Fortdauer der geistig-seelischen Existenz im sog. Sirius-Fall vgl BGHSt 32, 38 m.Anm. *Roxin* NStZ 1984, 71, *Schmidhäuser* JZ 1984, 195 und Bespr. *Neumann* JuS 1985, 677 ff; *Otto* Jura 1987, 256.

28 Vgl hierzu LK-*Schünemann* § 25 Rn 109 ff.

29 BGH GA 1986, 508; *Brandts/Schlehofer* JZ 1987, 442 ff; *Neumann* JA 1987, 244 (254); abl. *Charalambakis* GA 1986, 485.

30 Nach BGHSt 32, 367.

31 Zur Problematik des Hungerstreiks vgl NK-*Neumann* Vor § 211 Rn 84 f; MK-*Schneider* Vor §§ 211 ff Rn 78 ff.

32 Nach Rspr und Exkulpationslösung kann (jedenfalls in Fällen fehlender Eigenverantwortlichkeit) auch § 216 durch Unterlassen verwirklicht werden. Für die Einwilligungslösung ist dieser Weg hingegen versperrt, da bei fehlender Eigenverantwortlichkeit auch kein „ernsthaftes Verlangen" im Sinne des § 216 gegeben ist; vgl auch BGH NStZ 2012, 319 (380) m. krit. Anm. *Murmann* NStZ 2012, 387 ff.

33 NK-*Neumann* Vor § 211 Rn 87 f.

34 Ganz hL, allerdings mit unterschiedlicher Begründung: S/S-*Eser/Sternberg-Lieben* Vor § 211 Rn 41; W/H-*Engländer* Rn 62; Arzt/Weber/Heinrich/*Hilgendorf* § 3/45; LK-*Rosenau* Vor § 211 Rn 96; L-*Kühl* Vor § 211 Rn 15; NK-*Neumann* Vor § 211 Rn 77 f, 96; abw. *Herzberg* JA 1985, 177 (179 ff).

35 *Otto* § 6/52; Eingriffe sind vielmehr ggf nach § 223 mangels Einwilligung strafbar, vgl NK-*Neumann* Vor § 211 Rn 86 mwN.

tung entbindet. Eine solche Entbindung setzt nach der Einwilligungslösung eine ernstliche Entscheidung im Sinne von § 216 voraus, muss also frei von Irrtum und Zwang und mit hinreichender Einsichtsfähigkeit in die Tragweite der Entscheidung erfolgen. Ihren Ausdruck findet die Entscheidung, den Garanten von seiner Hilfspflicht zu entbinden, im Ansetzen zum Suizid, und ist, bei Tauglichkeit des Versuchs, auch als hinreichend ernstlich anzusehen. Zu beachten ist allerdings, dass die Wirksamkeit einer Einwilligung in eine Fremdtötung von § 216 grds. gesperrt wird. Da die Vorschrift aber einen eigenhändig vollzogenen eigenverantwortlichen Suizid nicht unterbinden soll, ist sie durch teleologische Reduktion so auszulegen, dass sie nur die Einwilligung in aktive Fremdtötungen, nicht aber auch die Einwilligung in das Unterlassen des Einschreitens gegen eigenverantwortliche Suizide hindert.

21 ■ Demgegenüber befürwortete die frühere Rechtsprechung, so etwa der BGH im Jahre 1984 im sog. „Wittig-Urteil",[36] **prinzipiell** eine Strafbarkeit wegen Unterlassens, wenn der Sterbewillige nach dem beendeten Selbsttötungsversuch handlungsunfähig (bewusstlos) geworden ist. Ab diesem Zeitpunkt hänge der Todeseintritt – im Falle seiner möglichen[37] Vermeidbarkeit – vom Willen des Garanten ab, wodurch dieser kraft der jetzt auf ihn übergehenden Täterherrschaft zum Unterlassungstäter werde.[38] Dies hat zur (wenig einleuchtenden) Konsequenz, dass der Garant dem eigenverantwortlich handelnden Suizidenten zwar Medikamente zu dessen Freitod geben darf;[39] ist der Garant aber anwesend, wenn der Suizident bewusstlos wird, so muss er ab diesem Zeitpunkt das ihm Mögliche zu dessen Rettung unternehmen.[40] Ungeklärt war bei dieser Ansicht ferner, warum – entgegen dem auch vom BGH anerkannten Verbot aufgedrängter Heilbehandlung[41] – sich der Sterbewillige gegen seinen Willen einem ärztlichen Eingriff soll unterziehen müssen.[42] Falls der Garant – wie H in **Fall 4** – Arzt ist, sollte jedoch **ausnahmsweise** ein mit dem (an Standesethik und Recht orientierten) ärztlichen Gewissen zu vereinbarendes Unterlassen der Hilfe nicht „unvertretbar" sein.

22 ■ Inzwischen hat der BGH (5. Strafsenat) seine Rechtsprechung **geändert**[43] und sich dem Standpunkt der hL unter der Prämisse angeschlossen, dass der Arzt aufgrund einer Vereinbarung mit dem Patienten dessen freiverantwortlichen Suizid begleitet: Die Unterstützung von Selbsttötungen in der Form, dass der Arzt dem Patienten tödliche Medikamente verschafft, ist dann straflose Beihilfe zum Suizid, wenn der Patient diese Mittel einnimmt und dabei nachgewiesenermaßen eigenverantwortlich handelt. Nach dem Eintritt der Bewusstlosigkeit begeht der Arzt auch keinen Totschlag durch Unterlassen: Der Arzt ist nicht zur Rettung des Lebens des Suizidenten verpflichtet, da ihn die Ausübung des Selbstbestimmungsrechts des später Verstor-

---

36   BGHSt 32, 367.

37   Zur Straflosigkeit bei fehlender Möglichkeit zur Intervention BGH NStZ 1984, 452; 1987, 406; NJW 2001, 1802 (1805).

38   BGHSt 13, 162 (166 f); 32, 367 (374 f); BGH NJW 1960, 1821; NStZ 2016, 530 ff m. abl. Anm. *Miebach*.

39   Vgl OLG München NJW 1987, 2940.

40   Zur Kritik vgl *Eser* JZ 1986, 786 (792); *Gropp* NStZ 1985, 97; *Kutzer* ZRP 2012, 135 (137 f), der eine Pflicht des Garanten im Widerspruch zu der Regelung des § 1901a BGB sieht.

41   Vgl BGHSt 11, 111.

42   Vgl OLG München NJW 1987, 2940 (2944); NK-*Neumann* Vor § 211 Rn 75 mwN; beachte auch StA München I NStZ 2011, 345 f, die mit Hinweis auf die Entscheidung des OLG München in einem solchen Fall von einer Anklage absah; vgl auch den Werdegang von OLG Hamburg NJW-Spezial 2016, 506, in dem das LG die Klage nicht zugelassen hatte und die Staatsanwaltschaft daraufhin erfolgreich Nicht-Zulassungsbeschwerde zum OLG erhoben hat.

43   BGH Urte. v. 3. 7. 2019–5 StR 132/18 und 5 StR 393/18.

benen von seiner grundsätzlich bestehenden ärztlichen Pflicht zur Rettung des Lebens des Patienten entbindet.[44]

III. Unterlassene Hilfeleistung

Eine Anwendbarkeit von § 323c auf eigenverantwortliche Suizide ist nach hL gleichermaßen zu verneinen.[45] Hier ließe sich schon bezweifeln, ob ein solcher Suizid überhaupt als „Unglücksfall" einzustufen ist. Jedenfalls kann mit der Hilfspflicht aus § 323c nicht die Straflosigkeit der Teilnahme am eigenverantwortlichen Suizid unterlaufen werden.   23

Zu beachten ist jedoch, dass eine Hilfspflicht besteht (bzw wieder auflebt), wenn der Sterbewillige erkennbar (zB durch Hilferufe) vom Freitod Abstand nehmen will.   24

E. Suizid in „mittelbarer Täterschaft"

▶ **FALL 5:** Der moribunde Polizist P übergibt A seine Dienstwaffe mit der Bitte, dieser solle auf ihn schießen; die Waffe sei nicht geladen. A glaubt (sorgfaltswidrig), es handele sich um einen Spaß, und erschießt zu seiner Überraschung den P.[46] ◀

Umstritten ist die strafrechtliche Bewertung einer Situation, in der – wie in **Fall 5** – ein (eigenverantwortlicher) Sterbewilliger einen anderen durch Täuschung dazu veranlasst, eine Ursache für den eigenen Tod zu setzen.   25

■ Die Rechtsprechung und ein Teil der Literatur bejahen in einem solchen Fall eine Strafbarkeit des aktiv Handelnden (A) nach § 222.[47] Hierfür spricht, dass A im Falle vorsätzlichen Handelns § 212 bzw bei Kenntnis auch des Sterbeverlangens § 216 verwirklichen würde. Insoweit müsste bei Fahrlässigkeit § 222 eingreifen. Dass das Opfer sterben will, beseitigt, wie § 216 zeigt, das objektive Unrecht einer Tötung nicht.   26

■ Nach der Gegenauffassung setzt der Sterbewillige (P) den Dritten nur als Werkzeug im Sinne mittelbarer Täterschaft (bzw in Analogie zu diesen Regeln) ein. Das Handeln des Dritten sei dem Sterbewilligen als eigenes (selbstverantwortliches) Handeln zurechenbar. Dasselbe Verhalten – die objektive Tötung durch A – könne nicht zugleich als eigenverantwortliches Verhalten des Sterbewilligen (P) und als tatbestandsmäßige Fremdtötung des Dritten (A) angesehen werden; A sei daher straflos.[48] Außerdem beherrsche nur P (kraft Irrtumsherrschaft) den lebensbeendenden Akt.[49] Gegen diese Auffassung lässt sich jedoch kritisch einwenden, dass sie sich jedenfalls nicht auf die Regeln mittelbarer Täterschaft stützen kann. Denn es ist ohne Weiteres möglich, dass derjenige, der als vorsatzloses Werkzeug eines Hintermanns jemanden verletzt, diese Verletzung auch selbst als Fahrlässigkeitstat zu vertreten hat.[50]   27

---

44 Vgl auch die Pressemitteilung des BGH Nr. 90/2019 v. 3.7.2019.

45 W/H/E-*Hettinger* Rn 68; *Kutzer* ZRP 2012, 135 (137); MK-*Schneider* Vor §§ 211 ff Rn 81 ff; aA Krey/*Hellmann*/ Heinrich I Rn 96 ff (99); jetzt auch BGH 5 StR 132/18 und 5 StR 393/18; einschr. für Fälle des sog. Appellsuizids (deren Eigenverantwortlichkeit aber fraglich ist) NK-*Neumann* Vor § 211 Rn 83; vgl auch *Otto* NJW 2006, 2217 (2221 f).

46 Nach OLG Nürnberg NJW 2003, 454.

47 BGH NJW 2003, 2326; OLG Nürnberg NJW 2003, 454 m.Anm. *Küpper* JuS 2004, 757; *Herzberg* NStZ 2004, 1 ff.

48 *Engländer* Jura 2004, 234; NK-*Neumann* § 222 Rn 5; *Otto* JK 3/04, StGB § 216/7.

49 *Hecker/Witteck* JuS 2005, 397 ff; *Roxin* Otto-FS 441.

50 Näher hierzu *Kindhäuser* LPK § 16 Rn 1, § 25 Rn 11.

F. Geschäftsmäßige Förderung der Selbsttötung (§ 217)

I. Allgemeines

28   Eine intensive gesellschaftliche wie auch politische Auseinandersetzung ging dem Gesetz zur geschäftsmäßigen Förderung der Selbsttötung vom 3.12.2015[51] voraus.[52] An dem Prinzip der Straflosigkeit des Suizids und der Teilnahme daran sollte grds. nichts geändert werden. Eine Korrektur wurde jedoch in den Fällen für erforderlich gehalten, in denen geschäftsmäßige Angebote die Suizidhilfe als normale Behandlungsoption erscheinen lassen und Menschen dazu verleitet werden könnten, sich das Leben zu nehmen.[53]

29   Gegen das Gesetz hat sich die überwiegende Mehrheit der deutschen Strafrechtswissenschaftler ausgesprochen.[54] Es wurden sodann sechs **Verfassungsbeschwerden** vor dem BVerfG eingelegt.[55] Beschwerdeführer waren schwer erkrankte Personen, die ihr Leben mit Hilfe eines Sterbehilfevereins beenden möchten, sodann in der Patientenversorgung tätige Ärzte und Sterbehilfevereinigungen.[56] Die Beschwerden waren im April 2019 Gegenstand einer zweitägigen mündlichen Verhandlung vor dem BVerfG. Als verfassungsrechtlich besonders problematisch hat sich dabei mit Blick auf das allgemeine Persönlichkeits- und Selbstbestimmungsrecht des Patienten (Art. 1, 2 Abs. 1 GG) die drohende Strafbarkeit für Ärzte erwiesen, die Patienten auf deren ausdrücklichen und freien Wunsch todbringende Medikamente verschreiben möchten. Nach Medienberichten soll zu erwarten sein, dass das BVerfG das strikte Verbot aufheben wird:[57] Das BVerfG werde in seiner Entscheidung vermutlich dem Gesetzgeber nahelegen, die Hilfe zum Suizid künftig davon abhängig zu machen, dass sich jemand eingehend beraten lassen oder ein Expertengremium den Sterbewilligen begutachtet habe.

II. Definitionen und Erläuterungen

30   **1. Tatbestand des Abs. 1. Geschäftsmäßig** iSd Vorschrift handelt, wer die Gewährung, Verschaffung oder Vermittlung der Gelegenheit zur Selbsttötung zu einem dauernden oder wiederkehrenden Bestandteil seiner Tätigkeit macht, unabhängig von einer Gewinnerzielungsabsicht und unabhängig von einem Zusammenhang mit einer wirtschaftlichen oder beruflichen Tätigkeit.[58] Grds. reicht hierfür ein erst- und einmaliges Angebot nicht aus, es sei denn, das erstmalige Angebot stellt den Beginn einer auf Fortsetzung angelegten Tätigkeit dar.[59]

---

51 BGBl. 2015 I, 2177.
52 Instruktiv zu den Regelungsentwürfen *Jäger* JZ 2015, 875 (879 ff); krit. *Duttge* NJW 2016, 120 (123); *Henking* JR 2015, 174 (183); *Hoven* ZIS 2016, 1 (3); *Schöch* Kühl-FS 585 (601); *Verrel* Paeffgen-FS 331 (334 ff); vgl auch *Roxin* NStZ 2016, 185 ff.
53 BT-Drucks. 18/5373, 2.
54 *Hilgendorf/Rosenau*, Stellungnahme deutscher Strafrechtslehrerinnen und Strafrechtslehrer zur geplanten Ausweitung der Strafbarkeit der Sterbehilfe, medstra 2015, S. 129–131; Zusammenfassung der wissenschaftlichen Kritik bei *Schwarzenegger* HdS IV § 2 Rn 47.
55 2 BvR 2347/15, 2 BvR 651/16, 2 BvR 1261/16, 2 BvR 1593/16, 2 BvR 2354/16, 2 BvR 2527/16.
56 Pressemitteilung des BVerfG Nr. 17/2019 vom 5. März 2019.
57 *Hipp*, Spiegel Online v. 18. 4. 2019.
58 BT-Drucks. 18/5373, 17; vgl auch § 4 Nr. 4 PostG; *Duttge* NJW 2016, 120 (122 f); *Hoven* ZIS 2016, 1 (7); *Schöch* Kühl-FS 585 (599): es sei nicht verständlich, weshalb eine an sich legale Handlung allein durch ihre Wiederholung strafwürdiges Unrecht darstelle; krit. zu dem Merkmal vor dem Hintergrund des Gesetzeszwecks *Weigend/Hoven* ZIS 2016, 681 (687 f).
59 BT-Drucks. 18/5373, 17; für eine restriktive Handhabung insbesondere in dem Fall gewachsener Arzt-Patienten-Verhältnisse *Gaede* JuS 2016, 289 f.

Der Gesetzgeber will einen deutlichen Unterschied zu der sog. „Hilfe beim Sterben" 31
machen, die durch palliativmedizinische Einrichtungen geleistet wird, sowie zum zulässigen Behandlungsabbruch und zur indirekten Sterbehilfe; solche Verhaltensweisen fallen nicht unter den Straftatbestand.[60] So soll die Strafbarkeit auch entfallen, wenn im Einzelfall nach sorgfältiger Untersuchung und unter strikter Orientierung an der freiverantwortlich getroffenen Entscheidung einer zur Selbsttötung entschlossenen Person Suizidhilfe gewährt wird.[61] Einer besonderen Ausschlussregelung bedürfe es nicht, da die Suizidhilfe nicht dem Selbstverständnis dieser Berufe und Einrichtungen entspreche und von diesen grundsätzlich – jedenfalls nicht geschäftsmäßig – gewährt werde.[62]

Gewähren oder **Verschaffen** einer Gelegenheit setzt voraus, dass der Täter äußere Um- 32
stände herbeiführt, die geeignet sind, die Selbsttötung zu ermöglichen oder wesentlich zu erleichtern.[63] Beim Gewähren ist die Gelegenheit hierzu bereits vorhanden und steht zur Verfügung des Täters, beim Verschaffen werden die äußeren Bedingungen erst noch neu hergestellt oder arrangiert.[64] Als Beispiele für das Gewähren werden das Überlassen einer Räumlichkeit oder eines zur Tötung geeigneten Mittels genannt, während als Verschaffen das Besorgen einer solchen Räumlichkeit oder eines solchen Mittels verstanden werden kann.[65] Die Tat ist vollendet, wenn die äußeren Bedingungen für die Selbsttötung günstiger gestaltet worden sind.[66] **Vermitteln** einer Gelegenheit setzt voraus, dass der Täter den konkreten Kontakt zwischen einer suizidwilligen Person und der Person, die die Gelegenheit zur Selbsttötung gewährt oder verschafft, ermöglicht, wobei allein der Hinweis auf eine allgemein bekannte Stelle nicht ausreicht. Für die Vollendung der Tat muss der Täter mit beiden Personen in Verbindung stehen und deren zumindest grundsätzliche Bereitschaft abgeklärt haben, wobei diese beide Personen noch nicht selbst miteinander in Kontakt getreten sein dürfen.[67]

2. Subjektiver Tatbestand. In **subjektiver** Hinsicht muss die gewährte Hilfestellung zur 33
Selbsttötung absichtlich, also zielgerichtet erfolgen. Die **Absicht** des Täters braucht sich dabei lediglich auf die Förderung der Selbsttötung zu beziehen, nicht auch auf die tatsächliche Durchführung.[68] Damit soll auch die Straflosigkeit von Medizinern sichergestellt sein, die nicht in der Absicht handeln, die Selbsttötung eines anderen zu fördern, sondern deren Handlungen darauf abzielen, in den natürlichen Krankheitsverlauf nicht mehr durch eine weitere Behandlung einzugreifen bzw die Schmerzen und Leiden der betroffenen Person durch die Verabreichung schmerzstillender Medikamente zu lindern.[69]

3. Straffreiheit nach Abs. 2. Abs. 2 sieht die **Straffreiheit** für Teilnehmer vor, die selbst 34
nicht geschäftsmäßig handeln und entweder Angehöriger (§ 11 Abs. 1 Nr. 1) des Suizidwilligen sind oder diesem nahestehen. Die Regelung ist in Anlehnung an die für

---

60 BT-Drucks. 18/5373, 17 f; näher zu den Begriffen § 4.
61 BT-Drucks. 18/5373, 18.
62 BT-Drucks. 18/5373, 18; krit. *Duttge* NJW 2016, 120 (124 f); *Jäger* JZ 2015, 875 (883 ff); *Hoven* ZIS 2016, 1 (7 f), die, ebenso wie *Verrel* GuP 2016, 47 f, eine hohe Gefahr der Strafbarkeit von Ärzten sehen, da diese nicht in die Ausnahmeregelung in Abs. 2 aufgenommen wurden.
63 BT-Drucks. 18/5373, 18.
64 *Hecker* GA 2016, 456.
65 BT-Drucks. 18/5373, 18; beide Beispiele als tatbestandlich ablehnend *Weigend/Hoven* ZIS 2016, 681 (684 f).
66 BT-Drucks. 18/5373, 18.
67 BT-Drucks. 18/5373, 18; krit. dazu, dass die Konkretheit keinen Niederschlag im Wortlaut gefunden hat, *Verrel* GuP 2016, 48 f; nach BeckOK-*Oglakcioglu* § 217 Rn 22 sei ein solcher persönlicher Kontakt als Folge verfassungskonformer Auslegung notwendig.
68 BT-Drucks. 18/5373, 19; das Merkmal als ungeeignet kritisierend *Grünewald* JZ 2016, 938 (944 f).
69 BT-Drucks. 18/5373, 18; vgl auch *Gaede* JuS 2016, 390 f.

§ 35 Abs. 1 entwickelten Grundsätze auszulegen[70] und stellt einen persönlichen Strafausschließungsgrund dar.[71] Nicht bestraft wird, wer allein aus Mitleid in einer singulären Situation einem todkranken Angehörigen oder einer nahestehenden Person Hilfe zur Selbsttötung leistet.[72] Hierin wird ein Widerspruch mit der eigentlichen Zielsetzung des Gesetzes gesehen, da gerade aus dem familiären Umfeld der befürchtete Druck auf alte und/oder kranke Menschen zu erwarten sei.[73] Kritisiert wird zudem, dass die Ausnahmeregelung allein auf Angehörige und sonst nahestehende Personen begrenzt ist, da dies eine Ungleichbehandlung der Personen bedeute, die – wie etwa Ärzte – nur einmalig tätig werden, aber nicht in einem Näheverhältnis zum Suizidwilligen stehen.[74]

III. Verhältnis zur fahrlässigen Tötung

35   Strafbarkeit wegen fahrlässiger Tötung kommt bei eigenverantwortlichen Suiziden weiterhin nicht in Betracht, wenngleich § 217 bestimmte Suizidförderungen für strafbar erklärt. Denn bei dem Tatbestand handelt es sich um ein eigenständig vertyptes Delikt mit eigenem Unrechtsgehalt.[75]

Wiederholungs- und Vertiefungsfragen

> Wann ist eine Tötung in unmittelbarer Täterschaft gegeben? (Rn 9 f)
> Nach welchen Kriterien bestimmt sich die Eigenverantwortlichkeit eines Suizids? (Rn 12 ff)
> Steht die Eigenverantwortlichkeit eines Suizids auch der Strafbarkeit eines Dritten nach §§ 212, 216, 13 und § 323c entgegen? (Rn 20 ff, 23 f)

---

70 *Gaede* JuS 2016, 391; aA *Weigend/Hoven* ZIS 2016, 681 (690 f).
71 BT-Drucks. 18/5373, 19.
72 BT-Drucks. 18/5373, 19.
73 *Hoven* ZIS 2016, 1 (7 f).
74 *Duttge* NJW 2016, 120 (124 f); *Hoven* ZIS 2016, 1 (8); *Jäger* JZ 2015, 875 (883 ff).
75 *Gaede* JuS 2016, 391.

§ 5 Aussetzung (§ 221)

A. Allgemeines

Die Vorschrift normiert ein **konkretes Gefährdungsdelikt** zum Schutz von Leben und Gesundheit[1] im Kontext der **Hilflosigkeit** eines Menschen. Entgegen der Überschrift geht der Anwendungsbereich des Delikts inzwischen weit über die rechtshistorisch zunächst erfassten Fälle der **Kinderaussetzung** hinaus.[2] Sie bezieht auch Erwachsene und gesunde Personen, deren Hilflosigkeit aus einer Ausnahmesituation resultiert, in den Schutzbereich ein und verlangt zudem nicht zwingend eine räumliche Distanzierung des Täters vom Opfer. – In Fallkonstellationen, in denen die Prüfung eines Totschlags durch Unterlassen vorgenommen und dabei der Tötungsvorsatz verneint wird, sollte die Prüfung einer Strafbarkeit wegen Aussetzung in Erwägung gezogen werden.

Abs. 1 umschreibt als zweistufiges Delikt zwei Tatvarianten (1. Stufe), die jeweils als Erfolg den Eintritt der Gefahr des Todes oder einer schweren Gesundheitsschädigung verlangen (2. Stufe). In der Tatvariante nach Nr. 1 (Allgemeindelikt) führt der Täter die hilflose Lage des Opfers herbei, während er als Garant in der Variante nach Nr. 2 (Sonderdelikt) das Opfer nicht aus der (von ihm ggf nur vorgefundenen) hilflosen Lage befreit. **Abs. 2** erhöht als Qualifikationstatbestand mit Verbrechenscharakter die Mindeststrafe auf Freiheitsstrafe von einem Jahr für den Fall einer besonderen Täter-Opfer-Beziehung (Nr. 1), während der Eintritt einer schweren Gesundheitsschädigung nach Nr. 2 ebenso eine Erfolgsqualifikation nach § 18 darstellt wie **Abs. 3**, durch den die Mindeststrafe drei Jahre lautet, wenn durch die Tat der Tod des Opfers verursacht wird. Der **Versuch** der Aussetzung nach Abs. 1 ist straflos und der Versuch nach Abs. 2 Nr. 1 StGB strafbar. Ob es den Versuch einer Erfolgsqualifikation bei Abs. 2 Nr. 2, Abs. 3 geben kann, ist umstritten.

B. Definitionen und Erläuterungen

I. Grundtatbestand der Aussetzung (Abs. 1)

▶ **FALL 1:** Die A ließ ihre drei Kinder allein in der verschlossenen Wohnung zurück, um mit einem Freund ungestört feiern zu können. Bei ihrem Weggehen hatte sie das zehn Monate alte jüngste Kind für die Nacht versorgt und ihren achtjährigen Ältesten beauftragt, dem Säugling am nächsten Morgen Milch zuzubereiten, falls sie bis dahin noch nicht heimgekehrt sein sollte. Am nächsten Tag beschloss die A jedoch, obwohl sie keinerlei Vorsorge für eine längere Abwesenheit getroffen hatte, die Kinder weiter sich selbst zu überlassen, wobei sie mit dem Schlimmsten rechnete. Als sie vier Tage später in ihre Wohnung zurückkehrte, fand sie in dem völlig verwahrlosten und ungeheizten Raum den Säugling tot und die beiden älteren Söhne in einem mitgenommenen Zustand mit Anzeichen von Unterkühlung vor.[3] ◀

1. Tathandlungen. a) Versetzen in eine hilflose Lage (Nr. 1). (1) Hilflose Lage: Das Opfer befindet sich in einer hilflosen Lage, wenn es nicht fähig ist, sich aus eigener Kraft vor der Gefahr für Leben und Gesundheit zu schützen.

---

1 Krey/*Hellmann*/Heinrich I Rn 125; Arzt/Weber/Heinrich/*Hilgendorf* § 36/1; *Mitsch* HdS IV § 1 Rn 63; SK-*Wolters* § 221 Rn 2; zu klausurrelevanten Problemen *Wengenroth* JA 2012, 584 ff.

2 Die Norm wurzelt im kanonischen Recht (expositio infantum; *Feuerbach* § 428) und wurde dann im gemeinen Recht übernommen, zB von der Carolina (Art. 132 CCC; *Liszt* § 90).

3 Nach BGHSt 21, 44.

4   Dem Opfer fehlen somit (hypothetisch geeignete) Rettungsmittel oder hilfsfähige (und hilfsbereite) Personen zum Schutz vor Leibes- und Lebensgefahren. Die Gefahren können von anderen Menschen, von Tieren, von äußeren Umständen (zB Witterungseinflüsse), aber auch von der Konstitution des Opfers selbst (zB Gebrechlichkeit, Schwäche) ausgehen. Die hilflose Lage braucht noch kein Zustand zu sein, in dem das Opfer in einer Gefahr für Leib oder Leben schwebt. Sie ist vielmehr eine Situation, die in eine konkrete Gefahrenlage umschlagen kann und aufgrund derer das Opfer der Hilfe bedarf.[4] Daran ändert sich auch nichts, wenn das Opfer zwar ein funktionstüchtiges Handy bei sich trägt, es ihm aber nicht gelingt, jemanden anzurufen, oder ihm sein eigener Aufenthaltsort unbekannt ist.[5] Sofern der Täter bereits vor dem Eintritt der hilflosen Lage Beschützergarant für Leib und Leben des Opfers ist, kann die hilflose Lage auch durch das Verweigern des dem Opfer garantierten Beistands entstehen.[6] Umstritten ist dies allerdings, falls sich der Beschützergarant räumlich von seinem Schützling trennt und sich dadurch zum rettenden Eingreifen unfähig macht. Exemplarisch: Der Bergführer lässt seinen Schützling in einer schwierigen Felswand zurück.[7]

In **Fall 1** befinden sich die Kinder spätestens seit dem ersten Vormittag nach dem Verlassen mangels ausreichender Heizung und Nahrung in einer hilflosen Lage.

5   **Keine hilflose Lage** ist gegeben, wenn der Täter zu Recht davon ausgehen kann, dass sich Dritte rasch und ausreichend um das Opfer kümmern (zB ein neugeborenes Kind bei normalen Außentemperaturen unmittelbar vor ein Krankenhaus oder in eine Babyklappe gelegt wird). Das gleiche gilt, wenn es nur die Möglichkeit einer drohenden Verletzung nicht erkennt, im Falle einer Kenntnis der Sachlage aber ohne Weiteres in der Lage wäre, sich zu schützen. Exemplarisch: Terrorist T installiert am Auto des O eine Bombe, die beim Betätigen der Zündung explodieren soll; hier könnte O bei Kenntnis der Sachlage unschwer einer Verletzung entgehen und ist daher der drohenden Gefahr nicht hilflos ausgesetzt. Dass Ahnungslosigkeit als solche noch keine Hilflosigkeit begründet, zeigt im Übrigen das Regelbeispiel des § 243 Abs. 1 Nr. 6, das die Hilflosigkeit auf die Unfähigkeit, einem Gewahrsamsbruch aus eigener Kraft zu begegnen, und nicht auf die bloße Unkenntnis des Angriffs bezieht, da anderenfalls jeder Trick- und Taschendiebstahl ein einschlägiger besonders schwerer Fall wäre.[8]

Auch **Augenblicksgefahren** – wie das Schießen aus dem Hinterhalt oder Steinwürfe von einer Autobahnbrücke – sind nicht einschlägig. Dies wird teils dem Begriff der „Lage", der eine gewisse Dauer erfordere, entnommen.[9] Entscheidend ist jedoch, dass der Täter das Opfer hier nicht in eine Situation reduzierter Abwehrfähigkeit bringt, sondern eine anderweitige, sonstige Gefahr begründet,[10] etwa nur durch ein Überraschungsmoment oder seine eigene körperliche bzw technische Überlegenheit die „normalen" Reaktionsmöglichkeiten des Opfers überwindet.

6   **(2) Versetzen:** Versetzen ist jede vom Täter bestimmte Veränderung der Sicherheitslage des Opfers.

---

4   Krey/*Hellmann*/Heinrich I Rn 135; *Küper* ZStW 111 (1999), 30 (54 f); vgl SK-*Wolters* § 221 Rn 3.
5   BGH NStZ 2008, 395 f.
6   W/H/E-*Hettinger* Rn 220; *Jäger* JuS 2000, 31 (33 f); aA (Fall von Nr. 2) SK-*Wolters* § 221 Rn 5.
7   Für die Anwendbarkeit des Abs. 1 Nr. 1 in diesen Fällen W/H/E- *Hettinger* Rn 223; *Jäger* JuS 2000, 31 (33 f); aA (Fall von Nr. 2) SK-*Wolters* § 221 Rn 5.
8   Hierzu auch *Erbel* NStZ 2002, 404 (406 f); vgl auch *Kindhäuser* BT II § 3/38 f.
9   *Sternberg-Lieben*/*Fisch* Jura 1999, 45 (46); aA BGHSt 52, 153 (156); *Hardtung* JZ 2008, 953 (956).
10 *Küper*/*Zopfs* Rn 69.

Für das Versetzen in eine hilflose Lage ist keine Veränderung des Aufenthaltsortes er- 7
forderlich.[11] Ausreichend ist vielmehr jedes Verhalten, durch das der Täter die Umstände, die den Verletzten bis dahin geschützt hatten, verändert und dadurch eine hilflose Lage für das Opfer schafft,[12] Erfasst werden soll nach h. M. auch der Fall, dass
der Täter das Opfer von einer bereits bestehenden hilflosen Lage in eine neue (aus anderen Gründen) hilflose Lage bringt[13] oder dass er eine bereits bestehende hilflose
Lage dergestalt beeinflusst, dass die Wahrscheinlichkeit des Todeseintritts oder der Gesundheitsschädigung (nicht unerheblich) erhöht wird.[14]

Der Täter kann die Veränderung unmittelbar selbst schaffen. Er kann sich aber auch 8
des Opfers als eines Werkzeugs in mittelbarer Täterschaft (durch Zwang, Irrtumserre-
gung) bedienen. Handlungen, die als Anstiftung oder Beihilfe zu einer eigenverantwortlichen Selbstgefährdung anzusehen sind, genügen jedoch nicht. Ein Versetzen
durch garantenpflichtwidriges **Unterlassen** (§ 13) ist grds. möglich.[15] Dies ist etwa der
Fall, wenn der aus Ingerenz Garantenpflichtige das Aussetzen durch einen Dritten
nicht verhindert.[16] Daher hat die Mutter in **Fall 1** die Kinder durch das garantenpflichtwidrige Unterlassen der alsbaldigen Rückkehr in eine hilflose Lage versetzt.
Weiteres Beispiel: Der Garant hindert das Opfer nicht daran, sich in eine hilflose Lage
zu begeben.

b) Im Stich Lassen (Nr. 2)

▶ **FALL 2:** A und B sind mit dem stark alkoholisierten und unter Methadoneinfluss stehenden W auf dem Weg zum Bahnhof waren, als dieser in der Nähe des Bahnhofsgebäudes im
Schnee zusammenbrach. Die A und B bemühten sich zunächst nicht um ärztliche Hilfe, sondern verbrachten W in das Bahnhofsgebäude und blieben bei ihm. Den Notarzt verständig-
ten sie erst geraume Zeit später. Dieser konnte jedoch bei seinem Eintreffen nur noch den
Tod des W feststellen, der letztlich in Folge der Aspiration von Erbrochenem eingetreten
war.[17] ◀

a) **Opfersituation:** Das Opfer muss sich in einer hilflosen Lage befinden.[18] 9

Der Grund für die Hilflosigkeit berührt die Beistandspflicht grds. nicht. Das Opfer 10
kann daher auch durch eigenes Verschulden in die hilflose Lage gekommen sein.

b) **Im Stich lassen:** Der Täter lässt das Opfer im Stich, wenn er die zur Abwendung ge- 11
botene Hilfe nicht erbringt.

Ein räumliches Verlassen ist seit der Gesetzesreform von 1998 nicht mehr zwingend er- 12
forderlich. Es genügt nunmehr jedes Unterlassen der gebotenen Hilfe.[19] Insoweit unterfallen dem Tatbestand gleichermaßen die untätige Anwesenheit (geistiges Im-Stich-Las-

---

11 BGHSt 52, 153 (156); MK-*Hardtung* § 221 Rn 11; Krey/*Hellmann*/Heinrich I Rn 129 f; LK-*Krüger* § 221 Rn 22; *Küp-
    per/Börner* I § 1/97; krit. *Jahn* JuS 2008, 647; SK-*Wolters* § 221 Rn 4.
12 Näher *Küper* ZStW 111 (1999), 30 (40 ff).
13 S/S-*Eser/Sternberg-Lieben* § 221 Rn 4; LK-*Krüger* § 221 Rn 23; NK-*Neumann/Saliger* § 221 Rn 15; krit. SK-*Wolters*
    § 221 Rn 4.
14 *Hacker/Lautner* Jura 2006, 274 (275); LK-*Krüger* § 221 Rn 24; aA insoweit NK-*Neumann/Saliger* § 221 Rn 15; SK-
    Wolters § 221 Rn 5.
15 S/S-*Eser* § 221 Rn 5; SK-*Wolters* § 221 Rn 5.
16 BGH NStZ 2018, 209 m.Bespr. *Jäger* JA 2018, 230.
17 Angelehnt an OLG Stuttgart NStZ 2009, 102.
18 Näher oben Rn 3 ff.
19 W/H/E-*Hettinger* Rn 223; Küper/*Zopfs* 216; *Otto* § 10/3; *Rengier* II § 10/10.

sen), das Entfernen und das Unterlassen des Kommens.[20] Exemplarisch: Ein Arzt weigert sich, seinen hilflosen Patienten aufzusuchen.

In **Fall 1** hat A somit ihre Kinder nicht nur durch Unterlassen in eine hilflose Lage versetzt, sondern zugleich auch – in der zweiten Tatvariante – im Stich gelassen. Im **Fall 2** dagegen liegt dagegen (nur) ein Im-Stich-Lassen vor.

13   c) **Garantenstellung:** Täter kann jeder sein, der – wie die Mutter in **Fall 1** – als Garant für die Abwendung einer Leibes- oder Lebensgefahr des Opfers einzustehen hat.

14   Anders als bei dem Jedermann-Delikt nach Nr. 1 ist der Täterkreis in der zweiten Tatvariante auf Garanten beschränkt, die hinsichtlich Leben und Gesundheit des Opfers obhuts- oder beistandspflichtig sind. Die allgemeine Solidaritätspflicht nach § 323c genügt dafür nicht.[21] Die Garantenstellung kann durch Ingerenz oder tatsächliche Übernahme einer Beistandspflicht begründet sein. Unter **Obhut** ist ein bestehendes allgemeines Schutzpflichtverhältnis, also eine Beschützergarantenstellung,[22] zu verstehen.

Im **Fall 2** kommt eine Garantenstellung aufgrund „Zechgemeinschaft" oder gemeinsamen Konsums anderer berauschender Mittel nicht in Betracht. Ebenso wenig begründet die begonnene Hilfeleistung, dh das Verfrachten des W in das Bahnhofsgebäude, eine Garantenstellung, da dieses nicht mit erhöhten Risiken für den W verbunden war.

15   Die zweite Tatvariante ist konstruktiv insoweit eine Besonderheit, als die Vorschrift über die allgemeine Haftungsdimension des § 13 hinausgeht: Der Täter hat nicht nur den Erfolg (Tod, Gesundheitsschädigung) abzuwenden, sondern hat das Opfer bereits vor der Gefahr eines solchen (Gefahr-)Erfolgs zu schützen. Insoweit ist die Tat ein echtes Unterlassungsdelikt, das aber die Existenz einer Garantenstellung voraussetzt.[23] Mit der Einordnung als echtes Unterlassungsdelikt kommt eine Strafmilderung nach § 13 Abs. 2 nicht in Betracht.[24] Dass dagegen im Falle des Abs. 1 Nr. 1 ein Garant, der durch sein Unterlassen andere in Gefahr bringt, in den Genuß der Strafmilderung kommt, ist ein schwer auflösbarer Widerspruch des Gesetzes.[25]

16   **2. Gefahrerfolg.** Erfolg der Tat nach Abs. 1 ist die konkrete Gefahr des Todes oder einer schweren Gesundheitsschädigung.

17   a) **Schwere Gesundheitsschädigung:** Von einer schweren Gesundheitsschädigung ist auszugehen, wenn das Opfer im Gebrauch seiner Sinne, seines Körpers oder seiner Arbeitskraft erheblich beeinträchtigt ist. Zu denken ist etwa an eine ernste und langwierige Krankheit oder an eine beträchtliche Reduzierung der Arbeitsfähigkeit für längere Zeit.[26] Die schwere Gesundheitsschädigung erfasst (wie zB bei § 250 Abs. 1 Nr. 3) auch niederschwelligere oder temporär langwierigere Beeinträchtigungen als die schwere Körperverletzung (§ 226) und darf daher begrifflich nicht mit dieser verwechselt werden.[27]

In **Fall 1** dürfte auch bei den beiden überlebenden Kindern sogar Lebensgefahr zu bejahen sein.

---

20   *Hacker/Lautner* Jura 2006, 274 (277); *Rengier* II § 10/10; SK-*Wolters* § 221 Rn 6.
21   BT-Dr. 13/8587 S. 34.
22   Namentlich eine Garantenstellung kraft Institution, vgl hierzu *Kindhäuser* LPK § 13 Rn 38.
23   BGHSt 57, 28 (30) m. krit. Anm. *Momsen* StV 2013, 54 ff; vgl aber auch *Küper* ZStW 111 (1999), 30 (48 f, 58 f): kodifiziertes unechtes Unterlassungsdelikt.
24   Krit. *Ladiges* JuS 2012, 687 (688 f).
25   NK-*Neumann/Saliger* § 221 Rn 17.
26   Vgl BT-Drucks. 13/8587, 27 f; BGH NJW 2002, 2043; MK-*Hardtung* § 221 Rn 19; *Schroth* NJW 1998, 2861 (2865).
27   *Küper/Zopfs* Rn 282.

b) **Konkrete Gefahr:** Die tatbestandsmäßige konkrete Gefahr des Todes oder einer schweren Gesundheitsschädigung ist eingetreten, wenn es für das Opfer – wie bei den drei Kindern in **Fall 1** – nur noch vom nicht mehr beherrschbaren Zufall abhängt, ob es stirbt bzw seine Gesundheit schwer geschädigt wird oder nicht.[28] Weiteres Beispiel: Das Opfer wird mit Erregern einer schweren Krankheit infiziert, die ohne ärztliche Versorgung alsbald ausbrechen kann. Die individuelle gesundheitliche Konstitution ist bei der Gefahrfeststellung zu berücksichtigen.[29] Maßgeblich ist hierbei eine ex-post-Betrachtung.[30] Es soll nach h. M. genügen, dass eine bestehende Gefahr verstärkt wird.[31] Andere wiederum halten die Einbeziehung jeder Risikoerhöhung für unvereinbar mit dem Wortlaut.[32] Im Spannungsfeld von Ratio (Vermeidung konkreter Lebensgefährdung) und Formulierung der Norm (und „dadurch") wird man der h. M. nur dann beipflichten können, wenn die Gefahrerhöhung nicht nur marginal oder nicht bloß unerheblich, sondern substanziell ist, dh das Risiko für die bereits gefährdeten Rechtsgüter – äquivalent einer erstmaligen Gefahrschaffung – signifikant erhöht wird. Findet etwa die Krankenschwester einen schwer verletzten Patienten, ist ihre anschließende Untätigkeit nur dann tatbestandsrelevant, wenn dadurch das Todes- oder Gesundheitsrisiko nachweisbar gravierend vergrößert wurde.

18

3. Risikozusammenhang. Zwischen der hilflosen Lage und dem konkreten Gefahrerfolg muss ein Risikozusammenhang bestehen.

19

Dies bedeutet zunächst, dass die Gefahr des Todes oder einer schweren Gesundheitsschädigung durch Hilflosigkeit verursacht worden sein muss: Zwischen dem Zustand der hilflosen Lage und dem Zustand der Gefahr muss eine Kausalrelation bestehen.[33] Daran fehlt es etwa, wenn die Todesgefahr für das Opfer bereits durch vorangegangene Misshandlungen entstanden und das anschließende Untätigbleiben insoweit irrelevant ist, weil ein rettungsloser Fall vorliegt.[34] Ferner muss sich im konkreten Gefahrerfolg das bereits in der hilflosen Lage angelegte Risiko erhöhen. Beispielhaft hierfür ist **Fall 1:** A bringt die Kinder in eine Situation, in der sie weder über hinreichende Nahrung verfügen noch sich ausreichend gegen Kälte schützen können (= hilflose Lage). Infolge der eintretenden Kälte geraten die Kinder in die konkrete Gefahr, zu erfrieren oder an einer Lungenentzündung zu erkranken (= konkreter Gefahrerfolg); bei dem Säugling realisiert sich zudem der Gefahrerfolg im Todeseintritt. Aber nicht jede Hilflosigkeit führt zu einer tatbestandlichen Gefahr: So kann ein in der Wohnung eingeschlossener vierjähriger Junge in hilfloser Lage verlassen werden, ohne dass damit unbedingt eine konkrete Gefahr für ihn ausgelöst wird.[35]

20

4. Subjektiver Tatbestand. Die Tat nach Abs. 1 ist ein **Vorsatzdelikt** (§ 15). Der konkrete Gefahrerfolg muss – wie bei der Mutter in **Fall 1** – vom Vorsatz umfasst sein;[36] er ist keine Erfolgsqualifikation im Sinne von § 18.[37] In **Fall 1** rechnete A mit dem Schlimmsten und handelte insoweit mit Vorsatz hinsichtlich des Gefahrerfolgs.

21

---

28 Vgl BGHSt 26, 176 (181); BGH NStZ 1985, 263; 1996, 83; StV 1998, 662; *Roxin* AT I § 11/151; vgl zur Bestimmung des konkreten Gefahrerfolgs auch § 68 Rn 15 ff.
29 BGH NJW 2002, 2043 f.
30 MK-*Hardtung* § 221 Rn 21.
31 BGHSt 52, 153, 157; BT-Drucks. 13/9064, 14; L-*Heger* § 221 Rn 5; Maurach/Schroeder/Maiwald BT-1 § 4 Rn 13.
32 NK-*Neumann/Saliger* § 221 Rn 31.
33 S/S-*Eser/Sternberg-Lieben* § 221 Rn 9; M/R-*Safferling* § 221 Rn 15.
34 *Jäger* BT Rn 68. Vgl auch den Fall BGH NStZ 2011, 699.
35 RG HRR 41 Nr. 366; S/S-*Eser/Sternberg-Lieben* § 221 Rn 9.
36 W/H/E-*Hettinger* Rn 226; LK-*Krüger* § 221 Rn 71; *Rengier* II § 10/18.
37 Näher hierzu *Kindhäuser* LPK § 18 Rn 8 ff.

II. Qualifikationen

22   Abs. 2 und 3 formulieren drei Tatbestände als Qualifikationen zum Grundfall (Abs. 1).

23   **1. Qualifikation nach Abs. 2.** Der Täter verletzt eine spezifische Garantenpflicht (Abs. 2 Nr. 1). Erfasst werden die Eltern von leiblichen und adoptierten Kindern (im kind- und jugendlichen Alter),[38] somit auch die Mutter in Fall 1. Zu den einschlägigen Verpflichteten aus den Betreuungsverhältnissen gehören insbesondere Heim- und Pflegeeltern. [39]

24   Realisiert sich die konkrete Gefahr der schweren Gesundheitsschädigung aus dem Grundtatbestand, so ist der Täter nach Abs. 2 Nr. 2 zu bestrafen. Diese Tatvariante ist ein erfolgsqualifiziertes Delikt, für das § 18 gilt. Hinsichtlich des Eintritts der Gesundheitsschädigung muss zumindest Fahrlässigkeit gegeben sein. In **Fall 1** handelte A auch hinsichtlich der eingetretenen Gesundheitsschädigung vorsätzlich

25   **2. Qualifikation nach Abs. 3.** Abs. 3 greift ein, wenn der Täter durch die Tat den Tod des Opfers verursacht. Auch diese Tatvariante ist ein erfolgsqualifiziertes Delikt. Im Tod muss sich gerade das spezifische Risiko der Todesgefahr des Grundtatbestands (Abs. 1) realisieren. Nach § 18 muss der Täter hinsichtlich des Todes zumindest fahrlässig gehandelt haben. Da A in **Fall 1** mit dem Schlimmsten rechnete, hat sie hinsichtlich des Todes ihres Säuglings mit bedingtem Vorsatz gehandelt.

26   **3. Versuch der Erfolgsqualifikation.** Umstritten (und noch nicht höchstrichterlich geklärt) ist die Frage, ob ein erfolgsqualifizierter Versuch bei § 221 Abs. 2 Nr. 2 und § 221 Abs. 3 möglich ist. Möchte ein Vater sein Kind im Wald aussetzen und verunglückt das Kind während des Transports im Auto des Vaters auf dem Weg dorthin tödlich, muss (analog zu § 227 Abs. 1) geklärt werden, ob sich der Erfolg bereits aus der Tathandlung ergeben kann.[40] Es ist zudem die Annahme einer Versuchsstrafbarkeit überhaupt kritisch. Dafür könnte sprechen, dass beide Qualifikationen als Verbrechen (Mindestfreiheitsstrafe über 1 Jahr, § 12) ausgestaltet sind.[41] Aber der Versuch des Grundtatbestands, § 221 Abs. 1, ist mangels Verbrechenscharakters und fehlender Anordnung der Versuchsstrafbarkeit (§ 23 Abs. 1 Var. 2) nicht strafbar. Würde man gleichwohl nicht (bloß) eine fahrlässige Tötung oder eine fahrlässige Körperverletzung, sondern stattdessen einen Versuch bei Abs. 2, 3 bejahen, würde die gesetzgeberische Entscheidung konterkariert, den Versuch des Abs. 1 nicht zu pönalisieren. Die strafschärfenden Tatbestände der Abs. 2, 3 würden systemwidrig zu strafbarkeitsbegründenden Normen.[42]

---

38 *Rengier* II § 10/19; *Sternberg-Lieben/Fisch* Jura 1999, 45 (49); SK-*Wolters* § 221 Rn 14; zum Begriff des „Kindes" vgl NK-*Neumann* § 221 Rn 36 f.
39 L-Kühl-*Heger* § 221 Rn 7; *Hohmann/Sander* § 5/17; SK-*Wolters* § 221 Rn 14.
40 Bsp. von *Jäger* BT Rn 70a.
41 Für Strafbarkeit zB MK-*Hardtung* § 221 Rn 44; *Jäger* BT Rn 70a.
42 Gegen eine Versuchsstrafbarkeit bei Abs. 2,3 daher zu Recht *Fischer* § 221 Rn 22; *Kühl* AT § 17 Rn 47.

C. Anwendung

I. Aufbau

Es empfiehlt sich, die Tatbestandsmerkmale der Aussetzung in folgenden Schritten zu prüfen:[43]

A) Tatbestand:

    I. Objektiver Tatbestand:

        1. Tathandlungen (Rn 3 ff.):

            – Versetzen in eine hilflose Lage (Rn 3 ff) oder

            – Im Stich Lassen (Rn 9) mit Garantenstellung (Rn 11 ff)

        2. Gefahrerfolg (Rn 16 ff)

        3. Tat

        3. Risikozusammenhang (Rn 19 f)

    II. Subjektiver Tatbestand: Vorsatz (Rn 21).

B) Rechtswidrigkeit

C) Schuld

D) Ggf *Qualifikationen:*

    I. Abs. 2 Nr. 1: Besondere Garantenstellung des Täters (Rn 23)

    II. Abs. 2 Nr. 2: Eintritt einer schweren Gesundheitsschädigung, hinsichtlich dieses Erfolgs nur Fahrlässigkeit erforderlich, § 18 (Rn 24)

    III. Abs. 3: Todeseintritt, hinsichtlich dieses Erfolgs nur Fahrlässigkeit erforderlich, § 18 (Rn 25).

II. Teilnahme

Die Obhutsgarantenstellungen nach § 221 Abs. 1 Nr. 2, Abs. 2 Nr. 1 sind besondere persönliche Merkmale im Sinne von § 28. Im Falle von Abs. 1 Nr. 2 ist dieses Merkmal strafbegründend, so dass § 28 Abs. 1 eingreift, wenn der Teilnehmer die Merkmale nicht erfüllt.[44] Bei Abs. 2 Nr. 1 wirkt das Merkmal strafschärfend; hier ist der außenstehende Teilnehmer gem. § 28 Abs. 2 zu bestrafen.

III. Konkurrenzen

Innerhalb des § 221 wird Abs. 1 Nr. 2 von Abs. 1 Nr. 1 und Abs. 2 Nr. 2 von Abs. 3 verdrängt. Mit §§ 223 ff, 227 kann Tateinheit bestehen,[45] jedoch treten § 229 hinter § 221 Abs. 2 Nr. 2 und § 222 hinter § 221 Abs. 3 zurück. Ferner wird § 323c von § 221 Abs. 2 Nr. 2 verdrängt. Ebenso tritt § 221 hinter den vorsätzlichen Tötungsdelikten zurück,[46] und zwar nicht nur beim vollendeten, sondern auch beim versuchten Delikt: Die §§ 211 ff. sind verbrechenskategorial vorsätzliche Verletzungsdelikte, die eine Lebensgefährdung durch Aussetzung einschließen.[47] Beim Rücktritt vom Tö-

27

28

29

---

43 In der Vorauflage wurde – gut vertretbar – der tatbestandliche Erfolg vor der Tathandlung geprüft.

44 S/S-*Eser/Sternberg-Lieben* § 221 Rn 11; aA SK-*Wolters* § 221 Rn 12: §§ 28 II, 323c seien anwendbar.

45 SK-*Wolters* § 221 Rn 13.

46 *Fischer* § 221 Rn 28.

47 BGH NStZ 2017, 90 m. krit. Bespr. *Bock.* Zur rechtshistorischen Verankerung dieser Position vgl auch *Liszt* § 90. – Aus Klarstellungsgründen für Tateinheit bei Versuch die Vorauflage. – Näher zu den umstrittenen Einzelfragen der Konkurrenzen *Hacker/Lautner* Jura 2006, 274 (278 ff); MK-*Hardtung* § 221 Rn 48 ff; *Jäger* JuS 2000, 31 (33 f); NK-*Neumann/Saliger* § 221 Rn 45 ff.

tungsversuch lebt die Aussetzung, falls nicht auch von ihr zurückgetreten wurde, aber wieder auf.[48]

WIEDERHOLUNGS- UND VERTIEFUNGSFRAGEN

> Wann befindet sich das Opfer in einer hilflosen Lage? (Rn 3 ff)
> Wann ist das Opfer im Stich gelassen? (Rn 11 ff)
> Welcher Zusammenhang muss zwischen der hilflosen Lage und dem konkreten Gefahrerfolg bestehen? (Rn 19 f)

---

48   BGHSt 39, 128; *Fischer* § 221 Rn 28; LK-*Krüger* § 221 Rn 92.

§ 6 Schwangerschaftsabbruch (§§ 218–219b)

A. Geschichtlicher Überblick

Das StGB stellte den Schwangerschaftsabbruch bis zum 5. StrRG vom 18.6.1974 grds. unter Strafe.[1] Dieses Reformgesetz sah für einen Schwangerschaftsabbruch in den ersten zwölf Wochen der Schwangerschaft Straflosigkeit vor; vom BVerfG wurde diese sog. Fristenlösung jedoch 1975 für verfassungswidrig erklärt.[2] Mit dem 15. StrÄndG vom 18.5.1976 wurde eine Indikationslösung eingeführt, die einen Schwangerschaftsabbruch in den Fällen der medizinischen, der embryopathischen, der kriminologischen und der sozialen (Notlagen-)Indikation gestattete. Auf dem Gebiet der ehemaligen DDR blieb nach der Wiedervereinigung zunächst noch die frühere dortige Regelung gültig, der zufolge ein ärztlicher Schwangerschaftsabbruch innerhalb von zwölf Wochen nach Beginn der Schwangerschaft straflos war. Das Schwangeren- und FamilienhilfeG vom 27.7.1992 sah erneut eine Fristenlösung (für die ersten zwölf Wochen der Schwangerschaft) mit Beratungspflicht vor. Doch auch dieses Gesetz wurde vom BVerfG für verfassungswidrig erklärt:[3] Es sei mit der Schutzpflicht des Staates gegenüber dem ungeborenen Leben unvereinbar, den Schwangerschaftsabbruch, von Ausnahmesituationen abgesehen, für nicht rechtswidrig zu erklären. Zugleich traf das Gericht gem. § 35 BVerfGG selbst eine vorläufige Regelung, die vorsah, dass ein Schwangerschaftsabbruch bis zur zwölften Woche rechtswidrig, aber straffrei ist, wenn er innerhalb von drei Tagen nach einer Beratung bei einer hierfür anerkannten Stelle vorgenommen wird.

1

Die heutige Rechtslage beruht auf dem Schwangeren- und FamilienhilfeänderungsG vom 21.8.1995,[4] das die verfassungsgerichtlichen Vorgaben berücksichtigt:[5] Zwar wird die Strafbarkeit nach § 218a erheblich eingeschränkt, der Abbruch bleibt aber ohne Feststellung einer Indikation auch nach vorangegangener Beratung rechtswidrig.

2

B. Täterkreis

Täter einer Abtreibung können Laien, Ärzte sowie die Schwangere selbst sein. Die Strafbarkeitsregelungen sind jedoch unterschiedlich:

3

- Ein Schwangerschaftsabbruch durch *Laien* ist grds. strafbar.
- *Ärzte* sind unter den Voraussetzungen des § 218a Abs. 1–3 straflos.
- Für die *Schwangere* (in mittelbarer oder unmittelbarer Täterschaft) gelten neben § 218a Abs. 1–3 noch §§ 218 Abs. 4 S. 2 und 218a Abs. 4.

C. Gesetzliche Regelungen (Überblick)

I. § 218

Die Vorschrift des § 218 Abs. 1 normiert den **Grundtatbestand** des strafbaren Schwangerschaftsabbruchs, der dem Schutz des ungeborenen menschlichen Lebens sowie nach

4

---

1 Näher zur Gesetzeshistorie *Fischer* Vor §§ 218- 219b Rn 3 ff; LK-*Kröger*, 11. Aufl., Vor § 218 Entstehungsgeschichte und Rn 4 ff; *Satzger* Jura 2008, 424 (425).
2 BVerfGE 39, 1 ff.
3 BVerfGE 88, 203 ff.
4 BGBl. 1995 I, 1050.
5 Vgl auch die 17 Leitsätze in BVerfGE 88, 203 ff; ferner *Geiger/v. Lampe* Jura 1994, 20 ff.

hM auch den Gesundheitsinteressen der Schwangeren[6] dient. Die gegenüber den Tötungsdelikten geringere Strafandrohung trägt der besonderen Konfliktsituation der Schwangeren Rechnung. Abs. 2 nennt **Regelbeispiele** für besonders schwere Fälle. Für die Schwangere selbst sieht Abs. 3 im Sinne einer Privilegierung eine geringere Strafandrohung vor. Der **Versuch** ist strafbar (Abs. 4 S. 1), jedoch – als persönlicher Strafausschließungsgrund – nicht für die Schwangere (Abs. 4 S. 2).

5   Als **Abbruch einer Schwangerschaft** ist die Abtötung der Leibesfrucht anzusehen. Der Tod muss – schon im Mutterleib oder nach dem Abgang – durch den Eingriff herbeigeführt sein.[7] Der Tatbestand setzt nicht voraus, dass die Schwangere die Abtreibung überlebt.[8] Der Strafrechtsschutz beginnt gem. Abs. 1 S. 2 mit Abschluss der Nidation (etwa 13 Tage nach Befruchtung).[9] Auf die Verhütung der Nidation abzielende Handlungen sind strafrechtlich ohne Belang. Bei entsprechender Garantenstellung ist auch ein Schwangerschaftsabbruch durch Unterlassen möglich.[10] Exemplarisch: Der Vater oder der behandelnde Arzt schreiten gegen eine Abtreibung nicht ein.

6   Die mit dem Eingriff verbundene **Körperverletzung** der Schwangeren nach § 223[11] tritt im Wege der Gesetzeskonkurrenz hinter den vollendeten § 218 zurück.[12] Bei Versuch besteht Tateinheit. Stets Tateinheit ist bei gleichzeitiger Verwirklichung von §§ 224, 226 und 227 anzunehmen.[13] Verwirklicht der Täter zugleich ein Tötungsdelikt gegenüber der Schwangeren, so stehen die Delikte wegen der Eigenbedeutung der betroffenen Rechtsgüter in Tateinheit zueinander.[14]

II. § 218a

7   Abs. 1 der Vorschrift ist ein **Tatbestandsausschließungsgrund,** der die Rechtswidrigkeit des Schwangerschaftsabbruchs nicht berührt. Abs. 2 und 3 nennen – als Spezialfälle zu § 34 – **Rechtfertigungsgründe** für einen Schwangerschaftsabbruch bei medizinisch-sozialer und kriminologischer Indikation. Abs. 4 S. 1 räumt der Schwangeren einen **persönlichen Strafausschließungsgrund** ein, während Abs. 4 S. 2 ein fakultatives Absehen von Strafe bei besonderer Bedrängnis vorsieht.

8   Da Abs. 1 nur den Straftatbestand, nicht aber die Rechtswidrigkeit der Tat als solcher ausschließt, käme eine Nothilfe Dritter (§ 32) zugunsten der Leibesfrucht in Betracht.[15] Das BVerfG zieht diesen Schluss – dem gesetzgeberischen Willen entsprechend[16] – jedoch nicht. Es sollen weder die auf den Schwangerschaftsabbruch gerichteten Verträge rechtswidrig sein noch Notrechte zugunsten des Nasciturus eingreifen.[17] Auf diese

---

6   S/S-*Eser* Vor § 218 Rn 12; *Fischer* Vor §§ 218–219b Rn 2; W/H/E-*Hettinger* Rn 246; zutr. aA *Gössel*/Dölling I § 8/5 f; MK-*Gropp* Vor § 218 Rn 40; LK-*Kröger*, 11. Aufl., Vor § 218 Rn 27 f; S/S/W-*Momsen/Momsen-Pflanz* § 218 Rn 4; *Otto* § 13/6; *Satzger* Jura 2008, 424 (425).

7   Bei einer zum Tode führenden nachgeburtlichen Maßnahme greifen §§ 211 ff ein (vgl § 1 Rn 6 ff); näher zu den Abgrenzungsfragen S/S-*Eser* § 218 Rn 23; s. auch BGH StraFo 2008, 174 (175) m.Anm. *Satzger* Jura 2008, 424 (427 f); *Schroeder* JR 2008, 252.

8   RGSt 67, 206 ff; BGHSt 1, 278 ff; LK-*Kröger*, 11. Aufl., § 218 Rn 10.

9   Vorher gilt allenfalls das EmbryonenschutzG.

10   S/S-*Eser* § 218 Rn 29; NK-*Merkel* § 218 Rn 115 ff, 124 ff; SK-*Rogall/Rudolphi* § 218 Rn 23 ff; *Satzger* Jura 2008, 424 (428 f).

11   Eine Einwilligung ist wegen § 228 unwirksam.

12   BGHSt 28, 11 (16); L-*Kühl* § 218 Rn 21; *Küpper/Börner* I § 1/120.

13   *Fischer* § 218 Rn 21; NK-*Merkel* § 218 Rn 153; SK-*Rogall/Rudolphi* § 218 Rn 44; aA für § 224 BGHSt 28, 11 (16); LK-*Kröger*, 11. Aufl., § 218 Rn 58; *Küpper/Börner* I § 1/120.

14   BGH NStZ-RR 2016, 109 f.

15   Zur Problematik vgl NK-*Merkel* § 218a Rn 64 f; *Satzger* JuS 1997, 800 ff.

16   Vgl BT-Drucks. 13/1850, 25.

17   BVerfGE 88, 203 (279, 295 f); krit. W/H/E-*Hettinger* Rn 258; *Lesch*, Notwehrrecht und Beratungsschutz, 2000.

Weise wird das Verhalten des Arztes und der Schwangeren faktisch als rechtmäßig behandelt. Der Klarheit halber wird im Schrifttum zunehmend der Tatbestandsausschluss nach Abs. 1 als eine besondere Form der Rechtfertigung angesehen.[18]

III. Sonstige Regelungen

§ 218b enthält Ergänzungen zu § 218a Abs. 2 und 3.[19] Die gegenüber § 218 subsidiäre Vorschrift des § 218c sanktioniert die Verletzung bestimmter Aufklärungspflichten des Arztes bei einem Schwangerschaftsabbruch. 9

§ 219 nennt die Bedingungen, unter denen eine Konfliktberatung zur Straflosigkeit des Schwangerschaftsabbruchs nach § 218a Abs. 1 führt. 10

§§ 219a, 219b stellen als abstrakte Gefährdungsdelikte bestimmte Teilnahmehandlungen im Vorbereitungsstadium unter Strafe. Das Werbeverbot des § 219a wurde jüngst[20] dergestalt (in dessen Abs. 4) liberalisiert,[21] als diejenigen Ärzte, Krankenhäuser und Einrichtungen, die einen Schwangerschaftsabbruch anbieten, dies nunmehr ohne Strafbarkeitsrisiko publik machen dürfen (zB im Internet), für weitergehende Informationen aber auf andere Institutionen verweisen müssen.[22] 11

§§ 170 Abs. 2, 240 Abs. 4 Nr. 1 sollen die Schwangere flankierend schützen. 12

---

18 Vgl *Gropp* GA 1994, 147 (157 ff); *Hassemer* Mahrenholz-FS 731 ff; *Hermes/Walther* NJW 1993, 2337 (2340 ff).
19 Zum Verhältnis von § 218a Abs. 2 und 3 zu den allgemeinen Rechtfertigungsgründen vgl S/S-*Eser* § 218a Rn 38; *Mitsch* JR 2006, 450 (452 f).
20 Eine kriminalpolitische Folge der Entscheidung AG Gießen, NStZ 2018, 416.
21 Gesetz zur Verbesserung der Information über einen Schwangerschaftsabbruch v. 22.03.2019, BGBl. I S. 350; vgl dazu BT-Drucks. 19/7965.
22 Zur Kritik an der Gesetzesreform, vor allem mit Blick auf ihre beschränkte Entkriminalisierung, vgl etwa *Frommel* juris Monatszeitschrift 2019, 165; gegen die Liberalisierung *Kubiciel* ZRP 2018, 13.

2. Abschnitt: Delikte gegen die körperliche Unversehrtheit

§ 7 Körperverletzung (§§ 223, 229)

A. Allgemeines

1 § 223 ist der **Grundtatbestand** der vorsätzlichen Körperverletzungsdelikte.[1] Geschütztes **Rechtsgut** ist die körperliche Unversehrtheit,[2] sowohl hinsichtlich der körperlichen Integrität als auch der Gesundheit.[3] Vom (lebenden) Körper abgetrennte Körperteile unterfallen nicht dem Schutzbereich.[4] Der psychische Zustand des Opfers ist für sich gesehen nicht geschützt, sondern lediglich in Verbindung mit einer physischen Beeinträchtigung.[5] Der **Versuch** ist strafbar (Abs. 2). Die fahrlässige Begehungsweise der Körperverletzung wird in § 229 unter Strafe gestellt. Die (einfache) vorsätzliche wie auch die fahrlässige Körperverletzung sind **Antragsdelikte** (§ 230).

2 **Opfer** der Körperverletzung kann nur ein **anderer Mensch** sein.[6] Strafbar ist daher lediglich eine Fremdverletzung in unmittelbarer oder mittelbarer Täterschaft; in der letztgenannten Variante kann das Opfer selbst Werkzeug des Täters sein. Hinsichtlich der damit erforderlichen Abgrenzung von strafbarer Körperverletzung und strafloser „Beihilfe" zur **Selbstverletzung/Selbstgefährdung** lassen sich die Grundsätze zur Abgrenzung zwischen Fremdtötung und Selbsttötung entsprechend heranziehen.[7] Zu beachten ist jedoch, dass die Einwilligungssperre des § 216 für die Körperverletzung nicht gilt. Auch die täterschaftliche Körperverletzung eines anderen ist mit dessen Einwilligung grds. straflos, soweit nicht ausnahmsweise § 228 eingreift.[8] Keine Körperverletzung begeht somit ein Arzt, der einem medizinisch hinreichend aufgeklärten und eigenverantwortlich handelnden Patienten Medikamente verschreibt, selbst wenn diese nicht sachlich indiziert sind.[9] Auch der ungeschützte Sexualkontakt mit einem Aidsinfizierten in Kenntnis aller Risiken ist als Selbstgefährdung anzusehen.[10]

3 In **zeitlicher Hinsicht** deckt sich der Schutz der körperlichen Unversehrtheit mit dem Lebensschutz und setzt mit dem **Beginn der Geburt** ein.[11] Maßnahmen, die – wie etwa das Verabreichen von Medikamenten – während der Schwangerschaft vorgenommen

---

1 Zur Gesetzeshistorie vgl *Schroeder* Hirsch-FS 725 ff; zur Systematik *Hardtung* JuS 2008, 864.

2 W/H/E-*Hettinger* Rn 268; L-*Kühl* § 223 Rn 1; *Küpper/Börner* I § 2/1; *Singelnstein* HdS IV § 4 Rn 27; SK-*Wolters* § 223 Rn 3.

3 Eingehend dazu LK-*Grünewald* § 223 Rn 2 ff.

4 NK-*Paeffgen/Böse* § 223 Rn 2; vgl aber *Tag*, Der Körperverletzungstatbestand im Spannungsfeld zwischen Patientenautonomie und Lex artis, 2000, 111, die befürwortet, getrennte Körperteile dann unter einen strafrechtlichen Schutz zu stellen, wenn diese nur kurz vom Körper – etwa während einer Operation – getrennt und innerhalb „desselben engen raumzeitlichen Gesamtvorgangs wieder in der ursprünglichen oder einer vergleichbaren Funktion" reimplantiert werden.

5 BGH NStZ-RR 2012, 340 f.

6 Selbstverletzungen können jedoch unter einem anderen Schutzzweck untersagt sein, vgl §§ 109 StGB, 17 WStG.

7 Vgl § 3; zu § 223: *Krawczyk/Neugebauer* JA 2011, 264 ff; *Lange/Wagner* NStZ 2011, 67 ff; NK-*Paeffgen/Böse* § 223 Rn 21 mwN.

8 Näher hierzu § 8 Rn 1 ff.

9 Vgl BayObLG NJW 1995, 797 (798); *Kargl* JZ 2002, 389; *Paeffgen* BGH-FS IV 695 (700 ff) mwN. Das Handeln kann freilich aufgrund anderer Vorschriften verboten bzw strafbar sein.

10 BayObLG NJW 1990, 131 f; NK-*Paeffgen/Böse* § 223 Rn 20 mwN. Bei fehlender Risikokenntnis kommt mittelbare Täterschaft des Infizierten in Betracht, vgl *Frisch* JuS 1990, 362 (369 f); *Herzberg* NJW 1987, 2283 (2284); *Schünemann* JR 1989, 89 (90).

11 Vgl § 1 Rn 6 ff.

werden (pränatale Handlungen), unterfallen nur dann dem Tatbestand des § 223, wenn sie sich erst nach Geburtsbeginn auf den Körper auswirken[12] und zu Beeinträchtigungen führen.[13] Daher sind zB medikamentöse Einwirkungen auf den Embryo, die Missbildungen bedingen, keine tatbestandsmäßigen Körperverletzungen. Da solche Handlungen auch von § 218 nicht erfasst werden, bleiben sie – hinsichtlich des Nasciturus[14] – sanktionslos.[15] Als Körperverletzung ist es dagegen anzusehen, wenn eine der Schwangeren beigebrachte Infektion durch Kontakt nach der Geburt auf das Kind übertragen wird. Der Schutz des § 223 **endet** mit dem Hirntod eines Menschen.[16]

B. Definitionen und Erläuterungen

I. Vorsätzliche Körperverletzung (§ 223)

▶ **FALL 1:** Im Rahmen einer tätlichen Auseinandersetzung schlägt A dem B hart mit der Faust ins Gesicht. B bekommt daraufhin heftiges Nasenbluten. ◀

1. Objektiver Tatbestand. a) Tathandlungen: Der Tatbestand des § 223 nennt **zwei Begehungsweisen**: die körperliche Misshandlung und die Gesundheitsschädigung.[17] Die Tat ist mit dem Eintritt des Verletzungserfolgs vollendet.

aa) Körperliche Misshandlung: Körperliche Misshandlung ist eine üble, unangemessene Behandlung, durch die das Opfer in seinem körperlichen Wohlbefinden mehr als nur unerheblich beeinträchtigt wird.[18]

Erforderlich ist eine Verschlechterung des Status quo, so dass auch ein bereits Verletzter durch Intensivierung seiner Beeinträchtigung noch misshandelt werden kann. Auf die Fähigkeit, Schmerz empfinden zu können, kommt es nicht an.[19] Die Erheblichkeit ist aus der Sicht eines objektiven Beobachters zu bestimmen, wobei der Konstitution des Opfers – zB neuro-pathologische Überempfindlichkeit – Rechnung zu tragen ist. Sofern – wie in **Fall 1** – auf den Körper **verletzend** eingewirkt wird, ist stets von einer körperlichen Misshandlung auszugehen. Eine Tatbestandsverwirklichung bei Verletzung der Körpersubstanz scheidet lediglich dann aus, wenn sie nicht erheblich ist.[20]

---

12 Ein „sich steigerndes" Fortwirken soll nach NK-*Paeffgen/Böse* § 223 Rn 5 ausreichen.
13 Vgl § 1 Rn 10; NK-*Paeffgen/Böse* § 223 Rn 5 m. umf. Nachweisen.
14 Die pränatale Schädigung des Fötus als Körperverletzung der Mutter zu begreifen ist nicht möglich, da die Schwangere und das Ungeborene „zwei unterschiedliche biologische Systeme" bilden, so MK-*Schneider* Vor § 211ff Rn 13; LK-*Grünewald* § 223 Rn 18.
15 HM, vgl BVerfG NJW 1988, 2945; BGHSt 31, 348 (350ff); *Kaufmann* JZ 1971, 569ff; LK-*Grünewald* § 223 Rn 18; aA LG Aachen JZ 1971, 507ff.
16 Vgl § 1 Rn 9.
17 Zur Auslegung beider Tatbestandsmerkmale ausf. *Tag*, Der Körperverletzungstatbestand im Spannungsfeld zwischen Patientenautonomie und Lex artis, 2000, 44ff, 170ff; vgl auch *Hardtung* JuS 2008, 864 (865ff); der Tatbestand ist im Falle einer freiverantwortlichen Selbstgefährdung nicht erfüllt, vgl instruktiv BGH NStZ 2011, 341ff m.Anm. *Jäger* JA 2011, 474.
18 BGHSt 14, 269 (271); 25, 277f; LK-*Grünewald* § 223 Rn 21; NK-*Paeffgen/Böse* § 223 Rn 8; *Rackow* GA 2003, 135; zur Problematik von Körperverletzungen in militärischen Ausbildungsverhältnissen vgl BGH bei *Jahn* JuS 2009, 466ff; zur Tatbestandsmäßigkeit und Rechtfertigung einer Beschneidung vgl *Putzke* Herzberg-FS 669 (673ff); *Herzberg* ZIS 2010, 471ff sowie zur religiös motivierten Beschneidung von Jungen LG Köln NJW 2012, 2128f m.Bespr. *Beulke/Diesner* ZIS 2012, 338ff; *Brocke/Weidling* StraFo 2012, 450; *Isensee* JZ 2013, 317ff; *Jahn* JuS 2012, 850ff; *Muckel* JA 2012, 636ff. Zu dem neu erlassenen § 1631d BGB, nach dem die Eltern in eine medizinisch nicht indizierte Beschneidung eines männlichen Kindes einwilligen können, soweit der Eingriff fachgerecht erfolgt und die Beschneidung auch unter Berücksichtigung ihres Zwecks das Kindeswohl nicht gefährdet vgl *Peschel/Gutzeit* NJW 2013, 3617ff; *Rixen* NJW 2013, 257ff; krit. *Herzberg* ZIS 2012, 486ff.
19 RGSt 19, 136 (139f); BGHSt 25, 277f; BGH NJW 1995, 2643; *Hohmann/Sander* § 6/6; *Küpper/Börner* I § 2/4.
20 LK-*Grünewald* § 223 Rn 22.

Weitere Beispiele für Verletzungen der Körpersubstanz: Das Opfer erleidet Prellungen, Wunden, Einbußen von Gliedern, Organen oder Zähnen. Ferner kann das körperliche Wohlbefinden durch das **Auslösen von Funktionsstörungen** beeinträchtigt werden.[21] Das Opfer wird zB einer gehörschädigenden Lärmbelästigung ausgesetzt. Schließlich sieht die hM auch **äußerliche Verunstaltungen,** wie das Abschneiden von Kopf- oder Barthaaren,[22] als körperliche Misshandlung an, da die Zufügung von Schmerzen keine Voraussetzung für das Vorliegen einer körperlichen Misshandlung ist. Nicht einschlägig sind Handlungen, die keine körperlichen Auswirkungen haben, wie zB bloßes Erschrecken[23] oder Hervorrufen von Ekel,[24] hier fehlt es an der körperbezogenen Reaktion oder Auswirkung. Wohl aber erfasst sind das Verursachen eines Schocks[25] oder das Hervorrufen von Brechreiz.[26] Als körperliche Wirkung ist in diesen Fällen jedenfalls ein – wenn auch nur kurz anhaltendes – Schmerzempfinden zu verlangen.[27]

7   **bb) Gesundheitsschädigung:** Gesundheitsschädigung ist jedes Hervorrufen oder (nicht unerhebliche) Steigern eines krankhaften Zustands, und zwar ohne Rücksicht auf dessen Dauer.[28]

8   Auch bei der Gesundheitsschädigung kommt es auf die nicht unerhebliche[29] Verschlechterung des Status quo an, so dass die Intensivierung eines bereits vorhandenen Krankheitszustands für die Tatbestandsverwirklichung ausreicht. Kennzeichnend für die Schädigung der Gesundheit ist das Erfordernis eines Heilungsprozesses. Als schädigende Handlung kommt jedes Verhalten in Betracht, durch das die Gesundheitsbeeinträchtigung ausgelöst oder gesteigert wird, also auch psychische Beeinflussungen[30], sofern sie sich körperlich auswirken. In **Fall 1** müssen u.a. die verletzten Blutgefäße wieder heilen, so dass hier eine Gesundheitsschädigung gegeben ist. Weitere exemplarische Tathandlungen sind: Schnitt- und Platzwunden, Organ- und Nervenerkrankungen, Verluste von Organen und Gliedern, Funktionsstörungen, Anstecken mit Krankheitserregern,[31] übermäßige Röntgenbestrahlung,[32] Verursachung von Rauschzuständen,[33] Betäubung, Herbeiführung eines Schocks oder Nervenzusammenbruchs.[34] Psychische Erkrankungen (Geisteskrankheiten) sind einschlägig, wenn sie körperlich, zB als Nervenerkrankung, objektivierbar sind (sog. somatologischer Krankheitsbegriff).[35]

---

21 NK-*Paeffgen/Böse* § 223 Rn 8 m. Beispielen.
22 BGH NJW 1966, 1763; NStZ-RR 2009, 50; SK-*Wolters* § 223 Rn 7; abl. NK-*Paeffgen/Böse* § 223 Rn 9.
23 OLG Hamm MDR 1958, 939.
24 Durch Angespucktwerden OLG Zweibrücken NStZ 1990, 541; NK-*Paeffgen/Böse* § 223 Rn 10; aA insoweit S/S-*Sternberg-Lieben* § 223 Rn 4; *Otto* § 15/2.
25 BGH NJW 1996, 1068 (1069): Schock-Anruf; ferner BGH bei *Holtz* MDR 1986, 272; vgl auch OLG Köln NJW 1987, 2936.
26 BGH NStZ 2016, 27.
27 BGH NStZ-RR 2014, 11.
28 BGH NJW 1960, 2253; S/S-*Sternberg-Lieben* § 223 Rn 5; MK-*Joecks* § 223 Rn 29; *Küper/Zopfs* Rn 280; NK-*Paeffgen/Böse* § 223 Rn 14.
29 Näher zur Quantität NK-*Paeffgen/Böse* § 223 Rn 16 f.
30 BGH NJW 2013, 3383; NStZ 2015, 269.
31 Zur HIV-Übertragung: BGHSt 36, 1 ff; 36, 262 ff, auch schon vor dem Ausbruch der Krankheit; näher BGH NStZ 2009, 34 f; NK-*Paeffgen/Böse* § 223 Rn 18; *Puppe* AT § 9/16 ff.
32 BGHSt 43, 346 (353 ff) m.Anm. *Wolfslast* NStZ 1999, 133; vgl auch BGHSt 43, 306 m.Anm. *Jerouschek* JuS 1999, 746.
33 BGH NJW 1983, 462; NStZ 1986, 266 f; BayObLG StV 1993, 641 (642) m.Anm. *Dannecker/Stoffers*; BayObLG StV 1995, 589 (590).
34 BGH NStZ 1997, 123.
35 BGH NJW 1996, 1068 (1069); StV 1998, 76; NStZ-RR 2013, 375 (376); NStZ 2015, 269 m. Anm *Drees*; AG Lübeck JuS 2012, 179 (180); W/H/E-*Hettinger* Rn 282 f; NK-*Paeffgen/Böse* § 223 Rn 3; M-*Schroeder/Maiwald* I § 8/3; aA (ohne Restriktion) S/S-*Sternberg-Lieben* § 223 Rn 1; zur Frage der psychischen Gesundheit als strafrechtliches Rechtsgut *Steinberg*, Strafe für das Versetzen in Todesangst.

Auch bei der Variante der Gesundheitsschädigung (§ 223 I Var. 2) sind unerhebliche 9
Beeinträchtigungen auszugrenzen. Neben den oben (Rn 6) erwähnten Phänomenen
können auch psychovegetative Vorgänge wie Weinkrämpfe und Herzrasen/Herzklopfen,[36] Schweißausbrüche oder Durchfall[37] eine normale körperliche Reaktion unterhalb der Erheblichkeitsschwelle des § 223 I Var. 2 StGB darstellen.

b) Unterlassen: Körperliche Misshandlungen und Gesundheitsschädigungen können je 10
weils unter den Voraussetzungen von § 13 durch Unterlassen verwirklicht werden.[38]
Dies ist zunächst der Fall, wenn der Garant seinen Schützling nicht vor Beeinträchtigungen durch Dritte bewahrt. Dies ist aber auch der Fall, wenn der Garant den bestehenden Zustand nicht lindert bzw eine Intensivierung nicht mindert.[39] Exemplarisch:
Ein Arzt verabreicht seinem Patienten nicht das zur Therapie oder zur Reduktion der
Schmerzen erforderliche Medikament.

2. Subjektiver Tatbestand. Der subjektive Tatbestand verlangt ein Handeln mit (zu 11
mindest bedingtem)[40] Vorsatz.

II. Fahrlässige Körperverletzung (§ 229)

Nach § 229 ist strafbar, wer eine Körperverletzung (körperliche Misshandlung und/ 12
oder Gesundheitsschädigung)[41] des Opfers durch Begehen verursacht oder als Garant
durch pflichtwidriges Unterlassen (§ 13) nicht abgewendet hat, obgleich er diesen Erfolg bei Aufbietung der erforderlichen Sorgfalt hätte vermeiden bzw verhindern können.[42] Die Regeln der objektiven Zurechnung,[43] namentlich für das Erfordernis einer
unerlaubten Risikoerhöhung und des Pflichtwidrigkeitszusammenhangs zwischen
Sorgfaltsverletzung und Erfolgseintritt, sind anzuwenden.[44]

C. Anwendung

Aufbau: Wie **Fall 1** beispielhaft zeigt, überschneiden sich die beiden Tatmodalitäten 13
der körperlichen Misshandlung und der Gesundheitsschädigung weitgehend. Sie sind
aber selbständig und sollten daher im Gutachten auch jeweils gesondert geprüft werden.

Rechtfertigung: § 228 sieht speziell für die Körperverletzungstatbestände Besonderhei 14
ten beim Unrechtsausschluss durch Einwilligung vor.[45] Als allgemeine Rechtfertigungsgründe sind vor allem die Notwehr (§ 32) und die Ausübung staatlicher Zwangsbefugnisse (zB Entnahme von Blutproben und andere körperliche Eingriffe nach § 81a

---

36 BGH NJW 2013, 3383, 3384; ferner zur Tatbestandsmäßigkeit des „Herzklopfens" OLG Köln, NJW 1997, 2191,
   2192; NK-*Paeffgen/Böse* § 223 Rn 11a; *Smischek*, Stalking, 2006, 215.
37 Vgl OLG Köln NJW 1997, 2191.
38 BGHSt 37, 106 (114); OLG Düsseldorf NStZ 1989, 269.
39 RGSt 75, 160 (165); BGH JR 1996, 470 m. abl. Anm. *Wolters*; OLG Düsseldorf JR 1992, 37 f m. zust. Anm. *Meurer*; OLG Hamm NJW 1975, 604 (605).
40 Vgl hierzu BGH NStZ 1987, 362 f m. krit. Anm. *Puppe*; vgl auch BGH NStZ 2006, 572 (573).
41 Insoweit sind die Tatbestandsmerkmale bei §§ 223 und 229 sinngleich auszulegen.
42 Näher zu Begriff, Aufbau und Voraussetzungen des Fahrlässigkeitsdelikts *Kindhäuser* LPK § 15 Rn 36 ff; speziell zu § 229 NK-*Paeffgen/Böse* § 229 Rn 6 ff.
43 Näher zu den Regeln der objektiven Zurechnung insbesondere beim (fahrlässigen) Erfolgsdelikt *Kindhäuser*
   LPK Vor § 13 Rn 101 ff; speziell zu § 229 NK-*Paeffgen/Böse* § 229 Rn 15.
44 Zum Problem der fahrlässigen Teilnahme an Suizid und Selbstgefährdung vgl § 4 Rn 6; zu fahrlässigen Körperverletzungen innerhalb von Sportwettkämpfen *Klein*, Die strafrechtliche Verantwortlichkeit für Sportverletzungen beim Fußball, 2008, 185 ff; *Schild*, Sportstrafrecht, 2002.
45 Näher hierzu § 8 Rn 4 ff.

StPO) zu beachten. Speziell bei der Körperverletzung kommt ferner der im Grundsatz wie auch in der Ausgestaltung umstrittene Rechtfertigungsgrund des Züchtigungsrechts in Betracht.[46]

15 **Konkurrenzen:** Hinter einen vollendeten Totschlag treten die Körperverletzungsdelikte zurück. Bei nur versuchter Tötung ist dagegen der Klarstellung halber Tateinheit anzunehmen.[47] Tateinheit kommt ferner insbesondere mit §§ 113, 185 Alt. 2, 240 in Betracht.[48]

Wiederholungs- und Vertiefungsfragen

> Welche Grundsätze gelten für die Abgrenzung zwischen strafbarer Körperverletzung und strafloser „Beihilfe" zur Selbstverletzung/Selbstgefährdung? (Rn 2)

> Was ist unter einer körperlichen Misshandlung, was unter einer Gesundheitsschädigung zu verstehen? (Rn 5 f, 7 f)

---

46 Näher *Heinrich* ZIS 2011, 431 ff; *Kindhäuser* AT § 20/18 f mwN; vgl BGH bei *Jahn* JuS 2010, 458 (459).
47 BGHSt 44, 196 (198 ff) unter Aufgabe von BGHSt 16, 122 f; 21, 265 ff; 22, 248 ff; *Krey/Hellmann/*Heinrich I Rn 239; *Maatz* NStZ 1995, 209 (210 ff) mwN.
48 Zu den teils umstr. Einzelheiten NK-*Paeffgen/Böse* § 223 Rn 36.

§ 8 Einwilligung (§ 228) und ärztlicher Heileingriff

A. Einwilligung (§ 228)

I. Allgemeines

Die Vorschrift spricht zum einen (nur) deklaratorisch aus, dass das Rechtsgut der kör- 1
perlichen Integrität der Disposition seines Inhabers unterliegt und von diesem preisgegeben werden kann. Dem Prinzip *„volenti non fit iniuria"*[1] entsprechend entfällt bei
einer Einwilligung das Unrecht einer Körperverletzung. Die hM begreift die Einwilligung als Rechtfertigungsgrund.[2] Nach der Gegenansicht ist in der Einwilligung bereits
ein Tatbestandsausschluss zu sehen:[3] Da bei Individualgütern ein Schaden nur angenommen werden könne, wenn die Veränderung des Gutes dem Willen seines Inhabers
widerspricht, fehle bei einer wirksamen Einwilligung bereits der tatbestandliche Er-
folgsunwert.

Zum anderen hebt § 228 die Wirksamkeit der Einwilligung bei – und *nur* bei – Körper- 2
verletzungen wegen eines Verstoßes gegen die guten Sitten auf.[4] Hier – in der Begrenzung der verfassungsrechtlich von Art. 2 Abs. 1 GG garantierten Dispositionsfreiheit –
liegt die problematische Seite der Vorschrift.[5]

§ 228 gilt – mit Ausnahme des in § 225 normierten Sonderdelikts – **für alle Tatbestän-** 3
de der Körperverletzung einschließlich der Fahrlässigkeitstat (§ 229).[6]

II. Wirksamkeitsvoraussetzungen der Einwilligung

1. Voraussetzungen

▶ **FALL 1:** Als Aufnahmeprüfung in eine „Gang" will sich der fünfzehnjährige J von den Mitgliedern A, B, C und D zwei Minuten lang zusammenschlagen lassen. J wurde ausdrücklich
darauf hingewiesen, „dass er auch mit schlimmen Schlägen rechnen müsse und hierbei
auch etwas Schlimmes passieren" könne. Auch nachdem J zu Boden gestürzt war, wurde er,
den „Spielregeln" entsprechend, weiter wahllos mit massiven Schlägen und Tritten gegen
Körper und Kopf traktiert. J erlitt zahlreiche Prellungen und Schürfwunden an Kopf und Körper sowie eine Zahnabsplitterung.[7] ◀

■ **Gegenstand** der Einwilligung ist neben dem Erfolg auch der Handlungsvollzug der 4
Körperverletzung.[8] Dies ist insbesondere unter dem Aspekt bedeutsam, dass es dem
Berechtigten gerade darauf ankommen kann, **wer** die fragliche Handlung **in welcher**
Weise vornimmt.

---

1 Genauer: nulla iniuria est, quae in volentem fiat (Ulpian).
2 Vgl BGHSt 17, 359 (360); 23, 1 (3 f); *Jescheck/Weigend* § 34 I 3; NK-*Paeffgen/Böse* § 228 Rn 8 mwN.
3 Vgl *Gössel*/Dölling I § 12/48; *Kindhäuser* AT § 12/2 ff; *ders.* Rudolphi-FS 135 ff; *Roxin* AT I § 13/19 ff mwN; SK-
   Wolters § 228 Rn 2. Bei der Preisgabe von Vermögenswerten ist dies (fast) selbstverständlich: Schon umgangssprachlich wäre es seltsam, die Annahme eines Geschenks als Schädigung des Schenkers zu bezeichnen.
4 Eine noch weitergehende Einengung der Dispositionsfreiheit enthält § 216 für das Rechtsgut des Lebens (vgl
   § 3 Rn 9 f); bei anderen Individualgütern ist die Einwilligung grds. unbeschränkt.
5 Näher NK-*Paeffgen/Böse* § 228 Rn 3 ff mwN.
6 Vgl nur BGHSt 6, 232 (234); 17, 359; *Geppert* ZStW 83 (1971), 947 (974 ff, 980); *Jescheck/Weigend* § 56 II 3.
7 Nach BayObLG NStZ 1999, 458.
8 OLG Frankfurt MDR 1970, 105 (106); S/S-*Sternberg-Lieben* Vor § 32 Rn 102; *Stratenwerth/Kuhlen* AT § 15/38; aA
   Göbel, Die Einwilligung im Strafrecht als Ausprägung des Selbstbestimmungsrechts, 1992, 25 f; *Schild* Jura
   1982, 520 (522): nur Erfolg.

5   ■ **Einwilligungsberechtigt** ist grds. das Opfer. Voraussetzungen sind **natürliche Einsichts- und Urteilsfähigkeit.** Der Erklärende muss die Tragweite des Eingriffs einschließlich der Begleit- und Folgerisiken in etwa abschätzen können.[9] Dies dürfte in **Fall 1** zu bejahen sein. Zivilrechtliche Geschäftsfähigkeit ist nicht erforderlich.[10] Bei fehlender Einwilligungsfähigkeit ist der gesetzliche Vertreter zuständig.

6   ■ Unter Einwilligung ist die **vorherige Zustimmung** in den körperlichen Eingriff zu verstehen; eine nachträgliche Genehmigung genügt nicht.[11]

7   ■ Die Einwilligung bedarf **keiner Form**, muss aber unmissverständlich (verbal, gestisch usw.) zum Ausdruck kommen.

8   ■ Die Einwilligung kann **unter einer bestimmten Bedingung** erteilt werden. Ist die Bedingung nicht erfüllt, so wird die Einwilligung nicht wirksam.[12]

2. Willensmängel

▶ **Fall 2:** Die Mutter M erklärt sich täuschungsbedingt mit einer Organspende für ihr Kind einverstanden; das Organ wird jedoch einem Dritten implantiert. ◀

9   Die Einwilligung ist nur wirksam, wenn sie **frei von Willensmängeln** ist. Dies setzt zum einen das Fehlen von (nötigendem) Zwang und Irrtum, zum anderen eine hinreichende Urteilsfähigkeit und Einsicht in die Tragweite der Entscheidung voraus. Dementsprechend führen Täuschung, Drohung oder Erklärungsirrtum stets zur Unwirksamkeit der Einwilligung.[13] In **Fall 2** ist demnach die Organentnahme als rechtswidrige Körperverletzung anzusehen.

10   Nach verbreiteter Lehre soll dagegen ein Irrtum nur beachtlich sein, wenn er **rechtsgutsbezogen** ist, also Inhalt und Umfang der Verletzung betrifft:[14] Das Strafrecht schütze grds. nur den Bestands- und nur in besonderen Fällen auch den Tauschwert von Gütern, so dass auch nur Bestandsirrtümer für die Einwilligung von Belang seien. Demnach soll die Herbeiführung eines bloßen Motivirrtums die Wirksamkeit der Einwilligung nicht ausschließen. Da M in **Fall 2** weiß, um welchen Eingriff in ihre körperliche Integrität es sich handelt, wäre die Einwilligung nach der einschränkenden Literaturansicht wirksam. Indessen ist die Ausgangsthese von der Begrenzung des Strafrechts auf den Bestandsschutz wenig plausibel: Rechtsgüter werden um der freien Entfaltung des Einzelnen willen geschützt, so dass der strafrechtliche Schutz die personale Entscheidungsfreiheit beim Umgang mit eigenen Gütern insgesamt und nicht nur ausschnitthaft umfasst.[15]

---

9   BGHSt 4, 88; 23, 1 (4); BGH NStZ 2000, 87; BayObLG NJW 1999, 372; zum Problem der Schein-Einwilligung NK-*Paeffgen/Böse* § 228 Rn 14 mwN.

10   BGHSt 12, 379 (383); *Amelung* ZStW 104 (1992), 525 (526); eingehend NK-*Paeffgen/Böse* § 228 Rn 14 ff, 17 f mwN.

11   BGHSt 17, 359; L-*Kühl* § 228 Rn 4; S/S-*Sternberg-Lieben* Vor § 32 Rn 44 f; zur Einwilligung in nicht indizierte Körperbeeinträchtigung: *Schroth* Volk-FS 719 ff.

12   Näher hierzu *Sternberg-Lieben*, Die objektiven Schranken der Einwilligung im Strafrecht, 1997, 535 ff.

13   HM, vgl BGHSt 4, 113; 16, 309; 32, 267 (269 f); BGH NJW 1998, 1784; *Fischer* § 228 Rn 7; aA LK-*Rönnau* Vor § 32 Rn 199.

14   *Arzt*, Willensmängel bei der Einwilligung, 1970, 15; *Brandts/Schlehofer* JZ 1987, 442 (446 f); *Küper* JZ 1990, 510 (514); S/S-*Sternberg-Lieben* Vor § 32 Rn 46; *Tag*, Der Körperverletzungstatbestand im Spannungsfeld zwischen Patientenautonomie und Lex artis, 2000, 383.

15   Näher *Kindhäuser* GA 1989, 493 (494 ff); vgl ferner *Amelung* ZStW 109 (1997), 490 (499); *Otto* Geerds-FS 603 (615 ff); *Roxin* Noll-GS 275 (279 ff).

Nach einem modifizierenden Ansatz sollen Täuschungen auch dann beachtlich sein, 11
wenn sie sich auf das **ausschlaggebende Motiv** beziehen.[16] Insoweit wäre die Einwilligung in **Fall 2** unwirksam, da der Irrtum, obgleich nicht rechtsgutsbezogen, das ausschlaggebende Motiv – Hilfe für das Kind – betrifft.

Ungeachtet dieses Meinungsstreits ist zu bedenken, dass eine Einwilligung bedingt erteilt werden kann (Rn 8). So erfolgt die Erklärung der Mutter in **Fall 2** fraglos nur unter der Voraussetzung, dass der Arzt auch bereit ist, das gespendete Organ dem Kind zu implantieren. Da der Arzt diese Bedingung nicht erfüllt, kann er sich – ungeachtet des Meinungsstreits um die Relevanz von Motivirrtümern – auch nicht auf die Einwilligung berufen. 12

3. Widerruf. Eine Einwilligung kann **jederzeit** widerrufen werden. In diesem Fall gelten die für die Wirksamkeit der Einwilligung erforderlichen Bedingungen auch für die Wirksamkeit des Widerrufs (zB kein ersichtlich nur vorübergehendes Angstgefühl). 13

III. Reichweite

▶ **FALL 3:** Beifahrer B drängt den Fahrer F zu einer Geschwindigkeitsübertretung, weil er einen Termin wahrnehmen will; es kommt zu einem für B tödlichen Unfall. ◀

Eine wirksame Einwilligung schließt das Unrecht einer Körperverletzung aus. Dementsprechend erfasst die Einwilligung in das Risiko einer Verletzung alle Körperverletzungserfolge, die aus dem bewusst und gewollt eingegangenen Risiko adäquat resultieren. Sofern jedoch das eingegangene Verletzungsrisiko mit einer **Lebensgefahr** verbunden ist, stellt sich die Frage, inwieweit die Einwilligungssperre des § 216 eingreift:[17] 14

■ Da § 216 erheblich in das Selbstbestimmungsrecht des Einzelnen eingreift, sollte 15
diese Vorschrift auch streng nach ihrem Wortlaut allein auf die Fälle einer vorsätzlichen Tötungshandlung bezogen werden.[18] Demnach ist die Einwilligung nur unwirksam, wenn sie sich gerade auf die (vorsätzliche) Herbeiführung des Todes bezieht. Sofern der Täter – wie F in **Fall 3** – dagegen Risiken ohne Tötungsvorsatz eingeht und für den Todeseintritt allenfalls wegen Fahrlässigkeit haften würde, ist die Einwilligung in das Verletzungsrisiko wirksam und schließt auch das Unrecht fahrlässiger Todesverursachungen aus.

■ Diesem Ansatz kommt eine etwas extensivere Literaturansicht nahe, der zufolge 16
§ 216 die Wirksamkeit der Einwilligung in Verletzungsrisiken (mit Lebensgefahr) nicht sperrt, wenn diese Fremdgefährdung unter allen relevanten Aspekten einer Selbstgefährdung gleichsteht.[19] Dies sei der Fall, wenn der Schaden allein aus dem eingegangenen Risiko resultiert und der Gefährdete für das gemeinsame Tun dieselbe Verantwortung trägt wie der Gefährdende.[20] Demnach schließt in **Fall 3** die Einwilligung das Unrecht der Verletzung samt Todeseintritt aus, weil die Fremdgefährdung durch F maßgeblich auf das Verhalten des B zurückzuführen ist und insoweit den Charakter einer (straflosen) Eigengefährdung hat.

---

16 *Roxin* AT I § 13/104; *ders.* Noll-GS 275 (281 ff); krit. zu dieser noch weitere beachtliche Irrtümer umfassenden Konzeption NK-*Paeffgen/Böse* § 228 Rn 29.
17 Vgl jedoch BGH NJW 2010, 2963 f; zum Behandlungsabbruch näher § 3 Rn 7 f.
18 S/S-*Sternberg-Lieben* Vor § 32 Rn 104 mwN.
19 *Roxin* AT I § 11/123; abl. *Walter* NStZ 2013, 673 ff.
20 Vgl auch OLG Zweibrücken JR 1994, 518; *Otto* Tröndle-FS 157 (169 ff); *Schünemann* JA 1975, 715 (723).

17   ■ Demgegenüber hält die Rechtsprechung eine Einwilligung in Lebensgefahren wegen
§ 216 grds. für irrelevant.[21] Sofern jedoch das Opfer die Gefahr erkannt hat und
der Täter seiner allgemeinen Sorgfaltspflicht nachgekommen ist, hat bereits die ältere Rechtsprechung eine Strafbarkeit nach § 222 verneint, so in der grundlegenden
Entscheidung des Memel-Falls: Ein Fährmann setzt einen ihn bedrängenden und
über die Risiken aufgeklärten Fahrgast bei stürmischem Wetter widerwillig über die
Memel; das Boot kentert, der Fahrgast ertrinkt.[22] Ob sich die Schaffung eines Verletzungsrisikos (mit Lebensgefahr), in das der Gefährdete einwilligt, als Sorgfaltspflichtverletzung darstellt, soll nach der Rechtsprechung von einer auf die konkreten Umstände der Tat abstellenden Einzelfallbewertung abhängen. Hierbei seien
u.a. die zutreffende Einschätzung der Gefahr, die Größe der Gefahr, die getroffenen
Vorsichtsmaßnahmen, Anlass und Zweck des Unternehmens und das Maß der
Sorglosigkeit zu berücksichtigen.[23] In **Fall 3** wäre nach diesen Kriterien insbesondere angesichts des nicht sehr hohen Todesrisikos eher von einer wirksamen Einwilligung auszugehen.

IV. Sittenwidrigkeit

18   Nach § 228 ist auch eine ansonsten wirksam erteilte Einwilligung unbeachtlich, wenn
die **Körperverletzung** gegen die guten Sitten verstößt. Die Einwilligung selbst kann auf
sittenwidrigen Motiven beruhen.[24] Der Begriff der guten Sitten ist allerdings wenig
präzise und deshalb Zweifeln an seiner Verfassungsmäßigkeit ausgesetzt.[25] Die vorherrschende Meinung hält ihn zwar für (noch) tolerabel, ist sich aber hinsichtlich seiner näheren Bestimmung nicht einig:

19   ■ Überwiegend wird ein Verstoß gegen die guten Sitten im Sinne von § 228 als Widerspruch gegen das Anstandsgefühl aller billig und gerecht Denkenden umschrieben,
wobei Art, Umfang, vor allem aber auch der Zweck des Eingriffs zu berücksichtigen sind. Die Körperverletzung wird jedenfalls dann als sittenwidrig bewertet, wenn
bei objektiver Betrachtung unter Einbeziehung aller maßgeblichen Umstände die
einwilligende Person durch die Handlung in **konkrete Todesgefahr** gebracht wird.[26]
Exemplarisch sind Körperverletzungen, die auf die Verwirklichung von Straftaten,
insbesondere Versicherungsbetrug, abzielen. Umstritten sind etwa Körperverletzungen aus sadomasochistischen Motiven[27] oder das sog. Autosurfen, also das Liegen
auf dem Dach eines fahrenden Pkw.[28] Trunkenheitsfahrten werden im Regelfall
nicht als sittenwidrig angesehen.[29]

---

21 BGHSt 4, 88 (93); zust. *Jescheck/Weigend* § 56 II 3.
22 RGSt 57, 172.
23 BGHSt 7, 112 (114 f.).
24 Vgl RGSt 74, 91 (95); BGHSt 4, 88 (90 f.); BayObLGSt 1977, 105 (106); vgl *Bott* JA 2009, 421 (422 ff.).
25 Vgl nur *Berz* GA 1969, 145 ff.; *Lenckner* JuS 1968, 249 ff.; NK-*Paeffgen/Böse* § 228 Rn 44 ff.; *Sternberg-Lieben*, Die
    objektiven Schranken der Einwilligung im Strafrecht, 1997, 121 ff., 157 ff.
26 BGHSt 49, 34 (41) m.Anm. *Mosbacher* JR 2004, 390 f, *Sternberg-Lieben* JuS 2004, 954 ff und Bespr. *Duttge*
    NJW 2005, 260 ff sowie *Trüg* JA 2004, 597 ff.; BGH HRRS 2013, Nr. 342; *Roxin* AT I § 13/37 ff.; näher SK-*Wolters*
    § 228 Rn 9.
27 Für Sittenwidrigkeit: RG JW 1928, 2229 (2231); BGH JR 2004, 472 ff; *Berz* GA 1969, 145 (152); *Roxin* JuS 1964,
    373 (379); krit. *Sitzman* GA 1991, 71 (73 ff.); abl. M-*Schroeder/Maiwald* I § 8/14.
28 OLG Düsseldorf NStZ-RR 1997, 325 m. zust. Anm. *Saal* NZV 1998, 49; LG Mönchengladbach NStZ-RR 1997,
    169 (170); krit. *Hammer* JuS 1998, 785; *Puppe* AT, 1. Aufl., § 6/12 ff; zur Sittenwidrigkeit der Einwilligung in
    Dopingspritzen BGH JuS 2004, 350; *Jung* JuS 1992, 131 (132 f); *Sternberg-Lieben* ZIS 2011, 5836 ff; abl. *Kargl* JZ
    2002, 389 ff.
29 Vgl BayObLG JR 1978, 296 (297); OLG Frankfurt VRS 29, 457 ff; OLG Zweibrücken VRS 30, 284 f.

■ Bei eskalationsgefährlichen **einverständlichen Schlägereien** rivalisierender Banden soll dagegen die Sittenwidrigkeit auch bei fehlender konkreter Todesgefahr zu bejahen sein, sofern eine Eskalationsgefahr besteht, dh es an Absprachen fehlt, mit denen das Gefährlichkeitspotenzial beschränkt wird bzw es keine effektiven Sicherungen zur Einhaltung dieser Absprachen gibt.[30]

In **Fall 1** stand nach Ansicht des BayObLG die dem J drohende Verletzungsgefahr in keinem billigenswerten Verhältnis zum Tatzweck.[31]

■ Eine verbreitete Literaturansicht will dagegen hinsichtlich der Sittenwidrigkeit in erster Linie auf Gewicht und Intensität der Körperverletzung abstellen.[32] Demnach soll die Einwilligung (erst) bei Verletzungen mit einem Schweregrad im Sinne von § 226 ausgeschlossen sein. Da dem J Verletzungen in dieser Intensität durchaus drohten, dürfte auch nach dieser Ansicht in **Fall 1** Sittenwidrigkeit zu bejahen sein.   20

V. Subjektive Tatseite

Sofern die Einwilligung als Kriterium des Tatbestandsausschlusses (Rn 1) eingestuft wird, führt ein Irrtum über das Vorliegen einer Einwilligung zum Vorsatzausschluss. Verkennt der Täter, dass eine wirksame Einwilligung erteilt wurde, kommt eine Versuchsstrafbarkeit in Betracht. Bei einer Einordnung der Einwilligung als **Rechtfertigungsgrund** ist das Wissen um das Vorliegen einer Einwilligung Rechtfertigungsvoraussetzung. Irrtumsfälle[33] sind nach den allgemeinen Regeln des Irrtums über Rechtfertigungsgründe zu entscheiden.   21

B. Ärztliche Heilbehandlung

I. Rechtliche Einordnung

Ob ärztliche Maßnahmen[34] – wie zB operative Eingriffe, medikamentöse Behandlungen, Betäubungen oder Bestrahlung – als tatbestandsmäßige Körperverletzungen anzusehen sind, ist umstritten:[35]   22

1. Einwilligungserfordernis. Nach ständiger Rechtsprechung und einem Teil der Lehre verwirklicht jede (einzelne) die körperliche Integrität des Patienten berührende Maßnahme den Tatbestand der Körperverletzung.[36] Ob der Eingriff kunstgerecht oder fehlerhaft vorgenommen wird und ob er missglückt oder erfolgreich verläuft, spielt keine Rolle. In der Einwilligung des Patienten sieht die hM nur einen Rechtfertigungs-   23

---

30 BGH NJW 2013, 1379 m.Bespr. *Jahn* JuS 2014, 559; *Zöller/Lorenz* ZJS 2013, 429; BGHSt 60, 155 m.Bespr. *Knauer* HRRS 2015, 435; *Zabel* JR 2015, 619; krit. *Mitsch* NJW 2015, 1545: § 228 als verfassungswidriges Auffangbecken der Rspr. für ungeschriebene Wertungsinhalte.
31 BayObLG NJW 1999, 372 (373).
32 Vgl m. Unterschieden im Detail *Arzt*, Willensmängel bei der Einwilligung, 1970, 36 ff; *Gaede* ZIS 2014, 489 ff; *Hirsch* Welzel-FS 775 (798 f); *Jakobs* 14/9; *Otto* Geerds-FS 603 (618 ff); *Rudolphi* ZStW 86 (1974), 68 (86); *Weigend* ZStW 98 (1986), 44 (64 f).
33 Zu den umstr. Einzelheiten vgl *Kindhäuser* AT § 29/11 ff mwN.
34 Für Organentnahmen gelten die besonderen Regeln des Transplantationsgesetzes vom 5.11.1997 mit eigenen Straf- und Bußgeldvorschriften; vgl hierzu sowie zu Kastration, Sterilisation, Geschlechtsumwandlung Transsexueller, Humangenetik, Aids, Sport und Doping NK-*Paeffgen/Böse* § 228 Rn 93 ff; zur (eher geringen) praktischen Bedeutung des Arztstrafrechts *Lilie/Orben* ZRP 2002, 154 ff.
35 *Bollacher/Stockburger* Jura 2006, 908 ff; *Kargl* GA 2001, 538 ff; *Kraatz* NStZ-RR 2012, 1 ff; NK-*Paeffgen/Böse* § 228 Rn 56 ff.
36 RGSt 25, 375 (378); BGHSt 11, 111 (112); 43, 306; BGH NJW 2011, 1088 (1089); LG Köln 2012, 2128; ferner *Arzt* Baumann-FS 201 (209); HKGS-*Dölling* § 223 Rn 9; M/R-*Engländer* § 223 Rn 21; Krey/*Hellmann*/Heinrich I Rn 206, 217 ff; *Hohmann/Sander* § 6/15 ff; *Kühl* § 9/22; *Küpper/Börner* I § 2/46.

grund.[37] Sofern die Einwilligung – zB wegen Bewusstlosigkeit – nicht eingeholt werden kann, sollen die Regeln der **mutmaßlichen Einwilligung** anzuwenden sein.[38]

24   **2. Tatbestandsausschluss.** Demgegenüber wird in der Literatur der Heileingriff, zu dem Maßnahmen der Schönheitschirurgie nicht gerechnet werden,[39] überwiegend nicht als tatbestandsmäßig angesehen. Hinsichtlich der Voraussetzungen besteht allerdings keine Einigkeit:

25   ■ Nach der vorherrschenden sog. **Erfolgstheorie** ist zwischen gelungenen und misslungenen Eingriffen zu unterscheiden. Hierbei werden die einzelnen Behandlungsakte – wie Injektionen, Schnitte usw – nicht isoliert betrachtet, sondern auf den Gesamterfolg bezogen.[40] Tritt eine Heilung oder zumindest Besserung ein, fehlt es demnach schon an der Verletzung. Sofern der Eingriff misslingt, ist zwar der Tatbestand der Körperverletzung erfüllt, kann aber durch eine wirksame Einwilligung des Patienten gerechtfertigt sein. Zu bedenken ist jedoch, dass der Arzt unter den Voraussetzungen der Erfolgstheorie beim misslungenen Eingriff regelmäßig schon ohne Vorsatz handelt, da er den positiven Gesamterfolg anstrebt. Auch Fahrlässigkeit ist dann zu verneinen, wenn der Eingriff nach der lex artis und damit sorgfaltsgemäß vorgenommen wird.

26   ■ Nach der sog. **Theorie des kunstgerechten Eingriffs** ist jeder von einer Heilungstendenz getragene Eingriff unabhängig von seinem Gelingen nicht tatbestandsmäßig.[41]

27   **3. Stellungnahme.** Praktische Bedeutung hat die eine Tatbestandslosigkeit des ärztlichen Heileingriffs befürwortende Literaturansicht vor allem in den Fällen, in denen die Maßnahme ohne Einwilligung des Patienten – also eigenmächtig – erfolgt. Es ist aber schwerlich einzusehen, warum einzelne Maßnahmen, die dem Willen des Patienten widersprechen, nur deshalb nicht als Verletzungen seiner körperlichen Integrität zu bewerten sein sollen, weil sie der ärztlichen lex artis entsprechen bzw letztlich zu einem Heilerfolg führen.[42] Dies gilt namentlich dann, wenn der Patient einzelne Teilakte wegen ihrer Risiken ablehnt. Ein dem Willen des Patienten zuwiderlaufender Eingriff sollte daher ungeachtet seiner kunstgerechten Vornahme und seiner Auswirkungen auf die Gesundheit insgesamt als tatbestandliche Körperverletzung angesehen werden.

28   Auf der anderen Seite ist aber auch der Standpunkt der hM, die einen mit Willen des Patienten ausgeführten Eingriff als tatbestandsmäßige Körperverletzung begreift und den Arzt nur für gerechtfertigt hält, wenig plausibel. Denn in diesem Fall entsprechen die durch den Eingriff bewirkten körperlichen Veränderungen dem Gestaltungswillen des Patienten und können *insoweit* nicht als Schädigungen angesehen werden.[43] Da es keine absoluten Begriffe der Gesundheit und der körperlichen Integrität gibt, diese Begriffe vielmehr entscheidend von den Vorstellungen und Präferenzen des Rechtsgutsträgers abhängen, gehört zum Merkmal der Verletzung notwendig der Widerspruch zum Willen des Betroffenen. Daher wird es vielfach als sachgemäß eingestuft, in der Einwil-

---

37 Oben Rn 1; allerdings soll, wenn der Arzt wissentlich gegen die ärztliche Kunst verstößt, sich die Einwilligung des Patienten nicht auf diese Form der Behandlung erstrecken, vgl BGH NStZ 2008, 278 (279).

38 BGHSt 35, 246; *Küpper/Börner* I § 2/50; vgl auch *Bollacher/Stockburger* Jura 2006, 911 f; NK-*Paeffgen/Böse* Vor §§ 32 ff Rn 157 ff; *Puppe* AT § 11/11.

39 M-*Schroeder*/Maiwald I § 8/32; *Welzel* § 39 I 3a.

40 *Bockelmann* ZStW 93 (1981), 105 ff; S/S-*Sternberg-Lieben* § 223 Rn 30 ff; *Hardwig* GA 1965, 161 ff; *Roxin* AT I § 13/22 ff; M-*Schroeder*/Maiwald I § 8/24.

41 *Engisch* ZStW 58 (1939), 1; *Gallas* ZStW 67 (1955), 1 (21); *Welzel* § 39 I 3a.

42 Ausf. Kritik bei NK-*Paeffgen/Böse* § 228 Rn 58 ff.

43 Vgl hinsichtlich der Misshandlungsalternative auch SK-*Wolters* § 223 Rn 35 ff.

ligung des Patienten bereits einen Tatbestandsausschluss zu sehen,[44] und zwar unabhängig davon, ob der Eingriff letztlich erfolgreich verläuft oder nicht. Grds. erforderlich ist allerdings, dass der Eingriff nach der lex artis vorgenommen wird. Die mutmaßliche Einwilligung ist dagegen nur ein Rechtfertigungsgrund und schließt insoweit noch nicht den Tatbestand aus.[45]

II. Einwilligung

Für die **Wirksamkeit** der Einwilligung in den ärztlichen Heileingriff gelten die üblichen Voraussetzungen.[46] Im Abschluss eines Behandlungsvertrags kann noch keine wirksame Einwilligung für die späteren Einzelmaßnahmen gesehen werden. Um dem Patienten Art, Bedeutung und Tragweite des Eingriffs in seinen Grundzügen erkennbar zu machen und ihm so eine Abschätzung von Für und Wider des Eingriffs zu ermöglichen, ist grds. eine **hinreichende ärztliche Aufklärung** erforderlich.[47] Vorformulierte Standardtexte müssen ggf fallbezogen erläutert werden.[48] Eine Aufklärung ist entbehrlich, wenn der Betroffene bereits hinreichend informiert ist oder wenn er auf sie unmissverständlich verzichtet. Ausnahmsweise kann die ärztliche Aufklärungspflicht aufgrund des Fürsorgeprinzips eingeschränkt sein oder entfallen, wenn sich aus der Aufklärung eine ernsthafte Gefährdung des Patienten – zB Gefahr von erheblichen Depressionen, Suizid uÄ[49] – ergibt, die schwerwiegender ist als die Beeinträchtigung seines Selbstbestimmungsrechts.

29

Hinsichtlich der möglichen **Stellvertretung** ist zu beachten, dass die Einwilligung in Heil- und Untersuchungsmaßnahmen mit erheblichen Gefahren für einen einwilligungsunfähigen Patienten der Genehmigung durch das Vormundschaftsgericht bedarf (§§ 1903 Abs. 1, 1904 BGB). Nur bei hoher Eilbedürftigkeit kann hierauf nach den Regeln der mutmaßlichen Einwilligung verzichtet werden.[50] Bei einwilligungsunfähigen Minderjährigen sind allein die Personensorgeberechtigten vertretungsberechtigt; allerdings kann auch hier das Vormundschaftsgericht die Entscheidung bei missbräuchlicher Weigerung an sich ziehen oder einen Pfleger bestellen (§§ 1666 Abs. 1, 1909 Abs. 1 BGB).

30

Sofern – zB bei einem dringend erforderlichen Heileingriff – die Einwilligung des Betroffenen (bzw die seines Vertreters) nicht eingeholt werden kann, kommt eine **mutmaßliche Einwilligung** in Betracht.[51] Diese setzt freilich voraus, dass der Einwilligungsberechtigte seinen Willen noch nicht (eindeutig) erklärt hat. Die Meinung nicht einwilligungsberechtigter Angehöriger ist nur für die Ermittlung des mutmaßlichen Willens des Betroffenen von Bedeutung. Die Problematik der mutmaßlichen Einwilligung kann

31

---

44 Näher oben Rn 1.
45 Vgl hierzu *Kindhäuser* LPK Vor § 32 Rn 51 ff.
46 Vgl Rn 4 ff; Rechtsprechungsübersicht bei *Kraatz* NStZ-RR 2016, 233 ff; näher zur Einwilligung in Heilmaßnahmen NK-*Paeffgen/Böse* § 228 Rn 62 ff, 74 ff.
47 BVerfG NJW 1979, 1925 (1929); BGH NStZ 1996, 34; NJW 2011, 1088 (1089) (Zitronensaftfall) mwN; umfassend zu den Anforderungen an eine Aufklärung *Burgert* JA 2016, 246 ff; *Kraatz* NStZ-RR 2015, 97 ff; *Puppe* AT § 11/1 ff; *Tag*, der Körperverletzungstatbestand im Spannungsfeld zwischen Patientenautonomie und Lex artis, 2000, 335 f; zur Aufklärungspflicht bei Außenseitermethoden vgl *Hardtung* NStZ 2011, 635 ff; *Schiemann* NJW 2011, 1046 ff.
48 BGH NJW 1971, 1887 (1888); *Tröndle* MDR 1983, 881 (887).
49 Zu Einzelheiten NK-*Paeffgen/Böse* § 228 Rn 78 mwN.
50 Zu Einzelheiten NK-*Paeffgen/Böse* § 228 Rn 68 mwN.
51 *Kindhäuser* LPK Vor § 32 Rn 51 ff.

sich auch während einer Operation stellen, wenn über die Einwilligung hinausgehende (unaufschiebbare) Maßnahmen geboten erscheinen.[52]

32   Umstritten ist, ob neben wirklicher und mutmaßlicher Einwilligung ein weiterer Haftungsausschluss im Wege einer sog. **hypothetischen Einwilligung** in Betracht kommen kann, falls der Arzt seinen Patienten entweder gar nicht oder aber nur mangelhaft aufgeklärt hat.

33   ■ Unter teilweiser Zustimmung der Literatur spricht sich die Rechtsprechung für die Statthaftigkeit dieser Rechtsfigur aus. Hiernach soll – in Anlehnung an die zivilrechtlichen Grundsätze – eine Strafbarkeit dann entfallen, wenn der Patient auch bei ordnungsgemäßer Aufklärung in den Heileingriff eingewilligt hätte.[53] Sei eine solche (hypothetische) Einwilligung nicht auszuschließen, so müsse der Arzt nach dem Grundsatz *in dubio pro reo* freigesprochen werden. Einschränkend wird hierbei teilweise eine Strafbarkeit des Arztes wegen Versuchs befürwortet, da die hypothetische Einwilligung nichts an der Pflichtwidrigkeit des Eingriffs ändere, sehr wohl aber das Unrecht einer vollendeten Tat ausschließe.[54]

34   ■ Die vielfach vertretene Gegenposition lehnt eine solche nachträgliche Heilung des willensbeeinträchtigenden Aufklärungsmangels ab und verweist dabei insbesondere auf die Unmöglichkeit, die fiktive Entscheidung des Patienten in einer niemals eingetretenen Situation überhaupt nachträglich ermitteln zu können.[55] Da jede menschliche Entscheidung frei sei (andernfalls man der Person das Selbstbestimmungsrecht raube), gebe es keine eindeutigen Gesetze, die einen fiktiven Entscheidungsprozess strikt determinieren könnten, so dass es sich schon gar nicht um ein nach dem Zweifelssatz lösbares Beweisproblem handele.[56] Der tatsächliche Verlauf der Willensbildung verliere sein Dasein und seine rechtliche Bedeutung nicht dadurch, dass an seine Stelle möglicherweise oder plausiblerweise oder mit an Sicherheit grenzender Wahrscheinlichkeit ein anderer getreten wäre, aber nicht getreten sei.[57] Und selbst wenn die hypothetische Einwilligung mit Sicherheit feststünde, so sei sie – vergleichbar etwa mit der nachträglichen Zustimmung eines Bestohlenen – ungeeignet, um das im Zeitpunkt der Rechtsgutsbeeinträchtigung verwirklichte Unrecht ex post aufheben zu können.[58]

35   ■ In diesem Zusammenhang ist aber zu beachten, dass das Selbstbestimmungsrecht des Patienten auch dann gilt, wenn er eine aus medizinischen Gründen dringend erforderliche Operation verweigert. Ist der Kranke infolge seiner Krankheit entscheidungsunfähig, so ist auf seinen mutmaßlichen Willen abzustellen.[59]

---

52 Vgl BGHSt 11, 111 ausf. hierzu *Puppe* AT § 11/ 9 ff; BGH JZ 1964, 231.
53 So BGHR StGB § 223 I Heileingriff 2, S. 1 (3); BGH NStZ 1996, 34 (35) m. zust. Anm. *Ulsenheimer* NStZ 1996, 132 (133); NStZ 2004, 442 m. zust. Anm. *Rönnau* JZ 2004, 801 ff; NStZ-RR 2004, 16 (17); *Kuhlen* JR 2004, 227 ff; *ders.* JZ 2005, 713 ff; *Mitsch* JZ 2005, 279 (285); vgl auch *Fischer* § 223 Rn 32 ff; krit. *Sickor* JA 2008, 11 ff; *ders.* JR 2008, 179 ff; ausf. zur dogmatischen Struktur und Einordnung *Kuhlen* Roxin-FS I 331 (336 ff).
54 So *Kuhlen* JR 2004, 227 m. Fn. 6; iE ebenso *Mitsch* JZ 2005, 279 (284).
55 *Eisele* JA 2005, 252 (254); *S/S-Sternberg-Lieben* § 223 Rn 40h; *Otto* Jura 2004, 679 (682 f); *Paeffgen* Rudolphi-FS 187 (208 f); *Puppe* AT § 11/ 18 ff; *dies.* JR 2004, 470 ff; *dies.* GA 2003, 764 ff; krit. gegenüber der Rspr auch *Böcker* JZ 2005, 925 (927 ff); *Bollacher/Stockburger* Jura 2006, 908 (913).
56 *Puppe* JR 2004, 470; vgl auch *Paeffgen* Rudolphi-FS 187 (208): der *in-dubio-pro-reo*-Satz könne allein bei Tatsachen, nicht aber bei Mutmaßungen zum Zuge kommen.
57 *Puppe* JR 2004, 470 (472) unter Berufung auf BGHSt 13, 13 (15).
58 *Otto* Jura 2004, 679 (683); vgl auch *Duttge* Schroeder-FS 179 (188); *Eisele* JA 2005, 252 (254); *Puppe* JR 2004, 470 (471): unbeachtliche Reserveursache.
59 GenStA Nürnberg NStZ 2008, 343 f mwN.

WIEDERHOLUNGS- UND VERTIEFUNGSFRAGEN

> Für welche Tatbestände gilt § 228? (Rn 3)
> Wann führt ein Irrtum zur Unwirksamkeit der Einwilligung? (Rn 9 ff)
> Unter welchen Voraussetzungen kann § 216 die Wirksamkeit der Einwilligung in eine Körperverletzung sperren? (Rn 14 ff)
> Wann verstößt eine Körperverletzung gegen die guten Sitten im Sinne von § 228? (Rn 18 ff)
> Erfüllt ein ärztlicher Heileingriff den Tatbestand einer Körperverletzung? (Rn 22 ff)

§ 9 Qualifizierte Körperverletzungen (§§ 224 f, 340)

A. Gefährliche Körperverletzung (§ 224)

I. Allgemeines

1 Die Vorschrift setzt als Qualifikationstatbestand zu § 223 eine Körperverletzung – körperliche Misshandlung und/oder Gesundheitsschädigung[1] – voraus. Grund der Straferschwerung ist die (abstrakt) gefährliche Begehungsweise der in Abs. 1 Nr. 1 bis 5 genannten Tatmodalitäten,[2] die teils auf das Risiko erheblicher Verletzungen, teils auf die beschränkte Verteidigungsmöglichkeit des Opfers abstellen. Als Erfolg genügt in allen Fällen eine leichte Körperverletzung.[3] Der Versuch ist strafbar (Abs. 2).

II. Beibringung von Gift (Abs. 1 Nr. 1)

2 **1. Tatmittel.** Tatmittel der – aus dem Vergiftungstatbestand des § 229 aF[4] hervorgegangenen – Qualifikation sind Gift oder andere gesundheitsschädliche Stoffe:

3 ■ **Gift** ist jeder anorganische oder organische Stoff, der in der konkreten Verwendung durch **chemische oder chemisch-physikalische Wirkung** die Gesundheit erheblich zu beeinträchtigen vermag.[5] Exemplarisch: Arsen, Strychnin, Zyankali, Alkohol, Gas sowie sog. Krankheitsgifte (zB Pocken oder Syphilis), aber auch Zucker bei Diabetikern oder Arzneimittel (in falscher Dosierung).

4 ■ **Andere gesundheitsschädliche Stoffe** sind Substanzen, die durch **mechanische oder thermische Wirkung** die Gesundheit erheblich zu beeinträchtigen vermögen. Exemplarisch: gehacktes Blei, zerstoßenes Glas, kochendes Wasser. Da Strahlen als solche keine Stoffe sind, unterfallen sie nicht dem Tatbestand;[6] wohl aber sind mit Radioaktivität kontaminierte Materialien einschlägige Stoffe.

5 Da bereits der Grundtatbestand des § 223 eine Gesundheitsschädigung voraussetzt, kann die bloße Verabreichung einer gesundheitsschädlichen Substanz noch nicht die Straferschwerung begründen. Vielmehr muss das Gift oder der andere gesundheitsschädliche Stoff bei § 224 Abs. 1 Nr. 1 nach Qualität und Quantität geeignet sein, durch seine konkrete Verwendung eine *erhebliche* **Gesundheitsbeeinträchtigung**[7] – vergleichbar einer schweren Gesundheitsschädigung im Sinne von § 221 Abs. 1[8] – herbeizuführen.[9]

6 **2. Tathandlung.** Der Täter **bringt** das Tatmittel **bei**, wenn er es derart mit dem Körper verbindet, dass es seine gesundheitsschädigende Wirkung entfalten kann.

---

1 Vgl § 7 Rn 4 ff.
2 BGHSt 19, 352 (353); vgl auch *Heinrich*, Die gefährliche Körperverletzung, 1993, 584 ff, 612 ff, der die Erhöhung der Angriffsintensität als Leitgedanken hervorhebt.
3 *Gössel*/Dölling I § 13/7; NK-*Paeffgen*/Böse § 224 Rn 2, 4; S/S-*Sternberg-Lieben* § 224 Rn 1.
4 Diese Norm sah eine Mindestfreiheitsstrafe von einem Jahr vor und verlangte die Beibringung einer Substanz, welche die Gesundheit zu zerstören (= Herbeiführen eines nicht nur vorübergehenden Ausfalls wesentlicher Körperfunktionen) geeignet ist.
5 Ganz hM, vgl nur BGH NJW 2006, 1822 (1823) m.Bespr. *Bosch* JA 2006, 743 (744 f); ferner *Fischer* § 224 Rn 4.
6 Weitere Beispiele bei NK-*Paeffgen*/Böse § 224 Rn 9 mwN.
7 Eine Eignung zur Gesundheitszerstörung ist wegen des im Vergleich zu § 229 aF gemilderten Strafrahmens nicht (mehr) erforderlich.
8 Vgl § 5 Rn 3; BGHSt 51, 18 (22 f); *Küper*/Zopfs Rn 116.
9 HL, vgl W/H/E-*Hettinger* Rn 291; *Jäger* JuS 2000, 31 (35); *Kretschmer* Jura 2008, 916 (917 f); S/S-*Sternberg-Lieben* § 224 Rn 2a; *Wolters* JuS 1998, 582 (583). S/S/W-*Momsen*/Momsen-Pflanz § 224 Rn 10 lässt sogar einen deutlich geringeren Schädigungsgrad gegenüber Giften genügen.

Für das Beibringen genügt eine äußere Anwendung, sofern sich dies organisch aus-   7
wirkt.[10] Exemplarisch: Der Täter bestreicht die Haut des Opfers mit einer giftigen Sal-
be oder zerstört die Hornhaut eines Auges durch Salzsäure.[11] Das Beibringen kann
auch durch pflichtwidriges Unterlassen erfolgen; der Garant schreitet zB nicht gegen
die Giftbeibringung durch einen Dritten ein oder unterlässt es, ein vergiftetes Getränk
wegzuräumen.

III. Mittels einer Waffe oder eines anderen gefährlichen Werkzeugs (Abs. 1 Nr. 2)

▶ **FALL 1A:** Bei einer tätlichen Auseinandersetzung schlägt der A den Kopf des B gegen eine
Hauswand und bringt ihm auf diese Weise Verletzungen bei.[12] ◀

▶ **FALL 1B:** Bei einer tätlichen Auseinandersetzung verletzt C den D, indem er diesen gegen
eine an der Wand hängende Mistgabel stößt. ◀

1. Tatmittel. Tatmittel dieser Qualifikation sind Waffen oder andere gefährliche Werk-   8
zeuge:

■ **Waffen** sind Gegenstände, die – wie Schuss-, Hieb- und Stoßwaffen – zur Herbei-   9
führung erheblicher Verletzungen **allgemein bestimmt** sind.[13] Sie sind (im Rahmen
des § 224 Abs. 1 Nr. 2) als Unterfall gefährlicher Werkzeuge anzusehen.[14]

■ **Gefährliche Werkzeuge** sind alle (bewegbaren) Gegenstände, die geeignet sind, nach   10
der Art und Weise ihrer konkreten Verwendung erhebliche Verletzungen hervorzurufen.[15] Aufgrund ihrer Konsistenz und des Wortlauts der Norm sind Flüssigkeiten
nicht als andere gefährliche Werkzeuge anzusehen.[16]

Da die Gefährlichkeit nach **Maßgabe der konkreten Verwendung** zu bestimmen ist,   11
können auch Gegenstände, die im Allgemeinen als ungefährlich gelten, bei entsprechendem Einsatz einschlägige Tatmittel sein. Exemplarisch: Der Täter sticht dem Opfer mit einem spitzen Bleistift ins Auge oder würgt es mit einem Damenstrumpf.[17] Umgekehrt können Gegenstände, mit denen sich generell unschwer erhebliche Verletzungen beifügen lassen, im konkreten Fall auch ungefährlich verwendet werden: Eine
Schere wird zum Abschneiden der Haare gebraucht;[18] der Arzt setzt medizinisches Gerät de lege artis ein;[19] die dem Opfer heftig in den Rücken gepresste Pistole bedingt
einen Bluterguss.[20] Als Beispiele für gefährliche Werkzeuge seien aus der Rechtspre-

---

10 BGHSt 15, 113 (115); 32, 130 (132 t) m. zust. Anm. *Schall* JZ 1984, 337 t; *Otto* § 16/5; *M-Schroeder*/Maiwald I
   § 9/14; aA – Eindringen in den Organismus durch Körperöffnungen – *Bottke* NStZ 1984, 166 f; NK-*Paeffgen*/
   Böse § 224 Rn 10 mwN.
11 BGH NJW 1976, 1851 f.
12 BGHSt 22, 235 ff.
13 Vgl *Kühl* § 1 II WaffG; BGHSt 4, 125 (127).
14 L-*Kühl* § 224 Rn 2; NK-*Paeffgen*/*Böse* § 224 Rn 13; *Rengier* II § 14/43.
15 BGHSt 3, 105 (109); 14, 152 (155); BGH StV 2006, 693; JR 2015, 206 (207); *Eckstein* NStZ 2008, 125 ff; *Hardtung*
   JuS 2008, 960 (962); *Küper/Zopfs* Rn 782; NK-*Paeffgen*/*Böse* § 224 Rn 14.
16 OLG Dresden NStZ-RR 2009, 337 m. krit. Bespr. *Jahn* JuS 2010, 268 f.
17 LK-*Grünewald* § 224 Rn 16; S/S-*Sternberg-Lieben* § 224 Rn 4; krit. NK-*Paeffgen*/*Böse* § 224 Rn 15 f; vgl zu einer
   „Scheinstrangulation" BGH NStZ-RR 2010, 205 f.
18 RGSt 29, 58 (60); vgl auch BGH NJW 1966, 1763; NStZ-RR 2009, 50.
19 BGH NJW 1978, 1206; StA Mainz NJW 1987, 2946; *Geppert* Jura 1986, 532 (536).
20 NK-*Paeffgen*/*Böse* § 224 Rn 13.

chung angeführt:[21] vom Täter eingesetztes bissiges Tier;[22] Kraftfahrzeug, [23] sofern Verletzung durch den Aufprall und nicht erst infolge des Sturzes eintretend;[24] Injektionsspritze in der Hand eines medizinischen Laien;[25] gegen Kopf oder Unterleib geführter Straßenschuh;[26] brennende Zigarette.[27]

12 **Körperteile** des Täters sind begrifflich auch dann keine Werkzeuge im Sinne des Tatbestands, wenn sie – zB bei einem Faust- oder Handkantenschlag – mit gefährlicher Wirkung eingesetzt werden.[28] Für diese Auslegung spricht, dass in anderen Tatbeständen (zB § 244 Abs. 1 Nr. 1a) bereits das bloße Beisichführen eines gefährlichen Werkzeugs qualifizierend wirkt, so dass ein Boxer oder Karatekämpfer allein aufgrund seiner körperlichen Konstitution nie den Grundtatbestand erfüllen könnte. Eine entsprechende Vorgehensweise kann jedoch eine lebensgefährdende Behandlung (Abs. 1 Nr. 5) sein.

13 Aus dem Begriff des Werkzeugs folgt nach hM des Weiteren, dass auch Gegenstände, die sich – wie eine Mauer, ein Fußboden oder ein Baum – **nicht bewegen lassen**, als Tatmittel ausscheiden.[29] Demnach unterfällt es nicht dem Tatbestand, wenn A in **Fall 1a** den Kopf des B gegen die Hauswand stößt. Auch in diesem Zusammenhang ist wiederum zu beachten, dass eine Tat bei Verneinung eines gefährlichen Werkzeugs durchaus die Voraussetzungen einer lebensgefährdenden Behandlung (Abs. 1 Nr. 5) erfüllen kann.[30]

Ob der Täter dagegen einen bewegbaren Gegenstand auch tatsächlich bewegt oder ihn in arretiertem Zustand verwendet, spielt für dessen Einstufung als gefährliches Werkzeug keine Rolle. Es macht m.a.W. keinen Unterschied, ob der Täter das Werkzeug gegen das Opfer oder das Opfer gegen das Werkzeug bewegt.[31] Da die Mistgabel in **Fall 1b** ein beweglicher Gegenstand ist, erfüllt C den Tatbestand ungeachtet des Umstands, dass sie an der Wand hängt.

14 **2. Tathandlung.** Als Tathandlung kommt jedes Verhalten in Betracht, durch das das Werkzeug als Mittel der Körperverletzung gebraucht wird. Neben einem mechanischen Vorgehen kommen auch Einwirkungen chemischer oder thermischer Art sowie der Einsatz von elektrischem Strom oder Strahlen in Betracht.[32] Exemplarisch: Das Opfer erleidet Verbrennungen, wird mit Salzsäure bespritzt oder durch Äther betäubt. Das Beibringen kann auch durch pflichtwidriges Unterlassen erfolgen; der Halter pfeift zB seinen Hund nicht zurück, der einen Menschen angefallen hat.[33] Auch muss die Verlet-

---

21 Weitere Beispiele bei NK-*Paeffgen/Böse* § 224 Rn 19 f.
22 BGHSt 14, 152; OLG Hamm NJW 1965, 164 (165).
23 BGH VRS 14, 286; 109, 112 (113 f) m.Anm. *Krüger* NZV 2006, 112; NStZ 2012, 697 (698); HRRS 2013, Nr. 305 m. abl. Anm. *Jäger* 2013, 472 ff; NStZ 2014, 36 ff: Die Verletzungen müssen unmittelbar durch die Berührung des Kraftfahrzeugs erfolgen oder zumindest typische Folge einer Einwirkung des Fahrzeugs auf den Körper sein; NStZ-RR 2015, 244; *Eckstein* NStZ 2008, 125 ff.
24 OLG Zweibrücken JuS 2019, 591 m.Bespr. *Eisele.*
25 BGH NStZ 1987, 174.
26 Es ist auf die Werkzeugeigenschaft des Schuhs – nicht auf den Fuß – abzustellen: BGH NStE Nr. 3 zu § 223a; NStZ-RR 2007, 330; zu Turnschuhen: BGH NStZ 1999, 616 (617); zu Straßenschuhen BGH NStZ 2010, 151 m.Anm. *Zöller* ZJS 2010, 671.
27 BGH NStZ 2002, 30; 2002, 86; vgl aber auch OLG Köln StV 1994, 244 (246).
28 BGH GA 1984, 124 (125); OLG Köln StV 1994, 247; *Fischer* § 224 Rn 13; NK-*Paeffgen/Böse* § 224 Rn 14; aA M-*Schroeder/Maiwald* I § 9/15.
29 BGHSt 22, 235 (236); BGH NStZ 1988, 361 (362); NStZ-RR 2005, 75; *Fischer* § 224 Rn 12; *Krey/Hellmann/Heinrich* I Rn 259 ff; *Krüger* NZV 2006, 112; NK-*Paeffgen/Böse* § 224 Rn 14; *Roxin* AT I § 5/29, 36; aA *Heinrich* JA 1995, 718 (725); LK-*Grünewald* § 224 Rn 21.
30 Vgl OLG Düsseldorf NJW 1989, 920; *Krey/Hellmann/Heinrich* I Rn 261.
31 RGSt 24, 373.
32 *Krey/Hellmann/Heinrich* I Rn 257; NK-*Paeffgen/Böse* § 224 Rn 20.
33 Vgl OLG Hamm NJW 1965, 164 (165); S/S-*Sternberg-Lieben* § 224 Rn 9; einschr. SK-*Wolters* § 224 Rn 21.

zung **nicht vom Werkzeug selbst** stammen. Es genügt, wenn der Einsatz des Werkzeugs kausal für die physische[34] Verletzung wurde. Exemplarisch: T fährt mit seinem Pkw auf O zu, der sich nur durch einen Sprung auf das Fahrzeug retten kann; beim Abbremsen fällt O vom Pkw und verletzt sich.[35]

IV. Hinterlistiger Überfall (Abs. 1 Nr. 3)

▶ **FALL 2:** E will F verprügeln. Er spannt einen Draht auf einem Waldweg und versteckt sich sodann hinter einem Baum. Als sich F im Halbdunkel nähert, zieht E den Draht an und stürzt sich sodann auf den stolpernden F. ◀

■ **Überfall** ist ein plötzlicher Angriff auf einen Ahnungslosen.[36]　　　15

■ Der Überfall ist **hinterlistig**, wenn der Täter in einer seine wahren Absichten planmäßig verdeckenden Weise vorgeht, um dem Angegriffenen die Abwehr zu erschweren.[37]　　　16

Ein Überfall kann auch hinterlistig sein, wenn der Täter dem Opfer mit vorgetäuschter　17
Friedfertigkeit gegenübertritt.[38] Der Täter muss jedoch **über das bloße Ausnutzen der Überraschung hinaus** Vorkehrungen getroffen haben, um den Angriff zu verschleiern.[39] Dies ist in **Fall 2** mit dem Spannen des Stolperdrahts und dem Verstecken hinter dem Baum gegeben. Einschlägig ist ferner das heimliche Beibringen eines Schlaf- oder Betäubungsmittels,[40] nicht aber ein bloßer Angriff von hinten.[41] Mit dem Überfall braucht keine konkrete Gefahr erheblicher Verletzungen verbunden zu sein.[42]

V. Gemeinschaftlich mit einem Beteiligten (Abs. 1 Nr. 4)

▶ **FALL 3:** H verprügelt den I, weil ihm G hierfür eine „angemessene Belohnung" versprochen hat. ◀

■ Eine Körperverletzung wird **gemeinschaftlich** begangen, wenn mindestens zwei Personen bei ihrer Ausführung zusammenwirken.　　　18

Die gemeinschaftliche Begehungsweise setzt die Anwesenheit und einverständliches　19
Zusammenwirken von **wenigstens zwei Personen am Tatort** voraus.[43] Die erhöhte Gefährlichkeit der Tatvariante liegt in dem Umstand, dass sich das Opfer mehr als einem Angreifer gegenübersieht und daher in seinen Verteidigungsmöglichkeiten eingeschränkt ist. Ausreichend ist hierfür, dass die Beteiligten einvernehmlich nacheinander tätlich werden oder nur einer von ihnen die Verletzungshandlung vornimmt.[44] Die

---

34　Eine psychische Beeinträchtigung genügt nicht: BGH NStZ-RR 2010, 205 (206) mwN.
35　KG VRS 109, 112 (113 f) m.Anm. *Krüger* NZV 2006, 112.
36　RGSt 65, 65 (66).
37　BGH StV 1989, 152; StraFo 2009, 80; NStZ-RR 2013, 173 (174); NStE Nr. 8 zu § 223a; MK-*Hardtung* § 224 Rn 29; *Küper/Zopfs* Rn 515, 516.
38　Vgl BGH bei *Dallinger* MDR 1956, 526 (offen-friedfertiges Entgegentreten mit freundlichem Gruß).
39　BGH GA 1961, 241; StraFo 2009, 80; NStZ 2012, 698; W/H/E-*Hettinger* Rn 304; S/S-*Sternberg-Lieben* § 224 Rn 10.
40　BGH NStZ 1992, 490; NStZ-RR 1996, 100; *Otto* § 16/9.
41　BGH NStZ-RR 2007, 330; OLG Zweibrücken JuS 2019, 591 m.Bespr. *Eisele*.
42　L-*Kühl* § 224 Rn 6; S/S-*Sternberg-Lieben* § 224 Rn 10; einschr. NK-*Paeffgen/Böse* § 224 Rn 22.
43　BGH StV 1994, 542 (543); *Hohmann/Sander* § 7/27; *Küper* GA 1997, 301 (303 ff, 320 ff, 330 ff).
44　BGH GA 1986, 229 (230); NStZ 2000, 194 (195); *Fischer* § 224 Rn 24; dagegen genügt es nicht, wenn zwei Angreifer gegenüber bloß zwei Opfern in Kenntnis der Anwesenheit des jeweils anderen tätig werden, ohne dass der eine Täter dem anderen zu Hilfe kommen kann, vgl *Gerhold* Jura 2010, 379 ff; vgl auch BGH StraFo 2012, 422; JA 2015, 793 f m. krit. Anm. *Jäger*.

Rechtsprechung verlangt nicht die eigenhändige Mitwirkung jedes Tatbeteiligten, sondern lässt darüber hinaus eine bloße psychische Unterstützung zur Verwirklichung des Tatbestands genügen.[45] Nach bisher weitgehend unbestrittener Sicht sollte dabei erforderlich sein, dass das Opfer um die Beteiligung einer zweiten Person wusste.[46] Unter Hinweis auf den Schutzzweck des § 224 Abs. 1 Nr. 4 verzichtet der BGH nunmehr auf die entsprechende Kenntnis des Opfers.[47] Für diese objektivierte, auch bei den anderen Begehungsformen des § 224 Abs. 1 ausschlaggebende Sicht spricht, dass die Gefährlichkeit einer Körperverletzungshandlung zB bei einem verdeckt geführten Angriff durch mehrere Personen aus einem Hinterhalt nicht selten höher anzusetzen sein wird als bei einer offen geführten Konfrontation. Nicht ausreichend ist es aufgrund des Schutzzweckes aber, wenn sich mehrere Opfer jeweils nur einem Angreifer ausgesetzt sehen, ohne dass die Positionen ausgetauscht werden.[48]

Weitere Personen können auch ohne Anwesenheit am Tatort beteiligt sein,[49] wenn die Einflussmöglichkeit des Betreffenden in den konkreten Handlungsvollzug hineinreicht.[50] Unterlässt ein Garant lediglich das Einschreiten gegen die Körperverletzung seines Schützlings durch einen Alleintäter, scheidet die Tatvariante mangels gemeinschaftlicher Begehung aus. Dagegen kann sich ein Garant durch (einverständliches) Unterlassen an der gemeinschaftlichen Tatbegehung durch wenigstens zwei Außenstehende beteiligen.[51]

20 Da der Begriff der Beteiligung Täterschaft und Teilnahme umfasst, kann **auch ein Teilnehmer Mitwirkender** im Sinne des Tatbestands sein.[52] In **Fall 3** führt H die Tat jedoch am Tatort allein aus, so dass der Tatbestand von Abs. 1 Nr. 4 nicht erfüllt ist.

VI. Lebensgefährdende Behandlung (Abs. 1 Nr. 5)

▶ **FALL 4:** J fährt mit seinem Pkw auf K zu, um diesen zu verletzen. Reaktionsschnell springt K zur Seite und erleidet nur eine Prellung am Knie. ◀

21 ■ Eine **Behandlung** ist **lebensgefährdend**, wenn sie unter Berücksichtigung der jeweiligen Tatumstände objektiv generell geeignet ist, das Opfer in Lebensgefahr zu bringen. Eine konkrete Lebensgefahr muss nach hM nicht eingetreten sein.[53]

22 Die Bewertung einer Behandlung als lebensgefährdend beruht auf dem Urteil, dass das betreffende Täterverhalten unter den gegebenen Umständen **im Allgemeinen** dazu **geeignet** erscheint, den **Tod eines Menschen herbeizuführen**. Erst nachträglich erkennbare oder bekannt gewordene Tatsachen sind bei der Prognose auszublenden. In **Fall 4** ist

---

45 BGH GA 1986, 230; NStZ 2006, 573; zur verbreiteten Gegenmeinung vgl nur S/S-*Sternberg-Lieben* § 224 Rn 11.
46 BGH StV 1994, 542 (543); LK-*Grünewald* § 224 Rn 30; diff. MK-*Hardtung* § 224 Rn 33; SK-*Wolters* § 224 Rn 31; aA *Fischer* § 224 Rn 25.
47 BGH NStZ 2006, 572 (573).
48 BGH NStZ 2015, 584.
49 BGHSt 40, 299 (301 f); BGH StV 1998, 127 (128); S/S-*Sternberg-Lieben* § 224 Rn 11a.
50 NK-*Paeffgen/Böse* § 224 Rn 25; vgl zu dieser Problematik: *Hardtung* JuS 2008, 960 (965) und *Kretschmer* Jura 2008, 916 (920).
51 *Küper* GA 1997, 301 (334 m. Fn. 143); NK-*Paeffgen/Böse* § 224 Rn 26.
52 BGHSt 47, 383 (386) m.Anm. *Schroth* JZ 2003, 215, *Stree* NStZ 2003, 203 f und Bespr. *Küper* GA 2003, 363; BGH NStZ 2006, 572 (573); HRRS 2012, Nr. 527; NStZ-RR 2016, 139; *Hörnle* Jura 1998, 169 (178); *Rengier* ZStW 111 (1999), 1 (9 f); abw. Krey/*Hellmann*/Heinrich I Rn 267 ff; NK-*Paeffgen/Böse* § 224 Rn 24: zwei Täter erforderlich.
53 BT-Drucks. 13/8587, 82 f; BGHSt 2, 160 (163); BGH NStZ 2005, 156 (157); JuS 2012, 367 (368); NStZ 2013, 345; OLG Hamm NStZ-RR 2009, 15; Küper/*Zopfs* 65 ff; LK-*Grünewald* § 224 Rn 3, 34; *Miebach* NStZ 2007, 65 (67); SK-*Wolters* § 224 Rn 3, 36.

eine lebensgefährdende Behandlung anzunehmen, da das Zufahren auf eine Person mit einem Pkw generell mit einer Todesgefahr verbunden ist.[54] Weitere Beispiele:[55] Abschütteln einer Person von einem fahrenden Pkw,[56] kräftiger Schlag oder Tritt auf oder an den Kopf,[57] Würgen,[58] Bedrohen eines Herzkranken mit einer Schusswaffe,[59] Stoß in tiefes oder eiskaltes Wasser,[60] häufiges Röntgen,[61] Infektion mit dem Aids-Erreger;[62] Ablegen eines spärlich bekleideten, schwerstalkoholisierten Menschen im Freien bei 0 Grad Außentemperatur.[63] Nicht ausreichend ist das alleinige Zustechen mit einem Messer, vielmehr muss ein Zustechen in Körperregionen vorliegen, die eine solche Gefahr in sich bergen.[64]

Demgegenüber verlangt eine in der Literatur verbreitete Ansicht, dass das Opfer durch die ihm widerfahrende Behandlung in eine **konkrete Lebensgefahr** kommen müsse. Erforderlich soll also der Eintritt eines Gefahrerfolgs sein. Dies ist der Fall, wenn es aus der Sicht eines Beobachters nur noch vom Zufall abhängt, ob das Opfer dem Tod entgeht.[65] Auch dies wäre in **Fall 4** zu bejahen, so dass die beiden Auffassungen zu keinen unterschiedlichen Ergebnissen kommen. 23

VII. Subjektiver Tatbestand

Der subjektive Tatbestand verlangt in allen Tatvarianten (zumindest bedingten) Vorsatz. Hinsichtlich der Tatvariante Nr. 5 genügt es für den Vorsatz, wenn dem Täter die Umstände bekannt sind, aus denen sich die Eignung zur Lebensgefährdung ergibt.[66] 24

VIII. Konkurrenzen

Mehrere Tatmodalitäten bilden nach hM eine Tat;[67] sachgerecht ist es jedoch, der Klarheit halber Tateinheit anzunehmen.[68] Gegenüber vollendeten Tötungsdelikten ist die gefährliche Körperverletzung subsidiär. Tateinheit ist dagegen bei versuchtem Tötungsdelikt und vollendetem § 224 anzunehmen. Zu § 223 ist § 224 lex specialis. Zwischen einer gefährlichen Körperverletzung in Form der lebensgefährdenden Behandlung und der durch die Tathandlung verursachten schweren Körperverletzung im Sinne von § 226 ist Tateinheit gegeben.[69] 25

---

54 Vgl nur BGH VRS 14, 286 (288); nicht ausreichen soll jedoch der Stoß einer Person auf eine Fahrbahn: BGH NStZ 2010, 276.
55 Umf. hierzu *Miebach* NStZ-RR 2007, 65 f; NK-*Paeffgen/Böse* § 224 Rn 29 ff.
56 BGH VRS 27, 31 (33); 56, 141 (144); 57, 277 (280).
57 BGH NStZ-RR 2013, 342; OLG Köln NJW 1983, 2274; vgl auch *Heinke* HRRS 2010, 428 ff.
58 Unter Berücksichtigung der konkreten Tatumstände (zB Dauer), vgl BGH StV 2002, 482; 2013, 691 f; NStZ-RR 2015, 111 f.
59 BGH bei *Holtz* MDR 1986, 272.
60 LG Saarbrücken NStZ 1983, 414.
61 BGHSt 43, 346 (356).
62 BGHSt 36, 1 (9); 36, 262 (265 f); BGH NJW 1992, 2644 (2645); NStZ 2009, 34 f; vgl ferner *Frisch* JuS 1990, 362; NK-*Paeffgen/Böse* § 224 Rn 30 ff; *Schlehofer* Jura 1989, 263.
63 BGH NStZ 2018, 209 m.Bespr. *Jäger* JA 2018, 230.
64 BGH NStZ-RR 2016, 81 f.
65 NK-*Paeffgen/Böse* § 224 Rn 28; *Schlehofer* Jura 1989, 263 (270 f); *Stree* Jura 1980, 281 (291 f); vgl auch *Küper* Hirsch-FS 595 ff: konkrete Gefahr einer lebensgefährlichen Verletzung; vgl auch *Beck* ZIS 2016, 692 ff.
66 BGHSt 19, 352; 36, 1 (15); BGH NJW 1990, 3156; *Fischer* § 224 Rn 32.
67 *Altenhain* ZStW 107 (1995), 382 (393 ff); *Fischer* § 224 Rn 35; LK-*Grünewald* § 224 Rn 42; S/S-*Sternberg-Lieben* § 224 Rn 16.
68 NK-*Paeffgen/Böse* § 224 Rn 42; vgl zu dieser Problematik auch NK-*Kindhäuser* § 250 Rn 27.
69 BGH NStZ 2009, 572.

B. Misshandlung von Schutzbefohlenen (§ 225)

▶ **FALL 5:** Studentin S beaufsichtigt als Babysitterin den fünfjährigen U. Sie macht sich einen Spaß daraus, den U durch Geschichten von Schlangen, Krokodilen und Ratten in Angstzustände zu versetzen. Hierzu wurde Sie von ihrem Freund T angestiftet. ◀

I. Allgemeines

26　Die Vorschrift normiert ein **Sonderdelikt**. Der Täter muss in einem der tatbestandlich genannten Pflichtenverhältnisse stehen. Diese Schutzpflicht ist ein besonderes persönliches Merkmal im Sinne von § 28. Der Tatbestand ist mit Ausnahme des Quälens eine Qualifikation zu § 223.[70] Hinsichtlich dieser Tatvariante umfasst der Zweck der Norm auch den Schutz vor seelischen Misshandlungen und ist insoweit im Verhältnis zu § 223 ein eigenständiges Delikt (*delictum sui generis*).[71]

27　Dies hat für die **Beteiligung** folgende Auswirkung: Für Teilnehmer, die – wie T in **Fall 5** – selbst nicht schutzpflichtig sind, gilt hinsichtlich des (rein seelischen) Quälens § 28 Abs. 1. Hier fehlt ein Grundtatbestand.

Die Teilnahme eines Außenstehenden an den anderen Begehungsweisen richtet sich nach § 28 Abs. 2. Grundtatbestand ist dann § 223 (ggf § 224).

II. Schutzverhältnisse

28　**1. Opferkreis.** § 225 bezieht sich auf **bestimmte Schutzverhältnisse**, bei denen der Täter jeweils eine Garantenstellung gegenüber dem Opfer innehat.

29　**Geschützt** sind **Personen unter 18 Jahren** (Kinder und Jugendliche) und wegen Gebrechlichkeit oder Krankheit Wehrlose:[72]

- **Gebrechlichkeit** ist eine Störung der körperlichen Gesundheit, die ihren Ausdruck in einer Behinderung der Bewegungsfreiheit findet;
- **Krankheit** ist ein pathologischer Zustand (einschließlich Trunkenheit);
- **wehrlos** ist, wer sich gegen eine Misshandlung allenfalls in eingeschränkter Weise wehren kann (völlige Wehrlosigkeit ist nicht notwendig); die Wehrlosigkeit muss auf der Gebrechlichkeit oder der Krankheit beruhen.[73]

30　Der Tatbestand nennt **vier unterschiedliche Schutzverhältnisse**, bei denen es jeweils auf die tatsächliche Übernahme der Schutzaufgabe durch den Täter und nicht auf die zivilrechtliche Wirksamkeit der Rechtsbeziehung ankommt.

31　**2. Schutzverhältnisse. a) Fürsorge und Obhut:** Eine Person untersteht

- der Fürsorge des Täters, wenn dieser rechtlich verpflichtet ist, für ihr geistiges oder leibliches Wohl zu sorgen. Garanten sind insoweit insbesondere Eltern, Pflegeeltern, Betreuer, Leiter und Angestellte von Erziehungsanstalten, Altersheimen und Krankenhäusern, Beamte des Straf- und Maßregelvollzugs.[74] Bloße Gefälligkeitsverhältnisse reichen nicht aus;[75]

70　Für Qualifikation insgesamt NK-*Paeffgen/Böse* § 225 Rn 2.

71　BayObLGSt 1960, 285 (286); *Rengier* II § 17/1, 5; S/S-*Sternberg-Lieben* § 225 Rn 1/2; SK-*Wolters* § 225 Rn 2, 11; iE auch BGHSt 41, 113; für eigenständiges Delikt insgesamt M-*Schroeder*/Maiwald I § 10/2 ff.

72　Zu den Definitionen vgl BGHSt 26, 35 (36); NK-*Paeffgen/Böse* § 225 Rn 10 f.

73　Vgl *Hardtung* JuS 2008, 1060 mwN.

74　NK-*Paeffgen/Böse* § 225 Rn 5 mwN.

75　BGH NJW 1982, 2390; MK-*Hardtung* § 225 Rn 6.

◼ der Obhut des Täters, wenn dieser zu ihrer unmittelbaren körperlichen Beaufsichtigung für eine kürzere Zeit verpflichtet ist.[76] In diesem Sinne steht zB ein Kind unter der Obhut des Kindermädchens beim Spazieren gehen. Ein Obhutsverhältnis kann auch durch Ingerenz begründet werden.

b) Hausstand: Zum Hausstand gehören Personen, die mit dem Täter in Hausgemein- 32
schaft leben,[77] zB Hauspersonal, Lehrling, zur Fürsorgeerziehung in eine Familie Überwiesener. Als Täter kommen die den Hausstand leitenden Personen in Betracht, insbesondere Ehegatten.

c) Der Gewalt überlassen: Eine Person ist der Gewalt des Täters überlassen worden, 33
wenn sie von diesem mit Willen des Fürsorgepflichtigen in einem bestimmten zeitlichen Umfang beaufsichtigt wird.[78] Dies trifft zB in **Fall 5** für S als Babysitterin zu.

d) Dienst- oder Arbeitsverhältnis: Kennzeichnend für ein Dienst- oder Arbeitsverhält- 34
nis ist die mangelnde Selbständigkeit (strikte Weisungsgebundenheit) der geschützten Person. Erfasst werden daher neben formalen Arbeitnehmern auch in Abhängigkeit arbeitende Scheinselbständige (sog. arbeitnehmerähnliche Verhältnisse) und Auszubildende.[79]

III. Tathandlungen

Tathandlungen sind Quälen, rohes Misshandeln und böswilliges Vernachlässigen der 35
Sorgepflicht. Alle Modalitäten können auch durch Unterlassen verwirklicht werden.[80]

◼ **Quälen** ist das Zufügen von Leid oder länger dauernden oder sich wiederholenden 36
Schmerzen körperlicher oder seelischer Art.[81]

Für das Quälen genügt eine **rein seelische Misshandlung**. Dieses Vorgehen verlangt, 37
wie sich *e contrario* aus den anderen Tatvarianten ergibt, weder einen körperlichen Eingriff noch eine gesundheitliche Beeinträchtigung.[82] Beispielhaft hierfür ist **Fall 5**, in dem U durch die Erzählungen der S in Angstzustände versetzt wird. Eine gefühllose Gesinnung ist für das Quälen nicht erforderlich.[83] Das Quälen kann auf eine gewisse Dauer angelegt sein und verbindet dann mehrere Teilakte zu einer Handlungseinheit.[84] Dabei sind räumliche und situative Zusammenhänge, zeitliche Dichte oder eine sämtliche Einzelakte prägende Gesinnung mögliche Indikatoren.[85]

76　S/S-*Sternberg-Lieben* § 225 Rn 7 mwN.
77　NK-*Paeffgen/Böse* § 225 Rn 6.
78　*Fischer* § 225 Rn 6; S/S-*Sternberg-Lieben* § 225 Rn 9.
79　NK-*Paeffgen/Böse* § 225 Rn 8 mwN.
80　BGHSt 41, 113 (117); BGH NStZ 1991, 234; BGH NStZ-RR 1996, 197; OLG Düsseldorf NStZ 1989, 269 (270); *Otto* § 20/6; SK-*Wolters* § 225 Rn 15.
81　BGHSt 41, 113 (115); BGH NJW 1995, 2045; NStZ-RR 2007, 304 (306); StV 2016, 434 f; BGH NStZ 2019, 341 m.Bespr. *Hecker* JuS 2019, 400; *Küper/Zopfs* Rn 422, 423.
82　HM, vgl nur BayObLGSt 1960, 285 (286); BGH NJW 2015, 3047 (3048 f) m. zust. Anm. *Engländer*; m. Anm. *Momsen-Pflanz* StV 2016, 440 ff; BGH NStZ-RR 2019, 144; LK-*Grünewald* § 225 Rn 12; S/S-*Sternberg-Lieben* § 225 Rn 12; einschr. NK-*Paeffgen/Böse* § 225 Rn 13 f.
83　HM, vgl nur S/S-*Sternberg-Lieben* § 225 Rn 12; aA NK-*Paeffgen/Böse* § 225 Rn 13; SK-*Wolters* § 225 Rn 10.
84　BGHSt 41, 113 (115) m. insoweit abl. Anm. *Wolfslast/Schmeissner* JR 1996, 338; *Geppert* NStZ 1996, 57 (59); *Warda* Hirsch-FS 391 ff; für Tatmehrheit bei Wiederholungen in längeren Zeiträumen NK-*Paeffgen/Böse* § 225 Rn 15.
85　BGH StV 2012, 534 (536 ff).

38   ■ Eine **Misshandlung** ist **roh**, wenn sie aus einer gefühllosen, gegen die Leiden des Opfers gleichgültigen Gesinnung heraus erfolgt.[86] Der Begriff der Misshandlung entspricht demjenigen in § 223 Abs. 1.[87]

39   Die Gesinnung muss ihren Ausdruck in der Tat finden, so dass die Zufügung erheblicher Schmerzen oder Leiden als Handlungsfolgen erforderlich ist.[88]

40   ■ Eine der tatbestandlich genannten **Sorgepflichten** ist **böswillig vernachlässigt**, wenn sie der Täter aus einem verwerflichen Beweggrund nicht erfüllt.[89]

41   Verwerfliche Motive sind etwa Hass, Geiz, Eigennutz oder sadistische Neigungen. Solche Motive müssen sich nicht direkt gegen den Schutzbefohlenen richten; es genügt, wenn der Täter sein „Ich" in den Vordergrund stellt.[90] Exemplarisch: Eltern vernachlässigen ihre Kinder, um ihrem Vergnügen nachzugehen;[91] das Schütteln eines Kleinkindes mit massivster Gewalt in Rage aus relativ nichtigem Anlass.[92]Tatbestandsmäßig ist auch das zu Gesundheitsbeeinträchtigungen führende Verwahrlosenlassen von Kindern. Fraglich ist jedoch, ob das durch eine Vernachlässigung hervorgerufene bloße Verwahrlosen schon eine Gesundheitsschädigung iSd Tatbestands darstellt oder in solchen Fällen vielmehr der § 171 greift.[93] Kann nicht festgestellt werden, welcher Elternteil eine Misshandlung zum Nachteil des gemeinsamen Kindes vornahm, kommt in Anwendung des Zweifelssatzes eine Strafbarkeit wegen Unterlassens in Betracht.[94] Kein böswilliges Vernachlässigen ist es dagegen, wenn das Handeln oder Unterlassen des Täters nur auf Gleichgültigkeit oder Schwäche beruht; anders ist es jedoch, wenn die Gleichgültigkeit Ausdruck böswilliger Motive ist.[95]

IV. Subjektiver Tatbestand

42   Neben den einzelnen Gesinnungsmomenten verlangt die subjektive Tatseite (zumindest bedingten) **Vorsatz**. Hinsichtlich des Schutzverhältnisses muss der Täter, wie auch sonst bei Garantenstellungen, um die Umstände wissen, die seine Verpflichtung begründen.[96]

---

86   BGHSt 25, 277 m.Anm. *Jakobs* NJW 1974, 1829; *Fischer* § 225 Rn 9; NK-*Paeffgen/Böse* § 225 Rn 16; zum Schütteln eines Kleinkindes: BGH NStZ 2007, 405.

87   HL, vgl nur NK-*Paeffgen/Böse* § 225 Rn 16 mwN; *Hardtung* JuS 2008, 1060 (1061) will mangels einer Verengung auf körperliche Misshandlungen auch rein seelische Misshandlungen genügen lassen.

88   BGH NStZ 2016, 472; LK-*Grünewald* § 225 Rn 14; *Otto* § 20/5.

89   RGSt 72, 118 (119); BGHSt 3, 20; BGH NStZ 1991, 234; NK-*Paeffgen/Böse* § 225 Rn 17; S/S-*Sternberg-Lieben* § 225 Rn 14.

90   Vgl LK-*Grünewald* § 225 Rn 20.

91   LK-*Grünewald* § 225 Rn 21; aA NK-*Paeffgen/Böse* § 225 Rn 17; S/S-*Sternberg-Lieben* § 225 Rn 14: reine Vergnügungssucht bzw Desinteresse seien nicht böswillig, da sie sich nicht unmittelbar gegen das Kind richteten, es kommt aber ein Quälen durch Unterlassen in Betracht, vgl *Fischer* § 225 Rn 11.

92   BGH NStZ-RR 2018, 209.

93   Ersteres RGSt 76, 371 (373); *Fischer* § 225 Rn 10; vgl L-*Kühl* § 225 Rn 6; letzteres M-*Schroeder*/Maiwald I § 10/8; S/S-*Sternberg-Lieben* § 225 Rn 14.

94   BGH StV 2016, 431.

95   BGH NStZ 1991, 234; *Fischer* § 225 Rn 11; W/H/E-*Hettinger* Rn 348; Küper/*Zopfs* Rn 163, 164; *Niedermair* ZStW 106 (1994), 388 (391).

96   Vgl SK-*Wolters* § 225 Rn 12 f; enger NK-*Paeffgen/Böse* § 225 Rn 19.

V. Qualifikationen

Abs. 3 formuliert zwei (konkrete) Gefährdungsqualifikationen.   43

- Nr. 1 greift ein, wenn das Opfer durch die Tat in die Gefahr des Todes oder einer schweren Gesundheitsschädigung gebracht wird.[97]
- Von der Gefahr einer erheblichen Schädigung im Sinne von Nr. 2 kann erst gesprochen werden, wenn zu befürchten ist, dass der normale körperliche oder seelische Reifeprozess dauernd und nachhaltig beeinträchtigt wird.[98] Dies ist etwa anzunehmen, wenn der Schützling drogensüchtig wird.

Der Gefahrerfolg muss in beiden Varianten vom Vorsatz umfasst sein. Fahrlässigkeit   44
im Sinne von § 18 reicht nicht aus.[99]

VI. Konkurrenzen

Soweit § 225 hinsichtlich des Quälens als eigenständiges Delikt anzusehen ist,[100] be-   45
steht zwischen diesem Delikt und §§ 223 f, 226, 227 Tateinheit.[101] Ansonsten ist § 225
lex specialis zu § 223, während mit §§ 224, 226, 227 zur Klarstellung des Unrechts
Tateinheit anzunehmen ist.[102]

C. Verstümmelung weiblicher Genitalien (§ 226a)

I. Allgemeines

Die Vorschrift trat mit dem 47. Gesetz zur Änderung des Strafgesetzbuches am   46
28.09.2013 in Kraft.[103] Vor Inkrafttreten konnte die Verstümmelung weiblicher Genitalien (FGM, Female Genital Mutilation) vielfach als gefährliche Körperverletzung von
§ 224 StGB erfasst sein.

Geschützt sind Mädchen und Frauen jeden Alters, weshalb der neutrale Begriff der
„weiblichen Person" gewählt wurde.

Zuweilen wird die Verfassungsmäßigkeit der Norm diskutiert. Die Entscheidung des
LG Köln vom 7.5.2012[104] löste eine intensive Diskussion über die Strafwürdigkeit der
Beschneidung von Jungen aus, als deren Ergebnis § 1631d BGB erlassen wurde. Nach
dieser Vorschrift kann nunmehr in eine medizinisch nicht notwendige Beschneidung eines männlichen Kindes eingewilligt werden, sofern diese nach den Regeln der ärztlichen Kunst durchgeführt wird und das Kindeswohl nicht gefährdet. Während bei
Mädchen von einer „Verstümmelung" die Rede ist, die zu einem Verbrechen hochgestuft ist, bleibt es für Jungen bei der Bezeichnung „Beschneidung", die unter bestimmten Voraussetzungen straflos ist. Fraglich ist, ob insoweit Art. 3 Abs. 3 S. 1 GG, der jede Benachteiligung bzw Bevorzugung aufgrund des Geschlechts verbietet, bei der Fas-

---

97   Vgl hierzu § 5 Rn 3 ff.
98   BGH NStZ 1995, 178; NK-*Paeffgen/Böse* § 225 Rn 27 mwN.
99   Ganz hM, vgl nur BGHSt 26, 176 (180 ff); *Küper* NJW 1976, 543 (546); zur Begründung vgl *Kindhäuser* LPK § 18 Rn 8 ff; NK-*Paeffgen/Böse* § 225 Rn 28.
100 Näher dazu oben Rn 26.
101 *Hirsch* NStZ 1996, 37; M-*Schroeder*/Maiwald I § 10/10; S/S-*Sternberg-Lieben* § 225 Rn 17.
102 BGHSt 41, 113 (115 f); 44, 196 (198 ff); BGH NJW 1999, 72; NK-*Paeffgen/Böse* § 225 Rn 23.
103 BGBl. 2013 I, 3671; bereits befürwortend *Hagemeier/Bülte* JZ 2010, 406 ff; *Hahn* ZRP 2010, 37 ff; zur Gesetz-gebungsgeschichte *Schramm*, Kühl-FS 602 (615 ff); *Zöller/Thörnich* JA 2014, 167 (168); umf. *Sotiriadis* ZIS 2014, 320 ff.; zur Frage der Anwendbarkeit deutschen Strafrechts vgl *Zöller* Schünemann-FS 729 (735 ff).
104 LG Köln NJW 2012, 2128 f.

sung des neuen § 226a hinreichend berücksichtigt wurde.[105] Bei der Beschneidung eines Knaben wird aber nur dessen Vorhaut entfernt; bei der weiblichen Genitalverstümmelung werden hingegen die Genitalien abgeschnitten oder massiv verstümmelt.[106] Zwischen der Beschneidung der männlichen Vorhaut und der FGM bestehen deshalb grundlegende, gravierende Unterschiede,[107] die eine differenzierte strafrechtliche Bewertung rechtfertigen.

II. Definitionen und Erläuterungen

47   Tathandlung ist die Verstümmelung der äußeren Genitalien einer weiblichen Person. Die **äußeren Genitalien** schließen die äußeren Schamlippen, die kleinen Schamlippen, den Scheidenvorhof und die Klitoris samt Klitorisvorhaut ein.

Als **Verstümmeln** sind alle Handlungen anzusehen, die mit mechanischen Mitteln zu Einbußen an Körpersubstanz im Bereich der äußeren weiblichen Genitalien führen.[108] Damit sollen neben den von der Weltgesundheitsorganisation (WHO) als Klitoridektomie, Exzision und Infibulation typisiert umschriebenen Erscheinungsformen der Beschneidung von Frauen und Mädchen auch sonstige Veränderungen an den weiblichen Genitalien – wie etwa Einschnitte, Ätzungen oder Ausbrennen – erfasst werden.[109] Danach reichen die Tathandlungen vom Entfernen von Gewebe aus dem Körper, Entfernung der Klitoris bis zur vollständigen Verschließung der weiblichen Genitalöffnung.

Es muss sich dabei um negative Veränderungen an den äußeren Genitalien von einigem Gewicht handeln. Der Begriff des „Verstümmelns" indiziert ein gewaltsames Vorgehen; es fällt aber auch unter den Tatbestand, wenn wohlhabende Eltern die Genitalverstümmelung mit Zustimmung des Mädchens oder der Frau operativ und ohne Nötigungsmittel in einer Klinik vornehmen lassen.[110] Rein kosmetische Eingriffe, wie Intimpiercings und Schönheitsoperationen, sollen vom Anwendungsbereich der Strafnorm ausgenommen werden.[111]

Durch die Beschränkung auf die äußeren Genitalien sind medizinische Eingriffe an den inneren Genitalien, insbesondere an den Eierstöcken, Eileitern und der Gebärmutter von dem Anwendungsbereich ausgenommen.[112]

Der **subjektive Tatbestand** erfordert Vorsatz, wobei dolus eventualis ausreichend ist.

Eine **Strafmilderung nach Abs. 2** kommt nur in Fällen in Betracht, in denen das Ausmaß der Verstümmelung nicht wesentlich über das Ergebnis der oben genannten kosmetischen Eingriffe hinausgeht und die körperlichen und psychischen Beschwerden des Opfers wesentlich geringer sind.

III. Konkurrenzen

48   Der Grundtatbestand des § 223 wird durch die Qualifikation verdrängt. Wegen Verlustes der Fortpflanzungsfähigkeit kann in Einzelfällen tateinheitlich auch eine schwere Körperverletzung gem. § 226 Abs. 1 Nr. 1 verwirklicht sein. Idealkonkurrenz kommt

---

105   Vgl *Fischer* § 226a Rn 4; *Herzberg* ZIS 2014, 56 (59); *Kraatz* NStZ 2014, 65 (70); *Ritting* JuS 2014, 499; *Walter* JZ 2012, 1110 ff; *Zöller/Thörnich* JA 2014, 167 (173).
106   Zu den massiven körperlichen und psychischen Folgen der FGM vgl etwa *Schramm*, Kühl FS 603 (607 f.).
107   BT-Drs. 17/11295 S. 16; *Schramm*, Kühl-FS 603 (624).
108   *Fischer* § 226a Rn 11.
109   BT-Drucks. 17/13707, 9.
110   Zur sog. Medikalisierung der Genitalverstümmelung vgl *Schramm*, Kühl-FS 603 (609).
111   BT-Drucks. 17/13707, 9.
112   BT-Drucks. 17/13707, 9; *Singelnstein* HdS IV § 4 Rn 61.

ferner mit versuchten Tötungsdelikten sowie der Klarstellung halber mit Tatvarianten von § 224 in Betracht. Bei einem Handeln der Eltern gegenüber ihrem Kind kann zudem § 225 eingreifen.

D. Körperverletzung im Amt (§ 340)

I. Allgemeines

Die Vorschrift normiert – als unechtes Amtsdelikt – eine Qualifikation zu § 223 Abs. 1.[113] Für außenstehende Beteiligte gilt § 28 Abs. 2.   49

II. Tatbestand

1. Objektiver Tatbestand. Die Körperverletzung muss in einem **inneren Zusammenhang mit der Dienstausübung** des Amtsträgers (§ 11 Abs. 1 Nr. 2) stehen. Dies wird durch die Merkmale während der Ausübung seines Dienstes oder in Beziehung auf seinen Dienst ausgedrückt: 50

- **Während der Ausübung** betrifft die Zeit, in welcher der Täter befugt als Amtsträger tätig ist.
- **In Beziehung auf seinen Dienst** begeht er die Tat, wenn er sie außerhalb einer solchen Zeit, aber in sachlichem Zusammenhang mit dem Dienst ausführt.

Eine bloße Zeitgleichheit von Körperverletzung und Dienstzeit reicht nicht aus.[114] Daher unterfällt es nicht dem Tatbestand, wenn ein Amtsträger einen Kollegen aus persönlichen Gründen während der Dienstzeit schlägt.   51

Das Merkmal „**begehen lässt**" umfasst neben den Fällen mittelbarer Täterschaft auch Anstiftung, Beihilfe und alle Beteiligungsformen durch Unterlassen.[115]   52

2. Subjektiver Tatbestand. Der subjektive Tatbestand verlangt (zumindest bedingten) Vorsatz, der sich auch auf den inneren Zusammenhang von Körperverletzung und Dienstausübung beziehen muss.   53

III. Rechtfertigung

Die Rechtswidrigkeit kann aufgrund öffentlich-rechtlicher Eingriffsnormen (zB bei der erzwungenen Blutprobe nach § 81a StPO oder der Festnahme nach § 127 Abs. 2 StPO) entfallen. Die zwangsweise Verabreichung von Brechmitteln ist im Regelfall ein Verstoß gegen Art. 3 EMRK und höchstens im Ausnahmefall unter strengen Voraussetzungen zulässig.[116] Es können aber auch die Rechtfertigungsgründe der Einwilligung, Notwehr, Nothilfe oder des Notstands vorliegen.[117]   54

IV. Abs. 3

Abs. 3 erklärt die §§ 224–229 für entsprechend anwendbar. Demnach sind die §§ 224–227 und 229 auch im Amt begehbar, was bedeutet, dass der Täter zB bei Verwirklichung von § 229 wegen fahrlässiger Körperverletzung im Amt (mit dem von § 229   55

---

113 NK-*Kuhlen* § 340 Rn 4; *Otto* § 19/1; *Rengier* II § 62/1.
114 S/S-*Hecker* § 340 Rn 4; L-Kühl-*Heger* § 340 Rn 2.
115 LK-*Lilie* § 340 Rn 8 f; *Otto* § 19/5, 6; MK-*Voßen* § 340 Rn 12, 14; aA SK-*Wolters* § 340 Rn 6 f.
116 EGMR, Jalloh v. Deutschland, NJW 2006, 3117; MK-*Voßen* § 340 Rn 23.
117 MK-*Voßen* § 340 Rn 33; SK-*Wolters* § 340 Rn 16.

vorgegebenen Strafrahmen) zu bestrafen ist.[118] Auch § 228 ist anwendbar, so dass eine Einwilligung grds. zum Unrechtsausschluss führt.[119] Dagegen ist ein Strafantrag nach § 230 nicht erforderlich.

Wiederholungs- und Vertiefungsfragen

> Was ist unter „Gift" im Sinne von § 224 Abs. 1 Nr. 1 zu verstehen? (Rn 3)

> Wann ist ein Werkzeug als „gefährlich" im Sinne von § 224 Abs. 1 Nr. 2 anzusehen? Kommen auch Körperteile und Gegenstände, die sich nicht bewegen lassen, als Tatmittel in Betracht? (Rn 10 ff)

> Was ist ein „hinterlistiger Überfall" im Sinne von § 224 Abs. 1 Nr. 3? (Rn 15 ff)

> Können Gehilfen „Beteiligte" im Sinne von § 224 Abs. 1 Nr. 4 sein? (Rn 20)

> Erfordert die „lebensgefährdende Behandlung" die Schaffung einer konkreten Lebensgefahr? (Rn 21 ff)

> Was ist als „quälen", was als „rohes misshandeln" im Sinne von § 225 Abs. 1 anzusehen? (Rn 36 f, 38 f)

> Wann liegt ein Verstümmeln der äußeren Genitalien vor? (Rn 47)

> Wann ist eine Körperverletzung nach § 340 während der Ausübung, wann in Beziehung auf den Dienst begangen? (Rn 50)

---

118   Vgl NK-*Kuhlen* § 340 Rn 15 mwN.

119   *Fischer* § 340 Rn 7; L-Kühl-*Heger* § 340 Rn 4; NK-*Kuhlen* § 340 Rn 5; *Rengier* II § 62/5; aA *Jäger* JuS 2000, 31 (38); *Küpper/Börner* I § 2/42; LK-*Lilie* § 340 Rn 15.

§ 10 Erfolgsqualifizierte Körperverletzungen (§§ 227, 226)

A. Körperverletzung mit Todesfolge (§ 227)

I. Allgemeines

§ 227 normiert ein **erfolgsqualifiziertes Delikt**, für das § 18 gilt. Als Grunddelikt kommt eine Körperverletzung nach §§ 223–226a in Betracht, die vorsätzlich begangen sein muss. Hinsichtlich des Todeserfolgs muss zumindest Fahrlässigkeit gegeben sein. Eine Körperverletzung durch Unterlassen reicht als Grunddelikt aus, wenn hierdurch bereits eine Lebensgefahr für das Opfer geschaffen wurde.[1]   **1**

Für das Verständnis der mit der Auslegung von § 227 verbundenen Probleme ist zu sehen, dass das Unrecht der Tat wegen der angedrohten Mindestfreiheitsstrafe von drei Jahren erheblich über demjenigen aus der tateinheitlichen Verwirklichung einer einfachen Körperverletzung (§ 223) und einer fahrlässigen Tötung (§ 222) liegen muss, da diese Delikte jeweils nur eine Freiheitsstrafe bis zu fünf Jahren vorsehen.[2] Um das gesteigerte Unrecht von § 227 zu erfassen, muss daher schon die grunddeliktische Körperverletzung einen lebensbedrohlichen Charakter haben, also mit einer spezifischen Lebensgefahr verbunden sein, die sich im Todeserfolg realisiert.[3] Lebhaft umstritten ist jedoch, welche Anforderungen im Einzelnen an diesen Risikozusammenhang zu stellen sind.   **2**

II. Tatbestand

Die (vollendete) Tatbestandsverwirklichung von § 227 Abs. 1[4] hat folgende Voraussetzungen: **3**

- Der Täter muss als **Grundtatbestand** eine vollendete vorsätzliche, rechtswidrige und schuldhafte Körperverletzung im Sinne von § 223 (ggf unter den Voraussetzungen von §§ 224–226) begangen haben,[5]
- durch die der Tod der verletzten Person verursacht wird,
- wobei sich im Todeseintritt die bereits mit der Verwirklichung der Körperverletzung geschaffene **konkrete Lebensgefahr** für das Opfer objektiv zurechenbar realisiert (Rn 4 ff);
- hinsichtlich des Todeseintritts muss der Täter **zumindest fahrlässig** gehandelt haben (Rn 13).

1. Zusammenhang von Körperverletzung und Todeseintritt

▶ **FALL 1:** A schlägt dem auf dem Boden liegenden B mit einer Pistole leicht an den Kopf. Hierbei löst sich, für A unvorhergesehen, ein Schuss, der B tödlich trifft. ◀

---

1 BGH NJW 1995, 3194 m. krit. Anm. *Wolters* JR 1996, 471 ff; BGH StraFo 2006, 466 f; *Ingelfinger* GA 1997, 573 ff; NK-*Paeffgen/Böse* § 227 Rn 33.
2 Vgl umf. hierzu NK-*Paeffgen/Böse* § 227 Rn 2, 7, § 18 Rn 22 ff mwN; ferner *Geilen* Welzel-FS 655 ff; *Küpper* Hirsch-FS 615 ff; *Lorenzen*, Zur Rechtsnatur der erfolgsqualifizierten Delikte, 1981, 107 ff, 143 ff; *Rengier*, Erfolgsqualifizierte Delikte, 1986, 130 ff; *Sowada* Jura 1994, 643 ff.
3 Vgl BGHSt 31, 96.
4 Die in Abs. 2 der Vorschrift vorgesehene Milderungsmöglichkeit ist im Gutachten mangels Kenntnis der insbesondere täterbezogenen Voraussetzungen nicht zu erörtern.
5 Vgl § 7 Rn 4 ff; s. auch BGH NStZ 2011, 341 (342).

▶ **Fall 2:**   T griff im Obergeschoss des mütterlichen Hauses die Hausgehilfin R tätlich an und brachte ihr eine tiefe Oberarmwunde und einen Nasenbeinbruch bei. Vor den fortdauernden Angriffen des T versuchte die verängstigte R durch das Fenster ihres Zimmers auf einen Balkon zu flüchten. Dabei stürzte sie ab und verletzte sich tödlich.[6] ◀

▶ **Fall 3:**   N warf mit Verletzungsvorsatz den Hochsitz um, auf dem sein Onkel O ansaß, um die Jagd auszuüben. O fiel herunter (etwa 3,5 m tief) und brach sich dabei den rechten Knöchel. Der Bruch wurde operativ behandelt; auch wurden dem O blutverdünnende Mittel gegeben. Nach seiner Entlassung war O ausschließlich bettlägerig. Er starb einen Monat später an einem Herz-Kreislauf-Versagen, das (neben altersbedingten Verschleißerscheinungen) auf das verletzungsbedingte längere Krankenlager zurückzuführen war.[7] ◀

▶ **Fall 4:**   Der dunkelhäutige S floh in Todesangst vor den Skinheads D, E und G, die ihn zuvor beleidigt und bedroht hatten. Obgleich D, E und G die Verfolgung nach einiger Zeit schon aufgegeben hatten, sprang S in panischer Angst durch die Glastür eines Wohnhauses, um sich zu retten. Hierbei zog er sich tödliche Schnittverletzungen zu.[8] ◀

4   Die vollendete Tatbestandsverwirklichung der Erfolgsqualifikation nach § 227 verlangt zunächst eine vollendete vorsätzliche Körperverletzung[9] nach § 223, durch die der Tod des Opfers in zurechenbarer Weise[10] zumindest fahrlässig verursacht wird. Da sich diese objektiven Unrechtsvoraussetzungen noch mit der Begehung einer vorsätzlichen Körperverletzung in Tateinheit mit fahrlässiger Tötung decken, ist zur Begründung des – den erhöhten Strafrahmen rechtfertigenden – gesteigerten Unrechts der Tat nach § 227 zu fordern, dass bereits der Vollzug der Körperverletzung mit einer Lebensgefahr für den Verletzten verbunden ist, die sich in dessen Tod realisiert. Umstritten ist allerdings, hinsichtlich welcher Elemente die grunddeliktische Körperverletzung lebensbedrohlich sein muss:[11]

5   **a) Lebensgefährliche Körperverletzungshandlung:** Nach der Rechtsprechung und einem Teil der Literatur muss sich im Todeserfolg die spezifische Lebensgefahr der grunddeliktischen Körperverletzungshandlung verwirklichen.[12] Dieser Zusammenhang wird auch dahingehend formuliert, dass die Körperverletzung **unmittelbar** zum Tode führen müsse.[13]

6   ■ **Körperverletzungshandlung:** Die Rechtsprechung verlangt zwar, dass die vorsätzliche Körperverletzung (§ 223) als Grunddelikt vollendet sein muss. Sie fordert aber nicht, dass der Tod gerade eine Folge des vorsätzlich herbeigeführten Körperverletzungserfolgs sein muss. Es soll vielmehr ausreichen, dass der Tod aus der spezifischen Gefahr der Körperverletzungs*handlung*, die **vom Versuch bis zur Vollendung** reicht, resultiert.[14]

---

6   Nach BGH NJW 1971, 152 (sog. „Rötzel-Fall").
7   Nach BGHSt 31, 96 ff.
8   Nach BGHSt 48, 34.
9   Die ggf qualifiziert sein kann, §§ 224–226.
10 Zu den allgemeinen Voraussetzungen der Zurechnung bei der Fahrlässigkeit vgl *Kindhäuser* AT § 33/10 ff mwN.
11 Näher hierzu *Engländer* GA 2008, 669 ff.
12 Vgl nur BGHSt 31, 96 (98); BGH NStZ 1986, 116; 1992, 333; 1994, 394; 1995, 287; BGHR § 226 Todesfolge 9; *Kostuch*, Versuch und Rücktritt beim erfolgsqualifizierten Delikt, 2004, 120 ff; *Laubenthal* JZ 1987, 1065 (1068); *Otto* § 18/1; *Rengier* II § 16/11; modifizierend SK- *Wolters* § 227 Rn 7, 10; *Sowada* Jura 1994, 643 (647 f).
13 BGHSt 32, 25; BGH NJW 1971, 152; *Hohmann/Sander* § 8/30; *Maiwald* JuS 1984, 439.
14 BGHSt 14, 110 (111 ff); 31, 96 (99 ff); *Otto* § 18/2; Überblick bei NK-*Paeffgen/Böse* § 227 Rn 9 f.

Das erfolgsqualifizierte Delikt des § 227 StGB kann auch in Fällen verwirklicht wer- 7
den, in denen der Grundtatbestand des § 223 StGB durch ein **Unterlassen** iSd § 13
Abs. 1 StGB verwirklicht ist. Dies gilt zumindest dann, wenn der Garant in einer ihm
vorwerfbaren Weise (zB durch unterlassenes Rufen eines Arztes nach dem Zurverfü-
gungstellen einer giftig-berauschenden Substanz) den lebensgefährlichen Zustand herbeigeführt hat, aufgrund dessen der Tod der zu schützenden Person eintritt.[15] Es
kommt auch in Betracht, wenn der Garant (zB eine Mutter) zum Tode des Schützlings
führende Gewalthandlungen Dritter (zB das brutale Vorgehen des Vaters gegen das gemeinsame Kind) nicht verhindert.[16]

In **Fall 1** verletzt A zwar den O durch den Schlag mit der Pistole leicht am Kopf, doch
führt nicht dieser vorsätzliche Körperverletzungserfolg, sondern der mit dem Schlag
verbundene weitere Erfolg der Schussverletzung zum Tod. Eine solche mit der Ausführung der vorsätzlichen Handlung verbundene Lebensgefahr soll nach der Rechtsprechung für die Zurechnung des Todes im Rahmen von § 227 ausreichen.[17]

▪ **Unmittelbarkeit:** Mit dem Kriterium des unmittelbaren Zusammenhangs zwischen 8
   Körperverletzungshandlung und Todeseintritt sollen insbesondere solche Fälle ausgeschieden werden, bei denen der Tod des Opfers auch auf eigenes Verhalten,[18] zB
   eine riskante Flucht, oder die Intervention Dritter[19] zurückzuführen ist.

In **Fall 2** verneinte der BGH zutreffend einen Unmittelbarkeitszusammenhang.[20] Denn
die Schläge des T waren mit keinem tödlichen Risiko verbunden. Erst durch die auf
eigenem Entschluss beruhende (unvernünftige) Flucht brachte sich R selbst in Lebensgefahr. Diese durchaus sachgerechte „Verdichtung" des Risikozusammenhangs durch
das Unmittelbarkeitskriterium wird von der Rechtsprechung jedoch in einigen späteren
Entscheidungen nur noch als Lippenbekenntnis angeführt.

So bejahte der BGH auch in **Fall 3** einen Unmittelbarkeitszusammenhang.[21] Hier war
zwar der Sturz lebensgefährlich, jedoch realisierte sich diese Gefahr nicht im Todeseintritt. Die Heranziehung des Unmittelbarkeitskriteriums durch den BGH erschöpft sich
daher in der Feststellung, dass der Kausalverlauf nicht außerhalb aller Lebenserfah-
rung lag. Ein über das übliche Fahrlässigkeitsrisiko hinausgehendes Unrecht ist jedoch
nicht mehr zu erkennen.

In der Sache aufgegeben ist das Unmittelbarkeitserfordernis in **Fall 4**: Obgleich hier
schon ein unmittelbares Ansetzen zur Körperverletzung durch die Skinheads nicht ersichtlich ist,[22] es jedenfalls an einer lebensgefährlichen Körperverletzungshandlung
fehlt, bejaht der BGH den Zusammenhang zwischen Täterverhalten und Erfolg mit
dem Argument, die (höchst unvernünftige) Reaktion des Opfers sei nahe liegend und
nachvollziehbar, da sie dem elementaren Selbsterhaltungstrieb des Menschen entsprin-
ge.[23]

---

15 BGHSt 61, 318 m.Bespr. *Eisele* JuS 2017, 561; *Kudlich* JA 2017, 229.
16 BGH NStZ 2017, 410 m.Bespr. *Engländer* NStZ 2018, 135.
17 Vgl BGHSt 14, 110 ff.
18 Fragwürdig BGH NStZ 1994, 394: Unmittelbarkeit, obgleich Opfer eine lebensrettende ärztliche Heilbe-
    handlung verweigert; hierzu *Puppe* AT, 1. Aufl., § 10/14 f.
19 Näher BGH StV 1998, 293.
20 BGH NJW 1971, 152; vgl aber auch BGH NStZ 1992, 335 m.Anm. *Graul* JR 1992, 344; *Mitsch* Jura 1993, 18.
21 BGHSt 31, 96 ff m.Bespr. *Hirsch* JR 1983, 78; *Küpper* JA 1983, 229; *Maiwald* JuS 1984, 439; *Puppe* NStZ 1983, 22;
    Schlapp StV 1983, 62; *Stree* JZ 1983, 75; vgl auch BGH JA 2013, 312 m.Anm. *Jäger*.
22 *Puppe* AT § 20/25 ff.
23 BGHSt 48, 34 (38) m. abl. Anm. *Puppe* JR 2003, 123 und krit. Anm. *Hardtung* NStZ 2003, 261; JA 2013, 312 ff
    m.Anm. *Jäger*.

9   **b) Lebensgefährlicher Körperverletzungserfolg:** Nach einer verbreiteten Literaturansicht ist es zur angemessenen Erfassung des gesteigerten Unrechts des § 227 erforderlich, dass der Tod aus der spezifischen Gefährlichkeit des **vorsätzlich herbeigeführten** Körperverletzungs*erfolgs* resultiert.[24] Nach dieser sog. **Letalitätstheorie** reicht es nicht aus, wenn der Tod, wie in **Fall 1**, nur aufgrund des vom Täter fahrlässig gesetzten „Schussrisikos" eintritt. Zusätzlich wird auch von den Vertretern dieser Lehre ein Unmittelbarkeitszusammenhang verlangt, um die Todeszurechnung bei der mitursächlichen Intervention des Opfers oder Dritter auszuschließen.[25] Daher ist nach der Letalitätstheorie auch in den **Fällen 2, 3 und 4** jeweils eine Strafbarkeit nach § 227 zu verneinen.

10   **c) Kritik:** Die praktische Bedeutung des Meinungsstreits wäre gering, wenn die Rechtsprechung ihre eigene Formel ernst nähme. Verlangt man für den Risikozusammenhang, dass sich im Todeserfolg gerade die mit der Körperverletzung geschaffene konkrete Lebensgefahr verwirklicht, so ist in **Fall 3** die Anwendbarkeit von § 227 offensichtlich zu verneinen. Denn es hat sich im Tod des Opfers nicht die lebensbedrohliche Sturzgefahr (Genickbruch o.Ä.) realisiert, sondern das Risiko einer (beliebigen) ärztlichen Krankenhausbehandlung des (betagten) O wegen eines Knöchelbruchs. Des Weiteren führt das Abstellen der Letalitätstheorie auf die kausale Relevanz des vorsätzlich herbeigeführten Körperverletzungserfolgs zu keiner praktisch bedeutsamen Einschränkung der Haftung gegenüber den (ernst genommenen) Kriterien der Rechtsprechung. Denn die Konstellationen, in denen nicht die vom Täter intendierte Verletzung, sondern ein weiterer, unvorhergesehener Verletzungserfolg zum Tod führt, sind eher seltene Ausnahmefälle.

11   Gerade aber anhand solcher Ausnahmefälle zeigt sich, dass die Letalitätstheorie zu wenig einsichtigen Verkürzungen des Anwendungsbereichs von § 227 kommt.[26] Dies gilt insbesondere dann, wenn es mehr oder weniger eine Sache des Zufalls ist, ob das Opfer durch den vom Vorsatz des Täters erfassten oder durch einen weiteren mit der Täterhandlung verbundenen Körperverletzungserfolg zu Tode kommt.

Exemplarisch: Will der Täter das Opfer mit einem Messer an einem Ort, an dem scharfkantige Metallteile auf dem Boden herumliegen, (lediglich) körperlich verletzen, so ist diese Handlung unter den gegebenen Umständen (objektiv) aus zwei Gründen lebensbedrohlich: Der Messerstich kann ebenso tödlich ausgehen wie ein möglicher Sturz in die Metallteile. Der Täter kann zB das Opfer, das beim reflexhaften Ausweichen stürzt, beim Sturz noch (für ihn unvorhergesehen) tödlich an einer Halsschlagader verletzen. Er kann aber auch das Opfer nur am Arm streifen, während sich dieses beim Sturz in die Metallteile eine Halsschlagader aufschneidet. In beiden Varianten realisiert sich gleichermaßen die mit der Verletzungshandlung konkret verbundene Todesgefahr, und es erscheint daher kaum plausibel, den Täter in der ersten Variante wegen eines Verbrechens nach § 227, in der zweiten Variante wegen eines Vergehens nach §§ 224 Abs. 1 Nr. 2, 5, 222, 52 zu bestrafen.[27]

12   Angesichts dieses Beispiels stellt sich im Übrigen die Frage, ob dem Täter nicht schon nach den Regeln der Unwesentlichkeit der Abweichung vom Kausalverlauf auch die

---

24   RGSt 44, 137 ff; *Bussmann* GA 1999, 21 (30); Krey/*Hellmann*/Heinrich I Rn 298 ff; *Küpper*, Der „unmittelbare" Zusammenhang zwischen Grunddelikt und schwerer Folge, 1982, 85 ff, 98 ff, 109 ff; *Mitsch* Jura 1993, 18 ff; S/S/W-*Momsen*/Momsen-Pflanz § 227 Rn 10 ff; *Prittwitz/Scholderer* NStZ 1990, 385 (387); *Puppe* NStZ 1983, 22 ff; *Roxin* AT I § 10/115 f; ähnlich *Altenhain* GA 1996, 19 (30 f).

25   Vgl m. eingehender Begründung *Puppe* AT, 1. Aufl., § 10/32 ff.

26   Vgl auch MK-*Hardtung* § 227 Rn 16.

27   Eindringlich insoweit auch NK-*Paeffgen*/Böse § 227 Rn 10 ff.

Variante der Verletzung durch Metallteile zum Vorsatz zugerechnet werden müsste.[28] Jedenfalls ist der Zweck, den Tatbestand des § 227 dergestalt einzuengen, dass die von ihm erfassten Fälle im Unrecht deutlich über einer vorsätzlichen Körperverletzung in Tateinheit mit fahrlässiger Tötung liegen, ohne Weiteres erreicht, wenn man verlangt, dass bereits mit dem Handlungsvollzug der vorsätzlichen Körperverletzung eine sich im Todeseintritt realisierende Lebensgefahr verbunden sein muss. Ob die für ein solches Gefahrenurteil ex ante erkennbaren Umstände auch vom Vorsatz des Täters umfasst sind oder nur fahrlässig verkannt werden, kann dagegen für die Begründung der Unrechtssteigerung keine maßgebliche Rolle mehr spielen.

d) Folgerungen: Aufgrund der vorangegangenen Überlegung lässt sich festhalten, dass das gesteigerte Unrecht einer Körperverletzung mit Todesfolge durch **strenge Anforderungen an die konkrete Gefährlichkeit des Handlungsvollzugs** sachgerecht erfasst werden kann: 13

Zum einen muss der Täter die vorsätzliche Körperverletzungshandlung unter den gegebenen Umständen in einer Weise vornehmen, die das Opfer in eine konkrete Lebensgefahr bringt. Zum anderen muss sich im Todeserfolg gerade diese Lebensgefahr realisieren: Es müssen also die Umstände, die das Gefahrurteil begründen, auch den Eintritt des Todeserfolgs kausal erklären.

2. Fahrlässigkeit. Der Täter muss – neben dem für die Körperverletzung erforderlichen   14 Vorsatz – hinsichtlich der Todesfolge zumindest fahrlässig[29] gehandelt haben (§ 18). Die hierfür erforderliche Sorgfaltspflichtverletzung liegt bei § 227 regelmäßig schon in der Verwirklichung des Grunddelikts mit entsprechender Lebensgefahr für das Opfer. Zu prüfen ist aber stets die (objektive und individuelle) Vorhersehbarkeit des tödlichen Ausgangs.[30]

III. Versuch

▶ **FALL 5:** X duckt sich reflexartig am Rand einer Klippe, um dem (nur mit Verletzungsabsicht geführten) Schlag des Y auszuweichen und stürzt hierbei mit tödlichem Ausgang in einen Abgrund. ◀

Der Versuch des § 227 ist nach §§ 11 Abs. 2, 12 Abs. 1, 23 Abs. 1 strafbar. Er ist in   15 den **zwei Varianten** der sog. versuchten Erfolgsqualifikation und des sog. erfolgsqualifizierten Versuchs möglich:[31]

■ Einen Versuch – im Sinne einer **versuchten Erfolgsqualifikation** – begeht der Täter,   16 wenn er die Körperverletzung (§ 223) mit Tötungsvorsatz begeht, dieser Erfolg aber nicht eintritt. Diese Versuchsfälle werden jedoch von dem schwereren Delikt des versuchten Totschlags (§§ 212, 22 f) bzw Mordes (§§ 211, 22 f) verdrängt.[32]

■ Einen **erfolgsqualifizierten Versuch** begeht der Täter, wenn er zwar den **Grundtatbe-**   17 **stand** der Körperverletzung **nicht vollendet**, gleichwohl aber durch die Versuchshandlung fahrlässig (§ 18) die Todesfolge herbeiführt.

---

28 So zutreffend NK-*Paeffgen/Böse* § 227 Rn 13 aE; zu den Kriterien der unwesentlichen Abweichung vom vorgestellten Kausalverlauf *Kindhäuser* LPK § 16 Rn 16 ff mwN.
29 Weitergehend NK-*Paeffgen/Böse* § 227 Rn 17: Leichtfertigkeit; hiergegen: BT-Drucks. 13/8587, 61. Gewöhnlich dürfte der Täter aber ohnehin leichtfertig handeln.
30 Vgl BGHSt 24, 213 (215); BGH NStZ 1982, 27; 1997, 82; 2001, 478 f; NK-*Paeffgen/Böse* § 227 Rn 7.
31 Vgl NK-*Paeffgen/Böse* § 227 Rn 23 ff; *Rengier* II § 16/29; vgl allgemein zu diesen Versuchsvarianten *Kindhäuser* LPK § 22 Rn 7 ff.
32 Näher zur Problematik NK-*Paeffgen/Böse* § 227 Rn 28 ff.

Beispielhaft hierfür ist **Fall 5**: Hier wird das Grunddelikt der vorsätzlichen Körperverletzung nicht in der von Y vorgestellten Weise verwirklicht. Die Schläge verfehlen ihr Ziel, und die vorsätzlich intendierte Körperverletzung nach § 223 bleibt versucht. Jedoch hat die (unter den gegebenen Umständen lebensgefährliche) Versuchshandlung zum Tod des Opfers geführt. Da sich im Tod die fahrlässig geschaffene Lebensgefahr der Körperverletzungshandlung – Schläge am Rande eines Abgrunds – realisiert hat, ist Y nach §§ 227, 22 f zu bestrafen.

18   Diese weitgehend anerkannte Form des erfolgsqualifizierten Versuchs kann jedoch nicht eingreifen, wenn die Vollendung des Grunddelikts, wie dies die **Letalitätstheorie** für § 227 fordert, notwendige Bedingung der Zurechenbarkeit des qualifizierenden Todeserfolgs ist.[33] Da der Tod in **Fall 5** auf keinen vorsätzlich bewirkten Körperverletzungserfolg zurückführbar ist – die Schläge verfehlten ihr Ziel –, kann die Letalitätstheorie hier nur einen Versuch der gefährlichen Körperverletzung (§ 224 Abs. 1 Nr. 5, 22 f) in Tateinheit mit fahrlässiger Tötung (§ 222) annehmen.

IV. Beteiligung

19   Da § 227 nach § 11 Abs. 2 als Vorsatzdelikt im Sinne von §§ 25 ff eingestuft ist, gelten die allgemeinen Beteiligungsregeln.[34] Die Teilnahme an § 227 setzt voraus, dass dem Teilnehmer auch Fahrlässigkeit hinsichtlich der schweren Folge zur Last fällt. Eine mittäterschaftliche Beteiligung an § 227 erfordert Mittäterschaft an der grunddeliktischen Körperverletzung; einer eigenhändigen Begehung bedarf es jedoch insoweit nicht.

B. Schwere Körperverletzung (§ 226)

I. Allgemeines

20   Wie § 227 ist auch § 226 Abs. 1 ein **erfolgsqualifiziertes Delikt,** auf das § 18 Anwendung findet. Der Täter muss den qualifizierenden tatbestandlichen Erfolg zumindest fahrlässig herbeigeführt haben. Erfasst wird auch eine Erfolgsherbeiführung mit dolus eventualis. Hat der Täter dagegen den Erfolg mit dolus directus oder absichtlich verursacht, so greift (nochmals straferschwerend) § 226 Abs. 2 als lex specialis ein.

II. Tatbestand

21   Die (vollendete) Tatbestandsverwirklichung von § 226 Abs. 1 und Abs. 2 hat folgende Voraussetzungen:

- Der Täter muss den Grundtatbestand einer vorsätzlichen, rechtswidrigen und schuldhaften Körperverletzung nach § 223 erfüllt haben.[35]
- Es muss einer der in Abs. 1 Nr. 1–3 genannten tatbestandlichen Erfolge eingetreten sein (Rn 21 ff).
- Zwischen der Verwirklichung des Grundtatbestands und dem Erfolgseintritt muss ein **Risikozusammenhang** bestehen (Rn 36 f).
- Bei Abs. 1 muss der Täter hinsichtlich des qualifizierenden Erfolgs **zumindest fahrlässig** (und höchstens mit dolus eventualis) gehandelt haben. Hat der Täter den

---

33 Krey/*Hellmann*/Heinrich I Rn 313 ff; *Otto* § 18/4; *Rengier* II § 16/29; *Sowada* Jura 1995, 644 (651 f); S/S-*Sternberg-Lieben* § 227 Rn 8.
34 Näher NK-*Paeffgen/Böse* § 227 Rn 31 ff.
35 Vgl § 7 Rn 4 ff. Die Tat kann ggf auch im Sinne von §§ 224 und 225 qualifiziert sein.

qualifizierenden Erfolg mit dolus directus oder absichtlich herbeigeführt, gilt Abs. 2 (Rn 38 f).

1. Erfolg

▶ **FALL 6:** F schlägt dem I heftig mit der Faust an den Kopf. Infolge des Schlages wird I auf dem rechten Ohr taub. ◀

▶ **FALL 7:** M greift N mit einem Messer an. Hierbei wird die rechte Niere des N so schwer verletzt, dass sie entfernt werden muss. ◀

▶ **FALL 8:** Dem U werden von V vier Schneidezähne ausgeschlagen. U lässt sich eine aus fünf Zähnen bestehende, gut sitzende und gut aussehende Prothese anfertigen; die vier ausgeschlagenen Zähne hatten etwas auseinander gestanden.[36] ◀

Die qualifizierenden Erfolge der schweren Körperverletzung sind in Abs. 1 Nr. 1–3 **abschließend** aufgeführt.[37]   22

a) **Abs. 1 Nr. 1:** Von einem **Verlust** der tatbestandlich genannten **Fähigkeiten** ist auszugehen, wenn das Sehvermögen[38] (zumindest auf einem Auge), das Gehör (insgesamt), das Sprechvermögen oder die Fortpflanzungsfähigkeit dauerhaft eingebüßt wurde. Dies ist bei Sehvermögen und Gehör anzunehmen, wenn die Fähigkeit unter 10 Prozent des Normalzustands gesunken ist.[39] Die Schädigung muss nicht auf Lebenszeit erfolgen, wohl aber für einen unabsehbaren Zeitraum. Die Möglichkeit der Heilung durch einen operativen Eingriff ist nach h. L. zu berücksichtigen, sofern dieser zumutbar ist, das Opfer also keine Risiken weiterer schwerwiegender Schädigungen auf sich nehmen muss.[40] Nach der Rspr. sei das Zumutbarkeitskriterium zu vage, weshalb es für die Dauerhaftigkeit nicht darauf ankommen dürfe, ob das Opfer eine ihm mögliche medizinische Behandlung nicht wahrgenommen hat.[41]   23

Da I in **Fall 6** durch den Schlag auf dem rechten Ohr taub wird, ist der Tatbestand nur erfüllt, wenn das andere Ohr bereits taub war und I damit insgesamt das Gehör verloren hat.

b) **Abs. 1 Nr. 2**   24

aa) **Glied** ist jedes Körperteil, der mit einem anderen durch ein Gelenk verbunden ist.[42] Daher ist in **Fall 7** der Verlust eines wichtigen Gliedes im Sinne des Tatbestands zu verneinen.

Nach einer verbreiteten, mit dem Wortlaut aber kaum zu vereinbarenden Definition sollen Glieder Körperteile sein, die eine in sich abgeschlossene Existenz mit besonderer Funktion im Gesamtorganismus haben; zu den Gliedern gehören demnach auch innere Organe wie die Niere in **Fall 7**.[43] Nach einer wiederum etwas engeren Auslegung sol-   25

---

36 Nach BGHSt 24, 315.
37 BGH StV 1992, 115.
38 Der Verlust wird nicht dadurch behoben, dass mit Hilfe einer Kontaktlinse und einer Prismenbrille wieder ein gewisses Sehvermögen entsteht, vgl BayObLG NStZ-RR 2004, 264 f.
39 OLG Hamm GA 1976, 304; BayObLG NStZ-RR 2004, 264 (265); so auch jüngst BGH NStZ 2019, 198 bei einem Vorliegen eines Restsehvermögens von 5 %.
40 NK-*Paeffgen/Böse* § 226 Rn 20; SK-*Wolters* § 226 Rn 4.
41 So BGHSt 62, 36 m. krit. Bespr. *Grünewald* NJW 2017, 1764, die, anders als der BGH, zu Recht ärztliche Konsultationen und physiotherapeutische Maßnahmen für zumutbar hält.
42 HM, vgl nur RGSt 6, 346 (347); BGHSt 28, 100 (101 f); MK-*Hardtung* § 226 Rn 26; NK-*Paeffgen/Böse* § 226 Rn 26; SK-*Wolters* § 226 Rn 8.
43 OLG Neustadt NJW 1961, 2076 (2077); *Otto* § 17/6; *Rengier* II § 15/7 ff.

len Glieder auf äußere Körperteile beschränkt sein und damit – über die hM hinausgehend – auch Nase, Ohren usw umfassen, aber keine inneren Organe wie die Niere in **Fall 7**.[44]

26   **bb)** Ein Glied ist **wichtig**, wenn sein Verlust für einen normalen Menschen zu einer wesentlichen Beeinträchtigung seiner körperlichen Aktivitäten führt.[45]

27   Als wichtige Glieder hat die Rechtsprechung zB ein oberes Glied des Daumens[46] oder den Zeigefinger der rechten Hand,[47] nicht aber den Mittelfinger der linken Hand oder den rechten Ringfinger angesehen.[48] Das Reichsgericht und zunächst auch der BGH bestimmte die Wichtigkeit eines Körpergliedes rein abstrakt nach der Wichtigkeit des Gliedes für alle Menschen unabhängig von ihrer individuellen Veranlagung.[49] Nach einer Literaturmeinung soll dagegen die Wichtigkeit aus der Sicht des Betroffenen unter Berücksichtigung seiner beruflichen Besonderheiten zu bestimmen sein. Demnach wäre auch der kleine Finger beim Geigenvirtuosen als wichtig zu bewerten.[50] Nach neuerer Rechtsprechung und einer verbreiteten Literaturansicht ist die Wichtigkeit unter Berücksichtigung der individuellen Körpereigenschaften (zB Linkshändigkeit) und eventueller dauerhafter (Vor-)Schädigungen des Verletzten zu bestimmen.[51] Im letzteren Fall stellen daher auch Zehen für einen händelosen Menschen wichtige Körperglieder dar.

28   **cc)** Das Glied ist **verloren**, wenn es völlig vom Körper abgetrennt ist. Und es ist **dauernd nicht mehr zu gebrauchen**, wenn es auf unabsehbare Zeit seine Funktion, zB durch Versteifung, eingebüßt hat.[52]

29   **c) Abs. 1 Nr. 3 Alt. 1:** Von einer **dauernden Entstellung** ist auszugehen, wenn die äußere Gesamterscheinung des Verletzten in ihrer ästhetischen Wirkung derart verändert wird, dass er auf unabsehbare Zeit psychische Nachteile im Verkehr mit seiner Umwelt zu erleiden hat.

30   Darunter fallen etwa ein Leben lang sichtbare Folgen schwerer Brandverletzungen an Oberkörper, Armen und Beinen.[53] Diese Wirkung kann, wegen der Steigerungsfähigkeit der Entstellung, auch bei einer bereits vorhandenen Unansehnlichkeit eintreten.[54] Sofern die Entstellung durch (zumutbare) kosmetische Eingriffe behoben werden kann, ist sie nicht dauerhaft. Kann die Entstellung durch Prothesen behoben werden, so ist nach hM auf den Anblick beim Tragen des Hilfsmittels abzustellen. Dementsprechend führt der Verlust der Schneidezähne in **Fall 8**, die durch eine gut sitzende Prothese ersetzbar sind, nicht zu einer Entstellung.[55]

31   Der Maßstab für die Erheblichkeit ist im Vergleich mit den anderen Tatvarianten der Vorschrift zu gewinnen.[56] Die Beeinträchtigung muss also für einen normalen Men-

---

44   Vgl *Gössel*/Dölling I § 13/61.
45   NK-*Paeffgen/Böse* § 226 Rn 27.
46   RGSt 64, 201 (202).
47   BGH bei *Dallinger* MDR 1953, 596 (597).
48   RGSt 62, 161; RG GA 1905, 91.
49   RGSt 64, 201 (202); BGH bei *Dallinger* MDR 1953, 596 (597 ff).
50   *Eisele* I Rn 351 f; L-*Kühl* § 226 Rn 3; M-*Schroeder*/Maiwald I § 9/21.
51   BGHSt 51, 252 ff; BGH NStZ 2007, 702 f und 866 f; vgl StraFO 2014, 125; LK-*Hirsch*, 11. Aufl., § 226 Rn 15; näher *Paeffgen/Grosse-Wilde* HRRS 2007, 363 ff; abl. *Jesse* NStZ 2008, 605 ff; SK-*Wolters* § 226 Rn 10.
52   Vgl BT-Drucks. 13/9064, 16; BGH NJW 1988, 2622; *Küpper/Börner* I § 2/22.
53   BGH StraFO 2018, 127.
54   NK-*Paeffgen/Böse* § 226 Rn 30.
55   BGHSt 24, 315; W/H/E-*Hettinger* Rn 319; *Küpper/Börner* I § 2/27; *Rengier* II § 15/22; *Ulsenheimer* JZ 1973, 64 (66); aA NK-*Paeffgen/Böse* § 226 Rn 30; S/S-*Sternberg-Lieben* § 226 Rn 5.
56   BGH StV 1992, 115; 2006, 633.

schen zu einer spürbaren Belastung führen. Exemplarisch: Narbenbildung am Hals oder im Gesicht,[57] Verlust der Nasenspitze oder eines größeren Teils des Ohres.[58] Narben und Färbungen der Hand oder die bloß deutliche Sichtbarkeit einer Narbe überschreiten dagegen die Erheblichkeitsschwelle noch nicht.[59] Es reicht aber aus, dass die Entstellung nur **zeitweilig** zu erkennen ist, zB beim Baden oder Gehen.[60]

d) Abs. 1 Nr. 3 Alt. 2   32

aa) Das **Verfallen** erfordert, dass der Körper insgesamt in erheblicher Weise und für einen nicht absehbaren Zeitraum beeinträchtigt wird.[61] Vorübergehende Krankheiten reichen nicht aus.

bb) Siechtum ist ein chronischer Krankheitszustand ohne absehbare Heilungschance,   33
der den Gesamtorganismus des Verletzten ergreift und ein Schwinden der Körperkräfte zur Folge hat.[62]

cc) Lähmung ist eine erhebliche Beeinträchtigung der Bewegungsfähigkeit eines Kör-   34
perteils, die den ganzen Körper in Mitleidenschaft zieht.[63] Von einer Lähmung ist auszugehen bei völliger Bewegungslosigkeit des rechten Arms oder eines Kniegelenks[64] sowie bei einer Versteifung des Hüftgelenks, wenn sich der Verletzte nur noch mit Krücken fortbewegen kann.[65] Dagegen genügt die Bewegungsunfähigkeit einer Hand noch nicht.[66]

dd) Als **geistige Krankheiten** kommen exogene und endogene Psychosen in Betracht.[67]   35
Exogene Psychosen beruhen auf hirnorganischen Prozessen (wie zB Paralyse), während bei endogenen Psychosen die somatische Grundlage der Störung nur postuliert ist (zB Schizophrenie, manische Depression).

ee) Eine **geistige Behinderung** ist eine der Geisteskrankheit an Gewicht gleichstehende   36
Einschränkung der intellektuellen Fähigkeiten.

2. Risikozusammenhang. Grunddelikt (§ 223) und Erfolgsqualifikation müssen über   37
die erforderliche Kausalität hinaus dergestalt zusammenhängen, dass sich **im qualifizierenden Erfolg** die bereits mit der Verwirklichung des **Grunddelikts angelegte entsprechende Gefahr** realisiert.[68] Mit der vorsätzlichen Körperverletzungs*handlung* muss also schon die Gefahr geschaffen worden sein, dass das Opfer etwa das Sehvermögen auf einem Auge einbüßt. Nicht ausreichend ist es dagegen, wenn das Opfer auf der Flucht vor den Schlägen stürzt und hierbei eine zum Verlust des Sehvermögens führende Verletzung eines Auges erleidet.[69] Oder: Eine Lähmung darf nicht erst aufgrund eines Operationsfehlers des behandelnden Arztes eintreten.

---

57 BGH NJW 1967, 297 (298); HRRS 2013, Nr. 935; LG Berlin NStZ 1993, 286.
58 RG LZ 1933, 1339; BGH bei *Dallinger* MDR 1957, 266 (267).
59 BGH StV 1992, 115; NJW 2014, 3382 (3384).
60 Vgl RGSt 39, 419: Verkürzung des Oberschenkels um 3,5 cm.
61 BGH bei *Dallinger* MDR 1968, 16 (17); *Fischer* § 226 Rn 10.
62 Vgl BGH bei *Dallinger* MDR 1968, 16 (17): Beeinträchtigung der körperlichen und geistigen Kräfte, die eine Minderung der Erwerbsfähigkeit um 40 % und allgemeine Hinfälligkeit bedingt; vgl auch RGSt 72, 345 f.
63 RGSt 21, 223; NK-*Paeffgen/Böse* § 226 Rn 34 mwN.
64 RG JW 1930, 1596; BGH NJW 1988, 2622.
65 RG HRR 1926, 943; Krey/*Hellmann*/Heinrich I Rn 283.
66 BGH NJW 1988, 2622.
67 NK-*Paeffgen/Böse* § 226 Rn 35; Vgl SK-*Wolters* § 226 Rn 15; auch krankheitswertige psychische Erkrankungen fallen darunter, BGH NStZ 2018, 102.
68 Zur Begründung dieser im Detail wie in ihrer Anwendung umstrittenen Formel vgl § 10 Rn 5 ff; die Ergebnisse sind auf § 226 entsprechend anwendbar.
69 Vgl BGH NJW 1971, 152 entsprechend.

38   Eine in der Literatur verbreitete restriktivere Ansicht verlangt demgegenüber, dass sich der qualifizierende Erfolg gerade aus dem Körperverletzungs*erfolg* des Grunddelikts ergeben haben muss.[70] Danach genügt es für § 226 Abs. 1 Nr. 1 nicht, wenn das Opfer durch einen Schlag des Täters stürzt und hierbei durch herumliegende scharfkantige Metallteile eine zum Verlust des Sehvermögens führende Augenverletzung erleidet. Denn der vom Vorsatz umfasste Erfolg des Grunddelikts nach § 223 betrifft nur den Schlag, nicht aber auch die Verletzungen durch den Sturz. Für die hM ist dagegen § 226 Abs. 1 Nr. 1 erfüllt: Eine Körperverletzung durch einen Schlag, der so heftig ist, dass das Opfer auf herumliegende scharfkantige Metallteile stürzen kann, birgt auch die Gefahr, das Sehvermögen durch einen entsprechenden Sturz einzubüßen.

39   **3. Subjektive Tatseite.** § 226 Abs. 1 ist eine Erfolgsqualifikation, auf die § 18 anwendbar ist. Hieraus ergibt sich, dass der Täter bei der vorsätzlichen Begehung des Grunddelikts nach § 223 zugleich zumindest fahrlässig[71] hinsichtlich der schweren Folge gehandelt haben muss. „**Zumindest fahrlässig**" bedeutet zwar, dass der Täter die schwere Folge auch vorsätzlich verursacht haben kann. Für § 226 Abs. 1 kommt jedoch insoweit nur dolus eventualis in Betracht, da **Abs. 2** für den Fall, dass die schwere Folge vom Täter mit dolus directus oder Absicht herbeigeführt wurde, eine weitere Strafschärfung vorsieht.

40   Die allgemeine Regel, dass der Tötungsvorsatz den Vorsatz der Körperverletzung einschließt,[72] gilt bei § 226 grds. nicht. Denn hier ist die schwere Folge kein „Durchgangsstadium" der Tötung, sondern eine auf Dauer angelegte Beeinträchtigung, die ein Weiterleben des Opfers gerade voraussetzt. Daher kann der Täter nicht zugleich mit Absicht oder dolus directus hinsichtlich Tötung und schwerer Folge nach § 226 handeln. Denkbar ist allerdings der Fall, dass der Täter bei einem Totschlagsversuch auch dolus eventualis hinsichtlich einer schweren Folge nach § 226 hat und insoweit Abs. 1 bedingt vorsätzlich verwirklicht.[73]

III. Versuch

41   Der nach §§ 11 Abs. 2, 12 Abs. 1, 23 Abs. 1 strafbare Versuch des § 226 ist in den **zwei Varianten** der sog. versuchten Erfolgsqualifikation und des sog. erfolgsqualifizierten Versuchs möglich:[74]

42   ■ Einen Versuch – im Sinne einer **versuchten Erfolgsqualifikation** – begeht der Täter, wenn er die Körperverletzung (§ 223) mit Vorsatz hinsichtlich eines der in § 226 Abs. 1 genannten qualifizierenden Erfolge begeht, diese Folge aber ausbleibt.[75] Handelt der Täter mit dolus eventualis, ist ein Versuch nach § 226 Abs. 1 gegeben, während § 226 Abs. 2 versucht ist, wenn der Täter hinsichtlich der schweren Folge dolus directus oder Absicht hat.

43   ■ Einen **erfolgsqualifizierten Versuch** begeht der Täter, wenn er zwar den Grundtatbestand der Körperverletzung nicht vollendet, gleichwohl aber durch die Versuchshandlung fahrlässig (§ 18) eine schwere Folge gem. § 226 Abs. 1 Nr. 1–3 herbei-

---

70   So die zu § 227 entwickelte Letalitätslehre, die entsprechend auch auf § 226 I angewandt wird, vgl oben Rn 9, näher NK-*Paeffgen/Böse* § 226 Rn 8 mwN.

71   Abw. von der insoweit ganz hM und gesetzgeberischen Intention (vgl BT-Drucks. 13/8587, 1, 19) verlangt NK-*Paeffgen/Böse* § 226 Rn 16 f zur Rechtfertigung des hohen Strafrahmens zumindest Leichtfertigkeit.

72   BGHSt 16, 122; 21, 265; 22, 248: sog. Einheitstheorie.

73   Zur Möglichkeit eines Alternativvorsatzes BGH JA 2003, 105 m.Anm. *Eisele* JA 2003, 105.

74   Vgl § 10 Rn 41 ff; ferner NK-*Paeffgen/Böse* § 226 Rn 41 ff.

75   BGHSt 21, 194; BGH StV 2006, 633.

führt. Exemplarisch: Das Opfer weicht den Schlägen des Täters aus, stürzt hierbei aber auf herumliegende scharfkantige Metallteile und verletzt sich, was der Täter nicht voraussah,[76] am Auge. Durch die Verletzung büßt es sein Sehvermögen ein. In diesem Fall wird das Grunddelikt nicht in der vom Täter vorgestellten Weise verwirklicht. Die Schläge verfehlen ihr Ziel und die Körperverletzung nach § 223 bleibt versucht. Der mit der unvorsätzlichen Verletzung des Auges einhergehende Verlust des Sehvermögens resultiert aber aus der Gefährlichkeit des grunddeliktischen Körperverletzungsversuchs und ist dem Täter daher über § 18 aufgrund seiner Fahrlässigkeit zuzurechnen.[77]

Sofern dagegen mit einer verbreiteten Literaturansicht für § 226 verlangt wird, dass   44
der qualifizierende Erfolg durch den vorsätzlich herbeigeführten Körperverletzungserfolg als Durchgangsstadium verursacht wird, scheidet folgerichtig die Möglichkeit eines erfolgsqualifizierten Versuchs aus.

IV. Beteiligung

Sind an der grunddeliktischen Körperverletzung mehrere beteiligt, so ist jeder von ih-   45
nen nach § 226 Abs. 1 strafbar, dem hinsichtlich der eingetretenen schweren Folge zumindest Fahrlässigkeit zur Last fällt. Eine täterschaftliche Zurechnung von § 226 Abs. 2 setzt auch eine täterschaftliche Verwirklichung des Grunddelikts voraus.[78] Eine eigenhändige Begehung ist jedoch nicht erforderlich. Ansonsten gelten die allgemeinen Beteiligungsregeln, da § 226 nach § 11 Abs. 2 als Vorsatzdelikt im Sinne von §§ 25 ff eingestuft ist.

WIEDERHOLUNGS- UND VERTIEFUNGSFRAGEN

> Welchen Deliktstypen sind §§ 226 und 227 zuzuordnen? (Rn 1, 19)
> Warum ist § 227 (besonders) restriktiv auszulegen? (Rn 2)
> Welcher Zusammenhang muss bei §§ 226, 227 zwischen Körperverletzung einerseits und schwerer Folge andererseits bestehen? (Rn 54 ff, 37 f)
> In welchen Formen kommt bei §§ 226, 227 ein strafbarer Versuch in Betracht? (Rn 15 ff, 41 ff)
> Was ist unter einem „Glied" in § 226 Abs. 1 Nr. 2 zu verstehen, wann ist es „wichtig" und wann ist es „verloren"? (Rn 24 f, 26 f, 28)
> Was ist unter einer „dauernden Entstellung" im Sinne von § 226 Abs. 1 Nr. 3 Alt. 1 zu verstehen? (Rn 29 ff)

---

76 Sofern hier die Regeln der unwesentlichen Abweichung vom vorgestellten Kausalverlauf eingreifen, ist die Verletzung des Auges bereits von § 223 erfasst und es liegt eine vollendete Erfolgsqualifikation nach § 226 vor.

77 Vorausgesetzt ist, dass man hier der hM folgt, vgl Rn 17; vgl auch *Fischer* § 226 Rn 18; NK-*Paeffgen/Böse* § 226 Rn 43.

78 NK-*Paeffgen/Böse* § 226 Rn 44.

§ 11 Beteiligung an einer Schlägerei (§ 231)

A. Allgemeines

1 § 231 normiert ein **abstraktes Gefährdungsdelikt,** das auf die generelle Gefährlichkeit von Schlägereien für Leib oder Leben abstellt.[1] Die schwere Folge – Tod oder Verletzungserfolg im Sinne von § 226 –, die sich unmittelbar aus der Schlägerei oder dem Angriff ergeben muss, ist eine **objektive Bedingung der Strafbarkeit.** Auf sie braucht sich der Vorsatz nicht zu beziehen.[2]

B. Definitionen und Erläuterungen

▶ **FALL 1:** In der Kneipe „Zur Eintracht" kam es zwischen den Fans der Fußballvereine FC einerseits und VfR andererseits zu einer massiven Prügelei. Gegner waren auch A und B. Im Verlaufe des Kampfgetümmels ging A mit einem erhobenen Stuhl auf B los. Um den Angriff abzuwehren und einer Verletzung vorzubeugen, duckte sich B blitzschnell und versetzte dem A mit erheblicher Wucht einen Faustschlag aufs Auge. Das Auge wurde hierbei so schwer verletzt, dass es entfernt werden musste.[3] ◀

I. Objektiver Tatbestand

2 Den objektiven Tatbestand verwirklicht, wer sich an einer Schlägerei oder einem von mehreren verübten Angriff beteiligt.

1. Schlägerei

3 ■ Eine **Schlägerei** ist ein tätlicher Streit mit gegenseitigen Körperverletzungen zwischen mindestens drei Personen.[4]

4 Körperverletzungen, die bereits wechselseitig zwischen zwei Personen vorgenommen werden, erhalten die Qualität einer Schlägerei, wenn ein Dritter hinzukommt und mit Tätlichkeiten gegen einen der Streitenden beginnt.[5] Umgekehrt verliert ein tätlicher Streit seinen Charakter als Schlägerei, wenn sich einer oder mehrere Beteiligte entfernt haben und nur noch zwei Personen in die Auseinandersetzung verwickelt sind.[6]

5 **Beteiligter** ist grds. auch, wer gerechtfertigt oder schuldlos anderen Verletzungen zufügt (vgl aber Rn 14). Dies gilt insbesondere für denjenigen, der unter den Voraussetzungen von § 32 Notwehr oder Nothilfe in Form von **Trutzwehr** ausübt und durch Tätlichkeiten in das Geschehen eingreift.[7] **Nicht** an einer Schlägerei **beteiligt** ist aber derjenige, der lediglich in **Schutzwehr** einen rechtswidrigen Angriff abwehrt.[8]

In **Fall 1** war B an der Schlägerei beteiligt. Auch die Verletzung des A ist als eine Tätlichkeit im Rahmen dieser Auseinandersetzung anzusehen, und zwar unabhängig da-

---

1 BGHSt 33, 100 (103); 39, 305 (308); W/H/E-*Hettinger* Rn 382; *Küpper/Börner* I § 2/59; *Rengier* II § 18/1; S/S-*Sternberg-Lieben* § 231 Rn 1; iE auch NK-*Paeffgen/Böse* § 231 Rn 2.
2 Zum Problem einer Vereinbarkeit der Vorschrift mit dem Schuldprinzip NK-*Paeffgen/Böse* § 231 Rn 3 mwN.
3 Nach RGSt 73, 341.
4 BGHSt 15, 369 (370 f); 31, 124 (125); MK-*Hohmann* § 231 Rn 6; *Rengier* II § 18/3.
5 BGH GA 1960, 213; W/H/E-*Hettinger* Rn 385.
6 BGHSt 14, 132 (135); BGH NStZ 2014, 147 ff; OLG Köln NJW 1962, 1688 (1689).
7 BGHSt 15, 369 (370 f).
8 *Fischer* § 231 Rn 3; *Hohmann/Sander* § 10/4.

von, ob sie bei isolierter Betrachtung als Ausübung von Trutzwehr durch Notwehr gerechtfertigt ist.

2. Angriff

- Ein **von mehreren verübter Angriff** ist ein unmittelbar auf die körperliche Verletzung eines anderen bezogenes Verhalten von mindestens zwei Personen.[9]   6

Der Angriff verlangt, anders als die Schlägerei, **keine gegenseitigen Tätlichkeiten**. Auch   7
ist kein körperlicher Kontakt erforderlich.[10] Daher kommt diese Tatvariante in Betracht, wenn das Opfer flieht, nur Schutzwehr übt oder die Verletzungen ohne Gegenwehr erleidet.[11] Ein gemeinschaftliches Handeln der Angreifer in Form von Mittäterschaft ist nicht notwendig.[12] Jedoch muss sich der Angriff als **einheitliches Vorgehen** mit gleichgerichtetem Angriffswillen und identischem Angriffsgegenstand darstellen.[13]

3. Beteiligung. Der Begriff der „Beteiligung an einer Schlägerei" ist hier untechnisch   8
(also nicht iSd § 28 Abs. 2) zu verstehen, so dass ein eigener Anwendungsbereich für
eine Teilnehmerstrafbarkeit verbleibt.[14]

- Die **Beteiligung** (an beiden Tatvarianten) setzt Anwesenheit am Tatort und Mitwirkung an dem gegen andere gerichteten Vorgehen voraus.[15]

Die **Mitwirkung** verlangt keine Beteiligung im Sinne einer Mittäterschaft,[16] wohl aber   9
– wie bei A und B in **Fall 1** – eine **aktive Anteilnahme** an der Aggression. Sie kann sich
im Anfeuern der Streitenden oder im Abhalten von Hilfe erschöpfen.[17] Dagegen ist
kein Beteiligter, wer nur zuschaut, Verletzten hilft oder den Streit zu schlichten sucht.
Personen, die von außerhalb in die Auseinandersetzung eingreifen, können zwar Teilnehmer an § 231 nach §§ 26 f sein, sind aber keine Beteiligten im Sinne des Tatbestands.

II. Subjektiver Tatbestand

Die subjektive Tatseite setzt (zumindest bedingten) **Vorsatz** voraus. Dieser muss sich   10
nur auf die Schlägerei bzw den Angriff richten. Die schwere Folge braucht dagegen als
objektive Bedingung der Strafbarkeit für den Einzelnen noch nicht einmal vorhersehbar gewesen zu sein.[18]

III. Rechtswidrigkeit und Schuld

1. Rechtfertigung. Die Tatbestandsverwirklichung kann insbesondere bei amtlichem   11
Einschreiten gerechtfertigt sein. Notwehr (bzw Nothilfe) rechtfertigen grds. nicht die

9 BGHSt 31, 124 (126); 33, 100 (102); MK-*Hohmann* § 231 Rn 9; *Küpper/Börner* I § 2/61; *Rengier* II § 18/4.
10 *Fischer* § 231 Rn 4; S/S-*Sternberg-Lieben* § 231 Rn 3.
11 *Schulz* StV 1986, 250.
12 RGSt 59, 264 (265); BGHSt 2, 160 (163); *Fischer* § 231 Rn 4a; Küper/*Zopfs* Rn 30, 31.
13 BGHSt 2, 160 (163); 31, 124 (127); 33, 100 (102).
14 Vgl dazu *Zopfs* Puppe-FS 1323 f mwN.
15 *Fischer* § 231 Rn 8; W/H/E-*Hettinger* Rn 388; NK-*Paeffgen/Böse* § 231 Rn 8.
16 BGHSt 31, 124 (127); 33, 100 (102) zust. *Günther* JZ 1985, 585 (586 f); *Montenbruck* JR 1986, 138 (141 f); *Schulz*
     StV 1986, 250 (251).
17 BGHSt 15, 369 (371); *Henke* Jura 1985, 585 (587); SK-*Wolters* § 231 Rn 8; aA NK-*Paeffgen/Böse* § 231 Rn 8.
18 HM, BGHSt 33, 100 (103); BGH MDR 1954, 371; Krey/*Hellmann*/Heinrich I Rn 324; L-*Kühl* § 231 Rn 5; *Rengier* II
     § 18/6; S/S-*Sternberg-Lieben* § 231 Rn 5; aA LK-*Hirsch*, 11. Aufl., § 231 Rn 15.

Beteiligung an der Schlägerei insgesamt.[19] Auch ist die Beteiligung an der Schlägerei insgesamt nicht einwilligungsfähig.[20]

12   Allerdings kann ein an einer Schlägerei oder an einem Angriff Beteiligter **wegen einzelner Abwehrmaßnahmen** in Notwehr handeln. Ein Beteiligter wehrt sich zB gegen einen plötzlichen lebensgefährdenden Angriff mit einem Messer. Jedoch ist in diesem Fall nur diese konkrete Verteidigungshandlung gerechtfertigt. Die rechtswidrige Beteiligung an der Schlägerei im Allgemeinen wird hierdurch **nicht** berührt.[21] Daher kann ein Beteiligter auch dann nach § 231 strafbar sein, wenn er im Rahmen einer Schlägerei in Notwehr einen Angreifer tötet oder (im Sinne von § 226) schwer verletzt. Auch die in Notwehr verursachte Tatfolge ist objektive Bedingung der Strafbarkeit und kann damit die Strafe des (hinsichtlich dieses Aktes) in Notwehr handelnden Beteiligten begründen (Rn 16).

In **Fall 1** macht sich B wegen seiner Beteiligung an der Schlägerei strafbar und ist insoweit auch nicht gerechtfertigt. Durch Notwehr gerechtfertigt kann allenfalls die tatbestandsmäßige Verletzung des A nach §§ 223, 226 Abs. 1 Nr. 1 sein.

13   **2. Schuld.** Hinsichtlich der Schuldfeststellung gelten die allgemeinen Schuldausschließungs- und Entschuldigungsgründe.

IV. Abs. 2

14   Abs. 2 stellt klar, dass nur derjenige Beteiligte strafbar ist, der auch selbst in vorwerfbarer Weise – dh vorsätzlich, rechtswidrig und schuldhaft – in die Schlägerei bzw den Angriff verstrickt ist.[22] Dagegen setzt die Tatbestandsverwirklichung eines schuldhaft Beteiligten nicht voraus, dass auch die anderen Beteiligten schuldhaft handeln. Schlägerei und Angriff erfordern also keine schuldhafte Beteiligung aller.[23] Denkbar ist damit ein Angriff von drei Personen, von denen nur ein Mitwirkender schuldhaft agiert.

V. Objektive Strafbarkeitsbedingung

15   Die rechtswidrige und schuldhafte Tatbestandsverwirklichung ist nur strafbar, wenn im Sinne einer objektiven Strafbarkeitsbedingung durch die Tat der Tod eines Menschen oder eine schwere Körperverletzung im Sinne von § 226 verursacht worden ist. In **Fall 1** ist die erforderliche objektive Strafbarkeitsbedingung durch den Verlust des Sehvermögens auf einem Auge bei A erfüllt.

16   Da die schwere Folge objektive Strafbarkeitsbedingung ist, kann sie **auch durch einen rechtmäßigen** (zB durch Notwehr gerechtfertigten) **oder schuldlosen Einzelakt** verursacht sein.[24] Für die Strafbarkeit der Beteiligung an einem Angriff reicht es mithin aus, wenn einer der Angreifer vom Angegriffenen in Notwehr getötet oder (im Sinne von § 226) schwer verletzt wird.

---

19   BGH GA 1960, 213 (214); *Eisele* ZStW 110 (1998), 69 (85 ff); W/H/E-*Hettinger* Rn 392; NK-*Paeffgen/Böse* § 231 Rn 13; abw. *Jung* JuS 1994, 263.
20   *Günther* JZ 1985, 585 (587); NK-*Paeffgen/Böse* § 231 Rn 13; S/S-*Sternberg-Lieben* § 231 Rn 10.
21   RGSt 59, 264 (266); 73, 341 (342); S/S-*Sternberg-Lieben* § 231 Rn 10.
22   RGSt 65, 163 (164); BGHSt 15, 369 (370 f); LK-*Hirsch*, 11. Aufl., § 231 Rn 17; teils wird in der mangelnden Vorwerfbarkeit der Beteiligung bereits (für *diesen* Beteiligten!) ein Tatbestandsausschluss gesehen, so OLG Celle MDR 1970, 608; hiergegen zutr. NK-*Paeffgen/Böse* § 231 Rn 14 f.
23   BGHSt 15, 369 (370); 39, 305 m. insoweit zust. Anm. *Seitz* NStZ 1994, 185 (186); *Stree* JR 1994, 370 (371); aA *Rönnau/Bröckers* GA 1995, 549 (564).
24   BGHSt 33, 100 (103 f); 39, 305 (307 ff); NK-*Paeffgen/Böse* § 231 Rn 14 f; *Stree* Schmitt-FS 213 (224 ff); *Wagner* JuS 1995, 296 (298); abl. *Günther* JZ 1985, 585 (586 f).

In **Fall 1** spielt es also keine Rolle, dass der zum Verlust des Sehvermögens bei A führende Schlag des B ggf gerechtfertigt ist. Dies ist auch sachgerecht, da sich das Unrecht des § 231 nicht auf die einzelnen Tätlichkeiten, sondern generell auf die mit einer Schlägerei oder einem Angriff verbundenen Gefahren für Leib und Leben bezieht. Es soll eben auch verhindert werden, dass es überhaupt zu einzelnen Notwehrsituationen kommt.

Die schwere Folge kann **auch bei einem Unbeteiligten**, zB einem Zuschauer, Schlichter oder herbeigerufenen Polizeibeamten, eintreten.[25]   17

Die schwere Folge muss **unmittelbar** durch die Schlägerei oder den Angriff – gleichgültig durch welchen Akt – **verursacht** worden sein.[26] Das Erfordernis der Unmittelbarkeit besagt, dass der Zurechnungszusammenhang nicht unterbrochen sein darf, dass sich also – wie in **Fall 1** – in der schweren Folge bereits eine durch die Schlägerei (den Angriff) gesetzte Gefahr realisieren muss.[27] Insoweit ist die objektive Strafbarkeitsbedingung zB nicht erfüllt, wenn ein bei der Schlägerei Verletzter auf dem Weg ins Krankenhaus infolge eines Verkehrsunfalls des Rettungswagens stirbt.   18

Dagegen ist es für die Strafbarkeit eines Beteiligten nicht erforderlich, dass gerade sein Beitrag zum Tod des Opfers bzw der schweren Körperverletzung geführt hat. A ist deshalb in **Fall 1** wegen Beteiligung an der Schlägerei ungeachtet des Umstands strafbar, dass er selbst Opfer der schweren Folge wurde.   19

- Nach hM soll es sogar für die Strafbarkeit eines Beteiligten unerheblich sein, ob die Ursache für die schwere Folge **vor, während oder nach seiner Beteiligung** gesetzt worden ist.[28] Notwendig soll nur sein, dass das Geschehen auch zu dem Zeitpunkt, zu dem der Betreffende noch nicht oder nicht mehr beteiligt war und zu dem die schwere Folge verursacht wurde, die Voraussetzungen einer Schlägerei bzw eines Angriffs erfüllt.[29]

- Nach der Gegenansicht wird eine Strafbarkeit von einer Beteiligung **zum Verursachungszeitpunkt** abhängig gemacht.[30]

- Vorzugswürdig ist jedoch die Auffassung, die eine Strafbarkeit bei Beteiligung erst **nach dem Verursachungszeitpunkt** verneint.[31] Denn wenn die schwere Folge bereits zu einem Zeitpunkt verursacht wurde, zu dem der Beteiligte noch nicht in das Geschehen eingegriffen hat, kann er – auch noch nicht einmal abstrakt – zur Gefahrschaffung beigetragen haben. Wohl aber kann sich nach seinem Ausscheiden durchaus eine Gefahr realisieren, an deren Setzung oder Steigerung er mitgewirkt hat.

C. Anwendung

I. Aufbau

Es empfiehlt sich, die Tatbestandsmerkmale der Beteiligung an einer Schlägerei in folgenden Schritten zu prüfen: 20

A) *Tatbestand:*

25 Vgl BGH NJW 1961, 1732; *Küpper/Börner* I § 2/65; NK-*Paeffgen/Böse* § 231 Rn 20.
26 BGHSt 14, 132 (135); 16, 130 (132); *Hardtung* JuS 2008, 1060 (1064).
27 S/S-*Sternberg-Lieben* § 231 Rn 8; *Stree* JR 1994, 370 (371); vgl SK-*Wolters* § 231 Rn 12.
28 BGHSt 14, 132; 16, 130 (131 ff); W/H/E-*Hettinger* Rn 398; M-*Schroeder*/Maiwald I § 11/10.
29 OLG Köln NJW 1962, 1688 (1689).
30 *Binding* I 78; Krey/*Hellmann*/Heinrich I 323.
31 LK-*Hirsch*, 11. Aufl., § 231 Rn 8; L-*Kühl* § 231 Rn 5; *Otto* § 23/6; NK-*Paeffgen/Böse* § 231 Rn 9; *Rengier* II § 18/10 f; S/S-*Sternberg-Lieben* § 231 Rn 9; SK-*Wolters* § 231 Rn 12.

    I. Objektiver Tatbestand:
       1. Schlägerei (Rn 3 ff) oder Angriff (Rn 6 f)
       2. Beteiligung (Rn 5, 8 f)
    II. Subjektiver Tatbestand:
       Vorsatz bzgl des objektiven Tatbestands (Rn 10)
    III. Objektive Strafbarkeitsbedingung:
       1. Tod oder schwere Verletzung (§ 226) eines Menschen (Rn 15 ff)
       2. (Unmittelbare) Verursachung durch die Schlägerei / den Angriff (Rn 18 f)
  B) *Rechtswidrigkeit* (Rn 11 f)
  C) *Schuld* (Rn 13)

21   **Alternativ** kann auch so vorgegangen werden, dass die objektive Strafbarkeitsbedingung (A III.) erst nach der Schuld, also als gesonderter Gliederungspunkt D), geprüft wird. Auf diese Weise wird formal deutlich gemacht, dass die objektive Strafbarkeitsbedingung weder Gegenstand der Vorsatz- noch der Schuldzurechnung ist. Der Nachteil dieses alternativen Aufbaus besteht jedoch darin, dass eine detaillierte Prüfung von § 231 ersichtlich überflüssig ist, wenn keine schwere Folge eingetreten ist.

II. Konkurrenzen

22   Zwischen § 231 und den vom konkreten Täter weiterhin verwirklichten Körperverletzungs- und Tötungsdelikten besteht Tateinheit.[32] Die Gegenmeinung, die § 231 hinter §§ 223, 226, 212 ff zurücktreten lassen will,[33] übersieht, dass das Unrecht der Beteiligung an einer Schlägerei in der unbestimmten Gefährdung von Personen durch solche Aggressionen liegt und daher nicht von einem konkreten Erfolg verdrängt werden kann.

Wiederholungs- und Vertiefungsfragen

> Welche Mindestanzahl von Beteiligten am Tatort setzt eine Schlägerei voraus? (Rn 3 f, 8 f)
> Erfordert die Beteiligteneigenschaft ein rechtswidriges und schuldhaftes Verhalten der betreffenden Person? (Rn 5)
> Worin unterscheidet sich ein Angriff von einer Schlägerei? (Rn 6 f)
> Welche Klarstellung trifft § 231 Abs. 2? (Rn 14)
> Welcher Zusammenhang muss zwischen der Schlägerei / dem Angriff und dem Eintritt der schweren Folge (Tod oder schwere Körperverletzung eines Menschen) bestehen? (Rn 18 f)

---

32 RGSt 32, 33 (35); BGHSt 33, 100 (104); *Rengier* II §§ 18/14, 21/2; SK-*Wolters* § 231 Rn 13.
33 NK-*Paeffgen/Böse* § 231 Rn 22 mwN.

3. Abschnitt: Straftaten gegen die persönliche Freiheit

§ 12 List, Gewalt und Drohung

Die Straftaten gegen die persönliche Freiheit werden vor allem im 18. Abschnitt des StGB zusammengefasst. Die Freiheitsdelikte sind in aller Regel Vorsatzdelikte. Den Grund- und Auffangtatbestand bildet die Nötigung (§ 240). Spezielle Freiheitsdelikte bilden etwa § 239 (Schutz der Freiheit zur Veränderung des Ortes), § 237 (Eheschließungsfreiheit), §§ 234, 239, 239a (Menschenraub und seine Spielarten) und § 241 (Schutz vor Bedrohung mit einem Verbrechen).[1] Für diese Delikte sind die Art und Weise, in welcher auf das Opfer freiheitsbeeinträchtigend eingewirkt wird, charakteristisch: Zwangsmittel sind häufig die Gewalt und Drohung (zB bei § 240), zuweilen in qualifizierter Form wie etwa mit Gewalt gegen eine Person oder Drohung mit Leibes- oder Lebensgefahr (außerhalb des 18. Abschnitts zB bei §§ 249, 255). Bei manchen Delikten ist aber auch die List als Mittel der Freiheitsbeeinträchtigung aufgeführt (zB bei §§ 234, 235).[2]

1

A. List

■ List ist ein Verhalten, mit dem der Täter sein Ziel unter geschicktem Verbergen der wahren Zwecke oder Mittel verfolgt.[3]

2

Beispielhaft ist das Einladen einer minderjährigen Person, die der Täter den Eltern entziehen will, zu einer Autofahrt (§ 235 Abs. 1 Nr. 1 StGB). Ein Irrtum des Überlisteten ist nicht erforderlich.[4]

3

B. Gewalt

I. Begriff

▶ **FALL 1:** P versucht, dem Q Chloraethyl (ein Betäubungsmittel) beizubringen, um diesen zu betäuben und ihm anschließend Dinge abzunehmen.[5] ◀

▶ **FALL 2:** Der „Arbeitskreis Kölner Hochschulen" führt einen Sitzstreik durch, der sich gegen eine geplante Fahrpreiserhöhung der Kölner Verkehrsbetriebe richtet. Durch den Sitzstreik wird der Straßenbahnverkehr an zwei wichtigen Kreuzungspunkten für etwa eine Stunde blockiert.[6] ◀

Der Gewaltbegriff ist, obwohl er im StGB eine zentrale Stellung einnimmt, vom Gesetzgeber nicht definiert worden.[7] Er ist im Grundsatz wie auch im Detail umstritten:

4

---

1 Vgl *Schroeder* JuS 2009, 14 ff.
2 S/S-*Eisele* Vor § 234 Rn 5.
3 HM seit RGSt 17, 90 (93); vgl ferner BGHSt 32, 267 (269); BGH NStZ 1996, 276 (277); S/S-*Eser/Eisele* Vor § 234 Rn 38; L-Kühl-*Heger* § 234 Rn 2; *Rengier* II § 24/6; MK-*Wieck-Noodt* § 234 Rn 37; auf Täuschungen begrenzend *Bohnert* GA 1978, 353 (362).
4 AA *Krack*, List als Straftatbestandsmerkmal, 1994, 25 ff.
5 Nach BGHSt 1, 145.
6 Nach BGHSt 23, 46.
7 LK-*Altvater* § 240 Rn 38.

1. Zum Gewaltbegriff der Rechtsprechung

5   ■ Nach heutiger Rechtsprechung ist Gewalt zu definieren als körperlich wirkender Zwang durch die Entfaltung von Kraft oder durch sonstige physische Einwirkung, die nach ihrer Intensität und Wirkungsweise dazu geeignet ist, die freie Willensentschließung oder Willensbetätigung eines anderen zu beeinträchtigen.[8]

6   Die Auslegung des Gewaltbegriffs durch die Rechtsprechung war jedoch im Laufe der Zeit erheblichen Wandlungen unterworfen. Die historische Entwicklung des Gewaltbegriffs in der Judikatur lässt sich, grob gesprochen, in **vier Phasen** untergliedern:[9]

7   **a) Körperliche Kraftentfaltung:** Zunächst wurde auf das Moment der Aufwendung körperlicher Kraft und auf eine gewisse physische Zwangswirkung beim Opfer abgestellt. Unter Gewalt wurde die Einwirkung auf einen anderen unter Anwendung körperlicher Kraft zur Beseitigung eines zumindest erwarteten Widerstands verstanden.[10] Hierbei sollte es für die physische Zwangswirkung ausreichen, wenn das Täterhandeln vom Opfer nicht nur als seelischer, sondern als körperlicher Zwang empfunden wurde. Eine unmittelbare Einwirkung auf den Körper des Opfers wurde nicht verlangt.[11] Auch Einwirkungen auf Sachen oder dritte Personen wurden für einschlägig erachtet, wenn sie sich mittelbar gegen das Opfer zur Überwindung seines Widerstands richten.[12]

8   **b) Vergeistigter Gewaltbegriff:** Die mangelnde Bedeutung der körperlichen Kraftentfaltung für den Gewaltbegriff wurde bald erkannt und es zeichnete sich eine Tendenz zu einem sog. vergeistigten Gewaltbegriff ab. Das Kriterium der Kraftentfaltung ist, wie **Fall 1** zeigt, weder hinreichend präzise noch angesichts der vielfältigen technischen Möglichkeiten zur (zwangauslösenden) Einwirkung auf das Opfer sachgerecht.[13] Neben der Verwendung eines Narkosemittels, wie in **Fall 1**, verlangen zB auch der Gebrauch einer Schusswaffe oder das Einsperren eines Opfers keine besondere Körperkraft, werden jedoch evident vom Gewaltbegriff erfasst.[14] In der Konsequenz bezog die Rechtsprechung das „Kraftmoment" nur noch auf die **körperliche Zwangswirkung** beim Opfer[15] Es sollte schließlich sogar nur **ein psychisch wirkender Zwang** ausreichen. So wurde es als Gewalt eingestuft, wenn Studenten aus Protest gegen die Erhöhung der Fahrpreise den Straßenbahnverkehr durch eine Sitzblocke blockieren (**Laepple**-Urteil des BGH aus dem Jahr 1969).[16] Eine Wahrnehmung der Zwangswirkung durch das Opfer wurde nicht für notwendig gehalten, so dass auch Gewalt gegen Bewusstlose in Betracht kommt.[17] In Grenzfällen war der Hinweis auf das Merkmal der

---

8   Vgl BGH NJW 1995, 2643 f; 1995, 2862; OLG Karlsruhe NJW 1996, 1551 f; OLG Köln NJW 1996, 472; OLG Stuttgart NJW 1995, 2647 f.

9   Zu Einzelheiten *Geppert* Jura 2006, 31 (33 ff); *Huhn*, Nötigende Gewalt mit und gegen Sachen, 2007, 36 ff; *Sinn* JuS 2009, 577 (580 ff); *Swoboda* JuS 2008, 862 f; jew. mwN.

10   Vgl RGSt 56, 87 (88); 64, 113 (115); 73, 343 (344 f).

11   Vgl RGSt 27, 405 (406); 45, 153 (156); 60, 157 (158); 64, 113 (115 f); vgl auch BGHSt 23, 126 (127 f); 37, 350 (353); BGH NStZ 1995, 230; OLG Köln NStZ-RR 2006, 280.

12   Vgl RGSt 7, 269 (271 f); 17, 82 (83); 20, 354 (355 f); 27, 405 f; 60, 157 f.

13   Vgl BGHR StGB § 249 I Gewalt 6; gegen eine völlige Preisgabe des Merkmals jedoch BGH NStZ 1981, 218; 1986, 218; StV 1990, 262; BGHR StGB § 249 I Gewalt 2.

14   RGSt 13, 49 (50 f); 27, 405 (406); 60, 157 (158); 73, 343 (344 f); BGHSt 1, 145 ff; 20, 194 (195).

15   BGHSt 1, 145 (147); 19, 263 (265); 23, 126 m.Anm. *Geilen* JZ 1970, 521; BGH NStZ 1982, 158 (159).

16   BGHSt 23, 46, 54; die Verfassungskonformität dieser Rspr. seinerzeit bejahend BVerfGE 73, 206; vgl *Valerius* HdS IV § 5 Rn 95.

17   BGHSt 4, 210 (212); 16, 341 ff; 25, 237 (238).

Kraft nur noch ein Lippenbekenntnis,[18] wodurch verdeckt wurde, dass das Merkmal der Zwangswirkung für Gewalt nicht begriffsnotwendig ist, mögen Gewaltakte auch häufig kraftvoll ausgeführt oder als Zwang empfunden werden.

Kritik: Auch das Abstellen allein auf die Zwangswirkung belastet die Gewaltdefinition 9 mit den Zufälligkeiten der jeweiligen Konstitution des Opfers und führt zu sachwidrigen Abgrenzungen. Wenn das Opfer etwa eingesperrt wird und dadurch absolut die Möglichkeit verliert, sich zu entfernen, kann es für die Bejahung von Gewalt keinen Unterschied machen, ob der Eingesperrte wach ist, schläft oder bewusstlos ist oder ob er bei einem Befreiungsversuch die Begrenzung körperlich spürt bzw sich bei erkannter Aussichtslosigkeit einer Befreiung widerstandslos fügt. Schließlich ist der systematische Gesichtspunkt zu beachten, dass § 255 Gewalt gegen eine Person verlangt, was unverständlich wäre, wenn bereits die Gewaltanwendung im Grundtatbestand des § 253 als körperlich wirkender Zwang definiert wäre.

c) Rückkehr zur Kraftentfaltung: In einer neueren Entscheidung zur Gewaltanwen- 10 dung bei sog. „gewaltfreien" Protestaktionen – wie in **Fall 2** – hält das BVerfG in Abkehr zu seiner früheren Rechtsprechung[19] die körperliche Kraftentfaltung für ein Wesensmerkmal der Gewalt.[20] Bereits im Begriff der Nötigung sei ein Zwangsmoment enthalten, so dass Gewalt als bestimmtes Nötigungsmittel mehr als bloße Zwangsausübung sein müsse. Das Urteil verdient allenfalls hinsichtlich seines Ergebnisses, dass „friedliche Sitzdemonstrationen" keine Nötigungen sind, nicht aber hinsichtlich des Rekurses auf das Kraftmoment als definierendes Wesensmerkmal der Gewalt Zustimmung.

Kritik: Handlungen, die – wie die Betäubung mit einem Narkosemittel in **Fall 1** – in 11 die gegenständlichen Freiheitsbedingungen einer Person physisch eingreifen, sind stets Gewaltakte, unabhängig davon, in welchem Maße der Täter körperliche Kraft aufwendet. Vor allem gilt dies für die Verwirklichung von Tatbeständen, die – wie §§ 212, 223, 239, 303 – spezifische Arten der Gewaltausübung erfassen. Daher macht es keinen Sinn, für Gewalt mehr zu verlangen, als für die Verwirklichung solcher Tatbestände (physisch-kausal) erforderlich ist.

d) Körperliche Zwangswirkung und physische Einwirkung: Der BGH bezieht nunmehr 12 neben der körperlichen Zwangswirkung beim Opfer die Kraftentfaltung in die Gewaltdefinition mit ein, lässt hierfür aber neben der Körperkraft auch eine sonstige physische Einwirkung oder die Auslösung einer körperlichen Reaktion[21] ausreichen. In **Fall 1** ist demnach Gewalt zu bejahen, da das Narkosemittel auf das Opfer physisch einwirkt.

Die Ausübung bloß psychischen Zwanges, wie bei „gewaltlosen" Sitzdemonstrationen 13 durch schlichte Anwesenheit, soll nicht genügen. Soweit allerdings durch eine Sitzblockade auf der Straße anhaltende Fahrzeuge eine **physische Barriere** für andere Fahrzeuge bilden und diese so an der Weiterfahrt hindern, wird – in Übereinstimmung mit

---

18 Vgl BGHSt 16, 341 (343); 19, 263 (265 f); 37, 350 (352 ff). Nach OLG Köln StV 1985, 371 (372) und StV 1985, 457 soll der Zwang „wie körperlich" und damit eben nicht „körperlich" wirken; vgl auch BayObLG JZ 1986, 404 f; OLG Düsseldorf NStZ 1986, 267 (268).
19 Vgl BVerfGE 73, 206 (239 ff, 242 ff); 76, 211 (216).
20 BVerfGE 92, 1 ff m. krit. Anm. *Altvater* NStZ 1995, 278 ff, *Amelung* NJW 1995, 2584 ff, vgl auch Minderheitsvotum *Seidl/Söllner/Haas* BVerfGE 92, 1 (20 ff); vgl ferner OLG Frankfurt StV 2006, 244 (245); *Priester* Bemmann-FS 362 ff; *Rheinländer* Bemmann-FS 387 ff; *Zöller* GA 2011, 147 ff.
21 BGH NStZ 2003, 89: Spritzen einer Deodorant-Flüssigkeit, wodurch das Opfer die Augen schließt.

dem BVerfG[22] – Gewalt bejaht (sog. „**Zweite-Reihe-Rechtsprechung**").[23] Gleiches gilt für das Bilden von Barrieren durch Anketten von Personen oder Abstellen von Fahrzeugen und sonstigen Gegenständen. Demnach üben die Demonstranten in **Fall 2** zwar keine Gewalt gegen die Fahrer der unmittelbar vor ihnen stehenden Straßenbahnen aus. Personen dagegen, die sich in den hinzukommenden Zügen befinden und durch die blockierten Straßenbahnen an der Weiterfahrt gehindert werden, sind Opfer von Gewalt. Insoweit kann auch durch eine „gewaltlose" Sitzblockade Gewalt ausgeübt werden.[24]

14   **2. Zum Gewaltbegriff in der Literatur.** Das Schrifttum ist reich an differenzierten Vorschlägen zur Gewaltdefinition.[25] Neben affirmativen Stellungnahmen zur Rechtsprechung gehen die Ansätze von rein normativen Interpretationen zu restriktiven Begrenzungen der Gewalt auf intensive Eingriffe (unter Kraftentfaltung) in den Schutzbereich des Opfers.

15   **a) Zwangswirkung:** Überwiegend wird der Gewaltbegriff der Rechtsprechung übernommen und als Herbeiführen einer physischen und/oder psychischen Zwangswirkung beim Opfer definiert.[26] Bisweilen wird körperliche Spürbarkeit des Zwangs verlangt[27] oder (noch restriktiver) auf die Kraftentfaltung beim Täterhandeln abgestellt.[28] Die Möglichkeit der Anwendung von Gewalt gegen Sachen ist weitgehend anerkannt, sofern sich diese mittelbar auf den Körper des Opfers auswirkt, etwa: Aushängen eines Fensters, Abstellen der Heizung oder Sperren der Wasser- oder Stromzufuhr.[29]

16   **b) Zufügung eines empfindlichen Übels:** Teilweise wird Gewalt als gegenwärtige Zufügung eines empfindlichen Übels umschrieben.[30] Wenn bereits die Drohung mit einem empfindlichen Übel Nötigung sei, dann müsse die Zufügung eines solchen Übels Gewalt sein. Nach dieser Ansicht wird in den **Fällen 1 und 2** gleichermaßen Gewalt ausgeübt.

17   **Kritik:** Dieses Argument überzeugt jedoch nicht. §§ 240, 253 zB unterscheiden gerade zwischen Gewalt und Drohung mit einem Übel und sprechen nicht von Gewalt und Drohung mit Gewalt bzw Zufügung eines empfindlichen Übels und Drohung mit einem empfindlichen Übel.[31] Die Tatbestände benennen vielmehr mit Gewalt und Drohung zwei bedeutungsverschiedene Handlungen und nicht die Zufügung und Androhung eines jeweils identischen Übels. Das durch die Drohung in Aussicht gestellte Übel entspricht also nicht (notwendig) der Gewalt, sondern die Androhung des Übels wird in ihrer freiheitsbeeinträchtigenden Wirkung der Gewalt gleichgestellt.

---

22   Vgl BVerfG NStZ-RR 2000, 297; NJW 2002, 1031 f m. Sondervoten *Haas* und *Jaeger/Bryde* ebda., und Bespr. *Sinn* NJW 2002, 1024 f; BGHSt 44, 34 (39 f) m.Anm. *Martin* JuS 1998, 957 f; *Otto* NStZ 1998, 513 f.

23   BGHSt 41, 182 ff m.Bespr. *Amelung* NStZ 1996, 230 f; *Hoyer* JuS 1996, 200 ff; *Hruschka* NJW 1996, 160 ff; vgl ferner BGH NJW 1995, 2862; NStZ 1995, 593; bestätigt durch BVerfG StraFo 2011, 180 m.Bespr. *Sinn* ZJS 2011, 283 ff.

24   Vgl § 12 Rn 43 ff.

25   Krit. Überblick bei *Herzberg* GA 1997, 251 (254 ff); *Huhn*, Nötigende Gewalt mit und gegen Sachen, 2007, 52 ff; *Paeffgen* Grünwald-FS 433 ff.

26   S/S-*Eser/Eisele* Vor § 234 Rn 10; vgl auch W/H/E-*Hettinger* Rn 433 ff mit deliktsbezogenen Differenzierungen.

27   *Huhn*, Nötigende Gewalt mit und gegen Sachen, 2007, 126; *Otto* § 27/14 mwN; vgl L-Kühl-*Heger* § 240 Rn 10.

28   Vgl *Hruschka* JZ 1995, 737 (744); *Köhler* NJW 1983, 10 ff; *Paeffgen* Grünwald-FS 433 (463 f); *Wolter* NStZ 1985, 245 (248).

29   *Fischer* § 240 Rn 25; *Geppert* Jura 2006, 31 (35 f); vgl auch RGSt 20, 354 ff; 27, 405 f; OLG Frankfurt StV 2007, 244 (246 ff) m.Anm. *Gercke* und Bespr. *Jahn* JuS 2006, 943 ff; ausf. *Huhn*, Nötigende Gewalt mit und gegen Sachen, 2007, 137 ff, 198 ff.

30   *Knodel*, Der Begriff der Gewalt im Strafrecht, 1962, 54 ff; SK-*Wolters* § 240 Rn 9.

31   Vgl auch § 106 im Verhältnis zu § 105, hierzu SK-*Sinn* § 106 Rn 3.

c) **Verletzung garantierter Rechte:** Einer rein normativen Definition zufolge sollen dem 18
Gewaltbegriff alle Verletzungen garantierter Rechte des Opfers unterfallen. Zu den garantierten Rechten werden neben allen absoluten Rechten auch deren funktionale
Äquivalente und das jedermann zustehende Recht auf Gemeingebrauch gezählt.[32]
Dementsprechend umfasst der Gewaltbegriff auch List und Drohung, soweit durch
diese Vorgehensweisen garantierte Rechte verletzt werden. Somit ist nach dieser Ansicht in den **Fällen 1 und 2** jeweils die Anwendung von Gewalt zu bejahen.

Kritik: Mit dieser Definition wird jedoch der Gewaltbegriff aufgelöst. Er ist dann nur 19
noch eine inhaltsleere Formel für alle möglichen Verletzungen von Individualrechtsgü-
tern des Besonderen Teils einschließlich der Beleidigung und Unterschlagung. Die systematischen Abgrenzungen der Delikte nach den Tatmodalitäten der Täuschung, Drohung und Gewalt wären überflüssig. Die durchaus begründete Abkehr von den Zufälligkeiten der Tatausführung und der Opferbefindlichkeit darf nicht zu einer Preisgabe
des verhaltensgebundenen Charakters der Delikte führen, der insbesondere bei der Gewalt mit der Körperlichkeit des Angriffs unauflösbar zusammenhängt.
Ideelle Güter wie die Ehre können daher nicht Bezugspunkt von Gewalt sein. Außerdem entfällt bei dem normativen Ansatz die durchaus sinnvolle Möglichkeit der Differenzierung zwischen erlaubter und verbotener Gewaltanwendung. Erlaubte Verhaltensweisen sind nach dieser Ansicht – mangels Rechtsverletzung – schon tatbestandlich
keine Gewaltakte, da es „erlaubte Gewalt" bereits begrifflich nicht geben kann.[33]

3. Funktionale Begriffsbestimmung. Die Kritik der Definitionen in Rechtsprechung 20
und Literatur hat zum einen ergeben, dass Gewalt nicht rein normativ interpretiert
werden kann, wenn es sachliche Unterschiede zwischen den einzelnen Tatmitteln der
Freiheitsbeeinträchtigung geben soll. Auf der anderen Seite wird das Kriterium der
körperlichen Zwangs*wirkung* weder von der Rechtsprechung ernst genommen noch ist
es sachgerecht: Es gibt keinen Grund, das Einsperren einer Person, die sich in ihr
Schicksal fügt und keine (vergeblichen) Ausbruchsversuche, die sie körperlich spürt,
unternimmt, nicht als Gewaltanwendung anzusehen. Daher ist der Begriff der Gewalt
von seiner Funktion im StGB her zu bestimmen. Er muss zum einen neben den Tatmitteln der List und der Drohung einen eigenständigen Anwendungsbereich haben. Zum
anderen müssen solche Freiheitsbeeinträchtigungen, die das Strafgesetz selbst als typische Formen der Gewaltanwendung tatbestandlich erfasst, auch dem allgemeinen Gewaltbegriff unterfallen.

- Als Kriterium zur Abgrenzung der Gewalt von List und Drohung, die unterschiedli- 21
  che Formen der intellektuellen und psychischen Beeinflussung des Opfers darstellen,
  ist für die Gewalt die **körperliche Einwirkung** kennzeichnend: Während Drohung
  und Täuschung auf Vorstellung und Psyche des Opfers bezogen sind, schränkt Gewalt die körperliche Bewegungs- und Entfaltungsfreiheit ein oder hebt sie auf. Dieses Moment der Körperlichkeit ist auch in der umgangssprachlich vorgegebenen
  und verfassungsrechtlich zu beachtenden (Art. 103 Abs. 2 GG) Bedeutung des
  Worts „Gewalt(akt)" enthalten. Symbolisch vermittelte Verletzungen wie etwa Beleidigungen lassen sich nicht als Gewaltakte bezeichnen.[34]

- Als **typische Formen der Gewaltanwendung** kommen insbesondere Tötungs- und 22
  Körperverletzungsdelikte, Freiheitsberaubung und Sachbeschädigung in Betracht.

---

32 *Jakobs* Kaufmann, H.-GS 791 (799 ff); *Timpe*, Die Nötigung, 1989, 72 ff, 89 ff, 110 ff.
33 *Jakobs* Kaufmann, H.-GS 791 (799).
34 Vgl auch *Hruschka* NJW 1996, 160 (161); aA *Lesch* JA 1995, 889 (896), der allerdings den Gewaltbegriff nicht
  auf Gewaltakte beschränkt.

Insoweit lassen sich die Delikte der §§ 212, 223, 239, 303 als spezifische gesetzlich umschriebene Gewaltanwendungen bezeichnen. Es gibt keine Form der „gewaltlosen" Tötung, Körperverletzung, Einsperrung oder Sachbeschädigung, und zwar völlig unabhängig vom jeweiligen Aufwand an körperlicher Kraft: Erdolchen und Vergiften sind gleichermaßen Gewaltakte. Die in den einzelnen Tatbeständen jeweils spezifisch vor körperlichen Eingriffen geschützten Güter sind zugleich Güter, welche die räumlich-körperliche Entfaltung einer Person ermöglichen, insbesondere Leib, Leben, Bewegungsfreiheit und Sachen, also körperliche Güter.

23   Werden diese beiden Kriterien zusammengefasst,[35] so lässt sich Gewalt wie folgt **definieren:**

- ▪ Gewalt – als freiheitsbeschränkender Gewaltakt – ist jede physische Beeinträchtigung körperlicher Güter.

24   In diesem Sinne bezieht sich die Gewalt auf die **physische Beeinträchtigung** von (körperlichen) Gütern, und zwar gleichermaßen hinsichtlich der (verhaltensgebundenen körperlichen) Vorgehensweise wie der Einwirkung auf das Gut selbst. Diese Definition deckt sich weitgehend mit derjenigen der Rechtsprechung, verzichtet aber auf das Moment der körperlich spürbaren Zwangswirkung, so dass auch beliebige Sachbeschädigungen oder das Einsperren einer (sich nicht wehrenden) Person als Akte der Gewaltanwendung anzusehen sind.

II. Formen der Gewalt

▶ **Fall 3:** A fesselt den B an einen Baum. ◀

▶ **Fall 4:** C zwingt den D, zur Seite zu gehen, weil D nur so den Schlägen des C ausweichen kann. ◀

▶ **Fall 5:** E sperrt den F ein, um diesen zur Unterzeichnung eines Schecks zu veranlassen. ◀

▶ **Fall 6:** Ehemann M befreit seine vom Einbrecher D gefesselte Frau O nicht, weil er der Auffassung ist, O stehe ihm bei der Aufklärung des Einbruchs und der Veranlassung weiterer Schritte nur im Wege. ◀

25   Zwei Formen der Gewalt lassen sich unterscheiden: die absolute und die kompulsive Gewalt. Diese Differenzierung ist zwar ohne Bedeutung für die Tatbestandsmäßigkeit des eingesetzten Tatmittels, dient aber der präzisen sprachlichen Benennung und Charakterisierung von Gewalt.

26   **1. Absolute Gewalt.** Bei der absoluten Gewalt (vis absoluta) schneidet der Täter dem Opfer faktisch die Möglichkeit ab, **eine bestimmte Verhaltensalternative** zu ergreifen.[36] Der Täter wirkt auf das Opfer so ein, dass dieses entweder erst gar keinen entsprechenden Willensentschluss fassen kann oder einen bereits gefassten Willensentschluss nicht in die Tat umzusetzen vermag. In Fall 3 wendet A insoweit absolute Gewalt an, als er dem B völlig die Möglichkeit nimmt, sich von dem Baum wegzubewegen. Weiteres Beispiel: Das Opfer verliert durch einen Schlag auf den Kopf das Bewusstsein. Da dem Opfer bei der vis absoluta eine Verhaltensmöglichkeit absolut abgeschnitten wird, also unabhängig davon nicht mehr realisiert werden kann, ob das Opfer sich in dieser Weise verhalten will oder nicht, spielt es bei dieser Form der Gewalt keine Rolle, ob

---

35   Vgl auch NK-*Kindhäuser* Vor § 249 Rn 16.
36   *Valerius* HdS IV § 5 Rn 65.

das Opfer den Verlust der Verhaltensalternative wahrgenommen hat. Wenn das Opfer zB in ein Zimmer eingesperrt wird, ist dies auch absolute Gewalt, wenn es das Einschließen nicht bemerkt hat. Denn die Möglichkeit, das Zimmer zu verlassen, ist dem Opfer genommen.

2. Kompulsive Gewalt. Bei der kompulsiven Gewalt (vis compulsiva) zwingt der Täter 27 das Opfer durch einen Angriff auf dessen Güter, eine ungewollte Verhaltensalternative zur Abwendung dieses Angriffs zu ergreifen. So muss D in **Fall 4** zur Seite gehen, um den Schlägen des C auszuweichen. Anders als bei der absoluten Gewalt ist dem Opfer bei der vis compulsiva eine Verhaltensalternative faktisch nicht völlig genommen. Es befindet sich nur in einer Situation, in der es durch die Abwendung des Angriffs angemessen reagiert. In **Fall 4** könnte D den Schlägen standhalten und nicht zur Seite gehen, aber er nimmt den Verlust der Freiheit, dort zu bleiben, wo er sich befindet, in Kauf, um den Verlust an körperlicher Unversehrtheit durch die Schläge zu vermeiden.

Kompulsive Gewalt wird m.a.W. **durch das Schaffen einer Gefahr** ausgeübt, deren 28 Realisierung das Opfer durch Nachgeben verhindert. Daher können auch gefährliche Verhaltensweisen im Straßenverkehr als Anwendung kompulsiver Gewalt angesehen werden, zB dichtes Auffahren auf der Autobahn zur Erzwingung eines Überholvorgangs,[37] Schneiden nach einem Überholvorgang, überraschendes Abbremsen[38] oder Zufahren auf Menschen, um diese zum Ausweichen zu zwingen.[39] Kompulsive Gewalt kann auch in der Beeinträchtigung von eigenen oder gemieteten Sachen des Opfers liegen, um dieses zu schadensabwehrenden Handlungen zu veranlassen. Man denke etwa an das Aushängen von Fenstern oder das Abschalten der Heizung, um Mieter aus der Wohnung zu treiben.[40]

3. Unterscheidung. Die Unterscheidung zwischen vis absoluta und vis compulsiva betrifft weniger die Art und Weise der Ausführung des Gewaltakts als vielmehr dessen **Zweck**. So kann ein und derselbe Gewaltakt absolut oder kompulsiv eingesetzt werden, je nachdem, ob der Täter seinen Zweck unmittelbar selbst oder mittelbar durch den Genötigten erreichen will. In **Fall 5** ist der Gewaltakt, das Einsperren, absolut hinsichtlich der Möglichkeit, das Zimmer zu verlassen, und kompulsiv hinsichtlich der Unterzeichnung des Schecks. Dementsprechend handelt der Täter hinsichtlich der Einschränkung der Bewegungsfreiheit als **unmittelbarer Täter** und hinsichtlich der Scheckunterzeichnung als **mittelbarer Täter** durch das Opfer als Werkzeug.

4. Unterlassen. Gewalt kann durch ein Unterlassen in Garantenstellung ausgeübt werden.[41] Beispielhaft hierfür ist **Fall 6**, in dem es M als Garant unterlässt, seine Ehefrau O zu befreien.

---

37 BGHSt 19, 263 ff; BGH NStZ-RR 2006, 280 f; OLG Düsseldorf NJW 1996, 2245; ausf. zur Nötigung im Straßenverkehr: *Maatz* NZV 2006, 337 (339 ff); vgl zur Gewalt bei dichtem, bedrängendem Auffahren auch BVerfG NJW 2007, 1669 f; krit. *Bosch* JA 2007, 661; *Huhn* DAR 2007, 287 ff.
38 OLG Stuttgart NJW 1995, 2647 f; drastisches Reduzieren der Geschwindigkeit OLG Celle VRS 116, 110 ff.
39 Vgl auch OLG Düsseldorf DAR 2007, 713 (714); OLG Hamm NStZ 2009, 213; *Eisele* JA 2009, 698 ff; *Maatz* NZV 2006, 337 (339 ff). Die Einwirkung auf andere Verkehrsteilnehmer muss der Zweck und nicht die bloße Folge eines nötigenden Handelns sein, so dass „bloß" rücksichtsloses Überholen nicht genügt.
40 OLG Hamm NJW 1983, 1505.
41 S/S-*Eser/Eisele* Vor § 234 Rn 20; *Fischer* § 240 Rn 22; zum Meinungsstand *Huhn*, Nötigende Gewalt mit und gegen Sachen, 2007, 131.

C. Drohung

I. Begriff

31   ■ Drohung ist die Ankündigung eines Übels, dessen Zufügung der Täter als von seinem Willen abhängig darstellt.[42]

32   Die Drohung muss nach dem Willen des Täters zur Kenntnis des Bedrohten gelangt sein und von diesem als Übelsankündigung verstanden und ernstgenommen werden.

1. Form

▶ **Fall 7:** In einem Gespräch äußert X gegenüber Y, er werde ihn verprügeln, wenn dieser ihm nicht ein Geschäftsgeheimnis verrate. X hat hierbei einen ernsten Gesichtsausdruck, glaubt aber, seine Äußerung sei ohne Weiteres als Spaß zu verstehen. Y nimmt jedoch die „Drohung" ernst und beginnt, das Geheimnis auszuplaudern. X unterbricht ihn nicht, obgleich er das Missverständnis hinsichtlich der Drohung bemerkt. ◀

33   Die Drohung kann **ausdrücklich, konkludent oder in Andeutungen** ausgesprochen werden.[43] Bei der Auslegung sind alle relevanten Umstände der Tatsituation zu berücksichtigen. Ausreichend ist es, dass das Opfer selbst eine Übelszufügung und die Möglichkeit ihrer Abwendung zur Sprache bringt und der Täter sich diesen „Vorschlag" zu Eigen macht.[44]

34   Der Täter kann – bei entsprechender Garantenstellung – auch **durch Unterlassen** drohen. So ist X in **Fall 7** aufgrund der Drohung objektiv Garant aus Ingerenz, auch wenn er sie zunächst nur spaßeshalber ausgesprochen hat. Da X diese Äußerung (vorsätzlich) nicht zurücknimmt, nachdem er ihren Charakter als von Y ernst genommene Übelsandrohung erkannt hat, begeht er eine (vorsätzliche) Drohung durch Unterlassen.

35   Die Drohung kann unter der **Bedingung** ausgesprochen werden, dass die Zufügung des angekündigten Übels vom Eintritt oder Nichteintritt eines bestimmten Umstands abhängen soll. Allerdings kann die Ernstlichkeit der Drohung bei zunehmender Ungewissheit des Eintritts der Bedingung zweifelhaft werden.

36   **2. Realisierung.** Für die Drohung ist es weder erforderlich, dass der Täter subjektiv die Drohung in die Tat umsetzen will, noch ist es von Belang, ob die Gefahr überhaupt objektiv eintreten kann.[45] Es genügt, wenn die Drohung – wie in **Fall 7** – **objektiv** den **Eindruck der Ernstlichkeit** erweckt. Daher kann eine Drohung auf Täuschung beruhen oder die Wirkung der Drohung durch List verstärkt werden.[46] Exemplarisch: Der Täter spiegelt den Eltern vor, er habe ihr entführtes Kind in seiner Hand.[47]

37   Teils wird nur verlangt, dass das Opfer nach der Tätervorstellung die Drohung ernst nehmen soll. Dagegen sei es für die Drohung ohne Belang, ob und wie der Adressat sie tatsächlich versteht.[48] Dem steht jedoch entgegen, dass eine Drohung, die der Adressat

---

42   HM, vgl nur RGSt 54, 236 f; BGHSt 23, 126 (127 f); *Küpper/Börner* I § 3/51; *Perron/Bott/Gutfleisch* Jura 2006, 706 (707); LK-*Vogel* § 249 Rn 13; aA *Jakobs* Peters-FS 69 (84 f); *Puppe* JZ 1989, 596 ff: keine Abhängigkeit vom Täterwillen; MK-*Sinn* § 240 Rn 74.

43   BGHSt 7, 252 (253); BGH NJW 1989, 1289; 1996, 2663; NStR-RR 2015, 373 (374); W/H/E-*Hettinger* Rn 453.

44   BGH bei *Dallinger* MDR 1952, 408.

45   BGH NJW 1996, 2663; *Küper* Jura 1983, 206 (207); *Küpper/Börner* I § 3/52.

46   Zur Abgrenzung von Drohung und Täuschung, relevant vor allem für das Verhältnis von §§ 253 und 263, vgl *Geilen* Jura 1980, 43 (48); NK-*Kindhäuser* § 253 Rn 50.

47   BGHSt 23, 294 ff m.Anm. *Küper* NJW 1970, 2253 f.

48   BGHSt 26, 309 (310 ff); BGH NJW 1976, 976; *Schünemann* JA 1980, 349 (351).

überhaupt nicht als solche versteht, auch keine der Gewalt vergleichbare Nötigungs-wirkung entfalten kann. Während die Gewalt unabhängig davon, wie das Opfer den Kausalverlauf einschätzt, physisch wirkt, hängt das Gelingen der Drohung als einer Er-klärung notwendig von ihrem Bedeutungsverständnis durch den Adressaten ab. Exem-plarisch: Wenn A auf B schießt und ihn verletzt, spielt es für den Gewaltcharakter die-ser Handlung keine Rolle, ob B das Gewehr für scharf geladen hielt oder nicht. Kün-digt A dagegen nur an, auf B zu schießen, kann diese Äußerung überhaupt nur psy-chisch auf B wirken, wenn er das Gewehr für scharf geladen und den A für tatbereit hält. Daher ist es für eine Drohung erforderlich, dass das **Opfer** die Gefahr – zumin-dest im Sinne eines Für-möglich-Haltens – **ernst nimmt**.[49]

Wie das Opfer auf die – als ernstgemeinte Übelsankündigung verstandene – Drohung reagiert, ob es sie in den Wind schlägt oder im Sinne des Täters reagiert, ist dagegen für den tatbestandsmäßigen Vollzug der Drohungshandlung nicht mehr relevant. Die Reaktion des Opfers im Sinne des Täterverlangens ist vielmehr der von der Handlung zu unterscheidende Nötigungserfolg. | 38

3. Abgrenzungen. a) Übel der Drohung: Bei der Drohung sind das in Aussicht gestellte Übel (das angedrohte Übel, das im Tatbestand erwähnt wird) und das Übel der Ankün-digung jenes Übels (das Übel der Drohung) zu unterscheiden. Der **Zwangscharakter** der Drohung liegt in der Ankündigung. Denn nicht das in Aussicht gestellte Übel, son-dern seine Inaussichtstellung soll das Opfer dazu zwingen, sich im Sinne des Täters zu verhalten. Insoweit ist auch die Drohung schon eine **gegenwärtige Einflussnahme** auf die persönliche Freiheit des Opfers. | 39

b) Drohungszweck: Das angedrohte Übel ist ferner von dem mit der Drohung be-zweckten Erfolg abzugrenzen und darf nicht etwa mit diesem gleichgesetzt werden. So ist bei der Nötigung auch das abgenötigte Verhalten („Handlung, Duldung, Unterlas-sung") ein Übel, das jedoch nicht mit dem Übel, durch dessen Androhung dieser Erfolg gerade herbeigeführt werden soll, identisch ist. Daher liegt im Versperren einer Straße durch eine Sitzblockade keine (nötigende) Drohung mit einem Übel: Zum einen ist das Verhindern des Weiterfahrens („Unterlassen") der erstrebte Nötigungserfolg; zum an-deren stellen die Demonstranten den Eintritt des hier in Aussicht gestellten Übels (Überfahrenwerden) nicht als von ihrem Willen abhängig dar.[50] | 40

c) Qualifizierte Drohungen: Das angedrohte Übel wird häufig nicht näher umschrie-ben. Es muss nur „empfindlich" sein.[51] Einige Tatbestände verlangen dagegen be-stimmte („qualifizierte") Formen des Drohungsübels,[52] zB eine Gefahr für Leib oder Leben. | 41

d) Warnung: Von der Warnung (oder dem gutgemeinten Rat) unterscheidet sich die Drohung insbesondere dadurch, dass der Täter bei letzterer den Eintritt des angekün-digten Übels als von seinem Willen abhängig darstellt.[53] Eine Drohung ist auch gege-ben, wenn der Täter die Übelszufügung durch einen Dritten in Aussicht stellt, sofern er vorgibt, auf dessen Willen entscheidenden Einfluss zu haben.[54] Mit einer Warnung | 42

---

49 RGSt 2, 286; 3, 262 (263); BGHSt 16, 386 (387 f.); 23, 294 (295 f.); NK-*Kindhäuser* Vor § 249 Rn 24; LK-*Vogel* § 249 Rn 19.
50 Vgl auch M/R-*Eidam* Rn 47; *Schroeder* Meurer-GS 237 (238 f, 241 f); aA *Herzberg* GA 1996, 557 (558); *ders.* GA 1998, 211.
51 Vgl §§ 108, 240, 253.
52 Vgl §§ 81, 107, 113, 177, 241, 249, 252, 255; dazu *Blanke*, Das qualifizierte Nötigungsmittel der Drohung mit gegenwärtiger Gefahr für Leib oder Leben, 2007.
53 BGH NStZ 2009, 693 (693); aA *Puppe* JZ 1989, 596 ff; ausf. *Küper* Puppe-FS 1217 ff.
54 OLG Frankfurt MMR 2006, 547 (550) m.Bespr. *Jahn* JuS 2006, 943 ff; *Geppert* Jura 2006, 31 (36).

145

wird demgegenüber lediglich auf eine unabhängig vom Willen des Sprechers eintretende Folge eines bestimmten Verhaltens hingewiesen. Wer etwa einen Parkplatz dadurch ergattert, dass er demjenigen Fahrer, der vor ihm in den Parkplatz gefahren ist, ein Unwetter mit starkem Hagelschauer vorhersagt und ihn so zum Wegfahren veranlasst, spricht eine Warnung, aber keine Drohung aus.[55]

II. Verhältnis zur Gewalt

43 Drohung und Gewalt unterscheiden sich dadurch, dass bei der **Gewalt** die **Übelszufügung** bereits **gegenwärtig** ist, während bei der **Drohung** das maßgebliche Übel erst in der **Zukunft** eintreten soll.[56] Obwohl sie an sich verschiedene Nötigungsmittel sind, können sie aber in mehrfacher Hinsicht aufeinander bezogen sein. Sie stehen auch in **keinem Exklusivitätsverhältnis** zueinander:[57]

- ■ Zunächst kann die Drohung beim Opfer zu **psychosomatischen Reaktionen** führen (zB Zittern, Angstschweiß, Herzattacken), ohne dass dadurch die Drohung in Gewalt umschlüge.[58]

- ■ Ferner können Gewalt und Drohung dergestalt miteinander verzahnt sein, dass **in der Gewaltanwendung** die **konkludente Drohung** liegt, mit der Gewaltanwendung fortzufahren, bis sich das Opfer fügt.[59] In Fällen dieser Art schlägt Gewalt nicht in Drohung um, sondern der Täter verwirklicht beide Nötigungsmittel zugleich.

- ■ Schließlich kann ein und dasselbe Verhalten **zugleich Gewalt- und Drohungscharakter** haben. So kann das Verhalten einerseits physisch Gewaltanwendung und andererseits symbolisch Drohung sein.[60] Exemplarisch: Der Täter versperrt physisch einen Ausgang (= Gewalt) und droht durch seine aggressive Haltung Schläge für den Fall eines Ausbruchsversuchs an. In solchen Situationen wendet der Täter Gewalt und Drohung an, ohne dass es erforderlich wäre, danach zu differenzieren, ob das Opfer durch den Gewalt- oder den Drohungscharakter des Verhaltens dominant motiviert wird.[61]

III. Mehrpersonenverhältnisse auf der Opferseite

▶ **Fall 8:** T droht den Eltern E die Tötung ihres von ihm entführten Kindes an, wenn sie nicht das geforderte Lösegeld zahlen. ◀

44 Die Person, an die sich die Drohung richtet (= **Adressat**), muss nicht mit der Person, der das angekündigte Übel zugefügt werden soll (= **Gefährdeter**), identisch sein. In **Fall 8** sind die Eltern Adressaten der Drohung, während das Kind – als Opfer des angedrohten Übels – Gefährdeter ist.

45 In einem solchen Fall der Dreiecksdrohung ist der Adressat als **Genötigter** anzusehen, wenn sein dem Gefährdeten helfendes Verhalten aufgrund der Drohung zu erwarten ist.

55 Vgl LK-*Altvater* § 240 Rn 38.
56 BVerfGE 73, 237, 243; S/S-*Eisele* Vor § 234 Rn 6.
57 In der Gesetzesgeschichte wurde der Nötigungstatbestand teils nur unter Bezugnahme auf die Drohung, teils nur unter Bezugnahme auf kompulsive Gewalt formuliert, vgl *Hruschka* JZ 1995, 737.
58 Vgl dagegen BGHSt 23, 126 (127 f).
59 BGH NJW 1984, 1632; NStZ 1986, 409; *Schünemann* JA 1980, 349 (350 f); LK-*Vogel* § 249 Rn 13 f.
60 Vgl auch BGHSt 23, 46 (54).
61 AA *Geilen* JZ 1970, 521 (527 f); LK-*Vogel* § 249 Rn 13.

Dass der Adressat einer Drohung nicht derjenige sein muss, dem der Täter das ange- 46
kündigte Übel zufügen will, ist allgemein anerkannt. In den einschlägigen Konstellationen wird dem Drohungsadressaten vom Täter die Möglichkeit eingeräumt, die angekündigte Übelszufügung zulasten eines Dritten durch ein bestimmtes Verhalten abzuwenden. So sollen in **Fall 8** die Eltern die Gefährdung des Kindes durch die Zahlung
des Lösegeldes abwenden. Zu klären ist nur die Frage, ob der Adressat und der Gefährdete in einem bestimmten Verhältnis zueinander stehen müssen, damit der Adressat selbst als Opfer der Nötigung angesehen werden kann.

■ Die hM bejaht die Möglichkeit einer Nötigung trotz Auseinanderfallens von Adres- 47
sat und Gefährdetem, wenn der Adressat selbst durch die Ankündigung der Übelszufügung zulasten des Dritten (psychisch) unter Druck gesetzt wird. Ein solcher
Zwang wird unter der Voraussetzung angenommen, dass das **Wohl des Dritten für
den Drohungsadressaten von Bedeutung** ist.[62] Teilweise wird noch einschränkend
verlangt, dass der Gefährdete für den Adressaten eine „Sympathieperson"[63] sein
müsse.

■ Die individuelle Psychologie zwischenmenschlicher Beziehungen (subjektive Bedeu- 48
tung, Sympathie usw.) taugt jedoch schon deshalb nicht als Grundlage rechtlicher
Zurechnung, weil die Abwendung der Gefahr für den Genötigten rechtlich geboten
sein kann. Dies ist etwa der Fall, wenn – wie in **Fall 8** – die Voraussetzungen einer
Garantenstellung oder des § 323c zugunsten des Gefährdeten gegeben sind. Hier
muss der Nötigungsadressat unabhängig davon, ob ihm das Wohl des Gefährdeten
am Herzen liegt, helfend eingreifen. Es muss daher bei Mehrpersonenverhältnissen
ausreichend sein, dass die Gefahrabwendung für den Nötigungsadressaten ein
rechtlich verständliches Motiv ist, also unter den gegebenen Umständen erwartet
werden kann.[64]

WIEDERHOLUNGS- UND VERTIEFUNGSFRAGEN

> Was ist unter List zu verstehen? (Rn 2 f)

> Welche Entwicklung nahm der Gewaltbegriff in der Rechtsprechung? (Rn 5 ff)

> Was sind die maßgeblichen Definitionen des Gewaltbegriffs in der Literatur? (Rn 14 ff)

> Welche Formen der Gewalt werden unterschieden? (Rn 24 ff)

> Was ist unter einer Drohung zu verstehen? (Rn 31 ff)

> Setzt eine Drohung voraus, dass der Drohende das in Aussicht gestellte Übel tatsächlich
realisieren will und/oder kann? (Rn 36)

> Wie verhalten sich Drohung und Gewalt zueinander? (Rn 43)

> Muss der Adressat der Drohung auch derjenige sein, dem das angedrohte Übel zugefügt
werden soll? (Rn 44 ff)

---

62 BGH NStZ 1995, 498 m.Anm. *Mitsch*: keine Dreieckserpressung, wenn der Genötigte den Vermögensinteressen des Geschädigten gleichgültig gegenübersteht; vgl auch RGSt 17, 82 (83); BGHSt 16, 316 (318); BGH NStZ
   1985, 408; 1987, 222 (223); 1994, 31; LK-*Herdegen*, 11. Aufl., § 249 Rn 11; *Küper* Jura 1983, 206 (207), jew. mwN.
63 *Binding* I 91; *Frank* § 253 Anm. II 2; M-Schroeder/*Maiwald* I § 42/24.
64 Die Problematik entspricht derjenigen der Haftung des Täters für das Eingreifen eines Retters im Rahmen
   der objektiven Zurechnung, vgl *Kindhäuser* LPK Vor § 13 Rn 152 ff.

§ 13 Nötigung (§ 240)

A. Allgemeines

1 Der Tatbestand der Nötigung entstand im Gefolge der Philosophie der **Aufklärung,** als zu Beginn des 19. Jahrhunderts auch die allgemeine bürgerliche Freiheit vor rechtswidrigem Zwang geschützt werden sollte. In Anlehnung an die Partikularstrafgesetzbücher des 19. Jahrhunderts sowie in Fortentwicklung des Römischen Rechts (crimen vis) wurde in das RGStGB von 1871 ein § 240 eingefügt, der die Nötigungsmittel „Gewalt" und „Bedrohung mit einem Verbrechen oder Vergehen" enthielt. Im Nationalsozialismus wurde die Drohung auf das empfindliche Übel ausgedehnt und außerdem die Rechtswidrigkeit der Tat an einen Widerspruch gegen „das gesunde Volksempfinden" geknüpft, was insoweit 1953 durch die Beurteilung der Tat als „verwerflich" bereinigt wurde.[1]

I. Schutzzweck

2 Das Nötigungsverbot schützt die **Freiheit der Willensbildung und Willensbetätigung**[2] – also die Entscheidungsfreiheit – einer Person[3] bei der Disposition über ihre Güter: Nötigung ist die widerrechtliche Anmaßung, über fremdes Verhalten zu entscheiden.

3 ■ Nach hM ist jedes Verhalten, durch das psychischer Druck auf eine Person ausgeübt oder ihr physisch die Möglichkeit der Willensbildung oder -betätigung genommen wird, ein (potenzieller) Angriff auf das Rechtsgut der persönlichen Freiheit. Allerdings ist dieser Angriff erst dann widerrechtlich, wenn er – nach sozialethischen Maßstäben – als verwerflich anzusehen ist.

4 ■ Dieser Ansatz lässt sich in analoger Anwendung der Regeln der unmittelbaren und mittelbaren Täterschaft präzisieren: Nötigung bedeutet, eine andere Person **gegen deren Willen zu einem bestimmten Verhalten** (Handlung, Duldung oder Unterlassung) **zu veranlassen.** Gegen den Willen des Opfers erfolgt das Verhalten, wenn dieses normativ nicht dem Opfer selbst, sondern dem Täter zuzurechnen ist. Dies kann zum einen dadurch geschehen, dass der Täter den Willen des Opfers – etwa durch Betäubung oder Einsperren – faktisch ausschaltet. In diesen Fällen ist der Täter selbst „unmittelbarer Täter" des Opferverhaltens. Zum anderen ist der Täter für das Opferverhalten zuständig, wenn das Opfer nach den Kriterien der „mittelbaren Täterschaft" nur als Werkzeug des Täters handelt. Hier entscheidet sich zwar das Opfer selbst zu dem fraglichen Verhalten, ist jedoch bei der Entscheidung als unfrei anzusehen, weil es der Gewaltanwendung oder Übelsandrohung durch den Täter ausgesetzt ist.

5 ■ Eine in der Literatur vertretene Minderansicht sieht durch das Nötigungsverbot nicht die Entscheidungsfreiheit, sondern die rechtlich garantierte Verhaltensfreiheit als geschützt an.[4] Rechtsgut der persönlichen Freiheit sind nach dieser Lehre die

---

1 Lehrreich zur Historie LK-*Altvater* § 240, vor Rn 1; *Jakobs* JuS 2017, 98.
2 HM, vgl nur BVerfGE 73, 206 (237); RGSt 48, 346 (347); BGHSt 1, 84 (87); L-Kühl-*Heger* § 240 Rn 1; *Huhn,* Nötigende Gewalt mit und gegen Sachen, 2007, 35; *Rengier* II § 23/1; *Roxin* JuS 1964, 373 (374); *Valerius* HdS IV § 5 Rn 19; krit. *Sinn* JuS 2009, 577 (578 f).
3 Nach der Neufassung des § 240 I durch das 6. StRG ist die Nötigung jedoch auf „Menschen" (= natürliche Personen) beschränkt, näher hierzu *Wallau* JR 2000, 312 ff.
4 *Jakobs* Peters-FS 69; *ders.* Kaufmann, H.-GS 791; *ders.,* JuS 2017, 100; *Timpe,* Die Nötigung, 1989, 27 ff; abl. MK-*Sinn* § 240 Rn 5.

rechtlich garantierten Freiheiten einer Person. Demnach kann der Tatbestand nur durch ein Verhalten, durch das in verbotener Weise in die Rechte des Opfers eingegriffen wird, verwirklicht werden. Drohungen mit einem erlaubten Handeln sind diesem Ansatz zufolge nicht tatbestandsmäßig. Außerdem ist die Verwerflichkeitsklausel nach Abs. 2 bedeutungslos. Gegen dieses Verständnis der Nötigung spricht jedoch, dass es die – auch deliktssystematisch relevante – Differenzierung zwischen einem tatbestandsmäßigen Verhalten und dessen Bewertung als erlaubt oder verboten aufhebt. Exemplarisch: Wenn der Täter seinen Angreifer in einer Notwehrlage mit Gewalt zwingt, seine Waffe fallen zu lassen, begeht er nach hM eine Nötigung, die durch Notwehr gerechtfertigt ist. Die Mindermeinung kann dagegen die Verteidigung bereits begrifflich nicht als Nötigung erfassen, da die Abwehr erlaubt ist.

II. Instrumentalisierung des Opfers

Durch alle Straftaten, die sich gegen die Person richten, greift der Täter in die Entscheidungsfreiheit des Opfers über seine Güter ein. Insoweit können alle Straftaten gegen die Person als konkretisierte Nötigungen angesehen werden. Wem zB das Auto gestohlen wird, der ist in der Tat „genötigt", zu Fuß zu gehen oder sich anderer Fahrgelegenheiten zu bedienen. Doch dieses „abgenötigte" Verhalten überlässt der Täter beim Diebstahl (im Regelfall) der Autonomie des Opfers. Der Verlust der Möglichkeit, das eigene Fahrzeug benutzen zu können, ist eine von vielen weiteren faktischen Folgen des mit dem Diebstahl verbundenen Verlusts der Sachherrschaft. Für die spezifische Nötigung im Sinne von § 240 ist es dagegen kennzeichnend, dass der Täter das Opfer durch den Eingriff in dessen Freiheitssphäre zu einem **bestimmten Verhalten** veranlassen will. Der Täter setzt also bei der Nötigung das Opfer (im Sinne „unmittelbarer" oder „mittelbarer Täterschaft") als Mittel zu einem **bestimmten Zweck** ein. Er instrumentalisiert das Opfer.   6

III. Umfang

Die vom Nötigungsverbot geschützte Entscheidungsfreiheit umfasst die Freiheit der Willensbildung und die Freiheit der Willensbetätigung. Die **Freiheit der Willensbildung** (oder Dispositionsfreiheit) betrifft die Freiheit, Entscheidungen über eigenes Verhalten zu treffen, und kann sowohl dadurch beeinträchtigt werden, dass das Opfer – zB durch Betäuben – bereits seiner Fähigkeit, sich zu entscheiden, beraubt wird, als auch dadurch, dass das Opfer durch (psychischen) Zwang zu einem bestimmten Entschluss veranlasst wird.   7

Demgegenüber betrifft die **Freiheit der Willensausübung** (oder Handlungsfreiheit) die Freiheit, eine Entscheidung zu realisieren, und kann dadurch beeinträchtigt werden, dass dem Opfer – zB durch Einsperren oder gewaltsames Führen der Hand – eine oder mehrere Verhaltensalternativen gegen seinen Willen abgeschnitten werden.   8

B. Definitionen und Erläuterungen

Der **Tatbestand** verlangt als Tathandlung die Anwendung von Gewalt oder Drohung mit einem empfindlichen Übel. Taterfolg ist das durch diese Mittel erzwungene Handeln, Dulden oder Unterlassen des Opfers. Die subjektive Tatseite erfordert Vorsatz.   9

I. Nötigungshandlung

1. Gewaltanwendung

▶ **Fall 1:** A willigt aufgrund einer Täuschung in eine Narkose ein, die B zu einem Diebstahl ausnutzt. ◀

▶ **Fall 2:** Der Führer F des Blinden G wird niedergeschlagen, damit sich dieser mangels Orientierung nicht fortbewegen kann. ◀

10   ■ **Gewalt** ist (nach hM) körperlich wirkender Zwang durch die Entfaltung von Kraft oder durch sonstige physische Einwirkung, die nach ihrer Intensität und Wirkungsweise dazu geeignet ist, die freie Willensentschließung oder Willensbetätigung eines anderen zu beeinträchtigen.[5]

11   a) **Gegen den Willen:** Die Gewalt setzt begrifflich einen dem Willen des Opfers zuwiderlaufenden Eingriff in dessen Güter voraus. Insoweit entfällt bei einem Täterhandeln mit **Einverständnis** des Opfers der (objektive) Nötigungstatbestand. Nach hM soll dies auch bei einem durch Täuschung erschlichenen Einverständnis gelten.[6] In **Fall 1** begeht B demnach keine Nötigung, da A, wenn auch unter falschen Voraussetzungen, mit der Narkose einverstanden ist.

12   Für den entgegenstehenden Willen des Opfers genügt ein **genereller Abwehrwille**, so dass auch das Verbringen eines Bewusstlosen zu deliktischen Zwecken an einen abgelegenen Ort, um vorsorglich etwaige Hilferufe aussichtslos zu machen, als Gewaltanwendung anzusehen ist.[7]

13   b) **Einwirkung auf Dritte:** Die Gewalt kann auch durch Einwirkung auf Dritte ausgeübt werden. Die hM verlangt hierfür noch, dass die Einwirkung auf den Dritten **vom Nötigungsopfer selbst als Zwang empfunden** wird.[8] Demnach übt der Täter in **Fall 2** nötigende Gewalt gegen G aus, da dieser durch das Niederschlagen seines Führers F die von ihm gewollte Möglichkeit der Fortbewegung einbüßt. Weiteres Beispiel: Durch die Betäubung des Fahrers werden die Insassen eines Pkw festgehalten.

14   c) **Absolute Gewalt:** Nach einer im Schrifttum vertretenen Auffassung soll vis absoluta kein taugliches Nötigungsmittel sein.[9] § 240 wie auch § 253 verlangten ein Handeln, Dulden oder Unterlassen des Opfers, und dies setze die Möglichkeit voraus, eine Verhaltensalternative zu ergreifen. Gerade diese Möglichkeit werde dem Opfer bei der vis absoluta aber völlig genommen. Bei der absoluten Gewalt werde das alternativenlose Verhalten des Opfers nicht diesem, sondern dem Täter zugeschrieben und könne daher kein Verhalten sein, zu dem das Opfer genötigt werde.[10]

15   Doch schon das Wortlautargument erscheint fragwürdig: Das Wort „dulden" wird in der Umgangssprache auch zur Umschreibung von Verhaltensweisen verwandt, bei denen jemand eine Güterbeeinträchtigung hinnehmen muss, ohne sie verhindern zu kön-

---

5 Näher § 14 Rn 4 ff; dort auch zur Überflüssigkeit des Erfordernisses einer Zwangswirkung.
6 BGHSt 14, 81 (82); BGH NJW 1959, 1092; näher zu den Wirksamkeitsvoraussetzungen eines Einverständnisses *Kindhäuser* LPK Vor § 13 Rn 193 ff.
7 Vgl BGHSt 4, 210; 25, 237 (238).
8 Vgl RGSt 17, 82 (83); *Fischer* § 240 Rn 26; *Geppert* Jura 2006, 31 (32); *Huhn*, Nötigende Gewalt mit und gegen Sachen, 2007, 127 ff; *Küpper/Börner* I § 3/46; *Rengier* II § 23/43; vgl auch BGHSt 23, 126 (127): Gewalt gegen Dritte als Einwirken auf das körperliche Befinden des Beobachters.
9 Vgl schon *Wächter* GS 27 (1875), 161 (171): Gewalt nur vis compulsiva; umgekehrt *Binding* I 83 f: Gewalt nur vis absoluta.
10 *Hruschka* JZ 1995, 740 (742 ff); *ders.* NJW 1996, 160 (162); vgl auch *Köhler* NJW 1983, 10 (11 f); MK-*Sinn* § 240 Rn 61; Kritik bei *Herzberg* GA 1997, 251 (257 ff).

nen;[11] etwa „dulden", gefesselt zu sein oder geschlagen zu werden. Ein Verstoß gegen Art. 103 Abs. 2 GG ist daher nicht ersichtlich, zumal nicht zu erkennen ist, wie der Gesetzgeber den Tatbestand hätte anders formulieren sollen, um zum Ausdruck zu bringen, dass auch durch vis absoluta abgeschnittene Verhaltensweisen als abgenötigt anzusehen sind.

Ausschlaggebend ist jedoch, dass der Nötigungstatbestand nicht auf beliebige Handlungen des Opfers, sondern auf abgenötigte Verhaltensweisen verweist, also auf Situationen, in denen die Reaktion des Opfers als „unfrei" angesehen wird. Normativ gesehen ist daher bei den durch vis compulsiva veranlassten Handlungen das Opfer (im Innenverhältnis zum Täter) nicht in höherem Maße frei als bei absolut erzwungenen Verhaltensweisen. Jeweils muss der Nötigende das Verhalten des Opfers – entsprechend den Regeln der „unmittelbaren" oder „mittelbaren" Täterschaft – als normativ „eigenes" Verhalten verantworten.[12]   16

2. Drohung mit einem empfindlichen Übel

▶ **FALL 3:** Die 16-jährige Warenhausdiebin W wird von Kaufhausdetektiv K wegen des Diebstahls einer Umhängetasche im Wert von 60 Euro festgehalten. K droht der W, Strafanzeige zu erstatten, wenn sie nicht mit ihm schlafe.[13] ◀

▶ **FALL 4:** Dealer D stellt dem Drogensüchtigen S in Aussicht, ihm kein Rauschgift zu überlassen, falls jener nicht den T verprügelt. ◀

▶ **FALL 5:** In einer vereinsamten Gegend steht M bei strömendem Regen am Straßenrand und hofft, dass sie ein vorbeikommender Pkw-Fahrer mitnehmen werde. Tatsächlich kommt nach einer halben Stunde N vorbei. Dieser will sie jedoch nur dann bis zur nächsten Stadt mitnehmen, wenn sie bereit sei, mit ihm sexuell zu verkehren. ◀

a) **Drohung:** Eine Drohung ist die Ankündigung einer als vom Täterwillen abhängig dargestellten Übelszufügung.[14]   17

b) **Übel:**   18

aa) **Inhalt:** Die inhaltliche Bestimmung des angedrohten Übels hängt von der Definition des Rechtsguts ab: 19

■ Erblickt man den Zweck des Nötigungsverbots im Schutz der Entscheidungsfreiheit,[15] so kommt als Übel **jeder Nachteil** in Betracht, **der geeignet ist, das Opfer im Sinne des Täters zu lenken.**[16] Ein solcher Nachteil kann ein Eingriff in die Güter des Opfers selbst sein. Der Nachteil kann aber auch in der Beeinträchtigung der Güter eines Dritten liegen, sofern vom Nötigungsadressaten die Abwehr eines solchen Eingriffs zu erwarten ist.[17]   20

---

11 Vgl Rn 35.
12 Vgl Rn 4, ferner § 12 Rn 27.
13 Nach BGHSt 31, 195.
14 Näher § 12 Rn 31 ff.
15 Vgl Rn 1 ff.
16 Vgl BGH NStZ 1982, 287; *Bergmann*, Das Unrecht der Nötigung (§ 240 StGB), 1983, 127 ff; *Fischer* § 240 Rn 32 mwN.
17 So die hM, vgl § 12 Rn 41 f.

21 ▪ Wird der Zweck des Nötigungsverbots dagegen auf den Schutz der rechtlich garantierten Verhaltensfreiheit bezogen,[18] so kommt als drohungsrelevantes Übel **nur** ein **rechtswidriger Eingriff** in die Güter einer Person in Betracht.[19]

22 **bb) Erlaubtes Handeln:** Die unterschiedliche Bestimmung des Übels wirkt sich insbesondere bei der Frage aus, ob – wie in **Fall 3** – auch in der Ankündigung, ein erlaubtes Verhalten vorzunehmen, eine tatbestandsmäßige Drohung mit einem Übel liegen kann.

23 ▪ Wenn mit der Mindermeinung die tatbestandsmäßige Übelsandrohung auf rechtswidrige Eingriffe beschränkt wird, kann die Ankündigung, ein erlaubtes Verhalten vorzunehmen, nicht tatbestandsmäßig sein.[20] Demnach ist in **Fall 3** eine nötigungsrelevante Drohung zu verneinen, da K berechtigt ist, Strafanzeige zu erstatten. Diese Auffassung übersieht jedoch, dass auch die Wahrnehmung von Rechten in bestimmten Kontexten missbräuchlich[21] oder an die Einhaltung bestimmter förmlicher Verfahren gebunden sein kann.

24 ▪ Die hM hält die Drohung mit einem erlaubten Verhalten – wie in **Fall 3** – grds. für möglich.[22] Dies entspricht auch der gesetzlichen Wertung, da § 154c StPO die Möglichkeit einräumt, von der Verfolgung einer Straftat abzusehen, falls jemand mit der Offenbarung eben dieser Straftat – also einem erlaubten Verhalten – nach den §§ 240, 253 genötigt oder erpresst wird. Des Weiteren geht § 157 Abs. 1 von einer notstandsähnlichen Situation aus, wenn sich jemand der Strafverfolgung – also einem nach dem Legalitätsprinzip gebotenen Verhalten – ausgesetzt sieht. Zu beachten ist jedoch, dass die Androhung eines erlaubten Verhaltens nur dann als Nötigung strafbar ist, wenn dieses Mittel zur Erreichung des vom Täter erstrebten Erfolgs auch verwerflich im Sinne von § 240 Abs. 2 ist.[23]

25 **cc) Unterlassen gebotenen Verhaltens:** Die Ankündigung, eine Handlung zu unterlassen, ist unstr. eine Übelsandrohung, wenn die Handlung in der Erfüllung einer **Garantenpflicht** besteht. Entsprechendes muss auch für die Androhung der Verletzung einer Pflicht aus § 323c gelten.[24]

26 **dd) Unterlassen verbotenen Verhaltens:** Umgekehrt scheidet das Unterlassen eines verbotenen Verhaltens stets als nötigungsrelevantes Übel aus.[25] Durch die Ankündigung, ein verbotenes Verhalten zu unterlassen, kann die Entscheidungsfreiheit des Äußerungsadressaten nie in rechtlich relevanter Weise beeinträchtigt werden. Keine tatbestandsmäßige Drohung ist es daher, wenn in **Fall 4** D dem S in Aussicht stellt, ihm kein Rauschgift zu überlassen. Da der Erwerb von Rauschgift untersagt ist, kann es kein verbotener Eingriff in die Willensfreiheit sein, jemandem (aus welchem Grund auch immer) den Erwerb von Rauschgift vorzuenthalten.

27 **ee) Erlaubtes Unterlassen erlaubten Verhaltens:** Umstritten ist, ob auch mit dem erlaubten Unterlassen eines erlaubten Verhaltens gedroht werden kann.[26] Eine solche

---

18 Vgl Rn 3.
19 *Jakobs* Peters-FS 69 (82); *Timpe*, Die Nötigung, 1989, 30; SK-*Wolters* § 240 Rn 40 ff.
20 *Jakobs* Peters-FS 69 (82); diff. *Hoyer* GA 2014, 546 ff; SK-*Wolters* § 240 Rn 41 ff.
21 Vgl nur §§ 226, 1353 II, 1666 ff BGB.
22 RGSt 64, 379 (383); *Krause* Spendel-FS 547 ff; *Welzel* § 43 I 3; zur Drohung durch Rechtsanwälte vgl *Donath/Mehle* NJW 2009, 2363 ff; 2509 f; BGH NJW 2014, 401 ff m. krit. Anm. *Fahl* JR 2015, 169 ff; zust. *Jäger* JZ 2015, 526 f.
23 Vgl Rn 38 ff.
24 Vgl NK-*Kindhäuser* § 253 Rn 11; vgl zum Ganzen *Jäger* Krey-FS 193 ff.
25 NK-*Kindhäuser* § 253 Rn 12; *Mitsch* I § 6/27; *Rengier* II § 23/48.
26 Problemübersicht bei *Zopfs* JA 1998, 813.

Konstellation ist in **Fall 5** gegeben: N ist weder als Garant noch aus § 323c verpflichtet, die M mitzunehmen. Es ist ihm aber erlaubt, sie in die nächste Stadt zu fahren.

- Die (heute) hM bejaht grds. die Möglichkeit einer Drohung mit einem erlaubten Unterlassen, da das Opfer auch durch das Verweigern nicht zu beanspruchender (erlaubter) Vorteile in unzulässiger Weise motiviert werden könne.[27] Allerdings sollen in einer solchen Situation – neben dem in **Fall 5** nicht erfüllten Erfordernis der Empfindlichkeit (Rn 26) – hohe Anforderungen an die Verwerflichkeit zu stellen sein.   28

- Dem ist jedoch nicht zu folgen, da durch das Verweigern einer Leistung, auf die der Äußerungsadressat überhaupt keinen Anspruch hat, auch nicht in rechtlich relevanter Weise in dessen Entscheidungsfreiheit eingegriffen werden kann.[28] Eine solche Ansicht ist auch mit dem Prinzip der Vertragsfreiheit nicht zu vereinbaren, da es grds. niemandem verwehrt werden kann, für seine Leistung die ihm genehme Gegenleistung zu fordern. Sofern sich das Verhältnis von Leistung und Gegenleistung nicht mehr im Rahmen des Vertretbaren bewegt, greift zum Schutz des Opfers das Wucherverbot ein.[29] In **Fall 5** sollte daher eine Nötigung schon mangels Drohung mit einem Übel verneint werden.   29

c) **Empfindlichkeit:** Mit dem Erfordernis, dass das angedrohte Übel empfindlich zu sein hat, werden angekündigte, vom Opfer lediglich als unangenehm empfundene oder ihn enttäuschende Eingriffe, mithin solche mit Bagatellcharakter, aus dem Anwendungsbereich der Vorschrift genommen. Die hM sieht ein Übel insbesondere dann nicht als empfindlich an, wenn von dem Betroffenen unter den gegebenen Umständen erwartet werden kann und muss, dass er der Bedrohung in besonnener Selbstbehauptung standhält.[30] So soll etwa die pauschale, nicht näher konkretisierte Drohung, durch ein Schreiben an den Regierenden Bürgermeister von Berlin strafrechtliche Verfehlungen von Parteigenossen aufzudecken, nicht empfindlich sein.[31] Die Drohung mit einer gegenwärtigen Gefahr für Leib und Leben ist aber, wie aus dem Wortlaut der §§ 249, 255 geschlossen werden kann, stets empfindlich.[32]   30

In **Fall 3** kann das Übel als empfindlich angesehen werden, da das Strafverfahren erhebliche Auswirkungen für W haben kann, zumal das Gesetz die Vermeidung (konkreter) strafrechtlicher Folgen häufig als beachtliches Motiv ansieht.[33] Dagegen ist in **Fall 5**, sofern man überhaupt ein Übel bejaht, die Empfindlichkeit abzulehnen. Von M kann erwartet werden, dass sie dem Ansinnen des N nicht um der bloßen Bequemlichkeit willen nachgibt.   31

---

27 BGHSt 31, 195; OLG Stuttgart NStZ 1982, 161 (162); LK-*Altvater* § 240 Rn 85; S/S-*Eser/Eisele* § 240 Rn 10, 20; *Geppert* Jura 2006, 31 (37); unter Einschränkungen auch *Roxin* JR 1983, 333; *Schroeder* JZ 1983, 284; vgl zum Fall der Bestechlichkeit *Hoven* ZStW 2016, 173 ff.

28 *Jakobs* Peters-FS 69 (82); NK-*Kindhäuser* § 253 Rn 13 ff; SK-*Wolters* § 240 Rn 41 ff; vgl auch RGSt 14, 264; 63, 424; BGH GA 1960, 277 (278); NStZ 1982, 287; OLG Hamburg NJW 1980, 2592; *Schubarth* JuS 1981, 726 (727).

29 Näher hierzu *Kindhäuser/Böse* BT II § 43.

30 BGHSt 31, 195 (201); 32, 165 (174); BGH bei *Holtz* MDR 1992, 319; *Rengier* II § 23/44; vgl auch OLG Karlsruhe NStZ-RR 1996, 296.

31 BGH NStZ 1992, 278; weitere Beispiele bei S/S/W-*Schluckebier* § 240 Rn 13 mwN.

32 LK-*Altvater* § 240 Rn 80.

33 Vgl nur §§ 157, 258 Abs. 5 StGB, 154c StPO.

II. Nötigungserfolg

32   Erfolg der Nötigung ist das durch die Anwendung der Nötigungsmittel veranlasste Verhalten („Handlung, Duldung oder Unterlassung").[34] Dieser Erfolg, von dessen Eintritt die **Vollendung** des Delikts abhängt, ist getrennt von der Nötigungshandlung festzustellen. Nimmt zB das Opfer die Drohung ernst, ohne sich ihr jedoch zu fügen, so hat der Täter zwar eine Drohung im Sinne des Tatbestands vollzogen, die Tat ist aber mangels Erfolgseintritts nur im (nach § 240 Abs. 3 strafbaren) Versuchsstadium steckengeblieben.[35] Ein Teilerfolg, der mit Blick auf ein weitergehendes Ziel jedenfalls vorbereitend wirkt, kann für die Annahme einer vollendeten Nötigung ausreichen, wenn die abgenötigte Handlung des Opfers nach den Vorstellungen des Täters eine eigenständige bedeutsame Vorstufe des gewollten Enderfolgs darstellt.[36]

33   ▪ Unter den Begriff der **Handlung** fällt jedes aktive Verhalten des Opfers.

34   ▪ Ein **Unterlassen** setzt voraus, dass das Opfer zur Vornahme der nicht ausgeführten Handlung in der Lage gewesen wäre.

35   ▪ Als **Dulden** ist ein Geschehenlassen anzusehen, das nicht auf eigener Entschließung des Genötigten beruht, sondern ihm durch ein Müssen auferlegt ist.[37] Im Gegensatz zum Unterlassen setzt das Dulden nicht die Möglichkeit voraus, eine Handlungsalternative ergreifen zu können. Insoweit können insbesondere die durch vis absoluta erzwungenen Verhaltensweisen als Duldungen bezeichnet werden. Exemplarisch: Das niedergeschlagene Opfer ist nicht mehr in der Lage, der Wegnahme einer Sache Widerstand entgegenzusetzen; hier duldet das Opfer die Wegnahme.

III. Kausalität

36   Erfolg und Tathandlung müssen in einem Kausalzusammenhang stehen. Hieran fehlt es, wenn sich das Opfer unabhängig vom Einsatz des Nötigungsmittels im Sinne des Täters verhält;[38] die Tat ist dann nur versucht. Der Kausalzusammenhang kann durch das Verhalten eines Dritten vermittelt sein.[39] Exemplarisch: Die Drohung wird durch einen Boten ausgesprochen.

IV. Subjektiver Tatbestand

37   Der subjektive Tatbestand verlangt zumindest bedingt vorsätzliches Handeln hinsichtlich der Anwendung der Nötigungsmittel.[40] Ob demgegenüber der **Erfolg**, das abgenötigte Verhalten, **beabsichtigt** sein muss, ist umstritten. Nach h. M. genügt auch insoweit ein dolus eventualis.[41] Bei Einwirkungen auf Sachen ist aber richtigerweise eine solche Nötigungsintension erforderlich, da in diesen Fällen nur so der von Abs. 2 verlangte „angestrebte Zweck" erreicht werden kann.[42]

---

34 Zu einer Analyse der verschiedenen Nötigungserfolge *Schroeder* Gössel-FS 415 (416 ff).
35 Vgl BGHSt 37, 350 (353); BGH NJW 1997, 1082; NStZ-RR 2006, 77; OLG Köln NStZ-RR 2006, 280 (281).
36 BGH NStZ 2004, 442 (443); StV 2008, 249; NStZ 2013, 36.
37 So bereits *Hälschner* II/1 379.
38 Vgl BGH bei *Holtz* MDR 1979, 280 f; NStZ 1987, 70.
39 Vgl BGHSt 37, 350 (354); BGH NStZ-RR 2006, 77.
40 Vgl BGHSt 5, 245 (246); LK-*Altvater* § 240 Rn 149 ff.
41 S/S-*Eser/Eisele* § 240 Rn 34; *Geppert* Jura 2006, 31 (38); *Küpper* I § 3/57; SK-*Wolters* § 240 Rn 7; diff. LK-*Altvater* § 240 Rn 150; W/H/E-*Hettinger* Rn 469.
42 LK-*Altvater* § 240 Rn 150; W/H/E-*Hettinger* Rn 469.

V. Verwerflichkeit (Abs. 2)

1. Allgemeines. Nach Abs. 2 ist die Nötigung rechtswidrig, wenn die Anwendung der 38
Gewalt oder die Androhung des Übels zu dem angestrebten Zweck als verwerflich anzusehen ist. Die Verwerflichkeit ergibt sich somit – im Sinne einer **Zweck-Mittel-Relation** – aus dem Verhältnis von Nötigungsmittel und Nötigungszweck.[43] Die tatsächlichen Voraussetzungen, auf denen das Verwerflichkeitsurteil beruht, sind Merkmale,
die den Tatbestand (als strafbarkeitseinschränkendes Korrektiv) begrenzen und zugleich die Rechtswidrigkeit begründen.[44]

Dies bedeutet, dass sich die Rechtswidrigkeit der Tat noch nicht – wie sonst üblich – 39
positiv aus der (bloßen) Tatbestandsverwirklichung und negativ aus dem Fehlen von
Rechtfertigungsgründen ergibt, sondern dass zusätzlich noch das **Unrecht** der Tatbestandsverwirklichung **positiv festgestellt** werden muss. Ob hierbei die tatsächlichen
Umstände, auf die sich das Verwerflichkeitsurteil stützt, als ungeschriebene Tatbestandsmerkmale[45] oder als spezifische Rechtswidrigkeitsmerkmale[46] eingestuft werden,
ist ohne praktische Bedeutung, da sie in jedem Fall vom Vorsatz umfasst sein müssen.[47]

2. Kriterien

▶ **FALL 6:** Vermieter V droht dem (rechtmäßig) gekündigten Mieter M, Türen und Fenster
auszuhängen und dessen Möbel auf die Straße zu stellen, wenn dieser nicht alsbald die
Wohnung räumt. ◀

▶ **FALL 7:** O erfährt, dass er von D bestohlen wurde. O droht dem D mit einer Strafanzeige,
wenn ihm dieser die entwendete Sache nicht zurückgibt. ◀

Der Einsatz des Nötigungsmittels zur Erreichung des erstrebten Zwecks ist nach hM 40
verwerflich, wenn er **sozialethisch zu missbilligen** ist.[48] Hierbei kommt es entscheidend
darauf an, ob nur das Mittel, nur der Zweck oder Mittel und Zweck rechtswidrig
sind:

■ Wenn **Mittel und Zweck jeweils rechtswidrig** sind, dann ist auch die Anwendung 41
des Mittels zur Zweckerreichung verwerflich und damit rechtswidrig.

■ Gleiches gilt regelmäßig, wenn **nur der Zweck rechtswidrig** ist. 42

■ Ist umgekehrt **nur das Mittel rechtswidrig**, so ist die Relation nicht verwerflich, 43
wenn der Zweck gewichtig, der Eingriff in die Freiheit des Opfers durch den Mittel-
einsatz aber nur geringfügig ist.[49] In einer solchen Konstellation ist der Eingriff zumeist schon durch Notstandsregeln gerechtfertigt. In **Fall 6** dagegen droht V mit
unerlaubter Selbsthilfe in einem erheblichen Ausmaß. Für die Durchsetzung seines
rechtmäßigen Zicles, die Wohnung zu räumen, muss er aber die hierfür einschlägigen gerichtlichen Verfahren einhalten. Ebenso wenig darf ein Gläubiger seine Schulden mit Gewalt eintreiben (Rn 42).

43 BGHSt 5, 254 (256); 17, 329 (331); Krey/Hellmann/Heinrich I Rn 404; Sinn JuS 2009, 577 (584).
44 BVerfGE 73, 206 (237 f, 253); BVerfG NJW 1991, 971 (972); 1993, 1519; 2002, 1031 (1032); BGHSt 34, 71; 35, 270
(275 ff); W/H/E-Hettinger Rn 473 f.
45 So S/S-Eser/Eisele § 240 Rn 16, 33; Kaufmann Klug-FS 277 (283).
46 BGHSt 39, 133 (136 ff).
47 Vgl Rn 52.
48 Vgl BGHSt 18, 389 (391); 35, 270 (276 f); 39, 133 (137 f); L-Kühl-Heger § 240 Rn 18 mwN.
49 Zur Nötigung durch Demonstrationen vgl unten Rn 49 ff.

44   ■ Sind **Mittel und Zweck jeweils** für sich gesehen **rechtmäßig**, so kann die Zweck-Mittel-Relation gleichwohl verwerflich sein, wenn Zweck und Mittel in keinem inneren Zusammenhang stehen. Man spricht insoweit von einer Inkonnexität von Mittel und Zweck (Rn 39 ff).

45   **3. Inkonnexität.** Die Inkonnexität von jeweils rechtmäßigem Zweck und Mittel ist insbesondere in **zwei Fallgruppen** bedeutsam:

46   ■ Die Drohung mit einer berechtigten Strafanzeige (oder der sonstigen Aufdeckung eines unehrenhaften Verhaltens) ist verwerflich, wenn sie mit dem verfolgten Ziel in keinem inneren Zusammenhang steht; eine Nötigung dieser Art wird als **Chantage** bezeichnet. Demnach ist es zB rechtswidrig, wenn der Täter mit Anzeigenerstattung (wegen einer anderen Sache) droht, um die Rückzahlung einer Darlehensschuld zu erreichen oder – wie in **Fall 3** – um sexuelle Wünsche durchzusetzen. Dagegen ist es in **Fall 7** wegen gegebener Konnexität nicht rechtswidrig, wenn der durch eine Straftat Geschädigte mit einer Strafanzeige droht, um auf diese Weise eine (berechtigte) Wiedergutmachung seines Schadens zu erreichen.[50]

47   ■ Ferner ist die Drohung mit **Arbeitsniederlegung** oder Fortsetzung der Arbeitsverweigerung ein legales und zweckentsprechendes Kampfmittel im Rahmen eines Arbeitskampfes. Allerdings kann ein Streik auch unangemessen sein, wenn er zB gegenüber dem Arbeitgeber als Druckmittel zur Entlassung eines nicht organisierten Arbeitnehmers eingesetzt wird. Da Studenten in keinem Arbeitsverhältnis zur Universität stehen, können sie sich auch nicht zur Durchsetzung ihrer Forderungen auf das Streikrecht berufen.[51]

48   **4. Erlaubte Selbsthilfe.** Erlaubte Selbsthilfe ist **nur in den engen gesetzlichen Grenzen** zulässig, die zB in **Fall 6** nicht eingehalten sind. Primär ist stets staatliche Hilfe in Anspruch zu nehmen, damit die schutzwürdigen Interessen des Verpflichteten vor Verletzungen gesichert sind.[52] Der BGH bringt dieses Prinzip auf folgende Formel:[53] „Das Recht zur Erzwingung von Gesetzestreue (kommt) in erster Linie dem Staat (zu). Der Einzelne, der sich anmaßt, den Staat dabei mit Nötigungsmitteln zu vertreten, handelt verwerflich, wenn er vorsätzlich den Vorrang staatlicher Zwangsmittel außer acht lässt, um durch von ihm selbst ausgeübte Gewalt und ohne speziellen Rechtfertigungsgrund die Gesetzestreue anderer zu erzwingen." [54]

49   **5. Demonstrationen.** Politische Brisanz kann der Nötigungstatbestand im Rahmen von Demonstrationen erlangen. Hierbei ist zu sehen, dass die Ausübung des Grundrechts der Versammlungs- und Meinungsfreiheit (Art. 5 Abs. 1, 8 GG) zwangsläufig andere tangiert. So kann etwa der Straßenverkehr durch einen Demonstrationszug behindert werden. Ist der Schutzbereich dieser Grundrechte tangiert, führt dies zwar im Rahmen des § 240 Abs. 2 StGB nicht sogleich zu einer Rechtfertigung.[55] Es muss aber eine umfassende Berücksichtigung der Art und des Maßes der Auswirkungen auf betroffene Dritte und deren Grundrechte stattfinden. Das Versammlungsthema, dh der Protestgegenstand, spielt dabei eine wichtige Rolle.[56]

---

50   Vgl BGHSt 5, 254 (256 ff); ferner BGH NJW 1957, 596; BayObLG MDR 1957, 309.
51   Vgl BGH NJW 1982, 189.
52   Vgl nur §§ 456 StPO, 765a ZPO.
53   BGHSt 39, 133 (137).
54   Vgl BVerfGE 73, 206 (254 ff); 76, 211 (217 ff); 92, 1; BGHSt 34, 71 m.Anm. *Jakobs* JZ 1986, 1063; BGH NJW 1995, 2643; 1995, 2862; BayObLG NJW 1995, 269 (270); OLG Stuttgart NJW 1992, 2714.
55   *Jäger* BT Rn 108.
56   BVerfG NJW 2011, 3020.

■ Geht daher der Eingriff über das Unvermeidliche nicht hinaus, greift § 240 mangels 50 Unverhältnismäßigkeit nicht ein. Der Täter handelt bei Demonstrationen zur Durchsetzung seiner verfassungsmäßigen Rechte also nicht zwangsläufig verwerflich iSv § 240 Abs. 2 bzw kann gerechtfertigt sein; Fernziele sind unter diesen Umständen zu berücksichtigen.[57]

■ Ist dagegen die Demonstration (als Nahziel) auf die Behinderung anderer gerichtet, 51 um die Bevölkerung auf diese Weise aufzurütteln (politisches Fernziel), sind für das Verwerflichkeitsurteil alle relevanten Umstände des Einzelfalls – namentlich: Intensität der Störung anderer, Dauer, Ausweichmöglichkeiten – zu berücksichtigen.[58] Sofern die Verwirklichung des Nahziels zur Erreichung des Fernziels ungeeignet ist, kann auch dessen besondere Bedeutung die Anwendung von Nötigungsmitteln nicht rechtfertigen. In diesem Fall kann allerdings das jeweils verfolgte Fernziel für die Frage der Strafzumessung von Belang sein.[59]

6. Subjektive Tatseite. Die tatsächlichen Umstände, die das Verwerflichkeitsurteil begründen, müssen vom **Vorsatz** des Täters umfasst sein. Verkennt der Täter diese Umstände, so befindet er sich in einem vorsatzausschließenden Irrtum. Je nach Einstufung dieser Umstände als Tatbestands- oder als Rechtswidrigkeitsmerkmale ist der Irrtum als Tatbestandsirrtum oder entsprechend den Regeln des Erlaubnistatbestandsirrtums[60] nach § 16 Abs. 1 S. 1 (direkt oder analog) zu behandeln. 52

Im **Verbotsirrtum** nach § 17 handelt dagegen der Täter, wenn ihm die das Unrecht begründenden tatsächlichen Umstände bewusst sind, er sie jedoch irrtümlich als nicht verwerflich bewertet.[61] Dieser Irrtum ist unvermeidbar, wenn er auf einem seriösen anwaltlichen Rat und nicht auf einem Gefälligkeitsgutachten beruht.[62] 53

VI. Regelbeispiele (Abs. 4)

§ 240 Abs. 4 formuliert in der Technik der Regelbeispiele[63] zwei besonders schwere 54 Fälle der Nötigung. Diese sind die Nötigung einer Schwangeren zum Schwangerschaftsabbruch (Nr. 1) und der Missbrauch der Befugnisse oder der Stellung als Amtsträger (Nr. 2). Der Amtsträger (§ 11 Abs. 1 Nr. 2) kann Täter oder Teilnehmer der Nötigung sein. Missbrauch ist eine vorsätzlich rechtswidrige Ausübung amtlichen Zwangs; erfolgt dies innerhalb der Zuständigkeit, betrifft es die Befugnisse. Demgegenüber wird die Stellung missbraucht, wenn der Täter sich der ihm durch sein Amt eröffneten Handlungsmöglichkeiten außerhalb seines Zuständigkeitsbereichs bedient oder den Irrtum des Opfers, er sei zur Zwangsausübung von Amts wegen berechtigt, ausnutzt.[64]

---

57 Vgl BVerfGNJW 2011, 3020 m.Anm. *Jahn* JuS 2011, 563; *Sinn* ZJS 2011, 283 (287).
58 Vgl auch BGHSt 18, 389 (392 f); OLG Düsseldorf NZV 2000, 301 (302 f); OLG Karlsruhe NStZ 2016, 32.
59 BGHSt 35, 270; BayObLG NJW 1993, 212 (213); OLG Koblenz NJW 1988, 720; Krey/*Hellmann*/Heinrich I Rn 424 ff; Überblick bei *Küpper/Bode* Jura 1993, 187 (191 f).
60 Näher hierzu *Kindhäuser* LPK Vor § 32 Rn 23 ff.
61 BGHSt 2, 194 (197); SK-*Wolters* § 240 Rn 54.
62 BGH NJW 2017, 1487 m.Bespr. *Kudlich/Koch*.
63 Näher hierzu *Kindhäuser* LPK § 46 Rn 17 ff; *ders.* BT II § 3/1 ff.
64 Vgl auch *Fischer* § 240 Rn 61.

C. Anwendung

I. Aufbau

55 Es empfiehlt sich, die Deliktsmerkmale der Nötigung in folgenden Schritten zu prüfen:

A) *Tatbestand:*

   I. Objektiver Tatbestand:

      1. Tathandlung:

         – Nötigung durch Gewaltanwendung (Rn 8 ff) oder

         – Drohung mit einem empfindlichen Übel (Rn 14 ff)

      2. Nötigungserfolg (Rn 27 ff)

      3. Kausalität zwischen Handlung und Erfolg (Rn 31)

   II. Subjektiver Tatbestand:

      1. Vorsatz hinsichtlich Tathandlung (Rn 32)

      2. Absicht hinsichtlich Nötigungserfolg (Rn 32)

B) *Rechtswidrigkeit:*

   I. Rechtfertigungsgründe; falls (-):

   II. Verwerflichkeit nach Abs. 2 (Rn 33 ff)

C) *Schuld*

D) Ggf *Regelbeispiel* nach Abs. 4 Nr. 1–2 (Rn 47)

II. Prüfungsreihenfolge auf der Rechtswidrigkeitsebene

56 Die Prüfungsreihenfolge auf der Rechtswidrigkeitsebene (B I und II) ergibt sich aus folgender Überlegung: Greift ein allgemeiner Rechtfertigungsgrund – zB Notwehr oder Notstand – ein, so ist die Tat nicht verwerflich. Daher wäre es überflüssig, zunächst die Frage nach der Verwerflichkeit zu stellen, wenn die Tat gerechtfertigt ist. Diese Prüfungsreihenfolge ist im Übrigen unabhängig davon sachgerecht, ob man die tatsächlichen Voraussetzungen der Verwerflichkeit als Tatbestands- oder als Rechtswidrigkeitsmerkmale ansieht.

III. Konkurrenzen

57 Gegenüber Delikten, die auch die persönliche Freiheit schützen (zB §§ 177, 249, 253, 255),[65] tritt § 240 als lex generalis zurück, kommt aber zum Zuge, wenn das speziellere Delikt nicht voll verwirklicht ist. Wenn eine Bedrohung Mittel der Nötigung ist, wird § 241 von § 240 verdrängt. Wird die Nötigung durch eine Körperverletzung oder Tötung verübt, stehen diese Delikte mit § 240 in Tateinheit.

Wiederholungs- und Vertiefungsfragen

> Welches Rechtsgut schützt das Nötigungsverbot? (Rn 1 ff)

> Welche Voraussetzungen hat eine nötigende Gewaltanwendung? (Rn 10 ff)

> Was ist unter einem Übel im Sinne des Tatbestands zu verstehen? (Rn 19 ff)

> Kann mit dem erlaubten Unterlassen eines erlaubten Verhaltens nötigend gedroht werden? (Rn 23 ff)

---

65 Zum Verhältnis von § 240 zu § 113 vgl § 38 Rn 57 ff.

> Welche Verhaltensweisen des Opfers kommen als Nötigungserfolg in Betracht? (Rn 32 ff)
> Wann ist eine Nötigung als verwerflich im Sinne von Abs. 2 anzusehen? (Rn 38)
> Was ist unter einer sog. Chantage zu verstehen? (Rn 46)
> Was ist bei (politischen) Demonstrationen zu bedenken? (Rn 49 ff)

§ 14 Bedrohung (§ 241)

A. Allgemeines

1   Die Vorschrift will den **individuellen Rechtsfrieden** schützen. Der Einzelne soll auf seine durch das Recht gewährleistete Sicherheit vertrauen können. Insoweit ist § 241 das Gegenstück zu § 126.[1] Der Bedrohungstatbestand ist ein abstraktes Gefährdungsdelikt.[2] Es ist daher ohne Belang, ob sich das Opfer durch die Bedrohung tatsächlich beunruhigen lässt. Es kommt nur darauf an, ob die Tat generell geeignet ist, eine solche Wirkung hervorzurufen.

2   § 241 enthält **zwei Tatbestände**, den Bedrohungstatbestand (Abs. 1) und den Vortäuschungstatbestand (Abs. 2). Beide Taten sind jeweils **vollendet**, wenn die Drohung bzw Warnung mit Willen des Täters zur Kenntnis des Drohungs- bzw Täuschungsadressaten gekommen ist und von diesem im gemeinten Sinne verstanden wurde. Der **Versuch** ist nicht strafbar.

B. Definitionen und Erläuterungen

I. Bedrohungstatbestand

3   **1. Objektiver Tatbestand. a) Tathandlung:** Tathandlung ist die Drohung mit einem Verbrechen im Sinne von § 12 Abs. 1, also einem Delikt mit einer Mindestfreiheitsstrafe von einem Jahr. Dies ist typischerweise der Fall, wenn der Täter dem Opfer mit Todesdrohungen (§ 212 StGB) begegnet.[3] Leeres Gerede („ich bring dich um!") genügt freilich nicht.[4] Die angekündigte und hinsichtlich ihres Eintretens als vom Täterwillen abhängig dargestellte Tat muss rechtswidrig, aber nicht schuldhaft sein. Sofern der Täter gerade ein Verbrechen begeht, stellt er dieses zwar nicht mehr in Aussicht, es kann aber in der Vornahme der Tat die konkludente Drohung liegen, eine weitere Tat auszuführen.[5]

4   **b) Opfer des angekündigten Verbrechens:** Opfer des angekündigten Verbrechens kann der Adressat der Drohung oder eine diesem nahestehende Person sein. Nahestehende Personen sind – wie bei § 35 Abs. 1 S. 1 – Angehörige sowie Personen, mit denen das Opfer in Hausgemeinschaft lebt oder die ihm wie Angehörige persönlich verbunden sind (zB ein Lebensgefährte).

5   **c) Adressat der Bedrohung:** Der Adressat der Bedrohung muss, dem Wortlaut zufolge, ein Mensch sein. Juristische Personen scheiden als Bedrohungsadressaten aus.[6]

6   **2. Subjektiver Tatbestand.** Die subjektive Tatseite erfordert (zumindest bedingten) Vorsatz.

II. Vortäuschungstatbestand

7   **1. Tathandlung.** Tathandlung ist die Vortäuschung einer bevorstehenden Verwirklichung eines Verbrechens (§ 12 Abs. 1). Diese Tatvariante hat also eine **falsche Warnung** zum Gegenstand und bezieht sich auf solche Fälle, in denen der Täter nicht (im

---

1   NK-*Toepel* § 241 Rn 4; vgl auch BVerfG NJW 1995, 2776 (2777) m.Anm. *Küper* JuS 1996, 783.
2   BGH NStZ 2006, 342; umf. *Satzger* Jura 2015, 156 ff.
3   BGH StV 2017, 580.
4   W/H/E-*Hettinger* Rn 487.
5   BGH NStZ 1984, 454.
6   Näher *Wallau* JR 2000, 312 ff.

Sinne einer Drohung) vorgibt, das Geschehen selbst (noch) in der Hand zu haben.[7] Die Warnung muss **objektiv falsch** sein. Der Tatbestand ist nicht erfüllt, wenn ein der angekündigten Tat entsprechendes Delikt entgegen der Annahme des Täters tatsächlich bevorstand.

2. Subjektiver Tatbestand. Die subjektive Tatseite verlangt (zumindest bedingten) Vorsatz und hinsichtlich des nicht bevorstehenden Verbrechens dolus directus („wider besseres Wissen"). 8

C. Anwendung

I. Aufbau

Es empfiehlt sich, die Merkmale der beiden Tatbestände in folgenden Schritten zu prüfen: 9

Abs. 1: 10

A) *Tatbestand:*
   I. Objektiver Tatbestand:
       1. Tathandlung: Drohung mit einem Verbrechen (Rn 3)
       2. Drohungsadressat: eine natürliche Person (Rn 5)
       3. Opfer des angedrohten Verbrechens: Drohungsadressat oder eine ihm nahestehende Person (Rn 4)
   II. Subjektiver Tatbestand: (bedingter) Vorsatz
B) *Rechtswidrigkeit*
C) *Schuld*

Abs. 2: 11

A) *Tatbestand:*
   I. Objektiver Tatbestand:
       1. Tathandlung: Falsche Warnung vor einem bevorstehenden Verbrechen (Rn 7)
       2. Täuschungsadressat: eine natürliche Person (Rn 5)
       3. Opfer des vorgetäuschten Verbrechens: Täuschungsadressat oder eine ihm nahestehende Person (Rn 4)
   II. Subjektiver Tatbestand:
       (bedingter) Vorsatz und hinsichtlich des nicht bevorstehenden Verbrechens dolus directus (Rn 8)
B) *Rechtswidrigkeit*
C) *Schuld*

II. Konkurrenzen

Der Tatbestand wird in sehr vielen Bedrohungsszenarien verwirklicht, insbesondere im Zusammenhang des Raubes oder der räuberischen Erpressung, und tritt dann ohne 12

---

7 Vgl § 12 Rn 42.

weiteres hinter die (versuchten) §§ 113, 240, 249 ff. StGB zurück. § 241 ist außerdem gegenüber der Verwirklichung des angekündigten Verbrechens subsidiär.[8]

Wiederholungs- und Vertiefungsfragen

> Welchen Schutzzweck verfolgt § 241? (Rn 1)
> Welche Tatbestände enthält § 241? (Rn 2)
> Können auch juristische Personen im Sinne von § 241 bedroht werden? (Rn 5)

---

8 BGH NStZ 2006, 342; MK-*Sinn* § 241 Rn 17; ähnlich (Konsumtion durch angedrohtes Verbrechen) L-Kühl-*Heger* § 241 Rn 4; LK-*Schluckebier* § 241 Rn 31; für Tateinheit bei nur versuchter Nötigung hingegen BayObLG NJW 2003, 911 (912) m. abl. Anm. S/S-*Eser/Eisele* § 241 Rn 16; *Jäger* JR 2003, 478 ff; NK-*Toepel* § 240 Rn 202.

§ 15 Freiheitsberaubung (§ 239)

A. Allgemeines

▶ **FALL 1:** T schließt den schlafenden O in seinem Zimmer ein. ◀

Das Verbot der Freiheitsberaubung dient dem **Schutz der persönlichen Fortbewegungs-freiheit,** dh der Freiheit, seinen gegenwärtigen Aufenthaltsort aufgrund eigener Ent-scheidung verlassen zu können. Die nähere Bestimmung dieser Freiheit ist allerdings umstritten:

■ Nach hM ist die **potenzielle** Fortbewegungsfreiheit geschützt.[1] Demnach spielt es keine Rolle, ob das Opfer um den Zustand seines Eingesperrtseins weiß oder wäh-rend dieses Zustands tatsächlich den Willen zur Ortsveränderung hat (sog. **Potenti-alitätstheorie**). Auch ein Schlafender – wie O in **Fall 1** – kann somit seiner Freiheit beraubt werden.

■ Nach verbreiteter Literaturansicht soll dagegen nur die **aktuelle** Fortbewegungsfrei-heit geschützt sein. Dementsprechend setzt die Tatbestandsverwirklichung voraus, dass das Opfer seinen Aufenthaltsort auch tatsächlich verlassen will (sog. **Aktuali-tätstheorie**).[2] Diese Lehre sieht in der Freiheitsberaubung einen Unterfall der Nöti-gung[3] bzw ein der Nötigung verwandtes Delikt. Auf Grundlage dieser Auffassung wäre in **Fall 1** keine Freiheitsberaubung anzunehmen: O schlief, wollte also in die-sem Zeitraum nicht woanders hin. Für das vom Opfer unbemerkte Einsperren und vergleichbare Fälle kommt aber ein Versuch in Betracht (§ 239 Abs. 2),[4]

■ Teils wird aber auch nur verlangt, dass das Opfer in der Lage sein muss, seinen Auf-enthaltsort zu verlassen, wenn es dies wollte (sog. **Aktualisierbarkeitstheorie**).[5] In-soweit wäre es nicht tatbestandsmäßig, einen Bewusstlosen während der Zeit seiner Bewusstlosigkeit einzusperren, da er in diesem Zeitraum nicht den Willen haben kann, seinen Aufenthaltsort zu wechseln. Gleiches muss für eine schlafende Person gelten, zB den O in **Fall 1**, solange sie nicht aufwacht. Wohl aber wäre der Tatbe-stand verwirklicht, wenn jemand, der in Lektüre vertieft ist, eingeschlossen würde. Denn diese Person wäre in der Lage, sich zu einer Ortsveränderung zu entscheiden.

■ Vorzugswürdig ist die Auffassung, die den Schutzzweck der Norm in der **Garantie der Verfügbarkeit eines elementaren Bewegungsraums** sieht.[6] Dieses Recht auf einen elementaren Bewegungsraum wird unabhängig davon garantiert, ob ihn der Betref-fende tatsächlich oder hypothetisch nutzen will. Im Ergebnis deckt sich diese Lehre weitgehend mit der Potentialitätstheorie und würde daher auch den O in **Fall 1** als Opfer einer Freiheitsberaubung ansehen.

1

2

3

4

5

---

1 RGSt 61, 239 (241 f); BGHSt 32, 183 (188); BGH NJW 1993, 1807 f; *Gössel*/Dölling I § 19/2; L-*Kühl* § 239 Rn 1; *Ren-gier* II § 22/2; S/S/W-*Schluckebier* § 239 Rn 1.
2 *Bloy* ZStW 96 (1984), 703 (720 f); SK-*Wolters* § 239 Rn 2 ff, 4; *Kretschmer* Jura 2009, 590 (591); *Otto* § 28/3; *Schumacher* Stree/Wessels-FS 431 (433 ff).
3 *Fischer* § 239 Rn 5.
4 Arzt/Weber/*Heinrich*/*Hilgendorf* § 9/13.
5 *Bohnert* JuS 1977, 746; S/S-*Eser/Eisele* § 239 Rn 2; Krey/*Hellmann*/Heinrich I Rn 356 ff; *Schumacher* Stree/Wessels-FS 431 (439).
6 *Kargl* JZ 1999, 72 ff; *Küper*/Zopfs Rn 237.

B. Definitionen und Erläuterungen

▶ **Fall 2:** Dem Arbeitnehmer A ist unverständlich, weshalb sein Betrieb bestreikt wird. Er möchte daher trotzdem arbeiten, wird aber von Streikposten daran gehindert, das Werk zu betreten. ◀

▶ **Fall 3:** B badet nackt im Fluss, während seine Kleider am Ufer liegen und von T mitgenommen werden. Er traut sich vorerst nicht mehr aus dem Wasser. ◀

I. Tatbestand

6　**1. Tatobjekt.** Opfer einer Freiheitsberaubung kann jeder Mensch sein, der fähig ist, seinen Aufenthaltsort willkürlich zu verändern.[7]

7　Stellt man beim Rechtsgut auf die Garantie eines elementaren Bewegungsraums ab oder folgt man der Potentialitätstheorie, kommen auch **sinnlos Betrunkene** oder **Schlafende** als Opfer in Betracht. Dagegen verneint die Aktualitätstheorie die Möglichkeit einer Freiheitsberaubung. Für die Aktualisierbarkeitstheorie ist wiederum maßgeblich, ob der Betreffende in dem fraglichen Zeitraum zu Bewusstsein kommen und seinen Fortbewegungswillen betätigen könnte oder nicht. **Kinder** unter einem Jahr scheiden nach allen Auffassungen mangels Fähigkeit zur willkürlichen Ortsveränderung als Opfer aus.[8] Sofern das Opfer seinen Aufenthaltsort nur mit Hilfe anderer verlassen kann oder hierzu **technische Hilfsmittel**, wie zB einen Rollstuhl oder Krücken, benötigt, kann es seiner Freiheit durch Entfernen der Hilfen beraubt werden.

8　**2. Erfolg.** Jemand ist der Freiheit beraubt, wenn er für einen nicht nur unerheblichen Zeitraum seinen Aufenthaltsort nicht oder jedenfalls nicht in zumutbarer Weise verlassen kann.

9　Die Freiheitsberaubung setzt voraus, dass das Opfer daran **gehindert** wird, einen **bestimmten Ort zu verlassen**.[9] Dies kann auch durch eine erzwungene Ortsveränderung geschehen. Das Opfer wird zB gegen seinen Willen in einem Pkw wegtransportiert. Keine Tatbestandsverwirklichung ist es dagegen, wenn das Opfer gezwungen wird, einen bestimmten Ort zu verlassen. Gleichermaßen nicht tatbestandsmäßig ist es, wenn dem Opfer das Aufsuchen eines bestimmten Ortes verwehrt wird:[10] **Aussperren ist kein Einsperren**. Demnach ist es in **Fall 2** keine Freiheitsberaubung, wenn A durch Streikposten am Betreten des Arbeitsplatzes gehindert wird. Der Anwendungsbereich des Tatbestands lässt sich daher auf die Faustformel bringen: Das Verbot der Freiheitsberaubung schützt das „weg von x", nicht aber das „hin zu y".

10　**3. Tathandlung. a) Einsperren** ist das Verhindern des Verlassens eines Raumes durch äußere Vorrichtungen.[11]

11　Das Einsperren wird als wichtigstes Mittel der Freiheitsberaubung vom Tatbestand beispielhaft hervorgehoben. Die Vorrichtungen des Einsperrens müssen objektiv nicht unüberwindlich sein.[12] Es genügt, wenn das Opfer den Öffnungsmechanismus nicht betätigen kann oder den Ausgang nicht kennt.

7　BayObLG JZ 1952, 237; W/H/E-*Hettinger* Rn 418.
8　*Fischer* § 239 Rn 3; *Küpper/Börner* I § 3/3; LK-*Schluckebier* § 239 Rn 6.
9　Vgl BGH NStZ 1992, 33 (34).
10　BGHSt 32, 183.
11　RGSt 7, 259 (260); Küper/*Zopfs* 204 f; *Rengier* II § 22/6.
12　BGH NStZ 2001, 420; *Gössel*/Dölling I § 19/11; Küper/*Zopfs* Rn 204.

b) Freiheitsberaubung auf andere Weise: Auf andere Weise kann die Freiheitsberaubung durch jedes Mittel bewirkt werden, das die Fortbewegungsfreiheit aufhebt.[13]   12

Die „andere Weise" der Freiheitsberaubung muss dem Einsperren nicht ähneln. Tatmittel ist insbesondere die Anwendung von Gewalt, etwa durch Festhalten, Fesseln oder Betäuben.[14] Einschlägig kann ferner List sein. Dem Opfer wird zB durch das Vortäuschen, die Tür sei verschlossen, die Unmöglichkeit einer Ortsveränderung vorgespiegelt. Auch das Errichten einer psychischen Schranke durch Drohung mit gegenwärtiger Gefahr für Leib oder Leben kommt als Tatmittel in Betracht. Nicht ausreichend ist dagegen die Drohung nur mit einem sonstigen empfindlichen Übel.[15] Auch genügt es nicht, wenn sich das Entfernen für das Opfer aufgrund der konkreten Umstände nur als beschwerlich oder als anstößig darstellt.[16] Daher wird sich B in **Fall 3** zwar aus Scham in seiner Freiheit eingeschränkt fühlen, ist dadurch aber noch nicht in tatbestandsmäßigem Sinne seiner Freiheit beraubt.   13

c) Keine räumliche Trennung: Die Freiheitsberaubung verlangt keine räumliche Trennung des Täters vom Opfer. Der Täter kann sich zB mit dem Opfer zusammen in einem Raum einschließen.   14

d) Mittelbare Täterschaft: Die Freiheitsberaubung braucht nicht eigenhändig vollzogen zu werden, sondern kann auch in mittelbarer Täterschaft begangen werden. Exemplarisch: Der Täter veranlasst durch eine falsche Anzeige die Verhaftung eines Unschuldigen durch die Strafverfolgungsorgane.[17]   15

e) Unterlassen: Der Tatbestand kann durch Unterlassen verwirklicht werden. Exemplarisch: Der Täter unterlässt es, eine Person, die er unvorsätzlich eingesperrt hat, nach Bemerken seines Irrtums zu befreien. Oder: Der Täter unterlässt es, eine versehentlich falsche Anzeige bei der Polizei nach Erkennen der wahren Sachlage zu widerrufen, und verhindert so die Freilassung des unschuldig Inhaftierten.[18]   16

f) Vollendung: Vollendung tritt in dem Zeitpunkt ein, in dem es dem Opfer – zumindest vorübergehend – unmöglich gemacht ist, seinen Aufenthalt nach eigenem Belieben zu verändern. Die Freiheitsberaubung setzt keine bestimmte Mindestdauer voraus, jedoch muss die Bagatellgrenze eindeutig überschritten sein.[19] Das Reichsgericht nannte als Maßstab die Dauer eines „Vater Unser".[20] DIe nur ganz kurzzeitige, sich über wenige Sekunden erstreckende Beschränkung, zB das Festhalten im Rahmen einer körperlichen Auseinandersetzung, genügt aber nicht.[21]   17

Die Freiheitsberaubung ist ein **Dauerdelikt** und daher erst mit der Aufhebung des Freiheitsentzugs **beendet.**[22]   18

4. Subjektiver Tatbestand. Der subjektive Tatbestand erfordert (zumindest bedingten) **Vorsatz.** Der **Versuch** ist strafbar (Abs. 2).   19

---

13 BGH NJW 1993, 1807; HKGS-*Lenz* § 239 Rn 7; LK-*Schluckebier* § 239 Rn 16 ff.
14 RGSt 17, 127; OLG Hamm JMBlNRW 1964, 31; zu Hypnose RGSt 61, 239 (241).
15 BGH NJW 1993, 1807; *Otto* § 28/4; SK-*Wolters* § 239 Rn 5 f, 8.
16 Vgl BGH bei *Miebach* NStZ 1995, 225; BGH NStZ 2015, 645 (646 f); M/R-*Eidam* Rn 11; aA LK-*Schäfer*, 10. Aufl., § 239 Rn 17.
17 Vgl BGHSt 3, 4; SK-*Wolters* § 239 Rn 3, 7; vgl auch *Amelung/Brauer* JR 1985, 474 zur Anstaltsunterbringung.
18 Vgl auch MK-*Wieck-Noodt* § 239 Rn 31 ff; zur Frage der Kausalität der Ingewahrsamnahme ohne unverzügliche Vorführung beim Richter vgl BGH NJW 2015, 96 ff.
19 LK-*Schluckebier* § 239 Rn 20.
20 RGSt 7, 259.
21 BGH NStZ 2003, 371; *Fischer* § 239 Rn 6.
22 BGHSt 20, 227 (228); W/H/E-*Hettinger* Rn 423; *Küpper/Börner* I § 3/7.

II. Qualifikationen

▶ **Fall 4:** O wurde in einem Fahrzeug eingesperrt. Mit einem Sprung aus dem fahrenden Auto will sie flüchten, zieht sich aber beim Aufprall auf der Straße tödliche Verletzungen zu.[23] ◀

20   Abs. 3 und 4 von § 239 enthalten nach h. M. **erfolgsqualifizierte Delikte**, auf die § 18 anwendbar ist. Für die Erfolgszurechnung genügt Fahrlässigkeit.[24] Alle Qualifikationen sind Verbrechen, bei denen auch der **Versuch** strafbar ist.[25]

21   **1. Abs. 3 Nr. 1.** Erfolgsqualifikation nach Abs. 3 Nr. 1 ist eine **über eine Woche andauernde Freiheitsberaubung.** Teils wird aus der nunmehr „aktivistischen" Formulierung, die diese Tatvariante durch das 6. StrRG gefunden hat („beraubt"), geschlossen, dass Abs. 3 Nr. 1 nunmehr ein selbständiger Qualifikationstatbestand sei.[26] Folgt man dieser Auffassung, muss der Erfolg vom Vorsatz umfasst sein. Gegen diese Minderheitsansicht spricht aber die Entstehungsgeschichte des § 239: Durch das 6. StrRG wollte der Gesetzgeber keine Änderung der früheren dogmatischen Einordnung der über eine Woche dauernden Freiheitsberaubung als erfolgsqualifiziertes Delikt.[27]

22   **2. Abs. 3 Nr. 2 und Abs. 4.** Schwere Folge nach Abs. 3 Nr. 2 ist eine **schwere Gesundheitsschädigung.**[28] Bei Abs. 4 ist der **Tod des Opfers** Erfolgsqualifikation.

23   In beiden Varianten kann die schwere Folge entweder (unmittelbar) aus dem spezifischen Risiko der Freiheitsentziehung oder aus der während der Freiheitsentziehung widerfahrenen Behandlung resultieren:[29]

24   ▪ Als **unmittelbare Folge** der Freiheitsberaubung ist zB die schwere Gesundheitsschädigung (bzw der Tod)[30] anzusehen, wenn sie durch das Eingesperrtsein in unterkühlten Räumen verursacht wird. Aber auch ein tödlich endender Fluchtversuch – wie in **Fall 4** – kann unmittelbare Folge sein, da sich hier das typische „Befreiungsrisiko" einer Freiheitsberaubung realisiert.[31] Gleiches gilt bei einem Suizid des Opfers.[32]

25   ▪ Von einer schweren Gesundheitsschädigung (bzw Todesfolge) aufgrund einer **während der Tat** begangenen Handlung ist zB auszugehen, wenn das seiner Freiheit beraubte Opfer gefoltert oder nach einer Vergewaltigung erwürgt wird.[33]

---

23   Nach BGHSt 19, 382 (386 f.).
24   Vgl BT-Drucks. 13/8587, 84; *L-Kühl* § 239 Rn 9; *LK-Schluckebier* § 239 Rn 40; vgl auch BGHSt 10, 306 (310) zu Abs. 2 aF.
25   Näher zu den Versuchsarten des erfolgsqualifizierten Delikts *Kindhäuser* LPK § 22 Rn 7 ff mwN.
26   *Eisele* BT I Rn 444; W/H/E-*Hettinger* Rn 425.
27   LK-*Altvater* § 239 Rn 40; *L-Kühl* § 239 Rn 9; *Mitsch* GA 2009, 329.
28   Vgl § 7 Rn 4.
29   Näher *Puppe* AT, 1. Aufl., § 12/1 ff.
30   Vgl BGH NStZ-RR 1997, 269 f.
31   BGHSt 19, 382.
32   S/S-*Eser/Eisele* § 239 Rn 12.
33   BGHSt 28, 18 (20).

C. Anwendung

I. Aufbau

Es empfiehlt sich, die Deliktsmerkmale der Freiheitsberaubung in folgenden Schritten zu prüfen: 26

A) *Tatbestand:*
    I. Objektiver Tatbestand:
      1. Tatobjekt: ein anderer Mensch (Rn 6 f)
      2. Tathandlung: Beraubung der Freiheit (Rn 8 f)
        – durch Einsperren (Rn 10 f) oder
        – auf andere Weise (Rn 12 ff)
        – für eine nicht ganz unerhebliche Zeit (Rn 17)
    II. Subjektiver Tatbestand: (zumindest bedingter) Vorsatz (Rn 19)
B) *Rechtswidrigkeit* (Rn 28)
C) *Schuld*
D) Ggf *Erfolgsqualifikationen* nach Abs. 3 und 4 (Rn 20 ff)

II. Einverständnis

Eine Freiheitsberaubung ist bereits begrifflich ausgeschlossen, wenn das Opfer mit der Handlung des Täters einverstanden ist. Insoweit führt das Einverständnis zum **Tatbestandsausschluss**.[34] Es kann sich hier das allgemeine Problem stellen, ob Willensmängel des Opfers, namentlich ein Irrtum, die Wirksamkeit des Einverständnisses berühren.[35]   27

III. Rechtfertigung

Gerechtfertigt ist die Freiheitsberaubung insbesondere durch die Ausübung amtlicher Befugnisse, zB bei Verhaftung, vorläufiger Festnahme, staatsanwaltschaftlicher Vorführung oder einer Anstaltsbehandlung aufgrund von Sondergesetzen. So stellt etwa jede Vollstreckung einer Freiheitsstrafe eine vom Strafrichter (über das Vollzugspersonal in mittelbarer Täterschaft) begangene, tatbestandsmäßige Freiheitsberaubung dar, die freilich kraft Gesetzes erlaubt ist.[36] Formmängel können unerheblich sein, solange die Freiheitsentziehung sachlich begründet ist.   28

IV. Konkurrenzen

Die Freiheitsberaubung steht zu anderen Tatbestandsverwirklichungen in **Tateinheit** (§ 52), wenn ihr im Rahmen des deliktischen Geschehens eine eigene Bedeutung zukommt.[37] Demgegenüber ist **Gesetzeskonkurrenz** anzunehmen, wenn die Freiheitsberaubung nur notwendiger Teil oder regelmäßige Begleiterscheinung der anderen Straftat ist; so sind etwa sexuelle Nötigung und Vergewaltigung (§ 177) regelmäßig auch mit einer Freiheitsberaubung verbunden.   29

---

34   Vgl BGH NJW 1993, 1807; Krey/*Hellmann*/Heinrich I Rn 360; vgl auch BGH NStZ 1992, 33 (34) zu einem Widerruf der Einverständniserklärung.
35   Näher *Kindhäuser* AT § 12/33 ff, 49 ff; *ders.* LPK Vor § 13 Rn 205 ff mwN.
36   LK-*Altvater* § 238 Rn 26.
37   Vgl BGHSt 28, 18 (20); BGH NStZ 2006, 340; NStZ-RR 2006, 141 (142); W/H/E-*Hettinger* Rn 426.

30   Für das **Verhältnis zu** § 240 gilt: § 239 geht als spezielleres Gesetz vor, wenn die Nötigung nur dazu dient, das Opfer am Verlassen seines Aufenthaltsortes zu hindern. Soll dagegen das Opfer über die Duldung der Freiheitsberaubung hinaus zu einem weiteren Verhalten, zB der Unterzeichnung eines Schecks, veranlasst werden, ist Tateinheit zwischen beiden Delikten anzunehmen.

31   Weiter ist zu beachten, dass § 239 ein Delikt ist, welches sich über einen gewissen Zeitraum hinzieht und deshalb andere Straftaten, die bei isolierter Betrachtung in Tatmehrheit zueinander stünden, zur Tateinheit verbindet, sofern die Freiheitsberaubung mit jedem dieser Delikte zusammentrifft. Das gilt allerdings nicht, wenn § 239 in seinem strafrechtlichen Unwert, der in der Strafandrohung Ausdruck findet, deutlich hinter den während seiner Begehung begangenen Gesetzesverstößen zurückbleibt. § 239 hat nicht die Kraft, mehrere schwerere Einzeltaten zu einer materiellrechtlichen Tat im Sinne des § 53 Abs. 1 zusammenzufassen.[38]

WIEDERHOLUNGS- UND VERTIEFUNGSFRAGEN

> Welche Auffassungen werden zur näheren Bestimmung des Rechtsguts der Freiheitsberaubung vertreten? (Rn 1 ff)
> Weshalb ist das Aussperren im Gegensatz zum Einsperren keine Freiheitsberaubung? (Rn 9)
> Welche Tatmittel sind im Sinne von § 239 geeignet, ein Opfer auf andere Weise als durch Einsperren der Freiheit zu berauben? (Rn 12 f)
> Welcher Zusammenhang muss zwischen dem Grunddelikt und den Qualifikationen von § 239 Abs. 3 und Abs. 4 bestehen? (Rn 22 ff)

---

38   BGH NStZ 2008, 209 (210); näher *Kindhäuser* AT § 47/16 ff.

§ 16 Erpresserischer Menschenraub (§ 239a)

A. Allgemeines

Die Vorschrift **schützt** die **persönliche Freiheit** des Opfers wie auch des Nötigungs- 1
adressaten und zudem (mittelbar) das Vermögen.[1] Teils wird weitergehend der Tatbestand auch als abstraktes Gefährdungsdelikt,[2] das die Sicherheit von Leib und Leben
der Geisel gewährleisten soll, gedeutet.

§ 239a Abs. 1 enthält **zwei Handlungsalternativen**. Die erste wird als Entführungs- und 2
Bemächtigungstatbestand, die zweite als Ausnutzungstatbestand bezeichnet. Sie unterscheiden sich vor allem dadurch, dass die Erpressung in der ersten Variante zum Zeitpunkt der Tat nur beabsichtigt, in der zweiten dagegen zumindest versucht sein muss.

Der Tatbestand von § 239a umfasst seinem Wortlaut nach einen großen Teil von typi- 3
schen Fällen räuberischer Erpressung, so dass dieser Tatbestand wegen des geringeren
Strafrahmens praktisch leer liefe. Um § 255 gleichwohl seinen traditionellen Anwendungsbereich zu erhalten, eine sachwidrige Strafrahmenverschiebung zu vermeiden
und dem Täter die Möglichkeit eines Rücktritts nicht zu verschließen – § 239a Abs. 1
Alt. 1 ist schon im Vorbereitungsstadium der Erpressung vollendet –, wird versucht,
den Tatbestand in Zweier-Konstellationen **restriktiv auszulegen**. Einzelheiten sind umstritten; hier liegt einer der ausbildungsrelevanten Schwerpunkte in der Anwendung
der Vorschrift.[3]

B. Definitionen und Erläuterungen

I. Entführungs- und Bemächtigungstatbestand (Abs. 1 Alt. 1)

▶ **FALL 1:** Nachdem T den O entführt und heimlich getötet hat, entschließt er sich, die sor-
gevollen Eltern des O zur Zahlung von „Lösegeld" zu erpressen. ◀

▶ **FALL 2:** R überfällt eine Sparkasse. Um seinen Forderungen gegenüber den Angestellten
Nachdruck zu verleihen, hält er einem Bankkunden seine Pistole an den Kopf. ◀

1. Objektiver Tatbestand. a) Tatobjekt: Tatobjekt ist ein (lebender) Mensch. 4

Eine Leiche ist im System des StGB als Sache zu bewerten[4] und fällt damit nicht mehr 5
unter das Merkmal Mensch. Nicht vom Tatbestand erfasst sind daher Fälle, in denen
der Täter den Tod eines Menschen ausnutzt und sich der Leiche bemächtigt, um unter
Vorspiegelung der „Geiselnahme" die unwissenden Angehörigen zu erpressen.[5] In
Fall 1, in dem der Täter die Person tötet und danach beschließt, Dritte, die sich um
den Verbleib der vermeintlich noch lebenden Person sorgen, zu erpressen, ist die Tatbestandsmäßigkeit umstritten. Teilweise wird darauf verwiesen, dass die Bemächtigungssituation aus Sicht des Dritten noch fortbestehe,[6] während andere Stimmen aus der

---

1 *Gössel/Dölling* I § 20/1; *Küper* Jura 1983, 206 (210); *Otto* § 29/1; MK-*Renzikowski* § 239a Rn 1 ff; SK-*Wolters*
  § 239a Rn 2.
2 So *Backmann* JuS 1977, 444 (445 f); *Brambach*, Probleme der Tatbestände des erpresserischen Menschenraubs und der Geiselnahme, 2000, 100 ff; *Fischer* § 239a Rn 2; *Hansen* GA 1974, 353 (368); *Renzikowski* StV
  1999, 647 (648); *Rheinländer*, Erpresserischer Menschenraub und Geiselnahme (§§ 239a, 239b): Eine Strukturanalyse, 2000, 200 ff.
3 Hierzu unten Rn 31 ff.
4 Vgl nur *Kindhäuser/Böse* BT II § 2/25.
5 *Brambach*, Probleme der Tatbestände des erpresserischen Menschenraubs und der Geiselnahme, 2000, 87;
  LK-*Schluckebier* § 239a Rn 9.
6 Vgl LK-*Schluckebier* § 239a Rn 32.

Existenz der Erfolgsqualifikation des Absatzes 3 folgern, dass das Gesetz von einer lebenden Geisel ausgehe.[7]

6   **b) Entführen:** Das Opfer wird entführt, wenn es durch eine vom Täter vorgenommene oder veranlasste Ortsveränderung in eine hilflose Lage verbracht wird.

7   Für eine Entführung reicht der Missbrauch einer schon bestehenden Herrschaft aus.[8] Sie muss nicht erst zum Zweck der Entführung begründet werden. Die Ortsveränderung kann durch List, Drohung oder Gewalt bewirkt werden.[9]

8   Die Lage ist hilflos, wenn das Opfer dem Einfluss des Täters preisgegeben ist, wenn der Täter also eine physische Machtposition über die Geisel innehat.[10] Das bloße Veranlassen einer Ortsveränderung ist dagegen nicht ausreichend, da ansonsten bereits das Bezahlen einer Reise als Entführen anzusehen wäre.[11]

9   **c) Sich-Bemächtigen:** Sich-Bemächtigen ist die Begründung neuer oder der Missbrauch bereits bestehender Herrschaft über den Körper des Opfers.[12]

10   Das Sich-Bemächtigen erfasst zunächst den Fall, dass sich der Täter die Verfügungsgewalt über den Körper des Opfers verschafft. Es genügt aber auch, dass der Täter seine ursprünglich dem Schutz des Opfers dienende Verfügungsmacht ausnutzt, um das Opfer seinem Einfluss nach Belieben zu unterwerfen, also Geborgenheit in Schutzlosigkeit umwandelt.[13] Tatmittel des Sich-Bemächtigens sind List, Drohung oder Gewalt. Allerdings braucht das Opfer selbst seine Schutzlosigkeit nicht zu bemerken. Insoweit kann sich der Täter auch eines Bewusstlosen oder Schlafenden bemächtigen.

11   Die Tatvariante des Sich-Bemächtigens umfasst auch das Entführen, setzt aber keine Ortsveränderung voraus. Exemplarisch sind das Fesseln oder Einsperren, aber auch – wie in **Fall 2** – das Bedrohen eines Bankkunden mit einer (ggf ungeladenen) Schusswaffe, bis der Kassierer das verfügbare Geld übergeben hat.[14] Auch kann schon das Begleiten eines Opfers durch einen physisch überlegenen Bewacher ausreichen.[15] Befindet sich das Opfer bereits in der Gewalt von Dritten, die dieses entführt oder sich seiner in sonstiger Weise bemächtigt haben, so kann ein sich erst danach an dem Geschehen beteiligender Täter eigenständig Gewalt über das Opfer erlangen, wenn er durch sein Eingreifen die Situation des Opfers qualitativ verändert und über das Fortbestehen der Ermächtigungsgrundlage nunmehr maßgeblich selbst bestimmt.[16] Dem Sich-Bemächtigen steht ein Einverständnis des Opfers selbst entgegen.[17] Allerdings darf es nicht vom Täter durch Nötigung oder List veranlasst sein. Daher ist es als Sich-Be-

---

7   *Brambach*, Probleme der Tatbestände des erpresserischen Menschenraubs und der Geiselnahme, 2000, 88; MK-*Renzikowski* § 239a Rn 36; vgl auch *Maurach* Heinitz-FS 403 (407).

8   HM, vgl nur L-Kühl-*Heger* § 239a Rn 3 mwN.

9   Für die Notwendigkeit eines entgegenstehenden Willens beim Entführten: zB BGH NStZ 1996, 276 (277); *Britz/Müller-Dietz* Jura 1997, 313 (317); *Heinrich* NStZ 1997, 365 (368); *Otto* § 29/4; abl. *Gössel*/Dölling I § 20/12; Krey/*Hellmann*/Heinrich II Rn 473.

10 BGHSt 22, 178; 24, 90; BGH NStZ 1994, 283; 1994, 430; S/S-*Eser*/*Eisele* § 239a Rn 6 f; *Fischer* § 239a Rn 4; SK-*Wolters* § 239a Rn 4; weitergehend *Küper* Jura 1983, 206 (210): soziale Machtposition sei ausreichend.

11 Weniger restr. aber *Bohlinger* JZ 1972, 230; *Hruschka* JZ 1973, 13 ff; M-*Schroeder*/Maiwald I § 15/22.

12 HM, vgl nur S/S-*Eser*/*Eisele* § 239a Rn 7; *Fischer* § 239a Rn 4; *Ingelfinger* JuS 1998, 531 (532); *Otto* § 29/4; *Tenckhoff*/*Baumann* JuS 1994, 836; abw. *Brambach*, Probleme der Tatbestände des erpresserischen Menschenraubs und der Geiselnahme, 2000, 202: sei absoluta erforderlich.

13 Sog. Kombinationsformel der hM, vgl S/S-*Eser*/*Eisele* § 239a Rn 7; Krey/*Hellmann*/Heinrich II Rn 483; W/H/E-*Hettinger* Rn 511.

14 BGH NStZ 2002, 31 (32); *Küper* Jura 1983, 206 (210); *Rengier* GA 1985, 314 ff; LK-*Schluckebier* § 239a Rn 12 ff.

15 BGH NStZ-RR 2007, 77.

16 BGH NStZ 2014, 316 f.

17 AA *Bohnert* JuS 1977, 746 (747); Krey/*Hellmann*/Heinrich II Rn 473.

mächtigen anzusehen, wenn sich eine Person (zB ein Polizist) dem Täter als Ersatz für eine ursprüngliche Geisel ausliefert.[18] Auch darf das Einverständnis nicht missbräuchlich erteilt sein, so dass das Sich-Bemächtigen eines Kleinkindes nicht durch das Einverständnis des Sorgeberechtigten mit der Geiselnahme ausgeschlossen ist.[19]

2. Subjektiver Tatbestand. Der subjektive Tatbestand erfordert neben dem **Vorsatz** 12 hinsichtlich des Entführens bzw Sich-Bemächtigens die **Absicht** (im Sinne zielgerichteten Wollens), die Sorge des Opfers um sein Wohl oder die Sorge eines Dritten um das Wohl des Opfers zu einer Erpressung auszunutzen.

a) Genötigter: Genötigter im Sinne der Erpressung kann also nach der Absicht des Tä- 13 ters sowohl das Bemächtigungsopfer selbst (Zweier-Konstellation) als auch ein Dritter (Dreieckskonstellation: **Fälle 1 und 2**) sein.

b) Absicht: Die Absicht, eine Erpressung zu begehen, muss der Täter schon **zum Zeit-** 14 **punkt der Entführung bzw des Sich-Bemächtigens** verfolgen. Fasst der Täter den entsprechenden Entschluss erst zu einem späteren Zeitpunkt, kommt die Ausnutzungsalternative in Betracht.

Die Erpressung braucht noch nicht ins Versuchsstadium getreten zu sein. Allerdings 15 muss die Absicht des Täters auf die Verwirklichung **aller Merkmale der Erpressung** – einschließlich der rechtswidrigen Bereicherung – gerichtet sein.[20] Als Nötigungsmittel der geplanten Erpressung kommt jedoch nur eine Drohung in Betracht, und zwar eine solche, bei der das in Aussicht gestellte Übel eine Beeinträchtigung des Wohls des Bemächtigungsopfers zum Gegenstand hat.

Ob auch die beabsichtigte Begehung eines **Raubes** tatbestandsmäßig ist, hängt davon 16 ab, ob die Erpressung mit der wohl hM als Grundtatbestand des Raubes angesehen wird, der Raub also nur ein Spezialfall der Erpressung ist.[21] Die Planung eines Raubes ist dagegen nicht einschlägig, wenn mit einer verbreiteten Literaturmeinung zwischen Raub und Erpressung ein Exklusivitätsverhältnis befürwortet wird.[22]

c) Mögliche Dritte: Als Dritter im Sinne einer Dreieckskonstellation kommt jeder in 17 Betracht, von dem der Täter annimmt, er werde aus Sorge um das Wohl des Entführten leisten. Daher sind die Bankangestellten in **Fall 2** mögliche Erpressungsopfer. Erpressungsopfer kann somit neben Angehörigen zB auch der Staat sein. Keine Rolle spielt es, wer das Lösegeld bezahlen soll.

d) Einschränkungen: Wegen der Weite des Tatbestands, der seinem Wortlaut nach auch 18 typische Fälle der (in der Unrechtsbewertung leichteren) räuberischen Erpressung erfasst, wird von der hM vor allem in **Zweier-Konstellationen** eine restriktive Auslegung befürwortet.[23]

II. Ausnutzungstatbestand (Abs. 1 Alt. 2)

▶ **FALL 3:** A bringt Frau F in seine Gewalt, um sie vergewaltigen zu können. Er entschließt sich dann aber anders; nun geht es ihm um Lösegeld. ◀

Der Ausnutzungstatbestand ist verwirklicht, wenn der Täter zunächst eine Person ent- 19 führt oder sich ihrer bemächtigt hat, aber bei dieser Handlung noch nicht mit Erpres-

---

18 Vgl unten Rn 30; ferner S/S-*Eser/Eisele* § 239a Rn 9.
19 BGHSt 26, 70 (72); L-Kühl-*Heger* § 239a Rn 3.
20 Näher zur Erpressung *Kindhäuser/Böse* BT II § 17.
21 BGH NStZ 2002, 31 (32).
22 Ausf. zum Meinungsstreit *Kindhäuser/Böse* BT II § 18/5 ff.
23 Näher hierzu unten Rn 31 ff.

sungsabsicht, sondern um anderer Ziele – zB einer Vergewaltigung wie in **Fall 3** – willen handelt. Sodann muss er diese Lage des Opfers zu einer Erpressung ausnutzen.

20 Anders als in der ersten Tatalternative gehört hier das Ausnutzen der Opfersituation zu einer Erpressung zum objektiven Tatbestand. Von einem Ausnutzen kann daher erst gesprochen werden, wenn der Täter zumindest zum Versuch einer Erpressung angesetzt hat. Dies bedeutet, dass die zweite Alternative von § 239a Abs. 1 **erst dann vollendet** ist, wenn die **Erpressung** wenigstens **ins Versuchsstadium getreten** ist.[24] Soweit ist es in **Fall 3** noch nicht gekommen, da T bislang nicht begonnen hat, seinen neuen Plan umzusetzen.

III. Erfolgsqualifikation (Abs. 3)

21 Abs. 3 formuliert ein erfolgsqualifiziertes Delikt im Sinne von § 18, dessen Verwirklichung voraussetzt, dass der Täter (vorsätzlich oder) wenigstens leichtfertig[25] den Tod des Opfers verursacht. Hierbei muss sich in der Todesverursachung gerade das deliktsspezifische Risiko (unmittelbar) realisieren. Zu den spezifischen Risiken des erpresserischen Menschenraubs gehören auch riskante Befreiungsaktionen durch die Geisel selbst oder die Polizei.[26] Auch umfasst ist die Möglichkeit eines Gewaltausbruchs auf Grund eines Missverständnisses zwischen Täter und Opfer durch eine anspannungsbedingte Fehleinschätzung durch den Täter.[27]

IV. Tätige Reue (Abs. 4)

22 Bei § 239a tritt die Deliktsvollendung nicht nur relativ früh, sondern auch in einem Zeitpunkt ein, in dem das Opfer noch in Gefahr schwebt. Daher eröffnet Abs. 4 insbesondere zum Zwecke des Opferschutzes die Möglichkeit einer Strafmilderung auch **ohne freiwillige Aufgabe des Erpressungsziels**, wenn der Täter die Geisel in ihren Lebenskreis zurückgelangen lässt oder sich, falls dies ohne sein Zutun geschieht, zumindest ernsthaft hierum bemüht. Exemplarisch: Die Polizei umstellt den Bankräuber R aus **Fall 2**, welcher daraufhin seine Waffe ablegt und den bedrohten Kunden gehen lässt.

23 Ein Verzicht auf die erstrebte Leistung liegt vor, wenn sie nicht mehr unter den Voraussetzungen des § 239a eingefordert wird. Dies kann konkludent dadurch geschehen, dass die Geisel freigelassen wird, wenn der Täter noch nichts erhalten hat.[28] Ungeklärt ist, wie der Begriff der „Rückkehr in den Lebenskreis" auszulegen ist. Teils wird der Lebenskreis örtlich als Wohn- und Aufenthaltsort,[29] überwiegend aber unabhängig von einer örtlichen Fixierung als Wiedererlangung der Freiheit, den Aufenthaltsort frei zu bestimmen, verstanden.[30]

---

24 BGH StV 2007, 355 (356); NJW-Spezial 2012, 250; S/S-*Eser/Eisele* § 239a Rn 24; L-Kühl-*Heger* § 239a Rn 7; *Otto* § 29/7; *Satzger* Jura 2007, 114 (116); LK-*Schluckebier* § 239a Rn 35; NK-*Sonnen* § 239a Rn 22; aA *Elsner* JuS 2006, 784 (785, 787 f); MK-*Renzikowski* § 239a Rn 63; SK-*Wolters* § 239a Rn 15.

25 Zu dieser Form grober Fahrlässigkeit vgl *Kindhäuser* LPK § 15 Rn 93 f.

26 BGHSt 33, 322 (324 f); *Roxin* AT I § 10/118; *Sowada* Jura 1994, 634 (650 f).

27 BGH NStZ 2016, 211 (214).

28 *Fischer* § 239a Rn 20.

29 *Fischer* § 239a Rn 19.

30 Vgl S/S-*Eser/Eisele* § 239a Rn 36 f; L-Kühl-*Heger* § 239a Rn 10; *Küpper/Börner* I § 3/30; *Otto* § 30/16; LK-*Schluckebier* § 239a Rn 55.

C. Anwendung

I. Aufbau

1. Es empfiehlt sich, die Deliktsmerkmale des **Entführungs- und Bemächtigungstatbestands** (Abs. 1 Alt. 1) in folgenden Schritten zu prüfen: 24

A) *Tatbestand*:
- I. Objektiver Tatbestand:
  - 1. Tatobjekt: ein anderer Mensch (Rn 4 f)
  - 2. Tathandlung: Entführen (Rn 6 ff) oder Sich-Bemächtigen (Rn 9 ff)
- II. Subjektiver Tatbestand:
  - 1. Vorsatz hinsichtlich Tatobjekt und Tathandlung
  - 2. Absicht zu einer Erpressung der Geisel oder eines Dritten:
    - a) beabsichtigte Drohung (Rn 12)
    - b) beabsichtigte Vermögensschädigung (Rn 15)
    - c) beabsichtigte rechtswidrige Bereicherung (Rn 15)
  - 3. Funktionaler Zusammenhang zwischen Entführungs-/Bemächtigungslage und geplanter Erpressung in Zweier-Konstellationen (Rn 31 ff)

B) *Rechtswidrigkeit der Tat insgesamt*

C) *Schuld*

D) Ggf *Erfolgsqualifikation* nach Abs. 3 (Rn 21)

2. Ausnutzungstatbestand (Abs. 1 Alt. 2)

A) *Tatbestand*:   25
- I. Objektiver Tatbestand:
  - 1. Tatobjekt: ein anderer Mensch (Rn 4 f)
  - 2. Tathandlung: Entführen (Rn 6 ff) oder Sich-Bemächtigen (Rn 9 ff)
  - 3. (zumindest unmittelbares Ansetzen zur) Erpressung der Geisel oder eines Dritten durch Ausnutzen der durch die Tathandlung geschaffenen Lage (Rn 19 f)
- II. Subjektiver Tatbestand:
  - 1. Vorsatz hinsichtlich Tatobjekt, Tathandlung und Erpressung
  - 2. Absicht rechtswidriger Bereicherung im Sinne einer Erpressung

B) *Rechtswidrigkeit der Tat insgesamt*

C) *Schuld*

D) Ggf *Erfolgsqualifikation* nach Abs. 3 (Rn 21)

3. Eine (räuberische) **Erpressung** sollte stets **vor** § 239a geprüft werden. Dadurch lassen sich – vor allem in der Ausnutzungsvariante – überflüssige und komplizierte Inzidentprüfungen vermeiden. Sofern die geplante Erpressung noch nicht ins Versuchsstadium gelangt ist, kann mit einem kurzen Hinweis hierauf von einer näheren Erörterung des Ausnutzungstatbestands abgesehen werden. Nur in der Entführungs- und Bemächtigungstatvariante ist eine – wie in Rn 24 aufgezeigt – alle Voraussetzungen einer Erpressung umfassende Inzidentprüfung erforderlich, wenn der Täter noch nicht (im Sinne eines Versuchs) unmittelbar zur Verwirklichung des Erpressungstatbestands angesetzt hat.   26

II. Einzelfragen

1. Scheingeiselnahme

▶ **Fall 4:** A und B überlegen sich eine „Gaunerstrategie": A soll den B zum Schein „entführen" und sodann Lösegeld von der Regierung erpressen. ◀

27   Umstritten ist die Bewertung von Konstellationen, in denen „Täter" und (Schein-) „Geisel"– wie in **Fall 4** – dem Nötigungsopfer kollusiv eine Geiselnahme vortäuschen.

28   ■ Teils wird eine strafbare Teilnahme der „Geisel" gem. §§ 239a Abs. 1, 239b Abs. 1, 27 an der eigenen Entführung bzw Bemächtigung für möglich gehalten.[31] Begründet wird dies mit dem Argument, dass die Freiheit der Geisel keinen eigenständigen Schutz genieße. Im Vordergrund stehe vielmehr der Schutz des Dritten vor einer besonders schwerwiegenden und verwerflichen Drohung. Sofern nach diesem Ansatz die Tathandlungen unabhängig von einem entgegenstehenden Willen der Geisel definiert werden,[32] müssen die Voraussetzungen einer wirksamen Einwilligung geprüft werden.

29   ■ Vorzugswürdig ist jedoch die hM, die ein Vorliegen der tatbestandlichen Merkmale der Entführung und der Bemächtigung verneint, da diese nicht „gegen den Willen" der „Geisel", sondern mit deren Einverständnis verwirklicht werden.[33] Zudem fehlt es auch mangels einer echten Tatherrschaft des Täters an einer Tathandlung. Eine bloß vorgegebene Herrschaft genügt nicht.[34]

2. Ersatzgeiselnahme

▶ **Fall 5:** G hält eine Schule in seiner Gewalt. Um ihrem Kind die Freiheit zu schenken, bietet die Mutter M dem G an, sich anstelle ihres Kindes in seine Gewalt zu begeben. G ist damit einverstanden; der Austausch gelingt. ◀

30   Fraglich ist des Weiteren, ob der Tatbestand in solchen Konstellationen verwirklicht ist, in denen sich eine Person im Austausch für eine Geisel zur Verfügung stellt:[35] **Fall 5**. Dies ist jedoch regelmäßig zu bejahen, da die Ersatzgeisel nicht in einem engeren Sinne „freiwillig" handelt. Sie will vielmehr nur eine Notstandslage abwenden, in der sich die zunächst als Geisel genommene Person befindet. Da der Täter für die Notstandslage zuständig ist, hat er auch für jede adäquate Befreiung der Erstgeisel aus dieser Lage einzustehen. Hieraus folgt, dass sich der Täter in zwei tatmehrheitlich (§ 53) verwirklichten Fällen wegen § 239a strafbar macht, nämlich zum einen hinsichtlich der Erstgeisel, zum anderen bezüglich der Austauschgeisel.[36]

---

31 *Lampe* JR 1975, 424 (425).

32 So *Rheinländer*, Erpresserischer Menschenraub und Geiselnahme (§§ 239a, 239b): eine Strukturanalyse, 2000, 55 ff.

33 BGH NStZ 1996, 276; Krey/*Hellmann*/Heinrich II Rn 473; W/H/E-*Hettinger* Rn 509; *Otto* § 29/4; *Rengier* II § 24/8; LK-*Schluckebier* § 239a Rn 9; M-*Schroeder*/Maiwald I § 15/22.

34 *Rengier* II § 24/8; LK-*Schluckebier* § 239a Rn 9.

35 Befürwortend die hM, vgl nur S/S-*Eser/Eisele* § 239a Rn 9; Krey/*Hellmann*/Heinrich II Rn 473; W-*Hillenkamp* Rn 741; MK-*Renzikowski* § 239a Rn 39; LK-*Schluckebier* § 239a Rn 7; SK-*Wolters* § 239a Rn 5; abl. Arzt/Weber/ *Heinrich*/Hilgendorf § 18/35 Fn 87; M-*Schroeder*/Maiwald I § 15/22.

36 Ausnahmefälle sind denkbar, wenn zB ein Journalist nicht aus Sorge um die Geisel, sondern aus reiner Sensationsgier den Austausch bewirkt.

3. Zwei-Personen-Verhältnisse

▶ **FALL 6A:** C überfällt eine Bank und zwingt einen Angestellten mit vorgehaltener Waffe, ihm Bargeld zu geben. ◀

▶ **FALL 6B:** C überfällt eine Bank und fesselt den Direktor D. Sodann lässt er sich von D zum Tresor führen und zwingt ihn mit Schlägen dazu, die Kombination für das Zahlenschloss zu verraten. ◀

Seinem Wortlaut nach greift § 239a auch in den Bereich der typischen Fälle einer räuberischen Erpressung ein. Exemplarisch ist **Fall 6a**.[37] Um zu verhindern, dass § 255 hier ins Leere läuft, bedarf § 239a einer einschränkenden Auslegung.[38] Im **Gutachten** ist dieses Problem auf der Ebene des **subjektiven Tatbestands** zu erörtern (Rn 24). | 31

a) Unvollkommen zweiaktiges Delikt: Die Rechtsprechung deutet den Tatbestand erstens als unvollkommen zweiaktiges Delikt (Sich-Bemächtigen und Erpressung), bei dem der zweite Akt, die Erpressung, ins Subjektive vorverlagert ist. Aus dieser Einordnung leitet die Rechtsprechung für § 239a das einschränkende Erfordernis einer chronologischen Zweiaktigkeit[39] ab. Der Täter muss also die zunächst geschaffene Zwangslage **zu einem weiteren Nötigungsakt** einsetzen wollen.[40] Zweitens muss zwischen dem ersten (objektiven) und dem zweiten (subjektivierten) Teilakt ein **funktionaler Zusammenhang** dergestalt bestehen, dass der Täter die durch das Entführen/Sich-Bemächtigen geschaffene Lage als Drohungsmittel „ausnutzt". Hieraus folgt: | 32

■ Der Tatbestand ist mangels funktionalen Zusammenhangs **nicht** erfüllt, wenn nach dem Tatplan das Bemächtigungsopfer die geforderte Vermögensleistung **erst nach Beendigung** (und nicht während) der Zwangslage erbringen soll.[41] Daher wäre es kein erpresserischer Menschenraub, wenn der Täter den Entführten aufgrund der Zusage freilässt, dass dieser ihm später eine gewisse Geldsumme übergibt. Denn hier erfolgt die Leistung zu einem Zeitpunkt, zu dem die Entführungslage nicht mehr besteht und daher auch nicht mehr als Nötigungsmittel der Leistung selbst fungiert. Zur Tatbestandsverwirklichung wäre es vielmehr erforderlich, dass die Entführungslage gerade durch die Geldzahlung beendet wird.[42] | 33

■ Des Weiteren ist der Tatbestand (vor allem in der Bemächtigungsvariante) mangels zweier (wenn auch teils subjektivierter) Teilakte **nicht** verwirklicht, wenn der **Bemächtigungsakt und die Nötigung zur Vermögensverfügung zusammenfallen**, also in einem Akt (*uno actu*) vollzogen werden. Exemplarisch hierfür ist **Fall 6a**. Der Einsatz des Nötigungsmittels darf somit nicht zugleich dem Sich-Bemächtigen und dem erpresserischen Nötigen dienen. In der Konsequenz werden damit insbesondere kurzzeitige räuberische Erpressungen aus dem Anwendungsbereich des § 239a genommen. Der Tatbestand kommt erst in Betracht, wenn die Bemächtigungs-/ | 34

---

37 Vgl BGH NStZ 1996, 277 f; StV 1996, 266.
38 Vgl BGHSt 39, 36 (41 f); 39, 330 (332 ff); BGH StV 1996, 266; NStZ 1996, 277 f; *Geerds* JR 1993, 424; *Heinrich* NStZ 1997, 365 ff; Krey/*Hellmann*/Heinrich II Rn 485 ff; *Tenckhoff/Baumann* JuS 1994, 836 (840); insgesamt abl. *Renzikowski* JZ 1994, 492 (498): die Problematik sei durch eine Strafmaßänderung zu lösen.
39 Eine solche wird ansonsten für unvollkommen zweiaktige Delikte nicht verlangt, vgl *Jakobs* 32/29; *Lund*, Mehraktige Delikte, 1993, 34.
40 BGHSt 40, 350 (355); BGH NStZ 2006, 340; NStZ-RR 2009, 16 (17); 2010, 46 (47) m.Anm. *Jahn* JuS 2010, 174 f.
41 Vgl BGH NStZ 1996, 277; 2006, 36 (37 f) m. insoweit zust. Anm. *Jahn/Kudlich* NStZ 2006, 340 sowie Bespr. *Kudlich* JA 2006, 232 (233 f), BGH NStZ 2008, 569 f; StraFo 2014, 32; *Elsner* JuS 2006, 784 (786 f).
42 BGH NStZ 1996, 277; StV 1997, 302 f; vgl auch BGH NJW 1997, 1082 f.

Entführungslage eine **gewisse Stabilität** erlangt hat und so als Basis für weitere Nötigungen dienen soll.[43] Diese Voraussetzung ist in **Fall 6b** erfüllt.

35　Bemächtigungsakt und (geplanter) erpresserischer Nötigungsakt fallen – als **Faustformel** – nicht zusammen, wenn sich der Nötigungsakt wegdenken lässt, ohne dass die Bemächtigung entfiele. Exemplarisch: Verlangt C in **Fall 6a** unter Todesdrohung die Herausgabe von Geld, so vollzieht er die erpresserische Nötigung zusammen mit dem Sich-Bemächtigen, da keine Bemächtigungslage gegeben wäre, wenn die erpresserische Nötigung mit der vorgehaltenen Pistole weggedacht würde. Mangels Selbständigkeit der Bemächtigungslage wäre daher § 239a nicht erfüllt. Anders wäre es dagegen, wenn der Täter das Opfer – wie in **Fall 6b** – zunächst fesselt, um dann den Wehrlosen mit Schlägen zum Verrat geldwerter Geheimnisse zu zwingen.

36　b) **Abweichungen:** Allerdings wendet die neuere Rechtsprechung die von ihr entwickelten Kriterien nicht durchgängig an und bejaht § 239a auch bei einer Identität des Einsatzes der Mittel von Bemächtigung und Erpressung.[44] Es zeichnet sich ferner in Rechtsprechung[45] und Schrifttum[46] die Tendenz ab, eine auf Zwei- und Drei-Personen-Verhältnisse gleichermaßen anwendbare Problemlösung zu suchen.

37　c) **Weitere Lösungsansätze:** Beachtenswert sind auch Vorschläge in der Literatur, die sich um eine an der Qualität der Nötigung als Problemkern ansetzende Lösung bemühen.

38　Beispielsweise wird eine „Realisierungsabsicht" als einschränkende Anforderung an das „angedrohte Übel" gefordert[47] oder es wird eine „Opfermitwirkung" als einschränkende Anforderung an das Nötigungsziel gestellt.[48]

39　Teils[49] wird in Umkehrung der These der Rechtsprechung vertreten, der Begriff der nötigenden Drohung müsse im Rahmen der §§ 239a, 239b teleologisch reduziert werden: Es komme nicht darauf an, dass die Begriffe des Entführens und des Sich-Bemächtigens eine eigenständige Bedeutung aufwiesen, sondern es gehe vielmehr um die Begrenzung des Drohungsbegriffs. Entscheidend sei nicht, dass das Opfer „wie eine Geisel" gestellt sei, wie es die Rechtsprechung verlangt, sondern es komme darauf an, dass das Opfer gleichzeitig die Stellung „wie ein Dritter" einnehme. Dem Opfer müsse deshalb bzgl des Gutes, das ihm der Täter abnötigen will, eine echte Entscheidungsmöglichkeit darüber offenstehen, ob es das Gut verliert oder behält. Für eine Drohung im Sinne der §§ 239a, 239b reiche es hingegen nicht aus, dass das Opfer nur die Entscheidung darüber habe, ob es das, was der Täter verlangt, selbst hergeben oder sich vom Täter mit Gewalt entreißen lassen will.

43　Vgl BGHSt 40, 350 (359); vgl auch BGH NStZ 2006, 448 (449); NStZ-RR 2006, 141 (142); StV 2007, 355: erneute Bemächtigung nach Aufhebung der zuvor geschaffenen Bemächtigungssituation, m. krit. Anm. *Wolters*; NStZ-RR 2015, 336 f; *Elsner* JuS 2006, 784 (785 ff); *Kretschmer* Jura 2006, 219 (222).
44　BGH NJW 1997, 1082.
45　Vgl BGH NStZ 1999, 509; 2002, 31 (32).
46　*Immel* NStZ 2001, 67 ff; *Martin* JuS 1999, 1239 f; *Rengier* II § 24/16 ff, 25; MK-*Renzikowski* § 239a Rn 55 ff.
47　*Rheinländer*, Erpresserischer Menschenraub und Geiselnahme (§§ 239a, 239b): Eine Strukturanalyse, 2000, 202 ff, 269.
48　*Heinrich* NStZ 1997, 365 (367 f).
49　*Nikolaus*, Zu den Tatbeständen des erpresserischen Menschenraubs (§ 239a) und der Geiselnahme (§ 239b), 2003; vgl auch *Zschieschack*, Geiselnahme und erpresserischer Menschenraub im Zwei-Personen-Verhältnis, 2001, 123 ff.

III. Konkurrenzen

Tateinheit kommt in Betracht mit §§ 223 ff und §§ 212, 211, und zwar auch in den Fällen von § 239a Abs. 3.[50] Die §§ 235, 239 und 240 werden im Wege der Gesetzeskonkurrenz verdrängt. Wenn es tatsächlich zu einer (versuchten) Erpressung kommt, ist der Klarstellung halber Tateinheit mit §§ 253, 255 anzunehmen.[51]

40

Wiederholungs- und Vertiefungsfragen

> Welches Rechtsgut schützt § 239a? (Rn 1)
> Mit welchen Tatmitteln kann im Sinne von § 239a Abs. 1 entführt werden? (Rn 7)
> Worin unterscheidet sich die Entführung vom Sich-Bemächtigen? (Rn 11)
> Worin unterscheiden sich § 239a Abs. 1 Alt. 1 und Alt. 2 in Bezug auf die Erpressung? (Rn 14 f, 20)
> Wer kann „Dritter" sein? (Rn 17)
> Wann spricht man von einer Scheingeiselnahme und wie kann sie unter dem Gesichtspunkt von § 239a beurteilt werden? (Rn 27 ff)
> Ist es auch tatbestandsmäßig, wenn der Täter eine sog. Ersatzgeisel annimmt? (Rn 30)
> Wann spricht man von einer Zweier-Konstellation und weshalb kann es in solchen Fällen problematisch sein, § 239a anzuwenden? (Rn 31 ff)

---

50 Vgl BT-Drucks. 13/8587, 79.
51 BGHSt 16, 316; BGH NStZ 1986, 166; 1987, 222 f.

§ 17 Geiselnahme (§ 239b)

A. Überblick

1 Die Vorschrift **schützt** die **persönliche Freiheit** des Opfers wie auch des Nötigungsadressaten und stimmt im **objektiven Tatbestand** mit § 239a überein. Die Entführung (bzw Bemächtigung) muss auch hier tatsächlich vollzogen sein. Die Vorspiegelung einer Entführung gegenüber Dritten genügt nicht.[1] Ferner verweist Abs. 2 auf die Erfolgsqualifikation sowie die Möglichkeit der tätigen Reue nach § 239a Abs. 3 und 4.

2 Im **subjektiven Tatbestand** ergeben sich insoweit Unterschiede zu § 239a, als bei der Geiselnahme an die Stelle der (geplanten) Erpressung die **Absicht** (Alt. 1) bzw der **Versuch einer Nötigung** im Sinne von § 240 (Alt. 2) treten. Das Nötigungsmittel muss allerdings eine qualifizierte Drohung sein, nämlich eine Bedrohung des Opfers mit dem Tode, einer schweren Körperverletzung (im Sinne von § 226) oder einer Freiheitsentziehung von über einer Woche Dauer. Der erstrebte Nötigungserfolg (Handlung, Duldung oder Unterlassung) wird nicht näher bestimmt. Er kann von der Freipressung politischer Gefangener bis zur Durchsetzung von (auch berechtigten!) Ansprüchen reichen.

3 Wegen der identischen Tatbestandsstruktur stellt sich bei der Geiselnahme wie bei § 239a das Erfordernis einer **restriktiven Auslegung** vor allem in Zweier-Konstellationen. Besondere Probleme wirft im Rahmen des § 239b das Sich-Bemächtigen einer Person zum Zwecke der Vergewaltigung auf. Die Rechtsprechung wendet hier gleichermaßen die Kriterien des funktionalen Zusammenhangs und der Selbständigkeit der Bemächtigungslage gegenüber der (geplanten) Nötigung zur Tatbestandseingrenzung des § 239b an.[2] Demnach ist etwa die Entführung eines Zeugen mit dem Ziel, ihn unter Todesdrohungen zum Widerruf einer belastenden Aussage vor der Polizei zu bewegen, nicht tatbestandsmäßig, da die abgenötigte Handlung erst nach Beendigung der Entführungslage vorgenommen werden soll.[3]

B. Anwendung

I. Aufbau

4 Die Deliktsmerkmale sind bei § 239b wie bei § 239a zu prüfen. Modifikationen ergeben sich nur insoweit, als die Merkmale der Erpressung durch die der (qualifizierten) Nötigung zu ersetzen sind.

1. Entführungs- und Bemächtigungstatbestand (Abs. 1 Alt. 1)

5 A) *Tatbestand*:

    I. Objektiver Tatbestand:

        1. Tatobjekt: ein anderer Mensch

        2. Tathandlung: Entführen oder Sich-Bemächtigen (§ 16 Rn 6 ff)

---

1 Insoweit kann aber § 240 eingreifen.
2 Näher hierzu § 16 Rn 32 ff und BGH StV 2007, 249; NStZ-RR 2008, 279 f; NStZ 2014, 38 f m.Anm. *Krehl*.
3 BGH StV 1997, 303; NStZ 2006, 36 (37 f) m. zust. Anm. *Jahn/Kudlich* NStZ 2006, 340; BGH StV 2015, 765 (766); *Satzger* Jura 2007, 114 (117 ff).

    II. Subjektiver Tatbestand:

        1. Vorsatz hinsichtlich Tatobjekt und Tathandlung

        2. Absicht zur Nötigung der Geisel oder eines Dritten:

            a) beabsichtigte qualifizierte Drohung (Rn 2)

            b) beabsichtigter Nötigungserfolg (Handlung, Duldung, Unterlassung)

        3. Funktionaler Zusammenhang zwischen Entführungs-/Bemächtigungslage und geplanter Nötigung in Zweier-Konstellationen (§ 16 Rn 31 ff)

B) *Rechtswidrigkeit der Tat insgesamt*

C) *Schuld*

D) Ggf *Erfolgsqualifikation* nach Abs. 2 iVm § 239a Abs. 3 (§ 16 Rn 21)

2. Ausnutzungstatbestand (Abs. 1 Alt. 2)

A) *Tatbestand*:   6

    I. Objektiver Tatbestand:

        1. Tatobjekt: ein anderer Mensch

        2. Tathandlung: Entführen oder Sich-Bemächtigen (§ 16 Rn 6 ff)

        3. (zumindest unmittelbares Ansetzen zur) Nötigung der Geisel oder eines Dritten durch Ausnutzen der durch die Tathandlung geschaffenen Lage

    II. Subjektiver Tatbestand: Vorsatz hinsichtlich Tatobjekt, Tathandlung und Nötigung

B) *Rechtswidrigkeit der Tat insgesamt*

C) *Schuld*

D) Ggf *Erfolgsqualifikation* nach Abs. 2 iVm § 239a Abs. 3 (§ 16 Rn 21)

3. Die Nötigung sollte stets **vor** § 239b geprüft werden, um überflüssige und komplizierte Inzidentprüfungen zu vermeiden.[4]   7

II. Konkurrenzen

§ 239a verdrängt § 239b im Wege der Subsidiarität, wenn die Geiselnahme nur zum Zweck der unrechtmäßigen Bereicherung erfolgt.[5] In Tateinheit stehen beide Delikte jedoch bei unterschiedlicher Zielrichtung.[6]   8

WIEDERHOLUNGS- UND VERTIEFUNGSFRAGEN

> Worin liegen die Gemeinsamkeiten von §§ 239a und 239b? (Rn 1)

> Worin unterscheiden sich §§ 239a und 239b? (Rn 2)

> Welches gemeinsame Problem stellt sich bei §§ 239a und 239b? (Rn 3)

---

4 Vgl § 16 Rn 26.
5 BGH NStZ 2002, 31 (32); L-Kühl-*Heger* § 239b Rn 4; W/H/E-*Hettinger* Rn 517.
6 *Fischer* § 239a Rn 21; L-Kühl-*Heger* § 239b Rn 4; LK-*Schluckebier* § 239a Rn 63.

§ 18 Weitere Freiheitsdelikte

A. Menschenraub (§ 234)

1   Der Tatbestand des Menschenraubs ist ein **Sonderfall der Freiheitsberaubung** (§ 239). Die Vorschrift soll potenzielle Opfer davor schützen, in eine Situation der Hilflosigkeit zu gelangen oder einem mit nur sehr geringen eigenen Freiheitsrechten ausgestatteten, durch Über- und Unterordnung gekennzeichneten formalisierten Verhältnis unterworfen zu werden.

2   **Tatobjekt** kann jeder Mensch sein, auch ein noch willenloses Kleinkind. **Tathandlung** ist das Sich-Bemächtigen, also das Begründen physischer Herrschaft über das Opfer, durch List, Drohung oder Gewalt.[1] **Subjektiv** ist neben dem **Vorsatz** bezüglich der Tathandlung die **Absicht** erforderlich, das Opfer in eine **hilflose Lage**[2] auszusetzen oder in eine militärische oder militärähnliche Einrichtung im Ausland zu bringen. Die Realisierung der Absicht braucht noch nicht ins Versuchsstadium getreten zu sein.

B. Entziehung Minderjähriger (§ 235)

3   **Zweck** der Norm ist neben der Sicherung des Personensorgerechts der Schutz der betroffenen Person (Kind oder Jugendlicher) selbst, dh ihrer körperlichen oder seelischen Entwicklung.[3] Das Sorgerecht[4] (der Eltern, des Vormunds usw) richtet sich nach den einschlägigen familienrechtlichen Bestimmungen.[5] Der BGH stellt hohe Anforderungen an einen Wechsel des Sorgerechtstatuts, so dass auch ein längerer Aufenthalt des Minderjährigen im Ausland nicht ohne weiteres dazu führt, dass sich die Frage des Sorgerechts nach dem dortigen Familienrecht beurteilt.[6]

4   Das Personensorgerecht ist **entzogen**, wenn seine Ausübung nach den Umständen des Einzelfalls (Alter des Kindes, Fürsorgebedürftigkeit usw) für eine gewisse Dauer durch räumliche Trennung wesentlich beeinträchtigt ist.[7] Eine Entziehung liegt dabei laut BGH nicht nur dann vor, wenn ein Minderjähriger von einem Elternteil entfernt wird, sondern umgekehrt auch dann, wenn ein Elternteil unter den Voraussetzungen von § 235 vom Minderjährigen entfernt und festgehalten wird.[8] Das Kind (bzw der Jugendliche) wird **vorenthalten**, wenn seine Herausgabe an den Berechtigten verweigert oder – zB durch Verheimlichen des Aufenthaltsortes, anderweitige Unterbringung usw – erschwert wird.[9] Die Nötigungsmittel der List, Gewalt oder Drohung mit einem empfindlichen Übel können sich bei der Tat nach Abs. 1 Nr. 1 gegen den Jugendlichen selbst oder gegen einen (beliebigen) schutzbereiten Dritten richten. Dagegen genügt bei Kindern[10] das Vorenthalten oder Entziehen ohne Einsatz von Nötigungsmitteln (Abs. 1 Nr. 2, Abs. 2).

---

1 Zu den Tatmitteln vgl § 12.
2 Hierzu § 5 Rn 3 ff.
3 *Schramm*, Ehe und Familie, 2011, S. 461.
4 Vgl § 1631 BGB; BGHSt 39, 239 (242 f).
5 Es muss jedoch nicht notwendig ausgeübt werden: *Sallum*, Die strafrechtlichen Probleme der internationalen Kindesentziehung beim Streit um das gemeinsame Kind, 2007, 56.
6 BGH NStZ 2015, 338 (340 f).
7 Vgl BGHSt 1, 199 (200); 10, 376 (378); 16, 58 (61 f); BGH NJW 2014, 3589; W/H/E-*Hettinger* Rn 493; *Küpper/Börner* I § 3/17; *Rengier* II § 26/3; vgl umfassend zur Strafbarkeit des allein sorgeberechtigten Elternteils nach § 235 Abs. 2 zu Lasten des nur umgangsberechtigten anderen Elternteils *Bock* JR 2016, 300 ff mwN.
8 BGHSt 59, 307 (309 ff) m. krit. Anm. *Eidam* HRRS 2015, 243 ff; *Putzke* ZJS 2015, 315 ff.
9 Vgl § 1632 Abs. 1 BGB.
10 Vgl § 19 StGB.

Subjektiv genügt dolus eventualis. Der Täter muss aber erkannt haben, dass er in fremdes Sorgerecht eingreift.[11] 5

Eine **Einwilligung** oder ein Einverständnis durch den Minderjährigen selbst kommt nicht in Betracht, da das Sorgerecht nicht zur Disposition des Kindes steht,[12] während die Zustimmung des Sorgeberechtigten die Rechtswidrigkeit entfallen lässt. 6

Die Tat nach § 235 hat Verbrechenscharakter, wenn die in Abs. 4 und 5 genannten Qualifikationen erfüllt sind. 7

C. Kinderhandel (§ 236)

Abs. 1 der Vorschrift dient dem Schutz der ungestörten körperlichen und seelischen Entwicklung und der Menschenwürde von Kindern und Jugendlichen. **Täter** („Verkäufer") nach **Abs. 1 S. 1** können nur leibliche Eltern (bzw ein Elternteil),[13] Adoptiveltern, Vormünder (§§ 1773 ff BGB) und Pfleger (§§ 1909 ff BGB) sein. **Überlassen** ist die Übergabe zur Begründung eines tatsächlichen Gewaltverhältnisses über das Opfer. Der Täter muss durch die Tat seine Fürsorge- und Erziehungspflicht grob verletzen[14] und zudem gegen Entgelt[15] (§ 11 Abs. 1 Nr. 9) oder mit Bereicherungsabsicht handeln. 8

Abs. 1 S. 2 setzt voraus, dass der **Aufnehmende** („Käufer") um die in der Überlassung des Kindes liegende grobe Verletzung der Fürsorge- und Erziehungspflicht weiß. Daher macht sich nicht strafbar, wer die Not der Eltern lindern und dem Kind aus erbärmlichen Verhältnissen heraushelfen will. Die Tathandlung des Aufnehmens entspricht spiegelbildlich dem Überlassen; das Entgelt muss wenigstens teilweise tatsächlich gewährt sein. 9

Abs. 2 S. 1 sichert flankierend die Verbote nach dem Adoptionsvermittlungsgesetz. Bei grenzüberschreitenden Vermittlungen wird die Tat durch **Abs. 2 S. 2** qualifiziert. 10

D. Menschenhandel (§ 232)

Der deutsche Begriff des Menschenhandels (internationales Schlagwort: „human trafficking") suggeriert, dass die Norm lediglich den „Handel", also den Kauf und Verkauf von Menschen erfasst. In Wahrheit meint Menschenhandel i. S. d. §§ 232 ff. aber mehr: Mit den Normen soll verhindert werden, dass der Mensch - in einem weitergehenden Sinne – (vor allem **kommerziell**) **ausgebeutet** und so zu einer **bloßen Ware** seiner Mitmenschen wird. Das Verbot[16] schützt die Willensfreiheit der verbrachten Person. Bei den verschiedenen Tatbestandsvarianten kommen weitere Schutzzwecke hinzu: Bei **Abs. 1 S. 1 Nr. 1 lit a)** treten die sexuelle Selbstbestimmung von Personen (beiderlei Geschlechts) in spezifischen oder altersbedingten Schwächesituationen, sowie das Vermögen der Personen, die zum Zwecke der Prostitution oder prostitutionsnaher 11

---

11 *Sallum*, Die strafrechtlichen Probleme der internationalen Kindesentziehung beim Streit um das gemeinsame Kind, 2007, 83.

12 *Geppert* Kaufmann, H.-GS 759 (771); L-Kühl-*Heger* § 235 Rn 3; *Schramm*, Ehe und Familie, 2011, S. 468.

13 Auch sog. „Scheinväter", denen das Kind unter den Voraussetzungen von § 1592 BGB rechtlich zugeordnet ist, vgl BT-Drucks. 13/8587, 40.

14 Vgl *Kindhäuser* LPK § 171 Rn 2 f.

15 Zur Relevanz der Entgeltlichkeit vgl *Schramm*, Ehe und Familie, 2011, S. 470.

16 Zur Entstehungsgeschichte der 2005 erstmals in das StGB eingestellten Bestimmungen zum Menschenhandel vgl SK-*Noltenius/Wolters* Vor § 232 Rn 1; umf. *Reintzsch*, Strafbarkeit des Menschenhandels zum Zweck der sexuellen Ausbeutung. Die aktuelle Fassung geht auf das Gesetz (BGBl. I 2016, 2226) zur Verbesserung der Bekämpfung des Menschenhandels und zur Änderung des Bundeszentralregistergesetzes sowie des Achten Buches Sozialgesetzbuch vom 11. Oktober 2016 zurück.

Tätigkeiten ausgebeutet werden, hinzu.[17] Bei **Abs. 1 S. 1 Nr. 1 lit b)** und **Abs. 1 S. 1 Nr. 2** tritt die Freiheit der Person hinsichtlich der freien Verfügung über Einsatz und Verwertung ihrer Arbeitskraft hinzu.[18] Bei **Abs. 1 S. 1 Nr. 3** tritt der Schutz der körperlichen Unversehrtheit hinzu.

12 **Tathandlungen** sind das Anwerben, Befördern, Weitergeben und Beherbergen. Dies muss unter Ausnutzung einer wirtschaftlichen oder persönlichen Zwangslage oder Hilflosigkeit geschehen. Das **Ausnutzen** setzt objektiv voraus, dass die Lage des Opfers dem Täter die Gelegenheit zur Tat bietet und deren Ausführung (zumindest) erleichtert, etwa durch Bedrängen, Täuschen, Einschüchtern oder Versprechen.[19] Subjektiv setzt das Ausnutzen zielgerichtetes Vorgehen voraus. **Tatsituation** kann zunächst eine **Zwangslage** sein, die bei einer ernsten persönlichen oder wirtschaftlichen Bedrängnis – zB bei Wohnungs- oder Arbeitslosigkeit, wirtschaftlichem Ruin, Angst vor Aufdeckung des illegalen Aufenthalts in der Bundesrepublik – durch welche die Handlungs- und Entscheidungsfreiheit eingeschränkt ist, gegeben ist.[20] Die auslandsspezifische **Hilflosigkeit** verlangt, dass das Opfer aufgrund seiner Lage und seiner persönlichen Fähigkeiten nur in erheblich eingeschränktem Maße in der Lage ist, sich dem Ansinnen sexueller Betätigung zu widersetzen.[21] Die Hilflosigkeit muss gerade auf dem Auslandsaufenthalt beruhen. Dies setzt zB voraus, dass das Opfer der deutschen Sprache nicht mächtig ist, über keine Barmittel verfügt und bezüglich Unterkunft und Verpflegung auf den Täter angewiesen ist.[22] Weitere Indizien sind die Unterbindung sozialer Kontakte und die Erschwerung der Rückkehr, etwa durch Abnahme des Passes.[23]

13 Die Tathandlungen sind bei Abs. 1 unter Ausnutzung der Tatsituation auf **einen bestimmten Zweck** der (späteren) Ausbeutung gerichtet: Die Ausbeutung – im wirtschaftlichen Sinne -[24] muss sich auf die Prostitution, eine Beschäftigung, Bettelei oder die Mitwirkung an Straftaten (Abs. 1 Nr. 1), die Sklaverei u. ä. (Nr. 2) oder eine Organtransplantation (Nr. 3) beziehen.

E. Zwangsprostitution und Zwangsarbeit (§§ 232a, 232b)

14 Die Tatbestände erfassen typische Folgehandlungen der Ausbeutung im Rahmen der Delikte gegen den Menschenhandel.[25] Sie schützen vor einer unlauteren Beeinflussung des Willens, bestimmte Ausbeutungsverhältnisse aufzunehmen oder fortzuführen.[26]

15 Unter **Veranlassen** ist eine psychische Beeinflussung des Opfers, etwa durch das Vorspiegeln günstiger Geschäftsabschlüsse, zu verstehen. Der **Taterfolg** der **Aufnahme** ist eingetreten, sobald das Opfer mit einer Handlung beginnt, die unmittelbar auf eine sexuelle Betätigung gegen Entgelt abzielt. Von einer **Fortsetzung** ist auszugehen, sofern

---

17 AA NK-*Böse* § 232 aF Rn 1 und wohl auch zur nF: Schutz des sexuellen Selbstbestimmungsrechts und vor Beeinträchtigungen der persönlichen Freiheit, die typischerweise mit der sexuellen Ausbeutung verbunden sind.

18 Jew. zu § 233 aF und wohl auch zu § 232 nF: S/S-*Eisele* Rn 1; vgl auch *Renzikowski* JZ 2005, 879 (883): Schutz der beruflichen und wirtschaftlichen Betätigungsfreiheit des Vermögens und der Gesundheit der Opfer; NK-*Böse* § 233 aF Rn 1: Schutz der persönlichen Unabhängigkeit; *Schroeder* GA 2005, 307 (309).

19 BGHSt 45, 158 (161); BGH NJW 1990, 196.

20 BGHSt 42, 399.

21 BGH NStZ 1999, 349; NStZ-RR 2004, 233; S/S-*Eisele* § 232 aF Rn 11.

22 BGH NStZ-RR 2004, 233.

23 *Fischer* § 232 Rn 7; zu § 232 aF: SK-*Wolters* Rn 15.

24 SK-*Noltenius/Wolter* § 232 Rn 17.

25 BT-Drucks. 18/9095 S. 20.

26 BT-Drucks. 18/9095 S. 32.

das Opfer die Prostitution im bisherigen Umfang oder in intensiverer Form weiter aus-übt.[27] Will das Opfer seine Tätigkeit aufgeben, so genügt die Veranlassung zur weite-ren Ausübung in einem geringeren als dem bisherigen Umfang.[28] Im Gegensatz zur Aufnahme der Prostitution ist der Taterfolg bei § 232a Abs. 1 Nr. 2 bereits bei einmaliger Betätigung auf sexuellem Gebiet erfüllt.

F. Ausbeutung der Arbeitskraft (§ 233)

Die Norm bestraft Personen, die sich die Situation der Opfer zunutze machen wollen und dadurch die Nachfrage für den Markt des Menschenhandels zur Ausbeutung der Arbeitskraft erst schaffen oder zumindest beleben. Bis zur Neufassung der Delikte betreffend den Menschenhandel war dieser Bereich nur fragmentarisch geregelt.[29] Die Einführung des § 233 sollte diesem fragmentarischen Charakter durch eine zentrale Norm in diesem Bereich entgegenwirken.

16

G. Ausbeutung unter Ausnutzung einer Freiheitsberaubung (§ 233a)

Die Norm qualifiziert die Freiheitsberaubung, wenn diese zur Ausbeutung ausgenutzt wird.

17

H. Zwangsheirat (§ 237)

I. Allgemeines

Die Norm wurde im Jahre 2011 in das StGB eingefügt,[30] um Zwangsehen entgegenzu-treten. Eine **Zwangsheirat** liegt vor, wenn mindestens einer der Eheschließenden durch Druck oder Gewalt zur Ehe gezwungen wird, seine Weigerung kein Gehör findet oder er sich einer Ehe nicht zu widersetzen wagt.[31] Zwar stand diese Nötigung zur Ehe-schließung auch bisher als Regelbeispiel eines besonders schweren Falles in § 240 Abs. 4 Nr. 1 aF unter Strafe, diese wurde jedoch – auch im Hinblick auf die intensive öffentliche Diskussion um die Zwangsverheiratung von Migrantinnen – nunmehr als eigener Tatbestand vertypt.[32] Der im Vergleich zur Nötigung erhöhte Strafrahmen beruht auf dem besonderen Unrecht, jemanden zu einer ungewollten dauerhaften rechtli-chen und persönlichen Verbindung zu zwingen.[33]

18

II. Schutzzweck

Der Gesetzgeber nennt die „Eheschließungsfreiheit" als geschütztes Rechtsgut;[34] diese Formulierung besagt jedoch nur, dass der Tatbestand die allgemeine Willensbildungs- und Willensbetätigungsfreiheit im Hinblick eben auf Eheschließungen schützen soll.[35]

19

---

27 BGHSt 33, 353; 42, 179; S/S-*Eisele* § 232 aF Rn 14 f; vgl auch BGHSt 45, 158 (161 ff) zu § 180b II aF.
28 *Fischer* § 232a Rn 5.
29 BT-Drucks. 18/9095 S. 20.
30 BGBl. I; zum ursprünglich geplanten § 234b vgl BT-Drucks. 16/1035 und BR-Drucks. 436/05; Überblick zu den bisherigen Gesetzesvorhaben *Schubert/Moebius* ZRP 2006, 33 (34).
31 Vgl BT-Drucks. 17/4401, 8; *Letzgus* Puppe-FS 1231; *Schubert/Moebius* ZRP 2006, 33 (34).
32 Dazu BT-Drucks. 17/4401, 4/8 f.
33 BT-Drucks. 17/4401, 12.
34 BT-Drucks. 17/4401, 4.
35 Vgl *Schumann* JuS 2011, 789 (790), der zu Recht auf den Streit verweist, ob der Schutz der Willensfreiheit umfassend gilt, vgl oben§ 13 Rn 1 ff.

▶ **Fall 1:** Die F droht dem P, sie werde ihn verlassen, wenn er die Beziehung zu ihr nicht durch eine Heirat legalisiere und sie so endlich zu einer ehrbaren Frau mache. ◀

III. Definitionen und Erläuterungen

20   **1. Objektiver Tatbestand.** Den objektiven Tatbestand des **Abs. 1** verwirklicht, wer das Opfer mit **Gewalt** oder durch **Drohung mit einem empfindlichen Übel** zur Eingehung der Ehe nötigt. Die Tatmittel der Gewalt und der Drohung mit einem empfindlichen Übel entsprechen denen des § 240.[36]

21   **Nötigungserfolg** ist die „Eingehung der Ehe". Damit kann nur eine „wirksame Eheschließung" gemeint sein, da sonst die Frage der Strafbarkeit nicht gerichtlich überprüfbar wäre.[37] Die Wirksamkeit der Eheschließung ist jedoch nicht allein nach dem BGB zu bestimmen; auch nach ausländischem Recht wirksam geschlossene Ehen (sog. „hinkende Ehen") fallen unter den Tatbestand.[38] Eine religiöse Trauung zwischen Ausländern ist nur dann tatbestandsmäßig, wenn der Heimatstaat diese Trauung als wirksame Eheschließung anerkennt, was aber etwa bei einer Imam-Ehe in der Türkei nicht der Fall ist.[39] Denn § 237 StGB stellt eine einfachgesetzliche Konkretisierung des Art. 6 Abs. 1 GG dar, der nur die unter staatliche Mitwirkung geschlossene Ehe erfaßt.[40]

22   Nach **Abs. 2** macht sich strafbar, wer zur Begehung der Tat nach Abs. 1 die genannten Nötigungsmittel oder List[41] dazu nutzt, einen Menschen außerhalb des räumlichen Geltungsbereichs des StGB zu verbringen, ihn veranlasst, sich dorthin zu begeben, oder ihn davon abhält, von dort zurückzukehren.

23   Die Vorschrift weitet die Strafbarkeit nach § 237 Abs. 1 auf **Vorbereitungshandlungen** aus und deckt sich inhaltlich mit dem Tatbestand der Verschleppung nach § 234a.[42] Mit diesem Tatbestand soll vor allem sog. „Ferienverheiratungen" entgegengewirkt werden.[43] Der Geltungsbereich des StGB bestimmt sich nach den §§ 3 ff. Das **Verbringen** setzt die Erlangung physischer Herrschaft über das Opfer voraus. Demgegenüber ist unter dem **Veranlassen** eine psychische Beeinflussung des Opfers, etwa durch das Vorspiegeln günstiger Geschäftsabschlüsse, zu verstehen. Mit dem **Abhalten** wird schließlich der Fall erfasst, dass der Täter das Opfer (psychisch oder physisch) daran hindert, aus dem fremden Gebiet, in das es sich (freiwillig) begeben hat, zurückzukehren.[44]

24   **2. Subjektiver Tatbestand und Verwerflichkeitsklausel. a) Abs. 1:** Der **subjektive Tatbestand** des § 237 Abs. 1 entspricht dem der Nötigung. Es ist zu beachten, dass für den

---

36 Vgl § 12 Rn 4 ff und Rn 31 ff.
37 M/R-*Eidam* Rn 15; *Haas* JZ 2013, 72 (78); *Schumann* JuS 2011, 789 (790 f); ausf. zum Begriff der Ehe *Bülte/Becker* ZIS 2012, 61 ff.
38 Vgl *Eisele/Majer* NStZ 2011, 546 (549); *Ensenbach* Jura 2012, 507 (510); *Haas* JZ 2013, 72 (78); *Schumann* JuS 2011, 789 (791), der darauf hinweist, dass die unter Zwang geschlossenen Ehen nicht unwirksam, sondern gem. § 1313 BGB lediglich aufhebbar sind, es sei denn, dass – wie etwa bei vis absoluta – schon keine Willenserklärung vorliegt.
39 LG Kaiserslautern, Urt. v. 26.1.2017, 6042 Js 218/13 – 4 KLs.
40 M/R-*Eidam* § 237 Rn 15; *Ensenbach* Jura 2012, 507; *Haas* JZ 2013. 72; Lackner-*Heger* § 237 Rn 3; *Schramm*, Ehe und Familie, 2011, S. 504; SK-*Wolters* § 237 Rn 6; dagegen für die Einbeziehung mit unterschiedlichen Differenzierungen LK-*Kudlich* § 237 Rn 21; *Majer* JSE 2015, 241; *Valerius* JR 2011, 430 und wohl auch S/S-*Eisele* § 237 Rn 14a.
41 § 12 Rn 2.
42 *Schumann* JuS 2011, 789 (792); *Sering* NJW 2011, 2161 f.
43 BT-Drucks. 17/4401, 13; *Haas* JZ 2013, 72 (78); *Valerius* JR 2011, 430 (431).
44 *Kindhäuser* LPK § 234a Rn 2.

Einsatz des Nötigungsmittels dolus eventualis ausreicht, während für den Erfolg dolus directus zu fordern ist.[45]

Die **Verwerflichkeitsklausel** des § 237 Abs. 1 S. 2 entspricht derjenigen der Nötigung in § 240 Abs. 2.[46] Die Verwerflichkeit dürfte vor allem in Fällen eines sog. „Beziehungsdrucks" zu verneinen sein, also in Fällen, in denen gedroht wird, eine Beziehung zu beenden, falls nicht endlich geheiratet wird.[47] Die F wäre in **Fall 1** dementsprechend straflos. 25

b) **Abs. 2:** Bezüglich des **subjektiven Tatbestandes** nach § 237 Abs. 2 ist für den angestrebten Erfolg der Eheschließung Absicht erforderlich, während für die Ausführung der eigentlichen Tathandlungen dolus eventualis genügt. Es handelt sich bei § 237 Abs. 2 also um ein sog. kupiertes Erfolgsdelikt.[48] 26

3. **Abs. 4.** Eine Strafmilderung nach Abs. 4 kommt nur dann in Betracht, wenn das Maß der angewandten Gewalt gering ist oder die Drohung eine geringe Intensität hat. Dies wird jedoch nur selten in Betracht kommen.[49] 27

4. **Konkurrenzen.** § 237 stellt eine selbständige Qualifikation des § 240 dar und ist somit *lex specialis*.[50] Tateinheit kann zwischen den Vorschriften jedoch dann vorliegen, wenn etwa die in Aussicht genommene Eheschließung scheitert. Ebenso ist Tateinheit mit den §§ 239, 223 ff möglich.[51] 28

I. Nachstellung (§ 238)

1. Allgemeines

Die Vorschrift wurde im Jahre 2007 in das StGB eingestellt,[52] um der fortgesetzten Verfolgung, Belästigung und Bedrohung einer anderen Person gegen deren Willen, dem sog. „Stalking", wirksam zu begegnen. Das bislang geltende Strafrecht bot zwar bereits Schutz vor einzelnen schwerwiegenden Handlungen eines „Stalkers", vor allem nach den §§ 123, 185, 240, 241, 223 und 239 f. Dieser Schutz wurde jedoch als zu gering erachtet und eine spezielle Norm gefordert.[53] Zuletzt wurde die Vorschrift am 10.03.2017 geändert.[54] Stellte die Norm bis dahin ein Erfolgsdelikt dar, so ist sie nun als *Eignungsdelikt* ausgestaltet. Der Standort des § 238 im 18. Abschnitt des StGB beruht auf der Eignung der Handlung, eine schwerwiegende Beeinträchtigung der Lebensgestaltung herbeizuführen.[55] Die Norm dient primär dem Schutz der Ent- 29

---

45 § 13 Rn 37.
46 § 13 Rn 38 ff.
47 Vgl BT-Drucks. 17/4401, 12; *Schumann* JuS 2011, 789 (791); m. weiteren Beispielen *Kubik/Zimmermann* JR 2013, 193 (194); Kritik bei *Letzgus* Puppe-FS 1231 (1240).
48 Dazu *Schumann* JuS 2011, 789 (792 f).
49 BT-Drucks. 17/4401, 13.
50 Abl. *Bülte/Becker* JA 2013, 7 (8 f): delicti sui generis.
51 Ausf. *Schumann* JuS 2011, 789 (794).
52 BGBl. 2007 I, 354.
53 Vgl BT-Drucks. 16/575, 6; zur Rechtslage vor Erlass des § 238 *Rackow* GA 2008, 552 (554 ff); zur Entstehungsgeschichte und zum Gesetzgebungsverfahren L-*Kühl* § 238 Rn 1; NK-*Sonnen* § 238 Rn 4 ff; zu § 238 in der staatsanwaltlichen Praxis *Peters* NStZ 2009, 238 ff; Rechtsprechungsübersicht bei *Krüger* NStZ 2010, 546 ff; krit. *Schöch* NStZ 2013, 221 ff. Zu den rechtspolitischen und verfassungsrechtlichen Bedenken vgl *Eisele* HdS IV § 6 Rn 39 ff.
54 BGBl. 2017 I, 386.
55 BT-Drucks. 16/575, 7 und 16/1030, 6.

schließungs- und Handlungsfreiheit,[56] darüber hinaus dem Schutz der körperlichen Unversehrtheit und des Lebens, mithin insgesamt der Gewährleistung des individuell gestalteten Lebensbereichs des Opfers.[57] Die Tat ist Antragsdelikt (Abs. 4).

II. Definitionen und Erläuterungen

1. Objektiver Tatbestand

▶ **Fall 1:** Die F möchte den P nach ihrer Trennung zurückgewinnen. Da sie seine Lieblingskneipe kennt und auch weiß, dass er seine Lebensmittel seit Jahren in einem bestimmten Supermarkt einkauft, sucht sie sehr oft diese Räumlichkeiten zu Zeiten auf, zu denen sie P dort erwarten kann. Auf diese Weise läuft ihr P, der dies nicht möchte, oft über den Weg. ◀

▶ **Fall 2:** T ist Hausmeister im Haus der O. In deren Wohnung hat er ohne ihr Wissen Kameras angebracht, mit deren Hilfe er sie laufend beobachten kann. Auch hält er sich – von O unbemerkt – ständig vor ihrer Wohnungstür, ihrem Fenster und, wenn sie ausgeht, in ihrer Nähe auf, um über alle ihre Schritte genau informiert zu sein. ◀

30 a) **Nachstellungshandlung:** Der Begriff des Nachstellens soll alle Handlungen erfassen, die darauf ausgerichtet sind, durch unmittelbare oder mittelbare Annäherungen an das Opfer in dessen persönlichen Lebensbereich einzugreifen, und deshalb geeignet sind es in seiner Handlungs- und Entschließungsfreiheit zu beeinträchtigen.[58] Konkretisiert wird der Begriff des Nachstellens durch die in den Nr. 1–5 beschriebenen Verhaltensweisen.

31 aa) Ein **Aufsuchen der räumlichen Nähe** (**Nr. 1**) liegt vor, wenn der Täter gezielt die physische Annäherung zum Opfer, etwa durch Überwachung oder ständiges Aufsuchen, erstrebt.[59] Ein zufälliges Annähern reicht nur dann, wenn der Zufall derart in die Planung des Täters miteinbezogen wird, dass der Täter bewusst Orte zu einer Zeit aufsucht, zu der das Opfer sich üblicherweise an diesen Orten aufhält.[60] Daher wäre in **Fall 1** ein Aufsuchen der räumlichen Nähe gegeben.

32 Umstritten ist, ob das Aufsuchen des Täters durch das Opfer wahrgenommen werden muss. Teilweise wird ein heimliches, unentdecktes Beobachten nicht als ausreichende Tathandlung erachtet, da es nicht dazu geeignet sei, eine schwerwiegende Beeinträchtigung der Lebensgestaltung herbeizuführen.[61] Die Gegenansicht lässt zutreffend heimliches, unentdecktes Verhalten des Täters genügen.[62] Denn die Eignung zur Beeinträchtigung der Lebensgestaltung kann sich auch aus einem unbemerkten Beobachten ergeben, wenn das Opfer hiervon aus sonstigen Quellen Kenntnis erlangt. Diese spätere Kenntniserlangung über einen Dritten oder durch das Opfer selbst ist aber erforderlich.[63]

56 *Gazeas* JR 2007, 497 (498) und *Mitsch* NJW 2007, 1237 (1238), die den individuellen Rechtsfrieden als Schutzgut ansehen; ähnlich *Eisele* I Rn 510; SK-*Wolters*, § 238 Rn 1a; NK-*Sonnen* § 238 Rn 14 sieht in der Norm einen Schutz der freien Lebensgestaltung vor Psychoterror.
57 *Fischer* § 238 Rn 1; L-*Kühl* § 238 Rn 1.
58 Jeweils noch zur aF als Erfolgsdelikt: BT-Drucks. 16/575, 7; BGH NStZ-RR 2013, 145 (146); vgl auch *Mitsch* NJW 2007, 1237 (1238); *Gazeas* JR 2007, 497 (498).
59 *Valerius* JuS 2007, 319 (321); SK-*Wolters* § 238 Rn 10.
60 *Valerius* JuS 2007, 319 (321).
61 *Gazeas* JR 2007, 497 (499).
62 *Fischer* § 238 Rn 12; W/H/E-*Hettinger* Rn 412; nach NK-*Sonnen* § 238 Rn 32 muss aber zumindest die Möglichkeit der Wahrnehmung bestehen.
63 S/S-*Eisele* § 238 Rn 8; SSW-*Schluckebier* § 238 Rn 9.

Demnach wäre in **Fall 2** nach der ersten Auffassung das Tatbestandsmerkmal des Auf-   33
suchens der räumlichen Nähe durch die heimliche Annäherung des T an O nicht erfüllt. Dies hätte zur Konsequenz, dass T auch dann straflos bliebe, wenn O nachträglich von der Beobachtung durch ihn erfährt, und zwar unabhängig davon, ob T nach
seiner Entdeckung jegliche Beobachtung aufgibt oder von O nach wie vor nicht bemerkt wird. Die zweite Ansicht ließe dagegen das unentdeckte Verhalten des T als
„aufsuchen der räumlichen Nähe" genügen. Das Anbringen der Kamera ist dagegen
mangels physischer Annäherung nicht einschlägig.

bb) Unter Verwendung von Telekommunikationsmitteln oder sonstigen Mitteln zur   34
Kommunikation oder über Dritte Kontakt zum Opfer herzustellen versucht nach
Nr. 2, wer dem Opfer ständig Briefe, E-Mails oder SMS zusendet, Telefonterror be-
treibt, Botschaften an die Windschutzscheibe steckt oder sich Dritter als Boten zur
Kontaktaufnahme bedient.[64] Nonverbale Mittel wie das Niederlegen von Rosen, das
bloße Klingelnlassen des Telefons, das Zusenden toter Tiere und alle Handlungen, die
nicht unmittelbar die Kontaktaufnahme zum Ziel haben, reichen zur Verwirklichung
dieser Tathandlung nicht aus.,[65] können aber unter die Nr. 5 fallen.

cc) Die Tathandlungen nach **Nr. 3** verlangen, dass der Täter **personenbezogene Daten**   35
des Opfers **missbräuchlich verwendet**, indem er Waren oder Dienstleistungen für das
Opfer bestellt oder versucht, Dritte zur Kontaktaufnahme mit dem Opfer zu veranlassen. Einschlägige Beispiele sind das Schalten unrichtiger Anzeigen, eine übermäßige Es-
sensbestellung auf den Namen des Opfers oder das Abonnieren von Zeitschriften. Hier
tritt der Täter dem Opfer nicht direkt gegenüber.[66] Die personenbezogenen Daten des
Opfers – vor allem Adresse, Telefonnummer oder E-Mail-Adresse, nicht aber ein Bild –
brauchen nicht geheim oder besonders geschützt zu sein.[67]

dd) Das **Bedrohen** des Opfers oder einer ihm nahestehenden Person mit der Verletzung   36
von Leben, körperlicher Unversehrtheit, Gesundheit oder Freiheit (**Nr. 4**) schließt eine
Strafbarkeitslücke zu § 241, da auch Drohungen[68] mit einem Vergehen einschlägig
sind. Ausdrücklich vom Wortlaut umfasst sind jetzt auch Drohungen gegen Angehörige und dem Opfer nahestehende Personen.

ee) Nr. 5 erfasst als **Auffangtatbestand** die Vornahme einer anderen vergleichbaren   37
Handlung. In diesem Sinne kann das Anbringen der Kameras in **Fall 2** als vergleichbare Handlung angesehen werden.

Der Gesetzgeber wollte mit dem Auffangtatbestand auf vielfältige, häufig wechselnde   38
und immer neue Angriffsformen eines Stalkers reagieren können.[69] Zu bedenken ist jedoch, dass sich eine inhaltliche Gemeinsamkeit der zum Teil sozialadäquaten Verhaltensweisen der Nr. 1–4 – das Aufsuchen der räumlichen Nähe, das Telefonieren, das
Verwenden Dritter als Boten, das Schalten von Anzeigen oder das Drohen –, die das
Merkmal des Nachstellens näher bestimmen, nicht feststellen lässt. Eine eindeutige
Auslegung von Nr. 5 in Anlehnung an die anderen Handlungsvarianten ist daher kaum
möglich, so dass die Regelung eine erhebliche Rechtsunsicherheit nach sich zieht[70] und

---

64 BT-Drucks. 16/575, 7; m. Beispielen *Kinzig/Zander* JA 2007, 481 (483).
65 *Gazeas* JR 2007, 497 (500); SK-*Wolters* § 238 Rn 11.
66 BT-Drucks. 16/575, 7.
67 *Fischer* § 238 Rn 15.
68 Vgl § 12 Rn 31 ff.
69 BT-Drucks. 16/3641, 14 unter Hinweis auf §§ 315 I Nr. 4, 315b I Nr. 3; krit. L-*Kühl* § 238 Rn 5.
70 *Kinzig/Zander* JA 2007, 481 (485 f).

mit Blick auf das **Bestimmtheitsgebot** des Art. 103 Abs. 2 GG verfassungsrechtlich bedenklich erscheint.[71]

39   **ff)** Die Nachstellungshandlung muss **unbefugt** erfolgen. Dies ist der Fall, wenn der Täter gegen den Willen des Opfers oder ohne amtliche Befugnisse handelt. Befugt kann auch das Vorgehen eines Presseorgans im verfassungsmäßigen Rahmen sein.[72] Das Merkmal „unbefugt" gehört zum objektiven Tatbestand, da es der Begrenzung des Anwendungsbereichs der Norm auf strafwürdige Fälle dient.[73]

40   **gg) Beharrlich** handelt ein Täter, wenn durch sein wiederholtes und andauerndes Verhalten eine besondere Hartnäckigkeit und gesteigerte Gleichgültigkeit gegenüber dem Opferwillen zum Ausdruck kommt[74] und der Täter in der Absicht handelt, sich in Zukunft immer wieder entsprechend zu verhalten.[75] Ein einmaliges Verhalten reicht nicht aus.[76] Jedoch kann der Täter in wechselnden Alternativen nachstellen.[77] Im Gesetzgebungsverfahren wurde das Erfordernis von fünf Handlungen angedeutet.[78] In jedem Fall sind die Handlungen des Täters einer Gesamtwürdigung zu unterziehen.[79] Die Beharrlichkeit ist ein das Unrecht tatbezogen begründendes und kein besonderes persönliches Merkmal im Sinne des § 28 Abs. 1.[80]

41   **b) Eignung zur schwerwiegenden Beeinträchtigung der Lebensgestaltung:** Die Tathandlungen der Nachstellung müssen geeignet sein, die Lebensgestaltung des Opfers schwerwiegend zu beeinträchtigen. Dies ist namentlich dann der Fall, wenn die Handlungen einen so hohen Druck auf das Opfer erzeugen, dass ein objektivierter Anlass für eine Verhaltensänderung besteht.[81] Als Indizien können hierfür Häufigkeit, Kontinuität, Intensität, der zeitliche Zusammenhang oder auch unter Umständen bereits eingetretene Änderungen der Lebensumstände herangezogen werden.[82] Durch das tatbestandsbeschränkende Merkmal **schwerwiegend** werden solche Handlungen von der Strafbarkeit ausgenommen, die ausschließlich geeignet sind, bloße Eigenvorsorge wie die Einrichtung eines Anrufbeantworters oder einer Fangschaltung zum Zwecke der

---

71 So auch BGHSt 54, 189 (193 f) in einem *obiter dictum* m.Anm. *Gazeas* NJW 2010, 1684 und Bespr. *Kudlich* JA 2010, 389 (391); *Dessecker* Maiwald-FS 103 (108); *Eiden* ZIS 2008, 123 (127); S/S-*Eisele* § 238 Rn 23a; NK-*Sonnen* § 238 Rn 41; *Valerius* JuS 2007, 319 (322); siehe auch BT-Drucks. 18/9946, 14, die zunächst vorsah die Tathandlung mit Blick auf die genannten Bedenken aus dem Tatbestand herauszunehmen.

72 BT-Drucks. 16/1030, 7; zu Journalisten *Kraenz*, Der strafrechtliche Schutz des Persönlichkeitsrechts, 2008, 318 ff.

73 BT-Drucks. 16/575, 7 und 16/1030, 7; für eine Berücksichtigung auch auf der Rechtfertigungsebene *Gazeas* JR 2007, 497 (502 f); *Mitsch* NJW 2007, 1237 (1240); NK-*Sonnen* § 238 Rn 50; diff. auch *Fischer* § 238 Rn 26; abw. SK-*Wolters* § 238 Rn 8.

74 BT-Drucks. 16/575, 7; dazu LG *Lübeck* BeckRS 2008, 05249 (Tatbestand bei *Jahn* JuS 2008, 553 ff); krit. *Gazeas* JR 2007, 497 (502) für eine Gesinnungsstrafbarkeit befürchtet; ähnlich L-*Kühl* § 238 Rn 3.

75 BGHSt 54, 189 (195) m.Anm. *Gazeas* NJW 2010, 1684; *Heghmanns* ZJS 2010, 269 ff; *Mitsch* NStZ 2010, 513 (514); so auch OLG Zweibrücken NJ 2010, 481; krit. *Buß* JR 2011, 84 (85).

76 Nach BGHSt 54, 189 (194 f, 198) lässt sich eine in jedem Einzelfall Gültigkeit beanspruchende Mindestzahl von tatbestandsmäßigen Handlungen nicht festlegen, je nach Intensität des Eingriffs kann jedoch bereits zweimaliges Nachstellen genügen; vgl auch OLG Zweibrücken NJ 2010, 481; *Buß* JR 2011, 84 (85); S/S-W-*Schluckebier* § 238 Rn 14.

77 BGHSt 54, 189 (196) m.Anm. *Seher* JZ 2010, 582 f; *Valerius* JuS 2007, 319 (322).

78 S/S-*Eisele* § 238 Rn 25.

79 Zur Frage der (wohl) ausreichenden Bestimmtheit im Sinne von Art. 103 Abs. 2 GG vgl *Gazeas* JR 2007, 497 (502); *Mitsch* NJW 2007, 1237 (1240); *Sering* NJW-Spezial 2007, 375 (376).

80 AA *Mitsch* Jura 2007, 401 (402); NK-*Sonnen* § 238 Rn 42.

81 BT-Drucks. 18/9946, 13.

82 BT-Drucks. 18/9946, 14.

Beweissicherung herbeizuführen oder Schutzmaßnahmen zu ergreifen, die sich mit dem Verhalten weiter Teile in der Bevölkerung decken.[83]

Es ist nicht notwendig, dass jede einzelne Handlung die Eignung zur schwerwiegenden Beeinträchtigung der Lebensgestaltung aufweist; es genügt, wenn dies erst durch das Zusammenwirken aller Angriffe des Täters gegeben ist.[84] Die Handlungen des Täters sind als tatbestandliche Handlungseinheit zu sehen, so dass zwischen den einzelnen Teilakten erhebliche Zeiträume liegen können.[85]

2. Subjektiver Tatbestand. Nach dem Wortlaut der Vorschrift genügt bedingter Vorsatz, der sich auf die mangelnde Befugnis und auf die Eignung zur schwerwiegenden Beeinträchtigung der Lebensumstände und die sie begründenden Umstände erstreckt. Bei Nr. 2 wird zusätzlich die Absicht gefordert, Kontakt herzustellen. Der BGH verlangt demgegenüber die Absicht des Täters, sich entgegen des Opferwillens zu verhalten,[86] womit er höhere Anforderungen ansetzt, als die Gesetzesbegründung.[87]

3. Qualifikation (Abs. 2). Abs. 2 stellt eine Qualifikation zu Abs. 1 für den Fall dar, dass der Täter sein Opfer, dessen Angehörige oder ihm nahestehende Personen durch sein Verhalten in die Gefahr des Todes oder einer schweren Gesundheitsbeschädigung bringt und formuliert damit ein konkretes Gefährdungsdelikt.[88] Bezüglich der Angehörigen und nahestehenden Personen ist der Maßstab des § 35 anzulegen. Die schwere Gesundheitsbeschädigung im Sinne von Abs. 2 ist nicht auf die in § 226 geschilderten Verletzungen begrenzt.[89]

Verwirklicht sein soll Abs. 2 vor allem dann, wenn das Opfer durch panische Reaktionen oder durch einen vom Täter provozierten Suizid zu Tode kommt, unter Depressionen mit Krankheitswert leidet oder sich in eine Sucht (Alkohol, Drogen) flüchtet.[90] Dabei muss sich das im Grundtatbestand angelegte Risiko in einer Gefahr für Leib und Leben niederschlagen; ein bloßer Ursachenzusammenhang genügt nicht.

4. Erfolgsqualifikation (Abs. 3). Abs. 3 ist eine Erfolgsqualifikation, die vor allem den Fall erfasst, dass das Opfer durch den Täter in den Suizid getrieben wird.[91] Auch hier muss ein – über bloße Kausalität hinausgehender –Risikozusammenhang bestehen. Dieser ist zu bejahen, wenn das Stalking ein Motiv für den Suizid des Opfers und diese Motivation handlungsleitend für dessen selbstschädigendes Verhalten war.[92] Auf subjektiver Ebene ist bezüglich des Grundtatbestandes dolus eventualis zu fordern. Für den Todeserfolg reicht dagegen Fahrlässigkeit im Sinne des § 18 aus, wobei sich die Fahrlässigkeitsprüfung weitgehend in der Vorhersehbarkeit des Suizids für den Täter erschöpft.[93]

42

43

44

45

46

---

83 Vgl jeweils noch zur aF als Erfolgsdelikt BT-Drucks. 16/575, 8; OLG Rostock laut Bespr Jahn JuS 2010, 81 f; Mitsch Jura 2007, 401 (405); weitere Beispiele bei Fischer Rn 24 f.

84 Vgl noch zur aF als Erfolgsdelikt BGHSt 54, 189 (198 f, 201).

85 Vgl BGHSt 54, 189 (196, 200 f); m. zust. Anm. Gazeas NJW 2010, 1684; m. krit. Anm. Mitsch NStZ 2010, 513 (514 f).

86 BGHSt 54, 189 (195) m.Anm. *Gazeas* NJW 2010, 1684 und *Seher* JZ 2010, 582 f.

87 Vgl BT-Drucks. 16/575, 7.

88 Ausf. hierzu *Mitsch* Jura 2007, 401 (406); krit. *Fischer* § 238 Rn 36.

89 NK-*Sonnen* § 238 Rn 54: aber vergleichbarer Schweregrad; *Valerius* JuS 2007, 319 (323).

90 *Mitsch* NJW 2007, 1237 (1240); *Mosbacher* NStZ 2007, 665 (669).

91 BT-Drucks. 16/1030, 7; krit. *Kinzig/Zander* JA 2007, 481 (485).

92 BGHSt 62, 49 mit i. E. weitgehend zustimmenden, dem Beschluss des BGH aber Begründungsmängel attestierenden Besprechungen von *Ast* NJW 2017, 2214, *Jahn* JuS 2017, 1032, *Kudlich* JA 2017, 712 und *Steinberg* StV 2018, 236.

93 BGHSt 62, 49 (59).

III. Anwendung

47   **1. Aufbau.** Es empfiehlt sich, die Deliktsmerkmale der Nachstellung in folgenden Schritten zu prüfen:

A) *Tatbestand*:

I.   Objektiver Tatbestand:

   1.   Tathandlung: Unbefugtes (Rn 33) Nachstellen durch beharrliches (Rn 34)

      a)   (Nr. 1) Aufsuchen der räumlichen Nähe (Rn 27 f) oder

      b)   (Nr. 2) Versuchen der Kontaktherstellung unter Verwendung von Telekommunikationsmitteln oder sonstigen Mitteln der Kommunikation oder über Dritte (Rn 29) oder

      c)   (Nr. 3) Bestellungen von Waren oder Dienstleistungen unter missbräuchlicher Verwendung von personenbezogenen Daten oder durch Veranlassung Dritter zur Kontaktaufnahme (Rn 30) oder

      d)   (Nr. 4) Bedrohung mit der Verletzung von Leben, körperlicher Unversehrtheit, Gesundheit oder Freiheit seiner selbst oder einer ihm nahe stehenden Person (Rn 31) oder

      e)   (Nr. 5) eine andere vergleichbare Handlung (Rn 32)

   2.   Eignung zur schwerwiegenden Beeinträchtigung der Lebensgestaltung (Rn 35 f)

II.   Subjektiver Tatbestand (Rn 37)

B)   *Rechtswidrigkeit*

C)   *Schuld*

D)   Ggf *Qualifikationen* nach Abs. 2 (Rn 38 f) und 3 (Rn 40)

E)   *Strafantrag* (Abs. 4)

48   **2. Konkurrenzen.** Die Verwirklichung mehrerer Tathandlungen des § 238 Abs. 1 führt nur zum Vorliegen einer Tat.[94] Bei bestimmten Formen der Nachstellung kann sie mit anderen Vorschriften, zB den §§ 240, 241, 123, 177, 185 ff und §§ 223 ff in Tateinheit stehen, da § 238 einen anderen Unrechtsgehalt erfasst.[95] Taten nach § 4 GewSchG berühren eine Strafbarkeit nach § 238 Abs. 1 Nr. 1 nicht.[96]

WIEDERHOLUNGS- UND VERTIEFUNGSFRAGEN

> Was ist das Schutzgut des § 238? (Rn 29)
> Kann auch ein heimliches, unentdecktes Beobachten ein Aufsuchen der räumlichen Nähe im Sinne von § 238 Abs. 1 Nr. 1 darstellen? (Rn 32)
> Wann ist ein Handeln beharrlich? (Rn 40)

---

94   Vgl BGHSt 54, 189 (201 f) m.Anm. *Gazeas* NJW 2010, 1684 und *Seher* JZ 2010, 582 (584).
95   *Fischer* § 238 Rn 39; L-*Kühl* § 238 Rn 12; NK-*Sonnen* § 238 Rn 60.
96   SK-*Wolters* § 238 Rn 24.

4. Abschnitt: Delikte gegen Personenstand, Ehe und Familie

§ 19 Verletzung von Unterhalts- und Fürsorgepflichten

Unter der Überschrift „Straftaten gegen den Personenstand, die Ehe und Familie" werden im 12. Abschnitt des Besonderen Teils des StGB fünf Straftatbestände zusammengefasst, deren Regelungsgegenstand bestimmte Kernbereiche von Ehe und Familie bilden:[1] Die Personenstandsfälschung (§ 169 StGB), Verletzung der Unterhaltpflicht (§ 170 StGB), Verletzung der Fürsorge- und Erziehungspflicht, die Doppelehe bzw. doppelte Lebenspartnerschaft (§ 172 StGB) und der Beischlaf unter Verwandten (§ 173 StGB). Von diesen Strafvorschriften seien nachstehend die Bestimmungen des § 170 StGB und § 172 StGB herausgegriffen.

A. Verletzung der Unterhaltspflicht (§ 170)

Die Vorschrift dient neben dem Schutz des Unterhaltsberechtigten vor der Gefährdung seines **materiellen Lebensbedarfs** der Verhütung unberechtigter Beanspruchung **öffentlicher Mittel** im Allgemeininteresse.[2] Daher greift die Vorschrift (mangels Inlandsbezugs) nicht ein, wenn sich ein in der Bundesrepublik lebender Ausländer (oder Deutscher) seinen auf ausländischem Recht beruhenden Verpflichtungen gegenüber im Ausland lebenden ausländischen Unterhaltsberechtigten entzieht.[3] Abs. 2 bezweckt zusätzlich den Schutz des **ungeborenen Lebens**, indem er die Entscheidungsfreiheit der Schwangeren flankierend stützt.[4] 1

Einschlägig sind alle **Unterhaltspflichten** im Sinne des deutschen BGB, namentlich aufgrund von §§ 1360 ff, 1570 ff, 1601 ff, 1613 ff, 1751 Abs. 4 BGB.[5] Rein vertragliche Ansprüche werden nicht erfasst. Seiner Unterhaltspflicht **entzieht sich**, wer den gesetzlich geschuldeten Unterhalt ganz oder teilweise nicht gewährt.[6] Die Leistungsfähigkeit stellt ein ungeschriebenes Tatbestandsmerkmal dar und entfällt, wenn der Täter den Unterhalt nicht ohne Gefährdung der eigenen materiellen Existenz gewähren könnte.[7] Tatbestandsmäßig ist es auch, wenn der Täter (schuldhaft) Maßnahmen unterlässt, durch die er leistungsfähig geworden wäre.[8] 2

Der **Lebensbedarf** ist **gefährdet**, wenn dem Berechtigten durch die ausgebliebene Unterhaltsleistung nicht nur unwesentliche Einschränkungen der zu beanspruchenden Lebensführung drohen. Eine Gefährdung liegt auch vor, wenn der Berechtigte einer unzumutbaren Erwerbstätigkeit nachgehen muss. Der Gefährdung des Lebensbedarfs steht es gleich, wenn die Gefahr nur dadurch abgewendet werden kann, dass Sozialversicherungsbehörden (zB aufgrund des Unterhaltsvorschussgesetzes) oder andere Personen (in innerem Zusammenhang mit dem ausgebliebenen Unterhalt) helfend eingreifen (zB 3

---

1 *Schramm* HdS IV § 27 Rn 1.
2 Vgl BVerfGE 50, 142 f; L-Kühl-*Heger* § 170 Rn 1; *Schramm* JA 2013, 881 (884) hierzu und umf. zu prozessualen Fragen *Krumm* StraFO 2015, 139.
3 BGHSt 29, 85 (87 ff); BayObLG NJW 1982, 1243.
4 *Fischer* § 170 Rn 2; *Otto* § 65/19.
5 Der Strafrichter ist an rechtskräftig festgestellte Tatsachen aus dem Statusverfahren gebunden, nicht aber an ein Urteil, das den Grund und die Höhe des Unterhaltsanspruchs betrifft (BGHSt 5, 106; OLG Hamm NStZ 2008, 342 [343]; *Schramm* HdS IV § 27 Rn 33; S/S/W-*Wittig* § 170 Rn 13 ff).
6 BGHSt 12, 185 (190).
7 OLG Köln NJW 1981, 63; OLG Zweibrücken StV 1986, 531 (532); NK-*Frommel* § 170 Rn 8.
8 S/S-*Bosch/Schittenhelm* § 170 Rn 27 mwN.

Angehörige), also mit ihrer Leistung die Sicherung des erforderlichen Lebensbedarfs bezwecken.[9]

B. Verletzung der Fürsorge- und Erziehungspflicht (§ 171)

4   Die Vorschrift dient der **Absicherung des Fürsorge- und Erziehungsanspruchs** aus Gesetz oder Vertrag (zB Pflegeeltern) eines (eigenen oder fremden) Kindes unter 16 Jahren um dessen ungestörter Entwicklung willen (konkretes Gefährdungsdelikt). Die Fürsorge- oder Erziehungspflicht kann sich aus Gesetz (zB Eltern, Vormund, Pfleger), Vertrag (zB Pflegeeltern), tatsächlicher Übernahme (zB Zusammenleben mit dem Stiefkind,[10] Aufnahme in eine Wohngemeinschaft) oder öffentlich-rechtlichem Aufgabenbereich (zB Sozialarbeiter des Jugendamts) ergeben. Es kann zu tatbestandlichen Überschneidungen mit landesrechtlichen Vorschriften kommen, die das Ziel verfolgen, die allgemeine Schulpflicht durchzusetzen.[11] Die Pflicht muß grob verletzt werden.

5   Das konkrete Gefährdungsdelikt setzt den Eintritt eines bestimmten (Gefahr-)Erfolgs voraus:[12] Von der **Gefahr einer erheblichen Schädigung** kann erst gesprochen werden, wenn zu befürchten ist, dass der körperliche oder seelische Reifeprozess nachhaltig beeinträchtigt wird.[13] Ein **krimineller Lebenswandel** setzt die wiederholte Begehung nicht unerheblicher (vorsätzlicher) Straftaten voraus. Dem **Nachgehen der Prostitution** unterfällt nicht erst die Vornahme sexueller Handlungen, sondern bereits das Aufsuchen von Gelegenheiten (zB Internetforen, Straßenstrich, Animierlokal).[14]

---

9   BGHSt 26, 312 (315).
10   *Schramm* HdS IV § 27 Rn 49.
11   BVerfG NJW 2015, 44 ff.
12   *Schramm* HdS IV § 27 Rn 54.
13   BGH NStZ 1982, 328 (329); 1995, 178; vgl auch BGH NStZ 2006, 447 f (zu § 235 IV Nr. 1).
14   Vgl BayObLG JZ 1989, 51 (52).

5. Abschnitt: Delikte gegen die sexuelle Selbstbestimmung

§ 20 Überblick und Systematik (§§ 174 ff)

Mit der Bezeichnung „Straftaten gegen die sexuelle Selbstbestimmung" für die im 13. Abschnitt des StGB zusammengefassten Delikte soll zum Ausdruck kommen, dass das Strafrecht nicht dem Schutz einer bestimmten sittlichen Sexualordnung dient, sondern ein individuelles Freiheitsrecht sichern soll.[1] Unter **sexueller Selbstbestimmung** ist die Freiheit zu verstehen, über Ort, Zeit, Form und Partner sexuellen Verhaltens frei entscheiden zu können. Allerdings ist dieses Individualrecht im Kontext des grundgesetzlichen Menschen- und Familienbildes zu sehen, so dass die sexuelle Selbstbestimmung in einem institutionellen – und damit überindividuellen – Rahmen, zu dem etwa auch die Bewahrung des Sexuallebens vor völliger Vermarktung und der sexuellen Entwicklung in der Jugend vor erheblichen Beeinträchtigungen zählen, garantiert wird.

1

Das 49. Gesetz zur Änderung des Strafgesetzbuches, mit dem die europäischen Vorgaben zum Sexualstrafrecht umgesetzt wurden, erweiterte in § 174 Abs. 1 Nr. 3 den Anwendungsbereich der Vorschrift gegen den sexuellen Missbrauch von Schutzbefohlenen im Hinblick auf die Veränderungen der sozialen Wirklichkeit (sog. „Patchworkfamilien").[2] Zum anderen wurde mit einer Änderung des Absatzes 1 erreicht, dass sexuelle Handlungen mit Personen unter 18 Jahren auch dann unter Strafe gestellt sind, wenn der Täter keine Erziehungsverantwortung ausübt.[3] Bei Absatz 2 wurde das „Anvertrautseins" gem. § 174 Abs. 1 Nr. 2 zwischen Täter und Opfer insofern ausgedehnt, , als es nunmehr genügt, dass dem Täter in der Einrichtung die Erziehung, Ausbildung oder Betreuung in der Lebensführung von Jugendlichen allgemein anvertraut ist.

2

Weiterhin wurde durch eine Änderung des § 176 Abs. 4 Nr. 3 und 4 der sexuelle Missbrauch an Kindern durch technische Möglichkeiten moderner Kommunikationsmittel Rechnung getragen. Seitdem ist das sog. „**Cyber-Grooming**" unter Strafe gestellt.[4]

3

Die neu gefassten §§ 184a, 184b, 184c sehen nun unter anderem eine Strafbarkeit bei der Verbreitung von Schriften vor, die „ganz oder teilweise unbekleidete" Kinder (§ 184b) oder Jugendliche (§ 184c) zum Gegenstand haben, die „in unnatürlich geschlechtsbetonter Körperhaltung" abgebildet sind.[5] Neu ist zudem die Versuchsstrafbarkeit.

4

Die Straftaten des 13. Abschnitts lassen sich in sechs Gruppen mit spezifisch akzentuierter Schutzrichtung unterteilen:[6] in die Delikte gegen die sexuelle Selbstbestimmung ieS (§§ 174a Abs. 2, 174c, 177, 178), die Delikte gegen die Beeinträchtigung der sexuellen Entwicklung in der Jugend (§§ 174, 176, 176a, 176b, 180, 182, 184 ff), den Missbrauch institutioneller Abhängigkeiten (§§ 174a Abs. 1, 174b), die Förderung und Ausnutzung von Prostitution (§§ 180a, 181a, auch § 232), die Verbreitung pornogra-

5

---

1 Zur geschichtlichen Entwicklung M-*Schroeder*/Maiwald I § 17/1 ff; zur Kriminalpolitik *Streng* Bemmann-FS 443 ff; zum Rechtsgut *Hörnle* ZStW 2016, 851 ff.
2 BGBl. 2015 I, 11 ff.
3 Vgl BT-Drucks. 18/2601, 26.
4 Allerdings nur, wenn die Tat vollendet ist, der Versuch ist nach Abs. 6 nicht strafbar. Zu den daraus resultierenden Problemen vgl S/S-*Eisele* § 176 Rn 24.
5 Krit. *Fischer*, StGB Anhang, Erläuterung zu §§ 184a, § 184b, § 184c; *Gercke* CR 2014, 687.
6 *Schroeder*, Das neue Sexualstrafrecht, 1975, 16 f.

phischer Schriften (§§ 184, 184a, 184b, 184c, jeweils auch iVm § 184d) und die sexuelle Belästigung unbeteiligter Dritter (§§ 183, 183a, 184f).

6   § 184h enthält die für die Auslegung der einzelnen Vorschriften maßgebliche **Begriffs-bestimmung der sexuellen Handlung**. Dieser Begriff wurde durch das 4. StrRG von 1973 eingeführt, um die mit den früheren Ausdrücken „Unzucht" und „unzüchtige Handlung" verbundenen sittlichen Wertungen zu vermeiden.[7]

---

7   Zur Terminologie vgl M-*Schroeder*/Maiwald I § 17/24.

§ 21 Sexueller Übergriff; Sexuelle Nötigung und Vergewaltigung (§§ 177 f)

A. Sexueller Übergriff; Sexuelle Nötigung; Vergewaltigung (§ 177)

I. Allgemeines

■ Die Vorschrift wurde in ihrer heute geltenden Fassung durch das 50. Gesetz zur Änderung des Strafgesetzbuchs (Gesetz zur Verbesserung des Schutzes der sexuellen Selbstbestimmung) eingeführt.[1] Sie dient dem **Schutz** der **sexuellen Selbstbestimmung** innerhalb und außerhalb der Ehe.[2] Sie geht unter anderem auf Art. 36 Abs. 1 der sog. „Istanbul-Konvention" des Europarates zurück, der zum Verbot aller nicht einverständlichen sexuellen Handlungen auffordert. **Täter** können Männer und Frauen gleichermaßen sein. Die Tat ist **kein eigenhändiges** Delikt.[3] Der Versuch ist in allen Fällen des § 177 strafbar (§§ 23 Abs. 1, 12; § 177 Abs. 3).[4]

1

II. Tatbestand

1. Grundtatbestand nach Abs. 1. Der **Grundtatbestand** des sexuellen Übergriffs wird in **Abs. 1** formuliert. Dieser pönalisiert entgegen der vorherigen Fassung nicht mehr lediglich Nötigungen, sondern das Hinwegsetzen über den erkennbaren entgegenstehenden Willen des Opfers. Dieser muss durch das Opfer jedoch verbal oder zumindest konkludent geäußert worden und damit für einen objektiven Dritten erkennbar sein.[5] Damit hat der Gesetzgeber die sog. „**Nein ist Nein**"-Lösung implementiert, dh bei ambivalenten oder neutralem Opferverhalten ist der Tatbestand zu verneinen.[6] Andere Staaten (zB Schweden) verneinen dagegen eine Strafbarkeit nur bei einem expliziten Ja des Opfers (sog. „Nur ein Ja ist Ja"-Lösung),[7] die in Deutschland nur bei Abs. 2 Nr. 2 zur Anwendung gelangt.

2

Tathandlungen sind einerseits die Vornahme sexueller Handlungen des Täters am Opfer oder an sich von diesem; hierbei muss es zu einer körperlichen Berührung kommen. Andererseits handelt tatbestandsmäßig, wer eine Person zur Vornahme oder Duldung sexueller Handlungen an oder von einem Dritten bestimmt.[8]

3

2. Missbrauchs- und Nötigungsfälle nach Abs. 2. Ist der entgegenstehende Wille des Opfers nicht erkennbar, bestimmt **Abs. 2** Umstände, unter denen eine Strafbarkeit dennoch vorliegt. In den aufgeführten Fällen ist die Äußerung des entgegenstehenden Willens für das Opfer faktisch nicht möglich oder jedenfalls unzumutbar.[9] Bei **Nr. 1** bis **4** muss der Täter die Situation **ausnutzen**. Hierzu muss er die Lage erkennen und sich zunutze machen.[10]

4

Nr. 1 erfasst Fälle, in denen das Opfer absolut unfähig ist, einen entgegenstehenden Willen zu bilden. Erfasst werden hiervon sowohl Fälle, in denen das Opfer die Si-

5

---

1 Dazu *Hörnle* NStZ 17, 13; *Renzikowski* NJW 2016, 3553.
2 Näher *Fischer* ZStW 112 (2000), 75; *Mitsch* JA 1989, 484; *Rössner* Leferenz-FS 527; *Schroeder* JZ 1999, 827.
3 BGH NStZ 1985, 71 (72).
4 Zur Strafbarkeit des sog. Stalking vgl § 18 Rn 29 ff.
5 Vgl zum Begriff der Erkennbarkeit *Fischer* § 177 Rn 10 ff.
6 L-Kühl-*Heger* § 177 Rn 5; *Hörnle* NStZ 2017, 15: MK-*Renzikowski* § 177 Rn 45.
7 Zum schwedischen Einwilligungsgesetz vgl taz v. 11.7.2019.
8 Krit. *Renzikowski* NJW 2016, 3553 (3554).
9 BT-Drucks. 18/9097 S. 23.
10 Vgl hierzu auch BGH NStZ 2009, 324 (325).

tuation bspw durch Gabe von K.O.-Tropfen herbeiführt, als auch solche, in denen der Täter eine solche Situation vorfindet und zu seinen Zwecken nutzt. Die Nr. 1 greift die bisherige Regelung des nunmehr gestrichenen § 179 Abs. 1 und 2 aF auf.[11] Anders als § 179 aF setzt der Wortlaut der Norm jedoch kein missbräuchliches Verhalten des Täters mehr voraus. Danach konnte ein Missbrauch verneint werden, wenn die sexuelle Handlung aus einer von Zuneigung und Fürsorge geprägten Liebesbeziehung erwachsen oder von einer vorausgehenden Einwilligung gedeckt ist[12], wobei die Einwilligung regelmäßig nur vor Eintritt der Widerstandsunfähigkeit wirksam erteilt werden konnte. Ob die neue Regelung, die auf eine missbräuchliche Begehungsweise verzichtet, dem Grundrecht der Personen aus Art. 2 Abs. 1 iVm Art. 1 Abs. 1 GG gerecht wird, erscheint auf Grundlage des Wortlauts zumindest zweifelhaft.

6 **Nr. 2** erfasst im Gegensatz zu Nr. 1 Fälle, in denen das Opfer einen natürlichen Willen zwar bilden und äußern kann, in dieser Fähigkeit aufgrund seiner körperlichen oder psychischen Situation aber erheblich eingeschränkt ist. Hiervon sind insbesondere Menschen mit solchen Behinderungen erfasst, die mit einer erheblichen Intelligenzminderung einhergehen, aber auch stark betrunkene Menschen, deren Trunkenheitsgrad die Fähigkeit zur Willensbildung oder -äußerung nicht absolut ausschließt. Körperlich sind hierbei solche Gebrechen oder Hemmnisse, die keine psychischen Ursachen haben. Der Begriff *psychisch* ist gleichbedeutend mit dem Begriff seelisch in § 20. Um dem Recht auf Sexualität als Ausfluss des Art. 2 Abs. 1 iVm Art. 1 Abs. 1 GG auch bei Menschen, die dauerhaft in der Willensbildung oder -äußerung erheblich eingeschränkt sind, Rechnung zu tragen, kennt der Tatbestand die Ausnahme von der Strafbarkeit für den Fall, dass der Täter sich der Zustimmung versichert hat. Der Gesetzgeber hat damit die „Ja heißt Ja"-Lösung eingebaut, dh bei ambivalenten Verhaltensweisen kommt es, anders als bei der „Nein ist Nein"-Lösung in Abs. 1 (oben Rn 2), nicht zu einem Tatbestandsausschluß.[13] Es genügt hierfür nicht, dass das Opfer nur keinen gegenteiligen Willen äußert. Maßgeblich ist der natürliche Wille der Person, nicht der eines Betreuers.[14]

7 **Nr. 3** betrifft Fälle, in denen das Opfer mit der Vornahme einer sexuellen Handlung nicht rechnet und aufgrund des Überrumpelungseffekts keinen entgegenstehenden Willen bilden oder diesen jedenfalls nicht mehr äußern kann. Hieran ist etwa zu denken, wenn der Täter in der Öffentlichkeit ohne Vorwarnung einem Fremden an dessen Geschlechtsteile fasst, wobei auch hier die Erheblichkeitsschwelle des § 184h überschritten sein muss.[15]

8 **Nr. 4** erfasst Fälle, in denen das Opfer keinen entgegenstehenden Willen bildet, weil ihm ein **empfindliches Übel** droht.[16] Insbesondere gilt dies für die Fälle eines „Klimas-der-Gewalt".[17]

---

11 Vgl BT-Drucks. 18/9097 S. 23 f.
12 Zu § 179 aF: *Fischer*, 63. Aufl., § 179 Rn 16.
13 S/S-*Eisele* § 177 Rn 36.
14 BT-Drucks. 18/9097 S. 24 f.
15 BT-Drucks. 18/9097 S. 25.
16 Vgl zum Begriff § 13 Rn 17; *Renzikowski* NJW 2016, 3553 (3555).
17 BT-Drucks. 18/9097 S 26.

Nr. 5 setzt entgegen den vorangehenden Nummern eine Nötigung voraus und orientiert sich an § 240 Abs. 4 S. 2 Nr. 1 aF. 9

Abs. 4 formuliert eine **Qualifikation** zu **Abs. 2 Nr. 1**, wenn die fehlende Fähigkeit einen 10
entgegenstehenden Willen zu bilden auf einer Krankheit oder Behinderung (§ 2 SGB IX) des Opfers beruht. Nicht erfasst sind daher Situationen, in denen sich das Opfer durch die Einnahme von Alkohol oder Betäubungsmitteln und somit nur vorübergehend in diesem Zustand befindet.[18]

3. Der nötigende sexuelle Übergriff (Abs. 4). Abs. 5 stellt eine Qualifikation zu den 11
Abs. 1 und 2 dar und entspricht dem Grundtatbestand des § 177 Abs. 1 aF. Er betrifft Fälle, in denen der sexuelle Übergriff mittels qualifizierter Nötigung begangen wird.

Tathandlung ist die Nötigung einer (männlichen oder weiblichen) Person mit **Gewalt** 12
(Abs. 5 Nr. 1)[19], weiterhin durch **Drohung mit gegenwärtiger Gefahr für Leib oder Leben (Abs. 5 Nr. 2)**, die im Anschluss an früher verübte Gewalt auch konkludent erfolgen kann[20] oder unter Ausnutzung einer Lage, in der das Opfer der Einwirkung des Täters schutzlos ausgeliefert ist.[21] Zwang gegen schutzbereite Dritte (oder dem Opfer nahestehende Personen) reicht aus[22], nicht dagegen eine Selbstmorddrohung.[23] Kann das Opfer seinen Abwehrwillen nicht bilden, weil es vom Täter überrascht wird, ist der Tatbestand des Abs. 5 Nr. 1 selbst dann nicht erfüllt, wenn der Täter dabei zugleich Gewalt anwendet.[24] Auch reicht die reine Penetration als sexuelle Handlung als solche nicht aus, um eine Gewaltanwendung als Nötigungshandlung zu bejahen, da bei der Nötigung Handlung und Erfolg zu trennen sind.[25]

Die Situation des **schutzlosen Ausgeliefertseins** überschneidet sich mit der hilflosen 13
Lage bei § 221. Sie ist gegeben, wenn das Opfer aufgrund seiner **situationsbedingten Wehrlosigkeit** – zB angesichts fehlender Fluchtmöglichkeit oder der Abwesenheit Dritter – dem ungehemmten Einfluss des Täters preisgegeben ist.[26] Aus dem bloßen Alleinsein des Opfers einer sexuellen Nötigung mit dem Täter kann sich eine objektive Schutzlosigkeit genauso wenig ergeben[27], wie aus der Tatsache, dass sich das Opfer in einer ihm fremden Umgebung befindet und sich unvermittelt einer sexuellen Annäherung ausgesetzt sieht.[28] Ebenfalls unzureichend ist es, wenn sich das Opfer nur schutzlos fühlt, objektiv aber keine schutzlose Lage gegeben ist.[29] Der Tatbestand scheidet

---

18 BT-Drucks. 18/9097 S. 26.
19 Dazu BGH StV 2003, 390 (391).
20 BGH NStZ 2005, 168 (169); NStZ-RR 2011, 311 (312); NStZ 2012, 34; 2013, 207; 2013, 279; anders, wenn zwischen der Gewaltanwendung und dem späteren Geschlechtsverkehr ein längerer Zeitraum, etwa von Wochen oder sogar Monaten, liegt, BGH NStZ 2007, 468; die bloße Schaffung eines Klimas der Bedrohung und Einschüchterung, die jetzt von Abs. 2 Nr. 4 erfasst ist, reicht für die Bejahung hier nicht aus, vgl BGH NStZ 2015, 211 f m.Anm. *Piel*.
21 Zur Nötigung einer Prostituierten vgl BGH NStZ 2004, 682.
22 BGHSt 42, 378 (379 f); BGH NStZ 1994, 31; enger – nur bei zugleich motivierendem Zwangsempfinden des Opfers – L-Kühl-*Heger* § 177 Rn 4.
23 BGH NStZ 1982, 286.
24 Vgl BGH NJW 1982, 2264; BGH NStZ 2010, 698.
25 BGH NStZ-RR 2016, 202 f.
26 Vgl auch BGHSt 44, 228 (232); BGH NStZ 2003, 533 (534); 2011, 455 (456); *Renzikowski* NStZ 1999, 377 (379); näher *Folkers*, Ausgewählte Probleme bei sexueller Nötigung und Vergewaltigung aus der Sicht der Praxis, 2004, 52 ff.
27 Vgl BGH NStZ-RR 2016, 202; *Fischer* § 177 Rn 90 mwN.
28 BGH StV 2010, 356 (357).
29 BGH StraFo 2012, 73 f.

aus, wenn es dem Opfer in zumutbarer Weise möglich war, durch Schreie oder andere Geräusche Hilfe zu erlangen.[30]

14   Das **Ausnutzen** erfordert, dass die Lage des Opfers dem Täter die Gelegenheit zur Tat bietet und deren Ausführung (zumindest) erleichtert. Erfasst werden Fälle, in denen das Opfer an einen Ort verbracht wird, an dem keine Hilfe zu erwarten ist, und ihm eine Verteidigung angesichts der körperlichen Überlegenheit des Täters sinnlos erscheint.[31] Die Schutzlosigkeit kann sich bei Hinzutreten weiterer Umstände aber auch aus der Abgeschiedenheit der familiären Wohnung ergeben.[32] Die verminderten Schutz- und Verteidigungsmöglichkeiten können sowohl auf den äußeren Gegebenheiten als auch auf den in der Person des Opfers liegenden Umständen beruhen.[33] Da bei **Nr. 3** die Angabe eines bestimmten Nötigungsmittels fehlt, lässt der BGH insoweit jedes **Bestimmen des Opfers gegen dessen Willen,** das sich als Ausnutzen der Schutzlosigkeit darstellt, genügen.[34] Für das Ausnutzen der schutzlosen Lage komme es wiederum nicht darauf an, ob das Opfer selbst diese Lage erkennt und ob es sich vor der über die sexuelle Handlung hinausgehenden Zwangshandlungen oder Übelszufügungen fürchtet.[35] Dies hätte zur Konsequenz, dass auch widerstandsunfähige oder schlafende Personen gegen ihren (mutmaßlichen) Willen sexuell genötigt werden könnten. Demgegenüber neigt der 3. Strafsenat zu einer restriktiven Interpretation und verlangt zusätzlich zur Willensbeugung durch die sexuelle Handlung eine subjektiv vom Opfer empfundene Zwangslage dergestalt, dass es seine schutzlose Lage erkennt und deshalb von Widerstand absieht, weil es diesen aufgrund seines Ausgeliefertseins für sinnlos erachtet.[36]

15   Der **Nötigungserfolg** liegt darin, dass das Opfer sexuelle Handlungen (§ 184h) des Täters oder eines Dritten an sich duldet oder an dem Täter oder einem Dritten vornimmt. Die sexuellen Handlungen müssen mit unmittelbarem **Körperkontakt** verbunden sein.[37] Zur Tatbestandsverwirklichung genügt die erzwungene Fortsetzung einer zunächst willentlich geduldeten sexuellen Handlung.[38]

16   Zwischen Nötigung und sexueller Handlung muss ein **Finalzusammenhang** bestehen.[39] Ein solcher kann etwa bei sexuellen Gewaltakten unter Ausnutzung des Überraschungsmoments[40], was nun von Abs. 2 Nr. 3 erfasst ist, oder bei sexuellen Handlungen sadistischer Art[41] fehlen. Auch reicht eine lediglich auf Unterlassung des Weitererzählens gerichtete Drohung nach Vornahme der sexuellen Handlung für die erforderliche finale Verknüpfung zwischen dem Taterfolg und dem Nötigungsmittel nicht aus.[42] Dagegen kommt die Nötigung als Zwangsmittel in Betracht, wenn sie der sexuellen

---

30   BGH StV 2012, 534 (535 f); krit. *Maiwald* Kühl-FS 539 (541 ff).
31   BGH NJW 1999, 369; NStZ-RR 2006, 139; NStZ 2006, 165; NStZ 2012, 209 (210).
32   BGH NStZ-RR 2003, 42 (44); NStZ 2006, 165.
33   BGH NStZ 2003, 424 (425); NStZ-RR 2006, 139; StV 2012, 534 ff.
34   BGHSt 45, 253.
35   BGH NStZ 2004, 440 (2. Strafsenat); OLG Celle NStZ-RR 2005, 263; krit. SK-*Wolters* § 177 Rn 14a; abl. *Graul* JR 2001, 117; diese Auslegung – ohne die Voraussetzungen des Nötigungsbegriffs in § 240 Abs. 1 für notwendig zu erachten – begegnet keinen verfassungsrechtlichen Bedenken, vgl BVerfG NStZ 2005, 30; hierzu *Güntge* NJW 2004, 3750 ff.
36   BGH NStZ 2005, 380; in diesem Sinne auch BGH StV 2006, 294; NStZ-RR 2006, 241 (242); NStZ 2012, 268; StV 2013, 745 f.
37   BGH NStZ 2007, 217 (218).
38   BGH JR 1993, 163.
39   BGH NStZ 2004, 682 (683); NStZ-RR 2006, 269 (270); *Fischer* § 177 Rn 69, 118; aA *Hörnle* Puppe-FS 1143 ff.
40   BGHSt 31, 76.
41   BGHSt 17, 1 (4).
42   BGH NStZ 2007, 31 (32).

Handlung zwar nicht vorausgeht, diese aber um ihrer Ermöglichung willen begleitet. Bedingter **Vorsatz** – etwa hinsichtlich des entgegenstehenden Willens[43] – reicht aus. Dem Täter muss klar sein, dass er unter Ausnutzung der schutzlosen Lage vorgeht[44]. Auch bei **Vorsatzwechsel** – die Nötigung diente zunächst einem anderen Ziel – kann der Tatbestand erfüllt sein, sofern der Zwang zur Ermöglichung der sexuellen Handlung final fortgesetzt oder die Fortsetzung (konkludent) angedroht wird.[45]

4. Die Vergewaltigung und andere besonders schwere Fälle (Abs. 6). Abs. 6 nennt in Form der **Regelbeispieltechnik** Voraussetzungen besonders schwerer Fälle. Ob neben einem vollendeten Grunddelikt auch ein Versuch des Abs. 6 in Betracht kommt, ist umstritten.[46]   17

Ein **besonders schwerer Fall** ist zunächst regelmäßig gegeben, wenn der Täter mit dem Opfer den **Beischlaf** vollzieht oder **ähnliche sexuelle Handlungen** an dem Opfer vornimmt oder von ihm an sich vornehmen lässt. Die letztgenannten Verhaltensweisen müssen das Opfer besonders **erniedrigen**, was wiederum namentlich bei Handlungen anzunehmen ist, die mit einem Eindringen (von Körperteilen oder Gegenständen) in den Körper verbunden sind.[47] An einem Erniedrigen kann es etwa bei einem Zungenkuss fehlen[48]; maßgeblich sind die Umstände des Einzelfalls.[49] Sofern Prostituierte Tatopfer sind, ist noch ungeklärt, ob deren grds Bereitschaft zu sexuellen Handlungen (gegen Entgelt) als mildernder Tatumstand zu bewerten ist, sofern sich nicht aus weiteren Umständen die besondere Erniedrigung des Opfers ergibt.[50]   18

Die **mittäterschaftliche** Begehung bei einer Vergewaltigung ieS nach Abs. 6 Nr. 1 setzt dem nunmehr geltenden Wortlaut nach die Vornahme eigener sexueller Handlungen mit unmittelbarem Körperkontakt voraus.[51] Mittäterschaftliche Nötigung zum Beischlaf mit einem Dritten wird von Abs. 6 Nr. 2 erfasst.   19

Von einem besonders schweren Fall ist ferner regelmäßig auszugehen, wenn die Tat von mehreren **gemeinschaftlich** begangen wird. Eine gleichzeitige Anwesenheit am Tatort ist nicht erforderlich.[52]   20

5. Qualifikationstatbestände nach Abs. 7, 8. Abschließende Qualifikationstatbestände mit deutlich erhöhter Mindestfreiheitsstrafe enthalten **Abs. 7** und **Abs. 8**. Bei Abs. 7 Nr. 2 ist ausreichend, dass der Täter das Tatmittel zu irgendeinem Zeitpunkt bei der Tatbegehung einsatzbereit zur Hand hat, auch wenn er es erst am Tatort ergreift.[53] Für Abs. 8 Nr. 1 genügt, dass der Gegenstand die Gefährlichkeit durch die konkrete Art des Einsatzes gewinnt.[54] Es reicht aus, wenn der Täter das Werkzeug ohne Nötigungskomponente, sondern allein zur Luststeigerung im unmittelbaren Zusammenhang mit   21

---

43 BGHSt 39, 244 (245); StV 2006, 294.
44 Vgl BGH NStZ 2005, 380 (381).
45 BGH NStZ 2003, 424 (425); *Fischer* § 177 Rn 71 f.
46 Abl. *Fischer* § 177 Rn 163; jeweils zur bisherigen und wohl auch aktuellen Rechtslage: bej. *Laubenthal* Rn 232; SK-*Wolters* § 177 Rn 26 c; abl. BGH NJW 1998, 2987 (2988); BGH v. 14.12.2005 – 2 StR 439/05; S/S-*Eisele* § 177 Rn 23, vgl auch BGH NStZ 2003, 602: keine Indizwirkung für die Anwendung von Abs. 2 aF bei einer bloß versuchten Verwirklichung eines Regelbeispiels.
47 Vgl BGH NStZ 1999, 186 f; NStZ 2003, 111.
48 *Fischer* § 177 Rn 152.
49 Vgl BGH StV 2000, 198.
50 Bej. BGH NStZ 2001, 29; 2001, 369 f; abl. BGH NStZ 2001, 646; vgl dazu auch BGH NStZ-RR 2008, 74; *Gaede* NStZ 2002, 238 ff.
51 BGH NJW 1999, 2909.
52 *Renzikowski* NStZ 1999, 377 (382).
53 BGH NStZ 2003, 202.
54 BGHSt 46, 225 (228); BGH NStZ 2015, 213 f.

dem sexuellen Geschehen gegen das Tatopfer einsetzt.[55] Die körperliche Misshandlung iSv Abs. 8 Nr. 2 lit a ist insbesondere schwer, wenn sie mit der Zufügung erheblicher Schmerzen verbunden ist; eine besondere Herabwürdigung des Opfers reicht noch nicht aus. Nr. 2 lit a scheidet jedenfalls aus, wenn die schwere Misshandlung nur das Mittel einer auf einem neuen Tatentschluss beruhenden Bedrohung ist.[56]

22   **IX. Abs. 9** sieht die Möglichkeit einer Herabsetzung der Strafe in minder schweren Fällen vor.[57] Ein minder schwerer Fall ist auch dann nicht ausgeschlossen, wenn der Täter den Qualifikationstatbestand des Abs. 8 und ein Regelbeispiel gem. Abs. 6 Nr. 2 verwirklicht hat.[58]

B. Sexueller Übergriff, Sexuelle Nötigung und Vergewaltigung mit Todesfolge (§ 178)

23   § 178 normiert ein **erfolgsqualifiziertes Delikt** im Sinne von § 18. Als „Opfer" kommt nur die Person in Betracht, gegen die sich die sexuelle Handlung richtet. Erforderlich ist (zumindest) Leichtfertigkeit. Die Qualifikation betrifft **nur Täter** des Grunddelikts; für Teilnehmer gilt § 222.

24   Neben der Kausalität ist es erforderlich, dass sich im Tod des Opfers gerade die **spezifische Gefahr** der (versuchten) Begehung des Grunddelikts (§ 177) realisiert. Exemplarisch: Das Opfer stirbt infolge eines Würgegriffs oder eines durch die Drohung mit einer Schusswaffe ausgelösten Schocks. Nicht einschlägig ist es dagegen, wenn ein späterer (auch kunstgerecht vorgenommener) Schwangerschaftsabbruch zum Tode führt, zumal es hier an der Leichtfertigkeit fehlt. Ferner greift § 178 nicht ein, wenn der Täter das Opfer erst im Anschluss an den sexuellen Übergriff – zB in Verdeckungsabsicht – tötet.[59] Aus der Formulierung „wenigstens fahrlässig" folgt nach h. M., dass mit den vorsätzlichen Tötungsdelikten (zB einem Lustmord) Tateinheit nach § 52 StGB möglich ist,[60] was aber nur dann praktisch bedeutsam ist, wenn ausnahmsweise kein Mordmerkmal verwirklicht ist.[61]

C. Sexuelle Belästigung (§ 184i)

25   Die Norm wurde durch Gesetz zur Verbesserung des Schutzes der sexuellen Selbstbestimmung vom 04. November 2016 in das StGB eingefügt. Sie schützt die sexuelle Selbstbestimmung, indem sie Fälle erfasst, in denen die Handlung die Erheblichkeitsschwelle des § 184h nicht überschreitet und somit nach sonstigen Vorschriften des dreizehnten Abschnitts straffrei bleibt. Die Vorschrift soll zB Fälle von flüchtigen Griffen an die Genitalien einer bekleideten Person, das Berühren der Kleidung im Vaginalbereich, das Küssen des Nackens, der Haare und des Kopfes der von hinten umfassten Geschädigten sowie das feste Drücken der behandschuhten Hand der Geschädigten auf das Geschlechtsteil des Beschuldigten erfassen (vgl zu den Beispielen BT-Drucks. 18/9097 S. 29 f).

---

55 BGH NJW 2014, 2134 f m.Anm. *Kudlich* StV 2012, 734 ff.
56 Vgl BGH NStZ-RR 2007, 12 (13); BGH StV 2010, 2.
57 BGH StV 2006, 16; *Fischer* § 177 Rn 179 ff.
58 BGH NStZ 2004, 32 (33).
59 BGH NStZ-RR 1999, 170.
60 S/S-*Eisele* § 178 Rn 6; L-Kühl-*Heger* § 178 Rn 1.
61 SK-*Wolters* 3 178 Rn 8.

D. Straftaten aus Gruppen (§ 184j)

Der Tatbestand wurde durch Gesetz zur Verbesserung des Schutzes der sexuellen   26
Selbstbestimmung vom 04. November 2016 als innenpolitische Reaktion des Gesetzgebers auf die Vorkommnisse in der Silvesternacht 2015 auf der Kölner Domplatte in
das StGB eingefügt. Die Norm verfolgt in der Sache das Ziel, eine Strafverfolgung wegen Sexualstraftaten auch dann zu gewährleisten, wenn man den Täter eines Sexual-
delikts, der Teil einer Menschengruppe war, aufgrund seiner optischen Ähnlichkeit mit
anderen am Tatort anwesenden Personen nicht mehr identifizieren kann. Wegen dieser
beweisnotbedingten Ausdehnung der Strafbarkeit auf Personen, die mit der eigentlichen Begehung der Sexualstraftat nicht zwangsläufig etwas zu tun haben, wird von
Experten zu Recht die Abschaffung des § 184j StGB gefordert.[62]

Eine **Personengruppe** ist eine Mehrheit von mindestens drei Personen. Der Grund für   27
die Straferhöhung liegt zum einen darin, dass die Verteidigungs- und Fluchtmöglich-
keiten für das Opfer eingeschränkt sind, wenn es sich einer Vielzahl von Tätern ausgesetzt sieht. Zum anderen soll dem Phänomen der Gruppendynamik Rechnung getragen werden.[63] Bloße Ansammlungen von Personen werden nicht erfasst.[64] **Beteiligung** ist
nicht im Sinne der §§ 25 bis 27 zu verstehen, ein bewusstes und gewolltes Zusammenwirken ist somit nicht zu verlangen.[65] Eine **Bedrängung** liegt vor, wenn das Opfer von
der Gruppe mit Nachdruck an der Ausübung seiner Bewegungsfreiheit oder seiner
sonstigen freien Willensbetätigung gehindert wird. Diese Einwirkung muss eine gewisse Hartnäckigkeit aufweisen, lediglich kurzfristige Einschüchterungen genügen nicht.[66]

Die Begehung einer Tat nach §§ 177, 184i stellt eine **objektive Bedingung der Strafbar-**   28
keit dar. Hierauf muss sich der Vorsatz demnach nicht beziehen.

---

62   *Renzikowski* HdS IV § 11 Rn 78, 83.
63   Krit. *Renzikowski* NJW 2016, 3553 (3557).
64   BT-Drucks. 18/9097, S. 31.
65   Krit. zum Tatbestand daher *Renzikowski* NJW 2016, 3553 (3557 f).
66   BT-Drucks. 18/9097, S. 31.

6. Abschnitt: Delikte gegen die Ehre

§ 22 Allgemeines

A. Schutzbereich

I. Begriff der Ehre

1   Die Beleidigungsdelikte dienen dem Schutz der Ehre.[1] und stellen eine Beschränkung von materiellen Äußerungsrechten dar.[2] *Reinhart Maurach* hat die Schwierigkeit, eine Definition für die Ehre zu finden, mit den klassisch gewordenen Worten umschrieben: „Die Ehre ist das subtilste, mit den hölzernen Handschuhen des Strafrechts am schwersten zu erfassende und daher am wenigsten wirksam geschützte Rechtsgut unseres Strafrechtssystems".[3]

2   Inzwischen hat sich der Schutz der Ehre vom insoweit immer praktisch bedeutungsloser werdenden Strafrecht weitgehend in das **Zivilrecht** verlagert: Den Interessen des Betroffenen wird dort in Gestalt von Schadensersatz-, Schmerzensgeld- und Unterlassungsansprüche wegen **Verletzung des Persönlichkeitsrechts** (§§ 823, 847, 1004 BGB) offenbar besser gedient als im Straf- und Strafverfahrensrecht (§ 374 Abs. 1 Nr. 2 StPO). Einzelnen Bestrebungen, den strafrechtlichen Schutz der Ehre abzuschaffen und ihn ganz auf das Zivil- bzw. Ordnungswidrigkeitenrecht zu verlagern, hat der Gesetzgeber bislang – und zu Recht - eine Absage erteilt.[4] Die Kommunikation in sozialen Netzwerken, öffentliche Kampagnen im Internet und das Mobbing im beruflichen, schulischen oder privaten Bereich stellen die §§ 185 ff. vor neue Herausforderungen.[5]

3   ■ Den Begriff der Ehre deutet die (wohl noch) vorherrschende Meinung **dualistisch** („normativ-faktisch"): Ehre sei zum einen der personale, dem Menschen als Träger geistiger und sittlicher Werte zukommende („innere") Geltungswert, zum anderen der soziale („äußere") Geltungswert einer Person, also ihr tatsächlicher guter Ruf in der menschlichen Gesellschaft.[6]

4   ■ In der Literatur und auch in der neueren Rechtsprechung wird zunehmend ein **rein normativer Ehrbegriff** vertreten, dem zufolge die Ehre ein dem Menschen zukommender, aus der Personenwürde abgeleiteter, sozial zu achtender Geltungswert ist.[7]

5   ■ Der **interpersonale Ehrbegriff** sieht in der Ehre das von der Würde des Menschen geforderte und seine Selbständigkeit als Person begründende Anerkennungsverhältnis mit anderen Personen.[8] Damit eine Person mit Selbstbewusstsein als Rechtsper-

---

1   Vgl zum Meinungsstand auch *Winter* in: *Tellenbach*, Die Rolle der Ehre im Strafrecht, 2007, 95 (102 ff).

2   *Gruber*, Die Lüge des Beschuldigten im Strafverfahren, 2008, 182 ff.

3   *M-Schroeder*/Maiwald BT-1, § 24 Rn 1.

4   *Hilgendorf* HdS IV § 12 Rn 7 ff.; S/S-*Eisele*/Schittenhelm Vor § 185 Rn 1a.

5   *Hilgendorf* HdS IV § 12 Rn 9 ff.

6   Vgl BGHSt 1, 288 (289); 11, 67 (70 f); *Geppert* Jura 1983, 530 (531 ff); *Otto* NJW 2006, 575; zur Internetbeleidigung in sozialen Netzwerken *Krischker* JA 2013, 488 ff.

7   Grundlegend *Hirsch*, Ehre und Beleidigung, 1967, 29 ff, 45 ff, 72 ff; vgl ferner BGHSt 35, 76 ff; 36, 145 ff; OLG Düsseldorf NJW 1989, 3030; 1992, 1335; OLG Frankfurt NJW 1989, 1367; LK-*Hilgendorf* Vor § 185 Rn 9 ff; *Kaufmann* ZStW 72 (1960), 418 (430 f); L-*Kühl* Vor § 185 Rn 1; SK-*Rogall* Vor § 185 Rn 9 ff; *Tenckhoff* JuS 1988, 199 (203).

8   Grundlegend *Wolf* ZStW 81 (1969), 886 (893 ff); ferner S/S-*Eisele*/Schittenhelm Vor § 185 Rn 1; SK-*Rogall* Vor § 185 Rn 4; *Schramm*, Lenckner-FS 539; NK-*Zaczyk* Vor § 185 Rn 1.

son gegenüber anderen auftreten und verantwortlich handeln kann, bedarf sie der Anerkennung als eine solche Person. Dementsprechend wird die Ehre verletzt, wenn einer Person diese Anerkennung grundlos verweigert wird.[9]

■ Dass die Anerkennung als zu achtende Person durch andere eine wesentliche Grundlage für die freie Entfaltung des Einzelnen in der Gesellschaft ist, wird vom interpersonalen Ehrbegriff zutreffend erfasst. Nur ist die Begrenzung auf natürliche Personen zu eng, da kein Grund besteht, den Ehrenschutz juristischer Personen und sonstigen Personengesamtheiten zu verweigern, die ebenfalls für die ihnen von Rechts wegen eingeräumte Möglichkeit freier Entfaltung im sozialen Leben auf die Anerkennung ihrer Fähigkeit, verantwortungsvoll sozial zu agieren, angewiesen sind. Die Ehre als **interpersonaler sozialer Anerkennungsanspruch** ist daher eine Existenzbedingung der Person im Recht. 6

■ In diese Richtung geht auch ein weiterer Ansatz,[10] der die Ehre **funktional** als Fähigkeit eines Menschen versteht, sich so zu verhalten, dass er den normativen Erwartungen gerecht wird, denen er gerecht werden muss, um als ebenbürtiger Partner von Kommunikationen akzeptiert zu werden.[11] 7

II. Opferkreis

▶ **FALL 1:** Nach einer Auseinandersetzung zwischen A und B ruft A dem B hinterher: „Du Hurensohn!" ◀

▶ **FALL 2:** C erklärt dem Geschäftsführer der X-GmbH gegenüber: „Euer ganzer Betrieb ist eine Schweinebande!" ◀

▶ **FALL 3:** R, ein ungeduldiger Richter, erklärt während einer lange dauernden und konfliktbeladenen Verhandlung, dass „alle Strafverteidiger" doch selbst Gangster seien. ◀

▶ **FALL 4:** H begibt sich am Wochenende in ein Stadion, um dort ein Fußballspiel zu verfolgen. Hierbei trägt er eine Hose mit einer von hinten deutlich erkennbaren Aufschrift: „ACAB", was die allgemein bekannte Abkürzung für „All cops are bastards" ist. Ihm ist hierbei bewusst, dass im Stadion Polizisten zugegen sind und dass seine Freunde, mit denen er nach dem Spiel den Heimweg antritt, von der Polizei überwacht werden. ◀

1. Einzelpersonen und Personengesamtheiten. Beleidigungsfähig sind zunächst – wie in **Fall 1** – alle lebenden **natürlichen Personen.** Dagegen sind **Verstorbene** nicht beleidigungsfähig;[12] für sie gilt der Sondertatbestand des § 189. 8

Beleidigungsfähig sind ferner **Personengesamtheiten,** wie sich aus § 194 Abs. 3, 4 erschließen lässt.[13] Die Zuschreibung einer Verbandsehre erfordert, dass die betreffende Personengesamtheit einen einheitlichen Willen bilden kann und eine rechtlich anerkannte Funktion in der Gesellschaft erfüllt.[14] In Betracht kommen neben juristischen 9

9 NK-*Zaczyk* Vor § 185 Rn 1.
10 *Amelung,* Die Ehre als Kommunikationsvoraussetzung, 2002, 18 ff, 38.
11 Vgl ferner *Jakobs* Jescheck-FS 627 (639), *ders.* Maiwald-FS 365 ff; der unter Ehre die zugunsten einer Person angebrachte Zurechnung ihres Verhaltens als verdienstlich versteht.
12 BGHSt 7, 129 (132); 23, 1 (3 f); M/R-*Gaede* Rn 20; S/S-*Eisele/Schittenhelm* Vor § 185 Rn 2; MK-*Regge/Pegel* Vor § 185 Rn 40; aA LK-*Hilgendorf* § 189 Rn 2, jew. mwN.
13 AA insoweit die Lehren, welche die Ehre auf die Würde einer natürlichen Person beziehen, vgl *Kett-Straub* ZStW 120 (2008), 759 (783 f); NK-*Zaczyk* Vor § 185 Rn 12 mwN.
14 BGHSt 6, 186 (191); BayObLG NJW 1990, 1742; *Küper/Zopfs* 76 ff; S/S-*Eisele/Schittenhelm* Vor § 185 Rn 3 f; *Rengier* II § 28/10; *Tenckhoff* JuS 1988, 457 ff; restr.: *Gössel/Dölling* I § 29/27 f; LK-*Hilgendorf* Vor § 185 Rn 27; SK-*Rogall* Vor § 185 Rn 35 f.

Personen[15] – wie in **Fall 2** – zB Handelsgesellschaften, politische Parteien[16] oder die Bundeswehr.[17] Dagegen bilden „die" Ärzte oder „die" Polizei[18] keine Gesamtheit mit „personaler Identität". Auch die Familie ist keine Personengesamtheit, die einen einheitlichen Willen bildet.[19]

10   **2. Einzelpersonen unter Kollektivbezeichnung.** Von der Beleidigung eines Kollektivs ist die Beleidigung unter einer Kollektivbezeichnung zu unterscheiden. Bei der Kollektivbeleidigung wird eine Personengesamtheit, die selbst Träger der Verbandsehre ist, angegriffen. Demgegenüber richtet sich die Beleidigung unter einer Kollektivbezeichnung gegen die zum Kollektiv gehörenden einzelnen Personen.

11   Dementsprechend setzt die Beleidigung unter einer Kollektivbezeichnung voraus, dass überhaupt **bestimmte Personen** unter der Kollektivbezeichnung angesprochen werden können. Dies wiederum erfordert, dass der betroffene Personenkreis überschaubar und die ihm zugehörigen Personen individualisierbar sind.[20] Dies kann auch bei einem größeren Personenkreis der Fall sein,[21] sofern das ehrabschneidende Merkmal allen Mitgliedern zuzuordnen ist. Exemplarisch: Die Berufssoldaten der Bundeswehr werden mit „Folterknechten, KZ-Aufsehern oder Henkern" verglichen[22] oder die Ärzte eines bestimmten Krankenhauses werden als „Kurpfuscher" bezeichnet. Dagegen sind negative Äußerungen über „die" Katholiken oder „die" Frauen mangels Individualisierbarkeit der betroffenen Personen keine Kollektivbeleidigungen. Zu beachten ist jedoch stets der Kontext, wie **Fall 3** verdeutlicht: Es ist eine Beleidigung, wenn die Äußerung, „alle" Strafverteidiger seien selbst Gangster, eindeutig auf einen anwesenden Rechtsanwalt gemünzt ist. Hier ist die Beleidigung nur scheinbar in das Gewand einer unbestimmten Kollektivbeleidigung gekleidet.

12   Ein Sonderfall der Beleidigung unter einer Kollektivbezeichnung ist eine ehrenrührige Äußerung über einzelne, nicht namentlich genannte Angehörige eines bestimmten Personenkreises, sofern jeder gemeint sein kann. Exemplarisch: In einer Zeitung wird behauptet, „ein bayerischer Staatsminister habe zu den Kunden eines Call-Girl-Rings gehört". Hier ist jedes Mitglied der bayerischen Staatsregierung betroffen.[23]

13   In sämtlichen oben genannten Fällen ist jedoch streng danach zu unterscheiden, ob sich eine Äußerung nur als (überspitzte) Kritik an einer (staatlichen) Maßnahme darstellt oder ob sie zumindest auch gegen die ausführenden Personen gerichtet ist.[24]

---

15   BGHSt 6, 186 (191); OLG Köln NJW 1979, 1723.
16   OLG Düsseldorf MDR 1979, 692.
17   BGHSt 36, 83 (88).
18   BVerfG NJW-Spezial 2015, 344 f; vgl aber OLG Frankfurt NJW 1977, 1353 für die „Frankfurter Polizei"; vgl auch BVerfG NJW 2016, 2643 f.
19   BGH JZ 1951, 520; *Geppert* Jura 1983, 530 (538); S/S-*Lenckner/Eisele* Vor § 185 Rn 4; *Rengier* II § 28/11; aA *Otto* § 31/18.
20   Vgl BGHSt 36, 83 (85 ff); BVerfG HRRS 2016 Nr. 629; OLG Karlsruhe JA 2013, 232 ff; *Reinbacher* Jura 2007, 382 (383).
21   So bei den als Juden vom Nationalsozialismus verfolgten Menschen, vgl BGHSt 11, 207 (208); vgl ferner BGHSt 16, 49 (57); 40, 97 (103); Beispiele bei S/S/W-*Sinn* Vor § 185 ff Rn 8 f.
22   BGHSt 36, 83; zur Gleichsetzung von Soldaten mit (potenziellen) Mördern vgl BVerfGE 93, 266 ff; *Gounalakis* NJW 1996, 481 ff; *Herdegen* NJW 1994, 2933 f; *Otto* NStZ 1996, 127 f; *Stark* JuS 1995, 689 ff.
23   BGHSt 19, 235 (238 f); vgl auch BGHSt 14, 48; *Eppner/Hahn* JA 2006, 702 (704 f).
24   KG StraFo 2010, 392 f.

B. Beleidigung als Kundgabedelikt

I. Erfordernis einer Äußerung

Die Straftaten gegen die Ehre sind Kundgabedelikte: Sie verlangen eine an einen anderen gerichtete und von diesem zur Kenntnis genommene ehrenrührige Äußerung. Diese kann in (mündlich oder schriftlich formulierten) Worten, aber auch in einer Geste, in einem Mienenspiel oder in sonstigen bedeutungshaltigen Verhaltensweisen bestehen.[25] Es bedarf jedoch konkreter Anhaltspunkte für eine Individualisierung.[26] Daher liegt in Fall 4 in dem alleinigen Tragen der Aufschrift keine hinreichende Kundgabe vor. Adressat der Äußerung kann – je nach Delikt – der Beleidigte selbst oder ein Dritter sein. Dagegen scheiden Selbstgespräche oder private Notizen mangels Kommunikation als Tathandlungen aus;[27] soweit sie von einem anderen wahrgenommen werden, fehlt im Übrigen der Kundgabevorsatz.

14

Die Kenntnisnahme durch den Adressaten setzt nach **hM** voraus, dass dieser **den Sinn der Äußerung erfasst** hat.[28] Durch eine für den Adressaten unverständliche Äußerung solle die Ehre einer Person überhaupt nicht tangiert werden. Die Kenntnisnahme durch den Adressaten sei zugleich der Erfolg der Handlung, ohne die keine **Tatvollendung** eingetreten ist. Nach einer **Minderheitsansicht** genügt bereits die sinnliche **Wahrnehmung** der Äußerung für die Vollendung:[29] Danach hängt der strafrechtlich Achtungsanspruch nicht davon ab, ob der Betroffene den ehrenrührigen Sinn versteht; andernfalls würden Ausländer, die der deutschen Sprache nicht mächtig sind, blinde Menschen, die durch Gesten herabgewürdigt werden oder geistig behinderte Menschen, die eine herabsetzende Äußerung intellektuell nicht begreifen, zum geistigen Freiwild ihrer Mitmenschen. Auch sei es die Aufgabe des § 185 StGB, gerade die Kundgabe *eigener* Mißachtung - durch die Äußerung eines beleidigenden Werturteils gegenüber dem Betroffenen selbst oder über diesen gegenüber Dritten und durch ehrenrührige Tatsachenbehauptungen gegenüber dem Betroffenen selbst - zu poenalisieren.[30]

15

Dem **bloßen Schaffen einer kompromittierenden Sachlage** fehlt der für ein ehrverletzendes Delikt erforderliche Kundgabecharakter.[31] Hier wird der ehrenrührige Umstand vom Betrachter nicht als Äußerung eines gedanklichen Inhalts verstanden. Kein Delikt gegen die Ehre ist daher das Verstecken der Tatwaffe bei einem Unschuldigen.

16

II. Irrelevante Kommunikationen

▶ **FALL 5:** D erklärt am Abend nach der Arbeit frustriert seiner Frau gegenüber, sein Chef sei ein „elender Sklaventreiber". ◀

Keine relevanten Kommunikationsprozesse sind **Äußerungen in engen Vertrauensbeziehungen.** Solche Äußerungen unterfallen der Privatsphäre und stellen den Anerken-

17

---

25 Vgl nur OLG Düsseldorf NJW 1960, 1072; AG Grünstadt NJW 1995, 889; zu Äußerungen in sozialen Netzwerken *Hilgendorf* ZIS 2010, 208 ff.
26 BVerfG HRRS 2016 Nr. 629.
27 NK-*Zaczyk* Vor § 185 Rn 19 mwN.
28 Vgl nur BGHSt 9, 17 (19); S/S-*Eisele/Schittenhelm* § 185 Rn 16; *Rengier* II § 28/22; S/S/W-*Sinn* § 185 Rn 8; NK-*Zaczyk* § 185 Rn 19.
29 So die ältere Rspr., vgl BGHSt 1, 288 (291); 7, 129 (132); dazu *Winter* in: *Tellenbach*, Die Rolle der Ehre im Strafrecht, 2007, 95 (119).
30 S/S-*Lenckner*, 27. A. 2006, § 185 Rn 16; *Schramm*, Lenckner-FS 539 (560).
31 HM, vgl nur BGH NStZ 1984, 216; S/S-*Eisele/Schittenhelm* § 186 Rn 7; *Tenckhoff* JuS 1988, 618 (621); 787 (788); NK-*Zaczyk* Vor § 185 Rn 21; § 186 Rn 12; aA *Otto* § 32/18; *Streng* GA 1985, 214.

nungsanspruch des Betroffenen nicht in sozial erheblicher Weise in Frage. Sie können den Selbstgesprächen gleichgestellt werden.[32]

18 ◼ Beispielhaft hierfür sind zunächst – wie in **Fall 5** – Äußerungen **im Familienkreis** über (nicht anwesende) Dritte. Anderes gilt freilich, wenn sich Familienangehörige untereinander beleidigen: Wird die Ehre des unmittelbaren Gesprächspartners verletzt, so ist die Kommunikation insoweit nicht mehr privat.[33]

19 ◼ Gleiches gilt für Äußerungen unter Verlobten,[34] Partnern in eheähnlicher Verbindung[35] oder in eingetragenen Lebenspartnerschaften.

20 ◼ Ferner gehören hierher Äußerungen in **besonderen Vertrauensverhältnissen,** wenn diese (auch) wegen ihrer Vertraulichkeit rechtlichen Schutz genießen, namentlich für das Verhältnis von Mandant zu Anwalt[36] sowie für den Briefverkehr von Untersuchungs- oder Strafgefangenen mit Familienangehörigen,[37] im Einzelfall auch mit anderen Strafgefangenen.[38] Als besonderes Vertrauensverhältnis ist auch das Diktat gegenüber einer Sekretärin anzusehen.[39]

21 ◼ Dagegen fehlt einer Äußerung nicht etwa schon deshalb der Kundgabecharakter, weil sie in einem kleinen Gesprächskreis (unter Bekannten oder Fachleuten)[40] geäußert wird.

C. Strafantrag (§ 194)

22 **Beleidigungsdelikte** sind grds. **Antragsdelikte.** Hiervon wird nur in § 194 Abs. 1 S. 2, Abs. 2 S. 2 eine Ausnahme gemacht, wenn sich die Tat gegen NS-Verfolgte oder andere Opfer einer Gewalt- und Willkürherrschaft richtet. Der Verfolgung von Amts wegen steht jedoch der Widerspruch des Antragsberechtigten entgegen (§ 194 Abs. 1 S. 3, Abs. 2 S. 3).

23 § 194 Abs. 3 sieht eine **Erweiterung des Antragsrechts** auf Dienstvorgesetzte und Behördenleiter vor. Nach § 194 Abs. 4 tritt die Ermächtigung der betroffenen Körperschaft an die Stelle des Strafantrags.

D. Systematik

24 ◼ **§ 186** stellt die (nicht erweislich wahre) **ehrenrührige Tatsachenbehauptung** gegenüber Dritten unter Strafe. Dieser Tatbestand wird durch § 187 unter der Voraussetzung qualifiziert, dass der Täter die objektiv falsche ehrenrührige Tatsachenbehauptung wider besseres Wissen aufstellt oder weitergibt. Außerdem pönalisiert § 187

---

32 Zu dieser teleologischen Reduktion des Tatbestands OLG Stuttgart NJW 1963, 119; *Engisch* GA 1957, 326 (331); *Eppner/Hahn* JA 2006, 702 (704 f); *Geppert* Jura 1983, 530 (533); *Hillenkamp* Hirsch-FS 555; S/S-*Eisele/ Schittenhelm* Vor § 185 Rn 9 ff; NK-*Zaczyk* Vor § 185 Rn 38 ff; vgl auch BVerfG NJW 1995, 1015.
33 *Tenckhoff* JuS 1988, 787 (788 f).
34 Vgl BVerfG NJW 1995, 1477.
35 Vgl BVerfG NJW 1997, 185 (186).
36 L-*Kühl* § 185 Rn 9; zur Formalbeleidigung vgl aber OLG Hamburg NStZ 1990, 237; zum umgekehrten Verhältnis Anwalt zu Mandant vgl BGH NJW 2009, 2690 (2692) m.Anm. *Barton* JZ 2010, 102 ff und *Wohlers* JR 2009, 523 f.
37 BVerfGE 90, 255 (262); vgl aber *Arloth* ZIS 2010, 263 ff.
38 BVerfG NJW 2007, 1194 (1195); LG Hof StV 2015, 571.
39 OLG Koblenz OLGSt StGB § 185 Nr. 2; aA LG Hannover NdsRpfl. 1966, 23; L-*Kühl* § 185 Rn 8; *Rengier* II § 28/30.
40 Bei einem Gespräch unter Ärzten kann aber ggf § 193 eingreifen.

den Sonderfall der Kreditgefährdung. § 188 ist wiederum (in Abs. 1) eine Qualifikation zu § 186 und (in Abs. 2) zu § 187, wenn sich die Tat gegen Personen des politischen Lebens richtet.[41]

■ § 185 ist bei **ehrenrührigen Tatsachenbehauptungen** wie **Werturteilen gleichermaßen** erfüllt, tritt aber hinter §§ 186, 187 als subsidiär zurück,[42] wenn der Täter eine ehrenrührige Tatsache gegenüber Dritten äußert. Daher hat § 185 **nur** dann eine **selbständige Bedeutung**, wenn der Täter entweder gegenüber dem Beleidigten selbst eine ehrenrührige Tatsache äußert oder wenn er gegenüber dem Beleidigten und/oder gegenüber einem Dritten ein ehrenrühriges Werturteil fällt. Äußert der Täter ehrenrührige Werturteile und Tatsachenbehauptungen nebeneinander, so können § 185 und §§ 186, 187 auch tateinheitlich verwirklicht sein. Dies ist zB der Fall, wenn die ehrenrührige Tatsache unter den Voraussetzungen einer Formalbeleidigung mitgeteilt wird.[43]   25

■ § 189 dient dem Schutz des Andenkens Verstorbener.   26

■ Zu beachten ist eine Reihe von **Sonderregelungen,** die nur für die Beleidigungsdelikte gelten, insbesondere der Rechtfertigungsgrund des § 193 und das Strafantragserfordernis in § 194.   27

WIEDERHOLUNGS- UND VERTIEFUNGSFRAGEN

> Was ist strafrechtlich unter dem Begriff „Ehre" zu verstehen? Welche Ehrbegriffe werden insbesondere vertreten? (Rn 3–7)

> Was versteht man unter einer Kollektivbeleidigung, was unter einer Beleidigung unter einer Kollektivbezeichnung? (Rn 10)

> Straftaten gegen die Ehre sind sog. Kundgabedelikte. Welche Anforderungen sind an die Kundgabe zu stellen? (Rn 14 ff)

> In welchem Verhältnis steht § 185 zu §§ 186, 187? (Rn 25)

---

41 Näher zu den Merkmalen des § 188: BayObLG NJW 1982, 2511.
42 Überblick über die §§ 185 ff in der Fallbearbeitung: *Mavany* Jura 2010, 594 ff.
43 Vgl BGHSt 12, 287 (292); BayObLG NJW 1962, 1120 (1121).

§ 23 Üble Nachrede (§ 186)

A. Allgemeines

1 Die üble Nachrede ist eine **Ehrverletzung** im Rahmen einer **Dreieckskonstellation:** Der Täter muss gegenüber einem Dritten eine das Opfer betreffende ehrenrührige Tatsachenbehauptung aufstellen oder weitergeben. Hieraus resultiert auch die besondere Gefährlichkeit der Tat, da Dritte Fehlinformationen erhalten, die es ihnen ermöglichen, selbst negative Werturteile über das Opfer zu fällen. Allerdings ist diese Gefahr nur abstrakt, da es nicht darauf ankommt, ob der Adressat der Äußerung des Täters Glauben schenkt.

2 § 186 trägt der besonderen Gefährlichkeit der Ehrverletzung noch durch die Normierung eines **spezifischen Beweisrisikos** Rechnung. Jede ehrenrührige Tatsache, deren Wahrheit sich nicht im Strafverfahren objektiv nachweisen lässt, gilt als tatbestandsmäßig. Zwar hat nicht der Täter die Beweislast zu tragen und die Wahrheit nachzuweisen. Diese Aufgabe obliegt allein dem Gericht. Gelingt dem Gericht aber der Nachweis der Wahrheit nicht, so hat sich der Täter nach § 186 strafbar gemacht. Die vorherrschende Ansicht stuft die Nichterweislichkeit der Wahrheit als **objektive Strafbarkeitsbedingung** ein.[1]

B. Definitionen und Erläuterungen

I. Tatbestand

▶ **FALL 1A:** A erklärt gegenüber B, sein Nachbar N sei ein „Idiot". ◀

▶ **FALL 1B:** A erklärt gegenüber B, sein Nachbar N sei ein Haustyrann, der Frau und Kinder schlage. ◀

▶ **FALL 2:** C gibt unter dem Namen seiner (verflossenen) Freundin F eine Zeitungsannonce auf, in der diese ihre Dienste als Callgirl anbietet.[2] ◀

3 **1. Tathandlung.** Tathandlung ist das Behaupten oder Verbreiten einer Tatsache bezüglich eines anderen, die geeignet ist, den Betreffenden verächtlich zu machen oder in der öffentlichen Meinung herabzuwürdigen.

4 **a) Tatsachen:** Tatsachen sind alle vergangenen oder gegenwärtigen Sachverhalte (Geschehnisse, Zustände) einschließlich solcher der menschlichen Psyche, die objektiv bestimmt und dem Beweis zugänglich sind.[3]

5 **aa)** Bei der Frage, ob eine Behauptung eine Tatsache zum Gegenstand hat, ist immer der **Normzweck** zu beachten: Da die Vorschrift verhindern soll, dass sich jemand aufgrund bestimmter Umstände selbst ein unzutreffendes Urteil über die Achtbarkeit einer anderen Person bildet, kommen als Tatsachen alle Sachverhalte in Betracht, auf die ein solches negatives Urteil gestützt werden kann.

6 **bb)** Keine Tatsachenbehauptungen sind (reine) **Werturteile.** Werturteile sind das Ergebnis einer bereits vollzogenen Wertung.

---

1 Hierzu und zur vorzugswürdigen Gegenmeinung Rn 18 f.
2 Vgl BGH NStZ 1984, 216.
3 So die Definition der hM, vgl RGSt 66, 56 (58); BGHSt 15, 24 (26); Küper/*Zopfs* 305 ff; LK-*Tiedemann*, 11. Aufl., § 263 Rn 9 ff; ausf. und krit. NK-*Kindhäuser* § 263 Rn 70 ff.

Allerdings sind Werturteile häufig mit Tatsachenbehauptungen verbunden. Ein reines   7
Werturteil (und damit keine Tatsachenbehauptung) ist daher nur gegeben, wenn die
Äußerung kein Faktenmaterial zur Fällung eines eigenen Urteils enthält, sich also in
einer subjektiven Stellungnahme erschöpft.[4] Verdeutlichen lässt sich dies durch einen
Vergleich der **Fälle 1a und 1b**: Die Äußerung „N ist ein Idiot" erlaubt es ihrem Adressaten nicht, eine eigene Wertung über N zu treffen. Es handelt sich um ein reines Werturteil. Dagegen ist die Äußerung „N ist ein Haustyrann, der Frau und Kinder schlägt"
(auch) eine Tatsachenbehauptung, da sie trotz ihres wertenden Charakters dem Adressaten Umstände mitteilt („Schlagen von Frau und Kindern"), die den Nachvollzug des
bereits getroffenen Werturteils ermöglichen. Da ehrenrührige Tatsachenbehauptungen
keine (rein) subjektiven Stellungnahmen sind, sondern Informationen zur Begründung
einer eigenen Stellungnahme liefern, tangieren sie den Ruf einer Person erheblich stär-
ker als bloße missachtende Werturteile.

cc) Auch **Rechtsauffassungen** sind keine Tatsachenbehauptungen. Zu beachten ist je-   8
doch, dass in der Alltagssprache juristisch geprägte Begriffe häufig zu Informationen
über ihnen zugrundeliegende Umstände verwandt werden. Daher ist es eine Tatsachenbehauptung, wenn X über Y sagt, dieser sei ein „Dieb" oder „Betrüger". Hier wird
mitgeteilt, dass Y die tatsächlichen Voraussetzungen eines Diebstahls oder Betrugs verwirklicht habe.

b) **Ehrenrührigkeit:** Die Tatsache ist geeignet, einen anderen verächtlich zu machen   9
oder in der öffentlichen Meinung herabzuwürdigen, wenn sie Grundlage eines negativen Urteils über die Ehre des Betroffenen sein kann.

Die Tatsache kann Grundlage eines negativen Urteils über die Ehre des Betroffenen   10
sein, wenn sie dessen Fähigkeit, verantwortungsvoll sozial zu agieren, wenigstens teilweise in Abrede stellt. Exemplarisch sind das Begehen einer Straftat oder einer moralischen Verfehlung. Verächtlichmachen und Herabwürdigen sind (ohne sachlichen Unterschied) ineinander übergehende Begriffe, deren Abgrenzung nicht erforderlich ist.[5]
Es genügt, dass die Tatsache nach den Wertungen des Rechts die Qualität zur Ehrverletzung hat.[6] Ob ihre Äußerung zur Bildung eines negativen Urteils beim Adressaten
führt, spielt keine Rolle.[7] Werden anderen Personen Aussagen in den Mund gelegt (zB
auf Facebook oder Twitter), so sind solche „fake news" nur dann strafbar, wenn die
Zuschreibung des Zitats ehrverletzenden Charakter hat.[8]

c) **Behaupten und Verbreiten:** Eine Tatsache wird (ausdrücklich oder konkludent) be-   11
hauptet, wenn sie als nach eigener Überzeugung wahr hingestellt wird.[9] Hierbei ist es
gleichgültig, ob der Täter auf eine eigene oder eine fremde Wahrnehmung verweist.

Eine Tatsache wird verbreitet, wenn sie als Gegenstand fremden Wissens weitergege-   12
ben wird. Auch die Mitteilung eines Gerüchts als bloßes Gerücht ist das Verbreiten
einer Tatsache. Es steht dem Verbreiten zudem nicht entgegen, wenn sich der Täter
von der Information distanziert, indem er sie etwa als nach seiner Überzeugung haltlos
hinstellt.[10]

---

4 Vgl BGHSt 6, 357 (358 f); 12, 287 (291 f); OLG Hamm NStZ-RR 2006, 7; SK-*Rogall* § 186 Rn 7 f; zur Abgrenzung
   vgl auch BGHSt 6, 159 (161 f); 11, 329 (330); BGH NJW 1982, 2246 (2247); BayObLG JR 1995, 216 (217).
5 S/S-*Eisele/Schittenhelm* § 186 Rn 5; SK-*Rogall* § 186 Rn 10; NK-*Zaczyk* § 186 Rn 5.
6 BGHSt 8, 325 (326); 11, 329 (331); SK-*Rogall* § 186 Rn 11.
7 *Fischer* § 186 Rn 5; S/S-*Eisele/Schittenhelm* § 186 Rn 5.
8 *Hoven/Krause* JuS 2017, 1167.
9 W/H/E-*Hettinger* Rn 549; S/S-*Eisele/Schittenhelm* § 186 Rn 7; *Otto* § 32/17.
10 Vgl BGHSt 18, 182 (183); *Morgenstern* JuS 2006, 251 (252); vgl auch *Soehring/Seelmann-Eggebert* NJW 2005,
   571 (574 f).

13 Weder das Behaupten noch das Verbreiten erfordert eine Mitteilung in Form indikativischer Aussagesätze. Vielmehr lassen sich einschlägige Informationen auch in Vermutungen oder Fragen verstecken. Entscheidend ist stets der Kontext der Äußerung.[11]

14 **d) Drittbezug:** Dass die Äußerung in Beziehung auf einen anderen erfolgen muss, erfordert, dass sie (jedenfalls auch) gegenüber einem anderen als dem Verletzten selbst abgegeben wird. Ob der Verletzte bei der Äußerung anwesend ist oder nicht, spielt keine Rolle.[12]

15 Der notwendige Drittbezug fehlt in **Fall 2**, da hier eine Äußerung **als vom Betroffenen selbst stammend** hingestellt wird.[13] Hier greift jedoch § 185 ein.[14]

16 **2. Subjektiver Tatbestand.** Subjektiv ist ein Handeln mit (zumindest bedingtem) Vorsatz erforderlich.

II. Nichterweislichkeit der Wahrheit

17 Der Täter macht sich nicht strafbar, wenn die fragliche Tatsache erweislich wahr ist.

18 ▪ Die hM sieht in der Nichterweislichkeit der Wahrheit eine **objektive Bedingung der Strafbarkeit**, die nicht Gegenstand subjektiver Zurechnung ist.[15] Die Strafbarkeit nach § 186 setzt also voraus, dass im Strafverfahren der Nachweis von der Wahrheit der fraglichen Tatsache nicht erbracht wird. Das bedeutet, dass der Grundsatz *in dubio pro reo* bei offener Beweislage **nicht** zugunsten des Täters eingreift. Ohne Belang ist es auch, ob der Täter von der Wahrheit seiner Äußerung ausgegangen war. Umgekehrt gilt wiederum, dass sich – mangels Strafbarkeit des Versuchs – der Täter selbst dann nicht strafbar gemacht hat, wenn sich entgegen seiner festen Überzeugung die Wahrheit der fraglichen Tatsache im Prozess herausstellt.

19 ▪ Diese Auffassung lässt sich nur schwer mit dem Schuldprinzip vereinbaren. Daher wird von einer verbreiteten Auffassung in der Literatur verlangt, dass der Täter **zumindest fahrlässig** hinsichtlich der Zweifelhaftigkeit seiner Informationsquelle gehandelt hat.[16]

20 Der **Wahrheitsbeweis** ist erbracht, wenn sich die fragliche Tatsache im Wesentlichen („in ihrem Kern") als wahr erwiesen hat.[17] Zu beachten ist, dass § 190 eine bindende Regel über den Wahrheitsbeweis bezüglich solcher Straftaten, die Gegenstand eines Strafverfahrens waren, enthält.

21 Im Interesse des Verletzten an der Klärung des Sachverhalts und der Wiederherstellung seiner Reputation ist im Übrigen der Wahrheitsbeweis im Strafverfahren auch dann zu erheben, wenn der Angeklagte nach § 193 freizusprechen ist oder nach §§ 185, 192 verurteilt werden könnte.[18]

---

11 Vgl OLG Köln NJW 1962, 1121 (1122); 1963, 1634; OLG Hamm NJW 1971, 853; vgl umf. zum Begriff des Verbreitens *Heinrich* ZJS 2016, 569.
12 Zu den Konkurrenzen vgl § 22 Rn 25.
13 Vgl BGH NStZ 1984, 216.
14 Vgl § 25 Rn 9.
15 BGHSt 11, 273 (274); *Geppert* Jura 1983, 580 (582 f); *Gössel*/Dölling I § 31/34; *Hohmann/Sander* § 15/6; *L-Kühl* § 186 Rn 7.
16 Vgl *Hirsch*, Ehre und Beleidigung, 1967, 168 ff; *Jakobs* 10/2; *Kindhäuser*, Gefährdung als Straftat, 1989, 307 f; *Küpper/Börner* I § 4/23; MK-*Regge/Pegel* § 186 Rn 29; NK-*Zaczyk* § 186 Rn 19 mwN; krit. S/S/W-*Sinn* § 186 Rn 18.
17 Vgl BGHSt 18, 182 (183); S/S-*Eisele/Schittenhelm* § 186 Rn 15.
18 BGH NJW 1978, 834 (835); OLG Frankfurt NJW 1989, 1367; *Graul* NStZ 1991, 457 (459 ff).

III. Qualifizierende Merkmale

§ 186 sieht einen erhöhten Mindeststrafrahmen für den Fall vor, dass die Tat öffentlich 22
oder durch das Verbreiten von Schriften begangen ist.

1. Öffentlich. Die Tat ist öffentlich begangen, wenn die ehrenrührige Tatsache vor 23
einem größeren, individuell unbestimmten Personenkreis geäußert wird.[19]

Der Ort der Äußerung spielt hierbei ebenso wenig eine Rolle wie die Form. Tatbe- 24
standsmäßig ist es daher, wenn die Tat zB auf einem öffentlichen Platz, in einer öffentlichen Gerichtsverhandlung, durch Funk oder im Internet erfolgt. An der Öffentlichkeit fehlt es dagegen, wenn die Tatsache im Rahmen der Mitgliederversammlung einer
Partei oder bei der Vorstandssitzung einer AG behauptet wird.

2. Verbreiten von Schriften. Der Täter begeht die Tat durch Verbreiten von Schriften, 25
wenn er seine Äußerung in gegenständlicher Fixierung dergestalt in fremde Hände gelangen lässt, dass er nicht mehr kontrollieren kann, wer die Äußerung zur Kenntnis
nimmt.[20]

Dieser presserechtliche Begriff der Verbreitung weicht von der Definition des Verbrei- 26
tens im Grundtatbestand[21] ab. Das Merkmal ist etwa erfüllt beim Austeilen von Flug-
blättern, nicht aber beim Ankleben eines Plakats oder beim Verlesen eines Schriftstücks. Die Übergabe der Schrift an nur eine Person reicht aus, wenn sie auf diese Weise weiteren Personen zugänglich gemacht wird.[22] Den Schriften stehen die in § 11
Abs. 3 genannten Darstellungsweisen gleich.[23]

C. Anwendung

Aufbau: Es empfiehlt sich, die Tatbestandsmerkmale der üblen Nachrede in folgenden 27
Schritten zu prüfen:

A) *Tatbestand*:

   I. Objektiver Tatbestand:

      1. Tathandlung: eine ehrenrührige Tatsache (Rn 4 ff) wird behauptet (Rn 11)
         oder verbreitet (Rn 12) gegenüber einem Dritten (Rn 14 f)

      2. Erfolg: Kenntnisnahme der Äußerung durch den Dritten

   II. Subjektiver Tatbestand: (zumindest bedingter) Vorsatz bzgl objektivem Tatbe-
      stand (Rn 16)

   III. Objektive Strafbarkeitsbedingung:[24] Nichterweislichkeit der Tatsache (Rn 17 ff)

B) *Rechtswidrigkeit* (ggf § 193)

C) *Schuld*

D) Ggf *Qualifikation* (Rn 22 ff)

E) *Strafantrag* (§§ 194, 77 ff)

Sieht man mit einer verbreiteten Literaturansicht die Nichterweislichkeit der Tatsache 28
als Tatbestandsmerkmal mit Fahrlässigkeitsbezug (Rn 19) an, gehört A III zum objekti-

---

19 RGSt 65, 112 (113); OLG Hamm GA 1980, 222 (223); KG JR 1984, 249; NK-*Zaczyk* § 186 Rn 27.
20 BGHSt 13, 257 (258); 18, 63 (64 f); LK-*Hilgendorf* § 186 Rn 14; NK-*Zaczyk* § 186 Rn 31.
21 Vgl Rn 12.
22 NK-*Zaczyk* § 186 Rn 32.
23 Zur Verbreitung im Internet vgl BGHSt 47, 55 (58 ff); *Derksen* NJW 1997, 1878 ff; *Kudlich* JZ 2002, 310 (311).
24 Vgl auch § 11 Rn 21.

ven Tatbestand (dann A I 3) und muss subjektiv fahrlässig verkannt (oder mit dolus eventualis erfasst)[25] sein.

WIEDERHOLUNGS- UND VERTIEFUNGSFRAGEN

> Wann ist eine Tatsache geeignet, einen anderen verächtlich zu machen? (Rn 9 f)
> Unter welchen Umständen können auch geäußerte Werturteile und Rechtsauffassungen für die Tatbestandsverwirklichung des § 186 von Bedeutung sein? (Rn 7 f)
> Wann wird eine Tatsache im Sinne des § 186 behauptet, wann verbreitet? (Rn 11 f)
> Wie behandelt die hM die Nichterweislichkeit der Wahrheit deliktssystematisch und welcher Kritik ist diese Ansicht ausgesetzt? (Rn 18 f)

---

25   Bei dolus directus greift § 187 ein, vgl § 24 Rn 5.

§ 24 Qualifikationen (§§ 187 f)

A. Verleumdung (§ 187)

▶ **FALL 1:** A flüstert der B zu, der Dorfbäcker D sei ein Zuhälter. Ob dies der Wahrheit entspricht, kann nicht geklärt werden. ◀

▶ **FALL 2:** Y berichtet wahrheitswidrig einem befreundeten Autohändler, der mit der X-GmbH in Geschäftsverbindung steht, die X-GmbH befände sich in der Krise und müsse in absehbarer Zeit Insolvenz anmelden. ◀

▶ **FALL 3:** Im Rahmen einer Protestkundgebung auf dem Bonner Marktplatz bezeichnet der Redner R den Präsidenten des Bundesverfassungsgerichtes als „Handlanger der mafiösen Waffenlobby". ◀

I. Allgemeines

Die Vorschrift enthält zwei unterschiedliche Tatvarianten: das Beleidigungsdelikt der **Verleumdung** ieS und das Vermögensdelikt[1] der **Kreditgefährdung**. Beide Tatbestände sind abstrakte Gefährdungsdelikte; der Adressat braucht jeweils der Äußerung keinen Glauben zu schenken.   1

II. Tatbestände

Der **objektive Verleumdungstatbestand** stimmt mit § 186 überein,[2] setzt jedoch abweichend voraus, dass die ehrenrührige Tatsache unwahr ist. Die Unwahrheit ist hier also Tatbestandsmerkmal und muss im Prozess nachgewiesen werden. Sofern dies, wie in **Fall 1**, nicht mit einer für eine prozessuale Tatsachenfeststellung hinreichenden Sicherheit gelingt, gilt der Grundsatz *in dubio pro reo*. In diesem Fall greift § 186 ein.   2

Der **objektive Tatbestand der Kreditgefährdung** verlangt, dass die unwahre Tatsache geeignet ist, den Kredit des Opfers zu gefährden. Unter **Kredit** ist das Vertrauen zu verstehen, dass jemand hinsichtlich der Erfüllung seiner Verbindlichkeiten genießt.[3] Vermag die angedichtete Tatsache dieses Vertrauen zu erschüttern, so ist sie im Sinne des Tatbestands geeignet, den Kredit zu gefährden.   3

Die kreditgefährdende Äußerung kann ebenso natürliche Personen wie (beleidigungsfähige) Kollektive[4] – zB eine GmbH – betreffen. Die Tatsache braucht dabei nicht ehrenrührig zu sein. Zur Verdeutlichung: Behauptet Y in **Fall 2**, die X-GmbH stecke in der Krise, ist dies zwar nicht ehrenrührig, aber geeignet, potenzielle Geschäftspartner von weiteren vertraglichen Abreden mit der GmbH abzuhalten. Tatbestandsmäßig ist daher auch die Behauptung, eine Fabrikhalle sei abgebrannt oder jemandem sei die Arbeitsstelle gekündigt worden.   4

Der **subjektive Tatbestand** verlangt in beiden Tatvarianten hinsichtlich der Unwahrheit der Tatsache dolus directus („wider besseres Wissen") und hinsichtlich der sonstigen Merkmale zumindest bedingten Vorsatz.   5

---

1 HM, vgl nur Krey/Hellmann/*Heinrich* I Rn 510; LK-*Hilgendorf* § 187 Rn 3; SK-*Rogall* § 187 Rn 1, 10; NK-*Zaczyk* § 187 Rn 4; abw. *Otto* § 32/26.
2 Vgl § 23 Rn 3 ff.
3 *Gössel*/Dölling I § 31/46; LK-*Hilgendorf* § 187 Rn 3; *Otto* § 32/27; NK-*Zaczyk* § 187 Rn 4.
4 Vgl § 22 Rn 8 f.

III. Qualifikation und Konkurrenzen

6   § 187 enthält neben den auch in § 186 genannten Varianten[5] des öffentlichen Äußerns und Verbreitens durch Schriften zusätzlich die **Qualifikation** der Kundgabe in einer Versammlung. Eine **Versammlung** ist eine größere Zahl von Menschen, die sich zu einem bestimmten Zweck räumlich vereinigt haben. Erfasst werden damit auch geschlossene Veranstaltungen, zB eine Mitgliederversammlung oder eine Betriebsratssitzung.[6]

7   **Konkurrenzen:** Liegt in einer kreditgefährdenden Äußerung zugleich eine Ehrverletzung, so besteht zwischen beiden Varianten Tateinheit.[7]

B. Üble Nachrede und Verleumdung gegen Personen des politischen Lebens (§ 188)

8   Die Vorschrift normiert in Abs. 1 einen Qualifikationstatbestand zu § 186 und in Abs. 2 zu § 187.

9   **Abs. 1** qualifiziert die – öffentlich,[8] in einer Versammlung[9] oder durch Verbreiten von Schriften[10] begangene – Tat nach § 186, wenn sich diese gegen eine im politischen Leben stehende Person richtet und geeignet ist, deren öffentliches Wirken erheblich zu beeinträchtigen:

10   ■ **Im politischen Leben** des Volkes stehen Personen, die sich für eine gewisse Dauer mit grundsätzlichen Angelegenheiten des Staates, der Verfassung, der Gesetzgebung und Verwaltung befassen und maßgeblichen politischen Einfluss ausüben.[11] Erfasst werden zB Regierungsmitglieder, Bundesverfassungsrichter[12] und führende Parteipolitiker,[13] nicht aber Landräte oder Gemeinderatsmitglieder.[14] Journalisten, Gewerkschaftsführer und leitende Verbandsvertreter zählen selbst dann nicht zu dem geschützten Personenkreis, wenn sie sich in der Öffentlichkeit für politische Grundsatzfragen engagieren.[15]

11   ■ Die Äußerung muss in ihrem konkreten Erscheinungsbild geeignet sein, das **öffentliche Wirken** des Betroffenen durch Untergraben des Vertrauens erheblich **zu erschweren**. Die Äußerung muss also das Vertrauen in die Integrität erschüttern, dessen der Betreffende zur Erfüllung seiner Aufgaben bedarf. Die Eignung hierzu muss sich aus Inhalt und Form der Äußerung ergeben; die Glaubwürdigkeit des Täters selbst oder die Größe der Versammlung spielen keine Rolle.[16]

---

5   Vgl hierzu § 23 Rn 22 ff.
6   S/S-*Eisele/Schittenhelm* Rn § 187 Rn 7; SK-*Wolters* § 111 Rn 6.
7   HM, vgl nur LK-*Hilgendorf* § 187 Rn 3; S/S-*Eisele/Schittenhelm* § 187 Rn 8; MK-*Regge/Pegel* § 187 Rn 27; SK-*Rogall* § 187 Rn 12; NK-*Zaczyk* § 187 Rn 9.
8   Vgl § 23 Rn 23 f.
9   Vgl oben Rn 6.
10 Vgl § 23 Rn 25 f.
11 BayObLG NJW 1982, 2511; *Eppner/Hahn* JA 2006, 860 (862); *Otto* § 32/29.
12 BGHSt 4, 338 (339 f).
13 OLG Düsseldorf NJW 1983, 1211 (1212).
14 OLG Frankfurt NJW 1981, 1569; abw. für unmittelbar gewählte Landräte BayObLG JZ 1989, 699 (700 f); *Fischer* § 188 Rn 2.
15 *Fischer* § 188 Rn 2; NK-*Zaczyk* § 188 Rn 5; aA L-*Kühl* § 188 Rn 2; diff. MK-*Regge* § 188 Rn 7 f.
16 BGH NJW 1954, 649; NStZ 1981, 300; *Otto* § 32/34; abw. SK-*Rogall* § 188 Rn 5; NK-*Zaczyk* § 188 Rn 6; *Zieschang*, Die Gefährdungsdelikte, 1998, 304.

Nach alledem erfüllt R in **Fall 3** den objektiven Tatbestand der Qualifikation des 12
§ 188, da er durch seine öffentliche Behauptung der Handlangerschaft des Verfas-
sungsrichters auch dessen richterliche Neutralität, welche für dessen Amtsführung es-
sentiell ist, in Abrede stellt.

■ **Subjektiv** ist neben dem auf die objektiven Tatbestandsmerkmale bezogenen Vorsatz 13
ein Handeln aus einem mit der Stellung des Beleidigten im öffentlichen Leben zu-
sammenhängenden Beweggrund erforderlich.

Auf eine politische Zielsetzung kommt es nicht an. Für den Zusammenhang reicht das 14
Ziel, die Auflagenhöhe einer Zeitschrift oder die Einschaltquote einer Fernsehsendung
zu erhöhen, aus.[17] Der Tatbestand greift auch ein, wenn der Betroffene nur mit Blick
auf seine Kandidatur für ein bestimmtes Amt diffamiert wird.[18]

Abs. 2 qualifiziert unter den gleichen Voraussetzungen eine Tat nach § 187. 15

---

17 BGHSt 4, 119 (121); 9, 187 (189); LK-*Hilgendorf* § 188 Rn 5; NK-*Zaczyk* § 188 Rn 8.
18 OLG Düsseldorf NJW 1983, 1211 (1212); *Fischer* § 188 Rn 4; abw. *Otto* § 32/33.

§ 25 Beleidigung (§ 185)

A. Allgemeines

1   In § 185 ist die sog. einfache Beleidigung und – als Qualifikation – die Beleidigung mittels einer Tätlichkeit normiert.

B. Definitionen und Erläuterungen

I. Beleidigungstatbestand

1. Tathandlung

▶ **FALL 1:** A schreibt in seinem Büro einen Brief an seine Frau, in der er sie u.a. als „nymphomanische Kleingeldhure" bezeichnet. Solche Briefe schreibt er des Öfteren, um seinem Ärger Luft zu machen; abschicken will er auch diesen – wie üblich – nicht. Als er später aus einer Besprechung wieder in sein Büro kommt, bemerkt er, dass seine Sekretärin den fraglichen Brief in die Postmappe gelegt hat und versenden will. A, noch immer wütend auf seine Gattin, lässt dem Geschehen seinen Lauf. ◀

▶ **FALL 2:** B gerät in eine Polizeikontrolle. Nachdem der Beamte ihn mit der Entschuldigung für die Unannehmlichkeiten – der Atemalkoholtest hatte ein negatives Ergebnis – wieder weiterfahren lassen will, erklärt B: „Keine Ursache, ich bin ja froh, wenn sich aufrechte Bullen wie Sie die Nacht um die Ohren schlagen, um die Straßen sicher zu machen." ◀

▶ **FALL 3:** C gibt unter dem Namen seiner (verflossenen) Freundin eine Zeitungsannonce auf, in der diese ihre Dienste als Callgirl anbietet. ◀

2   Tathandlung ist die Beleidigung, dh die Kundgabe eigener Nichtachtung oder Missachtung.[1]

3   **a) Kundgabe:** Die Kundgabe erfordert eine an einen anderen gerichtete und von diesem zur Kenntnis genommene Äußerung. Diese kann mündlich, schriftlich oder durch Gesten erfolgen.[2] Eine Kundgabe durch **Unterlassen** ist nach den allgemeinen Regeln möglich, wenn der Täter – wie in **Fall 1** – nicht verhindert, dass eine von ihm zunächst ohne Kundgabewillen verfasste Äußerung nach außen gelangt.[3]

4   **b) Inhalt:** Inhaltlich muss in der Äußerung die ehrverletzende Kundgabe eigener Nichtachtung oder Missachtung liegen. Der Täter muss zum Ausdruck bringen, dass er dem Opfer vorwirft, sich im sozialen Leben nicht verantwortungsvoll betätigt zu haben, bzw dass er ihm aufgrund moralischer, geistiger oder körperlicher Unzulänglichkeiten (zumindest teilweise) die Fähigkeit zu einem solchen Verhalten abspricht. Der Täter muss mit anderen Worten kundtun, dass das Opfer den Erwartungen nicht gerecht geworden ist oder werden kann und daher keinen Respekt als prinzipiell gleichwertige (Rechts-)Person verdient. Da eine Beleidigung aber nur in der unberechtigten Missachtung besteht, handelt zB nicht tatbestandsmäßig, wer einen Raubtäter einen „Kriminellen" nennt.

5   Die Äußerung ist **objektiv auszulegen.** Für ihre Interpretation als herabsetzendes Werturteil kommt es also auf deren Sinn aus der Sicht eines unbefangenen Erklärungsemp-

---

1   Ganz hM BGHSt 1, 288 (289); 16, 58 (62 f); OLG Hamm NStZ 2011, 42 (43); KG NStZ-RR 2013, 8 (9); LK-*Hilgendorf* § 185 Rn 1; NK-*Zaczyk* § 185 Rn 2.
2   Vgl näher § 22 Rn 14 ff.
3   S/S-*Lenckner/Eisele* § 185 Rn 12; SK-*Rogall* § 185 Rn 17; *Tenckhoff* JuS 1988, 199 (204).

fängers im konkreten Kontext an.[4] Dies gilt namentlich für die Anrede mit „Du".[5] Die (tatsächliche) Intention des Täters ist für den objektiven Erklärungswert ebenso unmaßgeblich wie das subjektive Empfinden des Betroffenen. Unhöfliche Verhaltensweisen oder (misslungene) Scherze haben regelmäßig noch nicht die Qualität einer Beleidigung.[6] Der Ausdruck „Bulle" gegenüber einem Polizisten soll nach der Rechtsprechung nicht notwendig missachtend sein, da mit ihm auch positive Eigenschaften assoziiert werden könnten,[7] so dass in **Fall 2** eine Strafbarkeit des B wegen Beleidigung des Beamten wohl zu verneinen sein dürfte.

Verhaltensweisen mit **sexuellem Bezug** sind ungeachtet ihrer Strafbarkeit nach §§ 174 ff nur dann (auch) als Beleidigungen strafbar, wenn sie über ihre sexuelle Zwecksetzung hinaus das Opfer oder Dritte herabsetzend bewerten.[8] Insoweit ist auch das bloße Beobachten einer unbekleideten Person als solches noch keine Kundgabe von Missachtung.[9]   6

c) **Eigene Missachtung:** Bei der Beleidigung muss der Täter seine eigene Missachtung des Opfers in dem Sinne zum Ausdruck bringen, dass die Ehrverletzung **von ihm selbst stammt.** Die bloße Weitergabe der ehrverletzenden Äußerung eines anderen ist daher nicht einschlägig.[10]   7

Allerdings kann die Beleidigung auch **anonym** erfolgen, soweit sie als Äußerung eines gedanklichen Inhalts zu verstehen ist.[11] Daher ist es tatbestandsmäßig, wenn in **Fall 3** der Täter eine Zeitungsanzeige mit ehrenrührigem Inhalt aufgibt, die von dem Betroffenen selbst zu stammen scheint.[12] Keine Beleidigung ist dagegen das bloße Schaffen eines kompromittierenden Sachverhalts.[13]   8

d) **Anwendungsbereich:** Die Beleidigung umfasst **gleichermaßen ehrenrührige Tatsachenbehauptungen wie herabsetzende Werturteile.**[14] Sie kann gegenüber dem Betroffenen oder gegenüber einem Dritten geäußert werden. Da § 185 aber bei ehrenrührigen Tatsachenbehauptungen gegenüber Dritten subsidiär hinter §§ 186 f zurücktritt, greift der Beleidigungstatbestand nur bei reinen Werturteilen (gegenüber dem Betroffenen oder einem Dritten) und bei ehrenrührigen Tatsachenbehauptungen gegenüber dem Betroffenen ein.[15]   9

2. **Subjektiver Tatbestand.** Der subjektive Tatbestand verlangt ein Handeln mit (zumindest bedingtem) **Vorsatz,** der die ehrverletzende Bedeutung der Äußerung umfassen muss.[16]   10

---

4 BVerfGE 93, 266 (295); OLG Hamm NStZ 2011, 42 ff; W/H/E-*Hettinger* Rn 566; *Zaczyk* JR 2003, 36 (37); vgl zur Berücksichtigung von Besonderheiten eines regionalen Sprachraums: AG Ehingen NStZ-RR 2010, 143 f und von kulturellen Wertevorstellungen *Valerius* JA 2010, 481 (482).
5 Vgl OLG Düsseldorf JR 1990, 345 f.
6 Näher NK-*Zaczyk* § 185 Rn 9 f.
7 KG JR 1984, 165; LG Regensburg NJW 2006, 629.
8 BGHSt 36, 145 ff; BGH NStZ 2007, 218; NStZ-RR 2012, 206 f; OLG Nürnberg NStZ 2011, 217 f; *Fischer* § 185 Rn 11a; MK-*Regge/Pegel* § 185 Rn 11.
9 OLG Düsseldorf NJW 2001, 3562 (3563).
10 Vgl OLG Köln NJW 1993, 1486 (1487); *Rengier* II § 29/21.
11 LK-*Hilgendorf* § 185 Rn 10; NK-*Zaczyk* Vor § 185 Rn 21.
12 Vgl BGH NStZ 1984, 216; SK-*Rogall* § 185 Rn 4; vgl auch § 23 Rn 15.
13 Vgl § 22 Rn 16.
14 Zur Abgrenzung von Werturteilen und Tatsachenbehauptungen § 23 Rn 6 f.
15 Vgl § 22 Rn 24.
16 Vgl dazu LG Regensburg NJW 2008, 1094 f m. krit. Anm. *Nierwetberg*.

11 Hinsichtlich der ehrenrührigen Tatsachenbehauptung ist umstritten, ob ihre Unwahrheit (wie bei § 187) Tatbestandsmerkmal[17] und damit Vorsatzgegenstand oder (wie bei § 186) objektive Strafbarkeitsbedingung[18] ist. Für die Einstufung der Unwahrheit als vorsatzrelevantes Tatbestandsmerkmal spricht, dass die gegenüber herabsetzenden Werturteilen intensivere Rufschädigung durch ehrenrührige Tatsachenbehauptungen, die den besonderen Ehrenschutz durch § 186 rechtfertigt,[19] auf Zweipersonenverhältnisse nicht zutrifft. Denn der Betroffene selbst weiß, dass die Tatsachenbehauptung falsch ist, so dass ihn nur die Ehrenrührigkeit der Aussage wie bei einem reinen Werturteil kränken kann.

II. Mittels einer Tätlichkeit

▶ **Fall 4:** Nach einer heftigen Auseinandersetzung zwischen X und Y über die körperlichen Vorzüge der Freundin des Y spuckt dieser dem X ins Gesicht. ◀

12 Die Beleidigung mittels einer Tätlichkeit setzt eine **unmittelbare Einwirkung auf den Körper** des Opfers voraus,[20] durch die der Täter seine Nicht- oder Missachtung zum Ausdruck bringt. So ist sowohl das Anspucken[21] des X in **Fall 4** als auch zB das Austeilen einer Ohrfeige tatbestandsmäßig. Dagegen ist das Tippen an die Stirn keine tätliche Beleidigung, sondern nur eine symbolisch vermittelte Äußerung.[22]

13 Hat die Tätlichkeit die Qualität einer Körperverletzung, was regelmäßig der Fall ist, so besteht **Tateinheit** mit § 223.

III. Formalbeleidigung

▶ **Fall 5:** Der Strafrechtsprofessor P hält in seiner gut besuchten BT-Vorlesung laut lachend und mit ausladenden Gesten dem Studenten S (durchaus nicht unberechtigt) vor, von Strafrecht keinen blassen Schimmer zu haben. ◀

14 Sofern die Ehrverletzung im Wege einer Tatsachenbehauptung erfolgt, kann die Strafbarkeit nach §§ 186 f entfallen, wenn die Wahrheit der behaupteten oder verbreiteten Tatsache im Prozess bewiesen wird (§ 192). Die Wahrheit darf man prinzipiell immer sagen. Ebenso kann die Strafbarkeit entfallen, wenn der Täter aufgrund der Wahrnehmung berechtigter Interessen gerechtfertigt ist (§ 193). In diesen Fällen kommt gleichwohl ausnahmsweise eine Bestrafung nach § 185 in Betracht, wenn zwar nicht aus dem materiellen Inhalt, aber aus der Form der Äußerung oder aus den Umständen, unter denen sie erfolgt, eine Nicht- oder Missachtung des Betroffenen hervorgeht (§ 192 Hs, 2, § 193 Hs. 2). Eine solche Formalbeleidigung erfordert, dass Form oder Umstände der Äußerung ein selbständig zu erfassendes Plus an Ehrenkränkung enthalten.[23] In **Fall 5** hat P durch sein demonstratives Verhalten seine Missachtung gegenüber S – ungeachtet der Wahrheit seiner Tatsachenbehauptung – klar zum Ausdruck gebracht. Weiteres Beispiel: Der Dienstvorgesetzte trägt seine (berechtigte) Rüge vor, indem er

---

17 So die hM, vgl OLG Köln NJW 1964, 2121 (2122); OLG Koblenz MDR 1977, 864; S/S-*Eisele/Schittenhelm* § 185 Rn 6; *Welp* JuS 1983, 865 f.

18 So OLG Frankfurt MDR 1980, 495; *Otto* § 32/15; *Tenckhoff* JuS 1989, 35 (36 f).

19 Vgl § 23 Rn 2.

20 BGHSt 35, 77; OLG Karlsruhe NJW 2003, 1263; *Fischer* § 185 Rn 18; LK-*Hilgendorf* § 185 Rn 15; MK-*Regge/Pegel* § 185 Rn 38; NK-*Zaczyk* § 185 Rn 20; abw. S/S-*Lenckner/Eisele* § 185 Rn 18: keine Berührung erforderlich.

21 BGH NStZ-RR 2009, 172; OLG Zweibrücken NJW 1991, 240 (241); nicht aber beim Besprritzen mit abgefülltem Sperma AG Lübeck JuS 2012, 179 (180).

22 Vgl OLG Düsseldorf NJW 1960, 1072.

23 LK-*Hilgendorf* § 192 Rn 6; SK-*Rogall* § 192 Rn 5 f; § 193 Rn 29.

den Untergebenen anschreit.[24] Einschlägig ist ferner ein sog. Publikationsexzess:[25] Eine wahre ehrenrührige Tatsache (zB Ladendiebstahl) wird in einem Schaukasten der Öffentlichkeit zugänglich gemacht oder in der Presse aufgebauscht. Auch Reaktualisierungen können eine Formalbeleidigung begründen: Werden länger zurückliegende Verfehlungen aus der Kindheit oder Jugend wieder „ausgegraben" oder „aufgewärmt", so kann dies durchaus einen Angriff auf die Ehre im Hier und Jetzt darstellen.[26]

C. Anwendung

Aufbau: Es empfiehlt sich, die Tatbestandsmerkmale der Beleidigung in folgenden Schritten zu prüfen: 15

A) *Tatbestand*:

    I. Objektiver Tatbestand:

        1. Tathandlung: Kundgabe der Missachtung oder Nichtachtung (Rn 2 ff); ggf mittels einer Tätlichkeit (Rn 12)

        2. Erfolg: Kenntnisnahme der Äußerung durch einen anderen (§ 22 Rn 12 f)

    II. Subjektiver Tatbestand: (zumindest bedingter) Vorsatz (Rn 10 f)

B) *Rechtswidrigkeit* (ggf § 193)

C) *Schuld*

D) *Strafantrag* (§§ 194, 77 ff)

Sieht man mit einer verbreiteten Literaturansicht auch bei der Beleidigung durch Tatsachenbehauptung in der Nichterweislichkeit der Wahrheit eine objektive Strafbarkeitsbedingung (Rn 11), so empfiehlt es sich, diese wie bei § 186 nach dem subjektiven Tatbestand (als A III) zu prüfen.[27]   16

WIEDERHOLUNGS- UND VERTIEFUNGSFRAGEN

>   Wie kann eine Beleidigung auch durch Unterlassung begangen werden? (Rn 3)

>   Welche inhaltlichen Voraussetzungen muss eine Äußerung erfüllen, um als Beleidigung gem. § 185 aufgefasst werden zu können? (Rn 4 f)

>   Die Beleidigung umfasst die Kundgabe ehrenrühriger Tatsachen ebenso wie herabsetzender Werturteile; wie wirkt sich dies im Verhältnis zu §§ 186 f aus, wenn die ehrenrührige Tatsache gegenüber Dritten geäußert wird? (Rn 9)

>   Wie ist die Unwahrheit einer ehrenrührigen Tatsachenbehauptung deliktssystematisch einzuordnen und welche Konsequenzen ergeben sich aus der jeweils hierzu vertretenen Ansicht? (Rn 11)

>   Was ist unter einer Formalbeleidigung zu verstehen? (Rn 14)

---

24 Vgl RGSt 54, 289 f.
25 Vgl NK-*Zaczyk* § 192 Rn 4.
26 NK-*Zaczyk* § 192 Rn 4.
27 Vgl § 23 Rn 27 f.

§ 26 Verunglimpfung des Andenkens Verstorbener (§ 189)

A. Allgemeines

1　Die Ehre beruht auf wechselseitiger Respektierung der Menschen im sozialen Leben. Der Einzelne hat nicht nur einen Anspruch auf Anerkennung seiner Fähigkeiten zu verantwortungsvollem Handeln, sondern er respektiert auch selbst die entsprechende Fähigkeit bei den anderen. Wird von einem Verstorbenen gesagt, er sei zu Lebzeiten keine respektable Persönlichkeit in diesem Sinne gewesen, so wird zugleich seinen Mitmenschen vorgeworfen, sie hätten den Verstorbenen zu Unrecht geschätzt und sich ein unzutreffendes Bild von ihm gemacht. Vor einem solchen Angriff auf das berechtigte Andenken an den Verstorbenen soll § 189 schützen. Die hM drückt diesen Befund in der Sache zwar ähnlich, aber missverständlich aus, wenn sie das Rechtsgut der Norm im Pietätsempfinden der Allgemeinheit (bzw der Angehörigen)[1] erblickt.[2] Denn es geht nicht um den Schutz eines Gefühls, sondern um die dem Verstorbenen zu Lebzeiten entgegengebrachte Anerkennung, die im Andenken an ihn noch fortbesteht.[3]

2　Nach verbreiteter Ansicht soll § 189 jedoch nur dem Schutz der Ehre des Verstorbenen dienen.[4] Die Rechtsprechung wiederum stellt neben dem Pietätsempfinden auch auf den Schutz der über den Tod fortwirkenden Menschenwürde des Verstorbenen ab.[5] Der Erstreckung des Schutzzwecks auf die Ehre steht jedoch entgegen, dass diese als Anspruch auf Anerkennung nur gegenüber demjenigen verletzt werden kann, der diese Anerkennung – als Bedingung seiner Existenz als (Rechts-)Person – auch noch erfahren kann.[6] Im Übrigen wäre § 189 eine überflüssige Vorschrift, da bei fortbestehender Ehre des Verstorbenen die §§ 185 ff einschlägig wären.

B. Definitionen und Erläuterungen

▶ **Fall 1:** Im Anschluss an die Messe zum Gedenken des Dorflehrers bezeichnet dessen ehemaliger Nachbar N Dritten gegenüber den Verstorbenen als „Weiberheld mit einem schlechten Charakter durch und durch". ◀

3　**Tathandlung** des objektiven Tatbestands ist ein Verunglimpfen. Hierunter ist **eine erhebliche Kränkung durch Tatsachenbehauptungen oder ein herabsetzendes Werturteil** zu verstehen.[7] Beispielhaft hierfür ist die Äußerung des N in **Fall 1**.[8]

4　Der **subjektive Tatbestand** verlangt ein Handeln mit (zumindest bedingtem) Vorsatz.

5　Sofern der Täter eine ehrenrührige Tatsache über jemanden aufstellt, **ohne zu wissen**, dass der Betreffende **bereits verstorben** ist, wirkt sich der Meinungsstreit über das Rechtsgut (Rn 1 f) aus:

1　So *Rengier* II § 29/35.
2　OLG Düsseldorf NJW 1967, 1142 (1143); *Gössel*/Dölling I § 32/3; M-Schroeder/*Maiwald* I § 25/38; *Rüping* GA 1977, 299 (304 f).
3　Ähnlich NK-*Zaczyk* § 189 Rn 1: Schutz der Ehre des Adressaten in ihrem besonderen Verhältnis zum Andenken des Verstorbenen.
4　LK-*Hilgendorf* § 189 Rn 2; *Hirsch*, Ehre und Beleidigung, 1967, 125; *Otto* § 33/1; *Welzel* § 42 II 4.
5　BGHSt 40, 97 (105) m. krit. Anm. *Jakobs* StV 1994, 540; *Fischer* § 189 Rn 2; ähnlich S/S-*Eisele/Schittenhelm* § 189 Rn 1: Nachwirken des Persönlichkeitsschutzes.
6　NK-*Zaczyk* § 189 Rn 2.
7　BGHSt 12, 364 (366); BayObLG NJW 1988, 2901 (2902); LG Bonn NStZ-RR 2014, 79 ff; LK-*Hilgendorf* § 189 Rn 3; S/S-*Eisele/Schittenhelm* § 189 Rn 2; SK-*Rogall* § 189 Rn 12.
8　Vgl NK-*Zaczyk* § 189 Rn 4.

■ Hält man (auch) das berechtigte Andenken bzw Pietätsempfinden für geschützt, so führt der Irrtum – wegen des unterschiedlichen Rechtsguts – zum Vorsatzausschluss,[9] mit der Folge einer Straflosigkeit des Täters, da §§ 185 ff keine Versuchsstrafbarkeit kennen.   6

■ Wird bei § 189 die Ehre als geschützt angesehen, so begeht der Täter bei Unkenntnis des Todes des Betroffenen eine Tat nach dieser Vorschrift,[10] vorausgesetzt, dass die Äußerung die Intensität eines Verunglimpfens hat.   7

Entsprechendes gilt, wenn der Täter einen Lebenden beleidigt, den er irrig für tot hält.   8

WIEDERHOLUNGS- UND VERTIEFUNGSFRAGEN

> Die hM sieht durch § 189 das „Pietätsempfinden der Allgemeinheit" geschützt. Was ist darunter zu verstehen und welche Gegenpositionen werden vertreten? (Rn 1 f)
> In welchen Fällen wirkt sich dieser Streit über das Rechtsgut aus? (Rn 6 f)

---

9 S/S-*Eisele/Schittenhelm* § 189 Rn 3; NK-*Zaczyk* § 189 Rn 8; diff. SK-*Rogall* § 189 Rn 17.
10 LK-*Hilgendorf* § 189 Rn 4; *Welzel* § 42 II 4.

§ 27 Wahrnehmung berechtigter Interessen (§ 193)

A. Allgemeines

1 Die Wahrnehmung berechtigter Interessen nach § 193 ist ein **auf die Beleidigungsdelikte zugeschnittener** und daher nicht analogiefähiger[1] **Rechtfertigungsgrund.**[2] Er beruht auf einer Güter- und Interessenabwägung und ist zudem Ausprägung des Grundrechts der freien Meinungsäußerung.[3] Wichtigster Anwendungsfall ist § 186. Dagegen kann § 187 allenfalls in Ausnahmefällen gerechtfertigt sein, da eine bewusste Lüge kaum als Wahrnehmung berechtigter Interessen in Betracht kommt.[4] Neben § 193 kann das Unrecht der Beleidigung auch aufgrund einer Einwilligung[5] oder der allgemeinen Rechtfertigungsgründe, namentlich Notwehr,[6] ausgeschlossen sein.

B. Definitionen und Erläuterungen

I. Objektive Rechtfertigung

2 § 193 zählt eine Reihe von Fällen auf, bei denen eine ehrenrührige Äußerung gerechtfertigt ist, sofern nicht die Voraussetzungen einer sog. Formalbeleidigung[7] erfüllt sind. Ob ein gerechtfertigter **ähnlicher Fall** vorliegt, ist jeweils mit Blick auf die einzelnen benannten Alternativen zu entscheiden.

1. Tadelnde Urteile

▶ **FALL 1:** In der Buchbesprechung in einer wissenschaftlichen Zeitschrift wirft der Autor dem besprochenen Werk unsorgfältigen Umgang mit historischen Quellen vor. ◀

3 Gerechtfertigt sind zunächst tadelnde Urteile über künstlerische, gewerbliche oder – wie in **Fall 1** – wissenschaftliche Leistungen. Hier nimmt der Autor des Zeitschriftenbeitrages ebenso berechtigte Interessen wahr wie etwa ein Gerätetester, der ein technisches Gerät bei einem Warentest als schwer zu handhaben einstuft. Dies beruht auf dem Gedanken, dass sich der Einzelne im sozialen Kontakt der Bewertung seiner Leistungen durch andere stellen muss.[8]

2. Ausführung oder Verteidigung von Rechten

▶ **FALL 2:** Während der Hauptverhandlung stellt der Angeklagte den Zeugen als Lügner dar. ◀

4 Des Weiteren können herabsetzende Äußerungen, die der Ausführung oder Verteidigung von Rechten (auf allen Rechtsgebieten) dienen, gerechtfertigt sein. Hiervon sind Auseinandersetzungen sowohl unmittelbar zwischen streitenden Personen als auch im

---

1 OLG Stuttgart NStZ 1987, 121 (122) mwN.
2 BVerfGE 12, 113 (125); BGHSt 18, 182 (184); *Gössel/Dölling* I § 34/4; *Küpper/Börner* I § 4/31; NK-*Zaczyk* § 193 Rn 1 mwN; diff. LK-*Hilgendorf* § 193 Rn 1.
3 BVerfGE 24, 278 (282); BGHSt 12, 287 (293); 36, 83 (89); *Otto* NJW 2006, 575 f; SK-*Rogall* § 193 Rn 2; Überblick zur Rechtsprechung des BVerfG bei NK-*Zaczyk* § 193 Rn 4 f; abw. *Fischer* § 193 Rn 1; NK-*Zaczyk* § 193 Rn 3: Sonderfall des erlaubten Risikos.
4 Vgl BGH NStZ 1995, 78; abl. S/S-*Eisele/Schittenhelm* § 193 Rn 2: Unanwendbarkeit auf § 187.
5 BGHSt 5, 362 (363); 8, 357 (358); 23, 1 (3 f).
6 BGHSt 3, 217 (218); BayObLG NJW 1991, 2031.
7 Hierzu § 25 Rn 14.
8 LK-*Hilgendorf* § 193 Rn 13 f; NK-*Zaczyk* § 193 Rn 13.

Rahmen eines Verfahrens zwischen den Parteien und ihren Prozessbevollmächtigten umfasst.[9] Die Rechtswahrnehmung braucht sich nicht auf den Gegner zu beziehen, sondern kann auch Dritte betreffen. So ist es etwa dem Angeklagten in **Fall 2** erlaubt, im Strafprozess einen Zeugen als unglaubwürdig hinzustellen.[10]

3. Vorhaltungen, Rügen, Anzeigen und Urteile

▶ **FALL 3:** Im Rahmen einer Vernehmung eröffnet der Polizeibeamte dem A, dass er ihn für den dringend gesuchten Vergewaltiger halte. ◀

Berechtigt sind ferner Vorhaltungen und Rügen von **Vorgesetzten** gegen ihre Unterge- 5
benen sowie dienstliche Anzeigen oder Urteile durch **Beamte**. Vorhaltungen und Rügen müssen in einem Zweckzusammenhang mit dem Über-Unterordnungsverhältnis stehen, das im Übrigen privater oder öffentlich-rechtlicher Natur sein kann. Ein **ähnlicher Fall** ist in diesem Zusammenhang etwa das Lehrer-Schüler-Verhältnis. Exemplarisch für eine dienstliche Äußerung durch einen Beamten ist – wie in **Fall 3** – die Formulierung eines Verdachts bei einer strafprozessualen Vernehmung.

4. Wahrnehmung (sonstiger) berechtigter Interessen. Eine ehrenrührige Äußerung 6
kann schließlich gerechtfertigt sein, wenn sie der Wahrnehmung (sonstiger) berechtigter Interessen dient.

a) Berechtigt: Berechtigt in diesem Sinne sind alle (ideellen wie materiellen) Interessen, 7
die von der Rechtsordnung als schutzwürdig anerkannt und daher auch vom Opfer zu respektieren sind. Neben privaten Belangen[11] kommen öffentliche Interessen (Allgemeininteressen) in Betracht. Beispielhaft sind politische und rechtliche Entscheidungen,[12] die Sicherheit des Straßenverkehrs,[13] die Strafverfolgung (insbesondere hinsichtlich nicht leichtfertig erstatteter Strafanzeigen),[14] das Informationsinteresse an der Tätigkeit des Staatssicherheitsdienstes der früheren DDR oder der Aufklärung des Reichstagsbrands.[15]

b) Wahrnehmungsberechtigt: Wahrnehmungsberechtigt ist jeder, den das Interesse an- 8
geht, der also nach vernünftigem Ermessen als dessen Verfechter auftreten darf. Sofern es sich um private Belange handelt, sind dies der Betroffene selbst, Angehörige bzw. nahestehende Personen[16] sowie zuständige Vertreter, wie zB Rechtsanwalt, Steuerberater, Ladendetektiv. Öffentliche Interessen (Allgemeininteressen) kann jeder (als Teil der Allgemeinheit) wahrnehmen.[17] Das berechtigte Informationsinteresse der Allgemeinheit wird insbesondere durch die (seriösen) Medien (Presse, Funk, Fernsehen, Film) wahrgenommen,[18] und zwar unabhängig von der Funktion (Journalist, Interviewpartner, Leserbriefschreiber) des sich Äußernden.[19]

9　NK-*Zaczyk* § 193 Rn 14 f; zu ehrverletzenden Äußerungen gegen einen Staatsanwalt BGH NJW 2009, 3016 ff m.Anm. *Muckel* JA 2010, 672 ff; OLG München NJW 2016, 2759 f m.Anm. *Putzke*; OLG Oldenburg NStZ-RR 2008, 201; LG Saarbrücken StraFO 2013, 78.

10　Vgl BGH NStZ 1995, 78; OLG Karlsruhe NStZ-RR 2006, 173 (174).

11　Vgl RGSt 29, 147 ff: wirtschaftliche Existenz; OLG Hamm NJW 1987, 1034 (1035): Vermögensinteressen eines Kaufhauses.

12　Vgl BVerfG NJW 1992, 2815 (2816): Leserbrief über Abschiebemaßnahmen als „Gestapo-Methoden".

13　OLG Düsseldorf VRS 60, 115 (116).

14　Vgl OLG Köln NJW 1997, 1247 f.

15　BGH NJW 1966, 647 (648); vgl auch S/S-*Eisele/Schittenhelm* § 193 Rn 9 mwN.

16　BayObLG NJW 1965, 58 (59).

17　BVerfGE 12, 113 (125); BGHSt 12, 287 (294); LK-*Hilgendorf* § 193 Rn 19; SK-*Rogall* § 193 Rn 17.

18　BVerfGE 12, 113 (126); BGHSt 18, 182 (187).

19　Vgl BVerfGE 10, 118 (121); OLG Köln JMBl NRW 1962, 108 (109).

9   c) **Verhältnismäßigkeit:** Die ehrenrührige Äußerung ist dann als Wahrnehmung eines berechtigten Interesses gerechtfertigt, wenn sie **zur Interessenwahrnehmung erforderlich und geeignet** ist sowie in **angemessener Weise** erfolgt.

10   **aa) Erforderlich** ist die Interessenwahrnehmung, wenn dem Täter zur Erreichung seines Ziels kein milderes, aber gleichermaßen wirksames Mittel zur Verfügung steht. Dies ist zB nicht der Fall, wenn ein Warenhausdieb vor einem größeren Personenkreis bloßgestellt wird, statt an einem abgelegenen Ort zur Rede gestellt zu werden.[20]

11   **bb) Geeignet** ist die Äußerung, wenn sie dem Interesse dienlich ist. Hieran fehlt es etwa, wenn die Äußerung gegenüber jemandem erfolgt, der das betreffende Interesse in keiner Weise zu fördern vermag.

12   **cc) Angemessen** ist die Äußerung, wenn sich aus einer **Abwägung aller Umstände** des jeweiligen Falles ergibt, dass das Interesse an der ehrenrührigen Äußerung das Interesse am Schutz der Ehre überwiegt.[21] Teils wird nur verlangt, dass ein gleichwertiges oder erträgliches Verhältnis zwischen den betroffenen Interessen besteht.[22]

13   Bei der Abwägung sind insbesondere die **Grundrechte**, soweit sie betroffen sind, zu berücksichtigen,[23] namentlich die Meinungs- und Pressefreiheit (Art. 5 Abs. 1 GG) und die Kunstfreiheit (Art. 5 Abs. 3 S. 1 GG). Im Bereich der **Satire**, als Ausprägung der Meinungs- bzw. Kunstfreiheit, hat namentlich der Fall „Böhmermann/Erdogan" die Gemüter und Justiz bewegt.[24] Im politischen Meinungskampf sind – insbesondere in Wahlkampfzeiten – zugespitzte und polemische Äußerungen und Entgegnungen (sog. adäquater Gegenschlag) hinzunehmen.[25] Allerdings neigt die Rechtsprechung in Einzelfällen dazu, dem Schutz der Meinungsfreiheit ein zu großes Gewicht beizumessen, die dadurch berührten berechtigten Belange des von der Äußerung Betroffenen (Art. 1, 2 I GG) in den Hintergrund zu rücken[26] und damit der **sprachlichen Verrohung** im öffentlichen Diskurs nicht entgegenzutreten.

14   **Unangemessen** ist die Interessenwahrnehmung vor allem,

15   ■ wenn sie mit der Ehrverletzung **in keinem sachlichen (inneren) Zusammenhang** steht, wie dies bei Sensationsmeldungen mit übler Nachrede zum Zwecke der Auflagensteigerung oder des Arbeitsplatzerhalts der Fall ist;[27]

16   ■ wenn sie sich als **Flucht in die Öffentlichkeit** darstellt, obgleich der Täter die Möglichkeit hat, sich an den Betroffenen selbst oder an zuständige Behörden zu wenden;[28]

---

20   Vgl OLG Hamm NJW 1987, 1034 (1035).
21   BayObLG NJW 1995, 2501 (2503); LK-*Hilgendorf* § 193 Rn 17; S/S-*Eisele/Schittenhelm* § 193 Rn 12.
22   OLG Frankfurt NJW 1989, 1367 (1368); 1991, 2032 (2034 f); *Geppert* Jura 1985, 25 (31); L-*Kühl* § 193 Rn 10; SK-*Rogall* § 193 Rn 25 f.
23   Vgl BVerfGE 75, 369 (376); BVerfG NJW 2005, 3274; 2009, 3016 ff m.Anm. *Muckel* JA 2010, 672 ff; 2012, 3712 ff; NJW-Spezial 2012, 569; NStZ-RR 2016, 308 ff m.Anm. *Metz*; OLG Karlsruhe NStZ-RR 2006, 173 f; OLG Frankfurt NJW-Spezial 2012, 409; *Heintschel-Heinegg* JA 2009, 310 ff; ferner die Darstellung bei NK-*Zaczyk* § 193 Rn 33 ff; krit. gegenüber der engen Auslegung des Begriffs der „Schmähkritik" durch das BVerfG *Otto* NJW 2006, 575 (576); vgl auch *Fahl* NStZ 2016, 315 ff; *Kühne* GA 2016, 439 ff.
24   Für eine Rechtfertigung von Böhmermann zB *Christoph* JuS 2016, 599; *Jäger* BT Rn 146; GenStA Koblenz AfP 2016, 556; dagegen *Fahl* NStZ 2016, 313. Im Gefolge der politischen Diskussionen hat der Gesetzgeber § 103 gestrichen.
25   BVerfGE 12, 113 (132); 82, 272; OLG Frankfurt JR 1996, 250 (253); *Eppner/Hahn* JA 2006, 702 (705); *Otto* § 32/39; näher SK-*Rogall* § 193 Rn 31 mwN.
26   Vgl. etwa BVerfG NJW 2019, 2600 (Beleidigung einer Richterin); LG Berlin, Beschluss vom 19.09.2019 - 27 AR 17/19 (Beleidigung der Politikerin Künast).
27   RGSt 38, 251 (253); S/S-*Eisele/Schittenhelm* § 193 Rn 12; M-Schroeder/*Maiwald* I § 26/39.
28   LK-*Hilgendorf* § 193 Rn 28; SK-*Rogall* § 193 Rn 24 mwN.

- wenn sie – zB im Zusammenhang mit der Kriminalberichterstattung – unnötig mit der **Nennung von Namen** oder der **Veröffentlichung von Bildern** verbunden ist;[29]   17

- wenn die **Haltlosigkeit** der ehrverletzenden Äußerungen **erkennbar** ist. Daher besteht eine – sich in ihrem Umfang nach den jeweiligen Umständen richtende – **Informationspflicht**, welcher der Täter nachkommen muss.[30]   18

II. Subjektive Rechtfertigung

Wie bei jedem Rechtfertigungsgrund genügt auch bei § 193 als subjektive Voraussetzung die **Kenntnis** der Rechtfertigungslage.[31] Weitergehend entnimmt die hM dem Gesetzeswortlaut („zur") das Erfordernis, dass der Täter (ggf neben anderen Beweggründen auch) in der **Absicht** handelt, das betreffende Interesse wahrzunehmen.[32]   19

WIEDERHOLUNGS- UND VERTIEFUNGSFRAGEN

> § 193 ist zwar ein Rechtfertigungsgrund, jedoch nicht analogiefähig. Warum? (Rn 1)
> Wann ist ein Interesse „berechtigt" im Sinne von § 193? (Rn 7)
> Die Interessenwahrnehmung muss erforderlich, geeignet und angemessen sein. Was ist im Rahmen des § 193 darunter zu verstehen? (Rn 9 ff)

---

29 NK-*Zaczyk* § 193 Rn 25 mwN.
30 BVerfG NJW 2006, 2318 m.Anm. *Vahle* Kriminalistik 2006, 625; RGSt 74, 257 (261); BGHSt 3, 73 (75); BayObLGSt 44, 152 (155); KG JR 1988, 522 (523); *Fischer* § 193 Rn 9, 32 f; zu Ausnahmen bei Verteidigungen im Strafprozess: BGH NStZ 1987, 554; 1995, 78.
31 *Kindhäuser* LPK Vor § 32 Rn 13 f; S/S-*Eisele/Schittenhelm* § 193 Rn 23.
32 BGHSt 18, 182 (186); OLG Düsseldorf VRS 60, 115 (117); OLG Hamm DB 1980, 1215; LK-*Hilgendorf* § 193 Rn 30; SK-*Rogall* § 193 Rn 32; NK-*Zaczyk* § 193 Rn 46.

7. Abschnitt: Verletzung der Privatsphäre

§ 28 Verletzung der Privat- oder Intimsphäre

A. Verletzung der Vertraulichkeit des Wortes (§ 201)

I. Allgemeines

1   § 201 **schützt** die Vertraulichkeit des Wortes – im Sinne des Vertrauens auf die Flüchtigkeit und damit Unbefangenheit der Rede – vor den Möglichkeiten des Zugriffs und Konservierens mit technischen Mitteln und gehört damit zu den Delikten, welche die **Privat- oder Intimsphäre** des Bürgers vor Eingriffen bewahren sollen.

II. Tatbestände

▶ **FALL 1:** A fertigt unbefugt Tonbänder vom Polizeifunk an. ◀

▶ **FALL 2:** B lauscht mit einem Hörrohr an der verschlossenen Tür das Gespräch zweier Widersacher ab. ◀

2   **1. Abs. 1 Nr. 1.** Den Tatbestand von Abs. 1 Nr. 1 verwirklicht, wer das nichtöffentlich gesprochene Wort eines anderen auf einen Tonträger aufnimmt:

3   **a) Gesprochenes Wort:** Ein gesprochenes Wort ist die mündliche Äußerung einer durch die Lautgestalt symbolisch vermittelten Gedankenerklärung.

4   Mitteilungen nicht verbaler Art (zB durch Gesten) oder bloßes Ausstoßen von Lauten (Schreien, Stöhnen, Gähnen) sind nicht einschlägig, so dass heimliches Fotografieren oder Filmen (ohne Ton) nicht dem Tatbestand unterfällt. Auch rein musikalische Darbietungen werden nicht erfasst, wohl aber der Gesang.[1] Das gesprochene Wort bei Telefonieren über das Internet (zB über die Telefonie-Funktion von „Whats App") wird ebenfalls über § 201 geschützt, nicht aber die Dateneingabe im Live-Chat.[2]

5   **b) Nichtöffentlich:** Ein Wort ist nichtöffentlich gesprochen, wenn der Sprechende noch die Kontrolle über die Reichweite seiner Äußerung hat.

6   Daher sind Äußerungen auch dann nichtöffentlich, wenn sie zwar vor einem größeren, aber (zur Sicherung der Unbefangenheit der Kommunikation) auf bestimmte Personen begrenzten Hörerkreis erfolgen. Öffentlich sind dagegen Äußerungen im Rahmen von Veranstaltungen, zu denen grds. jedermann (ggf mit Eintrittskarten o.Ä.) Zutritt hat. Ferner sind Äußerungen öffentlich, die jedermann vernehmen darf; insoweit sind Aufnahmen in einer öffentlichen Hauptverhandlung auch bei fehlenden Zuhörern nicht tatbestandsmäßig. Dem Schutzzweck der Norm entsprechend kommt es bei der Nichtöffentlichkeit auf die Unbefangenheit der Kommunikation, **nicht auf deren Vertraulichkeit** an. Der Inhalt der Äußerungen braucht daher kein Geheimnis zu sein. Für die Nichtöffentlichkeit spielt es auch keine Rolle, ob es sich um eine private oder eine dienstliche Äußerung handelt.[3]

---

1   *Fischer* § 201 Rn 3; MK-*Graf* § 201 Rn 10; NK-*Kargl* § 201 Rn 7; S/S-*Eisele* § 201 Rn 5; *Rengier* II § 31/2; aA L-*Kühl* § 201 Rn 2.
2   MK-*Graf* § 201 Rn 12.
3   Zu einem polizeilichen Vernehmungsgespräch vgl OLG Frankfurt NJW 1977, 1547; zu Äußerungen von Lehrern im Unterricht, die ins Internet gestellt werden *Beck* MMR 2008, 77 (78 f).

Eine Äußerung wird nicht zu einer öffentlichen, nur weil sie unbemerkt oder ungebeten – also ohne zumindest konkludente Einwilligung des Sprechenden – belauscht werden kann.[4] Allerdings ist eine Äußerung dann nicht mehr nichtöffentlich, wenn sie von unbestimmt vielen Personen ohne besondere Bemühung mitgehört werden kann.[5] Exemplarisch: Vor dem Gerichtssaal streitet ein Rechtsanwalt lautstark mit seinem Mandanten. Auch im nichtöffentlichen Funkverkehr (Polizeifunk, Taxifunk) wird öffentlich gesprochen, da die Sonderfrequenzen von jedermann mit Hilfe eines entsprechenden Gerätes abgehört werden können. In **Fall 1** handelt A daher nicht tatbestandsmäßig im Sinne von § 201. 7

c) Tonträger: Tonträger sind alle Geräte mit akustischer Wiedergabemöglichkeit. 8

d) Aufnehmen: Aufnehmen ist die Fixierung des gesprochenen Wortes auf einem Tonträger. 9

Kein Aufnehmen ist das Herstellen einer Kopie von einer Aufnahme.[6] Vielmehr ist der Kopiervorgang – allerdings nur bei Kenntnisnahme des Inhalts – als Gebrauchen im Sinne von Abs. 1 Nr. 2 anzusehen. Im Übrigen ist der Schutzzweck bereits durch die Originalaufnahme gefährdet. 10

2. Abs. 1 Nr. 2. Den Tatbestand von Abs. 1 Nr. 2 erfüllt, wer eine im Sinne von Abs. 1 Nr. 1 hergestellte Aufnahme gebraucht oder einem Dritten zugänglich macht: 11

a) Gebrauchen: Die Aufnahme gebraucht, wer von ihrem Inhalt durch Abspielen Kenntnis nimmt. 12

Die Kenntnisnahme kann auch durch Abspielen einer Kopie erfolgen. Dagegen ist die schriftliche Wiedergabe des gedanklichen Inhalts der Aufnahme kein Gebrauch der Aufnahme. Wer also den Inhalt einer verbotenen Aufnahme in schriftlicher Form veröffentlicht, handelt nicht tatbestandsmäßig im Sinne von Abs. 1 Nr. 2. 13

b) Zugänglich machen: Eine Aufnahme ist einem Dritten zugänglich gemacht, wenn dieser entweder selbst unmittelbar von ihrem Inhalt durch Wiedergabe Kenntnis erlangt oder wenn ihm der Tonträger vom Täter zum Gebrauch überlassen wird. 14

3. Abs. 2 Nr. 1. Nach Abs. 2 Nr. 1 handelt tatbestandsmäßig, wer das nicht zu seiner Kenntnis bestimmte nichtöffentlich gesprochene Wort eines anderen mit einem Abhörgerät abhört: 15

a) Nicht zur Kenntnis bestimmt: Eine Äußerung ist nicht zur Kenntnis des Täters bestimmt, wenn dieser nicht zu dem vom Sprecher bestimmten Adressatenkreis (durch Zuhören oder spätere Inhaltsübermittlung) gehört.[7] 16

Erfasst wird insbesondere der Fall, dass die Äußerung jenseits der vom Sprecher bestimmten Reichweite vom Täter abgehört wird. Das Merkmal der Kenntnisbestimmung ist tatbezogen und fällt nicht unter § 28 Abs. 1. 17

b) Abhörgerät: Ein Abhörgerät ist eine Vorrichtung, durch welche eine Äußerung über ihren Klangbereich hinaus durch Verstärkung oder Übertragung unmittelbar wahrnehmbar gemacht werden kann.[8] 18

Exemplarisch sind Minisender oder Mikrophone. Das bloße Hören innerhalb des normalen Klangbereichs wird nicht erfasst. Daher handelt der Lauscher an der Wand 19

---

4 Vgl OLG Schleswig NStZ 1992, 399 (400); OLG Thüringen NStZ 1995, 502 f.
5 OLG Celle JR 1977, 338 m. krit. Anm. *Arzt*; *Fischer* § 201 Rn 4; NK-*Kargl* § 201 Rn 8.
6 SK-*Hoyer* § 201 Rn 13; S/S-*Eisele* § 201 Rn 12.
7 W/H/E-*Hettinger* Rn 597; LK-*Schünemann* § 201 Rn 23 ff.
8 *Küper/Zopfs* Rn 3 f mwN.

nicht tatbestandsmäßig, wenn er nur sein Ohr anlegt, wohl aber, wenn er sich eines Hörrohrs bedient wie B in **Fall 2**. Keine Tatwerkzeuge sind übliche Fernsprechgeräte, und zwar auch dann nicht, wenn sie aufgrund eines Defekts das Mithören fremder Gespräche ermöglichen.[9] Gleiches gilt nach bislang hM auch für handelsübliche Zusatzeinrichtungen zum Mithören, da der Sprecher mit deren Vorhandensein rechnen müsse.[10]

20   c) **Abhören:** Das Abhören umfasst einerseits die unmittelbare Kenntnisnahme einer Äußerung, andererseits aber auch das Aufnehmen mit Hilfe eines Abhörgeräts auf einen Tonträger, mit dessen Hilfe die Äußerung später zur Kenntnis genommen werden kann.[11]

21   Das Abhören erfordert eine gewisse Aktivität. Der Täter muss zB das Abhörgerät einschalten oder sich in den Wirkungsbereich eines bereits laufenden Geräts begeben. Allerdings ist der Tatbestand kein eigenhändiges Delikt und setzt daher auch nicht voraus, dass der Täter die Äußerung selbst zur Kenntnis nimmt. Er kann sich vielmehr auch eines Dritten als Werkzeug bedienen.

22   **4. Abs. 2 Nr. 2.** Die Tathandlung nach Abs. 2 Nr. 2 verlangt, dass der Täter ein nach Abs. 1 Nr. 1 aufgenommenes oder nach Abs. 2 Nr. 1 abgehörtes nichtöffentlich gesprochenes Wort eines anderen öffentlich mitteilt:

23   a) **Öffentliche Mitteilung:** Die Mitteilung muss den Wortlaut oder den wesentlichen Inhalt der aufgenommenen oder abgehörten Äußerung mündlich oder schriftlich wiedergeben.

24   Sie ist öffentlich, wenn sie von einem größeren, nach Zahl und Individualität unbestimmten und auch nicht durch nähere Beziehung verbundenen Personenkreis zur Kenntnis genommen werden kann.

25   b) **Bagatellklausel:** Abs. 2 S. 2 formuliert eine Bagatellklausel, die den Anwendungsbereich der Norm bereits auf Tatbestands- und nicht erst auf der Rechtswidrigkeitsebene begrenzen soll. Es sollen nur Mitteilungen erfasst werden, die auch tatsächlich die berechtigten Interessen[12] des Betroffenen beeinträchtigen können.

26   c) **Interessenwahrnehmung:** Abs. 2 S. 3 enthält einen **Rechtfertigungsgrund**, der sich nur auf (überragende) öffentliche Interessen bezieht. Für die Wahrnehmung privater Interessen gilt vor allem § 34.[13]

27   5. **Subjektiver Tatbestand.** Alle Tatvarianten erfordern ein Handeln mit (zumindest bedingtem) **Vorsatz**.

28   6. **Abs. 3.** Abs. 3 normiert einen **Qualifikationstatbestand**, wenn der Täter die Tat nach Abs. 1 und 2 in seiner Eigenschaft als Amtsträger[14] oder als für den öffentlichen Dienst besonders Verpflichteter[15] begeht. Dies erfordert auch, dass die Tat in einem inneren Zusammenhang mit dem Amt steht.

---

9   MK-*Graf* § 201 Rn 33; L-*Kühl* § 201 Rn 5.
10 BGHSt 39, 335 (343); BGH NJW 1982, 1397 (1398); OLG Hamm NStZ 1988, 515; *Küpper/Börner* I § 5/22; *Sternberg-Lieben* Jura 1995, 299 (303); aA S/S-*Eisele* § 201 Rn 19.
11 S/S-*Eisele* § 201 Rn 20; LK-*Schünemann* § 201 Rn 21.
12 Zum berechtigten Interesse vgl § 2 Rn 7.
13 Vgl unten Rn 33.
14 § 11 Abs. 1 Nr. 2.
15 § 11 Abs. 1 Nr. 4.

III. Rechtswidrigkeit

1. Unbefugt. Das Merkmal „unbefugt" ist kein Tatbestandsmerkmal, sondern ein (überflüssiger) Hinweis auf die Rechtswidrigkeit als allgemeines Deliktsmerkmal.[16] Das Aufnehmen oder Abhören fremder Kommunikation mit technischen Geräten ist also grds. verboten und nur in besonderen Rechtfertigungslagen gestattet. Sofern allerdings der Berechtigte in die Aufnahme oder das Abhören **einwilligt**, entfällt bereits – mangels Eingriffs in die Vertraulichkeit der Rede – der Tatbestand.[17] Die Einwilligung kann konkludent erteilt werden, wovon etwa auszugehen ist, wenn der Sprechende erkennbar weiß, dass seine Äußerungen aufgenommen werden, sich hiergegen aber nicht verwahrt, sondern weiterspricht.

29

Dem Wortlaut nach verweist das Merkmal „so hergestellte Aufnahme" in Abs. 1 Nr. 2 auf Abs. 1 Nr. 1, während sich das Merkmal „unbefugt" in der ersten Satzhälfte von Abs. 1 auf beide Tatvarianten gleichermaßen bezieht. Dies könnte den Schluss nahe legen, dass die Tatvariante von Abs. 1 Nr. 2 auch den Fall erfasst, dass der Täter eine zunächst befugt hergestellte Aufnahme später unbefugt gebraucht. Dies wäre jedoch unter dem Aspekt, dass mit der Einwilligung in eine Aufnahme kein Vertrauen in die Unbefangenheit einer Äußerung mehr besteht, nicht berechtigt. Daher setzt die Tatvariante von Abs. 1 Nr. 2 voraus, dass **eine schon unbefugt hergestellte Aufnahme gebraucht** wird.[18] Exemplarisch: Die abredewidrige Veröffentlichung eines einverständlich erstellten Tonbandprotokolls einer vertraulichen Besprechung ist demnach nicht tatbestandsmäßig. Gleiches gilt für die Veröffentlichung eines heimlich entwendeten, aber mit Einwilligung hergestellten Gesprächsmitschnitts.

30

2. Allgemeine Rechtfertigungsgründe. Hinsichtlich der allgemeinen Rechtfertigungsgründe (Notwehr, Notstand) ist u.a. zu beachten:

31

■ **Notwehr** (§ 32) kann einschlägig sein und kommt insbesondere in Betracht, wenn die Aufnahme der Abwehr einer Erpressung dient. Allerdings kann hier die Gegenwärtigkeit des Angriffs problematisch sein.[19]

32

■ **Notstand** (§ 34) kommt insbesondere in Betracht, wenn anderweitig nicht zu gewinnende Beweismittel durch heimliche Aufzeichnungen erlangt werden sollen. Dies gilt nach hM jedoch nur für Privatpersonen, da für Strafverfolgungsorgane abschließende Regelungen bestehen[20] und insoweit auf § 34 nicht zurückgegriffen werden kann.[21]

33

IV. Anwendung

1. Aufbau. Es empfiehlt sich, die Tatbestandsmerkmale der Verletzung der Vertraulichkeit des Wortes in folgenden Schritten zu prüfen:

34

A) *Tatbestand*:

   I. Objektiver Tatbestand:

---

16 BGHSt 31, 304 (306); BGH NJW 1983, 1570 f; *L-Kühl* Vor § 201 Rn 2; diff. S/S-*Eisele* § 201 Rn 29.
17 *Gössel*/Dölling I § 37/63; *L-Kühl* § 201 Rn 9; M-Schroeder/*Maiwald* I § 29/13; aA NK-*Kargl* § 201 Rn 22; *Otto* § 34/11; LK-*Schünemann* § 201 Rn 32, 9.
18 *Fischer* § 201 Rn 6; NK-*Kargl* § 201 Rn 12 f; vgl auch OLG Düsseldorf NJW 1995, 975; krit. *Rudolphi* Schaffstein-FS 432 (447).
19 Zur Gegenwärtigkeit des Angriffs und zur sog. notwehrähnlichen Lage vgl *Kindhäuser* LPK § 32 Rn 16 ff, 19 f; S/S-*Eisele* § 201 Rn 31a ff; *Roxin* AT I § 15/21 ff; vgl auch BGHSt 34, 39 (51 f); *Nelles* Stree/Wessels-FS 719 (733 f).
20 Vgl §§ 100a ff StPO.
21 BGHSt 31, 304 (306 f); 34, 39 (51 f); S/S-*Eisele* § 201 Rn 34a.

- Abs. 1 Nr. 1: Aufnahme des nichtöffentlich gesprochenen Wortes eines anderen auf einen Tonträger (Rn 2 ff),
- Abs. 1 Nr. 2: Gebrauchen oder Zugänglichmachen einer im Sinne von Abs. 1 Nr. 1 hergestellten Aufnahme (Rn 12 ff),
- Abs. 2 Nr. 1: Abhören des nicht zur Kenntnis bestimmten nichtöffentlich gesprochenen Wortes mit einem Abhörgerät (Rn 18 ff) oder
- Abs. 2 Nr. 2: öffentliche Mitteilung einer nach Abs. 1 Nr. 1 aufgenommenen oder nach Abs. 2 Nr. 1 abgehörten Äußerung (Rn 23 ff)

II. Subjektiver Tatbestand (Rn 20)

B) *Rechtswidrigkeit*: unbefugtes Handeln (Rn 29 ff)

C) *Schuld*

D) *Strafantrag* (§ 205)

E) Ggf *Qualifikation*: Abs. 3 (Rn 28)

35   **2. Konkurrenzen.** Da sich im Gebrauch der Aufnahme lediglich die in der Herstellung liegende Gefahr realisiert, bilden Aufnehmen und Gebrauchen eine *einheitliche Tat*, sofern der Täter dies von vornherein vorgehabt hat.[22] Wird eine Aufnahme mehrmals gebraucht, besteht zwischen diesen Handlungen Tatmehrheit.[23] Beim Aufnehmen der abgehörten Äußerungen auf einen Tonträger ist Tateinheit zwischen Abs. 1 und 2 gegeben.

B. Verletzung des höchstpersönlichen Lebensbereichs durch Bildaufnahmen (§ 201a)

I. Allgemeines

36   Die Vorschrift schützte bislang den **engsten räumlichen Lebensbereich** – und damit einen Kernbereich des allgemeinen Persönlichkeitsrechts und des Rechts auf informationelle Selbstbestimmung – vor der Verletzung durch Bildaufnahmen.[24] Insoweit besteht eine sachliche Parallele zum Schutz vor unbefugtem Abhören, die sich auch im Deliktsaufbau widerspiegelt.[25]

37   Das 49. Gesetz zur Änderung des Strafgesetzbuches führte eine Reihe von Neuerungen vor.[26] Zum einen wurde der Anwendungsbereich auf weitere Formen des sog. Gaffens erweitert, zum anderen die Strafobergrenze auf zwei Jahre angehoben und der neu gefasste § 201a gehört seitdem zu dem Kreis der relativen Antragsdelikte. Jüngste rechtspolitische Bestrebungen sind auf eine erneute Ausdehnung der Norm gerichtet, mit der künftig auch das Herstellen oder Übertragen von Bildaufnahmen unter Strafe gestellt wird, die in grob anstößiger Weise eine (zB bei einem Unfall) **verstorbene Person** zur Schau stellen.[27]

---

22 S/S-*Eisele* § 201 Rn 38: beim späteren Entschluss zum Gebrauch ist Tatmehrheit anzunehmen.

23 SK-*Hoyer* § 201 Rn 49.

24 Näher hierzu und zur Entstehungsgeschichte *Kächele*, Der strafrechtliche Schutz vor unbefugten Bildaufnahmen (201a StGB), 2007, 45 ff, 55; NK-*Kargl* § 201a Rn 1 f; *Murmann* Maiwald-FS 585 ff; zu den Auswirkungen des Tatbestandes auf die journalistische Tätigkeit *Kraenz*, Der strafrechtliche Schutz des Persönlichkeitsrechts, 2008.

25 Für den Aufbau gilt daher das Schema bei Rn 34 entsprechend.

26 BGBl. 2015 I, 14; krit. *Gercke* CR 2014, 687 ff.

27 BT-Dr. 19/1594; BR-Dr. 142/19; RefE v. 9. 9. 2019: *Havliza* DRiZ 2018, 86.

II. Tatbestände

▶ **FALL 3:** Sensationsreporter R klettert auf einen Stromleitungsmast, um Fotos von der Schauspielerin S in ihrem – von einer dichten Hecke umgebenen – Swimmingpool zu machen. Auf den Bildern ist allerdings das Gesicht der S kaum zu erkennen. ◀

1. Abs. 1. Tatopfer: Tatopfer kann jede vom Täter verschiedene (lebende) Person sein. Nicht einschlägig ist das Fotografieren von Gegenständen wie Einrichtungen oder Dokumenten.   38

a) Abs. 1 Nr. 1. Nach Abs. 1 Nr. 1 handelt tatbestandsmäßig, wer von einer anderen Person, die sich in einer Wohnung oder einem gegen Einblick besonders geschützten Raum befindet, unbefugt Bildaufnahmen herstellt oder überträgt und dadurch deren höchstpersönlichen Lebensbereich verletzt.   39

Die **Wohnung** ist ein räumlicher Bereich, der einer oder mehreren zusammengehörenden Personen (zB einer Familie) als Mittelpunkt ihres privaten, ungestörten Lebens und so der individuellen Selbstentfaltung dienen soll. Dieser Zweck erfordert zwar eine bauliche Abgegrenztheit der Räumlichkeiten, aber keine besonderen Vorkehrungen zur Verhinderung des Einblicks von außen. Geschützt werden auch Hotelzimmer.[28]   40

Mit dem **gegen Einblick besonders geschützten Raum** soll der Bereich erfasst werden, der zwar nicht zur Wohnung, wohl aber zur Intimsphäre und privaten Lebensgestaltung gehört.[29] Vorausgesetzt ist ein vollständiger und undurchdringlicher Sichtschutz, der verhindert, dass Personen, die sich bewusst der Öffentlichkeit entzogen haben, in ihrer Privatheit gestört werden. Exemplarisch sind Umkleidekabinen, Solarien, Toiletten oder Duschkabinen. Da für den geschützten Raum die Versagung der Einblicksmöglichkeit entscheidend ist, kommt als geschützter Bereich auch – wie in **Fall 3** – ein mit einer Hecke umgrenzter Garten in Betracht,[30] nicht aber der öffentliche Saunabereich eines Erlebnisbades.[31] Eine Strafbarkeit wird nicht dadurch ausgeschlossen, dass der Täter sich innerhalb des räumlich geschützten Bereichs befindet und daher keinen Sichtschutz von außen zu überwinden hat.[32]   41

b) Abs. 1 Nr. 2. Nach Abs. 1 Nr. 2 handelt tatbestandsmäßig, wer eine Bildaufnahme, die die Hilflosigkeit einer anderen Person zur Schau stellt, unbefugt herstellt oder überträgt und dadurch den höchstpersönlichen Lebensbereich der abgebildeten Person verletzt. Neu ist nun, dass in § 201a Abs. 1 Nr. 2 Bildaufnahmen auch außerhalb des nach Nr. 1 geschützten Bereiches erfasst werden, da solche Situationen nicht nur innerhalb dieser geschützten Räumlichkeiten auftreten können. Exemplarisch werden betrunkene Personen auf dem Heimweg oder Opfer einer Gewalttat, die verletzt und blutend auf dem Boden liegen, genannt.[33] Unklar ist, ob die Hilflosigkeit lediglich bei nicht nur unerheblichen Gefahren für Leib oder Leben zu bejahen ist.[34] Erforderlich ist jedenfalls, dass die Hilflosigkeit einer anderen Person auf der Bildaufnahme in den Fokus gerückt wird und nicht lediglich völlig untergeordnetes Beiwerk der Aufnahme ist.[35]   42

---

28 BT-Drucks. 15/1891, 7 und 15/2466, 5; *Kargl* ZStW 117 (2005), 324 (332); Beispiel bei LK-*Valerius* § 201a Rn 15.
29 Krit. dazu *Murmann* Maiwald-FS 585 (593).
30 *Bosch* JZ 2005, 377 (379); *Eisele* JR 2005, 6 (8); zu Unterrichtsräumen *Beck* MMR 2008, 77 (78).
31 OLG Koblenz NStZ 2009, 268; vgl auch *Eisele* JR 2005, 6 (8).
32 BGH HRRS 2016 Nr. 766.
33 Vgl BT-Drucks. 18/2601, 36.
34 *Eisele/Sieber* StV 12, (313), der an die hilflose Lage iSd § 221 anknüpfen will; abl. *Busch* NJW 2015, 977 (978).
35 *Eisele/Sieber* StV 2015, 312 (314).

43   c) **Abs. 1 Nr. 3.** Abs. 1 Nr. 3 stellt das Gebrauchen oder einer dritten Person Zugänglichmachen der durch eine Tat nach den Nr. 1 oder 2 hergestellten Bildaufnahme unter Strafe.

44   d) **Abs. 1 Nr. 4.** In Abs. 1 Nr. 4 wird das wissentlich unbefugte Zugänglichmachen einer **befugt hergestellten Bildaufnahme** der in den Nr. 1 oder Nr. 2 bezeichneten Art gegenüber einem Dritten unter Strafe gestellt. Hier hat der Täter die Bildaufnahme mit dem Willen der abgebildeten Person hergestellt, verbreitet sie allerdings ohne oder entgegen deren Willen.

e) Tathandlungen

45   ■ Eine Bildaufnahme ist **hergestellt,** wenn das Bild auf einem Bild- oder Datenträger fixiert und eine bildliche Wiedergabe möglich ist.

■ **Übertragen** einer Bildaufnahme bedeutet die direkte Weiterleitung von Bildern oder Bilderfolgen, ohne dass es einer Speicherung bedarf. Einschlägig sind auch sog. Echtzeitübertragungen mittels Web- oder Spycams.[36]

■ **Gebrauchen** ist jede Nutzung der Bildaufnahme, zB ihr Speichern oder Kopieren.[37] Auch das Betrachten der Bildaufnahme durch den Täter oder einen Dritten fällt unter den Gebrauch.

■ Eine Bildaufnahme ist **zugänglich gemacht,** wenn der Täter einer oder mehreren Personen den Zugriff auf das Bild oder die Kenntnisnahme vom Gegenstand des Bildes ermöglicht.

46   f) **Taterfolg.** Taterfolg ist die Verletzung des höchstpersönlichen Lebensbereichs. **Gegenstand des höchstpersönlichen Lebensbereichs** ist die Intimsphäre einer Person und umfasst Krankheit, Tod und Sexualität, die innere Gedanken- und Gefühlswelt mit ihren äußeren Erscheinungsformen sowie Angelegenheiten einer Person, die ihrer Natur nach der Geheimhaltung unterliegen, wie dies bei der Benutzung von Toiletten, Saunen und Solarien oder bei ärztlichen Untersuchungen der Fall ist.[38] **Verletzt** ist der geschützte Lebensbereich, wenn er durch die Bildaufnahme kenntlich gemacht wird. Problematisch erscheint es nun, dass im Zuge des 49. ÄG der Schutz des höchstpersönlichen Lebensbereiches erheblich ausgeweitet worden ist. Dass die Aufnahme in der Wohnung oder in einem gegen Einblick besonders geschützten Raum hergestellt wird, ist außer bei § 201a Abs. 1 Nr. 1 nicht mehr notwendig. Da ehrverletzende Bildaufnahmen nicht notwendig die Intimsphäre des Betroffenen beeinträchtigen, wird eine teleologische Reduktion des § 201a Abs. 2 gefordert.[39] Die Verletzung erfordert keine Erkennbarkeit der abgebildeten Person auf der Bildaufnahme, so dass in **Fall 3** der Tatbestand auch dann erfüllt ist, wenn auf den Aufnahmen das Gesicht der S nur undeutlich zu sehen ist. Die Bildaufnahmen müssen jedoch auf Grund hinreichend vorhandener Identifizierungsmerkmale von den jeweiligen Tatopfern der eigenen Person zugeordnet werden können.[40]

---

36 NK-*Kargl* § 201a Rn 6a.
37 Krit. *Lagardère/Fink* HRRS 2008, 247.
38 *Kargl* ZStW 117 (2005), 324 (337); *Koch* GA 2005, 589 (596); *Linkens*, Der strafrechtliche Schutz vor unbefugten Bildaufnahmen, 2005, 64 ff.
39 *Busch* NJW 2015, 977 (980).
40 BGH NStZ 2015, 391.

2. Abs. 2. Nach Abs. 2 handelt tatbestandsmäßig, wer unbefugt von einer anderen Person eine Bildaufnahme, die geeignet ist, dem Ansehen der abgebildeten Person erheblich zu schaden, einer dritten Person zugänglich macht. 47

Unter bloßstellenden Bildaufnahmen versteht man solche, die die abgebildete Person in peinlichen oder entwürdigenden Situationen oder in einem solchen Zustand zeigen und bei denen angenommen werden kann, dass üblicherweise ein Interesse daran besteht, dass sie Dritten nicht zugänglich gemacht werden.[41] Maßstab dafür, ob eine Bildaufnahme geeignet ist, dem Ansehen der abgebildeten Person erheblich zu schaden, ist die Beurteilung durch einen durchschnittlichen Betrachter.[42] Die Gesetzesbegründung lässt allerdings offen, auf welche Kriterien genau für den Begriff „Ansehen einer Person" abzustellen ist, den zudem das StGB bisher nicht kennt.[43] Die mögliche Beeinträchtigung des Ansehens muss nach Art, Intensität und Dauer sowie Berücksichtigung der Begleitumstände gravierend sein. [44] 48

3. Abs. 3 und 4. In Abs. 3 Nr. 1 wird die Herstellung oder das Anbieten einer Bildaufnahme, die die Nacktheit einer anderen Person unter achtzehn Jahren zum Gegenstand hat, in der Absicht, sie anschließend einer dritten Person gegen Entgelt zu verschaffen, unter Strafe gestellt. 49

Nach § 201a Abs. 3 Nr. 2 soll sich strafbar machen, wer Bildaufnahmen, die die Nacktheit von Kindern und Jugendlichen zum Gegenstand haben, sich oder einem Dritten gegen Entgelt verschafft. Unter Entgelt ist nach § 11 Abs. 1 Nr. 9 jede in einem Vermögensvorteil bestehende Gegenleistung zu verstehen. 50

In Abs. 4 wird ausdrücklich herausgestellt, dass es einer Abwägung zwischen der in § 201a geschützten Privatsphäre und den in § 201a Abs. 4 genannten grundrechtlichen Interessen bedarf. 51

4. Unbefugt. In Abs. 1 und 2 stellt das Merkmal „unbefugt" einen Hinweis auf die allgemeine Rechtswidrigkeit dar.[45] Durch den Eingriff in den höchstpersönlichen Lebensbereich wird bereits hinreichend Unrecht verwirklicht. Demgegenüber ist das Merkmal der Unbefugtheit in Abs. 3 als Tatbestandsmerkmal einzustufen, was durch die Voraussetzung eines „wissentlich" unbefugten Handelns verdeutlicht wird.[46] 52

5. Subjektive Tatseite. Im Rahmen der Abs. 1 und 2 ist Vorsatz in Form des dolus eventualis ausreichend, wobei Abs. 1 Nr. 4 das Vorliegen des dolus directus („wissentlich") voraussetzt. Abs. 3 erfordert Absicht. 53

III. Konkurrenzen

Das Herstellen einer Bildaufnahme und ihr anschließendes Verwenden stehen in Tatmehrheit zueinander, wenn der Täter nicht bereits bei der Herstellung das Ziel verfolgte, die Bildaufnahme zu gebrauchen. In diesem Fall ist aufgrund des deliktischen Zusammenhangs von Tateinheit auszugehen. Bei mehrfachem Gebrauchen einer Bildaufnahme ist grds. gleichartige Realkonkurrenz gegeben. 54

---

41 BT-Drucks. 18/2601, 37.
42 BT-Drucks. 18/2601, 37.
43 Krit. *Busch* NJW 2015, 977 (978) und *Eisele/Sieber* StV 2015, 312 (315 f), die auf die Grundsätze der § 185 ff zurückgreifen.
44 *Eisele/Sieber* StV 2015, 312 (315 f).
45 L-*Kühl* § 201a Rn 9; abw. für Abs. 2, bei dem die Unbefugtheit Tatbestandsmerkmal sei, *Heuchemer/Paul* JA 2006, 616 (619); zur Frage, ob auch das Zugänglichmachen unbefugt gewonnenen Materials gegenüber Polizeibeamten ein tatbestandsmäßiges Verhalten darstellt, *Lagardère/Fink* HRRS 2008, 247 ff.
46 BT-Drucks. 15/2995, 6; *Eisele* JR 2005, 6 (8).

Wiederholungs- und Vertiefungsfragen

> Wie definiert man ein gesprochenes Wort? (Rn 3)
> Wie unterscheidet man öffentliche von nichtöffentlichen Äußerungen? (Rn 5 ff)
> Ist es nach § 201 strafbar, ein tatbestandsmäßiges Tonband zu kopieren? (Rn 9)
> Welche Räume werden von § 201a Abs. 1 Nr. 1 geschützt? (Rn 39 f)
> Wann ist der Taterfolg im Sinne von § 201a Abs. 1 eingetreten? (Rn 46)

§ 29 Verletzung des Briefgeheimnisses (§ 202)

A. Allgemeines

Die Vorschrift schützt das „Schriftgeheimnis" als besonderen Bereich der Privatsphäre. Die Informationen, die in Schriftstücken – und namentlich in Briefen – festgehalten sind, sollen vor ihrer Kenntnisnahme durch Unbefugte gesichert werden.[1] Die Tat wird nur auf Antrag verfolgt (§ 205). 1

B. Definitionen und Erläuterungen

I. Tatbestand

▶ **FALL 1:** A fängt den an B adressierten spanischen Brief ab und öffnet ihn, ohne aber der spanischen Sprache mächtig zu sein. ◀

▶ **FALL 2A:** C liest ein Tagebuch, das in einer von ihm aufgebrochenen Schublade unverschlossen lag. ◀

▶ **FALL 2B:** C bricht eine Schublade auf und entnimmt ihr einen unverschlossenen Brief. Anstatt ihn zu lesen, fotografiert er ihn und gibt die Aufnahme dem D, der auf diese Weise den Inhalt des Briefes zur Kenntnis nimmt. ◀

1. Tatobjekt. Tatobjekte sind **Schriftstücke**: Als Schriftstück ist jeder Träger von Zeichen mit gedanklichem Inhalt anzusehen. Ein Brief ist – als Unterfall eines Schriftstücks – eine an einen anderen gerichtete schriftliche Mitteilung. Den Schriftstücken sind nach Abs. 3 Abbildungen gleichgestellt. 2

Das Tatobjekt muss weder ein Geheimnis ieS enthalten noch Urkundenqualität (Beweiseignung usw) nach Maßgabe von § 267 aufweisen. Der Text kann in einer persönlichen Geheimschrift formuliert sein. Nach verbreiteter Ansicht sollen jedoch Informationen ohne Persönlichkeitsbezug – wie zB Gebrauchsanweisungen, Briefmarken, Reklame und sonstige öffentlich verbreitete Schriften – vom Schutzzweck der Norm nicht erfasst werden. Dem steht entgegen, dass auch der Besitz bestimmter Bücher oder Beipackzettel von Medikamenten Rückschlüsse auf die Persönlichkeit ihres Besitzers zulassen kann. Sachgerechter ist es daher, die erforderlichen Restriktionen über das Merkmal „nicht zu seiner Kenntnis bestimmt" vorzunehmen. 3

2. Tathandlungen. a) Abs. 1 Nr. 1: Tathandlung ist das Öffnen eines nicht zur Kenntnisnahme des Täters bestimmten verschlossenen Schriftstücks (Briefes). 4

■ Ein Schriftstück (Brief) ist **verschlossen**, wenn es mit einer (an ihm befindlichen) Vorkehrung versehen ist, die (auch) die Kenntnisnahme seines Inhalts verhindern soll. Exemplarisch sind der zugeklebte Briefumschlag oder das zugeschlossene Tagebuch. 5

■ Ein Schriftstück (Brief) ist **nicht zur Kenntnis des Täters bestimmt**, wenn sein Inhalt nach dem Willen des Berechtigten zum Tatzeitpunkt nicht vom Täter in Erfahrung gebracht werden soll. Berechtigter ist derjenige, der das Bestimmungsrecht über das Schriftstück hat.[2] Beim Brief ist dies nach Zugang der Adressat, vorher der Absen- 6

---

1 Näher zum Schutzzweck NK-*Kargl* § 202 Rn 2 mwN.
2 W/H/E-*Hettinger* Rn 615; M-Schroeder/*Maiwald* I § 29/20.

der. Der Brief in **Fall 1** war an B adressiert, so dass er vom Absender nicht zur Kenntnis des A bestimmt wurde.

7   ■ **Öffnen** ist das Ermöglichen der Kenntnisnahme durch Aufheben oder Überwinden des Verschlusses. Eine Kenntnisnahme ist nicht erforderlich. Auch braucht der Verschluss hierbei nicht beschädigt zu werden.[3]

8   **b) Abs. 1 Nr. 2:** Tathandlung ist die Kenntnisnahme eines nicht zur Kenntnisnahme des Täters bestimmten verschlossenen Schriftstücks (Briefes) unter Anwendung technischer Mittel.

9   ■ Zur **Kenntnisnahme** genügt die bloße visuelle Wahrnehmung (eines Teils) des Schriftstücks.[4]

10 Ein Erfassen des Sinngehalts ist – entgegen einer teils vertretenen Auffassung[5] – nicht erforderlich, da der Tatbestand ein Gefährdungsdelikt ist und es insbesondere nicht auf das Verstehen des Textes zum Tatzeitpunkt ankommen kann. Ist das Schreiben zB in einer nicht vom Täter beherrschten Fremdsprache abgefasst, so kann er die Bedeutung der für ihn unverständlichen Worte nach der Tat in Erfahrung bringen, so etwa dadurch, dass er den Text mit dem Smartphone fotografiert bzw. einscannt und später mit einer Übersetzungssoftware übersetzt. Daher hat auch A in **Fall 1** den spanischen Brief im Sinne von § 202 zur Kenntnis genommen, obwohl er die Sprache nicht verstand. Ferner können sich ansonsten Abgrenzungsprobleme stellen, wenn der Täter zwar einzelne Worte, nicht aber größere Sinnzusammenhänge versteht.

11 ■ Die Kenntnisnahme erfolgt **unter Anwendung technischer Mittel,** wenn sich der Täter zur visuellen Wahrnehmung des Textes spezifischer Materialien oder Geräte bedient.

12 Der Täter benutzt etwa Chemikalien oder Durchleuchtungseinrichtungen. Nicht ausreichend ist es, wenn sich der Täter Kenntnis vom Inhalt des Schriftstücks verschafft, indem er dieses etwa gegen das Licht einer Lampe hält.[6]

13 **c) Abs. 2:** Tathandlung ist die Kenntnisnahme eines nicht zur Kenntnisnahme des Täters bestimmten Schriftstücks (Briefes) nach Öffnung eines vor Kenntnisnahme besonders sichernden verschlossenen Behältnisses.

14 ■ Ein **verschlossenes Behältnis** ist ein abgeschlossenes Raumgebilde, das nicht zum Betreten von Menschen bestimmt ist und der Aufbewahrung von Gegenständen dienen kann. Exemplarisch: Kassette, Schrank, Schublade, Tresor, nicht aber ein verschlossenes Zimmer.

15 ■ Die **besondere Sicherungsfunktion** erfüllt das Behältnis, wenn sich sein Verschluss (auch) **gegen die Kenntnisnahme** des in ihm aufbewahrten Schriftstücks richtet.

16 Dies ist der Fall, wenn der Verschluss nicht nur vor Wegnahme, sondern *auch* vor Kenntnisnahme schützen soll. Für das Öffnen des Behältnisses kann sich der Täter auch eines regulären Schlüssels bedienen, sofern ihm hierzu die entsprechende Berechtigung fehlt. Das Schriftstück selbst braucht nicht verschlossen zu sein.

---

3 Vgl RGSt 54, 295.
4 So die h.M.; vgl S/S/W-*Bosch* § 202 Rn 8; W/H/E-*Hettinger* Rn 620; L-*Kühl* § 202 Rn 4; einschr. LK-*Schünemann* § 202 Rn 21.
5 MK-*Graf* § 202 Rn 23; S/S-*Eisele* § 202 Rn 10/11; *Schmitz* JA 1995, 297 (299).
6 *Gössel*/Dölling I § 37/94; MK-*Graf* § 202 Rn 22; *Otto* § 34/20.

d) Verhältnis von Abs. 1 Nr. 1 zu Abs. 2: Ob ein Schriftstück nach Abs. 1 Nr. 1 ver 17
schlossen ist oder nach Abs. 2 in einem verschlossenen Behältnis aufbewahrt wird, ist
insoweit bedeutsam, als nach Abs. 1 Nr. 1 die Öffnung des Verschlusses ausreicht,
während Abs. 2 eine Kenntnisnahme des Inhalts verlangt.

- Exemplarisch dafür ist **Fall 2a:** C macht sich erst mit dem Beginn des Lesens nach
  Abs. 2 strafbar. Dagegen liegt eine Tat nach Abs. 1 Nr. 1 bereits vor, wenn der Täter
  ein an dem Tagebuch angebrachtes Schloss aufbricht, auch wenn er noch kein Wort
  darin gelesen hat.

- Ein weiteres Beispiel liefert **Fall 2b:** C ist – sofern nicht die Regeln der mittelbaren
  Täterschaft eingreifen – straflos: Der Öffnende (C) muss sich Kenntnis von dem
  Schriftstück verschaffen (Abs. 2). D verwirklicht nicht den Tatbestand von Abs. 1,
  da er kein verschlossenes Schriftstück öffnet.

e) Subjektiver Tatbestand: Die subjektive Tatseite verlangt zunächst in allen Varianten 18
(zumindest bedingten) **Vorsatz.** Weiterhin erfordert Abs. 2 ein Öffnen des Behältnisses
in der **Absicht,** ein Schriftstück zur Kenntnis zu nehmen („dazu … geöffnet"). Zur Verwirklichung von Abs. 2 reicht es daher nicht aus, wenn der Täter eine Schublade aufbricht, um Wertgegenstände zu entwenden und dann einen dort vorgefundenen Brief
liest.

II. Rechtswidrigkeit

Das Merkmal **unbefugt** gehört nicht zum Tatbestand, sondern ist nur (überflüssiger) 19
Hinweis auf die Rechtswidrigkeit der Tat als allgemeines Deliktsmerkmal.[7] Sofern der
Berechtigte einwilligt, entfällt allerdings bereits das Merkmal der mangelnden Bestimmung zur Kenntnisnahme.

C. Anwendung

I. Aufbau

Es empfiehlt sich, die Tatbestandsmerkmale der Verletzung des Briefgeheimnisses in 20
folgenden Schritten zu prüfen:

A) *Tatbestand*:
  I. Objektiver Tatbestand:
   1. Tatobjekt: Schriftstück als Oberbegriff oder Brief (Rn 2)
   2. Tathandlungen:
      – Abs. 1 Nr. 1: Öffnen eines nicht zur Kenntnisnahme des Täters bestimmten verschlossenen Schriftstücks (Rn 4 ff),
      – Abs. 1 Nr. 2: Kenntnisnahme eines nicht zur Kenntnisnahme des Täters
        bestimmten verschlossenen Schriftstücks (Briefes) unter Anwendung
        technischer Mittel (Rn 8 ff) oder
      – Abs. 2: Kenntnisnahme eines nicht zur Kenntnisnahme des Täters bestimmten Schriftstücks (Briefes) nach Öffnung eines vor Kenntnisnahme
        besonders sichernden verschlossenen Behältnisses (Rn 13 ff)
  II. Subjektiver Tatbestand: Vorsatz, zudem bei Abs. 2 Absicht der Kenntnisnahme
      beim Öffnen (Rn 18)

---

7 Zu den allgemeinen Rechtfertigungsgründen vgl auch § 30 Rn 24 ff.

B) *Rechtswidrigkeit*: unbefugtes Handeln (Rn 19)

C) *Schuld*

D) *Strafantrag* (§ 205)

II. Konkurrenzen

21   Die Tatbestände von Abs. 1 Nr. 1 und Nr. 2 schließen sich wechselseitig aus. Eine Tat nach Abs. 2 geht einer solchen nach Abs. 1 als intensivere Rechtsgutsverletzung (Kenntnisnahme) vor.

Wiederholungs- und Vertiefungsfragen

> Was ist ein Schriftstück? (Rn 2)
> Was kennzeichnet einen Brief im Unterschied zu den sonstigen Schriftstücken? (Rn 2)
> Wie sind Schriftstücke ohne Persönlichkeitsbezug zu behandeln, also zB Gebrauchsanweisungen oder Reklame? (Rn 3)
> Was versteht man unter einer Kenntnisnahme? (Rn 9 f)
> Welche technischen Mittel sind von § 202 Abs. 1 Nr. 2 nicht gemeint? (Rn 12)

§ 30 Ausspähen und Abfangen von Daten (§§ 202a–202d)

A. Ausspähen von Daten (§ 202a)

I. Allgemeines

Die Vorschrift[1] sichert das Individualinteresse an der Geheimhaltung von Informationen, die nach Maßgabe von Abs. 2 gespeichert sind oder übermittelt werden.[2] Geschützt wird der Verfügungsberechtigte über die Daten (insbesondere der Besitzer), nicht dagegen derjenige, über den die Daten informieren. Insoweit ist das BundesdatenschutzG einschlägig. Die Tat ist Antragsdelikt (§ 205).   1

II. Definitionen und Erläuterungen

Den Tatbestand verwirklicht, wer sich oder einem Dritten Zugang zu Daten, die nicht für ihn bestimmt und gegen unberechtigten Zugang gesichert sind, unter Überwindung der Zugangssicherung verschafft.   2

1. Tatbestand. a) Tatobjekt: aa) Daten: Daten sind Informationen, die durch Zeichen oder kontinuierliche Funktionen nach Maßgabe einer Konvention dargestellt werden.[3]   3

Nach Abs. 2 müssen die Daten elektronisch, magnetisch oder sonst nicht unmittelbar wahrnehmbar gespeichert sein oder übermittelt werden. Insoweit kommen neben Computerdaten zB auch Daten auf Mikrofilmen, Tonbändern oder CDs in Betracht, nicht aber Strichcodes. Anders als bei § 269 müssen die Daten keine Gedankenerklärungen wiedergeben. Erfasst werden daher auch Informationen, die – wie etwa die Darstellung von Messwerten – selbsttätig von einer Maschine erhoben oder gewonnen werden. Auf den Wert der Daten kommt es nicht an.   4

bb) Bestimmung: Die Daten sind nicht für den Täter bestimmt, wenn der Berechtigte nicht damit einverstanden ist, dass der Täter die Verfügungsmacht über die Daten erlangt. Dabei ergibt sich die Berechtigung iSd Tatbestandes nicht durch das Eigentum an dem Datenträger, sondern durch die Rechtsmacht zur Verfügung über die Daten selbst.[4]   5

Dies ist zB auch der Fall, wenn der Berechtigte nur gegen ein Entgelt mit der Weiterleitung der Daten einverstanden ist; eine bloß vertrags- oder zweckwidrige Verwendung der Daten ändert jedoch nichts an der Bestimmung der Daten.[5]   6

cc) Besondere Sicherung: Als besondere Sicherung gegen unberechtigten Zugang ist jede Vorrichtung anzusehen, die gerade dem Zweck dient, den Zugriff von Unberechtigten auf die Daten zu verhindern oder zu erschweren. Nur der selbständige Sicherungszweck, der ein Geheimhaltungsinteresse an den Daten dokumentiert,[6] macht die Sicherung zu einer besonderen.[7]   7

---

1 § 202a wurde zuletzt durch das Strafrechtsänderungsgesetz zur Bekämpfung der Computerkriminalität vom 11.8.2007 mit dem Ziel geändert, den neu entstehenden Missbrauchsmöglichkeiten wirksam entgegentreten zu können, BGBl. I 2007, 1786; BT-Drucks. 16/3656, 1; krit. *Vassilaki* CR 2008, 131 (131, 136).

2 Zur sog. Softwarepiraterie vgl *Meier* JZ 1992, 657 ff; ferner *Beermann* Jura 1995, 610 ff; *Hilgendorf* JuS 1996, 509 (512); *Schmitz* JA 1995, 478 (482 f).

3 Vgl DIN 44300; *Popp* JuS 2011, 385 (386).

4 Vgl *Fischer* § 202a Rn 7 f; *Popp* JuS 2011, 385 (386); näher auch *Kindhäuser* LPK § 202a Rn 3.

5 Vgl zur Kontrolle von (auch) dienstlichen Dateien durch den Arbeitgeber: S/S/W-*Bosch* § 202a Rn 4; *Eisele* Jura 2012, 922 (924); *Gössel* Puppe-FS 1377 (1387); *Schuster* ZIS 2010, 68 ff.

6 BT-Drucks. 16/3656, 1; BGH StraFO 2015, 476 ff; *Gössel* Puppe-FS 1377 (1387); krit. *Dietrich* NStZ 2011, 247 ff.

7 *Schumann* NStZ 2007, 675 (676).

8   Exemplarisch sind computerspezifische Sicherungen wie Passwörter oder Kennnummern, aber auch verschlossene (Arbeits-)Räume oder Behältnisse,[8] wobei eine Orientierung am technischen Laien angebracht ist.[9] Allerdings reichen eine allgemeine Zutrittssicherung des Gebäudes,[10] standardisierte Passwörter oder Speicherungen einer Datei unter einem unzutreffenden Namen[11] ebenso wenig aus wie das bloße Speichern von Daten auf einem Magnetstreifen.[12] Auch das sog. Phishing wird von § 202a nicht erfasst, da das Opfer, wenn auch täuschungsbedingt, die Daten freiwillig an den Täter herausgibt.[13]

9   b) **Tathandlung: Verschaffen** bedeutet, auf die Daten zugreifen zu können.[14]

10   ■ Eine **Kenntnisnahme** der codierten Information ist **nicht erforderlich.** Umgekehrt reicht es auch aus, wenn der Täter die Informationen lediglich in entschlüsselter Form liest.[15]

■ Erfasst wird auch das sog. **Hacking**, also das bloße Erreichen des Zugangs zu Daten ohne deren Ausspähen.[16]

11   ■ Tatbestandsmäßig handelt auch, wer ein Programm zwar nutzen, **nicht** aber auf die dem Programm zugrundeliegenden Daten, sofern diese besonders gesichert sind, **zugreifen darf.**[17] Dagegen verwirklicht den Tatbestand nicht, wer sich bestimmte Daten durch Berechnen und Beobachten – zB eines Glücksspielautomaten – selbst erschließt.[18]

12   c) **Subjektiver Tatbestand:** Der subjektive Tatbestand verlangt (zumindest bedingten) **Vorsatz.**

13   **2. Rechtswidrigkeit.** Das Merkmal **unbefugt** ist nur ein (überflüssiger) Hinweis auf die Rechtswidrigkeit der Tat als allgemeines Deliktsmerkmal und gehört nicht zum Tatbestand.[19] Sofern der Berechtigte einwilligt, fehlt es allerdings bereits an der unberechtigten Zugangsüberwindung.

B. Abfangen von Daten (§ 202b)

I. Allgemeines

14   Die Vorschrift schützt das formelle Geheimhaltungsinteresse und ergänzt damit die §§ 201, 202a. Insbesondere zu § 201 sollte eine Parallelvorschrift geschaffen werden.[20]

---

8   Vgl *Fischer* § 202a Rn 8 ff; NK-*Kargl* § 202a Rn 10; *Rengier* II § 31/27; Sicherungen, die ausschließlich einem anderen Zweck als der Datensicherung dienen, sind keine besonderen im Sinne des Tatbestandes, vgl *Vassilaki* CR 2008, 131 (132); aA *Popp* JuS 2011, 385 (387).
9   *Schumann* NStZ 2007, 675 (676).
10 Vgl *Hilgendorf* JuS 1996, 702 (703).
11 *Vassilaki* CR 2008, 131 (132); zum Streitstand, ob eine bloße Verschlüsselung der Dateien eine tatbestandlich relevante Sicherung darstellt, *Schumann* NStZ 2007, 675 (676).
12 Zum sog. Skimming vgl BGHSt 56, 170 f m.Anm. *Bachmann/Goeck* JR 2011, 425 ff; zust. *Tyszkiewicz* HRRS 2010, 207 (209 ff); BGH StV 2012, 526 ff m.Anm. *Saliger*; NStZ-RR 2013, 109 f; *Seidl/Fuchs* HRRS 2011, 265 ff.
13 Vgl *Goeckenjan* wistra 2009, 47 (48); *Seidl/Fuchs* HRRS 2010, 85 (86).
14 *Ernst* NJW 2007, 2661 ff; *Schreibauer/Hessel* K&R 2007, 616 ff; *Schumann* NStZ 2007, 675 ff.
15 *Fischer* § 202a Rn 11a.
16 *Schreibauer/Hessel* K&R 2007, 616 (617); *Schumann* NStZ 2007, 675 (676); krit. zur neuen Regelung *Ernst* NJW 2007, 2661 f.
17 *Fischer* § 202a Rn 7a; *Hilgendorf* JuS 1996, 509 (512); NK-*Kargl* § 202a Rn 11.
18 Vgl S/S-*Eisele* § 202a Rn 19.
19 Zu den allgemeinen Rechtfertigungsgründen vgl auch § 28 Rn 31 ff.
20 BT-Drucks. 16/3656, 10 f.

II. Definitionen und Erläuterungen

1. Tatbestand. a) Tatobjekt sind Daten, die sich im **Übermittlungsstadium** befinden. 15
Das heißt, die Daten müssen bewusst an einen Adressaten geleitet werden. Das bloße
Versenden von ganzen Datenträgern wird nicht erfasst. Beendet ist der Übermittlungs-
vorgang, wenn die Daten in den Herrschaftsbereich des Adressaten so eingegangen
sind, dass er Kenntnis erlangen kann.[21] Eine besondere Sicherung der Daten wird nicht
verlangt. Einschlägig ist daher besonders das Verschaffen von Daten aus E-Mails, Fax
und Telefon, nicht aber das Verschaffen durch das Versenden von Datenträgern oder
das unbemerkte Auslesen einer EC-Karte.[22] Da es auf die Leitungsgebundenheit nicht
ankommt, wird auch die Datenübermittlung per WLAN von § 202b umfasst.[23]

b) Nichtöffentlich sind Daten, wenn sie für einen konkreten Personenkreis, der durch 16
persönliche oder sachliche Beziehung verbunden ist, bestimmt und von diesem versteh-
bar sind. Es kommt also nicht auf den Inhalt der Daten, sondern auf die Form ihrer
Übermittlung an. Nicht geschützt sind dagegen Übertragungen, die zwar nicht direkt
an die Öffentlichkeit gerichtet sind, aber so erfolgen, dass sie von Dritten nahezu mü-
helos abgefangen werden können (sog. faktische Öffentlichkeit).[24]

c) Zum **Verschaffen** genügt die Erlangung der Herrschaft über Daten, so dass ihre 17
Kenntnisnahme möglich ist; ein Abspeichern ist nicht erforderlich.[25] Dies muss **unter
Anwendung technischer Mittel** geschehen, worunter auch Software, Codes und Pass-
wörter fallen.[26]

d) Im **subjektiven Tatbestand** ist Vorsatz in Form des dolus eventualis ausreichend.[27] 18

2. Rechtswidrigkeit. Das Merkmal **unbefugt** ist nur ein (überflüssiger) Hinweis auf die 19
Rechtswidrigkeit der Tat als allgemeines Deliktsmerkmal und gehört nicht zum Tatbestand. Sofern der Berechtigte einwilligt, gehört der Täter bereits zum berechtigten Personenkreis.

---

21 *Schumann* NStZ 2007, 675 (677).
22 *Fischer* § 202b Rn 3; *Tyskiewicz* HRRS 2010, 207 (212).
23 *Ernst* NJW 2007, 2661 (2662); *Fischer* § 202b Rn 3.
24 LG Wuppertal MMR 2011, 65 (66): unverschlüsselte WLAN-Netze; S/S-*Eisele* § 202b Rn 4a; *Schumann* NStZ 2007, 675 (677).
25 Krit. S/S/W-*Bosch* § 202b Rn 3.
26 BT-Drucks. 16/3656, 11; *Fischer* § 202b Rn 6.
27 BT-Drucks. 16/3656, 11; *Fischer* § 202b Rn 8.

C. Vorbereitungshandlungen (§ 202c)

20   Der sog. „**Hackerparagraph**" soll als abstraktes Gefährdungsdelikt erstmals besonders gefährliche Vorbereitungshandlungen im Rahmen der §§ 202a und 202b erfassen. Die in der Norm beschriebenen Verhaltensweisen waren bislang nur als Beihilfehandlungen strafbar.[28]

21   Durch die Erfassung von Passwörtern und sonstigen Sicherheitscodes in § 202c Abs. 1 Nr. 1 wird das sog. **Phishing** einem eigenen Straftatbestand unterstellt.[29] Erfasst wird auch das Ausspähen von Passwörtern, die Weitergabe eines Passworts und dessen Veröffentlichung, nicht aber das Aufzeigen von Sicherheitslücken.[30]

22   Unter den von Nr. 2 erwähnten Computerprogrammen sind vor allem sog. **Hackertools** zu verstehen, die einen Zugriff auf Computersysteme erlauben.[31] Diese müssen den **primären Zweck** haben, eine in § 202a oder § 202b genannte Straftat zu begehen, weshalb der Einsatz von Hackertools, die primär zur Aufdeckung von Sicherheitslücken oder zur Forschung dienen (dual use tools) nicht tatbestandsmäßig ist.[32] Der Zweck des Programms ist objektiv zu bestimmen,[33] dh die Absicht, eine Straftat nach § 202a oder b zu begehen, muss sich objektiv manifestiert haben.[34] Ebenso umfasst der Tatbestand das Publizieren von Sicherheitslücken und Passwörtern. Probleme können sich vor allem bei Programmen ergeben, die eigentlich dazu gedacht sind, Sicherheitslücken aufzudecken, aber aufgrund ihrer relativ freien Zugänglichkeit auch von Hackern benutzt werden können.[35]

23   Zentrale Tathandlungen des § 202c sind das Herstellen, das sich oder einem anderen Verschaffen und das Zugänglichmachen von Tatobjekten nach Abs. 1 Nr. 1 und 2. Die Tathandlungen sind an die des § 149 angelehnt. „Hergestellt" ist ein Computerprogramm jedenfalls dann, wenn es gebrauchsfähig ist.[36] Unter „verschaffen" ist das Erlangen der Verfügungsgewalt über die Tatobjekte zu verstehen. Das tatbestandsmäßige Überlassen und Verbreiten stellen besondere Formen des Zugänglichmachens – der Einräumung der Zugriffsmöglichkeit – dar. „Überlassen" ist die Einräumung einer Gebrauchsmöglichkeit,[37] „verbreiten" das Zugänglichmachen an einen größeren Personenkreis.[38] Nach zutreffender Ansicht hat jedoch die Alternative des „Verkaufens" als solche keine eigene Funktion im Tatbestand.[39]

24   Hinsichtlich des subjektiven Tatbestandes genügt dolus eventualis. Es ist zu beachten, dass die Verwendung von Programmen, die objektiv den Tatbestand des § 202c Abs. 1 Nr. 2 erfüllen, nicht zwingend auch eine Verwirklichung des subjektiven Merkmals der Vorbereitung einer Straftat nach § 202a oder b erfüllen.[40] Ob aus der Formulierung

---

28 BT-Drucks. 16/3656, 10 f, dass sich die Strafbarkeit nach § 202c auch auf versuchte Teilnahmehandlungen erstreckt, während ein Versuch der §§ 202a und b straffrei bleibt, ist eine bewusste Entscheidung des Gesetzgebers; dazu NK-*Kargl* § 202c Rn 2 f, vgl zur Geschichte BVerfG JR 2010, 79 ff.
29 *Ernst* NJW 2007, 2661 (2662 f); *Schumann* NStZ 2007, 675 (678), jew. mwN; krit. *Goeckenjan* wistra 2009, 47 ff.
30 Vgl NK-*Kargl* § 202c Rn 4; HKGS-*Tag* § 202c Rn 4.
31 Hierzu und zur Definition eines Computerprogramms *Cornelius* CR 2007, 682 (684).
32 BVerfG JR 2010, 79 (82 f) m.Anm. *Valerius*; *Holzner* ZRP 2009, 177 (178); *Stuckenberg* wistra 2010, 41.
33 BT-Drucks. 16/5449, 4; *Schumann* NStZ 2007, 675 (678).
34 BVerfG JR 2010, 79 (82) m.Anm. *Valerius*.
35 Näher hierzu *Cornelius* CR 2007, 682 ff m. Beispielen; *Vassilaki* CR 2008, 131 (136).
36 NK-*Kargl* § 202c Rn 9.
37 L-Kühl-*Heger* § 149 Rn 4.
38 NK-*Kargl* § 202c Rn 9.
39 *Schumann* NStZ 2008, 675 (678).
40 Vgl zu sog. Penetrationstests BVerfG JR 2010, 79 (84) m.Anm. *Valerius*.

des Tatbestandes ein Absichtserfordernis hinsichtlich einer Tatbegehung nach § 202a und b abzuleiten ist, ist zwar fraglich, der Täter muss aber jedenfalls in der Vorstellung handeln, dass die Programme entsprechend ihrem Zweck für solche Taten genutzt werden können.[41]

§ 202c steht grds. in **Tateinheit** zu den §§ 202a und 202b, tritt jedoch hinter diese zurück, wenn alle Delikte durch denselben Täter verwirklicht werden oder sich die Beihilfe zu §§ 202a und 202b in einer Tat nach § 202c erschöpft.[42]   25

D. Datenhehlerei (§ 202d)

I. Allgemeines

Die Datenhehlerei schützt das formelle Datengeheimnis vor einer Perpetuierung und Intensivierung der bereits durch die Vortat erfolgten Verletzung.[43] Zugleich soll sie zuvor bestehenden Beweisproblemen entgegenwirken[44] und Strafbarkeitslücken schließen.[45]   26

II. Definitionen und Erläuterungen

1. Tatbestand. a) Tatobjekt sind nur nicht öffentlich zugängliche Daten. Macht der   27
Täter sich die Vortat zunutze und existiert zugleich eine öffentlich zugängliche Quelle, so fehlt es am tauglichen Tatobjekt. Der Tatbestandsmäßigkeit stehen weder die Entgeltlichkeit des Zugangs zu den Daten noch der Umstand, dass das Werk lediglich urheberrechtlich geschützt ist, entgegen.[46]

b) Vortat können entsprechend der Sachhehlerei alle Taten sein, die 1. ein Strafgesetz   28
verwirklichen und 2. sich gegen die formelle Verfügungsbefugnis des Berechtigten richten.[47] Entscheidend ist die Berechtigung an den Daten. Die Berechtigung am Datenträger ist insoweit irrelevant.[48] Taugliche Vortat kann auch eine Datenhehlerei sein. Insbesondere ist an Strafvorschriften aus dem BDSG zu denken. Nicht ausreichend ist jedoch, dass der Täter selbst Daten unter Verstoß gegen das BDSG erstellt, da der Schutzzweck voraussetzt, dass die Daten der Verfügungsmacht des Berechtigten unterlagen.[49] Bloße Ordnungswidrigkeiten oder Dienstverstöße (zB typische Steuer-CD- oder Whistleblowing-Fälle) sind nicht ausreichend, was vor dem Hintergrund verwundert, dass diese Fallgruppen die Diskussion der Notwendigkeit des Tatbestandes erst ausgelöst haben.[50]

c) Tathandlungen sind das Verschaffen, Überlassen, Verbreiten oder sonst zugänglich   29
Machen. Auf die Tathandlungen des Verkaufens oder Ankaufens hat der Gesetzgeber

---

41 Dazu S/S/W-*Bosch* § 202c Rn 6; S/S-*Eisele* § 202c Rn 7; *Fischer* § 202c Rn 8.
42 *Fischer* § 202c Rn 10.
43 BR-Drucks. 249/15, 49; BeckOK-*Weidemann* § 202d Rn 2; krit. zur Einführung des Tatbestandes: *Golla* ZIS 2016, 192 (196); *Selz* in: Taeger (Hrsg.) Internet der Dinge, Digitalisierung von Wirtschaft und Gesellschaft, 2015, 915 (923 ff); *Stuckenberg* ZIS 2016, 526 (530 ff).
44 *Singelnstein* ZIS 2016, 432 mwN; vgl zur Entstehungsgeschichte *Stuckenberg* ZIS 2016, 526 (527 ff).
45 BR-Drucks. 249/15, 24; krit. hierzu: *Franck* RDV 2015, 180 (182); *Selz* in: Taeger (Hrsg.) Internet der Dinge, Digitalisierung von Wirtschaft und Gesellschaft, 2015, 915 (929 f).
46 BR-Drucks. 249/15, 50.
47 Dieses (tatbestandseinschränkende) Erfordernis läßt sich dem Gesetzeswortlaut nicht entnehmen, wird aber vom Gesetzgeber vorausgesetzt; S/S-*Eisele* § 202a Rn 8; *Franck* RDV 2015, 180 (181, 182).
48 Freilich könnte die Berechtigung am Datenträger ein sinnvolles Kriterium zur Konturierung des Tatbestands sein.
49 BR-Drucks. 249/15, 50.
50 *Stuckenberg* ZIS 2016, 425 (429).

bewusst verzichtet, um zu verdeutlichen, dass zur Verwirklichung des Delikts der bloße Abschluss des schuldrechtlichen Geschäfts nicht genügen soll. Entsprechend § 259 ist ferner ein einvernehmliches Handeln zwischen Täter und Vortäter erforderlich.[51]

30 d) Im **subjektiven Tatbestand** ist Vorsatz in Form des dolus eventualis in Bezug auf die eigene Handlung und die Vortat ausreichend. Die genauen Einzelheiten der Tat müssen dem Täter nicht bekannt sein.[52] Allein das Bewusstsein, dass die Daten aus irgendeiner rechtswidrigen Tat stammen, ist jedoch nicht hinreichend konkret und genügt daher nicht. Darüber hinaus wird eine Bereicherungs- oder Schädigungsabsicht in Form von dolus directus 1. Grades verlangt.[53]

31 **2. Strafrahmenbegrenzung.** Gemäß **Abs. 2** darf die Strafe nicht höher als die der Vortat sein. Damit wird dem Umstand Rechnung getragen, dass Schutzzweck der Norm die Intensivierung und Perpetuierung der Verletzung durch die Vortat ist.[54]

32 **3. Tatbestandsausschluss.** Der Tatbestandsausschluss nach **Abs. 3** gilt insbesondere für Handlungen von Amtsträgern, mit denen Daten ausschließlich der Verwertung in einem Besteuerungsverfahren, einem Strafverfahren oder einem Ordnungswidrigkeitenverfahren zugeführt werden sollen. Die Regelung entspricht § 184b Abs. 5 und soll sicherstellen, dass Daten zum Zwecke journalistischer Tätigkeiten und Ermittlungen verwendet werden dürfen.[55] Zu beachten ist auch das Ausschließlichkeitskriterium, nach dem die Verwendung nur zu den genannten Zwecken erfolgen darf. Für die Bestimmung der journalistischen Personen ist in Anlehnung an § 353b Abs. 3a auf § 53 Abs. 1 S. 1 Nr. 5 StPO zurückzugreifen.[56]

33 **4. Strafantragserfordernis.** Zu beachten ist das **Strafantragserfordernis** gem. § 205 Abs. 1 S. 2, es sei denn, es besteht ein besonderes öffentliches Interesse.

WIEDERHOLUNGS- UND VERTIEFUNGSFRAGEN

> Was sind Daten? (Rn 3 f)
> Wie ist das sog. Hacking unter dem Gesichtspunkt von § 202a zu beurteilen? (Rn 10)
> Verschafft sich auch derjenige Daten iSv § 202a, der sich diese durch Berechnung oder Beobachtung selbst erschließt? (Rn 11)
> Welchem Schutzzweck dient § 202b und welche Phase des Datenverkehrs unterfällt dem Tatbestand? (Rn 14 f)
> Welche Tathandlungen werden von § 202c erfasst? (Rn 20 f)
> Genügt für die Verwirklichung des § 202d der Abschluss eines schuldrechtlichen Geschäfts? (Rn 29)

---

51 BR-Drucks. 249/15, 51.
52 Krit.: *Selz* in: Taeger (Hrsg.) Internet der Dinge, Digitalisierung von Wirtschaft und Gesellschaft, 2015, 915 (927 f).
53 BR-Drucks. 249/15, 51 f; *Singelnstein* ZIS 2016, 433.
54 BR-Drucks. 249/15, 52.
55 Krit. dennoch: *Franck* RDV 2015, 180 (183); *Selz* in: Taeger (Hrsg.) Internet der Dinge, Digitalisierung von Wirtschaft und Gesellschaft, 2015, 915 (929).
56 BR-Drucks. 249/15, 52 f.

§ 31 Verletzung und Verwertung von Privatgeheimnissen (§§ 203 f)

A. Allgemeines

§ 203 schützt in Abs. 1 neben der Geheimsphäre des Einzelnen auch das Allgemeininteresse an der Verschwiegenheit der für Hilfe in Krankheit und Rechtsnot zuständigen Berufe.[1] Abs. 2 begründet strafrechtlich eine allgemeine Geheimhaltungspflicht der öffentlichen Verwaltung, um den Bürger vor Verletzungen seiner Geheimsphäre zu bewahren. 1

Die weiteren Absätze der Norm sind jüngst – als Reaktion auf den Einsatz digitalisierter Technik durch externe Dienstleiter - geändert worden: Mit dem (im November 2017) in Kraft getretenen Gesetz zur Neuregelung des Schutzes von Geheimnissen bei der Mitwirkung Dritter an der Berufsausübung ermöglicht Abs. 3 die straflose Weitergabe von Geheimnissen an externe Hilfspersonen (und wiederum deren Hilfspersonen). So sollen Rechtsunsicherheiten beseitigt werden, die im Rahmen des Outsourcings (zB bei Rechtsanwaltskanzleien oder Arztpraxen) mit dem Einsatz digitalisierter Technik durch externe Dienstleister verbunden sind.[2] Im Gegenzug machen sich nach Abs. 4 S. 1 die Hilfspersonen selbst wegen einer Schweigepflichtverletzung strafbar, wenn sie unbefugt Geheimnisse offenbaren. Hierzu müssen sie aber selbst vom Berufsgeheimnisträger zur Geheimhaltung verpflichtet worden sein. Zudem kann auch der Berufsgeheimnisträger wegen Verpflichtungsfehler nach Abs. 4 S. 2 strafrechtlich haften. Abs. 4 S. 2 Nr. 3 stellt das Offenbaren des Geheimnisses nach dem Tod des Berufsgeheimnisträgers und in Abs. 5 über den Tod des Betroffenen hinaus unter Strafe. Abs. 6 formuliert schließlich einen Qualifikationstatbestand für den Fall, dass der Täter gegen Entgelt oder mit Bereicherungs- oder Schädigungsabsicht handelt.[3] 2

§ 204 sanktioniert, über den Schutz der Privatsphäre hinausgehend, die wirtschaftliche Verwertung fremder Geheimnisse. Sofern die Verwertung des Geheimnisses durch dessen Offenbarung geschieht, tritt § 204 hinter § 203 Abs. 5 zurück.[4] 3

Die beiden Tatbestände sind **Sonderdelikte**. Als Täter kommen jeweils nur bestimmte geheimhaltungspflichtige Personen in Betracht. § 203 Abs. 3 stellt den Geheimnisträgern nach Abs. 1 ihre berufsmäßig tätigen Gehilfen und Auszubildenden gleich. Außenstehende können nur Teilnehmer sein; auf sie ist § 28 Abs. 1 anzuwenden.[5] 4

Die Taten nach §§ 203 f werden nur auf **Antrag** verfolgt (§ 205). 5

B. Definitionen und Erläuterungen

I. Verletzung von Privatgeheimnissen (§ 203)

▶ **FALL 1:** A lässt sich bei einem Rechtsanwalt in einer medizinrechtlichen Streitsache beraten. Dabei erläutert er auch vertraulich, welche Krankheit er hat. ◀

1 BGH NJW 1990, 510 (511 f); *Bosch* Jura 2013, 780 f; M-Schroeder/*Maiwald* I § 29/4; *Otto* § 34/26; bei Abs. 2 auch MK-*Cierniak/Pohlit* § 203 Rn 5; abw. LK-*Schünemann* § 203 Rn 14: nur Individualschutz.
2 Gesetz zur Neuregelung des Schutzes von Geheimnissen bei der Mitwirkung Dritter an der Berufsausübung schweigepflichtiger Personen (BGBl. I 3618); vgl dazu BT-Dr. 18/11936 und 18/12940; S/S-*Eisele* § 203 Rn 46; *Kargl* StV 2017, 482.
3 Instruktiv zum Tatbestand und mit zahlreichen Beispielsfällen: *Bock/Wilms* JuS 2011, 24 ff.
4 Vgl BT-Drucks. 7/550, 244.
5 MK-*Cierniak/Pohlit* § 203 Rn 141; NK-*Kargl* § 203 Rn 86.

▶ **Fall 2:** Patient P sucht wegen gesundheitlicher Beschwerden den Arzt A auf. A untersucht den P eingehend und stellt nach einer Blutanalyse den Krankheitserreger fest. ◀

6   **1. Abs. 1.** Den Tatbestand nach Abs. 1 verwirklicht, wer ein fremdes Geheimnis, das ihm in einer der tatbestandlich genannten beruflichen Rollen[6] nach Abs. 1 Nr. 1–6, Abs. 2 Nr. 1–6 und Abs. 4 anvertraut worden oder bekannt geworden ist, offenbart.

7   **a) Fremde Geheimnisse:** Fremde Geheimnisse sind Tatsachen, die lediglich einem beschränkten Personenkreis bekannt sind und nach dem sachlich begründeten Interesse des Betroffenen keine weitere Verbreitung erfahren sollen.[7]

8   Für den **Geheimnischarakter** einer Tatsache ist nicht nur der Geheimhaltungswille des Berechtigten, sondern auch die objektive Geheimhaltungswürdigkeit maßgeblich. Das Geheimnis muss nicht den Verletzten selbst betreffen, sondern kann sich auch auf einen Dritten beziehen, etwa auf die Erbkrankheit eines Elternteils. Ihre Qualität als Geheimnis verliert eine Tatsache nicht schon dadurch, dass sie bereits verraten wurde oder als Gerücht kursiert.

9   Als **Gegenstand des Geheimnisses** kommt jeder (zutreffende)[8] Umstand aus der persönlichen, wirtschaftlichen oder beruflichen Sphäre des Berechtigten in Betracht.[9] Einschlägig sind auch amtliche Vorgänge, an denen ein Geheimhaltungsinteresse besteht. Der persönliche Lebensbereich und das Betriebs- oder Geschäftsgeheimnis sind nur beispielhaft erwähnt. Zu beachten ist, dass das Geheimnis nicht berufsspezifisch zu sein braucht. So sind in **Fall 1** in Bezug auf die Krankheit nicht nur die Ärzte des A schweigepflichtig, sondern auch sein Rechtsanwalt. Dagegen ist die Abtretung einer Darlehensforderung durch eine Bank kein Verstoß gegen § 203.[10] Das sog. Bankgeheimnis – eine zivilrechtliche Nebenpflicht des Bankvertrags – fällt nicht unter den Schutz des § 203, da der Zessionar nur solche Informationen erhält, die das Einziehen der Forderungen ermöglichen.[11]

10   **b) Anvertraut:** Ein Geheimnis ist dem Täter anvertraut worden, wenn es ihm im Rahmen einer beruflichen Inanspruchnahme mitgeteilt wurde. Erforderlich ist ein innerer Zusammenhang zwischen Kenntniserlangung und Berufsausübung. Über das Geheimnis kann der Täter von dem Betroffenen selbst oder einem Dritten informiert worden sein.

11   **c) Sonst bekannt geworden:** Ein Geheimnis ist dem Täter sonst bekannt geworden, wenn er es im Rahmen seiner Berufsausübung in Erfahrung gebracht hat.

12   Exemplarisch ist **Fall 2:** P selbst kannte seine Krankheit nicht und konnte sie daher dem Arzt nicht mitteilen. Der Arzt hat die Krankheit aber durch seine medizinischen Untersuchungen selbst diagnostizieren können.

13   **d) Offenbaren:** Tathandlung ist das Offenbaren, also das Mitteilen des Geheimnisses (in welcher Form auch immer) unter Bezugnahme auf den Betroffenen an jemanden, der es noch nicht kennt.[12]

---

6 Ausf. hierzu LK-*Schünemann* § 203 Rn 58 ff.

7 BGH NJW 1995, 2301; *Küper/Zopfs* 159 ff; *S/S-Lenckner/Eisele* § 203 Rn 5; *Rengier* II § 31/42.

8 Unwahre Tatsachenbehauptungen verletzen kein Geheimnis, sondern die Ehre.

9 Zur Erstreckung des Schutzes auf juristische Personen LK-*Schünemann* § 203 Rn 31 f; nach *Heghmanns/Niehaus* NStZ 2008, 57, soll bereits das Bestehen von Vertragsbeziehungen ein Geheimnis im Sinne des Tatbestands darstellen.

10 BGH NJW 2010, 361 (362).

11 BGH NJW 2010, 361 (362); krit. *Eisele* ZIS 2011, 354 (357 f, 366 f); *Popp* JR 2011, 216.

12 M-Schroeder/*Maiwald* I § 29/26; LK-*Schünemann* § 203 Rn 41 mwN; *Küper/Zopfs* 160; zum Cloud Computing vgl *Kroschwal/Wicker* CR 2013, 758 (760 ff); *Rammos/Vonhoff* CR 2013, 265 (269).

Die Mitteilung ist auch dann ein Offenbaren, wenn der Adressat seinerseits zur Verschwiegenheit verpflichtet ist.[13] Stets muss sich aber die Information auf eine bestimmte Person beziehen. Daher ist es nicht tatbestandsmäßig, wenn ein Arzt über eine Krankengeschichte spricht, ohne dass sich hieraus Rückschlüsse auf die Identität des Patienten ziehen lassen. Umstritten ist, ob ein tatbestandliches Offenbaren auch bei der bloßen Weitergabe von Daten zu Verarbeitungszwecken vorliegt.[14] Diese Fragen sind inzwischen durch die Neuregelung in Abs. 3 S. 1 weitgehend geregelt: Werden Geheimnisse den berufsmäßig tätigen Gehilfen oder zur Vorbereitung auf den Beruf tätigen Personen zugänglich gemacht, stellt dies kein Offenbaren mehr dar,[15] während gegenüber extern Mitwirkenden nur eine Rechtfertigung in Betracht kommt.[16] 14

2. Abs. 2. Abs. 2 pönalisiert das Offenbaren von Geheimnissen, die dem Täter in den tatbestandlich genannten öffentlichen Funktionen anvertraut worden oder sonst bekannt geworden sind. Den Geheimnissen werden (nicht geheimhaltungsbedürftige) Informationen über sachliche und persönliche Verhältnisse gleichgestellt, die zur Erfüllung **öffentlicher Verwaltungsaufgaben erfasst** worden sind. Dies ist der Fall, wenn die entsprechenden Angaben zu dem Zweck festgehalten worden sind, eine spätere Unterrichtung über den Betreffenden zu ermöglichen.[17] Exemplarisch sind Angaben über die Nutzung einer Verwaltungseinrichtung oder Halter- und Fahrzeugdaten nach dem StVG.[18] 15

Offenkundige Tatsachen, die jeder ohne Weiteres in Erfahrung bringen kann, unterfallen nicht mehr dem Schutzzweck. Öffentliche Register gehören nicht zu den allgemein zugänglichen Quellen, wenn die Auskunft von der Geltendmachung eines Interesses abhängig ist.[19] Ansonsten sind die Tatbestandsmerkmale wie in Abs. 1 auszulegen. 16

3. Abs. 3, 4, Mitwirkende Personen und ihre Geheimhaltungspflicht. § 203 Abs. 3 enthält eine Neuregelung zum Wegfall der Strafbarkeit, wenn an der Berufsausübung des Berufsgeheinnisträgers Personen mitwirken, denen er Geheimnisse zugänglich macht. Hierbei sind zwei Personengruppen auseinanderzuhalten: Schon bislang war es nach h. M. straflos, wenn Geheimnisse den **berufsmäßig tätigen Gehilfen** (zB Krankenschwestern, Arzthelfern, Rechtsanwaltsgehilfen) und Personen, die berufsvorbereitend beim Berufsgeheinnisträger tätig sind (zB Studenten, Rechtsreferendare), mitgeteilt wurden. Nunmehr ist im Gesetz ausdrücklich vorgegeben, dass mangels Offenbarens schon der Tatbestand nicht erfüllt ist. 17

Hinzugekommen ist nun die Gruppe der sog. **sonstigen mitwirkenden Personen** (§ 203 Abs. 3 S. 2 Hs. 2). Sie sind zwar in die Aufgaben der schweigepflichtigen Person, nicht aber in deren organisatorische Sphäre eingebunden. Hierzu gehören etwa das outgesourcte Rechnungswesen, die Betreiber von informationstechnischen Anlagen oder Anbieter von Clouds.[20] Bezüglich dieses Personenkreises ist es strafrechtlich zwar ein tatbestandsmäßiges Offenbaren, aber letztlich erlaubt, wenn ihnen fremde Geheimnisse offenbart werden, soweit dies für die Inanspruchnahme der Tätigkeit der mitwirken- 18

---

13 BayObLG NStZ 1995, 187 f; OVG Lüneburg NJW 1975, 2263 (2264).
14 Bej. *Ziegler/Jung* Datenschutz und Datensicherheit (DuD) 1980, 133 (136); aA *Heghmanns/Niehaus* NStZ 2008, 57 (58); zur Einschaltung privatärztlicher Verrechnungsstellen *Giesen* NStZ 2012, 122 ff; zum Outsourcing *Kahler* CR 2015, 153 ff.
15 *Eisele* I Rn 775.
16 Unten Rn 18.
17 S/S-*Lenckner/Eisele* § 203 Rn 49; LK-*Schünemann* § 203 Rn 51.
18 BGH NStZ 2003, 149 f.
19 BGH NStZ 2003, 148 (149).
20 BT-Dr. 18/11936 S. 22.

den Personen **erforderlich** ist.[21] Das Merkmal der Erforderlichkeit ist zwar vage,[22] kann aber gleichwohl rechtsstaatssicher präzisiert werden:[23] Die Erforderlichkeit entfällt nicht schon dann, wenn der Berufsgeheimnisträger die Tätigkeit selbst ausüben könnte (zB die Erstellung von Abrechnungen). Vielmehr ist die Erforderlichkeit bereits gegeben, wenn die Datenweitergabe für die Erfüllung der von der externen Person geschuldeten Dienste notwendig ist.[24] Allerdings müssen Sicherungsmechanismen geschaffen werden, um nicht notwendige Datenübertragungen zu verhindern.[25]

19 Diese Abschwächung des Geheimnisschutzes in Abs. 3 wird durch eine Ausdehnung der Schweigepflicht in Abs. 4 kompensiert. Offenbaren die eben genannten Mitwirkungspersonen (sowie Datenschutzbeauftragte) ihnen anvertraute Geheimnisse, können sie sich ebenfalls einer Schweigepflichtverletzung schuldig machen (§ 203 Abs. 4 S. 1). Allerdings erstreckt das Gesetz nicht automatisch die Schweigepflicht des Berufsgeheimnisträgers auf ihre Mitwirkungspersonen. Erforderlich ist hierfür zusätzlich, dass er sie förmlich zur Geheimhaltung verpflichtet hat (zB innerhalb eines entsprechenden Vertrags zwischen einem Universitätsklinikum und dem externen Dienstleister). Unterläßt er dies, und offenbart die Mitwirkungsperson ein Geheimnis,[26] so macht sich der Berufsgeheimnisträger nach § 203 Abs. 4 S. 2 Nr. 1 strafbar (echtes Unterlassungsdelikt). Das Gleiche gilt nach § 203 Abs. 4 S. 2 Nr. 2 für die von der Mitwirkungsperson selbst eingesetzten weiteren mitwirkenden Personen.

20 **4. Abs. 5.** Abs. 5 stellt klar, dass die Schweigepflicht durch den **Tod** des Betreffenden **nicht beendet** wird.[27]

21 **5. Subjektiver Tatbestand.** Die subjektive Tatseite verlangt (zumindest bedingten) **Vorsatz.**

II. Rechtswidrigkeit

22 Das Merkmal **unbefugt** ist nur ein (überflüssiger) Hinweis auf die Rechtswidrigkeit der Tat als allgemeines Deliktsmerkmal und gehört nicht zum Tatbestand.[28] Sofern der Berechtigte mit der Weitergabe der Information (ausdrücklich oder konkludent) einverstanden ist, entfällt mangels Verletzung des Geheimhaltungsinteresses bereits der Tatbestand.[29] Relevant kann dies zB werden, wenn ein Arzt einen spezialisierten Fachkollegen konsultiert.[30]

23 Als **allgemeiner Rechtfertigungsgrund** kommt insbesondere der rechtfertigende Notstand (§ 34) in Betracht. Zu denken ist an den Fall, dass das Offenbaren des Geheimnisses einziges Mittel zum Schutz erheblich höherwertiger Interessen ist. Exemplarisch: Ein Arzt darf die Epilepsie seines autofahrenden Patienten der Verwaltungsbehörde

---

21 Rechtfertigungsgrund; vgl *Fischer* § 203 Rn 48; *Hoeren* MMR 2018, 12, 15.
22 Krit. etwa *Braun/Willkomm* medstra 2018, 197; *Fechtner/Haßdenteufel* CR 2017, 360.
23 *Ruppert* K&R 2017, 609.
24 BT-Dr. 18/11936 S. 23; L-Kühl-*Heger* § 203 Rn 25a.
25 S/S-*Eisele* § 203 Rn 52.
26 Dies soll nach dem Willen des Gesetzgebers eine objektive Bedingung der Strafbarkeit sein (*Fischer* § 203 Rn 55); krit. L-Kühl-*Heger* § 203 Rn 27a.
27 S/S-*Lenckner/Eisele* § 203 Rn 70.
28 Zu den allgemeinen Rechtfertigungsgründen vgl auch § 30 Rn 24 ff.
29 OLG Köln NJW 1962, 686 ff; Krey/Hellmann-*Heinrich* I Rn 556; *Jakobs* JR 1982, 359; S/S-*Lenckner/Eisele* § 203 Rn 22; aA *Fischer* § 203 Rn 31; NK-*Kargl* § 203 Rn 50: Rechtfertigung; LK-*Schünemann* § 203 Rn 93.
30 Zum Verkauf einer Kanzlei ohne Zustimmung der Mandanten vgl BGH NJW 2001, 2462 (2463 f); zur Mitteilung persönlicher Daten durch den Kinderschutzbund an das Familiengericht vgl OLG Stuttgart NStZ 2006, 508 f.

mitteilen[31] oder den Sexualpartner seines Patienten über dessen Geschlechtskrankheit oder Aids-Erkrankung informieren,[32] wenn er die sich aus der jeweiligen Krankheit ergebenden einschlägigen Gefahren nicht anders abzuwenden vermag.

III. Qualifikation (Abs. 6)

Nach Abs. 6 ist die Tat qualifiziert, wenn der Täter gegen Entgelt oder mit Bereicherungs- oder Schädigungsabsicht handelt. Entgelt im Sinne von § 11 Abs. 1 Nr. 9 ist ein wirtschaftlicher Wert, der als Gegenleistung für die Tat gewährt wird. 24

C. Verwertung fremder Geheimnisse (§ 204)

Tauglicher **Täter** kann nur sein, wer im Sinne von § 203 zur Geheimhaltung verpflichtet ist. 25

Verwerten ist die wirtschaftliche Nutzung des Geheimnisses zur Erzielung eines Gewinns für den Täter selbst oder einen Dritten. 26

In der Verwertung muss zugleich eine Verletzung der Interessen des Betroffenen liegen.[33] Für die Vollendung der Tat ist der Eintritt des Verwertungserfolgs erforderlich.[34] 27

D. Anwendung

I. Aufbau

Es empfiehlt sich, die Tatbestandsmerkmale der Verletzung von Privatgeheimnissen nach § 203 Abs. 1 in folgenden Schritten zu prüfen: 28

A) *Tatbestand*: 29

    I. Objektiver Tatbestand:

        1. Voraussetzungen der Täterschaft (Abs. 1–3)

        2. Fremdes Geheimnis (Rn 6 ff), das dem Täter in seiner beruflichen Funktion anvertraut worden (Rn 9) oder sonst bekannt geworden ist (Rn 10)

        3. Tathandlung: Offenbaren (Rn 11 ff)

    II. Subjektiver Tatbestand: Vorsatz (Rn 15)

B) *Rechtswidrigkeit*: unbefugtes Handeln (Rn 16 f)

C) *Schuld*

D) *Strafantrag* (§ 205)

E) Ggf *Qualifikation* (Rn 18)

Für die Taten nach § 203 Abs. 2 und § 204 kann ein entsprechender Aufbau gewählt werden. 30

---

31 Vgl BGH NJW 1968, 2288 (2290).
32 Vgl RGSt 38, 62 (63 ff); OLG Frankfurt NStZ 2001, 150 f.
33 *Maiwald* JuS 1977, 353 (362); aA BayObLG NStZ 1984, 169 f m. abl. Anm. *Maiwald*.
34 MK-*Graf* § 204 Rn 22; *Wagner* JZ 1987, 658 (668).

II. Beteiligung

31 Außenstehende, die nicht zu den geheimhaltungspflichtigen Personen gehören, können nur Teilnehmer sein; auf sie ist § 28 Abs. 1 anzuwenden.[35] Da mittelbare Täterschaft eines Außenstehenden nicht in Betracht kommt, können sich Strafbarkeitslücken ergeben. Exemplarisch: Privatmann P spiegelt Arzt A vor, Kollege zu sein, und bittet um Einsicht in Krankenakten des K, die A daraufhin gutgläubig dem P überlässt. P ist weder – mangels Sonderpflicht – mittelbarer Täter noch – mangels vorsätzlicher Haupttat des A – Teilnehmer.

WIEDERHOLUNGS- UND VERTIEFUNGSFRAGEN

> Welche Gründe hat es, nur bestimmte Berufe in den Geheimnisschutz des § 203 Abs. 1 einzubeziehen? (Rn 1)
> Was ist für ein Geheimnis kennzeichnend? (Rn 6 ff)
> Welcher Zusammenhang muss zwischen dem Geheimnis und dem Beruf des Täters bestehen? (Rn 8 ff)

---

35 Vgl *Herzberg* GA 1991, 145 (166 f, 179 ff); SK-*Hoyer* § 353b Rn 17; NK-*Kuhlen* § 353b Rn 9; LK-*Vormbaum* § 353b Rn 39.

§ 32 Verletzung des Post- und Fernmeldegeheimnisses (§ 206)

A. Allgemeines

Die Vorschrift **schützt** nach hM neben dem Post- und Fernmeldegeheimnis (Art. 10 GG) auch das öffentliche Vertrauen in die Sicherheit und Zuverlässigkeit des Post- und Fernmeldeverkehrs.[1] Der tatbestandlich relevante Inhalt des Post- und Fernmeldegeheimnisses wird in Abs. 5 definiert.[2]

1

Die Tat ist ein **Sonderdelikt**: Zum Täterkreis nach Abs. 1 und 2 gehören Inhaber und Beschäftigte eines Unternehmens, das geschäftsmäßig Post- oder Telekommunikationsdienste erbringt, also Postsendungen für andere gem. § 4 Nr. 4 PostG befördert oder Telekommunikationsdienste nach § 3 Nr. 24 TKG anbietet. Der Täterkreis wird in Abs. 3 um die dort genannten Personen erweitert. Abs. 4 erstreckt den Strafrechtsschutz über den Post- und Telekommunikationsbereich hinaus auch auf andere Dienstbereiche; hier können – im Sinne eines echten Amtsdelikts – nur Amtsträger Täter sein.

2

B. Deliktsmerkmale und Konkurrenzen

Den in Abs. 1 und 2 umschriebenen **Tathandlungen** ist gemeinsam, dass der Inhaber oder Beschäftigte im inneren Zusammenhang mit seiner beruflichen Funktion tätig geworden sein muss.[3] Abs. 1 erfasst die Mitteilung von Tatsachen, während Abs. 2 das Ausforschen und Unterdrücken der dem Unternehmen anvertrauten – dh ordnungsgemäß in den Post- und Fernmeldeverkehr gelangten[4] – Sendungen zum Gegenstand hat. Die Handlungen des **Öffnens** und **Kenntnisverschaffens** unter Anwendung technischer Mittel entsprechen denjenigen des § 202.[5] Beim **Unterdrücken** muss die Sendung dem ordnungsgemäßen Verkehr zumindest vorübergehend entzogen werden.[6] Ein **Gestatten** liegt vor, wenn der Täter in einer Lage, in der er eingreifen könnte, die Tat eines anderen ausdrücklich erlaubt, passiv duldet oder zu ihr anstiftet.[7] **Fördern** ist jede Hilfeleistung im Sinne von § 27.

3

Der **subjektive Tatbestand** erfordert (zumindest bedingten) Vorsatz.

4

Dass der Täter **unbefugt** handeln muss, ist als Hinweis auf die Rechtswidrigkeit als allgemeines Deliktsmerkmal zu verstehen. Eine rechtfertigende Befugnis kann sich neben den allgemeinen Rechtfertigungsgründen aus §§ 99 bis 100b StPO und § 39 Abs. 4 und 5 PostG ergeben.

5

Konkurrenzen: Tateinheit ist u.a. möglich zwischen § 206 Abs. 2, 3 und §§ 242, 246. § 202 tritt hinter Abs. 2 Nr. 1 und § 203 Abs. 2 hinter Abs. 1, 3 zurück.

6

---

1 Krey/Hellmann/*Heinrich* I Rn 641; *Küpper/Börner* I § 5/51; *Otto* § 34/45; nur Individualinteressenschutz: MK-*Altenhain* § 206 Rn 1 ff; S/S-*Lenckner/Eisele* § 206 Rn 2; *Welp* Lenckner-FS 619 (626 ff).
2 Näher S/S-*Lenckner/Eisele* § 206 Rn 6 ff.
3 L-Kühl-*Heger* § 206 Rn 7 f; *Otto* § 34/54.
4 MK-*Altenhain* § 206 Rn 48 mwN.
5 Vgl § 23 Rn 7, 11 f.
6 RGSt 52, 248 f; OLG Köln NJW 1987, 2596.
7 *Fischer* § 206 Rn 16; S/S-*Lenckner/Eisele* § 206 Rn 23; *Otto* § 34/55.

Wiederholungs- und Vertiefungsfragen

> Welches besondere Grundrecht sichert die Vorschrift des § 206? (Rn 1)

> Wer kann tauglicher Täter der Verletzung des Post- und Fernmeldegeheimnisses sein? (Rn 2)

§ 33 Hausfriedensbruch (§ 123)

A. Allgemeines

Die Vorschrift dient – entgegen ihrer Einordnung in den 7. Abschnitt des StGB – nicht dem Schutz der öffentlichen Ordnung, sondern der **Garantie des Hausrechts**. Hierunter ist die Freiheit[1] zu verstehen, darüber zu entscheiden, wer sich in bestimmten Räumen aufhalten darf.[2]   1

§ 123 ist **kein eigenhändiges Delikt**, sondern kann auch mittäterschaftlich oder in mittelbarer Täterschaft begangen werden. Der Tatbestand nennt als Handlungen das Eindringen in bestimmte Räumlichkeiten und das Verweilen trotz gegenteiliger Aufforderung. Die Strafverfolgung setzt einen Antrag voraus (Abs. 2).   2

B. Definitionen und Erläuterungen

I. Geschützte Räumlichkeiten

Geschützt sind Wohn- und Geschäftsräume, das befriedete Besitztum sowie abgeschlossene Räume, welche zum öffentlichen Dienst oder Verkehr bestimmt sind.   3

■ Eine **Wohnung** ist ein nach außen abgeschlossener räumlicher Bereich, der einer oder mehreren Personen als Unterkunft dient.   4

Als Wohnungen sind auch Hotelzimmer, Schiffe, Wohnwagen oder Campingzelte, nicht dagegen Kraftfahrzeuge anzusehen. **Bestandteil** einer Wohnung sind auch die ihr **funktional zugeordneten Nebenräume**,[3] wie zB Treppen, Flure, Keller oder Speicher.   5

■ **Geschäftsräume** sind nach außen abgeschlossene Räumlichkeiten, die bestimmungsgemäß zu beruflichen, gewerblichen, wissenschaftlichen oder künstlerischen Zwecken genutzt werden.[4]   6

Exemplarisch: Arztpraxis, Büroraum, Ladenlokal oder Fabrikhalle. Zu den Geschäftsräumen gehören die ihnen funktional zugeordneten Räumlichkeiten.[5] Hierher zählen auch Einkaufspassagen während der Geschäftszeiten, sofern sie funktional einem bestimmten Betrieb zugeordnet sind; nach Ladenschluss sind sie nur noch Durchgang.[6] Dagegen sind Einkaufspassagen, die von unterschiedlichen Betrieben benutzt werden, keine Räumlichkeiten eines Geschäfts.   7

■ **Befriedetes Besitztum** ist ein gegen willkürliches Betreten durch Schutzwehren gesicherter Grundstücksbereich.[7]   8

Die Schutzwehren – zB Mauern, Zäune, Hecken – müssen nicht lückenlos sein, wenn nur erkennbar ist, dass Unbefugten der Zutritt verwehrt sein soll; das bloße Aufstellen   9

---

1 Zu den vielfältigen Interessenlagen der Norm und ihrer Geschichte vgl NK-*Ostendorf* § 123 Rn 1 f.
2 OLG Köln JR 1984, 28 (29); OLG Frankfurt NJW 2006, 1746 (1749); Überblick bei *Geppert* Jura 1989, 378; S/S-*Sternberg-Lieben* § 123 Rn 1 mwN. Abweichende Konzeptionen bei *Schall*, Die Schutzfunktionen der Strafbestimmung gegen den Hausfriedensbruch, 1974; SK-*Stein* § 123 Rn 3-6 und bei *Ast* HdS IV § 25 Rn 30 (öffentliches Interesse an Sicherheit).
3 OLG Schleswig NStZ 2000, 479 (480) m. zust. Anm. *Hellmich* NStZ 2001, 511 ff; *Küpper/Börner* I § 5/4; NK-*Ostendorf* § 123 Rn 21; MK-*Schäfer* § 123 Rn 12; aA *Behm* GA 2002, 152 (162 f).
4 RGSt 32, 371; OLG Köln NJW 1982, 2740.
5 *Amelung* JZ 1986, 247; L-Kühl-*Heger* § 123 Rn 3; LK-*Lilie* § 123 Rn 15; *Müller-Christmann* JuS 1987, 19.
6 OLG Oldenburg JR 1986, 79; zust. *Bloy* JR 1986, 80; W/H/E-*Hettinger* Rn 653; NK-*Ostendorf* § 123 Rn 22; aA *Amelung* JZ 1986, 247; *Behm* JuS 1987, 950.
7 RGSt 36, 395 ff; 54, 42 (44); *Koch* NJW 2006, 557 (559); SK-*Stein* § 123 Rn 62.

von Warn- oder Verbotstafeln reicht zur Befriedung nicht aus.[8] Zum befriedeten Besitztum zählen zunächst Zubehörflächen von Wohnungen, die – wie etwa Gärten oder Hofräume – selbst nicht Bestandteil des abgegrenzten Wohnbereichs sind.[9] Ferner gehören hierher: Friedhöfe und gewerbliche Lagerplätze. Als befriedetes Besitztum werden auch leerstehende und zum Abbruch bestimmte Gebäude angesehen, sofern sich aus den Umständen noch auf einen dem Betreten entgegenstehenden Willen des Berechtigten schließen lässt.[10]

10 ■ **Zum öffentlichen Dienst bestimmt** sind Räume, wenn sie der Ausübung von Tätigkeiten aufgrund öffentlich-rechtlicher Vorschriften dienen. **Abgeschlossenheit** erfordert eine bauliche Abgrenzung nach außen.[11] Exemplarisch sind Behördenräume, Universitäten, Wahllokale oder auch Kirchengebäude[12] wie etwa der Erfurter Dom.[13]

11 ■ **Zum öffentlichen Verkehr bestimmt** sind Räume, die allgemein zugänglich sind und für den Personen- oder Gütertransportverkehr genutzt werden. Exemplarisch: Bahnhofshallen, Wartesäle, Flugzeuge, Zugabteile.[14] Geschützt werden auch die Räume privat betriebener Verkehrsunternehmen.

II. Tathandlungen

▶ **Fall 1:**   T stört O durch wiederholte nächtliche Telefonanrufe. ◀

▶ **Fall 2:**   Vermieter V betritt die an M vermietete Wohnung trotz dessen Protest. ◀

▶ **Fall 3:**   Der unauffällige Ladendieb L betritt eine Buchhandlung, um dort begehrte Titel zu stehlen. ◀

12 Tathandlungen des Hausfriedensbruchs sind das Eindringen und das Sich-nicht-Entfernen trotz Aufforderung:

13 **1. Eindringen.** Eindringen ist das Betreten gegen den Willen des Berechtigten.[15]

14 **a) Betreten:** Der Täter muss nicht mit dem ganzen Körper in die geschützte Räumlichkeit gelangen. Der Fuß in der Wohnungstür kann ausreichen.[16] Allerdings muss der Täter den **Schutzbereich körperlich überschreiten**, so dass es nicht genügt, wenn er nur mit der Hand in einen Briefschlitz greift oder Hausbewohner – wie in **Fall 1** – durch nächtliche Telefonanrufe stört.[17]

15 **b) Entgegenstehender Wille:** Der entgegenstehende Wille kann ausdrücklich erklärt sein, kann sich aber auch konkludent aus den Umständen – zB dem Erfordernis einer

---

8   BayObLG NJW 1995, 269; NK-*Ostendorf* § 123 Rn 23.

9   *Bernsmann* Jura 1981, 337 (340); HKGS-*Hartmann* § 123 Rn 9; Küper/*Zopfs* 94; *Müller-Christmann* JuS 1987, 19 (21 f); NK-*Ostendorf* § 123 Rn 21; abw. BayObLG NJW 1995, 269 (271); *Gössel*/Dölling I § 38/7: Bestandteil der Wohnung; wieder anders *Amelung* JZ 1986, 247 ff und NJW 1986, 2079 f: überhaupt keine Einbeziehung in den Schutzbereich.

10 OLG Hamm NJW 1982, 2674; OLG Stuttgart NStZ 1983, 123; *Artkämper*, Hausbesetzer, Hausbesitzer, Hausfriedensbruch, 1995, 99 ff; NK-*Ostendorf* § 123 Rn 23, jew. mwN.

11 NK-*Ostendorf* § 123 Rn 24; *Rengier* II § 30/6.

12 Vgl BGHSt 30, 350 (Gerichtssaal); weitere Beispiele bei HKGS-*Hartmann* § 123 Rn 11.

13 OLG Jena NJW 2006, 1892.

14 BayObLG JZ 1977, 311; vgl auch OLG Hamburg NStZ 2005, 276.

15 BGH bei *Dallinger* MDR 1968, 551; OLG Jena NJW 2006, 1892; *Otto* § 35/9; S/S-*Sternberg-Lieben/Schittenhelm* § 123 Rn 11; abw. S/S/W-*Fahl* § 123 Rn 6; SK-*Stein* § 123 Rn 15: Sich-hinein-Begeben ohne wirksames tatsächliches oder mutmaßliches Einverständnis eines Hausrechtsinhabers.

16 RGSt 39, 440 f; BGH bei *Dallinger* MDR 1955, 144.

17 HKGS-*Hartmann* § 123 Rn 15; NK-*Ostendorf* § 123 Rn 26.

Eintrittskarte – ergeben. Grds. gilt: Wer sein Grundstück einfriedet, gibt damit auch zu verstehen, dass es nicht ohne seinen Willen betreten werden soll.

Ein Hausverbot kann auch **durch Verwaltungsakt** ausgesprochen werden. Ein solches 16 Hausverbot ist jedoch nur dann strafrechtlich von Bedeutung, wenn der Verwaltungsakt nicht mehr mit Rechtsbehelfen angefochten werden kann oder für sofort vollziehbar erklärt wurde.[18]

c) **Berechtigter:** Berechtigter ist der Inhaber des Hausrechts. 17

■ Das Hausrecht hat zunächst inne, wem kraft seiner Verfügungsgewalt das Bestimmungsrecht innerhalb des geschützten Bereichs zusteht. Dies ist der **berechtigte Besitzer**.[19] Dem Mieter einer Wohnung steht (bis zu deren Räumung) das Hausrecht grds. auch gegenüber dem Hauseigentümer zu,[20] so dass V in **Fall 2** trotz seines Eigentums an der Wohnung Täter eines Hausfriedensbruchs zum Nachteil seines Mieters sein kann. 18

■ Berechtigter ist ferner derjenige, der aufgrund gesetzlicher **Stellvertretung** – zB als 19 Behördenleiter – zuständig ist oder dem der Hausrechtsinhaber die Wahrnehmung des Rechts übertragen hat, zB Gästen oder Hausangestellten. Minderjährigen Kindern wird ein stellvertretendes Hausrecht relativ zu ihrem Alter und ihrer Einsichtsfähigkeit eingeräumt; Geschäftsfähigkeit wird für die Ausübung des Hausrechts nicht verlangt.[21] Die Wirksamkeit des Einverständnisses setzt bei Stellvertretung voraus, dass es sich im Rahmen der erteilten Ermächtigung bewegt.[22]

■ Sind **mehrere** – zB Eheleute – berechtigt, so steht jedem von ihnen die Befugnis zur 20 Erteilung des Einverständnisses in das Betreten zu. Sofern dies im Einzelfall für den anderen unzumutbar ist, kann er dem Einverständnis wirksam widersprechen.[23]

d) **Einverständnis:** Ein Handeln mit Willen des Berechtigten lässt bereits das Tatbe- 21 standsmerkmal „eindringen" entfallen.[24] Der Wirksamkeit können jedoch **Willensmängel** entgegenstehen:

■ Ein Einverständnis des Berechtigten, das durch **Nötigung** (Drohung, kompulsive 22 Gewalt) veranlasst wurde, ist stets unwirksam.

■ Auch ein durch **Täuschung** erschlichenes Einverständnis ist unbeachtlich.[25] Dies gilt 23 insbesondere, wenn sich der Irrtum des Berechtigten auf die Person und den Zweck des Betretens bezieht. In diesem Fall ist die Erklärung dem Täter und nicht dem Berechtigten zuzurechnen, so dass der Täter eigenmächtig und nicht mit (dem rechtsverbindlichen) Willen des Berechtigten handelt.

---

18 Näher BGH NStZ 1982, 158 (159); OLG Karlsruhe NJW 1978, 116; vgl ferner OLG Hamburg NStZ 2005, 276; LK-*Lilie* § 123 Rn 56 f; NK-*Ostendorf* § 123 Rn 38 ff; auf die materielle Rechtmäßigkeit des Verwaltungsakts abstellend: *Bernsmann* Jura 1981, 465 (469 ff).
19 NK-*Ostendorf* § 123 Rn 33 mwN.
20 Vgl OLG Düsseldorf JR 1992, 165 f m.Anm. *Dölling*; OLG Hamburg NJW 2006, 2131 f.
21 BGHSt 21, 224; NK-*Ostendorf* § 123 Rn 35.
22 LK-*Lilie* § 123 Rn 37; S/S-*Sternberg-Lieben/Schittenhelm* § 123 Rn 21.
23 OLG Hamm NJW 1965, 2067 (2068); KG StraFo 2016, 214; LK-*Lilie* § 123 Rn 33 f; S/S-*Sternberg-Lieben/Schittenhelm* § 123 Rn 18; aA NK-*Ostendorf* § 123 Rn 36.
24 Sog. tatbestandsausschließendes Einverständnis, vgl hierzu auch *Kindhäuser* LPK Vor § 13 Rn 190 ff.
25 OLG München NJW 1972, 2275; auf rechtsgutsbezogene Irrtümer beschränkt: *Amelung/Schall* JuS 1975, 565 (566 f).

24 Eine verbreitete Gegenansicht hält demgegenüber auch das erschlichene Einverständnis für „faktisch" wirksam.[26] Das Recht kennt jedoch keine „faktisch" wirksamen Willenserklärungen bei der Ausübung von Rechten, zu denen das Hausrecht zählt.

25 Zu beachten ist im Übrigen, dass ein **Einverständnis bedingt** erteilt werden kann. Wer seine Tür einem Stromableser öffnet, macht dies im Regelfall konkludent unter der Bedingung, dass der Betreffende auch vom Elektrizitätswerk beauftragt wurde. Ist der Betreffende ein Trickdieb, so ist das Einverständnis mangels erfüllter Bedingung unwirksam. Insoweit ist der Streit um die Relevanz von Täuschungen beim Einverständnis ohne Belang.

26 e) **Publikumsverkehr:** Der Hausrechtsinhaber kann (ausdrücklich oder konkludent) erklären, dass er seine Räumlichkeiten dem allgemeinen Publikumsverkehr öffnet, wie dies etwa bei Geschäften oder Ausstellungsräumen der Fall ist.[27] Ein solches **generelles Einverständnis** erfolgt in der Regel unter der Bedingung, dass der Zutritt zu den Geschäftszeiten und in der **sozial üblichen Weise** erfolgt.[28] Insoweit begeht einen Hausfriedensbruch, wer mit Masken und Waffen die Schalterhalle einer Bank betritt.[29] Hingegen hält der unauffällige L in **Fall 3** die Bedingungen des generellen Einverständnisses ein.

27 ■ Eine Bedingung des Inhalts, dass nur derjenige die Räumlichkeiten betreten dürfe, der **nicht** die **Absicht** verfolgt, eine **Straftat zu begehen**, wird gewöhnlich weder ausdrücklich noch konkludent erklärt. Es lässt sich auch nicht sinnvoll differenzieren zwischen solchen Personen, die bereits mit dem Willen zu stehlen das Geschäft betreten, und solchen Personen, welche die Zueignungsabsicht erst im Geschäft fassen. Der Berechtigte hat an beiden Arten von „Kunden" gleichermaßen kein Interesse. Umgekehrt liegt auch im Betreten eines Geschäfts keine konkludente Erklärung des Täters, nicht stehlen (oder sich sonst strafbar verhalten) zu wollen. Daher kann die deliktische Absicht des L in **Fall 3** nicht hinreichend sein, um eine Verletzung des Hausrechts zu begründen.

28 ■ Allerdings ist es tatbestandsmäßig, wenn der Täter einem **ihm persönlich erteilten Hausverbot** zuwiderhandelt. So macht sich wegen Hausfriedensbruchs strafbar, wer als ‚Fussballfan der rechten Fanszene' ein Fussballstadion betritt, obwohl ihn der Fussballverein als Hausrechtsinhaber durch den Vorstand ein entsprechendes Hausverbot ausgesprochen hat.[30] Unter dieser Voraussetzung kann sich der Täter nicht auf das generelle Einverständnis berufen.

29 f) **Unterlassen:** Das Eindringen kann auch durch Unterlassen verwirklicht werden.[31]

---

26 S/S/W-*Fahl* § 123 Rn 7; LK-*Lilie* § 123 Rn 50 f; MK-*Schäfer* § 123 Rn 29; *Schild* NStZ 1986, 346 (349 f); S/S-*Sternberg-Lieben/Schittenhelm* § 123 Rn 22.

27 NK-*Ostendorf* § 123 Rn 39 f mwN, auch zu Stadionverboten.

28 Die hM sieht das Betreten eines Geschäfts auch dann als von dem generellen Einverständnis erfasst an, wenn der Geschäftsinhaber bestimmten Personengruppen (zB „Testkäufern") ausdrücklich den Zugang untersagt, vgl LG Frankfurt/M. NJW 1963, 1022; LK-*Lilie* § 123 Rn 52 ff; SK-*Stein* § 123 Rn 46; S/S-*Sternberg-Lieben/Schittenhelm* § 123 Rn 24/25; aA OLG Hamm WRP 1964, 136.

29 Vgl OLG Düsseldorf NJW 1982, 2678; *Amelung* NStZ 1985, 457; *Mitsch* JuS 1998, 307 (308); S/S-*Sternberg-Lieben/Schittenhelm* § 123 Rn 26; krit. *Ast* HdS IV § 25 Rn 39: wirksames Einverständnis wegen genereller Öffnung der Räumlichkeiten

30 OLG Dresden NStZ 2017, 292.

31 *Bodendorf*, Der Hausfriedensbruch, sein Rechtsgut und Tatbestand in neuerer Entwicklung, 1970, 60; L-Kühl-*Heger* § 123 Rn 5; *Heinrich* JR 1997, 94.

■ Dies ist ohne Weiteres dann möglich, wenn ein **Garant** pflichtwidrig einen Unbefugten nicht am Betreten eines Raumes hindert.[32]   30

■ Durch Unterlassen kann ferner unter dem Aspekt der **Ingerenz** eingedrungen werden. Exemplarisch: Der Täter erkennt nachträglich, dass er einen Raum ohne Willen des Berechtigten betreten hat, oder er überschreitet eine zeitlich begrenzte Aufenthaltserlaubnis.[33]   31

Eine verbreitete Gegenansicht lehnt hier die Möglichkeit des Unterlassens mit dem Argument ab, das Eindringen sei eine verhaltensgebundene Handlung; außerdem werde das Unterlassen in der zweiten Tatvariante speziell erfasst.[34] Gegen den verhaltensgebundenen Charakter des Eindringens spricht jedoch schon, dass § 123 kein eigenhändiges Delikt ist. Ferner hat das Eindringen durch Unterlassen gegenüber dem bloßen Sich-nicht-Entfernen die engere Voraussetzung einer Garantenstellung, so dass die zweite Tatvariante, die nur ein Auffordern verlangt, keine speziellere, sondern eine weitere, das Eindringen ergänzende Verhaltensweise ist.   32

2. Sich-nicht-Entfernen trotz Aufforderung. Die Tathandlung des Sich-nicht-Entfernens trotz Aufforderung hat **zwei Voraussetzungen**:   33

■ der Berechtigte muss den Täter (ausdrücklich oder konkludent, zB durch Klingelzeichen) zum Verlassen des Raumes **auffordern**;

■ der Täter darf der Aufforderung **nicht unverzüglich** Folge leisten, so dass sein Verweilen die Bedeutung eines Widerspruchs zur Erklärung des Berechtigten hat.

Das Sich-nicht-Entfernen trotz Aufforderung ist ein **echtes Unterlassen**, für das § 13 nicht gilt.[35] Eigenständige Bedeutung hat diese Tatvariante gegenüber dem Eindringen insbesondere dann, wenn der Täter den Raum zunächst befugt betreten hat. Ist der Täter dagegen bereits widerrechtlich in einen Raum eingedrungen, so ist sein späteres Verweilen im Verhältnis zur ersten Tatvariante subsidiär.[36]   34

III. Subjektiver Tatbestand

Die subjektive Tatseite verlangt (zumindest bedingten) **Vorsatz**.   35

IV. Rechtfertigung

Die Merkmale „widerrechtlich" und „ohne Befugnis" gehören nicht zum Deliktstatbestand, sondern sind nur (überflüssige) Hinweise auf das allgemeine Rechtswidrigkeitserfordernis. Als Rechtfertigungsgründe kommen zunächst öffentlich-rechtliche Befugnisse wie zB das Recht auf Durchsuchung nach § 102 ff. StPO in Betracht. Aber auch die allgemeinen Rechtfertigungsgründe können einschlägig sein. Neben der mutmaßlichen Einwilligung können beim Eindringen vor allem **Notstandssituationen** das Betreten rechtlich legitimieren. So ist etwa das Recht der Tiere auf eine Haltung nach den gesetzlich normierten Tierschutzbestimmungen ein notstandsfähiges Rechtsgut iSd § 34. Dringen Tierschützer in eine Tierzuchtanlage ein, um - von den zuständigen Be-   36

---

32 NK-*Ostendorf* § 123 Rn 28; MK-*Schäfer* § 123 Rn 26 mwN.
33 BGHSt 21, 224 (225 f); MK-*Schäfer* § 123 Rn 26; S/S-*Sternberg-Lieben/Schittenhelm* § 123 Rn 13; aA *Herzberg/ Hardtung* JuS 1994, 492 (493); NK-*Ostendorf* § 123 Rn 27.
34 LK-*Lilie* § 123 Rn 58; NK-*Ostendorf* § 123 Rn 27; *Rengier* II § 30/17.
35 *Küpper/Börner* I § 5/13; NK-*Ostendorf* § 123 Rn 44.
36 BGHSt 21, 224 (225); OLG Jena NJW 2006, 1892 (1893).

hörden nicht verfolgte - Tierschutzverstösse durch Foto- und Filmaufnahmen zu dokumentieren, so ist dieser Hausfriedensbruch wegen Notstands gerechtfertigt.[37]

C. Anwendung

I. Aufbau

37 Es empfiehlt sich, die Tatbestandsmerkmale des Hausfriedensbruchs in folgenden Schritten zu prüfen:

A) *Tatbestand*:

  I. Objektiver Tatbestand

    1. Geschützte Räumlichkeit: Wohnung usw (Rn 3 ff)

    2. Tathandlung: Eindringen im Sinne von Betreten der Räumlichkeit durch Tun oder Unterlassen (§ 13) gegen den Willen des Berechtigten (Rn 13 ff) oder Sich-nicht-Entfernen trotz Aufforderung (echtes Unterlassen, Rn 33 f)

  II. Subjektiver Tatbestand: Vorsatz (Rn 35)

B) *Rechtswidrigkeit*

C) *Schuld*

D) *Strafantrag* (Abs. 2)

38 Hinsichtlich einer **Rechtfertigung** ist speziell an öffentlich-rechtliche Befugnisse (zB Pfändung, Beschlagnahme, Durchsuchung) zu denken. Ferner kann bei fehlendem (ausdrücklichen oder konkludenten) Einverständnis eine mutmaßliche Einwilligung in Betracht kommen, allerdings nur, wenn eine Erklärung des Berechtigten nicht (rechtzeitig) eingeholt werden kann.

II. Konkurrenzen

39 § 123 steht

40 ■ zu Delikten, die **den Hausfriedensbruch ermöglichen** sollen (zB §§ 223, 265a, 303), in Tateinheit.[38] Exemplarisch: Um in eine Wohnung eingelassen zu werden, schlägt A auf den Hausrechtsinhaber ein;

41 ■ zu Delikten, die **durch den Hausfriedensbruch ermöglicht** werden sollen (zB §§ 177, 242), wie es auch sonst bei Dauerdelikten der Fall ist, in Tateinheit.[39] Die hM bejaht hier jedoch Tatmehrheit mit dem Argument, bloße Gleichzeitigkeit mehrerer Tatbestandsverwirklichungen begründe noch keine Idealkonkurrenz.[40] Exemplarisch: Der Täter betritt widerrechtlich einen Raum, um von dort ein Gespräch mit einem Abhörgerät zu belauschen (§ 201 Abs. 2 Nr. 1);

---

37 So in dem Fall LG Magdeburg JuS 2018, 83 m.Bespr. *Hecker;* bestätigt in der Revisionsentscheidung OLG Naumburg NJW 2018, 2064 m.Bespr. *Hotz.*

38 NK-*Ostendorf* § 123 Rn 50.

39 *Gössel/*Dölling I § 38/67; HKGS-*Hartmann* § 123 Rn 28; *Kindhäuser* JuS 1985, 100 (104 f); sogar Subsidiarität erwägend *Ast* HdS IV § 25 Rn 42.

40 BGHSt 18, 29 (32 f); OLG Jena NJW 2006, 1892 (1893); NK-*Ostendorf* § 123 Rn 50; *Rengier* II § 30/29; SK-*Stein* § 123 Rn 76.

■ zu Delikten, die **anlässlich** (gelegentlich) **eines Hausfriedensbruchs** vorgenommen werden (zB § 185), in Tatmehrheit.[41] Exemplarisch: Der aus der Kneipe gewiesene Gast beleidigt den Wirt;

42

■ zu Delikten, die gewöhnlich **zusammen mit einem Hausfriedensbruch** begangen werden, in Gesetzeskonkurrenz (Konsumtion); der Hausfriedensbruch tritt hinter das andere Delikt zurück. Exemplarisch: Der Täter begeht einen Einbruchdiebstahl nach §§ 242, 244 Abs. 1 Nr. 3.

43

WIEDERHOLUNGS- UND VERTIEFUNGSFRAGEN

> Weshalb ist die Einordnung des Hausfriedensbruchs in den 7. Abschnitt des StGB missverständlich? (Rn 1)

> Wer ist der Berechtigte, auf dessen Willen es ankommt? (Rn 17 ff)

> Unter welchen Umständen ist das Einverständnis des Berechtigten unmaßgeblich? (Rn 21 ff)

> Welche Reichweite hat das generelle Einverständnis des Berechtigten, seine Räume dem allgemeinen Publikumsverkehr zu öffnen? (Rn 26 f)

> Inwiefern kann ein Eindringen durch Unterlassen erfolgen? (Rn 29 ff)

---

41 HM, vgl nur MK-*Schäfer* § 123 Rn 70 mwN.

§ 34 Schwerer Hausfriedensbruch (§ 124)

A. Allgemeines

1 Der Tatbestand verbindet Elemente des Hausfriedensbruchs (§ 123) und des Landfriedensbruchs (§ 125) und verfolgt eine doppelte Zwecksetzung: Neben dem Hausrecht soll auch die öffentliche Sicherheit geschützt werden.[1] § 124 ist einerseits Qualifikationstatbestand zu § 123, schränkt jedoch andererseits dessen Garantie des Hausrechts ein, indem es nur das Eindringen als Tathandlung erfasst und zum öffentlichen Verkehr bestimmte Räume ausklammert.

B. Definitionen und Erläuterungen

I. Objektiver Tatbestand

2 Die Verwirklichung des objektiven Tatbestands setzt voraus, dass sich der Täter einer Menschenmenge anschließt, die sich öffentlich zusammengerottet hat und in der Absicht, mit vereinten Kräften Gewalttätigkeiten gegen Personen und Sachen zu begehen, in bestimmte geschützte Räumlichkeiten eindringt.

3 ■ Eine **Menschenmenge** ist eine zahlenmäßig nicht sofort überschaubare Personenmehrheit, bei der es auf das Hinzukommen oder Weggehen eines einzelnen nicht mehr ankommt.[2]
Erforderlich sind (deutlich) mehr als zehn Personen, sofern nicht aufgrund der räumlichen Enge oder sonstiger Besonderheiten des Tatorts die Anzahl der Personen unübersichtlich ist.[3]

4 ■ Eine **Zusammenrottung** setzt voraus, dass die Menschenmenge in äußerlich erkennbarer Weise von dem gemeinsamen Willen zu bedrohlichem oder gewalttätigem Handeln beherrscht ist.[4] Ein organisiertes Vorgehen ist nicht erforderlich. Auch muss nicht jeder Teilnehmer die feindselige Willensrichtung teilen.

5 ■ Die Zusammenrottung ist **öffentlich**, wenn sich der Menschenmenge beliebig viele Personen anschließen können.[5]

6 ■ **Geschützte Räumlichkeiten** sind Wohnungen, Geschäftsräume, befriedete Besitztümer und zum öffentlichen Dienst bestimmte, abgeschlossene Räume.[6]

7 ■ **Eindringen** ist das Betreten der Räumlichkeit gegen den Willen des Berechtigten.[7] Damit eine Menschenmenge eingedrungen ist, müssen die Personen, welche die geschützten Räumlichkeiten betreten haben, ihrerseits eine Menschenmenge bilden.

---

1 Krey/Hellmann/*Heinrich* I Rn 550; LK-*Lilie* § 124 Rn 1; *Otto* § 35/21; auf das Hausrecht beschränkend NK-*Ostendorf* § 124 Rn 3; SK-*Stein* § 124 Rn 3.
2 BGHSt 33, 306 (308); BGH NStZ 1993, 538; *Gössel*/Dölling I § 38/72; W/H/E-*Hettinger* Rn 675.
3 BGH NStZ 1994, 483; 2002, 538; größere Personenzahl erforderlich: OLG Düsseldorf NStZ 1990, 339 f; NK-*Ostendorf* § 124 Rn 7.
4 RGSt 55, 67 (68); 56, 281; BGH NJW 1954, 1694; BayObLG NJW 1969, 63 (64); LK-*Lilie* § 124 Rn 3; NK-*Ostendorf* § 124 Rn 11.
5 LK-*Lilie* § 124 Rn 4; *Tiedemann* JZ 1968, 761 (767).
6 Zu Einzelheiten vgl § 33 Rn 3 ff.
7 Vgl § 33 Rn 13 ff.

Es reicht also einerseits nicht aus, wenn nur einzelne Personen aus der Menschen- 8
menge in das Innere der Räumlichkeit gelangen. Andererseits müssen nicht alle Personen der zuvor zusammengerotteten Menge eindringen.[8]

■ Die Menschenmenge muss (ggf gewaltsam) eindringen, **um anschließend** die von ihr 9
beabsichtigten **Gewalttätigkeiten zu verüben.** Es reicht nicht aus, wenn sich die
Menschenmenge nur auf gewalttätige Weise Zutritt zu einer geschützten Räumlichkeit verschafft.[9]

■ Die **Teilnahme** setzt objektiv voraus, dass sich der Täter dergestalt der Menschen- 10
menge anschließt, dass er für einen Beobachter als deren Teil erscheint.[10]

§ 124 ist kein eigenhändiges Delikt. Der Täter muss nicht selbst in die geschützte 11
Räumlichkeit eindringen.[11] Der Begriff der Teilnahme ist im Sinne einer aktiven Beteiligung zu verstehen.[12] Er umfasst einerseits mittäterschaftliches Mitwirken, andererseits aber auch Teilnahmehandlungen beim Eindringen anderer.[13] Solche Teilnahmehandlungen (an Ort und Stelle) begründen täterschaftliches Handeln im Sinne des Tatbestands, es sei denn, die betreffende Person hat sich lediglich in die Menge begeben,
um das Vorgehen zu dokumentieren oder die Menge zu beruhigen.[14]

Im Übrigen ist eine Beteiligung nach allgemeinen Grundsätzen möglich. Man kann zB 12
zur Teilnahme beim Eindringen anstiften (§ 26) oder Beihilfe (§ 27) durch das Beschaffen von Tatwerkzeugen leisten.[15]

II. Subjektiver Tatbestand

Der subjektive Tatbestand erfordert zunächst (zumindest bedingten) Vorsatz hinsicht- 13
lich der Merkmale des objektiven Tatbestands. Außerdem muss der Täter in der Absicht handeln, sich an den Gewalttätigkeiten (aktiv oder als Gehilfe oder Anstifter) zu
beteiligen. Anderenfalls verwirklichte auch derjenige den Tatbestand, der die Räumlichkeit betritt, um abzuwiegeln und die Menge zu beruhigen.[16] Im Unterschied zu
§ 125 müssen die Gewalttätigkeiten nicht tatsächlich geschehen.[17]

Wiederholungs- und Vertiefungsfragen

> Welcher Schutzzweck wird mit § 124 verfolgt? (Rn 1)
> Ab welcher Personenzahl kann man im Regelfall von einer Menschenmenge sprechen?
  (Rn 3)
> Welche Besonderheiten sind bei § 124 hinsichtlich der Beteiligung zu beachten? (Rn 11 f)

---

8 NK-*Ostendorf* § 124 Rn 13; SK-*Stein/Rudolphi* § 124 Rn 7 mwN.
9 RGSt 53, 64; LK-*Lilie* § 124 Rn 12; NK-*Ostendorf* § 124 Rn 8.
10 RGSt 60, 334 f.
11 RGSt 55, 35 (36 f); LK-*Lilie* § 124 Rn 17 ff; aA SK-*Stein/Rudolphi* § 124 Rn 13.
12 ISe Einheitstäterbegriffs, vgl NK-*Ostendorf* § 124 Rn 14.
13 M-Schroeder/*Maiwald* I § 30/25 f; nur Beteiligung nach Mittäterschaftsregeln: L-Kühl-*Heger* § 124 Rn 4; S/S-
   Sternberg-Lieben § 124 Rn 19.
14 S/S/W-*Fahl* § 124 Rn 7 mwN.
15 SK-*Stein/Rudolphi* § 124 Rn 17 mwN.
16 NK-*Ostendorf* § 124 Rn 15, 17; SK-*Stein/Rudolphi* § 124 Rn 15 ff; aA LK-*Lilie* § 124 Rn 10; MK-*Schäfer* § 124 Rn 24:
   ausreichend sei die Zurechenbarkeit der Absicht anderer zum Vorsatz.
17 S/S/W-*Fahl* § 124 Rn 9.

2. Teil
Straftaten gegen Staat und Gesellschaft

1. Abschnitt: Staatsschutzdelikte

§ 35 Systematik und Überblick (§§ 80a ff)

1   Den Staatsschutzdelikten[1] des StGB liegt folgende **systematische Gliederung** zugrunde:

2   Die Staatsschutzdelikte ieS sind in den beiden ersten Abschnitten des BT enthalten. Hierher gehören das Aufstacheln zum Verbrechen der Aggression, der Hochverrat und die Gefährdung des demokratischen Rechtsstaats sowie der Landesverrat und die Gefährdung der äußeren Sicherheit. Der 3. Abschnitt des StGB betrifft Straftaten gegen ausländische Staaten. Es folgen im 4. Abschnitt die Delikte gegen Verfassungsorgane und Wahlmanipulationen sowie im 5. Abschnitt Straftaten gegen die Landesverteidigung.

3   Aufstacheln zum Verbrechen der Agression (§ 80a) und Landesverrat (§§ 93 ff) schützen die Sicherheit der Bundesrepublik gegenüber anderen Staaten, § 80a darüber hinaus den Völker- und Weltfrieden,[2] während Hochverrat (§§ 81 ff) und Gefährdung des demokratischen Rechtsstaats (§§ 84 ff) die Sicherheit des Staates nach innen betreffen:[3]

4   ■ Der neu gefasste Straftatbestand des § 80a bildet einen Vorfeldtatbestand im Bereich des § 13 VStGB. Der frühere Tatbestand der Vorbereitung eines Angriffskriegs, § 80 aF, ist nunmehr, völkerrechtlich modifiziert, in § 13 VStGB als Verbrechen der Agression geregelt.[4] § 80a erfasst die Aufstachelung zu einer Agression. In § 13 VStGB wird die Aggression umschrieben als Angriffskrieg sowie eine sonstige Angriffshandlung, die allerdings von ihrer Art, Schwere und Umfang her die Charta der UN offenkundig verletzen muß.[5] Anders als im früheren Recht sind damit nicht nur Aggressionen gemeint, an denen die Bundesrepublik Deutschland (aktiv oder passiv) beteiligt ist,[6] sondern auch Aufstachelungen zu Angriffskriegen ohne Beteiligung Deutschlands.[7]

5   ■ **Hochverrat** ist die Beeinträchtigung des Bestands (sog. **Bestandshochverrat** einschließlich Gebietshochverrat) oder die Änderung der verfassungsmäßigen Ordnung (sog. **Verfassungshochverrat**) des Bundes (§ 81) oder eines Landes (§ 82).[8] Entgegen

---

1 Umf. geschichtlicher und rechtsvergleichender Überblick mit Bezügen zum neueren internationalen Strafrecht bei NK-*Paeffgen* Vor § 80 Rn 1 ff.

2 S/S-*Sternberg-Lieben* § 80a Rn 2.

3 Überblick über die historische Entwicklung LK-*Laufhütte/Kuschel* Vor § 80 Rn 1–19. Zu den einschlägigen Legaldefinitionen vgl §§ 92, 93.

4 *Glauch* HRRS 2017, 86; *Hartig* KriPoZ 2018, 362.

5 Sog. treshold clause; vgl *Ambos*, IntStR, § 7 Rn 265; *Schramm* IntStR, § 2 Rn 68b; Werle/Jeßberger,

6 Vgl jeweils noch zur alten Rechtslage: LK-*Laufhütte/Kuschel* § 80 Rn 1 mwN; zum Rechtsgut des Friedensverrats L-*Kühl* § 80 Rn 1, § 80a Rn 1; SK-*Rudolphi* § 80 Rn 1, § 80a Rn 1.

7 S/S-*Sternberg-Lieben* § 80a Rn 2.

8 Zu Begriff und Formen des Hochverrats MK-*Lampe/Hegmann* Vor § 81 Rn 1 ff; NK-*Paeffgen* § 81 Rn 1 ff.

der insoweit sprachlich etwas missverständlichen Gesetzesüberschrift schützt die Norm also nicht vor dem ‚Verraten' (Offenbaren) von Staatsgeheimnissen.

■ **Gefährdung des demokratischen Rechtsstaats** ist die sonstige (nicht hochverräteri-   6
sche) Beeinträchtigung der verfassungsmäßigen Ordnung.[9] Die Delikte lassen sich in drei Gruppen unterteilen: Während die §§ 84–86a die eigentlichen Organisationsdelikte, also die Unterstützung verbotener Vereinigungen erfassen, beinhalten die §§ 87–89 gefährdende Eingriffe (Sabotage, Zersetzung) in das Funktionieren des staatlichen Lebens. Die §§ 90–90b stellen die verfassungsverräterische Beschimpfung des Staates, seiner höchsten Repräsentanten und Organe unter Strafe, um so das Ansehen des demokratischen Rechtsstaates zu schützen.[10] Die im Jahre 2009 in das StGB eingefügten[11] §§ 89a, 89b und 91 sollen ein möglichst frühzeitiges Eingreifen bei Vorbereitungen von schweren staatsgefährdenden Gewalttaten – aufgrund deren Gefährlichkeit – ermöglichen.[12] Aufgrund der weiten Vorverlagerung der Strafbarkeit und der Bezugnahme auf Verhaltensweisen, die weit im Vorfeld einer konkreten Rechtsgutverletzung angesiedelt sind, werden hinsichtlich der Verfassungsmäßigkeit der Vorschriften Bedenken geäußert.[13] In einer neueren Entscheidung hat der BGH die grundsätzliche Verfassungsmäßigkeit der Norm bestätigt. Nach Maßgabe einer verfassungskonformen Auslegung müsse sich die Tat gegen Verfassungsgrundsätze richten oder geeignet sein, das innere Gefüge des Gesamtstaats zu beeinträchtigen.[14] Mit dem Gesetz zur Änderung der Verfolgung der Vorbereitung von schweren staatsgefährdenden Gewalttaten wurde im Jahr 2015 § 89a Abs. 2a eingeführt. Strafbar ist nun, Deutschland zu verlassen, um sich an schweren Gewalttaten im Ausland zu beteiligen oder sich für die Teilnahme an schweren Gewalttaten ausbilden zu lassen oder hierzu auszubilden.[15] Eingeführt wurde ebenfalls ein eigenständiger Straftatbestand der Terrorismusfinanzierung, der die bisherige Nr. 4 in § 89a Abs. 2 ersetzt. Diese Vorschrift geht jedoch deutlich über den engen Anwendungsbereich der bisherigen Regelung hinaus, indem sie nun die Finanzierung terroristischer Straftaten allgemein unter Strafe stellt.[16]

■ **Landesverrat** ist die Gefährdung der äußeren Sicherheit der Bundesrepublik   7
Deutschland durch die Offenbarung von Staatsgeheimnissen oder sonstigen geheimhaltungsbedürftigen Gegenständen. Hierbei differenziert das Gesetz in den §§ 93–101a zwischen Begehungsweisen mit unterschiedlichen Graden teils nach Motiven, teils nach Inhalt sowie Art und Weise der Information.

Die im **3. Abschnitt** zusammengefassten Delikte dienen der **Sicherung normaler Aus-**   8
landsbeziehungen der Bundesrepublik Deutschland[17] und damit auch der Sicherheit des eigenen Staates, wie insbesondere die Regelung des § 104a zeigt. Geschützt werden

---

9 Zu den subtileren (tatsächlich oder vermeintlich massenpsychologischen) Beeinflussungen bei den einzelnen Tathandlungen vgl nur NK-*Paeffgen* § 84 Rn 4, § 85 Rn 3 f, § 86 Rn 2 ff, § 86a Rn 2, § 90 Rn 2, § 90a Rn 2 f.

10 Vgl *Otto* § 84/2 ff.

11 BGBl. I 2009, 2437.

12 BT-Drucks. 16/12428, 1; krit. *Rackow* Maiwald-FS 615 ff; *Zöller*, Terrorismusstrafrecht 2009, 564 ff.

13 Vgl *Gazeas/Grosse-Wilde/Kießling* NStZ 2009, 2853 (2855); NK-*Paeffgen* § 89a Rn 2 ff, 50, § 89 b Rn 2 ff; *ders.* Amelung-FS 81 ff.

14 BGHSt 59, 218 (221ff) m.Anm. *Petzschke* ZJS 2015, 33ff; krit. *Mitsch* NJW 2015, 209 ff; *Zöller* NStZ 2015, 373 ff.

15 Abl. mit Hinweis auf einen Verstoß gegen den verfassungsrechtlichen Verhältnismäßigkeitsgrundsatz und das Bestimmtheitsgebot gem. Art. 103 Abs. 2 GG *Puschke* StV 2015, 457 ff; ebenfalls abl. aufgrund der erheblichen Vorverlagerung *Zöller* GA 2016, 90 (104).

16 BT. Drucks. 18/4279, 14; abl. unter Verweis auf reine Symbolik und fehlenden Praxisbezug *Zöller* GA 2016, 90 (106).

17 NK-*Wohlers/Kargl* Vor § 102 Rn 2 mwN.

nach hM aber auch die **Organe und Organvertreter ausländischer Staaten.**[18] Erfasst werden der Angriff auf Leib und Leben (§ 102) und die Verletzung von Flaggen und Hoheitszeichen (§ 104) ausländischer Staaten. § 104a nennt die Voraussetzungen der Strafverfolgung. Der Straftatbestand der Beleidigung (§ 103) von Organen und Organvertretern (sog. „Schah-Paragraph", „**Majestätsbeleidigung**") wurde in Gefolge des Schmähgedichts der Satirikers Jahn Böhmermann über den türkischen Staatspräsidenten Erdogan zum 1. 1. 2018 abgeschafft.[19] Die Repräsentanten fremder Staaten werden seitdem nur noch über die Beleidigungstatbestände, §§ 185 ff., vor Ehrverletzungen geschützt.

9   Die Delikte des **4. Abschnitts** dienen insoweit dem Schutz der Freiheit der politischen Meinungsbildung und Meinungsäußerung, als bestimmte Beeinträchtigungen von Verfassungsorganen (§§ 105–106b) und von Wahlen und Abstimmungen (§§ 107–108e) untersagt werden.[20]

10   Die im **5. Abschnitt** des StGB genannten Delikte dienen der **Sicherung der Landesverteidigung**, und zwar vor bestimmten Angriffen gegen personelle Verteidigungskräfte (§§ 109, 109a, 109h) und sachliche Verteidigungsmittel (§§ 109e) sowie vor Beeinträchtigungen ihrer Funktionsfähigkeit (§§ 109d, 109f und 109g). Soweit es um Taten gegen oder durch Soldaten geht, sind regelmäßig die Vorschriften des WStG als leges speciales einschlägig.[21]

---

18 LK-*Bauer/Gmel* Vor § 102 Rn 1; S/S-*Eser* Vor §§ 102-104a Rn 2; SK-*Wolter/Rudolphi* Vor § 102 Rn 2; abl. NK-*Wohlers/Kargl* Vor § 102 Rn 2.

19 Art. 1 Nr. 2 des Gesetzes v. 17.7.2017 (BGBl I 2439); zur Gesetzes-Abschaffungsbegründung vgl BT-Dr. 18/11243.

20 Zum Schutzbereich wie auch zur Bewertung der Wahlfälschungen in der DDR vgl NK-*Wohlers/Kargl* Vor § 105 Rn 1 f.

21 *Otto* § 88/3; LK-*Schroeder* Vor § 109 Rn 1 ff.

2. Abschnitt: Straftaten gegen die Staatsgewalt und die öffentliche Ordnung

§ 36 Widerstand gegen Vollstreckungsbeamte (§ 113); Angriff auf Vollstreckungsbeamte (§ 114)

A. Allgemeines

Nach hM verfolgt die Vorschrift des § 113, **Widerstand gegen Vollstreckungsbeamte**, einen doppelten **Zweck**: Sie soll einerseits staatliche Vollstreckungshandlungen sichern, andererseits aber auch das zur Vollstreckung berufene Organ schützen.[1] Das 44. Gesetz zur Änderung des Strafgesetzbuches – Widerstand gegen Vollstreckungsbeamte – brachte bei § 113 eine Anhebung der Strafobergrenze[2] von zwei auf drei Jahre Freiheitsstrafe sowie die Einbeziehung des gefährlichen Werkzeugs in die Regelbeispiele.[3] Durch die Änderung des Strafrahmens hat sich die vorherige Strafrahmendiskrepanz zu § 240 erledigt; die Strafrahmen sind nun identisch. Damit hat zugleich eine Kehrtwende des rechtspolitischen Kurses im Umgang mit Gewalt gegen die Obrigkeit stattgefunden: Bis zum 44. StÄG war es die Aufgabe der §§ 113 ff., Widerstandshandlungen des Bürgers gegenüber Vollstreckungsorganen zu privilegieren. Verwirklichte er dabei die Straftatbestände der §§ 240, 241, traten diese Delikte hinter § 113 zurück. Eine Besonderheit des § 113 ist aber nach wie vor die spezielle Irrtumsregelung in Abs. 3 und 4.

Noch deutlicher zeigt sich der Stimmungs- und Richtungswandel dahingehend, dass zugleich § 114 mit einem neuen Regelungsgehalt versehen wurde. Die Tathandlung des **neuen § 114, Tätlicher Angriff auf Vollstreckungsbeamte**, war zwar schon vom alten § 113 Abs. 1 erfasst. Der neuformulierte § 114 sieht aber eine erhöhte Strafdrohung (bislang Freiheitsstrafe bis zu 2 Jahre oder Geldstrafe, jetzt Mindeststrafe 3 Monate und Höchststrafe 5 Jahre Freiheitsstrafe) für tätliche Angriffe auf Vollstreckungsbeamte vor. Dies gilt selbst dann, wenn sie nur allgemeine Diensthandlungen vornehmen. Zur Legitimation dieses gegenüber sonstigen Beamten erhöhten Sonderschutzes für Polizisten usw. wird darauf hingewiesen, dass sie, anders als der Normalbürger, auch bei Gefahren für Leib und Leben auf ihrem Posten verharren müssen, ohne ihrerseits bei vorschneller polizeilicher Gegenwehr mit Milde rechnen zu dürfen.[4] Für Vollstreckungshandlungen bildet § 114 einen Qualifikationstatbestand zu § 113, für sonstige Diensthandlungen dagegen einen Grundtatbestand.[5] Der Anwendungsbereich des bisherigen § 114 a. F. wurde beibehalten, aber in den § 115 verschoben.

1

2

---

1 RGSt 41, 82 (85); BGHSt 21, 334 (365); M/R-*Dietmeier* Rn 1; S/S-*Eser* § 113 Rn 2; *Otto* § 91/1; LK-*Rosenau* § 113 Rn 3; abw. *Deiters* GA 2002, 259 ff; NK-*Paeffgen* § 113 Rn 7: nur Schutz der Vollstreckungshandlung; krit. zur Notwendigkeit des Tatbestandes *Hoffmann-Holland/Koranyi* ZStW 2015, 913 (930 ff).
2 *Steinberg/Zetzmann/Dust* JR 2013, 7 ff; zu deren praktischer Irrelevanz *Zopfs* GA 2012, 259 (262 f).
3 Krit. zur Reform *Bosch* Jura 2011, 268; *Caspari* NJ 2011, 318 (327 ff); *Messer* NK 2011, 2 (3 f); *Singelnstein/Puschke* NJW 2011, 3473 ff.
4 Prägnant L-Kühl-*Heger* § 114 Rn 1.
5 BeckOK-*Dallmeyer*, 42. Ed., § 114 Rn 3; L-Kühl-*Heger* § 114 Rn 3; *Schermaul* JuS 2019, 663.

B. Definitionen und Erläuterungen zu § 113

I. Objektiver Tatbestand

▶ **Fall 1:** Dem betrunkenen Autofahrer A wird von Polizist P wegen Fluchtverdachts die vorläufige Festnahme nach § 127 Abs. 2 StPO erklärt. Daraufhin verriegelt A von innen die Türen seines Fahrzeugs, um sich der Ingewahrsamnahme zu entziehen. ◀

▶ **Fall 2:** Der bei einer Brandstiftung auf frischer Tat betroffene B droht dem herbeigeeilten Polizisten P, der ihn nach § 127 Abs. 2 StPO festnehmen möchte, damit,

a)   sich selbst zu verbrennen.

b)   den Polizeihund des P zu verbrennen.

In beiden Fällen sieht P notgedrungen von einer Festnahme ab. ◀

▶ **Fall 3:** Gerichtsvollzieher G will den (einzigen) Fernseher des Schuldners S pfänden, da er irrtümlich davon ausgeht, S besitze noch ein weiteres Gerät. In Wahrheit jedoch hatte S den Zweitfernseher schon vor geraumer Zeit verkauft und dem Erwerber sofort übergeben. S wehrt sich mit Gewalt gegen das Anbringen der Pfandmarke, indem er G wuchtig vom Fernseher wegstößt. ◀

3   Den objektiven Tatbestand verwirklicht, wer einen zur Vollstreckung des Staatswillens berufenen Amtsträger (oder eine ihm gleichgestellte Person) bei der Vornahme einer rechtmäßigen Vollstreckungshandlung mit Gewalt oder durch Drohung mit Gewalt Widerstand leistet.

4   **1. Täter- und Opferkreis. a) Täter:** Der Täterkreis ist nicht auf Adressaten der Vollstreckungshandlung beschränkt.[6] Täter kann vielmehr jeder sein, auch ein sich in den Vollstreckungsakt einmischender Dritter.

5   **b) Opfer:** Der Kreis potenzieller Opfer ist amts- und funktionsorientiert eingegrenzt:

6   ■ Die geschützten Personen müssen zunächst **Amtsträger** (§ 11 Abs. 1 Nr. 2) oder **Soldaten der Bundeswehr** sein. § 115 erweitert den Kreis potenziell Betroffener, und zwar in Abs. 1 um Personen, welche die Rechte und Pflichten eines Polizeibeamten haben, ohne – mangels Anstellungsakts – ein solcher zu sein, und in Abs. 2 um Personen, die zur Unterstützung einer Diensthandlung im Sinne von § 113 zugezogen sind.

7   ■ Ferner müssen die betreffenden Organwalter **zur Vollstreckung des Staatswillens,** der sich in Gesetzen, Rechtsverordnungen, Urteilen, Gerichtsbeschlüssen oder Verfügungen äußern kann, **berufen** sein. Sie sind zur Vollstreckung berufen, wenn sie befugt sind, im Einzelfall den Staatswillen gegen Personen oder Sachen zu verwirklichen und notfalls mit Zwang durchzusetzen.[7] Dies sind in erster Linie Polizeibeamte und Gerichtsvollzieher.[8]

8   **2. Vollstreckungshandlung als Ziel des Widerstands.** Die Tat muss bei einer Diensthandlung, zu deren Vornahme der Organwalter berufen ist, begangen werden. Bei § 113 muss sich der Widerstand **gegen eine bestimmte Vollstreckungshandlung** richten.

---

6   HM, vgl nur NK-*Paeffgen* § 113 Rn 12; LK-*Rosenau* § 113 Rn 75; aA hinsichtlich des Widerstandleistens SK-*Wolters* § 113 Rn 16; Anwendbarkeit von § 240: *Sander* JR 1995, 491 (492 ff).

7   Näher hierzu unten Rn 8 ff.

8   RGSt 41, 82; BGHSt 5, 93; nicht aber Mitarbeiter der Jugendgerichtshilfe, *Zöller* JA 2010, 161 (162).

a) **Vollstreckungshandlung:** Eine Vollstreckungshandlung ist die Verwirklichung des 9
bereits konkretisierten Staatswillens: Der Staatswille muss von dem Beamten kraft seines Amtes durch einen staatshoheitsrechtlichen Akt notfalls einseitig verwirklicht und
mit Zwang durchgesetzt werden können.[9]

aa) Wesentliches Kriterium für die Vollstreckungshandlung ist ihre unmittelbare 10
zwangsweise Durchsetzbarkeit und dementsprechend die Pflicht des Adressaten, den
Eingriff in seine Rechtssphäre dulden zu müssen. Erfasst werden zB Durchsuchungs-
handlungen, Beschlagnahmen, die Durchsetzung von Blutentnahmen, die vorläufige
Festnahme einer Person nach § 127 Abs. 2 StPO (**Fälle 1** und **2**) oder schließlich die
Pfändung einer beweglichen Sache nach § 808 Abs. 2 ZPO (**Fall 3**).[10]

Fehlt dem Amtsträger die rechtliche Möglichkeit, unmittelbaren Zwang anzuwenden, 11
ist das Verhalten auch dann keine tatbestandliche Vollstreckungshandlung, wenn es
ansonsten um die Regelung eines Einzelfalles geht.[11] Keine Vollstreckungshandlungen
sind daher **schlichte Gesetzesanwendungen**.[12] Dies sind dienstliche Tätigkeiten, die
sich in der Anwendung von Gesetzen (zB Erlass eines Bußgeldbescheids) erschöpfen.
Mangels Erzwingbarkeit scheiden ferner die polizeiliche Vernehmung eines Beschuldigten oder die informatorische Befragung von Straßenpassanten als Vollstreckungshandlungen aus.

Keine Vollstreckungshandlungen sind schließlich bloße präventiv-polizeiliche Tätigkei- 12
ten,[13] wie polizeiliche Streifenfahrten oder die Begleitung bzw Beobachtung eines De-
monstrationszuges. Hier geht es nicht um die Durchsetzung einer bereits konkretisierten staatlichen Entscheidung. Solche **Diensthandlungen** fallen aber nunmehr unter
§ 114.[14]

bb) Die Vollstreckungshandlung setzt keine bereits erlassene gerichtliche oder behörd- 13
liche Anordnung voraus.

Die Konkretisierung des Staatswillens kann auch durch den hierzu berufenen Beamten 14
selbst erfolgen. Exemplarisch: Im Wege einer allgemeinen Verkehrskontrolle nach § 36
Abs. 5 StVO wird ein Verkehrsteilnehmer von Polizeibeamten angehalten. In der Aufforderung zum Halten liegt der Beginn einer bestimmten, notfalls mit Zwang durchsetzbaren Vollstreckungshandlung.[15] Oder: Polizeibeamte betreten ein Gebäude zur
Festnahme eines Straftäters[16] oder führen eine polizeiliche Razzia durch.[17]

b) **Zeitraum:** „Bei der Vornahme einer Diensthandlung" betrifft den Zeitraum von de- 15
ren Beginn bis zur Beendigung.

Die konkrete Ermittlungshandlung wegen illegalen Glücksspiels dauert zB vom Betre- 16
ten bis zum Verlassen eines Spielcasinos an.[18] Die Vollstreckungshandlung ist so lange
nicht beendet, wie das Verhalten des Organwalters nach natürlicher Lebensauffassung
noch als Bestandteil der zur Regelung des Einzelfalls ergriffenen Maßnahme angesehen

---

9 RGSt 41, 82 (88); BGHSt 25, 313 (314 f); *Fischer* § 113 Rn 7 f; NK-*Paeffgen* § 113 Rn 18; zum gesamten Tatbestand
instruktiv *Zöller* JA 2010, 161 ff.
10 Vgl auch OLG Düsseldorf NZV 1996, 458 (459); S/S-*Eser* § 113 Rn 14; LK-*Rosenau* § 113 Rn 15 ff.
11 SK-*Wolters* § 113 Rn 5 mwN.
12 S/S-*Eser* § 113 Rn 10.
13 BGHSt 25, 313 (314 f); KG StV 1988, 437; NStZ 1989, 121.
14 Vgl. Rn. 59.
15 BGHSt 25, 313 (314 f); OLG Düsseldorf NZV 1996, 458 (459); LK-*Rosenau* § 113 Rn 18; aA *Ehlen/Meurer* NJW
1974, 1776 f; NK-*Paeffgen* § 113 Rn 18: keine Vollstreckungshandlung bei Routine-Kontrollen.
16 BGH NJW 1982, 2081.
17 KG NJW 1975, 887.
18 Vgl KG NStZ 1989, 121; AG Berlin-Tiergarten NJW 1988, 3218.

werden kann.[19] Der Widerstand ist auch dann „bei" der Vornahme der Vollstreckungshandlung geleistet, wenn er sich erst in diesem Zeitraum auswirkt.[20] Es genügt etwa das Stellen einer Falle, in die der Beamte beim Vollzug der Vollstreckung gerät.

17   **3. Tathandlungen.** Abs. 1 nennt das Widerstandleisten mit Gewalt oder durch Drohung mit Gewalt gegen die Diensthandlung.

a) Widerstandshandlung

18   **aa)** Widerstand leisten ist jedes auf die Verhinderung oder Erschwerung der Vollstreckungshandlung bezogene aktive Verhalten.[21]

19   ▪ Der Widerstand braucht **keinen Erfolg** zu haben. Er muss objektiv noch nicht einmal zur Unterbindung der Diensthandlung tauglich sein.[22] In den **Fällen 1 bis 3** haben mithin A, B und S Widerstand gegen die jeweilige Diensthandlung geleistet, als sie die Wagentür verriegelten, die Drohung aussprachen bzw den Gerichtsvollzieher wegstießen.

20   ▪ Mit dem Erfordernis eines **aktiven Widerstandleistens** werden solche Fälle aus dem Tatbestand ausgeschlossen, bei denen der Täter ohne Schaffung eines unerlaubten Risikos nur seine aktive Mitwirkung am Gelingen der Vollstreckungshandlung verweigert. Denn insoweit kann der Beamte unmittelbaren Zwang einsetzen. Exemplarisch: Der Täter weigert sich, bei einer polizeilichen Durchsuchung ein verschlossenes Zimmer zu öffnen. Auch schlicht passives Verhalten – wie beim Bereiten eines Hindernisses durch Sitzblockaden – reicht für ein Widerstandleisten im Sinne von § 113 nicht aus.[23] In **Fall 1** dagegen verriegelt A aktiv die Türen seines Fahrzeugs, so dass sein Verhalten über eine bloße passive Weigerung hinausgeht.[24]

21   ▪ Dem aktiven Widerstandleisten steht das **garantenpflichtwidrige Nichtbeseitigen** einer (sich bereits realisierenden) Gefahr bei der Vornahme von Diensthandlungen gleich.[25] Es kann keinen Unterschied machen, ob der Täter aktiv eine Gefahr schafft oder eine von ihm zu verantwortende Gefahr für den Organwalter nicht beseitigt. Exemplarisch: Der Gerichtsvollzieher betritt das Grundstück des Schuldners und wird von dessen bissigem Hund angegriffen; auch nachdem der Schuldner erkennt, um wen es sich handelt, pfeift er den Hund nicht zurück, um so die Vollstreckung zu verhindern.[26]

22   ▪ **Kein Widerstandleisten** ist es, wenn der Täter lediglich die polizeiliche Aufforderung, sein (aktives oder passives) rechtswidriges Verhalten zu beenden, missachtet. Hier richtet sich der Widerstand nicht gegen die Vollstreckungshandlung selbst.

---

19   BGH NJW 1982, 2081. Die Begründung des BGH, während dieses Zeitraums verdiene der Beamte besonderen Schutz, trägt allenfalls mit Blick auf Abs. 2, nicht aber hinsichtlich des Grundtatbestands nach Abs. 1, weil dem Beamten in der fraglichen Zeit der mit höherer Strafdrohung versehene Schutz des § 240 versagt wird; vgl *Bosch* Jura 2011, 268 (270 f.).

20   BGHSt 18, 133 (135); L- Kühl-*Heger* § 113 Rn 4; NK-*Paeffgen* § 113 Rn 18; LK-*Rosenau* § 113 Rn 20; krit. MK-*Bosch* § 113 Rn 14.

21   Zum Widerstand durch Dritte: *Zöller* JA 2010, 161 (163).

22   Insoweit ist diese Tatvariante ein (unechtes) Unternehmensdelikt, bei dem ein Rücktritt vom Versuch nicht in Betracht kommt, vgl NK-*Paeffgen* § 113 Rn 19 f.

23   HM, vgl nur S/S-*Eser* § 113 Rn 40/41; NK-*Paeffgen* § 113 Rn 20; *Tiedemann* JZ 1969, 717 (720).

24   Zu der weiteren Frage nach einer hinreichenden Gewaltanwendung vgl Rn 23.

25   M-*Schroeder*/Maiwald II § 71/17; aA OLG Neustadt GA 1961, 60.

26   MK-*Bosch* § 113 Rn 20 m. Fn. 133; diff. S/S-*Eser* § 113 Rn 42 aE; LK-*Rosenau* § 113 Rn 24.

Auch die Nötigung zur Vornahme einer Diensthandlung fällt nicht unter den Tatbestand. Ebenfalls nicht erfasst ist die bloße Flucht vor der Polizei.[27]

b) Der Widerstand muss mit Gewalt[28] oder durch Drohung[29] mit Gewalt geleistet werden. 23

- Die **Gewaltanwendung** muss sich physisch gegen das Opfer richten. Reine Sachgewalt reicht dem Normzweck entsprechend nicht aus.[30] Verlangt wird überwiegend auch eine Zwangswirkung durch den Einsatz physischer Kraft, sei es körperlicher Art, sei es durch technische Hilfsmittel (Pistole, Bombe u.a.).[31] Ferner werden neben dem Einsperren auch das Versperren des Weges für ein anfahrendes polizeiliches Einsatzfahrzeug oder das Aussperren – zB durch Barrikaden oder Verriegeln von Zutrittsmöglichkeiten – von der hM als gewaltsames Widerstandleisten angesehen.[32] 24

In **Fall 1** stellt daher das Verriegeln der Autotür durch A eine hinreichende Gewaltanwendung gegenüber dem Polizisten P dar.[33] Anders wäre nur dann zu entscheiden, wenn die Tür bereits vor Beginn der Vollstreckungshandlung verschlossen gewesen wäre und A sich lediglich geweigert hätte, das bereits vorhandene Hindernis zu beseitigen. Denn in diesen Fällen handelte es sich um die bloße Ausnutzung einer ohne Beziehung auf eine erwartete künftige Widerstandsleistung herbeigeführte Hindernislage und damit um einen straflosen Ungehorsam.[34] 25

- Die **Drohung** muss die Ankündigung eines solchen Gewaltakts zum Gegenstand haben. Hierbei genügt es, wenn für den Fall der Durchführung der Vollstreckungshandlung eine Gewaltmaßnahme nach deren Abschluss in Aussicht gestellt wird. Die Drohung des Täters, sich zu verbrennen (**Fall 2a**), ist mangels angekündigter Gewalt gegen den Vollstreckungsbeamten nicht einschlägig.[35] Gleiches gilt für **Fall 2b**, da B hier lediglich das Verbrennen des Polizeihundes und damit „bloße" Sachgewalt androht. 26

II. Subjektiver Tatbestand

Die subjektive Tatseite erfordert (zumindest bedingten) Vorsatz hinsichtlich der Merkmale des objektiven Tatbestands. Sofern sich der Täter über die Amtsträgereigenschaft oder die Vollstreckungssituation irrt, können sich besondere Probleme hinsichtlich der Anwendbarkeit von § 240 ergeben.[36] Hinsichtlich des Irrtums über die Rechtmäßigkeit bzw Rechtswidrigkeit der Diensthandlung treffen die Abs. 3 und 4 Sonderregelungen.[37] 27

---

27 BGH NStZ 2013, 336 f: 2015, 388.
28 Vgl § 12 Rn 4 ff.
29 Vgl § 12 Rn 31 ff.
30 BGHSt 18, 133 (134); S/S-*Eser* § 113 Rn 42 mwN; vgl auch BVerfG NJW 2006, 136; *Bosch* Jura 2011, 268 (271).
31 BGHSt 18, 133 (134); näher hierzu NK-*Paeffgen* § 113 Rn 21 ff; dort auch (Rn 25) zu weiteren Restriktionsversuchen.
32 Vgl BayObLG JR 1989, 24; *Geppert* Jura 1989, 274 (275); weitere Beispiele bei NK-*Paeffgen* § 113 Rn 26, 29.
33 OLG Düsseldorf NZV 1996, 458 (459) m. abl. Anm. *Seier/Rohlfs* und krit. Bespr. *Ostendorf* JZ 1997, 1104; zust. S/S-*Eser* § 113 Rn 42; vgl auch BGHSt 18, 133 (134 f); aA NK-*Paeffgen* § 113 Rn 26.
34 BGHSt 18, 133 (135).
35 Vgl OLG Hamm NStZ 1995, 547 (548).
36 Vgl unten Rn 61 f.
37 Vgl unten Rn 45 ff.

III. Rechtmäßigkeit der Diensthandlung (Abs. 3)

28 **1. Kriterien der Rechtmäßigkeit.** Nur eine rechtmäßige Vollstreckungshandlung kann den von ihr Betroffenen zu ihrer Duldung verpflichten.[38] Daher ist die Regelung in Abs. 3 S. 1, dass eine Tat nur bei objektiver Rechtmäßigkeit der Vollstreckungshandlung nach § 113 strafbar ist, weitgehend deklaratorisch. Gegen eine rechtswidrige Vollstreckungshandlung stünde dem Täter die Notwehrbefugnis zu.[39] Ebenso hat die in Abs. 3 S. 2 getroffene Regelung, dass der Täter auch dann nicht strafbar ist, wenn er irrig von der Rechtmäßigkeit der Diensthandlung ausgeht, nur klarstellende Bedeutung. Denn der Versuch des § 113 ist nicht strafbar. Zu beachten ist freilich, dass die Straflosigkeit nach § 113 eine mögliche Strafbarkeit des Widerstandleistens nach anderen Vorschriften (zB § 223) nicht sperrt.[40]

29 Hinter der (selbstverständlichen) Regelung, dass nur der Widerstand gegen rechtmäßige Vollstreckungshandlungen Unrecht sein kann, steht das schwierige Problem der Bestimmung derjenigen Kriterien, nach denen die Rechtmäßigkeit dieser Handlung zu beurteilen ist. Es geht hierbei m.a.W. um die Frage, was dem Bürger zur Wahrung seiner Belange von Rechts wegen bei der Beschränkung seiner Abwehrbefugnis abverlangt werden kann und inwieweit er sich auf andere Rechtsbehelfe verweisen lassen muss.[41] Es kann deshalb nicht verwundern, dass die Voraussetzungen der Rechtmäßigkeit einer Vollstreckungshandlung im Sinne von § 113 äußerst umstritten sind, wobei sich im Wesentlichen drei Ansätze unterscheiden lassen:

30 **a) Strafrechtlicher Rechtswidrigkeitsbegriff:** Die hM vertritt einen sog. strafrechtlichen Rechtswidrigkeitsbegriff,[42] der sich auf folgende **Faustformel** bringen lässt: Eine Diensthandlung ist rechtmäßig, wenn der sie vornehmende Organwalter sachlich und örtlich zuständig ist, die wesentlichen Förmlichkeiten beachtet und nach pflichtgemäßem Ermessen tätig wird.[43] Mit Hilfe dieses – in erster Linie formalen und auf die Möglichkeiten der konkreten Situationseinschätzung abstellenden – Rechtmäßigkeitsbegriffs soll der Organwalter **von nicht vorwerfbaren Irrtümern über die Tatsachengrundlage** seiner Entscheidung **entlastet** werden.[44] Dagegen sollen sich rechtliche Fehleinschätzungen grds. nicht zu seinen Gunsten auswirken.[45] Die Kriterien besagen im Einzelnen:

31 ■ Der Organwalter muss sich objektiv in den Grenzen seiner **sachlichen und örtlichen Zuständigkeit** gehalten haben.[46]

32 ■ Er muss die **wesentlichen Förmlichkeiten** – also diejenigen Formvorschriften, die für die Wahrung der Rechte des Betroffenen erheblich und deshalb unerlässlich sind –

---

38 Vgl *Kindhäuser* HRRS 2016, 439 (441).
39 Vgl BGH bei *Holtz* MDR 1980, 984; KG GA 1975, 213; dabei sind jedoch die Voraussetzungen des § 32 gewissenhaft zu prüfen: OLG Hamm NStZ-RR 2009, 271 ff.
40 Auch hinsichtlich solcher Delikte können allerdings die Notwehrvoraussetzungen erfüllt sein.
41 Vgl NK-*Paeffgen* § 113 Rn 34 mwN.
42 Zum geschichtlichen Hintergrund vgl NK-*Paeffgen* § 113 Rn 37 mwN.
43 BGHSt 21, 334 (361 ff); KG StraFo 2005, 435 (436); S/S-*Eser* § 113 Rn 21, 23 ff; W/H/E-*Engländer* Rn 703 ff; *Paeffgen* JZ 1979, 516 (520); HKGS-*Heinrich* § 113 Rn 12 ff.
44 Vgl BGHSt 24, 125 (130 ff) zur Erzwingung der Duldung einer Blutentnahme durch einen Sanitäter, den die Polizeibeamten in der konkreten Situation ohne Verschulden für einen Arzt hielten.
45 Vgl auch W/H/E-*Engländer* Rn 704 ff.
46 RGSt 40, 212 ff; BGHSt 4, 110 (112); 4, 161 (164).

eingehalten haben[47] (zB § 759 ZPO; §§ 105 Abs. 2, 114a, 134 Abs. 2, 136, 163b Abs. 1 iVm § 163a Abs. 4 S. 1 StPO; § 56 Abs. 2 OWiG).

■ Ist dem Organwalter nach dem jeweiligen Verfahrens- oder Verwaltungsrecht ein **Ermessen** eingeräumt, so hängt die Rechtmäßigkeit seines Vorgehens davon ab, ob er bei der Prüfung der sachlichen Voraussetzungen sein Ermessen **pflichtgemäß** ausgeübt und seine Diensthandlung hiernach ausgerichtet hat.[48] In **Fall 3**, bei dem der Gerichtsvollzieher G mit der Pfändung des (einzigen) Fernsehers gegen § 811 Abs. 1 Nr. 1 ZPO verstoßen hat, plädiert die hM dementsprechend für die Rechtmäßigkeit der Diensthandlung, da dem G lediglich ein – nicht ohne Weiteres vermeidbarer – Tatsachenirrtum unterlaufen sei[49] (anders wäre zu entscheiden, wenn G die Vorschrift des § 811 Abs. 1 ZPO unzutreffend ausgelegt hätte, ihm also ein Rechtsirrtum zur Last gefallen wäre).[50] 33

Beurteilungen im Rahmen eines unbestimmten Rechtsbegriffs dürfen nicht auf erheblichen Sorgfaltsmängeln beruhen. Objektiv sachgerechte Entscheidungen sind jedoch auch bei subjektiven Fehlern rechtmäßig.

■ Es muss ein **Mindestmaß an sachlicher Richtigkeit** bei eigenen Entscheidungen des Organwalters gegeben sein. Insbesondere muss das Gesetz die konkrete Diensthandlung überhaupt zulassen,[51] was vor allem bei Strafverfolgungsmaßnahmen, die in der StPO vorgesehen sein müssen, bedeutsam ist. Soweit der Organwalter nur eine **anderweitig getroffene Entscheidung** (Urteil, Verwaltungsakt) vollstreckt, kommt es auf deren Wirksamkeit und Vollstreckbarkeit, nicht aber auf deren materielle Rechtmäßigkeit an.[52] 34

■ Bei Diensthandlungen, die durch **Weisung** oder auf Befehl angeordnet sind, kommt es auf die Rechtmäßigkeit der Anordnung an, es sei denn, diese beruht auf falschen tatsächlichen Voraussetzungen, die dem ausführenden und zur Überprüfung berechtigten Organwalter bekannt sind.[53] 35

Kritik: Da sich der sog. strafrechtliche Rechtswidrigkeitsbegriff zugunsten des Organwalters auswirken soll, bedingt er insoweit eine Schlechterstellung des Täters (bzw des von der Vollstreckung Betroffenen). Es lässt sich zB kaum begründen, dass der Täter Maßnahmen gegen sich gelten lassen soll, die auf einer Personenverwechslung beruhen, mag sie auch dem Organwalter subjektiv nicht vorwerfbar sein. Auch kann das Fehlen objektiver Eingriffsvoraussetzungen nicht durch das Erfordernis pflichtgemäßen Ermessens überspielt werden: Die „Gutgläubigkeit" eines Organwalters kann Unrecht nicht in Recht verwandeln.[54] 36

b) Verwaltungsrechtlicher Rechtmäßigkeitsbegriff: Der teils in der Literatur vertretene sog. verwaltungsrechtliche Rechtmäßigkeitsbegriff stellt auf die verwaltungsrechtliche Wirksamkeit der Maßnahme ab.[55] Da die Wirksamkeit eines Verwaltungsakts in der Regel nur bei Nichtigkeit entfällt (§ 43 Abs. 3 VwVfG), schränkt dieser Ansatz die 37

---

47 BGH NJW 2002, 3789 f; KG StV 2001, 260 f; AG Cottbus StraFo 2005, 198; ausf. zur gesamten Problematik MK-*Bosch* § 113 Rn 41 ff sowie *Gehm* Kriminalistik 2003, 379 ff.
48 RGSt 61, 297 (298); BGHSt 21, 334 (363); OLG Hamm JMBl NRW 61, 296; KG StraFo 2005, 435 (436).
49 RGSt 19, 164; S/S-*Eser* § 113 Rn 28.
50 Vgl bereits Rn 30.
51 BayObLG NJW 1989, 1815.
52 OLG Köln NJW 1975, 889 (890 f).
53 Vgl BGHSt 4, 161 (162 ff); KG NJW 1972, 781.
54 *Roxin* AT I § 17/9 f mwN.
55 *Meyer* NJW 1972, 1845 ff; *Wagner* JuS 1975, 224 (226 f); abl. Krey/Hellmann/*Heinrich* I Rn 673.

Rechtswidrigkeit im Sinne von § 113 noch über den weiten strafrechtlichen Rechtmäßigkeitsbegriff hinaus ein. Anliegen dieser Lehre ist es, verwaltungsrechtlich wirksame Akte um der Einheit der Rechtsordnung willen auch strafrechtlich zu schützen. Dementsprechend läge auch nach dieser Sicht in **Fall 3** ein rechtmäßiger Vollstreckungsakt vor, so dass § 113 Abs. 3 S. 1 nicht zur Anwendung gelangen könnte.

38   **Kritik:** Wie § 136 zeigt, differenziert das Strafrecht zwischen der Wirksamkeit und der Rechtmäßigkeit von Vollstreckungsakten. Außerdem wäre die Unterscheidung zwischen Rechtmäßigkeit und Zumutbarkeit von Rechtsbehelfen in § 113 Abs. 4 S. 2 unverständlich, wenn auch ein wegen Rechtswidrigkeit mit Rechtsbehelfen angreifbarer, aber wirksamer Vollstreckungsakt im Sinne von § 113 rechtmäßig wäre.[56] Entscheidend aber ist, dass die Wirksamkeitslehre den Schutz des Bürgers stark verkürzt, da dieser nur nichtige – also evident mangelhafte – Vollstreckungshandlungen nicht hinnehmen müsste.

39   **c) Vollstreckungsrechtlicher Rechtmäßigkeitsbegriff:** Aufgrund der erheblichen Bedenken gegen ein zu formales, die Belange des Bürgers zurückdrängendes Verständnis der Rechtmäßigkeit einer Diensthandlung im Sinne von § 113 ist der in der Literatur zunehmend befürwortete sog. vollstreckungsrechtliche Rechtmäßigkeitsbegriff vorzugswürdig.[57] Diese Lehre stellt allein darauf ab, ob die Vollstreckungshandlung als solche von Rechts wegen vorgenommen werden durfte, ob also die rechtlichen Voraussetzungen für eine (sofortige) Vollstreckung vorliegen. Ohne Belang bleibt dagegen, ob die Rechtsgrundlage der Vollstreckungshandlung – zB das ermächtigende Gesetz, das Urteil, der Grundverwaltungsakt – ihrerseits materiell rechtmäßig ist. Dies bedeutet vor allem:

40   ■ Eine Vollstreckungshandlung ist stets rechtmäßig, wenn sie aufgrund eines für **vorläufig vollstreckbar** erklärten Urteils oder Grundverwaltungsakts (§§ 708 ff ZPO; § 80 Abs. 2 S. 1 Nr. 4 VwGO) erfolgt, und zwar unbeschadet der Frage, ob die Rechtsgrundlage ihrerseits rechtlich angreifbar ist. Denn die vom Recht vorgesehene Möglichkeit der vorläufigen Vollstreckbarkeit geht gerade davon aus, dass ein entsprechender Eingriff vom Betroffenen einstweilen hingenommen werden muss, mag sich auch später die mangelnde Berechtigung des Eingriffs zeigen.

41   ■ Ein **Irrtum des Amtsträgers** ist nur dann unschädlich, wenn auch eine irrtümliche Sachverhaltseinschätzung die Rechtmäßigkeit der Vollstreckungshandlung unberührt lässt. Dies ist insbesondere der Fall bei Eingriffen aufgrund von Verdachts- und Prognosetatbeständen. Einschlägig sind zB §§ 81, 81a, 81b, 99, 100a, 102, 127 Abs. 2, 163b Abs. 1 StPO, § 808 ZPO sowie die Voraussetzungen für ein polizeilich zulässiges Eingreifen bei Anscheinsgefahren oder zur Gefahrerforschung bei Gefahrverdacht.[58] Ansonsten ist ein „Irrtumsprivileg" von Organwaltern grds. nicht anzuerkennen. Im Zuge dessen liegt in **Fall 3** trotz der „Gutgläubigkeit" des G ein rechtswidriger Vollstreckungsakt vor, so dass S gem. § 113 Abs. 3 S. 1 keinen strafbaren Widerstand gegen Vollstreckungsbeamte geleistet hat.

---

56   *Amelung* JuS 1986, 329 (336); NK-*Paeffgen* § 113 Rn 39; M-*Schroeder*/Maiwald II § 70/24.

57   Jetzt wohl hL, vgl nur *Amelung* JuS 1986, 329 (335 ff); *Bosch* Jura 2011, 268 (273); *Otto* § 91/15; NK-*Paeffgen* § 113 Rn 40 ff; *Roxin* Pfeiffer-FS 45 (48 ff); SK-*Wolters* § 113 Rn 11a, jew. mwN.

58   NK-*Paeffgen* § 113 Rn 42; *Roxin* AT I § 17/12 f.

■ Wie beim strafrechtlichen Rechtmäßigkeitsbegriff müssen auch die für eine zulässige Vollstreckung **wesentlichen Förmlichkeiten** eingehalten werden und die **sachliche und örtliche Zuständigkeit** gewahrt sein.[59]   42

Zugunsten des vollstreckungsrechtlichen Rechtmäßigkeitsbegriffs spricht vor allem, dass er aufgrund seiner Akzessorietät zum jeweiligen Vollstreckungsrecht Widersprüche zwischen dem Strafrecht und den anderen Rechtsgebieten vermeidet. Es herrscht stets Rechtsklarheit. Ferner kann das Strafrecht so auf die sachgerechte Interessenabwägung in den einzelnen Rechtsgebieten zurückgreifen. Beachtenswert ist im Übrigen, dass auch das BVerfG in neueren Entscheidungen zum Ordnungswidrigkeitenrecht hinsichtlich der Rechtmäßigkeit der Verhängung einer Geldbuße bei Verstößen gegen behördliche Anordnungen nicht auf den strafrechtlichen Rechtswidrigkeitsbegriff, sondern (insoweit noch über den vollstreckungsrechtlichen Ansatz hinausgehend) sogar auf die materielle Rechtmäßigkeit der Anordnung abstellt.[60]   43

2. Deliktssystematische Einordnung. Da eine rechtswidrige Vollstreckungshandlung keine Duldungspflicht zu begründen vermag, ist die Rechtmäßigkeit der Handlung unrechtskonstitutiv und damit deliktssystematisch als Tatbestandsmerkmal einzuordnen.[61] Allerdings tritt, wie die Irrtumsregelung des Abs. 4 zeigt, an die Stelle des Vorsatzerfordernisses eine spezifische Fahrlässigkeitszurechnung, so dass § 113 insgesamt eine – der Regelung des § 18 für erfolgsqualifizierte Delikte entsprechende – Vorsatz-Fahrlässigkeits-Kombination aufweist.[62]   44

Teils wird das Merkmal auch als objektive Strafbarkeitsbedingung[63] gedeutet, teils wird die Rechtswidrigkeit der Diensthandlung als ein eigenständiger Rechtfertigungsgrund für den Widerstand angesehen.[64] Beide Varianten sind mit der Bedeutung der Rechtmäßigkeit der Diensthandlung für das Unrecht der Tat kaum zu vereinbaren. Denn eine Diensthandlung ist überhaupt nur gegen Widerstand geschützt, wenn sie rechtmäßig ist. Die Rechtmäßigkeit gehört also zum tatbestandlichen Verbot. Wegen der für den Irrtum geltenden Sonderregelungen des Abs. 3 S. 2 und Abs. 4 ist die Streitfrage jedoch praktisch bedeutungslos.   45

IV. Irrtum über die Rechtmäßigkeit der Diensthandlung (Abs. 4)

Abs. 4 trifft für den Fall, dass sich der Täter über die Rechtmäßigkeit der Diensthandlung irrt, diese also unzutreffend für rechtswidrig hält, eine **abschließende Sonderregelung.** Ob sich die Fehlvorstellung auf die tatsächlichen oder normativen Voraussetzungen der Rechtmäßigkeit bezieht, spielt hierfür keine Rolle. Insoweit ist auch die deliktssystematische Einordnung des fraglichen Irrtums als Tatbestands-, Erlaubnistatbestands- oder Verbotsirrtum ohne Belang.[65] Die Vorschrift greift jedoch nur bei einer positiven Fehlvorstellung (nicht also bereits bei Gleichgültigkeit des Täters) ein.[66]   46

---

59 Näher NK-*Paeffgen* § 113 Rn 51 ff.
60 BVerfGE 87, 399 (408 ff); 92, 191 (199 ff); zust. *Reinhart* NJW 1997, 911 ff; gegen eine Übertragbarkeit auf § 113 NK-*Paeffgen* § 113 Rn 46.
61 *Binding* II/2 778 ff; S/S-*Eser* § 113 Rn 20; *Naucke* Dreher-FS 459 (472); SK-*Wolters* § 113 Rn 21.
62 S/S-*Eser* § 113 Rn 20; vgl auch *Jakobs* 6/65; *Roxin*, Offene Tatbestandsmerkmale und Rechtspflichtmerkmale, 2. Aufl. 1970, 139 ff; *Welzel* § 14 I 2 c; *Wolter* GA 1996, 207 (210).
63 KG NJW 1972, 781 (782); W/H/E-*Hettinger* Rn 701.
64 *Dreher* Schröder-GS 359 (376); *Fischer* § 113 Rn 10; *Paeffgen* JZ 1979, 516 (521).
65 Vgl Rn 44.
66 S/S-*Eser* § 113 Rn 55; SK-*Wolters* § 113 Rn 17.

47   Die **Rechtsfolgen des Irrtums** hängen von seiner Vermeidbarkeit nach Sorgfaltsmaßstäben ab. Gegenüber der Regelung in § 17 stellt Abs. 4 S. 2 insofern strengere Anforderungen an die Unvermeidbarkeit, als es dem Täter obliegt, sich mit Rechtsbehelfen zu wehren, es sei denn, dies sei ihm – etwa wegen eines nicht wiedergutzumachenden Schadens – nicht zuzumuten.[67]

48   Sofern man in **Fall 3** von einer rechtmäßigen Diensthandlung ausgeht[68] und dem Sachverhalt zugleich einen entsprechenden (positiven) Irrtum des S entnimmt, kann das Gericht die Strafe des S im Falle der Vermeidbarkeit des Irrtums nach §§ 113 Abs. 4 S. 1, 49 Abs. 2 mildern oder aber (bei geringer Schuld) von einer Bestrafung absehen. Im Falle der Unvermeidbarkeit dürfte es dem S zumutbar gewesen sein, sich mit Rechtsbehelfen gegen die Pfändung seines Fernsehers zu wehren.

49   Zu beachten ist, dass Abs. 4 **nicht gilt**, wenn der Täter zwar die Vollstreckungshandlung (zutreffend) für rechtmäßig hält, seine Widerstandsleistung jedoch aus anderen Gründen – zB wegen eines Notstands – als erlaubt ansieht.[69] Dann sind die allgemeinen Regeln des Erlaubnistatbestands- bzw Verbotsirrtums anzuwenden.

V. Besonders schwere Fälle (Abs. 2)

50   Abs. 2 formuliert in der Technik der **Regelbeispiele**[70] drei besonders schwere Fälle:

51   **1. Abs. 2 Nr. 1.** Ein besonders schwerer Fall im Sinne von Abs. 2 Nr. 1 liegt regelmäßig vor, wenn der Täter oder ein anderer Beteiligter eine Waffe bei sich führt.

52   ■ Dem **Begriff der Waffe** unterfallen zunächst Waffen im technischen Sinne – dh Gegenstände, deren primäre Zweckbestimmung darin liegt, im Wege des Angriffs oder der Verteidigung zur Herbeiführung erheblicher Verletzungen geeignet zu sein.[71]

      ■ Demgegenüber sind **gefährliche Werkzeuge** waffengleiche Gegenstände, die aufgrund ihrer objektiven Beschaffenheit und der Art ihrer (geplanten) Verwendung geeignet sind, erhebliche Verletzungen herbeizuführen.[72] Das Tatobjekt verliert seine Eigenschaft als gefährliches Werkzeug nicht dadurch, dass es gegen Polizeibeamte in Schutzkleidung gerichtet wird, da das Regelbeispiel einen tatsächlichen Einsatz nicht voraussetzt und es daher für seine Anwendbarkeit auch nicht auf Schutzmaßnahmen potenzieller Tatopfer ankommt.[73]

53   ■ Der Täter **führt** die Waffe oder das gefährliche Werkzeug **bei sich**, wenn er über sie zu irgendeinem Zeitpunkt während des Tathergangs schnell und ungehindert verfügen kann.[74] Er muss sie nicht von Anfang an mitgeführt haben. Eine Verwendungsabsicht ist nicht (mehr) erforderlich.

54   **2. Abs. 2 Nr. 2.** Ein Regelfall nach Abs. 2 Nr. 2 ist gegeben, wenn der Täter den Angegriffenen in die (konkrete) Gefahr des Todes oder einer schweren Gesundheitsschädigung[75] bringt.

---

67 Näher NK-*Paeffgen* § 113 Rn 80.
68 Vgl Rn 30 und 37.
69 *Fischer* § 113 Rn 31; zur entsprechenden Anwendung auf konkurrierende Tatbestände vgl NK-*Paeffgen* § 113 Rn 82 mwN.
70 Näher hierzu *Kindhäuser/Böse* BT II § 3/1 ff.
71 Vgl *Kindhäuser/Böse* BT II § 4/3 f.
72 Im Detail umstr.; vgl *Kindhäuser/Böse* BT II § 4/5 ff.
73 LG Berlin NStZ 1992, 37 (38); aA AG Tiergarten NStZ 1991, 493.
74 *Kindhäuser/Böse* BT II § 4/14 ff; krit. in Bezug auf das gefährliche Werkzeug *Fahl* Jura 2012, 593 (595).
75 Zum Gefahrerfolg vgl § 5 Rn 16 ff.

■ Unter einer **Gewalttätigkeit** ist die Anwendung physischer Kraft durch ein unmittel-   54
bar gegen den Körper eines Menschen oder gegen eine Sache gerichtetes aggressives
Handeln zu verstehen.[76] Der Erfolg einer Körperverletzung oder Sachbeschädigung
muss nicht eintreten.

2. Abs. 2 Nr. 3. Das Regelbeispiel der gemeinschaftlichen Tatbegehung mit einem an-   55
deren Beteiligten ist § 224 Abs. 1 Nr. 4 entlehnt. Angriffe aus einer Menschenansamm-
lung sind auch für Vollstreckungsbeamte mit erhöhten Gefahren verbunden. Es müssen
deshalb mindestens zwei Personen bei dem Angriff zusammenwirken und dem Amtsträger gegenüberstehen. Mittäterschaft ist nicht zwingend erforderlich.[77]

Ein Regelfall nach Abs. 2 Nr. 2 ist gegeben, wenn der Täter den Angegriffenen in die   56
(konkrete) Gefahr des Todes oder einer schweren Gesundheitsschädigung[78] bringt.

■ Der **Gefahrerfolg** bzgl des Todes oder der schweren Gesundheitsschädigung[79] muss   57
vom **Vorsatz** umfasst sein; § 18 gilt hier nicht.[80]

C. Tätlicher Angriff auf Vollstreckungsbeamte, § 114

1. Rechtsgut. Anders als bei § 113, der eine dualistische Ausrichtung hat und sowohl   58
dem Schutz staatlicher Vollstreckungshandlungen als auch dem Individualschutz der
betroffenen Beamten dient, steht nach h. M. bei § 114 allein die körperliche Integrität
der Vollstreckungsbeamten im Vordergrund.

2. Objektiver Tatbestand. Der Tatbestand schützt dieselben Vollstreckungsbeamten   59
wie § 113 (vgl o. 5). Er erstreckt sich, im Unterschied zu § 113, aber nicht nur auf
Vollstreckungs-, sondern allgemein auf alle Diensthandlungen (wie zB Streifentätigkei-
ten oder Unfallaufnahmen).[81] Weist die Diensthandlung zugleich die Qualität einer
Vollstreckungshandlung auf, so entfällt wie bei § 113 auch bei § 114 Abs. 3 i.V.m.
§ 113 Abs. 3 S. 1 die Strafbarkeit, wenn der Vollstreckungsakt rechtswidrig ist.[82]

Erforderlich ist sodann ein tätlicher Angriff. Darunter wird – in Anlehnung an § 113   60
aF - jede unmittelbar auf den Körper des Organwalters zielende feindselige Einwirkung verstanden, unabhängig vom Erfolg.[83] Da praktisch jeder tätliche Angriff i. S. d.
§ 114 zugleich Gewalt i.S. d. § 113 darstellt, bedarf es einer Abgrenzung dieser Tatbestandsmerkmale. Zwar wird vielfach die bisherige Begriffsbestimmung auf den § 114
übertragen und eine restriktive Interpretation abgelehnt. Um die gegenüber § 113 wesentlich erhöhte Strafdrohung des § 114 – auch verfassungsrechtlich - legitimieren zu
können, muß es sich aber um Einwirkungen handeln, denen ein erhöhter Unrechts-
und Schuldgehalt beizumessen ist. Hierzu wird im Schrifttum vorgeschlagen, auf die
Eignung zur Körperverletzung oder enger auf die konkrete Eignung abzustellen, das
geschützte Rechtsgut der körperlichen Unversehrtheit tatsächlich zu beeinträchtigen
und in einer Weise zu erfolgen, die eine gewisse Erheblichkeit erreicht.[84] Andere verlangen ähnlich eine gewisse Intensität der Handlung. Faustschläge, das Ausholen zum

---

76 BVerfGE 87, 209 (227); BGHSt 23, 46 (51 ff); BGH NJW 1995, 2643 (2644); SK-*Stein/Rudolphi* § 125 Rn 5; S/S-
     Sternberg-Lieben § 125 Rn 5.
77 BT-Dr 18/11161 S. 12; S/S-*Eser*, § 113 Rn. 67a; L-Kühl-*Heger*, § 113 Rn. 25;
78 Zum Gefahrerfolg vgl § 5 Rn 16 ff.
79 Vgl hierzu § 5 Rn 21.
80 BGHSt 26, 176 (180); *Küper* NJW 1976, 543; vgl auch *Kindhäuser* LPK § 18 Rn 8 ff mwN.
81 Vgl die Aufzählung bei BeckOK-*Dallmeyer* § 124 Rn 3; *Eisele* I 1547c.
82 Zu den Kriterien und der verbrechenssystematischen Einordnung oben Rn, 28 ff.
83 RGSt 59, 264 (265); BGH NJW 1982, 2081; L-Kühl-*Heger* § 124 Rn 2; *Küper/Zopfs* Rn 41.
84 *Busch/Singelnstein* NStZ 2018, 510.

Schlag oder das Werfen von Steinen oder Molotowcocktails sind solche tätlichen Angriffe. selbst wenn sie ihr Ziel verfehlen. Körperverletzungen dagegen im unteren Bagatellbereich wie zB Anrempeln oder der drohend geballte Zeigefinger sollten richtigerweise nicht als tätlicher Angriff gedeutet werden.

61   Ein Körperverletzungserfolg wird nicht vom Gesetz verlangt.[85] Daher wird überwiegend auch eine Freiheitsberaubung als tätlicher Angriff angesehen.[86] Der tätliche Angriff muss „bei", also während der Diensthandlung erfolgen. Er braucht aber keinem Nötigungszweck zu dienen; ein Racheakt genügt.[87] Widerstandleisten und tätlicher Angriff können durch eine (einheitliche) Handlung begangen werden. Exemplarisch: Der Täter fährt auf einen Polizisten zu.[88]

62   In **Fall 3** hat S den Gerichtsvollzieher wuchtig beiseite gestoßen und damit tätlich angegriffen.

63   Die Vollendung tritt bereits mit der Vornahme eines tätlichen Angriffs ein.[89] Zwar ist der Versuch nicht strafbar; wegen seiner sehr weiten Fassung („Angriff") tritt die Vollendung aber sehr früh ein.[90]

64   In **subjektiver Hinsicht** genügt ein dolus eventualis. Die privilegierende Irrtumsregelung des § 113 Abs. 3 S. 2 greift nach § 114 Abs. 3 nur bei tätlichen Angriffen ein, die sich gegen Vollstreckungshandlungen richtet. Ist die betroffene Diensthandlung aber keine Vollstreckungshandlung und auch nicht rechtmäßig (zB wegen fehlender örtlicher Zuständigkeit des Vollstreckungsbeamten), so ist der tätliche Angriff auf den Amtsträger strafbar.[91] Eine (kriminalpolitisch sehr gut vertretbare) analoge Anwendung des § 113 IV, V in bonam partem dürfte aber angesichts der eindeutigen Gesetzesfassung gleichwohl nicht in Betracht kommen.[92] Eine Rechtswidrigkeit der Dienstausübung ist aber richtigerweise bei der Strafzumessung als unrechtsmindernder Faktor berücksichtigt werden.

65   **3. Konkurrenzen.** Die Neuregelung wirft eine Vielzahl **konkurrenzrechtlicher** Fragen auf. Überwiegend wird in Fällen der tätlichen Gewalt gegen Vollstreckungshandlungen Tateinheit, § 52, zwischen § 113 und § 114 angenommen.[93] Dadurch soll zum Ausdruck gebracht werden, dass es sich um eine Widerstandshandlung in Gestalt eines tätlichen Angriffs gehandelt hat. Stellt der tätliche Angriff nur eine versuchte (gefährliche) Körperverletzung dar, treten die §§ 223, 224, 22, 23 I zurück.[94] Bei vollendeter Körperverletzung dagegen besteht zwischen § 114 und §§ 223, 224 Tateinheit.[95] Im Übrigen gelten dieselben Konkurrenzgrundsätze wie bei § 113.

---

85 BGH NJW 1982, 2081; KG StV 1988, 437; LK-v. *Bubnoff*, 11. Aufl., § 113 Rn 17.
86 RGSt 41, 181 (182); BSG NJW 2003, 164; S/S/W-*Fahl* § 113 Rn 8; *Fischer* § 113 Rn 27; aA NK-*Paeffgen* § 113 Rn 31; SK-*Wolters* § 113 Rn 15.
87 L-Kühl-*Heger* § 113 Rn 6; aA NK-*Paeffgen* § 113 Rn 31.
88 Vgl OLG Hamm NJW 1973, 1240.
89 S/S-*Eser* § 114 Rn 10.
90 Vgl S/S-*Eser* § 114 Rn 10: einem Unternehmensdelikt (§ 11 Abs. 1 Nr. 6) ähnlicher Tatbestand; *Schermaul* JuS 2019, 664: unechtes Unternehmensdelikt.
91 *Eisele* I Rn 1547; S/S-*Eser* § 114 Rn 6; L-Kühl-*Heger* § 114 Rn 4.
92 *König/Müller* ZiS 2018, 96, 101.
93 BeckOK-*Dallmeyer* § 114 Rn 7; L-Kühl-*Heger* § 114 Rn 5.
94 BeckOK-*Dallmeyer* § 114 Rn 7; L-Kühl-*Heger* § 114 Rn 5.
95 BeckOK-*Dallmeyer* § 114 Rn 7.

D. Anwendung

I. Aufbau des § 113

Es empfiehlt sich, die Tatbestandsmerkmale des Widerstands gegen die Staatsgewalt in 66
folgenden Schritten zu prüfen:

A) *Tatbestand*:

   I. Objektiver Tatbestand:

      1. Opfer: Zur Vollstreckung berufener Amtsträger (Rn 5 ff)

      2. Tatsituation: bei der Vornahme einer Vollstreckungshandlung (Rn 8 ff)

      3. Rechtmäßigkeit der Vollstreckungshandlung (Rn 28 ff)

      4. Tathandlungen:

          – Widerstandleisten mit Gewalt oder durch Drohung mit Gewalt (Rn 17 ff)

   II. Subjektiver Tatbestand:

      1. Vorsatz bzgl I 1, 2 und 4 (Rn 27)

      2. Ggf Irrtum über die Rechtmäßigkeit der Vollstreckungshandlung (Rn 46 ff)

B) *Rechtswidrigkeit*

C) *Schuld*

D) Ggf *besonders schwerer Fall* nach Abs. 2 (Rn 50 ff)

II. Verhältnis des § 113 zur Nötigung (§ 240)

§ 113 Abs. 1 Alt. 1 steht zur Nötigung (§ 240) in einem **Exklusivitätsverhältnis** und be- 67
zieht sich auf die spezifische Vollstreckungssituation.[96] Infolge der Strafrahmenangleichung (oben Rn 1) ist die Einordnung des § 113 Abs. 1 als Privilegierung (entsprechend der früheren hM) umstritten: Von den Befürwortern der Einordnung als Privilegierung werden der im Hinblick auf die Nötigungsmittel beschränkte Tatbestand sowie
vor allem die tätergünstigen Irrtumsregeln der Absätze 3 und 4 ins Feld geführt,[97]
während die Gegner infolge der Strafrahmenangleichung in § 113 Abs. 1 nur noch eine
Spezialregelung zur Nötigung sehen.[98]

Es ist möglich, dass der Täter zwar § 240, nicht aber § 113 Abs. 1 verwirklicht. Inso- 68
weit sind zwei Fallgruppen zu unterscheiden:

■ Scheitert § 113 an der fehlenden spezifischen Vollstreckungssituation – der Täter 69
droht zB einer Politesse Gewalt an, wenn sie sein Falschparken notiert –, ist § 240
uneingeschränkt anwendbar.

■ Scheitert § 113 daran, dass die Widerstandsleistung des Täters unterhalb der tatbe- 70
standlich vorausgesetzten Schwelle liegt – der Täter droht zB wie in den **Fällen 2a
und 2b** nicht mit Gewalt, sondern „nur" mit einem sonstigen empfindlichen Übel
oder wendet Gewalt gegenüber Dritten an –, so entfaltet § 113, der hier eine abschließende Spezialregelung trifft, eine **Sperrwirkung**. § 240 ist nicht anwendbar, da
anderenfalls die Besserstellung des Täters durch § 113 im Verhältnis zu § 240 unter-

---

96 Näher *Zopfs* GA 2012, 259 (260 ff) mwN auch zur Gesetzesgeschichte.
97 Vgl MK-*Bosch* § 113 Rn 2 f; S/S-*Eser* § 113 Rn 3; NK-*Paeffgen* § 113 Rn 6 ff.
98 *Fahl* ZStW 124 (2012), 311 (322); L-Kühl-*Heger* § 113 Rn 1.

laufen würde.[99] Nach der Gegenauffassung soll auch in dieser Fallgruppe § 240 mit der Maßgabe anwendbar sein, dass Abs. 3 und 4 von § 113 analog anzuwenden seien.[100] Zur Begründung wird darauf verwiesen, dass eine weitergehende Einschränkung der Nötigung nicht sachgerecht sei und auch den Gesetzesmaterialien nicht entnommen werden könne.[101] Dem wird nun wiederum entgegengehalten, dass die Erhöhung des Strafrahmens durch das 44. StrÄndG das Ziel des Gesetzgebers zum Ausdruck bringe, den strafrechtlichen Schutz staatlicher Vollstreckungsbeamter zu verbessern.[102]

71 Nimmt der Täter irrtümlich an, er leiste gegen die Vollstreckungshandlung eines Amtsträgers Widerstand, so ist – unter Anwendung von § 16 Abs. 2 – nur eine Strafbarkeit nach § 113 gegeben.[103] Teils wird hier – im Ergebnis praktisch übereinstimmend – angenommen, dass § 240 zwar objektiv verwirklicht sei, die Strafe aber die von § 113 vorgesehene Obergrenze nicht überschreiten dürfe.[104]

72 Wenn der Täter die objektiv gegebenen Tatbestandsvoraussetzungen der Amtsträgereigenschaft und der Vollstreckungshandlung verkennt (Tatbestandsirrtum), scheidet § 113 zugunsten von § 240 aus.[105] Dieser Irrtum darf nicht mit dem Irrtum über die Rechtmäßigkeit der Diensthandlung verwechselt werden.

III. Aufbau des § 114

73 A) *Tatbestand*:
   I. Objektiver Tatbestand:
      1. Opfer: Zur Vollstreckung berufener Amtsträger (Rn 5 ff)
      2. Tatsituation: bei der Vornahme einer Diensthandlung. Ist Diensthandlung zugleich Vollstreckungshandlung, zusätzlich Rechtmäßigkeit erforderlich (Rn 28 ff)
      3. Tathandlung: Tätlicher Angriff (Rn 60)
   II. Subjektiver Tatbestand:
      1. Vorsatz
      2. Bei Vollstreckungshandlung als Diensthandlung ggf Irrtum über die Rechtmäßigkeit der Vollstreckungshandlung

B) *Rechtswidrigkeit*

C) *Schuld*

D) Strafzumessung: Ggf *besonders schwerer Fall* nach Abs. 2 (Rn 48 ff)

Wiederholungs- und Vertiefungsfragen

> Wer kann Täter, wer kann Opfer einer Tat nach § 113 sein? (Rn 3 ff)
> Welche Rechtmäßigkeitsbegriffe werden im Rahmen des § 113 vertreten? (Rn 28 ff)

---

99 MK-*Bosch* § 113 Rn 65 (wenngleich dem Ergebnis gegenüber kritisch); *Eisele* BT I Rn 1546b; S/S-*Eser* § 113 Rn 3, 68; SK-*Wolters* § 113 Rn 23.
100 L-Kühl-*Heger* § 113 Rn 26; *Rengier* II § 53/28.
101 *Otto* § 91/25; zur Gegenkritik NK-*Paeffgen* § 113 Rn 90.
102 *Rengier* II § 53/28.
103 SK-*Wolters* § 113 Rn 7.
104 LK-*Rosenau* § 113 Rn 94, 97; aA S/S-*Eser* § 113 Rn 5: Anwendung des § 240. Für die Strafrahmenlimitierung bliebe nach der Angleichung beider Strafrahmen kein Raum mehr.
105 NK-*Paeffgen* § 113 Rn 93; aA M-*Schroeder*/Maiwald II § 71/20.

> Inwieweit unterscheidet sich § 113 Abs. 4 S. 2 von der Regelung des § 17? (Rn 46)
> In welchem Verhältnis steht § 113 zu § 240 und welche Fallgruppen sind hierbei zu unter-
  scheiden? (Rn 1 und 57 ff)
> Was ist unter tätlichem Angriff bei § 114 zu verstehen? (Rn 60)
> In welchem Verhältnis steht § 113 zu § 114? (Rn 65)

§ 37 Gefangenenbefreiung (§ 120)

A. Allgemeines

1 Die Vorschrift sichert nach hM die (formell ordnungsgemäße) staatliche Verwahrungsgewalt über Gefangene.[1] Mitunter wird (zutreffend) auch auf die Rechtspflege als (zusätzlich) geschütztes Rechtsgut abgestellt.[2] Abs. 2 normiert – als unechtes Sonderdelikt – einen Qualifikationstatbestand für Amtsträger.

B. Definitionen und Erläuterungen

▶ **FALL 1:** G befindet sich aufgrund eines Fehlurteils zu Unrecht in Strafhaft. Sein Freund A entschließt sich, dieser – wie er es nennt – Freiheitsberaubung ein Ende zu setzen. Er beschafft sich einen Nachschlüssel für sämtliche Türen der Justizvollzugsanstalt und schickt diesen (in einem Paket versteckt) seinem gefangen gehaltenen Freund zu. Mit Hilfe des Schlüssels gelingt G daraufhin die Flucht. ◀

▶ **FALL 2:** Während seines Hafturlaubs wird G von seiner Gattin überredet, nicht in die JVA zurückzukehren und sich stattdessen nach Brasilien abzusetzen. ◀

▶ **FALL 3:** Der zu einer Freiheitsstrafe verurteilte G möchte nicht länger seiner Freiheit beraubt sein. Daher bittet er seinen Kumpel K um die Zusendung von Ausbruchswerkzeug. Nachdem K eine Feile und ein Seil besorgt hat, wendet er sich seinerseits an den Z, damit dieser ihm einen Trick verrät, wie man das Werkzeug am besten in die Anstalt schmuggeln kann. Z weiß Rat, und nur wenige Tage später gelingt G mit Hilfe des ihm von K zugesandten Werkzeugs die Flucht. ◀

I. Gefangener

2 Gefangener ist, wer sich kraft Hoheitsgewalt formell ordnungsgemäß in staatlichem, mit Freiheitsentzug verbundenem Gewahrsam einer zuständigen Behörde befindet.[3]

3 Als Gefangene im Sinne des Tatbestands sind zB anzusehen: Strafgefangene, Untersuchungsgefangene, nach § 127 StPO von einem Strafverfolgungsorgan vorläufig Festgenommene, Inhaftierte nach §§ 51, 70 StPO, §§ 177, 178 GVG, §§ 380, 390, 888, 890 ZPO oder nach §§ 16, 90 JGG arrestierte Jugendliche. Dagegen begründet die Wahrnehmung des jedermann zustehenden Festnahmerechts nach § 127 Abs. 1 StPO durch eine Privatperson keine Gefangenschaft.[4] Ferner ist derjenige kein Gefangener, gegen den nur Zwangsmaßnahmen – zB zur Entnahme einer Blutprobe nach § 81a StPO[5] – durchgeführt werden.

4 Es kommt **nur auf die gesetzlich zulässige Form**, nicht auf die materielle Rechtmäßigkeit der Inhaftierung an.[6] Auch ein unschuldig Verurteilter (so G in **Fall 1**) ist daher

1 Vgl BGHSt 9, 62 (64); *Britz/Müller-Dietz* JuS 1998, 237 (241); S/S-*Eser* § 120 Rn 1; NK-*Ostendorf* § 120 Rn 3; *Peglau* NJW 2003, 3256 f.

2 Vgl nur *Helm*, Das Delikt der Gefangenenbefreiung, 2010, 52 f; *Schneider*, Grund und Grenzen des strafrechtlichen Selbstbegünstigungsprinzips, 1991, 209 ff; vgl auch MK-*Bosch* § 120 Rn 2.

3 RGSt 73, 347; S/S-*Eser* § 120 Rn 3 ff; SK-*Wolters* § 120 Rn 4 ff mwN.

4 RGSt 67, 298 (299); W/H/E-*Engländer* Rn 731.

5 BayObLG JZ 1984, 343; L-Kühl-*Heger* § 120 Rn 5; *Otto* § 92/2; umf. *Helm*, Das Delikt der Gefangenenbefreiung, 2010, 100 ff.

6 BGH GA 1965, 205 (206); KG JR 1980, 513 f m.Anm. *Ostendorf* JR 1981, 292 f; S/S/W-*Fahl* § 120 Rn 4.

Gefangener und damit taugliches Tatobjekt des § 120 Abs. 1.[7] Die Gefangenschaft beginnt mit der formell ordnungsmäßigen Ingewahrsamnahme und endet mit der Aufhebung der Unterstellung unter die Staatsgewalt. Durch eine Entlassung in den offenen Vollzug[8] wird die Gefangenschaft nicht aufgehoben.[9] Denn auch bei **Vollzugslockerungen** ist – ebenso wie beim sog. mobilen Gewahrsam[10] – stets allein maßgeblich, ob eine Flucht des Häftlings physisch verhindert werden könnte, also ein materielles, die körperliche Bewegungsfreiheit beschränkendes Gewahrsamsverhältnis noch fortbesteht. Der Gefangenenstatus endet allerdings dann, wenn sich der Häftling **ohne jedwede Aufsicht** außerhalb der Anstaltsmauern aufhalten darf (so beim Freigang und Ausgang, § 11 Abs. 1 StVollzG, sowie beim Urlaub, §§ 13, 35 StVollzG). Folge dieser Sicht ist, dass keine strafbare Gefangenenbefreiung vorliegt, wenn ein Dritter den in einer unbeaufsichtigten Vollzugslockerung befindlichen Häftling überredet, nicht mehr in die Justizvollzugsanstalt zurückzukehren.[11] Dementsprechend hat sich F in **Fall 2** nicht nach § 120 Abs. 1 Alt. 2 strafbar gemacht, da der Hafturlauber G kein taugliches Tatobjekt im Sinne des § 120 gewesen ist. In Betracht käme allein eine Strafbarkeit wegen Vollstreckungsvereitelung nach § 258 Abs. 2, die im konkreten Fall jedoch am Angehörigenprivileg des § 258 Abs. 6 scheitert.

Die **Gegenmeinung** plädiert für eine „vollzugsrechtliche" Auslegung des Gefangenenbegriffs, die die amtliche Gewalt auch während freier Vollzugsformen fortbestehen lässt. Für diese Sicht sollen zunächst die fortbestehenden Einflussmöglichkeiten der Anstaltsleitung (Weisungsrechte nach § 14 Abs. 1 StVollzG; disziplinarrechtliche Ahndung von Verstößen nach §§ 102 ff StVollzG) sowie weiterhin die Überlegung sprechen, dass Vollzugslockerungen gerade auch der Erreichung der in §§ 2 und 3 StVollzG niedergelegten Vollzugsziele dienten und daher jedwede (diese Ziele gefährdende) Einflussnahme Dritter einschränkungslos unter Strafe gestellt werden müsse.[12] Hiernach wäre F in **Fall 2** aus § 120 Abs. 1 Alt. 2 zu bestrafen.

5

Jedoch abgesehen davon, dass § 120 lediglich mittelbar die jeweiligen Vollzugsziele schützt (andernfalls wäre der Verzicht auf die materielle Rechtmäßigkeit der Verwahrung nicht erklärbar), lässt sich eine solche Auslegung nicht mit dem Wortlaut des § 120 vereinbaren. Rein psychische Fesseln führen nicht zu einer Beschränkung der körperlichen Bewegungsfreiheit und damit auch nicht zu einer „Gefangenschaft" im Sinne des Gesetzes.

6

Nach **Abs. 4** sind den Gefangenen solche Personen gleichgestellt, die auf behördliche Anordnung in einer Anstalt – zB im Wege des Maßregelvollzugs nach §§ 63, 64, 66 – verwahrt werden.

7

---

7 Konsequenterweise scheidet eine Nothilfebefugnis dritter Personen aus, so dass sich A auch nicht auf § 32 zu berufen vermag.

8 Vgl §§ 3, 7, 11, 13 StVollzG.

9 *Fischer* § 120 Rn 4; NK-*Ostendorf* § 120 Rn 6; vgl auch BGHSt 37, 388 (390 ff); diff. LK-*Rosenau* § 120 Rn 26 ff; aA *Zielinski* StV 1992, 227 (228 f).

10 Vgl nur KG JR 1980, 513; S/S-*Eser* § 120 Rn 6; *Kusch* NStZ 1985, 385 (386).

11 So auch die herrschende, im Einzelnen teilweise noch weiter differenzierende Auffassung: S/S-*Eser* § 120 Rn 6; LK-*Rosenau* § 120 Rn 25 ff; *Zielinski* StV 1992, 227 (228 f); iE ebenso L-Kühl-*Heger* § 120 Rn 3 und NK-*Ostendorf* § 120 Rn 6 und 11.

12 MK-*Bosch* § 120 Rn 14 f; *Fischer* § 120 Rn 4; *Neubacher* JuS 2005, 1101 (1105); *Rössner* JZ 1984, 1065 (1066 ff); *Schaffstein* Lackner-FS 795.

II. Täter

8 Täter nach Abs. 1 kann jedermann sein, nur **nicht der befreite Gefangene** selbst. Bloßes Entweichen unterfällt nicht dem Tatbestand;[13] es wird nur als eine nicht strafwürdige Konsequenz der Befreiung aus einer (notstandsähnlichen) Lage verstanden.[14] In der zweiten und dritten Tatalternative folgt dies schon aus dem Wortlaut. Sowohl in **Fall 1** als auch in **Fall 3** bleibt der Gefangene G damit straflos.[15]

9 Auch ein **Mitgefangener** kann Täter sein, sofern sein Beitrag nicht zugleich der Selbstbefreiung dient.[16] Die straflose Beteiligung am Entweichen eines Mitgefangenen zum Zwecke der eigenen Befreiung wird deliktssystematisch teils als Tatbestandsausschluss, teils als Entschuldigungs- oder Strafausschließungsgrund behandelt.[17]

III. Tathandlungen

10 Tathandlungen sind das Befreien, das Verleiten zum Entweichen und dessen Förderung.

11 ■ **Befreien** ist das Aufheben der amtlichen Gewalt über den Gefangenen trotz bestehenden (formell wirksamen) Haftrechts.[18]

12 Das Mittel der Befreiung – Gewalt, Täuschung, Drohung, Entweichenlassen usw – spielt keine Rolle. Die Befreiung muss nicht gegen den Willen des Gewahrsamshalters erfolgen, so dass auch (faktische) Maßnahmen der Vollzugsbehörde einschlägig sein können. Befindet sich der Gefangene „auf freiem Fuß", zB im offenen Vollzug, kann er mangels Verwahrung nicht mehr befreit werden.[19] Auch Handlungen, durch welche die Wiederergreifung eines bereits Flüchtigen verhindert werden soll, sind nicht einschlägig.[20]

13 ■ Das **Verleiten** entspricht der Anstiftung im Sinne von § 26, das **Fördern** der Beihilfe im Sinne von § 27.

14 Beide Tatvarianten sind Teilnahmehandlungen der Selbstbefreiung, die jedoch mangels strafbarer Haupttat ihrerseits straflos wären. In der Tatbestandsfassung des § 120 Abs. 1 sind diese Teilnahmehandlungen deshalb zur Schließung der Strafbarkeitslücke als **selbständige Tathandlungen** ausgestaltet worden, mit der Folge, dass an ihnen wiederum nach §§ 26, 27 ihrerseits teilgenommen werden kann.[21] Hieraus ergibt sich, dass sich in **Fall 3** lediglich K unmittelbar nach § 120 Abs. 1 Var. 3 strafbar gemacht hat (das Gleiche gilt für A in **Fall 1**). Der „Helfershelfer" Z hingegen ist nach §§ 120 Abs. 1 Var. 3, 27 Abs. 1 als Gehilfe dieser (von K verübten) Gefangenenbefreiung zu bestrafen.[22] Auch das Verleiten und Fördern setzt jeweils ein bestehendes Verwahrungsverhältnis voraus. Nicht tatbestandsmäßig handelt daher, wer einen Gefangenen veranlasst, nicht aus dem Hafturlaub zurückzukehren.[23]

---

13 Anderes gilt für eine Selbstbefreiung in den Formen des § 121.
14 Vgl LK-*Rosenau* § 120 Rn 2 mwN.
15 Vgl auch noch Rn 19.
16 Vgl BGHSt 17, 369 (373 ff); OLG Celle JZ 1961, 263 (264); NK-*Ostendorf* § 120 Rn 9, 19; *Rengier* II § 54/9.
17 Vgl S/S-*Eser* § 120 Rn 15; LK-*Rosenau* § 120 Rn 58 f.
18 BGH StV 1992, 226 (227); *Otto* § 92/4.
19 NK-*Ostendorf* § 120 Rn 11.
20 Insoweit kommt jedoch § 258 II in Betracht.
21 Vgl S/S-*Eser* § 120 Rn 9; *Küper/Zopfs* 53 f; NK-*Ostendorf* § 120 Rn 13, 19; LK-*Rosenau* §§ 120 Rn 2, 56 ff.
22 Vgl auch noch unten Rn 18; zur Förderung der Tat durch einen Mitgefangenen, der sich vorbehält, sich dem Fliehenden anzuschließen: KG NStZ 2009, 698 ff.
23 Vgl bereits Rn 4.

■ Alle Tatvarianten setzen als **Erfolg**, mit dessen Eintritt das Delikt vollendet ist, die **15** **widerrechtliche uneingeschränkte Aufhebung der Gefangenschaft** voraus.[24] Zu diesem Erfolg muss die Tathandlung – auch im Falle des Verleitens oder Förderns – **kausal** beigetragen haben.

Der Gefangene muss zumindest vorübergehend dem staatlichen Gewahrsam vollstän- **16** dig entzogen worden sein und seine Freiheit wiedererlangt haben.[25] Der Erfolg ist nicht widerrechtlich herbeigeführt, wenn die Verwahrung durch die zuständige Behör- de förmlich korrekt aufgehoben wird, mag die Entscheidung auch dem materiellen Recht widersprechen.[26]

■ Der **subjektive Tatbestand** verlangt (zumindest bedingten) Vorsatz.   **17**

C. Anwendung

I. Aufbau

Es empfiehlt sich, die Tatbestandsmerkmale der Gefangenenbefreiung in folgenden **18** Schritten zu prüfen:

A) *Tatbestand*:

   I. Objektiver Tatbestand:

     1. Handlungsobjekt: Gefangener (Rn 2 ff)

     2. Tathandlungen: Befreien, Verleiten oder Fördern des Entweichens (Rn 10 ff)

     3. Kausal bedingter Erfolg: Widerrechtliche Erlangung der Freiheit (Rn 15 f)

   II. Subjektiver Tatbestand: Vorsatz (Rn 16)

B) *Rechtswidrigkeit*

C) *Schuld*

D) *Ggf Qualifikation* (Abs. 2)

II. Beteiligung

Ob sich ein Gefangener strafbar macht, der (erfolgreich) Dritte zu seiner Befreiung ver- **19** anlasst, ist umstritten. Nach Ansicht der Rechtsprechung geht das Verhalten des Ge- fangenen über eine bloße Selbstbefreiung hinaus, da er zu der (zumindest versuchten) Tatbestandsverwirklichung des Dritten anstiftet.[27] Die hL sieht jedoch in der Anstif- tung zur Befreiung durch einen Dritten zu Recht nur einen Unterfall der straflosen Selbstbefreiung,[28] so dass G auch in **Fall 3** straflos bleibt. Denn abgesehen davon, dass die Rechtsprechung die unverändert bestehen bleibende notstandsähnliche Lage des G missachtet, ließe sich die von ihr befürwortete Strafbarkeit des G allein mit der über- holten Schuldteilnahmetheorie begründen.

Nach den allgemeinen Regeln ist die Anstiftung zur Anstiftung (Kettenanstiftung) ih- **20** rerseits eine Anstiftung.[29] Dies hätte zur Folge, dass auch die Anstiftung zum Verleiten des Entweichens ihrerseits ein Verleiten und damit eine täterschaftliche Verwirklichung

---

24 BGH NStZ-RR 2000, 139; NK-*Ostendorf* § 120 Rn 15.
25 Vgl RGSt 25, 65 (66).
26 BGHSt 37, 388 (392); *Kusch* NStZ 1985, 385 (387 f); *Ostendorf* JZ 1994, 555 (556). In diesem Fall ist an § 258a zu denken.
27 BGHSt 17, 369 (373 ff).
28 S/S-*Eser* § 120 Rn 15; Krey/Hellmann/*Heinrich* I Rn 712 f; LK-*Rosenau* § 120 Rn 58 f.
29 *Kindhäuser* LPK Vor § 25 Rn 8.

des § 120 Abs. 1 wäre. Die hM sieht jedoch bei § 120 **nur den letzten Akt der Kette** – das unmittelbare Verleiten – als täterschaftliches Handeln an, während sie die vorangegangene Anstiftung nur als Teilnahmehandlung einstuft.[30] Dem ist zuzustimmen, da die Aufwertung einer bestimmten Teilnahmehandlung zur täterschaftlichen Begehensweise nicht zur Aufhebung der Akzessorietät der Teilnahme insgesamt für das betreffende Delikt führen kann. Da Gleiches auch für die Beihilfe gilt, ist Z in **Fall 3** nur nach §§ 120 Abs. 1 Var. 3, 27 Abs. 1 zu strafen.

III. Versuch

21   Der Versuch (Abs. 3) beginnt mit dem unmittelbaren Ansetzen zum Befreien, Verleiten oder Fördern. Hierfür ist nicht erforderlich, dass der Gefangene selbst zum Entweichen ansetzt.[31]

Wiederholungs- und Vertiefungsfragen

> Was ist ein Gefangener? Zählt auch der Hafturlauber hierzu? (Rn 2 ff)
> Was gilt in denjenigen Fällen, in denen der Gefangene zu seiner eigenen Befreiung anstiftet? (Rn 19)
> Ist eine (sich nach den allgemeinen Regeln richtende) Teilnahme an den Tathandlungen des § 120 Abs. 1 möglich? (Rn 14 und 20)

---

30   NK-*Ostendorf* § 120 Rn 19; LK-*Rosenau* § 120 Rn 46; *Tenckhoff/Arloth* JuS 1985, 129 (134) mwN.
31   LK-*Rosenau* § 120 Rn 66; *Siegert* JZ 1973, 308 (309).

§ 38 Gefangenenmeuterei (§ 121)

A. Allgemeines

Die Vorschrift verfolgt neben der Sicherung der (formell ordnungsgemäßen) staatlichen Verwahrungsgewalt über Gefangene auch den Schutzzweck des § 113.[1] Insoweit geht auch § 121 den §§ 113, 240 als spezielleres Delikt vor. Die Tat ist ein **echtes Sonderdelikt**: Nur Gefangene[2] können Täter sein.[3] Ihnen werden in Abs. 4 Personen gleichgestellt, die sich in Sicherungsverwahrung (§ 66) befinden. Der Versuch ist strafbar (Abs. 2). 1

B. Definitionen und Erläuterungen

I. Tatbestand

Der Tatbestand ist als **zweiaktiges Delikt** ausgestaltet: Die Täter müssen sich zunächst zusammenrotten und sodann mit vereinten Kräften eine der Tatvarianten von Abs. 1 Nr. 1–3 verwirklichen: 2

- **Zusammenrotten** ist das räumliche Zusammentreten oder Zusammenhalten von wenigstens zwei Gefangenen zu einem äußerlich erkennbar gewaltsamen oder bedrohlichen Zweck.[4] 3

- Ein Handeln erfolgt **mit vereinten Kräften**, wenn es der psychischen Grundhaltung der anwesenden anderen an der Zusammenrottung Beteiligten erkennbar entspricht. 4

Ein gemeinschaftliches Handeln (nach Mittäterschaftskriterien) ist nicht erforderlich. Nicht ausreichend ist es jedoch, wenn ein Gefangener allein handelt, während die nicht anwesenden anderen das Vorgehen nur billigen.[5] 5

Die Tatvariante nach **Abs. 1 Nr. 1** ist verwirklicht, wenn eine der (tatbestandlich genannten) Personen im Sinne von § 240 (zu einem beliebigen Zweck) genötigt oder tätlich angegriffen[6] wird. 6

Gewaltsames Ausbrechen im Sinne von **Abs. 1 Nr. 2** ist das (zumindest vorübergehende) Aufheben des Freiheitsentzugs durch Anwendung von Gewalt gegen sachliche Verwahrungseinrichtungen oder Personen, die amtliche Verwahrungsmacht ausüben.[7] 7

Exemplarisch: Durchschneiden von Drähten; Aufbrechen eines Raumes, um aus ihm Schlüssel und Zivilkleider zur Flucht zu holen.[8] Die bloße Verwendung eines Schlüssels oder Dietrichs (ohne Kraftanstrengung) genügt nicht.[9] Die Gewalt kann sich auch gegen entgegentretende Mitgefangene richten.[10] Sofern gegen die in Nr. 1 bezeichneten 8

---

1 NK-*Ostendorf* § 121 Rn 3; *Otto* § 92/12.
2 Zum Begriff § 37 Rn 2 ff.
3 Die Anwendbarkeit von § 28 Abs. 1 auf Teilnehmer ist umstritten; (zutr.) bejahend NK-*Ostendorf* § 121 Rn 6; abl. MK-*Bosch* § 121 Rn 27; verneinend SK-*Wolters* § 121 Rn 13.
4 BGHSt 20, 305 (307); OLG Karlsruhe NStZ 1999, 136; S/S/W-*Fahl* § 121 Rn 4; L-Kühl-*Heger* § 121 Rn 3; W/H/E-*Engländer* Rn 740; abw. NK-*Ostendorf* § 121 Rn 8: wie bei der Bande wenigstens drei Personen.
5 S/S-*Eser* § 121 Rn 5: der oder die anderen Gefangenen müssen den Täter zumindest durch ihr bloßes Dabeisein erkennbar psychisch unterstützen; NK-*Ostendorf* § 121 Rn 10.
6 Vgl § 36 Rn 58 f.
7 BGHSt 16, 34 (35); LK-*Rosenau* § 121 Rn 40 ff; zum Gewaltbegriff vgl § 12 Rn 4 ff.
8 RGSt 49, 429 (430 ff); OLG Hamburg JZ 1951, 656.
9 BGHSt 16, 34 (35); S/S-*Eser* § 121 Rn 11; NK-*Ostendorf* § 121 Rn 13.
10 *Fischer* § 121 Rn 8 ff; aA S/S-*Eser* § 121 Rn 11.

Personen Gewalt zum Zwecke des Ausbruchs angewandt wird, geht Nr. 2 als Sonderfall vor.[11]

9   **Zum Ausbruch verhelfen** im Sinne von **Abs. 1 Nr. 3** bedeutet, das Entweichen eines anderen mit Gewalt zu fördern.[12]

10   Abs. 1 Nr. 1 ist mit Vollendung der Nötigung[13] bzw dem Beginn des tätlichen Angriffs bereits **vollendet**. Dagegen verlangen die Tatvarianten nach Abs. 1 Nr. 2 und 3 zur Vollendung einen gelungenen Ausbruch im Sinne des Verlassens der staatlichen Gewahrsamsphäre.[14] Gelingt einigen beim gemeinsamen Ausbruch die Flucht nicht, so begehen diese einen Versuch nach Nr. 2 und eine vollendete Tat nach Nr. 3.[15]

11   Der **subjektive Tatbestand** erfordert (zumindest bedingten) Vorsatz.

II. Abs. 3

12   Abs. 3 normiert in der **Regelbeispieltechnik**[16] besonders schwere Fälle: **Schusswaffen** im Sinne von Nr. 1 sind Geräte, bei denen mechanisch wirkende Geschosse durch einen Lauf getrieben werden können; sie müssen dazu bestimmt und geeignet sein, durch den Abschuss von Munition erhebliche Verletzungen hervorzurufen.[17] Die Merkmale in Nr. 2 und 3 entsprechen denjenigen des § 113 Abs. 2.[18]

WIEDERHOLUNGS- UND VERTIEFUNGSFRAGEN

> Warum ist die Tat ein echtes Sonderdelikt? (Rn 1)
> Worin unterscheidet sich § 121 Abs. 1 Nr. 1 von den anderen beiden Tatvarianten der Nr. 2 und 3? (Rn 10)

---

11   LK-*Rosenau* § 121 Rn 41.
12   S/S-*Eser* § 121 Rn 12 ff; NK-*Ostendorf* § 121 Rn 14.
13   NK-*Ostendorf* § 121 Rn 15; LK-*Rosenau* § 121 Rn 36; aA S/S-*Eser* § 121 Rn 8: Nötigungserfolg nicht erforderlich.
14   NK-*Ostendorf* § 121 Rn 17; *Rengier* II § 54/14.
15   Im Falle des Rücktritts wird teils ein Vorrang von Nr. 2 befürwortet, NK-*Ostendorf* § 121 Rn 17; LK-*Rosenau* § 121 Rn 44; SK-*Wolters* § 121 Rn 12.
16   Näher hierzu *Kindhäuser/Böse* BT II § 3/1 ff.
17   Vgl § 1 II Nr. 1 WaffG; BGHSt 4, 125 (127); 24, 136 (138 f).
18   Vgl § 36 Rn 50 ff; deshalb ist es im Hinblick auf BVerfG NJW 2008, 3627 ff zweifelhaft, ob unter Waffen iSd Nr. 2 auch Waffen im nichttechnischen Sinn zu verstehen sind: BGH NStZ 2010, 508 f.

§ 39 Landfriedensbruch (§§ 125 f)

A. Allgemeines

§ 125 schützt neben der öffentlichen Sicherheit auch die jeweils bedrohten Individualrechtsgüter, gegen die sich die von der Menschenmenge begangenen Gewalttätigkeiten und Bedrohungen richten.[1] Erfasst wird die besondere Gefährlichkeit, die sich daraus ergibt, dass die verantwortungslähmende Anonymität der Masse dem Einzelnen ein übersteigertes Kraftgefühl verleiht und so den Boden für unkontrollierbare, schwer einzudämmende Handlungen bereitet.[2]

1

B. Definitionen und Erläuterungen

I. Tatbestand

Der Tatbestand kann als gewalttätiger (Abs. 1 Var. 1), bedrohender (Abs. 1 Var. 2) oder als aufwieglerischer Landfriedensbruch (Abs. 1 Var. 3) verwirklicht werden. Bei den ersten beiden Tatvarianten stellt die Vorschrift grds.[3] jede Beteiligungsform im Sinne von §§ 25 ff als Täterschaft unter Strafe, enthält insofern also einen Einheitstäterbegriff.[4] Die dritte Tatvariante pönalisiert demgegenüber spezifische Vorfeldhandlungen zum gewalttätigen und bedrohenden Landfriedensbruch.

2

1. Gewalttätiger Landfriedensbruch. Der gewalttätige Landfriedensbruch nach Abs. 1 Var. 1 setzt voraus, dass aus einer Menschenmenge[5] in einer die öffentliche Sicherheit gefährdenden Weise mit vereinten Kräften[6] Gewalttätigkeiten[7] gegen Personen oder Sachen begangen werden. Die Menschenmenge muss (im Wesentlichen) unfriedlich sein, die Gewalttätigkeiten müssen also von einem feindseligen Willen der Menge getragen werden.[8]

3

Öffentliche Sicherheit ist sowohl der allgemeine objektive Friedenszustand, das unbedrohte Dasein aller im Staat im Gegensatz zum Rechtsfrieden des Einzelnen, als auch subjektiv das Vertrauen der Bevölkerung in die Fortdauer dieses Zustands.[9] Diese Sicherheit ist **gefährdet**, wenn eine unbestimmte Vielzahl von Personen um Leib und Leben, Hab und Gut fürchten muss und von der Besorgnis ergriffen wird, ohne ausreichenden staatlichen Schutz fremder Willkür ausgesetzt zu sein.[10] Auch bei Gewalttätigkeiten gegen Einzelne kann die öffentliche Sicherheit gefährdet sein, wenn der Betreffende allein wegen seiner Zugehörigkeit zu einer bestimmten religiösen, politischen oder sonstigen Gruppierung ausgewählt wird und durch ihn die von ihr repräsentierte Personengruppe getroffen werden soll.[11] Keine Rolle spielt es, ob genügend Sicher-

4

---

1 OLG Celle JR 2002, 33 f m.Anm. *Hoyer*; NK-*Ostendorf* § 125 Rn 5 f; SK-*Stein/Rudolphi* § 125 Rn 2 f; aA S/S-*Sternberg-Lieben* § 125 Rn 2.

2 *Kostaras*, Zur strafrechtlichen Problematik der Demonstrationsdelikte, 1982, 42 ff; *Schild* GA 1982, 55 (69 ff).

3 Vgl aber noch Rn 5.

4 NK-*Ostendorf* § 125 Rn 22 mwN.

5 Vgl § 34 Rn 3.

6 Vgl § 38 Rn 4 f; ferner OLG Köln NStZ-RR 1997, 234 (235); SK-*Stein/Rudolphi* § 125 Rn 11.

7 Vgl § 36 Rn 56; ferner BGHSt 23, 46 (51 ff); BGH NStZ 2004, 618; *Martin* BGH-FS 211 (221 ff); NK-*Ostendorf* § 125 Rn 17 ff; mangels aggressiven Einwirkens sind Sitzblockaden nicht einschlägig, vgl MK-*Schäfer* § 125 Rn 21; SK-*Stein/Rudolphi* § 125 Rn 5 f.

8 OLG Köln NStZ-RR 1997, 234 (235); NK-*Ostendorf* § 125 Rn 14, 21; abw. LK-*Krauß* § 125 Rn 51.

9 OLG Celle NJW 2001, 2735; LK-*Krauß* § 125 Rn 55; SK-*Stein/Rudolphi* § 125 Rn 12.

10 NK-*Ostendorf* § 125 Rn 25; S/S-*Sternberg-Lieben* § 125 Rn 11.

11 BGH NStZ 2004, 618; *Otto* § 63/7; *Rudolphi* JR 1983, 252 (253); MK-*Schäfer* § 125 Rn 19.

heitskräfte zur Verfügung stehen, um die Gewalttätigkeiten der Menschenmenge zu unterbinden.[12]

5   Die Tathandlung besteht im **Sich-Beteiligen** an Gewalttätigkeiten als Täter oder Teilnehmer, so dass die allgemeinen Regeln der §§ 25 ff im Rahmen dieser Tatbestandsalternative zurücktreten; sie sind hier bereits im Tatbestand vertypt.[13] Zur Klärung der (insbesondere für die Strafzumessung) bestehenden Frage der Beteiligungsart im Einzelfall ist freilich auf die allgemeinen Regeln zurückzugreifen.[14]

6   Umstritten ist jedoch, ob eine täterschaftliche Begehung wenigstens die **Zugehörigkeit zur Menschenmenge** voraussetzt, es sich bei § 125 Abs. 1 Var. 1 und 2 also um eigenhändige Delikte handelt. Unter weitgehender Zustimmung des Schrifttums verneint der BGH diese Frage für die Beteiligung als „Täter" und ermöglicht es so, den außenstehenden *spiritus rector*, der sich nicht selbst an den Ausschreitungen beteiligt, als Mittäter des Landfriedensbruchs bestrafen zu können.[15] Im Hinblick auf die vom BGH ausdrücklich offen gelassene Frage, ob auch bei der Beteiligung als „Teilnehmer" auf die Anwesenheit am Tatort verzichtet werden kann, ist der Tatbestand hingegen nach überwiegender Ansicht teleologisch einzuschränken.[16] Die von § 125 Abs. 1 angeordnete Gleichstellung lässt sich nur rechtfertigen, wenn sich der Betroffene als Mitträger der feindlichen Willensrichtung innerhalb der Menge befindet und somit deren spezifische Gefährlichkeit steigert. Nur nach §§ 125 Abs. 1 Var. 1, 27 Abs. 1 zu bestrafen ist daher derjenige, der dem Landfriedensbrecher die Waffenmunition verschafft, seinerseits aber nicht in der Menge mitagiert.[17]

7   **2. Bedrohender Landfriedensbruch.** Den Tatbestand nach Abs. 1 Var. 2 begeht, wer einen anderen **mit einer Gewalttätigkeit** im Sinne von Var. 1 (ausdrücklich oder konkludent) **bedroht.**[18] Der Adressat der Bedrohung und derjenige, gegen den sich die Gewalttätigkeit richten soll, brauchen nicht identisch zu sein. Die angekündigten Ausschreitungen können sich sowohl gegen Personen als auch gegen Sachen richten.[19]

8   **3. Aufwieglerischer Landfriedensbruch.** Dem Landfriedensbruch nach Abs. 1 Var. 3 schließlich unterfällt das Einwirken auf eine (noch friedliche[20] oder bereits gewaltbereite) Menschenmenge. Erfasst werden so die Agitatoren der Ausschreitung. Für das Einwirken genügt – im Sinne eines unechten Unternehmensdelikts[21] – der zweckgerichtete Versuch des Täters, so dass die Tat bereits mit dem ersten aufwieglerischen Akt vollendet ist, mag die erstrebte Haupttat auch gänzlich ausgeblieben oder mangels Kausalitätsnachweises nicht auf den Aufwiegler zurückführbar sein.[22]

9   Das **Einwirken** umfasst dabei jede Art der Einflussnahme auf die Menge, auch das Singen aufreizender Lieder und sonstige anfeuernde Gesten.[23] Das Schaffen einer tatanrei-

---

12 LK-*Krauß* § 125 Rn 58; aA NK-*Ostendorf* § 125 Rn 25.
13 S/S-*Sternberg-Lieben* § 125 Rn 12.
14 BGH StV 2008, 639 (640); S/S-*Sternberg-Lieben* § 125 Rn 14.
15 BGHSt 32, 165 (178 f); OLG Braunschweig NStZ 1991, 492 (493); *Fischer* § 125 Rn 12; *Willms* JR 1984, 120; einschr. *Meyer* GA 2000, 459 (468 ff); zur verfassungsrechtlichen Zulässigkeit dieser Auslegung vgl BVerfGE 82, 236 (270) m. krit. Anm. *Rinken* StV 1994, 95 (98); aA *Rotsch* ZIS 2015, 577 (582).
16 *Arzt* JZ 1984, 428 (430); *Fischer* § 125 Rn 12; L-*Kühl-Heger* § 125 Rn 10; S/S-*Sternberg-Lieben* § 125 Rn 14; aA LK-*Krauß* § 125 Rn 67; MK-*Schäfer* § 125 Rn 29 mwN.
17 *Arzt* JA 1982, 269 (270).
18 Zur Drohung § 12 Rn 31 ff.
19 LK-*Krauß* § 125 Rn 82; NK-*Ostendorf* § 125 Rn 20; teils abw. *Fischer* § 125 Rn 6.
20 NK-*Ostendorf* § 125 Rn 15; SK-*Stein/Rudolphi* § 125 Rn 18 mwN.
21 Vgl hierzu *Kindhäuser* LPK Vor § 13 Rn 261, 263.
22 LK-*Krauß* § 125 Rn 86; SK-*Stein/Rudolphi* § 125 Rn 20.
23 OLG Braunschweig NStZ 1991, 492; *Rogall* GA 1979, 11 (25).

zenden Situation – wie zB der provozierende Schuss eines vermeintlichen Polizisten auf die Menschenmenge – reicht aus. Objekt der Einwirkung muss die Menge sein; die Anstiftung Einzelner genügt nicht. Als angesonnene Haupttat kommt zB das Einschlagen von Fenstern oder die Tötung eines Politikers in Betracht. Der Täter kann sich in der Menge befinden oder von außen auf sie einwirken.[24] Im Übrigen beurteilt sich die Täterschaft beim agitatorischen Landfriedensbruch nach den allgemeinen Regeln der §§ 25 ff; Anstiftung und Beihilfe sind also der Täterschaft nicht gleichgestellt, so dass lediglich als Gehilfe zu strafen ist, wer dem Aufwiegler das Megaphon anreicht.

4. Subjektiver Tatbestand. Der subjektive Tatbestand verlangt bei allen drei Tatvarianten (zumindest bedingten) Vorsatz. Beim aufwieglerischen Landfriedensbruch muss noch die Absicht, die Bereitschaft der Menschenmenge zur Begehung von Gewalttätigkeiten zu fördern, hinzutreten. 	10

5. Konkurrenzen. Stellen die Gewalttätigkeiten oder die Bedrohung zugleich einen **Widerstand gegen Vollstreckungsbeamte** (§ 113) oder einen tätlichen Angriff auf Vollstreckungsbeamte (§ 114) dar, so gilt nach § 125 Abs. 2 S. 1 die Irrtumsregelung des § 113 Abs. 3 und 4 sinngemäß, und zwar nach § 125 Abs. 2 S. 2 auch im Falle des § 114, wenn die Diensthandlung zugleich eine Vollstreckungshandlung i. S. d. § 113 Abs. 1 ist. Dasselbe gilt – über den Wortlaut hinaus – ebenso für den aufwieglerischen Landfriedensbruch, sofern sich die Aufforderung des Täters auf solche Handlungen bezieht.[25] 	11

Die bisherige Subsidiaritätsklausel (§ 125 Abs. 1 aF) wurde 2017 abgeschafft. Um das spezifische Unrecht des Landfriedensbruchs im Urteilstenor zum Ausdruck bringen zu können, ermöglicht der Gesetzgeber eine Verurteilung auch wegen Landfriedensbruchs bei gleichzeitiger Verwirklichung von mit schwererer Strafe bedrohten Vorschriften.[26] 	12

II. Besonders schwere Fälle (§ 125a)

§ 125a benennt als unselbständiger Ergänzungstatbestand zu § 125 Straferschwerungsgründe in der Regelbeispieltechnik.[27] In allen Tatvarianten knüpft die Regelung an die volle Tatbestandserfüllung im Sinne des § 125 Abs. 1 an. Die straferschwerenden Umstände nach § 125a S. 2 Nr. 1 bis 3 stellen auf die – gegenüber dem Grunddelikt – gesteigerte Gefährlichkeit der Ausschreitungen und damit auf ein erhöhtes Handlungsunrecht ab, während die Merkmale der Nr. 4 dem Schutz des Eigentums vor zusätzlichen Verletzungen dienen.[28] Beim Beisichführen einer Waffe oder eines gefährlichen Werkzeugs wurde 2017 das Erfordernis einer Verwendungsabsicht gestrichen.[29] 	13

Die Verwirklichung der einzelnen (benannten) Regelbeispiele setzt nach dem Gesetzeswortlaut, der auf den „Täter" abstellt, eine **eigenhändige Begehung** voraus. Eine Zurechnung der straferschwerenden Umstände auch an andere Beteiligte scheidet aus.[30] Bei Nr. 1 muss der Täter also selbst eine Schusswaffe bei sich führen. 	14

---

24 LK-*Krauß* § 125 Rn 90.
25 LK-*Krauß* § 125 Rn 96.
26 *Schiemann* NJW 2017, 1846; zur früheren Rechtslage vgl BGHSt 43, 237 (238 f); *Martin* JuS 1998, 375; aA *Rudolphi* JZ 1998, 471 (472); vgl auch *Kindhäuser* LPK § 125 Rn 27.
27 Näher hierzu *Kindhäuser/Böse* BT II § 3/1 ff.
28 LK-*Krauß* § 125a Rn 1.
29 *Schiemann* NJW 2017, 1846.
30 BGHSt 42, 368 (370); 43, 237 (240); BGH NStZ 2000, 194 (195); NJW 2016, 403 f; LK-*Krauß* § 125a Rn 8 f; NK-*Ostendorf* § 125a Rn 8; SK-*Stein* § 125a Rn 5; offen gelassen von BGHSt 48, 189 (195) m.Anm. *Altenhain* NStZ 2003, 436; aA S/S-*Sternberg-Lieben/Schittenhelm* § 125a Rn 6.

15   **Inhaltlich** entsprechen die Regelbeispiele nach Nr. 1–3 denjenigen des § 121 Abs. 3.[31] Das Regelbeispiel nach Nr. 4 ist erfüllt, wenn der Täter plündert oder bedeutenden Schaden an fremden Sachen anrichtet. **Plündern** ist die Wegnahme oder Abnötigung fremder Sachen in der Absicht rechtswidriger Zueignung unter Ausnutzung der sicherheitsgefährdenden Situation.[32] Der Schaden an fremden Sachen muss sich auf Objekte außerhalb der Menge beziehen und mehr als 1500 Euro[33] betragen.

Wiederholungs- und Vertiefungsfragen

> Welcher Täterbegriff liegt den ersten beiden Tatvarianten des § 125 Abs. 1 grds. zugrunde? Welche Einschränkungen sind zu beachten? (Rn 2 und 5)

> Was ist unter „Gefährdung der öffentlichen Sicherheit" zu verstehen? (Rn 4)

> Kann der von einem Beteiligten verwirklichte Straferschwerungsgrund (§ 125a) auch einem anderen Beteiligten zugerechnet werden? (Rn 14)

---

31 Vgl § 38 Rn 12 und § 36 Rn 50 ff; insbesondere dürfte die enge Wortlautauslegung des Begriffs Waffe des BVerfG (NJW 2008, 3627 ff) auf § 125a zu übertragen sein: KG StV 2010, 637.
32 BGH JZ 1952, 369; SK-*Stein* § 125a Rn 10 mwN.
33 Vgl BGHSt 43, 237 (240).

§ 40 Delikte gegen den Rechtsfrieden (§§ 111, 126, 130–131, 140)

A. Allgemeines

Neben dem Tatbestand des Landfriedensbruchs dient eine Reihe weiterer Vorschriften des 6. und 7. Abschnitts des StGB mit unterschiedlicher Schwerpunktsetzung dem Schutz des öffentlichen Friedens als Grundlage eines gedeihlichen staatlichen und gesellschaftlichen Lebens. Unter dem öffentlichen Frieden versteht die hM sowohl den objektiven Zustand allgemeiner Rechtssicherheit als auch subjektiv das Vertrauen der Bürger in den Fortbestand dieses Zustandes, also das Sicherheitsgefühl der Allgemeinheit oder auch nur einzelner Bevölkerungsteile.[1] Bei den Tatbeständen handelt es sich um abstrakte Gefährdungsdelikte, die Bedingungen sozialer Sicherheit garantieren sollen. Die Legitimation solcher „Klimadelikte" ist nicht unbestritten,[2] zumal die ihrem Schutzbereich unterfallenden Individual- und Kollektivgüter durchweg auch von spezielleren Delikten erfasst werden.

1

B. Öffentliche Aufforderung zu Straftaten (§ 111)

In Ergänzung der allgemeinen Regeln über Anstiftung (§ 26) und versuchte Anstiftung (§ 30 Abs. 1) verlangt die Aufforderung zu rechtswidrigen Taten weder die Einwirkung auf einen bestimmten Adressaten oder Adressatenkreis noch die Ausrichtung auf eine vollständig konkretisierte Tat. Abs. 2 erfasst zusätzlich auch die erfolglose Aufforderung zu Vergehen, während nach § 30 nur die versuchte Anstiftung zu einem Verbrechen strafbar ist. Der Grund für diese **Ausdehnung der Strafbarkeit** wird einerseits in der Risikoerhöhung für das Rechtsgut, zu dessen Verletzung der Täter auffordert, andererseits in der Gefährdung des inneren Gemeinschaftsfriedens gesehen.[3] Durch die öffentliche Begehungsweise, durch die sich der Täter einer weiteren Einflussnahme in der Regel entzieht, schaffe er die Gefahr von unkontrollierbaren kriminellen Aktionen, welche die verbindliche Kraft staatlicher Strafnormen in Frage stellten.

2

Tathandlung ist die Aufforderung zur Begehung einer rechtswidrigen Tat. **Auffordern** ist eine (ausdrückliche oder konkludente) Äußerung, mit der erkennbar von einem anderen ein bestimmtes Tun oder Unterlassen verlangt wird. Die Aufforderung braucht nicht ernstgemeint zu sein, sondern muss nur den Eindruck der Ernsthaftigkeit erwecken können.[4] Bloße Unmutsäußerungen, die sich nur verbal gegen die bestehende Ordnung auflehnen, reichen nicht hin.[5] Die Aufforderung muss die **rechtswidrige Verwirklichung eines Straftatbestands** (§ 11 Abs. 1 Nr. 5) zum Gegenstand haben, wozu auch andere Teilnahmeformen reichen.[6] Die angesonnene Haupttat muss die für ihre **rechtliche Einordnung wesentlichen Konturen** erkennen lassen, braucht aber nicht im gleichen Umfang wie bei der Anstiftung nach Zeit, Ort oder Objekt konkretisiert zu

3

---

1 Vgl BGHSt 16, 49 (56); 29, 26 f; SK-*Stein* § 126 Rn 2; zum Verhältnis des „öffentlichen Friedens" zur „öffentlichen Sicherheit" im Sinne von § 125 vgl BGHSt 41, 47 (55).

2 Vgl nur *Jakobs* ZStW 97 (1985), 751 (775 ff, 779 ff); *Kargl* Jura 2001, 176 (181 f); NK-*Paeffgen* § 111 Rn 2 ff.

3 BGHSt 29, 258 (267); BayObLG NJW 1994, 396 (397); *Fischer* § 111 Rn 1; *Nehm* JR 1993, 120 (122); HKGS-*Heinrich* § 111 Rn 1; nur Sicherung des durch die angesonnene Straftat geschützten Rechtsguts MK-*Bosch* § 111 Rn 2; *Paeffgen* Hanack-FS 591 (592 ff); SK-*Wolters* § 111 Rn 2.

4 BGHSt 32, 310 (313); OLG Frankfurt NStZ-RR 2003, 327 (328); OLG Celle NStZ 2013, 720 ff; *Nehm* JR 1993, 120 (122); zur Auslegung des Sinns der Äußerung: OLG Hamm NStZ 2010, 452 f.

5 Vgl BGHSt 32, 310 (312 f): „Hängt Brandt"; „Tod dem Klerus"; OLG Karlsruhe NStZ-RR 2004, 254: „Tod den Imperialisten! Tod dem Faschismus!"; OLG Thüringen NStZ 1995, 445 f: „Haut die Bullen platt wie Stullen".

6 S/S-*Eser* § 111 Rn 14.

sein.[7] Ausreichend sind daher Appelle, Kaufhäuser in Brand zu setzen, Schaufenster einzuschlagen oder Politiker zu töten. Die Aufforderung muss sich an einen **unbestimmten** (nicht individualisierten) **Personenkreis** richten[8] und in den Kenntnisbereich möglicher Adressaten gelangen.[9] Sie muss ferner öffentlich,[10] in einer Versammlung[11] oder durch Verbreiten von Schriften[12] geschehen.

4   **Abs. 1** setzt voraus, dass die Aufforderung **Erfolg** gehabt hat. Es muss daher zu einer ursächlich auf die Einwirkung zurückführbaren rechtswidrigen Tat gekommen sein, wofür ein mit Strafe bedrohter Versuch ausreicht. **Abs. 2** erfasst auch die **erfolglose Anstiftung**, in dem Sinne, dass die Anstiftungshandlung zwar vollzogen ist und die Aufforderung den gedachten Adressaten zuging, es aber entweder zu keiner (zumindest versuchten) Haupttat kam oder eine solche nicht kausal auf die Aufforderung rückführbar ist.[13]

5   Der **subjektive Tatbestand** verlangt – wie bei § 26[14] – einen (doppelten) Vorsatz des Auffordernden. Der Täter muss es zumindest billigend in Kauf nehmen, dass seine Aufforderung von anderen Personen ernst genommen wird.[15]

6   Die **Beteiligung** an § 111 richtet sich nach den allgemeinen Regeln. Wird eine Tat, zu welcher der Täter auffordert, begangen, so steht, falls die sonstigen Voraussetzungen erfüllt sind, die Anstiftung zu dieser Tat mit § 111 in **Tateinheit**.[16]

C. Störung des öffentlichen Friedens durch Androhung von Straftaten (§ 126)

7   Der objektive Tatbestand setzt voraus, dass in einer zur Störung des öffentlichen Friedens geeigneten Weise entweder eine bestimmte Tat angedroht (Abs. 1) oder ihre bevorstehende Verwirklichung wissentlich vorgetäuscht wird (Abs. 2).

8   **Androhen** ist das Inaussichtstellen einer Straftat im Sinne von Abs. 1 Nr. 1–7, auf deren Verwirklichung der Drohende Einfluss zu haben vorgibt.[17] Auf die tatsächliche Realisierbarkeit kommt es nicht an. Bei Unklarheiten über die Möglichkeit der Einflussnahme („der Bahnhof fliegt in die Luft") ist Abs. 2 einschlägig.

9   **Vortäuschen** ist die wahrheitswidrige Ankündigung eines der in Abs. 1 genannten Delikte. Hierbei muss es sich um die Vorspiegelung einer fremden, vom Willen des Täters unabhängigen Tat handeln. Erfasst sind aber auch die Fälle, in denen der Täter anderen gegenüber ein gerade von ihm eingeleitetes Verbrechen als bevorstehend und von ihm nicht mehr beeinflussbar vorspiegelt.[18] Praktische Bedeutung hat Abs. 2 damit vor allem bei fälschlichen Bombenwarnungen, auf die der Täter keinen Einfluss zu haben vorgibt. Die fragliche Tat steht bevor, wenn ihre Verwirklichung zumindest in naher Zukunft zu befürchten ist. Ob sich die vermeintliche Täuschung zufällig bewahrheitet,

---

7   BGH NStZ 1998, 403 (404); MK-*Bosch* § 111 Rn 13; *Paeffgen* Hanack-FS 591 (612 f.).
8   BayObLG NJW 1994, 396; *Dreher* Gallas-FS 307 (311 ff); vgl HKGS-*Heinrich* § 111 Rn 6.
9   BayObLG NJW 1994, 396 (397); L-Kühl-*Heger* § 111 Rn 4; LK-*Rosenau* § 111 Rn 18; zur Aufforderung durch Pressemitteilung vgl OLG Frankfurt StV 1990, 209 f.
10 Vgl § 23 Rn 23 f.
11 Vgl § 24 Rn 6.
12 Vgl § 23 Rn 25 f.
13 Vgl NK-*Paeffgen* § 111 Rn 39; SK-*Wolters* § 111 Rn 12 ff.
14 Vgl *Kindhäuser* LPK § 26 Rn 27 f.
15 BH NStZ-RR 2018, 308.
16 *Fischer* § 111 Rn 9; *Rogall* GA 1979, 11 (18); LK-*Rosenau* § 111 Rn 75; für Subsidiarität NK-*Paeffgen* § 111 Rn 47; vgl aber *Kasiske* GA 2016, 756 ff.
17 Vgl § 13 Rn 17 ff; ferner *Laufhütte* MDR 1976, 441 (442); *Weidemann* JA 2002, 43 f.
18 OLG Frankfurt NStZ-RR 2002, 209 für den Fall der Versendung vermeintlicher Milzbranderreger.

ist ohne Belang. Da § 126 bereits eine Verunsicherung der Bevölkerung vermeiden soll, kann deren Steigerung (durch Begehung der Tat) dem Täter nicht entlastend zugute kommen.[19]

Die Tathandlungen sind jeweils **geeignet,** den **öffentlichen Frieden zu stören,** wenn das Vertrauen der Bevölkerung in die öffentliche Rechtssicherheit erschüttert wird oder wenn potenzielle Täter durch Schaffung eines „psychischen Klimas", in dem Taten wie die angedrohten begangen werden könnten, aufgehetzt werden.[20] § 126 erfordert keine öffentliche Begehung, sondern lässt auch Drohungen gegenüber einem Einzelnen genügen, wenn nach dem „normalen Gang der Dinge" damit zu rechnen ist, dass der in ihnen angekündigte Angriff einer breiten Öffentlichkeit bekannt wird.[21] Erfasst werden daher idR Zuschriften an eine Zeitungsredaktion oder an einen nicht näher eingegrenzten Kreis von Privatpersonen, von deren Verschwiegenheit nicht auszugehen ist, nicht dagegen an staatliche Organe, die um der Sicherung ihrer Schutzvorkehrungen willen um Diskretion bemüht sein werden.[22]

Der **subjektive Tatbestand** erfordert in Abs. 1 eine (zumindest bedingt) vorsätzliche Begehung, in Abs. 2 dagegen das sichere Wissen um die Unwahrheit der Androhung.

D. Volksverhetzung (§ 130)

§ 130 Abs. 1 soll nach hM neben dem öffentlichen Frieden auch die Menschenwürde der Betroffenen schützen.[23] Abs. 2 verzichtet auf die Eignung zur Friedensstörung und kann als allgemeiner Anti-Diskriminierungstatbestand verstanden werden.[24] Das 49. Strafrechtsänderungsgesetz brachte eine Neuordnung des Abs. 2 ohne inhaltliche Änderung. Die Verbreitungshandlungen des bisherigen Abs. 2 Nr. 1 sind nun unter dem Oberbegriff des „öffentlich-Zugänglichmachens" zusammengefasst. Abs. 3 soll vor einer „Vergiftung des politischen Klimas" bewahren und damit den öffentlichen Frieden gewährleisten.[25] Vergleichbare Schutzgutüberlegungen gelten auch für Abs. 4, durch den der Gesetzgeber – einhergehend mit einer Verschärfung des Versammlungsrechts – eine noch effektivere Bekämpfung nationalsozialistischer Umtriebe anstrebt.[26] Insgesamt ist § 130 als ein Delikt gegen die Menschlichkeit konzipiert und untersagt stark diffamierende Äußerungen, die geeignet sind, aggressive Tendenzen gegenüber Minderheiten zu verstärken und deren Anspruch auf eine menschenwürdige Behandlung zu vereiteln.[27] Im Kampf gegen den **Rechtsextremismus** erweist sich § 130 häufig als stumpfes Schwert, da von der Strafrechtspflege nicht selten das Merkmal der Störung des öffentlichen Friedens sehr eng ausgelegt bzw. der Meinungsfreiheit eine sehr

---

19 NK-*Ostendorf* § 126 Rn 14; aA S/S-*Sternberg-Lieben* § 126 Rn 6: strafloser untauglicher Versuch.
20 Vgl BGHSt 34, 329 (331); BGH NStZ-RR 2011, 78 ff mwN; *Esser* Jura 2004, 273 (280).
21 BGHSt 29, 26 (27); BGH NStZ-RR 2011, 78 (79) mwN; OLG Nürnberg NStZ-RR 1999, 238 (241): zur Verbreitung im Internet; MK-*Schäfer* § 126 Rn 31.
22 Dann ist § 145d Abs. 1 Nr. 2 einschlägig.
23 LK-*Krauß* § 130 Rn 8; L-*Kühl* § 130 Rn 1; HKGS-*Krupna* § 130 Rn 1; vgl auch *Fischer* § 130 Rn 2 f.
24 *König/Seitz* NStZ 1995, 1 (3); MK-*Schäfer* § 130 Rn 4.
25 BGH JZ 2001, 201 (202); NStZ 2002, 538 (539); *von Dewitz,* NS-Gedankengut und Strafrecht, 2006, 197 ff.
26 Vgl BT-Drucks. 15/5051, 5; BVerfG NJW 2005, 3204 f; NK-*Ostendorf* § 130 Rn 3; krit. *Bertram* NJW 2005, 1476 (1478); *Stegbauer* NStZ 2005, 677 (682 f).
27 OLG Frankfurt JR 1989, 516 (519); *Wehinger,* Kollektivbeleidigung – Volksverhetzung, 1994, 87; krit. NK-*Ostendorf* § 130 Rn 8; zum Spannungsverhältnis zu den Rechtsgütern des Art. 5 GG vgl nur BVerfG NJW 2008, 2907 (2908) m.Bespr. *Hufen* JuS 2009, 458 ff; BVerfG NJW 2009, 3503 f m.Anm. *Muckel* JA 2010, 234 f; S/S/W-*Lohse* § 130 Rn 4; zum Schutz rechtsextremistischer Meinungen: BVerfG NJW 2010, 2193 (2194) m.Bespr. *Muckel* JA 2010, 913 ff.

große Bedeutung zugemessen wird - um den Preis strafrechtlich tolerierter Hate Speech.

13 Der Tatbestand des **Abs. 1** stellt das Aufstacheln zum Hass, die Aufforderung zu Gewalt- und Willkürmaßnahmen (Nr. 1) sowie besonders massive Schmähungen (Nr. 2) unter Strafe, die zur Friedensstörung[28] geeignet sind. Neben den Teilen der Bevölkerung unterstehen auch alle nationalen, rassischen, religiösen oder durch ihre ethnische Herkunft bestimmten Gruppen sowie zu diesen Gruppen gehörende Einzelpersonen dem Schutz des Abs. 1. Dies erweitert den Tatbestand, da nach der alten Fassung Einzelpersonen nur eingeschränkt geschützt wurden.[29] Unter **Teile der Bevölkerung** sind alle Minderheiten zu verstehen, die sich durch ein bestimmtes Merkmal – sei es politischer, religiöser, weltanschaulicher, wirtschaftlicher, sozialer oder auch beruflicher Art – von der Gesamtbevölkerung unterscheiden und damit als äußerlich erkennbare Einheit abgrenzbar sind.[30] Exemplarisch: „die Juden", „die Sinti und Roma", „die Asylbewerber"[31] oder „die Flüchtlinge"[32]. Nicht erfasst sind dagegen Gruppen, deren Existenz sich der Täter nur vorstellt.[33] Eine Einzelperson wird nach der Vorschrift nur geschützt, wenn sie wegen ihrer Zugehörigkeit zu den genannten Gruppen angegriffen wird. Diesbezüglich bleibt die Gruppenbezogenheit der Vorschrift erhalten.[34] **Zum Hass aufstacheln** (Abs. 1 Nr. 1) bedeutet, nachhaltig auf andere einzuwirken, um eine über die bloße Ablehnung und Verachtung hinausgehende feindselige Haltung gegen die betreffenden Bevölkerungsteile zu erzeugen oder zu steigern.[35] Auslegungskriterium dafür ist die Sicht eines Durchschnittsempfängers, der das Verhalten als objektiv geeignet und subjektiv bestimmt empfindet, auf ihn entsprechend einzuwirken.[36] Nicht erfasst werden nach hM Lokalschilder, auf denen etwa Gastarbeitern der Zutritt verwehrt wird, da sie zwar Ablehnung enthielten, aber nicht auf das Schüren von Feindschaft gerichtet seien.[37] Für das **Auffordern** genügen wie bei § 111 bloße Unmutsäußerungen nicht.[38]

14 Für die Begehungsformen des **Beschimpfens, böswillig Verächtlichmachens** oder **Verleumdens** (Abs. 1 Nr. 2) ist ein besonderes Maß an Gehässigkeit und Rohheit erforderlich. Die einfache Kundgabe der Missachtung reicht nicht aus.[39] Beim Angriff auf die Menschenwürde muss der Täter dem Betroffenen das Lebensrecht als gleichwertiges Mitglied der staatlichen Gemeinschaft bestreiten und ihn unter Leugnung des fundamentalen Wert- und Achtungsanspruchs als unterwertiges Wesen behandeln.[40] Einschlägig sind etwa die Forderung, „alle in Deutschland lebenden Negermischlinge zu vergasen", oder die Gleichstellung von Asylbewerbern mit Schweinekot.[41] Neben die-

---

28 Oben Rn 10.
29 Vgl *Hellmann/Gärtner* NJW 2011, 961 (963 f.).
30 BGH HRRS 2008, Nr. 458; KG JR 1998, 213 (214); OLG Stuttgart NStZ 2010, 453 f; *Kargl* Jura 2001, 176 f; zur Tatbestandsmäßigkeit der Volksverhetzung gegen Deutsche *Mitsch* JR 2011, 380.
31 Vgl BGHSt 16, 49 (56); BayObLG JR 1994, 471 (472) m.Anm. *Otto*; OLG Karlsruhe MDR 1995, 735 (736); SK-*Rudolphi/Stein* § 130 Rn 3 f mwN.
32 *Galetzka/Krätschmer* MMR 2016, 518 (519).
33 *Fischer* § 130 Rn 4; HKGS-*Krupna* § 130 Rn 4.
34 *Hellmann/Gärtner* NJW 2011, 961 (963 f.).
35 BVerfG NJW 2003, 660 (662); BGHSt 40, 97 (102 f); 46, 212 (217); MK-*Schäfer* § 130 Rn 40 ff.
36 HKGS-*Krupna* § 130 Rn 5.
37 Vgl SK-*Stein* § 130 Rn 4 mwN.
38 Oben Rn 3.
39 MK-*Schäfer* § 130 Rn 50 ff; vgl auch BGH NStZ-RR 2006, 305 (306).
40 BGHSt 36, 83 (90); OLG Frankfurt NStZ-RR 2000, 368 f; NK-*Ostendorf* § 130 Rn 15.
41 Vgl BVerfG NJW 2009, 3503 f; BGHSt 16, 49 (56); 21, 371 (372 f); zur umstrittenen Einstufung der Bezeichnung von Bundeswehrsoldaten als potenzielle Mörder vgl BVerfG NJW 1994, 2943 f; OLG Frankfurt JR 1989, 516 (518 f).

sen als menschenverachtend anerkannten Konstellationen ergeben sich im Einzelfall Abgrenzungsschwierigkeiten dahingehend, dass vor allem die entgegenstehenden Grundrechte eine (restriktive) Abwägung gebieten.[42]

Abs. 2 enthält ein **Herstellungs- und Verbreitungsverbot** für die im Gesetz abschließend bezeichneten Darstellungen.[43] Durch den Verzicht auf das Merkmal der Eignung zur Friedensstörung umfasst die Vorschrift nicht nur inländische Bevölkerungsteile, sondern auch lediglich im Ausland lebende Gruppen und reicht insoweit über den Schutz des Abs. 1 hinaus. Das 49. Strafrechtsänderungsgesetz erweitert den Tatbestand auf das Zugänglichmachen volksverhetzender Inhalte mittels Rundfunk oder Telemedien.[44] Der bisherige § 130 Abs. 2 Nr. 2 sah eine Strafbarkeit nur bei der Verbreitung volksverhetzender Darbietungen durch Rundfunk, Medien- oder Teledienste vor.

Des Weiteren wird auf die beispielhaft aufgeführten Formen des „Öffentlich-Zugänglichmachens" „Ausstellen, Anschlagen, Vorführen" verzichtet und lediglich der einschlägige Oberbegriff verwendet.

Abs. 3 erfasst die sog. Auschwitzlüge.[45] **Billigen** bedeutet das ausdrückliche oder konkludente „Gutheißen" einer der in § 6 Abs. 1 Völkerstrafgesetzbuch genannten Taten,[46] und zwar auch ohne gleichzeitige Identifikation mit der nationalsozialistischen Ideologie.[47] **Verharmlosen** ist jedes Bagatellisieren des Unwertes – selbst in nur quantitativer Hinsicht –, der Gefährlichkeit oder der Folgen der Genozidhandlungen.[48] Das **Leugnen** umfasst das Bestreiten auch nur einer der – als offenkundige geschichtliche Tatsache anerkannten – Katalogtaten.[49] Die Äußerungen müssen öffentlich oder in einer Versammlung erfolgen.[50] Zudem müssen sie geeignet sein, den öffentlichen Frieden zu stören.[51]

Abs. 4 setzt voraus, dass der Täter die nationalsozialistische Gewalt- oder Willkürherrschaft billigt, verherrlicht oder rechtfertigt. Für alle drei Handlungsvarianten gilt dabei, dass nicht jede Verherrlichung nationalsozialistischer Anschauungen, sondern nur solche Handlungen erfasst werden, welche die unter der NS-Herrschaft verübten Menschenrechtsverletzungen billigen und gerade dadurch den Achtungsanspruch der Opfer angreifen.[52] Im Unterschied zu Abs. 3, der schon die Eignung zur Friedensstörung ausreichen lässt, setzt Abs. 4 voraus, dass es zu einer **konkreten, tatsächlichen Störung des öffentlichen Friedens** gekommen ist. Maßgeblich hierfür sind die Umstände des Einzelfalles, wobei etwa die in Leserbriefen geäußerte oder in Hilfeersuchen an die Polizei

15

16

17

18

---

42 Vgl BVerfG NJW 2009, 3503 f; OLG München NStZ 2011, 41 f; OLG Stuttgart NJW-Spezial 2011, 505.
43 Zu den einzelnen Tathandlungen vgl BGH NJW 2005, 689 (690) m.Anm. *Stegbauer* NJ 2005, 225; *Kindhäuser* LPK § 130 Rn 17 mwN.
44 BGBl. 2015 I, 11.
45 Vgl *Geilen* Herzberg-FS 593; *Gruber*, Die Lüge des Beschuldigten im Strafverfahren, 2008, 192 ff; zur Gesetzesänderung *Bock* ZRP 2011, 46 (47).
46 BGHSt 22, 282 (286 f); S/S-*Sternberg-Lieben/Schittenhelm* § 130 Rn 18.
47 Vgl *Baumann* NStZ 1994, 392; *Frommel* KJ 1995, 402 (407 ff); vgl auch LK-*v. Bubnoff*, 11. Aufl., § 130 Rn 44 und S/S/W-*Lohse* § 130 Rn 34.
48 BGHSt 46, 36 (40); BGH NJW 2005, 689 (690): Relativierung durch Herunterspielen der Opferzahlen; vgl auch *Schubert*, Verbotene Worte?, 2005, 215; *Stegbauer* JR 2001, 37 (38).
49 BGH NStZ 2002, 538 (539); *Beisel* NJW 1995, 997 (1000); *Fischer* § 130 Rn 30.
50 Vgl oben Rn 3.
51 Zu den verfassungsrechtlichen Anforderungen an die Interpretation dieses Merkmals vgl BVerfG NJW 2018, 2858 und BVerfG NJW 2018, 2861 m.Bespr. *Hufen* JuS 2019, 276,
52 BGH NJW 2005, 3223 (3225) m.Anm. *Steinmetz* NStZ 2006, 337 (338). Zu den einzelnen Tathandlungen vgl *Kindhäuser* LPK § 130 Rn 25 f mwN.

zum Ausdruck kommende Empörung ein Indiz für eine derartige Störung sein kann.[53] Die Regelung des Abs. 4 ist mit Art. 2 und 5 GG vereinbar, auch wenn sie ein Einzelfallgesetz darstellt, welches sich gezielt gegen Äußerungen innerhalb einer Meinung richtet.[54]

19   Für den **subjektiven Tatbestand** genügt grds. bedingter Vorsatz. Hinsichtlich des Aufstachelns im Sinne von Abs. 1 Nr. 1 ist zielgerichtetes Vorgehen notwendig.[55] Die in Abs. 1 Nr. 2 verlangte Böswilligkeit erfordert ein Handeln aus einem trotz Kenntnis des Unrechts verwerflichen Beweggrund, insbesondere aus feindseliger oder niederträchtiger Gesinnung.[56] Abs. 2 Nr. 1d setzt schließlich Absicht hinsichtlich der (Ermöglichung der) Verwendung voraus. Im Rahmen der Abs. 3 und 4 ist nach hM nicht erforderlich, dass sich der Täter bewusst wahrheitswidrig äußert, solange er nur um den Widerspruch zur Geschichtsschreibung und damit um die soziale, friedensstörende Relevanz seiner Äußerung weiß. Auch der „verblendete" Täter kann damit erfasst werden.[57]

20   Bisher enthielt § 130 keine Versuchsstrafbarkeit. Dies wurde 2015 durch den neuen Abs. 6 geändert. Damit wird der Wertungswiderspruch beseitigt, wonach zwar gewisse Vorbereitungshandlungen strafbar waren, nicht aber der Versuch als unmittelbares Ansetzen zur Tatbestandsverwirklichung.[58] Die Versuchsstrafbarkeit soll folgerichtig nicht die Vorbereitungsdelikte des § 130 Abs. 2 Nr. 3 erfassen.[59]

E. Anleitung zu Straftaten (§ 130a)

21   Die Vorschrift schützt neben dem öffentlichen Frieden auch (mittelbar) die betroffenen Individualgüter. Sie will verhindern, dass durch die Schaffung eines psychischen Klimas, in dem schwere Gewalttaten gedeihen und nachgeahmt werden können, eine Gefährdung der Allgemeinheit eintritt.[60] Der objektive Tatbestand gliedert sich mit dem Verbreiten und Zugänglichmachen von Schriften einerseits (Abs. 1 und Abs. 2 Nr. 1) und der mündlichen Äußerung in der Öffentlichkeit andererseits (Abs. 2 Nr. 2) in zwei verschiedene Handlungsformen. In allen Fällen muss sich die Anleitung auf die Begehung einer der in § 126 Abs. 1 Nr. 1 bis 7 abschließend aufgezählten Katalogtaten beziehen.

22   Abs. 1 formuliert ein schlichtes Verbreitungsdelikt, bei dem allein der Inhalt der Schrift, also ihre objektive, von den Intentionen des Verbreitenden unabhängige Gefährlichkeit, ausschlaggebend ist. **Anleiten** ist als eine Kenntnisse vermittelnde, unterrichtende Schilderung über Möglichkeiten zur Tatausführung oder zur Tatvorbereitung zu verstehen.[61] Ferner muss die Schrift ihrem objektiven Inhalt nach dazu bestimmt

---

53 BT-Drucks. 15/5051, 5; NK-*Ostendorf* § 130 Rn 36; krit. *Enders/Lange* JZ 2006, 105 (108); das Merkmal des öffentlichen Friedens ist bei Abs. 4 nicht als strafbegründendes Tatbestandsmerkmal zu werten, sondern als Korrektiv, um grundrechtlichen Wertungen im Einzelfall Geltung zu verschaffen: BVerfG 124, 300 (341); *Fischer* § 130 Rn 40 f; *ders.* Puppe-FS 1119 (1139 f).

54 BVerfGE 124, 300 (326): „Sonderrecht"; *Fischer* Puppe-FS 1119 (1123 f); *Hörnle* JZ 2010, 310 ff; *Wüstenberg* HRRS 2010, 471 ff.

55 HM, vgl nur BGHSt 40, 97 (102 f); *Fischer* § 130 Rn 44; aA *Kargl* Jura 2001, 176 (177).

56 Vgl BGHSt 7, 110 f; BGH NStZ-RR 2006, 305 (306).

57 BGHSt 47, 278 (281 f); *Fischer* Puppe-FS 1119 (1140); *Leukert*, Die strafrechtliche Erfassung des Auschwitzleugnens, 2005, 103 ff, 108 ff; NK-*Ostendorf* § 130 Rn 37.

58 BT-Drucks. 18/2601, 25.

59 BT-Drucks. 18/2601, 25.

60 BT-Drucks. 7/3030, 8 und 10/6286, 8; S/S-*Sternberg-Lieben/Schittenhelm* § 130a Rn 1.

61 BayObLG NJW 1998, 1087; *Beck*, Unrechtsbegründung und Vorfeldkriminalisierung, 1992, 192.

sein, die Bereitschaft anderer zur Begehung einer Katalogtat zu fördern oder zu wecken.[62] Insoweit fallen Kriminalromane, Dokumentationen, Bundeswehrdienstvorschriften oder andere neutrale Informationen aus dem Anwendungsbereich des Abs. 1 heraus. Subjektiv ist (zumindest bedingter) Vorsatz erforderlich.

Abs. 2 Nr. 1 ersetzt die Bestimmungsklausel des Abs. 1 durch das subjektive Merkmal der Förderungsabsicht. Allerdings muss sich die Anleitungsabsicht des Täters in einem objektiv festzustellenden Verhalten – zB in der Art der Präsentation – manifestieren.[63] **Abs. 2 Nr. 2** pönalisiert die mündliche Gewaltanleitung und richtet sich damit vor allem gegen den sog. „Anheizer".   23

Abs. 3 soll eine Verbreitung mittels Rundfunk oder Telemedien erfassen, um so der heutigen Wirklichkeit Rechnung zu tragen, die eine Weitergabe auch ohne das Zugänglichmachen des Trägermediums ermöglicht.   24

Konkurrenzen: Treffen die §§ 111, 130a im Bereich der Katalogtaten des § 126 Abs. 1 zusammen, so tritt § 130a als subsidiär zurück.[64] Geht die Anleitung über die Aufforderung hinaus, stehen §§ 111 und 130a in Tateinheit zueinander.   25

F. Gewaltdarstellung (§ 131)

Die Vorschrift untersagt die Darstellung von Aggressionen, die stimulierend auf mögliche Gewalttäter wirken und dadurch die Grundlage feindseligen Verhaltens bilden können. Abs. 1 Nr. 1 lit. b, Nr. 2 lit. a und Nr. 3 dienen auch dem Jugendschutz.[65]   26

Der objektive Tatbestand enthält ein umfassendes Herstellungs- und Verbreitungsverbot. Unerheblich ist, ob die Darstellung der **Gewalttätigkeit**[66] gegen Menschen oder menschenähnliche Wesen[67] ein reales oder erkennbar fiktives Geschehen zum Gegenstand hat.[68] Die Gewalttätigkeit muss **grausam**[69] oder **unmenschlich** sein, dh eine brutale, menschenverachtende oder rücksichtslose Gesinnung des Handelnden erkennen lassen. Der Begriff der **Schilderung** verlangt, dass das Geschehen gerade in seinen die Grausamkeit oder Unmenschlichkeit ausmachenden Elementen dargestellt wird.[70] Über die bloße Wiedergabe der Gewalttätigkeiten hinaus muss die Schilderung ihrem objektiven Aussagegehalt nach entweder eine verherrlichende oder verharmlosende (Abs. 1 Nr. 1 Alt. 1) oder eine die Menschenwürde missachtende (Abs. 1 Nr. 1 Alt. 2) Tendenz zum Ausdruck bringen. Der subjektive Tatbestand setzt (zumindest bedingten) Vorsatz voraus.   27

Das sog. **Berichterstatterprivileg** des **Abs. 2** umfasst jede Form der Nachrichtenübermittlung oder Dokumentation, die ein wahres Geschehen zum Gegenstand hat und Informationszwecken dient.[71] Aufgrund des sog. **Erziehungsprivilegs** des **Abs. 3** finden § 131 Abs. 1 S. 1 Nr. 1 lit. b und Nr. 2 lit. a[72] keine Anwendung, wenn der zur Sorge um die Person Berechtigte handelt.   28

---

62   BGHSt 28, 312 (315); HKGS-*Koch* § 130a Rn 5; LK-*Krauß* § 130a Rn 17.
63   *Dencker* StV 1987, 117 (121); MK-*Schäfer* § 130a Rn 38.
64   S/S-*Sternberg-Lieben/Schittenhelm* § 130a Rn 12.
65   LK-*Krauß* § 131 Rn 2 bzgl der Fassung vom 27.12.2003; aA S/S-*Sternberg-Lieben/Schittenhelm* § 131 Rn 1.
66   Vgl § 36 Rn 56; ferner BGH NJW 1980, 65 (66); SK-*Stein* § 131 Rn 6.
67   Hierzu *Kindhäuser* LPK § 131 Rn 7 f mwN.
68   BGH NStZ 2000, 307 (308); OLG Stuttgart MMR 2006, 387 (390); *Fischer* § 131 Rn 5.
69   Vgl § 2 Rn 34 f.
70   BT-Drucks. 10/2546, 22; BGH NStZ 2000, 307 (308).
71   *Meirowitz*, Gewaltdarstellung auf Videokassetten, 1993, 339 f; MK-*Schäfer* § 131 Rn 49 ff.
72   Vgl MK-*Schäfer* § 131 Rn 55 ff bzgl § 131 in der Fassung vom 27.12.2003.

G. Belohnung und Billigung von Straftaten (§ 140)

29   Zweck der Vorschrift ist die Erhaltung des öffentlichen Friedens und der Schutz des Rechtssicherheitsgefühls der Bevölkerung, indem verhindert werden soll, dass durch die Belohnung oder die den öffentlichen Frieden gefährdende Billigung rechtswidriger Taten eine Atmosphäre geschaffen wird, welche die Begehung gleichartiger Delikte begünstigt.[73] Mit §§ 130, 130a, 131, 257, 258 ist Tateinheit möglich.

30   Der Tatbestand des Hs 1 bezieht sich nur auf die Begehung einer der in § 138 Abs. 1 Nr. 2 bis 4 oder in § 126 Abs. 1 genannten rechtswidrigen Taten oder deren strafbaren Versuch, während Hs 2 auf die Begehung oder den Versuch einer der in §§ 176 Abs. 3, 176a, 176b, 177 Abs. 4 bis 8, 178 genannten rechtswidrigen Sexualstraftaten anzuwenden ist.[74]

31   **Belohnen** ist die nachträgliche Gewährung eines Vorteils jeder Art und stellt eine qualifizierte Form des Billigens dar, so dass eine positive Einstellung zur Tat notwendig ist.[75] **Billigen** ist das eigene Gutheißen durch eine aus sich heraus verständliche, für andere wahrnehmbare Zustimmung.[76] Es muss geeignet sein, den öffentlichen Frieden zu stören.[77]

Wiederholungs- und Vertiefungsfragen

> Was besagt der Begriff des Klimadelikts? (Rn 1)

> Inwieweit unterscheidet sich § 111 von den Regeln über die Anstiftung (§ 26) und über die versuchte Anstiftung (§ 30)? (Rn 2 f)

> Verlangt der subjektive Tatbestand des § 130 Abs. 3 und 4, dass sich der Täter bewusst wahrheitswidrig äußert? (Rn 19)

---

73 BGHSt 22, 282 (285); SK-*Stein* § 140 Rn 2.
74 Eingefügt durch Art. I Nr. 8 des SexDelÄndG vom 27.12.2003; BGBl. I 3007.
75 *Fischer* § 140 Rn 6; SK-*Stein* § 140 Rn 6; S/S-*Sternberg-Lieben* § 140 Rn 4.
76 BGHSt 22, 282 (286 f); MK-*Hohmann* § 140 Rn 14; *Otto* § 63/41.
77 Oben Rn 10.

§ 41 Organisationsdelikte (§§ 127–129b)

A. Allgemeines

Zum Schutz der öffentlichen Sicherheit und staatlichen Ordnung[1] stellt das StGB in einigen Vorschriften die Bildung von Organisationen, die über Waffen verfügen oder eine kriminelle Zielsetzung verfolgen, unter Strafe. Im Gegensatz zu den Bandendelikten, bei denen die organisierte Tatbegehung (nur) qualifizierend wirkt,[2] handelt es sich bei den Organisationsdelikten um verselbständigte Tatbestände, durch welche die betroffenen Individualgüter bereits im Vorfeld gesichert werden.[3]

1

B. Bildung bewaffneter Gruppen (§ 127)

Die Vorschrift schützt neben der öffentlichen Sicherheit und Ordnung auch die Wehrhoheit des Bundes und dessen Interesse an der Wahrung der Neutralität bei kriegerischen Auseinandersetzungen zwischen anderen Staaten.[4] Tateinheit ist u.a. möglich mit §§ 129, 129a StGB sowie §§ 51 f WaffG.

2

Eine **Gruppe** ist die – nicht notwendig räumliche – Vereinigung einer Mehrheit von Menschen zu einem gemeinsamen Zweck. Bereits **drei Personen** sollen ein ausreichendes Gefahrenpotential bilden.[5] Da weder eine straffe, militärähnliche Organisation noch eine dauerhafte Verbindung erforderlich ist, werden auch ad hoc gebildete Gruppen, die sich nur zu einer einmaligen Aktion, zB einer „Vergeltungsaktion gegenüber Ausländern",[6] zusammenfinden, erfasst;[7] exemplarisch: mit Baseballschlägern umherziehende Skinheads. Zumindest ein erheblicher Teil der Gruppe muss über – dem Angriff gegen Menschen dienende[8] – Waffen oder andere gefährliche Werkzeuge verfügen.[9] Bei § 127 stellt die Rechtsprechung für das gefährliche Werkzeug bemerkenswerterweise nicht auf die objektive Beschaffenheit, sondern darauf ab, ob eine entsprechende Verwendungsbestimmung zum gefährlichen Einsatz getroffen wurde.[10] Unter **Bilden** ist sowohl das Zusammenbringen bewaffneter Personen als auch die Bewaffnung bereits zusammengebrachter Personen zu verstehen.[11] **Befehligen** ist das Innehaben der Kommandogewalt durch ein Mitglied der Gruppe. **Anschließen** ist die Einglie-

3

---

1 Vgl zu § 129: BGHSt 41, 47 (51); BayObLG StV 1998, 265 (266); *Hofmann* NStZ 1998, 249 (250); *Schittenhelm* NStZ 1995, 343.

2 Näher zur Bande *Kindhäuser/Böse* BT II § 4/29 ff.

3 Nur auf vorverlagerten Individualgüterschutz stellen daher ab *Hohmann* wistra 1992, 85 (86); *Kress* JA 2005, 220 (227); SK-*Rudolphi/Stein* § 129 Rn 3 f; *Scheiff*, Wann beginnt der Strafrechtsschutz gegen kriminelle Vereinigungen (§ 129 StGB)?, 1997, 25 ff.

4 M-Schroeder/*Maiwald* II § 60/11; MK-*Schäfer* § 127 Rn 1 f; vgl auch NK-*Ostendorf* § 127 Rn 3: Schutz des demokratisch legitimierten Gewaltmonopols.

5 BT-Drucks. 13/8587, 57; 13/9064, 9; BGHSt 64, 138 Rn 14 ff.; diff. S/S-*Sternberg-Lieben/Schittenhelm* § 127 Rn 2: nur unter der Voraussetzung eines räumlichen Zusammenseins; krit. NK-*Ostendorf* § 127 Rn 9: mindestens 10 Personen.

6 BGHSt 64, 138 Rn 12 m. zust, Bespr. *Kulhanek* NStZ 2018, 597 und *Kuhli* HRS 2019, 58; z.T. krit. *Schiemann* NJW 2018, 2975: keine klare Abgrenzung von Bande, kriminelle Vereinigung und Gruppe sowie zu niedrige Mindestzahl.

7 OLG Stuttgart StV 2015, 118; Vgl *Kreß* NJW 1998, 633 (641); S/S-*Sternberg-Lieben/Schittenhelm* § 127 Rn 2; aA *Fischer* § 127 Rn 3; NK-*Ostendorf* § 127 Rn 8.

8 Daher werden Schützenvereine nicht erfasst; aA S/S/W-*Fahl* § 127 Rn 3; zu bewaffneten Bürgerwehren vgl *Kunz* ZStW 95 (1983), 973 (979).

9 Zum Waffen- und Werkzeugbegriff vgl § 9 Rn 8 ff, ferner *Kindhäuser/Böse* BT II § 4/2 ff.

10 Zu Baseballschlägern, Holzstangen und Schlosserhämmern vgl BGHSt 63, 138 Rn 40.

11 *Fischer* § 127 Rn 6; NK-*Ostendorf* § 127 Rn 12.

derung eines – nicht notwendig selbst bewaffneten – Täters in die Gruppe.[12] Das **Versorgen** mit Waffen oder Geld als Unterfall des Unterstützens umfasst auch das Zur-Verfügung-Stellen anderer gefährlicher Werkzeuge. Beim **Unterstützen** handelt es sich um eine zur Täterschaft verselbständigte Beihilfe eines Nichtmitglieds. Der **subjektive Tatbestand** erfordert (zumindest bedingten) Vorsatz.

4 Die **Unbefugtheit** ist nach hM allgemeines Verbrechensmerkmal[13] und liegt vor, wenn die Handlung nicht durch die nach Landes- oder Bundesrecht zuständigen Stellen erlaubt oder sonst gerechtfertigt ist.

C. Bildung krimineller Vereinigungen (§ 129)

5 Die Vorschrift untersagt kriminelle Vereinigungen, deren **erhöhte Gefährlichkeit** darin liegt, dass sie zum einen durch ihre organisatorischen Strukturen die Begehung von Straftaten erheblich erleichtern und zum anderen das persönliche Verantwortungsgefühl des Einzelnen aufgrund der gegenseitigen Stimulierung, kriminellen Durchdringung und Enthemmung der Mitglieder beeinträchtigen können. Wegen dieser spezifischen Eigendynamik wird der strafrechtliche Schutz über § 30 hinaus bereits ins Vorbereitungsstadium verlagert.[14] Die Strafbarkeit einer Mitgliedschaft in einer kriminellen Vereinigung setzt nicht voraus, dass diese bereits förmlich verboten ist.[15] Mit der Einführung des § 129b, durch den auch solche kriminellen bzw terroristischen Vereinigungen strafrechtlich erfasst werden können, die ausschließlich im Ausland bestehen und nicht einmal eine Teilorganisation in der Bundesrepublik unterhalten, hat der Gesetzgeber die bisherige Begrenzung des Schutzbereichs der §§ 129, 129a auf die innere Sicherheit und Ordnung aufgegeben.[16]

6 **Vereinigungen** sind auf eine gewisse Dauer berechnete organisatorische Verbindungen von drei oder mehr Personen, die – bei Unterordnung des Willens des Einzelnen unter den Willen der Gesamtheit – gemeinsame Zwecke verfolgen und unter sich derart in Beziehung stehen, dass sie sich untereinander als einheitlichen Verband fühlen.[17] Gegenüber der Bande setzt die kriminelle Vereinigung – auch in Hinblick auf die spezifische Gefahr einer unkontrollierbaren Eigendynamik – ein Mehr an personeller Geschlossenheit und an instrumenteller Vorplanung voraus.[18] Exemplarisch: Rauschgifthändlerring, Gruppierungen zur Schutzgelderpressung oder zum Menschenhandel.[19] **Zweck** der Vereinigung muss die Begehung von (späteren) schwerwiegenden[20] Straftaten sein. Diese Absicht muss als verbindlich festgelegtes Ziel den kriminellen Charakter der Vereinigung zumindest mitprägen.[21] Jedoch braucht sich die Absicht noch nicht

---

12 RGSt 30, 391 (392); SK-*Stein* § 127 Rn 6b.

13 *Fischer* § 127 Rn 11; LK-*Krauß* § 127 Rn 30; NK-*Ostendorf* § 127 Rn 17.

14 BGHSt 33, 16 (17); 49, 268 (271); *Hofmann* NStZ 1998, 249 (250); *Rudolphi* Bruns-FS 315 (317); zur geschichtlichen Entwicklung *Stein* GA 2005, 433 (434 ff).

15 NK-*Ostendorf* § 129 Rn 10; *ders.* JA 1980, 499 (500).

16 §§ 129b I S. 2 bis 5 StGB, 153c I S. 1 Nr. 3 StPO sollen eine maßvolle Anwendung deutschen Strafrechts gewährleisten, vgl auch BT-Drucks. 14/8893, 8 f; *Altvater* NStZ 2003, 179 ff.

17 Vgl BGHSt 45, 26 (35); 57, 14 (16); BGH NStZ 2008, 575; BGH NJW 2015, 1540; *Weißer* JZ 2008, 388 (389); krit. *Schmitz* NStZ 2000, 477; zur Vereinigungseigenschaft von Al Qaida: BGHSt 54, 69 (107 ff) und „Sturm 34" BGHSt 54, 216 ff; zur Frage der kriminellen Vereinigung im Wirtschaftsstrafrecht vgl *Rübenstahl* wistra 2014, 166 ff.

18 BGH NJW 1992, 1518; OLG Frankfurt StV 2005, 671; S/S/W-*Lohse* § 129 Rn 16; *Rudolphi* JR 1984, 32 (33).

19 Vgl BGHSt 48, 240 (250 f); BGH NStZ 2004, 574 f; LK-*Krauß* § 129 Rn 7 ff, 89 ff; MK-*Schäfer* § 129 Rn 59 ff.

20 Vgl BGHSt 31, 202 (207); 41, 47 (51); S/S-*Sternberg-Lieben* § 129 Rn 6 mwN.

21 Vgl BGHSt 49, 268 (272); HKGS-*Hartmann* § 129 Rn 3; LK-*Krauß* § 129 Rn 71, 73; *Ostendorf* JA 1980, 499 (501).

bis zur Vorbereitung einzelner Taten konkretisiert zu haben.[22] § 129b erweitert unter bestimmten Bedingungen den Anwendungsbereich der Norm auch auf **Vereinigungen im Ausland.**[23]

Tathandlungen sind das Gründen, die mitgliedschaftliche Beteiligung, das Unterstützen 7 einer Vereinigung und das Werben um Mitglieder oder Unterstützer für eine solche. Zur Ausübung von Straftaten braucht es nicht zu kommen. Als **Gründen** ist die führende oder richtungsweisende Mitwirkung bei der Bildung der kriminellen Organisation anzusehen.[24] Als **Mitglied beteiligt sich**, wer sich unter Eingliederung in die Organisation deren Willen unterordnet und eine – wenn auch vorerst einmalige – Tätigkeit zur Förderung der kriminellen Ziele der Vereinigung entfaltet.[25] Ausreichend sind die Erledigung logistischer Aufgaben (wie das Anmieten konspirativer Wohnungen) oder das Verbreiten von Strategie- und Grundsatzpapieren; die bloße Teilnahme an den Straftaten der Vereinigung oder das Sichbegeben in das Herrschaftsgebiet einer Vereinigung[26] begründet dagegen noch keine mitgliedschaftliche Beteiligung. Für eine kriminelle Vereinigung **um Mitglieder oder Unterstützer wirbt**, wer als Nichtmitglied mit Mitteln der (mündlichen oder schriftlichen) Propaganda öffentlich oder auch nur gegenüber einem Einzelnen (in objektiv erkennbarer Weise) Dritte zum Beitritt oder zu Unterstützungshandlungen bewegen will, um so die Vereinigung aufrechtzuerhalten oder zu stärken;[27] ein Erfolg ist nicht erforderlich.[28] Die bloße Sympathiewerbung reicht nicht (mehr) aus.[29] Das **Unterstützen** der Vereinigung ist eine zur Täterschaft verselbständigte Form der Beihilfe, die verwirklicht, wer als Nichtmitglied ihren Fortbestand oder die Verwirklichung ihrer Ziele fördert.[30] Das Unterstützen braucht zwar keinen messbaren Nutzen zu erbringen, ein gänzlich erfolgloses Unterstützen wird vom Tatbestand aber nicht erfasst.[31]

Der **Tatbestandsausschluss** des Abs. 2 trägt dem Umstand Rechnung, dass § 129 be- 8 reits vor einem vollziehbaren, staatlichen Verbot eingreift und somit in Widerstreit zu politisch-demokratischen Grundfreiheiten treten kann.[32]

Für den **subjektiven Tatbestand** genügt grds. bedingter Vorsatz; das Werben erfordert 9 jedoch Absicht im Sinne eines zielgerichteten Vorgehens.[33] Der **Versuch** ist nur in Hinblick auf die Gründung einer Vereinigung strafbar (Abs. 3). **Teilnahme** ist nach den allgemeinen Regeln möglich. Hinsichtlich der verselbständigten Teilnahmehandlungen des Werbens und Unterstützens sind untergeordnete Hilfestellungen als Beihilfe anzusehen.[34]

---

22 BGHSt 49, 268 (272); BGH NJW 2005, 1668 (1670); S/S-*Sternberg-Lieben/Schittenhelm* § 129b Rn 3 ff.
23 Näher hierzu *Kindhäuser* LPK § 129 Rn 10 ff, § 129b Rn 1 ff mwN.
24 Vgl BGHSt 27, 325 (326 f); BGH NJW 2006, 1603 (1604); *Lampe* ZStW 106 (1994), 683 (726).
25 Vgl BGHSt 54, 69 (116 f); BGH NStZ 1993, 37 (38); NJW 2015, 1032 (1033); *Rebmann* NStZ 1989, 97 (100).
26 BGH NStZ-RR 2018, 206.
27 BGHSt 33, 16 (17); BayObLG NStZ-RR 1996, 7 (8); vgl auch BGH NStZ 2005, 73 (74).
28 BGHSt 20, 89 (90); LK-*Krauß* § 129 Rn 116, 131; NK-*Ostendorf* § 129 Rn 19.
29 L-*Kühl-Heger* § 129 Rn 7.
30 BGHSt 63, 127 mBspr *Kuhli* JZ 2019,158; krit. *Eidam* NJW 2018, 2428; BGHSt 54, 69 (116 ff); BGH NStZ-RR 2006, 240 f; HRRS 2012, Nr. 745; *Rebmann* NStZ 1989, 97 (100); zur Tätigkeit des Strafverteidigers vgl BGHSt 29, 99 (102 ff); *Rudolphi* Bruns-FS 315 (332 ff).
31 BGHSt 29, 99 (101); BGH StV 2016, 498 f; *Fischer* § 129 Rn 30; HKGS-*Hartmann* § 129 Rn 8.
32 NK-*Ostendorf* § 129 Rn 2, 24.
33 BGH bei *Schmidt* MDR 1993, 504 (505); BayObLG NStZ-RR 1996, 7 (8).
34 BGHSt 29, 258 (263 ff); 36, 363 (365 ff); gegen die Strafbarkeit untergeordneter Tätigkeiten NK-*Ostendorf* § 129 Rn 28; *Schlothauer/Tscherch* StV 1981, 22 (23).

10   Als Strafschärfungsgrund nennt **Abs. 4** die Beteiligung als Rädelsführer oder Hinter-mann.[35] Zudem wird in bestimmten Fällen der Schwerstkriminalität der höchstmögli-che Strafrahmen von fünf (Abs. 4 Hs 1) auf zehn Jahre Freiheitsstrafe (Abs. 4 Hs 2) an-gehoben. **Abs. 6** enthält eine Sonderregelung für den **Rücktritt** vom vollendeten De-likt;[36] beim Gründungsversuch des Abs. 3 gelten die allgemeinen Regeln nach § 24.[37]

11   **Konkurrenzen:** Die Mitgliedschaft in einer kriminellen oder terroristischen Vereini-gung steht nach hM in Tateinheit zu Straftaten, die der Täter als Mitglied der Vereini-gung in Verfolgung ihrer Ziele oder zur Aufrechterhaltung der Organisation begeht.[38] Mehrere durch mitgliedschaftliche Betätigungsakte verwirklichte Straftaten werden bei annähernder Gleichwertigkeit durch §§ 129, 129a zur Tateinheit verklammert.[39] Diese Verknüpfung unterbleibt jedoch bei Handlungen, die zugleich den Tatbestand einer an-deren Strafvorschrift erfüllen.[40] Diese stehen zwar gem. § 52 I Alt. 1 in Tateinheit mit der jeweils gleichzeitig verwirklichten mitgliedschaftlichen Beteiligung iSd § 129 I Alt. 2, jedoch sowohl untereinander als auch zu der Gesamtheit der sonstigen mitglied-schaftlichen Beteiligungsakte in Tatmehrheit.[41] Bei mehrfachem Werben oder Unter-stützen ist regelmäßig Tatmehrheit anzunehmen.[42] Die Gründung einer Vereinigung und die anschließende mitgliedschaftliche Beteiligung stehen in Tateinheit.[43]

D. Bildung terroristischer Vereinigungen (§ 129a)

12   Die Vorschrift formuliert einen **Qualifikationstatbestand** zu § 129 und bezweckt den Schutz vor besonders gefährlichen terroristischen Vereinigungen.[44] Prozessual dient sie als Anknüpfungspunkt einer Vielzahl von Maßnahmen[45] und begründet eine nach § 138 Abs. 2 strafbewehrte Anzeigepflicht. Die Zwecke oder Tätigkeiten der Vereini-gung müssen auf die Begehung der in Abs. 1 Nr. 1–2 und Abs. 2 Nr. 1–5 abschließend aufgezählten Straftaten (oder aber gem. Abs. 3 auf die Androhung solcher Straftaten) gerichtet sein. Wie bei § 129 darf es sich nicht nur um die einmalige Begehung der be-treffenden Straftat handeln.[46] Durch die Einstufung als Verbrechen ist in den Fällen des Abs. 1 neben dem Gründungsversuch auch der Versuch der mitgliedschaftlichen Beteiligung strafbar.[47]

---

35   Vgl BGHSt 11, 233 (241); 57, 160 (161); BGH NStZ 2002, 607 f; HKGS-*Hartmann* § 129 Rn 15; M-Schroeder/*Mai-wald* II § 95/13.
36   Vgl BGH NStZ-RR 2006, 232 (233); MK-*Schäfer* § 129 Rn 156.
37   HKGS-*Hartmann* § 129 Rn 17; S/S-*Sternberg-Lieben/Schittenhelm* § 129 Rn 18.
38   BGHSt 29, 288 (290 f); BGH NStZ-RR 2006, 232 (233); 2015, 10 f; NK-*Ostendorf* § 129 Rn 33.
39   BGH NStZ-RR 2006, 232 (233); NStZ 2011, 577 (578); NStZ-RR 2015, 10; zur prozessualen Tat im Sinne von § 264 StPO vgl BVerfG JR 1982, 108 (109 ff); BGHSt 29, 288 (292 ff); NK-*Ostendorf* § 129 Rn 34.
40   BGHSt 60, 308 (311 ff).
41   GHSt 60, 308 m. zust. Anm. *Puppe* JZ 2016, 478 ff; m. abl. Anm. *van Lessen* NStZ 2016, 446 ff.
42   LK-*Krauß* § 129 Rn 194; MK-*Schäfer* § 129 Rn 142.
43   Unter ausdrücklicher Aufgabe der noch in BGH NStZ 2004, 385 vertretenen Auffassung nunmehr BGHSt 54, 216 (235).
44   *Fischer* § 129a Rn 2; *Helm* StV 2006, 719; NK-*Ostendorf* § 129, b Rn 6; näher *Netz*, Die Strafbarkeit ausländi-scher terroristischer Vereinigungen, 2008; instruktiv BGHSt 54, 69 ff zu Al Qaida; zum strafrechtlichen Be-griff des Terrorismus *Cancio Meliá* GA 2012, 1 ff.
45   ZB §§ 100a Abs. 2 S. 1 Nr. 1d, 100c Abs. 1, Abs. 2 Nr. 1b Alt. 2, 100f Abs. 1, Abs. 2 S. 1, 103 Abs. 1 S. 2, 111 Abs. 1 S. 1, 112 Abs. 3, 163d Abs. 1 S. 1 Nr. 1 StPO; §§ 120 Abs. 1 Nr. 6, Abs. 2 S. 1 Nr. 2, 142a Abs. 1 S. 1 GVG; hierzu *Hawick-horst*, § 129a StGB – Ein feindstrafrechtlicher Irrweg zur Terrorismusbekämpfung, 2011, 125 ff.
46   *Rudolphi* ZRP 1979, 214 (216).
47   Zu den einzelnen Tathandlungen sowie weiteren Auslegungsproblemen vgl BGH NJW 2006, 1603 f; *Helm* StV 2006, 719 ff.

E. Kriminelle und terroristische Vereinigungen im Ausland (§ 129b)

Die Vorschrift des § 129b – eine bloße Regelung der Rechtsanwendung – erweitert den   13
Schutzbereich der §§ 129, 129a auch auf solche Vereinigungen, die lediglich im Ausland bestehen und nicht einmal eine Teilorganisation in der Bundesrepublik unterhalten.[48]

WIEDERHOLUNGS- UND VERTIEFUNGSFRAGEN

> Worin gründet die erhöhte Gefährlichkeit krimineller und terroristischer Vereinigungen?
> (Rn 5)
> Inwieweit entfaltet § 129 eine „Klammerwirkung"? (Rn 11)

---

48 BT-Drucks. 14/8893, 8 f; *Altvater* NStZ 2003, 179 ff; S/S/W-*Lohse* § 129b Rn 2 f; SK-*Stein* § 129b Rn 1 ff; zur Abgrenzung von nur ausländischen Vereinigungen zu inländischen Teilorganisationen iSd §§ 129, 129a vgl nur
BGHSt 57, 14 (18 f); BGH NJW 2010, 3042 ff; 2011, 543 (545).

§ 42 Amtsanmaßung und Missbrauch von Titeln (§§ 132 f)

A. Amtsanmaßung (§ 132)

I. Allgemeines

1 Die Vorschrift schützt die Autorität des Staates und seiner Behörden als Grundlage der effektiven Ausübung staatlicher Hoheitsgewalt. Sie soll verhindern, dass Tätigkeiten den Anschein staatlichen Handelns erwecken, obgleich sie nicht der staatlichen Kontrolle unterliegen.[1] Der Struktur nach ist § 132 ein Tätigkeitsdelikt, das zugleich den Charakter eines abstrakten Gefährdungsdelikts hat, das keinen Erfolgseintritt voraussetzt: Der Tatbestandsverwirklichung steht es nicht entgegen, wenn die Amtsanmaßung durchschaut wird, sofern sie nicht evident zur Täuschung ungeeignet ist.[2]

II. Definitionen und Erläuterungen

▶ **FALL 1:** Um sich Zutritt zu der Wohnung der von ihm heftig verehrten F zu verschaffen, weist sich S an deren Wohnungstür als Polizeibeamter aus und gibt vor, eine Durchsuchung durchführen zu müssen. F lässt den S gewähren, der freudig alle Schubladen durchstöbert. ◀

2 **1. Tatbestand.** Der Tatbestand nennt **zwei Tatvarianten**: die unbefugte Ausübung eines öffentlichen Amtes (Alt. 1) und die Vornahme einer Handlung, die nur kraft eines öffentlichen Amtes vollzogen werden darf (Alt. 2). Jeweils ist **unbefugt** ein objektives Tatbestandsmerkmal,[3] da ein Handeln ohne amtliche Legitimation für das Unrecht konstitutiv ist.

3 a) **Amtsausübung:** Mit der Ausübung eines öffentlichen Amtes befasst sich, wer sich ausdrücklich oder konkludent als Träger eines (inländischen) öffentlichen Amtes ausgibt und eine Handlung vornimmt, die aufgrund dessen als Ausübung hoheitlicher Tätigkeit erscheint.

4 Die Ausübung verlangt nicht nur das Auftreten als Amtswalter, sondern auch die Vornahme einer Amtshandlung.[4] Die Anmaßung muss also **Amt und Amtshandlung umfassen**: Der Täter muss sich als Inhaber eines von ihm nicht bekleideten öffentlichen Amtes ausgeben und in dieser Rolle eine Handlung vornehmen, die nach außen den Anschein einer Amtshandlung erweckt. Für die Usurpation eines Amtes genügt dabei bereits die allgemein gehaltene Kennzeichnung bspw als Funktionsträger von Polizeigewalt.[5] So tritt S in **Fall 1** als Polizeibeamter auf und nimmt in dieser Eigenschaft eine hoheitliche Maßnahme (die Durchsuchung der Wohnungsräume der F) vor. Dagegen reicht es nicht aus, wenn sich jemand nur in einem Hotel als Minister vorstellt, um bevorzugt behandelt zu werden, oder sich als Polizist (mit Hilfe einer unechten Dienstmarke) ausweist, ohne gleichzeitig in Ausübung dieses Amtes tätig zu werden. Ferner muss die Amtshandlung **hoheitlich** sein. Dies ist etwa beim fiskalischen Wareneinkauf durch einen angeblichen Beamten nicht der Fall.[6]

---

1 Vgl BGHSt 40, 8 (12 f); BayObLG NJW 2003, 1616 (1617); LK-*Krauß* § 132 Rn 1; abw. NK-*Ostendorf* § 132 Rn 4: Schutz der bürgerlichen Freiheit vor pseudostaatlicher Machtausübung.
2 OLG Stuttgart StraFo 2006, 255 (256); MK-*Hohmann* § 132 Rn 3; *Küper/Zopfs* Rn 22: „absoluter Gefährdungsausschluß".
3 NK-*Ostendorf* § 132 Rn 13 mwN.
4 BGH GA 1967, 114; Arzt/Weber/Heinrich/*Hilgendorf* § 45/103; NK-*Ostendorf* § 132 Rn 11.
5 OLG Karlsruhe NStZ-RR 2002, 301 (302); *Küper/Zopfs* Rn 24.
6 Vgl BGHSt 12, 30; OLG Oldenburg MDR 1987, 604.

Die Handlung braucht nicht in den Zuständigkeitsbereich des angemaßten Amtes zu fallen.[7] Es ist ferner nicht erforderlich, dass das vorgetäuschte Amt überhaupt existiert. Es ist auch ohne Belang, ob der Täter die fragliche Handlung als Privatmann hätte vornehmen dürfen. Exemplarisch: Der Täter, der nach § 127 Abs. 1 StPO zur Festnahme eines auf frischer Tat Betroffenen berechtigt gewesen wäre, gibt sich bei der Festnahme als Kriminalbeamter aus.[8]   5

b) **Handlungsvornahme:** Der Täter führt eine Handlung, die nur kraft eines öffentlichen Amtes vorgenommen werden darf, aus, wenn die Handlung als solche den Anschein erweckt, von einem Amtsträger vollzogen worden zu sein.   6

Die zweite Tatalternative verlangt die Anmaßung einer **Amtshandlung** *ohne* **gleichzeitige Anmaßung einer Amtsstellung.**[9] Anders als bei der ersten Tatvariante spiegelt der Täter hier nicht seine Amtsinhaberschaft vor. Er führt vielmehr nur eine Handlung aus, die **für sich selbst spricht**, die also mit anderen Worten objektiv von einem Amtsträger ausgeführt zu sein scheint. Dies ist wiederum der Fall, wenn das Verhalten unter den gegebenen Umständen von einem Beobachter mit einer solchen Handlung **verwechselt** werden kann.[10] Hierfür ist nicht erforderlich, dass der Täter als Urheber der angemaßten Amtshandlung in Erscheinung tritt. Exemplarisch: Der Täter stellt heimlich ein amtliches Verkehrsschild auf,[11] versendet (angebliche) amtliche Bescheide[12] oder bringt eine Pfandmarke an, um eine Sache als gepfändet erscheinen zu lassen.[13]   7

Abzugrenzen sind die Tathandlungen zunächst von Verhaltensweisen, die zwar nur von einem Hoheitsträger vorgenommen werden dürfen, bei deren Vornahme der Täter aber nicht den Anschein erweckt, sie seien von einem Amtswalter vollzogen worden. Dies ist namentlich der Fall, wenn der Täter offen als Privatmann auftritt. Exemplarisch: Ein Detektiv, der sich als solcher zu erkennen gibt, durchsucht eine Wohnung.[14] Diese Handlung ist zwar unerlaubt, erscheint aber nicht als hoheitliche Maßnahme.   8

Nicht tatbestandsmäßig sind ferner Handlungen, durch die der Täter vortäuscht, **er selbst sei Betroffener** einer amtlichen Maßnahme. Hierdurch können zwar staatliche Stellen irritiert werden. Es wird aber nicht das Vertrauen anderer Bürger in die Echtheit (gegen sie gerichteten) hoheitlichen Handelns tangiert. Exemplarisch: Der Täter entfernt von einem fremden Pkw einen Verwarnzettel wegen Falschparkens und heftet ihn zur Täuschung der Polizei an die eigene Windschutzscheibe.[15] Der Tatbestand wäre aber verwirklicht, wenn der Täter einen solchen Verwarnzettel an einem fremden Pkw anbringt.   9

c) **Täter:** Täter kann auch ein **Amtsträger** sein. Im Fall der zweiten Tatvariante ist dies der Fall, wenn der Amtsträger nicht nur gegen interne Zuständigkeitsregelungen verstößt oder im Rahmen seiner Zuständigkeit pflichtwidrig handelt, sondern **außerhalb seines sachlichen Kompetenzbereichs** tätig wird.[16] Erweckt der Amtsträger außerdem den Anschein, Inhaber eines anderen, ihm nicht zustehenden Amtes zu sein, erfüllt er auch die erste Tatvariante.   10

---

7 Vgl RGSt 68, 77 (78); SK-*Stein* § 132 Rn 7c; S/S-*Sternberg-Lieben* § 132 Rn 4 f.
8 OLG Karlsruhe NStZ-RR 2002, 301 (302); LK-*Krauß* § 132 Rn 17.
9 Vgl RGSt 58, 173 (175 f); *Baier* JuS 2004, 56 (60); NK-*Ostendorf* § 132 Rn 12.
10 BGHSt 40, 8 (12 ff); SK-*Stein* § 132 Rn 9 f mwN.
11 NK-*Ostendorf* § 132 Rn 12.
12 LG Paderborn MDR 1988, 336.
13 SK-*Stein* § 132 Rn 10b aE.
14 *Küper/Zopfs* 26 f.
15 OLG Stuttgart StraFo 2006, 255; LK-*Krauß* § 132 Rn 35.
16 Vgl BGHSt 3, 241 (244); BayObLG NJW 2003, 1616 (1617).

11   d) **Subjektiver Tatbestand:** Die subjektive Tatseite verlangt (zumindest bedingten) Vorsatz. Ein Irrtum über die Befugnis ist Tatbestandsirrtum.[17] In **Fall 1** gab sich A bewusst als Inhaber eines öffentlichen Amtes aus und nahm in Ausübung dieses angemaßten Amtes eine hoheitliche Handlung vor, so dass er sich nach § 132 Alt. 1 strafbar gemacht hat.

12   **2. Konkurrenzen.** Die erste Tatalternative ist gegenüber der zweiten der speziellere Tatbestand, weil sie neben der Tätigkeit auch die Amtsanmaßung verlangt.[18]

B. Missbrauch von Titeln (§ 132a)

I. Allgemeines

13   Die Vorschrift schützt als abstraktes Gefährdungsdelikt die Allgemeinheit vor Personen, die sich durch den unbefugten Gebrauch falscher Bezeichnungen den Schein besonderer Funktionen, Fähigkeiten und Vertrauenswürdigkeit geben,[19] und will zB verhindern, dass der Gutgläubige Hochstaplern zum Opfer fällt. Dagegen erstreckt sich der Schutzzweck nicht auf die berechtigten Inhaber entsprechender Titel. Die Tat ist **eigenhändiges** Delikt und kann nicht in mittelbarer Täterschaft oder Mittäterschaft begangen werden.

II. Definitionen und Erläuterungen

▶ **Fall 2:**   Der Arzt A eröffnet eine Praxis für Allgemeinmedizin. Um seinen Ruf zu festigen und gleichzeitig die Kundenwerbung voranzutreiben, befestigt er ein Schild mit der Aufschrift „Dr. A, Arzt für Allgemeinmedizin" an seiner Praxistür. Erst nach mehreren Monaten fliegt sein Schwindel auf. ◀

14   Der Täter **führt** die in Abs. 1 Nr. 1–3 genannten Bezeichnungen, wenn er sie im Umgang mit anderen aktiv (ausdrücklich oder konkludent) in Anspruch nimmt.

15   Sofern der Täter nur die Anrede mit dem Titel duldet oder den Titel lediglich einmal im privaten Bereich verwendet, fehlt seinem Verhalten regelmäßig noch die **Intensität**, die erforderlich ist, um die schutzwürdigen Interessen der Allgemeinheit überhaupt zu verletzen.[20] Auch das Anbringen einer Arztplakette, um unbehelligt an verbotenen Stellen parken zu können, genügt zur Tatbestandsverwirklichung nicht.[21] Hier wird die Berufsbezeichnung nicht zur Erlangung einer Vertrauensstellung gebraucht. In **Fall 2** hingegen benutzte A das Schild mehrere Monate an seiner Praxistür und damit über eine geraume Zeit hin, so dass die Verwendung des Doktortitels eine hinreichende Intensität aufwies.

16   **Abs. 1 Nr. 1** erfasst nur **förmliche Amts- und Dienstbezeichnungen** (zB Studienrat, Universitätsprofessor oder Kriminalhauptkommissar), nicht aber allgemeine Berufs- oder Funktionsbezeichnungen (zB Lehrer, Hochschullehrer, Kriminalbeamter). Im Einzelnen gilt:

---

17   BGHSt 40, 8 (15).
18   LK-*Krauß* § 132 Rn 43, 7; S/S-*Sternberg-Lieben* § 132 Rn 16; iE auch NK-*Ostendorf* § 132 Rn 17: Konsumtion; aA SK-*Stein* § 132 Rn 3: einheitliche Tatbestandsverwirklichung.
19   BT-Drucks. 7/550, 361; BGHSt 31, 61 (62); 36, 277 (279); OLG Düsseldorf NJW 2000, 1052; *Bolewski* Jura 2006, 921 (923); *Fischer* § 132a Rn 2; *Hansalek* JR 2006, 17 (18).
20   BGHSt 26, 267 (268 f.); 31, 61 (62 f.); OLG Zweibrücken NJW 2003, 982 f.; NK-*Ostendorf* § 132a Rn 15; ausf. *Bottke*, Lästiger Scherz oder strafbarer Ernst?, 2005, 61 ff und 70 ff.
21   BayObLG NJW 1979, 2359.

- **Amtsbezeichnungen** sind Bezeichnungen für staatliche und kommunale Ämter (zB Bürgermeister, Richter am Amtsgericht);
- **Dienstbezeichnungen** sind Bezeichnungen für Berufe, die eine öffentliche Zulassung erfordern, aber nicht mit einem öffentlichen Amt verbunden sind (zB vereidigter Buchprüfer, Privatdozent, Referendar);
- **Akademische Grade** sind die von einer deutschen Hochschule verliehenen Titel, Bezeichnungen und Ehrungen (zB Doktortitel, Honorarprofessor, Diplomkaufmann);[22]
- **Öffentliche Würden** sind die auf öffentlichem Recht beruhenden Ehrungen (zB Ehrenbürger).

Die **Berufsbezeichnungen** in **Abs. 1 Nr. 2** sind nach Maßgabe ihrer spezialgesetzlichen Beschreibung geschützt.[23] Es fällt daher unter den Tatbestand, wenn sich jemand fälschlich als Rechtsanwalt ausgibt.[24]   17

Zu den **öffentlich bestellten Sachverständigen** im Sinne von **Abs. 1 Nr. 3** gehören nur solche, die auch nach öffentlichem Recht als solche bestellt werden können.[25]   18

Hinsichtlich des **Tragens** der in **Abs. 1 Nr. 4** genannten Bekleidung gilt: 19

- **Uniformen** sind bestimmte Kleidungen, deren Tragen gesetzlich geregelt ist (Bundeswehr, Polizei usw);
- **Amtskleidungen** sind aufgrund öffentlich-rechtlicher Bestimmung eingeführte Kleidungen, die zu bestimmten Amtshandlungen getragen werden (zB Richterroben, kirchliche Messgewänder);[26]
- **Amtsabzeichen** sind aufgrund öffentlich-rechtlicher Bestimmung eingeführte Abzeichen, die ihren Träger als Inhaber eines bestimmten Amtes ausweisen (Brustschild, Dienstmütze usw).

Eine Bezeichnung (usw) ist im Sinne von **Abs. 2 zum Verwechseln ähnlich**, wenn sie nach dem Gesamteindruck eines durchschnittlichen, nicht genau prüfenden Beurteilers als echt erscheinen kann.[27] Exemplarisch: „Konsul" eines erfundenen Staates. Nicht einschlägig sind dagegen reine Phantasietitel oder -uniformen.   20

Von **Abs. 3** sind die Amtsbezeichnungen usw aller öffentlich-rechtlich anerkannten Religionsgemeinschaften erfasst.   21

Unbefugt ist (normatives) Tatbestandsmerkmal.   22

Der **subjektive Tatbestand** verlangt (zumindest bedingten) Vorsatz. Nimmt der Täter Umstände an, bei deren Vorliegen er zum Führen der Bezeichnung (usw) befugt wäre, befindet er sich in einem Tatbestandsirrtum (§ 16 Abs. 1). In **Fall 2** wusste A um die ihm fehlende Berechtigung zur Führung des Doktortitels, so dass er sich nach § 132a Abs. 1 Nr. 1 strafbar gemacht hat.   23

---

22 Zu Bachelor- und Masterabschlüssen vgl *Hansalek* JR 2006, 17 ff; zu diplomatischen Amtsbezeichnungen vgl *Bolewski* Jura 2006, 921 (923); zu Ehrendoktortiteln vgl *Laustetter/Beige* JR 2013, 93 (94 f).
23 Vgl zB § 2a BÄrzteO; § 3 BApO; § 12 Abs. 4 BRAO.
24 OLG Bamberg StRR 2019, Nr 3, 22.
25 NK-*Ostendorf* § 132a Rn 11.
26 Vgl Abs. 3 und LG Offenburg NJW 2004, 1609; MK-*Hohmann* § 132a Rn 18.
27 Vgl BGHSt 26, 267 (269); OLG Köln NJW 2000, 1053 (1054); VG Berlin JR 2013, 118 (120) m.Anm. *Laustetter/Beige* JR 2013, 93 (96 ff); L-*Kühl* § 132a Rn 9.

WIEDERHOLUNGS- UND VERTIEFUNGSFRAGEN

> Welche Tatbestandsstruktur hat § 132? (Rn 1)

> Was muss zum Auftreten als Amtswalter hinzukommen, damit die „Ausübung eines öffentlichen Amtes" im Sinne der Alt. 1 vorliegt? (Rn 3 f)

> Aus welchem Grund verlangt der Titelmissbrauch des § 132a Abs. 1 eine gewisse Intensität des Täterverhaltens? (Rn 15)

§ 43 Verwahrungsbruch und Verletzung amtlicher Bekanntmachungen (§§ 133 f)

A. Verwahrungsbruch (§ 133)

I. Allgemeines

Die Vorschrift schützt den amtlichen Verwahrungsbesitz und damit auch das allgemeine Vertrauen in die Sicherheit einer solchen Aufbewahrung.[1] **Täter** kann jeder sein,[2] auch der Eigentümer der Sache oder ein Dritter, dem die Sache zwecks Aufbewahrung dienstlich übergeben worden ist.   **1**

II. Definitionen und Erläuterungen

1. Tatbestand

▶ **FALL 1:** Im Rahmen eines Ermittlungsverfahrens wegen gefährlicher Körperverletzung wird bei B ein Küchenmesser – die vermeintliche Tatwaffe – von der Polizei beschlagnahmt und dem zuständigen Staatsanwalt übergeben. Da eine sofortige Untersuchung des Messers auf Fingerabdrücke aus organisatorischen Gründen nicht möglich ist, wird das Beweismittel vorerst in der Asservatenkammer gelagert. Noch am gleichen Abend begibt sich B daher heimlich zur Staatsanwaltschaft, um das Messer wieder an sich zu bringen. Das Vorhaben gelingt. Auf seinem Weg aus der Asservatenkammer hinaus erblickt B ein großes Paket mit Kugelschreibern, das er ebenso freudig an sich nimmt. Wegen des nunmehr fehlenden Beweismittels kann B nicht verurteilt werden. ◀

a) Tatobjekte: Taugliche Tatobjekte sind bewegliche Sachen aller Art, soweit es auf ihre **körperliche Identität** ankommt und sie nicht nur der Gattung nach zurückgegeben werden sollen. Die Eigentumsverhältnisse sind ohne Belang. Die gesondert genannten Schriftstücke müssen keine Urkundenqualität haben. In **Fall 1** ist das Küchenmesser mithin ein taugliches Tatobjekt.   **2**

b) Dienstliche Verwahrung: Eine Sache befindet sich in dienstlicher Verwahrung, wenn sie von einem Hoheitsträger in Gewahrsam genommen wurde, um sie für die Dauer des amtlichen Besitzes in ihrem Bestand unversehrt zu erhalten und vor unbefugtem Zugriff zu bewahren (sog. **fürsorglicher Amtsgewahrsam**).[3]   **3**

Für die hoheitliche Verwahrung kommt es auf deren **rechtliche Wirksamkeit** an. Formelle oder materielle Rechtsfehler können daher unbeachtlich sein. Beispielsfälle sind Behördenakten, Examensarbeiten in der Obhut des Prüfers, beschlagnahmte Gegenstände oder amtlich aufbewahrte Blutproben. Gepfändete Gegenstände sind nur verwahrt, wenn sie der Gerichtsvollzieher zur Pfandkammer bringt, aber nicht, wenn er sie gem. § 808 Abs. 2 ZPO im Gewahrsam des Schuldners belässt.[4]   **4**

In **Fall 1** wurde das Küchenmesser von einem Hoheitsträger (dem Polizeibeamten bzw der Staatsanwaltschaft als Leiterin des Ermittlungsverfahrens) in Verwahrung genommen, um es für die Dauer des Strafprozesses vor unbefugtem Zugriff zu bewahren. Unerheblich ist, dass A im späteren Verlauf des Strafverfahrens nicht verurteilt werden   **5**

---

1 BGHSt 5, 155 (159 f); 35, 340 (341); 38, 381 (386); *Otto* JuS 1980, 490; auf die hinter der amtlichen Verwahrpflicht stehende Funktionserhaltung dienstlicher Einrichtungen abstellend NK-*Ostendorf* § 133 Rn 4.
2 NK-*Ostendorf* § 133 Rn 8.
3 BGHSt 18, 312 (313); BayObLG JZ 1988, 726; MK-*Hohmann* § 133 Rn 6.
4 NK-*Ostendorf* § 133 Rn 14; S/S-*Sternberg-Lieben* § 133 Rn 9.

kann. Maßgeblich ist allein, dass zum Zeitpunkt der Tat eine ordnungsgemäß angeordnete, wirksame Verwahrung vorlag.

6   Als **Hoheitsträger**, denen die Verwahrung obliegt, kommen u.a. Behörden, Anstalten, Körperschaften, Amtsträger oder die Bundeswehr in Betracht. Ihnen werden in Abs. 2 Kirchen und andere Religionsgemeinschaften des öffentlichen Rechts gleichgestellt. Sendungen mit Post und Bahn sind seit deren Privatisierung nicht mehr „dienstlich" verwahrt.[5] Der **Verwahrungsort** selbst kann auch ein nichtdienstlicher sein.

7   **Nicht** unter fürsorglichem Amtsgewahrsam im Sinne des Tatbestands stehen Gegenstände, die nicht um ihrer besonderen Bestandserhaltung willen hoheitlich verwahrt werden (sog. **allgemeiner Gewahrsam** ohne spezifische Zweckbindung).[6] Hierzu gehören insbesondere das Inventar einer Behörde sowie der sonstige Amtsbesitz (Büromaterial, Brennstoffe usw). Nicht dem Tatbestand unterfallen ferner das zur Auszahlung bereitgehaltene Geld in öffentlichen Kassen,[7] Bücher in staatlichen Bibliotheken sowie Ausstellungsobjekte in öffentlichen Museen.[8]

8   Die von A in **Fall 1** ebenso entwendeten Kugelschreiber stellen mithin keine tauglichen Tatobjekte eines Verwahrungsbruchs dar.

9   c) **Inhaber dienstlicher Herrschaftsgewalt:** Eine Sache ist einem anderen dienstlich in Verwahrung gegeben, wenn dieser die dienstliche Herrschaftsgewalt über sie erlangt.

10   Als Inhaber dienstlicher Herrschaftsgewalt kommen neben Amtsträgern auch Privatpersonen in Betracht, wenn ihnen die Sache zu diesem Zweck aufgrund einer hoheitlichen Anordnung übergeben wird. Exemplarisch: Ein privater Unternehmer schleppt im Auftrag der Polizei ein Kfz ab und parkt es auf seinem Betriebsgelände.[9] Oder: Einem Rechtsanwalt werden zur Einsichtnahme in seiner Kanzlei Gerichtsakten ausgehändigt.[10]

11   d) **Tathandlungen:** Tathandlungen sind das Beschädigen, Unbrauchbarmachen, Zerstören oder der dienstlichen Verfügung Entziehen.

12   Eine Sache wird

- **beschädigt**, wenn ihr Zustand in nicht unerheblicher Weise nachteilig verändert wird;
- **unbrauchbar** gemacht, wenn sie ihren Zweck nicht mehr erfüllen kann;
- **zerstört**, wenn sie vollständig verändert, vernichtet oder unbrauchbar wird.[11]

13   Eine Sache ist der **dienstlichen Verfügung entzogen**, wenn dem (Allein- oder Mit-) Berechtigten die Möglichkeit des ungehinderten Zugriffs zur bestimmungsgemäßen Verwendung genommen oder erheblich erschwert wird.

14   Entzogen werden kann eine Sache zB durch Beiseiteschaffen, aber auch durch Verstecken innerhalb der Amtsräume in einer Weise, dass sie der Berechtigte nicht mehr leicht und ohne Hindernisse auffinden kann.[12] In **Fall 1** hat A das Küchenmesser an

---

5 LK-*Krauß* § 133 Rn 9; NK-*Ostendorf* § 133 Rn 12.
6 BGHSt 4, 236 (241); NK-*Ostendorf* § 133 Rn 13; SK-*Stein* § 133 Rn 7.
7 Vgl BGHSt 18, 312 (314).
8 *Küper/Zopfs* Rn 714; LK-*Krauß* § 133 Rn 12; aA insoweit S/S-*Sternberg-Lieben* § 133 Rn 7.
9 BayObLG NJW 1992, 1399.
10 NK-*Ostendorf* § 133 Rn 14.
11 Näher zu den entsprechenden Tathandlungen der Sachbeschädigung *Kindhäuser/Böse* BT II § 20/8 ff.
12 Vgl RGSt 26, 413 f; BGHSt 15, 19 (23); 35, 340 (341 f); NK-*Ostendorf* § 133 Rn 10.

sich genommen, aus der Asservatenkammer hinausgebracht und damit der dienstlichen Verfügung entzogen. Damit hat er sich nach § 133 Abs. 1 strafbar gemacht.[13]

Da das Entziehen eine Beseitigung der Verfügungsmöglichkeit **gegen den Willen** des   15
Berechtigten erfordert, lässt dessen Einverständnis, das nach hM auch täuschungsbedingt sein kann, das Merkmal entfallen.[14] In der Regel ist jedoch der Dienstvorgesetzte bei Behörden (Mit-)Berechtigter, so dass der Entzug dessen Willen zuwiderläuft.[15]

e) **Subjektiver Tatbestand:** Die subjektive Tatseite verlangt (zumindest bedingten) Vorsatz.   16

2. Qualifikation. Der Qualifikationstatbestand nach **Abs. 3** greift ein, wenn der Täter   17
ein Amtsträger (§ 11 Abs. 1 Nr. 2) oder für den öffentlichen Dienst besonders Verpflichteter (§ 11 Abs. 1 Nr. 4) ist und ihm die Sache in dieser Eigenschaft anvertraut oder zugänglich gemacht wurde. Die Sache ist dem Amtswalter **anvertraut**, wenn er die fürsorgliche Verfügungsmacht über sie in seiner amtlichen Eigenschaft kraft dienstlicher Anordnung erhält.[16]

B. Verletzung amtlicher Bekanntmachungen (§ 134)

I. Allgemeines

Die Vorschrift sichert die unbeeinflusste und vollständige Kenntnisnahme der Bekannt-   18
machungen öffentlicher Dienststellen durch die Bevölkerung, indem sie die der staatlichen Informationsaufgabe dienenden Schriftstücke vor Beeinträchtigungen schützt.[17]

II. Definitionen und Erläuterungen

Tatobjekt ist ein **dienstliches Schriftstück**, dh ein von einer Behörde oder anderen   19
Dienststelle öffentlich-rechtlicher Körperschaften oder Anstalten angefertigtes Schriftstück amtlichen, nicht notwendigerweise hoheitlich anordnenden Inhalts.[18]

Das Schriftstück ist zur Bekanntmachung **öffentlich angeschlagen oder ausgelegt**, wenn   20
die Allgemeinheit Kenntnis nehmen kann und soll.[19] Mitteilungen an einzelne Personen, wie im Falle eines polizeilichen Verwarnungszettels, sind nicht einschlägig. Amtliche Bekanntmachungen im Internet fallen ebenfalls nicht unter den Tatbestand, da § 134 ausschließlich von Schriftstücken spricht und nicht auf § 11 Abs. 3 verweist.[20]

Tathandlungen sind das Zerstören, Beseitigen, Verunstalten, Unkenntlichmachen oder   21
Sinnentstellen.[21] Hierbei ist **Beseitigen** das Entfernen des Schriftstücks von seinem Ort gegen den Willen des Berechtigten, während **Verunstalten**, **Unkenntlichmachen** und **Sinnentstellen** verschiedene Einwirkungen auf den Inhalt der Aussage zum Gegenstand haben.[22]

---

13 Zum Verstrickungsbruch vgl noch § 44 Rn 2 ff.
14 Vgl RGSt 56, 118 f; BGH bei *Holtz* MDR 1993, 719; OLG Düsseldorf NStZ 1981, 25 f; *Brüggemann*, Der Verwahrungsbruch (§ 133 StGB), 1981, 191 ff.
15 Zur Tat durch einen Behördenleiter vgl BGHSt 33, 190 (193 ff).
16 BGHSt 3, 304 (305 f); 38, 381 (387); LK-*Krauß* § 133 Rn 38; SK-*Rudolphi/Stein* § 133 Rn 16.
17 Vgl BT-Drucks. 7/550, 224; LK-*Krauß* § 134 Rn 1; NK-*Ostendorf* § 134 Rn 3.
18 NK-*Ostendorf* § 134 Rn 6; SK-*Rudolphi/Stein* § 134 Rn 6 f.
19 MK-*Hohmann* § 134 Rn 9 f; *Otto* § 89/2; SK-*Stein* § 134 Rn 9.
20 MK-*Hohmann* § 134 Rn 5.
21 Vgl auch Rn 10.
22 NK-*Ostendorf* § 134 Rn 9; *Otto* § 89/2.

22   Der **subjektive Tatbestand** verlangt Wissentlichkeit, also ein Handeln mit **direktem Vorsatz.**

23   **Konkurrenzen:** Tateinheit ist möglich mit §§ 242, 267, 274. § 303 tritt im Wege der Gesetzeskonkurrenz zurück.

WIEDERHOLUNGS- UND VERTIEFUNGSFRAGEN

> Was ist im Rahmen des § 133 bei der Pfändung von Gegenständen durch einen Gerichtsvollzieher zu beachten? (Rn 4)

> Wodurch unterscheidet sich der „allgemeine" vom „fürsorglichen Amtsgewahrsam"? (Rn 3, 7)

§ 44 Verstrickungs- und Siegelbruch (§ 136)

A. Allgemeines

Die Vorschrift schützt insgesamt die staatliche Sicherungs- und Dokumentationsaufga-be,[1] wobei die in Abs. 1 und 2 formulierten Tatbestände unterschiedliche Funktionen haben. Abs. 1 sichert als Verletzungsdelikt die durch staatliche Pfändung oder Be-schlagnahme begründete staatliche Herrschaftsgewalt über eine Sache (sog. Verstri-ckungsbruch),[2] während Abs. 2 in der Beeinträchtigung der Unversehrtheit des dienst-lichen Siegels als eines äußeren Zeichens amtlicher Herrschaft eine (konkrete) Gefähr-dung eben dieser Verfügungsmacht sieht (sog. Siegelbruch).[3] Die Gegenansicht schreibt § 136 Abs. 2 einen von Abs. 1 unabhängigen Schutzzweck zu. Es werde hier das Siegel, unabhängig von der Wirksamkeit der Verstrickung, als äußeres Zeichen amtlicher Herrschaft geschützt.[4] In jedem Fall werden private Interessen nicht vom Schutzzweck erfasst. Insoweit greifen die Vermögensdelikte §§ 283 ff, 288 und 289 ein.

▶ **FALL 1:** Im Rahmen eines Zivilverfahrens ist S zur Zahlung von Schadensersatz an den G verurteilt worden. Da er die Entscheidung jedoch für falsch hält, verweigert S die Zahlung. Daraufhin begibt sich der Gerichtsvollzieher in die Wohnung des S und pfändet dort eine wertvolle, handbemalte Porzellanfigur, indem er ein Pfandsiegel auf das Kunstwerk klebt.

Noch am gleichen Abend löst S das Siegel vollständig ab, geht mit der Figur in ein Antiquari-at und verkauft sie dort für eine beträchtliche Summe. ◀

B. Verstrickungsbruch (Abs. 1)

Den **Tatbestand** verwirklicht, wer eine gepfändete oder sonst dienstlich beschlagnahm-te Sache der Verstrickung entzieht.

Verstrickung ist die durch den Hoheitsakt geschaffene amtliche Verfügungsgewalt.

Geschützt sind bewegliche und unbewegliche Sachen (Grundstücke), nicht aber Forde-rungen. Ihre Verstrickung wird **durch staatliche Beschlagnahme** bewirkt, zB nach §§ 94 ff, 111b ff StPO. Erforderlich ist die **Sicherstellung der Sache**; die Anordnung reicht als solche noch nicht aus.[5] Die Verstrickung bedingt ein **relatives Veräußerungs-verbot** (§§ 135, 136 BGB). Sofern sie entstanden ist, schadet es nicht, wenn sie nicht mehr nach außen erkennbar ist, weil zB die Pfandmarke abgefallen ist.

Die **Pfändung** ist ein Unterfall der Beschlagnahme und setzt voraus, dass die allgemei-nen wie auch die für die spezifische Pfändungsart erforderlichen Voraussetzungen vor-liegen.[6]

Auch bei **Vollstreckungsfehlern** führen Pfändungen, parallel zur Wirksamkeit von Ver-waltungsakten, grds. zu einer zwar anfechtbaren, aber wirksamen Verstrickung.[7] Dies gilt jedoch nicht, wenn die Vollstreckungshandlung wegen grundlegender Mängel **nich-tig** ist, zB beim Fehlen eines Vollstreckungstitels oder bei einem Verstoß gegen § 808

1 S/S/W-*Jeßberger* § 136 Rn 2 f; NK-*Ostendorf* § 136 Rn 3.
2 BGHSt 5, 155 (157); Krey/Hellmann/*Heinrich* I Rn 722; *Rengier* II § 58/1.
3 Vgl OLG Köln NStZ 1987, 330; vgl auch *Berghaus*, Der strafrechtliche Schutz der Zwangsvollstreckung, 1967, 125; SK-*Stein* § 136 Rn 3.
4 *Geppert* Jura 1987, 35; LK-*Krauß* § 136 Rn 1; *Rengier* II § 58/10.
5 BGHSt 15, 149 (150).
6 Vgl §§ 704 ff, 724 ff, 750, 808 ff, 864 ff ZPO.
7 Vgl § 766 ZPO.

Abs. 2 S. 2 ZPO. Als wirksam angesehen wird die Pfändung von schuldnerfremden oder nach § 811 ZPO unpfändbaren Sachen.

7   In **Fall 1** liegt mit dem Aufkleben des Pfandsiegels eine wirksame Pfändung und damit einhergehend eine wirksame Verstrickung der Porzellanfigur vor (vgl § 808 Abs. 2 S. 2 ZPO). Auf die materielle Richtigkeit des zugrunde liegenden Vollstreckungstitels – hier der gerichtlichen Entscheidung (vgl § 704 ZPO) – kommt es parallel zu den bei § 113 geltenden Grundsätzen[8] nicht an.

8   **Tathandlung** ist – als Oberbegriff – das gänzliche oder teilweise Entziehen der verstrickten Sache; das Zerstören, Beschädigen oder Unbrauchbarmachen sind beispielhaft genannte Tatvarianten.[9]

9   Die Sache ist der Verstrickung ganz oder zum Teil **entzogen,** wenn die durch die Beschlagnahme begründete amtliche Verfügungsgewalt dauernd oder vorübergehend aufgehoben wird.[10]

10   Exemplarisch hierfür sind der Verkauf und die Übergabe der Sache an einen Dritten. Für die Entziehung ist eine räumliche Entfernung der Sache weder erforderlich noch als solche ausreichend. Allerdings ist die bloße Weiternutzung einer beim Schuldner belassenen gepfändeten Sache ohne Beeinträchtigung der Zugriffsmöglichkeit und wesentliche Wertminderung nicht tatbestandsmäßig.[11]

11   In **Fall 1** hat S die Porzellanfigur an den Antiquitätenhändler übergeben und damit beiseite geschafft, so dass die hoheitliche Zugriffsmöglichkeit aufgehoben worden ist. S hat sich damit nach § 136 Abs. 1 strafbar gemacht.

12   **Täter** kann der durch die Beschlagnahme Betroffene, aber auch jeder Dritte sein. Der Gerichtsvollzieher oder ein sonstiger Amtsträger scheiden jedoch dann als Täter aus, wenn sie im Rahmen ihrer formellen Befugnis die Sache freigeben.[12]

13   Der **subjektive Tatbestand** erfordert (zumindest bedingten) Vorsatz.

C. Siegelbruch (Abs. 2)

14   Gegenstand des Tatbestands nach Abs. 2 sind Funktionsbeeinträchtigungen dienstlicher Siegel.[13]

15   **Tatobjekt** ist ein dienstliches Siegel:

- ■ Unter einem Siegel ist der **Abdruck eines Siegels** aus einem beliebigen Material (Lack, Plombe, Siegelmarke, Stempelabdruck) zu verstehen.

- ■ Das Siegel ist **dienstlich**, wenn es von einer staatlichen Stelle (Behörde, Anstalt des öffentlichen Rechts usw) im Rahmen ihrer Tätigkeit verwendet wird.

16   Das vom Gerichtsvollzieher in **Fall 1** auf die Porzellanfigur geklebte Pfandsiegel stellt mithin ein taugliches Tatobjekt im Sinne des Tatbestands dar.

---

8   Vgl § 36 Rn 34.
9   Vgl § 43 Rn 10 ff, ferner zu den entsprechenden Tathandlungen der Sachbeschädigung *Kindhäuser/Böse* BT II § 20/8 ff.
10 RGSt 15, 205 (206); *Küpper/Börner* I § 8/70; NK-*Ostendorf* § 136 Rn 12.
11 LK-*Krauß* § 136 Rn 25; SK-*Stein* § 136 Rn 12 ; aA bzgl Wertminderung NK-*Ostendorf* § 136 Rn 12; S/S-*Sternberg-Lieben* § 136 Rn 12.
12 HM, vgl BGHSt 5, 155 (158); LK-*Krauß* § 136 Rn 50; SK-*Stein* § 136 Rn 15; aA – tatbestandsmäßig bei Verstoß gegen die Vorschriften – NK-*Ostendorf* § 136 Rn 13.
13 Näher *Kuhr*, Siegelbruch (§ 136 StGB), 2005.

Zweck des Siegelabdrucks muss es sein, Sachen zu beschlagnahmen, dienstlich zu ver-   17
schließen oder zu bezeichnen. Beispiele: Pfandanzeige des Gerichtsvollziehers,[14] Plom-
benverschluss an einem öffentlichen Feuermelder,[15] Stempel auf Kfz-Schildern, Stempel
des Fleischbeschauers.[16]

Ein Siegel ist **angelegt**, wenn zwischen ihm und seinem Bezugsobjekt eine sichtbare me-   18
chanische Verbindung besteht.[17]

Die Siegelung muss **formell wirksam** sein.[18] Für die notwendige Verbindung genügt   19
das Anheften mit einer Stecknadel[19] oder (wie in **Fall 1**) das Aufkleben der Siegelmarke bei der Pfändung. Die Erkennbarkeit des Siegels ist erforderlich, da anderenfalls
mangels unzureichender Kenntlichmachung (§ 808 Abs. 2 S. 2 ZPO) die Pfändung
nicht wirksam ist.[20] Auch kann der Tatbestand nicht mehr durch bloßes Beschädigen
eines abgefallenen Siegels verwirklicht werden, da gerade die Verbindung zwischen Siegel und Bezugsobjekt geschützt ist.[21]

Tathandlungen sind das Beschädigen, Ablösen oder Unkenntlichmachen des Siegels,   20
aber auch alle Handlungen, durch die der mit dem Siegel bewirkte Verschluss zumindest teilweise aufgehoben wird. Bei der letztgenannten Variante kann der Verschluss
auch durch eine Umgehung des Zwecks der dienstlichen Siegelung unwirksam gemacht
werden, auch wenn das Siegel hierbei unverändert an Ort und Stelle bleibt. Exemplarisch: Der Täter steigt durch ein Fenster in einen Raum ein, dessen Tür versiegelt ist.[22]

In **Fall 1** hat S das Siegel vollständig von der Figur abgelöst und damit tatbestands-   21
mäßig gehandelt.

Der **subjektive Tatbestand** verlangt (zumindest bedingten) Vorsatz.   22

D. Rechtswidrigkeit und Konkurrenzen

Rechtswidrigkeit: Abs. 3 enthält eine dem § 113 Abs. 3 entsprechende Regelung;   23
Abs. 4 ordnet die sinngemäße Anwendung von § 113 Abs. 4 an. Die dort offene Frage,[23] wie der Rechtswidrigkeitsbegriff zu bestimmen ist, stellt sich hier gleichermaßen:
Wird dem strafrechtlichen Rechtswidrigkeitsbegriff gefolgt, ist zu klären, ob der Bruch
einer wirksamen, aber prozessual fehlerhaften Verstrickung zur Straflosigkeit führt.[24]
Wer dem (vorzugswürdigen) vollstreckungsrechtlichen Rechtmäßigkeitsbegriff folgt,
muss beachten, dass die Pfändung schuldnerfremder Sachen prozessual rechtmäßig
sein kann.[25]

In **Fall 1** liegt nach allen Ansichten eine rechtmäßige Pfändung vor, so dass § 136   24
Abs. 3 nicht eingreift.

---

14 RGSt 34, 398 (399).
15 RGSt 65, 133 (134).
16 RGSt 39, 367 (368).
17 *Hohmann/Sander* § 27/18; NK-*Ostendorf* § 136 Rn 10; *Rengier* II § 58/11; SK-*Stein* § 136 Rn 20.
18 Die zum Verstrickungsbruch genannten Grundsätze gelten entsprechend, vgl Rn 6.
19 BGH bei *Dallinger* MDR 1952, 658.
20 NK-*Ostendorf* § 136 Rn 10; SK-*Stein* § 136 Rn 20; aA LK-*Krauß* § 136 Rn 38, der das Siegel unabhängig von der
    Wirksamkeit seiner Anlegung schützen will.
21 Vgl dagegen Rn 4.
22 MK-*Hohmann* § 136 Rn 27; NK-*Ostendorf* § 136 Rn 14; SK-*Stein* § 136 Rn 23.
23 Vgl § 36 Rn 28 ff.
24 Näher hierzu LK-*Krauß* § 136 Rn 46.
25 § 808 Abs. 1 ZPO stellt nur auf den Gewahrsam ab.

25   **Konkurrenzen:** Bei gleichzeitiger Verwirklichung beider Tatbestände tritt die Tat nach Abs. 2 als Gefährdungsdelikt im Wege der Subsidiarität hinter die Tat nach Abs. 1 zurück.[26] Hiernach ist S in **Fall 1** also „allein" wegen § 136 Abs. 1 zu verurteilen. Wird dagegen den beiden Tatbeständen ein unterschiedlicher Schutzzweck zugeschrieben, ist Tateinheit anzunehmen.[27]

WIEDERHOLUNGS- UND VERTIEFUNGSFRAGEN

> Umfasst der Schutzzweck des § 136 auch private Interessen? (Rn 1)
> Welche Regeln gelten bei der Pfändung schuldnerfremder oder unpfändbarer Sachen? (Rn 6)
> Warum ist die „Erkennbarkeit des Siegels" notwendige Bedingung für die Anwendbarkeit des § 136 Abs. 2? (Rn 19)
> Auf welche Weise kann der durch ein Siegel bewirkte Verschluss bspw unwirksam gemacht werden, § 136 Abs. 1 letzte Alternative? (Rn 20)

---

26   Arzt/Weber/Heinrich/*Hilgendorf* § 45/88; NK-*Ostendorf* § 136 Rn 22; SK-*Stein* § 136 Rn 31.
27   So *Geppert/Weaver* Jura 2000, 46 (49); Krey/Hellmann/*Heinrich* I Rn 739; LK-*Krauß* § 136 Rn 53; *Rengier* II § 58/10; S/S-*Sternberg-Lieben* § 136 Rn 35.

3. Abschnitt: Delikte gegen Religion und Weltanschauung

§ 45 Systematik und Überblick (§§ 166–168)

Das StGB fasst im 11. Abschnitt unter der Überschrift „Straftaten, welche sich auf Religion und Weltanschauung beziehen" eine Reihe von Delikten mit **unterschiedlicher Schutzrichtung** zusammen: § 166 soll den öffentlichen Frieden[1] hinsichtlich der hierfür erforderlichen Toleranz in Fragen des Glaubens und der Weltanschauung unabhängig vom konkreten Inhalt des Bekenntnisses vor bestimmten Störungen sichern.[2] Den öffentlichen Frieden soll auch § 167 mit Blick auf die ungestörte Ausübung von Religion und Weltanschauung in einem institutionalisierten Rahmen gewährleisten.[3] §§ 167a, 168 wiederum sollen (primär) das allgemeine, für den Einzelnen nicht disponible Pietätsempfinden schützen;[4] daneben soll § 168 auch noch die über den Tod hinausgehende Achtung der Menschenwürde sichern[5] sowie die missbräuchliche kommerzielle Verwertung toter menschlicher Embryonen und Föten verhindern.[6]

1

Bei § 168 Abs. 1 ist zu beachten, dass der **Begriff des Gewahrsams** nicht die Sachherrschaft im Sinne von § 242, sondern das Obhutsverhältnis des Berechtigten an der Leiche meint.[7] Unter Wegnahme ist der Bruch dieses Obhutsverhältnisses zu verstehen. Berechtigter ist derjenige, dem das Totenfürsorgerecht zusteht. Dies sind in der Regel die Angehörigen.[8] Umstritten ist, ob die **Asche** des Verstorbenen auch die Verbrennungsrückstände der mit dem Körper zu Lebzeiten verbundenen fremden Teile umfasst.[9]

2

---

1 Zum Begriff des öffentlichen Friedens vgl auch § 40 Rn 1, 10.
2 OLG Köln NJW 1982, 657 f; *Fischer* § 166 Rn 2; aA NK-*Stübinger* § 166 Rn 1 ff.
3 SK-*Rogall* § 167 Rn 1; NK-*Stübinger* § 167 Rn 1; vgl auch LG Köln StV 2016, 810 ff m.Anm. *Bülte* StV 2016, 837 ff.
4 HM, vgl RGSt 39, 155 (156); OLG München NJW 1976, 1805 (1806); LK-*Dippel* § 167a Rn 3, § 168 Rn 2; diff. NK-*Stübinger* § 167a Rn 1, § 168 Rn 2.
5 Vgl BT-Drucks. 10/3758, 4; 10/6568, 4.
6 S/S-*Bosch/Schittenhelm* § 168 Rn 1.
7 OLG Zweibrücken JR 1992, 212; näher *Czerner* ZStW 115 (2003), 91 (93 ff).
8 Näher S/S-*Bosch/Schittenhelm* § 168 Rn 5 ff; vgl auch OLG Bamberg NJW 2008, 1543 (1545).
9 Bejahend: BGHSt 60, 30; Bamberger Zahngoldfall: OLG Bamberg NJW 2008, 1543 (1544 f); OLG Hamburg NJW 2012, 1601 (1606); verneinend OLG Nürnberg NJW 2010, 2071 (2072).

4. Abschnitt: Aussagedelikte

§ 46 Falsche uneidliche Aussage (§ 153)

A. Allgemeines

1   **Rechtsgut** der Aussagedelikte im Allgemeinen und der Vorschrift des § 153 im Besonderen ist die inländische Rechtspflege, die vor einer Verfälschung ihrer Entscheidungsgrundlagen bewahrt werden soll.[1] Dieser Schutz wird durch die einzelnen Vorschriften des 9. Abschnitts auch auf bestimmte Verwaltungsbehörden und andere staatliche Stellen, wie zB parlamentarische Untersuchungsausschüsse (§ 162 Abs. 2) oder das Patentamt, erstreckt.[2]

2   § 153 ist, wie auch die anderen Aussagedelikte, ein **Tätigkeitsdelikt** in der Form eines **abstrakten Gefährdungsdelikts**. Die unzutreffende Erklärung braucht also zu keinem Erfolg in Form einer Fehlentscheidung führen. Ferner sind die Aussagedelikte **eigenhändige Delikte**: Sie können weder in mittelbarer Täterschaft noch mittäterschaftlich begangen werden. Das strafbare Verhalten eines Hintermanns wird von der insoweit lückenschließenden Vorschrift des § 160 erfasst. Die Tat nach § 153 ist Vergehen. Der **Versuch** ist **nicht strafbar**.

B. Definitionen und Erläuterungen

I. Objektiver Tatbestand

3   Den Tatbestand verwirklicht, wer als Zeuge oder Sachverständiger vor Gericht oder einer anderen zur eidlichen Vernehmung von Zeugen oder Sachverständigen zuständigen Stelle uneidlich falsch aussagt.

4   **1. Täterkreis.** Als Täter kommen **nur Zeugen und Sachverständige** in Betracht. Auch die von einem Sachverständigen gemachten Angaben zu seiner Person und damit seiner beruflichen Stellung (zB Studienabschluß als Diplom-Psychologe) unterfallen § 153 StGB.[3] Andere Verfahrensbeteiligte – wie zB der Angeklagte im Strafverfahren oder eine Partei im Zivilprozess – scheiden als mögliche Täter aus.

5   Ein Zeuge kann auch dann Täter sein, wenn von seiner Vereidigung nach § 60 StPO abzusehen ist oder die nach § 57 StPO erforderliche Belehrung unterblieb. Auch der Umstand, dass er zur Abwendung der Gefahr einer gerichtlichen Bestrafung handelt, steht seiner Tätereigenschaft nicht entgegen.[4]

2. Zuständige Stelle

▶ **FALL 1:** A beobachtet eine Schlägerei. Hierzu macht er zunächst gegenüber Kommissar D und Staatsanwalt E eine falsche Aussage. Diese wiederholt A schließlich bei der Verhandlung vor dem Amtsgericht. ◀

---

1   Vgl BGHSt 8, 301 (309); 10, 142 (143); S/S-*Bosch/Schittenhelm* Vor § 153 Rn 2; *H.E.Müller* HdS IV § 21 Rn 35; NK-*Vormbaum* Vor § 153 Rn 1 mwN.
2   BGHSt 10, 142.
3   BGH NJW-Spezial 2019, 344.
4   Vgl § 157 StGB; hierzu § 49.

Die falsche uneidliche Aussage muss vor einer Stelle, die **in der konkreten Verfahrens-** 6
art zur eidlichen Vernehmung von Zeugen oder Sachverständigen berechtigt ist, gemacht werden.[5]

Zu den zuständigen Stellen in diesem Sinne gehören neben den (staatlichen) Gerichten 7
u.a. auch Disziplinargerichte, das Patentamt[6] und Notare,[7] ferner die in § 162 Abs. 2
genannten parlamentarischen Untersuchungsausschüsse.[8] Ausländische Gerichte sind
im Rahmen des § 162 Abs. 1 zuständige Stellen, soweit sie durch einen für die Bundesrepublik verbindlichen Rechtsakt[9] errichtet worden sind.

Keine zuständigen Stellen sind u.a. Staatsanwaltschaft, Polizei oder private Schiedsge- 8
richte.[10] Auch eine Zuständigkeit nach § 156 genügt nicht. Ein Rechtspfleger nimmt
zwar nach §§ 3, 4 RechtspflegerG richterliche Aufgaben wahr, muss aber zur Herbeiführung einer eidlichen Vernehmung die Sache nach § 28 RechtspflegerG dem zuständigen Richter vorlegen und scheidet damit als zuständige Stelle aus.[11] Ebenso sind Re-
ferendare nicht zur Abnahme von Eiden befugt (§ 10 S. 2 GVG). In **Fall 1** können die
Aussagen des A vor Kommissar D und Staatsanwalt E keine Strafbarkeit gem. § 153
begründen; nur die Aussage des A vor dem Amtsgericht erfolgt vor einer zuständigen
Stelle im Sinne von § 153.

3. Tathandlung

▶ **Fall 2:** Die eitle Zeugin E gibt auf Nachfrage des Richters zu ihrer Person an, dass sie 25
Jahre alt sei, obwohl sie tatsächlich 30 Jahre alt ist. ◀

▶ **Fall 3:** Z hat gesehen, wie jemand in eine Villa eingebrochen ist. Er ist sich sicher, seinen
Freund Y erkannt zu haben. Um seinen Freund zu schützen und seinem Feind X zu schaden,
sagt Z vor Gericht aus, dass X der Täter gewesen sei. Tatsächlich war X auch der Einbrecher. ◀

▶ **Fall 4:** In einer Wirtschaftsstrafsache erstattet der Sachverständige S über mehrere Verhandlungstage hin bewusst ein falsches Gutachten. Nach vier Verhandlungstagen droht
ihm der misstrauische Staatsanwalt strafrechtliche Schritte an und redet ihm ins Gewissen.
Daraufhin bricht S ein und berichtigt seine falschen Stellungnahmen der letzten Tage. ◀

a) **Falsche Aussage:** Tathandlung ist eine der Wahrheitspflicht unterliegende falsche 9
Aussage:[12]

Aussagen im Sinne des Tatbestands sind grds. **nur mündliche Bekundungen.** Schriftli- 10
che Erklärungen sind lediglich in Ausnahmefällen einschlägig, so bei erläuternden

---

5 BGHSt 5, 111 (113 f.); 10, 272 (273).
6 §§ 46 I S. 1, 59 V PatG.
7 § 22 I BNotO.
8 Art. 44 GG oder Landesverfassungsrecht; vgl hierzu OLG Köln NJW 1988, 2485 ff.; *Güther/Seiler* NStZ 1993,
   305 ff.; *Vormbaum* JZ 2002, 166 ff.
9 Etwa auf der Basis eines völkerrechtlichen Vertrags (IStGH; EGMR; EuGH) oder durch einen sonstigen
   Rechtsakt (Internationaler Strafgerichtshof für das ehemalige Jugoslawien; Internationaler Strafgerichtshof für Ruanda).
10 *Rengier* II § 49/5; SK-*Rudolphi* § 154 Rn 4; NK-*Vormbaum* § 153 Rn 44, 54 f.
11 *Ostendorf* JZ 1987, 335 (337); LK-*Ruß* § 153 Rn 5; NK-*Vormbaum* § 153 Rn 46; aA S/S-*Bosch/Schittenhelm* § 153
    Rn 6.
12 Das Merkmal „uneidlich" ist überflüssig; im Falle einer Vereidigung greift der Qualifikationstatbestand des
    § 154 ein.

Skizzen im Rahmen einer mündlichen Vernehmung oder bei hör- und sprachbehinderten Personen unter den Voraussetzungen von § 186 GVG.[13]

11   Die **Wahrheitpflicht** umfasst alle Angaben, die **Gegenstand der Vernehmung**[14] sind. Sie betrifft äußere und innere Tatsachen sowie beim Sachverständigen auch Werturteile. Tatsachen sind alle vergangenen und gegenwärtigen Sachverhalte (Ereignisse, Zustände), die objektiv bestimmt und dem Beweis zugänglich sind. Hierzu gehören auch psychische Zustände (zB Überzeugungen, Kenntnisse, Motive).[15] Rechtsbegriffe, die – wie „Kauf" oder „Miete" – typische Lebenssachverhalte bezeichnen, können zur Behauptung von Tatsachen verwendet werden. Angaben zur Person gehören beim Zeugen, nicht aber auch beim Sachverständigen zum Aussagegegenstand,[16] so dass sich in **Fall 2** die Falschangabe der E über ihr Alter auf einen von der Wahrheitpflicht umfassten Vernehmungsgegenstand bezieht.[17]

12   **Spontanäußerungen**, die den Vernehmungsgegenstand überschreiten, unterfallen als solche nicht der Wahrheitpflicht. Sie können jedoch zum Gegenstand der Vernehmung gemacht werden, so dass ein Zeuge eine tatbestandsmäßige Aussage trifft, wenn er seine Spontanäußerung auf eine nachträgliche Erweiterung des Vernehmungsgegenstands durch den Richter bestätigt.[18]

13   **Keine Aussage** macht, wer eine Aussage **verweigert**.[19]

14   Eine Aussage ist **falsch**, wenn sie mit ihrem Gegenstand inhaltlich nicht übereinstimmt („Widerspruch zwischen Wort und Wirklichkeit").[20]

15   Eine Aussage kann auch falsch sein, wenn sie **unvollständig** ist oder als frei von (tatsächlich aber bestehenden) Zweifeln ausgegeben wird. Die zu erwartende Vollständigkeit hängt vom Umfang der Aussagepflicht ab.[21] Ein Zeuge muss auch ungefragt alle Tatsachen angeben, die erkennbar mit dem Gegenstand der Vernehmung zusammenhängen und für die Entscheidung von Bedeutung sind.[22]

16   ■ Diese Definition entspricht der von der hM vertretenen **objektiven Theorie**, die für die Falschheit allein verlangt, dass die Aussage objektiv der Wirklichkeit widerspricht. Die Vorstellungen des Aussagenden vom Sachverhalt sind unmaßgeblich.[23] Im **Fall 3** stimmte die Aussage des Z, X sei der Einbrecher, mit der Wirklichkeit überein, so dass seine Aussage nach der objektiven Theorie nicht falsch ist.

17   ■ Demgegenüber hält die sog. **subjektive Theorie** das Vorstellungsbild des Täters für entscheidend: Eine Aussage sei falsch, wenn die Sachverhaltsannahmen des Täters nicht mit seiner Aussage übereinstimmen („Widerspruch zwischen Wort und Wissen").[24] In **Fall 3** war Z sich sicher, den Y erkannt zu haben, sagte aber aus, X sei

---

13   Vgl OLG München MDR 1968, 939 f; HKGS-*Heinrich* § 153 Rn 10; *Otto* § 97/34; SK-*Rudolphi* § 153 Rn 2; NK-*Vormbaum* § 153 Rn 7.

14   Vgl §§ 69 StPO, 396 ZPO; näher NK-*Vormbaum* § 153 Rn 8 ff.

15   Näher zum Begriff der Tatsache *Kindhäuser/Böse* BT II § 27/3 ff.

16   Vgl §§ 68 StPO, 395 ZPO; vgl auch *Gruber*, Die Lüge des Beschuldigten im Strafverfahren, 2008, 195 ff.

17   Vgl §§ 68 StPO, 395 ZPO.

18   BGHSt 25, 244 (246) m.Anm. *Rudolphi* JR 1974, 293; BGH NStZ 1982, 464; NK-*Vormbaum* § 153 Rn 12.

19   OLG Zweibrücken StV 1993, 423.

20   Näher *Beitz*, Die Bedeutung des Tatbestandsmerkmals „falsch" im Rahmen der Aussagedelikte, 2006.

21   BGHSt 1, 22 (24); 2, 90 (92); 7, 127 (128); SK-*Rudolphi* Vor § 153 Rn 26 ff.

22   Vgl auch die Eidesformel in §§ 64 I, II StPO, 392 ZPO: „die reine Wahrheit gesagt und *nichts verschwiegen*".

23   BGHSt 7, 147 (148 f); OLG Koblenz NStZ 1984, 551 (552) m.Anm. *Bohnert* JR 1984, 425; HKGS-*Heinrich* § 153 Rn 16; *Krey/Hellmann/Heinrich* I Rn 742; *Hilgendorf* GA 1993, 547 ff; *Hohmann/Sander* § 21/19; S/S-*Bosch/Schittenhelm* Vor § 153 Rn 6 ff; *Wolf* JuS 1991, 177 ff; *Küper/Zopfs* 34; ausf. *Kargl* GA 2003, 791 (796 ff).

24   *Binding* II/1 134; *Gallas* GA 1957, 315 ff; LK-*Willms*, 10. Aufl., Vor § 153 Rn 8 ff.

der Täter. Seine Sachverhaltsannahme (Y sei Täter) weicht also von seiner Aussage (X sei Täter) ab, so dass seine Aussage nach der subjektiven Theorie falsch ist. Diese Lehre ist jedoch mit der Vorschrift des § 160 nicht zu vereinbaren, die (auch) das Verleiten zu einer gutgläubigen Falschaussage, was nach der subjektiven Theorie ein Selbstwiderspruch wäre, unter Strafe stellt. Auch wird der Schutzzweck der Aussagedelikte, Gerichte vor einer Verfälschung ihrer Entscheidungsgrundlagen zu bewahren, durch eine tatsächlich wahre und nur in der Tätervorstellung unzutreffende Aussage, objektiv nicht beeinträchtigt. Im Übrigen ist Wahrheit etwas anderes als Wahrhaftigkeit.

■ Wiederum anders zieht die sog. **Pflichttheorie** den Inhalt der Aussagepflicht als entscheidendes Kriterium zur Bestimmung der Falschheit einer Aussage heran: Eine Aussage ist hiernach falsch, wenn sie nicht der prozessualen Wahrheitspflicht entsprechend das zum Gegenstand hat, was der Pflichtige bei kritischer Prüfung seines Erinnerungs- und Wahrnehmungsvermögens hätte aussagen können und müssen.[25] Hätte Z in **Fall 3** seinem Erinnerungs- und Wahrnehmungsvermögen entsprechend ausgesagt, so hätte er Y als Täter angeben müssen, da er überzeugt war, ihn bei der Tat gesehen zu haben. Da er aber entgegen seinem Erinnerungsvermögen X als Täter nannte, hat er seine prozessuale Wahrheitspflicht verletzt, so dass seine Aussage falsch wäre. Hierfür wird als Argument angeführt, dass eine Beweisperson nur die Pflicht haben könne, das wahrheitsgemäß wiederzugeben, was sie selbst wahrgenommen hat. Dagegen könne eine Schilderung der objektiven Wirklichkeit vom Aussagenden gar nicht gefordert werden.

■ Ähnlich sieht die sog. **modifizierte objektive Theorie** eine Aussage als falsch an, wenn sie mit dem wirklichen oder (beim Sachverständigen:) dem erreichbaren Erlebnisbild des Aussagenden nicht übereinstimmt.[26] Auch nach dieser Ansicht ist die Aussage des Z in **Fall 3** falsch, da sie nicht mit seinem wirklichen Erlebnisbild, wonach Y der Täter ist, übereinstimmt.

Gegen beide Lehren ist einzuwenden, dass sie mit ihrer Gleichstellung von falschen mit sorgfaltswidrig falschen Aussagen nicht in die Systematik der Aussagedelikte passen. Wenn §§ 153, 154 die vorsätzliche und § 161 die fahrlässige – also sorgfaltswidrige – (eidliche) Falschaussage unter Strafe stellen, setzt dies logisch voraus, dass die Falschheit einer Aussage unabhängig davon festgestellt werden kann, ob sie vorsätzlich, fahrlässig oder überhaupt nicht subjektiv zurechenbar ist.[27]

Sofern die Bekundung einer **bestimmten persönlichen Überzeugung** Gegenstand der Aussage ist, wie dies bei der Sachverständigenvernehmung der Fall sein kann, ist beim Fehlen dieser Überzeugung die Aussage nach jeder Theorie falsch.

b) **Verletzung strafprozessualer Vorschriften:** Die Verletzung strafprozessualer Vorschriften berührt nach hM selbst dann **nicht** die Tatbestandsmäßigkeit einer falschen Aussage, wenn hierdurch die Angabe unverwertbar wird.[28] Die Unverwertbarkeit entbindet zwar von der Aussagepflicht, nicht aber von der Wahrheitspflicht, wenn der Betreffende aussagt. Entsprechendes gilt beim **Fehlen einer Aussagegenehmigung** nach § 54 StPO.

18

19

20

21

22

---

25 *Otto* JuS 1984, 161 ff.; *Schmidhäuser* OLG Celle-FS 207 (210 ff); vgl auch NK-*Vormbaum* § 153 Rn 79 ff.; vgl auch die Wahrnehmungstheorie von *H.E.Müller* HdS IV § 21 Rn 61 ff.
26 SK-*Rudolphi* Vor § 153 Rn 43.
27 Vgl auch *Wolf* JuS 1991, 177 (180 f.)
28 RGSt 62, 147 (149); BGHSt 16, 232 (235 f.); 17, 128 (136); *Fischer* § 153 Rn 12; S/S-*Bosch/Schittenhelm* Vor § 153 Rn 23; LK-*Ruß* Vor § 153 Rn 29; aA SK-*Rudolphi* Vor § 153 Rn 35; NK-*Vormbaum* § 153 Rn 32.

23 Bereits an einer Aussage im Sinne des Tatbestands mangelt es jedoch, wenn der Verfahrensverstoß – etwa im Falle von § 136a StPO – so gravierend ist, dass die auf ihm beruhende Bekundung nicht mehr als freie Mitteilung eigenen Wissens angesehen werden kann.[29]

24 c) **Vollendung:** Die Tathandlung ist vollzogen und die Tat damit vollendet, wenn die **Aussage abgeschlossen** ist. Hiervon ist auszugehen, wenn der Aussagende nichts mehr zu bekunden hat, kein Verfahrensbeteiligter weitere Fragen an ihn stellen will und der Richter zu erkennen gibt, dass die Vernehmung beendet ist, spätestens mit dem Schluss der Verhandlung im jeweiligen Rechtszug.[30] Demnach kann der Täter, je nach Fallgestaltung, **in einer Verhandlung mehrere** abschließende Aussagen,[31] aber auch über **mehrere Verhandlungstage hin nur eine Aussage**[32] machen. Hiernach hat S in **Fall 4** seine Aussage noch nicht abgeschlossen, da er sein Gutachten zwar schon über mehrere Verhandlungstage erstattet hat, es allerdings noch nicht vollständig war. Damit war die Tat noch nicht vollendet.

25 Der Vollendungszeitpunkt ist namentlich für die Frage bedeutsam, ob strafloser Versuch oder nur Berichtigung (§ 158) vorliegt, wenn der Aussagende seine Angaben im Nachhinein korrigiert.[33] Da S seine Aussage vor Vollendung korrigierte, bleibt er demnach straflos.

II. Subjektiver Tatbestand

26 Der subjektive Tatbestand erfordert (zumindest bedingten) Vorsatz hinsichtlich des Umstands, dass die falsche Aussage der Wahrheitspflicht unterfällt und vor einer zuständigen Stelle gemacht wird.

C. Anwendung

I. Aufbau

27 Es empfiehlt sich, die Deliktsmerkmale der falschen uneidlichen Aussage in folgenden Schritten zu prüfen:

A) *Tatbestand*:

   I. Objektiver Tatbestand:

      1. Tauglicher Täter: Zeuge oder Sachverständiger (Rn 4)

      2. Zuständige Stelle (Rn 6 f)

      3. Tathandlung: Aussage (Rn 10), die der Wahrheitspflicht unterliegt (Rn 11 f) und falsch (Rn 14 ff) sowie abgeschlossen (Rn 24) ist

   II. Subjektiver Tatbestand: (zumindest bedingter) Vorsatz (Rn 27)

B) *Rechtswidrigkeit*

C) *Schuld*

---

29 HM, vgl nur OLG Köln NJW 1988, 2485 (2486); L-Kühl-*Heger* Vor § 153 Rn 6; S/S-*Bosch/Schittenhelm* Vor § 153 Rn 23.

30 Vgl BGHSt 8, 301 (314); BGH NJW 1960, 731; BayObLG StV 1989, 251; *Rengier* II § 49/15; SK-*Rudolphi* § 153 Rn 7; LK-*Ruß* § 153 Rn 11; näher zu den zeitlichen Grenzen der Aussage NK-*Vormbaum* § 153 Rn 16 ff.

31 BGHSt 4, 172 (177); W/H/E-*Engländer* Rn 830.

32 Vgl BGH NStZ 1984, 418.

33 Vgl BGHSt 8, 301 (314 f).

II. Beteiligung

▶ **FALL 5:** Strafverteidiger V weiß, dass die Freundin F seines Mandanten für diesen vor Gericht eine falsche Aussage machen will. Dennoch beantragt er ihre Vernehmung als Zeugin, so dass es tatsächlich zu einer Falschaussage der F kommt. ◀

Die prozessuale Wahrheitspflicht ist ein **strafbegründendes persönliches Merkmal** im Sinne von § 28 Abs. 1, da die Aussagedelikte höchstpersönliche Pflichtdelikte sind.[34] Zur Bekundung der Wahrheit ist nur der unmittelbar Aussagende verpflichtet. Eine Mindermeinung deutet dagegen die Pflicht tatbezogen, da dem Täter mit der Aussageverpflichtung nur die tatsächliche Möglichkeit eines Angriffs auf die gerichtliche oder behördliche Wahrheitsermittlung eingeräumt sei.[35] 28

Grds. macht sich nicht wegen Teilnahme (§§ 26, 27) strafbar, wer in einem Gerichtsverfahren **einen Zeugen benennt,** von dem er zutreffend annimmt, er werde falsch aussagen.[36] Dies ergibt sich aus den Regeln der objektiven Zurechnung: Durch einen zulässigen Beweisantrag wird kein unerlaubtes Risiko geschaffen. Demnach kann mit der Stellung des Antrags auch keine Zuständigkeit für die Folgen eines vollumfänglich von einem anderen zu verantwortenden deliktischen Verhaltens begründet werden. Dies gilt jedoch nicht mehr, wenn der Betreffende über den bloßen Beweisantrag hinaus auf den Zeugen einwirkt.[37] Er macht sich in diesem Fall das Unrecht des falsch Aussagenden zu Eigen.[38] 29

In **Fall 5** hat F sich allerdings völlig autonom und ohne Einfluss des V zur Falschaussage entschlossen. Der Beweisantrag des V führt daher nicht zu seiner Strafbarkeit wegen Beihilfe zur falschen uneidlichen Aussage, obwohl sein Antrag erst die Falschaussage der F ermöglichte. 30

Da das bloße Benennen eines (zur Falschaussage entschlossenen) Zeugen keine Beihilfe durch positives Tun darstellt, vermag es auch keine Garantenpflicht (aus Ingerenz) zu begründen, den Zeugen von einer falschen Aussage abzuhalten.[39] 31

Keine Garantenstellung aus Ingerenz wird ferner durch die **allgemeine Wahrheitspflicht der Parteien** im Zivilprozess (§ 138 ZPO) begründet.[40] 32

Eine Garantenstellung aus Ingerenz kann jedoch aus dem sog. Schaffen einer **prozessinadäquaten, besonderen Gefahr** herrühren. Als ingerentes Vorverhalten in diesem Sinne ist jede **nicht mehr prozessordnungsgemäße Unterstützung** von (falsch aussagenden) Zeugen und Sachverständigen anzusehen.[41] Wer aufgrund eines solchen Vorverhaltens eine Garantenstellung innehat, macht sich wegen **Beihilfe durch Unterlassen** strafbar, wenn er gegen die Falschaussage nicht einschreitet. 33

---

34 SK-*Rudolphi* Vor § 153 Rn 9; LK-*Schünemann* § 28 Rn 61 f; NK-*Vormbaum* § 153 Rn 111.
35 S/S-*Bosch/Schittenhelm* Vor § 153 Rn 42; *Otto* JuS 1984, 161 (166).
36 Näher zur Beteiligung HKGS-*Heinrich* § 153 Rn 32 ff; *Kudlich/Henn* JA 2008, 510.
37 Vgl OLG Hamm NStZ 1993, 82 (83); LG Münster StV 1994, 134 f; S/S-*Lenckner/Bosch* Vor § 153 Rn 36; SK-*Rudolphi* Vor § 153 Rn 48 ff.
38 Zum Strafgrund der Teilnahme vgl *Kindhäuser* LPK Vor § 25 Rn 11 ff.
39 Vgl BGH StV 1994, 125 (126); *Bartholme* JA 1993, 220 (221 f); *Prittwitz* StV 1995, 270 (274); abw. OLG Hamm NStZ 1993, 82 (83).
40 Vgl BGHSt 4, 327 (329 f); *Heinrich* JuS 1995, 1115 (1119 f); NK-*Vormbaum* § 153 Rn 116.
41 Hierzu BGHSt 14, 229 (230 ff); BGH NStZ 1993, 489; OLG Düsseldorf NJW 1994, 272 (273); enger S/S-*Bosch/Schittenhelm* Vor § 153 Rn 40; NK-*Vormbaum* § 153 Rn 120.

WIEDERHOLUNGS- UND VERTIEFUNGSFRAGEN

> Welche Angaben werden von der Wahrheitspflicht erfasst? (Rn 11 f)
> Wann ist eine Aussage falsch im Sinne von § 153? (Rn 14 ff)
> Wann ist eine Falschaussage vollendet? (Rn 24)
> Welche Konsequenzen ergeben sich für die Beteiligung an der uneidlichen Falschaussage daraus, dass die Aussagedelikte höchstpersönliche Pflichtdelikte sind? (Rn 27)

§ 47 Meineid und falsche Versicherung an Eides Statt (§§ 154–156, 161)

A. Meineid (§§ 154, 155)

I. Allgemeines

Der Meineid ist einerseits ein **Qualifikationstatbestand** zu § 153 mit Verbrechenscharakter (§ 12 Abs. 1), andererseits aber auch ein Delikt mit **eigenem Anwendungsbereich**, da der Täterkreis nicht auf Zeugen und Sachverständige beschränkt ist. Die Eidesdelikte sind keine Religionsdelikte; der Eid unterstreicht nur durch die feierliche oder sakrale Bekräftigung die Aussage.[1] Wegen der geringen Auswirkungen auf die Wahrheitstreue der Zeugen und der schwindenden Bedeutung des Glaubens finden Vereidigungen in Zivil- und Strafprozessen heutzutage kaum noch statt.[2] Verurteilungen wegen Meineids haben inzwischen einen Seltenheitswert: 2017 wurden nur 12 Personen wegen Meineids verurteilt.[3]

II. Definitionen und Erläuterungen

▶ **FALL 1:** Der 17jährige J wird vor dem Amtsgericht als Zeuge in einem Strafverfahren vernommen. Um glaubwürdiger zu wirken, behauptet J, 19 Jahre alt zu sein, worauf er vereidigt wird. ◀

▶ **FALL 2:** Der Sachverständige G erstattet in einem Strafverfahren bewusst ein falsches Gutachten. Anschließend beantragt der Staatsanwalt seine Vereidigung, was auch geschieht. G ist empört und meint, er hätte vor Erstattung des Gutachtens vereidigt werden müssen. Zudem sei sein Eid ohnehin ungültig, da er nicht auf Gott geschworen habe. ◀

1. Täterkreis. Täter des Meineids kann grds. jeder sein, der vor einer zur Abnahme von Eiden zuständigen Stelle falsch schwört, also auch die **Partei im Zivilprozess** (§ 452 ZPO) oder der – von der hM nicht als Sachverständiger angesehene – Dolmetscher (§ 189 GVG).[4] Der **Beschuldigte** (Angeklagte) kann jedoch **nie Täter** des § 154 sein.[5] Als taugliche Täter scheiden ferner Personen aus, die nach § 60 Nr. 1 Alt. 2 StPO als **eidesunfähig** gelten.

Umstritten ist, ob **Jugendliche unter 18 Jahren**, die nach § 60 Nr. 1 Alt. 1 StPO noch nicht **eidesmündig** sind, als Täter in Betracht kommen. Zu denken ist an den Fall, dass ein Jugendlicher bei seiner Vernehmung wahrheitswidrig ein höheres Alter angibt und darauf vereidigt wird. Die Rechtsprechung bejaht die Tätertauglichkeit Eidesunmündiger, sofern der Betreffende das Wesen einer Aussage und des Eides verstehen kann.[6] In **Fall 1** hängt es nach dieser Ansicht von der Einsichtsfähigkeit des J bezüglich Aussage und Eid ab, ob er tauglicher Täter des Meineids sein kann.

Das Schrifttum lehnt diese Möglichkeit mit gutem Grund überwiegend ab: § 60 Nr. 1 Alt. 1 StPO enthält eine auch für das materielle Recht geltende unwiderlegliche Vermu-

---

1 Zur historischen Entwicklung und krit. zur heutigen Funktion des Eides *Haller*, Der Eid im Strafverfahren, 1998, 20 ff, 106 ff, 177 ff; zur Problematik der Qualifikation NK-*Vormbaum* § 154 Rn 12 ff.
2 *Bohnert* NZFam 2014, 112; zu Reformbestrebungen vgl MK-*Müller* § 154 Rn 6 ff.; *T. Vormbaum*, Reform der Aussagedelikte, 2012.
3 SFS 2017, 206.
4 BGHSt 4, 154; S/S-*Bosch/Schittenhelm* § 154 Rn 4; NK-*Vormbaum* § 154 Rn 26, 28.
5 BGHSt 10, 8 (10).
6 RGSt 36, 278 ff; BGHSt 10, 142 (144); LK-*Ruß* § 154 Rn 10.

tung mangelnder Eidesfähigkeit. Im Übrigen lässt sich aus § 157 Abs. 2, der die Möglichkeit eines Strafausschlusses bei uneidlicher Falschaussage eines Eidesunmündigen vorsieht, im Umkehrschluss folgern, dass die eidliche Aussage einer solchen Person von vornherein straflos ist.[7] Hiernach kommt J in **Fall 1** nicht als tauglicher Täter eines Meineids in Betracht.

5   **2. Zuständige Stelle.** Der Meineid muss vor einer Stelle, die zur Abnahme von Eiden berechtigt ist,[8] begangen werden. Dies erfordert, dass die Leistung eines Eides (als Vor- oder Nacheid) **in dem konkreten Verfahren gesetzlich vorgesehen** ist und vor einer hierzu **generell ermächtigten Person** erfolgt.[9]

6   In Betracht kommen namentlich der Zeugeneid,[10] der Sachverständigeneid[11] und der Parteieid nach § 452 ZPO. Dagegen ist der Eid zB für Verfahrensbeteiligte in einem Verfahren der freiwilligen Gerichtsbarkeit[12] nicht zulässig.

7   Der den Eid abnehmende **Amtsträger** muss hierzu nach den Grundsätzen des Staats- und Gerichtsverfassungsrechts im Allgemeinen **berufen** sein. Unzuständig sind daher etwa ein Rechtspfleger[13] oder ein Referendar.[14] Ob dagegen der Richter in der konkreten Sache zuständig ist, Verfahrenshindernisse vorliegen oder gegen Vernehmungsvorschriften[15] verstoßen wurde, ist nach hM ohne Belang.[16]

8   **3. Tathandlung.** Die **wesentlichen Förmlichkeiten** der Eidesabnahme müssen gewahrt sein. Insbesondere darf der Ausdruck „ich schwöre" nicht fehlen.[17]

9   Der Täter **schwört falsch**, wenn er unter Eid eine falsche Aussage[18] macht oder auf eine solche Aussage einen Eid leistet.

10 Die **Vereidigung** erfolgt bei Zeugen im Wege des Nacheides,[19] bei Dolmetschern im Wege des Voreides.[20] Bei Sachverständigen kommen der Nacheid[21] wie auch (im Zivilprozess) der Voreid[22] in Betracht. Da G in **Fall 2** sein Gutachten in einem Strafverfahren erstattete, war der erfolgte Nacheid also die gesetzlich vorgeschriebene Form der Vereidigung. Der Eid kann ferner mit oder ohne religiöse Beteuerung geleistet werden,[23] so dass auch die dahingehenden Einwände des G für seine Strafbarkeit irrelevant sind.

11 Vom Eid werden die **unter die Wahrheitspflicht[24] fallenden Angaben** erfasst. Maßgeblich hierfür sind die einschlägigen Vorschriften: So unterliegen zB bei Zeugen die Anga-

---

7   *Hruschka/Kässer* JuS 1972, 709 (711); S/S-*Bosch/Schittenhelm* Vor § 153 Rn 25; *Otto* JuS 1984, 161 (166); *Quedenfeld* JZ 1973, 238 ff; *Rudolphi* GA 1969, 129 (140 ff); NK-*Vormbaum* § 154 Rn 39.
8   Zur zuständigen Stelle vgl § 46 Rn 6 ff.
9   BGHSt 3, 248 (249); 3, 309 (310 f); 10, 8 (13).
10 Vgl §§ 59 ff StPO, §§ 391 ff ZPO.
11 Vgl §§ 79 StPO, § 410 ZPO.
12 §§ 29 Abs. 2, 31 FamFG; vgl auch BGHSt 10, 272 ff; 12, 56 ff; OLG Hamm NStZ 1984, 551.
13 § 4 Abs. 2 Nr. 1 RPflG.
14 § 10 S. 2 GVG.
15 Vgl zB §§ 69, 241 Abs. 2 StPO.
16 BGHSt 10, 142 ff; 16, 232 (233 ff); KG JR 1978, 77 f; *Geppert* Jura 1988, 496 ff; aA SK-*Rudolphi* Vor § 153 Rn 32 ff; vgl ferner § 46 Rn 22 f.
17 S/S-*Bosch/Schittenhelm* Vor § 153 Rn 21; NK-*Vormbaum* § 154 Rn 32.
18 Die Tathandlung der falschen Aussage stimmt mit derjenigen des § 153 überein; näher hierzu § 46 Rn 9 ff.
19 Vgl §§ 59 Abs. 2 S. 1 StPO, 392 S. 1 ZPO.
20 Vgl § 189 Abs. 1 GVG.
21 Vgl § 79 Abs. 2 StPO.
22 Vgl § 410 Abs. 1 S. 1 ZPO.
23 Vgl § 64 StPO.
24 Vgl hierzu § 46 Rn 11 ff.

ben zur Person der Wahrheitspflicht,[25] während sich der Sachverständigeneid nur auf das Gutachten bezieht.[26]

§ 155 stellt dem Eid die ihn ersetzende Bekräftigung[27] sowie die Berufung auf eine frühere Eidesleistung oder eidesgleiche Bekräftigung[28] gleich. **12**

4. Subjektiver Tatbestand. Der subjektive Tatbestand erfordert (zumindest bedingten) **13** Vorsatz. Dieser muss sich darauf beziehen, dass die Aussage falsch ist, unter den Eid fällt und dass die abnehmende Stelle zuständig ist.

III. Anwendung

Aufbau: Im Gutachten kann der Meineid wie die falsche uneidliche Aussage aufgebaut **14** werden und ist nur bei der Tathandlung um das Erfordernis eines Eides (Rn 8 ff) oder einer eidesgleichen Bekräftigung (Rn 11) zu ergänzen.

Der **Versuch** beginnt beim Nacheid (nach der Falschaussage) mit dem Anfang der Ei- **15** desleistung,[29] beim Voreid mit dem Anfang der Falschaussage. **Vollendet** ist der Meineid beim Voreid mit dem Abschluss der Aussage, beim Nacheid mit der Beendigung des Schwurs.

Konkurrenzen: Im Verhältnis zu § 153 ist der Meineid *lex specialis*. Wird in einem Ver- **16** fahren neben einem Meineid noch eine *weitere* Falschaussage nach § 153 begangen, ist die letztgenannte Tat subsidiär.

B. Falsche Versicherung an Eides Statt (§ 156)

I. Allgemeines

Bei der Versicherung an Eides Statt handelt es sich nicht um eine Erklärung, die an die **17** Stelle der Aussage unter Eid im Sinne von §§ 154, 155 tritt, sondern um eine selbständige und im Verhältnis zum Eid schwächere Form der Bekräftigung mit eigenem Anwendungsbereich.[30] § 156 formuliert daher keine Privilegierung, sondern einen **selbständigen Tatbestand**, auf den jedoch wegen der strukturellen Ähnlichkeit mit den anderen Aussagedelikten die §§ 158, 159, 160 und 161 Anwendung finden.[31] § 156 ist von großer praktischer Bedeutung.

II. Definitionen und Erläuterungen

▶ **FALL 3:** Gegen S wird fruchtlos die Zwangsvollstreckung betrieben. Der Gläubiger beantragt daraufhin die Vorlage eines Vermögensverzeichnisses durch S. S verschweigt in diesem sein altes Schwarz-Weiß-Fernsehgerät sowie seinen Oldtimer-Mercedes, der bei seinen Eltern steht. Wenigstens diese Sachen will er dadurch dem Zugriff des Gläubigers entziehen. ◀

Den Tatbestand verwirklicht, wer vor einer zur Abnahme einer eidesstattlichen Versi- **18** cherung zuständigen Behörde eine solche Versicherung falsch abgibt oder unter Berufung auf eine solche Versicherung falsch aussagt.

---

25 Vgl §§ 64, 68 StPO.
26 Vgl §§ 79 Abs. 2 StPO, 410 Abs. 1 ZPO.
27 Vgl §§ 65 StPO, 484 ZPO.
28 Vgl §§ 67, 79 Abs. 3 StPO.
29 Vgl BGHSt 1, 241 (243 f); 4, 172 (176); 31, 178 (182).
30 S/S-*Bosch/Schittenhelm* § 156 Rn 1/2; SK-*Rudolphi* § 156 Rn 1, 3.
31 NK-*Vormbaum* § 156 Rn 5.

19   **1. Tathandlung.** Die **eidesstattliche Versicherung umfasst eine** (mündliche oder schriftliche) **Aussage** vor der Behörde **und deren eidesstattliche Bekräftigung.**

20   ■ Bei der **ersten Tatvariante,** der **Abgabe,** kann die Bekräftigung unmittelbar vor oder nach der Aussage erfolgen. Sind beide Erklärungen in einem Schriftstück enthalten, ist dieses abgegeben, wenn es der Behörde willentlich zu Beweiszwecken zugänglich gemacht wurde.[32] Eine Kenntnisnahme ihres Inhalts ist hierbei nicht erforderlich.[33]

21   ■ Bei der **zweiten Tatvariante,** der **Berufung** auf eine eidesstattliche Versicherung, muss der Erklärende eine neue Aussage unter die frühere Bekräftigung (einer anderen Aussage) stellen. Diese Form der Berufung ist nicht immer statthaft.[34]

22   **2. Zuständige Stelle.** Bei der **Behörde** muss es sich um eine in **zweifacher Hinsicht** zuständige Stelle handeln: Sie muss zur Abnahme eidesstattlicher Versicherungen überhaupt zuständig sein (**allgemeine Zuständigkeit**) und hinsichtlich des konkreten Verfahrensgegenstands eine solche Versicherung auch abnehmen dürfen (**besondere Zuständigkeit**).[35]

23   Vor allem zwei Verfahren kommen insoweit in Betracht:

   ■ Eidesstattliche Versicherungen können im Zivil- und Verwaltungsprozess **zur Glaubhaftmachung tatsächlicher Behauptungen** abgegeben werden.[36]

   ■ In der Zwangsvollstreckung kann der Schuldner – wie S in **Fall 3** – verpflichtet sein, die **Richtigkeit eines vorzulegenden Vermögensverzeichnisses** an Eides Statt zu versichern.[37]

24   Im **Strafverfahren** sind eidesstattliche Versicherungen nur in bestimmtem Umfang und lediglich bei den Strafgerichten zulässig.[38] Polizei und Staatsanwaltschaft sind unzuständig.[39] Aussagen von Zeugen und Sachverständigen, welche die Schuldfrage betreffen, können nicht mit einer eidesstattlichen Versicherung, sondern nur mit dem Eid bekräftigt werden.[40] Für den **Beschuldigten** ist die Möglichkeit der Abgabe einer eidesstattlichen Versicherung grds. nicht vorgesehen.[41]

25   **Unaufgefordert** abgegebene eidesstattliche Versicherungen unterfallen nicht dem Tatbestand des § 156, wenn das Gesetz ihre vorherige Anforderung durch die Behörde[42] vorschreibt.[43]

26   **3. Unwahrheit.** Die Versicherung ist falsch, wenn sie

   ■ **inhaltlich unrichtig ist,**

   ■ **von der prozessualen Wahrheitspflicht umfasst** ist und

   ■ für den **Verfahrensausgang bedeutsam** werden kann.[44]

---

32   Ein bloßes Verlesen durch einen Bevollmächtigten reicht daher nicht aus, vgl NK-*Vormbaum* § 156 Rn 20.
33   RGSt 32, 436 f; SK-*Rudolphi* § 156 Rn 4; NK-*Vormbaum* § 156 Rn 20.
34   So zB nicht bei der Versicherung nach § 802c ZPO.
35   Vgl BGHSt 17, 303; OLG Stuttgart NStZ-RR 1996, 265; OLG Frankfurt NStZ-RR 1996, 294.
36   Vgl §§ 294 Abs. 1, 920 Abs. 2 ZPO; § 27 VwVfG; zum Vollstreckungsverfahren vgl ferner die §§ 707 Abs. 1, 719 Abs. 1, Abs. 2, 769 Abs. 1, 883 Abs. 2 ZPO.
37   § 802c ZPO. Vgl etwa BGH wistra 2017, 355.
38   Vgl §§ 26 Abs. 2, 56, 74 Abs. 3 StPO.
39   Vgl § 161a Abs. 1 S. 3 StPO; ferner RGSt 37, 209 ff.
40   BGHSt 17, 303 ff; 24, 38.
41   Vgl OLG Hamm NJW 1974, 327 f.
42   Wie zB in den §§ 118 Abs. 2, 435 ZPO.
43   BGH StV 1985, 505; S/S-*Bosch/Schittenhelm* § 156 Rn 10; NK-*Vormbaum* § 156 Rn 29.
44   BGH NJW 1990, 918 (920); SK-*Rudolphi* § 156 Rn 10; NK-*Vormbaum* § 156 Rn 46 ff.

Die inhaltliche Unrichtigkeit der (mündlichen oder schriftlichen)[45] Erklärung richtet sich nach den für die Falschheit der Aussage nach § 153 maßgeblichen Kriterien.[46] Für den Umfang der Wahrheitspflicht kommt es auf die einschlägigen Verfahrensvorschriften an. Exemplarisch: In einer eidesstattlichen Versicherung nach § 802c ZPO sind alle Vermögenswerte anzuführen, soweit es sich nicht um offensichtlich unpfändbare oder wertlose Gegenstände handelt.[47] Die eidesstattliche Versicherung des S in **Fall 3** ist daher nicht wegen des Verschweigens des wertlosen und unpfändbaren Fernsehgeräts, wohl aber wegen des nicht aufgeführten Oldtimers falsch. Ob persönliche Angaben unter die Wahrheitspflicht fallen, hängt von Gegenstand und Zweck der jeweiligen Erklärung ab.[48]

27

Da **spontan abgegebene Versicherungen** keinen von der Behörde vorgegebenen Gegenstand haben, richtet sich bei ihnen die Wahrheitspflicht nach dem Beweisthema, das sich der Erklärende selbst stellt.[49] Vorausgesetzt ist hierbei, dass die Versicherung für das Verfahren überhaupt von Bedeutung ist.

28

Die Verwendung des **Ausdrucks „an Eides Statt"** ist für eine eidesstattliche Versicherung nicht konstitutiv. Erforderlich ist nur, dass sich aus der Erklärung die eidesgleich bindende Bestärkung ergibt.

29

4. Subjektiver Tatbestand. Der subjektive Tatbestand erfordert (zumindest bedingten) Vorsatz. Dessen Gegenstand entspricht demjenigen des § 154.[50]

30

C. Fahrlässiger Falscheid; fahrlässige falsche Versicherung an Eides Statt (§ 161)

Die Vorschrift stellt **nur die fahrlässige Begehung** der §§ 154–156 unter Strafe. § 153 kann (ebenso wie § 160) nur vorsätzlich verwirklicht werden.

31

Fahrlässigkeit kommt insbesondere hinsichtlich der inhaltlichen Wahrheit der Aussage oder bei Tatbestandsirrtümern, etwa über den Umfang der Wahrheitspflicht, in Betracht.

32

Um den Sorgfaltsanforderungen hinsichtlich der Wahrheit der Aussage zu genügen,[51] muss sich ein **Zeuge** bemühen, sein Erinnerungsbild kritisch zu überprüfen. Vor allem darf er nicht leichtfertig seine Vorstellungen als sicheres Wissen ausgeben; ggf muss er Rückfragen an den Vernehmenden richten. Ferner darf er während der Vernehmung keine Anhaltspunkte außer Acht lassen, die Zweifel an der Richtigkeit seiner Bekundung wecken könnten.[52] Im Zivilprozess müssen Zeugen, soweit es ihnen zumutbar ist, gem. § 378 ZPO die ihnen zur Verfügung stehenden Aufzeichnungen und Unterlagen einsehen und zur Vernehmung mitbringen. Im Strafprozess besteht für Privatpersonen grds. keine Pflicht zur Vorbereitung auf die Vernehmung. Dagegen trifft Zeugen, die ihre Wahrnehmung **in amtlicher Eigenschaft** (zB als Polizeibeamter, Richter) ge-

33

---

45   S/S-*Bosch/Schittenhelm* § 156 Rn 5; SK-*Rudolphi* § 156 Rn 3; NK-*Vormbaum* § 156 Rn 14.
46   Vgl näher § 46 Rn 14 ff.
47   Vgl § 802c Abs. 2 ZPO; hierzu auch BGHSt 14, 345 (349); BayObLG JR 2004, 167 m.Anm. *Vormbaum.*
48   Vgl BGHSt 11, 223 ff.
49   BGH JR 1990, 478 (479) m.Anm. *Keller; Otto* § 97/56; SK-*Rudolphi* § 156 Rn 10; NK-*Vormbaum* § 156 Rn 49; aA OLG Düsseldorf NJW 1985, 1848 f: Maßgeblich sei, wie das Beweisthema nach dem Stand des Verfahrens zu bestimmen gewesen wäre.
50   Oben Rn 12.
51   Zu Einzelheiten vgl auch BGH NJW 1955, 638 (639); *Krehl* NStZ 1991, 416 ff; S/S-*Bosch/Schittenhelm* § 161 Rn 2 ff; NK-*Vormbaum* § 161 Rn 18 ff.
52   Vgl OLG Köln MDR 1980, 421.

macht haben, stets eine Vorbereitungspflicht. Gleiches gilt für **Sachverständige** und **Parteien im Zivilprozess.** Eine **eidesstattliche Versicherung** ist immer und für jeden sorgsam vorzubereiten.[53]

Wiederholungs- und Vertiefungsfragen

> Wer kann tauglicher Täter des Meineids sein? (Rn 2 f)

> Wann liegen Versuch und Vollendung beim Vor- bzw Nacheid vor? (Rn 14)

> In welchem Verhältnis steht die Versicherung an Eides statt zu einer Aussage unter Eid? (Rn 16)

> In welchen Verfahren kommt die Abgabe eidesstattlicher Versicherungen insbesondere in Betracht? (Rn 23)

> Welche Sorgfaltsanforderungen muss ein Zeuge erfüllen, um nicht fahrlässig im Hinblick auf die Wahrheit der Aussage zu handeln? (Rn 33)

---

53   Näher NK-*Vormbaum* § 161 Rn 36 f.

§ 48 Versuch der Anstiftung zur Falschaussage und Verleitung zur Falschaussage (§§ 159 f)

A. Versuch der Anstiftung zur Falschaussage (§ 159)

I. Allgemeines

Die Vorschrift macht für die §§ 153 und 156 eine **Ausnahme** von dem Prinzip, dass die versuchte Anstiftung zu einem Vergehen nicht strafbar ist, indem sie die §§ 30 Abs. 1 und 31 Abs. 1 Nr. 1 und 2 für entsprechend anwendbar erklärt. Die versuchte Anstiftung zum Verbrechen (§ 12 Abs. 1) des § 154 ist dagegen unmittelbar nach § 30 Abs. 1 strafbar. 1

II. Definitionen und Erläuterungen

▶ **FALL 1:** S bittet den Zeugen N, seinem wegen Mordes angeklagten Freund K ein falsches Alibi zu geben. N lässt sich dazu überreden. Er sagt bei seiner Vernehmung zunächst zugunsten des K aus, bricht aber auf Druck des Staatsanwaltes ein und sagt doch die Wahrheit. ◀

§ 159 ist anwendbar, wenn 2

- objektiv die Voraussetzungen einer **Anstiftungshandlung** (Bestimmen) im Sinne von § 26 erfüllt sind,[1]
- die Anstiftung erfolglos blieb, die angesonnene Haupttat nach §§ 153 bzw 156 also **nicht vollendet** wurde,[2]
- und der Einwirkende subjektiv mit **Anstiftervorsatz** (hinsichtlich des Bestimmens wie auch der vorsätzlichen Haupttat) handelt.

Von § 159 wird grds. jeder Fall erfasst, in dem es zu keiner Vollendung der vorsätzlichen und rechtswidrigen Haupttat nach §§ 153 bzw 156 gekommen ist. Exemplarisch: Der Adressat lehnt die Ausführung der angesonnenen Tat ab. Oder: Der Adressat ist (als sog. omnimodo facturus) schon zur Begehung der Haupttat fest entschlossen.[3] 3

Da § 30 Abs. 1 nur entsprechend anwendbar ist, gilt § 159 auch, wenn die angesonnene Haupttat **schon ins Stadium eines tauglichen Versuchs** gelangt ist. Denn auch in diesem Fall ist die Haupttat unvollendet, das Bestimmen also mit Blick auf die Vollendung der Haupttat nur versucht. Soweit der Versuch strafbar ist – und § 30 Abs. 1 bezieht sich auf Verbrechen, bei denen der Versuch nach § 23 Abs. 1 stets strafbar ist –, bedarf es hier wegen der Anwendbarkeit von § 26 auch auf versuchte Haupttaten keines Rückgriffs auf § 30 Abs. 1. Bei §§ 153, 156 ist allerdings der Versuch nicht strafbar, so dass bei einem Bestimmen zu einer nur ins Versuchsstadium gelangten Haupttat zwar die Teilnahme (versuchte Anstiftung) nach § 159, nicht aber die Haupttat selbst (versuchte Falschaussage/falsche eidesstattliche Versicherung) strafbar ist. 4

Daher ist N in **Fall 1** straflos, da er seine Aussage noch im straflosen Versuchsstadium korrigiert hat.[4] S hingegen ist wegen versuchter Anstiftung zur Falschaussage zu be- 5

---

1 Näher *Kindhäuser* LPK § 26 Rn 9 ff.
2 Ansonsten ist die Tat nach §§ 153/156, 26 strafbar.
3 Näher zu dieser Konstellation vgl *Kindhäuser* LPK § 26 Rn 14.
4 Vgl § 46 Rn 24.

strafen. Dieses Ergebnis wird von der hM mit der besonderen Gefährlichkeit der Manipulation von Personalbeweisen gerechtfertigt.[5]

6   Sofern die Anstiftung nur zu einem **untauglichen Versuch** der Haupttat führen würde oder geführt hat, lehnen der BGH – in Abkehr zur früheren Rechtsprechung[6] – und ein Teil des Schrifttums eine Anwendbarkeit von § 159 ab.[7] Demnach setzt die Strafbarkeit nach dieser Vorschrift voraus, dass die Haupttat, zu welcher der Einwirkende anzustiften versucht, objektiv überhaupt verwirklicht werden kann. Grundgedanke dieser restriktiven Auslegung ist es, dass § 159 den Strafbarkeitsbereich von § 30 Abs. 1 nur so weit ausdehnen dürfe, wie sich ein angestifteter Haupttäter nach §§ 153, 160 auch strafbar machen könnte. Auf diese Weise wird wenigstens partiell der Wertungswiderspruch behoben, dass bei §§ 153, 156 nur die versuchte Teilnahme, nicht aber die versuchte Haupttat strafbar ist.

7   In der Literatur wird diese Restriktion überwiegend abgelehnt,[8] weil sie im Gesetz keine Grundlage habe: § 159 erweitere nur die Anwendbarkeit des – grds. auch für den Fall der Anstiftung zum untauglichen Versuch geltenden – § 30 Abs. 1. Auch bleibe der Wertungswiderspruch zwischen der Strafbarkeit des Teilnahmeversuchs und der Straflosigkeit der versuchten Haupttat in allen anderen Fällen des Eingreifens von § 159 bestehen. Dies ist zwar zutreffend, da der Wertungswiderspruch vom Gesetz vorgegeben, also gar nicht völlig vermeidbar ist. Doch kann dies nur bedeuten, dass dieser Widerspruch nach Möglichkeit zu reduzieren ist,[9] und hierfür bietet die Rechtsprechung einen überzeugenden Ansatz: Wenn eine Anstiftung mangels Tauglichkeit der angesonnenen Haupttat noch nicht einmal zu einer Rechtsgutsgefährdung führen kann, vermag die Strafbarkeit eines solchen Versuchs auch nicht mit der Gefährlichkeit einer Manipulation von Personalbeweisen begründet zu werden.[10]

B. Verleitung zur Falschaussage (§ 160)

I. Allgemeines

8   Die Vorschrift schließt (in erster Linie) die **Strafbarkeitslücke**, die sich daraus ergibt, dass die §§ 153–156 eigenhändige Delikte sind und nicht in mittelbarer Täterschaft begangen werden können.[11] Sie stellt – mit abgestuftem Strafmaß – das Verhalten des Hintermanns unter Strafe, der bewirkt, dass ein anderer den objektiven Tatbestand des § 153, § 154 oder § 156 verwirklicht.

II. Definitionen und Erläuterungen

9   Der **objektive Tatbestand** verlangt das Verleiten eines anderen zu einer eidlichen oder uneidlichen Falschaussage oder einer falschen eidesstattlichen Versicherung: Das **Verleiten umfasst jede Form der Veranlassung** zu einer solchen Tat.

---

5   *Fischer* § 159 Rn 2; S/S-*Bosch/Schittenhelm* § 159 Rn 4; krit. NK-*Vormbaum* § 159 Rn 6 mwN.
6   RGSt 72, 81 ff; 73, 312 f; BGHSt 17, 303 ff.
7   BGHSt 24, 38; Krey/Hellmann/*Heinrich* I Rn 785; *Kudlich/Henn* JA 2008, 510 (511); *Müller*, Falsche Zeugenaussage und Beteiligungslehre, 2000, 372, 376; M-*Schroeder*/Maiwald II § 75/88; LK-*Willms*, 10. Aufl., § 159 Rn 1.
8   S/S-*Bosch/Schittenhelm* § 159 Rn 4; SK-*Rudolphi* § 159 Rn 2 f; LK-*Ruß* § 159 Rn 1a; S/S/W-*Sinn* § 159 Rn 4.
9   Vgl auch NK-*Vormbaum* § 159 Rn 21.
10 Im Fall BGHSt 24, 38 ging es um den Versuch, einen anderen zur Abgabe einer eidesstattlichen Versicherung vor einer irrtümlich für zuständig gehaltenen Behörde zu bestimmen. Auch nach der Gegenauffassung kommt hier eine Strafbarkeit nur in Betracht, wenn die angesonnene Haupttat nicht als (von § 159 nicht erfasstes) Wahndelikt angesehen wird.
11 Vgl auch § 271, hierzu § 58 Rn 13 ff.

■ Ein Verleiten ist demnach gegeben, wenn der Täter – zB durch Täuschung, Drohung   10
oder Ausnutzen eines schon bestehenden Irrtums – bewirkt, dass eine Beweisperson
den objektiven Tatbestand eines der fraglichen Delikte (in vollem Umfang) verwirklicht. Der Aussagende kann hierbei **bös- oder gutgläubig**, ggf auch fahrlässig handeln.[12]

■ Eine verbreitete Ansicht in der Literatur hält § 160 dagegen für einen gesetzlich nor-   11
mierten Sondertatbestand mittelbarer Täterschaft, der ausschließlich eingreife,
wenn der Vordermann als **Werkzeug im Sinne mittelbarer Täterschaft** handle, also
namentlich gutgläubig sei.[13] Diese Auffassung kommt bei einem Irrtum des Täters
über die Gutgläubigkeit des aussagenden Vordermanns nur zu einer Versuchsstrafbarkeit nach Abs. 2.[14]

Der **subjektive Tatbestand** erfordert (zumindest bedingten) Vorsatz. Weitergehend ver-   12
langt die Ansicht, die § 160 als Sondertatbestand mittelbarer Täterschaft begreift, dass
der Täter vom Vorliegen solcher Voraussetzungen ausgeht, unter denen die verleitete
Beweisperson als gutgläubiges oder sonst nicht verantwortlich handelndes Werkzeug
anzusehen ist.

III. Anwendung

▶ **Fall 2:** Der gemeinsame Freund X von H und V ist wegen Raubes angeklagt. H weiß,
dass X am Tatabend nicht bei V war. Dennoch meint er zu V: „X war doch am Tatabend bei
dir. Sag das doch vor Gericht aus." So geschieht es auch. Hierbei

a) glaubt V tatsächlich, X sei am Tatabend bei ihm gewesen und freut sich, dass H ihn daran erinnert hat. H ging davon aus, diese Fehlvorstellung bei V zu verursachen.

b) weiß V ebenso wie H, dass X am Tatabend nicht bei ihm war. Er betrachtet aber H´s Vorschlag als gute Idee zur Rettung des X. H ging davon aus, dass V ihn so verstehen würde.

c) glaubt V tatsächlich, X sei am Tatabend bei ihm gewesen, und freut sich, dass H ihn daran erinnert hat. H ging allerdings davon aus, dass auch V wüsste, dass X nicht bei ihm
war und seinen Vorschlag als Aufforderung zur bewusst falschen Aussage verstehen
würde.

d) weiß V ebenso wie H, dass X am Tatabend nicht bei ihm war und betrachtet H´s Vorschlag als Anregung für eine rettende Aussage zugunsten des X. H dachte jedoch, dass V
sich von ihm täuschen lassen würde und irrig annähme, X sei bei ihm gewesen. ◀

Der Streit um die Tatbestandsstruktur des § 160 wirkt sich insbesondere bei der Fest-   13
stellung der Konkurrenzen sowie bei **Irrtümern des Hintermanns** über die Vorstellungen des Vordermanns aus. Folgende Konstellationen (am Beispiel der §§ 153 f) sind
insoweit von Bedeutung:

1. Geht der Hintermann – wie H in **Fall 2a)** – **zutreffend** davon aus, dass er den Vor-   14
dermann zu einer **gutgläubigen falschen Aussage** veranlasst hat, ist § 160 Abs. 1 nach
allen Auffassungen verwirklicht. Für diesen Grundfall gilt die Faustformel: Der Erklärende weiß nicht, und der Wissende erklärt nicht.

---

12 BGHSt 21, 116 ff; *Heinrich* JuS 1995, 1115 (1118); *Küper* JZ 2012, 992 (998); S/S-*LBosch/Schittenhelm* § 160 Rn 7,
9; SK-*Rudolphi* § 160 Rn 4; NK-*Vormbaum* § 160 Rn 1,17 ff.
13 *Eschenbach* Jura 1993, 407 ff; *Gallas* Engisch-FS 600 (619); W/H/E- *Engländer* Rn 866; *Kudlich/Henn* JA 2008,
510 (513); *Vormbaum* Maiwald-FS 819 (824 ff).
14 Näher hierzu Rn 17 ff.

15   Verwirklicht ist § 160 Abs. 1 ferner in dem Fall, in dem sich der Aussagende (aufgrund einer Drohung des Hintermanns) im Nötigungsnotstand nach § 34 befindet und daher gerechtfertigt die Unwahrheit sagt.[15]

16   2. Geht der Hintermann – wie H in **Fall 2b)** – **zutreffend** davon aus, dass der Vordermann auf seine Veranlassung hin **bösgläubig und** auch ansonsten **eigenverantwortlich falsch aussagt**, so ist § 160 im Ergebnis nicht anwendbar. Die Tat ist vielmehr als Anstiftung zu § 153 (§ 154) zu bestrafen. Unter den Voraussetzungen der hM ist § 160 Abs. 1 zwar erfüllt, tritt aber im Wege der Subsidiarität hinter die mit höherer Strafe bedrohte Anstiftung nach §§ 26, 153 (154) zurück. Die Mindermeinung hält dagegen hier schon den Tatbestand mangels mittelbarer Täterschaft für nicht verwirklicht.

17   3. Geht der Hintermann – wie H in **Fall 2c)** – **irrtümlich** davon aus, dass der Vordermann auf seine Veranlassung hin **bösgläubig und** auch ansonsten **eigenverantwortlich falsch aussagt**, sagt der Vordermann also entgegen der Vorstellung des Hintermanns tatsächlich gutgläubig falsch aus, so ist § 160 ebenfalls im Ergebnis nicht anwendbar. Die Tat ist – je nachdem, ob es sich um eine eidliche oder uneidliche Falschaussage handelt – als versuchte Anstiftung zu § 153 nach § 159 oder als versuchte Anstiftung zu § 154 nach § 30 Abs. 1 zu bestrafen. § 160 wird wiederum im Wege der Subsidiarität verdrängt oder ist – so die Mindermeinung – mangels mittelbarer Täterschaft bereits tatbestandlich nicht verwirklicht.

18   4. Geht der Hintermann – wie H in **Fall 2d)** – **irrtümlich** davon aus, dass der Vordermann auf seine Veranlassung hin **gutgläubig oder** aus einem anderen Grund **nicht verantwortlich falsch aussagt**, sagt der Vordermann also entgegen der Vorstellung des Hintermanns tatsächlich bösgläubig falsch aus und verwirklicht § 153 (§ 154), so ist umstritten, ob der Hintermann wegen Vollendung oder nur wegen Versuchs von § 160 zu bestrafen ist. Eine Strafbarkeit des Hintermanns wegen (versuchter) Anstiftung kommt hier nicht in Betracht, weil bei ihm der erforderliche Vorsatz hinsichtlich der vorsätzlichen Haupttat fehlt.

19   ■ Für die hM ist § 160 verwirklicht, da nach ihrem Verständnis der Tatbestand jede Veranlassung eines anderen zu einer falschen Aussage erfasst.

20   ■ Für die Mindermeinung, die in § 160 einen Sondertatbestand mittelbarer Täterschaft erblickt, ist der objektive Tatbestand nicht erfüllt, da der Vordermann für sein Handeln selbst strafrechtlich verantwortlich ist und damit nicht als Werkzeug des Hintermanns im Sinne mittelbarer Täterschaft agiert. Der Hintermann ist somit nur wegen Versuchs nach §§ 160 Abs. 2, 22 f strafbar.

21   Gegen die Mindermeinung spricht insbesondere, dass sie sich in einem Wertungswiderspruch verfängt: Sie muss denjenigen, der die vorsätzliche Falschaussage eines anderen veranlasst und damit – gemessen an den Strafdrohungen der §§ 159, 160 – objektiv schwereres Unrecht verwirklicht, geringer bestrafen als den Täter, der eine unvorsätzliche Falschaussage bewirkt.[16] Im Übrigen ist nicht einzusehen, warum der Täter bei einem Irrtum über die Gutgläubigkeit des Vordermanns geringer bestraft werden soll als bei tatsächlicher Gutgläubigkeit, obgleich er in beiden Fällen sein Ziel, die Rechtspflege zu gefährden, gleichermaßen in vollem Umfang erreicht.[17]

---

15   Zu dieser Konstellation und weiteren Fallgruppen mittelbarer Täterschaft vgl *Kindhäuser* LPK § 25 Rn 7 ff, 29.
16   NK-*Vormbaum* § 160 Rn 18.
17   BGHSt 21, 116 (118).

WIEDERHOLUNGS- UND VERTIEFUNGSFRAGEN

> Von welchem Prinzip macht § 159 eine Ausnahme? (Rn 1)

> Ist § 159 anwendbar, wenn die Anstiftung nur zu einem untauglichen Versuch der Haupttat führen würde? (Rn 5 f)

> Welche Strafbarkeitslücke soll § 160 schließen? (Rn 7)

> Ist § 160 Abs. 1 nur erfüllt, wenn der Vordermann als Werkzeug des Veranlassers im Sinne mittelbarer Täterschaft falsch aussagt? (Rn 8 ff, 12 ff)

§ 49 Aussagenotstand (§ 157)

A. Allgemeines

1 Der Aussagenotstand ist, anders als der Notstand in § 34, kein Rechtfertigungsgrund. Er bildet auch, anders als der Notstand in § 35, keinen Entschuldigungsgrund.[1] Vielmehr stellt er „nur" einen Strafmilderungsgrund dar. Die Vorschrift eröffnet in Abs. 1 dem Gericht die Möglichkeit, den sog. Aussagenotstand als schuldmindernden Faktor einer Tat nach §§ 153 f zu berücksichtigen. Für denselben Täterkreis sieht Abs. 2 diese Rechtsfolge für den Fall vor, dass ein Eidesunmündiger, also eine Person unter 16 Jahren im Bereich des Zivilprozesses bzw. unter 18 Jahren im Strafprozess,[2] den Tatbestand des § 153 zurechenbar verwirklicht hat. Diese Regelung gilt nach hM auch, wenn der Jugendliche eidlich vernommen wurde, da seine Aussage dann prozessual als uneidliche Aussage zu verwerten ist.[3]

B. Definitionen und Erläuterungen

▶ **FALL 1:** Der Sohn S der Eheleute E und F ist angeklagt, ein Auto direkt vor der elterlichen Haustür gestohlen zu haben. E und F werden vor Gericht als Zeugen hierzu vernommen. E hat S hierbei beobachtet, leugnet aber, jemanden an dem gestohlenen Wagen gesehen zu haben. F hat von alldem nichts mitbekommen und weiß nicht, wo S war. Dennoch sagt sie aus, S habe an dem fraglichen Nachmittag bei ihr in der Küche gesessen und Hausaufgaben gemacht. ◀

I. Voraussetzungen

2 **1. Anwendungsbereich.** Die Vorschrift betrifft **ausschließlich** Taten nach §§ **153, 154**; §§ 156, 161 kommen nicht in Betracht.

3 Der Täterkreis ist auf **Zeugen und Sachverständige begrenzt.** § 157 gilt daher nicht für die Partei im Zivilprozess und auch nicht für den Anstifter oder Gehilfen, mag dieser auch bei wahrheitsgemäßer Aussage seine eigene Strafverfolgung befürchten. Letzteres wird damit begründet, dass sich der Teilnehmer nicht in der vom Gesetz verlangten Notstandslage befinde.[4]

4 Der Täter muss in der Absicht handeln, von sich oder einem Angehörigen die Gefahr einer Bestrafung oder Verhängung einer freiheitsentziehenden Maßregel abzuwenden:

5 **2. Absicht der Gefahrabwendung. a) Gefahr:** Die Gefahr muss nach der **Vorstellung des Täters** bestehen.[5] Verkennt der Täter eine objektiv bestehende Gefahr, ist § 157 nicht anwendbar.

6 ■ **Gegenstand** der Gefahr muss die in naher Zeit[6] zu erwartende **strafrechtliche Sanktion** einer Bestrafung oder Verhängung einer freiheitsentziehenden Maßregel

---

1 Zur Relevanz von §§ 34, 35 bei den Aussagedelikten vgl unten Rn 15.

2 Vgl § 60 Nr. 1 StPO; § 393 ZPO.

3 S/S-*Bosch/Schittenhelm* § 157 Rn 14; SK-*Rudolphi* § 157 Rn 17; NK-*Vormbaum* § 157 Rn 32.

4 BGHSt 3, 320 (321); 7, 2 (5); S/S-*Bosch/Schittenhelm* § 157 Rn 4; SK-*Rudolphi* § 157 Rn 3; aA *Bemmann* Mayer-FS 485 (491).

5 BGH NStZ-RR 2008, 9; OLG Düsseldorf NJW 1986, 1822; bei der Feststellung ist der Grundsatz *in dubio pro reo* zu beachten, vgl BGH NJW 1988, 2391; OLG Düsseldorf JR 1990, 520.

6 Bei (sehr) fernliegenden Gefahren dürfte es an der erforderlichen Motivation fehlen, vgl NK-*Vormbaum* § 157 Rn 19.

(§§ 63–66) sein. Andere Sanktionen – wie etwa ein Bußgeld oder eine Disziplinarmaßnahme – kommen nicht in Betracht.[7] Die Straftat muss zum Zeitpunkt der Falschaussage **noch verfolgbar** sein, da es bei einem Verfolgungshindernis (zB Verjährung) an der Gefahr einer strafrechtlichen Sanktionsverhängung fehlt.

■ Die Tat, für die eine strafrechtliche Sanktion droht, muss **vor dem Aussagedelikt begangen** worden sein. Es genügt nicht, wenn die Gefahr der Bestrafung erst durch die Aussage begründet wird. Nicht einschlägig sind auch Straftaten, die in Tateinheit mit der Falschaussage begangen werden, etwa eine Begünstigung oder eine der Falschaussage vorausgegangene und mit ihr eine tatbestandliche Einheit bildende weitere Falschaussage im selben Rechtszug.[8]   **7**

■ Die Gefahr muss gerade **aus der Offenbarung der Wahrheit** erwachsen.[9] § 157 greift nur ein, wenn der Täter sich oder einen Angehörigen durch die Wahrheit **nicht belasten** will, nicht aber, wenn er sich oder einen Angehörigen durch die Falschaussage – zB durch Verschaffung eines Alibis – **nur entlasten** will.   **8**

In **Fall 1** kommt nur E § 157 zugute, da er seine Falschaussage tätigte, um S nicht durch die Offenbarung seiner Beobachtung zu überführen. F hingegen kannte keine den S belastenden Umstände. Sie wollte daher nicht die belastende Wahrheit verschleiern, sondern S nur entlasten.   **9**

Die Gefahr muss dem **Täter selbst** oder einem **Angehörigen drohen**. Nach noch vorherrschender Ansicht sind als Angehörige nur die in § 11 Abs. 1 Nr. 1 genannten Personen anzusehen.[10] Von einer verbreiteten Ansicht in der Literatur wird jedoch die Einbeziehung von nahestehenden Personen in den Kreis der Begünstigten befürwortet.[11] Hierfür spricht zum einen, dass zB nichteheliche Lebenspartnerschaften zunehmend an Bedeutung im sozialen Leben gewinnen. Zum anderen ist die emotionale Beziehung zum Täter in solchen Verbindungen nicht geringer als bei Angehörigen im engeren Sinne.   **10**

Über den zu engen Wortlaut hinaus ist § 157 nicht nur anzuwenden, wenn der Täter mit der Falschaussage die Verhängung der strafrechtlichen Sanktion insgesamt verhindern will, sondern auch, wenn es ihm nur um eine **mildere Bestrafung** geht.[12] Exemplarisch: Der Täter will eine Bestrafung nach §§ 212, 213 statt nach § 211 erreichen.   **11**

Der Anwendung von § 157 steht es nicht entgegen, wenn der Täter falsch aussagt, obgleich er von einem **Aussage- oder Zeugnisverweigerungsrecht** hätte Gebrauch machen können.[13]   **12**

Ferner ist bei § 157 – im Unterschied zu § 34 – kein wesentliches Überwiegen der betroffenen Güter des Täters (oder der Angehörigen) gegenüber dem durch die Aussagedelikte geschützten Rechtsgut erforderlich. Im Übrigen ist § 157 (naturgemäß) auch anwendbar, wenn die Gefahr der Bestrafung (usw) verschuldet ist.[14]   **13**

---

7 BayObLG NJW 1971, 630; SK-*Rudolphi* § 157 Rn 7; NK-*Vormbaum* § 157 Rn 17.
8 BGHSt 9, 121 ff; SK-*Rudolphi* § 157 Rn 9 f.
9 BGHSt 7, 2 (5).
10 BayObLG NJW 1986, 202 (203); OLG Celle NJW 1997, 1084 f; S/S-*Bosch/Schittenhelm* § 157 Rn 6.
11 *Kretschmer* JR 2008, 51 (54 f); *H.E.Müller* HdS § 21 Rn 134; *Ostendorf* JZ 1987, 335 (338); SK-*Rudolphi* § 157 Rn 1; *Schramm* RW 2014, 88 (108); NK-*Vormbaum* § 157 Rn 15 mwN.
12 BGHSt 29, 298 ff.
13 BGH StV 1995, 250.
14 BGHSt 7, 332 f; BGH StV 1995, 249 (250); aA S/S-*Bosch/Schittenhelm* § 157 Rn 11.

14   **b) Absicht:** Die Absicht der Gefahrabwendung („um … zu") erfordert zweckgerichtetes Handeln, braucht jedoch nicht das einzige Ziel zu sein.[15] Der Täter muss nur auch um der Gefahrabwendung willen handeln.

II. Konkurrenzen

15   Sind zugleich die Voraussetzungen der §§ 34 oder 35 gegeben, so tritt § 157 zurück, da diese Regelungen die Strafbarkeit obligatorisch und nicht nur, wie der Aussagenotstand, fakultativ entfallen lassen. Jedoch greifen §§ 34, 35 in einschlägigen Konstellationen regelmäßig schon deshalb nicht ein, weil sich der Aussagenotstand durch die Wahrnehmung von Aussage- oder Zeugnisverweigerungsrechten vermeiden lässt.[16]

WIEDERHOLUNGS- UND VERTIEFUNGSFRAGEN

> Welcher Personenkreis wird von § 157 erfasst? (Rn 3)
> Können sich Personen, denen ein Aussage- bzw Zeugnisverweigerungsrecht zusteht, auf § 157 berufen? (Rn 11)

---

15   BGHSt 2, 379 (380); 8, 302 (317); BGH StV 1995, 249 f; *Fischer* § 157 Rn 9; SK-*Rudolphi* § 157 Rn 6.
16   Näher zum Verhältnis von §§ 35 und 157 NK-*Vormbaum* § 157 Rn 4 ff.

§ 50 Berichtigung einer falschen Aussage (§§ 158, 161 Abs. 2)

A. Allgemeines

Die Vorschrift sieht für die §§ 153 bis 156 die Möglichkeit **tätiger Reue** mit der Folge einer Strafmilderung oder -freiheit trotz Deliktsvollendung vor. Bei fahrlässiger Begehungsweise schreibt § 161 Abs. 2 für den Fall tätiger Reue obligatorisch Straffreiheit vor. Die Regelung gilt ausschließlich für die genannten Aussagedelikte, nicht aber auch für weitere, in Tateinheit hierzu stehende Straftaten (zB § 258).

§ 158 gilt nicht nur für Täter, sondern auch für Teilnehmer der betreffenden Aussagedelikte. Wer etwa zunächst Zeugen zu einer Falschaussage angestiftet, durch sein Geständnis aber eine noch rechtzeitige Richtigstellung der Angaben der Zeugen bewirkt hat, kommt in den Genuss des § 158.[1] Als **persönlicher Strafaufhebungsgrund** bzw -milderungsgrund greift er jedoch bei mehreren Beteiligten nur zugunsten des Berichtigenden ein.[2]

B. Definitionen und Erläuterungen

I. Voraussetzungen

▶ **FALL 1:** Z gibt ihrem Freund F vor Gericht ein falsches Alibi. Nachdem sie aus dem Zeugenstand entlassen worden ist, nimmt sie im Zuschauerraum Platz. Während sie dort sitzt, bekommt sie Gewissensbisse. Sie wendet sich an den Richter und sagt wahrheitsgemäß, dass sie nicht wisse, wo ihr Freund zur Tatzeit war. ◀

Der Täter muss seine falsche Angabe rechtzeitig bei einer der in Abs. 3 aufgeführten Stellen berichtigen. Eine bestimmte Form ist hierfür nicht vorgeschrieben.

1. Berichtigen. Das **Berichtigen** verlangt, dass die eingestandene falsche Aussage in allen nicht völlig nebensächlichen Punkten durch die Mitteilung der Wahrheit – und nicht etwa durch eine neue falsche oder nicht vollständig wahre Aussage – ersetzt wird.[3]

Hierbei muss die Unwahrheit der früheren Aussage eindeutig zum Ausdruck gebracht werden.[4] Es genügt jedoch das Abrücken von den bisherigen Angaben; ein „Schuldeingeständnis" ist nicht erforderlich.[5] Diesen Anforderungen genügte Z in **Fall 1**, indem sie ihre Unwissenheit bezüglich des Aufenthaltsortes ihres Freundes einräumte. Sofern sich nicht klären lässt, ob die Berichtigung der Wahrheit entspricht, greift der Grundsatz *in dubio pro reo* ein.[6] Handelt es sich bei dem Täter um einen aussageverweigerungsberechtigten Zeugen, so reicht es aus, wenn er seine bisherige Aussage als falsch bezeichnet und sich sodann auf sein Schweigerecht beruft.[7]

2. Verspätete Berichtigung. Die Berichtigung darf **nicht** im Sinne von Abs. 2 **verspätet** sein:

Die Berichtigung ist zunächst verspätet, wenn sie bei der **instanzabschließenden Entscheidung nicht mehr verwertet** werden kann. Sie muss also bei der den Rechtszug ab-

1
2
3
4
5
6
7

---

1 BGH JuS 2018, 81 m.Bespr. *Eisele.*
2 BGHSt 4, 172 (179).
3 BGHSt 9, 99; 18, 348; 21, 115; *Fischer* § 158 Rn 4; SK-*Rudolphi* § 158 Rn 3.
4 BGHSt 9, 99 (100); 18, 348 f; 21, 115.
5 OLG Hamburg NJW 1981, 237 m.Anm. *Rudolphi* JR 1981, 384; NK-*Vormbaum* § 158 Rn 16.
6 Vgl BayObLG JZ 1976, 33 (34) m.Anm. *Küper* NJW 1976, 1828 und *Stree* JR 1976, 470.
7 SK-*Rudolphi* § 158 Rn 4.

schließenden, nicht notwendig auch rechtskräftigen Entscheidung in der Sache noch berücksichtigt werden können.[8] Da Z ihre Aussage in **Fall 1** noch in der Verhandlung änderte, konnte ihre Berichtigung dem Urteil zugrunde gelegt werden und ist damit nicht verspätet.

8 Verspätet ist die Berichtigung ferner, wenn aus der Tat **bereits ein Nachteil** für einen anderen entstanden ist. Als Nachteil kommt jede über die negative Beeinflussung der Beweislage hinausgehende Verschlechterung der Position eines anderen in Betracht,[9] namentlich die Einleitung eines Straf- oder Dienststrafverfahrens, die Erhebung einer Klage oder die Entstehung von Verfahrenskosten (bzw sonstige Vermögensnachteile). Ein bloßer Nachteil für die Strafverfolgung – zB die Entlassung eines Beschuldigten aus der Untersuchungshaft – genügt noch nicht.[10]

9 Schließlich ist die Berichtigung verspätet, wenn gegen den Täter schon (wegen der Falschaussage) eine Anzeige erstattet oder eine Untersuchung eingeleitet worden ist und der Täter dies weiß.[11] Als **Anzeige** genügt eine Strafanzeige gegen den Täter; als **Untersuchung** ist nur die einer Strafverfolgungsbehörde einschlägig.

10 Hinsichtlich des **Zeitpunkts für die Rechtzeitigkeit** (mangelnde Verspätung) ist in allen Fällen auf den Eingang bei derjenigen Stelle, der gegenüber zu berichtigen ist (Abs. 3), abzustellen.

II. Verhältnis zu § 24

11 § 158 setzt zwar keine Freiwilligkeit voraus, hat aber nur eine schwächere Wirkung (fakultativ) als § 24. Daher ist § 24 (bei § 154) grds. vorrangig zu prüfen. Für §§ 153 und 156 kommt § 24 nicht in Betracht, da bei diesen Delikten der Versuch nicht strafbar ist.

Wiederholungs- und Vertiefungsfragen

> Wann liegt eine Berichtigung im Sinne von § 158 vor? (Rn 4 f)
> Wann ist eine Berichtigung verspätet im Sinne von § 158 Abs. 2? (Rn 6 ff)
> In welchem Verhältnis steht § 158 zum Rücktritt gem. § 24? (Rn 12)

---

8 BGH JZ 1954, 171; S/S-*Bosch/Schittenhelm* § 158 Rn 8; SK-*Rudolphi* § 158 Rn 8.
9 BGH NJW 1962, 2164; L-Kühl-*Heger* § 158 Rn 5; SK-*Rudolphi* § 158 Rn 7.
10 NK-*Vormbaum* § 158 Rn 24 ff mwN.
11 HM, vgl S/S-*Bosch/Schittenhelm* § 158 Rn 7; SK-*Rudolphi* § 158 Rn 6; *Schröder* Mayer-FS 377 (384 f); NK-*Vormbaum* § 158 Rn 29.

5. Abschnitt: Strafvereitelung, Irreführung und Nichtanzeige

§ 51 Strafvereitelung (§§ 258 f)

A. Allgemeines

Mit dem Verbot der Strafvereitelung soll nach h. M. die (inländische) **Rechtspflege** bei der Durchsetzung der gesetzmäßigen Strafen und Maßregeln geschützt werden.[1] Da aber nicht der Verfahrensablauf, sondern (nur) das materiellrechtlich-richtige Verfahrensergebnis vereitelt werden muss, schützt § 258, präziser formuliert, den konkreten staatlichen Sanktionenanspruch.[2] Ob die Norm auch die Funktion hat, den Vortäter durch die Sanktionierung späterer Hilfe zu sanktionieren, ist umstritten. [3]Abs. 1 hat die **Verfolgungsvereitelung** zum Gegenstand und betrifft die Vereitelung der Bestrafung (Alt. 1, Strafvereitelung ieS) wie auch die Verhängung einer Maßnahme im Sinne von § 11 Abs. 1 Nr. 8. Erfasst ist auch die Jugendstrafe, jedoch nicht die Verhängung von Zuchtmitteln nach § 13 JGG.[4] Bei der Verfolgungsvereitelung darf über die rechtswidrige Tat, die Gegenstand der Vereitelung ist, noch nicht rechtskräftig entschieden sein. Gegenstand von Abs. 2 ist die Vereitelung der Vollstreckung einer verhängten Strafe oder Maßnahme (**Vollstreckungsvereitelung**). In diesem Fall muss die Entscheidung rechtskräftig sein.[5] Beide Tatvarianten sind als **Erfolgsdelikte** ausgestaltet, dh es muss ein Vereitelungserfolg eingetreten sein. Der **Versuch** ist strafbar (Abs. 4).

1

Im Unterschied zur Begünstigung (§ 257), die auf die Bekämpfung von beute- und sonstigen vorteilssichernden Maßnahmen ausgerichtet ist, will die Strafvereitelung (§ 258) verhindern, dass jemand der Bestrafung entzogen wird. Im Einklang mit der gemeinrechtlichen Tradition waren seit dem ausgehenden Mittelalter Hehlerei, Begünstigung und Strafvereitelung einheitlich als eine Form der Tatbeteiligung (auxilium post factum") im Allgemeinen Teil geregelt.[6] Erst seit 1975 bilden die (sachliche) Begünstigung und (persönliche) Strafvereitelung[7] eigenständige Straftatbestände im BT. Im Einzelfall können sich durchaus Überschneidungen ergeben, wenn zB mit der Handlung sowohl eine Beutesicherung (§ 257), ein Ankaufen (§ 259) und eine Strafentziehung (§ 258) bezweckt werden.

2

B. Definitionen und Erläuterungen

I. Verfolgungsvereitelung (Abs. 1)

▶ **FALL 1:** B versteckt seinen Freund X, der einen Mord begangen hat, nach der Tat bei sich im Keller. Nach zwei Wochen wird X bei B verhaftet. Dementsprechend verzögert sich auch die Verurteilung des X um zwei Wochen. ◀

Den **objektiven Tatbestand** der Verfolgungsvereitelung verwirklicht, wer die strafrechtliche Ahndung einer Vortat gänzlich oder teilweise verhindert.

3

---

1 BGHSt 43, 82 (84); 45, 97 (101); S/S-*Hecker* § 258 Rn 1 mwN; ausf. zu § 258 *Satzger* Jura 2007, 754 ff.
2 NK-*Altenhain* § 258 Rn 4; SK-*Hoyer* § 258 Rn 3; S/S/W-*Jahn* § 258 Rn 1.
3 Bejahend S/S-*Hecker* § 258 Rn 1; L-*Kühl* § 258 Rn 1; verneinend *Jahn* HdS IV § 23 Rn 15.
4 OLG Hamm NJW 2004, 1189.
5 Vgl § 449 StPO.
6 Maurach/Schroeder/*Maiwald* § 100 Rn 3; *Schramm* BT-1 § 12 Rn 3.
7 Maßgeblich in Gefolge der Reformvorschläge von *Ernst Ludwig von Beling*; vgl dazu *Jahn* HdS IV § 23 Rn 3.

4   **1. Vortat.** Die Vortat muss alle Voraussetzungen erfüllen, unter denen eine Strafe oder Maßnahme verhängt werden darf.

5   Erforderlich ist zunächst, dass es sich bei der Vortat um eine **rechtswidrige Tat** im Sinne von § 11 Abs. 1 Nr. 5 handelt. Da es um die Vereitelung einer Strafe oder strafrechtlichen Maßnahme geht, müssen ferner sämtliche Voraussetzungen für die Verhängung einer Strafe oder Maßnahme gegeben sein. Im Falle der Vereitelung einer Strafe ist es also erforderlich, dass die Vortat schuldhaft begangen wurde und alle sonstigen Strafbarkeitsvoraussetzungen, wie zB eine ggf notwendige objektive Bedingung der Strafbarkeit, vorliegen.[8] Es muss sich zudem um die Straftat **eines anderen** handeln. Vereitelungshandlungen zugunsten des Vortäters sind bereits nicht tatbestandsmäßig.

6   Die Voraussetzungen der Verfolgbarkeit der Vortat prüft das Gericht, das über die Strafvereitelung zu befinden hat, ohne Bindung[9] an einen etwaigen gerichtlichen Freispruch des Vortäters. Hierin liegt ein Unterschied zur Vollstreckungsvereitelung nach Abs. 2, die an eine rechtskräftige Verurteilung des Vortäters anknüpft.[10] Wer in ein schwebendes Verfahren eingreift, um einen zu Unrecht Beschuldigten vor einer Sanktion zu bewahren, handelt nicht tatbestandsmäßig.

7   **2. Tathandlung und Erfolg.** a) Für die **Tathandlung** genügt nicht jedes für den Vereitelungserfolg ursächliche Tun oder Unterlassen. Erforderlich ist vielmehr eine Handlung, die am Ende zu einer Besserstellung des Vortäters hinsichtlich der Verfolgung der Tat führt. Das bedeutet, dass die Handlung zur Herbeiführung des Vereitelungserfolgs generell geeignet sein muss.[11] Typische Vereitelungshandlungen sind das Verstecken des Vortäters, Hilfe bei der Flucht, Beseitigung von Beweismitteln oder Falschaussagen vor Strafverfolgungsorganen.[12]

8   Im Falle der **Strafverteidigung** gehört es einerseits zu den Aufgaben des Verteidigers, den Beschuldigen vor Anklage, Verhaftung und Verurteilung zu schützen, andererseits ist er zugleich ein Organ der Rechtspflege.[13] Maßstab muss hier die (straf-)**prozessrechtliche Zulässigkeit des Verteidigungsverhaltens** sein. Ob es durch das Verbot des Missbrauchs von Verfahrensrechten begrenzt wird, wird von der Rspr. und einem Teil des Schrifttums bejaht,[14] ist aber mit Blick auf Art. 6 Abs. 1 EMRK problematisch.[15]
b) **Erfolg** der Vereitelung ist eine Besserstellung des Vortäters hinsichtlich der Verfolgung seiner Tat:

9   **aa) Gänzliche Vereitelung:** Die Strafe (Maßnahme) ist ganz vereitelt, wenn sie für geraume Zeit unverwirklicht bleibt.[16]

10   Bei der gänzlichen Vereitelung liegt der kausal herbeizuführende Erfolg in der (zumindest nicht ganz unerheblichen) **Verzögerung** der Verhängung der Strafe oder Maßnahme. Dieser Erfolg ist jedenfalls bei einem Freispruch oder bei einer sonstigen abschlie-

---

8   *Rengier* I § 21/4; S/S-*Stree/Hecker* § 258 Rn 3.
9   RGSt 58, 290 f; BGH bei *Dallinger* MDR 1969, 193 (194); abw. *Zaczyk* GA 1988, 356: Bindungswirkung bei freisprechenden Urteilen, soweit kein Wiederaufnahmegrund eingreift.
10 Vgl unten Rn 13.
11 L-*Kühl* § 258 Rn 4; MK-*Cramer* § 258 Rn 9.
12 *Eisele* BT-2, Rn 1112.
13 BGHSt 46, 53: „Spannungsverhältnis zwischen Organstellung und Beistandsfunktion".
14 Vgl etwa MK-*Cramer* § 258 Rn 11.
15 Zu den Einzelheiten siehe unten Rn 39 f.
16 BGHSt 15, 19 (21); 45, 97 (100 f); BGH NJW 1984, 135; OLG Koblenz NStZ-RR 2005, 77 (79); S/S-*Hecker* § 258 Rn 14; LK-*Walter* § 258 Rn 35; krit. zu einer nur zeitweiligen Strafvereitelung *Kargl* Hamm-FS 235 (250); *Lenckner* Schröder-GS 339 (342 ff); *Vormbaum* Küper-FS 663 (671); *Wappler*, Der Erfolg der Strafvereitelung (§ 258 Abs. 1 StGB), 1998, 169, 184.

ßenden Entscheidung eingetreten. Die hM lässt es aber ausreichen, dass die Sanktion ohne das Tatverhalten (nachweislich) früher hätte durchgesetzt werden können. Die Durchsetzung bezieht sich wiederum auf die **Aburteilung**, nicht auf den Abschluss der polizeilichen und staatsanwaltschaftlichen Ermittlungen. Die Verzögerung muss nach wohl h M **wenigstens zwei Wochen** betragen,[17] so dass die Verzögerung der Verurteilung in **Fall 1** um zwei Wochen ausreicht, um eine vollendete Verfolgungsvereitelung durch B anzunehmen.

Dagegen nimmt die inzwischen wohl **hL** in Anlehnung an § 229 Abs. 1 StPO eine Verzögerung erst ab einem Zeitraum von **drei Wochen** an.[18] Für diese Ansicht spricht nicht nur die durch die Anknüpfung an die StPO gewonnene Präzisierung und verfassungsrechtlich gebotene Konkretisierung des Tatbestandsmerkmals „geraume Zeit", sondern auch der Umstand, dass de lege lata erst ab dieser Dauer der Unterbrechung eine Gefahr für die Wahrheitsfindung zu befürchten ist.[19] Danach läge im Fall 1 allenfalls eine versuchte Verfolgungsvereitelung vor.

bb) Teilweise Vereitelung: Die Strafe (Maßnahme) ist zum Teil vereitelt, wenn der Täter bewirkt, dass der Vortäter besser gestellt wird, als es der materiellen Rechtslage entspricht.[20]

Eine teilweise Vereitelung ist zB gegeben, wenn der Vortäter nur wegen Beihilfe statt Täterschaft, wegen eines Vergehens statt eines Verbrechens oder wegen des Grunddelikts statt der Qualifikation verurteilt wird.

c) Unterlassen: Der Tatbestand kann durch Unterlassen nach den allgemeinen Regeln aus § 13 verwirklicht werden. Zu denken ist etwa an eine Haftung aus Ingerenz. Garantenpflichten können sich ferner aus prozessualen Auskunftspflichten gegenüber Staatsanwaltschaft und Gericht ergeben.[21] Gegenüber der Polizei bestehen dagegen keine prozessualen Auskunftspflichten.[22] Auch aus § 138 oder aus privaten Verträgen (Privat- oder Hausdetektiv) können keine Garantenpflichten abgeleitet werden.

II. Vollstreckungsvereitelung (Abs. 2)

▶ **FALL 2:** Die Brüder M und W des B werden rechtskräftig zu einer Freiheitsstrafe verurteilt. B hilft zunächst dem M, sich ins Ausland abzusetzen. Als W zum Antritt der Strafe geladen wird, meldet sich B stattdessen dort, gibt sich für W aus und sitzt dessen Strafe ab. ◀

▶ **FALL 3:** Die drei Söhne X, Y und Z des V sind rechtskräftig zu Geldstrafen verurteilt worden. Um sie finanziell zu entlasten, greift ihnen V unter die Arme: Das Geld für die Geldstrafe des X überweist V direkt an die Justizkasse, das Geld für die Geldstrafe des Y auf dessen Konto, damit es Y selbst an die Justizkasse überweisen kann. Einen Betrag in Höhe der Geldstrafe des Z, die dieser schon bezahlt hat, schenkt V dem Z bei einem Besuch in bar. ◀

Den **objektiven Tatbestand** der Vollstreckungsvereitelung verwirklicht, wer die Vollstreckung einer gegen einen anderen verhängten Strafe oder Maßnahme gänzlich oder teilweise verhindert.

---

17 W/H/E-*Engländer* Rn 806; abw. OLG Stuttgart NJW 1976, 2084: zehn Tage seien ausreichend; vgl auch BGH NJW 1959, 494 (495); wistra 1995, 143; KG JR 1985, 24 f; *Frank* Schlüchter-GS 275 (277).
18 *S/S-Hecker* § 258 Rn 14; *L-Kühl* § 258 Rn 4.
19 *Jahn* HdS IV § 23 Rn 33; *S/W/S-Jahn* § 258 Rn 15; *Küper/Zopfs* Rn 606.
20 BayObLG JR 1974, 71 f; *Rudolphi* JuS 1979, 859 (860); LK-*Walter* § 258 Rn 37.
21 LG Ravensburg NStZ-RR 2008, 177 (178); SK-*Hoyer* § 258 Rn 32; *S/S-Bosch* § 13 Rn 31; *S/S-Hecker* § 258 Rn 17; aA LG Itzehoe NStZ-RR 2010, 10 (11); *Popp* JR 2014, 418 (420 ff).
22 *Weidemann* JA 2008, 532 (533).

16 **1. Rechtskräftige Verurteilung.** Die Vollstreckungsvereitelung setzt voraus, dass derjenige, dem geholfen wird, als Vortäter rechtskräftig verurteilt worden ist. Ob der Vortäter die Vortat in Wirklichkeit auch begangen hat, ist – anders als bei der Verfolgungsvereitelung – ohne Belang.[23]

17 **2. Tathandlung und Erfolg.** Erfolg der Vereitelung ist die Verhinderung der Vollstreckung:

18 **a) Gänzliche Vereitelung:** Die Vollstreckung der Strafe (bzw Maßnahme) ist ganz vereitelt, wenn diese für geraume Zeit nicht (zwangsweise) durchgesetzt werden kann.

19 Erforderlich ist eine **nicht unerhebliche Verzögerung** der Vollstreckung.[24] Die Verbüßung der Strafe für W oder die Fluchthilfe für M durch B in **Fall 2** stellen daher typische Vollstreckungsvereitelungen dar. Dagegen scheiden rechtmäßige Handlungen (zB ein Gnadengesuch) stets aus. Auch das bloße Verschaffen von Vergünstigungen während des Vollzugs, etwa das Erschleichen von Hafturlaub oder Gewähren eines offenen Vollzugs, sind nicht einschlägig.[25]

20 **b) Teilweise Vereitelung:** Die Vollstreckung der Strafe (bzw Maßnahme) ist zum Teil vereitelt, wenn diese nicht in vollem Umfang durchgesetzt werden kann.[26] Dies ist zB der Fall, wenn die Vereitelungshandlung nur einen Strafrest betrifft.

21 **c) Unterlassen:** Eine Vereitelung der Vollstreckung durch Unterlassen ist bei entsprechender Garantenstellung möglich.

22 Umstritten ist, ob die **Zahlung einer fremden Geldstrafe** als Vollstreckungsvereitelung anzusehen ist:

23 ■ Nach der sog. **Höchstpersönlichkeitstheorie** soll nicht nur die Freiheits-, sondern auch die Geldstrafe den Verurteilten persönlich treffen.[27] In **Fall 3** hätte sich V dann wegen dreifacher Vollstreckungsvereitelung strafbar gemacht, indem er dafür sorgte, dass im Ergebnis keiner der Söhne mit einer Geldstrafe belastet ist. Hierfür spricht, dass an die Stelle von Geldstrafe bei deren Uneinbringlichkeit Freiheitsstrafe tritt.

24 ■ Dieser Ansatz wird von der sog. **eingeschränkten Höchstpersönlichkeitstheorie** dahingehend modifiziert, dass § 258 nicht eingreifen soll, wenn der Verurteilte die Strafe (zunächst) aus seinem eigenen Vermögen zahlt. Bei dieser Sicht ist zwar eine direkte Zahlung der Geldstrafe oder Schenkung zur Zahlung tatbestandsmäßig, nicht aber eine spätere Erstattung oder ein nachträglicher Verzicht auf Darlehensrückzahlung.[28] In **Fall 3** hätte sich V nur durch die Zahlung direkt an die Justizkasse zugunsten des X und durch die Überweisung an Y wegen Vollstreckungsvereitelung strafbar gemacht. Das Schenken des Bargeldes an Z als Ausgleich für die bereits geleistete Geldstrafe wäre hingegen tatbestandslos.

25 ■ Demgegenüber verneint die von der hM vertretene sog. **Vertretbarkeitstheorie** aus überzeugenden Gründen eine Vollstreckungsvereitelung. Zum einen wendet sich § 258 gegen eine Strafvereitelung, nicht gegen eine Strafzweckvereitelung. Die Voll-

---

23 RGSt 73, 331 (333); *Otto* § 96/16; S/S-*Hecker* § 258 Rn 26; LK-*Walter* § 258 Rn 38.
24 Oben Rn 8, ferner *Fischer* § 258 Rn 8, 30; S/S-*Hecker* § 258 Rn 27.
25 NK-*Altenhain* § 258 Rn 63; *Ostendorf* JZ 1989, 573 (579); aA LK-*Walter* § 258 Rn 44.
26 NK-*Altenhain* § 258 Rn 63 mwN.
27 OLG Frankfurt StV 1990, 112; *Hillenkamp* Lackner-FS 455 (466 f); *Mitsch* JA 1993, 304 f; LK-*Ruß*, 11. Aufl., § 258 Rn 24a.
28 *Müller-Christmann* JuS 1992, 379 (381); *Scholl* NStZ 1999, 599 (605); S/S-*Hecker* § 258 Rn 29.

streckung der Geldstrafe wird durch deren Zahlung ja nicht verhindert. Zum anderen könnte der Tatbestand ohne Weiteres umgangen werden, indem zB dem Täter die Geldstrafe – wie zuvor angesprochen – nachträglich erstattet wird oder die Summe nur zum Schein als Darlehen gewährt wird.[29] Nach dieser Auffassung hätte sich V in **Fall 3** nicht strafbar gemacht.

III. Subjektiver Tatbestand

Die subjektive Tatseite verlangt für beide Tatvarianten hinsichtlich des Vereitelungserfolgs Absicht oder wissentliches Handeln im Sinne von dolus directus.[30] Demnach muss der Täter die Besserstellung des Vortäters erstreben oder als sichere Folge seines Verhaltens voraussehen.[31] Hat der Täter den Vereitelungserfolg als zwingende Konsequenz seines Handelns erkannt, steht einer wissentlichen Begehung nicht entgegen, dass die Erreichung des Taterfolges nicht das Ziel des Täters oder ihm sogar gänzlich unerwünscht ist.[32] Hinsichtlich des Vorliegens der Vortat bzw der rechtskräftigen Verurteilung reicht dolus eventualis aus.[33]   **26**

IV. Strafausschließungsgründe (Abs. 5 und 6)

§ 258 stellt nur die Verfolgungs- oder Vollstreckungsvereitelung zugunsten eines anderen unter Strafe, so dass die unmittelbare **Selbstbegünstigung** schon **nicht tatbestandsmäßig** ist. **Abs. 5** dehnt die Straffreiheit der Selbstbegünstigung auf solche Fälle aus, in denen ein an der Vortat Beteiligter (Teilnehmer oder Täter) durch die zugunsten eines beliebigen Dritten begangene Strafvereitelung zugleich seine eigene Bestrafung vereiteln will.[34] Da hierfür schon die Absicht ausreicht („will"), führt auch ein Irrtum des Vortäters über die Sachlage zur Straflosigkeit. Abs. 5 gilt im Übrigen auch dann, wenn der Vortäter (oder ein Teilnehmer an der Vortat) zur Strafvereitelung zu eigenen Gunsten anstiftet. Dies ergibt sich aus dem Fehlen einer dem § 257 Abs. 3 S. 2 entsprechenden Einschränkung.   **27**

Abs. 5 hat den Charakter eines **persönlichen Strafausschließungsgrunds**[35] und gilt nur für Taten nach § 258 Abs. 1 und 2. Begeht der Täter in Tateinheit hierzu weitere Delikte, zB nach §§ 145d, 154 oder 263, werden diese von der Straffreiheit grds. nicht erfasst.[36] Umstritten ist lediglich, ob gem. Abs. 5 auch die Begünstigung (§ 257) eines anderen mit dem Zweck, die eigene Bestrafung zu vereiteln, straffrei ist.[37]   **28**

Einen **weiteren persönlichen Strafausschließungsgrund** normiert **Abs. 6** für den Fall, dass die Tat nach Abs. 1 oder 2 zugunsten eines **Angehörigen** (§ 11 Abs. 1 Nr. 1) begangen wird. In ihrem Anwendungsbereich entspricht diese Regelung derjenigen des Abs. 5 und gilt für alle Beteiligungsformen einschließlich der Anstiftung. Wegen der   **29**

---

29 BGHSt 37, 226; SK-*Hoyer* § 258 Rn 21; *Kranz* ZJS 2008, 471 ff; *L-Kühl* § 258 Rn 13; *Otto* § 96/16.
30 Beim Verteidigerhandeln stellt der BGH erhöhte Beweisanforderungen an die Vereitelungsabsicht, vgl NStZ 2001, 145 (147 f).
31 Vgl KG JR 1985, 24.
32 OLG Karlsruhe NStZ-RR 2017, 355 m.Bespr. *Hecker* JuS 2017, 1125.
33 Vgl OLG Düsseldorf NJW 1964, 2123.
34 Vgl BGH NStZ 1996, 39.
35 Hierzu *Kindhäuser* LPK Vor § 13 Rn 234 f.
36 BayObLG NJW 1978, 2563; OLG Celle JR 1981, 34; *Rudolphi* JuS 1979, 859 (862 f).
37 Bejahend: *Geppert* Jura 1980, 327 (333); vgl auch BGH JR 1996, 344 (345); verneinend: *L-Kühl* § 258 Rn 16; S/S-*Hecker* § 258 Rn 39; nach LK-*Walter* § 258 Rn 133 soll es hier bereits an der Begünstigungsabsicht fehlen.

gleichen Motivationslage greift Abs. 6 auch ein, wenn der Täter nur irrig seine Angehörigeneigenschaft annimmt.[38]

30   Eine analoge Anwendung des § 258 Abs. 6 auf nahestehende Personen im Sinne des § 35 Abs. 1 (etwa auf Partner einer eheähnlichen Lebensgemeinschaft) wird von der hM abgelehnt.[39] Ferner ist wie bei Abs. 5 umstritten, ob die Begünstigung (§ 257) eines Angehörigen oder Dritten straffrei ist, wenn sie Mittel oder notwendige Folge einer nach § 258 Abs. 6 straflosen Strafvereitelung ist.[40]

C. Qualifikation: Strafvereitelung im Amt (§ 258a)

▶ **Fall 4:** Der bei der örtlichen Baubehörde als Beamter tätige A überredet seinen Bruder, den Staatsanwalt B, die Ermittlungen wegen Betruges gegen ihre gemeinsame Schwester C zu blockieren. B lässt daraufhin die Ermittlungsakten verschwinden, so dass nicht weiter gegen C ermittelt wird. ◀

31   § 258a sieht für alle Tatvarianten des § 258 eine Qualifikation unter der Voraussetzung vor, dass der Täter in einer bestimmten Funktion als Amtsträger handelt. Insoweit normiert die Vorschrift ein **unechtes Amtsdelikt**. Die Qualifikation soll neben der bereits vom Grunddelikt bezweckten Sicherung der Rechtspflege auch das **Legalitätsprinzip** im Sinne von §§ 152 Abs. 2, 160 Abs. 1 StPO garantieren.[41]

32   Als **Täter** kommt jeder in Betracht, der in seiner Eigenschaft als Amtsträger an der Strafverfolgung oder Strafvollstreckung mitzuwirken hat. Zu denken ist an Richter, an Staatsanwälte,[42] die ein anklagereifes Ermittlungsverfahren bewusst nicht betreiben,[43] an Polizisten oder Gefängnisbeamte. In **Fall 4** sind zwar A und B Beamte, aber nur B hat bei der Strafverfolgung mitzuwirken. Gem. § 28 Abs. 2 ist auf A daher nur § 258 anwendbar, so dass er gem. § 258 Abs. 6 straffrei bleibt. Auf Beteiligte, die keine Amtsträger sind, ist gem. § 28 Abs. 2 nur § 258 – und damit auch § 258 Abs. 3 und 6 – anzuwenden. Das Angehörigenprivileg gilt nach § 258a Abs. 3 iVm § 258 Abs. 6 für Amtsträger nicht, so dass sich B in **Fall 4** nicht auf § 258 Abs. 6 berufen kann und daher gem. § 258a zu bestrafen ist. Wohl aber handelt auch ein Amtsträger nicht tatbestandsmäßig, wenn er (als Vortatbeteiligter) die Tat zu eigenen Gunsten begeht, da § 258 Abs. 5 durch § 258a nicht ausgeschlossen wird.

33   Bei schweren Vergehen oder Verbrechen, welche die Rechtsgemeinschaft besonders berühren, trifft einen Amtsträger im Sinne von § 258a auch eine **Offenbarungspflicht** über **außerdienstlich** erlangtes Wissen.[44] Andere Amtsträger haben dagegen keine gegenüber Privatleuten gesteigerte Anzeigepflicht,[45] sofern sie nicht besondere Pflichten zur Unterrichtung der Strafverfolgungsbehörden haben.[46]

---

38   L-*Kühl* § 258 Rn 17 mwN; aA LK-*Ruß*, 11. Aufl., § 258 Rn 37 mwN: maßgebend sei allein die objektive Lage.
39   Vgl BGH NJW 1984, 136; NK-*Altenhain* § 258 Rn 74 mwN.
40   Bejahend: NK-*Altenhain* § 258 Rn 72; verneinend: L-*Kühl* § 258 Rn 17.
41   *Laubenthal* JuS 1993, 907 (911).
42   Näher hierzu *Frank* Schlüchter-GS 275 ff.
43   BGHSt 62, 312 m.Bespr. *Jahn* JuS 2017, 1227; *Wagner* ZJS 2018, 91.
44   BGHSt 5, 225; 12, 277 (279 f); 38, 388 (391 f); BGH NJW 1989, 914 (916); OLG Karlsruhe NStZ 1988, 503; NK-*Altenhain* § 258a Rn 7; gegen jede Anzeigepflicht *Laubenthal* JuS 1993, 907 (910 ff); *Mitsch* NStZ 1993, 384 (385).
45   BGHSt 43, 82 (84 ff); MK-*Cramer* § 258a Rn 7; *Rudolphi* NStZ 1997, 599 ff.
46   Vgl §§ 159 Abs. 1 StPO, 183 S. 1 GVG, 41 Abs. 1 OWiG, 6 SubvG.

D. Anwendung

I. Aufbau

Da die Strafvereitelung nach § 258 Abs. 1 ein **Anschlussdelikt** ist, das die Begehung 34
einer Vortat voraussetzt, ist im Gutachten vor seiner Erörterung stets zunächst die Vortat zu prüfen. Im Falle von § 258 Abs. 2 ist im Rahmen einer Vorprüfung eine rechtskräftige Verurteilung (Abs. 2) festzustellen. Ansonsten empfiehlt es sich, die Tatbestandsmerkmale der Strafvereitelung in folgenden Schritten zu prüfen:

■ Verfolgungsvereitelung (Abs. 1): 35
　A) *Tatbestand*:
　　I. Objektiver Tatbestand:
　　　1. Tatsituation: Vortat:
　　　　a) verfolgbare Verwirklichung eines Delikts, das im Falle der Vereite-
　　　　　lung einer Bestrafung auch schuldhaft begangen sein muss (Rn 3 ff)
　　　　b) durch einen anderen
　　　2. Tathandlung: gänzliche (Rn 7 f) oder teilweise (Rn 9 f) Vereitelung der
　　　　Ahndung der Vortat
　　II. Subjektiver Tatbestand (Rn 23):
　　　1. (zumindest bedingter) Vorsatz hinsichtlich Vortat
　　　2. Absicht oder dolus directus hinsichtlich des Vereitelungserfolgs
　B) *Rechtswidrigkeit*
　C) *Schuld*
　D) *Persönliche Strafausschließungsgründe*, Abs. 5 und 6 (Rn 24 ff)
　E) Ggf *Qualifikation*, § 258a (Rn 28 ff)

■ Vollstreckungsvereitelung (Abs. 2): 36
　A) *Tatbestand*:
　　I. Objektiver Tatbestand:
　　　1. Tatsituation: rechtskräftig verhängte, aber noch nicht (vollständig) voll-
　　　　streckte Strafe oder Maßnahme (Rn 12) gegen einen anderen
　　　2. Tathandlung: gänzliche (Rn 15 f) oder teilweise (Rn 17) Vereitelung der
　　　　Vollstreckung
　　II. Subjektiver Tatbestand (Rn 23):
　　　1. (zumindest bedingter) Vorsatz hinsichtlich Vortat
　　　2. Absicht oder dolus directus hinsichtlich des Vereitelungserfolgs
　B) *Rechtswidrigkeit*
　C) *Schuld*
　D) *Persönliche Strafausschließungsgründe* nach Abs. 5 und 6 (Rn 24 ff)
　E) Ggf *Qualifikation* nach § 258a (Rn 28 ff)

II. Versuch

Der Versuch beginnt den allgemeinen Regeln entsprechend erst mit dem unmittelbaren 37
Ansetzen zur Tatbestandsverwirklichung. Daher liegt zB das Anerbieten eines Zeugen
gegenüber dem Vortäter, im Verfahren gegen diesen falsch auszusagen, noch im straflo-

sen Vorbereitungsstadium; die Grenze zum Versuch ist hier erst mit dem Beginn der Falschaussage vor Gericht überschritten.[47]

38   Bis zum Eintritt des Vereitelungserfolgs kann der Täter nach § 24 strafbefreiend **zurücktreten**.

III. Beteiligung

▶ **Fall 5:** T ist wegen Raubes angeklagt und gesteht seinem Verteidiger R die Tat. Dennoch rät R dem T, sich vor Gericht auf sein Schweigerecht zu berufen und das bereits vor der Polizei abgelegte Geständnis zu widerrufen. ◀

39   Hinsichtlich der **Abgrenzung** der Verfolgungsvereitelung **von der Beihilfe zur Vortat** ist auf den Zeitpunkt abzustellen, in dem die Unterstützungshandlung ihre Wirkung entfaltet. § 258 Abs. 1 greift daher erst ein, wenn die Unterstützungshandlung die Begehung der Vortat nicht – auch nicht in Form psychischer Beihilfe – gefördert hat.[48]

40   Da die Selbstbegünstigung nicht tatbestandsmäßig ist, reicht es für eine Strafvereitelung nicht aus, wenn lediglich im Vortäter der Wille, sich der Strafverfolgung (oder -vollstreckung) zu entziehen, hervorgerufen oder bestärkt wird. Vielmehr muss der Täter einen **sachlichen Beitrag zur Sanktionsverhinderung** leisten,[49] zB durch Beseitigen von Tatspuren, Fluchthilfe, irreführende Angaben gegenüber der Polizei, Falschaussagen vor Gericht.[50]

41   **Sozialadäquate Verhaltensweisen**, die – wie zB der Verkauf von Nahrungsmitteln oder eine ärztliche Versorgung – dem Vortäter zugutekommen, sind schon nach den Regeln der objektiven Zurechnung mangels unerlaubter Risikoschaffung nicht tatbestandsmäßig.[51]

42   Hinsichtlich des **Verteidigerhandelns** gelten im Wesentlichen folgende Grundsätze:

43   Der Verteidiger darf „grundsätzlich alles tun, was in gesetzlich nicht zu beanstandender Weise seinem Mandanten nützt".[52] Tatbestandslos ist insbesondere die Wahrnehmung von Verfahrensrechten. Hierbei kann der Verteidiger eigene Rechte geltend machen oder dem Vortäter bzw anderen Verfahrensbeteiligten zur Wahrnehmung ihrer Rechte raten,[53] so dass V in **Fall 5** den Tatbestand nicht erfüllt, indem er M riet, von seinem Recht gem. § 243 Abs. 5 S. 1 StPO Gebrauch zu machen. Effektive Strafverteidigung liegt jedoch nicht vor bei Verhalten, das nur dem äußeren Anschein nach Verteidigung darstellt.[54] Der Verteidiger darf sich auch dann für einen Freispruch des Angeklagten einsetzen, wenn er von dessen Schuld überzeugt ist. Ferner darf der Verteidiger

- seinen Mandanten über die Aktenlage informieren,[55] ihm von einer Selbstanzeige[56] oder einem Geständnis abraten,
- ihm empfehlen, sich nicht zur Sache einzulassen,

---

47   BGHSt 31, 10 (13); BayObLG NJW 1986, 202 (203).
48   MK-*Cramer* § 258 Rn 47; M-Schroeder/*Maiwald* II § 100/12; S/S-*Hecker* § 258 Rn 6.
49   *Frisch* JuS 1983, 915 (919 f); *Küper* GA 1997, 301 (315 ff); LK-*Walter* § 258 Rn 56 mwN.
50   RGSt 54, 41; BayObLG NJW 1966, 2177.
51   BGH NJW 1984, 135; OLG Koblenz NJW 1982, 2785 f m.Anm. *Frisch* NJW 1983, 2471.
52   BGHSt 38, 345 (347 f).
53   BGH NStZ 2001, 145 (146 f); OLG Düsseldorf StV 1998, 65 (66); *Stumpf* wistra 2001, 123 ff.
54   BGH NStZ 2009, 692 (693); OLG Karlsruhe JZ 2006, 1129; zu Einzelfällen vgl S/S/W-*Jahn* § 258 Rn 27 ff.
55   Vgl BGH NJW 1980, 64 m.Anm. *Giemulla* JA 1980, 253 f.
56   BGHSt 2, 375.

- verfahrensverlängernde Beweisanträge bzw. Befangenheitsanträge[57] stellen,
- ein aussichtsloses Rechtsmittel einlegen,[58]
- aussageverweigerungsberechtigten Zeugen die Verweigerung nahe legen,[59]
- sowie zum wahrheitswidrigen Widerruf eines Geständnisses raten, so dass V in **Fall 5** auch mit seinem zweiten Ratschlag straflos bleibt.

Dagegen ist es dem Verteidiger nach hM untersagt, 44

- von den Ermittlungsbehörden geheim gehaltene Maßnahmen bekannt zu geben,[60]
- die wahre Sachlage unter sachwidriger Erschwerung der Strafverfolgung zu verdunkeln,
- falsche Aussagen herbeizuführen,[61] etwa durch Benennung eines zum Meineid entschlossenen Zeugen oder durch Suggestivfragen,
- Mandanten oder Zeugen zu Urkundenfälschungen verleiten[62] oder sie darin zu bestärken,[63]
- einen Zeugen mittels Täuschung oder Nötigung zur Aussageverweigerung zu bestimmen,[64]
- einen Zeugen im Willen zur Falschaussage zu bestärken,[65]
- einem Zeugen Schmerzensgeld für eine erfolgreiche Entlastungsaussage zu versprechen,[66]
- die Beschlagnahme von Geschäftsunterlagen zu verhindern, für die kein Beschlagnahmeverbot besteht, indem er absichtlich oder wissentlich falsche Angaben zu seinem Besitz an diesen macht,[67]
- oder den Angeklagten zu veranlassen, nicht zur Hauptverhandlung zu erscheinen.[68]

WIEDERHOLUNGS- UND VERTIEFUNGSFRAGEN

> Worin liegt der Unterschied zwischen Verfolgungs- und Vollstreckungsvereitelung? (Rn 1)
> Welche Voraussetzungen muss die Vortat bei der Verfolgungsvereitelung erfüllen? (Rn 3 ff)
> Wann ist eine Strafe ganz, wann zum Teil vereitelt? (Rn 7 ff)
> Ist die Bezahlung einer fremden Geldstrafe eine Vollstreckungsvereitelung? (Rn 22 ff)
> Welche persönlichen Strafausschließungsgründe kennt § 258? (Rn 27 ff)
> Wie ist die Verfolgungsvereitelung von der Beihilfe zur Vortat abzugrenzen? (Rn 39)

---

57 LG Nürnberg StV 2010, 136.
58 SK-*Hoyer* § 258 Rn 26.
59 BGHSt 10, 393 (395).
60 BGHSt 29, 99 (102 f); vgl auch BVerfG NJW 2006, 3197 (3198); LG Nürnberg-Fürth bei *Jahn* JuS 2010, 552.
61 BGH NJW 1983, 2712 m.Anm. *Beulke* NStZ 1983, 504 f; *Bottke* JR 1984, 300 ff.
62 BGHSt 38, 345.
63 BGH NStZ 1983, 503.
64 BGHSt 10, 393 (394).
65 BGHSt 29, 99 (107).
66 BGH NStZ 2001, 145 (147).
67 BGHSt 63, 174 m.Bespr. *Bockemühl* NStZ 2019, 102; *Jäger* JA 2019, 154; krit. *Mitsch* NJW 2018, 3263.
68 OLG Koblenz NStZ 1992, 146.

§ 52 Falsche Verdächtigung (§ 164)

A. Allgemeines

1 Die Vorschrift soll einerseits die inländische **staatliche Rechtspflege** vor unberechtigter Beanspruchung und Irreführung, andererseits den Einzelnen vor **unberechtigter staatlicher Verfolgung** schützen.[1] Dieser Schutz ist **alternativ** zu verstehen, so dass die Verletzung nur eines der beiden Rechtsgüter genügt.[2] Daher wird zum einen das Unrecht der Tat nicht durch die Einwilligung des Betroffenen ausgeschlossen.[3] Die Vorschrift ist zum anderen aber wegen des Individualschutzes auch anwendbar, wenn ein Deutscher im Ausland falsch verdächtigt wird.[4] Abweichend wird in der Literatur teils nur das Individualinteresse als geschützt angesehen; die Tat wäre dann einwilligungsfähig.[5] Teils wird der Schutz ausschließlich auf die Sicherung der inländischen Rechtspflege bezogen, so dass in Deutschland die falsche Verdächtigung eines Deutschen im Ausland straflos wäre.[6]

B. Definitionen und Erläuterungen

2 § 164 enthält zwei Tatbestände für Verdächtigungen, die öffentlich oder gegenüber bestimmten Stellen zur Auslösung eines Verfahrens erfolgen:

3 **Abs. 1** trifft eine **abschließende Regelung für Strafverfahren** (samt Verfahren zur Verhängung von Maßregeln der Besserung und Sicherung) *und* **Disziplinarverfahren**.

4 **Abs. 2** erstreckt die falsche Verdächtigung auf **sonstige behördliche Verfahren** und Maßnahmen, worunter insbesondere Bußgeldverfahren,[7] Verwaltungsverfahren zur Entziehung von Konzessionen, Approbationen und akademischen Graden[8], Insolvenzverfahren[9] oder Ehrengerichtsverfahren fallen.

I. Abs. 1

▶ **FALL 1:** Um seinem Rivalen X zu schaden, stiehlt Autoknacker E dessen Handy. Er platziert dieses in einem von ihm selbst gestohlenen und ausgeschlachteten Fahrzeug, als habe es der Täter verloren. Die Polizei kann über die Rufnummer ohne Weiteres X als Eigentümer des Handys feststellen und ermittelt nun gegen diesen wegen des von E begangenen Diebstahls. ◀

▶ **FALL 2:** A und B waren die einzigen Insassen eines Pkw, mit dem eine Trunkenheitsfahrt begangen wurde, so dass einer der beiden der Fahrer gewesen sein muss. In mehreren Verhören schweigt A zunächst, streitet dann seine Täterschaft ab und behauptet zuletzt, B sei der Täter gewesen. ◀

---

1 HM, vgl nur BGHSt 9, 240 (242); BGH JR 1965, 306 (307); S/S-*Bosch/Schittenhelm* § 164 Rn 1a; LK-*Ruß*, 11. Aufl., § 164 Rn 1.
2 *Fischer* § 164 Rn 2; *Jeßberger* HdS IV § 23 Rn 35.
3 OLG Düsseldorf NJW 1962, 1263 f; *Rengier* II § 50/1.
4 *Geilen* Jura 1984, 251; vgl auch § 7 I.
5 *Hirsch* Schröder-GS 307 (321 ff); NK-*Vormbaum* § 164 Rn 10, 66.
6 *Langer* GA 1987, 289 (295 ff); SK-*Rogall/Rudolphi* § 164 Rn 1, 32.
7 BGH bei *Holtz* MDR 1978, 623; OLG Stuttgart NJW 2018, 1110 m.Bespr. *Jahn* JuS 2018, 591; *Mitsch* NJW 2018, 1110.
8 S/S-*Bosch/Schittenhelm* § 164 Rn 13.
9 OLG Koblenz NJW-Spezial 2012, 729.

▶ **FALL 3:** D ist bei O zu Gast und stiehlt dessen wertvolle Taschenuhr. Empört über die Dreistigkeit des D gibt O bei der Polizei an, dass D ihm die Uhr unter Verabreichung einer Tracht Prügel entrissen habe. ◀

▶ **FALL 4:** In dem Mehrfamilienhaus der F sind mehrere Scheiben im Hausflur zerstört worden. F erstattet Anzeige gegen den verhassten Wohnungsnachbarn Y und behauptet, bewusst tatsachenwidrig, ihn am Dienstagabend bei der Tat beobachtet zu haben. Die Polizei kann schließlich Y anhand gefundener Fingerabdrücke tatsächlich als Täter überführen. ◀

1. Objektiver Tatbestand. Der objektive Tatbestand erfordert eine gegenüber bestimmten Stellen oder öffentlich angebrachte Verdächtigung, die eine rechtswidrige Tat oder die Verletzung einer Dienstpflicht eines anderen zum Gegenstand hat.   5

a) Anderer: Ein anderer im Sinne des Tatbestands kann nur eine bestimmte lebende Person sein.   6

Der Täter muss sie zwar nicht namentlich nennen, wohl aber ihre Identifizierung ermöglichen.[10] Nicht erfasst werden irreführende Anzeigen gegen unbekannt, Verstorbene oder eine in Wirklichkeit nicht existierende Person[11] sowie falsche Selbstbezichtigungen.[12]   7

b) Verdächtigen: Verdächtigen ist das Hervorrufen, Umlenken oder Bestärken eines Verdachts.[13]   8

aa) Der Verdacht wird **hervorgerufen**, wenn er bisher noch nicht bestand; er wird **umgelenkt**, wenn er sich nunmehr auf eine andere, bisher unverdächtige Person richtet; er wird **bestärkt**, wenn er durch weitere Gründe untermauert wird. Jeweils kann das Verdächtigen durch ausdrückliches oder konkludentes Erklären, aber auch durch das Schaffen von Indizien erfolgen.[14] Letzteres wird als „isolierte Beweismittelfiktion" bezeichnet.[15] Exemplarisch: Der auf frischer Tat Ertappte gibt einen falschen Namen an.[16] Der Verdächtigende kann offen auftreten, aber auch anonym bleiben oder unter falschem Namen handeln.[17]   9

In **Fall 1** ruft die durch die Platzierung des Handys von E geschaffene Indizienlage den Verdacht gegen X hervor, so dass E den Tatbestand von § 164 Abs. 1 verwirklicht hat.   10

Einige Autoren lehnen ein Verdächtigen durch bloße Beweismittelfiktion ab,[18] so dass hiernach das Platzieren des Handys in **Fall 1** nicht tatbestandsmäßig im Sinne von § 164 Abs. 1 wäre. Der Formulierung „sonstige Behauptung tatsächlicher Art" in Abs. 2 sei zu entnehmen, dass nur Äußerungen erfasst seien. Ferner gewährleiste insoweit § 145d einen umfassenden Rechtsgüterschutz. Das Argument lässt sich freilich umdrehen: Aus dem Umstand, dass nur Abs. 2 von Behauptungen spricht, ist zu folgern, dass unter Abs. 1 auch die – ggf erheblich gefährlichere und ohne Weiteres vom Schutzzweck gedeckte – Verdachtserregung durch manipulierte Indizien fällt.[19]   11

---

10 BGHSt 13, 219 (220); *Hohmann/Sander* § 23/4.
11 OLG Stuttgart NJW 2018, 1110 m.Bespr.*Jahn* JuS 2018, 591; *Mitsch* NJW 2018, 1112
12 BGHSt 13, 219 (220); *Küpper* II § 3/22; *Rengier* II § 50/5.
13 BGHSt 14, 240 (246); BGH NJW 2015, 1705; *Langer* Tröndle-FS 265 (267); SK-*Rogall* § 164 Rn 10; Küper/*Zopfs* Rn 589 ff.
14 BGHSt 9, 240; S/S-*Bosch/Schittenhelm* § 164 Rn 5 ff; SK-*Rogall* § 164 Rn 11 ; LK-*Ruß*, 11. Aufl., § 164 Rn 5 f.
15 SK-*Rudolphi* § 164 Rn 12; *Welp* JuS 1967, 507 (510).
16 BGHSt 18, 204 (205).
17 RGSt 69, 173 (174); *Welp* JuS 1967, 507 (510).
18 *Langer* Lackner-FS 541 (544 ff); NK-*Vormbaum* § 164 Rn 20 f.
19 W/H/E-*Engländer* Rn 771; S/S/W-*Jeßberger* § 164 Rn 9.

12   **bb)** Hinsichtlich der Frage, ob der Täter **durch Schweigen, Leugnen oder Ablenken** der gegen ihn erhobenen Vorwürfe einen (bestimmten) anderen verdächtigen kann, sind folgende Fallgruppen zu unterscheiden:

13   ■ Da ein Beschuldigter berechtigt ist, zu **schweigen** (§ 136 Abs. 1 S. 2 StPO), kann hierin kein tatbestandsmäßiges Verdächtigen liegen, selbst wenn ein anderer dadurch belastet wird. Daher ist das Schweigen des A in **Fall 2** tatbestandslos.

14   ■ Dem Schweigen steht das **bloße Bestreiten** gleich. Das Leugnen ist aber auch dann kein Verdächtigen, wenn der Täter die belastenden Konsequenzen, die sich aus seinem Bestreiten **zwangsläufig** für einen anderen ergeben, selbst erwähnt.[20] In **Fall 2** ist es daher ebenfalls tatbestandslos, wenn A seine Täterschaft bloß bestreitet oder B als Täter benennt. Lenkt er den Verdacht jedoch auf eine bis dahin völlig unverdächtige Person, so ist dies nicht mehr von der Selbstbelastungsfreiheit gedeckt.[21]

15   ■ Eine falsche Verdächtigung ist jedoch gegeben, wenn der Täter einen Schritt weiter geht und zusätzlich **unwahres belastendes Tatsachenmaterial** gegen den anderen anführt und damit den Verdacht gegen diesen verstärkt und von sich ablenkt.[22]

16   Eine ähnliche und nach den gleichen Kriterien zu bewertende Situation ergibt sich, wenn ein Beschuldigter die ihn (zutreffend) belastende Aussage eines Zeugen zurückweist und diesen damit einer Tat nach § 164 bezichtigt.[23]

17   **cc)** Eine Verdächtigung durch **Unterlassen** ist möglich. Dies kann zunächst dadurch geschehen, dass ein Garant gegen die falsche Verdächtigung durch einen Dritten nicht einschreitet. Der Tatbestand kann ferner dadurch verwirklicht werden, dass ein Garant durch das Vorenthalten richtiger Informationen die Einstellung eines laufenden Verfahrens verhindert.[24]

18   **c) Gegenstand der Verdächtigung:** Gegenstand der Verdächtigung ist eine rechtswidrige Tat (§ 11 Abs. 1 Nr. 5) oder eine Dienstpflichtverletzung:

19   ■ Als rechtswidrige Tat kommt **nur eine Straftat,** keine Ordnungswidrigkeit in Betracht. Die Tat muss jedenfalls zum Begehungszeitpunkt **noch abgeurteilt werden können.** Das zur Verfügung gestellte Tatsachenmaterial muss einen ausreichenden Grund zur Strafverfolgung ergeben.[25] Insoweit scheidet zB eine Verdächtigung aus, wenn sich schon aus der Anzeige ergibt, dass die fragliche Tat gerechtfertigt, entschuldigt oder wegen Rücktritts straflos ist.[26] Der Tatbestand des § 164 ist auch nicht erfüllt, wenn schon nach dem Inhalt der verdächtigenden Äußerung selbst ausgeschlossen ist, dass diese zu der beabsichtigten behördlichen Reaktion führen kann, zB wenn ein Strafantrag fehlt.[27] Umgekehrt reicht es dagegen für eine Verdächtigung aus, wenn in der Erklärung entlastende Umstände verschwiegen werden und hierdurch der Eindruck einer strafrechtlich verfolgbaren Tat entsteht.[28]

---

20   BayObLG JZ 1985, 753 m.Anm. *Keller* JR 1986, 30; OLG Düsseldorf NJW 1992, 1119 f; S/S-*Bosch/Schittenhelm* § 164 Rn 5; *Mitsch* JZ 1992, 979 f; LK-*Ruß*, 11. Aufl., § 164 Rn 6; aA *Dehne-Niemann* NStZ 2015, 677 (679 ff); *Otto* § 95/4; diff. *Krell* HRRS 2015, 483.

21   BGHSt 60, 203 m. zust. Anm. *Dehne-Niemann* NStZ 2015, 677 ff.

22   OLG Düsseldorf NJW 1992, 1119 (1120); OLG Hamm VRS 32, 441 f; *Kühlen* JuS 396 (398 f); S/S-*Bosch/Schittenhelm* § 164 Rn 5; SK-*Rogall* § 164 Rn 15.

23   SK-*Rogall* § 164 Rn 16; NK-*Vormbaum* § 164 Rn 27.

24   *Fischer* § 164 Rn 4; S/S-*Bosch/Schittenhelm* § 164 Rn 21; LK-*Ruß*, 11. Aufl., § 164 Rn 14; aA SK-*Rogall* § 164 Rn 17.

25   Vgl § 152 II StPO.

26   S/S-*Bosch/Schittenhelm* § 164 Rn 10; *Otto* § 95/5; LK-*Ruß*, 11. Aufl., § 164 Rn 7 f.

27   OLG Stuttgart NStZ-RR 2014, 276.

28   BGH bei *Dallinger* MDR 1956, 270; *Geilen* Jura 1984, 300 f; S/S-*Bosch/Schittenhelm* § 164 Rn 10.

- Eine **Dienstpflichtverletzung** erfordert einen Verstoß gegen eine Dienstpflicht, der [20] disziplinarisch geahndet werden kann. Die Verletzung von Standespflichten, die – zB bei Ärzten oder Anwälten – in Ehrengerichtsverfahren behandelt werden, wird nicht erfasst.

d) Falsch: Die Verdächtigung muss falsch sein, was sich mittelbar daraus ergibt, dass [21] sie „wider besseres Wissen" erfolgen muss: Die Verdächtigung ist falsch, wenn sie in ihrem wesentlichen Inhalt objektiv nicht der Wahrheit entspricht. Die Unwahrheit der Verdächtigung ist damit Bestandteil des objektiven Tatbestands.[29]

aa) Die Verdächtigung ist auch falsch, wenn der Sachverhalt in entscheidenden Punk- [22] ten **unvollständig** dargestellt wird.[30] Indem O in **Fall 3** den einfachen Diebstahl (§ 242) des D zu einem Raub (§ 249) aufbauscht, erfüllt er daher den Tatbestand von § 164 Abs. 1. Bloße Übertreibungen sind dagegen ebenso wenig tatbestandsmäßig[31] wie falsche Angaben, die nur die Schwere der Tat ohne Veränderung des Deliktscharakters betreffen.[32] Die Verdächtigung ist ferner nicht falsch, wenn der Anzeigenerstatter wahrheitsgemäß Tatsachen mitteilt und hieraus lediglich unzutreffende Schlussfolgerungen zieht.[33]

bb) Umstritten ist, ob für die Unwahrheit das **Ergebnis des Beweisverfahrens** über die [23] dem Verdächtigten zur Last gelegten Tat maßgeblich ist, also eine ex post-Betrachtung vorzunehmen ist, oder ob es nur auf die Unwahrheit der vorgebrachten Verdachtsmaterie ankommt:

Die Rechtsprechung[34] und ein Teil des Schrifttums[35] halten eine Beurteilung ex post [24] für maßgeblich. Dies hat zur Folge, dass die Mitteilung unwahrer Verdachtsmomente dann nicht als falsches Verdächtigen im tatbestandlichen Sinne anzusehen ist, wenn sie gegen einen – wie sich später herausstellt – tatsächlich Schuldigen geäußert werden. In **Fall 4** wäre F´s Verdächtigung gegen den tatsächlichen Täter Y daher nicht falsch.

Der Tatbestand soll weitergehend sogar dann nicht verwirklicht sein, wenn ein nur [25] möglicherweise Schuldiger belastet wird. In diesem Fall greife der Grundsatz *in dubio pro reo* zugunsten des Verdächtigenden ein.[36]

Nach hL erfüllt die Mitteilung unwahrer Verdachtsmomente das Merkmal des fal- [26] schen Verdächtigens unabhängig davon, ob der Verdächtigte in Wirklichkeit schuldig ist oder nicht.[37] Hiernach hätte F in **Fall 4** durch die Schilderung ihrer erfundenen Beobachtung des Y bei der Tat unwahre Verdachtsmaterie gegen Y vorgetragen und damit den Tatbestand erfüllt.

Dem ist zuzustimmen, da auch ein tatsächlich Schuldiger Anspruch darauf hat, nicht [27] aufgrund falschen Beweismaterials straf- oder disziplinarrechtlich belangt zu werden. Ferner sollen behördliche Maßnahmen nur aufgrund tatsächlicher Anhaltspunkte eingeleitet oder fortgeführt werden, so dass die Strafverfolgungsbehörden auch im Falle

---

29 *Jeßberger* HdS IV § 22 Rn 39.
30 OLG Brandenburg NJW 1997, 141 f; OLG Karlsruhe NStZ-RR 1997, 37 (38); OLG München NJW 2009, 3043.
31 BGH JR 1953, 181; OLG München NJW 2009, 3043.
32 BGH bei *Dallinger* MDR 1956, 270; OLG Karlsruhe Die Justiz 1986, 195 (196); SK-*Rogall* § 164 Rn 28.
33 OLG Rostock NStZ 2005, 335 (336).
34 RGSt 39, 58 (59); OLG Köln NJW 1952, 117.
35 *Schilling* GA 1984, 345 ff; M-*Schroeder*/Maiwald II § 99/14.
36 BGHSt 35, 50 (54); OLG Köln NJW 1952, 117; zust. *Fischer* § 164 Rn 6.
37 *Deutscher* JuS 1988, 526 ff; *Fezer* NStZ 1988, 177 f; *Geilen* Jura 1984, 300 (302 f); Krey/Hellmann/*Heinrich* I Rn 799 ff; *Langer* GA 1987, 289 (302); S/S-*Bosch*/*Schittenhelm* § 164 Rn 16; SK-*Rogall* § 164 Rn 26 ff; LK-*Ruß*, 11. Aufl., § 164 Rn 10; NK-*Vormbaum* § 164 Rn 50 ff; vgl auch OLG Hamburg StV 1986, 343 (344).

der Aufnahme von Ermittlungen auf der Basis einer unwahren Verdachtsmaterie unberechtigt in Anspruch genommen werden.

28   e) **Adressat der Verdächtigung:** Adressat der Verdächtigung kann eine Behörde, ein zur Entgegennahme von Anzeigen befugter Amtsträger oder ein militärischer Vorgesetzter sein; bei Strafverfahren sind dies namentlich Staatsanwaltschaft und Polizei. Die Verdächtigung kann aber auch öffentlich erfolgen, was dann der Fall ist, wenn die Beschuldigung vor einem größeren, individuell unbestimmten Personenkreis geäußert wird.[38]

29   f) **Vollendung:** Die Tat ist mit dem Zugang der Beschuldigung bei der Behörde oder dem Amtswalter vollendet. Kenntnisnahme ist nicht erforderlich. Der Vollendung kann der gleichzeitige Eingang eines Widerrufs entgegenstehen.[39] Im Fall öffentlicher Begehung genügt für die Vollendung die Verlautbarung der Äußerung und die Möglichkeit ihrer Kenntnisnahme.[40]

30   **2. Subjektiver Tatbestand.** Der subjektive Tatbestand verlangt (zumindest bedingten) **Vorsatz** bezüglich der Merkmale des objektiven Tatbestands und **zudem** sowohl die **sichere Kenntnis** von der Unwahrheit der Verdachtsmomente („wider besseres Wissen") als auch die **Absicht**, das betreffende Verfahren herbeizuführen oder fortdauern zu lassen. Für die Absicht soll nach hM neben zielgerichtetem Wollen auch dolus directus im Sinne sicheren Wissens ausreichen.[41]

II. Abs. 2

▶ **Fall 5:** Um seinem Konkurrenten, dem Gastwirt G, zu schaden, behauptet T bei der für die Erteilung von Gaststättengenehmigungen zuständigen Behörde, dass G starker Alkoholiker sei. ◀

31   Die in Abs. 2 genannte Tathandlung dehnt den Anwendungsbereich der Vorschrift auf sonstige behördliche Verfahren aus, worunter insbesondere Bußgeldverfahren,[42] Ehrengerichtsverfahren und Verwaltungsverfahren zur Entziehung von Approbationen, akademischen Graden und Konzessionen[43] fallen. Ansonsten deckt sie sich aber **bis auf zwei Besonderheiten** mit der Tathandlung nach Abs. 1.

32   Zunächst ist **Gegenstand der Verdächtigung** eine „sonstige" Tatsachenbehauptung, also eine Behauptung, die nicht eine (speziell von Abs. 1 erfasste) rechtswidrige Tat oder Dienstpflichtverletzung betrifft.[44] Die Behauptung des T in **Fall 5** bezieht sich auf die Eignung des G zum Betreiben einer Gaststätte im Sinne von § 4 Abs. 1 Nr. 1 GastG und kann daher ein Verfahren zur Rücknahme der Konzession gem. §§ 15 Abs. 1, 4 Abs. 1 Nr. 1 GastG auslösen. T's Verhalten erfüllt daher den Tatbestand von § 164 Abs. 2.

33   Sodann wird Abs. 2 seinem Wortlaut entsprechend enger als Abs. 1 ausgelegt und ist **nur auf Äußerungen**, nicht aber auch auf die Manipulation von Fakten im Sinne einer „isolierten Beweismittelfiktion" anzuwenden.

---

38   Vgl § 23 Rn 23 f.
39   LK-*Ruß*, 11. Aufl., § 164 Rn 32.
40   NK-*Vormbaum* § 164 Rn 71.
41   BGHSt 13, 219 (222); BayObLG JZ 1985, 753 (754); OLG Düsseldorf NZV 1996, 244; S/S-*Bosch/Schittenhelm* § 164 Rn 32; LK-*Ruß*, 11. Aufl., § 164 Rn 31; aA NK-*Vormbaum* § 164 Rn 64.
42   BGH bei *Holtz* MDR 1978, 623.
43   S/S-*Bosch/Schittenhelm* § 164 Rn 13.
44   Zu den Verfahrensgegenständen vgl oben Rn 2.

C. Anwendung

I. Aufbau

Es empfiehlt sich, die Tatbestandsmerkmale der falschen Verdächtigung (Abs. 1) in fol-   34
genden Schritten zu prüfen:

A) *Tatbestand*:
    I.   Objektiver Tatbestand:
        1.   einen anderen im Sinne einer bestimmten lebenden Person (Rn 4 f)
        2.   verdächtigen, dh einen Verdacht hervorrufen, umlenken oder bestärken (Rn 6 ff)
        3.   bzgl einer rechtswidrigen Tat oder Dienstpflichtverletzung (Rn 15 ff)
        4.   der Wahrheit zuwider (Rn 18 ff)
        5.   gegenüber einem bestimmten Adressaten oder öffentlich (Rn 23)
    II.   Subjektiver Tatbestand (Rn 25):
        1.   (zumindest bedingter) Vorsatz (bzgl I 1-3)
        2.   dolus directus (sichere Kenntnis) bzgl der Unwahrheit (I 4)
        3.   Absicht oder dolus directus bzgl Einleitung oder Fortführung des Verfahrens

B) *Rechtswidrigkeit*

C) *Schuld*

II. Irrtum

Sofern die Behörde das Verfahren aufgrund der falschen Verdächtigung gegen eine an-   35
dere als die vom Täter ins Auge gefasste Person einleitet, ist ein Fall der *unwesentlichen* Abweichung vom Kausalverlauf gegeben, da die Behörde jedenfalls bewusst irre-
geführt wurde.[45] Für eine Mindermeinung liegt nur ein (strafloser) Versuch vor, da sich
die Absicht auf eine bestimmte Person, gegen die das Verfahren laufen soll, beziehen
müsse.[46]

III. Entsprechende Anwendung von § 158?

Eine entsprechende Anwendung von § 158 kommt nach hM trotz des gleichen Grund-   36
gedankens der Vorschriften nicht in Betracht, da der Gesetzgeber bei der Neufassung
des § 164 von einer entsprechenden Regelung abgesehen habe.[47]

IV. Konkurrenzen, Wahlfeststellung

Abs 2 tritt hinter Abs 1 zurück.[48] Tateinheit ist mit den §§ 153ff, 187, 187a möglich.[49]
Dagegen ist keine Wahlfeststellung zwischen § 164 und §§ 153 oder 154 zulässig, da

---

45   BGHSt 9, 240 (242); S/S-*Bosch/Schittenhelm* § 164 Rn 31 mwN.
46   Krey/Hellmann/*Heinrich* I Rn 794; *Roxin* AT I § 12/170.
47   SK-*Rogall* § 164 Rn 49; LK-*Ruß*, 11. Aufl., § 164 Rn 32; aA S/S-*Bosch/Schittenhelm* § 164 Rn 35; *Rengier* II § 50/26.
48   W/H/E-*Engländer* Rn 768.
49   L-*Kühl* § 164 Rn 23.

es wegen der geradezu konträren Motivationslage in subjektiver Hinsicht an der psychologischen Vergleichbarkeit dieser Tatbestände fehlt.[50]

WIEDERHOLUNGS- UND VERTIEFUNGSFRAGEN

> Setzt ein Verdächtigen im Sinne von § 164 eine Äußerung des Täters voraus oder reicht auch das Schaffen von Indizien? (Rn 9 f)
> Kann der Täter durch das Abstreiten gegen ihn selbst erhobener Vorwürfe einen anderen verdächtigen? (Rn 12 ff)
> Ist das Vorbringen falscher Verdachtsmomente gegen einen tatsächlich Schuldigen eine falsche Verdächtigung? (Rn 23 ff)
> Welche Verfahren werden von § 164 Abs. 2 erfasst? (Rn 31)

---

50   AG Duisburg JA 2017, 788 m.Bespr. *Kudlich*; S/S-*Bosch/Schittenhelm* § 164 Rn 38; a.A. L-*Kühl* § 164 Rn 23.

§ 53 Vortäuschen einer Straftat (§ 145d)

A. Allgemeines

Die Vorschrift soll als abstraktes Gefährdungsdelikt staatliche Behörden vor unberechtigter Inanspruchnahme und der damit verbundenen Schwächung ihrer Funktionsfähigkeit bewahren. In Abs. 1 Nr. 1 und Abs. 2 Nr. 1 bezieht sich der Schutz auf die inländische staatliche Rechtspflege, in Abs. 1 Nr. 2 und Abs. 2 Nr. 2 dagegen auf die Präventivorgane, vor allem die Polizei.[1] Dagegen enthält Abs. 3 einen Qualifikationstatbestand, der die Kronzeugenregelungen des § 46b und § 31 BtMG ergänzt, um eine Missbrauchsgefahr der allgemeinen Kronzeugenregelungen zu begegnen,[2] was freilich zu einer kriminalpolitisch bedenklichen Straferhöhung von Selbstbegünstigungshandlungen führt.[3]

B. Definitionen und Erläuterungen

§ 145d formuliert insgesamt **vier** Tatbestände. Die beiden Tathandlungen nach Abs. 1 betreffen das Vortäuschen einer **rechtswidrigen Tat**, während Abs. 2 die Täuschung über die **Beteiligung** an einer rechtswidrigen Tat zum Gegenstand hat. Bei Nr. 1 von Abs. 1 und 2 bezieht sich die Irreführung jeweils auf ein angeblich **schon realisiertes Geschehen**, bei Nr. 2 von Abs. 1 und 2 auf eine angeblich **bevorstehende Tat**.

I. Objektive Tatbestände

1. Abs. 1 Nr. 1

▶ **FALL 1:** Rentner R wird von einem unvorsichtigen Autofahrer gestreift und leicht verletzt. R ist ob seiner Verletzung empört und will die Polizei einmal richtig auf Trab bringen. Daher gibt er dort wider besseres Wissen an, der Fahrer sei gezielt auf ihn zugefahren und habe gerufen: „Jetzt bist Du fällig, Opa". Daraufhin wird eine Großfahndung wegen eines versuchten Tötungsdelikts eingeleitet. ◀

Den objektiven Tatbestand von Abs. 1 Nr. 1 verwirklicht, wer einer Behörde oder einer zur Entgegennahme von Anzeigen zuständigen Stelle vortäuscht, dass eine rechtswidrige Tat begangen worden sei.

a) **Zuständige Stellen:** Als Behörden[4] kommen vor allem Staatsanwaltschaft und Polizei (§ 158 StPO), aber auch die einzelnen Beamten in dienstlicher Eigenschaft in Betracht. Zu den Stellen ohne Behördencharakter, die zur Entgegennahme von Anzeigen zuständig sind, gehören zB parlamentarische Untersuchungsausschüsse und militärische Dienststellen.[5]

b) **Vortäuschen:** Vortäuschen ist das Erregen oder Bestärken eines Verdachts.

Das Vortäuschen kann durch ausdrückliche oder konkludente Tatsachenbehauptungen, durch Schaffen einer irreführenden Beweislage oder sonstiges irreführendes Ver-

---

1 BGHSt 6, 251 (255); 19, 305 (307 f); BGH NStZ 1984, 360 (361); 2015, 514 f; *Jeßberger* HdS IV § 22 Rn 13 ff; NK-*Kretschmer* § 145d Rn 4 f mwN; krit. *Stübinger* GA 2004, 338 (341 ff).
2 *Jeßberger* HdS IV § 22 Rn 27; L-*Kühl* § 145d Rn 10a;
3 A/W/H/H-*Hilgendorf* § 48 Rn 3; *Jeßberger* HdS IV § 22 Rn 31; S/S-*Sternberg-Lieben* § 145d Rn 20a.
4 Vgl § 11 Abs. 1 Nr. 7; näher zum Behördenbegriff S/S/W-*Jeßberger* § 145d Rn 5; *Kindhäuser* LPK § 11 Rn 43 ff.
5 LK-*Ruß*, 11. Aufl., § 145d Rn 5; NK-*Kretschmer* § 145d Rn 9.

halten erfolgen. Erfasst wird auch eine falsche Selbstbezichtigung.[6] Die Behörde kann auch nur mittelbarer Adressat des Vortäuschens sein, indem sie die entsprechende Kenntnis über andere Personen erlangt.[7] Dies kann auch durch die Veröffentlichung von Falschbehauptung im Internet in Gestalt sog. Fake-News geschehen, sofern der Täter die Kenntnisnahme durch die Ermittlungsbehörde zumindest billigend in Kauf nimmt.[8]

7 Die Täuschung muss nicht in dem Sinne erfolgreich sein, dass wegen der angeblichen Tat tatsächlich eingeschritten wird; es genügt die Gefahr nutzlosen Tätigwerdens. Damit eine solche Gefahr entsteht, muss die zuständige Stelle aber von der Vortäuschung Kenntnis erlangt haben.

8 c) **Rechtswidrige Tat:** Gegenstand des Vortäuschens muss eine rechtswidrige Tat sein.

9 **aa)** Die vorgespiegelte Tat muss im Sinne von § 11 Abs. 1 Nr. 5 den Tatbestand eines Strafgesetzes erfüllen, dh die Verdachtslage muss so manipuliert werden, dass der Eindruck entsteht, es sei eine **tatbestandsmäßige und rechtswidrige**, nicht notwendig auch schuldhafte oder strafbare Tat begangen worden. Es genügt, wenn eine schon begonnene, aber noch nicht abgeschlossene Tat vorgespiegelt wird. Der Täter fingiert zB eine Geiselnahme.[9] Auch in einem solchen Fall besteht Anlass zur Aufklärung einer bereits vorliegenden Straftat. Das Vortäuschen einer Ordnungswidrigkeit fällt dagegen nicht unter § 145d.[10]

10 **bb)** Die Tat, die Gegenstand des Verdachts ist, darf **nicht begangen** worden sein. Es genügt daher nicht, wenn der Täter nur falsches Verdachtsmaterial zur Überführung eines tatsächlich Schuldigen liefert.[11] In diesem Fall wird die Strafverfolgungsbehörde zur Verfolgung einer wirklich begangenen Tat veranlasst und nicht nutzlos in Anspruch genommen.[12]

11 **cc)** Auch das **Aufbauschen oder Hinzudichten** von Umständen zu einer im Kern wahren Sachverhaltsschilderung ist so lange tatbestandslos, als die Strafverfolgungsbehörden (aus der ex ante-Perspektive) nicht zu einem Ermittlungsaufwand veranlasst werden, der deutlich über dem zur Aufklärung der tatsächlich begangenen Tat erforderlichen Umfang liegt.[13] Der Tatbestand ist daher nicht erfüllt, wenn der Täter den Umfang der Diebesbeute übertreibt,[14] eine Sachbeschädigung als Wegnahme ausgibt,[15] ein Grunddelikt zur Qualifikation aufbauscht,[16] eine Körperverletzung zu einem Raub hinzudichtet[17] oder einen versuchten Diebstahl als vollendet darstellt.[18] Er ist aber er-

---

6 OLG Köln VRS 54, 196 f; *Gruber*, Die Lüge des Beschuldigten im Strafverfahren, 2008, 132 ff.
7 OLG Frankfurt NStZ-RR 2002, 209 (210); *Piatkowski/Saal* JuS 2005, 979 (981), *Schramm* NJW 2002, 419 (420); vgl auch *Hoffmann* GA 2002, 385 (394), der auf die Voraussetzungen mittelbarer Täterschaft abstellt.
8 *Hoven/Krause* JuS 2017, 1170.
9 OLG Braunschweig NJW 1955, 1935 f; *Esser* GA 2004, 273 (280); NK-*Kretschmer* § 145d Rn 13.
10 OLG Stuttgart NJW 2017, 1971 m.Bespr. *Böse* ZJS 2018, 189; *Mitsch* NJW 2018, 1112.
11 Anders als bei § 164 (vgl § 52 Rn 23 ff), der auch einen Individualschutz bezweckt, ist dies bei § 145d unumstritten.
12 SK-*Rogall* § 145d Rn 18.
13 OLG Oldenburg NStZ 2011, 95 m.Bespr. *Hecker* JuS 2011, 81 f; S/S-*Sternberg-Lieben* § 145d Rn 9; restr. SK-*Rogall* § 145d Rn 19 ff, die die Fiktion einer im prozessualen Sinne anderen Tat verlangen. Ausf. *Janott*, Täuschungen mit Wahrheitsbeweis im Rahmen des Vortäuschens einer Straftat, 2004, 41 ff, 57 ff und 150 ff mwN.
14 OLG Hamm NJW 1982, 60.
15 BayObLG NJW 1988, 83.
16 OLG Hamm NJW 1971, 1324 (1325).
17 OLG Karlsruhe MDR 1992, 1166.
18 OLG Hamm NStZ 1987, 558 f; *Piatkowski/Saal* JuS 2005, 979 (980).

füllt, wenn die Tat zwar begangen wurde, durch die Anzeige jedoch ein im Kern anderes Gefüge erhält.[19]

In **Fall 1** hingegen verändert R die tatsächlich erfolgte fahrlässige Körperverletzung in ein versuchtes Tötungsdelikt und veranlasst daher die Polizei zu einem – auch ex ante zu erwartenden – erheblich höheren Ermittlungsaufwand in Form der Großfahndung und erfüllt damit den Tatbestand von Abs. 1 Nr. 1.   12

dd) Gibt der Täter wahrheitswidrig vor, in **Notwehr** gehandelt zu haben, so ist der Tatbestand hinsichtlich der eigenen Tat nicht verwirklicht, da diese als gerechtfertigt dargestellt wird. Jedoch kann mit der unzutreffenden Sachverhaltsschilderung die Vortäuschung einer rechtswidrigen Tat des Angreifers verbunden sein.[20]   13

2. Abs. 2 Nr. 1

▶ **FALL 2:** T verprügelt den ihm verhassten X. Von der Polizei zu der Tat vernommen, bestreitet T seine Täterschaft. Um von sich abzulenken, sagt er aus, er habe gesehen, wie X von einem Mann mit einer auffälligen Narbe auf der Wange geschlagen worden sei. Nach der Beschreibung des T wird danach ein Phantombild des Unbekannten erstellt und zur Fahndung ausgegeben. ◀

▶ **FALL 3:** A, der alkoholbedingt fahruntauglich seinen Pkw gesteuert hat, gibt bei der Polizei an, sein nüchterner Beifahrer B sei gefahren. ◀

Der objektive Tatbestand von Abs. 2 Nr. 1 erfasst die **erfolgreiche oder versuchte Täuschung** über den Täter oder Teilnehmer einer Tat gegenüber einer zuständigen Stelle im Sinne von Abs. 1.[21]   14

a) **Täuschung:** Der Täter täuscht über den Beteiligten an einer rechtswidrigen Tat, wenn er den Verdacht auf einen Unbeteiligten lenkt.   15

aa) Falsche Angaben sind nicht tatbestandsmäßig, solange sie nur über die Beteiligung an einer Straftat täuschen, ohne einen Unbeteiligten zu belasten.[22] Dagegen ist der Tatbestand verwirklicht, wenn sich der **Täter selbst** unzutreffend der Beteiligung bezichtigt, um einen Tatbeteiligten zu entlasten.[23]   16

Die Tathandlung des Täuschens erfordert (wie bei Abs. 1 Nr. 1) keine mündliche oder schriftliche Behauptung. Es genügt die Irreführung der Behörden durch das **Schaffen einer falschen Beweislage**.   17

bb) Für Abs. 2 Nr. 1 ist es **nicht** erforderlich,[24] dass der Verdacht **auf eine bestimmte identifizierbare Person** gelenkt wird. Der Hinweis auf einen Unbekannten reicht aus, wenn zu dessen Person konkrete Angaben gemacht werden, welche die Strafverfolgungsbehörden zur Aufnahme von Ermittlungen in eine bestimmte Richtung veranlassen.[25] Der bloße Hinweis, die Tat habe ein anderer (als der Täter selbst) begangen, genügt nicht.[26]   18

---

19 BGH NStZ 2015, 514 f.
20 *Jeßberger* HdS IV § 22 Rn 20; SK-*Rogall*§ 145d Rn 16; LK-*Ruß*, 11. Aufl., § 145d Rn 8.
21 Oben Rn 5.
22 HM, vgl nur BayObLG JR 1985, 294 ff m.Anm. *Kühl*; SK-*Rogall* § 145d Rn 27 ff.
23 *Esser* Jura 2004, 273 (281); NK-*Kretschmer* § 145d Rn 17; vgl aber auch OLG Zweibrücken NStZ 1991, 530.
24 Anders bei § 164 Abs. 1, vgl § 54 Rn 6 f.
25 BGHSt 6, 251 (254 f); SK-*Rogall* § 145d Rn 28; S/S-*Sternberg-Lieben* § 145d Rn 14.
26 OLG Celle NJW 1961, 1416 f; NK-*Kretschmer* § 145d Rn 22; *Stree* Lackner-FS 527 (536).

19 Demnach hat T in **Fall 2** den Tatbestand von Abs. 2 Nr. 1 erfüllt, da er die Tat nicht einfach bestritt, sondern durch seine detaillierten Angaben die Erstellung eines Phantombildes ermöglichte.

20 **b) Gegenstand:** Nach dem Wortlaut von Abs. 2 Nr. 1 bezieht sich die Täuschung nur auf einen Beteiligten an einer rechtswidrigen Tat, nicht auf die Tat selbst. Die **rechtswidrige Tat muss** also **tatsächlich begangen** worden sein.[27]

21 Nach einer in der Literatur vertretenen extensiven Interpretation sollen auch Fälle einschlägig sein, in denen der Täter aufgrund einer irrigen Sachverhaltsannahme oder rechtlichen Fehlbeurteilung vom Vorliegen einer rechtswidrigen Tat ausgeht, wenn seine Angaben nicht evident ungeeignet zur Einleitung von Ermittlungen sind.[28] Gegen diese Lehre spricht jedoch, dass die Strafverfolgungsbehörden beim Fehlen eines für die Aufnahme von Ermittlungen hinreichenden Verdachts auch nicht tätig und dementsprechend vom Täter nicht fehlgeleitet werden können.[29]

22 Nach einer vermittelnden Auffassung soll es genügen, wenn hinsichtlich des Vorliegens einer rechtswidrigen Tat hinreichender Tatverdacht besteht.[30] Auch in diesem Fall veranlasse der Täter die Strafverfolgungsbehörden aufgrund hinreichenden Verdachts zu nutzlosen Ermittlungen und versuche, den Verdacht auf einen mit Sicherheit Unbeteiligten zu lenken. Verlange man eine tatsächlich begangene Tat, dann sei der Täter sinnwidrig wegen des zu seinen Gunsten eingreifenden Grundsatzes *in dubio pro reo* gerade dann nicht strafbar, wenn sein falscher Hinweis zur mangelnden Aufklärbarkeit der Tat beigetragen hat. Doch diese Ansicht überdehnt den eindeutigen Wortlaut, der von einer rechtswidrigen Tat und nicht nur von deren Verdacht spricht.

23 **c) Bestreiten einer Straftat:** Nicht tatbestandsmäßig ist es, wenn das Geschehen nach der Sachverhaltsschilderung des Täters keine Straftat wäre.

24 Indem A in **Fall 3** den B als Fahrer angibt, täuscht er nicht über dessen Beteiligung an einer rechtswidrigen Tat, sondern stellt das Geschehen so dar, dass es keinen Straftatbestand mehr erfüllt. In diesem Fall wirkt der Täter auf eine Einstellung des Verfahrens und nicht auf die Durchführung nutzloser Ermittlungen hin.[31]

25 Gleichermaßen ist es tatbestandslos, wenn der Täter den Verdacht von sich auf einen anderen an der Tat **tatsächlich Beteiligten** schiebt. In diesem Fall wird kein falscher Verdacht begründet, sondern ein bestehender Verdacht zutreffend erweitert.[32] Der Tatbestand ist dagegen verwirklicht, wenn der Täter zur eigenen Entlastung einen unbeteiligten Dritten belastet.

26 **3. Abs. 1 Nr. 2.** In der Tatvariante von Abs. 1 Nr. 2 spiegelt der Täter einer zuständigen Stelle[33] vor, dass eine Verwirklichung der in § 126 Abs. 1 genannten Tatbestände in rechtswidriger Weise bevorstehe, also entweder vom Täter selbst oder einem Dritten geplant oder schon in Form des Versuchs eingeleitet sei.

27 Der Tatbestand ist grds. nicht verwirklicht, wenn tatsächlich eine (beliebige) Straftat bevorsteht, der Täter sie aber durch Hinzudichten von Tatumständen zu einer Tat im

---

27 HM, vgl nur BayObLG NJW 1978, 2563; NStZ 2004, 97; KG JR 1989, 26; *Fischer* § 145d Rn 7; *Geppert* Jura 1980, 204 (209); *Otto* § 95/20.

28 *Jeßberger* HdS IV § 22 Rn 23; *Saal*, Das Vortäuschen einer Straftat (§ 145d) als abstraktes Gefährdungsdelikt, 1997, 173 ff; S/S-*Sternberg-Lieben* § 145d Rn 13; *Stree* Lackner-FS 527 (536 ff).

29 SK-*Rogall* § 145d Rn 25.

30 OLG Hamm NJW 1963, 2138; SK-*Rogall* § 145d Rn 25; NK-*Kretschmer* § 145d Rn 23; MK-*Zopfs* § 145d Rn 32.

31 BGHSt 19, 305 (306 ff); OLG Celle NStZ 1981, 440.

32 LK-*Ruß*, 11. Aufl., § 145d Rn 17.

33 Oben Rn 4.

Sinne von § 126 Abs. 1 aufbauscht. Unter diesen Umständen werden die Präventions-organe allenfalls zu intensiveren Maßnahmen veranlasst, um die Tat zu verhindern, als dies bei wahren Angaben der Fall gewesen wäre.[34] Es fehlt also an einer die Strafbar-keit begründenden unberechtigten Inanspruchnahme der Behörden. Anders ist es nur, wenn der Täter ein bevorstehendes Bagatelldelikt, zu dessen Verhinderung die Behör-den nicht verpflichtet sind, zu einer Tat nach § 126 Abs. 1 ausschmückt.

4. Abs. 2 Nr. 2. Die Tat nach Abs. 2 Nr. 2 setzt voraus, dass der Täter den Verdacht von einem wirklich – an einer bevorstehenden Tat nach § 126 Abs. 1 – Beteiligten auf einen tatsächlich Unbeteiligten ablenkt. Ansonsten ist diese Tatvariante entsprechend Abs. 1 Nr. 2 und Abs. 2 Nr. 1 auszulegen.   28

II. Subjektiver Tatbestand

Für alle vier Tatbestände gilt, dass der Täter hinsichtlich der zuständigen Stelle vor-sätzlich und hinsichtlich der Täuschung „wider besseres Wissen" handeln muss. Der Täter muss also sicher annehmen (dolus directus), dass bei Abs. 1 die angegebene rechtswidrige Tat nicht begangen wurde bzw bevorsteht, bei Abs. 2 eine rechtswidrige Tat vorliegt bzw bevorsteht und die Angabe über den Tatbeteiligten falsch ist.   29

C. Anwendung

I. Aufbau

Es empfiehlt sich, die Tatbestandsmerkmale des Vortäuschens einer Straftat in folgen-den Schritten zu prüfen: 30

1. Abs. 1 Nr. 1, Abs. 2 Nr. 1

A) *Tatbestand*:   31
 I. Objektiver Tatbestand:
  1. Tathandlung:
   – Abs. 1 Nr. 1: Vortäuschen (Rn 5 ff) einer tatsächlich nicht begangenen rechtswidrigen Tat (Rn 8 ff) oder
   – Abs. 2 Nr. 1: Täuschen (Rn 14 ff) über den Beteiligten (Rn 17) an einer tatsächlich begangenen (str., Rn 18 ff) rechtswidrigen Tat (Rn 8 ff)
  2. gegenüber einer zuständigen Stelle (Rn 4)
 I.I. Subjektiver Tatbestand (Rn 26):
  1. (zumindest bedingter) Vorsatz bzgl zuständiger Stelle
  2. dolus directus (sichere Kenntnis) bzgl der Unwahrheit
B) *Rechtswidrigkeit*
C) *Schuld*
D) *Keine Subsidiarität* (Rn 30)

---

34 SK-*Rogall* § 145d Rn 21; NK-*Kretschmer* § 145d Rn 23; iE auch MK-*Zopfs* § 145d Rn 29 m. Fn. 106; aA *Janott*, Täu-schungen mit Wahrheitsbeweis im Rahmen des Vortäuschens einer Straftat, 2004, 182 ff; M-*Schroeder*/ Maiwald II § 99/28.

2. Abs. 1 Nr. 2, Abs. 2 Nr. 2

32 A) *Tatbestand*:

    I. Objektiver Tatbestand:

        1. Tathandlung:

            – Abs. 1 Nr. 2: Vortäuschen (Rn 5 f, 23) des Bevorstehens einer Tat im Sinne von § 126 Abs. 1 (Rn 24) oder

            – Abs. 2 Nr. 2: Täuschen (Rn 14 ff) über den Beteiligten (Rn 17) an einer bevorstehenden Tat im Sinne von § 126 Abs. 1 (Rn 25)

        2. gegenüber einer zuständigen Stelle (Rn 4)

    II. Subjektiver Tatbestand (Rn 26):

        1. (zumindest bedingter) Vorsatz bzgl zuständiger Stelle

        2. dolus directus (sichere Kenntnis) bzgl der Unwahrheit

B) *Rechtswidrigkeit*

C) *Schuld*

D) *Keine Subsidiarität* (Rn 30)

II. Subsidiaritätsklausel

33 § 145d ist nach Abs. 1 formell subsidiär gegenüber §§ 164, 258 und 258a. Die Formulierung „mit Strafe bedroht" ist insoweit missverständlich, als § 145d nicht schon zurücktritt, wenn der Straftatbestand eines der anderen Delikte verwirklicht wird, sondern erst dann, wenn die Tat nach dem anderen Delikt auch tatsächlich geahndet werden kann, also eine Bestrafung im konkreten Fall möglich ist.[35]

34 Die in § 258 Abs. 5 und 6 genannten persönlichen Strafausschließungsgründe[36] gelten nur für die Strafvereitelung und sind auf § 145d Abs. 1 wegen dessen spezifischer Schutzrichtung nicht übertragbar. Einer Bestrafung nach § 145d Abs. 1 steht also nicht entgegen, dass der Täter bezüglich einer zugleich verwirklichten Strafvereitelung wegen § 258 Abs. 5 oder 6 straflos ist.[37] Daher ist T in **Fall 2** gem. § 145d Abs. 2 Nr. 1 zu bestrafen, auch wenn die von ihm verwirklichte Strafvereitelung gem. § 258 Abs. 5 straflos bleibt.

Wiederholungs- und Vertiefungsfragen

> Worin unterscheiden sich die in § 145d enthaltenen Tatbestände? (Rn 2)

> Muss die Behörde tatsächlich wegen der angeblich begangenen Tat einschreiten, damit § 145d Abs. 1 Nr. 1 erfüllt ist? (Rn 7)

> Muss die rechtswidrige Tat tatsächlich begangen worden sein, um § 145d Abs. 2 Nr. 1 anwenden zu können? (Rn 20 ff)

> Wird es von § 145d Abs. 2 Nr. 1 erfasst, wenn der Täter den Verdacht von sich selbst auf einen Mittäter ablenkt? (Rn 25)

> Ist § 145d schon formell subsidiär, wenn der Tatbestand von § 258 verwirklicht ist? (Rn 33)

---

35 NK-*Kretschmer* § 145d Rn 32 mwN.
36 Vgl § 51 Rn 27 ff.
37 BayObLG NJW 1984, 2302 (2303); OLG Celle NJW 1980, 2205; *Bischoff* JuS 2004, 508 (512); *Rudolphi* JuS 1979, 859 (862 f); NK-*Kretschmer* § 145d Rn 32.

§ 54 Nichtanzeige geplanter Straftaten (§§ 138 f)

A. Allgemeines

Die Vorschrift des § 138 schützt mittelbar die Rechtsgüter, die von den Normen gesichert werden, deren drohende Verletzung durch die Benachrichtigung verhindert werden soll.[1] Eine verbreitete Ansicht betrachtet daneben auch die Rechtspflege in ihrer Funktion, Verbrechen zu verhüten, als Rechtsgut.[2] Hiergegen spricht zum einen, dass die Funktionsfähigkeit der Rechtspflege nicht von der Anzeigenerstattung abhängt, so dass deren Unterlassen auch nicht die Rechtspflege schädigen kann. Zum anderen kann der Täter bei gefährdeten Individualgütern seiner Pflicht aus § 138 auch dadurch nachkommen, dass er den Bedrohten selbst über die anstehende Straftat informiert. Und schließlich enthält § 138 eine Anzeigepflicht auch für die Tat eines Unzurechnungsfähigen, der von der Rechtsordnung keine Bestrafung zu befürchten hätte.

§ 138 ist ein auf dem Gedanken der **Mindestsolidarität** der Bürger untereinander beruhendes **echtes Unterlassungsdelikt**.[3] Die Anzeigepflicht setzt daher keine Garantenstellung voraus. § 138 ist ein Delikt, das (ebenso wie § 323c) von **Jedermann** begangen werden kann. Umgekehrt darf aus der Vorschrift keine Garantenstellung zur Verhinderung der anzuzeigenden Delikte abgeleitet werden.

B. Definitionen und Erläuterungen

I. Tatbestand (§ 138)

▶ **FALL 1:** A plant mit B, den C zu töten. Am Tattag begeben sich beide zur Villa des C. A legt dort mit einem Gewehr auf C an, um ihn zu erschießen. Er sieht ihn allerdings mit seinen Kindern spielen, bekommt Mitleid und gibt die Tat auf. Das Gewehr nimmt er mit, so dass die Tat auch nicht von B durchgeführt werden kann. ◀

▶ **FALL 2:** Nach einem Brandanschlag gegen ein Asylbewerberheim werden die Täter schnell gefasst. Die Ermittlungen ergeben, dass sie die Tat im Hinterzimmer einer rechten Szenekneipe planten. Es steht fest, dass dort der örtliche Rädelsführer N während der Planung zugegen war. Unklar ist allerdings, ob er nur zuhörte oder auch nützliche Ratschläge zur Durchführung der Tat gab. ◀

Den Tatbestand des § 138 verwirklicht, wer von dem Vorhaben oder der Ausführung einer der genannten Katalogtaten zu einer Zeit, in der die Ausführung oder der Erfolgseintritt noch abgewendet werden kann, glaubhaft erfährt und es vorsätzlich oder leichtfertig (Abs. 3) unterlässt, der Behörde oder dem Bedrohten rechtzeitig Anzeige zu machen.

1. Anzeigepflicht. Die Anzeigepflicht bezieht sich auf das Vorhaben oder die Ausführung einer der in § 138 Abs. 1 und 2 genannten Delikte (Katalogtaten), **einschließlich aller Beteiligungsformen**.[4] Hiervon muss jemand glaubhaft Kenntnis erlangt haben. Zu

1 LK-*Hanack* § 138 Rn 2; NK-*Ostendorf* §§ 138, 139 Rn 3; SK-*Rudolphi/Stein* § 138 Rn 2; M-*Schroeder*/Maiwald II § 98/6; *Schwarz*, Die unterlassene Verbrechensanzeige, 1968, 32; S/S-*Sternberg-Lieben* § 138 Rn 1.
2 Arzt/Weber/Heinrich/*Hilgendorf* § 46/3; *Rengier* II § 52/1.
3 NK-*Ostendorf* §§ 138, 139 Rn 1, zur Geschichte Rn 2 mwN.
4 BGHSt 42, 86 (88); LK-*Hanack* § 138 Rn 9; S/S-*Sternberg-Lieben* § 138 Rn 5; aA bzgl Teilnahme NK-*Ostendorf* §§ 138, 139 Rn 13; zu der mit § 12 Abs. 3 in Widerspruch stehenden Neuregelung des Abs. 1 Nr. 6 vgl *Schroeder* GA 2005, 307 f.

diesem Zeitpunkt muss die Ausführung oder der Erfolg der Tat noch abwendbar gewesen sein.

5   **Vorhaben** ist jeder ernstliche Plan, eine in ihren Umrissen festgelegte Tat zu begehen.[5] Bei der **Ausführung** befindet sich die Tat im Versuchsstadium.

6   Die Nichtanzeige einer **begangenen Straftat** wird von § 138 **nicht** erfasst. Sie ist allenfalls unter der Voraussetzung, dass der Täter eine entsprechende Garantenstellung hat, nach §§ 258, 258a, 13 strafbar.[6]

7   **2. Täter.** Täter kann grds. jeder sein. Jedoch gelten **folgende Ausnahmen** von der Anzeigepflicht:

8   **a) Bedrohter:** Da die Mitteilung an den Bedrohten zur Erfüllung der Anzeigepflicht ausreicht, kommt dieser nur als Täter in Betracht, wenn auch andere Personen oder die Allgemeinheit von dem Delikt betroffen sind.

9   **b) Beteiligte:** Als Täter scheidet zudem jeder aus, der sich am Tatplan beteiligt hat.[7] Dies folgt daraus, dass den Beteiligten schon die grundlegendere Pflicht trifft, die Tat selbst zu unterlassen. Ferner verstieße eine Pflicht zur Selbstanzeige gegen das rechtsstaatliche Selbstbegünstigungsprinzip (*nemo tenetur se ipsum accusare*).[8] Die Anzeigepflicht entfällt im Übrigen auch bei der Beteiligung an einer **straflosen Vorbereitungshandlung** oder bei **strafbefreiendem Rücktritt**.[9] Daher ist A in Fall 1 weder wegen versuchten Totschlags/Mordes zu bestrafen, da er nach § 24 Abs. 2 vom Versuch zurückgetreten ist, noch gem. § 138.

10   Nach einer Mindermeinung soll sich die Anzeigepflicht auch auf Beteiligte erstrecken. Jedoch soll § 138 als subsidiär hinter das jeweilige Delikt zurücktreten. Dies führt zu einer Strafbarkeit von solchen Beteiligten, die – aus welchen Gründen auch immer – nicht wegen der anzuzeigenden Tat strafbar sind.[10]

11   Gegen diese Lehre spricht, dass sie zu einer sachwidrigen Ausdehnung der abschließenden Regelungen der §§ 26 f, 30 führt, da die straflose Beteiligung im Vorbereitungsstadium bei späterem Nichtstun über § 138 strafbewehrt würde. Außerdem engt sie die Möglichkeit des Rücktritts von der Beteiligung ein, da der strafbefreiende Rücktritt nach § 24 Abs. 2 zugleich eine Anzeigepflicht nach § 138 auslöst.[11]

12   **c) Wahlweise Feststellung:** Ist die Beweislage unklar und lässt sich nicht feststellen, ob jemand Beteiligter einer geplanten Tat im Sinne von § 138 ist, so schied nach bisheriger Rechtsprechung wegen der mangelnden Unrechtsverwandtschaft – § 138 stellt keine besondere Teilnahmeform dar – eine wahlweise Verurteilung aus.[12]

13   Sieht man den Zweck des § 138 nur in einem flankierenden Schutz der durch die anzeigepflichtigen Straftaten verletzten Güter, so erfüllt § 138 die Funktion eines Auffangtatbestands, mit der Folge, dass zwischen der Beteiligung an der geplanten Straftat

---

5   S/S-*Sternberg-Lieben* § 138 Rn 4; zur Konkretisierung vgl BGHSt 42, 86 (87).

6   Zu der mit § 12 Abs. 3 in Widerspruch stehenden Neuregelung des Abs. 1 Nr. 6 vgl *Schroeder* GA 2005, 307 f.

7   HM, BGHSt 36, 167 (169 ff); BGH NJW 1964, 731 (732); NStZ 1982, 244; *Fischer* § 138 Rn 18; S/S/W-*Jeßberger* § 138 Rn 22; NK-*Ostendorf* §§ 138, 139 Rn 6; aA SK-*Stein* § 138 Rn 5.

8   NK-*Ostendorf* §§ 138, 139 Rn 6; *Tag* JR 1995, 133 (135).

9   BGHSt 36, 167 (169 ff); 39, 164 (167); BGH NStZ 1982, 244; HKGS-*Koch* § 138 Rn 2; NK-*Ostendorf* §§ 138, 139 Rn 7; *Piatkowski/Saal* JuS 2005, 979 (984); S/S-*Sternberg-Lieben* § 138 Rn 20/21.

10   *Rudolphi* Roxin-FS I 827 (835 f); SK-*Stein* § 138 Rn 5 f; M-*Schroeder*/Maiwald II § 98/17 mwN.

11   Zu beachten ist dann allerdings § 139 Abs. 4 S. 1.

12   Vgl BGHSt 36, 167 (168 ff); BGH StV 1988, 202; LK-*Hanack* § 138 Rn 48; MK-*Hohmann* § 138 Rn 25 ff; S/S-*Sternberg-Lieben* § 138 Rn 29.

und § 138 ein Stufenverhältnis besteht.[13] Demnach ist der Betreffende bei Unklarheit über seine Beteiligung wegen des minder schweren Delikts nach § 138 zu bestrafen.[14] In **Fall 2** ist nach dieser Auffassung eine Bestrafung des N gem. § 138 möglich, da zwar unklar ist, ob er psychische Beihilfe zur Tat geleistet hat, aber feststeht, dass er von der geplanten Tat wusste.

Sofern man mit der bisherigen Rechtsprechung und einem Teil der Literatur § 138 *auch* als Delikt gegen die Rechtspflege versteht, hat die Vorschrift einen weitergehenden Schutzzweck und normiert im Verhältnis zur Beteiligung an der geplanten Tat nicht nur ein minder schweres Delikt. Ein Stufenverhältnis ist dann zu verneinen. Vielmehr ist bei unklarer Beweislage der Grundsatz *in dubio pro reo* zugunsten des Betreffenden zweimal anzuwenden, nämlich bezüglich der Katalogtat wie auch der Tatbestandsverwirklichung des § 138.[15]   14

Diese Rechtsprechung hat der BGH jedoch nunmehr ausdrücklich mit dem Hinweis aufgegeben, dass eine doppelte Anwendung des *in dubio pro reo* Grundsatzes aufgrund des normativ-ethischen Stufenverhältnisses zwischen der Katalogtat und § 138 nicht erforderlich sei.[16]   15

In **Fall 2** war nach alter Rechtsprechung also zunächst *in dubio pro reo* anzunehmen, dass N von dem Brandanschlag nur wusste, so dass die Beihilfe hierzu entfällt. Hinsichtlich § 138 war dann umgekehrt *in dubio pro reo* anzunehmen, dass N den Anschlag mit plante, so dass wegen der Beteiligung an der anzuzeigenden Tat seine Strafbarkeit gem. § 138 entfällt. Nunmehr ist N *in dubio pro reo* nach dem milderen Gesetz – § 138 – zu bestrafen.   16

d) Zumutbarkeit: Von der Pflicht zur Anzeige wird nicht befreit, wer durch diese nur einen **unbegründeten Verdacht** auf Beteiligung **gegen sich** lenken könnte. Wegen der Schwere des drohenden Unrechts ist die Anzeige zumutbar.[17]   17

3. Tathandlung. Tathandlung ist das **Unterlassen der** rechtzeitigen (Abs. 1) oder unverzüglichen (Abs. 2) **Anzeige** an die Behörde, dh an eine zum verhütenden Einschreiten zuständige staatliche Stelle, oder den Bedrohten, sofern die Ausführung oder der Erfolg der Tat nicht auf andere Weise abgewendet wird (§ 139 Abs. 4 S. 1).   18

Rechtzeitig ist die Anzeige, wenn die Ausführung oder der Erfolg der Tat noch abgewendet werden können.[18] Sie ist **unverzüglich** erstattet, wenn dies ohne schuldhafte Verzögerung geschieht.   19

4. Subjektiver Tatbestand

▶ **Fall 3:** T erfährt sicher, dass X am nächsten Tag wie auch in einer Woche je eine Tankstelle ausrauben will. T ist sich bewusst, dass er etwas tun muss. Er geht aber davon aus, dass die für den nächsten Tag geplante Tat angesichts der Kurzfristigkeit ohnehin nicht mehr von der Polizei verhindert werden könne. Er setzt daher nur eine Anzeige bezüglich

---

13 Für ein Stufenverhältnis von § 138 zur Katalogtat nunmehr auch BGH NJW 2010, 2291 (2292).
14 LK-*Hanack* § 138 Rn 74 f; L-*Kühl* § 138 Rn 6; M-*Schroeder*/Maiwald II § 98/17; S/S-*Sternberg-Lieben* § 138 Rn 29.
15 BGHSt 36, 167 (174); 39, 164 (167) m. zust. Anm. *Tag* JR 1995, 133 (136); MK-*Hohmann* § 138 Rn 27; NK-*Ostendorf* §§ 138, 139 Rn 8 und 25; *Rengier* II § 52/10.
16 Oben Rn 12; BGH NJW 2010, 2291 (2292); so schon in einem obiter dictum: BGH NStZ 2004, 499 (500); krit. *Heghmanns* ZJS 2010, 788; *Stuckenberg* Wolter-FS 661 (664); *Ziemann/Ziethen* HRRS 2010, 477 ff.
17 NK-*Ostendorf* §§ 138, 139 Rn 8; einschr. *Joerden* Jura 1990, 633 (639).
18 BGHSt 42, 86 (88); *Fischer* § 138 Rn 24; S/S-*Sternberg-Lieben* § 138 Rn 12; enger NK-*Ostendorf* §§ 138, 139 Rn 14; *Rudolphi* Roxin-FS I 827 (837): optimale Eignung zur Verhinderung der Straftat.

des zweiten Raubes auf. Wegen einer kurzen Ablenkung vergisst er jedoch, den Brief einzu-werfen. ◀

20   Der subjektive Tatbestand verlangt (zumindest bedingten) Vorsatz. Ein Irrtum über die Rechtzeitigkeit führt zum Vorsatzausschluss.

21   Das Vorsatzerfordernis wird jedoch in Abs. 3 dergestalt eingeschränkt, dass **Leichtfer-tigkeit hinsichtlich des Unterlassens** der Anzeige ausreicht. Auch hier muss der Täter jedoch an die Verwirklichung der Straftat glauben; nimmt er das Vorhaben fahrlässig nicht ernst, so ist der subjektive Tatbestand nicht erfüllt.

22   Da T in **Fall 3** eine Anzeige des ersten geplanten Raubes leichtfertig für zwecklos hält und das Absenden der Anzeige bezüglich des zweiten Raubes leichtfertig vergisst, wird sein Verhalten von § 138 Abs. 3 erfasst.

II. Straflosigkeit (§ 139)

23   § 138 setzt **nicht** voraus, dass die geplante Tat **auch später realisiert** worden ist. Ge-langt die Tat jedoch noch nicht einmal ins Versuchsstadium (und greift auch § 30 nicht ein), so hätte dies zur Konsequenz, dass der Tatbeteiligte straffrei bleibt, der Nichtan-zeigende aber bestraft wird. Für solche Fälle ermöglicht § 139 Abs. 1 dem Gericht die Ermessensentscheidung, von einer Strafe nach § 138 abzusehen.

24   **Geistliche** sind grds. nicht anzeigepflichtig, soweit sie in ihrer Eigenschaft als Seelsor-ger ins Vertrauen gezogen wurden (§ 139 Abs. 2). Selbst über einen geplanten Mord dürfen sie schweigen. Ferner sieht § 139 Abs. 3 Ausnahmen von der Anzeigepflicht für **bestimmte Berufsgruppen** und für **Angehörige** vor. Der Betreffende muss sich aber für seine Straflosigkeit ernsthaft bemüht haben, den Tatbeteiligten von der Tat abzuhalten. Bestimmte Kapitalverbrechen (§ 139 Abs. 3 Nr. 1- 3) muss er zudem immer anzeigen.

25   § 139 Abs. 4 räumt dem Verpflichteten die Wahl ein, die Ausführung oder den Erfolg der Tat auf andere Weise abzuwenden.[19]

C. Anwendung

26   **Aufbau:** Es empfiehlt sich, die Tatbestandsmerkmale der Nichtanzeige geplanter Straf-taten in folgenden Schritten zu prüfen:

A) *Tatbestand*:

   I. Objektiver Tatbestand:

      1. Anzeigepflicht:

         a) eine konkret geplante oder bereits ausgeführte Katalogtat nach Abs. 1 oder 2 (Rn 4 ff)

         b) glaubhafte Kenntniserlangung zum Zeitpunkt der Abwendbarkeit

         c) durch eine Person, die weder das ausschließliche Opfer der geplanten Tat (Rn 8) noch an ihr beteiligt ist (Rn 9 f) und nicht die Voraussetzun-gen von § 139 Abs. 2 und 3 erfüllt

      2. Tathandlung:

---

19 Es handelt sich zwar um keinen Fall des Rücktritts, sondern um eine echte Wahlmöglichkeit. Gleichwohl können die Voraussetzungen wie bei § 24 ausgelegt werden; vgl etwa zum ernsthaften Bemühen *Kindhäuser* LPK § 24 Rn 56 ff.

a) Unterlassen der Anzeige

b) an zuständige Behörde oder (nur bei Abs. 1) den Bedrohten selbst (Rn 15)

c) bei Abs. 1 rechtzeitig/bei Abs. 2 unverzüglich (Rn 16)

d) keine anderweitige Verhinderung im Sinne von § 139 Abs. 4 (Rn 21)

II. Subjektiver Tatbestand:

1. Vorsatz bzgl I 1.

2. Vorsatz oder Leichtfertigkeit (Abs. 3) bzgl I 2.

B) *Rechtswidrigkeit*

C) *Schuld*

WIEDERHOLUNGS- UND VERTIEFUNGSFRAGEN

> Kann das Opfer der geplanten Katalogtat Täter des § 138 sein? (Rn 8)

> Trifft die Anzeigepflicht gem. § 138 auch an der geplanten Tat Beteiligte? (Rn 9 f)

> Kann jemand, bei dem unklar ist, ob er Beteiligter der geplanten Tat ist, gem. § 138 bestraft werden? (Rn 12 ff)

6. Abschnitt: Urkundendelikte

§ 55 Urkundenfälschung (§ 267)

A. Allgemeines

▶ **FALL 1:** A und B schließen einen Kaufvertrag über ein Auto. Die wesentlichen Vertragsbestandteile werden in schriftlicher Form und mit den Unterschriften der Vertragspartner versehen festgehalten. ◀

1   Die Vorschrift dient nach hM der **Sicherheit und Zuverlässigkeit des Rechtsverkehrs**, insbesondere des Beweisverkehrs mit Urkunden.[1] Mit dieser Formel soll eine für alle Urkundendelikte gleichermaßen geltende Schutzzweckbestimmung getroffen werden, die für § 267 noch zu präzisieren ist. Denn dieser Tatbestand schützt zwar die Urkunde als Beweismittel, bezieht diesen Schutz aber nicht auf die inhaltliche Richtigkeit, sondern allein auf die **Authentizität der Urkunde**. Es soll m.a.W. nur verhindert werden, dass die in der Urkunde verkörperte Erklärung einem anderen als dem aus der Urkunde hervorgehenden Erklärenden (Aussteller) zuzuordnen ist, mag die Erklärung selbst auch inhaltlich falsch sein. Lediglich öffentliche Urkunden werden in besonderen Vorschriften auch um bestimmter Inhalte willen geschützt.[2]

2   Dass der Echtheit einer Urkunde im Rechtsverkehr eine besondere Bedeutung zukommt, lässt sich anhand von rechtsgeschäftlichen Willenserklärungen verdeutlichen. Erklärungen dieser Art sind als solche weder wahr noch falsch, sondern dienen dem Zweck, eine bestimmte rechtliche Wirkung zu erzielen. Wenn in **Fall 1** der A das Verkaufsangebot des B annimmt, behauptet er damit keine Tatsache, die wahr oder falsch sein könnte, sondern verpflichtet sich, für den Wagen einen bestimmten Preis zu zahlen. Wird diese Willenserklärung schriftlich festgehalten, so hat dies den Zweck, beweisen zu können, **dass** A eine **Erklärung genau dieses Inhalts abgegeben hat**.

3   Allerdings werden nicht nur solche Urkunden geschützt, die gerade eine Willenserklärung dokumentieren – man spricht insoweit von **Dispositivurkunden** –, sondern alle einem bestimmten Aussteller zurechenbaren (körperlich) fixierten Erklärungen, die sich irgendwie als Beweismittel eignen und hierzu auch bestimmt sind.[3] Insbesondere kann eine Urkunde auch dazu dienen, eine bestimmte Tatsachenbehauptung eines Ausstellers dauerhaft festzuhalten. Man nennt dies eine **Zeugnisurkunde**.[4] Eine solche Urkunde ist zB eine Quittung, in der die Tatsache bescheinigt wird, dass man eine bestimmte Leistung erhalten hat (§ 368 BGB).

4   Die Echtheit der Urkunde wird (ausschließlich) **im Allgemeininteresse** geschützt.[5] Es geht um das **institutionelle Interesse** an der Urkunde als Beweismittel. Dem steht nicht entgegen, dass mittelbar auch derjenige geschützt wird, der durch die Tat in seiner Beweisposition beeinträchtigt wird.[6] Insoweit handelt es sich bei der Urkundenfälschung

---

1   (bRGSt 76, 233 (234); BGHSt 2, 50 (52); *Fischer* § 267 Rn 1; S/S-*Heine/Schuster* § 267 Rn 1; LK-*Zieschang* § 267 Rn 1; zur Geschichte des Delikts, seines Schutzzwecks und seiner Merkmale *Hälschner* II/2 513 ff; *Rojas* Frisch-FS 925 ff; *Weismann* VDB VII, 243 (275 ff, 280 ff, 330 ff).
2   Vgl §§ 271, 277, 279, 348; hierzu §§ 58 und 59.
3   Näher Rn 8 ff.
4   Ganz hM; gegen die Einbeziehung von Zeugnisurkunden in den Schutzbereich *Jakobs*, Urkundenfälschung, 2000, 52 ff; hiergegen wiederum treffend NK-*Puppe/Schumann* § 267 Rn 7.
5   HM, vgl nur LK-*Zieschang* § 267 Rn 2.
6   Vgl auch *Freund*, Urkundenstraftaten, 2. Aufl. 2010, Rn 51 ff, 62; S/S-*Heine/Schuster* § 267 Rn 1.

um ein abstraktes Gefährdungsdelikt, das eine für die unbesorgte Teilnahme aller am Beweisverkehr erforderliche Bedingung absichert.[7]

Teils wird § 267 auch als reines Delikt gegen die Person verstanden. Geschützt sei das 5 individuelle Recht des Einzelnen, von Scheinerklärungen verschont zu bleiben, um so vor Fehldispositionen bewahrt zu werden.[8] Der strafrechtliche Individualschutz des StGB bezieht sich jedoch stets nur auf tatsächliche Eingriffe in die Freiheit des Einzelnen,[9] nicht aber auf ein vorgelagertes (diffuses) Interesse, ungestört disponieren zu können.[10] Konsequent ist allerdings der Vorschlag, den Schutz der Norm ausschließlich auf den konkreten Adressaten der urkundlichen Erklärung zu beziehen und die Urkundenfälschung als Verletzung des individuellen Rechts, nicht getäuscht zu werden, zu deuten.[11] Abgesehen davon jedoch, dass sich so nicht erklären lässt, warum dieses Recht bereits durch die Herstellung der Urkunde verletzt sein soll,[12] fehlt ein Grund, den Einzelnen nicht auch vor urkundlich verfassten schriftlichen Lügen zu schützen, die sein Recht auf Wahrheit nicht minder tangieren. Im Übrigen ist die Beschränkung des Schutzes der Norm auf den Erklärungsadressaten nicht einsichtig. Rechtliche Erklärungen können für eine unbestimmte Anzahl von Personen bedeutsam sein. Eine Bank hat etwa ein Interesse daran, dass der von ihr finanzierte Kaufvertrag auch tatsächlich von den in der ihr vorgelegten Urkunde genannten Parteien geschlossen wurde.

Das heutige Verständnis der Urkundenfälschung als Delikt gegen die Beweisfunktion 6 verkörperter Erklärungen hat vor allem historische Gründe. Die Urkundsdelikte gehörten – neben dem Betrug, der Geldfälschung und den Aussagedelikten – zum großen Bereich der Fälschungsdelikte, die erst im 19. Jahrhundert nach Schutzzwecken ausdifferenziert wurden und ihre heutige Gestalt erhielten.[13] Als taugliches Kriterium zur Abgrenzung der Urkunde von anderen Erklärungen sah man ihre Beweiskraft bezüglich rechtserheblicher Tatsachen an und bezog hierauf auch den strafrechtlichen Schutz. Die Urkunde lässt sich daher nicht ohne Rückgriff auf die Beweisfunktion definieren,[14] will man nicht den historisch bedingten, vom Gesetzgeber aufgegriffenen[15] und bis heute allgemein anerkannten Charakter der Urkundenfälschung als Straftat, welche die Verfälschung eines bestimmten Beweismittels zum Gegenstand hat, verändern.[16] Dass das Verbot der Urkundenfälschung dem Beweisschutz dient, zeigt sich im Übrigen systematisch zwingend daran, dass § 269, der eng an § 267 angelehnt ist und eine Lücken schließende Funktion hat,[17] von beweiserheblichen Daten spricht.

---

7 Näher hierzu *Kindhäuser*, Gefährdung als Straftat, 1989, 311 ff.
8 SK-*Hoyer* Vor § 267 Rn 11 ff; NK-*Puppe/Schumann* § 267 Rn 6 ff.
9 Vgl zB §§ 239, 240, 253, 263.
10 Schon gar nicht mit einem Strafmaß, das demjenigen von Diebstahl, Erpressung und Betrug entspricht!
11 *Jakobs*, Urkundenfälschung, 2000, 5 ff, 35 ff.
12 Es sei denn, die Regelung wird als gesetzlicher Missgriff angesehen, so *Jakobs*, Urkundenfälschung, 2000, 92 f.
13 Vgl *Hälschner* II/2 513 ff; *v. Liszt* 512 f; *Merkel* 358 ff; *Weismann* VDB VII, 243 (275 ff, 330 ff).
14 So die allein auf den Schutz der Garantiefunktion abstellende Definition von NK-*Puppe/Schumann* § 267 Rn 17: Die Urkunde sei eine Erklärung im Rechtsverkehr, die in dauerhaften Zeichen verkörpert ist und die Identität des Erklärenden (des Ausstellers) erkennen lässt.
15 Vgl auch den Text von § 267 aF (bis 1943), der bzgl Privaturkunden auf die Beweiserheblichkeit abstellt.
16 Dass die nähere Bestimmung der Beweisfunktion ihrerseits Gegenstand eingehender Auseinandersetzungen war – vgl *Frank* § 267 Anm. II –, steht dem nicht entgegen.
17 Vgl § 56 Rn 6.

B. Definitionen und Erläuterungen

▶ **Fall 2a:** Examenskandidat E lässt sich von Rechtsanwalt R eine Examensarbeit schreiben. Das Werk freudig in Empfang nehmend, versieht er es selbst mit seiner Prüfungskennziffer und sendet die Arbeit an das Prüfungsamt. ◀

▶ **Fall 2b:** Wie Fall 2a, nur dass R die Prüfungskennziffer selbst hinzufügt und die Arbeit sodann an das Prüfungsamt sendet. ◀

▶ **Fall 3:** T, der in der Kneipe des K erheblich mehr verzehrt und getrunken hat, als er bezahlen kann, radiert mehrere Striche auf seinem Bierdeckel aus. ◀

▶ **Fall 4:** X „bestellt" zum Zeitvertreib bei verschiedenen Warenhäusern Waren von erheblichem Wert. Als Adresse gibt er auf den Bestellscheinen an: „König Franz, z.Hd. Reichsverweser Friedrich Wilhelm, Im Schloss, Berlin". ◀

▶ **Fall 5:** In Ermangelung eines Schreibblocks nimmt O einen Vertrag mit seinem Laptop auf und überreicht seinem Vertragspartner einen USB-Stick, auf der er den Vertrag als Datei gespeichert hat. ◀

7 Den Tatbestand verwirklicht, wer zur Täuschung im Rechtsverkehr eine unechte Urkunde herstellt, eine echte Urkunde verfälscht oder eine unechte oder verfälschte Urkunde gebraucht.

I. Tatobjekt (Urkunde)

8 **1. Begriff. Definition:** Eine Urkunde ist eine verkörperte und visuell wahrnehmbare Erklärung, die zum Beweis einer rechtlich erheblichen Tatsache geeignet und bestimmt ist und einen Aussteller erkennen lässt.[18]

9 Diese Definition ist an **drei Funktionen** orientiert, welche die Urkunde zu erfüllen hat, nämlich die

- **Garantiefunktion** durch Erkennbarkeit einer Erklärung und ihres Ausstellers;
- **Perpetuierungsfunktion** durch Verkörperung der Erklärung;
- **Beweisfunktion** durch Eignung und Bestimmung, im Rechtsverkehr Beweis zu erbringen.

10 **a) Zur Garantiefunktion:** Der von der Norm bezweckte Echtheitsschutz („Garantie") bezieht sich auf die Tatsache, dass eine bestimmte Erklärung von einem bestimmten Erklärenden, dem sog. Aussteller, stammt. Demnach muss das Tatobjekt einer Urkundenfälschung geeignet sein, diese Garantie zu erbringen, also eine bestimmte Erklärung und einen bestimmten Aussteller erkennen lassen.

11 **aa)** Die aus der Urkunde hervorgehende Erklärung muss nicht für jedermann verständlich sein. Es genügt, wenn der Inhalt von Eingeweihten erschlossen werden kann.

12 **bb) Aussteller** ist diejenige bestimmte Person oder Behörde,[19] der die urkundliche Erklärung im Rechtsverkehr als Urheber zuzurechnen ist (sog. Geistigkeitstheorie).[20]

---

18 Vgl RGSt 1, 162 (164); 76, 205 (206); BGHSt 3, 82 (84 f); 24, 140 (141); S/S-*Heine/Schuster* § 267 Rn 2 mwN.
19 Vgl BGHSt 7, 149 (152 f).
20 Vgl BGHSt 13, 382 (385); *Freund*, Urkundenstraftaten, 2. Aufl. 2010, Rn 116 ff; NK-*Puppe/Schumann* § 267 Rn 17, 62 ff; *Satzger* Jura 2012, 106 (108).

Entgegen der heute nicht mehr vertretenen „Körperlichkeitstheorie" braucht der Aussteller die Urkunde nicht eigenhändig abgefasst zu haben.[21] Ob der Entwurf der Urkunde eine besondere Sachkompetenz voraussetzt, spielt keine Rolle. Daher ist zB der Unterzeichnende auch dann Aussteller eines Vertrags, wenn dieser von einem Rechtsanwalt entworfen wurde. Aussteller ist ferner Examenskandidat E in **Fall 2a**, der die von R geschriebene Prüfungsarbeit durch die für seinen Namen stehende Kennziffer zu seiner eigenen Erklärung macht.[22] Versieht dagegen in **Fall 2b** R selbst die Examensarbeit mit der Kennziffer des E, so stellt er, da nun die Erklärung dem Kandidaten als Aussteller zugerechnet wird, eine falsche Urkunde her.   13

Der Aussteller kann sich aus der urkundlichen Erklärung selbst, zB aus der Unterschrift oder dem Briefkopf, ergeben. Es wird aber auch als ausreichend angesehen, wenn unter Zuhilfenahme weiterer Umstände **aus der Urkunde auf den Aussteller geschlossen** werden kann.[23] In **Fall 3** stellt T eine unechte Urkunde her, da der Bierdeckel, auf dem der K mit Strichen die Anzahl der konsumierten Getränke notiert, unter den gegebenen Umständen dazu genutzt wird, den Verzehr eines Gastes zu dokumentieren.[24] Die Erkennbarkeit eines bestimmten Ausstellers muss aber stets gewährleistet sein. **Blankette** und **Formulare** sind mangels Aussteller (noch) keine Urkunden.   14

Anonyme Schreiben sind keine Urkunden. Bei ihnen will ersichtlich niemand für die Erklärung einstehen. Dies trifft bei „offener" Anonymität zu, bei der schon aus der Erklärung zu ersehen ist, dass sich der Aussteller bewusst nicht zu erkennen gibt. Dies gilt aber auch für „verdeckte" Anonymität, bei der sich der Aussteller einen Allerweltsnamen (zB „Müller") oder – wie X in **Fall 4** – einen ersichtlich unzutreffenden Namen zulegt, falls sich nicht aus dem Kontext – zB der Adresse – die Bezugnahme auf eine bestimmte Person ergibt.[25] Eine unleserliche Unterschrift kann Ausdruck verdeckter Anonymität sein, sofern nicht weitere Anzeichen auf eine bestimmte Person hinweisen. Als Urkunde ist es daher anzusehen, wenn ein Arzneimittelrezept unleserlich, aber mit Doktortitel unterzeichnet wird. Kein Fall von Anonymität ist es, wenn der Aussteller eine Bezeichnung verwendet, unter der er in einem bestimmten Kontext ohne Weiteres identifizierbar ist. Jemand unterschreibt zB eine Erklärung mit seinem dem Adressaten wohlbekannten Spitznamen. Der scheinbare Aussteller muss tatsächlich nicht existieren, weshalb auch in den Kreisen sog. **Reichsbürger** zirkulierende Dokumente wie „Reisepass Deutsches Reich" oder „Personenausweis Deutsches Reich" eine Urkunde darstellen.[26]   15

b) Zur Perpetuierungsfunktion: Die Urkunde wird als Beweismittel geschützt, weil sie auf Dauer die Verbindung der Erklärung mit ihrem Aussteller repräsentiert. Dies erfordert, dass das Material, mit dessen Hilfe die Gedankenerklärung verkörpert wird, von einer gewissen **Bestandsfestigkeit** ist. Daher genügt es unter normalen Bedingungen nicht, wenn die Erklärung in Sand oder Schnee geritzt ist.   16

---

21 Allenfalls kann die – für den Urkundenbegriff irrelevante – rechtliche Wirksamkeit einer Erklärung Eigenhändigkeit voraussetzen, vgl etwa § 2247 BGB.
22 BayObLG NJW 1981, 772 (773 f). Dementsprechend ist auch der Verfasser mangels Herstellens einer falschen Urkunde nicht nach § 267 strafbar.
23 RGSt 52, 312 (313); 59, 38 (40); BGH GA 1963, 16 f.
24 Die Handlung des T kann zugleich ein Verfälschen einer echten Urkunde gem. § 267 Abs. 1 Alt. 2 darstellen. Zu den Konkurrenzen der beiden Tathandlungen s. Rn 61.
25 Vgl RGSt 46, 297 (300 f); BGHSt 5, 149 (151); *Seier* JA 1979, 133 (135 f).
26 LG Freiburg, Urt. v. 20.03.2019 – Az. 2/19 7 Ns 92 Js 16087/17 (bei juris) ; OLG München, Urt. v. 19.9.2018 – Az. 4 OLG 14 Ss 542/17 (bei juris).

17   Die Urkunde muss **nicht in üblicher Schriftform** abgefasst sein.[27] Erforderlich sind jedoch symbolische Zeichen, denen mit Hilfe eines Codes die über die Zeichen hinausgehende Erklärung entnommen werden kann. Anderenfalls verkörpert der Gegenstand keine Erklärung, also keine über seine bloße Beschaffenheit hinausgehende Information und ist nur ein Augenscheinsobjekt.

18   Zur Perpetuierungsfunktion gehört die **visuelle Wahrnehmbarkeit** der Erklärung. Es genügt nicht, wenn die Erklärung in optisch nicht wahrnehmbarer Weise magnetisch oder auf Tonträgern gespeichert ist, da hier die Sichtbarmachung noch einen vom Speichermedium unabhängigen technischen Vorgang erfordert. Insoweit sind Datenträger, deren Informationsgehalt erst durch Symbole auf dem Bildschirm eines Computers sichtbar gemacht werden kann, keine Urkunden. Keine Urkunde ist daher der von O in **Fall 5** verwendete USB-Stick. Wohl aber erfüllt der Computerausdruck das Erfordernis visueller Wahrnehmbarkeit.

19   c) **Zur Beweisfunktion:** Ein Beweismittel ist die Urkunde, wenn sie gerade durch die in ihr verkörperte und einem Aussteller zugeschriebene Erklärung zum Führen des Beweises einer rechtserheblichen Tatsache geeignet und hierzu auch bestimmt ist.

20   aa) Unter **Beweiseignung** ist die Möglichkeit zu verstehen, mit Hilfe der Urkunde (und ggf im Kontext mit anderen Umständen) zum Beweis einer rechtserheblichen Tatsache beizutragen. Auf die konkrete Durchführung eines solchen Beweises kommt es nicht an. Die Beweiseignung wird zB einem Autogramm abgesprochen.[28] Prüfungsarbeiten sollen dagegen zum Beweis geeignet sein, da sich mit ihrer Hilfe ein bestimmter Leistungsstand aufzeigen lässt.[29] Keine Beweiseignung hat eine „Kennkarte" des „Deutschen Reiches", wenn sie selbst bei oberflächlicher Betrachtung nicht für ein gültiges behördliches Dokument gehalten werden kann.[30]

21   Die Beweiseignung einer **unechten Urkunde** ist unter der Fragestellung zu prüfen, ob sie im Falle ihrer Echtheit zum Beweis einer rechtserheblichen Tatsache beitragen könnte.

22   bb) Die **Beweisbestimmung** kann bei der Erstellung, aber auch erst im Nachhinein getroffen werden:

- Fixiert der Aussteller eine Erklärung schon mit dem Ziel, sie ggf als Beweismittel zu verwenden, spricht man von einer sog. **Absichtsurkunde.** Exemplarisch sind ein schriftliches Vertragsangebot oder die Ausstellung eines Zeugnisses.

- Wird eine verkörperte Erklärung erst nachträglich dazu bestimmt, als Beweismittel zu dienen, spricht man von einer sog. **Zufallsurkunde.** Die nachträgliche Beweisbestimmung muss nicht durch den Aussteller selbst erfolgen, sondern kann auch von einem Dritten mit entsprechendem Beweisführungsinteresse vorgenommen werden.[31]

- Verkörperte Erklärungen, die, wie etwa beleidigende Briefe, einen Straftatbestand erfüllen (sog. **Deliktsurkunden**), werden als Absichtsurkunden angesehen, wenn sie der Täter in dem Bewusstsein ausstellt, einen anderen zu einem rechtserheblichen

---

27   S/S-*Heine/Schuster* § 267 Rn 7; M-*Schroeder*/Maiwald II § 65/13 f; LK-*Zieschang* § 267 Rn 4, jew. mwN; aA
Kienapfel, Urkunden im Strafrecht, 1967, 349 ff; *Welzel* 403 f.
28   *Fischer* § 267 Rn 14; S/S-*Heine/Schröder* § 267 Rn 44.
29   RGSt 68, 240 (241); BGHSt 17, 297 (298 f); BayObLG NJW 1981, 772 (773).
30   OLG Bamberg Beschl. v. 23.10.2012 – 2 Ss 63/12; *Fischer* § 267 Rn 14 mwN.
31   RGSt 17, 103 (108 f); BGHSt 3, 82 (85 ff); 13, 235 (238); LK-*Zieschang* § 267 Rn 63 ff, 67 ff mwN.

Verhalten zu veranlassen.[32] Werden sie dagegen später von einem Dritten zu Beweiszwecken herangezogen, so werden sie zu den Zufallsurkunden gerechnet.[33]

Vor seiner Beweisbestimmung fehlt einem Schriftstück die Urkundenqualität, so dass   23
private Aufzeichnungen und Urkundenentwürfe (noch) keine Urkunden sind.[34] Umgekehrt entfällt die Urkundenqualität mit der Aufhebung der Beweisbestimmung. Keine
Urkunden (mehr) sind daher zum Zwecke der Vernichtung ausgesonderte Akten.[35]

cc) Die Konstruktion einer Zufallsurkunde wird von einer Mindermeinung abgelehnt: 24
Ob eine schriftliche Erklärung zum Beweis bestimmt sei, müsse aus der Sicht eines verobjektivierten Empfängerhorizonts beurteilt werden. Die Erklärung müsse den Willen
des Ausstellers erkennen lassen, sich rechtserheblich zu äußern.[36] Einer Erklärung lasse
sich aber nicht entnehmen, ob sie von einem Dritten zum Beweis bestimmt sei.[37] Auch
könne dem Aussteller die Garantie für den Inhalt einer privaten schriftlichen Äußerung
nicht dadurch aufgezwungen werden, dass ein anderer mit dieser Äußerung etwas zu
beweisen suche.[38]

Diese Auffassung ist schlüssig, wenn man den Normzweck der Urkundenfälschung im   25
individuellen Recht des Einzelnen sieht, vor Scheinerklärungen bewahrt zu werden.[39]
Bezieht man mit der hM den Schutz dagegen auf die Möglichkeit, mit verkörperten
Gedankenerklärungen, die ihren Aussteller erkennen lassen, Beweis zu führen, so
spricht nichts dagegen, auch eine von einem Dritten vorgenommene Beweisbestimmung anzuerkennen. Ferner spricht für die hM, dass in der Legaldefinition der technischen Aufzeichnung nach § 268 Abs. 2, die dem Urkundenbegriff nachgebildet ist und
diesem hinsichtlich der Beweisfunktion entspricht, die Möglichkeit der späteren Beweisbestimmung ausdrücklich vorgesehen ist.[40]

2. **Abgrenzungen. a) Augenscheinsobjekt:** Dass die Urkunde eine Erklärung verkör-   26
pert, unterscheidet sie vom Augenscheinsobjekt. Die Urkunde enthält Zeichen, denen
sich mit Hilfe eines Codes (einer Sprachkonvention) eine bestimmte Information, die
über die Beschaffenheit des Objekts selbst hinausgeht, entnehmen lässt. Exemplarisch
sind die Schriftzeichen auf einem Blatt Papier, die aufgrund bestimmter sprachlicher
Regeln eine Information liefern. Demgegenüber sind Augenscheinsobjekte alle Gegenstände, die nicht Träger eines symbolisch vermittelten Inhalts sind. Ein Augenscheinsobjekt kann durchaus aufgrund seiner Beschaffenheit in einer bestimmten Situation beweiserheblich sein. Auf einem Messer befinden sich zB Blutspuren, die auf seine Verwendung als Tatmittel eines Tötungsdelikts hinweisen. Jedoch betrifft hier der Beweis
die Beschaffenheit als solche und keine symbolisch vermittelte Erklärung.[41]

Das eine urkundliche Erklärung verkörpernde Objekt kann auch als Augenscheinsob-   27
jekt beweiserheblich sein. Exemplarisch: Auf einem Testament befindet sich ein Blutfleck. Für den Tatbestand der Urkundenfälschung kommt es in diesem Fall ausschließ-

---

32 S/S-*Heine/Schuster* § 267 Rn 14; LK-*Zieschang* § 267 Rn 69 mwN.
33 RGSt 7, 47 (50 f); 17, 103 (108 f); 32, 56.
34 RGSt 57, 310 (311); 61, 161; BGHSt 3, 82 (85); vgl auch BGHSt 13, 235 (237 ff).
35 OLG Köln MDR 1960, 946.
36 SK-*Hoyer* § 267 Rn 39 f.
37 SK-*Hoyer* § 267 Rn 39.
38 NK-*Puppe/Schumann* § 267 Rn 9.
39 Oben Rn 5.
40 Gegen eine Parallelisierung von Urkunden und technischen Aufzeichnungen allerdings NK-*Puppe/Schumann* § 268 Rn 6 ff; zust. *Erb* Puppe-FS 1107 (1114).
41 Vgl RGSt 17, 103 (105 ff); 55, 97 (98); BGHSt 17, 297 (298); *Freund*, Urkundenstraftaten, 2. Aufl. 2010, Rn 65 ff; NK-*Puppe/Schumann* § 267 Rn 26 f.

lich auf die Manipulation des symbolischen Gehalts an. Schneidet der Täter also die Stelle mit dem Blutfleck ab, ohne hierdurch den Text zu verändern, beseitigt er ggf ein Beweismittel, aber er begeht keine Urkundenfälschung, weil er die Funktion des Papiers als Verkörperung einer testamentarischen Erklärung nicht beeinträchtigt.

28   **b) Technische Aufzeichnung:** Abzugrenzen ist die Urkunde ferner von der technischen Aufzeichnung. Technische Aufzeichnungen sind Resultate eines selbständigen maschinellen Vorgangs, insbesondere die Darstellung von Messergebnissen. Sie verkörpern damit zwar Symbole, die mittels eines Codes entschlüsselbar sind, lassen sich aber, da sie selbsttätig von einer Maschine erstellt wurden, keinem Menschen als Aussteller zurechnen.[42] Allerdings kann eine technische Aufzeichnung zu einer Urkunde werden, wenn sie jemand zum Gegenstand einer eigenen Erklärung macht.[43] Exemplarisch hierfür sind sog. **EDV-Urkunden**, die als Erklärungen in den Rechtsverkehr gelangen sollen (zB Strom-, Wasser- oder Gehaltsabrechnungen).[44]

3. Besondere Urkunden

▶ **Fall 6:**   In der Bekleidungsabteilung eines Kaufhauses tauscht D zwei Hemden aus, die sich jeweils in unverschlossenen Klarsichthüllen befinden. Das zuvor mit 80, jetzt aber nur mit 30 Euro durch ein Preisetikett ausgezeichnete Hemd bringt er zur Kasse und zahlt dort den angegebenen Preis. ◀

▶ **Fall 7:**   Student S entfernt von dem Buchrücken eines Lehr- und Praxiskommentars zum StGB den Registeraufkleber „E b 47 II", um das begehrte Werk unbemerkt aus der Bibliothek entfernen zu können. ◀

▶ **Fall 8:**   N fertigt aus verschiedenen zusammengelegten Teilen (Briefkopf, Unterschrift usw) eine Fotokopie an, die nunmehr so aussieht, als handele es sich um eine vom angeblichen Aussteller selbst verfasste Urschrift. ◀

29   **a) Zusammengesetzte Urkunden:** Zusammengesetzte Urkunden sind Urkunden, in die ein Augenscheinsobjekt **räumlich und inhaltlich** fest einbezogen ist.[45]

30   Bei zusammengesetzten Urkunden ersetzt ein Augenscheinsobjekt einen (ggf wesentlichen) Teil der Erklärung. Exemplarisch ist ein Reisepass, bei dem an die Stelle (einer sonst erforderlichen) äußerlichen Beschreibung des Passinhabers das Passbild tritt. Entsprechend bezieht sich bei einer beglaubigten Kopie oder Abschrift der Beglaubigungsvermerk auf das betreffende Blatt, dessen Übereinstimmung mit dem Original erklärt wird. Da das Augenscheinsobjekt bei der zusammengesetzten Urkunde selbst Träger der urkundlichen Erklärung ist, muss es nach den Erfordernissen der Perpetuierungsfunktion mit den anderen Teilen der Urkunde räumlich **fest verbunden** sein. Keine zusammengesetzte Urkunde ist daher in **Fall 6** gegeben, da sich die Hemden unschwer aus der offenen Klarsichthülle entfernen lassen.[46]

---

42   Vgl § 56 Rn 5 f.

43   SK-*Hoyer* § 267 Rn 20; NK-*Puppe/Schumann* § 267 Rn 29 ff; *Zielinski* Kaufmann, A.-GS 605 (607 ff).

44   Nach OLG Köln NJW 2002, 527 f soll dies hinsichtlich Uhrzeit, Datum und Bezeichnung des Standorts auch für Parkscheine eines Automaten gelten; hierzu *Hecker* JuS 2002, 224 ff.

45   BGH, NJW 2018, 87 ff.; BGHSt 5, 75 (79); OLG Stuttgart NJW 1978, 715; *Otto* § 70/26; LK-*Zieschang* § 267 Rn 100.

46   OLG Köln NJW 1979, 729 f; weitere Beispielsfälle bei *Heinrich* JA 2011, 423.

b) **Beweiszeichen:** Beweiszeichen (Erklärungszeichen) sind auf ein Symbol reduzierte Verkörperungen der Erklärung eines erkennbaren Ausstellers mit Beweisfunktion.[47]   31

aa) Beweiszeichen sind zB: TÜV-Plakette;[48] Preisetikett auf Waren;[49] Eichzeichen; Stempel des Fleischbeschauers; Signatur auf einem Gemälde;[50] Korkbrand; Entwertungsstempel auf Fahrscheinen; Verschlussplomben (falls ihnen eine über die Sicherungsfunktion hinausgehende Erklärung zukommt);[51] Fahrgestell-[52] oder Motornummer[53] eines Kraftfahrzeugs.   32

Ihre Bedeutung als Träger einer bestimmten Erklärung erlangen Beweiszeichen regelmäßig erst durch ihre (feste) Verbindung mit einem Augenscheinsobjekt. Sie sind dann Teil einer zusammengesetzten Urkunde. In diesem Fall ergibt sich die beweiserhebliche Erklärung nicht aus einem schriftlichen Text, sondern aus der Kombination eines bestimmten Symbols mit einem bestimmten Objekt, wobei dieser Kombination im Rechtsverkehr (nach Gesetz, Vereinbarung, Konvention) ein bestimmter Erklärungsinhalt zugeschrieben wird. Da Beweiszeichen (ggf in der Verbindung mit einem Augenscheinsobjekt) alle Funktionen einer (zusammengesetzten) Urkunde erfüllen können, sind sie auch als (wesentliche Teile von) Urkunden im Sinne der Urkundendelikte anzusehen.[54]   33

bb) Beweiszeichen sind von sog. **Kenn- und Unterscheidungszeichen** abzugrenzen: Anders als Beweiszeichen, denen im Rechtsverkehr eine Beweiseignung zukommt, sind Kenn- und Unterscheidungszeichen Symbole, die **nur eine Ordnungsfunktion** erfüllen und ggf noch der Sicherung einer Sache dienen. In **Fall 7** scheiden Urkundendelikte aus, da der Registeraufkleber lediglich der organisatorischen Zuordnung des Buches in den Bibliotheksbestand dient. Exemplarisch sind außerdem (interne) Kontrollnummern in einem Warenlager, Wäschemonogramme, Warenzeichen oder Garderobenmarken.[55] Vielfach ist jedoch die Abgrenzung von Beweis- und Kennzeichen umstritten.[56] So behandelt die Rechtsprechung zwar reguläre Nummernschilder,[57] nicht aber auch Überführungsschilder[58] sowie ungestempelte oder entstempelte Kennzeichenschildern[59] beim Kraftfahrzeug als Urkunden. Ferner werden **Wertzeichen** (zB Brief-, Gebühren-, Beitrags- oder Steuermarken), die noch nicht auf Schriftstücke oder in Mitgliedsbücher geklebt sind, teils als Beweiszeichen angesehen,[60] teils nur als Kennzeichen eingestuft.[61]   34

---

47 Vgl RGSt 64, 48 (49); 76, 186 (188); BGHSt 9, 235 (237 f); 34, 375 (376 f) m.Bespr. *Puppe* JZ 1991, 447; BayObLG NJW 1980, 1057.
48 BayObLG NJW 1966, 748 f; OLG Karlsruhe DAR 2002, 229; OLG Celle NJW 2011, 2983 (2984).
49 RGSt 53, 237 (238 f); 53, 327 (329); OLG Hamm NJW 1968, 1894 (1895); OLG Köln NJW 1973, 1807; 1979, 729; OLG Düsseldorf NJW 1982, 2268.
50 RGSt 76, 28 (29).
51 RGSt 50, 191; 67, 230 (232 f); 75, 306 (307); aA SK-*Hoyer* § 267 Rn 17; NK-*Puppe/Schumann* § 267 Rn 39 f.
52 BGHSt 9, 235 (237 f); 16, 94 (96 ff).
53 BGH NJW 1955, 876.
54 Vgl BGHSt 2, 370; 13, 235 (239); BayObLG NJW 1980, 1057 f; *Freund*, Urkundenstraftaten, 2. Aufl. 2010, Rn 90 ff; *Puppe* Jura 1980, 18 f, 20 f; aA *Otto* JuS 1987, 761 (762 f).
55 *Fischer* § 267 Rn 8 mwN.
56 *Satzger* Jura 2012, 106 (109 f); zur kasuistischen Rechtsprechung vgl NK-*Puppe/Schumann* § 267 Rn 34 ff.
57 BGHSt 16, 94 (95); 18, 66 (70).
58 BGHSt 34, 375 (376 f); BGH HRRS 2014 Nr. 295; zur Kritik NK-*Puppe/Schumann* § 267 Rn 34.
59 *Jäger*, JA 2017, 231 (233).
60 *Otto* JuS 1987, 761 (763); *Puppe* JZ 1986, 938 (939).
61 BayObLG NJW 1980, 196; zweifelnd *Fischer* § 267 Rn 9.

35   c) **Gesamturkunden:** Gesamturkunden sind feste und dauerhafte **Zusammenfassungen** mehrerer Einzelurkunden **zu einer neuen** (weiteren) **Gedankenerklärung.**[62]

36   Eine Gesamturkunde, die nicht mit der zusammengesetzten Urkunde verwechselt werden darf, setzt voraus, dass sich aus der Zusammenfügung mehrerer Urkunden eine zusätzliche, in den Einzelurkunden noch nicht enthaltene Information ergibt. Demnach muss es eine Regel (Gesetz, Vereinbarung, Konvention) geben, die der konkreten Verbindung der Einzelurkunden eine bestimmte Bedeutung gibt. Gewöhnlich bezieht sich diese zusätzliche Information auf die Vollständigkeit oder Abgeschlossenheit der durch die Einzelurkunden belegten Vorgänge. In diesem Sinne sind zB kaufmännische Handelsbücher Gesamturkunden, da sie über die einzelnen Eintragungen hinaus einen fortlaufenden Geschäftsvorgang dokumentieren.[63] Demnach kann dem Aussteller die Erklärung, seiner entsprechenden Beurkundungspflicht nachgekommen zu sein, zugeschrieben werden. Weitere Beispiele für Gesamturkunden sind das Einwohnermeldeverzeichnis,[64] das Sparbuch[65] oder die Personalakte.[66] In der Literatur wird die Möglichkeit einer Gesamturkunde insbesondere von denjenigen Autoren abgelehnt, die den Schutzzweck der Norm nur auf die Garantiefunktion und nicht auf die Urkunde als Beweismittel beziehen.[67]

37   d) **Durchschriften und weitere Ausfertigungen:** Durchschriften und weitere Ausfertigungen von Urkunden sind ihrerseits als Urkunden anzusehen.[68] Sie werden angefertigt, damit dem Aussteller im Rechtsverkehr mehrere als Beweismittel gleichwertige Erklärungen zur Verfügung stehen, und übernehmen damit die Funktion von Urschriften. Beispielhaft sind Durchschriften von Bestellscheinen oder Vertragstexten. Auch **Kopien, die als Original dienen,** haben Urkundenqualität in diesem Sinne, zB die Kopie eines Handelsbriefs oder das bei Gericht eingereichte Doppel der Klageschrift.[69]

38   e) **Abschriften:** Keine Urkunden sind dagegen bloße Abschriften. Sie geben nur den Inhalt der Urschrift wieder, ohne selbst eine Garantie- und Beweisfunktion zu erfüllen und dienen daher im Rechtsverkehr nicht dazu, als gleichwertiges Beweismittel an die Stelle des Originals zu treten.[70] Es handelt sich bei ihnen um Augenscheinsobjekte, die – gewissermaßen wie Spiegel – nur den Text des Originals wiedergeben. Auch als Augenscheinsobjekt kann die Abschrift aber Teil einer zusammengesetzten Urkunde sein, wenn sie zB mit einem Beglaubigungsvermerk versehen wird.[71]

39   f) **Fotokopien:** Fotokopien werfen eine Reihe unterschiedlicher Fragen auf:

40   aa) Umstritten ist zunächst, ob (**als Reproduktionen erkennbare**) Fotokopien Urkundenqualität haben. Die bislang hM verneint dies aus der Erwägung, dass Fotokopien nur den Inhalt eines anderen Schriftstücks wiedergeben, ohne selbst Erklärung eines

---

62   RGSt 60, 17 (19 f); 67, 245; 69, 396 (398); BGHSt 4, 60 (61); BayObLG NJW 1990, 264 (265); *Fischer* § 267 Rn 23 ff; S/S-*Heine/Schuster* § 267 Rn 30 ff; *Otto* § 70/25.
63   Vgl RGSt 50, 420 (421); 69, 396 (398).
64   BGH JR 1954, 308.
65   BGHSt 19, 19 (21).
66   OLG Düsseldorf NStZ 1981, 25 (26); nicht aber die Handakte eines Rechtsanwalts, vgl BGHSt 3, 395 (399 f).
67   SK-*Hoyer* § 267 Rn 80; NK-*Puppe/Schumann* § 267 Rn 41 ff; abl. auch MK-*Erb* § 267 Rn 58; *Kienapfel* Jura 1983, 185 (192 ff); *Lampe* GA 1964, 321 (323 ff).
68   RGSt 35, 145 (146); 40, 179 (180 ff); BGHSt 2, 35 (38); OLG Hamm NJW 1973, 1809 (1810); KG wistra 1984, 233 m.Bespr. *Puppe* JZ 1986, 938 (944 f); *Welp* Stree/Wessels-FS 511 (519); LK-*Zieschang* § 267 Rn 109 f.
69   RGSt 59, 13 (15 f).
70   BGHSt 2, 50 (51 f).
71   Vgl RGSt 34, 360 (361 ff); S/S-*Heine/Schuster* § 267 Rn 40a.

bestimmten Ausstellers zu sein. Sie seien daher den Abschriften gleichzustellen.[72] Gleichermaßen wird auch Computerausdrucken, die als Abbild eines anderen Schriftstücks erscheinen, keine Urkundsqualität zugebilligt.[73]

Eine vordringende Auffassung hält Fotokopien dagegen für Urkunden, da es im Rechtsverkehr üblich sei, sie anstelle der Urschrift als Beweismittel zu gebrauchen.[74] **41**

bb) Außer Streit steht, dass Fotokopien, die als **weitere Ausfertigung einer Urkunde** dienen,[75] auch als Urkunden (im Sinne eines Originals!) anzusehen sind.[76] **42**

cc) Im Wege des Fotokopierens kann eine (unechte) Urkunde hergestellt werden, wenn die Kopie so beschaffen ist, dass sie **für das Original selbst** gehalten werden kann.[77] Mit der Frage, ob Kopien als Urkunden anzusehen sind, hat **Fall 8** also nichts zu tun. Hier ist das Kopiergerät nur ein **Mittel zur Herstellung eines Falsifikats.** **43**

dd) (Unechte) Urkunden können schließlich dadurch **gebraucht** werden, dass eine (als Reproduktion erkennbare) Fotokopie von ihnen vorgelegt wird. Auch in dieser Konstellation geht es nicht um die Frage, ob die vorgelegte Kopie Urkundenqualität hat. Vielmehr wird die Kopie hier nur verwendet, um die Kenntnisnahme des (gefälschten) Originals zu ermöglichen und so dieses selbst als Beweismittel zu verwenden.[78] **44**

ee) Per **Fax** übermittelte Kopien werden teils wie Fotokopien behandelt,[79] so dass sich hier die Streitfrage, ob Kopien Urkundenqualität haben, entsprechend stellt. Teils werden Telefaxkopien als eigene Form einer urkundlichen Erklärung angesehen, weil sie der Aussteller autorisiert in den Rechtsverkehr gelangen lasse bzw – bei Übersendung durch einen Dritten – die Kurzbezeichnung des Absenders auf dem Empfängerfax konkludent als Erklärung originalgetreuer Übermittlung verstanden werden könne.[80] **45**

ff) Per **E-Mail** versandte und vom Empfänger ausgedruckte Dateien sind wiederum wie Telefaxkopien zu behandeln.[81] Keine Urkunde liegt daher vor, wenn per E-Mail eine digital verfälschte Kopie einer Urkunde übersendet wird, da der digitalen versendeten Kopie keine unechte oder verfälschte Urkunde zugrunde liegt.[82] **46**

---

72 Vgl BGHSt 5, 291 (293); 24, 140 (141 f.); BGH wistra 2003, 231; 2012, 387; BayObLG NStZ 1994, 88; OLG Düsseldorf NJW 2001, 167 f m.Anm. *Erb* NStZ 2001, 317 f und (abl.) *Puppe* NStZ 2001, 482 ff; *Erb* GA 1998, 577 ff; *Hefendehl* Jura 1992, 374 (375); *Otto* § 70/28; Rspr-Übersicht bei *Böse* NStZ 2005, 370.

73 BGH NStZ 2010, 703; NStZ-RR 2011, 213 f; HRRS 2011 Nr. 355; *Fischer* § 267 Rn 22.

74 *Freund* JuS 1991, 723 ff; 1993, 1016 (1021 f); *Mitsch* NStZ 1994, 88 (89); NK-*Puppe/Schumann* § 267 Rn 49 f; Überblick zum Diskussionsstand bei *Grimm*, Die Problematik der Urkundenqualität von Fotokopien, 1994.

75 Oben Rn 37.

76 BGH bei *Holtz* MDR 1976, 813; BayObLG NJW 1990, 3221; LK-*Zieschang* § 267 Rn 112.

77 BGH NJW 1965, 642 (643); BayObLG NJW 1990, 3221; OLG Stuttgart NJW 2006, 2869 f; OLG Nürnberg NStZ-RR 2007, 16; S/S-*Heine/Schuster* § 267 Rn 42b; SK-*Hoyer* § 267 Rn 22; *Zaczyk* NJW 1989, 2515 (2516 f); aA *Keller* JR 1993, 300 f; *Lampe* StV 1989, 207 f.

78 Vgl Rn 69.

79 BGH NStZ 2010, 703; OLG Zweibrücken NJW 1998, 2918; OLG Oldenburg NStZ 2009, 391 f; OLG Hamburg NStZ-RR 2013, 110; *Fischer* § 267 Rn 21; *Freund*, Urkundenstraftaten, 2. Aufl. 2010, Rn 128a ff; L-Kühl-*Heger* § 267 Rn 16; hierzu auch *Beck* JA 2007, 423 (424); *Satzger* Jura 2012, 106 (113).

80 *Hardtung* JuS 1998, 719 (722 f); S/S-*Heine/Schuster* § 267 Rn 43; SK-*Hoyer* § 267 Rn 21; vgl auch *Zielinski* CR 1995, 286 (291 f).

81 Diff. und für einen neuen – IT-spezifischen – Authentizitätsbegriff *Puppe* BGH-FS IV 569 (579 ff); näher zur Problematik auch *Mankowski* NJW 2002, 2822 ff.

82 Allerdings kommt hier zumindest eine Fälschung beweiserheblicher Daten iSd. Gebrauchens veränderter Daten in Betracht (BGH NStZ-RR 2017, 281; BGH NStZ-RR 2018, 308)

II. Tathandlungen

47 Tathandlungen sind das Herstellen einer unechten Urkunde, das Verfälschen einer echten Urkunde sowie das Gebrauchen einer unechten oder verfälschten Urkunde.

1. Herstellen einer unechten Urkunde (Abs. 1 Alt. 1)

▶ **FALL 9:** Z stellt mit dem gestohlenen Briefkopf einer Behörde eine Bescheinigung aus, in die er sich selbst als Sachbearbeiter einträgt und die er mit dem eigenen Namenszug unterschreibt. ◀

▶ **FALL 10:** Ausländer A erhält aufgrund seiner Angaben Ausweispapiere unter einem falschen Namen, den er nunmehr bei der Abgabe von Willenserklärungen gebraucht. ◀

▶ **FALL 11:** M findet einen bereits von B unterzeichneten Blankoscheck. M setzt als Betrag 1000 Euro ein und löst den Scheck bei der nächsten Sparkasse ein. ◀

48 **Definition:** Herstellen einer unechten Urkunde ist das Anfertigen einer verkörperten Erklärung, die den unzutreffenden Anschein erweckt, von einem anderen als dem tatsächlichen Aussteller herzurühren.

49 **a) Unecht:** Eine Urkunde ist unecht, wenn sie geeignet ist, über die Identität des Ausstellers zu täuschen,[83] sei es, dass der scheinbare Aussteller die Erklärung nicht oder nicht mit genau diesem Inhalt abgegeben hat, sei es, dass der scheinbare Aussteller überhaupt nicht existiert. Wer den fremden Namen unter einem Schriftstück entfernt und durch seinen eigenen ersetzt, begeht ggf eine Urkundenunterdrückung (§ 274 Abs. 1 Nr. 1), stellt aber, da er die fremde Erklärung zu seiner eigenen macht, keine unechte Urkunde her.[84] Keine Rolle spielt es, ob die Erklärung selbst inhaltlich wahr ist oder nicht. Eine Urkunde ist daher auch echt, wenn der Aussteller eine unwahre Erklärung formuliert hat; man spricht insoweit von einer **schriftlichen Lüge**.[85]

50 **b) Verwendung des eigenen Namens:** Eine unechte Urkunde kann auch durch die Verwendung des eigenen Namens hergestellt werden, wenn die Erklärung – wie in **Fall 9** – unter den konkreten Umständen nicht dem Unterzeichnenden, sondern einer anderen Person zugerechnet wird.[86] Als Konsequenz der Geistigkeitstheorie ist hier die Behörde und nicht Z als Erklärender anzusehen. Gleiches gilt, wenn der Täter zwar mit seinem Namen unterschreibt, durch weitere Angaben – zu Geburtstag, Anschrift usw – aber eine falsche Identität vorspiegelt.[87]

51 Anders liegt jedoch der Fall, wenn der Täter **ohne Identitätstäuschung** nur **in der Erklärung** unzutreffend die eigene Befugnis zur Vertretung einer natürlichen Person behauptet, also eine offene Stellvertretung vortäuscht. Hier handelt es sich nur um eine schriftliche Lüge.[88] Im Übrigen ist bei der offenen Stellvertretung der Vertreter und nicht der Vertretene der Erklärende.[89]

---

83 RGSt 46, 297 (299); BGHSt 1, 117 (121); 33, 159 (160); 40, 203 (204); BGH NStZ 1993, 491; *Freund*, Urkundenstraftaten, 2. Aufl. 2010, Rn 136 ff.
84 BGH NJW 1954, 1375.
85 BGH NStZ 2011, 91.
86 BGHSt 7, 149 (152 f); 9, 44 (46 f); 17, 11 (12 f); BGH NStZ-RR 2008, 83 (84); mit Verweis auf die Bedeutung angeblich eingeräumter Vertretungsmacht SK-*Hoyer* § 267 Rn 61; teils abw. *Samson* JA 1979, 658 (659 f).
87 BGHSt 40, 203 (205 ff) m.Anm. *Meurer* NJW 1995, 1655 ff; aA *Puppe* JZ 1997, 490 (491 f).
88 W/H/E-*Engländer* Rn 915; aA *Zielinski* wistra 1994, 1 ff.
89 NK-*Puppe/Schumann* § 267 Rn 64.

c) **Fehlende Identitätstäuschung:** Trotz Verwendung eines fremden Namens ist keine unechte Urkunde hergestellt, wenn es an einer Identitätstäuschung fehlt.[90] Eine bloße Namenstäuschung oder der Gebrauch eines Pseudonyms ist unschädlich, wenn die Person des Ausstellers zweifelsfrei feststeht und die Wahrheit der Namensangabe unter den konkreten Umständen belanglos ist. Wenn A in **Fall 10** die (inhaltlich falschen) Ausweispapiere benutzt, ist dies daher strafrechtlich belanglos.[91]

52

Das Herstellen einer unechten Urkunde wird häufig auch verneint, wenn der Täter nur sein Inkognito wahren will.[92] Ein Prominenter gibt zB auf dem Meldezettel eines Hotels einen falschen Namen an, um seinen Urlaub ungestört verbringen zu können. In diesem Fall ist jedoch nur die subjektive Tatseite wegen des fehlenden Täuschungsvorsatzes zu verneinen.[93] Denn es ist fraglos das Herstellen einer unechten Urkunde gegeben, wenn der Täter den Meldezettel mit einem falschen Namen ausfüllt, um die Hotelrechnung zu prellen.[94]

53

d) **Stellvertretung:** Nur eine echte Urkunde wird ferner hergestellt, wenn eine Erklärung im Rahmen einer wirksamen Stellvertretung im Namen des Vertretenen (sog. verdeckte Stellvertretung) unterzeichnet wird.[95] Ob die Erklärung inhaltlich falsch ist, spielt wiederum keine Rolle, da bei wirksamer Stellvertretung auch schriftliche Lügen dem Vertretenen zugerechnet werden können.

54

Nach hM hat die **Wirksamkeit** der Stellvertretung **drei Voraussetzungen:**

55

- Der Namensträger muss den Willen haben, sich vertreten zu lassen,
- der Handelnde muss den Willen haben, den Namensträger zu vertreten,
- und die Vertretung muss für die fragliche Erklärung rechtlich möglich sein.[96]

Fehlt eine dieser drei Bedingungen, so soll das Herstellen einer unechten Urkunde gegeben sein.

Gegen die Subjektivierung der ersten beiden Wirksamkeitsvoraussetzungen spricht jedoch, dass im Rechtsverkehr nur der jeweils **erklärte** Wille maßgeblich sein kann. Mentalreservationen sind nach § 116 S. 1 BGB unbeachtlich.[97] Deshalb ist für die Wirksamkeit darauf abzustellen, ob die Voraussetzungen einer wirksamen Stellvertretung objektiv gegeben sind. Hinsichtlich der dritten Voraussetzung ist zu bedenken, dass § 267 die Echtheit von Urkunden und nicht die Wirksamkeit des Erklärten schützt. Die mangelnde rechtliche Wirksamkeit der Vertretung berührt nicht die Zurechenbarkeit der Erklärung zum Vertretenen. Muss also eine Erklärung vom Aussteller höchstpersönlich unterschrieben werden – wie zB bei Examensarbeiten,[98] eigenhändigen Testamenten[99] oder eidesstattlichen Versicherungen[100] –, so ist sie bei vertretungsweiser Unterzeichnung formungültig. An der Zurechenbarkeit der Erklärung zum Aus-

56

90 BGHSt 1, 117 (121); 33, 159 (160 f); BGH HRRS 2013 Nr. 61; vgl auch *Otto* JuS 1987, 761 (767); *Seier* JA 1979, 133 (136 f).
91 BGH StV 1997, 635 (636); vgl auch RGSt 48, 238 (241).
92 W/H/E-*Engländer* Rn 913 mwN.
93 *Seier* JA 1979, 133 (137); auf objektive und subjektive Merkmale abstellend: BGHSt 33, 159 (160 f); OLG Celle NJW 1986, 2772 (2773).
94 BGH bei *Dallinger* MDR 1973, 556.
95 RGSt 75, 46 (47); 76, 125 (126); BGHSt 33, 159 (161 f); BayObLG NJW 1988, 1401; 1989, 2142; OLG Düsseldorf NJW 1993, 1872 (1873).
96 BGHSt 33, 159 (161 f); BayObLG NJW 1989, 2142; S/S-*Heine/Schuster* § 267 Rn 58 ff; LK-*Zieschang* § 267 Rn 33.
97 Eingehende Kritik bei NK-*Puppe/Schumann* § 267 Rn 66 ff; vgl auch OLG Düsseldorf wistra 1993, 115 (116).
98 Vgl BayObLG JZ 1981, 201 (202).
99 § 2247 BGB; vgl auch RGSt 57, 235 f.
100 Vgl RGSt 69, 117 (118 f).

steller ändert sich hierdurch jedoch nichts, so dass die Erklärung zwar rechtlich unwirksam, mangels Identitätstäuschung aber nicht im Sinne von § 267 unecht ist.[101]

57   **e) Unterschriebenes Blankett:** Im abredewidrigen Ausfüllen eines bereits unterschriebenen Blanketts (zB Scheck- oder Kaufvertragsformular) liegt das Herstellen einer unechten Urkunde.[102] Gleiches gilt, wenn das Ausfüllen überhaupt ohne Willen des Unterzeichners geschieht. In **Fall 11** ist eine Strafbarkeit des M wegen Urkundenfälschung mithin zu bejahen.

58   **f) Täuschung und Zwang:** Wird eine Person durch Täuschung oder Zwang zur Unterzeichnung einer Erklärung veranlasst, so ist diese (nach den Regeln mittelbarer Täterschaft) dem Täter und nicht dem scheinbaren Aussteller zuzurechnen. Die Urkunde ist dann unecht. Nach hM soll dies bei der Nötigung jedoch nur gelten, sofern der Täter unwiderstehlichen Zwang ausübt, da der Genötigte anderenfalls noch mit Erklärungsbewusstsein handele.[103]

2. Verfälschen einer echten Urkunde (Abs. 1 Alt. 2)

▶ **FALL 12:**   Student S verändert nach Abgabe einer Prüfungsklausur heimlich seinen Text. ◀

59   **Definition:** Eine echte Urkunde wird verfälscht, wenn die in ihr verkörperte Erklärung dergestalt nachträglich verändert wird, dass der Anschein erweckt wird, sie sei ursprünglich mit dem jetzt vorhandenen Inhalt ausgestellt worden.[104]

60   **a) Tatobjekt:** Tatobjekt ist eine echte Urkunde. Diese kann auch durch das **Beseitigen** eines Teils der in ihr enthaltenen Erklärung verfälscht werden, wenn der verkürzte Text wiederum den Eindruck vermittelt, dem ursprünglichen zu entsprechen.[105] Wird jedoch der ursprüngliche Aussteller unkenntlich gemacht oder sonst die Urkundenqualität des Tatobjekts aufgehoben, so kommt nur eine Urkundenunterdrückung (§ 274 Abs. 1 Nr. 1) in Betracht.[106] Ersetzt der Täter die ursprüngliche Unterschrift durch seine eigene, verfälscht er nicht, sondern stellt (durch Unterdrückung der alten) eine neue echte Urkunde her.[107]

61   **b) Verfälschen durch den Aussteller:** Wenn der Täter mit dem Aussteller nicht identisch ist – und auch nicht mit dessen Einverständnis handelt –, ist das Verfälschen einer echten Urkunde stets das Herstellen einer unechten. In diesem Fall tritt das Herstellen hinter die speziellere Variante des Verfälschens zurück.[108]

Eine neben dem Herstellen **selbständige Bedeutung** kann die Verfälschungsalternative nur haben, wenn man die Möglichkeit anerkennt, dass der Aussteller selbst – oder ein mit seinem Einverständnis handelnder Dritter – die von ihm hergestellte Urkunde verfälschen kann. Eine solche Möglichkeit ist umstritten; die hierzu vertretenen Ansichten führen in **Fall 12** zu unterschiedlichen Ergebnissen:

101   NK-*Puppe/Schumann* § 267 Rn 69.
102   BGHSt 5, 295 (296 f); diff. NK-*Puppe/Schumann* § 267 Rn 81.
103   S/S-*Heine/Schuster* § 267 Rn 98; LK-*Zieschang* § 267 Rn 183.
104   BGHSt 9, 235 (238); BGH GA 1963, 16 (17); BayObLG NJW 1990, 264 (265); OLG Köln NJW 1983, 769; L-Kühl-*Heger* § 267 Rn 20.
105   Vgl BayObLG NJW 1980, 1057 f.
106   OLG Köln NStZ 2010, 520.
107   BGH NJW 1954, 1375.
108   Vgl BGH bei *Dallinger* MDR 1975, 23.

aa) Von der hM wird diese Möglichkeit zu Recht bejaht: Bezieht man den Zweck der Norm auf den Schutz der Urkunde als Beweismittel, so ist es durchaus sachgerecht und entspricht dem historischen Verständnis,[109] es auch als tatbestandsmäßig anzusehen, wenn eine als Beweismittel dienende Urkunde inhaltlich von ihrem Aussteller verändert wird. Allerdings setzt dies voraus, dass die Urkunde **nicht mehr in der alleinigen Verfügungsmacht des ursprünglichen Ausstellers** steht.[110] Diese Auffassung führt allerdings zu einem im Verhältnis zur Herstellungsvariante modifizierten Echtheitsbegriff: Während durch die Herstellungsvariante nur garantiert wird, dass eine Erklärung überhaupt ihrem erkennbaren Aussteller zurechenbar ist, bezieht sich der Schutz der Verfälschungsvariante darauf, dass die Urkunde in der konkreten Fassung, in der sie fremdem Beweisführungsrecht unterliegt, von ihrem Aussteller stammt.

62

Der Aussteller **verliert** die (alleinige) **Verfügungsmacht** über die Urkunde, sobald (auch) ein anderer ein Beweisführungsrecht an der Urkunde erlangt hat.[111] Der Übergang des Beweisführungsrechts richtet sich nach dem Zweck der Beurkundung und entspricht dem Zeitpunkt, in dem die Urkunde nicht mehr dem Aussteller im Sinne von § 274 Abs. 1 Nr. 1 (allein) gehört.[112] In **Fall 12** hat S durch die Abgabe der Arbeit seine ursprüngliche Verfügungsmacht zugunsten des Prüfungsamtes aufgegeben.[113] Die Tathandlung des Verfälschens ist daher zu bejahen.

63

bb) Beschränkt man den Schutzzweck der Norm dagegen auf die Garantiefunktion, muss man folgerichtig die Möglichkeit einer Verfälschung durch den Aussteller selbst verneinen. Eine solche Veränderung lässt ja die Identität des Ausstellers unberührt.[114] Dementsprechend muss nach dieser Auffassung das Resultat des Verfälschens eine neue unechte Urkunde sein, so dass die Verfälschungsalternative stets nur ein Unterfall des Herstellens ist. Nach dieser Ansicht kann S in **Fall 12** durch die Manipulation der von ihm stammenden Urkunde keine Urkundenfälschung, sondern nur eine Urkundenunterdrückung nach § 274 Abs. 1 Nr. 1 begehen. Als Argument wird u.a. angeführt, dass es keinen Unterschied machen könne, ob der Täter einen von ihm ausgestellten und beim Gläubiger befindlichen Schuldschein abändere oder wegnehme und durch einen anderen ersetze.[115]

64

cc) Dem Streit kommt **praktische Bedeutung** insbesondere in den Fällen zu, in denen der Aussteller eine Einzelurkunde aus einer Gesamturkunde (etwa einem kaufmännischen Handelsbuch) entfernt und so die entsprechende Erklärung über die Vollständigkeit und Abgeschlossenheit des durch die Gesamturkunde dokumentierten Vorgangs ändert.

65

c) Zusammengesetzte Urkunde: Eine zusammengesetzte Urkunde kann verfälscht werden, indem das Beweiszeichen durch ein anderes Beweiszeichen oder das Augenscheinsobjekt durch ein anderes Augenscheinsobjekt ersetzt wird. Damit eine neue (un-

66

---

109 Vgl *Merkel* 359: Fälschen als unbefugtes Verändern des rechtserheblichen Sinns; ferner *Binding* II/1 238; *Frank* § 267 Anm. V 1a; *Hälschner* II/2, 535 f; *v. Liszt* 516.
110 RGSt 60, 187 (188); 74, 341 (342 f); BGHSt 13, 382 (385 ff); OLG Stuttgart NJW 1978, 715 f m.Bespr. *Puppe* JR 1978, 206; KG wistra 1984, 233 (234); OLG Koblenz NJW 1995, 1624 (1625) m. abl. Bespr. *Puppe* JZ 1997, 490 (491); *Küper* Jura 1996, 205 (208); *Paeffgen* Jura 1980, 479 (487); LK-*Zieschang* § 267 Rn 203 ff.
111 Vgl L-Kühl-*Heger* § 267 Rn 21.
112 Vgl § 57 Rn 6 ff.
113 Näher zur Problematik LK-*Zieschang* § 267 Rn 204 ff.
114 *Freund*, Urkundenstraftaten, 2. Aufl. 2010, Rn 184 ff; SK-*Hoyer* § 267 Rn 83; *Puppe* JZ 1986, 938 (944 f); ebenso S/S-*Heine/Schuster* § 267 Rn 68; *Kienapfel* Jura 1983, 185 (193); *Lampe* GA 1964, 321 (330); S/S/W-*Wittig* § 267 Rn 75 ff.
115 In beiden Fällen verwirklicht der Täter (unstr.) § 274 Abs. 1 Nr. 1, nach hM im ersten Fall auch § 267 Abs. 1 Var. 2, der dann vorgeht. In der Strafandrohung sind § 267 Abs. 1 und § 274 Abs. 1 gleich.

echte) Urkunde entsteht, müssen Beweiszeichen und Augenscheinsobjekt wieder fest verbunden sein. Exemplarisch: Der Täter löst in einem Supermarkt ein Preiszeichen ab und ersetzt es durch ein (wieder fest haftendes) Preiszeichen, das er von einer anderen Ware abgezogen hat.[116] Dies gilt auch für den an der Ware angebrachten Barcode (EAN bzw. nach neuer Terminologie GTIN-13), der an der Kasse gescannt wird, um den Preis für die vorgelegte Ware aus der Datenbank abrufen zu können.[117]

67   Nach Ansicht des OLG Düsseldorf[118] soll das Überkleben eines amtlichen Kfz-Kennzeichens mit einer „Antiblitzfolie" ein Verfälschen sein. Der Erklärungsgehalt der zusammengesetzten Urkunde – mit dem Kraftfahrzeug als Augenscheinsobjekt und dem Nummernschild als Beweiszeichen – wird hierbei aber nicht abgeändert.[119] In Betracht kommt nur ein Beschädigen im Sinne von § 274 Abs. 1 Nr. 1.

3. Gebrauchen einer unechten oder verfälschten Urkunde (Abs. 1 Alt. 3)

▶ **FALL 13:** K, seit langem wegen seiner Zuneigung zu hochgeistigen Getränken ohne Fahrerlaubnis, stellt mit großem Geschick einen falschen Führerschein her. Diesen führt er bei seinen Autofahrten immer bei sich. ◀

68   **Definition:** Eine unechte oder verfälschte Urkunde wird gebraucht, wenn sie dem zu Täuschenden so zugänglich gemacht wird, dass er sie wahrnehmen kann.[120] Kenntnisnahme ist nicht erforderlich.

69   Eine (unechte oder verfälschte) Urkunde kann auch dadurch gebraucht werden, dass dem zu Täuschenden eine (als Reproduktion erkennbare) **Fotokopie** von ihr **gezeigt** wird.[121] In diesem Fall muss allerdings die **Vorlage** der Kopie alle Merkmale einer Urkunde erfüllen. Wer also nur zusammengelegte Papierschnitzel, die mangels Bestandsfestigkeit keine Urkunde bilden, fotokopiert und diese Kopie dann als Kopie (und nicht als Original) einer Urkunde gebraucht, verwirklicht den Tatbestand nicht. Gleiches gilt, wenn die aus zusammengeklebten Papierteilen bestehende Vorlage unschwer als Montage erkennbar ist und daher nicht als Urkunde verwendet werden kann.[122]

70   Der bloße Hinweis auf eine in eigenem (oder notariellem) Besitz befindliche Urkunde reicht für ein Gebrauchen nicht aus.[123] Auch das bloße Beisichführen eines Falsifikats genügt nicht. Daher stellt es in **Fall 13** kein Gebrauchen dar, wenn K beim Fahren eines Kraftfahrzeugs den gefälschten Führerschein nur bei sich führt, ohne ihn vorzuzeigen.[124] Dagegen ist der Tatbestand verwirklicht, wenn ein Kraftfahrzeug mit falschen Kennzeichen oder manipulierter TÜV-Plakette gefahren wird, da diese (zusammengesetzte) Urkunde wahrgenommen werden kann.[125]

---

116   Hinsichtlich der beiden ursprünglichen zusammengesetzten Urkunden ist zudem jeweils § 274 Abs. 1 Nr. 1 verwirklicht.
117   OLG Karlsruhe JuS 2019, 819 m.Bespr. *Hecker*.
118   NJW 1997, 1793 f.
119   BGH NJW 2000, 229; L-Kühl-*Heger* § 267 Rn 20; *Lampe* JR 1998, 304 (305).
120   RGSt 72, 369 (370); BGHSt 2, 50 (52); 36, 64 (65) m.Anm. *Puppe* JZ 1989, 596; NK-*Puppe/Schumann* § 267 Rn 94 ff; M-*Schroeder*/Maiwald II § 65/70 f; LK-*Zieschang* § 267 Rn 220.
121   Oben Rn 44; ferner RGSt 69, 228 (230 f); BGHSt 5, 291 (292); BGH StV 1994, 18; BayObLG NJW 1990, 3221; 1991, 2163; *Fischer* § 267 Rn 37; aA MK-*Erb* § 267 Rn 198; SK-*Hoyer* § 267 Rn 87 f; *Otto* JuS 1987, 761 (769 f); LK-*Zieschang* § 267 Rn 120, 217: unmittelbare Wahrnehmung des Falsifikats erforderlich.
122   BayObLG NJW 1992, 3311 (3312) m.Anm. *Keller* JR 1993, 300 und *Mitsch* NStZ 1994, 88.
123   BGHSt 36, 64 (65 f).
124   Vgl BGH StV 1989, 304; zu Fällen des Vorzeigens: BGHSt 33, 105 ff m.Anm. *Kühl* JR 1986, 297; OLG Köln NJW 1981, 64.
125   BGHSt 18, 66 (70 f); BGH NStZ 2018, 468; BGH NStZ-RR 2019, 125; AG Waldbröl NJW 2005, 2870.

III. Subjektiver Tatbestand

▶ **Fall 14a:** Der 17-jährige A verändert das Alter auf seiner Monatskarte für öffentliche Verkehrsmittel auf 21 Jahre, um bei jungen Damen seines Alters mehr Respekt genießen zu können. ◀

▶ **Fall 14b:** Wie **Fall 14a**, nur dass A die Altersmanipulation vornimmt, um in eine Diskothek eingelassen zu werden. ◀

Der subjektive Tatbestand verlangt neben dem (zumindest bedingten) **Vorsatz** hinsichtlich des objektiven Tatbestands ein Handeln **zur Täuschung im Rechtsverkehr**. Für dieses Handeln genügt jedoch **direkter Vorsatz**. Absicht im Sinne eines finalen Willens ist nicht erforderlich.[126] Demnach handelt zur Täuschung im Rechtsverkehr, wer (mit sicherem Wissen) davon ausgeht, dass ein anderer die Urkunde für echt hält und durch diese irrige Annahme zu einem rechtlich erheblichen Verhalten bestimmt wird.[127]

Die Täuschung darf sich nicht im Vorspiegeln der Echtheit der Urkunde erschöpfen, sondern muss auf ein Einwirken auf den Rechtsverkehr gerichtet sein. Daher ist der subjektive Tatbestand nicht erfüllt, wenn A in **Fall 14a** lediglich aus Angeberei sein Alter auf der Monatskarte verändert. Dagegen verfolgt A in **Fall 14b** mit dem Einlass in die Diskothek eine rechtserhebliche Zielsetzung. Das rechtserhebliche Verhalten (Tun oder Unterlassen) braucht keinen Vermögensbezug zu haben. Es kommt zB auch das Verhindern von Strafverfolgungsmaßnahmen in Betracht.

Der Adressat der Täuschung muss nicht der Beteiligte des Rechtsverhältnisses sein, für das die Urkunde erstellt wurde. Auch insoweit ist in **Fall 14b** der subjektive Tatbestand erfüllt.[128]

Nach der **Gleichstellungsklausel des § 270** betrifft das Merkmal „zur Täuschung im Rechtsverkehr" auch solche Fälle, in denen das Falsifikat produziert oder gebraucht wird, um eine Datenverarbeitung im Rechtsverkehr – zB durch maschinelles Einlesen in einen Computer – fälschlich zu beeinflussen.[129]

IV. Besonders schwere Fälle

1. **Abs. 3** formuliert eine Reihe von Strafschärfungen in der **Regelbeispieltechnik**:[130]

■ **Nr. 1** verlangt, dass der Täter **gewerbsmäßig**, also um sich aus wiederholter Begehung eine fortlaufende Einnahmequelle von nicht unerheblicher Dauer und einigem Umfang zu verschaffen,[131] oder **als Mitglied einer Bande** handelt, die sich zur fortgesetzten Begehung von Betrug oder Urkundenfälschung verbunden hat.[132] Eine Bande ist ein auf ausdrücklicher oder stillschweigender Vereinbarung beruhender Zusammenschluss von wenigstens drei Mitgliedern.[133]

---

126 BayObLGSt 1998, 51 (52 f); OLG Saarbücken NJW 1975, 658 (659); L-Kühl-*Heger* § 267 Rn 25; S/S-*Heine/Schuster* § 267 Rn 91; für – zumindest teilweise – finalen Willen: SK-*Hoyer* § 267 Rn 91 f; *Vormbaum* GA 2011, 167; LK-*Zieschang* § 267 Rn 270 ff; zum Teil wird dolus eventualis als ausreichend erachtet: MK-*Erb* § 267 Rn 209; NK-*Puppe/Schumann* § 267 Rn 103.

127 BGHSt 5, 149 ff; 33, 105 (109); LK-*Zieschang* § 267 Rn 270 ff.

128 BayObLG NStZ-RR 2002, 305.

129 Hierzu BGHSt 40, 203 (204 f); *Meurer* NJW 1995, 1655 (1657).

130 Näher hierzu *Kindhäuser/Böse* BT II § 3/1 ff; *ders.* LPK § 46 Rn 17 ff.

131 *Kindhäuser/Böse* BT II § 3/24 ff mwN. Ferner zum Kriterium der Unmittelbarkeit des erzielten Erlöses BGH NStZ 2016, 28.

132 Näher *Kindhäuser/Böse* BT II § 4/29 ff.

133 BGHSt 46, 321 (325).

76 ▪ Ein **Vermögensverlust großen Ausmaßes** im Sinne von **Nr. 2** ist beim Eintritt eines Schadens von wenigstens 50.000 Euro herbeigeführt.[134]

77 ▪ Für **Nr. 3** muss die Sicherheit des Rechtsverkehrs **konkret und in erheblichem Maße gefährdet** sein. Die Fälschungshandlungen müssen also zu einer gravierenden Störung des Vertrauens in die Beweiskraft von Urkunden führen. Für die „große Zahl" werden teils zumindest 20 Fälle,[135] teils mindestens 25 Urkunden,[136] teils ein unübersehbar großer Empfängerkreis[137] verlangt. Die große Zahl von Urkunden muss bereits im Rahmen einer Tat im Rechtssinne vorliegen; eine Mehrheit von Taten genügt nicht.[138]

78 ▪ Der Regelfall des Missbrauchs der **Befugnisse** oder der **Stellung als Amtsträger**[139] nach **Nr. 4** gilt gleichermaßen für Täter und Teilnehmer.

79 **2.** Abs. 4 ist ein **selbständiger Qualifikationstatbestand**, der eingreift, wenn der Täter die Urkundenfälschung gewerbsmäßig *und* als Mitglied einer Bande begangen hat. Die Bande muss sich zur fortgesetzten Begehung von Straftaten nach den §§ 263–264 oder 267–269 verbunden haben.

C. Anwendung

I. Aufbau

80 Es empfiehlt sich, die Tatbestandsmerkmale der Urkundenfälschung in folgenden Schritten zu prüfen:

81 A) *Tatbestand*:
I. Objektiver Tatbestand:
1. Tatobjekt: Urkunde
– Garantiefunktion: Erkennbarkeit von Erklärung und Aussteller (Rn 10 ff)
– Perpetuierungsfunktion: bestandsfeste Verkörperung und visuelle Wahrnehmbarkeit (Rn 16 ff)
– Beweisfunktion: Beweiseignung und -bestimmung (Rn 19 ff)
2. Tathandlungen
– Herstellen einer unechten Urkunde: Auseinanderfallen von tatsächlichem und scheinbarem Aussteller (Rn 48 ff)
– Verfälschen einer echten Urkunde: Veränderung des Erklärungsinhalts einer echten Urkunde (Rn 59 ff)
– Gebrauchen einer unechten oder verfälschten Urkunde (Rn 68 ff)
II. Subjektiver Tatbestand:
1. Vorsatz bzgl I.
2. dolus directus bzgl täuschendem Gebrauch im Rechtsverkehr (Rn 71)

---

134 Vgl BT-Drucks. 13/8587, 43; SK-*Hoyer* § 267 Rn 102; NK-*Kindhäuser* § 263 Rn 394.
135 *Fischer* § 267 Rn 54.
136 BGH NStZ-RR 2019, 11.
137 SK-*Hoyer* § 267 Rn 103; NK-*Puppe-Schumann* § 267 Rn 119.
138 BGH NJW 2011, 2448 (2449 f).
139 Näher *Kindhäuser/Böse* BT II § 27/89.

B) *Rechtswidrigkeit*

C) *Schuld*

D) Ggf *Strafschärfung* nach Abs. 3 oder 4 (Rn 74 ff)

II. Beteiligung

Täterschaft und Teilnahme bestimmen sich nach den allgemeinen Regeln. Täter ist re-   82
gelmäßig, wer die Fälschungshandlung oder den Gebrauch des Falsifikats eigenhändig
vornimmt. Mittäterschaft kommt in Betracht, wenn mehrere bei Fälschung oder Gebrauch zusammenwirken oder wenn aufgrund einer Abrede der eine die Urkunde herstellt und der andere sie gebraucht.[140]

III. Konkurrenzen

Sofern das Herstellen oder Verfälschen (eines oder mehrerer Falsifikate) von vornhe-   83
rein **um eines bestimmten Gebrauchs willen** erfolgt, nimmt die hM ein einheitliches
Delikt der Urkundenfälschung an.[141] Teils werden Produktion und Gebrauch als deliktische Einheit bewertet, teils wird die Produktion als mitbestrafte Vortat des im späteren Gebrauch liegenden erhöhten Gefährdungsunrechts angesehen.[142] Plant der Täter
dagegen bei der Produktion des Falsifikats noch keinen bestimmten Gebrauch, so soll
der spätere Gebrauch hierzu tatmehrheitlich begangen sein.[143]

Wenn ein **mehrmaliger Gebrauch** nicht die Voraussetzungen einer natürlichen Hand-   84
lungseinheit erfüllt, stehen die einzelnen Gebrauchshandlungen im Verhältnis der Tatmehrheit zueinander. Dies soll auch dann gelten, wenn der mehrmalige Gebrauch
schon bei der Produktion des Falsifikats geplant war.[144] In diesem Fall bildet aber die
Produktion mit dem erstmaligen Gebrauch eine einheitliche Tat. Wird jedoch **zeitgleich**
von mehreren gefälschten Urkunden Gebrauch gemacht, so liegt selbst dann Tateinheit
vor, wenn die Fälschungshandlungen für sich betrachtet auf verschiedenen Willensbe-
tätigungen beruhen und damit ursprünglich rechtlich selbständige vollendete Urkundsdelikte darstellen.[145]

WIEDERHOLUNGS- UND VERTIEFUNGSFRAGEN

> Welches Rechtsgut wird nach der hM durch § 267 geschützt? (Rn 1 f)

> Was ist eine Dispositiv-, was eine Zeugnisurkunde? (Rn 3)

> Welche drei wesentlichen Funktionen erfüllt eine Urkunde? (Rn 9 f, 16, 19)

> Was besagt die sog. Geistigkeitstheorie? (Rn 12 f)

> Worin liegt der Unterschied zwischen Absichts- und Zufallsurkunden nach hM? (Rn 22)

> Was unterscheidet die Urkunde vom Augenscheinsobjekt? (Rn 26)

> Was ist unter einer zusammengesetzten Urkunde zu verstehen? (Rn 29 f)

> Worin unterscheidet sich ein Beweiszeichen von Kenn- und Unterscheidungszeichen?
  (Rn 31 ff)

---

140 MK-*Erb* § 267 Rn 213; LK-*Zieschang* § 267 Rn 284 f mwN.

141 BGHSt 5, 291 (293); 17, 97 (99); BGH HRRS 2012 Nr. 294; NJW 2014, 871; BGH, NJW 2017, 1045; BGH NStZ-RR
     2019, 7; *Miehe* GA 1967, 270 (276); LK-*Zieschang* § 267 Rn 287.

142 Näher *Freund*, Urkundenstraftaten, 2. Aufl. 2010, Rn 228 ff mwN.

143 BGHSt 5, 291 (293 f); BGH wistra 1998, 106 (108); BGH NStZ-RR 2019, 7; L-Kühl-*Heger* § 267 Rn 27.

144 BGHSt 17, 97 ff; LK-*Zieschang* § 267 Rn 287 f mwN.

145 BGH NStZ 2006, 100; wistra 2008, 182 f; 2015, 17.

> Was versteht die hM unter einer Gesamturkunde und warum wird diese Figur vereinzelt in der Literatur abgelehnt? (Rn 35 f)

> Sind Fotokopien Originalen im Rechtsverkehr gleichzusetzen? (Rn 40 f)

> Warum ist eine Urkunde, in welcher der Aussteller lediglich die Unwahrheit wiedergibt, nicht unecht im Sinne des § 267? (Rn 49)

> Wann ist die Verwendung eines ausstellerfremden Namens unbeachtlich? (Rn 52 f)

> Was versteht man unter einer Blankettfälschung? (Rn 57)

> Welche Auffassungen werden für den Fall vertreten, in dem der Aussteller selbst die Urkunde nachträglich verändert? (Rn 61 ff)

> Wie kann eine zusammengesetzte Urkunde verfälscht werden? (Rn 66)

> Muss zum Gebrauch einer unechten Urkunde ihr Inhalt von dem Adressaten wahrgenommen werden? (Rn 68)

> Unter welchen Voraussetzungen handelt der Täter mit der notwendigen Täuschungsabsicht? (Rn 71)

§ 56 Fälschung technischer Aufzeichnungen und beweiserheblicher Daten (§§ 268 f)

A. Fälschung technischer Aufzeichnungen (§ 268)

I. Allgemeines

Die Vorschrift soll die Strafbarkeitslücke schließen, die sich aus dem Umstand ergibt, dass an die Stelle von Beurkundungen durch Menschen zunehmend Aufzeichnungen treten, die von technischen Geräten automatisch erstellt werden und deshalb keine Erklärungen verkörpern. Wie bei § 267 soll die Sicherheit und Zuverlässigkeit des Beweisverkehrs geschützt werden, und zwar mit Blick auf die Sicherheit der Informationsgewinnung durch technische Geräte:[1] Es soll gewährleistet werden, dass die Aufzeichnung manipulationsfrei erstellt und fixiert wurde.[2] Der Gutachtenaufbau entspricht dem des § 267.   1

II. Definitionen und Erläuterungen

▶ **FALL 1:** LKW-Fahrer L verbiegt den Schreibstift eines Fahrtenschreibers, so dass die von dem Gerät ausgegebene Diagrammscheibe geringere Fahrzeiten ausweist. ◀

▶ **FALL 2:** Um bessere Verkaufspreise erzielen zu können, dreht Gebrauchtwagenhändler G regelmäßig die Kilometerzähler der angebotenen Fahrzeuge zurück. ◀

▶ **FALL 3:** A, leidenschaftlicher Raser, macht die Aufnahmen von Radargeräten durch eine Gegenblitzanlage unbrauchbar. ◀

Den Tatbestand verwirklicht, wer zur Täuschung im Rechtsverkehr eine unechte technische Aufzeichnung herstellt oder eine technische Aufzeichnung verfälscht oder eine unechte oder verfälschte technische Aufzeichnung gebraucht.   2

1. Tatobjekt (technische Aufzeichnung). Nach der **Legaldefinition** in Abs. 2 ist eine technische Aufzeichnung eine Darstellung von Daten, Mess- oder Rechenwerten, Zuständen oder Geschehensabläufen, die durch ein technisches Gerät ganz oder zum Teil selbsttätig bewirkt wird, den Gegenstand der Aufzeichnung allgemein oder für Eingeweihte erkennen lässt und zum Beweis einer rechtlich erheblichen Tatsache bestimmt ist, gleichviel, ob ihr die Bestimmung schon bei der Herstellung oder erst später gegeben wird.   3

Diese wortreiche Definition soll in **enger Anlehnung an den Begriff der Urkunde** den Besonderheiten maschinell produzierter und fixierter Informationen Rechnung tragen. Auf die Perpetuierungs- und Beweisfunktion wird hierbei entsprechend Bezug genommen. Nur die Ausstellerfunktion muss naturgemäß ersetzt werden, und zwar durch das Merkmal des selbsttätigen Bewirktwerdens. Das Fahrtenschreiberdiagramm in **Fall 1** ist dabei ebenso eine technische Aufzeichnung wie **beispielsweise** Elektrokardiogramme sowie Zählwerke, Messgeräte und Waagen aller Art mit selbsttätiger Druckvorrichtung. Im Einzelnen sind insbesondere folgende Punkte von Bedeutung: 4

a) Selbsttätig bewirkt: Eine Aufzeichnung wird selbsttätig bewirkt, wenn ihr Inhalt eine neue Information enthält, die aufgrund eines in Konstruktion oder Programmierung festgelegten automatischen Ablaufs hervorgebracht wird.   5

---

1 BGHSt 40, 26 (30); LK-*Zieschang* § 268 Rn 3 mwN.
2 BGHSt 28, 300 (304); BayObLG wistra 1995, 316 (317); OLG Karlsruhe NStZ 2002, 652; S/S-*Heine/Schuster* § 268 Rn 4.

6   Mit dem Erfordernis der **neuen Information** werden reine Reproduktionen ausgeschieden. Nicht tatbestandsmäßig ist also das Erstellen von Fotokopien, Filmen oder Tonbandaufnahmen.[3] Dass die Aufzeichnung nur **zum Teil** selbsttätig bewirkt sein kann, besagt, dass eine menschliche Mitwirkung möglich ist, etwa durch das Auslösen des Aufzeichnungsvorgangs. Der **Aufzeichnungsinhalt selbst muss** jedoch **stets unbeeinflusst** von menschlichen Einwirkungen erstellt werden.

7   b) **Perpetuierungsfunktion:** Um der Perpetuierungsfunktion zu genügen, muss die gewonnene Information („Darstellung") dauerhaft in einem von der aufzeichnenden Maschine **abtrennbaren Beleg** verkörpert sein.[4] Einer visuellen Wahrnehmbarkeit bedarf es nicht. Wie sich aus der Möglichkeit der Darstellung durch Daten ergibt, genügt eine nicht unmittelbar wahrnehmbare Form der Speicherung.[5] Optische Wiedergaben auf dem registrierenden Gerät, die – wie zB Gewichtsangaben auf dem Display einer elektronischen Waage – nach dem Messvorgang wieder verschwinden, sind nicht ausreichend. Nach dieser Auffassung ist in **Fall 2** das Verhalten des Gebrauchtwagenhändlers nicht tatbestandsmäßig.

8   Nach einer Mindermeinung soll es für die Verkörperung der Darstellung hinreichen, wenn das Ergebnis einer Aufzeichnung zwar nicht gesondert festgehalten wird, aber – etwa im Wege eines kontinuierlichen Additionsprozesses wie bei Kilometer-, Strom- oder Wasserzählern – in eine (fixierbare) Endsumme eingeht.[6] Danach kommt in **Fall 2** eine Strafbarkeit des Gebrauchtwagenhändlers nach § 268 in Betracht. Dem steht jedoch entgegen, dass sich ein Messergebnis, das nur in einen späteren Summanden eingeht, aber nicht gesondert fixiert wird, nicht wie eine Urkunde mehrfach zur Täuschung verwenden lässt, sondern nur einer vorübergehenden Anzeige entspricht.

9   c) **Beweisbestimmung:** Mit dem Merkmal der Beweisbestimmung sollen Aufzeichnungen aus dem Tatbestand ausgeschlossen werden, die nur technischen oder betrieblichen Zwecken dienen.[7]

10   d) **Weitere Merkmale:** Ferner bedeuten bei der Legaldefinition:

- **Darstellung:** die bedeutungshaltige Information,
- **Zustand oder Geschehensablauf:** jeder äußere Sachverhalt, der Gegenstand einer automatischen Registrierung sein kann,
- **Daten:** codierte Informationen,
- **Messwert:** numerische Angabe über einen Sachverhalt,
- **Rechenwert:** errechnete Zahl.

11   **2. Mangelnde Echtheit.** Eine technische Aufzeichnung ist unecht, wenn sie den falschen Eindruck erweckt, Resultat eines von Störungen unbeeinflussten selbsttätigen Aufzeichnungsvorgangs zu sein.

12   a) **Unecht:** Unecht sind damit zunächst Falsifikate, die überhaupt **nicht** oder nur zum Teil **aus einem selbsttätigen Aufzeichnungsvorgang stammen.** Unecht sind aber auch, wie Abs. 3 zu entnehmen ist, alle Aufzeichnungen, die aufgrund **störender** (menschli-

---

3   BGHSt 24, 140 (142); *Freund*, Urkundenstraftaten, 2. Aufl. 2010, Rn 251 ff; *Otto* § 74/6; NK-*Puppe/Schumann* § 268 Rn 18 ff; LK-*Zieschang* § 268 Rn 17.
4   BGHSt 29, 204 (205); BGH JR 1980, 427 ff m.Anm. *Kienapfel*; L-Kühl-*Heger* § 268 Rn 4; *Puppe* JZ 1986, 938 (949).
5   Vgl § 202a Abs. 2.
6   OLG Frankfurt NJW 1979, 118; *Freund*, Urkundenstraftaten, 2. Aufl. 2010, Rn 245 ff; S/S-*Heine/Schuster* § 268 Rn 9.
7   NK-*Puppe/Schumann* § 268 Rn 11, 31.

cher) **Eingriffe mit einem unrichtigen Ergebnis** erstellt wurden.[8] Das Verbiegen des Schreibstifts eines Fahrtenschreibers[9] (**Fall 1**) ist somit tatbestandsmäßig. **Verfälschen** kann auch das **Unterbrechen eines laufenden Aufzeichnungsvorgangs** sein, wenn die Einwirkung dem Ergebnis nicht zu entnehmen ist.[10]

b) **Ausnutzen eines Gerätedefekts:** Durch das bloße Ausnutzen eines Gerätedefekts   13
wird keine unechte Aufzeichnung hergestellt,[11] falls der Täter nicht als Garant zur Beseitigung der von einem Dritten (oder ihm selbst) hervorgerufenen Störung verpflichtet ist. Denn grds. ist das Ingangsetzen eines (ohne menschliche Einwirkung) technisch defekten Geräts kein störender Eingriff in dessen Funktionsablauf. Zu keiner unechten Aufzeichnung kommt es daher, wenn A in **Fall 3** die Aufnahme eines Radargeräts durch eine Gegenblitzanlage (oder das Anbringen von Reflektoren) unbrauchbar macht: Hier wird nicht auf den selbsttätigen Ablauf des Aufzeichnungsvorgangs manipulierend eingewirkt, sondern das aufgenommene Bild gibt die tatsächliche Situation zutreffend wieder.[12] Schließlich ist auch der Tatbestand nicht verwirklicht, wenn der Täter das Aufzeichnungsgerät nur mit falschen Daten speist, da auch hier der Aufzeichnungsvorgang selbst nicht manipuliert wird.[13] Bei dieser Konstellation kann jedoch § 269 eingreifen.

3. Tathandlungen. Die Tatvarianten des Herstellens, Verfälschens und Gebrauchens   14
sind wie die entsprechenden Handlungen bei § 267 auszulegen.[14] Das Verfälschen setzt eine bereits vorhandene Aufzeichnung voraus, die echt, aber auch unecht sein kann.

4. Subjektiver Tatbestand. Die subjektive Tatseite entspricht ebenfalls derjenigen des   15
§ 267.[15] Sie verlangt (zumindest bedingten) Vorsatz hinsichtlich des objektiven Tatbestands und als überschießende Innentendenz ein Handeln zur Täuschung im Rechtsverkehr.

B. Fälschung beweiserheblicher Daten (§ 269)

I. Allgemeines

Die Vorschrift soll die **Lücke schließen**, die sich aus dem Umstand ergibt, dass sich der   16
Urkundenschutz des § 267 auf visuell wahrnehmbare Erklärungen beschränkt.[16] Ihr Wortlaut ist daher eng an § 267 angelehnt. Dementsprechend richtet sich auch der Deliktsaufbau nach § 267.

II. Definitionen und Erläuterungen

▶ **FALL 4:** Informatikstudent A verbessert seine finanzielle (und kulinarische) Situation merklich dadurch, dass er seine Mensakarte mittels eines selbst umgebauten Kartenlesegerätes immer wieder auflädt. ◀

---

8 BGHSt 28, 300 (303 ff); 40, 26 (29 f); BGH NStZ 2016, 42 m.Anm. *Hecker* JuS 2015, 1132; BayObLG JZ 1986, 604 m.Bespr. *Puppe* JZ 1991, 550 (553); *Freund*, Urkundenstraftaten, 2. Aufl. 2010, Rn 262 f; *Lampe* NJW 1970, 1097 (1103); M-*Schroeder*/Maiwald II § 65/85; LK-*Zieschang* § 268 Rn 26 ff.
9 BayObLG wistra 1995, 316.
10 NK-*Puppe/Schumann* § 268 Rn 40 mwN.
11 BGHSt 28, 300 (306 ff); BayObLG VRS 55, 425.
12 OLG München NJW 2006, 2132; LG Flensburg NJW 2000, 1664; *Böse* NStZ 2005, 370 (374).
13 HM, vgl nur S/S-*Heine/Schuster* § 268 Rn 32; zur Manipulation kontinuierlicher Messungen durch sog. täuschende Beschickung vgl aber NK-*Puppe/Schumann* § 268 Rn 36 f.
14 § 55 Rn 47 ff.
15 § 55 Rn 71 ff.
16 Vgl § 55 Rn 8, 18.

17   Den Tatbestand verwirklicht, wer zur Täuschung im Rechtsverkehr beweiserhebliche Daten so speichert oder verändert, dass bei ihrer Wahrnehmung eine unechte oder verfälschte Urkunde vorliegen würde, oder derart gespeicherte oder veränderte Daten gebraucht.

18   Die **Subsumtion** unter den Tatbestand erfolgt **im Wege eines hypothetischen Vergleichs:** Unter der Voraussetzung, dass die fraglichen Daten in visuell wahrnehmbaren Zeichen – zB in Form eines Computerausdrucks – verkörpert wären, müssten alle weiteren tatbestandlichen Voraussetzungen des § 267 erfüllt sein. In **Fall 4** zB beinhaltet die Mensakarte die im Rechtsverkehr beweiserhebliche Erklärung des Studentenwerks, dass die Karte einen bestimmten vorbezahlten Geldbetrag enthält.

19   **1. „Datenurkunde".** Der Tatbestand erfasst ausschließlich solche Daten,[17] die nicht unmittelbar visuell wahrgenommen werden können. Die durch die Daten codierten Informationen müssen, um beweiserheblich zu sein, alle Merkmale einer urkundlichen Erklärung aufweisen. Auch eine Analogie zu zusammengesetzten Urkunden und Gesamturkunden ist möglich.[18] Demnach müssen die tatbestandlich geschützten Daten („Datenurkunde") bis auf ihre visuelle Wahrnehmbarkeit alle Funktionen einer Urkunde erfüllen:

20   ■ Zur **Garantiefunktion: Aussteller** ist derjenige, dem die codierte Information als Urheber zuzurechnen ist. Das Daten verarbeitende Personal kommt damit regelmäßig nicht als Aussteller in Betracht. Da die Identitätsmerkmale des Ausstellers häufig nicht mitgespeichert werden, richtet sich dessen Erkennbarkeit nach den Umständen des jeweiligen Betriebs der Datenverarbeitung. Abzustellen ist zB auf Zugangsbeschränkungen, Merkmale des Druckerpapiers oder spezifische Programmanweisungen.

21   ■ Zur **Perpetuierungsfunktion:** Diese Funktion wird bei „Datenurkunden" durch die Speicherung der relevanten Daten erfüllt. Die Daten, an denen oder durch die Veränderungen vorgenommen werden, müssen also schon gespeichert sein oder gespeichert werden. Dagegen werden sog. Zwischendaten, die zwar im Verarbeitungsprozess anfallen, die aber nicht gespeichert werden, nicht erfasst.

22   Zur **Beweisfunktion:** Die in der „Datenurkunde" codierten Informationen müssen geeignet und bestimmt sein, bei einer Verarbeitung im Rechtsverkehr rechtlich erhebliche Tatsachen zu beweisen. Nicht einschlägig sind damit insbesondere vorbereitende Entwürfe, Datenverarbeitungsprogramme oder der rein innerbetriebliche Datenaustausch. Das gleich gilt für Dateien, die durch das Zusammenscannen einer echten Urkunde mit einem selbst geschriebenen Text entstehen: Es handelt sich dann um die Reproduktion einer Collage und nicht um einen computertypischen Vorgang iSd § 269.[19]

23   **2. Tathandlungen.** Auch die Tathandlungen sind in Analogie zu § 267 auszulegen:

24   ■ Das **Speichern** beweiserheblicher Daten entspricht der Tatvariante des Herstellens einer unechten Urkunde. Exemplarisch hierfür ist die **unbefugte Benutzung einer fremden Codekarte** zur Abhebung von Geld an einem Bankautomaten. In diesem Fall wird im Computer der Bank die Erklärung gespeichert, dass die durch PIN, Kontonummer und Bankleitzahl gekennzeichnete Person einen bestimmten Betrag

---

17   Zum Begriff der Daten vgl § 30 Rn 3.
18   L-Kühl-*Heger* § 269 Rn 5.
19   BGH NStZ 2010, 703; HansOLG StV 2019, 394.

von ihrem Konto abgehoben hat.[20] Eine „unechte Datenurkunde" wird ferner hergestellt durch das Übertragen fremder Kontendaten auf ein Codekartenblankett.[21] Auch das Versenden von E-Mail-Nachrichten mit rechtlich relevantem Inhalt unter einer falschen Absenderangabe fällt unter diese Variante, wenn über die Identität des „Ausstellers", nicht allein über dessen Namen getäuscht wird.[22] Ebenso führt die Einrichtung eines Mitgliedskontos bei einer Internetauktionsplattform unter falschen Personalien zu einer Speicherung beweiserheblicher Daten.[23]

▪ Das **Verändern** entspricht dem Verfälschen und ist das inhaltliche Umgestalten der   25
Daten, etwa durch die Abänderung der Daten auf einer ordnungsgemäßen Codekarte. So erfüllt der Student in **Fall 4** diese Tatbestandsvariante. Ein weiteres Fallbeispiel ist das manipulative Wiederaufladen abtelefonierter Telefonkarten.[24]

▪ Ein **Gebrauchen** liegt wiederum im Verwenden einer solchen Karte zum Geldabheben   26
ben an einem Bankautomaten bzw zum Telefonieren.

3. Subjektiver Tatbestand. Schließlich verlangt auch der subjektive Tatbestand, wie   27
§ 267, neben dem (zumindest bedingten) Vorsatz hinsichtlich der Verwirklichung des objektiven Tatbestands ein Handeln zur Täuschung im Rechtsverkehr.[25]

WIEDERHOLUNGS- UND VERTIEFUNGSFRAGEN

> Warum können nach hM Fotokopien, Filme und Tonbandaufnahmen in der Regel nicht unter den Begriff der technischen Aufzeichnung subsumiert werden? (Rn 6)

> Wann ist eine technische Aufzeichnung unecht im Sinne von § 268? (Rn 12)

> Welchem Zweck diente die Einführung des § 269 in die Reihe der Urkundsdelikte? (Rn 16)

> Welche Eigenschaften muss eine Aufzeichnung aufweisen, um der Perpetuierungsfunktion zu genügen? Welche Auffassungen werden hierzu vertreten? (Rn 7 f)

> Die „Datenurkunde" im Sinne von § 269 soll die gleichen Funktionen wie die „klassische" Urkunde im Sinne von § 267 erfüllen; welche sind dies und wie müssen diese Merkmale für die Datenurkunde angepasst werden? (Rn 20 ff)

---

20 NK-*Puppe/Schumann* § 269 Rn 29.
21 Vgl BGHSt 38, 120 (122); *Freund*, Urkundenstraftaten, 2. Aufl. 2010, Rn 266 f; *Meier* JuS 1992, 1017 f.
22 BGH NStZ-RR 2017, 281; *Fischer* § 269 Rn 8; weitergehend *Buggisch* NJW 2004, 3519 (3520).
23 KG NStZ 2010, 576 m.Bespr. *Willer* 553 und *Petermann* JuS 2010, 774 (777 f); *Eisele* Puppe-FS 1091 ff; *Singelnstein* JR 2011, 375 (375 f); aA OLG Hamm StV 2009, 475 m.Anm. *Jahn* JuS 2009, 662. Zur anschließenden Abgabe von Erklärungen vgl *Puppe* JuS 2012, 961 (963 f) und *Singelnstein* JR 2011, 375 (378), str.
24 Vgl BGH NStZ-RR 2003, 265 (266); *Hecker* JA 2004, 762 (764).
25 Vgl § 55 Rn 71 f.

§ 57 Urkundenunterdrückung (§ 274)

A. Allgemeines

1 Das Verbot der Urkundenunterdrückung nach **Abs. 1 Nr. 1** soll durch den Schutz des Bestands von Urkunden und technischen Aufzeichnungen die **berechtigte Möglichkeit der Beweisführung** sichern. Es geht also um die **Garantie eines Individualrechtsguts**, so dass der Berechtigte das Unrecht der Tat durch **Einwilligung** ausschließen kann.[1]

2 **Abs. 1 Nr. 2** dehnt den Anwendungsbereich der Urkundenunterdrückung nach Nr. 1 auf Daten im Sinne von § 202a Abs. 2[2] aus. Diese Regelung entspricht derjenigen des § 269 im Verhältnis zu § 267.[3] In diesem Sinne gelten auch die nachfolgenden Erläuterungen zu Abs. 1 Nr. 1 entsprechend für Nr. 2.

3 **Abs. 1 Nr. 3** enthält einen im Verhältnis zu Abs. 1 Nr. 1 und 2 selbständigen Tatbestand mit eigenem Tatobjekt. Grenzzeichen sind mangels Erkennbarkeit des Ausstellers keine Urkunden. Die **Grenz- und Wasserstandszeichen**, die den Geltungsbereich eines dinglichen Rechts einschließlich öffentlicher Herrschaftsrechte kennzeichnen sollen, werden **ohne Rücksicht auf die Eigentumsverhältnisse** geschützt.

B. Definitionen und Erläuterungen zu Abs. 1 Nr. 1

▶ **FALL 1:** Im Rahmen einer Polizeikontrolle entzieht sich A der Überprüfung seiner Fahrzeiten dadurch, dass er vor den Augen der erstaunten Polizeibeamten das Fahrtenschreiberdiagramm in den Mund steckt, gründlich durchkaut und hinunterschluckt. ◀

I. Objektiver Tatbestand

4 Den objektiven Tatbestand von Abs. 1 Nr. 1 verwirklicht, wer eine Urkunde oder eine technische Aufzeichnung, welche ihm entweder überhaupt nicht oder nicht ausschließlich gehört, vernichtet, beschädigt oder unterdrückt.

5 **1. Tatobjekte.** Tatobjekte können nur (vorhandene) echte Urkunden[4] oder technische Aufzeichnungen[5] sein. Falsifikate scheiden als Tatobjekte aus, da sie keinen Bestandsschutz genießen.[6] Soweit im Folgenden von Urkunden die Rede ist, gilt dies gleichermaßen für technische Aufzeichnungen. Das Fahrtenschreiberdiagramm aus **Fall 1** ist also ein taugliches Tatobjekt.

6 **2. Gehören.** Die Urkunde gehört demjenigen, der das Beweisführungsrecht an ihr hat.

7 **a)** Das Merkmal „gehören" bezieht sich also **nicht auf das Eigentum**.[7] Daher kann auch der Eigentümer den Tatbestand verwirklichen, sofern (auch) ein anderer das Recht hat, mit der Urkunde Beweis zu erbringen. Grds. steht dem Eigentümer der Urkunde auch das Beweisführungsrecht an ihr zu. Die Verfügungsbefugnis endet jedoch, wenn die Urkunde ihre bestimmungsgemäße Bedeutung für den Rechtsverkehr erlangt hat,[8] vor allem dann, wenn der Aussteller die Urkunde in den Rechtsverkehr gelangen

---

1 S/S-*Heine/Schuster* § 274 Rn 11; W/H/E-*Engländer* Rn 972; NK-*Puppe/Schumann* § 274 Rn 1, 15.
2 Vgl § 30 Rn 3.
3 Vgl § 56 Rn 16.
4 Vgl § 55 Rn 8 ff, 59.
5 Vgl § 56 Rn 3 ff.
6 S/S-*Heine/Schuster* § 274 Rn 4; SK-*Hoyer* § 274 Rn 6; NK-*Puppe/Schumann* § 274 Rn 5; LK-*Zieschang* § 274 Rn 3.
7 BGHSt 29, 192 (194); Krey/Hellmann/*Heinrich* I Rn 993; *Hohmann/Sander* § 19/10.
8 RGSt 74, 341 (343).

lässt.[9] Er erteilt zB eine Quittung oder befestigt eine Unfallnachricht an einem beschädigten Kraftfahrzeug.

Bei **öffentlichen Urkunden**, wie zB einer Grundbucheintragung, ist regelmäßig bereits   8
mit deren Erstellung ein Verlust der Verfügungsbefugnis verbunden. Bei **privaten Urkunden** ist dies allenfalls unter der Voraussetzung anzunehmen, dass der Rechtsverkehr – wie zB bei Handelsbüchern – ein Interesse an ihrem unveränderten Bestand hat.

b) Eine Urkunde gehört dem Eigentümer auch dann nicht (ausschließlich), wenn er   9
nach §§ 810 BGB, 421 ff ZPO verpflichtet ist, sie zum Zwecke der Beweisführung
durch einen anderen vorzulegen, herauszugeben oder zur Einsichtnahme bereitzuhalten.[10]

c) Ob eine **Behörde** bei Bestehen einer **öffentlich-rechtlichen Vorlegungspflicht** hin-   10
sichtlich der vorzulegenden Urkunde beweisführungsberechtigt ist, hängt vom Zweck
der Pflicht ab:

- Das Beweisführungsrecht steht der Behörde zu, wenn die Vorlage der Rechnungslegung dient.
- Kein Beweisführungsrecht hat die Behörde dagegen, wenn die Vorlage der polizeilichen Kontrolle dient.[11] Daher ist es in **Fall 1** nicht tatbestandsmäßig, wenn der Fahrer des LKW zur Verdeckung einer Ordnungswidrigkeit ein Fahrtenschreiberdiagramm vernichtet.[12]

d) **Öffentlich-rechtliche Ausweispapiere** – wie zB Personalausweis, Führerschein usw –   11
gehören beweisrechtlich ausschließlich ihrem Inhaber,[13] auch wenn sie im Eigentum
des Staates verbleiben.[14] Die entsprechende Schutzlücke wird durch § 273 geschlossen.

3. Tathandlungen. Tathandlungen sind das Vernichten, Beschädigen und Unterdrü-   12
cken.[15]

- Eine Urkunde ist **vernichtet**, wenn sie als Beweismittel nicht mehr brauchbar ist,   13
weil ihre **beweiserhebliche Substanz zerstört** ist.[16] Zusammengesetzte Urkunden
können durch Trennung von Beweiszeichen und Augenscheinsobjekt vernichtet werden.[17] Wer also etwa in der Absicht, den Kassierer über den wahren Preis der angebotenen Ware zu täuschen, das fest mit der Ware verbundene Etikett mit dem
Strichcode der GTIN-13 entfernt oder zerstört, erfüllt daher den Tatbestand der Urkundenunterdrückung gemäß § 274 Abs. 1 Nr. 1 StGB.[18]

---

9 BayObLG NJW 1968, 1896; LK-*Zieschang* § 274 Rn 6 mwN.
10 BGHSt 29, 192 (194); BayObLG NJW 1980, 1057 (1058); OLG Koblenz NStZ 1995, 50 (51); *Küper* Jura 1996, 205
(208 f); NK-*Puppe/Schumann* § 274 Rn 2.
11 BayObLG NJW 1997, 1592 m.Bespr. *Reichert* StV 1998, 51.
12 Vgl hierzu OLG Zweibrücken GA 1978, 316 (317); OLG Düsseldorf JR 1991, 250 (251); S/S-*Heine/Schuster* § 274
Rn 5; LK-*Zieschang* § 274 Rn 7; aA NK-*Puppe/Schumann* § 274 Rn 4.
13 BayObLG NJW 1990, 264 (265); OLG Braunschweig NJW 1960, 1120 (1121); LK-*Zieschang* § 274 Rn 10; aA *Otto*
§ 72/2.
14 Vgl für Pässe: § 1 Abs. 4 S. 1 Hs 2 PaßG, für Personalausweise: § 4 Abs. 2 PAuswG.
15 Die Tatmodalitäten des § 274 Abs. 1 Nr. 2 entsprechen denjenigen von § 303a, hierzu *Kindhäuser/Böse* BT II
§ 24/4 ff.
16 BayObLG NJW 1980, 1057 (1058); LK-*Zieschang* § 274 Rn 26.
17 Vgl BGH NJW 1954, 1375; *Küpper/Börner* I § 6 Rn 57.
18 OLG Karlsruhe, Urt. v. 13.3.2019 – Az. 1 Rv 3 Ss 691/18 (bei juris) m.Bespr. *Hecker* JuS 2019, 819

14   ■ Eine Urkunde ist **beschädigt,** wenn sie in ihrer **Brauchbarkeit als Beweismittel** erheblich beeinträchtigt – dh ihr Beweiswert gemindert – ist.[19] Eine Urkunde kann auch durch Verfälschen im Sinne von § 267 Abs. 1 Var. 2 beschädigt werden.[20]

15   ■ Eine Urkunde wird **unterdrückt,** wenn dem Beweisführungsberechtigten die Möglichkeit ihrer Benutzung ohne Beeinträchtigung ihrer beweiserheblichen Substanz (zumindest vorübergehend) entzogen oder vorenthalten wird.[21]

II. Subjektiver Tatbestand

16   Der subjektive Tatbestand verlangt neben dem (zumindest bedingten) Vorsatz hinsichtlich des objektiven Tatbestands ein Handeln in der Absicht, einem anderen Nachteil zuzufügen. Für diese Absicht genügt **dolus directus** im Sinne sicheren Wissens, dh der Täter muss in dem Bewusstsein handeln, dass der Nachteil eine notwendige Folge der Tat ist.[22] Als **Nachteil** kommen Beeinträchtigungen fremder Beweisführungsrechte wie auch Vermögenseinbußen in Betracht.[23] Der zu Benachteiligende braucht nicht mit dem Eigentümer der Urkunde oder dem Verfügungsberechtigten identisch zu sein.[24] Kein einschlägiger Nachteil, wegen des besonderen Schutzzwecks von § 258,[25] ist die Vereitelung des staatlichen Straf- oder Bußgeldanspruchs.[26]

C. Anwendung

I. Aufbau

17   Es empfiehlt sich, die Tatbestandsmerkmale der Urkundenunterdrückung nach § 274 Abs. 1 Nr. 1 (und entsprechend den Tatbestand nach Abs. 1 Nr. 2) in folgenden Schritten zu prüfen:

A) *Tatbestand*:
  I. Objektiver Tatbestand:
  1. Tatobjekt: Echte Urkunde oder technische Aufzeichnung (Rn 5), die dem Täter nicht ausschließlich gehört (Rn 6 ff)
  2. Tathandlungen: vernichten, beschädigen oder unterdrücken (Rn 12 ff)
  II. Subjektiver Tatbestand:
  1. Vorsatz bzgl I
  2. dolus directus bzgl der Zufügung eines Nachteils (Rn 16)
B) *Rechtswidrigkeit*
C) *Schuld*

---

19   RGSt 67, 226 (229 f); BGH NJW 1954, 1375; OLG Düsseldorf NJW 1983, 2341 (2342); LK-*Zieschang* § 274 Rn 34 ff mwN.
20   L-Kühl-*Heger* § 274 Rn 2 mwN.
21   RGSt 57, 310 (312); OLG Düsseldorf NStZ 1981, 25 (26); LK-*Zieschang* § 274 Rn 29 ff mwN.
22   BGH NJW 1953, 1924; NStZ 2010, 332 (333).
23   BGHSt 29, 192 (196); Küper/*Zopfs* Rn 412.
24   BGH NStZ-RR 2011, 276 (277).
25   Vgl § 51 Rn 1.
26   BGH NStZ-RR 2011, 276 (277); offen gelassen von BGH wistra 2012, 435 (436) m.Anm. *Zieschang* HRRS 2013, 49; vgl auch S/S-*Heine/Schuster* § 274 Rn 16; *Rengier* II § 36/8.

II. Konkurrenzen

§ 274 Abs. 1 Nr. 1 wird von § 267 verdrängt (Konsumtion), wenn die Urkundenunter- 18
drückung nur Mittel zum Verfälschen einer echten bzw Herstellen einer unechten Urkunde ist. Im Verhältnis zu § 303 ist § 274 Abs. 1 Nr. 1 das speziellere Delikt.

WIEDERHOLUNGS- UND VERTIEFUNGSFRAGEN

> Welches Rechtsgut wird durch § 274 geschützt? (Rn 1)
> Sind nur Urkunden im Sinne von § 267 taugliche Tatobjekte? (Rn 5)
> Wann ist eine Urkunde „beschädigt" im Sinne von § 274? (Rn 14)

§ 58 Falschbeurkundung im Amt und mittelbare Falschbeurkundung (§§ 348, 271)

A. Falschbeurkundung im Amt (§ 348)

I. Allgemeines

1   Die Vorschrift schützt die **inhaltliche Wahrheit** von verkörperten oder gespeicherten Erklärungen in Form von öffentlichen Urkunden, Büchern, Dateien und Registern. Die Tat hat m.a.W. das Verfassen **öffentlich beurkundeter schriftlicher Lügen** zum Gegenstand. Dagegen ist die durch die Tatbestandsverwirklichung hergestellte Urkunde (usw) echt, da über den Aussteller nicht getäuscht wird. § 348 hat also einen anderen Anwendungsbereich als § 267 und ist daher auch kein Qualifikationstatbestand zur Urkundenfälschung.

II. Definitionen und Erläuterungen

▶ **FALL 1:** Der Grundbuchbeamte G trägt aus persönlicher Verbundenheit die Vormerkung des A entgegen dem tatsächlichen Antragseingang an die erste Stelle im Grundbuch ein. ◀

2   Den Tatbestand verwirklicht, wer als Amtsträger, der zur Aufnahme öffentlicher Urkunden befugt ist, innerhalb seiner Zuständigkeit eine rechtlich erhebliche Tatsache falsch beurkundet oder in öffentliche Register, Bücher oder Dateien falsch einträgt oder eingibt.

3   **1. Objektiver Tatbestand. a) Täter:** Täter kann nur ein Amtsträger im Sinne von § 11 Abs. 1 Nr. 2 sein, der innerhalb seiner Zuständigkeit eine falsche öffentliche Urkunde errichtet. Als Personen, die mit öffentlichem Glauben versehen sind, kommen zB der Notar[1] oder der Gerichtsvollzieher[2] in Betracht.

4   **b) Öffentliche Urkunde:** Eine Urkunde ist eine öffentliche, wenn sie von einer Behörde oder einer mit öffentlichem Glauben versehenen Person innerhalb ihrer Zuständigkeit in der vorgeschriebenen Form aufgenommen worden ist und zudem hinsichtlich der beurkundeten Erklärung öffentlichen Glauben genießt, dh für und gegen jedermann Beweis erbringt.[3]

5   Zu den öffentlichen Urkunden gehören auch **Bücher und Register. Dateien** werden wie Urkunden geschützt, wenn sie – abgesehen von der visuellen Wahrnehmbarkeit der Erklärung – alle Elemente der öffentlichen Beurkundung aufweisen. Urkunden, die nur für den inneren Dienstbetrieb einer Behörde (Geschäftsverteilung, Kontrolle usw) bestimmt sind (sog. **schlicht amtliche Urkunden**), sind keine öffentlichen Urkunden.[4]

6   **Taugliche Tatobjekte** sind zB: Grundbuch (**Fall 1**),[5] Sparbuch,[6] Familienbuch,[7] Reisepass bzw -passersatz,[8] Führerschein,[9] die HU-Prüfplakette auf einem Kfz-Kennzei-

---

1   BGHSt 8, 289 (293).
2   RGSt 63, 148 (151); W/H/E-*Engländer* Rn 996.
3   So die hM in Anlehnung an § 415 Abs. 1 ZPO; vgl BGHSt 37, 207 (209); BGH NStZ 1996, 231 (232); S/S-*Heine/Schuster* § 271 Rn 4; LK-*Zieschang* § 271 Rn 29 f; krit. NK-*Puppe/Schumann* § 271 Rn 8 ff.
4   Näher LK-*Zieschang* § 271 Rn 24 ff.
5   OLG Stuttgart NStZ 1985, 365.
6   BGHSt 19, 19 (21).
7   BGHSt 6, 380 (381).
8   BGH GA 1967, 19.
9   BGHSt 34, 299 (301); 37, 207 (209).

chen,[10] Reifezeugnis,[11] befristete Aufenthaltsgenehmigung für Asylbewerber,[12] Asylablehnungsbescheid.[13] Keine öffentlichen Urkunden sind dagegen das Polizeiprotokoll[14] oder der Kraftfahrzeugbrief,[15] anders aber der mittlerweile an die Stelle des Kraftfahrzeugscheins getretene (vgl § 11 FZV) Teil I der Zulassungsbescheinigung[16]

c) Gegenstand der Beurkundung: Gegenstand der Beurkundung muss eine rechtserhebliche Tatsache sein. Dies sind alle Gegebenheiten, die allein oder in Verbindung mit anderen Tatsachen für die Entstehung, Erhaltung oder Veränderung eines (öffentlichen oder privaten) Rechts bedeutsam sind.   7

d) Relevante Angaben: Es müssen gerade solche Angaben falsch sein, **auf die sich der öffentliche Glaube der betreffenden Urkunde bezieht.** Sofern sich der Gegenstand der spezifischen Beweiskraft nicht aus dem Gesetz ergibt,[17] muss er aus Sinn und Zweck der Urkunde im Rechtsverkehr erschlossen werden.[18]   8

Als **Faustformel** gilt zunächst, dass eine Tatsache, die der Amtsträger nicht nachprüfen kann, auch als Gegenstand des öffentlichen Glaubens ausscheidet.[19] Weitergehend hat der BGH noch folgende **enge Regel** formuliert: „Die Beurkundung einer Tatsache, die weder nach dem Gesetz noch nach einer anderen Vorschrift (zwingend) angegeben zu werden braucht und deren unwahre Kundgabe die Wirksamkeit der Beurkundung nicht berührt, kann grundsätzlich nicht als die Beurkundung einer rechtlich erheblichen Tatsache angesehen werden".[20]

Zu **prüfen** ist damit, ob im konkreten Fall zu öffentlichem Glauben beurkundet wird, dass   9

- eine bestimmte Erklärung abgegeben wurde (**nur Abgabe der Erklärung**),
- eine bestimmte Person eine Erklärung bestimmten Inhalts abgegeben hat (**Personenidentität und Abgabe der Erklärung**),
- (ausnahmsweise) eine bestimmte Person eine ihrem Inhalt nach richtige Erklärung abgegeben hat (**Personenidentität und inhaltliche Wahrheit der Erklärung**).[21]

Wichtige Beispiele: Beim **notariell beurkundeten Kaufvertrag** erstreckt sich die erhöhte Beweiskraft nur auf die Identität der erschienenen Parteien und auf die Abgabe der beurkundeten Erklärungen, nicht jedoch auf deren inhaltliche Wahrheit,[22] auf den Ort der Beurkundung[23] oder auf die hinreichende Kenntnis der deutschen Sprache des Käufers.[24] Beim **Führerschein** wird nicht der Doktortitel[25] und beim **Kraftfahrzeugschein** nicht die Richtigkeit von Fahrgestell- und Motornummer erfasst.[26] Bei **Standes-**   10

---

10 BGH NJW 2019, 88 ff. m.Anm. *Hoven*; *Hecker* JuS 2019, 499; *Kudlich* JA 2019,230.
11 RGSt 60, 375 (376).
12 BGH NJW 1996, 2170 f.
13 OLG Bamberg NStZ-RR 2014, 142.
14 OLG Düsseldorf NJW 1988, 217 (218).
15 BGH NJW 1957, 1888 (1889); so auch BGH Beschl. v. 2.12.2014 – 1 StR 31/14 bzgl der Zulassungsbescheinigung Teil II, die heute den Kraftfahrzeugbrief ersetzt.
16 BGH NStZ 2009, 387 (388) m. zust. Anm. *Erb*.
17 Vgl zB §§ 892, 2365, 2366 BGB; § 274 StPO; § 20 BNotarO.
18 BGHSt 42, 131 f; Überblick zur kasuistischen Rechtsprechung bei *Fischer* § 271 Rn 5, 8 f.
19 Vgl § 418 Abs. 1 und 3 ZPO.
20 BGHSt 44, 186 (188).
21 Beispielhaft hierfür sind die Angaben zur Eheschließung nach §§ 15 Abs. 1, 54, 55 Abs. 1 PStG.
22 BGH NStZ 1986, 550 m.Anm. *Schumann* JZ 1987, 523; BayObLG NJW 1955, 1567.
23 BGHSt 44, 186 (188).
24 BGHSt 47, 39 (41 ff).
25 BGH NJW 1955, 839 (840).
26 BGHSt 20, 186 (188).

amtsbüchern bezieht sich die öffentliche Beweiskraft nur auf die nach dem PStG vorgeschriebenen Eintragungen,[27] beim **Sparbuch** nur auf die Eintragung der Ein- und Auszahlungen.[28]

In **Fall 1** hat sich G mithin gem. § 348 Abs. 1 strafbar gemacht. Das Grundbuch weist nach seiner bewusst falschen Eintragung die Vormerkung des A als bevorrechtigt aus.

11 **2. Subjektiver Tatbestand.** Der subjektive Tatbestand verlangt (zumindest bedingten) Vorsatz.

III. Anwendung

12 § 348 ist ein **echtes Amtsdelikt.** Außenstehende können sich nur als Teilnehmer strafbar machen, auf die dann § 28 Abs. 1 anwendbar ist. Ist der Amtsträger gutgläubig, greift für einen Außenstehenden § 271 ein.[29]

B. Mittelbare Falschbeurkundung (§ 271)

I. Allgemeines

13 Die Vorschrift schließt zunächst in **Abs. 1** die **Strafbarkeitslücke**, die sich daraus ergibt, dass § 348 ein echtes Amtsdelikt ist: Verwirklicht ein Amtsträger zwar den objektiven, nicht aber den subjektiven Tatbestand des § 348, so wäre ein Außenstehender, der die Beurkundung bewusst veranlasst, mangels vorsätzlicher Haupttat nicht als Anstifter strafbar. Mittelbare Täterschaft kommt nicht in Betracht, da dem Außenstehenden die Täterqualifikation des § 348 fehlt. § 271 ist daher so ausgestaltet, dass er eine vorsätzliche Beteiligung nur am objektiven Tatbestand des § 348 erfasst. Insoweit entspricht die Vorschrift § 160 und stellt die Anwendung vor parallele Auslegungsprobleme.[30]

14 **Abs. 2** stellt den **Gebrauch einer falschen öffentlichen Urkunde** unter Strafe, und zwar selbst dann, wenn sie nicht in strafbarer Weise hergestellt wurde. Dies gilt nach hM auch für ausländische öffentliche Urkunden, die im Inland gebraucht werden.[31]

15 **Abs. 3** formuliert eine **Qualifikation** für den Fall, dass der Täter gegen Entgelt[32] oder in der Absicht handelt, sich oder einen Dritten zu bereichern oder eine andere Person (in welcher Art und Weise auch immer) zu schädigen.

II. Definitionen und Erläuterungen (Abs. 1)

▶ **Fall 2:** A gibt bei der Eheschließung auf dem Standesamt einen falschen Familiennamen und einen falschen Geburtsort an. Der Beamte hat doch arge Zweifel an der Richtigkeit der Angaben, nimmt aber die Falscheintragung billigend in Kauf. ◀

16 Den Tatbestand verwirklicht, wer bewirkt, dass Erklärungen, Verhandlungen oder Tatsachen, welche für Rechte oder Rechtsverhältnisse von Erheblichkeit sind, in öffentlichen Urkunden, Büchern, Dateien oder Registern als abgegeben oder geschehen beurkundet oder gespeichert werden, während sie überhaupt nicht oder in anderer Weise

---

27 Vgl §§ 15 Abs. 1, 54, 55 Abs. 1; BGHSt 12, 88.
28 BayObLG NJW 1993, 2947 (2948).
29 Näher zum Verhältnis beider Vorschriften Rn 23 ff.
30 Vgl § 48 Rn 13 ff.
31 RGSt 68, 300 (302); OLG Düsseldorf NStZ 1983, 221 (222); vgl auch BVerwG NJW 1987, 1159; einschr. S/S-*Heine/Schuster* § 271 Rn 1a.
32 § 11 Abs. 1 Nr. 9.

oder von einer Person in einer ihr nicht zustehenden Eigenschaft oder von einer anderen Person abgegeben oder geschehen sind.

Hinsichtlich des **Tatobjekts** – der öffentlichen Urkunde usw – und des **Gegenstands der Beurkundung** ist der Tatbestand wie bei § 348 auszulegen.[33]   17

Tathandlung ist das **Bewirken**, worunter das **Verursachen der unrichtigen Beurkundung oder Datenspeicherung durch den zuständigen Amtsträger** zu verstehen ist.[34] Dabei ist nur die Falschbeurkundung solcher Angaben tatbestandsmäßig, auf die sich gerade der öffentliche Glaube, dh die volle Beweiskraft für und gegen jedermann, erstreckt. Welche Angaben dies im Einzelfall sind, ergibt sich aus den jeweiligen gesetzlichen Bestimmungen bzw dem Sinn und Zweck der Urkunde im Rechtsverkehr.[35] Die Anmeldung unter Angabe eines falschen Wohnsitzes beispielsweise erfüllt allein noch nicht den Tatbestand des § 271. Denn die erhöhte Beweiskraft der Meldebestätigung bezieht sich nicht darauf, dass der Angemeldete tatsächlich am angegebenen Ort wohnt, sondern darauf, dass er sich unter Angabe dieses Wohnortes angemeldet hat.[36] Auch die Bescheinigung über eine Duldung nach § 60a AufenthG oder eine Aufenthaltsgestattung nach § 63 AsylG sind hinsichtlich der Personalangaben des Ausländers jedenfalls dann nicht von der Beweiskraft erfasst, wenn sie einen Hinweis darauf enthalten, dass diese allein auf den Angaben des Ausländers beruhen.[37]   18

Die Falschbeurkundung kann in jeder Form verursacht werden, auch durch Täuschung, Drohung oder Ausnutzen eines schon bestehenden Irrtums. Der beurkundende Amtsträger kann dabei nach einer Ansicht seinerseits bös- oder gutgläubig, aber auch fahrlässig handeln. Demnach könnte in **Fall 2** ein tatbestandsmäßiges Bewirken der unrichtigen Beurkundung durch die Täuschung des A auch dann bejaht werden, wenn der Beamte des Standesamtes mit Eventualvorsatz handelt.   19

Die Gegenansicht leitet aus der lückenschließenden Funktion des § 271 das Erfordernis ab, dass der Amtsträger gutgläubig (oder nicht zurechnungsfähig) handeln müsse, da er anderenfalls kein Werkzeug des Täters im Sinne mittelbarer Täterschaft sei.[38]

Im **Gutachten** wäre diese Frage zur Lösung des **Falles 2** also zu problematisieren, da die beiden Ansichten insoweit zu unterschiedlichen Ergebnissen gelangen.   20

Der **subjektive Tatbestand** verlangt (zumindest bedingten) Vorsatz. Er muss sich auch auf die Rechtserheblichkeit der beurkundeten Tatsache beziehen.   21

III. Anwendung

1. Aufbau. Es empfiehlt sich, die Tatbestandsmerkmale der mittelbaren Falschbeurkundung in folgenden Schritten zu prüfen: 22

A) *Tatbestand*:

    I.   Objektiver Tatbestand:

---

33 Oben Rn 4 ff.
34 OLG Köln NJW 1967, 742 (743); SK-*Hoyer* § 271 Rn 22; *Otto* § 71/11; *Rengier* II § 37/11.
35 Oben Rn 8 ff.
36 OLG München wistra 2006, 194; OLG Köln NJW 2007, 1829 f.
37 Vgl BGHSt 54, 140 (144 f) m.Anm. *Mosbacher* NStZ 2010, 457; ebenso OLG Brandenburg NStZ-RR 2010, 12; OLG Koblenz NStZ-RR 2010, 259 (261) auch für den Fall, dass der Hinweis unterblieben ist; hinsichtlich des Hinweises offengelassen von BGHSt 54, 140 (145 ff), der auf die Sonderregelung in § 95 Abs. 2 Nr. 2 AufenthG verweist, die bereits unrichtige oder unvollständige Angaben zur Erlangung eines Aufenthaltstitels oder einer Duldung unter Strafe stellt und den allgemeinen Tatbestand des § 271 konsumiert.
38 RGSt 63, 148 (149); S/S-*Heine/Schuster* § 271 Rn 2; NK-*Puppe/Schumann* § 271 Rn 30 f; LK-*Zieschang* § 271 Rn 74; zu den Auswirkungen des Meinungsstreits auf Irrtumsfälle vgl Rn 23 ff.

    1. Tatobjekt: öffentliche Urkunde (Rn 4)

    2. Erfolg: unwahre Urkunde

    3. Tathandlung:

        Abs. 1: Bewirken (Rn 18)

        Abs. 2: Gebrauchen (§ 55 Rn 68 ff)

   II. Subjektiver Tatbestand: (zumindest bedingter) Vorsatz (Rn 21)

B) *Rechtswidrigkeit*

C) *Schuld*

D) Ggf *Qualifikation* im Sinne von Abs. 3

23 **2. Irrtumsfragen.** Die unterschiedlichen Auffassungen zur Auslegung der Tathandlungen (Rn 19) führen zu abweichenden Lösungen solcher Fälle, in denen der außenstehende Veranlasser der Falschbeurkundung den Amtsträger irrtümlich für gut- oder bösgläubig hält.

24 **a) Fehlvorstellung** bzgl **Gutgläubigkeit:** Wenn der Veranlasser irrig von der Gutgläubigkeit des Amtsträgers ausgeht, fehlt ihm der Anstiftervorsatz zu § 348, da er keine vorsätzliche Haupttat annimmt. In Betracht kommt nur § 271:

25 ■ Verlangt man für das Bewirken eine der mittelbaren Täterschaft vergleichbare Tatherrschaft, so wäre auch der objektive Tatbestand des § 271 mangels einer solchen Tatherrschaft nicht erfüllt. Der Amtsträger handelt ja in vollem Umfang selbstverantwortlich. Folgerichtig müsste nur ein Versuch des § 271 angenommen werden.[39]

26 ■ Definiert man dagegen mit der hM das Bewirken als jede Form der Verursachung einer Beurkundung, so kommt es für die Verwirklichung des objektiven Tatbestands nicht auf die Gutgläubigkeit des Amtsträgers an. Die Tat ist vollendet. Teils wird dieses Ergebnis auch mit der Begründung erzielt, dass die Vorsatztat des Amtsträgers ein Mehr sei, welches die vom Täter gewollte unvorsätzliche Tat einschließe.[40]

27 **b) Fehlvorstellung** bzgl **Bösgläubigkeit:** Wenn der außenstehende Veranlasser den Amtsträger irrtümlich für bösgläubig hält, handelt er mit Anstiftervorsatz zu § 348. Es fehlt jedoch objektiv die für § 26 erforderliche vorsätzliche Haupttat. Auch auf § 30 Abs. 1 kann nicht zurückgegriffen werden, da § 348 nur ein Vergehen ist.

28 ■ Auch § 271 kommt nicht in Betracht, wenn man den Tatbestand nach den Regeln mittelbarer Täterschaft konstruiert. Denn der Veranlasser steuert zwar objektiv ein gutgläubiges Werkzeug, ihm fehlt aber subjektiv der entsprechende Vorsatz. Der Veranlasser wäre also straffrei.[41]

29 ■ Lässt man dagegen mit der hM wiederum jedes Verursachen für das Bewirken ausreichen, so ist eine vollendete Verwirklichung von § 271 gegeben.[42] Die Vorstellungen des Hintermanns über die Bös- oder Gutgläubigkeit des Amtsträgers sind ohne Tatbestandsrelevanz.

---

39 NK-*Puppe/Schumann* § 271 Rn 41.

40 L-Kühl-*Heger* § 271 Rn 7; S/S-*Heine/Schuster* § 271 Rn 30 iVm S/S-*Lenckner/Bosch* § 160 Rn 9.

41 L-Kühl-*Heger* § 271 Rn 7; S/S-*Heine/Schuster* § 271 Rn 30; NK-*Puppe/Schumann* § 271 Rn 42; LK-*Zieschang* § 271 Rn 86 f.

42 *Fischer* § 271 Rn 15; MK-*Freund* § 271 Rn 36.

Wiederholungs- und Vertiefungsfragen

> Welches Rechtsgut wird durch §§ 348, 271 geschützt? (Rn 1)
> Nach welchen drei Punkten bestimmt sich die Frage, ob etwas zu öffentlichem Glauben beurkundet worden ist? (Rn 9)
> Welche Strafbarkeitslücke wird durch § 271 geschlossen? (Rn 13)
> Setzt § 271 voraus, dass der beurkundende Amtsträger bösgläubig ist? (Rn 19)

§ 59 Fälschung, Ausstellen und Gebrauch von Gesundheitszeugnissen (§§ 277–279)

A. Fälschung von Gesundheitszeugnissen (§ 277)

1 § 277 soll umfassend die Wahrheit und Echtheit von ärztlichen Zeugnissen über den Gesundheitszustand eines Menschen, soweit sie zur Täuschung von Behörden oder Versicherungsgesellschaften gebraucht werden, sichern.[1] Geschützt wird das Vertrauen in die fachliche Kompetenz von Personen, die Gesundheitszeugnisse ausstellen.[2]

2 Der Tatbestand ist **zweiaktig** aufgebaut:

3 Der **erste Handlungsteil** kann in dreierlei Weise verwirklicht werden:

- durch Ausstellen eines Gesundheitszeugnisses in eigenem Namen, aber unter angemaßter Bezeichnung als Medizinalperson oder
- durch Ausstellen eines Gesundheitszeugnisses unter dem Namen einer (wirklichen oder fingierten) Medizinalperson oder
- durch Verfälschen eines echten Gesundheitszeugnisses.

4 Der **zweite Handlungsteil** erfordert die Verwendung eines solchen Zeugnisses gegenüber Behörden oder Versicherungsgesellschaften. Hierbei muss der Hersteller das Gesundheitszeugnis selbst gebrauchen oder einem Dritten zum Gebrauch überlassen.[3]

5 **Subjektiv** muss der Täter beim ersten Akt mit (zumindest bedingtem) Vorsatz und beim zweiten Akt mit Täuschungsabsicht hinsichtlich der Originalität, nicht der inhaltlichen Richtigkeit des Zeugnisses handeln.

B. Ausstellen unrichtiger Gesundheitszeugnisse (§ 278)

6 § 278 erfasst den Fall einer schriftlichen Lüge durch eine Medizinalperson bei der Ausstellung eines Gesundheitszeugnisses.

C. Gebrauch unrichtiger Gesundheitszeugnisse (§ 279)

7 § 279 stellt das Gebrauchen objektiv unrichtiger Gesundheitszeugnisse im Sinne von §§ 277 oder 278 unter Strafe, wobei es keine Rolle spielt, ob der Vortäter vorsätzlich gehandelt hat.[4]

---

1 Näheres zur Definition von Gesundheitszeugnissen OLG Stuttgart NJW 2014, 482.
2 Zu den Wertungswidersprüchen, die der Tatbestand wegen der niedrigeren Strafandrohung bei Überschneidungen mit § 267 aufwirft, vgl *Fischer* § 277 Rn 1; NK-*Puppe/Schumann* § 277 Rn 1, 9.
3 S/S-*Heine/Schuster* § 277 Rn 10; nach aA muss das Verhalten des Dritten dem Hersteller nach den Regeln der Mittäterschaft (oder der mittelbaren Täterschaft) zuzurechnen sein: OLG Frankfurt NStZ 2009, 700; NK-*Puppe/Schumann* § 277 Rn 11; LK-*Zieschang* § 277 Rn 14.
4 BGHSt 5, 75 (84); LK-*Zieschang* § 279 Rn 2.

§ 60 Fälschung und Missbrauch von Ausweispapieren und anderen Urkunden (§§ 273, 275–276a, 281)

A. Verändern von amtlichen Ausweisen (§ 273)

Die Vorschrift soll die **Strafbarkeitslücke** schließen, die sich daraus ergibt, dass amtliche Ausweise ausschließlich dem Inhaber „gehören"[1] und ihre Veränderung daher nicht von § 274 Abs. 1 Nr. 1 erfasst wird.[2] **1**

Amtliche Ausweise sind öffentliche Zeugnisurkunden, welche mit öffentlichem Glauben die Identität einer Person beurkunden.[3] **2**

Der **Beurkundungszweck** kann sich – wie zB beim Personalausweis – auf die Identifizierung einer Person oder – wie zB beim Studentenausweis, Schwerbehindertenausweis oder Führerschein – auf die Bescheinigung bestimmter rechtlicher oder tatsächlicher Verhältnisse der identifizierten Person beziehen. **Keine amtlichen Ausweise** sind Identitätspapiere, die sich nur auf den **internen Dienstbetrieb** beziehen, wie dies zB beim Benutzerausweis für eine öffentliche Bibliothek der Fall ist. Auch Fahrausweise öffentlicher Verkehrsmittel sind selbst dann keine amtlichen Ausweise, wenn sie ein Lichtbild und sonstige Angaben zur Person enthalten.[4] **3**

Die **weiteren Merkmale** des objektiven und subjektiven Tatbestands sind wie bei der Urkundenfälschung (§ 267) bzw der Urkundenunterdrückung (§ 274 Abs. 1 Nr. 1) auszulegen. **4**

B. Missbrauch von Ausweispapieren (§ 281)

Der Tatbestand stellt den **Gebrauch fremder Ausweispapiere**[5] oder die **Überlassung von Ausweispapieren** an Nichtberechtigte unter Strafe. **5**

Den Ausweispapieren sind nach Abs. 2 Zeugnisse und andere Urkunden, die **im Verkehr als Ausweis verwendet** werden, gleichgestellt. Letzteres sind Dokumente, die zwar nicht primär zum Nachweis der Identifizierung einer Person bestimmt sind, die aber gleichwohl im Rechtsverkehr zur Identifizierung gebraucht werden. Exemplarisch: Reisegewerbekarten, Kraftfahrzeugpapiere, Waffenbesitzkarten, Ernennungsurkunden von Beamten, schulische und universitäre Abschlusszeugnisse, Geburtsurkunden, Lohnsteuerkarten, Promotionsurkunden oder Dienstzeugnisse.[6] **6**

Solche ausweisgleichen Papiere brauchen keine öffentlichen Urkunden zu sein.[7] Private Urkunden müssen jedoch eine **Ausweisfunktion** übernehmen können, weil sie etwa ein Lichtbild, Angaben zur Person und eine vor dem Aussteller geleistete Unterschrift enthalten. In Betracht kommt zB ein privater Dienstausweis. Eine Kreditkarte erfüllt dagegen nicht die erforderlichen Identifizierungskriterien. **7**

Falsifikate scheiden als Tatobjekte aus. Ihr Gebrauch ist ggf nach § 271 Abs. 2 strafbar. **8**

---

1 Vgl § 59 Rn 11.
2 BT-Drucks. 13/8587, 66.
3 BT-Drucks. 12/6853, 29; zum öffentlichen Glauben vgl § 60 Rn 4 ff.
4 NK-*Puppe/Schumann* § 275 Rn 4.
5 Oben Rn 2 f.
6 BGH JR 1973, 204; S/S-*Heine/Schuster* § 281 Rn 4; LK-*Zieschang* § 281 Rn 5; teilw. abw. NK-*Puppe/Schumann* § 281 Rn 12 f.
7 *Fischer* § 281 Rn 2; SK-*Hoyer* § 281 Rn 3; NK-*Puppe/Schumann* § 281 Rn 12; aA *Hecker* GA 1997, 525 (529 ff).

9   Der **subjektive Tatbestand** verlangt neben dem (zumindest bedingten) Vorsatz hinsichtlich des objektiven Tatbestands ein Handeln zur Täuschung im Rechtsverkehr. Letzteres besagt, dass der Täter mit dolus directus hinsichtlich der Identitätstäuschung handeln muss, um so den zu Täuschenden zu einem rechtlich erheblichen Verhalten zu veranlassen. Die bloße Verwendung des Tatobjekts zum Nachweis einer Vertretungsbe-
fugnis zugunsten des wahren Inhabers genügt nicht.[8]

C. Sonstige Ausweisdelikte (§§ 275–276a)

10 I. § 275 pönalisiert Vorbereitungshandlungen zur Fälschung amtlicher Ausweise, die
im Rahmen der organisierten Kriminalität (Menschenhandel, illegale Einreise, Geldwä-
sche usw) eine bedeutende Rolle spielen. Die Straftat ist ein abstraktes Gefährdungsdelikt, das der Gefahr begegnen will, die vom Vorhandensein von Fälschungsmitteln zur
(massenhaften) Herstellung von Falsifikaten ausgeht. Die Fälschung selbst wird von
§ 267 erfasst.

11 II. § 276 stellt die Ein- und Ausfuhr (Abs. 1 Nr. 1) sowie das Verschaffen und Verwah-
ren falscher amtlicher Ausweise (Abs. 1 Nr. 2) unter Strafe.

12 III. § 276a erweitert, ohne einen eigenen Deliktstatbestand zu formulieren, die Anwendbarkeit von §§ 275 f, indem er das Tatbestandsmerkmal „amtlicher Ausweis"
durch andere öffentliche Urkunden, nämlich aufenthaltsrechtliche Papiere und Fahrzeugpapiere, ersetzt. Die sonstigen Tatbestandsvoraussetzungen sind §§ 275 f zu entnehmen.

---

8 BGH bei *Dallinger* MDR 1969, 358 (360).

7. Abschnitt: Brandstiftung

§ 61 Einfache Brandstiftung (§§ 306, 306d)

A. Allgemeines

Die Brandstiftungsdelikte sind bei den gemeingefährlichen Straftaten im 28. Abschnitt des StGB eingeordnet. Die einfache Brandstiftung, § 306, fällt hier jedoch aus dem Rahmen: § 306 normiert – im Gegensatz zu den §§ 306a–306c, 306f – kein gemeingefährliches Delikt, sondern einen **Qualifikationstatbestand zur Sachbeschädigung.**[1] Während bei den gemeingefährlichen Delikten die Eigentumsverhältnisse am Tatobjekt oder Tatmittel ohne Belang sind, kommt als Tatobjekt des § 306 nur eine **fremde Sache** in Betracht.[2] Daher kann – anders als bei einem gemeingefährlichen Delikt – der Eigentümer in eine Tatbestandsverwirklichung nach § 306 einwilligen.[3] § 306d Abs. 1 stellt in der 1. Alternative die fahrlässige Tatvariante zu § 306 unter Strafe.

1

B. Definitionen und Erläuterungen

I. Tatbestand

Den Tatbestand verwirklicht, wer eines der tatbestandlich genannten (fremden) Tatobjekte in Brand setzt oder durch eine Brandlegung ganz oder teilweise zerstört.

2

1. Tatobjekte

▶ **FALL 1:** A will seinem Nachbar N einen bösen Streich spielen und grillt dessen Steak solange, bis nur noch ein glühendes Kohlenstück bleibt. ◀

Die tauglichen Tatobjekte einer Brandstiftung werden in Abs. 1 Nr. 1 bis 6 abschließend aufgezählt.

3

Von Bedeutung sind insbesondere folgende Objekte:

4

- Ein **Gebäude** ist ein durch Wände und Dach begrenztes und mit dem Erdboden (zumindest durch eigene Schwere) fest verbundenes Bauwerk, das den Zutritt von Menschen gestattet und Unbefugte abhalten soll. Auch der Rohbau ist bereits als Gebäude anzusehen.[4]

- Eine **Hütte** ist ein Gebäude von minderer Festigkeit und Größe; einschlägig sind zB ein Wochenendhäuschen[5] oder eine Jahrmarktsbude.[6]

- **Betriebsstätten** sind Sachgesamtheiten von baulichen Anlagen und Inventar, die einem gewerblichen Betrieb dienen.[7]

---

1   HM: LK-*Wolff* § 306 Rn 3 mwN; aA AnwK-*Börner* § 306 Rn 1; MK-*Radtke* § 306 Rn 5ff: Kombinationsdelikt aus Eigentumsverletzung und Schaffung einer abstrakten Gemeingefahr; ähnlich BGH NJW 2001, 765f; 2016, 2349 (2350): „qualifiziertes Sachbeschädigungsdelikt", dem auch ein Element der Gemeingefährlichkeit anhaftet; *Duttge* Jura 2006, 15, 16 f.
2   NK-*Kargl* Vor § 306 Rn 4.
3   *Fischer* § 306 Rn 12, 20; L-Kühl-*Heger* § 306 Rn 1.
4   BGHSt 1, 158 (163); 6, 107.
5   RGSt 73, 204 f.
6   RGSt 73, 204 f.
7   OLG Stuttgart MDR 1994, 713.

- **Technische Einrichtungen** sind technisch konstruierte und funktionierende Sachen bzw Sachgesamtheiten, wie insbesondere die tatbestandlich erwähnten Maschinen; sie können ortsveränderlich sein.

- **Warenvorräte** sind nicht unbedeutende[8] Mengen von Gegenständen, die nicht zum Eigengebrauch, sondern zum gewerblichen Umsatz bestimmt sind;[9] **Warenlager** sind Räumlichkeiten, in denen bestimmungsgemäß solche Warenvorräte in größerem Umfang gespeichert sind.

5   Wegen der ungenauen und viel zu weiten Umschreibungen mehrerer Tatobjekte ist der Tatbestand grds. **restriktiv auszulegen** und auf Gegenstände und größere Sachgesamtheiten von bedeutendem Wert zu beschränken.[10] Sonst könnte zB dem Wortlaut nach auch das übermäßige Grillen des fremden Steaks wie in **Fall 1** als Zerstören eines ernährungswirtschaftlichen Erzeugnisses im Sinne von Abs. 1 Nr. 6 (mit der Mindestfreiheitsstrafe von einem Jahr) angesehen werden.

6   Das Tatobjekt ist **fremd**, wenn es weder im Alleineigentum des Täters steht noch herrenlos oder verkehrsunfähig ist.[11]

2. Tathandlungen

▶ **FALL 2:** A will aus Rache das Warenhaus des B vernichten und zündet die dort befindlichen Kleider an. Wegen der feuerbeständigen Baustoffe brennt das Gebäude selbst jedoch nicht, kann aber infolge der starken Rauch- oder Hitzeentwicklung nicht mehr benutzt werden. ◀

7   Tathandlungen sind das Inbrandsetzen oder gänzliches oder teilweises Zerstören des Tatobjekts durch Brandlegung.

8   a) **Inbrandsetzen:** Eine Sache ist in Brand gesetzt, wenn ein für den bestimmungsgemäßen Gebrauch wesentlicher Bestandteil derart vom Feuer erfasst ist, dass er unabhängig vom Zündstoff selbständig weiterbrennen kann.[12]

9   ■ Das Inbrandsetzen verlangt einen **Brand als Erfolg**, der ab dem Zeitpunkt eingetreten ist, in dem das betroffene Objekt selbständig weiterbrennen kann. Eine offene Flamme ist hierzu nicht erforderlich. Es genügt vielmehr ein Schwelbrand.[13] Nicht ausreichend ist es, wenn der Brandherd nur intensiviert wird. Allerdings kann ein größeres Tatobjekt, das bereits brennt, an einer anderen Stelle erneut in Brand gesetzt werden.[14] In **Fall 2** ist kein Branderfolg eingetreten.

10   ■ Die **Wesentlichkeit** des Teils einer Sache richtet sich nach deren jeweiligen bestimmungsgemäßen Gebrauch unter Berücksichtigung der Verkehrsanschauung.[15] Bei einem Gebäude gehören zu den wesentlichen Teilen zB Wände, Türen, Fensterrahmen, Treppe und Fußboden.[16] Keine wesentlichen Teile sind dagegen Tapeten, Gardinen, Fußbodensockelleisten, eine Lattentür im Keller sowie das Mobiliar und

---

8   BGHSt 63, 111 m.Bespr. *Eisele* JuS 2018, 724.
9   BGHSt 63, 300 (LKW-Wechselbrücken mit einer Vielzahl von Mülltonnen) m.Bespr. *Kudlich* JA 2019, 306; RGSt 62, 28; enger SK-*Wolters* § 306 Rn 5: nur gewerbliche Veräußerung.
10   L-Kühl-*Heger* § 306 Rn 2 mwN.
11   Näher *Kindhäuser/Böse* BT II § 2/13 ff; vgl auch BGHSt 6, 377 (378); BGH NStZ 1988, 71; SK-*Hoyer* § 242 Rn 11 ff.
12   BGHSt 36, 221 (222); 48, 14 (15); BGH NStZ 2003, 204 (205); NK-*Herzog/Kargl* § 306 Rn 17; LK-*Wolff* § 306 Rn 6.
13   RGSt 25, 326 (329 f).
14   OLG Hamm JZ 1961, 94; *Fischer* § 306 Rn 14; S/S-*Heine/Bosch* § 306 Rn 14.
15   BGHSt 6, 107 (108); 16, 109 (110); BGH NStZ 1991, 433.
16   BGHSt 20, 246 (247); BGH NStZ 1984, 74; 1985, 455; wistra 1988, 304; NStZ 1995, 87.

sonstiges Inventar einschließlich einer Einbauküche. Insoweit ist ein Gebäude noch nicht in Brand gesetzt, wenn lediglich das Inventar vom Feuer erfasst ist.[17] Allerdings bejaht die Rechtsprechung bisweilen schon eine Inbrandsetzung, wenn das Feuer von einem unwesentlichen auf einen wesentlichen Gebäudeteil übergreifen kann.[18]

■ Ein Inbrandsetzen durch **Unterlassen** ist möglich, wenn der Täter bei entsprechender Garantenstellung das Entstehen des Brandes nicht verhindert. Dagegen ist das Unterlassen des Löschens nach Entstehung des Brandes kein Inbrandsetzen mehr.[19]   11

b) **Brandlegung:** Als Brandlegung ist die Handlung anzusehen, durch die eine Sache unmittelbar in Brand gesetzt werden soll; ein Brand braucht hierdurch nicht bewirkt zu werden. Dank der Verwendung moderner, feuerverhindernder Baumaterialien wird heute bei dem Versuch, in einem Gebäude einen Brand zu verursachen, vielfach nichts mehr in Brand „gesetzt", sondern nur ein Brand „gelegt". Gleichwohl kann es durch die dabei eintretenden hohen Temperaturen infolge der Brandlegung zu Beeinträchtigungen der Sache sowie zu einer massiven Gas- oder Rauchentwicklung kommen, wodurch wirtschaftliche Schäden und vielfach auch Risiken für die Gesundheit und das Leben Dritter geschaffen werden. Aufgrund dieser bautechnischen Entwicklung hat der Gesetzgeber 1998 die Tathandlung der Brandlegung in § 306 eingefügt.[20]   12

Das Tatobjekt ist **teilweise zerstört**, wenn einzelne wesentliche Teile des Tatobjekts, die seiner tatbestandlich geschützten Zweckbestimmung entsprechen, unbrauchbar geworden sind oder wenn eine von mehreren tatbestandlich geschützten Zweckbestimmungen brandbedingt aufgehoben ist.[21] Aufgrund der hohen Strafandrohung muss die „teilweise Zerstörung" allerdings von einigem Gewicht und nicht nur unerheblicher Dauer sein.[22] Die dreiwöchige Unbenutzbarkeit nur eines Zimmers (zB des Kinderzimmers) in einer Wohnung infolge des Wurfs eines brennenden Feuerwerkskörpers durch das geöffnete Fenster genügt dafür nicht.[23] Es ist **zerstört**, wenn es vernichtet ist oder die Gebrauchsfähigkeit völlig aufgehoben ist.[24]   13

Anders als bei der Inbrandsetzung ist bei der Brandlegung kein Eintritt eines Branderfolgs erforderlich.[25] Diese Tatvariante ist daher in solchen Fällen einschlägig, in denen der Schaden entweder bereits durch die Art und Weise des Anzündens oder durch begleitende Kausalverläufe entsteht.[26] Hierzu gehören etwa Verpuffungen, erhebliche Verrußungen, Schwelbrände sowie Schäden durch Löschmittel und Sprinkleranlagen, sofern sie die erforderlichen Auswirkungen an der Sache haben.[27] Exemplarisch hierfür ist **Fall 2**, in dem das Tatobjekt nicht durch die Inbrandsetzung selbst, sondern durch starke Rauch- oder Hitzeentwicklung zerstört wurde. Zu beachten ist, dass auch bei der Brandlegung nur eine Beschädigung der Einrichtung (hier: Waren des B) nicht genügt, wenn nicht zugleich auch das Gebäude selbst (zumindest teilweise) unbrauch-   14

---

17 BGHSt 16, 109; BGH NStZ 1981, 220 f; 1994, 130 f; zu weiteren Beispielen *Fischer* § 306 Rn 14a.
18 Vgl BGHSt 18, 363 (365 f); 34, 115 (117); vgl auch BT-Drucks. 13/8587, 26; enger dagegen BGH NStZ 1984, 74 f; 1994, 130 f; abl. SK-*Wolters* § 306 Rn 11.
19 Vgl *Geppert* Jura 1989, 423.
20 S/S-*Heine/Bosch* § 306 Rn 15; *Jäger* BT Rn 504.
21 BGHSt 41, 219 (221); 48, 14 (20); 57, 50 (51 f); MK-*Radtke* § 306 Rn 56.
22 BGHSt 48, 14 (20); 57, 50; BGH NJW 2012, 693; NStZ-RR 2013, 246; MK-*Radtke* § 306 Rn 56; LK-*Wolff* § 306 Rn 13.
23 BGH NStZ 2010, 151; für den Saal und das Foyer einer Stadthalle bejahend BGH StraFo 2017, 474.
24 *Fischer* § 306 Rn 17; S/S-*Heine/Bosch* § 306 Rn 15 f.
25 *Radtke* ZStW 110 (1998), 848 (871).
26 BT-Drucks. 13/8587, 69; 13/9064, 22; BGH NStZ 2003, 204 (205 f); L-Kühl-*Heger* § 306 Rn 4 mwN.
27 S/S-*Heine/Bosch* § 306 Rn 16 ff.

bar gemacht wird.[28] Bezüglich der sonstigen Gegenstände ist aber § 303 (tateinheitlich) verwirklicht.

15   **3. Subjektiver Tatbestand.** Der subjektive Tatbestand des § 306 verlangt (zumindest bedingten) Vorsatz.

16   § 306d Abs. 1 Alt. 1 dehnt die Strafbarkeit auf Fälle einer fahrlässigen Tatbestandsverwirklichung aus.

II. Tätige Reue (§ 306e)

17   Die Regelung des § 306e trägt dem Umstand Rechnung, dass § 306 und auch die weiteren Brandstiftungsdelikte schon mit der Brandlegung bzw dem Schaffen eines Brandherds vollendet sind, in diesem Stadium aber noch keine größeren Schäden eingetreten sein müssen. Für den Fall der Vollendung, in dem die Rücktrittsvorschriften nach § 24 nicht mehr anwendbar sind, sieht Abs. 1 die Möglichkeit einer strafmildernden bzw strafbefreienden tätigen Reue vor, wenn der Täter durch Löschen das Entstehen eines erheblichen Schadens verhindert. Bleibt die Tat dagegen im Versuchsstadium stecken, gilt weiterhin die Regelung des § 24.

18   Wird der Brand unabhängig vom Einsatz des Täters gelöscht, reicht nach Abs. 3 auch ein entsprechendes freiwilliges und ernsthaftes Bemühen[29] des Täters aus, um in den Genuss der Strafmilderung bzw -befreiung zu kommen.

19   Der **Schaden** bezieht sich auf die Beeinträchtigung des Tatobjekts und darf noch kein größeres Ausmaß angenommen haben.[30] Die Wertgrenze liegt nach der Rechtsprechung bereits bei 2.500 €.[31] Die Schadensverhinderung muss durch freiwilliges, nicht notwendig auch eigenhändiges Löschen erfolgen. Andere Rettungsaktivitäten reichen nicht aus.

20   Wird die Brandstiftung nur **fahrlässig** begangen (§ 306d), erlangt der Täter bei tätiger Reue stets Straffreiheit (§ 306e II).

C. Anwendung

I. Aufbau

21   Es empfiehlt sich, die Tatbestandsmerkmale der Brandstiftung in folgenden Schritten zu prüfen:

A) *Tatbestand*:

    I.   Objektiver Tatbestand:

        1. Tatobjekt: Sache im Sinne von Abs. 1 Nr. 1–6 (Rn 3 ff), die fremd ist (Rn 6)

        2. Tathandlungen: Inbrandsetzen (Rn 8 ff) oder (gänzliches oder teilweises) Zerstören durch Brandlegung (Rn 12 ff)

    II. Subjektiver Tatbestand:

        1. Vorsatz bei § 306 (Rn 15)

        2. Fahrlässigkeit bei § 306d (Rn 16)

B) *Rechtswidrigkeit*

---

28   BGHSt 48, 14; 57, 50.
29   Näher hierzu *Kindhäuser* LPK § 24 Rn 56 ff.
30   *Fischer* § 306e Rn 3; L-Kühl-*Heger* § 306e Rn 2.
31   BGHSt 48, 13; BGH NJW 2019, 243.

C) *Schuld*

D) Ggf *tätige Reue* (Rn 17 ff)

II. Konkurrenzen

Die Tatalternativen nach Abs. 1 können tateinheitlich verwirklicht werden. Gegenüber §§ 303, 305 geht § 306 als *lex specialis* vor. Mit § 306a I besteht wegen der unterschiedlichen Rechtsgüter Tateinheit. Gleiches gilt für § 306a II, sofern die Tat fremde Tatobjekte betrifft.[32]   22

WIEDERHOLUNGS- UND VERTIEFUNGSFRAGEN

> Welches Rechtsgut schützt § 306 im Unterschied zu anderen Brandstiftungsdelikten? (Rn 1)

> Wann wird eine Sache in Brand gesetzt, wann durch Brandlegung „ganz oder teilweise zerstört"? (Rn 8 ff, 12 ff)

> Inwieweit ist ein Inbrandsetzen durch Unterlassen möglich? (Rn 11)

---

32 BGH NStZ 1999, 32 ff; *Fischer* § 306 Rn 25.

§ 62 Qualifizierte Brandstiftungen (§§ 306a–306c)

A. Schwere Brandstiftung (§ 306a)

I. Allgemeines

1 § 306a normiert in **Abs. 1** ein **abstraktes Gefährdungsdelikt** zum Schutz von Leib und Leben und in **Abs. 2** ein **konkretes Gefährdungsdelikt** mit einer Gesundheitsschädigung als Gefahrerfolg. Die Eigentumsverhältnisse spielen jeweils keine Rolle; Täter kann auch der Eigentümer des Grundstücks sein.

II. Definitionen und Erläuterungen

1. Abs. 1

▶ **FALL 1:** Das Ehepaar E zündet ein bisher von ihm allein bewohntes Haus an. ◀

▶ **FALL 2:** A zündet nachts das Schreibwarengeschäft seines Konkurrenten K an, der selbst am anderen Ende des Gebäudes wohnt. Trotz der Gefahr einer Ausweitung des Brandes bleiben die Wohnräume des K unversehrt. ◀

▶ **FALL 3:** B brennt aus Neid die Villa des V nieder, nachdem er sich sorgfältig vergewissert hat, dass B verreist ist und sich auch sonst niemand in dem Gebäude befindet. ◀

2 **a) Tathandlungen und Tatobjekte:** Die Tathandlungen – Inbrandsetzen oder Zerstören durch Brandlegung – entsprechen denjenigen des § 306.[1] Die Tatobjekte einer schweren Brandstiftung nach Abs. 1 werden in Nr. 1–3 abschließend aufgezählt:

3 **aa) Tatobjekte nach Nr. 1** sind Gebäude,[2] Schiffe, Hütten[3] oder andere Räumlichkeiten, die der Wohnung von Menschen dienen.

4 Neben den tatbestandlich genannten Objekten kommen als **andere Räumlichkeiten** zB ausrangierte Eisenbahnwaggons oder Omnibusse in Betracht. Der beispielhaften Erwähnung von Gebäuden, Schiffen und Hütten ist jedoch zu entnehmen, dass der Raum eine **gewisse Größe und Unübersichtlichkeit** aufweisen muss. Ein Pkw oder ein kleineres Zelt sind daher nicht tatbestandsmäßig,[4] wohl aber ein Wohnmobil.[5]

5 Eine **Räumlichkeit dient der Wohnung von Menschen,** wenn sie zum Tatzeitpunkt als Unterkunft verwendet wird.

6 Die Räumlichkeit muss zu diesem Zweck weder objektiv geeignet noch vom Berechtigten bestimmt sein.[6] Daher kommt auch ein Gebäude als taugliches Tatobjekt in Betracht, das vom Eigentümer zum Abbruch vorgesehen ist, aber von „Hausbesetzern" noch bewohnt wird. Es ist auch ohne Belang, ob sich die Bewohner des Gebäudes zum Tatzeitpunkt (ggf für einen längeren Zeitraum) an einem anderen Ort aufhalten.[7] Dagegen ist ein Gebäude kein taugliches Tatobjekt mehr, wenn es von **allen** Bewohnern als Unterkunft aufgegeben („entwidmet") wurde. Dies kann (konkludent) durch das Inbrandsetzen selbst erfolgen.[8] Exemplarisch hierfür ist **Fall 1,** in dem das Ehepaar E

---

1 Vgl § 61 Rn 7 ff.
2 Vgl § 61 Rn 4.
3 ^Vgl § 61 Rn 4.
4 *Fischer* § 306a Rn 3 mwN.
5 BGH StraFo 2010, 259 m. zust. Anm. *Bachmann/Goeck* JR 2011, 40.
6 BGHSt 16, 394 (395 f); vgl auch BGH NStZ 1992, 541.
7 BGHSt 26, 121 (122 f).
8 BGHSt 16, 394 (396); 26, 121 (122).

das bisher von ihm allein bewohnte Haus anzündet und damit (konkludent) zu verstehen gibt, dass es dieses nicht mehr als Wohnung verwenden will. Gleiches gilt, wenn der einzige Bewohner verstorben ist.[9]

bb) Tatobjekt nach **Nr. 2** sind **Kirchen**, also dem Gottesdienst gewidmete Gebäude einschließlich Synagogen und Moscheen. Zur Kirche gehören die angebaute Sakristei, nicht aber profane Nebenräume (zB Heizungskeller). Ehemalige Gotteshäuser, die nur noch als Museum fungieren, werden nicht erfasst. Den Kirchen stehen Räume in sonstigen Gebäuden gleich, die der **Religionsausübung** (zB Gebet, Andacht) dienen, zB eine Krankenhauskapelle. Geschützt sind die Räumlichkeiten aller Religionsgemeinschaften, nicht aber die Versammlungsräume weltanschaulicher Vereinigungen.[10]   7

Dem Wortlaut zufolge ist es nicht erforderlich, dass sich zum Tatzeitpunkt üblicherweise Menschen in dem Gebäude aufhalten. Da dies nur schwer mit dem Schutzzweck von Abs. 1 zu vereinbaren ist, wird u.a. vorgeschlagen, den Schutzzweck auf den Friedensschutz zu erweitern[11] oder die Tatzeitklausel des Abs. 1 Nr. 3 entsprechend anzuwenden.[12]   8

cc) Nr. 3 schützt Räumlichkeiten, die **zeitweise dem Aufenthalt von Menschen dienen**, und zwar in solchen Zeiten, in denen sich Menschen dort aufzuhalten pflegen. Erfasst sind damit neben Geschäften und Büros zB auch Museen, Theater, Lagerhallen, Eisenbahnwagen oder Fähren, nicht aber Telefonzellen, Dixi-Toiletten oder PKWs, da sie keinen eigentlichen Aufenthalt ermöglichen.[13]   9

Der Brand muss – unabhängig vom Zeitpunkt seiner Verursachung – innerhalb eines Zeitraums ausbrechen, in dem sich üblicherweise Menschen in den Räumlichkeiten aufhalten.[14]   10

dd) Ob der Tatbestand bereits erfüllt ist, wenn der Täter bei einem **gemischt-genutzten Gebäude** den Teil in Brand setzt, der – wie in **Fall 2** – nicht zu den Räumlichkeiten im Sinne von Abs. 1 Nr. 1–3 gehört, ist umstritten: 11

- Die Rechtsprechung lässt es schon genügen, wenn nicht auszuschließen ist, dass das Feuer von dem in Brand gesetzten Gebäudeteil auf eine der geschützten Räumlichkeiten übergreift.[15] Damit wäre A in **Fall 2** nach § 306a strafbar.   12

- Da dem Wortlaut nach die geschützte Räumlichkeit in Brand gesetzt sein muss, hält die vorherrschende Ansicht in der Literatur den Tatbestand erst dann für verwirklicht, wenn der Brand auf die betreffenden Räumlichkeiten übergreift und hierbei zumindest einen funktional zu diesen Räumlichkeiten gehörenden Gebäudeteil (Treppenhaus, Keller usw) erfasst hat.[16] Insoweit wäre der Tatbestand in **Fall 2** nicht erfüllt.   13

ee) Für die Alternative des teilweisen Zerstörens von gemischt genutzten Gebäuden verlangt der BGH jedoch, dass ein zum selbständigen Gebrauch bestimmter Teil des   14

---

9 BGHSt 23, 114.
10 SK-*Hoyer* § 243 Rn 33.
11 M-*Schroeder*/Maiwald II § 51/14.
12 *Radtke* ZStW 110 (1998), 848 (868).
13 *Jäger* BT Rn 512c; NK-*Kargl* § 306a Rn 14.
14 BGHSt 36, 221; vgl auch BGHSt 23, 60 (62) zu einer Scheune, die zum Brandzeitpunkt regelmäßig von Landstreichern zum Übernachten genutzt wird.
15 BGHSt 34, 115 (118 ff); 35, 283 (285 f); BGH NStZ 1985, 455; 1991, 433; NStZ-RR 2010, 279; BGH NJW 2019, 90 m.Bespr. *Kudlich* JA 2018, 952; *Krüger* NStZ 2019, 29.
16 S/S-*Heine* § 306a Rn 11; *Kindhäuser* StV 1990, 161 (163); SK-*Wolters* § 306a Rn 15.

Wohngebäudes für Wohnzwecke unbrauchbar geworden ist;[17] dies ebenfalls für eine nicht nur unerhebliche Dauer.[18] Eine zeitweilige Unbrauchbarkeit von nicht selbst dem Wohnen dienenden, nur funktional auf die Wohnnutzung bezogenen Teilen des gemischt genutzten Gebäudes, typischerweise Kellerräume, sei hingegen nicht erfasst.[19]

15   b) **Ausschluss der Gefahr:** Da § 306a dem Schutz vor Leibes- und Lebensgefahren dient, soll nach verbreiteter Ansicht der Tatbestand von Nr. 1 und 3 jedenfalls dann nicht erfüllt sein, wenn objektiv eine solche Gefahr auszuschließen ist und der Täter die Räumlichkeit erst in Brand setzt, nachdem er sich vergewissert hat, dass sich kein Mensch dort aufhält.[20]

16   Das Anliegen solcher Tatbestandseinschränkungen, das konkrete Handlungsunrecht dem hohen Strafrahmen des Delikts anzupassen, hat jedoch mit dem 6. StrRG,[21] das schon die einfache Brandstiftung nach § 306 zum Verbrechen hochgestuft hat, weitgehend seine Berechtigung verloren. Im Übrigen ist die Vorschrift ein abstraktes Gefährdungsdelikt, das die Tatbestandsverwirklichung wegen der typischerweise mit dem Inbrandsetzen von bestimmten Räumlichkeiten verbundenen Gefahren für Leib und Leben uneingeschränkt unter Strafe stellt.[22]

Dementsprechend ist auch **Fall 3** zu lösen: Die Sicherheit, die § 306a für den Aufenthalt von Menschen in bestimmten Räumlichkeiten gewähren soll, ist allein aus der Opferperspektive zu bestimmen. Sie kann nicht davon abhängen, dass B mehr oder weniger sorgfältig bemüht ist, Gefahren für andere auszuschließen.

17   **2. Abs. 2. Tatobjekte** nach Abs. 2 sind die in § 306 Abs. 1 Nr. 1–6 genannten Sachen, ohne dass es hierbei auf deren Fremdheit ankommt.[23] Der Tatbestand kann also auch durch die Brandlegung oder Inbrandsetzung einer tätereigenen Sache verwirklicht werden. Durch die *Tathandlung* muss die **konkrete Gefahr einer Gesundheitsschädigung** im Sinne von § 223[24] geschaffen werden, also eine Situation eintreten, in der es für das Opfer nur noch vom nicht mehr beherrschbaren Zufall abhängt, ob seine Gesundheit geschädigt wird oder nicht.[25]

18   **3. Subjektiver Tatbestand.** Bei Abs. 1 muss sich der (zumindest bedingte) Vorsatz nur auf die Tathandlung und das Tatobjekt in der jeweils tatbestandsrelevanten Eigenschaft beziehen. Weitergehend muss bei Abs. 2 auch die konkrete Gefahr einer Gesundheitsschädigung vom Vorsatz umfasst sein.[26]

19   Gem. § 306d Abs. 1 Alt. 2 und 3 kommen auch die fahrlässige Begehung des § 306a Abs. 1 bzw die fahrlässige Herbeiführung der konkreten Gefahr nach § 306a Abs. 2 bei vorsätzlichem Handeln (Vorsatz-Fahrlässigkeits-Kombination) in Betracht. Im Falle fahrlässigen Handelns und fahrlässiger Gefahrverursachung nach § 306a Abs. 2 (Fahrlässigkeits-Fahrlässigkeits-Kombination) ist § 306d Abs. 2 einschlägig.

---

17 BGH NJW 2011, 2148.
18 BGHSt 41, 219 (221); 48, 14 (20); BGH NStZ 2014, 647.
19 BGH NStZ 2014, 647.
20 S/S-*Heine/Bosch* § 306a Rn 2; *Wolters* JR 1999, 208 (209); zu weiteren Einschränkungsvorschlägen vgl *Geppert* Jura 1989, 417 (424 f); *Graul*, Abstrakte Gefährdungsdelikte und Präsumtionen im Strafrecht, 1991, 355 ff; vgl auch, allerdings bloß in Erwägung gezogen BGHSt 26, 121 (124 f), BGH NJW 1982, 2329.
21 Vom 26.1.1998 (BGBl. I, 164 ff).
22 BGHSt 34, 115 (118); BGH NJW 1982, 2329; NStZ 1985, 408 (409); *Bohnert* JuS 1984, 182 ff; NK-*Herzog/Kargl* § 306a Rn 3; *Kindhäuser*, Gefährdung als Straftat, 1989, 295 ff.
23 BGH NStZ 1999, 32 (33); L-Kühl-*Heger* § 306a Rn 7.
24 Vgl § 7 Rn 7 f.
25 Vgl § 7 Rn 7 ff.
26 BGH NStZ 1999, 32 (33); NStZ-RR 2000, 209.

III. Anwendung

1. Aufbau. Der **Gutachtenaufbau** entspricht demjenigen von § 306.[27] Im Falle von   20
§ 306a Abs. 2 ist allerdings im objektiven und subjektiven Tatbestand das Erfordernis
eines konkreten Gefahrerfolgs zu berücksichtigen.

2. Tätige Reue. Ggf sind die Voraussetzungen einer **tätigen Reue** nach § 306e zu prü-   21
fen.[28] Zum Schaden, der nicht erheblich sein darf, zählen bei § 306a Abs. 2 auch Ver-
letzungsgefahren.

3. Einwilligung. Eine **Einwilligung** des Eigentümers des Tatobjekts lässt bei Abs. 1 das   22
Unrecht der Tat wegen deren Gemeingefährlichkeit unberührt.

Auch für Abs. 2 ist eine Einwilligung des Eigentümers des Tatobjekts ohne Belang. Ge-   23
schützt ist hier ebenfalls nicht das Eigentum, sondern die Gesundheit des Opfers. Da
die Gesundheit jedoch ein einwilligungsfähiges Individualrechtsgut ist, führt bei Abs. 2
eine Einwilligung des Opfers zum Unrechtsausschluss.[29] Die Tat ist dann nur nach
§ 306 strafbar. Ist in einem solchen Fall auch noch der Eigentümer des Tatobjekts mit
der Beschädigung seiner Sache einverstanden, so entfällt zudem die Strafbarkeit nach
dem (nur dem Eigentumsschutz dienenden) Delikt des § 306.[30]

B. Besonders schwere Brandstiftung (§ 306b)

I. Allgemeines

§ 306b enthält zwei unterschiedliche Delikte: In **Abs. 1** ist ein **erfolgsqualifiziertes De-**   24
likt normiert, das auf § 306 oder § 306a als Grundtatbestand aufbaut. Gegenstand von
Abs. 2 ist ein **selbständiger Qualifikationstatbestand** zu § 306a Abs. 1 *und* 2.[31] Hinsichtlich beider Delikte ist **tätige Reue** unter den Voraussetzungen von § 306e Abs. 1
und 2 möglich.[32]

II. Definitionen und Erläuterungen

1. Abs. 1. a) Voraussetzungen: Die Tat nach Abs. 1 verlangt zunächst die tatbestands-   25
mäßige, rechtswidrige und schuldhafte Verwirklichung des Grundtatbestands (§§ 306
oder 306a). Als Erfolgsqualifikation[33] kommen die schwere Gesundheitsschädigung[34]
wenigstens eines Menschen sowie die (einfache) Gesundheitsschädigung einer großen
Zahl von Menschen in Betracht. Letzteres ist bei tatbestandsspezifischer Auslegung des
Begriffs anzunehmen, wenn mindestens zehn Personen betroffen sind.[35]

b) Objektive Zurechnung: Die Zurechnung des Erfolgs erfordert objektiv, dass sich in   26
der Gesundheitsschädigung die in der Brandstiftung angelegte Gefahr realisiert. Dies

---

27 Vgl § 61 Rn 21.
28 Vgl § 61 Rn 17 ff.
29 L-Kühl-*Heger* § 306a Rn 7; *Klesczewski* BT § 12 Rn 50; *Rengier* JuS 1998, 854 m. Fn. 28; aA *Duttge* Jura 2006, 15 (17).
30 Vgl § 61 Rn 1.
31 Krit. *Fischer* § 306b Rn 6 mwN.
32 Vgl auch Rn 21.
33 Zum Tatbestandsaufbau im Gutachten vgl § 10 Rn 3.
34 Vgl § 7 Rn 7, § 5 Rn 17.
35 LK-*Wolff* § 306b Rn 6; SK-*Wolters* § 306b Rn 4; nach BGH NJW 1999, 299 (300) jedenfalls bei 14 Bewohnern eines mittelgroßen Hauses; zust.; L-Kühl-*Heger* § 306b Rn 2: bei 14; ab 20 Personen: *Fischer* § 306b Rn 5; *Klesczewski* BT § 12 Rn 52; MK-*Radtke* § 306b Rn 8 f.

ist zB bei Verbrennungen, Verletzung durch herabstürzende Gebäudeteile oder einem Rettungssprung aus dem Fenster der Fall.

27   **c) Subjektive Tatseite:** Subjektiv muss der Täter hinsichtlich der Erfolgsherbeiführung zumindest fahrlässig gehandelt haben (§ 18).

28   **d) Versuch:** Ein Versuch des § 306b Abs. 1 ist zunächst in der Weise möglich, dass der Erfolg vom Vorsatz des Täters erfasst ist, aber ausbleibt (sog. „versuchte Erfolgsqualifikation"). Ferner ist ein Versuch gegeben, wenn der Grundtatbestand nicht vollendet ist, der Erfolg aber bereits durch die Tathandlung ausgelöst wird (sog. „erfolgsqualifizierter Versuch"). Das Opfer wird zB durch die Explosion des Zündstoffs verletzt, ohne dass Gebäudeteile beschädigt werden.[36]

2. Abs. 2

▶ **Fall 4:** C setzt ohne Kenntnis seiner Ehefrau F das gemeinsame Wohnhaus in Brand, um die Versicherungssumme zu erhalten. ◀

29   Der **Qualifikationstatbestand** nach Abs. 2 ist erfüllt, wenn der Täter eine Tat nach § 306a begeht und dabei

30   ■ einen anderen Menschen in die konkrete Gefahr des Todes bringt. Eine solche Gefahr besteht, wenn es für das Opfer nur noch vom nicht mehr beherrschbaren Zufall abhängt, ob es zu Tode kommt oder nicht.[37] Allein der Umstand, dass sich Menschen in enger räumlicher Nähe zur Gefahrenquelle befinden, genügt hierfür aber noch nicht.[38] Die Gefahr muss vom Vorsatz erfasst sein; § 18 gilt hier nicht;[39]

31   ■ in der Absicht handelt, eine andere Straftat zu ermöglichen oder zu verdecken.[40] Die (noch) vorherrschende Ansicht verlangt keinen unmittelbaren räumlichen oder zeitlichen Zusammenhang zwischen dem gelegten Brand und der dadurch zu ermöglichenden Straftat,[41] so dass die Absicht des C in **Fall 4**, einen Betrug zulasten der Brandversicherung zu begehen, genügen würde. Nach der Gegenauffassung wäre C dagegen „nur" nach § 306a Abs. 1 Nr. 1 (Rn 6) sowie nach § 265 Abs. 1 (bzw § 263 Abs. 3 Nr. 5) strafbar, da das intendierte Vergehen eines Versicherungsbetrugs nicht auf einer Stufe mit der Todesgefahr in Abs. 2 Nr. 1 steht und die exorbitant hohe Strafdrohung des Abs. 2 nicht legitimieren kann. Diese Minderheitsansicht bejaht zu Recht die besonders schwere Brandstiftung hier erst dann, wenn der Täter die durch die Brandstiftung hervorgerufene spezifische Brandsituation (Verwirrung, Panik) für Straftaten ausnützt (zB. für Plünderungen oder Gewaltdelikte).[42] Nach neuerer Rechtsprechung ist weiter erforderlich, dass die Brandstiftung und die zu ermöglichende Tat nicht uno actu zusammenfallen, sondern dass zur Vollziehung der anderen Tat nach der Vorstellung des Täters noch mindestens eine weitere

---

36   Vgl zum Versuch des erfolgsqualifizierten Delikts § 10 Rn 41 ff mwN.
37   Vgl BGHSt 26, 176 (181); BGH NStZ 1985, 263; 1996, 83; StV 1998, 662; BGH NJW 2018, 3398 („hochgradige Existenzkrise"); *Roxin* AT I § 11/125; näher zur Bestimmung des konkreten Gefahrerfolgs *Kindhäuser*, Gefährdung als Straftat, 1989, 208 ff.
38   BGH NStZ 2017, 281.
39   Näher *Kindhäuser* LPK § 18 Rn 8 ff mwN.
40   Diese Variante ist wie das entsprechende Mordmerkmal auszulegen, vgl § 2 Rn 39 ff.
41   BGHSt 45, 211 (216) m. zust. Anm. *Radtke* JR 2000, 428 ff; BGH NStZ 2000, 197 (198); NJW 2000, 3581 m. zust. Anm. *Liesching* JR 2001, 126 (127); Krey/Hellmann/*Heinrich* I Rn 1099; *Radtke*, Dogmatik der Brandstiftungsdelikte, 1998, 332 ff; aA LG Kiel StV 2003, 675 (676) m. Anm. *Ostendorf* StV 2003, 676 f; *Fischer* § 306b Rn 9b; S/S-*Heine/Bosch* § 306b Rn 10; *Jäger* Rn 517a ff; *Joecks* § 306b Rn 8.
42   S/S-*Heine/Bosch* § 306b Rn 13; L-Kühl-*Heger* § 306b Rn 4; *Jäger* BT Rn 517 a,c.

Handlung vorgenommen werden muss, die durch die Brandstiftung ermöglicht werden soll[43]; der mit einer schweren Brandstiftung gleichzeitig verwirklichte § 265 gegenüber der Gebäudeversicherung sei, anders als der spätere Versicherungsbetrug,[44] keine andere Straftat.[45]

- das Löschen des Brandes verhindert oder erschwert. Hierbei kann der Täter in jeder Form vorgehen, auch durch Unterlassen. Er kann auch schon vor der Brandlegung entsprechende Maßnahmen ergreifen, zB durch Abstellen des benötigten Löschwassers.[46] Die Chancen auf ein erfolgreiches Löschen dürfen dabei nicht nur unerheblich verschlechtert worden sein, insbesondere muss das Löschen selbst zeitlich relevant verzögert worden sein.[47] Subjektiv muss der Täter mit Vorsatz handeln.

C. Brandstiftung mit Todesfolge (§ 306c)

▶ **FALL 5:** D zündet das Haus seines Nachbarn N an. Bei den Löscharbeiten kommt durch abstürzende Gebäudeteile der Feuerwehrmann H um. ◀

§ 306c ist ein **erfolgsqualifiziertes Delikt**, das sich auf §§ 306–306b[48] als Grundtatbestände bezieht.[49]   32

Die **objektive Zurechnung** verlangt, dass sich die Brandstiftungsgefahr im Tod eines anderen Menschen realisiert.[50] Aufgrund der anderslautenden Formulierung war es für die Vorgängervorschrift des § 307 Nr. 1 aF weitgehend anerkannt, dass nach der Inbrandsetzung hinzukommende **Retter** (freiwillige Helfer, Feuerwehrleute) dem Schutzbereich der Norm nicht unterfielen. Die jetzige Tatbestandsfassung rechtfertigt diese Restriktion **nicht** mehr, so dass vom Tatbestand auch Erfolge erfasst werden, die im Zusammenhang mit typischen Rettungshandlungen stehen.[51] Dementsprechend wäre dem D in **Fall 5** bei gegebener Leichtfertigkeit der Tod des H zuzurechnen.   33

Für die **subjektive Erfolgszurechnung** gilt § 18, allerdings ist zumindest Leichtfertigkeit erforderlich.[52] Der **Versuch** ist möglich.[53]   34

Wiederholungs- und Vertiefungsfragen

> Wann dient eine Räumlichkeit der Wohnung von Menschen (§ 306a Abs. 1 Nr. 1)? Kommt es dabei auf ihren aktuellen Aufenthalt zum Tatzeitpunkt an? (Rn 5 f)

> Welche Besonderheiten sind bei den gemischt genutzten Gebäuden zu beachten? (Rn 11 ff)

> Ist der Tatbestand von § 306a Abs. 1 Nr. 1 und 3 erfüllt, wenn eine Leibes- oder Lebensgefahr vom Täter objektiv ausgeschlossen wird? (Rn 15 f)

---

43 BGH NStZ 2007, 640 (641 f) m. zust. Anm. *Radtke* und *Dehne-Niemann* Jura 2008, 530 ff.
44 BGHSt 45, 211.
45 BGH NJW 2007, 2130.
46 L-Kühl-*Heger* § 306b Rn 5 mwN.
47 BGH NStZ-RR 2013, 277; *Fischer* § 306b Rn 12; S/S-*Heine* Rn 18; LK-*Wolff* § 306b Rn 27.
48 Im Falle des § 306 handelt es sich um eine todeserfolgsqualifizierte Sachbeschädigung.
49 Zum Aufbau vgl § 10 Rn 3 ff; ferner *Kindhäuser/Böse* BT II § 15 zu § 251.
50 BGHSt 7, 37 (38 f); krit. hierzu und näher zu den gemeingefährlichen erfolgsqualifizierten Delikten *Puppe* AT, 1. Aufl., § 13/38 ff.
51 Vgl BGHSt 39, 322 (323 ff); S/S-*Heine/Bosch* § 306c Rn 5 ff; NK-*Herzog/Kargl* § 306c Rn 4; *Puppe* AT, 1. Aufl., § 14/1 ff; *Radtke* ZStW 110 (1998), 879 f; *Wolters* JR 1998, 271 (274); zur allgemeinen Zurechnungsproblematik vgl *Kindhäuser* AT § 11/56 ff.
52 Zu dieser Form grober Fahrlässigkeit vgl *Kindhäuser* LPK § 15 Rn 93 f.
53 Unten Rn 28.

> Ist eine Einwilligung in § 306a Abs. 1 oder 2 möglich? (Rn 22 f, auch Rn 6)
> Muss zwischen dem Brand und der zu ermöglichenden Straftat im Sinne von § 306b Abs. 2 Nr. 2 ein unmittelbarer Zusammenhang bestehen? (Rn 31)
> Werden von dem Schutzbereich des § 306c auch die Rettungspersonen erfasst? (Rn 33)

§ 63 Herbeiführen einer Brandgefahr (§ 306f)

A. Allgemeines

Die Vorschrift stellt die Herbeiführung einer **konkreten Brandgefahr** an bestimmten Tatobjekten unter Strafe, und zwar in Abs. 1, sofern die Objekte in fremdem Eigentum stehen, und in Abs. 2 unabhängig von der Eigentumslage, sofern zudem Leib, Leben oder Sachen von bedeutendem Wert konkret gefährdet werden. Daher ist der Tatbestand von Abs. 1 ein konkretes Gefährdungsdelikt zur Sicherung des Eigentums, während der Tatbestand von Abs. 2 neben dem Eigentum auch Leib und Leben vor konkreten Gefährdungen schützt.

1

B. Definitionen und Erläuterungen

Abs. 1 erfasst das Herbeiführen einer (konkreten) Brandgefahr für die in Nr. 1–4 abschließend aufgezählten Tatobjekte. Feuergefährdet sind insbesondere solche Betriebe und Anlagen, die mit Benzin oder Gas betrieben werden.[1] Die Tatobjekte müssen in fremdem Eigentum stehen. Die Einwilligung des Verletzten schließt das Unrecht der Tat aus.[2]

2

Die **konkrete Gefahr**[3] eines Brandes kann durch jedes einschlägig gefährliche Handeln geschaffen werden. Die Gefährdungshandlungen des Rauchens usw sind nur beispielhaft erwähnt.

3

Abs. 2 normiert ein Gefährdungsdelikt, bei dem die Herbeiführung einer konkreten Brandgefahr im Sinne von Abs. 1 mit der Herbeiführung einer **weiteren konkreten Individualgefahr** für Leib und Leben oder fremde Sachen von bedeutendem Wert[4] kausal verbunden wird. Die Eigentumsverhältnisse an den feuergefährdeten Tatobjekten spielen keine Rolle. Das Opfer der Individualgefahr kann jedoch unrechtsausschließend einwilligen.

4

Abs. 1 und 2 sind Vorsatzdelikte. **Abs. 3** dehnt die Strafbarkeit auf **fahrlässige Begehungsweisen** aus.

5

C. Anwendung

▶ **Fall 1:** Der radikale Globalisierungsgegner G beschließt, das Tanklager der Ölfirma F „abzufackeln". In letzter Sekunde hat er jedoch Mitleid mit den Firmenangestellten und löscht die brennende Lunte seines Molotowcocktails. ◀

I. Konkurrenzen

Als Vorbereitungsdelikt tritt § 306f Abs. 1 im Wege der Subsidiarität hinter § 306 zurück, wenn dieser Tatbestand verwirklicht ist.

6

---

1 BGHSt 5, 190 (194).
2 L-Kühl-*Heger* § 306f Rn 2; *Rengier* II § 40/61.
3 Zum Erfolg der konkreten Gefährdung vgl § 5 Rn 18, § 65 Rn 15.
4 Näher zu der Individualgefahr § 65 Rn 24 ff.

II. Tätige Reue (§ 306e)

7   Da die Regelung der tätigen Reue (§ 306e) systematisch vor § 306f steht und auch keinen Hinweis auf diese Vorschrift enthält, wird sie teils nicht für anwendbar gehalten.[5] In der Konsequenz dieses Ansatzes geht die Rechtsprechung davon aus, dass der von §§ 306 ff nach § 24 (wie in **Fall 1**) oder § 306e (strafbefreiend) zurücktretende Täter gleichwohl nach § 306f strafbar bleibt.[6] Das ist jedoch kaum einzusehen, da auch sonst subsidiäre Vorfelddelikte vom Rücktritt erfasst werden.[7] Vorzugswürdig ist es daher, Rücktritt bzw tätige Reue auf § 306f zu erstrecken und auch ansonsten § 306e zugunsten des Täters analog heranzuziehen.[8] Damit kann G in **Fall 1** nach § 24 Abs. 1 S. 1 Var. 1 auch von § 306f strafbefreiend zurücktreten.

---

5   L-Kühl-*Heger* § 306f Rn 3; S/S-*Heine/Bosch* § 306e Rn 16.
6   BGHSt 39, 128 (129 f).
7   Vgl S/S-*Eser/Bosch* § 24 Rn 110; *Kindhäuser* LPK § 24 Rn 70 mwN; so auch BGHSt 14, 378 (380), zum Verhältnis von § 22 zu § 30 Abs. 2.
8   Vgl *Geppert* Jura 1998, 597 (606); NK-*Herzog/Kargl* § 306f Rn 6; Arzt/Weber/Heinrich/*Hilgendorf* § 37/51, 60; *Otto* § 79/24; ferner *Schröder* GA 1998, 571 (576), der eine analoge Anwendung von § 314a Abs. 2 befürwortet.

8. Abschnitt: Verkehrsdelikte

§ 64 Trunkenheit im Verkehr (§ 316)

A. Allgemeines

Die Vorschrift normiert ein **abstraktes Gefährdungsdelikt**, das über die Sicherung der Fahrtauglichkeit von Verkehrsteilnehmern die **Sicherheit des öffentlichen Verkehrs** schützt.[1] Etwa 4 % der Verkehrsunfälle pro Jahr mit Schädigungen von Personen beruhen auf der Alkoholbeeinflussung von Fahrzeugführern.[2] Einen flankierenden Schutz leistet § 24a StVG, der eingreift, wenn die Blutalkoholkonzentration (BAK) des Fahrzeugführers über 0,5 ‰ liegt, eine alkoholbedingte Fahruntauglichkeit aber nicht nachweisbar ist.[3]   1

Der Tatbestand ist als **schlichtes Tätigkeitsdelikt** ausgestaltet. Ein über das bloße Führen des Fahrzeugs hinausgehender Erfolg ist nicht erforderlich. Ferner ist das Delikt eine **Dauerstraftat**, die erst mit dem Abschluss der Fahrt beendet ist.[4] Schließlich kann § 316 nicht in mittelbarer Täterschaft verwirklicht werden und ist damit **eigenhändiges Delikt**.   2

B. Definitionen und Erläuterungen

I. Objektiver Tatbestand

Den objektiven Tatbestand verwirklicht, wer im Verkehr ein Fahrzeug führt, obwohl er infolge des Genusses alkoholischer Getränke oder anderer berauschender Mittel nicht in der Lage ist, das Fahrzeug sicher zu führen.   3

1. Führen eines Fahrzeugs. Der Täter muss ein Fahrzeug im Verkehr führen.   4

a) Fahrzeuge: Fahrzeuge sind Beförderungsmittel aller Art. Sie müssen nicht motorisiert sein, so dass neben Kraftfahrzeugen zB auch Fahrräder, Pferdefuhrwerke oder Boote in Betracht kommen. Nicht einschlägig sind die in § 24 Abs. 1 StVO genannten Fortbewegungsmittel.[5]   5

b) Führen: Ein Fahrzeug führt, wer es in Bewegung setzt oder hält und hierbei die mit dem Betrieb des Fahrzeugs verbundenen Verkehrsvorgänge bewältigt.[6]   6

Das Fahrzeug muss sich in Bewegung befinden. Es reicht daher nicht aus, wenn nur der Motor angelassen oder die Handbremse gelöst wird.[7] Wohl aber genügt ein Rollen auf abschüssiger Straße ohne Motorkraft[8] oder das Treten der Pedale eines Fahrrades.[9]   7

---

1 *Fischer* § 316 Rn 2 f; MK-*Pegel* § 316 Rn 1; NK-*Zieschang* § 316 Rn 11; aA SK-*Wolters* § 316 Rn 2: Leben, Gesundheit und fremdes Eigentum.
2 Statistisches Bundesamt (Hrsg.), Statistisches Jahrbuch 2018 für die BRD, 314.
3 Ab 1,1 ‰ ist § 316 StGB anwendbar (Rn 15), der § 24a StVG verdrängt, vgl § 21 OWiG.
4 NK-*Zieschang* § 316 Rn 65; durch kurze Unterbrechungen (zB Tanken) wird die Einheitlichkeit der Tat nicht berührt, vgl *Fischer* § 316 Rn 56.
5 ZB Rollstühle oder Schlitten, wohl auch Inline-Skater, vgl OLG Celle NJW-RR 1999, 1187; OLG Karlsruhe NZV 1999, 44; aA S/S-*Hecker* § 315b Rn 5.
6 BGHSt 42, 235 (239 f); L-Kühl-*Heger* § 315c Rn 3; NK-*Zieschang* § 315 a Rn 9 mwN.
7 BGHSt 35, 390 (393 f); *Fischer* § 315c Rn 3b.
8 Sofern das Rollen gewollt ist, vgl OLG Düsseldorf NZV 1992, 197 (198).
9 VGH München NZV 2015, 409 (410).

Auch das Lenken eines mit einem Seil abgeschleppten Pkw ist als Führen anzusehen.[10] Ein Fahrlehrer, der sich während der Schulfahrt auf mündliche Anweisungen beschränkt, führt jedoch kein Fahrzeug.[11]

8   c) **Im Verkehr:** Das Fahrzeug muss im Verkehr geführt werden. Zum Verkehr gehören, wie der tatbestandliche Verweis auf §§ 315–315d klarstellt, alle Verkehrsarten. Erfasst sind neben dem Straßenverkehr auch der Luft-, Schiffs-, Schwebebahn- und Schienenverkehr.[12]

9   Geschützt ist jedoch nur der **öffentliche Verkehrsraum**. Dieser umfasst – unabhängig von den Eigentumsverhältnissen – alle Wege, die der Allgemeinheit im Sinne eines unbestimmten Personenkreises dauernd oder vorübergehend zur Benutzung offen stehen. Zum öffentlichen Verkehrsraum gehören daher grds. auch Parkhäuser und Parkplätze von Geschäften. Bei diesen ist aber zu beachten, dass sie abhängig vom Willen des Verfügungsberechtigten zeitweilig als öffentlicher und – beispielsweise durch das Schließen der Zufahrt eines Parkplatzes durch das Herablassen einer Schranke – nicht öffentlicher Verkehrsraum gelten können.[13]

10   **2. Fahruntauglichkeit.** Der Täter muss sich infolge des Genusses von Alkohol oder anderer berauschender Mittel in einem Zustand der Fahrunsicherheit befunden haben.

11   a) **Erforderliche Fähigkeit:** Zum sicheren Führen des Fahrzeugs ist nicht in der Lage, wer aufgrund seines psycho-physischen Zustands nicht fähig ist, für eine längere Strecke in einer von einem durchschnittlichen Fahrzeugführer zu erwartenden Weise auch auf plötzlich auftretende schwierige Verkehrslagen zu reagieren.[14]

12   b) **Grund:** Die Fahrunsicherheit muss auf dem Genuss alkoholischer Getränke oder sonstiger berauschender Mittel beruhen. Mitursächlichkeit genügt. Als Genuss ist jede Form der Einnahme anzusehen. Einer lustbetonten Empfindung bedarf es nicht.[15]

13   aa) **Berauschende Mittel** sind Stoffe zur Herbeiführung von Enthemmung oder zur Beseitigung von Unlustgefühlen, vor allem Opium, Morphium, Heroin, Kokain, Cannabis und Amphetamin.[16] Erfasst werden aber auch Schmerzmittel, Psychopharmaka und andere pharmakologische Mittel, soweit sie bei entsprechender Dosierung als Rauschdrogen wirken.[17] Anders als bei der alkoholbedingten Fahruntüchtigkeit haben sich bisher für die Einnahme sonstiger berauschender Mittel keine festen Grenzwerte feststellen lassen, ab denen eine absolute Fahruntauglichkeit vorliegt (zum Begriff sogleich Rn 14, 15). Bei Drogen- sowie Mischkonsum mit Alkohol[18] kann die Fahruntauglichkeit daher nur im Sinne einer relativen Fahruntauglichkeit ermittelt werden (zum Begriff sogleich Rn 16).

14   bb) Bei der **alkoholbedingten Fahrunsicherheit** wird zwischen absoluter und relativer Fahruntüchtigkeit unterschieden, ohne dass es sich dabei um einen qualitativen Unterschied hinsichtlich des Zustands der Fahruntüchtigkeit handelt. Die Differenzierung betrifft vielmehr den Nachweis der Fahruntüchtigkeit.[19]

---

10 BGHSt 36, 341 (343 ff); OLG Celle NZV 1989, 317 (318).
11 OLG Dresden NJW 2006, 1013.
12 L-Kühl-*Heger* § 316 Rn 2; NK-*Zieschang* § 316 Rn 16.
13 BGH NStZ 2013, 546.
14 BGHSt 13, 83 (90); 21, 157 (160); S/S-*Hecker* § 316 Rn 3; NK-*Zieschang* § 316 Rn 18.
15 BayObLG NZV 1990, 317.
16 Vgl Anl. I – III zu § 1 I BtMG, Anl. zu § 24a StVG.
17 L-Kühl-*Heger* § 315c Rn 5; S/S-*Hecker* § 316 Rn 4 f.
18 Ausf. *Kindhäuser* LPK § 316 Rn 10 f.
19 BGHSt 31, 42 (44 f).

■ Bei Führern von Kraftfahrzeugen nimmt die Rechtsprechung eine sog. **absolute**   15
Fahruntüchtigkeit ab einer BAK von 1,1 ‰ an.[20] Bei Fahrradfahrern wird der
Grenzwert für die absolute Fahruntüchtigkeit bei etwa 1,6 ‰ angesetzt.[21] Im Falle
einer solchen BAK wird aufgrund gesicherter wissenschaftlicher Erkenntnisse davon
ausgegangen, dass niemand mehr – und damit auch nicht der konkrete Täter – noch
über die erforderliche Gesamtleistungsfähigkeit eines hinreichend sicheren Fahrzeugführers verfügt. Der Grenzwert der BAK von 1,1 ‰ setzt sich zusammen aus
einem Grundwert von 1,0 ‰ und einem Zuschlag von 0,1 ‰, mit dem Unsicherhei-
ten bei der Bestimmung Rechnung getragen werden soll. Die BAK muss zum **Tat-**
zeitpunkt oder später (bei der Blutentnahme) gegeben sein; im letztgenannten
Fall wird für die Tatzeit eine ebenfalls die Fahrtauglichkeit ausschließende Anflu-
tungsphase angenommen.[22]

■ Von einer **relativen Fahruntüchtigkeit** spricht man, wenn neben einer BAK von we-   16
nigstens 0,3 ‰ weitere Tatsachen erwiesen sind, welche die Annahme von Fahruntüchtigkeit zum Tatzeitpunkt rechtfertigen. Solche zum Beweis der Fahrunsicherheit
geeigneten Anzeichen sind zB Ermüdung oder Ausfallerscheinungen wie auffällige
Fahrweise, Fahrfehler, erhöhte Risikobereitschaft oder unbesonnenes Benehmen bei
Polizeikontrollen.[23] Je höher die BAK liegt, desto geringer sind die Anforderungen
an die Indizien für die Fahruntüchtigkeit.

II. Subjektiver Tatbestand

Der subjektive Tatbestand verlangt (zumindest bedingten) Vorsatz (Abs. 1) oder Fahr-   17
lässigkeit (Abs. 2). Die Feststellung des Vorsatzes beruht grds. auf einer Würdigung aller Einzelfallumstände. Allein das Vorliegen einer hohen BAK zur Tatzeit lässt dementsprechend nicht ohne Weiteres auf das Vorliegen von (bedingtem) Vorsatz schließen.
Nach neuester Rechtsprechung des BGH ist eine hohe BAK aber ein gewichtiges Be-
weisanzeichen, ein – wenn auch nicht wissenschaftlicher – „Erfahrungssatz mit einer
im konkreten Fall widerlegbaren Wahrscheinlichkeitsaussage", für das Vorliegen vorsätzlichen Handelns, welches dem Tatrichter im Einzelfall auch allein die Überzeugung
von einer vorsätzlichen Tatbegehung verschaffen könne.[24] Ob es daneben der Berücksichtigung weiterer Beweisumstände bedarf, die den Schluss rechtfertigen, dass der Täter seine Fahruntüchtigkeit gekannt und dennoch am öffentlichen Straßenverkehr teilgenommen hat,[25] sei eine Frage des konkreten Einzelfalles.[26]

---

20 BVerfG NJW 1995, 125 f; BGHSt 37, 89; wegen der Vergleichbarkeit der Anforderungen im Straßenverkehr
    ebenso für Pferdekutscher BGH NJW 2014, 2211.
21 OLG Karlsruhe NStZ-RR 1997, 356 (357); *Fischer* § 316 Rn 27; zu anderen Fahrzeugarten vgl NK-*Zieschang*
    § 316 Rn 24 ff mwN.
22 Auch in diesem Fall ist die erforderliche Alkoholmenge zum Tatzeitpunkt im Körper, zB infolge eines Sturz-
    trunks vor Fahrtantritt. Hier wird die geringere BAK durch die Anflutungswirkung ausgeglichen, vgl BGHSt
    25, 246 (248 ff). Näher zu den Be- und Rückrechnungsmethoden S/S-*Hecker* § 316 Rn 14 ff.
23 BGHSt 22, 352 (360); BGH StV 1994, 543; NStZ 1995, 88 (89); *Fischer* § 316 Rn 36 ff.; *Schulz-Merkel* NZV 2019,
    213.
24 BGHSt 60, 227 (230 ff) = BGH NStZ 2015, 464 (465).
25 Ständige OLG-Rechtsprechung; etwa OLG Hamm NZV 2005, 161 (162); zuletzt OLG Brandenburg BA 2010,
    426; hierzu im Detail Krumm SVR 2006, 292; Maatz u.a., BA 2010 Heft 4 Supplement; zum Tatvorsatz bei
    Restalkohol OLG Koblenz StraFo 2008, 220 f.
26 BGHSt 60, 227 (231) = BGH NStZ 2015, 464 (465 f).

C. Anwendung

I. Aufbau

18   Es empfiehlt sich, die Tatbestandsmerkmale der Trunkenheit im Verkehr in folgenden Schritten zu prüfen:

A) *Tatbestand*:
  I.   Objektiver Tatbestand:
    1. Ein Fahrzeug wird geführt (Rn 5 ff)
    2. im Verkehr (Rn 8 f)
    3. im Zustand der Fahrunsicherheit (Rn 10 ff)
  II. Subjektiver Tatbestand: Vorsatz oder Fahrlässigkeit (Rn 17)
B) *Rechtswidrigkeit*
C) *Schuld*

II. Konkurrenzen

19   Im Verhältnis zu § 315a und § 315c ist § 316 (formell) subsidiär.

Wiederholungs- und Vertiefungsfragen

> Wann wird ein Fahrzeug geführt? (Rn 6 f)
> Was bedeutet jeweils die absolute, was die relative Fahruntüchtigkeit beim alkoholbedingten Rausch und welche BAK-Werte sind dafür jeweils maßgebend? (Rn 14 ff)

§ 65 Gefährdung des Straßenverkehrs (§ 315c)

A. Allgemeines

Die Vorschrift schützt nach vorzugswürdiger Ansicht als **konkretes Gefährdungsdelikt** neben der Aufrechterhaltung der allgemeinen Verkehrssicherheit **gleichermaßen** Leib, Leben und Eigentum des Einzelnen vor besonders gefährlichen Verhaltensweisen anderer im Straßenverkehr.[1] Die Tat ist nur eigenhändig begehbar.[2] Der **Versuch** ist strafbar (Abs. 2), allerdings *nur* bezüglich der Vorsatztat nach Abs. 1 Nr. 1.   1

B. Definitionen und Erläuterungen

Der Tatbestand ist aus einem Handlungs- und einem Gefährdungsteil zusammengesetzt.   2

I. Handlungsteil

1. Abs. 1 Nr. 1. **Tathandlung** nach Abs. 1 ist das Führen eines Fahrzeugs im Straßenverkehr[3] im Zustand der Fahrunsicherheit:[4]   3

■ Nach **Nr. 1a** kann die mangelnde Fahruntauglichkeit im Sinne von § 316 Abs. 1 rauschbedingt sein.[5]   4

■ Nach **Nr. 1b** kann die Fahruntauglichkeit aber auch auf geistigen oder körperlichen Mängeln beruhen. Exemplarisch hierfür sind Epilepsie,[6] Übermüdung oder die Einnahme (nicht berauschender) Medikamente.   5

2. Abs. 1 Nr. 2. Abs. 1 nennt in Nr. 2a–g die „**sieben Todsünden**" des Straßenverkehrs,[7] die zudem grob verkehrswidrig und rücksichtslos begangen sein müssen: 6

■ Die **grobe Verkehrswidrigkeit** ist ein **objektives Tatbestandsmerkmal**. Sie ist bei einem objektiv besonders schweren – dh typischerweise besonders gefährlichen – Verstoß gegen eine tatbestandsrelevante Verkehrsvorschrift gegeben.[8]   7

■ Die **Rücksichtslosigkeit** ist ein **subjektives Tatbestandsmerkmal**. In dieser Weise handelt, wer sich aus eigensüchtigen Gründen bewusst über seine Pflicht zur Vermeidung unnötiger Gefährdungen anderer hinwegsetzt oder (bei Fahrlässigkeit) aus Gleichgültigkeit gegenüber den Folgen Bedenken gegen sein Verhalten von vornherein nicht aufkommen lässt.[9]   8

---

1 S/S-*Hecker* § 315c Rn 2; NK-*Zieschang* § 315c Rn 5 f. Über das durch die §§ 315 bis 315c geschützte Rechtsgut besteht erhebliche Uneinigkeit. Instruktiv zum Streitstand *Kindhäuser* LPK § 315 Rn 1; MK-*Pegel* § 315 Rn 1 ff.
2 Vgl insoweit § 64 Rn 2.
3 Hierzu § 64 Rn 8 f; der Verkehr ist hier allerdings auf den Straßenverkehr im öffentlichen Verkehrsraum beschränkt.
4 Vgl § 64 Rn 10.
5 Hierzu § 64 Rn 12 ff.
6 BGHSt 40, 341 (343 ff).
7 Zu Einzelheiten vgl NK-*Zieschang* § 315c Rn 38 ff.
8 BGHSt 5, 392 (395); *Küpper/Börner* II § 10/44; *Rengier* II § 44/8.
9 BGHSt 5, 392 (395); OLG Düsseldorf NZV 1996, 245; *Hohmann/Sander* § 36/9; *Küper/Zopfs* 276.

II. Gefährdungsteil

▶ **Fall 1:** Der volltrunkene A kann seinen Mietwagen nicht mehr kontrollieren und fährt in Schlangenlinien. Nach einiger Zeit prallt er gegen das Schaufenster eines Porzellanladens und beschädigt die dort ausgestellte Weihnachtskollektion. Hierbei geht auch die Fensterscheibe des Wagens zu Bruch. Der (unbeteiligte) Beifahrer B wird durch Glassplitter verletzt. ◀

9 Zur Tatbestandsverwirklichung ist erforderlich, dass Leib, Leben oder fremde Sachen von bedeutendem Wert eines anderen durch eine der in Nr. 1 oder 2 genannten Handlungen gefährdet werden.

10 **1. Gefährdungsobjekte.** Gefährdungsobjekte sind **Leib, Leben oder Sachen von bedeutendem Wert.**[10] Der Wert der Sache wird wirtschaftlich festgelegt und ist ab einem Betrag von etwa 750 Euro als bedeutend einzustufen.[11] In **Fall 1** wäre jedenfalls eine Gefährdung des Schaufensters und der dort ausgelegten Waren zu bejahen.

11 Die Gefährdung muss die **Güter eines anderen** Menschen betreffen:

12 **a) Beteiligte:** Kein anderer im Sinne des Tatbestands ist ein an der Tat (als Anstifter oder Gehilfe) beteiligter Mitfahrer.[12]

13 Ein **nicht** an der Tat **beteiligter Mitfahrer** – wie B in **Fall 1** – kommt dagegen ohne Weiteres als anderer und damit taugliches Gefährdungsopfer in Betracht. Zu beachten ist jedoch, dass bloßes Mitfahren allenfalls in Ausnahmesituationen schon als eine konkrete Gefährdung anzusehen ist.[13]

14 **b) Fahrzeug:** Das Fahrzeug selbst scheidet, da es Tatmittel ist, als taugliches Gefährdungsobjekt aus. In **Fall 1** verwirklichte A den Tatbestand also nicht, wenn allein der fremde Pkw gefährdet wäre.

15 **2. Gefährden.** Gefährden bedeutet das Verursachen einer konkreten Gefahr, also das Herbeiführen eines von der Handlung zu trennenden Gefahrerfolgs:[14]

16 ■ Nach dem früher vorherrschenden sog. **wahrscheinlichkeitstheoretischen Gefahrbegriff** ist unter einer konkreten Gefahr eine Situation zu verstehen, von der angenommen wird, dass sie wahrscheinlich zu einer Rechtsgutverletzung führt. Es muss also der Eintritt eines Verletzungserfolgs nahe liegen.[15]

17 ■ Nach dem heute zumeist vertretenen **normativen Gefahrbegriff** ist unter einer konkreten Gefahr eine Situation zu verstehen, in der es aus der Sicht eines Beobachters nur noch vom Zufall abhängt, ob eine Rechtsgutverletzung eintritt oder ausbleibt, weil eine gezielte Schadensabwehr nicht mehr möglich erscheint.[16] Nach diesem An-

---

10 Zum Ausschluss von Umweltgütern als Gefährdungsobjekte vgl AG Schwäbisch-Hall NStZ 2002, 152 (153) bzgl Erdreich und Grundwasser bei auslaufendem Kraftstoff.

11 BGH NStZ 2011, 215; vgl auch OLG Koblenz DAR 2000, 371 (373); *Fischer* § 315c Rn 15; für einen inflationsbedingten Wert von 1000 Euro MK-*Pegel* § 315c Rn 96 mwN.

12 BGHSt 27, 40 (43); *Fischer* § 315c Rn 15b; L-Kühl-*Heger* § 315c Rn 25; *Ranft* Jura 1987, 608 (614); aA OLG Stuttgart NJW 1976, 1904; *Graul* JuS 1992, 321 (323 f); LK-*König* § 315c Rn 160; *Schroeder* JuS 1994, 846 (847).

13 BGH NStZ 1996, 83 f; OLG Köln NJW 1991, 3291 f; *Berz* NZV 1989, 409 (414); L-Kühl-*Heger* § 315c Rn 23 mwN; NK-*Zieschang* § 315c Rn 25; anders noch BGH NJW 1990, 133.

14 Vgl auch § 7 Rn 5.

15 Vgl RGSt 61, 362 (363 f); BGHSt 8, 28 (31); 26, 176 (179); *Gallas* Heinitz-FS 171 (176); L-Kühl-*Heger* § 315c Rn 21 f.

16 Vgl m. Abweichungen im Detail BGH NStZ 1985, 263; 1996, 83 f; 1996, 85 (86); OLG Düsseldorf NJW 1993, 3212 f; OLG Koblenz DAR 2000, 371 (372); *Kindhäuser*, Gefährdung als Straftat, 1989, 201 ff; *Küper* JZ 1995, 168 (174 f); *Wolter* JuS 1978, 748 ff.

satz ist für die konkrete Gefahr die **mangelnde Beherrschbarkeit des Schadensverlaufs** unter den gegebenen Umständen entscheidend.

Ungeachtet dieser (nur leicht) unterschiedlichen Bestimmungen des Gefahrbegriffs ist das Gefahrurteil, ebenso wie beim Verletzungserfolg, aufgrund einer **objektiv-nachträglichen Prognose** unter Berücksichtigung aller relevanten **Umstände des Einzelfalls** zu treffen. Sofern – wie in **Fall 1** – durch die Tathandlung ein Verletzungserfolg (Körperverletzung, Tod, Sachbeschädigung) verursacht wurde, kann regelmäßig davon ausgegangen werden, dass im Durchgangsstadium hierzu auch eine entsprechende konkrete Leibes-, Lebens- oder Sachgefahr herbeigeführt wurde.

18

III. Kausalität und Zurechnungszusammenhang

Der Gefahrerfolg muss durch die Handlung verursacht sein („und dadurch"). Außerdem muss ein Zurechnungszusammenhang nach Maßgabe der objektiven Zurechnung bestehen: Der Erfolg muss aus dem spezifischen Risiko der Handlung resultieren und bei pflichtgemäßem Verhalten vermeidbar gewesen sein.[17] § 315c Abs. 1 Nr. 1a greift also nicht ein, wenn auch ein nüchterner Fahrer den Gefahrerfolg nicht hätte verhindern können.[18]

19

IV. Subjektiver Tatbestand

Die subjektive Tatseite verlangt Vorsatz oder eine Vorsatz-Fahrlässigkeits-Kombination. Soweit sich der Vorsatz auf Handlung *und* Gefährdung bezieht, ist Abs. 1 einschlägig. Abs. 3 erfasst die praktisch wichtigen Fälle, in denen dem Täter hinsichtlich der Gefahr (Nr. 1) oder hinsichtlich Handlung und Gefahr (Nr. 2) Fahrlässigkeit vorzuwerfen ist.

20

A hätte in **Fall 1** nur dann Abs. 1 (in Tateinheit mit § 303 I) verwirklicht, wenn er in Kenntnis seiner Alkoholisierung *und* der Gefährdung gehandelt hat.

C. Anwendung

I. Aufbau

Es empfiehlt sich, die Tatbestandsmerkmale der (vorsätzlichen) Gefährdung des Straßenverkehrs in folgenden Schritten zu prüfen:

21

A) *Tatbestand*:

   I. Objektiver Tatbestand:

      1. Tathandlung: Führen eines Fahrzeugs im Straßenverkehr
   - im Zustand der Fahrunsicherheit (Rn 3 ff) im Sinne von Abs. 1 Nr. 1 oder
   - unter Begehung eines grob verkehrswidrigen Verhaltens nach Abs. 1 Nr. 2 (Rn 7)

      2. Gefahrerfolg (Rn 9 ff)

      3. Kausal- und Zurechnungszusammenhang (Rn 19)

   II. Subjektiver Tatbestand:

---

17 Näher hierzu *Kindhäuser* LPK Vor § 13 Rn 101 ff mwN.
18 BayObLG NStZ 1997, 388 (389).

1. Vorsatz (Abs. 1) oder
2. Vorsatz-Fahrlässigkeits-Kombination (Abs. 3 Nr. 1) und
3. Rücksichtslosigkeit bei einer Tat nach Abs. 1 Nr. 2 (Rn 8).

B) *Rechtswidrigkeit*
C) *Schuld*

II. Einwilligung

22   Ein nicht an der Tat beteiligter Mitfahrer kann zwar Gefährdungsopfer sein; es stellt sich jedoch die Frage, ob er in seine Gefährdung unrechtsausschließend einwilligen kann. Eine konkludente Einwilligungserklärung kann etwa im bewussten Mitfahren mit dem alkoholisierten Täter liegen.

23   ■ Die hM spricht dem Gefährdeten eine Dispositionsbefugnis über das Unrecht der Tat ab, da vornehmlich die allgemeine Verkehrssicherheit durch die Vorschrift geschützt sei.[19]

24   ■ Für die Möglichkeit einer Einwilligung spricht jedoch, dass das Unrecht der Tat in einem wesentlichen Teil (Gefährdungsteil) durch die konkrete Individualgefahr konstituiert wird und nur der Handlungsteil generell gegen die Sicherheit des Straßenverkehrs verstößt.[20]

25   ■ Eine vermittelnde Auffassung befürwortet eine unrechtsausschließende Einwilligung nur für den Fall, dass eine Bestrafung der Tat wegen des Eingriffs in die Sicherheit des Straßenverkehrs nach anderen Vorschriften möglich ist. Eine das Gefährdungsunrecht ausschließende Einwilligung käme daher bei einer Trunkenheitsfahrt nach § 315c Abs. 1 Nr. 1a in Betracht, da die Tat bei Wegfall des Gefährdungserfolgs nach § 316 strafbar wäre.[21]

26   Zu beachten ist, dass eine Einwilligung überhaupt nur eine Strafbarkeit nach § 315c entfallen lassen kann, **wenn lediglich der einwilligende Mitfahrer gefährdet** wird. Sind noch weitere Güter konkret gefährdet, so ist der Tatbestand jedenfalls insoweit verwirklicht.

Folgt man also der Mindermeinung, so hätte in **Fall 1** eine mögliche Einwilligung des B nur das Unrecht des Gefährdungserfolgs bezüglich der eigenen Person entfallen lassen.

III. Konkurrenzen

27   Wenn der Täter durch einen alkoholbedingten Fahrfehler mehrere Personen und Sachen gefährdet (**Fall 1**), ist nach hM keine Idealkonkurrenz, sondern eine einheitliche Tat der Straßenverkehrsgefährdung gegeben.[22] Mehrere unabhängig voneinander verursachte Gefährdungen während derselben Trunkenheitsfahrt stehen jedoch, da die Tat Erfolgs- und kein Dauerdelikt ist, in Tatmehrheit zueinander.[23]

---

19 BGHSt 23, 261 (264); OLG Stuttgart NJW 1976, 1904; *Fischer* § 315c Rn 17; LK-*König* § 315c Rn 161.
20 Krey/Hellmann/*Heinrich* I Rn 1124 f; *Roxin* AT I § 13/35; SK-*Wolters* § 315c Rn 23; NK-*Zieschang* § 315c Rn 59, § 315 Rn 53.
21 *Graul* JuS 1992, 321 (325); *Hillenkamp* JuS 1977, 169 ff; *Nestler-Tremel* StV 1992, 273 (277).
22 BGH NJW 1989, 1227 (1228); BayObLG NJW 1984, 68; L-*Kühl*-*Heger* § 315c Rn 35; aA SK-*Wolters* § 315c Rn 27; NK-*Zieschang* § 315c Rn 63.
23 BGH NJW 1995, 1766 (1767) für § 315b.

WIEDERHOLUNGS- UND VERTIEFUNGSFRAGEN

> Wann handelt der Täter „grob verkehrswidrig", wann „rücksichtslos"? (Rn 7 f)

> Wie ist der Begriff der konkreten Gefahr zu definieren? (Rn 15 ff)

> Können der Mitfahrer oder das geführte (fremde) Fahrzeug taugliche Gefährdungsobjekte sein? (Rn 11 ff)

> Kommt eine Einwilligung in die Tatbestandsverwirklichung in Betracht? (Rn 22 ff)

§ 66 Gefährliche Eingriffe in den Straßenverkehr (§ 315b)

A. Allgemeines

1 Die Vorschrift normiert ein **konkretes Gefährdungsdelikt**, das nach vorzugswürdiger Ansicht neben der Aufrechterhaltung der allgemeinen Verkehrssicherheit **gleichermaßen** Leib, Leben und Eigentum des Einzelnen schützt.[1] Anders als § 315c, der gefährliche Verhaltensweisen im (fließenden oder ruhenden) Straßenverkehr zum Gegenstand hat, betrifft § 315b **verkehrsfremde Eingriffe von außen** in den Straßenverkehr.[2]

Der **Versuch** ist strafbar (Abs. 2), allerdings *nur* bezüglich der Vorsatztat nach Abs. 1. § 320 Abs. 2 Nr. 2, Abs. 3 Nr. 1b eröffnet die Möglichkeit **tätiger Reue** durch freiwillige Gefahrabwendung.

B. Definitionen und Erläuterungen

I. Tatbestand

2 Der Tatbestand ist aus einem **Handlungs- und** einem **Gefährdungsteil zusammengesetzt**, wobei der Gefährdungsteil demjenigen des § 315c entspricht.[3]

1. Tathandlungen

▶ **FALL 1:** O entwendet für seine „Kollektion" von Verkehrszeichen ein Baustellen-Warnschild, wodurch der Autofahrer F die Situation übersieht und einen Unfall mit erheblichem Sachschaden verursacht. ◀

▶ **FALL 2:** G schneidet den Bremsschlauch des Fahrzeugs seines Konkurrenten K durch.[4] Daraufhin kann K nur mit viel Glück einen Zusammenstoß auf der Autobahn abwenden. ◀

▶ **FALL 3:** Der Hooligan H zerkratzt den Lack einer geparkten Luxuslimousine. ◀

▶ **FALL 4:** Der Eilkurier E rast mit seinem Pkw durch die Stadt und beachtet auf einer Straßenkreuzung die Vorfahrt nicht. Nur mit Mühe gelingt es einem anderen Fahrer, einen Zusammenstoß zu vermeiden. ◀

▶ **FALL 5:** E wird wegen seines Verhaltens in **Fall 4** von der Polizei verfolgt. Um ein Überholen des Streifenwagens zu verhindern, lenkt E seinen Pkw plötzlich in die Fahrbahnmitte und zwingt die Polizisten so zu einer Vollbremsung in letzter Sekunde. ◀

3 Durch jede der in Abs. 1 Nr. 1 bis 3 genannten Tathandlungen muss die **Sicherheit des Straßenverkehrs beeinträchtigt** werden. Dies ist der Fall, wenn das Verhalten in der Weise riskant ist, dass es sich **störend auf Verkehrsvorgänge** auswirkt und somit zu einer **Steigerung der allgemeinen Betriebsgefahr** führen kann. Dies besagt zudem, dass sich die Tathandlung **im öffentlichen Verkehrsraum** auswirken muss.[5]

Ferner ist allen in Abs. 1 genannten Tathandlungen gemeinsam, dass sie den Charakter eines **Eingriffs** in den Straßenverkehr haben müssen. Es muss sich um ein **verkehrsfremdes Verhalten** handeln.

---

1 S/S-*Hecker* § 315b Rn 1; NK-*Zieschang* § 315b Rn 7.
2 BGHSt 23, 4 (6); *KüpperBörner* II § 5/31.
3 Vgl § 65 Rn 9 ff.
4 Vgl BGH NJW 1996, 329; ferner BGH NJW 2003, 836 ff.
5 Vgl § 64 Rn 9.

a) Nr. 1: Tathandlungen nach Nr. 1 sind das **Zerstören, Beschädigen**[6] oder **Beseitigen** 4
von Anlagen oder Fahrzeugen.[7] **Anlagen** sind hierbei alle dem Verkehr dienenden Einrichtungen wie Verkehrsschilder, Leitplanken oder Ampeln, aber auch der Straßenkörper selbst mit seinem Zubehör.[8]

Aus dem Erfordernis der Beeinträchtigung der Verkehrssicherheit folgt, dass durch das 5
Beschädigen oder Zerstören gerade die **verkehrsrelevante Funktion** der Anlage oder
des Fahrzeugs betroffen sein muss. Auch beim Beseitigen der Gegenstände muss durch
die Ortsveränderung der bestimmungsgemäße Gebrauch verhindert werden.

Demnach verwirklichen O in **Fall 1** den Tatbestand von Abs. 1 Nr. 1 Var. 3[9] und G in
Fall 2 den Tatbestand von Abs. 1 Nr. 1 Var. 2 (qualifiziert durch Abs. 3 iVm § 315
Abs. 3 Nr. 1a).[10] In **Fall 3** ist hingegen mangels einer Verkehrsbeeinträchtigung der Tatbestand nicht verwirklicht; H macht sich nur nach § 303 Abs. 1 strafbar.

b) Nr. 2: Unter dem **Bereiten von Hindernissen** im Sinne von Nr. 2 ist jede Einwirkung 6
auf den Straßenkörper zu verstehen, die geeignet ist, den reibungslosen Verkehrsablauf
zu hemmen oder zu gefährden.[11] Beispiele: Errichten von Straßensperren[12], oder Spannen von Drähten über die Fahrbahn[13]

Das Bereiten von Hindernissen kann bei entsprechender Garantenstellung (insbesondere Ingerenz) auch durch **Unterlassen** geschehen, etwa durch das Unterlassen der Sicherung einer verlorenen Ladung[14] oder einer Baustelle.[15]

c) Nr. 3: Die **generalklauselartig** formulierte Tathandlung nach Nr. 3 umfasst alle verkehrsfremden Eingriffe, die den in Nr. 1 und 2 genannten gleichkommen.[16] Exemplarisch: Der Täter greift dem Fahrer ins Steuer, schießt auf Verkehrsteilnehmer,[17] wirft
Gegenstände von einer Brücke auf Fahrzeuge[18] oder verändert Verkehrszeichen, indem
er etwa das eine Einbahnstraße anzeigende Verkehrsschild umdreht.

d) Verkehrsfremdes Vorgehen: Da die Tathandlungen ein verkehrsfremdes Vorgehen 8
verlangen, sind grds. alle **Verkehrsvorgänge nicht tatbestandsmäßig,**[19] mögen diese
auch den Verkehrsfluss in gefährlicher Weise behindern, zB durch plötzliches Bremsen
auf einer belebten Straße. Selbst die Durchführung eines verbotenen Kraftfahrzeugrennens nach § 315d fällt nicht darunter, weil das Fahrzeug hierbei verkehrsintern zum
Fortkommen eingesetzt wird.[20] Erforderlich ist vielmehr ein Eingriff „von außen".

---

6 Zum Zerstören und Beschädigen vgl § 43 Rn 10 ff; ferner zu den entsprechenden Tathandlungen der Sachbeschädigung *Kindhäuser/Böse* BT II § 20/8 ff.; zur Schadensfeststellung BGH NJW 2019, 615.
7 Zum Begriff des Fahrzeugs § 64 Rn 5.
8 BGH NStZ 2002, 648 (Gullydeckel); *Fischer* § 315b Rn 6; LK-*König* § 315b Rn 21.
9 In Tateinheit m. § 242 Abs. 1. § 145 Abs. 2 Nr. 2 wäre hingegen wegen der ähnlichen Schutzrichtung subsidiär, S/S-*Sternberg-Lieben* § 145 Rn 22. Einem Verkehrszeichen kann ferner bei hinreichend fester Verbindung mit dem Straßenkörper die Qualität einer zusammengesetzten Urkunde (§§ 267, 274) zukommen, vgl NK-*Puppe/Schumann* § 267 Rn 38; aA OLG Köln NJW 1999, 1042 (1043).
10 Ferner ist versuchter Mord nach §§ 212, 211 Abs. 2 Gruppe 1 Var. 4, 22, 23 Abs. 1 zu prüfen.
11 S/S-*Hecker* § 315b Rn 6.
12 OLG Frankfurt VRS 28, 423 (425).
13 OLG Hamm NJW 1965, 2167.
14 BayObLG NJW 1969, 2026 (2027); OLG Hamm VRS 51, 103 f.
15 BGH VRS 16, 28 (35).
16 BGHSt 25, 306 (307); W/H/E-*Engländer*, Rn 1084; *Rengier* II § 45/23; NK-*Zieschang* § 315b Rn 21 ff.; and. BGH NJW 1999, 3132: sofern Absicht, Verkehrsunfall herbeizuführen.
17 BGHSt 25, 306 (307 f).
18 BGH NStZ 2003, 206; NJW 2003, 836 ff.
19 NK-*Zieschang* § 315b Rn 10.
20 *Kubiciel/Hoven* NStZ 2017, 439 (445).

So verwirklicht E in **Fall 4** zwar § 315c Abs. 1 Nr. 2a, aber nicht § 315b Abs. 1 Nr. 3, weil die Gefährdung im Rahmen der Verkehrssituation stattfindet. Die verkehrsüblichen Verstöße sind durch § 315c abschließend geregelt.

9   ■ Eine **Ausnahme** ist allerdings für den Fall zu machen, dass der Täter ein Fahrzeug nicht mehr als Fortbewegungsmittel, sondern in zweckentfremdeter Weise „**verkehrsfeindlich**" einsetzt.[21] Die neuere Rechtsprechung verlangt dabei als zusätzliche Einschränkung, dass der Täter mit (mindestens bedingtem) *Schädigungs*vorsatz handeln müsse. Ansonsten bleibe das Hauptziel des Handelns noch immer die Fortbewegung. Vorsatz bezüglich der *Gefährdung* bei absichtlicher Zweckentfremdung des Fahrzeugs reicht demnach nicht aus.[22] Beispielhaft für Schädigungsvorsatz wäre eine absichtliche Unfallprovokation durch abruptes Abbremsen des Pkw[23] oder das plötzliche Öffnen der Beifahrertür eines fahrenden Autos, um einen Radfahrer auffahren zu lassen.[24] Hingegen werden die bisher praktisch wichtigen Fälle des „Abdrängens" von Fahrzeugen oder Personen von der Fahrbahn[25] nur noch in seltenen Fällen erfasst.[26] Damit würde sich E in **Fall 5** nicht nach § 315b Abs. 1 Nr. 3 strafbar machen, sofern ihm kein Schädigungsvorsatz bezüglich des Polizeifahrzeugs oder der Beamten nachzuweisen ist.[27]

10   ■ **Kritik:** Nach dieser Judikatur wird jedoch der Gefährdungscharakter der Norm aufgehoben und diese in ein kupiertes Erfolgsdelikt verwandelt.[28] Außerdem ist eine Zweckentfremdung der Verkehrssituation gerade in Nötigungsfällen kein „typischer Nebeneffekt" der verbotenen Fahrweise mehr, so dass eine unterschiedliche Behandlung mit sonstigen Fällen des verkehrsfremden Eingriffs schwerlich gerechtfertigt ist.[29] Sachgerecht erscheint es deshalb, das Verhalten des E in **Fall 5** nach § 315b Abs. 1 zu ahnden, da bereits der absichtliche Einsatz eines Fahrzeugs als Nötigungsmittel mit Gefährdungsvorsatz ein verkehrsfremdes Vorgehen ist.[30]

11   **2. Kausal- und Zurechnungszusammenhang.** Zwischen Handlung und Gefahrerfolg muss Kausalität bestehen („und dadurch"). Außerdem muss ein Zurechnungszusammenhang nach Maßgabe der objektiven Zurechnung gegeben sein: Der Erfolg muss aus dem spezifischen Risiko der Handlung resultieren und bei pflichtgemäßem Verhalten vermeidbar gewesen sein.[31]

12   **3. Subjektiver Tatbestand.** Die subjektive Tatseite verlangt Vorsatz oder eine Vorsatz-Fahrlässigkeits-Kombination:

---

21 Das Verhalten eines Geisterfahrers unterfällt § 315c Abs. 1 Nr. 2f, es sei denn, der Betreffende fährt mit Absicht in die falsche Richtung (zB als „Mutprobe"); vgl auch S/S-*Hecker* § 315b Rn 12; SK-*Wolters* § 315b Rn 16.
22 Grundlegend BGHSt 48, 233 (237 f); ferner BGH StV 2004, 136 (137); KG VRS 111 (2006), 185 (186); OLG Hamm JuS 2017, 564 (565).
23 Vgl für Abs. 1 Nr. 2 BGH NStZ 1992, 182 (183); StV 2000, 22 (23) m. Anm. *Kudlich*; OLG Düsseldorf NJW 1993, 3212; in solchen Fällen ist stets die Qualifikation von Abs. 3 zu beachten.
24 OLG Hamm JuS 2017, 563.
25 Vgl BGHSt 23, 4 (6 f); 26, 176 (177 f); ferner BGHSt 41, 231 (233 f) – Hindernisbereiten durch einen Fußgänger; BGHSt 28, 87 (91 ff); BGH NJW 1989, 917 (918) – Abschütteln einer Person durch Losfahren.
26 Vgl BGH VRS 100 (2001), 447 (448 f) m. Bespr. *Fahl* JA 2002, 18.
27 E macht sich aber nach § 315c Abs. 1 Nr. 2b in Tateinheit m. § 113 Abs. 1 strafbar.
28 *Seier/Hillebrand* NZV 2003, 490.
29 Zur Kritik S/S- *Hecker* § 315b Rn 10 mwN.
30 Dabei tritt der mitverwirklichte § 315c Abs. 1 Nr. 2b zurück, vgl S/S-*Hecker* § 315b Rn 18; aA – Idealkonkurrenz – BGHSt 22, 67 (75 f).
31 Vgl BGHSt 48, 119 (122) zum Werfen von Gegenständen auf die Autobahn; weitere exemplarische Fälle: BGH NStZ 1995, 31; NJW 1996, 329.

■ Soweit sich der Vorsatz auf Handlung und Gefährdung bezieht, ist Abs. 1 einschlägig. Im Falle eines „verkehrsfeindlichen" Eingriffs muss der Täter mit einer entsprechenden Absicht der Zweckentfremdung des Verkehrsvorgangs für einen solchen Angriff handeln sowie, wenn der neueren Rechtsprechung gefolgt wird, zusätzlich (bedingten) Schädigungsvorsatz haben.[32]   13

■ Abs. 4 und 5 regeln die Fälle, in denen dem Täter hinsichtlich der Gefahr bzw hinsichtlich Handlung und Gefahr Fahrlässigkeit vorzuwerfen ist.   14

II. Qualifikation

Abs. 3 enthält – mit der Verweisung auf § 315 Abs. 3 – einen Qualifikationstatbestand, der die Tat zum Verbrechen macht: 15

■ Bei den Qualifikationen der **Nr. 1** genügt es, wenn der Täter in der Absicht (überschießende Innentendenz) handelt, einen Unglücksfall[33] herbeizuführen oder eine andere Straftat zu ermöglichen oder zu verdecken.[34] Ein derartiger Erfolg braucht nicht einzutreten.   16

■ Die Voraussetzungen der **Nr. 2** entsprechen denen in § 306b Abs. 1.[35] Es handelt sich um eine **Erfolgsqualifikation** für besonders schwerwiegende Fälle der wenigstens fahrlässigen (§ 18) Gefahrverwirklichung.   17

C. Anwendung

Es empfiehlt sich, die Tatbestandsmerkmale des gefährlichen Eingriffs in den Straßenverkehr in folgenden Schritten zu prüfen: 18

A) *Tatbestand*:

    I. Objektiver Tatbestand:

        1. Tathandlung:

            – Beeinträchtigung der Sicherheit des Straßenverkehrs (Rn 3)

            – durch einen verkehrsfremden Eingriff im Sinne von Abs. 1 Nr. 1–3 (Rn 4 ff)

        2. Gefahrerfolg (§ 65 Rn 15 ff)

        3. Kausal- und Zurechnungszusammenhang (Rn 11)

    II. Subjektiver Tatbestand:

        1. Vorsatz (Abs. 1) oder

        2. Vorsatz bzgl I. 1. und Fahrlässigkeit bzgl I. 2. und 3. (Abs. 4) oder

        3. Fahrlässigkeit bzgl I. (Abs. 5).

B) *Rechtswidrigkeit*

C) *Schuld*

D) Ggf *tätige Reue*: § 320 Abs. 2 Nr. 2, Abs. 3 Nr. 1b,[36] falls (-):

E) Ggf *Qualifikation*: Abs. 3 iVm § 315 Abs. 3 (Rn 15 ff)

---

32 BGHSt 48, 233 (237 f.); BGH NStZ 2014, 86.
33 Vgl § 70 Rn 4 ff.
34 Vgl § 2 Rn 39 ff.
35 Vgl § 62 Rn 24 ff.
36 Vgl § 61 Rn 17 mit entsprechender Anwendung.

19   Bei der Prüfung „**verkehrsfeindlicher Eingriffe**" (Rn 8 ff) sollte die übliche Deliktsein-
teilung zwischen objektivem und subjektivem Tatbestand nicht preisgegeben werden.
Im objektiven Tatbestand ist dann die Frage aufzuwerfen, ob sich das Verhalten (für
einen Beobachter) als ein Handeln darstellt, mit dem ein verkehrsfremder Zweck verfolgt wird. Ob der Täter tatsächlich einen verkehrsfremden Zweck verfolgt, ist erst im
subjektiven Tatbestand beim Vorsatz festzustellen; hier ist auch das Erfordernis eines
Schädigungsvorsatzes zu diskutieren. Da bei fahrlässiger Begehung ein auf den Gefähr-
dungserfolg bezogener Vorsatz fehlt, kommen verkehrsfeindliche Eingriffe in den beiden Fahrlässigkeitskombinationen nach Abs. 4 und 5 nicht in Betracht.

WIEDERHOLUNGS- UND VERTIEFUNGSFRAGEN

> Wann ist die Sicherheit des Straßenverkehrs beeinträchtigt? (Rn 3)

> Was ist unter einem „verkehrsfeindlichen Eingriff" zu verstehen und welche Vorausset-
zungen müssen hierfür erfüllt sein? (Rn 9 f)

§ 67 Verbotene Kraftfahrzeugrennen (§ 315d)

A. Allgemeines

Mit dem 56. StÄG wurde die Strafbarkeit nicht genehmigter Kraftfahrzeugrennen im Straßenverkehr in Gestalt des neuen § 315d mit Wirkung vom 13.10.2017 in den Kanon der Straßenverkehrsdelikte aufgenommen.[1] Der Gesetzgeber begründet dessen Einführung damit, dass immer häufiger Fälle von illegalen Autorennen zu beobachten seien, durch die Unbeteiligte schwer verletzt oder sogar getötet werden.[2] Zudem erreiche die vorher einschlägige Sanktionierung als Ordnungswidrigkeit (§ 29 Abs. 1, § 49 Abs. 2 Nr. 5 StVO a.F.) nicht die notwendige Abschreckungswirkung gegenüber der einschlägigen Tätergruppe.[3] Die Norm erscheint insofern entbehrlich, als Teilnehmer an illegalen Todesrennen durchaus wegen Mordes bestraft werden können,[4] wodurch der Unrechtsgehalt der Tat ausreichend erfasst wird. Allerdings kann mit der gesonderten Norm und ihrer Platzierung im 28. Abschnitt des BT über die §§ 211 ff. hinaus ein weiteres durch illegale Straßenrennen tangiertes Rechtsgut, die Sicherheit des Straßenverkehrs, einbezogen werden.[5] Das „Solorasen" (§ 315d Abs. 1 Nr. 3) wäre aber besser als weitere „Todsünde" in § 315c StGB aufgehoben gewesen.[6]

1

Als Rechtsfolge sieht das Gesetz auch die Entziehung der Fahrerlaubnis (§ 69 Abs. 2 Nr. 1a) und die Einziehung des Kraftfahrzeugs (§ 315f) vor. Der **Versuch** ist strafbar (Abs. 3), allerdings *nur* bezüglich der Vorsatztat nach Abs. 1 Nr. 1.

2

Es handelt sich bei § 315 d Abs. 1 StGB um ein abstraktes Gefährdungsdelikt in Form eines schlichten Tätigkeitsdeliktes.[7] Als konkretes Gefährdungsdelikt sind die Qualifikationen nach § 315d Abs. 2 und 4 StGB einschlägig.[8] Der § 315d Abs. 5 sieht eine erheblich verschärfte Strafbarkeit für die Fälle vor, in denen eine besonders gravierende Folge (als Erfolgsqualifikation, § 18) eingetreten ist.[9]

3

B. Definitionen und Erläuterungen

I. Tatbestand

▶ **FALL 1:** Die Freundinnen A und B wollen die Leistung ihrer Fahrzeuge testen. Dafür nutzen sie einen nahe gelegenen Autobahnabschnitt, der nachts nur selten von anderen Verkehrsteilnehmern genutzt wird. Sie vereinbaren einen gemeinsamen Startpunkt und bestimmen einen konkreten Autobahnparkplatz als Ziel ihrer Testfahrt. Wer zuerst dort ankommt, soll zugleich Siegerin des Leistungsvergleiches sein. Während der anschließenden Durchführung befanden sich keine weiteren Verkehrsteilnehmer auf dem Autobahnabschnitt. ◀

---

1 BGBl. 2017 I, 3532.
2 BT-Drucks. 18/10145, 7 und 18/12964 S. 5.; krit. *Piper* NZV 2017, 70, 72; zur Frage, ob bei der Tötung eines Unbeteiligten im Rahmen eines Autorennens Mordmerkmale erfüllt sind, vgl § 2 Rn 37.
3 BT-Drucks. 18/10145, 7; krit. *Rostalski* GA 2017, 594.
4 Vgl etwa im Berliner Kudamm-Fall einerseits BGHSt 63, 88 (Tötungsvorsatz bezweifelnd), andererseits LG Berlin NStZ 2017, 71 und LG Berlin, Urt. v. 25. 3. 2019 (Mord bejahend); ebenfalls die Verurteilung wegen Mordes in einem Raserfall nicht beanstandend BGH NStZ 2019, 276.
5 S/S-*Hecker* § 315d Rn 1; *Kusche* NZV 2017, 414.
6 *Walter* KriPoZ 2018, 43.
7 *Eisele* KriPoZ 2018, 32; L-Kühl-*Heger* § 315d Rn 1.
8 MK-Pegel § 315d Rn 3.
9 *Jäger* BT Rn 488b.

▶ **Fall 2:** C muss zu einem wichtigen Geschäftstermin. Um rechtzeitig anzukommen, überschreitet sie mit ihrem Sportwagen die zulässige Höchstgeschwindigkeit auf der Bundesstraße um bis zu 35 km/h. Dabei überholt sie mehrfach andere Verkehrsteilnehmer trotz Überholverbots. Obwohl ihr bewusst ist, dass sie mit ihrem Fahrzeug jederzeit noch deutlich schneller unterwegs sein könnte, verzichtet sie auf weiteres Beschleunigen. ◀

4 **1. Im Straßenverkehr.** Die Tat findet im Straßenverkehr statt, wenn sie auf einer Verkehrsfläche abgehalten wird, die für den öffentlichen Verkehr gewidmet ist.[10] Hierbei gelten dieselben Grundsätze wie beim entsprechenden Tatbestandsmerkmal des § 142 Abs. 1.[11]

5 **2. Nicht erlaubtes Kraftfahrzeugrennen ausrichten oder durchführen (Abs. 1 Nr. 1) oder daran teilnehmen (Abs. 1 Nr. 2). a) Kraftfahrzeugrennen:** Ein Rennen ist ein Wettbewerb oder ein Teil eines Wettbewerbes zur Erzielung von Höchstgeschwindigkeiten mit Kraftfahrzeugen, bei denen zwischen mindestens zwei Teilnehmern ein Sieger durch Erzielung einer möglichst hohen Geschwindigkeit ermittelt wird.[12] Eine vorherige Vereinbarung oder Organisation ist nicht erforderlich. Es reicht aus, wenn die Teilnehmer das Rennen als solches wahrnehmen.[13] Auch das spontane Kräftemessen im Verkehr von Ampel zu Ampel zählt als Rennen.[14] Unter den Begriff des Rennens fallen aber auch solche Veranstaltungen, wenn mindestens zwei Teilnehmer lediglich zum Zwecke der gegenseitigen Leistungsprüfung mit ihrem Kfz die Höchstgeschwindigkeit zu erreichen versuchen, ohne miteinander im Wettbewerb zu stehen.[15]

6 Es muss sich um ein Rennen mit Kraftfahrzeugen handeln. Kraftfahrzeuge sind alle durch Maschinenkraft angetriebene, nicht an Gleise gebundene Landfahrzeuge.[16] Der Begriff ist akzessorisch zur Definition des Kraftfahrzeugs in § 1 StVG bzw. § 248 b StGB. Dazu gehören LKWs, PKWs, Busse, Traktoren, Motorräder, Mopeds, Mokicks und Mofas. Wettrennen mit Fahrrädern, Tretrollern, Rollatoren oder Rollstühlen ohne Motor sind dagegen tatbestandslos.

7 **b) Nicht erlaubt:** Ein Kraftfahrzeugrennen ist nicht erlaubt, wenn die erforderliche behördliche Genehmigung (§ 46 Abs. 2. S. 1, 3 StVO) fehlt oder das Rennen unter Missachtung erteilter Auflagen abgehalten wird (zB eine andere Route gefahren wird).[17] Es handelt sich somit um ein verwaltungsakzessorisches Tatbestandsmerkmal.[18] Entscheidend ist die formale Wirksamkeit, nicht die materielle Rechtmäßigkeit.

8 **c) Tathandlung: Ausrichten oder Durchführen (Abs. 1 Nr. 1)** Ausrichter ist derjenige, der als geistiger und praktischer Organisator das Rennen eigenverantwortlich ins Werk setzt.[19] Darunter fallen die Planung der Strecke, das Anwerben der Teilnehmer sowie das Aufstellen von Startbedingungen und Regeln, zB bezüglich der Annahme und Aus-

---

10 L-Kühl-*Heger* § 315c Rn 2; NK-*Zieschang* § 315c Rn 14.
11 Vgl daher § 68 Rn 6.
12 BT-Drucks. 18/10145, S. 9; MK-*Pegel* § 315d Rn 7 ff.; S/S-*Hecker* § 315d Rn 3; *Blanke-Roesser* JuS 2018, 18, 22.
13 *Fischer* § 315d Rn 7; *Rengier* II § 44a/3.
14 W/H/E-*Engländer* Rn 1107; *Zieschang* JA 2016, 724.
15 OLG Oldenburg DAR 2017, 93; S/S-*Hecker* § 315d Rn 3.
16 *Schramm* BT-1 § 5 Rn 46.
17 *Jansen* NZV 2017, 215; *Küper/Zopfs* Rn 385.
18 MK-*Pegel* § 315d Rn 13 f.; S/S-*Hecker* § 315d Rn 4; *Fischer* § 315d Rn 8; *Jansen* NZV 2017, 214, 215; nach aA soll es sich dabei um ein Rechtfertigungsproblem handeln, *Kulhanek* Jura 2018, 561, 566; *Gerhold/Meglalu* ZJS 2018 321, 323 ff.
19 BT-Drucks. 18/12964, S. 5; OLG Karlsruhe NZV 2012, 348, 349.

zahlung von Startgeldern.[20] Mit Blick auf das Rechtsgut der Norm ist das Ausrichten erst dann vollendet, wenn das Rennen tatsächlich stattfindet.[21]

Ein Kraftfahrzeugrennen führt durch, wer die für den Ablauf des Rennens vor Ort erforderlichen Handlungen vornimmt.[22] Bloße Hilfstätigkeiten genügen nicht, sondern begründen nur Beihilfe.[23] Ein Rennen beginnt mit dem Startschuss und endet mit der letzten Mitwirkungshandlung der Rennteilnehmer.

d) Tathandlung: Teilnahme an einem nicht erlaubten Kraftfahrzeugrennen als Kraftfahrzeugführer (Abs. 1 Nr. 2): Teilnahme bedeutet die Tätigkeit derjenigen, die das Fahrzeug im Wettbewerb führen, also untereinander das Rennen austragen.[24] Der Begriff darf nicht mit §§ 26, 27 verwechselt werden. Es bedarf des Beginns des Rennens, also der Bewegung der Fahrzeuge; das Bereitstehen an der Startlinie reicht nicht aus.[25] Als Teilnehmer kommen neben den Fahrern der am Rennen beteiligten Fahrzeuge auch ggf. mitwirkende Beifahrer in Betracht, wenn diese eine über das bloße passive Mitfahren hinausgehende verantwortungsvolle Rolle übernehmen, zB wenn der Beifahrer Teile von Langstrecken fährt oder dieser in Form eines Rallye-Co-Piloten Streckendetails weitergibt und somit Einfluss auf die Tätigkeit des Fahrers ausübt.[26] Fährt der Veranstalter eines der am Rennen beteiligten Fahrzeuge, erfüllt er zugleich § 315d Abs. 1 Nr. 1 und Abs. 1 Nr. 2, die dann in Idealkonkurrenz zueinander stehen.[27] | 9

Im **Fall 1** handelt es sich bei dem Leistungstest von A und B um ein Kraftfahrzeugrennen, da vereinbart wurde, dass diejenige, welche die höchste Durchschnittsgeschwindigkeit erreicht und dadurch als erste am Zielort eintrifft, die Siegerin des Leistungstests sein soll. Das Rennen fand zudem auf einer öffentlichen Verkehrsfläche ab und war nicht genehmigt. Angesichts der Einstufung des § 315d Abs. 1 als abstraktes Gefährdungsdelikt ist es ohne Belang, dass auf der leeren Autobahn kein anderer Verkehrsteilnehmer zugegen war. Indem A und B im Vorfeld Absprachen bezüglich des Ortes, der Zeit und des Wettbewerbes tätigten, liegt die Tatvariante des Ausrichtens nach § 315d Abs. 1 Nr. 1 Var. 1 vor. Ein Durchführen nach § 315d Abs. 1 Nr. 1 Var. 2 ist nicht einschlägig, da A und B über die Teilnahme am Rennen nach § 315d Abs. 1 Nr. 2 keine weiteren organisatorischen Maßnahmen vor dem Rennen ergriffen haben. | 10

e) Subjektiver Tatbestand: Bezüglich Abs. 1 Nr. 1, 2 ist Vorsatz erforderlich, wobei dolus eventualis genügt. Geht der Täter irrig von einer wirksamen Genehmigung aus, liegt ein Tatbestandsirrtum (§ 16) in Gestalt des Irrtums über ein normatives Tatbestandsmerkmal vor.[28] | 11

3. Grob verkehrswidriges und rücksichtsloses Rasen (Abs. 1 Nr. 3) Im Straßenverkehr. Mit dieser Tatvariante wird der Fahrzeugführer erfasst, der allein mit dem von ihm gefahrenen Fahrzeug objektiv und subjektiv quasi ein Rennen nachstellt („Einzelraser").[29] Erforderlich ist ein grob verkehrswidriges und rücksichtsloses Fahren mit nicht angepasster Geschwindigkeit zur Erzielung von Höchstgeschwindigkeiten. | 12

---

20 *Jansen*, NZV 2017, 214, 216.
21 S/S-*Hecker*, § 315d Rn 5; *Kusche* NZV 2017, 416; *Mitsch* DAR 2017, 72; and. *Zieschang* JA 2016, 723.
22 BT-Drucks. 18/12964, S. 5.
23 L-Kühl-*Heger* § 315d Rn 4; and. *Kusche* NZV 2017, 416.
24 BT-Dr. 18/10145 S. 9; S/S-*Hecker*, § 315d Rn 7; L-Kühl-*Heger* § 315d Rn 4.
25 *Eisele* I Rn 1137e; aA *Zieschang* JA 2016, 721.
26 L-Kühl-*Heger* § 315d Rn 4; *Fischer* § 315d Rn 10, 20.
27 S/S-*Hecker* § 315d Rn 17.
28 L-Kühl-*Heger* § 315d Rn 6; *Walter* KriPoZ 2018, 39.
29 BT-Drucks. 18/12964, 5; L-Kühl-*Heger* § 315d Rn 5; *Rengier* II § 44a/Rn 8; kritisch zur Bestimmtheit dieses Tatbestandsmerkmals, *Fischer* § 315d Rn 12.

13   a) **Objektive Merkmale:** Mit nicht angepasster Geschwindigkeit fährt, wer eine Geschwindigkeitsbegrenzung verletzt oder wer seine Geschwindigkeit nicht den tatsächlichen Verkehrsgegebenheiten, wie zB den Sicht-, Straßen-, oder Witterungsverhältnissen anpasst.[30]

14   Grob verkehrswidrig ist § 315c entnommen und dementsprechend ein objektives Tatbestandsmerkmal. Insoweit kann auf die Grundsätze und Rspr. zu § 315c zurückgegriffen werden. Es ist bei besonders schweren (gefährlichen) Verstößen gegen die Straßenverkehrsvorschriften erfüllt.[31] Es muss mithin eine Tathandlung vorliegen, die objektiv und subjektiv aus der Menge der bußgeldbelegten Geschwindigkeitsverstöße herausragt,[32] und zwar mit Evidenz. Dies ist etwa zu bejahen, wenn jemand mit einem 605 PS motorisierten Mietwagen über eine Strecke von fast 4 km durch das innerstädtische Berlin fährt und damit eine Geschwindigkeit von mindestens 150 km/h erreicht.[33]

15   b) **Subjektive Merkmale:** Die Rücksichtslosigkeit ist ein subjektives Tatbestandsmerkmal, welches an § 315c angelehnt ist.[34]

16   Das zusätzliche Erfordernis der Erzielung von Höchstgeschwindigkeiten ist ein subjektives Tatbestandsmerkmal mit überschießender Innentendenz, welches dolus directus 1. Grades erfordert.[35] Der Täter muss beabsichtigen, eine unter Vernachlässigung der verkehrsrechtlichen und tatsächlichen Gegebenheiten höchstmögliche Geschwindigkeit zu erreichen.[36] Die Intension der bloßen Überschreitung der erlaubten Höchstgeschwindigkeit genügt auf keinen Fall. Nicht nötig ist aber die Erreichung der objektiven fahrzeugspezifischen Höchstgeschwindigkeit[37] (sog. erfolgskupiertes Delikt[38]). Die Bedeutung des Merkmals ist übrigen noch nicht hinreichend geklärt.[39] Allein auf die technisch realisierbare Geschwindigkeit des Wagens kann es als Maßstab nicht ankommen, da andernfalls der Fahrer eines Porsche Carrera S (Höchstgeschwindigkeit 308 km/h), der mit 100 km/h durch die Fußgängerzone fahren möchte, straflos bleibt, während der Fiat 500-Fahrer, der auf der Autobahn das Limit seines Wagens (160 km/h) erreichen möchte, strafbar wäre.[40]

17   Im **Fall 2** liegen, da C die Geschwindigkeitsbegrenzungen um 35 km/h überschreitet und falsch überholt, die objektiven Voraussetzungen des § 315d Abs. 1 Nr. 3 vor. Da sie dies nur tat, um rechtzeitig bei einem Geschäftstermin sein zu können, handelte sie aus eigensüchtigen Gründen, mithin rücksichtslos. Vorliegend widerstrebt es der C jedoch, eine noch höhere Geschwindigkeit zu erzielen, obwohl ihr dieses bei den Straßenverhältnissen und der Leistung ihres Fahrzeuges möglich gewesen wäre. Ihr fehlt daher die Absicht zur Erreichung einer höchstmöglichen Geschwindigkeit.

---

30   MK-*Pegel* 315d Rn 24.
31   Vgl § 67 Rn 7.
32   S/S-*Hecker* § 315d Rn 8.
33   KG Berlin NZV 2019, 314.
34   BT-Drucks. 18/12964 S. 5; vgl § 65 Rn 8.
35   L-Kühl-*Heger* 315d Rn 5.
36   MK-*Pegel* 315d Rn 26.
37   BT-Drucks. 18/12964, 5 f.
38   Zu diesem Begriff vgl *Schramm* BT-1 § 7 Rn 6.
39   Eisele I Rn 1173i.
40   Beispiel nach *Eisele* KriPoZ 2018, 36.

II. Qualifikationen

Der Absatz 2 enthält eine Qualifikation für die vorsätzliche Gefährdung von Leib oder   18
Leben eines anderen Menschen oder von fremden Sachen mit bedeutendem Wert bei
den Taten nach Abs. 1 Nr. 2 und Nr. 3. Dies entspricht der Qualifikation des § 315c
Abs. 1 Nr. 2.[41] Geschieht diese Gefährdung fahrlässig, richtet sich die Strafe nach
Abs. 4; anders als bei § 315 c Abs. 3 Nr. 3 wurde keine Fahrlässigkeits-Fahrlässigkeits-
kombination in das Gesetz aufgenommen.[42]

In Abs. 5 statuiert § 315d eine Erfolgsqualifikation, sofern in den Fällen des Absatzes 2   19
der Tod oder eine schwere Gesundheitsgefährdung eines anderen Menschen oder eine
Gesundheitsschädigung einer großen Zahl von Menschen verursacht wurde.

▶ **FALL 3:** Wie Fall 1, aber: Bei hohem Tempo verliert die A für einen kurzen Moment die
Kontrolle über ihr Fahrzeug. Ihr Wagen droht den der B zu rammen. Obwohl diese Situation
die B völlig überrascht, weicht sie geistesgegenwärtig aus und kann so einen Zusammenstoß um Haaresbreite verhindern. ◀

Im **Fall 3** könnte eine fahrlässige Gefährdung nach § 315d Abs. 2, 4 gegeben sein. Die   20
Qualifikation setzt zunächst eine konkrete Gefahr voraus. Diese liegt vor, wenn der
Geschehensablauf auf einen unmittelbar bevorstehenden Unfall hindeutet und der Eintritt eines Schadens so wahrscheinlich macht, dass es vom Zufall abhängt, ob das
Rechtsgut verletzt wird oder nicht.[43] Nur durch das rechtzeitige Eingreifen der B folgte
aus der sehr riskanten Verkehrssituation keine Verletzung (Beinahe-Unfall). Fraglich ist
allerdings, ob die B als gefährdete Rennteilnehmerin zu den geschützten „anderen"
zählt. Auf Grundlage der zu § 315c entwickelten Rechtsprechung, nach der Teilnehmer
(zB Beifahrer, Anstifter) aus dem Schutzbereich ausscheiden, da diese auf der Täterseite
stehen und nicht vom die allgemeine Verkehrssicherheit schützenden Tatbestand erfasst werden können,[44] liegt es nahe, dass dies erst recht bei § 315d für andere Rennteilnehmer gelten muss. Nach anderer Ansicht folge zumindest aus dem Wortlaut keine
derartige Einschränkung. Da der Gefährdungsteil (auch) von einer Individualgefähr-
dung abhängt, könne im Wege einer Einwilligung dieses Gefährdungsunrecht entfallen.[45] Vorliegend rechnete die B nicht mit einer Kollision der Fahrzeuge. Auch aus der
Vereinbarung zu einem Leistungstest und den diesbezüglichen Rahmenbedingungen ergeben sich keine Hinweise auf eine (konkludente) Einwilligungserklärung in derartige
Gefährdungen. Nach der Einwilligungslösung hätte A die Qualifikation des § 315d
Abs. 2, 4 StGB erfüllt.

C. Anwendung

I. Aufbau

Es empfiehlt sich, die Tatbestandsmerkmale des verbotenen Kraftfahrzeugrennens   21
§ 315d in folgenden Schritten zu prüfen:

A) *Tatbestand*:

    I. Objektiver Tatbestand:

        1. Tathandlungen:

---

41 BT-Drucks. 18/12964, 6.
42 Krit. dazu *Jäger* BT Rn 488e.
43 *Rengier* II § 44/12.
44 BGHSt 27, 40, 43; BGH NStZ 2012, 701 f.; BGH NStZ 2013, 167.
45 *Rengier* II § 44/19a; a.A. L-Kühl-*Heger* § 315c Rn 32.

- Ausrichten oder Durchführen eines nicht erlaubten Kraftfahrzeugrennens (Abs. 1 Nr. 1) (Rn 4 ff) oder
- Teilnahme an einem nicht erlaubten Kraftfahrzeugrennen (Abs. 1 Nr. 2) (Rn 7) oder
- Rasen (Abs. 1 Nr. 3) (Rn 9 f)

II. Subjektiver Tatbestand:

1. Vorsatz (Rn 8)
2. In den Fällen der Nr. 3 (Rasen) ist zusätzlich die Absicht, eine höchstmögliche Geschwindigkeit zu erreichen sowie Rücksichtslosigkeit (Rn 11 f).

B) *Rechtswidrigkeit*

C) *Schuld*

D) Ggf *Qualifikation*: § 315 d Abs. 2, 4 sowie Erfolgsqualifikation, § 315 d Abs. 5 (Rn 13 f)

II. Konkurrenzen

§ 315d steht aus Klarstellungsgründen mit § 315c in Tateinheit.[46] Zwischen Abs. 5 und §§ 211, 212, 227 besteht ebenfalls Tateinheit. §§ 222, 229 treten hinter § 315d Abs. 5 zurück.[47]

Wiederholungs- und Vertiefungsfragen

> Wann liegt ein Kraftfahrzeugrennen im Sinne des § 315d vor? (Rn 5)
> Wann ist das Kraftfahrzeugrennen nicht erlaubt? (Rn 7)
> Kann auch ein Beifahrer an einem Kraftfahrzeugrennen „teilnehmen"? (Rn 10)
> Welche besonderen subjektiven Erfordernisse sind beim sog. „Einzelraser" zu beachten? (Rn 16)
> Ist ein anderer Rennteilnehmer vom Schutzumfang des § 315d Abs. 2 StGB umfasst? (Rn 20)

---

46 *Jäger* BT Rn 488h.
47 L-Kühl-*Heger* § 315d Rn 11; MK-*Pegel* § 315d Rn 42.

§ 68 Unerlaubtes Entfernen vom Unfallort (§ 142)

A. Allgemeines

Die Vorschrift[1] normiert ein (abstraktes) **Vermögensgefährdungsdelikt,** das den spezifischen Beweisschwierigkeiten von Schadensersatzansprüchen im Bereich des Straßenverkehrs Rechnung trägt. Es soll den Unfallbeteiligten die Feststellung solcher Umstände ermöglicht werden, die für die **Sicherung oder Abwehr ihrer zivilrechtlichen Ansprüche** von Bedeutung sind.[2] Dagegen dient die Vorschrift nicht der Rechtspflege oder der Sicherung der Strafverfolgung,[3] so dass der Tatbestand nicht verwirklicht ist, wenn die Beteiligten auf Feststellungen verzichten. Andererseits hat der Charakter der Norm als abstraktes Gefährdungsdelikt zur Konsequenz, dass die Strafbarkeit nach Abs. 1 oder 2 nicht entfällt, wenn die Feststellungen anderweitig ermöglicht werden.

B. Definitionen und Erläuterungen

I. Tatbestand

1. Tatsituation (Unfall)

▶ **FALL 1:** A eilt zu Fuß zu einem dringenden Geschäftstermin und stößt aus Unachtsamkeit mit N zusammen. N fällt so unglücklich, dass er eine Platzwunde am Kopf erleidet. A sucht das Weite. ◀

Definition: Ein Unfall im Straßenverkehr (Verkehrsunfall) ist ein mit den Gefahren des öffentlichen Straßenverkehrs ursächlich zusammenhängendes plötzliches Ereignis, das einen nicht völlig belanglosen Personen- oder Sachschaden zur Folge hat.[4]

a) Risikorealisierung: Im Unfall muss sich dem äußeren Erscheinungsbild nach ein verkehrstypisches Risiko realisieren[5], verkehrsfremde Eingriffe sind daher regelmäßig nicht erfasst[6]. Verkehrsfremd ist es zB, wenn (bewusst) Gegenstände auf parkende Kraftfahrzeuge geworfen werden, und zwar auch dann, wenn dies aus einem fahrenden Pkw heraus geschieht.[7]

b) Schaden: Da die Norm die Sicherung von Schadensersatzansprüchen bezweckt, erfordert ein tatbestandsmäßiger Unfall einen **Fremdschaden.** Mangels Eingreifens von Schadensersatzansprüchen ist eine bloße Gefährdung anderer kein Unfall. Gleiches gilt, wenn sich der Täter nur selbst schädigt.[8]

Ein **Sachschaden** ist völlig belanglos, wenn er unterhalb der Grenze liegt, bei der üblicherweise Schadensersatzansprüche geltend gemacht werden. Diese Grenze ist bei etwa

---

1 Näher zu den historischen Grundlagen *Meurer* Unerlaubtes Entfernen vom Unfallort - § 142 StGB; NK- *Kretschmer* § 142 Rn 3 ff.
2 BVerfGE 16, 191; BGHSt 8, 263 (265); 24, 382 (385); 29, 138 (142); 63 (121)
3 BGHSt 8, 263 (265); 29, 138 (142); *Fahl* JuS 2003, 472 (475); L-*Kühl* § 142 Rn 1; *Schulz* ZRP 2006, 149 (151).
4 BGHSt 8, 263 (264 f); 24, 382 (383); *Baier* JA 2005, 37 (38); *Brüning* ZJS 2008, 148 f; HKGS-*Pflieger/Quarch* § 142 Rn 3; NK-*Kretschmer* § 142 Rn 33, 35; MK-*Zopfs* § 142 Rn 25; kein Unfall ist das Überfahren von Wild: HKGS-*Pflieger/Quarch* § 142 Rn 5; vgl auch *Zopfs* ZIS 2016, 426 ff.
5 BGH NJW 2002, 626 (627).
6 *Zopfs* ZIS 2016, 426 (428 f).
7 BGHSt 47, 158 (159).
8 Zur Problematik der Alleinunfälle mit fremdem Fahrzeug vgl BGHSt 9, 267 (269); OLG Köln NJW 2002, 2334; NK-*Kretschmer* § 142 Rn 44 mwN; zur Bestimmung des Schadens vgl *Geppert* Eisenberg-FS 287 (295 ff).

150 Euro anzusetzen.[9] Auch bei **Körperverletzungen** muss die Bagatellgrenze überschritten sein.

6   c) **Im Straßenverkehr:** Im Straßenverkehr findet der Unfall statt, wenn das Schadensereignis in einem unmittelbaren Zusammenhang mit dem **Geschehen im öffentlichen Verkehrsraum** steht.[10] Zu diesem Raum gehören alle Flächen, die – wie Autobahnen, Radwege, Bürgersteige – der Allgemeinheit im Sinne eines unbestimmten Personenkreises dauernd oder vorübergehend zur Fortbewegung offen stehen. Die Eigentumsverhältnisse spielen keine Rolle, so dass auch private Grundstücke (zB Parkhäuser, Tankstellen) erfasst sein können, sofern sie für die Benutzung durch die Öffentlichkeit bestimmt sind.[11] Der Verkehr kann fließend, aber auch ruhend sein.[12] Nicht einschlägig ist der Verkehr im Luftraum, auf Schienen und Wasserwegen sowie auf Skipisten.[13]

7   d) **Ursache:** Der Unfall setzt keine Verursachung durch ein Kraftfahrzeug voraus. Nach hM soll sogar die Beschädigung eines geparkten Pkw durch einen zum Umladen von Waren benutzten Einkaufswagen eines Supermarkts[14] oder der Zusammenstoß zweier unachtsamer Fußgänger genügen.[15]

Die Gegenansicht beschränkt den Schutzbereich der Norm nur auf die typischen Gefahren des Massenverkehrs, so dass beim Unfall immer die Beteiligung wenigstens eines Fahrzeugs (verstanden als Transportmittel iwS) vorliegen muss.[16]

Nach hM verwirklicht A in **Fall 1** § 142 Abs. 1 Nr. 1 (in Tateinheit mit § 229). Für die Gegenansicht würde A kein Risiko schaffen, welches sich vom sonstigen, nicht öffentlichen Verkehr entscheidend abhebt, so dass eine Strafbarkeit nach § 142 zu verneinen wäre.

8   e) **Gewollte Schädigungen:** Ein Unfall ist bereits dann anzunehmen, wenn **nur ein Beteiligter** ungewollt geschädigt wird und die Schädigung mit den Risiken des Straßenverkehrs zusammenhängt.[17] Daher kann – für den anderen Beteiligten – auch ein Unfall gegeben sein, wenn der Täter den Schaden durch das Schaffen einer typischen Verkehrsgefahr vorsätzlich herbeiführt.

9   **2. Täterkreis (Unfallbeteiligte).** Täter kann nur ein Unfallbeteiligter sein; die Tat ist (echtes) Sonderdelikt.[18]

Unfallbeteiligter ist jeder, dessen Verhalten nach den Umständen zur Verursachung des Unfalls beigetragen haben kann (**Legaldefinition** nach Abs. 5).

10   Die Formulierung „**nach den Umständen**" besagt, dass das fragliche Verhalten in unmittelbarem Zusammenhang mit der Unfallsituation stehen muss. Für die Annahme,

---

9   NK-*Kretschmer* § 142 Rn 35; *Himmelreich* DAR 2007, 669.

10   Hierzu § 64 Rn 9; vgl auch S/S/W-*Ernemann* § 142 Rn 12; *Geppert* Eisenberg-FS 287 (293): Es schadet nicht, wenn sich der Schaden erst außerhalb der öffentlichen Verkehrsfläche realisiert.

11   *Fischer* § 142 Rn 8 f.

12   HM, vgl nur OLG Stuttgart NJW 1969, 1726; *Fischer* § 142 Rn 9; HKGS-*Pflieger/Quarch* § 142 Rn 7; abw. NK-*Kretschmer* § 142 Rn 39.

13   *Fischer* § 142 Rn 8; NK-*Kretschmer* § 142 Rn 37; MK-*Zopfs* § 142 Rn 37.

14   OLG Koblenz MDR 1993, 366; OLG Düsseldorf NStZ 2012, 326; LG Bonn NJW 1975, 178; abl. LG Düsseldorf NStZ-RR 2011, 355, krit. NK-*Kretschmer* § 142 Rn 39.

15   OLG Stuttgart VRS 18, 117; *Eichberger* JuS 1996, 1078 (1081); M-*Schroeder*/Maiwald I § 49/18; aA NK- *Kretschmer* § 142 Rn 39; S/S-*Sternberg-Lieben* § 142 Rn 17.

16   NK-*Kretschmer* § 142 Rn 39; S/S-*Sternberg-Lieben* § 142 Rn 17.

17   BGHSt 12, 253 (254, 256); 24, 382 (383 ff); BGH VRS 108, 54; *L-Kühl* § 142 Rn 8; NK-*Kretschmer* § 142 Rn 40 mwN; abl. *Fahl* JuS 2003, 472 (474 f); M/R-*Renzikowski* Rn 6; SK- /*Stein* § 142 Rn 14; *Sternberg-Lieben* JR 2002, 386 (387 f); vgl auch BGHSt 48, 233 (239).

18   Teilnahme bleibt aber möglich. § 28 Abs. 1 gilt *nicht*, vgl NK-*Kretschmer* § 142 Rn 46, 115 mwN.

dass das Verhalten zum Unfall beigetragen haben **kann**, genügt ein entsprechender, aufgrund der konkreten Umstände begründeter Verdacht. Es kommt m.a.W. nur auf den **äußeren Schein der Unfallsituation** an.[19] Ob das Verhalten verkehrswidrig war, spielt dagegen ebenso wenig eine Rolle wie die Schuldfrage.

Als Täter kommt nur ein solcher Unfallbeteiligter in Betracht, der zum **Tatzeitpunkt am Unfallort anwesend** ist, da sich die Vorschrift nur auf die räumlich Beteiligten bezieht. Wer zum Unfall mittelbar beigetragen hat – zB durch Beschädigung eines Reifens – und erst später zum Unfallort kommt, scheidet als Täter aus.[20]   11

Weder der Täter noch der Geschädigte müssen selbst (aktive) Verkehrsteilnehmer sein, sofern nur das Schadensereignis im Zusammenhang mit den Gefahren des Straßenverkehrs steht. Daher kann auch ein **Mitfahrer** Unfallbeteiligter sein, falls die Vermutung besteht, dass er zum Unfall beigetragen hat, oder unklar ist, wer das Fahrzeug gesteuert hat.[21]   12

3. Tathandlungen

▶ **FALL 2:** Fahrer F verliert wegen überhöhter Geschwindigkeit die Kontrolle über seinen Wagen und rast in einen parkenden Pkw. Der Taxifahrer T ist zufällig zur Stelle und bringt den bewusstlosen F ins Krankenhaus. ◀

▶ **FALL 3:** Lkw-Fahrer L flieht mit über 3 ‰ im Blut vom Unfallort. Nachdem er am nächsten Morgen zu sich kommt, meldet er sich sofort bei der Polizei. ◀

▶ **FALL 4:** Beim Ausparken auf einem Supermarkt-Parkplatz fährt die unachtsame E mit ihrem Jeep in einen Obststand hinein. Ihre Freundin F sieht dies, versichert jedoch der E, diese wäre nur auf einen Stapel aussortierter Kartons gefahren. E und F fahren sodann zu einem Cafe, wo F den wahren Sachverhalt erzählt. E will Ärger vermeiden und meldet den Vorfall nicht. ◀

Der Tatbestand sieht **vier Tatvarianten** vor, bei denen der Täter jeweils eine spezifische Pflicht verletzen muss. Die beiden Pflichten nach Abs. 1 betreffen die Ermöglichung von Feststellungen an der Unfallstelle, während die beiden Pflichten nach Abs. 2 das Unterlassen der Ermöglichung nachträglicher Feststellungen zum Gegenstand haben.   13

a) **Abs. 1 Nr. 1:** Den Tatbestand nach Abs. 1 Nr. 1 verwirklicht, wer sich als Unfallbeteiligter vom Unfallort entfernt, bevor er zugunsten der anderen Unfallbeteiligten und der Geschädigten die Feststellung seiner Person, seines Fahrzeugs und der Art seiner Beteiligung durch seine Anwesenheit und durch die Angabe, dass er an dem Unfall beteiligt ist, ermöglicht hat.   14

aa) **Pflichten:** Demnach hat ein Unfallbeteiligter eine **Anwesenheitspflicht**, die mit der Pflicht, **bestimmte Feststellungen zu dulden**, verbunden ist. Durch die Erfüllung dieser mit einer passiven Duldungspflicht gekoppelten Anwesenheitspflicht soll den Berechtigten die zur Sicherung zivilrechtlicher Ersatzansprüche erforderlichen Feststellungen über Person, Fahrzeug und Art der Beteiligung ermöglicht werden. Außerdem hat ein   15

---

19 BGHSt 15, 1 (4); BayObLG NStZ-RR 2000, 140 (141); OLG Stuttgart NStZ-RR 2003, 278 f; L-*Kühl* § 142 Rn 3; MK-*Zopfs* § 142 Rn 36; enger NK-*Kretschmer* § 142 Rn 53.
20 OLG Stuttgart NStZ 1992, 384; OLG Jena DAR 2004, 599; SK-*Stein* § 142 Rn 19; abw. *Berz* NStZ 1992, 591 f.
21 BGHSt 15, 1 (5); BGH VRS 5, 42; 59, 185 (186); BayObLG DAR 1985, 241; OLG Karlsruhe VRS 53, 426; OLG Köln NZV 1992, 80; krit. *Arloth* GA 1985, 495 ff; *Küper* JuS 1988, 286 (287 f).

Unfallbeteiligter eine **Vorstellungspflicht** bezüglich des Umstands, am Unfall beteiligt zu sein.[22] Dies bedeutet im Einzelnen:

16 ■ **Berechtigte** sind die anderen anwesenden Unfallbeteiligten und Geschädigten (Abs. 3).

17 ■ Die **Feststellungen** können von den Berechtigten selbst, für diese handelnden Dritten oder der Polizei im Interesse aller Beteiligten getroffen werden.[23] Insoweit ist jeder als **feststellungsbereit** anzusehen, der fähig ist und erkennbar den Willen hat, zugunsten der anderen Beteiligten Feststellungen zu treffen und an diese weiterzugeben.[24]

18 ■ Die **Vorstellungspflicht** des Unfallbeteiligten erschöpft sich in der Angabe, überhaupt am Unfall beteiligt zu sein, soweit dies nicht schon bekannt ist.[25] Damit soll ausgeschlossen werden, dass sich jemand nur in der Nähe des Unfallortes aufhält, ohne dass seine vorangegangene Beteiligung für andere erkennbar ist. Schwindelt der Unfallbeteiligte über seine Beteiligung, ist Abs. 1 Nr. 1 auch dann erfüllt, wenn er erst nach der letzten feststellungsberechtigten den Unfallort verlässt.[26]

19 ■ Ansonsten muss der Unfallbeteiligte **lediglich durch seine Anwesenheit** die Feststellung seiner Person, seines Fahrzeugs und der Art seiner Beteiligung ermöglichen. Gegenüber privaten Feststellungsinteressenten ist er nicht verpflichtet, Auskunft über seine Personalien zu geben, Führerschein und Fahrzeugpapiere vorzuzeigen oder die Versicherungsnummer zu nennen.[27] Die Pflicht aus § 34 Abs. 1 Nr. 5b StVO ist strafrechtlich nicht sanktioniert. Bei Weigerung besteht jedoch die Pflicht, die Identität von der Polizei feststellen zu lassen,[28] die dann ggf Zwangsmaßnahmen ergreifen kann. Erst recht besteht **keine Pflicht zur Aufklärung** des Unfalls. Auch ergibt sich aus der Pflicht, anwesend zu sein, nicht die Pflicht, **Verdunkelungsmaßnahmen** zu unterlassen.[29] Die Verwischung strafrechtlich relevanter Spuren – zB Nachtrunk zur Verschleierung der BAK, Beseitigung von Unfallspuren[30] – ist daher nicht im Sinne von Abs. 1 Nr. 1 tatbestandsmäßig.

20 **bb) Zeitraum:** Die **Anwesenheitspflicht endet**, sobald die (Erfolg versprechenden) Feststellungen getroffen sind.

21 Ferner entfällt eine Feststellungspflicht, wenn **alle** möglichen Berechtigten auf Feststellungen (ggf konkludent) **verzichten**. Ein Verzicht ist jedoch unbeachtlich, wenn er auf einem Willensmangel beruht, den der Täter durch Täuschung oder Drohung veranlasst

---

22 Fraglich ist, ob dem Täter auch eine Hinweispflicht dahingehend trifft, fremde Personen auf das Schadensereignis aufmerksam zu machen und deren Feststellungsbereitschaft zu wecken; abl. S/S/W-*Ernemann* § 142 Rn 24 mwN.

23 HKGS-*Pflieger/Quarch* § 142 Rn 11; NK-*Kretschmer* § 142 Rn 61.

24 OLG Köln NJW 2002, 1359 mwN.

25 BayObLG NJW 1993, 410; NK-*Kretschmer* § 142 Rn 58.

26 BGHSt 63, 121; MK-*Zopfs* § 142 Rn 60; *Hecker* JuS 2018, 1011; *Kudlich* JA 2018, 709.

27 L-*Kühl* § 142 Rn 18; *Küper* JZ 1988, 473 ff; *Maier* JZ 1975, 721 (722); SK-*Stein* § 142 Rn 27; S/S-*Sternberg-Lieben* § 142 Rn 30; *Fischer* § 142 Rn 28; aA OLG Hamm bei *Janiszewski* NStZ 1985, 257; bzgl Personalien auch BGHSt 16, 139 (143) zu § 142 aF.

28 Vgl §§ 111 OWiG, 163b, 163c StPO.

29 BGHSt 7, 112 (117); L-*Kühl* § 142 Rn 17 aE; S/S-*Sternberg-Lieben* § 142 Rn 29; aA M-*Schroeder*/Maiwald I § 49/38.

30 BGHSt 5, 124 ff; weitere Fallbeispiele bei S/S-*Sternberg-Lieben* § 142 Rn 29.

hat.[31] Unwirksam ist der Verzicht auch, wenn ihn der Täter durch falsche Angaben zu seiner Person erschlichen hat.[32]

cc) Pflichtverletzung: Der Täter verletzt die Anwesenheitspflicht, wenn er sich vom Unfallort entfernt.   22

- **Unfallort** ist die Stelle, an der sich der Unfall ereignet hat und umfasst den Bereich, innerhalb dessen ein Aufenthalt von Beteiligten nach den Umständen des Einzelfalls noch zu vermuten ist.   23

Dies kann zB ein ungefährlicher Platz in unmittelbarer Nähe der Unfallstelle sein. Maßgebend zur Bestimmung des Unfallorts ist also der Schutzzweck der Norm. Der Unfallort erstreckt sich auf den Bereich, innerhalb dessen feststellungsbereite Personen mit der Anwesenheit des Wartepflichtigen rechnen und diesen ggf durch Befragen ermitteln können.[33] Umstritten ist, ob auch der Ort, an dem der Täter auf den Unfall hingewiesen wird, noch als Unfallort angesehen werden kann, dh ob sich der Unfallort über eine größere Distanz erstrecken kann.[34]   24

- **Sich-Entfernen** ist das willentliche Verlassen des Unfallorts.   25

Dies ist der Fall, wenn der Täter den Bereich verlässt, innerhalb dessen ein Wartepflichtiger von feststellungsbereiten Personen noch vermutet wird.[35] Eine größere Distanz ist hierfür nicht erforderlich. Das Sich-Entfernen kann auch durch Unterlassen geschehen. Der Täter lässt etwa zu, dass er weggefahren wird. Kein Sich-Entfernen ist es dagegen, wenn der Täter – zB wegen Bewusstlosigkeit wie F in **Fall 2** – ohne Willen oder – zB zur Durchführung einer Blutentnahme gem. § 81a StPO – unabhängig von seinem Willen entfernt wird.[36] Auch ein Verstecken am Unfallort ist kein Sich-Entfernen.[37]   26

b) Abs. 1 Nr. 2: Den Tatbestand nach Abs. 1 Nr. 2 verwirklicht, wer sich als Unfallbeteiligter vom Unfallort entfernt, bevor er eine nach den Umständen angemessene Zeit gewartet hat, ohne dass jemand bereit war, die Feststellungen zu treffen.   27

Für den Fall, dass keine feststellungsbereiten Personen am Unfallort anwesend oder erschienen sind, hat ein Unfallbeteiligter eine **Wartepflicht** an der Unfallstelle. Durch die Erfüllung dieser Pflicht soll für eine angemessene Zeit auch später eintreffenden feststellungsbereiten Personen die Möglichkeit eröffnet werden, die erforderlichen Feststellungen zu treffen. Die einzelnen Begriffe und die Tathandlung sind wie bei Nr. 1 auszulegen. Ansonsten gilt: 28

---

31 OLG Stuttgart NJW 1982, 2266; BayObLG NJW 1984, 1365 f; HKGS-*Pflieger/Quarch* § 142 Rn 14; S/S-*Sternberg-Lieben* § 142 Rn 30c; aA SK-*Stein* § 142 Rn 24: so werde faktisch eine Pflicht zu wahrheitsgemäßen Angaben statuiert; einschr. auch LK-*Geppert* § 142 Rn 83.

32 OLG Stuttgart NJW 1982, 2266 (2267); S/S-*Sternberg-Lieben* § 142 Rn 30c; aA für den Fall, dass der Täter seine Unfallbeteiligung eingeräumt hat, *Küper* JZ 1990, 510; vgl auch NK-*Kretschmer* § 142 Rn 59, 96.

33 OLG Köln NJW 1989, 1683 (1684); OLG Jena DAR 2004, 599 (600); *Küper* JZ 1981, 209 (214 f); NK-*Kretschmer* § 142 Rn 82; MK-*Zopfs* § 142 Rn 47 f; vgl auch *Brüning* ZJS 2008, 148 (150).

34 Bejahend BVerfG NJW 2007, 1666 (1668); OLG Düsseldorf StraFo 2008, 83 (84); aA BGH StV 2011, 160; Hans OLG Hamburg StraFo 2009, 211 f.

35 *Fischer* § 142 Rn 21; *Küper* GA 1994, 49 ff, 63 f; SK-*Stein* § 142 Rn 40.

36 OLG Hamm NJW 1985, 445; SK-*Stein* § 142 Rn 42; NK-*Kretschmer* § 142 Rn 85; S/S-*Sternberg-Lieben* § 142 Rn 46; vgl auch BGHSt 30, 160 (161 ff).

37 OLG Hamm NJW 1979, 438; allerdings kann das Sich-Entfernen von dem Ort, an dem man von einem Unfall erfährt, tatbestandsmäßig sein: BVerfG NJW 2007, 1666 (1668); OLG Düsseldorf StraFo 2008, 83 (84); aA HansOLG Hamburg StraFo 2009, 211 f m. zust. Anm. *Brüning* ZJS 2009, 442 ff.

29   ■ Die **Angemessenheit der Wartezeit** richtet sich nach den Umständen des Einzelfalles. Zu berücksichtigen sind namentlich Tageszeit, Verkehrsdichte und Witterungsverhältnisse. Bei größeren Sach- und Personenschäden beträgt die Zeitspanne wenigstens eine Stunde; bei geringfügigen Schäden kann sie aber auch bei einer Viertelstunde liegen.[38]

30   ■ Von der Wartepflicht kann sich ein Unfallbeteiligter grds. **nicht durch Ersatzmaßnahmen** – wie zB durch die Benachrichtigung eines Berechtigten bzw der Polizei oder das Hinterlassen eines Zettels an der Windschutzscheibe – **entbinden.** Allerdings kommt insoweit ggf als Rechtfertigungsgrund eine mutmaßliche Einwilligung in Betracht, sofern zB persönliche Beziehungen zu dem Geschädigten bestehen.[39]

31   ■ **Kommen** während der Wartezeit tatsächlich **feststellungsbereite Personen** zum Unfallort, so treffen den Täter nunmehr die Pflichten aus Abs. 1 Nr. 1.[40]

32   c) **Abs. 2, 3:** Den Tatbestand von Abs. 2 Nr. 1 verwirklicht, wer sich, bevor die notwendigen Feststellungen im Sinne von Abs. 1 Nr. 1 getroffen werden konnten,

■ nach Ablauf seiner Wartepflicht im Sinne von Abs. 1 Nr. 2 (Abs. 2 Nr. 1) oder

■ berechtigt oder entschuldigt (Abs. 2 Nr. 2)

vom Unfallort entfernt hat und die Feststellungen nicht unverzüglich in dem von Abs. 3 genannten Umfang nachträglich ermöglicht.

33   aa) Abs. 2 normiert damit eine **Nachholpflicht** für den Unfallbeteiligten im Sinne eines echten Unterlassungsdelikts. Diese Nachholpflicht kann *nur* von demjenigen erfüllt werden, der sich nicht bereits nach Abs. 1 strafbar gemacht hat.[41]

34   ■ Die Nachholpflicht hat das Ermöglichen der bislang noch nicht getroffenen Feststellungen im Sinne von Abs. 1 Nr. 1 zum Gegenstand. Jedoch ist der Täter nunmehr zur **aktiven und wahrheitsgemäßen Mitteilung** weiterer Informationen verpflichtet: Er muss nach Abs. 3 S. 2 neben der Angabe, dass er an dem Unfall beteiligt gewesen ist, seine Anschrift, seinen Aufenthalt sowie das Kennzeichen und den Standort seines Fahrzeugs angeben und dieses zu unverzüglichen Feststellungen für eine ihm zumutbare Zeit zur Verfügung halten.

35   ■ Die Erklärungen sind nach freier Entscheidung **gegenüber den Berechtigten,** einer nahe gelegenen **Polizeidienststelle** oder in anderer, **gleichermaßen geeigneter Weise** abzugeben. Insoweit sind die Adressaten der Mitteilung in Abs. 3 nicht abschließend, sondern nur beispielhaft erwähnt.[42]

36   ■ Die Mitteilung ist **unverzüglich** zu machen, also nach den Gegebenheiten des Einzelfalls **ohne schuldhaftes Zögern.** Richtschnur ist die Vermeidung des Verlusts von Beweismitteln.[43] Insoweit genügt bei nächtlichem Unfall mit einem nicht besonders hohen Sachschaden ein Informieren am nächsten Morgen.

37   bb) Der Unfallbeteiligte muss sich nach Ablauf seiner Wartepflicht im Sinne von Abs. 1 Nr. 2 oder berechtigt oder entschuldigt vom Unfallort entfernt haben.

---

38   OLG Köln NJW 2002, 1359 (1360); OLG Karlsruhe DAR 2003, 38 (39); *Fischer* § 142 Rn 36; NK-*Kretschmer* § 142 Rn 75 ff; S/S-*Sternberg-Lieben* § 142 Rn 33 ff.

39   Vgl OLG Köln VRS 64, 115; BayObLG VRS 64, 121.

40   OLG Stuttgart NJW 1982, 1769 f; L-*Kühl* § 142 Rn 16.

41   HKGS-*Pflieger/Quarch* § 142 Rn 18; NK-*Kretschmer* § 142 Rn 119.

42   *Fischer* § 142 Rn 55 ff; NK-*Kretschmer* § 142 Rn 137 ff.

43   OLG Karlsruhe MDR 1982, 164; *Fischer* § 142 Rn 54; NK-*Kretschmer* § 142 Rn 145 ff.

■ **Berechtigt** ist das Sich-Entfernen, wenn Rechtfertigungsgründe eingreifen, insbesondere nach § 34 oder bei rechtfertigender Pflichtenkollision. Letzteres ist zB der Fall, wenn nach § 323c ein Verletzter zu bergen ist. 38

■ **Entschuldigt** ist das Sich-Entfernen, wenn Entschuldigungs- oder Schuldausschließungsgründe vorliegen. Der Unfallbeteiligte ist zB aufgrund einer Schockreaktion im Sinne von § 20 schuldunfähig.[44] 39

Auch bei **Volltrunkenheit** – wie in **Fall 3** – kann eine krankhafte seelische Störung nach § 20 vorliegen, die zur Schuldlosigkeit führt.[45] In diesem Fall greift § 142 Abs. 2 ein. 40

Dieser Lösung wird entgegengehalten, dass sich der Täter „insgesamt nicht erlaubt" vom Unfallort entferne, da er ja § 323a (iVm § 142 Abs. 1) verwirkliche. Abs. 2 sei also nur dann anzuwenden, wenn das schuldlose Verhalten unter keinem Gesichtspunkt (also auch nicht nach § 323a) strafbar bleibe.[46]

Diese Argumentation ist jedoch verfehlt: Bei § 323a ist die Rauschtat nur eine objektive Bedingung der Strafbarkeit. Auch unter dem Aspekt des § 323a **entfernt sich** der Täter schuldlos. Strafbegründend im Sinne von § 323a ist allein sein übermäßiger Alkoholgenuss, durch den er sich in den schuldausschließenden Rausch versetzt, nicht aber die Rauschtat selbst.[47] Es verbleibt zudem der Lösungsweg über Abs. 2: Entfernt sich der volltrunkene Täter schuldlos, dann ist § 323a iVm § 142 Abs. 1 *nicht* anwendbar, er muss aber, nüchtern geworden, unverzüglich seiner Pflicht zur nachträglichen Ermöglichung der Feststellungen nachkommen (Abs. 2). Da also L in **Fall 3** die nachträgliche Feststellungspflicht erfüllt, macht er sich nicht nach § 142 Abs. 2 Nr. 2 strafbar. Die Gegenansicht müsste L nach § 323a iVm § 142 Abs. 1 bestrafen und würde ihm damit die Möglichkeit der nachträglichen Feststellung nach Abs. 2 verbauen.

cc) Die frühere Rechtsprechung sah Abs. 2 Nr. 2 auch für den Fall als erfüllt an, dass sich der Täter – wie E in **Fall 4** – **unvorsätzlich** vom Unfallort entfernt und noch innerhalb eines zeitlichen und räumlichen Zusammenhangs vom Unfall erfahren hat.[48] Die Merkmale „berechtigt oder entschuldigt" seien im Sinne der Alltagssprache dahingehend zu verstehen, dass dem Täter hinsichtlich des Sich-Entfernens kein persönlicher Vorwurf gemacht werden könne, was auch bei einem Handeln unter den Voraussetzungen eines vorsatzausschließenden Tatbestandsirrtums gegeben sei. 41

Im Schrifttum wurde gegen diese Auslegung überwiegend der Einwand verbotener Analogie erhoben und zudem angeführt, dass das „Sich-Entfernen" in Abs. 1 nach einhelliger Meinung Vorsatz verlange und daher in Abs. 2 nicht anders interpretiert werden dürfe.[49] Dieser Sicht hat sich das BVerfG angeschlossen und die Erstreckung der Strafbarkeit nach § 142 Abs. 2 Nr. 2 auf Fälle des unvorsätzlichen Entfernens vom Unfallort für **verfassungswidrig** erklärt.[50] 42

---

44 Zur Anwendbarkeit des Abs. 2 Nr. 2 im Falle eines entschuldigenden Verbotsirrtums des Täters über die Wartezeit vgl *Mitsch* NZV 2005, 347 (348 f).

45 Vgl *Keller* JR 1989, 343 f; *Miseré* Jura 1991, 298 (301 f); M-*Schroeder*/Maiwald I § 49/53; ferner NK- *Kretschmer* § 142 Rn 134, die allerdings von der Subsidiarität des Abs. 2 ausgehen.

46 BayObLG NJW 1989, 1685 f m. zust. Bespr. *Küper* NJW 1990, 209; *Fischer* § 142 Rn 48; L-*Kühl* § 142 Rn 24; *Otto* § 80/64; SK-*Stein* § 142 Rn 49; MK-*Zopfs* § 142 Rn 103.

47 Vgl *Paeffgen* NStZ 1990, 365 (367 f).

48 Grundlegend BGHSt 28, 129 (132 ff); ferner OLG Düsseldorf JZ 1985, 544; OLG Koblenz NZV 1989, 141 (142).

49 Vgl nur *Beulke* NJW 1979, 400 (402 ff); L-*Kühl* § 142 Rn 25; NK-*Kretschmer* § 142 Rn 129 f; MK-*Zopfs* § 142 Rn 105.

50 BVerfG NJW 2007, 1666 ff mit Hinweis auf die Möglichkeit einer ausgedehnten Auslegung des Begriffs „Unfallort"; zust. OLG Düsseldorf StraFo 2008, 83; LK-*Geppert* § 142 Rn 133 ff; krit. *Dehne-Niemann* Jura 2008,

43 Dementsprechend trifft E im **Fall 4** keine nachträgliche Feststellungspflicht, so dass sie den Tatbestand nicht verwirklicht. Ihre Freundin B ist ebenfalls straflos, da sie mangels Unfallbeteiligung kein (mittelbarer) Täter des Delikts sein kann (Rn 9), während eine Teilnahme am Erfordernis der vorsätzlichen Haupttat scheitert.

44 **dd)** Abs. 2 Nr. 2 greift erst recht nicht ein, wenn ein Unfallbeteiligter (wie F in **Fall 2**) gegen oder ohne seinen Willen – insbesondere bei Bewusstlosigkeit – **durch Dritte** von der Unfallstelle entfernt wurde.[51] Jedenfalls dürfte im Falle der von einem Dritten veranlassten Ortsveränderung schlechterdings nicht mehr davon die Rede sein, dass der Unfallbeteiligte „sich" entfernt habe. Die Rechtsprechung stimmt dem teilweise zu,[52] kommt aber teilweise auch hier zu der Annahme eines „berechtigten oder schuldlosen" Sich-Entfernens,[53] was dann eine nachträgliche Feststellungspflicht begründen kann. Gegen die letztgenannte Auslegung spricht jedoch der Wortlaut der Norm, so dass F in **Fall 2** keine nachträgliche Feststellungspflicht trifft.

45 **4. Subjektiver Tatbestand.** Der subjektive Tatbestand erfordert in allen Tatvarianten (zumindest bedingt) vorsätzliches Handeln.[54]

II. Tätige Reue

46 Abs. 4 eröffnet die Möglichkeit der Milderung oder des Absehens von Strafe, wenn sich der Unfall außerhalb des fließenden Verkehrs ereignet („Parkunfall") und ausschließlich zu einem nicht bedeutenden Sachschaden geführt hat und wenn der Täter innerhalb von 24 Stunden freiwillig die erforderlichen Feststellungen im Sinne von Abs. 3 nachträglich ermöglicht.[55] Als **nicht bedeutend** ist ein Schaden anzusehen, der unter der für § 69 Abs. 2 Nr. 3 maßgeblichen Grenze von 1300 Euro liegt.[56]

C. Anwendung

I. Aufbau

47 Es empfiehlt sich, die Tatbestandsmerkmale des unerlaubten Entfernens vom Unfallort in folgenden Schritten zu prüfen:

1. Abs. 1

A) *Tatbestand*:

    I. Objektiver Tatbestand:

        1. Tatsituation: Unfall im Straßenverkehr (Rn 2 ff)

        2. Täterkreis: Unfallbeteiligter im Sinne von Abs. 5 (Rn 9 ff)

        3. Tathandlung: Räumliches Sich-Entfernen

---

135 ff; *Mitsch* JuS 2010, 303 (305); aA bzgl der erweiterten Auslegung BGH StV 2011, 160; zu den Folgen vgl *Hillenkamp* Beulke-FS 449 ff.

51 L-*Kühl* § 142 Rn 25.

52 OLG Köln VRS 57, 406; OLG Hamm NJW 1979, 438 (439); NK-*Kretschmer* § 142 Rn 85, 124 mwN.

53 BayObLG NJW 1982, 1059 f; 1993, 410; zust. *Bischoff* JuS 2004, 508 (511 f); M-*Schroeder*/Maiwald I § 49/55; vgl auch BGHSt 30, 160 (161 f).

54 OLG Jena StV 2006, 529; MK-*Zopfs* § 142 Rn 88; zur Bildung eines Entfernens-Vorsatzes bis zur Beendigung der Tat BVerfG NJW 2007, 1666 (1668); abl. *Brüning* ZIS 2007, 317 (320 ff); krit. *Mitsch* JuS 2010, 303 (306). Die Beendigung soll dann eintreten, wenn sich der Täter in Sicherheit gebracht hat: BayObLG NJW 1980, 412.

55 Näher *Böse* StV 1998, 509 ff; NK-*Kretschmer* § 142 Rn 112 ff.

56 Vgl OLG Jena NStZ-RR 2005, 183; OLG Dresden NJW 2005, 2633; LG Gera DAR 2006, 107 f m.Anm. *Heinrich*; *Fischer* § 69 Rn 29, § 142 Rn 64; *Himmelreich* DAR 2006, 289 f.

a) Nr. 1: ohne Ermöglichung von Feststellungen bei Anwesenheit feststellungsbereiter Personen (Rn 14 ff) oder

b) Nr. 2: ohne angemessene Wartezeit bei Nichtanwesenheit feststellungsbereiter Personen (Rn 27 ff)

II. Subjektiver Tatbestand: (zumindest bedingter) Vorsatz (Rn 45)

B) *Rechtswidrigkeit*

C) *Schuld*

D) Ggf *tätige Reue* im Sinne von Abs. 4 (Rn 46)

2. Abs. 2

A) *Tatbestand*:

I. Objektiver Tatbestand:

1. Tatsituation: Unfall im Straßenverkehr (Rn 2 ff)
2. Täterkreis: Unfallbeteiligter im Sinne von Abs. 5 (Rn 9 ff)
3. Weitere Tatvoraussetzungen:
   a) Keine Strafbarkeit nach Abs. 1
   b) Sich-Entfernen vom Unfallort
      - Nr. 1: nach Ablauf der Wartepflicht im Sinne von Abs. 1 Nr. 2 oder
      - Nr. 2: berechtigt oder schuldlos (Rn 38 ff)
4. Tathandlung: Unterlassen des unverzüglichen Ermöglichens von Feststellungen im Sinne von Abs. 3 (Rn 33 ff)

II. Subjektiver Tatbestand: (zumindest bedingter) Vorsatz (Rn 45)

B) *Rechtswidrigkeit*

C) *Schuld*

D) Ggf *tätige Reue* im Sinne von Abs. 4 (Rn 46)

II. Beteiligung

Nach der Rechtsprechung leistet ein am Unfallort anwesender Fahrzeugeigentümer bzw -halter Beihilfe durch Unterlassen, wenn er den Unfallbeteiligten, den er zum Führen des Fahrzeugs ermächtigt hat, nicht am unerlaubten Entfernen vom Unfallort hindert. Die Garantenstellung soll sich aus der Sachherrschaft und Verfügungsberechtigung des Eigentümers über sein Fahrzeug, das in seiner Anwesenheit als Mittel zur Begehung einer Straftat benutzt wird, ergeben.[57]   **48**

Eine sukzessive Beihilfe soll bei § 142 I StGB nach der Rechtsprechung bis zu dem Zeitpunkt möglich sein, an dem der flüchtende Unfallbeteiligte sich durch das Absetzen vom Unfallort endgültig vor den Feststellungen des Berechtigten in Sicherheit gebracht hat.[58]

III. Konkurrenzen

§ 142 steht mit Delikten, die bei der Herbeiführung des Unfalls verwirklicht werden (zB §§ 315c, 222, 229), in Tatmehrheit, wenn die Unfallflucht (wie regelmäßig) auf   **49**

---

57 BGH VRS 24, 34; OLG Stuttgart NJW 1981, 2369; abl. *Otto* § 9/93.
58 BayObLG NJW 1980, 412; OLG Karlsruhe NStZ-RR 2017, 355; *Küper*, JZ 1981, 251 (254); MK-*Zopfs* § 142 Rn 124; a.A. *Fischer* § 142 Rn 66; *Hecker* JuS 2017, 1125 (1127).

einem neuen Tatentschluss beruht; der Verkehrsunfall wird hier als Zäsur im Gesamt-geschehen verstanden.[59] Mit Delikten, die der Täter beim Entfernen vom Unfallort be-geht (zB §§ 164, 316, 223 ff.), besteht hingegen Tateinheit.[60]

50   Die Taten vor und nach dem Unfall können durch schwere Dauerstraftaten zur Tatein-heit **verklammert**[61] werden, zB bei § 248b StGB, nicht aber, mangels Schwere, bei §§ 316 StGB oder 21 StVG.[62] Ferner kommt nach der Rechtsprechung Tateinheit un-ter den Voraussetzungen einer natürlichen Handlungseinheit in Betracht, namentlich in Fällen der sog. **Polizeiflucht**.[63]

WIEDERHOLUNGS- UND VERTIEFUNGSFRAGEN

> Welches Rechtsgut schützt § 142? (Rn 1)

> Was ist ein „Unfall" im Sinne der Vorschrift? Welche Schädigungen gehören nicht dazu? (Rn 2 ff)

> Wer gilt als ein „Unfallbeteiligter"? (Rn 9 ff)

> Was ist Gegenstand der Feststellungspflicht nach Abs. 1? (Rn 15 ff)

> Wann liegt ein „Sich-Entfernen" vor? (Rn 25 f)

> Wann ist eine Wartezeit nach Abs. 1 Nr. 2 „angemessen"? (Rn 29)

> Welchen Umfang hat die nachträgliche Feststellungspflicht nach Abs. 2 und 3? (Rn 33 ff)

> Trifft die nachträgliche Feststellungspflicht auch einen Täter, der sich unvorsätzlich oder tatbestandslos von der Unfallstelle entfernt? (Rn 41 f, 44)

> Entfernt sich der Täter „schuldhaft", wenn er in einem die Schuld ausschließenden Rauschzustand die Unfallstelle verlässt? (Rn 40)

---

59 BGHSt 23, 141 (144); 25, 72 (74 f); s. auch OLG Saarbrücken NStZ 2005, 117 (118); OVG Münster VRS 105, 152 (155); NK-*Schild/Kretschmer* § 142 Rn 160; MK-*Zopfs* § 142 Rn 138.

60 MK-*Zopfs* § 142 Rn 137.

61 Zur Tateinheit durch Klammerwirkung vgl *Kindhäuser* LPK § 52 Rn 8, 16 ff.

62 Näher NK-*Kretschmer* § 142 Rn 161.

63 BGHSt 22, 67 (76); BGH DAR 2004, 316; hierzu und zur Gegenmeinung *Kindhäuser* LPK § 52 Rn 23 f; L-*Kühl* § 52 Rn 3.

9. Abschnitt: Vollrausch und unterlassene Hilfeleistung

§ 69 Vollrausch (§ 323a)

A. Allgemeines

§ 323a hat die Funktion eines **Auffangtatbestands** und greift ein, wenn der Täter eine „rechtswidrige Tat" begeht, für die er (nur deshalb) nicht bestraft werden kann, weil er rauschbedingt schuldunfähig im Sinne von § 20 war oder dies nach dem Grundsatz *in dubio pro reo* nicht ausgeschlossen werden kann. [1]

Umstritten ist, wie sich diese Funktion mit dem System des strafrechtlichen **Rechtsgüterschutzes** vereinbaren lässt:[1] [2]

■ Die vorherrschende Auffassung sieht den Zweck der Vorschrift im Schutz beliebiger Rechtsgüter vor der generellen Gefährlichkeit von Rauschzuständen, in denen die Schuldfähigkeit ausgeschlossen ist, und stuft den Tatbestand damit als **abstraktes Gefährdungsdelikt** ein. Dementsprechend soll das Unrecht der Tat allein in der (vorsätzlichen oder fahrlässigen) Herbeiführung eines die Schuldfähigkeit ausschließenden Rauschzustands liegen.[2] [3]

■ Teils wird der Zweck der Vorschrift auch in der Verhinderung einer mehr oder weniger **konkreten Gemeingefährlichkeit** des Rauschs und der hieraus resultierenden Rauschtaten gesehen.[3] Dies verlangt, dass der Täter zu Ausschreitungen im Rausch neigt und für ihn (subjektiv) die konkrete Rauschtat vorhersehbar ist. [4]

■ Sofern der Sinn der Vorschrift auf die Vermeidung der (abstrakten oder konkreten) Gefährlichkeit von Rauschzuständen verengt wird, bleibt unklar, warum die Strafbarkeit von der Begehung einer rechtswidrigen Tat im schuldunfähigen Zustand abhängig gemacht wird. Der Genuss von Alkohol ist sozial adäquat und kann als solcher nicht als Schaffung eines unerlaubten Risikos bewertet werden. Deshalb ist weniger auf den Rauschzustand, als vielmehr auf die Beseitigung der Schuldfähigkeit abzustellen, mit der sich der Täter – jenseits der umstrittenen Zurechnung nach den Grundsätzen der *actio libera in causa*[4] – gewissermaßen Straffreiheit verschafft. Das Verbot, sich in einen Rauschzustand zu versetzen, dient bei dieser Interpretation der Sicherung des strafrechtlichen Zurechnungssystems: Zum Zwecke der Sicherung der Fähigkeit, die strafrechtlichen Normen befolgen zu können, wird es untersagt, diese Fähigkeit durch den Genuss von Rauschmitteln zu beseitigen. [5]

---

1 Zur Entstehungsgeschichte NK-*Paeffgen* § 323a Rn 1 ff; zur neueren kriminalpolitischen Diskussion vgl *Freund/Renzikowski* ZRP 1999, 497 ff; *Hirsch* JR 1997, 391; *Renzikowski* ZStW 112 (2000), 475; *Streng* JZ 2000, 20 (26 f).

2 BGHSt 16, 124 (125); 32, 48 (53); BayObLG NJW 1974, 1520 (1521); *Dencker* JZ 1984, 453 (454); L-Kühl-*Heger* § 323a Rn 1; *Horn/Hoyer* JZ 1987, 965 (966); *Montenbruck* GA 1978, 225 (238); *Puppe* GA 1974, 98 ff; zur Kritik: NK-*Paeffgen* § 323a Rn 9.

3 *Bemmann* GA 1961, 65 (72 f); Arzt/Weber/Heinrich/*Hilgendorf* § 40/12; *Lenckner* JR 1975, 31 (33 f); *Otto* Jura 1986, 478 (480); vgl auch BGHSt 10, 247; krit. NK-*Paeffgen* § 323a Rn 11.

4 Vgl hierzu *Kindhäuser* LPK § 20 Rn 14 ff sowie ausf. und abl. NK-*Paeffgen* Vor § 323a Rn 5 ff.

6   Insoweit kann § 323a als eine **Ausnahmevorschrift zu** § 20 verstanden werden, die das strafrechtliche Zurechnungssystem vor einer Umgehung durch Herbeiführung von Unzurechnungsfähigkeit schützen will.[5]

7   Allerdings sind die Bedenken gegen die Vorschrift mit ihrer Deutung als Ausnahmeregelung zu § 20 nicht beseitigt: Denn der Tatbestand des § 323a setzt nicht – wie die *actio libera in causa* – voraus, dass der Täter zum Zeitpunkt des Rauschmittelgenusses vorhersieht oder auch nur (bei erwarteter Sorgfalt) vorhersehen müsste, dass er im schuldunfähigen Zustand eine rechtswidrige Tat begeht. Der Täter muss nach hM noch nicht einmal die Möglichkeit gesehen haben, im Rausch überhaupt irgendwelche rechtswidrigen Taten zu verwirklichen.[6] Die rechtswidrige Tat wird vielmehr deliktssystematisch als objektive Strafbarkeitsbedingung, die außerhalb der subjektiven Zurechnung steht und auf die sich der Schuldvorwurf bezieht, eingeordnet. Insoweit gehört § 323a zu den fragwürdigsten Delikten des StGB, das wegen der Spannungen mit dem Schuldprinzip Zweifel an seiner Verfassungsmäßigkeit aufkommen lässt.[7]

B. Definitionen und Erläuterungen

▶ **Fall 1:** A und sein Zechkumpane B trinken in ihrer Stammkneipe mehrere „Herrengedecke" (Bier und Korn). In volltrunkenem Zustand kommt es zwischen beiden zum Streit, in dessen Verlauf A dem B einen schweren Aschenbecher gegen den Kopf schlägt. B stürzt in eine Vitrine, die dabei zu Bruch geht. Die herbeigerufene Polizei ordnet die Entnahme einer Blutprobe bei A an. Die Blutalkoholkonzentration (BAK) des A weist einen Wert von 3,8 ‰ auf. ◀

I. Objektiver Tatbestand

8   Der objektive Tatbestand verlangt, dass sich der Täter durch alkoholische Getränke oder andere berauschende Mittel in einen Rausch versetzt.

9   **1. Rausch. Definition:** Ein Rausch ist ein durch Intoxikation hervorgerufener Zustand der Enthemmung, der nach seinem ganzen Erscheinungsbild auf dem Genuss von Rauschmitteln beruht.[8]

10   Im Falle einer **Alkoholintoxikation** ist der Rausch als krankhafte seelische Störung mit Übergängen zur tiefgreifenden Bewusstseinsstörung im Sinne von § 20[9] anzusehen.

11   Als **andere berauschende Mittel** kommen insbesondere Drogen und pharmakologische Mittel in Betracht.[10]

12   **2. (Mögliche) Schuldunfähigkeit.** Die Einnahme des Rauschmittels muss zu einem (möglichen) Zustand der **Schuldunfähigkeit** führen.

---

5 Vgl mit Abweichungen im Detail *Hruschka*, Strafrecht nach logisch-analytischer Methode, 2. Aufl. 1988, 291 ff; *Kindhäuser*, Gefährdung als Straftat, 1989, 327 ff; *Neumann*, Zurechnung und „Vorverschulden", 1985, 125 ff; modifizierend NK-*Paeffgen* § 323a Rn 14 ff, der dieselbe Lehre mit der Deutung der Vorschrift als abstraktes Gefährdungsdelikt im Sinne eines Doppeltatbestands verbindet.

6 Vgl nur BGHSt 16, 124 (127); NK-*Paeffgen* § 323a Rn 64; *Puppe* GA 1974, 98 ff; aA *Otto* Jura 1986, 478 (486).

7 Näher zur Problematik NK-*Paeffgen* § 323a Rn 13 ff; vgl auch *Kaufmann* JZ 1963, 425 ff; *Ranft* JA 1983, 193 (194 f); *Streng* JZ 1984, 114 ff.

8 BGHSt 26, 363 (364); 32, 48 (53); BayObLG NJW 1990, 2334; L-Kühl-*Heger* § 323a Rn 3; *Puppe* Jura 1982, 281 (282) mwN.

9 Vgl hierzu *Kindhäuser* LPK § 20 Rn 6 f, 10 f.

10 BayObLG NJW 1990, 2334.

Der (mögliche) Zustand der Schuldunfähigkeit muss **auf der Einnahme des Rauschmittels beruhen**, wobei auch andere rauschfördernde Umstände mitursächlich sein können. Es genügt eine Berauschung, die auf Alkoholüberempfindlichkeit oder andere körperliche bzw psychische Beschwerden zurückzuführen ist.[11] Dagegen ist es nicht tatbestandsmäßig, wenn der Alkoholgenuss einen anderen psychischen Defekt, der keinen Rauschzustand widerspiegelt, auslöst.

13

Bei **Alkoholintoxikation** nimmt die Rechtsprechung im Regelfall einen die Schuldfähigkeit ausschließenden Rausch ab einer Blutalkoholkonzentration (BAK) von 3 ‰ an.[12] Von einer Schuldunfähigkeit des A dürfte in **Fall 1** bei einer BAK von 3,8 ‰ auszugehen sein.

14

Eine rauschbedingte Schuldunfähigkeit ist jedenfalls dann **nicht auszuschließen**, wenn der Zustand des § 20 (schon) möglich, der des § 21 aber mit Sicherheit gegeben ist.[13] Schuldunfähigkeit nach § 20 kommt ab einer BAK von 3,0 ‰ in Betracht; es sind jedoch stets die Umstände des Einzelfalles zu berücksichtigen.[14] Verminderte Schuldfähigkeit nach § 21 ist ab einem Wert von 2,0 ‰ grds. denkbar und zu prüfen, nicht jedoch – mangels gesicherter medizinisch-statistischer Erfahrungssätze – regelfallartig als vorliegend anzusehen; es bedarf auch hier stets einer Einzelfallwürdigung.[15]

15

Dass die rauschbedingte Schuldunfähigkeit nicht ausgeschlossen zu sein braucht, ist in dem Sinne zu verstehen, dass es **nicht** auf den **Nachweis der vollen Schuldunfähigkeit** ankommt. Wohl aber muss ein die Schuldfähigkeit vermindernder Rausch erwiesen sein. Daher ist der Tatbestand **nicht erfüllt**, wenn zwar eine rauschbedingte Schuldunfähigkeit nicht auszuschließen, aber **auch die volle Schuldfähigkeit** des Täters gegeben sein kann. Dies bedeutet, dass § 323a nicht anwendbar ist, wenn der Täter zwar schuldunfähig im Sinne von § 20, aber auch schuldfähig sein kann, also noch nicht einmal den Zustand des § 21 mit Gewissheit erreicht hat.[16] Dies ist damit zu begründen, dass ein Rausch unterhalb der Schwelle des § 21 noch nicht den für eine psychische Beeinträchtigung erforderlichen Mindestschweregrad erreicht hat. Damit § 323a eingreifen kann, muss also mit Sicherheit feststehen, dass überhaupt ein hochgradiger Rausch vorgelegen hat.

16

Diese Auslegung hat zur Konsequenz, dass der Täter – soweit die Regeln der *actio libera in causa* nicht eingreifen – weder wegen der rechtswidrigen Tat (aufgrund seiner möglichen Schuldunfähigkeit) noch wegen § 323a (mangels Rausches) bestraft werden kann.[17] Eine Wahlfeststellung[18] zwischen § 323a und der Rauschtat kommt wegen der fehlenden rechtsethischen und psychologischen Vergleichbarkeit nicht in Betracht.[19]

17

---

11 BGHSt 1, 196 ff; 4, 73 ff; 40, 198 ff.
12 BGHSt 34, 29 (31); BGH NStZ 1986, 114; 1997, 591.
13 BGHSt 9, 390; 16, 187 (189); 32, 48 (53 ff).
14 Vgl BGH NStZ-RR 2003, 71; NStZ 2005, 683 f; NStZ-RR 2008, 70; 2010, 73.
15 BGHSt 43, 66 (69); BGH NJW 1997, 2460; OLG Braunschweig NStZ-RR 2014, 287.
16 BGHSt 32, 48; BGH NStZ 1989, 365; OLG Köln VRS 68, 38; *Dencker* NJW 1980, 2159; L-*Kühl-Heger* § 323a Rn 4; *Puppe* Jura 1982, 281 (282); *Ranft* Jura 1988, 133 (136 ff); *Rengier/Forster* NJW 1986, 2869 (2871); aA *Otto* Jura 1986, 478 (482 f); *Tröndle* Jescheck-FS 665 (682 ff); SK-*Wolters* § 323a Rn 4 f, 18; vgl auch NK-*Paeffgen* § 323a Rn 32 ff m. umf. Darstellung des Diskussionsstands.
17 Abl. *Fischer* § 323a Rn 11c mwN.
18 Zu deren Voraussetzungen *Kindhäuser* LPK Vor § 52 Rn 50 ff.
19 BGHSt 9, 390 (394).

II. Subjektiver Tatbestand und Schuld

▶ **Fall 2:** Patient P erwacht im Krankenhaus. Wie er in das Bett gekommen ist, weiß er nicht. Vollgepumpt mit Schmerzmitteln versucht er außer sich vor Angst und unkontrolliert wankend aus dem Krankenhaus zu fliehen. Eine im Weg stehende Krankenschwester stößt er dabei so kräftig gegen eine Wand, dass die Schwester blutend mit gebrochenem Nasenbein zusammensackt. ◀

18   Der **subjektive Tatbestand** verlangt (nur), dass sich der Täter vorsätzlich oder fahrlässig in den Rausch versetzt hat. Soweit der Rausch neben dem Genuss des Rauschmittels noch auf anderen Bedingungen beruht, muss diese Wirkung für den Täter zumindest vorhersehbar gewesen sein. Diese Voraussetzungen sind in **Fall 2** nicht erfüllt, da der Rauschzustand des P durch die Schmerzmittelbehandlung im bewusstlosen Zustand durch Dritte herbeigeführt wurde.

19   Die **Schuld** bezieht sich nur auf den Tatbestand des § 323a, also auf das Sich-Versetzen in einen Rausch. Dies kann bei einem süchtigen Täter ggf problematisch sein. Die Rauschtat dagegen ist objektive Strafbarkeitsbedingung und wird dem Täter nicht zur Schuld zugerechnet.

III. Rauschtat

20   § 323a setzt als objektive Bedingung der Strafbarkeit voraus, dass der Täter im (nicht auszuschließenden) Zustand rauschbedingter Schuldunfähigkeit eine rechtswidrige Tat im Sinne von § 11 Abs. 1 Nr. 5 – eine sog. **Rauschtat** – begeht.[20] Wird § 323a als abstraktes Gefährdungsdelikt gedeutet, dessen Unrecht allein in der Herbeiführung des Rauschzustands liegt, so wird durch das Erfordernis einer Rauschtat die Ahndung des schon mit dem Alkoholgenuss verwirklichten Unrechts **eingeschränkt**. Mit dieser einschränkenden Funktion der Rauschtat wird deren fehlender Schuldbezug gerechtfertigt.[21]

21   Als Rauschtat kommen **alle Arten von Straftaten** in Betracht, auch echte Unterlassungsdelikte wie zB § 323c.[22]

22   Mit Ausnahme des Schulderfordernisses müssen alle Deliktsmerkmale gegeben sein. Der Täter darf also **nur deshalb** nicht wegen der rechtswidrigen Tat strafbar sein, weil er infolge des Rausches (möglicherweise) schuldunfähig war:[23] Lediglich auf der Schuldebene sind **rauschbedingte** Defizite[24] (zB ein rauschbedingter Verbotsirrtum) unbeachtlich.

23   Dies bedeutet insbesondere:

24   ■ Handelt es sich um ein Vorsatzdelikt, muss der Täter dessen Tatbestand vorsätzlich verwirklichen. In **Fall 1** gilt dies nur für A bezüglich der Körperverletzung des B gem. § 223. Dagegen greift § 323a hinsichtlich der Vitrine nicht ein, da diese von A (in mittelbarer Täterschaft) nicht vorsätzlich im Sinne von § 303 beschädigt wurde.

---

20 Für Ordnungswidrigkeiten gilt § 122 OWiG.
21 BGHSt 16, 124 (125 f).
22 NK-*Paeffgen* § 323a Rn 70.
23 NK-*Paeffgen* § 323a Rn 78.
24 NK-*Paeffgen* § 323a Rn 73 ff.

Am erforderlichen Vorsatz fehlt es auch dann, wenn sich der Täter (rauschbedingt) in einem vorsatzausschließenden Tatbestands- oder Erlaubnistatbestandsirrtum befindet.[25]

■ Das Vorliegen von Rechtfertigungs- oder Entschuldigungsgründen (zB §§ 34, 35) lässt die Rauschtat entfallen.   25

■ Ein Rücktritt von der Rauschtat wirkt strafbefreiend. Dieser kann auch erst nach Wiedererlangung der Schuldfähigkeit erfolgen.[26]   26

C. Anwendung

I. Aufbau

Im **Gutachten** sollte § 323a erst geprüft werden, wenn feststeht, dass der Täter rechtswidrig einen anderen Deliktstatbestand verwirklicht hat, insoweit aber möglicherweise schuldunfähig war, ohne dass die Regeln der *actio libera in causa*[27] eingreifen.   27

Sodann empfiehlt es sich, die Tatbestandsmerkmale des Vollrauschs in folgenden Schritten zu prüfen:[28]   28

A) *Tatbestand*:
   I. Objektiver Tatbestand:
      1. Rausch (Rn 9)
      2. durch Alkohol oder andere berauschende Mittel (Rn 10 f)
      3. mit nicht auszuschließender Schuldunfähigkeit (Rn 12 ff)
   II. Subjektiver Tatbestand: Vorsatz oder Fahrlässigkeit (Rn 18)
   III. Objektive Strafbarkeitsbedingung: rechtswidrige Tat = Straftat, die alle Deliktsmerkmale mit Ausnahme der Schuldfähigkeit erfüllt (Rn 20 ff)

B) *Rechtswidrigkeit*
C) *Schuld* (Rn 19)

II. Beteiligung

§ 323a ist ein eigenhändiges Delikt[29] und kann daher – anders als ggf die Rauschtat – nicht in mittelbarer Täterschaft verwirklicht werden. Die (konstruktiv ohne Weiteres denkbare) Möglichkeit der Teilnahme wird von der Rechtsprechung bejaht,[30] von Teilen des Schrifttums aber zur Vermeidung einer unübersehbaren Haftungsausweitung für Gastwirte usw abgelehnt.[31]   29

---

25 BGHSt 18, 235 (237); BGH NJW 1953, 1442; *Dencker* NJW 1980, 2159 (2164); L-Kühl-*Heger* § 323a Rn 9; NK-*Paeffgen* § 323a Rn 73 ff; LK-*Spendel*, 11. Aufl., § 323a Rn 210.
26 BGH StV 1994, 304 f; L-Kühl-*Heger* § 323a Rn 10; einschr. S/S- *Hecker* § 323a Rn 19; aA LK-*Spendel*, 11. Aufl., § 323a Rn 221.
27 Auch in diesem Fall wäre der Täter nach dem betreffenden Delikt zu bestrafen; zur nur noch eingeschränkten Heranziehung der *actio libera in causa* durch die neuere Rechtsprechung vgl einerseits BGHSt 42, 235, andererseits BGH NStZ 1997, 230; *Ambos* NJW 1997, 2296 ff; *Roxin* AT I § 20/56 ff.
28 Zu einem alternativen Aufbau bzgl der objektiven Strafbarkeitsbedingung vgl § 11 Rn 21.
29 Vgl hierzu *Kindhäuser* LPK Vor § 13 Rn 258.
30 BGHSt 10, 247 (248, 251 f); zust. S/S-*Hecker* § 323a Rn 25 mwN.
31 *Ranft* JA 1983, 239 (244); zur Diskussion NK-*Paeffgen* 323a Rn 66.

III. Konkurrenzen

30   § 323a ist seinem Wortlaut nach („ihretwegen nicht bestraft werden kann") subsidiär gegenüber allen Formen der strafbaren Beteiligung an der Rauschtat. Verwirklicht der Täter während seines Rauschzustands mehrere Rauschtaten, so ist § 323a gleichwohl nur einmal erfüllt.

WIEDERHOLUNGS- UND VERTIEFUNGSFRAGEN

> Welche Funktion hat § 323a im System des strafrechtlichen Rechtsgüterschutzes? (Rn 2 ff)

> Ist es möglich, bei Zweifeln über die Schuldfähigkeit des Täters die Strafbarkeit im Wege der Wahlfeststellung festzustellen? (Rn 16 f)

> Ist eine Strafbarkeit wegen Teilnahme bei § 323a möglich? (Rn 29)

§ 70 Unterlassene Hilfeleistung; Behinderung von hilfeleistenden Personen (§ 323c)

A. Allgemeines

Die Vorschrift der **unterlassenen Hilfeleistung** (Abs. 1) dient dem Schutz der Rechtsgüter desjenigen, der plötzlich in Not geraten ist.[1] Dieser ist dementsprechend **dispositionsbefugt**: Verzichtet er auf Hilfe oder verweigert er deren Annahme, so entfällt die Hilfspflicht.[2] Auch die 2017 zur Bekämpfung des Gaffer-Unwesens in das Gesetz eingefügte **Behinderung von hilfeleistenden Personen** (Abs. 2) weist eine entsprechende Schutzfunktion mit Blick auf die abstrakten Gefahren für in Not befindliche Personen auf.[3] Den übergreifenden Unrechtskern der beiden Absätze bildet der Verstoß gegen die allgemeine Hilfspflicht in Gefahrensituationen.[4] 1

§ 323c **Abs. 1** ist ein **echtes Unterlassungsdelikt**.[5] Unter den tatbestandlich genannten Bedingungen ist jedermann zu Hilfeleistungen verpflichtet.[6] Diese Pflicht beruht – ähnlich wie die Notstandsberechtigung bei § 34 – auf dem Erfordernis einer **sozialen Mindestsolidarität**, die sich die Bürger wechselseitig schulden.[7] Der **Versuch** ist **nicht** mit Strafe bedroht. § 323c **Abs. 2** ist auch als **Tätigkeitsdelikt** ausgestaltet und kann sowohl durch ein Tun (zB Zerstörung eines Notarztwagens) wie ein Unterlassen (zB Stehenbleiben mit Auto und dadurch Versperren des Rettungswegs)[8] verwirklicht werden.[9] 2

B. Definitionen und Erläuterungen

I. Objektiver Tatbestand des Abs. 1

▶ **FALL 1:** A bemerkt vor einem brennenden Haus die weinende Witwe W. Sie gibt an, dass ihre Katze noch im Obergeschoss eingeschlossen ist und bittet A um dringende Hilfe. A schüttelt den Kopf und entfernt sich rasch. ◀

▶ **FALL 2:** Studentin S wird von T nachts auf ihrem einsamen Heimweg überfallen. T ist bei seinem Versuch, die S zu vergewaltigen, unvorsichtig. Daher gelingt es S, ihm das mitgeführte Messer zu entwenden und in den Hals zu stechen. S flieht und lässt den Blut gurgelnden T liegen, so dass dieser kurze Zeit später an seinen Verletzungen stirbt. ◀

Den objektiven Tatbestand verwirklicht, wer es unterlässt, bei Unglücksfällen, gemeiner Gefahr oder Not die erforderliche und ihm nach den Umständen zumutbare Hilfe zu leisten. 3

1. Tatsituation. a) Unglücksfall: Ein Unglücksfall ist ein plötzlich eintretendes Ereignis, in dem die konkrete Gefahr eines erheblichen Schadens für Menschen oder Sachen besteht.[10] 4

---

1 L-*Kühl* § 323c Rn 1; LK-*Spendel*, 11. Aufl., § 323c Rn 29; SK-*Stein* § 323c Rn 2.
2 BGH NStZ 1983, 117 (118).
3 MK-*Freund* § 323c Rn 134; S/S-*Hecker* § 323c Rn 1; *Lenk* JuS 2018, 230.
4 MK-*Freund*, § 323c Rn 133.
5 Zu den historischen und rechtstheoretischen Grundlagen des Gesetzes NK-*Gaede* § 323c Rn 3.
6 NK-*Gaede* § 323c Rn 3.
7 *Kühl* Spendel-FS 75 (92); *Otto* § 67/1; SK-*Stein* § 323c Rn 2; aA *Pawlik* GA 1995, 360 ff: staatliche Inanspruchnahme der Bürger um der Sicherung ihrer eigenen Autonomie willen.
8 W/H/E-*Engländer* Rn 1166.
9 MK-*Freund* § 323c Rn 133; S/S-*Hecker* § 323c Rn 1.
10 BGHSt 6, 147 (152); OLG Düsseldorf NJW 1991, 2979; *Fischer* § 323c Rn 3; L-*Kühl* § 323c Rn 2.

5 **aa)** Typisch für einen Unglücksfall ist ein Brand (**Fall 1**) oder ein Verkehrsunfall. Der Eintritt eines Schadens ist weder erforderlich noch für sich hinreichend.

6 Als **gefährdete Güter** kommen zunächst höchstpersönliche Rechtsgüter in Betracht, vor allem Leib, Leben und Freiheit einschließlich der sexuellen Selbstbestimmung. Auch Sachgefahren sind einschlägig, werden aber durch das Bagatellprinzip eingeschränkt.[11] Straftaten sind aus der Sicht des Opfers Unglücksfälle. Eine Erkrankung kann als Unglücksfall anzusehen sein, wenn sich der Gesundheitszustand akut verschlechtert.[12]

Insoweit sind der drohende Tod der Katze in **Fall 1** und die Lebensgefahr des T in **Fall 2** Unglücksfälle im Sinne des Tatbestands.

7 **bb)** Die Rechtsprechung bewertet grds. weiterhin einen **Selbsttötungsversuch** als Unglücksfall.[13] Hierbei soll die Hilfspflicht keine Prüfung der Eigenverantwortlichkeit des Suizids voraussetzen. Dieser Ansatz vermengt jedoch den objektiven mit dem subjektiven Tatbestand und umgeht die Straflosigkeit des Versuchs von § 323c. Allerdings sieht die Rechtsprechung unter dem Aspekt der **Unzumutbarkeit** den Tatbestand des § 323c als nicht verwirklicht an, wenn der potenziellen Hilfsperson (zB dem behandelnden Arzt), die das eigenverantwortliche Handeln des Suizidenten kennt, ein Zuwiderhandeln gegen den erklärten Suizidwillen nicht zugemutet werden kann[14]

8 Demgegenüber hält die hL einen freiverantwortlich unternommenen Suizidversuch bereits objektiv für keinen Unglücksfall.[15] Hierfür spricht, dass anderenfalls die Straflosigkeit einer Teilnahme am Selbstmordversuch unterlaufen wird.[16] Aufgrund der zivilrechtlichen Anerkennung des Selbstbestimmungsrechts über den eigenen Tod nähert sich inzwischen auch ein Teil der Rechtsprechung der Literaturmeinung an und lehnt einen Unglücksfall dann ab, wenn der Adressat des § 323c über die Suizidabsichten informiert wurde.[17] Ob ein Suizid eigenverantwortlich ist, lässt sich mit Hilfe der Kriterien der sog. Einwilligungslösung beurteilen.[18]

9 **cc)** Die konkrete Gefahr eines erheblichen Schadens ist – wie jede konkrete Gefährdung[19] – auf der Basis einer **objektiven ex post-Prognose** unter Berücksichtigung aller relevanten Umstände des Einzelfalls festzustellen.[20] Bei der Gefahrprognose sind demnach auch Umstände zu berücksichtigen, die erst nachträglich bekannt geworden sind.[21]

10 Nach der Gegenansicht soll das Gefahrenurteil aus der ex ante-Sicht eines verständigen Beobachters auf der Grundlage der diesem erkennbaren Umstände getroffen werden.[22] Hierfür spricht zwar, dass es einem effektiven Rechtsgüterschutz dient, wenn eine strafbewehrte Rettungspflicht unabhängig davon besteht, ob im Nachhinein tatsäch-

---

11 *Geilen* Jura 1983, 78 (86 ff); *Pawlik* GA 1995, 360 (367); M-*Schroeder*/Maiwald II § 55/14; SK-*Stein* § 323c Rn 7; aA *Otto* § 67/4; *Seelmann* JuS 1995, 281 (284); nur bei gemeiner Gefahr: S/S-*Hecker* § 323c Rn 5.
12 BGH NStZ 1985, 122: „rasch verschlimmernde Wendung"; ebenso OLG Düsseldorf NJW 1991, 2079.
13 BGHSt 6, 147 (149 ff); 32, 367 (375 f); BGH NStZ 1988, 127; BGH 5 StR 132/18 Rn 44; BGH 5 StR 393/18 Rn 37; *Dölling* NJW 1986, 1011 (1015); *Geilen* Jura 1979, 201 (208 f).
14 BGH NStZ 1983, 117 (118).
15 BGH 5 StR 132/18 Rn 47; BGH 5 StR 393/18 Rn 37; NK-*Gaede* § 323c Rn 5 mwN; vgl auch BGHSt 2, 150.
16 L-*Kühl* § 323c Rn 2; LK-*Spendel*, 11. Aufl., § 323c Rn 50 ff; SK-*Stein* § 323c Rn 18 f.
17 LG Berlin NStZ-RR 18, 248; dagegen aber BGH 5 StR 132/18 Rn. 45; BGH 5 StR 393/18 Rn. 37
18 Vgl § 4 Rn 14 f.
19 Vgl § 65 Rn 18.
20 Das aus der ex post-Perspektive zu treffende Urteil über das Vorliegen eines Unglücksfalls darf nicht mit der (unstr.) aus der ex ante-Perspektive zu bestimmenden Erforderlichkeit der Hilfeleistung (Rn 14 f) verwechselt werden.
21 L-*Kühl* § 323c Rn 2; LK-*Spendel*, 11. Aufl., § 323c Rn 35; vgl auch BGHSt 14, 213 (216); 32, 367 (381).
22 *Fischer* § 323c Rn 9; S/S-*Hecker* § 323c Rn 2.

lich eine Gefährdung von Gütern bejaht werden kann. Das Merkmal des Unglücksfalls gehört jedoch zum objektiven Tatbestand, so dass die fehlende Versuchsstrafbarkeit von § 323c teilweise unterlaufen würde, wenn der Täter wegen des Unterlassens eines tatsächlich nicht erforderlichen Eingreifens bestraft würde. Wer eine aus seiner Sicht gebotene Rettungshandlung unterlässt, begeht daher nur einen straflosen Versuch, wenn sich nachträglich erweist, dass die Vornahme der Handlung mangels Unglücksfalls überflüssig gewesen wäre. Außerdem lässt sich bei objektiv fehlendem Schutzbedürfnis auch keine strafbewehrte Hilfspflicht aus Solidarität begründen.

Zu beachten ist, dass der Streit nur Fälle betrifft, in denen aus der ex ante-Sicht von (dem Täter bekannten) Umständen auszugehen ist, welche die Annahme eines Unglücksfalls rechtfertigen, deren Vorliegen sich aber ex post nicht bestätigt. Die umgekehrte Konstellation hat mangels Vorsatzrelevanz ohnehin keine Bedeutung.   11

b) Gemeine Gefahr: Gemeine Gefahr ist eine Situation, in der erheblicher Schaden an Leib oder Leben oder an bedeutenden Sachwerten für unbestimmt viele Personen droht.[23]   12

Gemeine Not: Gemeine Not ist eine Notlage für die Allgemeinheit.[24]

Die Situationskriterien des Unglücksfalls, der gemeinen Gefahr und der gemeinen Not überschneiden sich. Hinsichtlich der Gemeingefahr ist insbesondere an Erdbeben, Überschwemmungen, Explosionen oder Brände zu denken. Auch ein auf der Fahrbahn liegender toter Radfahrer kann eine Gefahr für andere Verkehrsteilnehmer darstellen.[25]   13

2. Erforderliche Hilfeleistung. Erforderlich ist die Hilfe, die aus der ex ante-Sicht eines verständigen Beobachters zur erfolgreichen Schadensabwendung möglich und notwendig ist.[26] Sie muss unverzüglich geleistet werden.   14

Bei der inhaltlichen Bestimmung der erforderlichen Hilfeleistung sind die **Fähigkeiten und Möglichkeiten** des Verpflichteten zu berücksichtigen. Zur Linderung von Schmerzen etwa kann ein Laie nur beitragen, soweit er hierzu in der Lage ist.[27] Ist er hinsichtlich der notwendigen Hilfe überfordert, muss er, sofern dies möglich ist, sachkundige Dritte (Arzt, Polizei, Feuerwehr) hinzuziehen.   15

Ob die Rettung **gelingt** – bzw überhaupt gelingen kann –, ist **ohne Belang.**[28] Für die Erforderlichkeit reicht es aus, wenn sich das Ausmaß des drohenden Schadens mindern lässt. Exemplarisch: Schmerzen können gelindert oder der Blutverlust kann begrenzt werden. Kann ein Verletzter sich selbst helfen oder wird Hilfe von Dritter Seite (mit Sicherheit) geleistet, so sind eigene Rettungsmaßnahmen nicht erforderlich.[29] In jedem Fall endet die Hilfspflicht mit dem Tod des Verunglückten.[30]   16

3. Zumutbarkeit. Die Zumutbarkeit der Hilfe ist **Merkmal des objektiven Tatbestands,**[31] der „insbesondere" zwei Fälle mangelnder Zumutbarkeit nennt: Das Drohen erheblicher eigener Gefahren und die Verletzung anderer wichtiger Pflichten.   17

---

23 RGSt 71, 200 (203); BGH NJW 1954, 728 (729); *Fischer* § 243 Rn 21; SK-*Stein* § 323c Rn 21.
24 *Fischer* § 323c Rn 8; SK-*Stein* § 323c Rn 21.
25 BGHSt 1, 266 (269).
26 BGHSt 14, 213 (216); 17, 166 (168 f); SK-*Stein* § 323c Rn 28 f; NK-*Gaede* § 323c Rn 9 f.
27 BGHSt 14, 213 (216).
28 BGH NStZ 1985, 501.
29 BGHSt 2, 296 (298 f); BGH VRS 14, 191 (193); NStZ 1997, 127.
30 BGHSt 32, 367 (381); BGH NStZ 2016, 153.
31 BGH 5 StR 132/18 Rn 46; L-*Kühl* § 323c Rn 7; *Pawlik* GA 1995, 360 (372); NK-*Gaede* § 323c Rn 11; aA LK-*Spendel*, 11. Aufl., § 323c Rn 159.

18 Das Urteil über die Zumutbarkeit ist auf der Basis einer **Güter- und Interessenabwägung** vorzunehmen, für die u.a. der Grad der eigenen Gefährdung, die Wahrscheinlichkeit des Rettungserfolgs, die Schwere und Wahrscheinlichkeit des dem Opfer drohenden Schadens, aber auch die Verstrickung des Pflichtigen in den Unglücksfall maßgeblich sind. Eine Hilfeleistung ist vor allem unzumutbar, wenn sie das Eingehen eines erheblichen Verletzungsrisikos verlangt. Aber auch Gefahren für andere Rechtsgüter sind beachtlich.

In **Fall 1** wäre eine Rettung der Katze mit erheblichen Gefährdungen an Leib und Leben verbunden, so dass eine Hilfspflicht zu verneinen ist.

19 Auch die Gefahr der Strafverfolgung ist zu berücksichtigen. Sie macht als solche aber die Rettung noch nicht unzumutbar. Dies gilt namentlich dann, wenn die betreffende Straftat mit dem Unfallgeschehen zusammenhängt.[32] Stets ist auch die Möglichkeit zu bedenken, die erforderliche Hilfe anonym herbeizuholen.

20 Ferner entfällt die Hilfspflicht grds. nicht, wenn der Täter das Opfer in Notwehr verletzt hat.[33] Besondere Konstellationen können die Rettung jedoch unzumutbar machen. Dies ist etwa in **Fall 2** anzunehmen, in dem S durch ihre Verteidigung einer drohenden Vergewaltigung (oder Tötung) entkommt.

II. Subjektiver Tatbestand des Abs. 1

21 Die subjektive Tatseite verlangt (zumindest bedingten) Vorsatz. Hinsichtlich der Zumutbarkeit genügt die Kenntnis der sie begründenden Umstände.

III. Objektiver Tatbestand des Abs. 2

22 Der Absatz 2 ist durch das 52. StÄG mit Wirkung zum 30.05.2017 ins StGB eingefügt worden.[34] Demnach macht sich strafbar, wer in den Situationen des Abs. 1 - also bei einem Unglücksfall, gemeiner Gefahr oder Not - Dritte behindert, die helfen oder helfen wollen.

23 **1. Notsituation.** Die tatbestandlich vorausgesetzte Notsituation Unglücksfall, gemeine Gefahr oder Not entspricht derjenigen in Abs. 1.[35] Ist das Opfer bereits verstorben, käme an sich nur ein (untauglicher) Versuch in Betracht, der aber bei § 323c nicht unter Strafe gestellt ist.[36] Nach der Gesetzesbegründung hingegen soll in diesem Fall gleichwohl ein Unglücksfall vorliegen,[37] wodurch aber § 315d seinen Charakter als Gefährdungsdelikt verlieren und zu einem reinen Gesinnungsdelikt würde.

24 **2. Hilfeleistende Person.** Das Merkmal des helfenden oder zur Hilfe willigen Dritten umfasst jede Person, die tatsächlich hilft oder sich darum bemüht,[38] und ist nicht auf die in § 115 III StGB benannten Personengruppen beschränkt.[39] Sowohl professionelle Helfer (zB Feuerwehr, Notärzte) als auch medizinische Laien und andere private Ersthelfer sind einbezogen.[40]

---

32 BGHSt 11, 353 (355 f); 39, 164 (166); BGH GA 1956, 120 (121).
33 BGHSt 23, 327 (328); BGH NStZ 1985, 501.
34 Vgl MK-*Freund* § 323c Rn 132 ff.
35 Oben Rn 4 – 13.
36 *Eisele* I Rn 1268c, S/S-*Hecker* § 323c Rn 32; *Lenk* JuS 2018, 229; *Rengier* BT-2 § 42a Rn 4; and. MK-*Freund* § 323c Rn 135: verständige Würdigung ex-ante maßgeblich.
37 BT-Dr. 18/12153 S. 7.
38 BeckOK-*Heintschel-Heinegg*, § 323c Rn 29.
39 *Fischer* § 323c 21.
40 *Eisele* I Rn 1268b; *Heger/Jahn* KriPoZ 2017, 117.

3. Tathandlung. Das objektive Tatbestandsmerkmal des Behinderns erfüllt, wer eine   25
spürbare, nicht unerhebliche Störung der Rettungstätigkeit einer hilfeleistenden oder
zur Hilfeleistung ansetzenden Person vornimmt.[41] Darunter fallen u.a. das Beschädigen von technischem Gerät, das Versperren eines Wegs durch Filmen oder Fotografieren mit dem Smartphone oder durch das „Gaffen" an einer Unfallstelle,[42] das Nicht-
beiseitetreten, das Blockieren von Notfallgassen, das Beeinträchtigen der Tätigkeit von
Ärzten und Krankenhauspersonal in der Notaufnahme[43] oder das Ablenken eines Ret-
tungshundes.[44] § 323c ist als ein Tätigkeitsdelikt ausgestaltetes Gefährdungsdelikt einzuordnen.[45] Ob die Behinderung eine (negative) Auswirkung auf den Zustand des
Hilfsbedürftigen hatte, ist ohne Bedeutung. Daher kommt es auf eine Kausalität zwischen der Behinderung durch den Täter und einer Verschlechterung der Lage für den
Verunglückten oder in Not Geratenen nicht an.[46] Es muss nur ein Störungserfolg bei
den Rettungshandlungen eintreten.[47] Die Ungestörtheit völlig untauglicher Rettungshandlungen fällt nicht unter den Tatbestand.[48]

Eine teleologische Einschränkung muss der Tatbestand in den Fällen erfahren, in denen   26
der ein hilfswilliger Täter durch sein von seinem Rettungswillen getragenem Eingreifen
in die Notsituation (unglücklicherweise) eine bereits eingeleitete Hilfemaßnahme beeinträchtigt. Um in solchen Fällen potenzielle Helfer nicht abzuschrecken, muss das Ergebnis lauten, dass der Täter nicht entgegen des Normzwecks handelt, sondern innerhalb des erlaubten Risikos. Er muss folglich straffrei bleiben (teleologische Reduktion).[49]

IV. Subjektiver Tatbestand bei Abs. 2

In subjektiver Hinsicht muss der Täter es zumindest für möglich halten und sich damit   27
abfinden, dass er durch seine Handlung Retter behindert, die in einer Lage nach Abs. 1
Hilfe leisten oder Hilfe leisten wollen. Wer nicht der Ansicht folgt, wonach bei behin-
dernden Rettungshandlungen nicht bereits der objektive Tatbestand entfällt, kann dieses Ergebnis auch durch eine teleologische Reduktion dergestalt erzielen, dass der Täter ohne Rettungswillen handeln muss.[50] Auf eine Sensationslust des Täters kommt es
nicht an.[51]

C. Anwendung

I. Aufbau

Es empfiehlt sich, die Tatbestandsmerkmale des § 323 c in folgenden Schritten zu prü-   28
fen:

A) *Tatbestand*:

    I. Objektiver Tatbestand:

---

41 *S/S-Hecker* § 323c Rn 32.
42 BeckOK-*Heintschel-Heinegg* § 323c Rn 30.
43 BT-Drs. 18/12153, 7.
44 MK-*Freund* § 323c Rn 138.
45 *Lenk* JuS 2018 229, 230.
46 L-*Kühl* § 323c Rn 13; *S/S-Hecker* § 323c Rn 32.
47 BeckOK-*Heintschel-Heinegg*,§ 323c Rn 30.
48 *Eisele* I Rn 1268c.
49 *Eisele* I Rn 1268b; *S/S-Hecker* § 323c Rn 32; *Lenk* JuS 2018 229, 223.
50 *S/S-Hecker* § 323c Rn 33; *Lenk* JuS 2018 229, 232.
51 Dieses Erfordernis erwägend *Heger/Jahn* KriPoZ 2017, 113, 116 (zum BRatsE).

    1. Tatsituation: Unglücksfall (Rn 4 ff), gemeine Gefahr oder Not (Rn 12 f)

    2. Tatbestandsmäßiges Verhalten nach Abs. 1: Unterlassen einer Hilfeleistung

       a) die erforderlich (Rn 14 ff) und

       b) zumutbar (Rn 17 ff) ist.

    3. Tatbestandsmäßiges Verhalten nach Abs. 2: Behindern von Hilfeleistungen Dritter

  II. Subjektiver Tatbestand: Vorsatz (Rn 21, Rn 28 zum Vorsatz bei Abs. II.)

B) *Rechtswidrigkeit*

C) *Schuld*

II. Tätige Reue

29 Tätige Reue ist bei § 323 c Abs. 1 nach der Rechtsprechung und einem Teil der Literatur mangels ausdrücklicher Anordnung nicht möglich.[52] Eine verbreitete Ansicht im Schrifttum befürwortet jedoch um des Opferschutzes willen eine zu §§ 83a Abs. 1, Abs. 3; 306e; 320 analoge Regelung.[53] Exemplarisch: Der Täter kehrt nach einer Unfallflucht zurück und leistet wirksam Hilfe.

III. Konkurrenzen

30 § 323c Abs. 1 ist **subsidiär zu unechten Unterlassungsdelikten**, die das Verhindern der aus dem Unglücksfall resultierenden Gefährdungen zum Gegenstand haben. Gleiches gilt, wenn der Unglücksfall Erfolg einer Begehungstat ist, an welcher der Pflichtige beteiligt ist,[54] allerdings nur insoweit, als kein über die Begehungstat hinausgehender weiterer Erfolg droht.[55] Im letztgenannten Fall kann jedoch wiederum vorrangig ein unechtes Unterlassungsdelikt mit einer Garantenpflicht aus Ingerenz eingreifen. Wenn in den Fällen des **§ 323c Abs. 2** durch die Behinderung ein rettender Kausalverlauf abgebrochen wird und dadurch ein Individualrechtsgut verletzt wird, tritt Abs. 2 hinter den §§ 211 ff., 223 ff. als subsidiär zurück.[56]

WIEDERHOLUNGS- UND VERTIEFUNGSFRAGEN

> Was versteht man unter einem Unglücksfall, was unter einer gemeinen Gefahr oder Not? (Rn 4, 12 f)

> Wie ist ein Selbstmordversuch im Rahmen des § 323c Abs. 1 zu bewerten? (Rn 7 f)

> Wonach bestimmt sich die Zumutbarkeit der erforderlichen Hilfeleistung? (Rn 18)

> Was versteht man begrifflich unter der Behinderung einer hilfeleistenden Person? (Rn 25) Nennen Sie Beispiele!

> Wie weit ist der Kreis der hilfeleistenden Personen zu ziehen? (Rn 24)

> Liegt eine Notsituation auch vor, wenn das zu rettende Opfer in Wahrheit bereits tot ist? (Rn 23)

---

52 BGHSt 14, 213 (217); SK-*Stein* § 323c Rn 52, sofern die Analogie zu einer Strafbefreiung führt.
53 L-*Kühl* § 323c Rn 11; S/S-*Hecker* § 323c Rn 26.
54 BGHSt 39, 164 (166); BGH NStZ 1997, 127.
55 BGHSt 14, 282 (286); 16, 200 (202 f).
56 S/S-*Hecker* § 323c Rn 35.

10. Abschnitt: Amtsdelikte

§ 71 Vorteilsannahme und Bestechlichkeit (§§ 331 f)

A. Vorteilsannahme (§ 331)

I. Allgemeines

Die Vorschrift[1] schützt – als **echtes Sonderdelikt** – die an Recht und Gesetz ausgerichtete staatliche Amtsführung hinsichtlich der **Sachlichkeit von Entscheidungen**.[2] Da die von persönlichen Vorteilen unbeeinflusste Entscheidungstätigkeit von Amtsträgern zu den Voraussetzungen einer funktionsfähigen rechtsstaatlichen Verwaltung gehört, setzt der Schutz nicht erst bei der Verletzung von Dienstpflichten um sachfremder Vorteile willen an, sondern bezieht sich schon auf die Rahmenbedingungen einer unbeeinflussten Entscheidungstätigkeit: Es soll ausgeschlossen werden, dass die staatliche Dienstausübung mit Vorteilen in Verbindung gebracht wird. Insoweit normiert § 331 ein **abstraktes Gefährdungsdelikt**, durch das verhindert werden soll, dass Amtsträger Vorteile beanspruchen, die auch nur Zweifel an der Sachlichkeit ihrer Entscheidungen aufkommen lassen könnten.[3]

1

Die hM sieht teils neben,[4] teils anstelle der Sachlichkeit von Entscheidungen (auch) das **Vertrauen** in die Nichtkäuflichkeit staatlicher Funktionsträger bzw in die Lauterkeit der Amtsführung als Rechtsgut an.[5] Dies ist insoweit missverständlich, als das Vertrauen das Resultat eines wirksamen Schutzes und nicht dessen Gegenstand ist. Entscheidend kann nur sein, ob eine Grundlage vorhanden ist, die das Vertrauen rechtfertigt.[6] Dies ist der Fall, wenn gesichert ist, dass bereits die Möglichkeit, sachfremde Entscheidungen um der Erlangung von Vorteilen willen zu treffen, ausgeschlossen ist. Insoweit muss jedem Amtsträger die Möglichkeit genommen werden, sich kaufen zu lassen, so dass sich die Frage seiner Käuflichkeit erst gar nicht stellt. Wird dagegen das Vertrauen als Rechtsgut angesehen, so muss § 331 als Verletzungsdelikt gedeutet werden,[7] mit der Konsequenz, dass sich der Schutz von der Sachlichkeit der Amtsführung auf den Eindruck ihrer Sachlichkeit in der Bevölkerung verschiebt.

2

II. Definitionen und Erläuterungen

Den Tatbestand nach Abs. 1 verwirklicht, wer (zum Tatzeitpunkt) als (Europäischer) Amtsträger (oder gleichgestellter Organwalter) für die Dienstausübung einen Vorteil für sich oder einen Dritten fordert, sich versprechen lässt oder annimmt. Abs. 2 droht eine erhöhte Strafe für den Fall an, dass ein Richter, ein Mitglied eines Gerichts der Europäischen Union oder ein Schiedsrichter eine solche Handlung als Gegenleistung für eine richterliche Maßnahme vornimmt.

3

---

1 Zur Entstehungsgeschichte NK-*Kuhlen* § 331 Rn 1 ff.
2 Vgl BT-Drucks. 7/550, 269; *Dölling* ZStW 112 (2000), 334 (335); *Ransiek* StV 1996, 446 (450); ähnlich BGHSt 14, 123 (131): Reinheit bzw Lauterkeit der Amtsausübung; vgl ferner *Kargl* ZStW 114 (2002), 763 ff.
3 Vgl *Binding* II/2 731; *Fischer* § 331 Rn 2; *Schröder* GA 1961, 289 ff.
4 BGHSt 15, 88 (96 f); L-Kühl-*Heger* § 331 Rn 1; NK-*Kuhlen* § 331 Rn 12 f.
5 BGHSt 30, 46 (48); 39, 45 (46); 47, 295 (303); S/S/W-*Rosenau* § 331 Rn 7; LK-*Sowada* Vor § 331 Rn 34 ff.
6 Vgl auch *Dölling*, Verhandlungen des 61. DJT, Bd. I, 1996, C 1, C 48 ff.
7 *Kargl* ZStW 114 (2002), 763 (785 f).

4 **1. Täterkreis.** Der Täterkreis ist bei Abs. 1 auf Amtsträger, Europäische Amtsträger und für den öffentlichen Dienst besonders Verpflichtete, bei Abs. 2 auf Richter, Mitglieder eines Gerichts der Europäischen Union und Schiedsrichter beschränkt:

5 ■ Der Begriff des **Amtsträgers** umfasst die in § 11 Abs. 1 Nr. 2 genannten Personen. Hierzu gehören auch Notare,[8] Rechtsanwälte als Prüfer im Staatsexamen, Angestellte von kommunalen Verkehrsunternehmen sowie Beliehene im Sinne des Verwaltungsrechts.[9] Ihnen sind Offiziere und Unteroffiziere der Bundeswehr gleichgestellt (§ 48 Abs. 1 WStG). Amtsträger im Sinne des Tatbestands ist auch, wer in einer privaten Organisation tätig ist, die bei der Erfüllung ihrer öffentlichen Aufgaben staatlicher Steuerung unterliegt.[10] Der Täter muss zum Zeitpunkt der Tathandlung bereits oder noch Amtsträger sein. Nicht tatbestandsmäßig handelt also, wer Vorteile für seine frühere Diensttätigkeit annimmt.[11]

6 ■ Für **Europäische Amtsträger**, welche erst seit dem Inkrafttreten des Gesetzes zur Bekämpfung der Korruption vom 20. November 2015[12] in den Wortlaut der Vorschrift aufgenommen wurden, findet sich eine Legaldefinition in dem ebenfalls neugefassten § 11 Abs. 1 Nr. 2a.

7 ■ Für den **öffentlichen Dienst besonders Verpflichtete** sind nach § 11 Abs. 1 Nr. 4 Personen, die keine Amtsträger sind und für den Einzelfall nach dem Verpflichtungsgesetz förmlich verpflichtet worden sind.[13]

8 ■ Zu den **Richtern** nach deutschem Recht im Sinne von § 11 Abs. 1 Nr. 3 gehören neben den Berufsrichtern auch die ehrenamtlichen Richter (zB Schöffen oder solche an den Sozialgerichten[14]

9 ■ Die **Mitglieder eines Gerichts der Europäischen Union**, ebenfalls im Zuge des Gesetzes zur Bekämpfung der Korruption[15] in den Gesetzeswortlaut aufgenommen, finden sich in § 11 Abs. 1 Nr. 2a wieder.

10 ■ **Schiedsrichter** ist, wer aufgrund einer Schiedsvereinbarung (§ 1029 ZPO) oder eines ihr gleichstehenden Begründungsakts (§ 1066 ZPO) zur Entscheidung[16] einer Rechtsstreitigkeit berufen ist. Darunter fallen also nicht Schiedsrichter, die sportliche Wettkämpfe leiten.[17]

2. Vorteil

▶ **FALL 1:** Das Pharmaunternehmen P vergibt an Amtsträger A eine lukrative Nebentätigkeit, um eine besondere Vertrauensgrundlage für künftige dienstliche Kontakte zu schaffen. ◀

---

8 Nach § 11 Abs. 1 Nr. 2b; vgl § 1 BNotarO; BGHSt 63, 107 m.Bespr. *Bosch* Jura 2018, 961; *Kuhlen*, JR 2018, 641; *Hoven* NJW 2018, 1768.
9 Jeweils nach § 11 Abs. 1 Nr. 2c; vgl auch *Ransiek* NStZ 1997, 519.
10 BGHSt 43, 370 (377 f); verneint hinsichtlich der Flughafen Frankfurt/Main AG von BGHSt 45, 16 (19 ff); vgl auch § 11 Abs. 1 Nr. 2c: "unbeschadet der zur Aufgabenerfüllung gewählten Organisationsform".
11 BGH NJW 2004, 3574.
12 BGBl. 2015 I, 2025.
13 Auszug bei LK-*Hilgendorf* § 11 Rn 65.
14 BSG, Beilage zu Fachanwalt Arbeitsrecht 2019, 74.
15 BGBl. 2015 I, 2025.
16 Daher gehören der Schiedsmann und der Schiedsgutachter nicht hierher.
17 S/S/W-*Rosenau* § 331 Rn 12.

Definition: Ein Vorteil ist jede materielle oder immaterielle Zuwendung, die nicht Gegenstand eines durchsetzbaren Rechtsanspruchs ist und die rechtliche, wirtschaftliche oder auch nur persönliche Lage des Empfängers objektiv verbessert.[18]

Als vorteilhafte Zuwendungen, die zu einer Verbesserung der objektiven Lage des Empfängers führen, wurden von der Rechtsprechung neben der im Vordergrund stehenden Übergabe von Bargeld oder Wertsachen u.a. angesehen:

- Abschluss eines entgeltlichen Beratungsvertrages,[19]
- Abschluss eines Vertrags, auf den der Begünstigte keinen Anspruch hat,[20]
- Einladung zu Restaurantbesuchen und Auslandsreisen,[21]
- bezahlte Nebenbeschäftigung (**Fall 1**),[22]
- Geschlechtsverkehr und Duldung sexueller Handlungen,[23]
- Stundung von Forderungen,[24]
- Vermeidung eines angedrohten Übels,[25]
- Befriedigung von Ehrgeiz oder Eitelkeit.[26]

Die weite Auslegung des Vorteilsbegriffs erklärt sich u.a. auch damit, dass vor der Einfügung der Drittbegünstigung in den Tatbestand[27] die Vereinbarung von Leistungen an Dritte nur einschlägig war, wenn sie wenigstens mittelbar zu einer Besserstellung auch des Amtsträgers selbst führte.[28] Solche Konstruktionen sind mit der expliziten Einbeziehung der Drittvorteile[29] nun gegenstandslos geworden, so dass jedenfalls objektiv nicht messbare Größen (zB Befriedigung von Ehrgeiz usw), die daher auch nicht als (greifbares) Tauschmittel gegen den Vollzug einer Diensthandlung in Betracht kommen, als tatbestandsmäßige Vorteile auszuscheiden haben.[30]

Vorteile für Dritte stehen nunmehr ohne Einschränkung den Eigenvorteilen gleich. Damit werden **auch rein fremdnützige Vorteile** erfasst.[31] Dritter kann eine Privatperson, aber auch eine staatliche Organisation und insbesondere die Anstellungskörperschaft des Amtsträgers sein. Dies hat zur Konsequenz, dass die Zahlung sog. **Drittmittel** von privaten Firmen für die universitäre Forschung als Bonus für die Bestellung von technischen Geräten oder medizinischen Produkten grds. den Tatbestand verwirklicht und nur im Falle einer Genehmigung im Sinne von § 331 Abs. 3 durch die Universität gerechtfertigt ist.[32]

11

12

13

14

---

18 BGHSt 31, 264 (279); 35, 128 (133); *Fischer* § 331 Rn 11; LK-*Sowada* § 331 Rn 31; SK-*Stein/Deiters* § 331 Rn 41; enger *Rönnau* JuS 2003, 232 (235); *Satzger* ZStW 115 (2003), 475 f.
19 BGHSt 31, 264 (279 f).
20 BGHSt 63, 107 (Notar); BGH StV 2019, 42 (öff. Personennahverkehr) m.Bespr. *Hecker* JuS 2019, 75.
21 BGH wistra 2000, 22.
22 BGHSt 18, 263 (267).
23 RGSt 64, 291 f; 71, 390 (396); BGH StV 1994, 527.
24 BGHSt 16, 40.
25 BGH NStZ 1985, 497 (499); *Fischer* § 331 Rn 11g; abl. *Wagner* JZ 1987, 594 (603 f).
26 BGHSt 14, 123 (128); OLG Zweibrücken JR 1982, 381 (383); einschr. BGHSt 47, 295 (304) m. zust. Anm. *Kuhlen* JR 2003, 231 (233); vgl auch *Kindhäuser/Goy* NStZ 2003, 291 (293).
27 Im Wege des Gesetzes zur Bekämpfung der Korruption von 1997.
28 Vgl BGHSt 33, 336 (339 f); 35, 128 (135 f); BGH NJW 1959, 345 (346 f).
29 BGH StV 2019, 42.
30 S/S-*Heine/Eisele* § 331 Rn 20; NK-*Kuhlen* § 331 Rn 45 f; S/S/W-*Rosenau* § 331 Rn 18; SK-*Stein/Deiters* § 331 Rn 43.
31 OLG Karlsruhe StV 2001, 288 (290); NK-*Kuhlen* § 331 Rn 50; SK-*Stein/Deiters* § 331 Rn 47; aA Krey/Hellmann/*Heinrich* I Rn 936 f.
32 Näher hierzu BGH NStZ 2002, 648 (650 f); 2003, 158 ff; OLG Köln NStZ 2002, 35 ff; *Ambos* JZ 2003, 345 ff; *Kargl* ZStW 114 (2002), 763 ff; *Rönnau* JuS 2003, 232 ff.

15   Die Zuwendung ist nur als tatbestandsmäßiger Vorteil anzusehen, wenn auf sie **kein fälliger Rechtsanspruch** (des Täters oder des Dritten) besteht. Allerdings kann ein Vorteil **bereits im Abschluss eines Vertrages** liegen, der als Grundlage für die Beanspruchung späterer Leistungen dient.[33] Hier kann allerdings – insbesondere bei für jedermann ohne Weiteres abschließbaren Kaufverträgen – die vom Amtsträger zu erbringende Gegenleistung saldierend wirken und damit einem Vorteil im Sinne einer Besserstellung entgegenstehen. Dagegen kann der Abschluss eines Vertrages, der – wie in **Fall 1** – nicht jedermann offen steht, selbst dann ein Vorteil sein, wenn die vom Amtsträger zu erbringende Gegenleistung ihren Preis wert ist. Zu denken ist insoweit auch an Berater- oder Gutachteraufträge.

16   Die **Geringfügigkeit** einer Zuwendung steht ihrem Vorteilscharakter grds. nicht entgegen.[34]

17   Der Vorteil muss dem Amtsträger **von anderer Seite** zufließen. Keine Zuwendung im Sinne des Tatbestands ist es daher, wenn sich der Amtsträger den Vorteil unmittelbar selbst verschaffen soll.[35] Exemplarisch: Der Amtsträger wird darauf hingewiesen, wie er sich unter Missbrauch seiner Amtsstellung unschwer durch Betrug bereichern kann.

18   Nicht erforderlich ist es dagegen, dass der Vorteil aus dem Vermögen des Korruptionspartners stammt. Er kann auch von einem Dritten geleistet werden.[36]

3. Dienstausübung (Abs. 1)

▶ **Fall 2:** Der Leiter L einer kommunalen Beschaffungsbehörde spiegelt dem Vertreter des Unternehmens U vor, Entscheidungen künftig zugunsten der überteuerten Produkte von U zu treffen. ◀

▶ **Fall 3:** Staatsanwalt S erweckt bei dem Verkehrsdelinquenten D bewusst und gewollt den Eindruck, den sichergestellten Führerschein bereits freigegeben zu haben. Tatsächlich hat sich S mit dem Fall noch gar nicht befasst.[37] ◀

▶ **Fall 4:** Der Finanzbeamte F hilft in seiner Freizeit gegen Bezahlung seinem Bekannten B bei der Abfassung von dessen Steuererklärung. ◀

19   Der Begriff der Dienstausübung umfasst alle (vergangenen wie auch künftigen) dienstlichen Tätigkeiten.[38]

Die Beteiligten müssen also **nicht auf eine bestimmte Diensthandlung** Bezug nehmen. Insoweit reicht es aus, wenn der Vorteil dazu dient, sich das allgemeine Wohlwollen des Amtsträgers bei irgendeiner seiner künftigen dienstlichen Tätigkeiten zu erkaufen.

20   Zur Dienstausübung gehören nur Handlungen aus dem Kreis der Aufgaben, die der Amtsperson übertragen sind und die von ihr in dienstlicher Eigenschaft wahrgenommen werden.[39] Tatbestandsmäßig sind auch unterstützende oder vorbereitende Tätigkeiten. Auf die konkrete Zuständigkeit nach der Geschäftsverteilung kommt es nicht

---

33 BGHSt 63, 107 Rn 13; BGHSt 31, 264 (280); OLG Hamburg StV 2001, 277 (279); *Fischer* § 331 Rn 12, 15; NK-*Kuhlen* § 331 Rn 52; SK-*Stein/Deiters* § 331 Rn 45; abl. *Lüderssen* JZ 1997, 112 (114 f).
34 NK-*Kuhlen* § 331 Rn 41 mwN; zur Sozialadäquanz vgl unten Rn 33.
35 BGHSt 20, 1 (2); BGH NStZ 1987, 326 (327); wistra 1990, 306; *Letzgus* NStZ 1987, 309 (310).
36 NK-*Kuhlen* § 331 Rn 92.
37 Vgl BGHSt 29, 300 (302 ff).
38 BT-Drucks. 13/8079, 15; LK-*Bauer/Gmel*, 11. Aufl., Nachtrag, §§ 331–338 Rn 12; *Dölling* ZStW 112 (2000), 334 (344); *Korte* NStZ 1997, 513 (514); NK-*Kuhlen* § 331 Rn 80 mwN.
39 BGHSt 31, 264 (280); OLG Hamburg StV 2001, 277 (278); LK-*Sowada* § 331 Rn 52.

an,[40] sofern ein **funktionaler Zusammenhang** zwischen der Tätigkeit des Amtsträgers und seinen dienstlichen Obliegenheiten besteht.

Ferner sind Tätigkeiten einschlägig, bei denen die Amtsperson ihre Stellung **in straf- oder dienstrechtlich verbotener Weise** missbraucht.[41] Exemplarisch: Ein Aufsichtsbeamter lässt einen Gefangenen frei. Oder: Der Organwalter verletzt ein Dienstgeheimnis.[42]

Es genügt (unstr.) zur Tatbestandsverwirklichung, wenn der Täter – wie L in **Fall 2** – nur **vorspiegelt, künftig** eine Handlung vorzunehmen, die zum Kreis seiner Tätigkeiten gehört.[43] Nicht einschlägig soll es dagegen nach der Rechtsprechung sein, wenn der Täter – wie S in **Fall 3** – vortäuscht, eine (bestimmte) Diensthandlung bereits vollzogen zu haben.[44] Dies wird mit dem Wortlaut von §§ 331 Abs. 2, 332 Abs. 1 und 2 („vorgenommen hat" sowie „Dienstpflichten verletzt hat") gerechtfertigt.

Die hL sieht keinen Grund für eine unterschiedliche Behandlung beider Fallkonstellationen und bejaht jeweils eine Tatbestandsverwirklichung.[45] Dem ist zuzustimmen, da es nach dem Schutzzweck der Norm auf das Verhindern der Gewährung eines Vorteils für dienstliches Handeln und nicht auf dessen tatsächlichen Vollzug ankommt. Im Übrigen ist das Wortlautargument insoweit überholt, als § 331 Abs. 1 nur noch auf die Dienstausübung und damit gleichermaßen auf vergangenes und künftiges dienstliches Handeln abstellt.

Ohne Tatbestandsrelevanz sind **Privathandlungen**, auch wenn sie bei Gelegenheit von Dienstgeschäften ausgeführt werden,[46] etwa private Nachhilfestunden eines Lehrers im Schulgebäude. Keine Dienstausübung sind auch Tätigkeiten, bei denen der Organwalter – wie F in **Fall 4** – eindeutig als Privatmann auftritt.[47]

4. Richterliche Handlung (Abs. 2). Richterlich im Sinne von Abs. 2 ist eine Handlung, deren Vornahme in den Bereich derjenigen Pflichten fällt, die durch die richterliche Unabhängigkeit geschützt sind.[48]

Nichtrichterliche Handlungen, die zu den Obliegenheiten eines Richters gehören (zB in der Justizverwaltung) unterfallen der Dienstausübung nach Abs. 1.[49]

5. Unterlassen (§ 336). § 336 stellt klar, dass **alle dienstlichen und richterlichen Handlungen** im Sinne der Bestechungsdelikte auch in einem Unterlassen bestehen können.

6. Tathandlung

▶ **FALL 5:** N stellt dem Polizeibeamten P seinen Pkw zur Verfügung, damit dieser einen Verdächtigen observieren kann. ◀

---

40 BGHSt 3, 143 (145 f); 16, 37 (38); NK-*Kuhlen* § 331 Rn 67 ff; SK-*Stein/Deiters* § 331 Rn 27 f.
41 BGH NStZ 1987, 326 (327); NK-*Kuhlen* § 331 Rn 73 f; *Letzgus* NStZ 1987, 309 (310); SK-*Stein/Deiters* § 331 Rn 29; aA *Wagner* JZ 1987, 594 (598).
42 BGHSt 14, 123 ff.
43 L-Kühl-*Heger* § 331 Rn 11; LK-*Sowada* § 331 Rn 61; SK-*Stein/Deiters* § 331 Rn 38.
44 BGHSt 29, 300 (302 ff); zust. *Dölling* JuS 1981, 570 (572 ff); *Maiwald* NJW 1981, 2777 ff.
45 Vgl nur *Kuhlen* NStZ 1988, 433 (435); SK-*Stein/Deiters* § 331 Rn 39.
46 BGHSt 18, 59 (60); L-Kühl-*Heger* § 331 Rn 9; SK-*Stein/Deiters* § 331 Rn 32 f.
47 Vgl BGH GA 1962, 214; weitere Beispiele: BGHSt 11, 125 ff; 18, 59 ff; 18, 263 (265 ff).
48 SK-*Stein/Deiters* § 331 Rn 34. Die Tatbestandsverwirklichung ist zumeist auch Rechtsbeugung nach § 339.
49 SK-*Stein/Deiters* § 331 Rn 34.

▶ **Fall 6:** Der Unternehmer U unterstützt ein (offiziell nicht genehmigtes) universitäres Forschungsprojekt mit Geld- und Sachmitteln, um absprachegemäß von dem Projektleiter bei Beschaffungsentscheidungen künftig besonders berücksichtigt zu werden. ◀

28   a) **Unrechtsvereinbarung:** Als Tathandlung muss der Täter für die Dienstausübung (Abs. 1) oder als Gegenleistung für eine richterliche Handlung (Abs. 2) einen Vorteil (für sich oder einen Dritten) fordern, sich versprechen lassen oder annehmen.

Dass sich die Tathandlung auf einen Vorteil „**für**" die Dienstausübung bzw „**als Gegenleistung**" für eine richterliche Handlung beziehen muss, bedeutet, dass Vorteil und dienstliche Tätigkeit in einem bestimmten Verhältnis zueinander stehen müssen. Diese Beziehung bildet das Kernstück der Bestechungsdelikte und wird als Unrechtsvereinbarung bezeichnet.[50] Die Tathandlung muss also die Bedeutung haben, eine **regelwidrige Tauschbeziehung** zwischen dienstlicher Tätigkeit und Vorteil herzustellen: Der Vorteil muss als Gegenwert (**Äquivalent**) für die dienstliche Tätigkeit verlangt, vereinbart oder angenommen werden[51] – *do ut des* bzw *do quia dedisti*.

29   **aa)** Die Tauschbeziehung ist **asymmetrisch**: Der Vorteil muss für bzw als Gegenleistung für die dienstliche Tätigkeit gewährt werden. Dagegen muss sich die dienstliche Tätigkeit nicht als Gegenleistung des Vorteils darstellen. Daher ist es keine Unrechtsvereinbarung, wenn der Amtsträger zunächst ohne Rücksicht auf eine dienstliche Tätigkeit eine Zuwendung erhält und den Vorteilsgeber unabhängig davon später durch eine Diensthandlung „belohnt". Hier hat nur die Dienstausübung, nicht aber – worauf es ankommt – die Vorteilsgewährung den Charakter eines Gegenwertes.[52]

30   **bb)** Für Abs. 1 ist hierbei **nicht** erforderlich, dass der Vorteil als Gegenleistung für **eine bestimmte** Diensthandlung gefordert (usw) wird. Es reicht vielmehr aus, wenn durch den Vorteil nur das allgemeine Wohlwollen der Amtsperson bei ihren Dienstgeschäften erkauft werden soll.[53] Allerdings muss der Vorteil **um der Dienstausübung willen** gefordert (usw) werden.

31   **cc) Anderes** gilt für Abs. 2:[54] Hier muss sich die Unrechtsvereinbarung auf eine bestimmte Handlung beziehen. Der Täter muss demnach den Vorteil dafür fordern (usw), dass er jedenfalls in einer bestimmten Richtung – wenn auch noch nicht in allen Einzelheiten konkretisiert – innerhalb seines Aufgabenbereichs tätig geworden ist oder tätig wird.[55]

32   **dd)** An der erforderlichen **Tauschbeziehung** zwischen Vorteil und Dienstausübung **fehlt** es, wenn – wie in **Fall 5** – durch die Gewährung des Vorteils eine Diensthandlung nur ermöglicht werden soll.[56] Aber: Werden die Mittel gewährt, damit – wie in **Fall 6** – künftig dienstliche Geschäftsbeziehungen aufgenommen oder fortgesetzt werden, so besteht ein Äquivalenzverhältnis.

33   **ee)** Bei der **Drittmitteleinwerbung** im Rahmen der universitären Forschung soll nach der Rechtsprechung der Tatbestand der Vorteilsannahme einer Einschränkung unterliegen: Um § 331 in Einklang zu bringen mit der hochschulrechtlich verankerten Dienstaufgabe eines Amtsträgers, zur Förderung von Forschung und Lehre Drittmittel einzuwerben, sollen solche Fälle bereits **nicht vom Tatbestand** erfasst werden, in denen die

---

50   BGHSt 39, 45 (46); 47, 295 (306); NK-*Kuhlen* § 331 Rn 19, 82 f; SK-*Stein/Deiters* § 331 Rn 51.
51   Näher zu den im Detail nicht leichten Abgrenzungsfragen NK-*Kuhlen* § 331 Rn 83.
52   BGH NJW 1985, 391; NK-*Kuhlen* § 331 Rn 93.
53   *König* JR 1997, 397 (399); *Küper/Zopfs* Rn 753 ff.
54   Sowie für § 332.
55   BGHSt 39, 45 (46 f).
56   OLG Zweibrücken JR 1982, 381 (382) m.Anm. *Geerds*; vgl auch *Zieschang* StV 2001, 290 (292).

Mittel dem im Drittmittelrecht vorgeschriebenen Verfahren (Anzeige und Genehmigung) unterworfen sind, und dieses Verfahren vom Amtsträger auch eingehalten wird.[57] In **Fall 6** wurden die Mittel dagegen dem Projektleiter ohne Genehmigung gewährt.

b) **Regelwidrigkeit:** Die Unrechtsvereinbarung muss, wie schon der Begriff besagt, regelwidrig sein.[58] Dieses Erfordernis ergibt sich aus dem allgemeinen Grundsatz, dass durch das tatbestandsmäßige Verhalten ein im Allgemeinen – dh unabhängig von spezifischen Rechtfertigungslagen – unerlaubtes Risiko für das geschützte Rechtsgut geschaffen werden muss. Dementsprechend sind solche Beziehungen nicht als Unrechtsvereinbarungen anzusehen, in denen die Gefahr einer Käuflichkeit des Amtsträgers von vornherein auszuschließen ist.   34

aa) Anerkannt ist ein Tatbestandsausschluss unter dem Stichwort der **Sozialadäquanz** in den Fällen, in denen die Zuwendung der Höflichkeit oder Verkehrssitte entspricht.[59] Beispielhaft hierfür sind (kleinere) Weihnachtsgeschenke an die Fahrer der kommunalen Müllabfuhr. Hier lässt die Zuwendung keinen Zweifel an der Sachlichkeit der Dienstausübung aufkommen.   35

bb) Zusätzliche Bedeutung hat die Regelwidrigkeit durch die Einfügung des **Drittvorteils** in den Tatbestand erhalten.[60] Nunmehr kann die Anstellungsbehörde selbst Empfänger des Vorteils sein, mit der Folge, dass die fiskalische Aushandlung von Vergütungen, die Einziehung von Gebühren, die Einwerbung von Drittmitteln für die wissenschaftliche Forschung oder sonstiger Sponsorengelder die Voraussetzungen von Äquivalenzverhältnissen erfüllen können. Auch die Verfahrenseinstellung nach § 153a StPO bei Zahlung einer Buße an eine gemeinnützige Organisation stellt eine Tauschbeziehung dar.   36

In Konstellationen dieser Art ist der Tatbestand nicht verwirklicht, wenn die Austauschbeziehung durch Gesetz, Verordnung oder Satzung **allgemein geregelt** ist, wie dies bei § 153a StPO oder Gebührenordnungen der Fall ist. Durch die Einhaltung solcher Rechtsvorschriften oder Ermächtigungen ist zum einen die erforderliche Transparenz gesichert, zum anderen gewährleistet, dass die Sachlichkeit der Entscheidung nicht in Frage gestellt wird.[61] Da es hier um einen formalen Ausschluss der Gefährlichkeit geht, müssen die Voraussetzungen der rechtlichen Regelung stets erfüllt sein; dass eine jenseits der Regelung vorgenommene Austauschbeziehung auch regelgemäß hätte durchgeführt werden können, beseitigt daher nicht die Tatbestandsmäßigkeit des Verhaltens.[62]   37

Fehlen dagegen rechtliche Regelungen für eine bestimmte Austauschbeziehung, so ist diese auch im Allgemeinen als Unrechtsvereinbarung anzusehen und kann nur durch eine Genehmigung nach Abs. 3 speziell gerechtfertigt werden.   38

c) **Tathandlungen:** Tathandlungen sind das Fordern, Sichversprechenlassen oder Annehmen: 39

---

57 BGHSt 47, 295 (306, 309) m. zust. Anm. *Kuhlen* JR 2003, 231 (234); *Tholl* wistra 2003, 181 (182); krit. *Kindhäuser/Goy* NStZ 2003, 291 (293 ff).
58 *Dölling* ZStW 112 (2000), 334 (345); NK-*Kuhlen* § 331 Rn 96 ff; *Volk* Zipf-GS 419 (421 ff).
59 Vgl BGHSt 19, 152 (154); 23, 226 (228); *Eser* Roxin-FS I 199 ff; SK-*Stein/Deiters* § 331 Rn 46.
60 Näher zur Problemstellung NK-*Kuhlen* § 331 Rn 96 ff mwN.
61 Richtlinien zur Einwerbung von Drittmitteln für die Hochschulforschung sehen in der Regel vor, dass kein Austauschverhältnis bestehen darf (sog. Trennungsprinzip); eines Tatbestandsausschlusses bedarf es daher hier – entgegen BGH NStZ 2002, 648 (651) – schon mangels Unrechtsvereinbarung nicht.
62 Auch nicht bei allgemeiner steuerlicher Abzugsfähigkeit der Vorteilsgewährung, vgl NK-*Kuhlen*, 2. Aufl., § 331 Rn 89; abw. *Cramer* Roxin-FS I 945 (949 f).

40   ■ **Fordern** ist das (ausdrückliche oder konkludente) **einseitige Verlangen** eines Vorteils.[63] Für die Vollendung genügt die Kenntnisnahme durch den Adressaten. Dass es dem Amtsträger auf das Erlangen eines Vorteils für die Dienstausübung ankommt, braucht der Adressat jedoch nicht zu verstehen.[64]

41   ■ **Sichversprechenlassen** ist die (ausdrückliche oder konkludente) **Annahme eines** (ggf nur bedingten) **Angebots der späteren Zuwendung**.[65] Das Sichversprechenlassen ist auf den Abschluss einer Unrechtsvereinbarung[66] gerichtet und setzt damit eine entsprechende Willensübereinstimmung beider Seiten voraus.[67] Die irrige Annahme des Amtsträgers, ihm werde ein Vorteil angeboten, führt daher nur zu einem (straflosen)[68] Versuch.[69]

42   ■ **Annehmen** ist die **tatsächliche Entgegennahme des angebotenen Vorteils** für die Amtsausübung.[70] Hierbei ist eine Willensübereinstimmung von Täter und Vorteilsgeber über den Sinn der Zuwendung erforderlich. Es reicht aus, dass der Amtsträger einen zunächst gutgläubig erlangten Vorteil behält, nachdem er erkannt hat, dass der Vorteil für die Dienstausübung gewährt wurde.[71] Da der Täter die Tathandlung vollziehen muss, ist die Tatvariante des Annehmens nicht erfüllt, wenn der Vorteilsgeber den Vorteil direkt einem Dritten zuwendet. In diesem Fall kommt nur ein Sichversprechenlassen durch den Amtsträger in Betracht.[72]

43   Die hM verneint das Vorliegen einer Tathandlung trotz äußeren Vollzugs, wenn der Amtsträger den **Willen** hat, die Zuwendung **als Beweismittel zur Überführung** des Vorteilsgebers zu verwenden.[73] Da dem Tatbestand eine solche Einschränkung nicht zu entnehmen ist und die Tathandlung in einem solchen Fall ihrem objektiven Erklärungswert nach auch vollzogen wurde, ist es sachgerecht, den Vorbehalt nur unter den Voraussetzungen eines Rechtfertigungsgrunds, insbesondere eines Notstands, als unrechtsausschließend anzusehen.[74]

44   **7. Vollendung.** Die Tat ist mit Abschluss der Unrechtsvereinbarung oder dem Stellen einer hierauf zielenden Forderung vollendet.[75] Die Ausführung der Diensthandlung gehört nicht zum Tatbestand, auch nicht der Wille oder die Fähigkeit, sie vorzunehmen. Ferner ist der Vorteil kein tatbestandlicher Erfolg, sondern nur Gegenstand der Unrechtsvereinbarung.

45   **8. Subjektiver Tatbestand.** Die subjektive Tatseite verlangt (zumindest bedingten) Vorsatz. Ein Irrtum über die Voraussetzung der Tathandlung samt Unrechtsvereinbarung

63   BGHSt 8, 214 (215); 10, 237 (241); 15, 239 (242); SK-*Stein/Deiters* § 331 Rn 48.
64   BGHSt 10, 237 (241 f); BGH wistra 1986, 218 (219); NK-*Kuhlen* § 331 Rn 20 f mwN zur abweichenden früheren Auslegung.
65   RGSt 57, 28; BGH NJW 1989, 914 (915 f); SK-*Stein/Deiters* § 331 Rn 49.
66   Oben Rn 28 ff.
67   BGHSt 10, 237 (241).
68   Nur bei § 331.
69   RGSt 72, 70 (73); NK-*Kuhlen* § 331 Rn 27; abw. SK-*Stein/Deiters* § 331 Rn 49.
70   BGHSt 39, 45 (46); BGH NJW 1987, 1340 (1341); S/S-*Heine/Eisele* § 331 Rn 27.
71   BGHSt 15, 88 (102 f); LK-*Sowada* § 331 Rn 28.
72   NK-*Kuhlen* § 331 Rn 29.
73   BGHSt 15, 88 (97); OLG Hamm MDR 1973, 68; SK-*Stein/Deiters* § 331 Rn 50; abl. *Hardtung*, Erlaubte Vorteilsannahme, 1994, 168 f.
74   NK-*Kuhlen* § 331 Rn 32.
75   BGHSt 15, 239 (242).

führt zum Vorsatzausschluss (§ 16 I).[76] Ein Irrtum über die Bewertung als sozialadäquat oder regelgemäß ist Verbotsirrtum (§ 17).[77]

9. Genehmigung (Abs. 3). Nach Abs. 3 ist der Täter nicht nach Abs. 1 strafbar, wenn   46
die zuständige Behörde die Annahme des Vorteils (als Äquivalent der Dienstausübung) vorher genehmigt hat oder bei unverzüglicher Anzeige durch den Täter nachträglich genehmigt. Zuständig ist regelmäßig die vorgesetzte Dienstbehörde bzw der Arbeitgeber.[78] Die Genehmigung ist Rechtfertigungsgrund.[79] Demnach ist die irrige Annahme, die Genehmigung sei erteilt, Erlaubnistatbestandsirrtum.[80]

Die Annahme **vom Täter geforderter** Vorteile im Sinne von Abs. 1 und die Annahme   47
aller Vorteile im Sinne von Abs. 2 sind nicht genehmigungsfähig.[81]

III. Anwendung

1. Aufbau. Es empfiehlt sich, die Deliktsmerkmale der Vorteilsannahme in folgenden   48
Schritten zu prüfen:

A) Tatbestand:

    I. Objektiver Tatbestand:

       1. Tauglicher Täter: Amtsträger usw (Rn 4 ff) oder Richter usw (Rn 8 ff)

       2. Vorteil für sich oder einen Dritten (Rn 11 ff)

       3. für eine Dienstausübung im Sinne von Abs. 1 (Rn 19 ff) oder als Gegenleistung für eine richterliche Handlung im Sinne von Abs. 2 (Rn 25 f)

       4. im Sinne einer Unrechtsvereinbarung (Rn 28 ff)

       5. Tathandlung: Fordern usw (Rn 39 ff)

    II. Subjektiver Tatbestand: (zumindest bedingter) Vorsatz (Rn 45)

B) *Rechtswidrigkeit*, insbesondere fehlende Genehmigung im Sinne von Abs. 3 (Rn 46 f)

C) Schuld

2. Beteiligung. Da die Tat (echtes) Sonderdelikt ist, können beteiligte Außenstehende,   49
die nicht Vorteilsgeber sind, nur Teilnehmer sein. Für sie gilt § 28 Abs. 1.[82]

Vorteilsgeber kann jedermann sein, auch ein anderer Amtsträger.[83] Als Partner des   50
Amtsträgers ist er nicht wegen Teilnahme an §§ 331, 332 strafbar. Vielmehr ist seine
Strafbarkeit **selbständig und abschließend** in §§ 333, 334 geregelt.[84]

Ob ein **Dritter** Teilnehmer des Organwalters oder des Vorteilsgebers ist, hängt von der   51
Art seines Beitrags und des Interesses, in dem er handelt, ab.[85] Handelt er für beide
gleichrangig, wird er wegen Teilnahme an der strenger beurteilten Tat bestraft.[86] Dies

---

76 Zur umstrittenen Behandlung des Irrtums über die Voraussetzungen der Tätereigenschaft – Versuch oder Wahndelikt – vgl *Kindhäuser* LPK Vor § 22 Rn 16 ff.
77 Näher NK-*Kuhlen* § 331 Rn 118 f mwN.
78 Näher NK-*Kuhlen* § 331 Rn 127 mwN.
79 BGHSt 31, 264 (286).
80 L-Kühl-*Heger*, § 331 Rn 18; S/S/W-*Rosenau* § 331 Rn 55.
81 Zur Problematik der Genehmigungsfähigkeit vgl *Fischer* § 331 Rn 33.
82 NK-*Kuhlen* § 331 Rn 15.
83 BGHSt 14, 123 (124); OLG Frankfurt NJW 1989, 847 (848).
84 BGHSt 37, 207 (212 f); NK-*Kuhlen* § 331 Rn 139; LK-*Sowada* § 331 Rn 136 mwN.
85 BGHSt 37, 207 (212); NK-*Kuhlen* § 331 Rn 142 ff.
86 *Fischer* § 331 Rn 38; NK-*Kuhlen* § 331 Rn 145.

ist im Falle der §§ 331, 333 die Tat nach § 333, da hier die Strafmilderung des § 28 Abs. 1 nicht eingreift.

B. Bestechlichkeit (§ 332)

▶ **Fall 7:** Amtswalter A verspricht, sich in einer Kündigungsangelegenheit für den Vorteilsgeber einzusetzen.[87] ◀

▶ **Fall 8:** Zur allgemeinen Klimapflege gewährt die Pharmafirma P dem Direktor D einer Uniklinik (ungenehmigt) hohe Drittmittelsummen. ◀

I. Allgemeines

52   § 332 ist ein selbständiger **Qualifikationstatbestand** zu § 331. Während der Grundtatbestand des § 331 jedes Fordern (usw) eines Vorteils für die Dienstausübung bzw eine richterliche Handlung erfasst, liegt der Strafschärfungsgrund des § 332 in der Forderung (usw) eines Vorteils für die **Verletzung einer bestimmten Dienstpflicht** (Abs. 1) bzw einer **bestimmten richterlichen Pflicht** (Abs. 2). Ansonsten sind die Tatbestandsmerkmale wie in § 331 auszulegen. Auch der Gutachtenaufbau entspricht demjenigen der Vorteilsannahme.

II. Definitionen und Erläuterungen

53   **1. Täterkreis.** Durch das Gesetz zur Bekämpfung der Korruption vom 20. November 2015[88] wurde der Täterkreis – wie auch bei § 331 – durch die Aufnahme von **Europäischen Amtsträgern** und **Mitgliedern eines Gerichts der Europäischen Union** in den Wortlaut des § 332 erweitert. Beide Begrifflichkeiten finden sich in § 11 Abs. 1 Nr. 2a wieder. Im Übrigen gehören zum Täterkreis von § 332 auch einfache Soldaten der Bundeswehr.[89]

Zudem wurde durch die Einführung des § 335a eine nach Straftatbeständen differenzierte Gleichstellung deutscher und ausländischer Richter, Amtsträger, Soldaten und sonstiger Bediensteter geschaffen.[90] In Fällen außereuropäischer Bestechung ist – durch die Einführung des § 335a – nicht mehr nur § 334, sondern auch § 332 anwendbar, sofern zusätzlich die entsprechenden Voraussetzungen der §§ 5 ff erfüllt sind.

54   **2. Unrechtsvereinbarung.** Die Unrechtsvereinbarung muss bei § 332 auf eine bestimmte Diensthandlung als Gegenleistung für den Vorteil bezogen sein. Eine gewisse Konkretisierung erfordert der Tatbestand ohnehin schon insoweit, als es um die Verletzung einer Pflicht geht, so dass das Erkaufen nicht näher bestimmter Gefälligkeiten ohnehin nicht einschlägig ist.[91]

55   **a) Konkretisierung:** Eine künftige Diensthandlung braucht nicht in allen Einzelheiten festzustehen, sondern kann örtlich und zeitlich noch offen sein. Voraussetzung ist nur,

---

87   Vgl BGH wistra 1999, 271.
88   BGBl. 2015 I, 2025.
89   § 48 Abs. 2 WStG.
90   Für Beamte und sonstige Bedienstete ausländischer und internationaler Behörden wird, anders als zB noch im IntBestG und EUBestG, nicht mehr der Begriff „Amtsträger" verwendet, da es sich bei diesem um einen rechtstechnischen Begriff handelt, der in § 11 Abs. 1 Nr. 2 gesetzlich definiert ist, vgl BT-Drucks. 18/4350, 25. Zukünftig soll in diesen Fällen nur noch von „Bediensteten" gesprochen werden, ohne die (ausländischen oder internationalen) Beamten besonders hervorzuheben.
91   Vgl auch BGHSt 15, 217 (222 f); 32, 290 (292); zur Abgrenzung von § 332 zu § 331 (insbesondere für den Fall der Drittmitteleinwerbung) BGHSt 48, 44 (47 ff).

dass die Handlung einem bestimmten Aufgabenkreis des Organwalters zuzuordnen und in ihrer sachlichen Gestalt grob umrissen ist. Es muss mit anderen Worten erkennbar sein, **in welcher Richtung** der Amtsträger **tätig** wird.[92] In **Fall 7** ist diese Voraussetzung erfüllt, wobei offen bleiben kann, ob A seine Hilfe durch einen neuen Vertragsschluss oder die Verhinderung der Kündigung realisiert.

Nicht ausreichend ist es dagegen für § 332, wenn der Vorteil – wie in **Fall 8** – nur dazu dient, sich das künftige Wohlwollen des Amtsträgers zu sichern.[93]

b) Vorgetäuschte Diensthandlung: Für den Fall, dass der Täter dem Vorteilsgeber die   56
Vornahme einer bestimmten Diensthandlung nur vortäuscht, differenziert die Rechtsprechung: Tatbestandsmäßig soll nur das Vorspiegeln einer künftigen, nicht aber auch einer vergangenen Pflichtverletzung sein.[94] Nach der Gegenmeinung kommt es allein auf die Unrechtsvereinbarung an, die auf die Diensthandlung lediglich aus Formulierungsgründen im Indikativ Bezug nehme, unabhängig davon, ob die Handlung tatsächlich ausgeführt wurde oder nicht.[95] Im Übrigen sei es unbeachtlich, dass sich der Täter insgeheim vorbehält, später sachgerecht zu verfahren.[96]

3. Pflichtverletzung. Gegenstand der Unrechtsvereinbarung muss ferner sein, dass der   57
Täter durch die Diensthandlung seine Dienstpflicht (Abs. 1) bzw richterliche Pflicht (Abs. 2) verletzt. Der Vorteil muss sich also **erkennbar als Gegenleistung** der Pflichtverletzung darstellen.[97] Ist oder wäre die betreffende Diensthandlung nicht pflichtwidrig, so ist der Tatbestand nicht erfüllt, und es kommt nur ein Versuch in Betracht. Daher wird auch das **Vorspiegeln**, die Diensthandlung sei pflichtwidrig, **nicht** vom Tatbestand erfasst.[98]

a) Diensthandlung als solche: Die Diensthandlung ist nicht schon deshalb pflichtwidrig, weil sie Gegenstand einer Unrechtsvereinbarung ist. Ansonsten wäre die Qualifikation gegenüber § 331 überflüssig. Vielmehr muss die Diensthandlung als solche, dh ihrem Inhalt nach, pflichtwidrig sein.[99] Dies ist der Fall, wenn sie gegen ein Verbot verstößt, das auf Gesetz, Dienstvorschrift oder Einzelanordnung beruht.[100] Der bloße Verstoß gegen die behördeninterne Geschäftsverteilung reicht nicht aus.   58

Bei **Ermessensentscheidungen** wird die Dienstpflicht **durch sachwidrige Erwägungen**   59
verletzt.[101] Ein Ermessen ist stets dann gegeben, wenn der Täter einen Spielraum bei der pflichtgemäßen Wahl zwischen verschiedenen sachlichen (und rechtmäßigen) Möglichkeiten hat.[102] Erfasst werden daher auch Entscheidungen, die eine planerische Abwägung voraussetzen,[103] oder bei denen – wie zB bei Prüfungszensuren – ein Beurteilungsspielraum besteht. Die Entscheidung ist zum einen pflichtwidrig, wenn sie sach-

---

92 BGHSt 32, 290 (291); 39, 45 (46 f); BGH NStZ 2001, 425 (426); NK-*Kuhlen* § 331 Rn 75; LK-*Sowada* § 332 Rn 7.
93 Vgl auch BGHSt 15, 217 (223); 32, 290 ff; BGH NStZ 1984, 24; wistra 1999, 224.
94 Oben Rn 22.
95 Oben Rn 23.
96 BGHSt 48, 44 (46).
97 NK-*Kuhlen* § 332 Rn 3.
98 SK-*Stein/Deiters* § 332 Rn 22.
99 BGHSt 15, 239 (242); 16, 37 (39); OLG Naumburg NJW 1997, 1593 (1594).
100 BGHSt 15, 88 (92); 48, 44 (46); *Fischer* § 332 Rn 8; LK-*Sowada* § 332 Rn 9.
101 BGHSt 15, 239; 47, 260 (263); 48, 44 (46).
102 BGHR StGB § 332 Abs. 1 S. 1 Unrechtsvereinbarung 5; OLG Frankfurt NJW 1990, 2074 (2075); OLG Naumburg NJW 1997, 1593; NK-*Kuhlen* § 332 Rn 9; S/S/W-*Rosenau* § 332 Rn 9.
103 Wie zB bei der bauplanerischen Beurteilung nach § 35 BauGB oder bei der Aufstellung eines Bebauungsplans, vgl BGHSt 47, 260 (263).

widrig ist, zum anderen aber auch, wenn sich der Täter bei ihrer Vornahme durch den Vorteil beeinflussen lässt, diesen also „mit in die Waagschale" legt.[104]

60   Der Täter muss **nicht alleiniger Entscheidungsträger** sein. Es genügt, wenn er aufgrund seiner Kompetenz in die Entscheidungsfindung einbezogen wird und sie beeinflussen kann.[105]

61   **b) Richterliche Pflicht:** Bei **Abs. 2** muss der Täter eine richterliche Pflicht verletzen, also ebenfalls gegen Rechtsnormen bei der Rechtsanwendung[106] verstoßen. Ermessensentscheidungen, wie zB die Strafzumessung, sind bei sachfremden Erwägungen pflichtwidrig. Die Anwendung uneingeschränkt überprüfbarer Normen, die keine Ermessensentscheidung darstellt, ist nur pflichtwidrig, wenn sie nicht mehr innerhalb des Spielraums vertretbarer Rechtsauffassungen liegt.[107]

62   **c) Künftiges Handeln:** Soweit der Täter den Vorteil für eine künftige Handlung fordert (usw), ist es nach **Abs. 3** ausreichend, dass sich der Täter dem Partner gegenüber äußerlich bereit zeigt,[108] bei der Handlung seine Pflichten zu verletzen (Nr. 1) oder sein Ermessen durch sachwidrige Erwägungen beeinflussen zu lassen (Nr. 2).

63   **d) Genehmigung:** Die Möglichkeit einer Genehmigung – wie bei § 331 Abs. 3 – scheidet bei § 332 wegen der Pflichtwidrigkeit der Diensthandlung aus.

64   **4. Subjektiver Tatbestand.** Der subjektive Tatbestand erfordert (zumindest bedingten) Vorsatz.[109]

C. Besonders schwere Fälle (§ 335)

65   Die Vorschrift normiert in der Regelbeispieltechnik[110] besonders schwere Fälle der Taten nach §§ 332 und 334:

66   ▪ Ein Vorteil großen Ausmaßes im Sinne von Abs. 2 Nr. 1 ist bei Überschreiten der Wertgrenze von 50.000 Euro anzunehmen.[111]

67   ▪ Von einer fortgesetzten Vorteilsannahme für künftige Diensthandlungen kann erst ab einer dreimaligen Tatbegehung ausgegangen werden.[112]

68   Ein besonders schwerer Fall ist im Regelfall schließlich bei gewerbs- und bandenmäßiger Tatbegehung gegeben.[113] Eine Bande im Sinne des § 335 Abs. 2 Nr. 3 StGB kann aus Beteiligten beider Seiten, also dem Bestechenden und dem Bestochene bestehen (zB aus einem Führerscheininteressenten und dem Leiter einer Führerscheinstelle).[114]

---

104   BGHSt 15, 88 (92); 15, 239 (242, 247); BGH NStZ 2003, 158 (159).
105   BGHSt 47, 260 (263); zur Abgrenzung vgl BGH GA 1959, 374.
106   Oben Rn 56.
107   S/S-*Heine/Eisele* § 332 Rn 13; NK-*Kuhlen* § 332 Rn 26.
108   BGHR StGB § 334 Abs. 3 Nr. 2 Unrechtsvereinbarung 1.
109   Zum Irrtum über die Pflichtwidrigkeit als normatives Tatbestandsmerkmal *Kindhäuser* LPK Vor § 22 Rn 13 ff; NK-*Kuhlen* § 332 Rn 21.
110   Näher hierzu *Kindhäuser* LPK § 46 Rn 17 ff; *ders.* BT II § 3/1 ff.
111   Für eine Grenze von deutlich über 10.000 EUR *Fischer* § 335 Rn 6; L-Kühl-*Heger* § 335 Rn 2; ab 25 000 Euro: S/S-*Heine/Eisele* § 335 Rn 3; NK-*Kuhlen* § 335 Rn 4; SK-*Stein/Deiters* § 335 Rn 3; wie hier ab 50.000 EUR zB BGH StV 2017, 81; S/S/W-*Rosenau* § 335 Rn 5.
112   *Fischer* § 335 Rn 9; NK-*Kuhlen* § 335 Rn 5.
113   Vgl hierzu *Kindhäuser* LPK § 243 Rn 24 f bzw § 244 Rn 28 ff.
114   BGH NStZ-RR 2017, 114.

WIEDERHOLUNGS- UND VERTIEFUNGSFRAGEN

> Welche Rechtsgüter schützen die Korruptionstatbestände? (Rn 1f)

> Wie definiert die hM den Vorteil im Sinne des § 331? (Rn 11 ff)

> Wie sind die Fälle zu beurteilen, in denen der Täter nur vorspiegelt, künftig eine Dienstausübung vorzunehmen, bzw der Täter vortäuscht, eine Dienstausübung bereits vollzogen zu haben? (Rn 22 f, 56)

> Was ist unter einer Unrechtsvereinbarung zu verstehen? (Rn 28 ff)

> Worin unterscheiden sich die Unrechtsvereinbarungen nach § 331 und § 332? (Rn 54, 57)

§ 72 Vorteilsgewährung und Bestechung (§§ 333 f)

A. Vorteilsgewährung (§ 333)

I. Allgemeines

1 Die Vorschrift ist im Wesentlichen **spiegelbildlich zu** § 331 ausgestaltet und dient demselben Schutzzweck. Sie bestraft denjenigen, der Partner einer Vorteilsannahme durch eine Amtsperson ist. Auch hinsichtlich der Genehmigung (Abs. 3) stimmen die Vorschriften überein.[1] Jedoch geht § 333 Abs. 1 insoweit über § 331 Abs. 1 hinaus, als er auch die Gewährung eines Vorteils gegenüber einem Soldaten (§ 1 SG) unter Strafe stellt, während umgekehrt ein einfacher Soldat mangels Gleichstellung mit einem Amtsträger[2] nicht den Tatbestand der Vorteilsannahme verwirklichen kann.

II. Definitionen und Erläuterungen

2 **Täter** kann jedermann sein, auch ein anderer Amtsträger.[3]

3 Bei den **Tathandlungen** des § 333 entspricht[4] das

- **Anbieten** dem Fordern,
- **Versprechen** dem Sichversprechenlassen und
- **Gewähren** dem Annehmen

eines Vorteils für eine Dienstausübung[5] bzw als Gegenleistung für eine richterliche Handlung[6] im Sinne von § 331. Die Unrechtsvereinbarung setzt u. a. voraus, dass der Täter eine hinreichende Vorstellung von der Amtsträgereigenschaft des Vorteilsnehmers hat.[7]

4 Das **Anbieten** ist eine einseitige, auf den Abschluss einer Unrechtsvereinbarung[8] abzielende (konkludente oder ausdrückliche) Erklärung.[9] Sie ist mit ihrer Kenntnisnahme durch den Adressaten vollzogen. Durch das **Versprechen** einerseits und das Sichversprechenlassen andererseits wird die Unrechtsvereinbarung abgeschlossen.[10] **Gewähren** ist schließlich die tatsächliche Zuwendung des Vorteils für die dienstliche Tätigkeit an den Organwalter.[11] Wiederum genügt es, wenn der Täter – bei entsprechender Willensübereinstimmung der Beteiligten – einen zunächst ohne Unrechtsvereinbarung zugewendeten Vorteil im Nachhinein als Gegenleistung beim Amtsträger belässt.[12]

5 Der **subjektive Tatbestand** erfordert (zumindest bedingten) Vorsatz.

---

1 § 333 Abs. 3 enthält allerdings keine § 331 Abs. 3 entsprechende Einschränkung bzgl des Forderns, so dass die Genehmigung hier auch bei der Leistung eines geforderten Vorteils rechtfertigend wirkt, *Hardtung*, Erlaubte Vorteilsannahme, 1994, 235 f; SK-*Stein/Deiters* § 333 Rn 13.

2 Vgl § 48 Abs. 1 und Abs. 2 WStG.

3 OLG Frankfurt NStZ 1989, 76; OLG Hamm NStZ 2002, 38 (39); NK-*Kuhlen* § 333 Rn 2.

4 LK-*Sowada* § 333 Rn 3; SK-*Stein/Deiters* § 333 Rn 8.

5 Vgl § 71 Rn 19 ff.

6 Vgl § 71 Rn 25 f.

7 BGH StV 2019, 48.

8 Vgl § 71 Rn 28 ff.

9 BGHSt 15, 88 (102); 15, 184 (185); 16, 40 (46); *Fischer* § 333 Rn 4.

10 *Fischer* § 333 Rn 4; NK-*Kuhlen* § 333 Rn 5.

11 BGHSt 43, 270 (275); S/S-*Heine/Eisele* § 333 Rn 3 ff.

12 Vgl § 71 Rn 42; NK-*Kuhlen* § 333 Rn 6.

Beteiligung: Spiegelbildlich zu § 331 ist die den Vorteil empfangende Amtsperson nicht   6
wegen Teilnahme strafbar.[13] Die Strafbarkeit des Vorteilsempfängers wird selbständig
und abschließend in §§ 331, 332 geregelt. Sofern der Vorteilsnehmer ein einfacher Soldat ist, macht er sich als notwendiger Beteiligter nicht wegen Teilnahme an § 333 strafbar,[14] wohl aber kann, im Falle einer Pflichtverletzung, § 332 eingreifen.

Da § 333 kein Sonderdelikt ist, greift – anders als bei § 331 – die Strafmilderung des   7
§ 28 Abs. 1 für einen Teilnehmer **nicht** ein.

B. Bestechung (§ 334)

Die Vorschrift normiert das **spiegelbildliche Gegenstück zu** § 332. Die Qualifikation   8
beruht auf denselben Gründen. **Täter** kann jedermann sein. Die Tatbestandsmerkmale
sind wie bei §§ 332, 333 auszulegen.

Abs. 3 entspricht § 332 Abs. 3. Insoweit genügt zur Tatbestandsverwirklichung selbst   9
der erfolglose Versuch, die Amtsperson zu einer entsprechenden Unrechtsvereinbarung
zu veranlassen. Allerdings müsste die angesonnene Diensthandlung im Falle ihrer Vornahme objektiv pflichtwidrig sein.[15]

Die **subjektive Tatseite** verlangt (zumindest bedingten) Vorsatz.   10

Die Regelbeispiele für **besonders schwere Fälle** des § 335 gelten auch für § 334.   11

WIEDERHOLUNGS- UND VERTIEFUNGSFRAGEN

> Welches sind die Tathandlungen des § 333? (Rn 3 f)
> Greift § 28 Abs. 1 für Teilnehmer an § 333 ein? (Rn 7)

---

13 Vgl § 71 Rn 49.
14 NK-*Kuhlen* § 333 Rn 13; SK-*Stein/Deiters* § 333 Rn 17.
15 NK-*Kuhlen* § 334 Rn 6; SK-*Stein/Deiters* § 334 Rn 10.

§ 73 Rechtsbeugung (§ 339)

A. Allgemeines

1 Unter Rechtsbeugung versteht man gemeinhin die unrichtige oder ungerechte Rechtsanwendung durch einen Richter. [1] Der heutige Straftatbestand des § 339 StGB dient dem Schutz der (inländischen) Rechtspflege bei ihrer Aufgabe, richtiges Recht zu sprechen. [2] Eine rechtskräftige Verurteilung wegen des Verbrechens der Rechtsbeugung führt zur Beendigung des Richter- oder Beamtenverhältnisses. [3] Wegen dieser gravierenden beruflichen Konsequenzen wird der Tatbestand in der Praxis besonders eng ausgelegt. [4] Die Norm hatte bei der Auseinandersetzung mit dem DDR-Unrecht nach der Wende (1990) eine große praktische Bedeutung erlangt, [5] während in der Nachkriegszeit des 2. Weltkriegs das von Richtern und Staatsanwälten begangene NS-Unrecht durch zu strenge Anforderungen an den subjektiven Tatbestand nicht verfolgt wurde. [6]

B. Definitionen und Erläuterungen

▶ **FALL 1:** Gegen T läuft ein Ermittlungsverfahren wegen Vergewaltigung. T bietet der ermittelnden Staatsanwältin S die Überweisung von 30.000 Euro an, wenn diese das Ermittlungsverfahren aus tatsächlichen Gründen einstellt. S weiß, dass die Voraussetzungen für die Anklageerhebung objektiv vorliegen, nimmt aber das Angebot des T an und stellt das Verfahren ein. ◀

2 Den Tatbestand verwirklicht, wer als Richter, sonstiger Amtsträger oder Schiedsrichter bei der Leitung oder Entscheidung einer Rechtssache zugunsten oder zum Nachteil einer Partei das Recht verletzt („beugt").

I. Rechtssache

3 Eine **Rechtssache** ist eine Rechtsangelegenheit, bei der über die widerstreitenden rechtlichen Belange mehrerer Beteiligter in einem rechtlich vollständig geregelten Verfahren (regelmäßig einem „Prozess") nach Rechtsgrundsätzen zu entscheiden ist. [7] Die **Leitung** einer Rechtssache umfasst dabei alle Maßnahmen, die auf die Erledigung der Sache abzielen. [8]

II. Täterkreis

4 **Täter** kann nur sein, wer mit der Leitung oder Entscheidung einer Rechtssache befasst ist. Neben einem **Richter** (§ 11 Abs. 1 Nr. 3) oder **Schiedsrichter** [9] kommt auch ein sonstiger Amtsträger (§ 11 Abs. 1 Nr. 2) in Betracht, sofern dessen Tätigkeit mit der ei-

---

1 Zu den sprachlichen Wurzeln vgl LK-*Hilgendorf* § 339 Rn 1.
2 L-Kühl-*Heger* § 339 Rn 1; *Otto* § 98/1; *Vormbaum*, Der strafrechtliche Schutz des Strafurteils, 1987, 326 ff; *ders.* Paeffgen-FS 377 (382 ff, 389).
3 § 24 Nr. 1 DRiG, § 30 Nr. 2 iVm § 41 Abs. 1 Nr. 1 BBG.
4 Vgl BGHSt 34, 146 (148); 38, 381 (383); OLG Düsseldorf NJW 1990, 1374 (1375); vgl auch *Neumann* Schünemann-FS 631 ff.
5 S/S/W-*Kudlich* § 339 Rn 3 f.
6 BGHSt 41, 317 Rn 77.
7 BGHSt 24, 326 (328); W/H/E-*Engländer* Rn 1208; *Küpper/Börner* I § 9/31; *Otto* § 98/2.
8 BGH NStZ 2013, 655 (656); hinsichtlich der Abänderung der auf dem Akteneinband niedergelegten Urteilsformel BGH NStZ 2015, 651 (652); vgl auch BGH NStZ 2016, 351.
9 Vgl § 71 Rn 10.

nes **Richters vergleichbar** ist.[10] Dies erfordert zwar keine völlige Weisungsfreiheit, setzt aber neben der vollständig förmlichen Ausgestaltung des Verfahrens voraus, dass

- der Entscheidende einen gewissen Grad sachlicher Unabhängigkeit genießt,[11]
- eine unparteiische Stellung bekleidet,
- eine für das Verfahren maßgebliche Leitungs- oder Entscheidungsbefugnis besitzt und
- Recht autoritativ durchzusetzen hat.

Nichtrichterliche Amtsträger in diesem Sinne sind zB   5

- der **Rechtspfleger** bei der selbständigen Wahrnehmung richterlicher Aufgaben;[12]
- der **Staatsanwalt** bei Anklageerhebungen,[13] Einstellungsverfügungen[14] oder Anträgen auf Erlass eines Haftbefehls;[15]
- der im **Bußgeldverfahren** über die Verfolgung und Ahndung von Ordnungswidrigkeiten entscheidende Amtsträger.[16]

Dagegen wird im **Verwarnungsverfahren keine Rechtssache** inhaltlich entschieden, da   6 die Verwarnung nur mit Zustimmung des Betroffenen wirksam wird.[17] Nicht einschlägig ist ferner eine Verwaltungstätigkeit, bei der Staats- und Verwaltungsziele zu verfolgen sind, auch wenn hier der Amtsträger ebenfalls an Gesetz und Recht gebunden ist (Art. 20 Abs. 3 GG). Um **keine Entscheidungen** in tatbestandsmäßigen Rechtssachen handelt es sich daher zB bei

- der Festsetzung im Steuerveranlagungsverfahren,[18]
- der Erteilung einer Aufenthaltsbewilligung,[19]
- der Gewährung von Sozialhilfe[20] oder
- den Maßnahmen des Gerichtsvollziehers.[21]

III. Tathandlung

Unter der Tathandlung der Rechtsbeugung ist die Verletzung des geltenden materiellen   7 oder prozessualen Rechts zu verstehen.

1. Rechtsverletzung. Die Rechtsverletzung kann durch unrichtige Rechtsanwendung   8 oder fehlerhaften Ermessensgebrauch (zB bei der Strafzumessung), aber auch durch falsche Sachverhaltsfeststellungen erfolgen. Sie kann aktiv, aber auch durch Unterlassen geschehen. Letzteres ist der Fall bei einem bewussten Nichtbetreiben von anklagereifen Ermittlungsverfahren seitens des Staatsanwaltes.[22] Auch sonstige Verfahrensverstöße wie zB gegen §§ 136, 136a StPO sind einschlägig, sofern sie (iSe konkreten Ge-

---

10 BGHSt 34, 146 (147 f); 38, 381 (382); Krey/Hellmann/*Heinrich* I Rn 959.
11 BGHSt 40, 169 (177); 41, 247 (249).
12 § 9 RPflG; vgl BGHSt 35, 224 (230 f).
13 § 170 Abs. 1 StPO; vgl BGHSt 32, 357 ff; 38, 381 (382).
14 §§ 153 ff, 170 Abs. 2 StPO, 45 JGG.
15 §§ 125 Abs. 1, 128 Abs. 2 S. 2 StPO; vgl BGHSt 41, 247 (249 f).BGHSt 61, 132 m.Bespr. *Jahn* JuS 2017, 1227.
16 §§ 35 ff, 46 Abs. 1, Abs. 2, 47 Abs. 1, 68 f OWiG.
17 § 56 Abs. 2 OWiG; vgl OLG Hamm NJW 1979, 2114 f.
18 BGHSt 24, 326 (327 f).
19 BGHSt 34, 146 (147 ff).
20 OLG Koblenz GA 1987, 553 (554).
21 OLG Düsseldorf NJW 1997, 2124 (2125).
22 BGHSt 62, 312.

fahr) Auswirkungen auf die Endentscheidung haben können,[23] dh die konkrete Gefahr einer falschen Entscheidung begründen.[24]

9   **2. Unrichtige Rechtsanwendung.** Umstritten sind die Anforderungen, die an die Tatbestandsmäßigkeit einer unrichtigen Rechtsanwendung zu stellen sind:

10   ▪ Nach der sog. **subjektiven Theorie** muss der Täter gegen seine Rechtsüberzeugung verstoßen.[25]

11   ▪ Nach der sog. **objektiven Theorie** darf sich die Entscheidung nicht mehr im Rahmen des objektiv noch rechtlich Vertretbaren bewegen.[26]

12   ▪ Nach der (vermittelnden) sog. **Pflichtwidrigkeitstheorie** muss der Täter gegen die ihm obliegenden Amtspflichten verstoßen. Demnach ist eine Rechtsbeugung auch anzunehmen, wenn sich die Entscheidung zwar noch im Rahmen des rechtlich Vertretbaren bewegt, aber aus sachfremden Erwägungen heraus getroffen wird.[27]

13   ▪ Wegen des Verbrechenscharakters der Tat und den erheblichen Rechtsfolgen[28] erscheint es sachgerecht, mit dem BGH die **objektive Theorie** noch **einzuengen** und einen „elementaren Verstoß gegen die Rechtspflege" zu verlangen. Dass eine Entscheidung nur **unvertretbar** ist, reicht demnach noch nicht aus. Erforderlich ist vielmehr, dass sich der Amtsträger **„bewusst in schwerwiegender Weise von Recht und Gesetz entfernt".** [29] Hinsichtlich der Schwere des Rechtsverstoßes soll nach neuerer Rechtsprechung dabei **direkter Vorsatz** erforderlich sein.[30] Dies soll zB nicht der Fall sein bei Abweichungen von der vorgeschriebenen Form der Verfahrenseinstellung,[31] einer Missachtung der gesetzlichen Zuständigkeitsregelung[32] oder dem kurzzeitigen Aufenthalt eines Beschuldigten in der Gewahrsamszelle.[33] Auf die persönliche Gerechtigkeitsvorstellung des Richters soll es dabei nicht ankommen. Der alleinige Wunsch oder die Vorstellung des Richters, obgleich er die Unvertretbarkeit seiner Ansicht erkenne oder für möglich halte, „gerecht" zu handeln oder „das Richtige" zu tun, könne eine Rechtsbeugung nicht ausschließen.[34] Die restriktive Auslegung des BGH ist insbesondere für die Beurteilung einer möglichen Rechtsbeugung durch Richter der ehemaligen DDR bedeutsam geworden.[35]

In **Fall 1** ist ein bewusster und schwerer Gesetzesverstoß im Sinne der Rechtsprechung durch S anzunehmen. Zum selben Ergebnis kommen auch die abweichenden Ansichten in der Literatur.

---

23   BGHSt 42, 343; *Volk* NStZ 1997, 412 ff; aA *Seebode* JR 1997, 474 (478).
24   BGH NJW 2019, 789 m. krit .Bespr. *Leitmeier*; eher zust. *Jahn* JuS 2019, 271.
25   *Sarstedt* Heinitz-FS 427 (429 ff).
26   Vgl KG NStZ 1988, 557; L-Kühl-*Heger* § 339 Rn 5; *Wohlers/Gaede* GA 2002, 483 ff.
27   BGH NStZ 2001, 651 (653); *Rengier* II § 61/14, 17.
28   Oben Rn 1.
29   BGHSt 41, 247 (251); 42, 343 (345); BGH NJW 1998, 248 (249); NStZ 2001, 651 f m. zust. Anm. *Böttcher* NStZ 2002, 146 ff; NStZ 2015, 651; S/S-*Heine/Hecker* § 339 Rn 7 ff.
30   BGH NJW 2014, 1192.
31   BGHSt 38, 381 (383).
32   BGH NJW 1997, 1452.
33   BGH NJW 2019, 789 (Eschweger Proberichterfall) m. krit. Bespr. *Leitmeier* (Degradierung des § 339 zu einer Art „gesetzliches Wahndelikt").
34   BGH NJW 2014, 1192.
35   Hierzu und zum ggf eingreifenden Rückwirkungsverbot BGHSt 40, 30; 40, 169; 40, 272; 41, 247; 41, 317; BGH NJW 1998, 248; SK-*Stein/Deiters* § 339 Rn 16 ff mwN.

IV. Erfolg

Erfolg der Rechtsbeugung ist die Begünstigung oder Benachteiligung einer Partei. Als **Partei** ist jeder Verfahrensbeteiligte, auch ein Nebenintervenient, anzusehen. **Nachteile** können neben Klageabweisungen oder Verurteilungen auch Verschlechterungen der Beweislage oder Eingriffe in Rechtsgüter[36] sein.[37]   14

V. Subjektiver Tatbestand

Der subjektive Tatbestand verlangt (zumindest bedingten) Vorsatz. Der Vorsatzgegenstand wird maßgeblich von den Theorien über die Voraussetzungen der Rechtsbeugung bestimmt:[38] Folgt man der BGH-Ansicht, wonach sich der Richter für eine Beugung des Rechts in schwerwiegender Weise vom Recht entfernt haben muss, bedarf es insoweit eines direkten Vorsatzes i. S. eines sicheren Wissens (o. 13).   15

C. Anwendung

I. Beteiligung

Die Tat ist **echtes Sonderdelikt**. Täter können nur Personen in den tatbestandlich genannten Funktionen sein; für außenstehende Beteiligte gilt § 28 Abs. 1.   16

II. Sperrwirkung der Rechtsbeugung

Zum Schutz der Unabhängigkeit der Rechtspflege ist die Bestrafung eines Richters oder Amtsträgers im Sinne des Tatbestands wegen seiner Tätigkeit bei der Leitung oder Entscheidung einer Rechtssache nach anderen Vorschriften (zB §§ 239, 258a, 343 ff) nur möglich, wenn zugleich die Voraussetzungen einer Rechtsbeugung erfüllt sind.[39] Diese ungeschriebene Einschränkung der strafrechtlichen Haftung ist, anders als das zivilrechtliche Haftungsprivileg (§ 839 Abs. 2 S. 1 BGB), nirgendwo gesetzlich fixiert, sondern 1946 von *Gustav Radbruch* in einem rechtsphilosophisch und dogmengeschichtlich überaus wirkungsmächtigen Aufsatz zum gesetzlichen Unrecht der NS-.Zeit entwickelt[40] und von der Rechtsprechung später übernommen worden. Man denke etwa an Beispiele wie die pflichtwidrige Nichtförderung eines Strafverfahrens durch den Richter, § 258 a[41], oder an eine von ihm in mittelbarer Täterschaft veranlasste Festnahme, § 240, und Freiheitsberaubung, § 239, wenn er rechtlich fehlerhaft einen Haftbefehl (§§ 112, 114 StPO) erlässt. Dieses Verhalten kann dem Richter dann nicht strafrechtlich zur Last gelegt werden, wenn seine objektiv unrichtige Entscheidung nicht als Rechtsbeugung gewertet werden kann.[42]   17

---

36 ZB eine Körperverletzung, vgl BGHSt 32, 357.
37 *Hohmann/Sander* § 31/5.
38 BGHSt 40, 272 (276); 41, 317 (336); OLG Düsseldorf NJW 1990, 1374 (1375); *Fischer* § 339 Rn 37; *Otto* § 98/4.
39 BGHSt 32, 357 (364 f); *Fischer* § 339 Rn 48 mwN.
40 *Radbruch* SJZ 1946, 105; vgl dazu *Koch* ZIS 2011, 470, 472.
41 OLG Karlsruhe NJW 2004, 1469.
42 BGHSt 10, 294; LK-*Hilgendorf* § 339 Rn 144.

Wiederholungs- und Vertiefungsfragen

> Wer kann Täter des § 339 sein? (Rn 4 ff)
> Welche Anforderungen sind an die Tatbestandsmäßigkeit einer unrichtigen Rechtsanwendung zu stellen? (Rn 9 ff)
> Was versteht an unter der Sperrwirkung der Rechtsbeugung? (Rn 17)

§ 74 Aussageerpressung (§ 343)

A. Allgemeines

Die Vorschrift schützt vorrangig die Rechtspflege und die Integrität bestimmter Verfahrensarten, daneben auch die Willensfreiheit des Opfers.[1] § 343 ist ein echtes Amtsdelikt.[2]

1

B. Definitionen und Erläuterungen

Bei der Aussageerpressung setzt der Täter bestimmte Zwangsmittel ein, um das Opfer zu einer Aussage oder deren Unterlassung zu nötigen.

2

I. Tatsituation

Tatsituation ist eines der in Abs. 1 genannten Verfahren. Ein solches braucht noch nicht förmlich eingeleitet zu sein. Es genügt jede hierauf gerichtete Maßnahme.[3]

3

- **Strafverfahren** (Abs. 1 Nr. 1 Alt. 1) sind alle in der StPO geregelten Verfahrensarten, Jugend- und Steuerstrafverfahren sowie Verfahren nach dem Wehrstrafgesetz.[4]

4

- **Verfahren zur Anordnung einer behördlichen Verwahrung** (Abs. 1 Nr. 1 Alt. 2) sind die Verfahren zur Unterbringung nach den Unterbringungsgesetzen der Länder, ferner Verfahren, die nach den Ordnungs- und Polizeigesetzen der Länder eine Verwahrung zur Folge haben können, sowie schließlich Verfahren, die eine Abschiebehaft für Ausländer bezwecken.

5

- **Bußgeldverfahren** (Abs. 1 Nr. 2) sind die Verfahren nach den §§ 35 ff, 46 f OWiG.

6

- **Disziplinarverfahren** (Abs. 1 Nr. 3 Var. 1) sind die Verfahren nach landes- und bundesrechtlichen Disziplinarordnungen und Richtergesetzen.

7

- **Ehrengerichtliche** oder **berufsgerichtliche Verfahren** (Abs. 1 Nr. 3 Var. 2 und 3) sind u.a. die Verfahren nach §§ 116 ff BRAO, §§ 95 ff BNotO und §§ 89 ff StBerG.

8

II. Täterkreis

Der Täterkreis ist auf Amtsträger im Sinne des § 11 Abs. 1 Nr. 2 sowie Offiziere und Unteroffiziere der Bundeswehr im Sinne des § 48 Abs. 1 WStG beschränkt. Der Betreffende muss zur Mitwirkung an einem der in Nr. 1 bis 3 genannten Verfahren berufen sein, dh es muss zu seinem dienstlichen Aufgabenkreis gehören, an solchen Verfahren auf Seiten der Verfahrensführung beteiligt zu sein.[5] Demnach scheiden zB Zeugen und Verteidiger, aber auch Sachverständige als Täter aus.[6] Eine Zuständigkeit im konkreten Einzelfall ist nicht erforderlich.[7]

9

---

1 *Fischer* § 343 Rn 1; *L-Kühl-Heger* § 343 Rn 1; *LK-Zieschang* § 343 Rn 1; für gleichrangigen Schutz *S/S-Hecker* § 343 Rn 1.
2 HM, vgl nur *NK-Kuhlen* § 343 Rn 18; *SK-Wolters* § 343 Rn 2; *LK-Zieschang* § 343 Rn 2; für ein unechtes Amtsdelikt: *S/S-Hecker* § 343 Rn 1, 19.
3 BGH bei *Holtz* MDR 1980, 628 (630 f).
4 *S/S-Hecker* § 343 Rn 4.
5 *NK-Kuhlen* § 343 Rn 4.
6 *Geerds* Spendel-FS 503 (507); *NK-Kuhlen* § 343 Rn 4; aA bei Mitwirkung aufgrund gesetzlicher Anordnung: *S/S-Hecker* § 343 Rn 19, 344 Rn 7 (für Sachverständige); *SK-Wolters* § 344 Rn 15.
7 BT-Drucks. 7/550, 278; *LK-Jescheck*, 11. Aufl., § 343 Rn 3.

III. Tathandlungen

10   Der Tatbestand kann durch die Anwendung verschiedener Zwangsmittel verwirklicht werden. Die Tathandlungen erfassen aber nicht alle ungesetzlichen Vernehmungsmethoden i. S. d. § 136a StPO, so zB nicht die Täuschungen oder das falsche Versprechen eines gesetzlich nicht vorgesehenen Vorteils.[8]

- Die **körperliche Misshandlung** entspricht der Tathandlung des § 223.[9] Eine körperliche Berührung wird nicht vorausgesetzt.[10] Es genügt, wenn der Täter das Opfer hungern lässt oder mit grellem Licht bestrahlt.

11   - Die **sonstige Gewaltanwendung** ist im Sinne von § 240 auszulegen[11] und muss gegen die Person des Betroffenen gerichtet sein.[12] Auch eine tatbestandsmäßige Freiheitsberaubung kann ein sonstiges Gewaltmittel sein.[13] Eine **Gewaltandrohung** ist das Inaussichtstellen der Anwendung von Gewalt, falls sich der Betroffene nicht in der gewünschten Weise verhält.[14]

12   - **Seelisches Quälen** ist die Zufügung von unnötigen und länger andauernden oder sich wiederholenden seelischen Leiden, die über die unvermeidbare seelische Belastung durch die Vernehmung hinausgehen und die geeignet sind, die geistigen und seelischen Widerstandskräfte des Betroffenen zu zermürben.[15] Hiervon kann nicht ohne Weiteres schon bei ermüdenden und lang andauernden Vernehmungen ausgegangen werden. Selbst das von einem Proberichter erzwungene einminütige Einschließen des Beschuldigten in eine Gewahrsamszelle zur Erzwingung eines Geständnisses soll nicht die tatbestandlich vorausgesetzte Dimension des Quälens erreichen.[16]

IV. Subjektiver Tatbestand

13   Der subjektive Tatbestand verlangt **Vorsatz** hinsichtlich des objektiven Tatbestands. Außerdem muss der Täter in der weitergehenden **Absicht** handeln, den anderen zu nötigen, in dem Verfahren etwas auszusagen, zu erklären oder dies zu unterlassen. Hierbei muss das beabsichtigte Aussageverhalten in einem **inneren Zusammenhang** mit dem jeweiligen Verfahren stehen.[17] Daher ist es nicht tatbestandsmäßig, wenn der Amtsträger eine Information erlangen will, die ausschließlich für ihn persönlich von Interesse ist.

14   Ob der Nötigungszweck erreicht wird, spielt keine Rolle. Unerheblich ist auch, ob eine wahre oder unwahre Aussage abgenötigt werden soll.[18] Wie bei § 240 Abs. 2, auf den

---

8   SK-*Wolters* § 343 Rn 10; LK-*Zieschang* § 343 Rn 19.
9   Vgl § 7 Rn 5 ff.
10   BT-Drucks. 7/550, 278.
11   Vgl § 13 Rn 9 ff.
12   SK-*Wolters* § 343 Rn 12; zum Einsatz von Narkotika usw gegen den Willen des Betroffenen vgl S/S-*Hecker* § 343 Rn 10; NK-*Kuhlen* § 343 Rn 8 f.
13   BGH NJW 2019, 789.
14   NK-*Kuhlen* § 343 Rn 10.
15   NK-*Kuhlen* § 343 Rn 11; LK-*Zieschang* § 343 Rn 23.
16   So BGH NJW 2019, 789 m .krit .Bespr. *Leitmeier*.
17   NK-*Kuhlen* § 343 Rn 13.
18   S/S-*Hecker* § 343 Rn 16.

§ 343 Bezug nimmt, muss sich die Relation zwischen erstrebtem Aussageverhalten und eingesetztem Mittel als verwerflich[19] darstellen.[20]

V. Anwendung

Wegen der vorrangig geschützten Rechtspflege kann eine **Einwilligung** des Betroffenen keine unrechtsausschließende Wirkung entfalten.[21] Ob eine Folter durch Polizeibeamte zur Erzwingung einer Aussage in Ausnahmefällen gerechtfertigt sein kann, ist umstritten, wird aber von der h. M. verneint.[22]   **15**

Da die Tat ein echtes Amtsdelikt ist,[23] können **beteiligte Außenstehende** nur Teilnehmer sein; auf sie ist § 28 Abs. 1 anwendbar.   **16**

Konkurrenzen: § 240 wird im Wege der Subsidiarität verdrängt.[24] Mit §§ 223 ff, 339, 340, 344 f kann dagegen Tateinheit bestehen.   **17**

Wiederholungs- und Vertiefungsfragen

> Wer zählt zum Täterkreis der Aussageerpressung? (Rn 9)
> Welche Voraussetzungen hat der subjektive Tatbestand des § 343? (Rn 14 f)

---

19   Vgl § 13 Rn 33 ff.
20   NK-*Kuhlen* § 343 Rn 14; aA S/S-*Hecker* § 343 Rn 16; zur Irrtumsproblematik NK-*Kuhlen* § 343 Rn 15.
21   S/S-*Hecker* § 343 Rn 17; NK-*Kuhlen* § 343 Rn 16.
22   Vgl etwa S/S-*Hecker* § 340 Rn 10; LK-*Zieschang* § 343 Rn 28; die Möglichkeit einer rechtfertigenden Rettungsfolter bejahend *Kühl* AT § 7 Rn 156a m.umfass.Nachw.
23   Oben Rn 1.
24   LK-*Jescheck*, 11. Aufl., § 343 Rn 16; für Tateinheit S/S-*Hecker* § 343 Rn 20; SK-*Wolters* § 343 Rn 24.

Definitionen

Tatbestandsmerkmal	Definition
§ 113	
Vollstreckungshandlung	Eine Vollstreckungshandlung ist die Verwirklichung des bereits konkretisierten Staatswillens: Der Staatswille muss von dem Beamten kraft seines Amtes durch einen staatshoheitsrechtlichen Akt notfalls einseitig verwirklicht und mit Zwang durchgesetzt werden können. *§ 36 Rn 9*
Widerstand leisten	Widerstand leisten ist jedes auf Verhinderung oder Erschwerung der Vollstreckungshandlung bezogene aktive Verhalten. *§ 36 Rn 18*
§ 114	
Tätlicher Angriff	Tätlicher Angriff ist jede unmittelbar auf den Körper des Organwalters zielende feindselige Einwirkung verstanden, unabhängig vom Erfolg. *§ 36 Rn 60*
§ 123	
Wohnung	Eine Wohnung ist ein nach außen abgeschlossener räumlicher Bereich, der einer oder mehreren Personen als Unterkunft dient. *§ 33 Rn 4*
Geschäftsräume	Geschäftsräume sind nach außen abgeschlossene Räumlichkeiten, die bestimmungsgemäß zu beruflichen, gewerblichen, wissenschaftlichen oder künstlerischen Zwecken genutzt werden. *§ 33 Rn 6*
befriedetes Besitztum	Befriedetes Besitztum ist ein gegen willkürliches Betreten durch Schutzwehren gesicherter Grundstücksbereich. *§ 33 Rn 8*
zum öffentlichen Dienst bestimmt	Zum öffentlichen Dienst bestimmt sind Räume, wenn sie der Ausübung von Tätigkeiten aufgrund öffentlich-rechtlicher Vorschriften dienen. *§ 33 Rn 10*
zum öffentlichen Verkehr bestimmt	Zum öffentlichen Verkehr bestimmt sind Räume, die allgemein zugänglich sind und für den Personen- oder Gütertransportverkehr genutzt werden. *§ 33 Rn 11*
Eindringen	Eindringen ist das Betreten gegen den Willen des Berechtigten. *§ 33 Rn 13*
Betreten	Der Täter muss nicht mit dem ganzen Körper in die geschützte Räumlichkeit gelangen. Allerdings muss der Täter den Schutzbereich körperlich überschreiten. *§ 33 Rn 14*
Berechtigter	Berechtigter ist der Inhaber des Hausrechts. *§ 33 Rn 17*

Tatbestandsmerkmal	Definition

§ 133

| dienstliche Verwahrung | Eine Sache befindet sich in dienstlicher Verwahrung, wenn sie von einem Hoheitsträger in Gewahrsam genommen wurde, um sie für die Dauer des amtlichen Besitzes in ihrem Bestand unversehrt zu erhalten und vor unbefugtem Zugriff zu bewahren. *§ 43 Rn 3* |

§ 142

Unfall	Ein Unfall im Straßenverkehr (Verkehrsunfall) ist ein mit den Gefahren des öffentlichen Straßenverkehrs ursächlich zusammenhängendes plötzliches Ereignis, das einen nicht völlig belanglosen Personen- oder Sachschaden zur Folge hat. *§ 68 Rn 2*
unbedeutender Sachschaden	Ein Sachschaden ist völlig belanglos, wenn er unterhalb der Grenze liegt, bei der üblicherweise Schadensersatzansprüche geltend gemacht werden. Diese Grenze ist bei ca. 30 Euro anzusetzen. *§ 68 Rn 5*
im Straßenverkehr	Im Straßenverkehr findet der Unfall statt, wenn das Schadensereignis in einem unmittelbaren Zusammenhang mit dem Geschehen im öffentlichen Verkehrsraum steht. Zu diesem Raum gehören alle Flächen, die der Allgemeinheit im Sinne eines unbestimmten Personenkreises dauernd oder vorübergehend zur Fortbewegung offen stehen. *§ 68 Rn 6*
Unfallbeteiligter	Unfallbeteiligter ist jeder, dessen Verhalten nach den Umständen zur Verursachung des Unfalls beigetragen haben kann (Legaldefinition nach Abs. 5). *§ 68 Rn 9 f*
Entfernung vom Unfallort	Den Tatbestand nach Abs. 1 Nr. 1 verwirklicht, wer sich als Unfallbeteiligter vom Unfallort entfernt, bevor er zugunsten der anderen Unfallbeteiligten und der Geschädigten die Feststellung seiner Person, seines Fahrzeugs und der Art seiner Beteiligung durch seine Anwesenheit und durch die Angabe, dass er an dem Unfall beteiligt ist, ermöglicht hat. *§ 68 Rn 14*
Berechtigte	Berechtigte sind die anderen anwesenden Unfallbeteiligten und Geschädigten. *§ 68 Rn 16*
Unfallort	Unfallort ist die Stelle, an der sich der Unfall ereignet hat und umfasst den Bereich, innerhalb dessen ein Aufenthalt von Beteiligten nach den Umständen des Einzelfalls noch zu vermuten ist. *§ 68 Rn 23*
Sich-Entfernen	Sich-Entfernen ist das willentliche Verlassen des Unfallorts. *§ 68 Rn 25*
unverzüglich	Unverzüglich heißt, nach den Gegebenheiten des Einzelfalls, ohne schuldhaftes Zögern. *§ 68 Rn 36*

Tatbestandsmerkmal	Definition

§ 164

anderer

Ein anderer im Sinne des Tatbestands kann nur eine bestimmte lebende Person sein. *§ 52 Rn 4*

Verdächtigen

Verdächtigen ist das Hervorrufen, Umlenken oder Bestärken eines Verdachts. *§ 52 Rn 6*

Hervorrufen, Umlenken, Verstärken

Der Verdacht wird hervorgerufen, wenn er bisher noch nicht bestand; er wird umgelenkt, wenn er sich nunmehr auf eine andere, bisher unverdächtige Person richtet; er wird bestärkt, wenn er durch weitere Gründe untermauert wird. *§ 52 Rn 7*

Gegenstand der Verdächtigung

Gegenstand der Verdächtigung ist eine rechtswidrige Tat (§ 11 Abs. 1 Nr. 5) oder eine Dienstpflichtverletzung. Als rechtswidrige Tat kommt nur eine Straftat in Betracht. Eine Dienstpflichtverletzung erfordert einen disziplinarisch ahndbaren Verstoß gegen eine Dienstpflicht. *§ 52 Rn 18 ff*

falsche Verdächtigung (str.)

Die Verdächtigung ist falsch, wenn sie in ihrem wesentlichen Inhalt objektiv nicht der Wahrheit entspricht. *§ 52 Rn 21*

Vor §§ 185 ff

Ehre (str.)

Dualistischer Ehrbegriff: Ehre ist zum einen der personale, dem Menschen als Träger geistiger und sittlicher Werte zukommende („innere") Geltungswert, zum anderen der soziale („äußere") Geltungswert einer Person, also ihr tatsächlicher guter Ruf in der menschlichen Gesellschaft.

Normativer Ehrbegriff: Ehre als ein dem Menschen zukommender, aus der Personenwürde abgeleiteter, sozial zu achtender Geltungswert.

Interpersonaler Ehrbegriff: Das von der Würde des Menschen geforderte und seine Selbständigkeit als Person begründende Anerkennungsverhältnis mit anderen Personen.

Funktionaler Ehrbegriff: Ehre als Fähigkeit eines Menschen, sich so zu verhalten, dass er den normativen Erwartungen gerecht wird, denen er gerecht werden muss, um als ebenbürtiger Partner von Kommunikationen akzeptiert zu werden. *§ 22 Rn 1 ff*

Kollektivbeleidigung

Es wird eine Personengesamtheit, die selbst Träger der Verbandsehre ist, angegriffen. *§ 22 Rn 9*

Beleidigung unter einer Kollektivbezeichnung

Beleidigung richtet sich gegen die zum Kollektiv gehörenden einzelnen Personen. *§ 22 Rn 9*

§ 185

Beleidigung

Kundgabe eigener Nicht- oder Missachtung. *§ 25 Rn 2*

Tatbestandsmerkmal	Definition
Kundgabe	Die Kundgabe erfordert eine an einen anderen gerichtete und von diesem zur Kenntnis genommene Äußerung. *§ 25 Rn 3 f*
eigene Missachtung	Der Täter muss seine eigene Missachtung des Opfers in dem Sinne zum Ausdruck bringen, dass die Ehrverletzung von ihm selbst stammt. *§ 25 Rn 7*
Beleidigung mittels einer Tätlichkeit	Die Beleidigung mittels einer Tätlichkeit setzt eine unmittelbare Einwirkung auf den Körper des Opfers voraus, durch die der Täter seine Nicht- oder Missachtung zum Ausdruck bringt. *§ 25 Rn 12*
Formalbeleidigung	Eine Formalbeleidigung erfordert, dass Form oder Umstände der Äußerung ein selbständig zu erfassendes Plus an Ehrenkränkung enthalten. *§ 25 Rn 14*

§ 186

Tatbestandsmerkmal	Definition
Tatsachen	Tatsachen sind alle vergangenen oder gegenwärtigen Sachverhalte einschließlich solcher der menschlichen Psyche, die objektiv bestimmt und dem Beweis zugänglich sind. *§ 23 Rn 4*
Werturteile	Werturteile sind das Ergebnis einer bereits vollzogenen Wertung. *§ 23 Rn 6*
Ehrenrührigkeit	Die Tatsache ist geeignet, einen anderen verächtlich zu machen oder in der öffentlichen Meinung herabzuwürdigen, wenn sie Grundlage eines negativen Urteils über die Ehre des Betroffenen sein kann. Die Tatsache kann Grundlage eines negativen Urteils über die Ehre des Betroffenen sein, wenn sie dessen Fähigkeit, verantwortungsvoll sozial zu agieren, wenigstens teilweise in Abrede stellt. *§ 23 Rn 9 f*
Behaupten	Eine Tatsache wird behauptet, wenn sie als nach eigener Überzeugung wahr hingestellt wird. *§ 23 Rn 11*
Verbreiten	Eine Tatsache wird verbreitet, wenn sie als Gegenstand fremden Wissens weitergegeben wird. *§ 23 Rn 12*
Nichterweislichkeit der Wahrheit	Im Strafverfahren kann der Nachweis der Wahrheit der fraglichen Tatsache nicht erbracht werden. *§ 23 Rn 18*
Wahrheitsbeweis	Der Wahrheitsbeweis ist erbracht, wenn sich die fragliche Tatsache im Wesentlichen als wahr erwiesen hat. *§ 23 Rn 20*
öffentlich	Die Tat ist öffentlich begangen, wenn die ehrenrührige Tatsache vor einem größeren, individuell unbestimmten Personenkreis geäußert wird. *§ 23 Rn 23*
Verbreitung von Schriften	Der Täter lässt die Äußerung in gegenständlicher Fixierung dergestalt in fremde Hände gelangen, dass er nicht mehr kontrollieren kann, wer die Äußerung zur Kenntnis nimmt. *§ 23 Rn 25*

Tatbestandsmerkmal	Definition
§ 211	
Mordlust	Aus Mordlust tötet, wem es in erster Linie darauf ankommt, einen Menschen sterben zu sehen. *§ 2 Rn 9*
Befriedigung des Geschlechtstriebs	Zur Befriedigung des Geschlechtstriebs tötet, wer sich durch den Tötungsakt als solchen oder an der Leiche sexuelle Befriedigung verschaffen will oder mit dem Tod des Opfers bei einer Vergewaltigung rechnet. *§ 2 Rn 12*
Habgier	Unter Habgier ist ein rücksichtsloses Streben nach materiellen Gütern zu verstehen, also ein Gewinnstreben „um jeden Preis". *§ 2 Rn 14*
sonstige niedrige Beweggründe	Nach der weithin anerkannten Formulierung des BGH sind dies Motive, die nach allgemeiner sittlicher Wertung auf tiefster Stufe stehen, durch hemmungslose, triebhafte Eigensucht bestimmt und deshalb besonders verwerflich, ja verächtlich sind. *§ 2 Rn 16 ff*
Heimtücke (str.)	Heimtückisch tötet, wer in feindseliger Willensrichtung die Arg- und Wehrlosigkeit des Opfers bewusst zur Tötung ausnutzt. *§ 2 Rn 23*
Arglosigkeit	Das Opfer ist arglos, wenn es in der Tatsituation (vor der ersten Handlung des Täters) keinen Angriff auf Leib und Leben befürchtet. *§ 2 Rn 25*
Wehrlosigkeit	Das Opfer ist wehrlos, wenn es aufgrund seiner Arglosigkeit in seiner Verteidigungsfähigkeit zumindest erheblich eingeschränkt ist. *§ 2 Rn 24*
Ausnutzen	Der Täter nutzt die Arg- und Wehrlosigkeit des Opfers aus, wenn er sein Vorgehen danach berechnend ausrichtet. *§ 2 Rn 27*
feindselige Willensrichtung	Mit dem Kriterium der feindseligen Willensrichtung sollen vor allem Fälle ausgeschlossen werden, bei denen der Täter zum vermeintlich Besten des Opfers handelt. *§ 2 Rn 31*
restriktive Auslegung des Heimtückemerkmals	Eine verbreitete Ansicht im Schrifttum verlangt zusätzlich einen Vertrauensbruch. Heimtücke setzt dann voraus, dass die Arglosigkeit des Opfers gerade auf dessen Vertrauen gegenüber dem Täter basiert. *§ 2 Rn 32*
grausam	Grausam tötet, wer dem Opfer aus gefühlloser und unbarmherziger Gesinnung besondere Schmerzen oder Qualen körperlicher oder seelischer Art zufügt, die nach Stärke oder Dauer über das für die Tötung unvermeidliche Maß hinausgehen. *§ 2 Rn 34*
gemeingefährliche Mittel	Gemeingefährlich ist ein Tötungsmittel, bei dessen konkretem Einsatz der Täter nicht ausschließen kann, eine Mehrzahl von Menschen an Leib und Leben zu gefährden. *§ 2 Rn 36*

Tatbestandsmerkmal	Definition
Ermöglichungsabsicht	Bei der Ermöglichungsabsicht setzt der Täter die Tötung als Mittel zur Begehung einer weiteren Straftat ein. Absicht bedeutet hier zielgerichtetes Wollen: Die Absicht muss entscheidender Grund der Tötung sein, ohne das alleinige Motiv bilden zu müssen. Es genügt, wenn der Täter annimmt, die andere Tat aufgrund der Tötung zumindest schneller oder einfacher verwirklichen zu können. § 2 Rn 42, 44
Verdeckungsabsicht	Bei der Verdeckungsabsicht tötet der Täter einen Menschen, um die eigene oder auch eine fremde Bestrafung zu verhindern. Absicht bedeutet hier zielgerichtetes Wollen: Die Absicht muss entscheidender Grund der Tötung sein, ohne das alleinige Motiv bilden zu müssen. Für die Verdeckungsabsicht reicht es aus, wenn der Täter nur die Beteiligung einer Person an der Vortat verbergen will. § 2 Rn 42, 44
Straftat	Die Straftat, die ermöglicht oder verdeckt werden soll, muss unter Zugrundelegung der Sachverhaltsvorstellungen des Täters eine strafbare – dh eine tatbestandsmäßige, rechtswidrige und schuldhafte – Tat sein. § 2 Rn 40

§ 221

schwere Gesundheitsschädigung	Von einer schweren Gesundheitsschädigung ist auszugehen, wenn das Opfer im Gebrauch seiner Sinne, seines Körpers oder seiner Arbeitskraft erheblich beeinträchtigt ist. § 5 Rn 17
konkrete Gefahr	Die tatbestandsmäßige konkrete Gefahr des Todes oder einer schweren Gesundheitsschädigung ist eingetreten, wenn es für das Opfer nur noch vom nicht mehr beherrschbaren Zufall abhängt, ob es stirbt bzw seine Gesundheit schwer geschädigt wird oder nicht. § 5 Rn 18
hilflose Lage	Das Opfer befindet sich in einer hilflosen Lage, wenn es nicht fähig ist, sich aus eigener Kraft vor der Gefahr für Leben und Gesundheit zu schützen. § 5 Rn 3
Versetzen	Versetzen ist jede vom Täter bestimmte Veränderung der Sicherheitslage des Opfers. § 5 Rn 6
im Stich lassen	Der Täter lässt das Opfer im Stich, wenn er die zur Abwendung gebotene Hilfe nicht erbringt. § 5 Rn 11
Obhut	Unter Obhut ist ein bestehendes allgemeines Schutzpflichtverhältnis, also eine Beschützergarantenstellung, zu verstehen. § 5 Rn 14

§ 223

körperliche Misshandlung	Körperliche Misshandlung ist eine üble, unangemessene Behandlung, durch die das Opfer in seinem körperlichen Wohlbefinden mehr als nur unerheblich beeinträchtigt wird. § 7 Rn 5

Tatbestandsmerkmal	Definition
Gesundheitsschädigung	Gesundheitsschädigung ist jedes Hervorrufen oder (nicht unerhebliche) Steigern eines krankhaften Zustands, und zwar ohne Rücksicht auf dessen Dauer. Kennzeichnend für die Schädigung der Gesundheit ist das Erfordernis eines Heilungsprozesses. *§ 7 Rn 7, 8*

§ 224

Gift	Gift ist jeder anorganische oder organische Stoff, der in der konkreten Verwendung durch chemische oder chemisch-physikalische Wirkung die Gesundheit erheblich zu beeinträchtigen vermag. *§ 9 Rn 3*
gesundheitsschädliche Stoffe	Andere gesundheitsschädliche Stoffe sind Substanzen, die durch mechanische oder thermische Wirkung die Gesundheit erheblich zu beeinträchtigen vermögen. *§ 9 Rn 4*
Beibringen	Der Täter bringt das Tatmittel bei, wenn er es derart mit dem Körper verbindet, dass es seine gesundheitsschädigende Wirkung entfalten kann. *§ 9 Rn 6*
Waffen	Waffen sind Gegenstände, die – wie Schuss-, Hieb- und Stoßwaffen – zur Herbeiführung erheblicher Verletzungen allgemein bestimmt sind. *§ 9 Rn 9*
gefährliches Werkzeug (str.)	Gefährliche Werkzeuge sind alle (bewegbaren) Gegenstände, die geeignet sind, nach der Art und Weise ihrer konkreten Verwendung erhebliche Verletzungen hervorzurufen. *§ 9 Rn 10, 13*
Überfall	Überfall ist ein plötzlicher Angriff auf einen Ahnungslosen. *§ 9 Rn 15*
Hinterlist	Der Überfall ist hinterlistig, wenn der Täter in einer seine wahren Absichten planmäßig verdeckenden Weise vorgeht, um dem Angegriffenen die Abwehr zu erschweren. *§ 9 Rn 16*
gemeinschaftliche KV	Eine Körperverletzung wird gemeinschaftlich begangen, wenn mindestens zwei Personen bei ihrer Ausführung zusammenwirken. *§ 9 Rn 18, 19*
lebensgefährdende Behandlung (str.)	Eine Behandlung ist lebensgefährdend, wenn sie unter Berücksichtigung der jeweiligen Tatumstände objektiv generell geeignet ist, das Opfer in Lebensgefahr zu bringen. Demgegenüber verlangt eine in der Literatur verbreitete Ansicht, dass das Opfer durch die ihm widerfahrende Behandlung in eine konkrete Lebensgefahr kommen müsse. *§ 9 Rn 21 ff*

§ 225

Gebrechlichkeit	Gebrechlichkeit ist eine Störung der körperlichen Gesundheit, die ihren Ausdruck in einer Behinderung der Bewegungsfreiheit findet. *§ 9 Rn 29*

Tatbestandsmerkmal	Definition
Krankheit	Krankheit ist ein pathologischer Zustand (einschließlich Trunkenheit). *§ 9 Rn 29*
Wehrlosigkeit	Wehrlos ist, wer sich gegen eine Misshandlung allenfalls in eingeschränkter Weise wehren kann; die Wehrlosigkeit muss auf der Gebrechlichkeit oder der Krankheit beruhen. *§ 9 Rn 29*
Fürsorge	Eine Person untersteht der Fürsorge des Täters, wenn dieser rechtlich verpflichtet ist, für ihr geistiges oder leibliches Wohl zu sorgen. *§ 9 Rn 31*
Obhut	Der Obhut des Täters untersteht eine Person, wenn dieser zu ihrer unmittelbaren körperlichen Beaufsichtigung für eine kürzere Zeit verpflichtet ist. *§ 9 Rn 31*
Hausstand	Zum Hausstand gehören Personen, die mit dem Täter in Hausgemeinschaft leben. *§ 9 Rn 32*
der Gewalt überlassen	Eine Person ist der Gewalt des Täters überlassen worden, wenn sie von diesem mit Willen des Fürsorgepflichtigen in einem bestimmten zeitlichen Umfang beaufsichtigt wird. *§ 9 Rn 33*
Dienst- oder Arbeitsverhältnis	Kennzeichnend für ein Dienst- oder Arbeitsverhältnis ist die mangelnde Selbständigkeit (strikte Weisungsgebundenheit) der geschützten Person. *§ 9 Rn 34*
Quälen	Quälen ist das Zufügen von Leid oder länger dauernden oder sich wiederholenden Schmerzen. *§ 9 Rn 36 f*
Rohe Misshandlung	Eine Misshandlung ist roh, wenn sie aus einer gefühllosen, gegen die Leiden des Opfers gleichgültigen Gesinnung heraus erfolgt. *§ 9 Rn 38*
Sorgepflichten böswillig vernachlässigen	Eine der tatbestandlich genannten Sorgepflichten ist böswillig vernachlässigt, wenn sie der Täter aus einem verwerflichen Beweggrund nicht erfüllt. *§ 9 Rn 40 f*
Gefahr einer erheblichen Schädigung	Von der Gefahr einer erheblichen Schädigung im Sinne von Abs. 3 Nr. 2 kann erst gesprochen werden, wenn zu befürchten ist, dass der normale körperliche oder seelische Reifeprozess dauernd und nachhaltig beeinträchtigt wird. *§ 9 Rn 43*

§ 226

Verlust von Seh-, Hör-, Sprechvermögen oder Fortpflanzungsfähigkeit	Von einem Verlust der tatbestandlich genannten Fähigkeiten ist auszugehen, wenn das Sehvermögen (zumindest auf einem Auge), das Gehör (insgesamt), das Sprechvermögen oder die Fortpflanzungsfähigkeit dauerhaft eingebüßt wurde. Dies ist bei Sehvermögen und Gehör anzunehmen, wenn die Fähigkeit unter 10 Prozent des Normalzustands gesunken ist. *§ 10 Rn 22*
Glied (str.)	Glied ist jeder Körperteil, der mit einem anderen durch ein Gelenk verbunden ist. *§ 10 Rn 23 f*

Tatbestandsmerkmal	Definition
wichtiges (Glied) (str.)	Ein Glied ist wichtig, wenn sein Verlust für einen normalen Menschen zu einer wesentlichen Beeinträchtigung seiner körperlichen Aktivitäten führt. *§ 10 Rn 25 f*
verloren	Das Glied ist verloren, wenn es völlig vom Körper abgetrennt ist. *§ 10 Rn 27*
dauernd nicht mehr zu gebrauchen	Das Glied ist dauernd nicht mehr zu gebrauchen, wenn es auf unabsehbare Zeit seine Funktion eingebüßt hat. *§ 10 Rn 27*
dauernde Entstellung	Von einer dauernden Entstellung ist auszugehen, wenn die äußere Gesamterscheinung des Verletzten in ihrer ästhetischen Wirkung derart verändert wird, dass er auf unabsehbare Zeit psychische Nachteile im Verkehr mit seiner Umwelt zu erleiden hat. *§ 10 Rn 28*
Verfallen	Das Verfallen erfordert, dass der Körper insgesamt in erheblicher Weise und für einen nicht absehbaren Zeitraum beeinträchtigt wird. *§ 10 Rn 31*
Siechtum	Siechtum ist ein chronischer Krankheitszustand ohne absehbare Heilungschance, der den Gesamtorganismus des Verletzten ergreift und ein Schwinden der Körperkräfte zur Folge hat. *§ 10 Rn 32*
Lähmung	Lähmung ist eine erhebliche Beeinträchtigung der Bewegungsfähigkeit eines Körperteils, die den ganzen Körper in Mitleidenschaft zieht. *§ 10 Rn 33*
geistige Krankheit	Als geistige Krankheiten kommen exogene und endogene Psychosen in Betracht. *§ 10 Rn 34*
geistige Behinderung	Eine geistige Behinderung ist eine der Geisteskrankheit an Gewicht gleichstehende Einschränkung der intellektuellen Fähigkeiten. *§ 10 Rn 35*

§ 226a

Äußere Genitalien	Die äußeren Genitalien schließen die äußeren Schamlippen, die kleinen Schamlippen, den Scheidenvorhof, die Klitoris samt Klitorisvorhaut ein. *§ 9 Rn 47*
Verstümmeln	Als Verstümmeln sind alle Handlungen anzusehen, die mit mechanischen Mitteln zu Einbußen an Körpersubstanz im Bereich der äußeren weiblichen Genitalien führen. *§ 9 Rn 47*

§ 237

Zwangsheirat	Eine Zwangsheirat liegt vor, wenn mindestens einer der Eheschließenden durch Druck oder Gewalt zur Ehe gezwungen wird, seine Weigerung kein Gehör findet oder er sich einer Ehe nicht zu widersetzen wagt. *§ 18 Rn 14*
verbringen	Das Verbringen setzt die Erlangung physischer Herrschaft über das Opfer voraus. *§ 18 Rn 19*

Tatbestandsmerkmal	Definition
veranlassen	Unter Veranlassen ist eine psychische Beeinflussung des Opfers zu verstehen. *§ 18 Rn 19*
abhalten	Das Opfer wird abgehalten, wenn der Täter es (psychisch oder physisch) daran hindert, aus dem fremden Gebiet, in das es sich (freiwillig) begeben hat, zurückzukehren. *§ 18 Rn 19*

§ 238

Tatbestandsmerkmal	Definition
Nachstellung	Nachstellen stellt jede Handlung dar, die darauf ausgerichtet ist, durch unmittelbare oder mittelbare Annäherungen an das Opfer in dessen persönlichen Lebensbereich einzugreifen und geeignet ist es in seiner Handlungs- und Entschließungsfreiheit zu beeinträchtigen. *§ 18 Rn 25*
unbefugt	Die Nachstellung ist unbefugt, wenn der Täter gegen den Willen des Opfers oder ohne amtliche Befugnisse handelt. *§ 18 Rn 32*
beharrlich	Beharrlich handelt ein Täter, wenn durch sein wiederholtes und andauerndes Verhalten eine besondere Hartnäckigkeit und gesteigerte Gleichgültigkeit gegenüber dem Opferwillen zum Ausdruck kommt und er in der Absicht handelt, sich in Zukunft immer wieder entsprechend zu verhalten. *§ 18 Rn 33*

§ 239

Tatbestandsmerkmal	Definition
der Freiheit beraubt	Jemand ist der Freiheit beraubt, wenn er für einen nicht nur unerheblichen Zeitraum seinen Aufenthaltsort nicht oder jedenfalls nicht in zumutbarer Weise verlassen kann. *§ 15 Rn 8*
Einsperren	Einsperren ist das Verhindern des Verlassens eines Raumes durch äußere Vorrichtungen. *§ 15 Rn 10*
Freiheitsberaubung auf andere Weise	Auf andere Weise kann die Freiheitsberaubung durch jedes Mittel bewirkt werden, das die Fortbewegungsfreiheit aufhebt. *§ 15 Rn 12*

§ 239a

Tatbestandsmerkmal	Definition
hilflose Lage	Die Lage ist hilflos, wenn das Opfer dem Einfluss des Täters preisgegeben ist, wenn der Täter also eine physische Machtposition über die Geisel innehat. *§ 16 Rn 8*
Sich-Bemächtigen	Sich-Bemächtigen ist die Begründung neuer oder der Missbrauch bereits bestehender Herrschaft über den Körper des Opfers. *§ 16 Rn 9*
Verzicht auf die erstrebte Leistung	Die Leistung wird nicht mehr unter den Voraussetzungen der § 239a eingefordert. *§ 16 Rn 23*

Tatbestandsmerkmal	Definition

§ 240

Gewalt (str.)

Gewalt ist (nach hM) körperlich wirkender Zwang durch die Entfaltung von Kraft oder durch sonstige physische Einwirkung, die nach ihrer Intensität und Wirkungsweise dazu geeignet ist, die freie Willensentschließung oder Willensbetätigung eines anderen zu beeinträchtigen. *§ 13 Rn 8*

Drohung

Eine Drohung ist die Ankündigung einer als vom Täterwillen abhängig dargestellten Übelszufügung. *§ 13 Rn 14*

angedrohtes Übel (str.)

Erblickt man den Zweck des Nötigungsverbots im Schutz der Entscheidungsfreiheit, so kommt als Übel jeder Nachteil in Betracht, der geeignet ist, das Opfer im Sinne des Täters zu lenken.

Wird der Zweck des Nötigungsverbots dagegen auf den Schutz der rechtlich garantierten Verhaltensfreiheit bezogen, so kommt als drohungsrelevantes Übel nur ein rechtswidriger Eingriff in die Güter einer Person in Betracht. *§ 13 Rn 15 ff*

Empfindlichkeit (str.)

Die hM sieht ein Übel insbesondere dann nicht als empfindlich an, wenn von dem Betroffenen unter den gegebenen Umständen erwartet werden kann und muss, dass er der Bedrohung in besonner Selbstbehauptung standhält. *§ 13 Rn 26*

Nötigungserfolg

Erfolg der Nötigung ist das durch die Anwendung der Nötigungsmittel veranlasste Verhalten („Handlung, Duldung oder Unterlassung"). *§ 13 Rn 27*

Handlung

Handlung ist jedes aktive Verhalten des Opfers. *§ 13 Rn 28*

Unterlassen

Unterlassen setzt voraus, dass das Opfer zur Vornahme der nicht ausgeführten Handlung in der Lage gewesen wäre. *§ 13 Rn 29*

Duldung

Dulden ist ein Geschehenlassen, das nicht auf eigener Entschließung des Genötigten beruht, sondern ihm durch ein Müssen auferlegt ist. *§ 13 Rn 30*

Verwerflichkeit

Die Nötigung ist rechtswidrig, wenn die Anwendung der Gewalt oder die Androhung des Übels zu dem angestrebten Zweck als verwerflich anzusehen, dh sozialethisch zu missbilligen ist. Die Verwerflichkeit ergibt sich somit aus dem Verhältnis von Nötigungsmittel und Nötigungszweck. *§ 13 Rn 33 ff*

Missbrauch der Befugnisse oder Stellung eines Amtsträgers

Missbrauch ist eine vorsätzliche rechtswidrige Ausübung amtlichen Zwangs; erfolgt dies innerhalb der Zuständigkeit, betrifft es die Befugnisse. Demgegenüber wird die Stellung missbraucht, wenn der Täter sich der ihm durch sein Amt eröffneten Handlungsmöglichkeiten außerhalb seines Zuständigkeitsbereichs bedient oder den Irrtum des Opfers, er sei zur Zwangsausübung von Amts wegen berechtigt, ausnutzt. *§ 13 Rn 47*

Tatbestandsmerkmal	Definition

§ 241

Drohung mit einem Verbrechen	Die angekündigte und hinsichtlich ihres Eintretens als vom Täterwillen abhängig dargestellte Tat muss rechtswidrig, aber nicht schuldhaft sein. Verbrechen im Sinne von § 12 Abs. 1 ist ein Delikt mit einer Mindestfreiheitsstrafe von einem Jahr *§ 14 Rn 3*
nahestehende Personen	Nahestehende Personen sind Angehörige sowie Personen, mit denen das Opfer in Hausgemeinschaft lebt oder die ihm wie Angehörige persönlich verbunden sind. *§ 14 Rn 4*
Vortäuschung der bevorstehenden Verwirklichung eines Verbrechens	Falsche Warnung; bezieht sich auf solche Fälle, in denen der Täter nicht (im Sinne einer Drohung) vorgibt, das Geschehen selbst (noch) in der Hand zu haben. *§ 14 Rn 7*

§ 258

gänzliche Strafvereitelung	Die Strafe (Maßnahme) ist ganz vereitelt, wenn sie für geraume Zeit unverwirklicht bleibt. *§ 51 Rn 7*
teilweise Strafvereitelung	Die Strafe (Maßnahme) ist zum Teil vereitelt, wenn der Täter bewirkt, dass der Vortäter besser gestellt wird, als es der materiellen Rechtslage entspricht. *§ 51 Rn 9*
gänzliche Vollstreckungsvereitelung	Die Vollstreckung der Strafe (bzw Maßnahme) ist ganz vereitelt, wenn diese für geraume Zeit nicht (zwangsweise) durchgesetzt werden kann. *§ 51 Rn 15*
teilweise Vollstreckungsvereitelung	Die Vollstreckung der Strafe (bzw Maßnahme) ist zum Teil vereitelt, wenn diese nicht in vollem Umfang durchgesetzt werden kann. *§ 51 Rn 17*

§ 267

Urkunde	Eine Urkunde ist eine verkörperte und visuell wahrnehmbare Erklärung, die zum Beweis einer rechtlich erheblichen Tatsache geeignet und bestimmt ist und einen Aussteller erkennen lässt. *§ 55 Rn 8*
Aussteller	Aussteller ist diejenige bestimmte Person oder Behörde, der die urkundliche Erklärung im Rechtsverkehr als Urheber zuzurechnen ist (sog. Geistigkeitstheorie). *§ 55 Rn 12*
Beweiseignung	Unter Beweiseignung ist die Möglichkeit zu verstehen, mit Hilfe der Urkunde (und ggf im Kontext mit anderen Umständen) zum Beweis einer rechtserheblichen Tatsache beizutragen. *§ 55 Rn 20*
Augenscheinsobjekt	Augenscheinsobjekte können aufgrund ihrer Beschaffenheit zwar beweiserheblich sein, enthalten jedoch keine (symbolisch vermittelte) Erklärung und stellen daher für sich genommen keine Urkunde dar. *§ 55 Rn 26*

Tatbestandsmerkmal	Definition
technische Aufzeichnung	Technische Aufzeichnungen sind Resultate eines selbständigen maschinellen Vorgangs, insbesondere die Darstellung von Messergebnissen. Sie lassen sich, da sie selbsttätig von einer Maschine erstellt wurden, keinem Menschen als Aussteller zurechnen. § 55 Rn 28
zusammengesetzte Urkunde	Zusammengesetzte Urkunden sind Urkunden, in die ein Augenscheinsobjekt räumlich und inhaltlich fest einbezogen ist. § 55 Rn 29
Beweiszeichen	Beweiszeichen (Erklärungszeichen) sind auf ein Symbol reduzierte Verkörperungen der Erklärung eines erkennbaren Ausstellers mit Beweisfunktion. § 55 Rn 31
Kenn- und Unterscheidungszeichen	Kenn- und Unterscheidungszeichen sind Symbole, die nur eine Ordnungsfunktion erfüllen und ggf noch der Sicherung einer Sache dienen. § 55 Rn 34
Gesamturkunden	Gesamturkunden sind feste und dauerhafte Zusammenfassungen mehrerer Einzelurkunden zu einer neuen (weiteren) Gedankenerklärung. § 55 Rn 35
Herstellen (einer unechten Urkunde)	Herstellen einer unechten Urkunde ist das Anfertigen einer verkörperten Erklärung, die den unzutreffenden Anschein erweckt, von einem anderen als dem tatsächlichen Aussteller herzurühren. § 55 Rn 48
unecht	Eine Urkunde ist unecht, wenn sie geeignet ist, über die Identität des Ausstellers zu täuschen, sei es, dass der scheinbare Aussteller die Erklärung nicht oder nicht mit genau diesem Inhalt abgegeben hat, sei es, dass der scheinbare Aussteller überhaupt nicht existiert. § 55 Rn 49
Verfälschen (einer echten Urkunde)	Eine echte Urkunde wird verfälscht, wenn die in ihr verkörperte Erklärung dergestalt nachträglich verändert wird, dass der Anschein erweckt wird, sie sei ursprünglich mit dem jetzt vorhandenen Inhalt ausgestellt worden. § 55 Rn 59
Gebrauchen (einer unechten oder verfälschten Urkunde)	Eine unechte oder verfälschte Urkunde wird gebraucht, wenn sie dem zu Täuschenden so zugänglich gemacht wird, dass er sie wahrnehmen kann. § 55 Rn 68
zur Täuschung im Rechtsverkehr (str.)	Zur Täuschung im Rechtsverkehr handelt, wer (mit sicherem Wissen) davon ausgeht, dass ein anderer die Urkunde für echt hält und durch diese irrige Annahme zu einem rechtlich erheblichen Verhalten bestimmt wird. § 55 Rn 71
gewerbsmäßig	Gewerbsmäßig handelt, wer handelt, um sich aus wiederholter Begehung eine fortlaufende Einnahmequelle von nicht unerheblicher Dauer und einigem Umfang zu verschaffen. § 55 Rn 75
Bande	Eine Bande ist ein auf ausdrücklicher oder stillschweigender Vereinbarung beruhender Zusammenschluss von wenigstens drei Mitgliedern, die sich zur fortgesetzten Begehung von Straftaten (hier: Betrug und Urkundenfälschung) verbunden haben. § 55 Rn 75

Tatbestandsmerkmal	Definition
Vermögensverlust großen Ausmaßes	Ein Vermögensverlust großen Ausmaßes ist beim Eintritt eines Schadens von wenigstens 50.000 Euro gegeben. *§ 55 Rn 76*
Gefährdung der Sicherheit des Rechtsverkehrs (teils str.)	Die Sicherheit des Rechtsverkehrs muss konkret und in erheblichem Maße gefährdet sein. Die Fälschungshandlungen müssen also zu einer gravierenden Störung des Vertrauens in die Beweiskraft von Urkunden führen. Für die „große Zahl" werden teils zumindest 20 Fälle, teils ein unübersehbar großer Empfängerkreis verlangt. *§ 55 Rn 77*

§ 268

selbständig bewirkt	Eine Aufzeichnung wird selbständig bewirkt, wenn ihr Inhalt eine neue Information enthält, die aufgrund eines in Konstruktion oder Programmierung festgelegten automatischen Ablaufs hervorgebracht wird. *§ 56 Rn 5*
unecht	Eine technische Aufzeichnung ist unecht, wenn sie den falschen Eindruck erweckt, Resultat eines von Störungen unbeeinflussten selbsttätigen Aufzeichnungsvorgangs zu sein. *§ 56 Rn 11*

§ 306

Gebäude	Ein Gebäude ist ein durch Wände und Dach begrenztes und mit dem Erdboden (zumindest durch eigene Schwere) fest verbundenes Bauwerk, das den Zutritt von Menschen gestattet und Unbefugte abhalten soll. *§ 61 Rn 4*
Hütte	Eine Hütte ist ein Gebäude von minderer Festigkeit und Größe. *§ 61 Rn 4*
Betriebsstätten	Betriebsstätten sind Sachgesamtheiten von baulichen Anlagen und Inventar, die einem gewerblichen Betrieb dienen. *§ 61 Rn 4*
technische Einrichtungen	Technische Einrichtungen sind technisch konstruierte und funktionierende Sachen bzw Sachgesamtheiten, wie insbesondere die tatbestandlich erwähnten Maschinen; sie können ortsveränderlich sein. *§ 61 Rn 4*
Warenvorräte	Warenvorräte sind nicht unerhebliche Mengen von Gegenständen, die zum Zweck ihres künftigen Verbrauchs vereinigt sind. *§ 61 Rn 4*
Warenlager	Warenlager sind Räumlichkeiten, in denen bestimmungsgemäß solche Warenvorräte in größerem Umfang gespeichert sind. *§ 61 Rn 4*
Inbrandsetzen	Eine Sache ist in Brand gesetzt, wenn ein für den bestimmungsgemäßen Gebrauch wesentlicher Bestandteil derart vom Feuer erfasst ist, dass er unabhängig vom Zündstoff selbständig weiterbrennen kann. *§ 61 Rn 8*

Tatbestandsmerkmal	Definition
Brandlegung	Als Brandlegung ist die Handlung anzusehen, durch die eine Sache unmittelbar in Brand gesetzt werden soll; ein Brand braucht hierdurch nicht bewirkt zu werden. *§ 61 Rn 12*
teilweise Zerstörung	Das Tatobjekt ist teilweise zerstört, wenn einzelne wesentliche Teile des Tatobjekts, die seiner tatbestandlich geschützten Zweckbestimmung entsprechen, unbrauchbar geworden sind oder wenn eine von mehreren tatbestandlich geschützten Zweckbestimmungen brandbedingt aufgehoben ist. Die „teilweise Zerstörung" muss dabei von einigem Gewicht und nicht nur unerheblicher Dauer sein. *§ 61 Rn 13*
vollständige Zerstörung	Das Tatobjekt ist (ganz) zerstört, wenn es vernichtet ist oder die Gebrauchsfähigkeit völlig aufgehoben ist. *§ 61 Rn 13*

§ 315b

Beeinträchtigung der Sicherheit des Straßenverkehrs	Die Sicherheit des Straßenverkehrs ist beeinträchtigt, wenn das Verhalten in der Weise riskant ist, dass es sich störend auf Verkehrsvorgänge auswirkt und somit zu einer Steigerung der allgemeinen Betriebsgefahr führen kann. Dies besagt zudem, dass sich die Tathandlung im öffentlichen Verkehrsraum auswirken muss. *§ 66 Rn 3*
Eingriff	Ein Eingriff ist jedes verkehrsfremdes Verhalten. *§ 66 Rn 3*
Anlagen	Anlagen sind alle dem Verkehr dienenden Einrichtungen wie Verkehrsschilder, Leitplanken oder Ampeln, aber auch der Straßenkörper selbst mit seinem Zubehör. *§ 66 Rn 4*
Bereiten von Hindernissen	Unter dem Bereiten von Hindernissen ist jede Einwirkung auf den Straßenkörper zu verstehen, die geeignet ist, den reibungslosen Verkehrsablauf zu hemmen oder zu gefährden. *§ 66 Rn 6*

§ 315c

grobe Verkehrswidrigkeit	Grobe Verkehrswidrigkeit ist bei einem objektiv besonders schweren – dh typischerweise besonders gefährlichen – Verstoß gegen eine tatbestandsrelevante Verkehrsvorschrift gegeben. *§ 65 Rn 7*
Rücksichtslosigkeit	Rücksichtslos handelt, wer sich aus eigensüchtigen Gründen bewusst über seine Pflicht zur Vermeidung unnötiger Gefährdungen anderer hinwegsetzt oder (bei Fahrlässigkeit) aus Gleichgültigkeit gegenüber den Folgen Bedenken gegen sein Verhalten von vornherein nicht aufkommen lässt. *§ 65 Rn 8*
Sache von bedeutendem Wert	Der Wert der Sache wird wirtschaftlich festgelegt und ist ab einem Betrag von ca. 750 Euro als bedeutend einzustufen. *§ 65 Rn 10*

Tatbestandsmerkmal	Definition

Gefährden

Gefährden bedeutet das Verursachen einer konkreten Gefahr, also das Herbeiführen eines von der Handlung zu trennenden Gefahrerfolgs.

Nach dem heute zumeist vertretenen normativen Gefahrbegriff ist unter einer konkreten Gefahr eine Situation zu verstehen, in der es aus der Sicht eines Beobachters nur noch vom Zufall abhängt, ob eine Rechtsgutsverletzung eintritt oder ausbleibt, weil eine gezielte Schadensabwehr nicht mehr möglich erscheint. *§ 65 Rn 15 ff*

§ 315d

im Straßenverkehr

Die Tat findet im Straßenverkehr statt, wenn sie auf einer Verkehrsfläche abgehalten wird, die für den öffentlichen Verkehr gewidmet ist. *§ 67 Rn 4*

Kraftfahrzeugrennen

Ein Kraftfahrzeugrennen ist ein Wettbewerb oder ein Teil eines Wettbewerbes zur Erzielung von Höchstgeschwindigkeiten mit Kraftfahrzeugen, bei denen zwischen mindestens zwei Teilnehmern ein Sieger durch Erzielung einer möglichst hohen Geschwindigkeit ermittelt wird. *§ 67 Rn 5*

nicht erlaubt

Ein Kraftfahrzeugrennen ist nicht erlaubt, wenn die erforderliche behördliche Genehmigung fehlt oder das Rennen unter Missachtung erteilter Auflagen abgehalten wird. *§ 67 Rn 7*

Ausrichten

Ausrichter ist derjenige, der als geistiger und praktischer Organisator das Rennen eigenverantwortlich ins Werk setzt. *§ 67 Rn 8*

Durchführen

Ein Kraftfahrzeugrennen führt durch, wer die für den Ablauf des Rennens vor Ort erforderlichen Handlungen vornimmt. *§ 67 Rn 8*

§ 316

Fahrzeug

Fahrzeuge sind Beförderungsmittel aller Art. Sie müssen nicht motorisiert sein. *§ 64 Rn 5*

Führen

Ein Fahrzeug führt, wer es in Bewegung setzt oder hält und hierbei die mit dem Betrieb des Fahrzeugs verbundenen Verkehrsvorgänge bewältigt. *§ 64 Rn 6*

im Verkehr

Zum Verkehr gehören, wie der tatbestandliche Verweis auf §§ 315 bis 315d klarstellt, alle Verkehrsarten. Geschützt ist jedoch nur der öffentliche Verkehrsraum. Dieser umfasst alle Wege, die der Allgemeinheit im Sinne eines unbestimmten Personenkreises dauernd oder vorübergehend zur Benutzung offen stehen. *§ 64 Rn 8 f*

Tatbestandsmerkmal	Definition
Fähigkeit zum Führen eines Fahrzeugs	Zum sicheren Führen des Fahrzeugs ist nicht in der Lage, wer aufgrund seines psycho-physischen Zustands nicht fähig ist, für eine längere Strecke in einer von einem durchschnittlichen Fahrzeugführer zu erwartenden Weise auch auf plötzlich auftretende schwierige Verkehrslagen zu reagieren. *§ 64 Rn 11*
berauschende Mittel	Berauschende Mittel sind Stoffe zur Herbeiführung von Enthemmung oder zur Beseitigung von Unlustgefühlen. *§ 64 Rn 13*
absolute Fahruntüchtigkeit	Bei Führern von Kraftfahrzeugen nimmt die Rechtsprechung eine sog. absolute Fahruntüchtigkeit ab einer BAK von 1,1 ‰ an. Bei Fahrradfahrern wird der Grenzwert für die absolute Fahruntüchtigkeit bei etwa 1,6 ‰ angesetzt. *§ 64 Rn 15*
relative Fahruntüchtigkeit	Von einer relativen Fahruntüchtigkeit spricht man, wenn neben einer BAK von wenigstens 0,3 ‰ weitere Tatsachen erwiesen sind, welche die Annahme von Fahruntüchtigkeit zum Tatzeitpunkt rechtfertigen. *§ 64 Rn 16*

§ 323a

Rausch	Ein Rausch ist ein durch Intoxikation hervorgerufener Zustand der Enthemmung, der nach seinem ganzen Erscheinungsbild auf dem Genuss von Rauschmitteln beruht. *§ 69 Rn 9*
berauschende Mittel	Als andere berauschende Mittel kommen insbesondere Drogen und pharmakologische Mittel in Betracht. *§ 69 Rn 11*
Alkoholintoxikation	Bei Alkoholintoxikation nimmt die Rechtsprechung im Regelfall einen die Schuldfähigkeit ausschließenden Rausch ab einer Blutalkoholkonzentration (BAK) von 3 ‰ an. *§ 69 Rn 14*
Rauschtat	Als Rauschtat kommen alle Arten von Straftaten in Betracht, auch echte Unterlassungsdelikte wie zB § 323c. *§ 69 Rn 21*

§ 323c

Unglücksfall	Ein Unglücksfall ist ein plötzlich eintretendes Ereignis, in dem die konkrete Gefahr eines erheblichen Schadens für Menschen oder Sachen besteht. *§ 70 Rn 4*
gefährdete Güter	Als gefährdete Güter kommen zunächst höchstpersönliche Rechtsgüter in Betracht, vor allem Leib, Leben und Freiheit einschließlich der sexuellen Selbstbestimmung. *§ 70 Rn 6*
gemeine Gefahr	Gemeine Gefahr ist eine Situation, in der erheblicher Schaden an Leib oder Leben oder an bedeutenden Sachwerten für unbestimmt viele Personen droht. *§ 70 Rn 12*
gemeine Not	Gemeine Not ist eine Notlage für die Allgemeinheit. *§ 70 Rn 12*

Tatbestandsmerkmal	Definition
erforderliche Hilfeleistung	Erforderlich ist die Hilfe, die aus der *ex ante*-Sicht eines verständigen Beobachters zur erfolgreichen Schadensabwendung möglich und notwendig ist. Sie muss unverzüglich geleistet werden. *§ 70 Rn 14*
Behindern	Eine Behinderung liegt bei einer spürbaren, nicht unerheblichen Störung der Rettungstätigkeit einer hilfeleistenden oder zur Hilfeleistung ansetzenden Person vor. *§ 70 Rn 25.*

Stichwortverzeichnis

Die Angaben verweisen auf die Paragrafen des Buches (**fette Zahlen**) sowie die Randnummern innerhalb der einzelnen Paragrafen (magere Zahlen).
Beispiel: § 9 Rn. 10 = 9 10